KB120181

대통령 비서실장 791일

정해창의 청와대 일지

나남
nanam

대통령 비서실장 791일

정해창의 청와대 일지

2023년 9월 1일 발행
2023년 9월 1일 1쇄

지은이 정해창
발행자 趙相浩
발행처 (주)나남
주소 10881 경기도 파주시 회동길 193, 4층(문발동)
전화 (031) 955-4601(代)
FAX (031) 955-4555
등록 제 406-2020-000055호(2020.5.15)
홈페이지 http://www.nanam.net
전자우편 post@nanam.net

ISBN 978-89-300-4154-6
ISBN 978-89-300-8655-4 (세트)

책값은 뒤표지에 있습니다.

대통령 비서실장 791일

정해창의 청와대 일지

정해창 지음

나남
nanam

1990년 12월 27일 노태우 대통령에게 대통령 비서실장 임명장을 받은 후 함께 촬영.

1991년 2월 이홍구 정치특보의 이임을 맞아 기념촬영. 초기 비서실 수석비서관들이 모두 모였다(앞줄 왼쪽부터 노건일 행정수석, 최영철 정치특보, 저자, 이홍구 정치특보, 김종인 경제수석, 이수정 공보수석, 뒷줄 왼쪽부터 임재길 총무수석, 김영일 사정수석, 김종휘 외교안보수석, 이상연 민정수석, 김학준 정책조사보좌관, 손주환 정무수석).

1991년 3월 13일 사회간접자본투자기획단 현판식(김종인 경제수석과 저자).

1991년 7월 2일 노 대통령이 미국 국빈방문 당시 백악관 만찬장에서 조지 부시 미국 대통령과 악수하는 모습.

1991년 10월 19일 대통령 비서실 추계 체육대회에서 함께 준비체조를 하는 모습(제 30경비단 운동장).

비서실장 주재로 열리는 수석비서관회의(본문의 아침수석회의).

1991년 12월 13일 제5차 남북고위급회담에서 남북기본합의서 채택 뒤 청와대를 방문한 북한 연형묵 총리를 접견하고 오찬을 위해 이동하는 모습(노 대통령, 저자, 한 명 건너 연형묵 총리, 정원식 총리).

1992년 1월 12일 새해 정치일정을 확정 발표한(1월 10일 연두 기자회견) 후 남성대골프장에서 민자당 주요 인사들과 운동으로 단합을 다짐(왼쪽부터 최영철 정치특보, 김진재 총재비서실장, 이자헌 원내총무, 나웅배 정책위의장, 김종필 최고위원, 노 대통령, 박태준 최고위원, 김윤환 사무총장, 최형우 정무장관, 저자, 이현우 경호실장, 손주환 정무수석).

1992년 1월 16일 일본 미야자와 기이치 수상이 방한하여 청와대에서 인사하는 모습.

1992년 1월 31일 제14대 국회의원 공천자를 결정한 뒤 민자당 세 최고위원과 오찬을 갖는 노 대통령 (사진 왼쪽부터 시계 방향으로 저자, 박태준 최고위원, 김영삼 최고위원, 노 대통령, 김종필 최고위원, 김윤환 당 사무총장, 이현우 경호실장, 손주환 정무수석).

1992년 2월 25일 노 대통령 취임 4주년을 맞아 비서실과 경호실에서
함께 준비한 선물에 대해 설명하는 모습.

1992년 5월 6일 정무수석비서관이 바뀌면서 수석비서관들이 함께 찍은 사진(앞줄 왼쪽부터 김종휘 외교안보, 김중권 신임 정무수석, 최영철 정치특보, 저자, 손주환 이임 정무수석, 안교덕 민정수석, 뒷줄 왼쪽부터 이병기 의전수석, 김학준 공보수석, 김재열 총무수석, 심대평 행정수석, 이진설 경제수석, 김유후 사정수석, 임인규 정책조사보좌관).

여름철 아침수석회의(왼쪽부터 임인규 정책조사, 김유후 사정수석, 심대평 행정수석, 이진설 경제수석, 최영철 특보, 저자, 김중권 정무수석, 김종휘 외교안보수석, 안교덕 민정수석, 김학준 공보수석, 김재열 총무수석).

1992년 8월 19일 청와대 경내에서 〈조선일보〉의 '쓰레기를 줄입시다' 캠페인에 참여하는 모습
(왼쪽부터 김학준 공보수석, 저자, 심대평 행정수석).

1992년 9월 30일 중국 국빈 방문 당시 상하이를 방문, 대통령을 대리하여 만국공묘(萬國公墓)에 안치된 애국선열 박은식 선생의 묘소를 참배함.

1992년 10월 29일 63빌딩에서 열린 김대중 대표의 모스크바 외교대학원 박사학위 수여식에서 축하 인사를 건네는 모습(왼쪽부터 한광옥 의원, 김대중 민주당 대표, 조승형 의원, 한 명 건너 저자).

1992년 11월 19일 러시아연방공화국 보리스 옐친 대통령이 방한하여 청와대에서 만나는 모습.

1992년 12월 19일 축하 인사를 위해 김영삼 대통령 당선자를 만남
(왼쪽부터 김중권 정무수석, 저자, 김영삼 당선자).

1993년 2월 4일 청와대에서 열린 외교사절단 만찬에서 장팅옌 주한 중국대사와 인사하는 저자 내외.

노 대통령 임기 말 대통령비서실 전원(앞줄 왼쪽부터 김종휘 외교안보수석, 김중권 정무수석, 저자, 노 대통령, 최석립 경호실장, 서동권 정치특보, 이진설 경제수석, 둘째줄 왼쪽부터 최규완 대통령주치의, 심대평 행정수석, 안교덕 민정수석, 김학준 공보수석, 김유후 사정수석, 김재열 총무수석, 끝줄 왼쪽부터 임인규 정책조사보좌관, 장호경 경호실 차장, 이병기 의전수석).

1993년 2월 8일 노 대통령이 주재한 본관 수석비서관회의.

1993년 2월 24일 임기 마지막 날 비서실을 순시한 노 대통령과 비서실장실에서 차담(저자 왼쪽에 김학준 공보수석, 이진설 경제수석).

대통령을 보좌하는 저자를 도운 비서실장실 직원들. 저자 왼쪽은 조건식 비서관, 오른쪽은 김경식 서기관.

1993년 2월 퇴임을 앞두고 청와대 경내를 둘러보는 모습[왼쪽부터 심대평 행정수석, 김유후 사정수석, 임인규 정책조사보좌관, 김경식 비서관, 이강명 총무수석실 비서관(본관관리총괄), 김재열 총무수석, 김학준 공보수석].

1993년 비서실장 집무실 책상에서.

책머리에

이번에 《대통령 비서실장 791일: 정해창의 청와대 일지》란 회고록을 펴내게 되었다. 1990년 12월 27일부터 1993년 2월 24일까지 2년 2개월, 노태우 대통령의 비서실장으로서 제반 국정수행에 진력하는 가운데 보고 듣고 겪은 일들을 정리하여 기록한 책이다.

평생의 업業으로 삼아 정진해 온 30여 년간의 공직생활, 그 마지막을 대통령 비서실장이란 자리로 장식할 수 있었다는 것은 나에게 큰 행운이자 더없는 보람이었다. 순간순간 이루어지는 대통령의 국정수행 행위는 곧바로 역사적 기록과 평가의 대상이었다. 비서실장으로서의 보좌 역할 또한 역사적 자료가 되지 않겠는가.

'이 중차대한 역사役事에 성심을 다하자. 한시도 역사에 책임진다는 생각을 잊지 말자'고 거듭 다짐하였다.

노태우 대통령께서 임기를 마침에 따라 나는 야인이 되었다. 이런저런 일을 하면서도 문득문득 무언가 기록을 남겨야하지 않겠는가 하는 생각을 지울 수가 없었다. 그렇지만 다른 한편으로는 그렇게 하는 것이 올바른 일인가에 대한 회의가 없지 않았다. 국민의 공복으로서 최선을 다하여 사심 없이 직무를 수행하되 때가 되면 말없이 물러나는 것이 공직자로서 올바른 길이라는 믿음 때문이었다. 전문가가 해야 할 '기록'이란 일을 쉽게 해낼 수 있을까 하는 두려움 또한 없지 않았다. 주저하지 않을 수 없었다.

제행무상諸行無常이라 하였던가. 시간이 흐르면서 이런 회의나 주저를 떨쳐버릴 수 있는 변화가 일어났다. 무엇보다도 고령화가 진행된 탓인지 지난날을 되돌아보며 기록을 내놓는 일이 현저히 늘어나고 있었다. 게다가 이른바 정보화의 물결을 타고 너나없이 정보 생산에 참여하는 일이 다반사가 되고 있었다. 이제 자서전이나 회고록을 집필하고 발간하는 일은 가히 시대적 유행이 되어간다.

더구나 퇴임 당시만 하여도 괜찮았던 노태우 대통령 시대에 대한 평가가 시간이 흐름에 따라 바뀌기 시작하였다. 특히 비자금 사건에 대한 사법처리가 진행되면서 바닥으로 향하는 어려움을 겪게 되었다. 그 잘못에 대한 질책은 아무리 따가워도 달게 받아야 할 일이었다. 그렇지만 그 시대 국민들과 함께 이룩한 노태우 대통령의 업적까지 무시되거나 폄하되었다. 역사적 사실에 대한 왜곡歪曲과 오도誤導마저 자행되고 있었다. 참기만 할 일이 아니라고 생각하였다.

시간이 흐름에 따라 고비를 넘기는 듯 다소 바로잡아지는 일도 없지 않았다. 그러나 '당시 그 일'에 참여하였던 내가 어떤 일을 어떻게 하였는지를 육하원칙六何原則에 따라 진솔하게 기록해 두는 것이 뒷날을 위해서도 책임을 다하는 일이라고 판단하게 되었다.

물론 쉽게 해낼 수 있는 일이 아니라는 걱정도 하였다. 기억의 불완전성과 한계성을 실감하고 있기에 기억으로만 해낼 수 있는 일이 아니라 생각하였다. 다행스럽게도 당시의 일이 기록된 8권 분량의 업무일지가 큰 힘이 될 수 있을 것 같았다. 시간에 쫓겨 날려 쓴 것이 대부분이어서 읽어내는 데 적잖게 힘이 들었지만 해낼 만하였다. 또 몇 가지 자료도 끊임없이 '역사기록'을 남기라는 신호를 보내고 있었다. 퇴임 후 한 번 밖에 이사를 하지 않은 게으름이 오히려 도움이 되었다는 생각도 들었다.

드디어 2015년 초 회고록 작업에 착수할 기회가 찾아왔다. 나는 퇴임 후 1년 반쯤 지난 1994년 가을부터 서초동 법조타운에 자리를 잡았다. 변호사 사무실을 개설한 것이다. 그러나 서초동에서의 20여 년에 걸친 활동은 변호사 일보다는 민간범죄방지활동(한국범죄방지재단 이사장)과 학술진흥사업(다산학술문화재단 이사장) 등에 무게가 실리고 있었다. 2014년 말에는 김경한 전 장관에게 넘기면서 범죄방지활동을 접게 되었다. 50년 가까이 살고 있던 강북 서교동으로 사무실을 옮겼다. 집 가까이 조그마한 오피스텔 방 한 칸을 얻어 홀로 지키면서, 독서하고 사색하며 집필도 하는 공간, 우산흠흠재牛山欽欽齋를 마련하였다. 회고록 집필을 시작한 것이다.

2015년 초부터 서교동 한구석에서 시작된 작업은 순조롭지 않았다. 지지부진이었다. 자료 검토와 집필 구상 등을 거쳐 제1장 서장을 마친 것이 2016년이라 기록되어 있다. 쓰다 말다를 반복한 탓이다. 그사이 집안에 걱정거리가 생기면서 2017년 초 강남으로 이사를 하게 되었고, 우산흠흠재도 테헤란로 오피스텔로 옮겨갔다. 중단된 집필 작업도 재개하여 2018년에 제2～3장, 2019년 제4～5장, 2020년 제6～8장, 2021년 제9～10장을 쓴 뒤 약간의 마무리 작업을 보태어 2022년 3월 1차 작업을 마칠 수 있었다.

제1장은 서장으로 노태우 대통령과 비서실에 대한 설명으로 채워졌다. 제2～10장은 3개월 단위로 나누어(제10장은 마지막 2개월) 당시 대통령 비서실에서 일어난 일들을 연대순으로 기록한 것으로, 이 회고록의 중심적인 내용을 담고 있다. 당초 착수할 때는 약 3년이면 되지 않을까 기대했지만 1차 초고를 완성하는 데에만 7년 3개월의 긴 시간이 소요되고 말았다. 70대 후반의 고령에 이르러 착수했기 때문이라는 핑계가 그럴듯하게 들릴지 모르지만 단지 핑계일 뿐, 나의 태만 탓으로 돌리는 것이 온당하다고 생각하면서 모두 내 탓이라고 말씀드리고 싶다.

게다가 출판사에 작업을 부탁하기까지 또 다른 한 해를 보내야 했다. 출판해도 될 만한 결과물인지 자신이 서지 않았다. 같이 일하던 동료들의 자문을 받고 싶었으나 이미 작고하신 분도 적지 않은데다 대부분 80대에 접어들고 있어 폐를 끼칠 용기가 나질 않았다. 만만한 것이 동생들이라 동생 해왕(경영학 박사, 전 금융연구원장)과 해방(전 기획예산처 차관)에게 한번 읽어 보라고 하였다. 때마침 노태우 대통령 서거 후 이런 저런 만남을 계속하던 장남 노재헌 변호사와도 의견을 나누게 되었다.

이런 과정에서 청와대에서 함께 일하던 전 공보수석 김학준 박사가 원고 내용 검토와 출판 문제 등을 돕겠다는 제의를 해왔다. 백만 원군을 얻은 기분이었다. 김 박사는 내가 비서실에 근무하는 동안 내내 정책조사보좌관 및 공보수석비서관으로 많은 시간을 함께한 인연이 있는데다가 우리나라 굴지의 원로 정치학자들 가운데 한 분이다. 나에게 과분한 도움을 주고 있어 무어라 감사의 말씀을 드려야 할지 모르겠다.

이와 같은 도움에 힘입어 근근이 책을 펴내게 되었다. 감개무량하다는 말과 함께 나의 한두 가지 소망을 적어 두고자 한다. 우선 이 책이 대통령 비서실의 업무수행에 대하여 이해하는 데 조그마한 도움이라도 되길 바란다. 흔히 최고 권부權府라고 하여 대통령 비서실은 무소불위의 권력을 휘두르는 곳이라 생각하지만 "보통사람들의 시대"를 표방하고 겸손을 실천해야 했던 노태우 대통령의 비서실은 경청하며 설득하여 스스로 함께하게 하는 리더십을 실행해야 했다. 시대에 따라 주인공의 캐릭터에 따라 차이가 날 수 있겠지만 공직자들 가운데 눈코 뜰 새 없이 가장 바쁘게 일하는 집단이 대통령 비서실이라고 자신 있게 말할 수 있을 것 같다. 국민의 이해와 격려가 절실하다는 생각이다.

무엇보다도 대통령의 치적 평가가 사실에 근거하여 공평하게 이루어지기를 빈다. '과過'에 대한 철저한 채찍질과 함께 '공功'을 앞세워 어렵사리 선진국의 반열에 올랐다는 자랑에 더하여 훌륭한 대통령을 만들 줄도 아는 나라로 발전하기를 간절히 소망한다. 성공한 대통령을 많이 갖는 것이 우리나라의 국력을 증진시키며 국격을 향상시키는 길이 아니겠는가.

이 순간 나는 이 책에 기록된 것들이 우리 역사를 올바르게 평가하고 해석하는 데 조그마한 도움이라도 되기를 간절한 마음으로 빌고 또 빈다. 사실 내가 가지고 있는 자료, 나의 기억만을 바탕으로 정리한 기록에 불완전한 점이나 잘못된 점이 적지 않으리라 믿으며 독자 여러분의 많은 질정叱正을 바라는 바이다.

여러 가지 어려움을 무릅쓰고 출판을 맡아 주신 나남출판의 조상호 회장과 신윤섭 상무, 최하나 편집자 등 관계자 여러분에게 깊은 감사의 뜻을 드린다. 이 책을 집필하는 전 기간 동안 자료 수집과 원고 정리를 도맡아 수고해 준 나의 막내 현영의 이름도 기록해 두고 싶다. 나의 영원한 반려자로 못난 공직자의 뒷바라지에 온 정성을 쏟은 아내 장인희에게 감사하다는 말을 전한다.

마지막으로 이 책의 주인공이신 노태우 대통령의 영전에 삼가 이 보잘것없는 책을 바치고자 한다. 거듭 명복을 빈다.

2023년 6월 29일 6·29선언 36주년

우산흠흠재에서

丁海昌

차례

서장

1

청와대에 들어가기까지

나는 1990년 12월 27일 청와대 비서실장으로 임명되어 1993년 2월 24일까지 791일간 재임하였다. 오랜 권위주의 시대를 청산하고 국민 직접선거로 선출된 5년 동안의 노태우 대통령 단임 기간에서 세 번째이자 마지막 비서실장으로 일한 것이다.

임명을 통보받을 때 나는 한국형사정책연구원의 초대 원장으로서 조용한 나날을 보내는 중이었다. 1958년 고등고시 행정・사법 양과에 합격하여 시작된 재조 법률가로서의 공직생활은 1988년 12월 37대 법무부 장관직을 마지막으로 일단 마무리된 후였다. 그러나 장관 재직 때 추진하여 국회 입법까지 완료한 한국형사정책연구원의 설립・발족을 맡을 초대 원장이 나의 다음 일자리로 기다리고 있었다.

연구기관을 설립하여 그 기초를 다지는 일은 커다란 보람과 함께 상당한 재미까지 안겨 주었다. 젊은 연구자들과 대화하고 책을 읽으며 내 평생의 화두話頭가 되어 온 범죄와 인간을 사색하는 시간을 가지는 것이 참으로 즐거웠다. 비교적 한가로우면서도 뜻있는 일을 할 수 있었기 때문이다. 그러나 가을철 추수로 한창 바쁠 때 소띠로 태어난 나에게 한가로움은 팔자와 맞지 않은 사치였을까?

1990년 12월 27일 8시경 한 통의 전화가 걸려 오고, 노태우 대통령의 비서실장을 맡으라는 말과 함께 나의 일상은 180도 바뀌었다. 잠시도 여유 없는, 그야말로 눈코 뜰 새 없는 하루하루가 시작된 것이다.

물론 비서실장을 맡으리라는 사실은 노 대통령의 전화를 받은 후 처음으로 확실하게 알게 된 것이지만 무언가 정부에서 다시 일을 맡으리라는 기대는 이전부터 있었다. 한국형사정책연구원장으로 일하던 1989년 6월 9일 박철언 보좌관에게서 안기부장직에 검토 중이라고 귀띔을 받은 일이 있어 여러 가지로 고민하던 차였다. 선뜻 내키지 않는 자리였기 때문이다. 얼마 지나지 않은 7월 1일 토요일, 대구에 볼일이 있어 공항으로 향하던 차량에 연락이 와서 대구행을 취소하고 그날 오후 약 40분간 노 대통령을 독대한 일이 있었다. 이때 여러 가지 이야기가 오갔으며, 안기부장직에 대한 의사 타진을 암시하는 말씀도 하셨다. 그 자리에서 안기부장직은 적어도 3년 정도는 일할 기회를 주어야 제대로 소임완수가 가능하다고 말씀드림으로써 완곡하게나마 사양한다는 의사를 표시했으며 대통령도 이해하신 것 같아 안도하는 마음으로 귀가한 적이 있었다.

곧이어 7월 19일에 단행된 인사에서 고등학교 및 검찰 선배이자 내가 대검 차장검사 재직 시 검찰총장으로 모셨던 서동권 전 총장이 안기부장으로 임용되었기에 더욱 편안한 마음으로 지내고 있었다. 그런데 비서실장으로 발령받기 전인 12월 23일 주말, 몇몇 고등학교 동기생들과 레이크사이드 골프클럽에서 운동하고 귀가하던 차량으로 서동권 안기부장이 전화로 연락을 해와 차를 세우고 공중전화로 통화하였다. 곧 정부의 요직에 기용될 것이니 마음의 준비를 하라는 말이었다. 어느 자리냐고 묻기도 쑥스럽고 또 발설하기도 어려울 것이라 짐작하여 감사하다는 대답만 하고 전화를 끊었다.

사실 나는 나름대로의 출처出處 내지 진퇴에 관한 생각을 갖고 살아왔다. 고등고시에 응시할 때 이미 공직생활로 종신하리라 각오하였기에 공직을 맡는 데에 거부감은 전혀 없었다. 다만 어떤 자리를 맡겨 달라고 부탁하거나 맡겠다고 스스로 나서는 행위는 자제했다는 뜻이다. 나라에서 필요하다는 요청이 있을 때 감당하기 어렵다는 등 특별한 사정이 없는 한 기꺼이 최선을 다한다는 것이다. 어떤 책임질 일이 있거나 더 이상 머무를 합당한 이유가 사라졌을 때 언제든지 그만둔다는 것도 처신상 원칙으로 삼아 왔음은 더 말할 필요조차 없다.

안기부장이 연락한 것으로 보아 그 자리로 가지는 않겠다는 생각이 들었다. 이제 정부에 다시 들어가도 되겠다는 마음의 준비를 하던 터여서 비서실장을 맡으라는 대통령의 말씀에 열심히 보좌하겠다는 답변을 쉽게 드릴 수 있었다.

비서실장이라는 자리

잘 알다시피 대통령 비서실장은 대통령의 직무를 보좌하기 위하여 설치된 대통령 비서실을 총괄하는 직위다. 대통령이 수행하는 모든 직무분야를 보좌하는 광범위하고 포괄적인 기능을 수행한다.

우리나라의 대통령은 국민 직접선거에 의하여 선출될 뿐만 아니라 대통령중심제 헌법에 따라 실질적 권한을 행사하는 국가원수이자 행정부의 수반으로서 막대한 소임과 막중한 책임을 진다. 국가원수로서 대통령은 국가의 독립, 영토의 보전, 국가의 계속성 그리고 국가와 헌법을 수호할 책무를 지며, 국가를 대표하여 외국과의 조약체결, 외교사절의 신임·접수 및 파견과 선전포고·강화 등 전쟁수행 권한을 가진다. 또한 국정 최고책임자로서 대법원장 및 대법관, 헌법재판소장과 헌법재판관을 임명하는 등 다른 헌법기관 구성에 관한 권한을 가진다.

행정수반으로서 대통령은 국무총리, 감사원장, 행정 각 부 장관 등 주요 공직자를 임명하는 등 행정부 구성권을 가질 뿐만 아니라 제반 행정정책의 결정 및 집행, 행정입법에 관한 권한 등 행정업무를 총괄 지휘한다. 국정의 최고정책심의기관인 국무회의의 의장이 되기도 한다. 뿐만 아니라 내가 비서실장으로 재직할 당시 대통령은 여당의 총재도 겸직하여 여당의 조직운영을 총괄·지휘하는 역할도 맡았다.

대권大權이라는 말에 걸맞은 막강한 권한을 가지는 이가 우리나라의 대통령이다. 그러나 대통령을 맡는 입장에서는 '대권보다 대임大任'이란 생각을 갖는 것이 올바른 자세라고 나는 믿고 있다. 권력을 휘두른다는 생각으로 직무에 임하면 곧바로 교만에 빠져 국민적 저항의 도화선이자 빌미가 된다. 오히려 임대책중任大責重한 자리를 맡아 무거운 책임을 수행한다는 겸손한 자세가 바람직하다는 점에 비추어 대임이란 용어를 쓰는 편이 옳지 않을까.

어떻든 보좌의 대상인 대통령이 진 책임이 막중한 만큼 보좌를 맡은 비서실장의 어깨 또한 무거울 수밖에 없다. 내가 겪은 바로는 비서실장이라는 자리는 첫째, 업무범위가 국정전반에 미치는 매우 중요한 자리다. 직무범위가 정치, 안보, 외교, 경제, 사회, 문화 등 국정전반에 걸치기 때문에 그야말로 바람 잘 날 없는 자리다. 비유하자면 비가 내려도 걱정, 비가 내리지 않아도 걱정할 수밖에 없다. 좋은 일도 많이 일어났지만 사고가 터지는 등 좋지 않은 일도 날마다 일어난다. 언제나 기쁨과 걱정이 함께할 수밖에 없는 자리이다.

둘째, 비서실장은 매우 바쁜 자리로, 사적 시간이 전혀 없는 자리이다. 대략의 하루 일과를 돌이켜보면 오전 7시 전후의 조찬 회의와 8시 45분 수석비서관회의로 일과가 시작된다. 통상 하루가 대통령의 집무실을 찾아 보고하고 지시를 받은 뒤 곧이어 오전·오찬·오후·만찬행사에 배석하는 것으로 이어졌다. 자기만의 시간을 내기가 거의 불가능할 정도로 꽉 짜인 일정에 따라 움직일 수밖에 없었다. 행사 사이사이 비는 시간에 보고서도 읽고 필요한 면담도 해야 했다.

이러한 사정을 간파하셨는지 임명장을 받던 날 저녁 노 대통령은 공관을 마련해 줄 터이니 이사하라고 하셨다. 청와대 사정을 잘 모르는 때였지만 그렇게 하는 편이 좋으리라 짐작하고, 따로 지시를 받은 총무수석이 주선하는 대로 청와대 구내나 다름없는 위치에 마련된 공관으로 1991년 4월 19일 노 대통령이 고르바초프와 한소 정상회담을 하던 주말 이사했다. 출퇴근 시간이 절약되며 상당한 시간적 여유가 생겨 그나마 다행스러웠다.

셋째, 비서실장은 참으로 조심스러운 자리여서 처신에 주의 또 주의를 기울여야 했다. 모든 사람이 주목하는 자리였으며 말 한마디, 행동하나가 뜻밖의 영향을 미칠 수도 있었다. 동서고금을 막론하고 권력 주변은 늘 말이 많은 곳이다. 시기와 질투, 유언流言과 음모론, 그리고 의혹이 끊임없이 교착되어 일어나고 또 사라지는 곳이다. 대통령의 뜻, 즉 노심盧心을 두고 분분한 해석 · 논의가 끊이지 않는 곳이었다. 침묵이 금이라는 말을 새겨 처신을 조신操身하려는 노력이 필요한 자리였다.

넷째로 비서실장은 균형과 조화 그리고 중용을 체득하고 실천하는 것이 필요한 자리이다. 업무의 주요 내용이 서로 다른 의견, 상충되는 이해관계를 조정하여 협조와 결론을 이끌어내는 것이었다. 산하 수석비서관 간, 부처 간, 당정 간 등의 이견異見을 잘 조정하여 온당한 결론을 내리고 이를 진행하는데 힘을 합칠 수 있도록 해야 했다. 당시 비서실의 수석비서관만 하여도 학계, 언론계, 직업관료, 군인, 정치인 등 다양한 직역 출신이 포진해 있었다. 각 부처 간의 이해 대립은 말할 것도 없으며 다방면의 다른 의견이 나올 수밖에 없었으나 이는 매우 바람직한 일이기도 하지 않은가. 당과 정부 간 다른 시각의 의견과 정책을 적절히 조율하여 합의점을 도출하기란 쉽지 않은 일이었다. 다양한 시각이 토론을 거쳐 수렴되고 방향을 정한다는 것은 오늘날 복잡다단하게 얽히고설킨 국가사회를 이끌어가는 데 필수적인 절차이지만 쉽지 않은 일이기도 하다.

회의를 주재해야 하는 비서실장으로서는 그야말로 명경지수明鏡止水의 마음으로 중용의 길을 터득, 실천하지 않을 수 없다고 생각했다. 말하자면 슈퍼에고Super-ego가 강한 자제력으로 무장한다면, 그리고 무욕無慾을 지향 · 실천한다면 이상적인 비서실장이 될 수 있지 않을까 거듭 생각하곤 했다.

세 가지 다짐

임명장을 받고 직원들과 인사를 나누며 일을 시작하는 순간 참으로 얼떨떨한 기분이었음을 고백하지 않을 수 없다. 우선 노 대통령과 특별히 긴밀하다고 할 인연을 맺거나 접촉한 적이 없었다. 고등학교 동문관계라고는 하지만 5년 선배라는 격차가 있었기에 같이 학교를 다니면서 알 기회가 전혀 없었다. 지연이나 인척관계 등 인연도 없었다. 법무부 차관이 되면서 내무부 장관실로 그야말로 공식적인 인사를 하러 가 뵌 일이 있었으며, 법무부 장관으로 일하는 동안 당대표 및 대통령으로 짧은 기간 모실 기회가 있었을 뿐이다. 같이 일하게 된 비서실 면면들도 한결같이 가외可畏하다고 느낄 수밖에 없었다. 검찰·법무의 한정된 분야에서만 공직생활을 해온 처지에서 정말 사지死地에 들어가는 기분이었다.

그러나 아무리 어려운 일에 부딪히더라도 진실한 마음으로 그 일에 합당하게 대처하고 처리한다면, 곧 즉사이진卽事而眞의 자세만 지키면 걱정할 것이 없다는 어느 큰스님의 가르침을 되새기면서 필사즉생必死卽生의 각오를 다졌다. 구체적으로 세 가지 다짐을 실천하겠다고 마음을 가다듬었다.

첫째, 비서실장으로 재직하는 동안 '정해창'은 사라진다는 생각, 이름 석 자를 지우고 일해야겠다는 다짐이었다. '비서秘書'라는 두 글자는 눈에 뜨이지 않게 주인을 보좌하라는 뜻을 함축한다고 생각하였다. 함부로 나서는 것도, 자기를 내세우거나 지나치게 주장하는 것도 삼가야 하거니와 자기 이름을 위해 무언가를 하고자 하는 것도 금물이라고 다짐하였다. 언론에 노출되는 일도 가급적 자제하기로 결심했다. 특히 공치사를 조심해야 한다고 믿었다. 그동안 공직생활의 경험에 미루어 공치사에 열중하는 사람들은 흔히 공격과 시기의 대상이 되고 실인심失人心하여 어려운 지경에 이르는 것을 보아 왔기 때문이다. 그저 묵묵히 맡은 일에 최선을 다한다는 자세는 권력의 핵심에 접근한 자리에서 일하는 사람에게 무엇보다 기본적으로 요구되는 심득사항心得事項이었다.

둘째, 내가 아는 범위 안에서 또 스스로 할 수 있는 능력의 한계를 인식하면서 나름대로 최선을 다하겠다는 다짐이었다. 해야 할 업무의 범위는 광범위하기 그지없는데, 만능이 아닌 그야말로 능력이 유한한 이로서 그 한계를 인정하면서 협업한다는 생각으로 업무에 임한다는 것이다. 일찍부터 정부조직의 일원으로서 상하를 불문하고 다른 조직원과 인화人和하면서 서로 협조하는 데 숙달되었기에 그 방법이 최선이라고 생각하였기 때문이다.

다행스럽게 나는 검사로서는 특이하게 법무부에서 10여 년 근무하면서 정부 행정 전반에 관하여 다소 시야를 넓힐 기회가 있었고, 또 국회의 움직임에 대하여도 나름의 식견과 경험을 쌓을 수 있었기에 청와대 근무에 큰 도움이 되었다. 수석비서관을 비롯한 비서실 직원들이 각 분야에서 발탁된 최고 전문가였기 때문에 그들이 실력을 발휘할 수 있도록 분위기를 조성하고 독려하는 것이 곧 성공적인 대통령 보좌의 길이라고 믿고 그렇게 하는 데 분골쇄신粉骨碎身하겠다고 다짐하였다.

셋째, '청와대에 가더니 사람이 변했다'는 소리를 듣지 않도록 처신해야겠다는 다짐이었다. 사실 권부에 들어가 바쁜 업무에 시달리면서 하루하루 지내다 보면 권력에 중독되어 흔히 목에 힘이 들어갔다는 말을 들을 수 있다. 인간관계에서 전과 다른 자세로 대하는 일이 생길 수도 있다. 가장 경계해야 할 일이 교만해졌다는 말을 듣는 것이다. 사회적으로 매장되는 지름길이다. 겸손하지 않으면 안 된다.

모든 사물은 변하지 않을 수 없다고 한다. 그러나 모든 사람을 존중하고 공경하는 자세는 변하지 않는 덕목이 되어야 한다고 믿으면서 참으로 조심스런 마음으로 비서실장으로서의 소임을 시작하였다.

시대적 상황과 노태우 대통령

노 대통령은 13대 대통령이지만 건국 이래 이승만 · 윤보선 · 박정희 · 최규하 · 전두환 등 다섯 명의 전임자를 이은 여섯 번째 대통령이 된다. 그 뒤로 현재 윤석열 대통령까지 김영삼 · 김대중 · 노무현 · 이명박 · 박근혜 · 문재인 등 일곱 사람 그러니까 모두 열세 명의 대통령이 대한민국의 국정책임을 수행했거나 수행한다.

이와 같이 적지 않은 역대 대통령에 대하여 그 인품이나 치적을 둘러싸고 그야말로 각인각색 의견이 분분하여 갈피를 잡을 수 없을 정도다. 그런데 연전에 법조계 선배들과 담소하는 가운데 어느 선배 장관께서 "우리나라 역대 대통령은 모두 각자가 처한 시대적 상황에서 최선을 다하여 대통령직을 잘 수행했으며 이것은 우리나라의 큰 행운이다"라며 아주 긍정적으로 평가하는 것을 들으면서 놀라기도 하고 다른 한편으로는 참으로 온당한 말이라는 생각을 하지 않을 수 없었다.

하도 부정적 평가만 들어 왔기에, 그리고 권력자에게 가혹할 만큼 엄격한 잣대를 적용하는 우리나라의 비판적 풍토에 감염되어 있었기에 '웬 황희 정승 같은 이야기인가' 하고 놀란 마음이 들었다. 그러나 다음 순간 짧으나마 청와대 비서실장으로 대통령직 수행을 측근에서 보좌한 내 입장에서 그와 같은 비판 만능론에 좋지 않은 감정을 가져온 터라 눌려 있던 무의식이 발동하여 참으로 옳은 말씀이라고 무릎을 칠 수 밖에 없었다. 각 대통령이 처한 시대적 상황을 고려하지 않은 평가는 정확한 사실 인식을 도외시하는 것이기 때문이다.

그런 뜻에서 간략하게나마 노태우 대통령이 재임했을 때의 시대적 상황을 일별해 보고자 한다. 먼저 국제적으로 1980년대 후반에서 1990년대 초반에 이르는 기간은 동서가 '자유 대 공산' 진영으로 나뉘어 극한으로 대립하고 경쟁하던 반세기 냉전시대가 큰 변화를 맞은 때였다. 특히 우리나라가 여러 가지 어려움을 무릅쓰고 동서양 진영이 함께 참가하도록 노력하여 성공적으로 주최한 88서울올림픽이 촉진제 역할을 하면서 공산권이 붕괴되던 큰 소용돌이의 시대였다. 베를린 장벽 붕괴로 상징되는 동구권의 서구체제 편입이 시작되었으며 소련 연방이 해체되어 러시아를 제외한 넓은 지역이 독립국가로 재편되었다.

국내의 전환 또한 이에 못지않게 큰 물결을 일으켰다. 건국 이래 나라 세우기와 빈곤 탈출을 위해 이른바 조국근대화 사명을 수행하는 과정에서 이를 주도한 권위주의체제에 대하여 그동안 억제되어 왔던 민주화 욕구가 거대한 마그마를 이루어 크게 분출했다. 이에 산업화세력과 민주화세력이 충돌하며 걷잡을 수 없는 혼돈을 불러왔다. 정말 어떻게 수습해야 할지 앞이 내다보이지 않는 상황에서 6·29선언이라는 극적인 돌파구가 마련됨으로써 그나마 평화롭게 제6공화국 헌법이 국민적 합의로 채택되어 이를 바탕으로 민주화의 상징인 대통령 직접선거가 성사되었다. 아슬아슬한 줄타기를 하는 가운데 민주화가 진행되었으며 장래가 불안하기만 한 전환기에 노 대통령의 5년 단임제 임기가 시작된 것이다. 게다가 대통령 취임 후 얼마 되지 않은 4월 26일 시행된 국회의원 선거에서 여당이 소수가 되는 이른바 여소야대 국회가 탄생하여 정국불안은 더욱 가중될 수밖에 없었다.

국내외적으로 전환기에 놓인 노 대통령이 처한 상황은 진정 '위기 또는 곤경'이라 할 많은 난제難題를 부여했다. 그러나 위기는 곧 기회라는 경구가 암시하듯 어려운 과제에 당면한 노태우 정부는 해결 여하에 따라 참으로 역사적인 성취를 이루어 후대에 의미 있는 유산을 남기는 호기好機를 맞이했다고 할 수도 있었다.

먼저 국제관계에서 노 대통령은 취임 후 얼마 지나지 않은 1988년 7월 7일, 서울올림픽 개최를 2개월여 앞둔 시점에서 '민족자존과 통일번영을 위한 특별선언'이란 이름 아래 7·7선언을 내외에 선포함으로써 이른바 북방정책Nordpolitik에 시동을 걸고 일관되게 추진하였다. 그리고 큰 성과를 거두었다.

물론 북방정책이 나름대로 큰 성과를 거둔 바탕에는 무엇보다 먼저 조국근대화란 이름으로 20여 년간 추진된 우리의 산업화가 어느 정도 목표를 달성함에 따라 실현된 국력의 획기적인 신장 그리고 6·29선언, 88서울올림픽 개최 등을 거치면서 확립된 긍정적인 국가 이미지가 뒷받침하고 있었다. 그러나 올림픽을 준비하면서 터득한 국제정세에 대한 노 대통령의 확고한 식견과 거대한 구상 그리고 종합적이며 총괄적인 리더십이 없었다면 북방정책은 탄생할 수조차 없었을 것이다.

훌륭한 지휘자 아래 김종휘와 박철언 같은 유능한 보좌진의 개척자적 헌신에 직업 외교관료들의 전문적인 업무수행이 뒷받침되었다. 그동안 육성된 무역전사 등 각계각층의 다양한 인적·물적 연결망을 조화롭게 활용하고 지휘한 것이 날개를 달았다면, 미국을 위시한 우방의 적극적 지지도 빼놓을 수 없는 원군이었다.

내가 청와대 근무를 시작할 때는 목표한 북방정책의 1단계가 완성된 시점이었다. 1989년 2월 헝가리 수교로 시작된 동구권과의 외교관계 정상화가 큰 성과를 거두어 폴란드·유고슬라비아·체코슬로바키아·불가리아·루마니아 등과의 단계적 수교에 이어 1990년 9월 30일 소련 수교로 그 대미를 장식한 뒤였다. 1990년 12월 13일부터 17일까지 이루어졌던 노 대통령의 소련 공식방문까지 마친 뒤에 나의 청와대 근무가 시작되었다. 이제 대對중국 수교와 유엔가입, 남북관계의 획기적인 진전 등이 과제로 남았다고 할 수 있었다.

국제관계가 다소 순조롭게 풀려 나갔다면 국내문제는 그야말로 첩첩산중의 연속이었다. 정치적으로는 초유의 여소야대 국회라는 뜻밖의 상황을 맞아 야3당의 신랄하고 집요한 비판과 요구를 견뎌야 했다. 5공 청산 문제, 중간평가 등 큰 정치적 난제를 일단락하는 데만도 2년 가까운 세월이 흘렀다. 직선 대통령임에도 정치적 주도권을 행사하지 못하고 방어만 해야 하는 상황이었다. 대통령 임기 중 꼭 수행해야 할 많은 정책에 착수하기조차 힘든 상황이었다. 이를 타개하기 위하여 어려운 협상 끝에 1990년 1월 '3당 합당'이란 대결단을 할 수 있었다. 비로소 일대 국면 전환이 이루어지고 대통령이 주도하는 정국운영이 가능해졌다.

한편 워낙 큰 정치적 사건이어서 사태를 안정시키는 데 다소 시간이 걸릴 수밖에 없었다. 내각제 합의각서 유출 문제를 둘러싼 다툼을 해결하는 데만도 상당한 시간이 필요하였다. 다행히 내가 비서실장을 맡았을 때 이러한 문제들이 대부분 정리되어 국회 안정 의석을 바탕으로 정책 추진에 어느 정도 속도를 낼 수 있는 분위기였다.

그러나 임기를 약 2년 남겨 둔 시점에서 후임 대통령을 둘러싼 다툼과 경쟁이 새로운 문제로 제기되었다. 일각에서는 여전히 내각제 개헌을 추진해야 한다는 주장을 버리지 않았다. 여당 후보를 언제 어떤 방법으로 정해야 할 것인가에 대하여도 각자의 입장에서 어떤 것이 유리한지 저울질하면서 의견이 제각각이었다. 제도적 문제나 후보 선출절차에 관한 논의 외에도 가장 관심을 가지는 문제는 바로 현직대통령이 후계자로 누구를 생각하고 있는가 하는, 이른바 '노심을 읽는' 일이었다. 선진 민주국가에서는 논의되지 않아도 될 문제들로 고민한다는 것은 민주화를 달성하기 위하여 갈 길이 멀다는 뜻이었다. 하나하나 다듬고 결정해 나가야 할 과제가 계속 이어져 나왔다.

이와 같은 정치적 난제보다 더 기본적인 문제가 노태우 정부를 괴롭히고 있었다. 바로 사회질서를 확립하는 일이었다. 권위주의 시대에서 민주화 사회로 이행되는 과정에서 어느 정도 불가피하리라 예상되는 일이기는 하였으나 공권력 약화와 불신풍조의 만연으로 사회기강이 해이해지고, 법질서가 심각할 정도로 문란해졌기 때문이다. 6공 출범을 전후하여 조직폭력, 인신매매, 강도나 절도 등 민생치안을 위협하는 범죄가 증가하였다. 마약, 호화 사치, 부동산 투기, 퇴폐·향락 등 사회적 병폐도 만연해지고 있었다. 뿐만 아니라 권위주의 통치에 저항하는 과정에서 세력화된 과격한 학생운동, 6·29선언을 전후하여 양적으로 격증하고 질적으로도 폭력을 주저하지 않는 노동운동 그리고 농산물 개방에 저항하는 농민운동 등 법과 공권력을 아랑곳하지 않는 각종 전투적 집단행동은 조금도 수그러질 기미를 보이지 않았다.

이 같은 질서문란과 기강해이를 그대로 방치할 수는 없었다. 아무리 국민이 주인 노릇하는 민주화라 하지만 국민의 자발적인 준법, 자율적인 법질서 확립만을 마냥 기다릴 수 없었다. 정부에 위임된 공권력의 확실한 행사로 질서를 잡아야 했다. 1990년 10월 13일 대통령의 특별 선언으로 '범죄와의 전쟁'을 선포하고 대대적인 단속에 들어가는 한편, '새질서 · 새생활운동'을 벌이자고 촉구한 것은 참을 만큼 참은 끝에 내린 또 하나의 결단이었다. 모든 공권력을 동원한 강력한 단속과 엄격한 법집행은 무질서에 대한 대증 요법으로 당장 상당한 가시적 효과를 볼 수 있었다. 그러나 국민의 의식을 변화시키고 준법이 생활화되기 위해서는 오랫동안 꾸준하고도 다각적인 노력을 기울여야 한다. 그 효과도 조금씩 그리고 천천히 나타난다. 이 같은 일의 성질을 이해하는 가운데 민관民官 모두의 합심이 요구되었다.

경제적 상황 역시 낙관만 할 수 없는 여러 가지 어려움에 직면해 있었다. 물론 오랜 산업화의 노력이 쌓이고 쌓여 6공이 출범할 무렵 5공으로부터 물려받은 경제성적표는 괜찮았다. 세계 19위의 국민총생산 1,289억 달러에 1인당 국민소득 3,110달러, 세계 14위의 무역규모 883억 달러에 국제수지 흑자라는 수치는 그야말로 자랑할 만한 것이었다. 우리 경제가 선발 개도국에서 선진국 초기 단계로 진입하는 중이라는 징표였다.

그러나 정치 민주화란 새로운 질서 형성기에 즈음하여 경제활동의 주체들은 저마다 제 몫을 크게 차지하고자 했고 제 목소리 내기에 급급한 나머지 본연의 경제활동은 뒤로 제쳐 놓은 상태였다. 다양한 복지 요구가 한꺼번에 쏟아져 나오는 마당에 경제가 제대로 굴러갈 수 없는 상황이었다.

한편으로는 이러한 비정상적인 흥분상태가 가라앉기를 기다리면서 적절한 대책의 방향을 잡아나가야 했다. 새로운 자율적 노사관계의 정립, 농촌·도시 간의 격차 축소, 도시지역 주택문제 해결, 부동산 투기 억제 등 제반 정책을 수립하고 시행에 들어가는 데만 임기의 전반이 지나가고 있었다.

게다가 국제경제 환경 역시 녹록하지 않았다. 우리의 경제규모, 특히 흑자가 커짐에 따라 개방압력과 통상마찰이 늘어나 이에 대처하기 위한 노력도 시급하였다. 특히 우루과이라운드UR: Uruguay Round 협상 진전에 따른 농산물 개방 문제와 이에 대비하는 농촌 대책이 부각되었다.

파도처럼 자꾸만 밀려오는 경제적 난제에 대처하고 해결하는 일에 못지않게 우리 경제의 장래를 대비하는 일도 찾아내 추진해야만 했다. 특히 내가 비서실에 근무하던 약 2년 동안 제조업 경쟁력강화, 도로·항만·철도·공항 등 사회간접자본 투자, 과학기술 역량의 획기적 강화에 힘을 쏟았다. 또 대통령 선거 당시 공약사업을 꼭 챙겨야 한다는 대통령의 방침에 따라 비서실이 정부를 독려하는 데 많은 정력을 쏟아부었다. 그 밖에도 국방·교육·문화·체육 등 모든 분야에 부과되는 국내외 대전환기의 문제들은 일일이 다 말할 수가 없었다.

일모도원日暮途遠이란 말이 생각났다. 남은 임기는 2년 남짓한데 해야 할 일은 그야말로 산더미처럼 쌓여 있었다. 큰 사명감을 가져야 했다. 물론 두렵기도 하였다. 그러나 일당백 비서실 직원들의 면면을 대하면서 합심하면 안 될 리 없다는 자신감을 가질 수 있었다.

노태우 대통령은 어떤 분이었는가?

이같이 어려운 전환의 시기, 변혁의 시대에 이 나라의 큰 책임을 맡은 노태우 대통령은 어떤 분이었는가. 사실 대통령을 가장 가까운 거리에서 모신 비서실장이란 사람이 대통령에 대한 생각을 함부로 말하는 것이 온당한 일인지 걱정이 된다. 그러나 비서실의 일을 기록하는 마당에 비서실에 절대적인 영향을 가지는 대통령의 국정철학과 식견 그리고 성품에 대하여 나름의 짤막한 소견을 적어두는 것 은 꼭 필요한 일이라 믿으면서 예의에 어긋나는 잘못이라도 저지를 수밖에 없을 것 같다.

한마디로 노태우 대통령은 '투철한 역사의식과 확고한 비전vision을 가진 준비된 지적知的 대통령'이라고 말할 수 있다. 잘 알려졌다시피 노 대통령은 경북중학교 6학년 재학 중 6·25전쟁이 발발함에 따라 헌병사병으로 자원입대 복무한 것이 계기가 되어 30년여 군복무를 한 직업군인이었다. 사병 근무 중 4년제 육군사관학교가 창설될 때 1기생으로 입학하여 소정의 과정을 마치고 1955년 육군 소위로 임관해 전방 5사단 소대장이 되었다. 그 뒤로 여러 보직과 교육과정을 거치면서 군 경력을 쌓아 가던 중 월남전에 대대장으로 참전하였고 연대장·공수단장·사단장 등을 거쳐 1981년 7월 국군보안사령관을 마지막으로 육군 대장으로 전역하면서 새로운 길을 걷게 되었다.

우리나라는 전통적으로 '문文'을 숭상하고 '무武'를 가벼이 생각해 왔다. 특히 1960년대 박정희 대통령의 군사혁명으로 시작된 이른바 군부통치에 대하여 조국 근대화란 치적에도 불구하고 그 집권과정과 통치방식을 문제 삼아 부정적 시각을 포지抱持·피력披瀝하는 경우가 적지 않았다. 극단적으로 군인은 예편하더라도 대통령이 되어서는 안 된다는 생각을 가진 사람도 있는 것 같다. 그러나 군인으로서 부대를 지휘하고 전쟁을 수행한 경력은 민간인으로서는 도저히 접근할 수 없는 소중한 경험이 될 수 있다. 역사적으로 많은 무인 또는 전쟁영웅들이 국정의 책임을 맡아 성공적으로 수행한 예가 적지 않으며 우리나라도 예외가 아니다. 군인 출신만이 가질 수 있는 조직 장악력과 지휘력 그리고 용병술 등은 정치에도 잘만 접목된다면 퍽 긍정적인 면으로 작용할 수 있기 때문이다.

게다가 노 대통령은 초·중급 장교 시절 5·16군사혁명이란 특수한 상황을 맞아 박정희 대통령이 사단장이던 5사단에서 소대장으로 근무한 인연이 있다. 이 경험이 바탕이 되어 국가통치와 관련된 업무를 일찍부터 접할 기회를 가질 수 있었다는 사실에 주목해야 한다. 박 대통령의 특명에 따라 암행으로 전국을 순회하면서 민정을 파악하여 보고하거나, 일본으로 출장 가 재일교포의 국내 투자를 권유하는 임무를 완수하기도 하였다. 또한 월남에 파견되어 군의 전투상황에 얽힌 여러 가지 루머에 대해 진상을 조사하여 대통령께 직보하는 임무를 수행하기도 하였다.

방첩부대(국군보안사령부, 현 군사안보지원사령부)의 정보과장으로 군사정보 및 일반정보를 수집・분석・판단하는 업무 등에 상당기간 종사하면서 군사 이외의 분야까지 식견을 넓힐 기회를 가졌으며, 공수부대장을 마친 뒤로는 대통령 경호실 작전차장보로 1년간 근무하면서 청와대의 움직임을 직접 견문하기도 하였다. 박 대통령 시해 사건 뒤 격동의 와중에서 이른바 12・12사태 등을 겪으면서 수도방위사령관에 이어 국군보안사령관을 역임하는 등, 5공화국이 출범하고 전두환 대통령이 5공화국 대통령으로 취임할 때 주요 역할을 담당하기도 하였다.

30년이라는 긴 세월 군인으로서 다양한 업무경력을 쌓은 뒤 전역하면서 곧장 외교안보담당 정무 제 2장관직을 맡아 88 서울올림픽 유치를 성사시켰다. 올림픽 유치에 감사하는 뜻을 전하는 대통령 특사로 임명되어 유럽 및 아프리카 13개국을 36일간에 방문하는 고된 일정을 소화하였다. 미지의 국제사회를 이해하고 우리나라의 좌표와 외교의 나침반을 확실하게 인식하는 기회로 삼을 수 있었다. 그사이 1982년에는 우리 정부가 북한을 상대로 제의한 남북한 고위급회담의 수석대표를 맡기도 했다. 북한이 이 제의에 응하지 않았으나 훗날 대통령에 취임하면서 남북한 총리회담을 제의해 성사시킨 일은 후술하기로 하겠다.

올림픽 유치를 계기로 창설된 체육부의 초대 장관으로 임명되어 김용식 전 외무장관을 위원장으로 하는 서울올림픽조직위원회를 조직하는 등 올림픽 준비에 골몰하던 때, 1982년 4월 경남 의령경찰서 우 순경의

'총기난사사건'이란 초유의 대사고를 수습하는 내무부 장관을 맡아 16개월간 지방·경찰행정을 지휘하는 중책을 맡기도 하였다. 그 뒤로 1983년 7월 다시 올림픽 준비 임무를 맡아 서울올림픽조직위원장으로서 북한의 올림픽 방해 공작을 제압하는 등 착실히 준비 업무에 종사하던 중 1985년 2월 실시된 제 12대 국회의원 선거에 민정당 전국구의원으로 입후보하여 당선되는 동시에 민정당 대표위원으로 취임하여 정치인으로 본격적인 활동에 들어갔다. 그 연장선상에서 민정당의 대통령 후보로 선출되었고 6·29선언이란 대결단을 통하여 국민의 여망인 직선제 개헌을 여야합의로 이루어 낸 뒤 3김과의 치열한 선거전 끝에 오랜만의 직선 대통령으로 당선되어 대임을 맡았다.

비서실 이야기에 노 대통령의 이력을 다소 장황하게 소개한 듯하다. 그러나 이 '소개'는 노태우 대통령이 본인의 뜻은 아니었겠지만 결과적으로 보면 그야말로 대통령직을 맡기 위하여 일생을 준비하며 살아 온 것 같은 느낌을 지울 수 없게 한다. '준비된 대통령'은 노 대통령에게 꼭 들어맞는 말이라는 생각이 든다. 노 대통령 말고는 역대 대통령 어느 누구도 당과 국회 그리고 정부에서 당대표, 국회의원, 장관직의 경력을 고루 쌓은 분이 없기 때문이다.

이와 같이 국가 경영과 관련된 다양한 경험을 쌓으면서 노 대통령은 나라가 처한 역사적 상황과 나아가야 할 길 그리고 해결 방책에 관하여 풍부한 지식과 확실한 생각을 가다듬을 수 있었다. 잘 알다시피 노태우 정부는 국정지표로서 민족자존民族自尊, 민주화합民主和合, 균형발전均衡發展, 통일번영統一繁榮의 네 가지를 내걸었다. 이는 당시 국가 상황과 정부과제에 대한 노 대통령의 역사의식과 정치철학을 반영한 것이다.

첫째로 동서냉전이 해빙되려는 국제적 움직임에 대한 통찰을 바탕으로 반쪽 세계만을 상대하던 외교의 지평을 전 세계로 넓히고 국력을 획기적으로 신장하여 민족의 자존을 드높이겠다는 강력한 의지, 둘째로 이제 더 이상 힘에 의존하는 권위주의적 통치행태는 국민이 원하는 바도 아니며 통용될 수도 없다는 판단 아래 민주적이고 화합하는 정치로 나아가야겠다는 확고한 신념, 셋째로 그동안 이룩한 자랑스러운 경제적 성장이 아직 미흡하지만 그런 가운데서도 분배·복지를 향한 나름의 관심과 억강부약抑强扶弱의 슬기가 필요한 시점이 되었다는 때맞은 인식, 넷째로 통일번영이 우리 한민족의 궁극적 목표가 되어야 한다는 국민적 합의가 실현되도록 힘과 슬기를 모아 다방면으로 노력을 기울여야 한다는 사명감을 골고루 담은 시의적절한 국정지표라고 할 만하다.

이와 같은 국정과제의 최고 집행 책임자로서 노 대통령의 성품은 보는 사람에 따라 여러 가지 의견을 말할 수 있을 것이다. 그러나 짧지 않은 기간 가까이서 모시는 기회를 얻은 나로서는 다음 몇 가지를 지적하고 싶다.

먼저 퍽 인자한 분이라는 점이다. 대인관계에서 베풀기를 실천하여 배려와 양보가 몸에 밴 분이다. 모시는 동안 큰소리로 나무라는 일을 겪어 보지 않았으며 늘 조용조용 알아듣도록 지시하여 스스로 따르도록 하는 지휘 방법을 실천했다. 군에 복무할 때 동기생의 소령 진급 시 한꺼번에 진급시킬 수 없다는 군의 방침을 알게 되자 당시 육사 동기회장으로서 솔선해 1차 진급에서 자신을 제외하도록 요구·관철함으로써 전원 동시 진급을 주장하던 동기생들의 불만을 무마하면서 사태를 원만하게 수습한 일이 있었다. 월남전 참전 당시에는 자신에게 수여하기로 정해졌던 훈장을 동료 또는 부하에게 양보한 일 등이 인자한 성품을 보여주는 일화로 남았다. 어려움을 당한 군 선배나 동료 또는 후배에게 조용히 도움의 손길 내밀기를 게을리하지 않은 적도 부지기수이다.

둘째, 순리에 따라 합리적으로 일을 처리하며 유연성柔軟性이 돋보이는 성품을 가졌다는 점이다. 무엇보다도 상대의 말을 경청하고 특히 전문가나 소관 참모의 의견을 존중하는 자세로 집무에 임하였다. 무리하지 않는, 사리에 맞는 결론을 내리는 첩경捷徑이기 때문이었을 것이다.

어쩌다 잘못된 점을 발견하였을 때는 대통령이 한번 내린 결정인데 바꿔서는 안 된다는 권위의식에 얽매이지 않고 곧장 바로잡는 겸손과 유연함을 발휘하곤 하였다.

내가 현직에 있을 때나 퇴임한 뒤에 함께 일하던 전직 장관들에게서 자기가 어떻게 하여 등용되었는지 궁금하다는 이야기와 함께, 그럼에도 불구하고 소관업무 처리에 소신을 발휘할 수 있었다는 말을 적잖게 들었다. 구체적으로 답변하기도 쉽지 않아 소이부답笑而不答으로 넘기기 일쑤였다. 그러나 개괄적으로 말씀 드린다면 어떤 인연으로 심중에 두던 사람을 기용하는 경우도 있겠지만, 담당부서 또는 주변의 천거로 임용되는 경우가 적지 않았을 것이다. 그렇게 하는 것이 인사의 순리이다. 또한 일단 책임을 맡기면 그를 존중하고 신뢰하는 것이 용인의 요체이다. 노 대통령은 바로 그와 같은 인사와 용인의 순리를 상식대로 실천하였을 뿐이 아니겠는가.

셋째, 매사에 매우 신중하며 감정을 잘 표현하지 않는 가운데 깊고 넓게 생각하고 또 생각하는 분이어서 심중을 헤아리기 쉽지 않다는 점도 지적하고 싶다. 사실 정치가 다루어야 할 일은 어느 하나 간단한 것이 없다. 단선적인 사고로는 실마리조차 찾기 어렵다. 복선적이고 복합적이다. 또 예고한 뒤 일이 생기는 경우보다는 갑자기 닥치는 일이 더 많다. 노 대통령은 급하게 답을 내놓으려고 하지 않았다. 반응이 늦다고 할 정도로 이모저모 정보를 수집・파악하고 신중한 대처 방안, 그것도 단순하지만은 않은 알맞은 해결책을 찾아내려고 하였다.

이와 같이 인자하고 합리적이며 신중하고 유연한 성품 때문에 그 통치방식이 흔히 국민들이 선호하는 '화끈한 면'이 부족하고 미지근하기까지 하여 전광석화電光石火 같은 일도양단一刀兩斷의 문제해결을 기대하는 많은 국민들의 불만을 샀고, 나아가 '물태우'라는 별명을 얻기도 하였다. 각계의 불만과 요구가 용솟음쳐 무질서를 방불케 하는 혼돈상태를 해결하기에는 너무나 무르다는 것이었다. 보다 엄격한 공권력 행사가 필요하다는 뜻이기도 했다. 일리가 있는 지적이었다.

그러나 이에 대한 노 대통령의 생각은 "물태우란 평가가 나쁠 것이 없다, 오히려 시대적 상황에 대한 처방으로는 불의 화끈함보다는 물의 미지근함이 정답이라는 것!"이었다. 민주적 질서 확립을 위해서는 즉각적이고 강력한 공권력 행사보다 국민의 자율적 준법 풍토가 확립되기를 기다리는 것이 순리라는 의미다. 이른바 참고 용서하고 기다리는 '참용기'가 당시 불같이 일어나던 국민적 욕구 표현에 대한 올바른 처방이다. 맞불을 놓아 사태를 악화시키기보다는 물로 열을 식히며 참고 기다리는 편이 언뜻 돌아가는 듯하나 오히려 지름길이 된다. 사실 민주화가 진행된 오늘 되돌아본다면 강경대처는 오히려 극단적인 충돌을 불러와 흔히 역사에서 자주 경험하였듯이 그 반동으로 새로운 권위체제를 등장시키는 빌미가 될 수도 있었으리라.

노 대통령 특유의 부드러운 대처가 민주화가 정착하던 시대적 상황에 더 적절한 대처였음은 이제 많은 사람이 이해하는 바이다. 또한 부드럽다고 하여 끝까지 혼란을 방치할 정도는 아니었으며, 때맞추어 필요한 몇 가지 강경한 결단을 주저하지 않았음은 우리 모두가 잘 아는 일이다. 그야말로 외유내강外柔內剛 리더십의 진수를 보임으로써 전환기라는 시대적 상황에서 과도기적 난관을 극복하는 데 큰 역할을 하였다. 이런 분을 대통령으로 가진 것은 우리나라로서는 다행이었다. 무엇보다도 대통령 보좌의 핵심적 역할을 맡은 대통령 비서실에게는 축복이었다고 감히 말할 수 있을 것 같다.

1990년 12월 27일

~

1991년 3월 31일

2

취임하던 날

1990년 12월 27일 16시 30분, 대통령 비서실장 임명장을 받았고 곧이어 17시 10분 취임식을 가졌다. 17시 30분 기자실에 들러 인사를 나눈 뒤 18시 곧바로 군軍의 재경 주요 지휘관 만찬에 배석하였다. 참으로 정신 차리기 힘든 스케줄이었다.

취임식이라고는 해도 비서실 지하 회의실에서 간단한 취임인사를 하고 직원들과 악수를 나누는 것으로 순식간에 끝났다. 그때 어떤 취임사를 하였는지 기억이 잘 나지 않는다. 통상 기관장의 취임사는 미리 준비된 말을 낭독하거나 또는 즉석 취임사를 하더라도 추후 이를 정리하여 자료로 남기는 것이 관례이다. 나의 경우 서울지방검찰청 검사장, 법무부 차관, 법무연수원 원장, 법무부 장관 등을 맡을 때 했던 취임사는 정리하여 자료로 출판·보관하고 있다(졸저 《형정의 길 50년》 참조). 그런데 더 중요한 자리인 대통령 비서실장의 취임사를 정리해 두지 못한 일이 아쉽게 생각된다.

그러나 비서실장은 대통령 비서실의 장이지만 어디까지나 대통령을 보좌하는 비서들 가운데 한 사람에 불과하기에 거창하게 비서실장 취임사를 준비해 주는 스태프가 있지도 않았거니와 나 자신도 그런 준비를 하지 않았다. 이는 비서실장이란 직책이 지닌 이 같은 이중성二重性에 비추어 당연한 일이란 생각이 들기도 한다.

아마도 대통령에 대한 충성과 직원들 간의 화합을 강조하였을 것이라 믿는다. '대통령에 대한 충성'이야말로 비서실 직원이 실천해야 할 알파요 오메가라고 할 수 있으며, 화합은 공직에서 30년 동안 조직생활을 이어 온 나의 처신 방침이자 인생신조였기 때문이다. 비서실장으로서 국정에 대한 비전을 말하는 것은 불필요하기도 하거니와 권한을 넘는 일인 듯하여 다른 기관장이 기관장으로서의 비전을 제시하여 취임사의 주요 내용으로 삼는 것과 달리 아예 생략하였다. 대통령의 국정지침이야말로 비서실장이 오매불망寤寐不忘 생각하고 수행해야 하는 금과옥조金科玉條이기 때문이다.

직원들과의 악수도 단상에서 하지 않고 단하로 내려가서 했다고 기억한다. 이는 공직생활을 해오는 동안 으뜸가는 처세 신조로 삼아 온 겸손, 자세 낮추기와 관련이 있다. 낯선 곳에 들어서는 통과의례에서 유념해야 할 일이기도 하였다.

나는 이른바 '소년등과'라는 과정을 거쳐 사회생활을 시작하였다. 스물두 살(만 21세)이란 젊은 나이에 국가고시에 합격하였고 군복무를 거친 뒤 스물여섯 살 때 대한민국 검사가 되었다. 초임 발령을 받아 대구지검에 갔더니 검사들이 모두 연장자였음은 물론 직원들도 타이피스트나 사환 등을 제외하면 모두 나보다 나이가 많았다. 고등학교 동기생의 친형이나 부친도 있었으며 학교 선배도 여럿이었다. 이런 상황에서 공직생활을, 그것도 검사란 자리를 맡은 처지라 자칫하면 '귀때기 새파란 놈이 건방지다'라는 말을 듣기 십상이라 생각하였다.

군법무관 복무 끝자락에 서울 옥인동에서 잠시 하숙생활을 한 일이 있었다. 그때 집주인은 나의 고등고시 동기 김종표 변호사의 친척 되는 어른으로, 고위 공직에서 퇴임하여 유유자적 노후를 보내던 분이었다. 시간이 나면 여러 가지 자기의 경험이라든지 처신 방법 등 교훈될 만한 말씀을 들려주시곤 하였다. 그 가운데 하나가 겸손한 처신이 으뜸이라는 것이었고, 다른 하나는 우두머리가 되면 '바보 70에 영리 30'으로 하는 대인관계를 가져야 한다는 것, 즉 너무 아는 척하지 말고 아는 일도 모르는 체하며 상대방의 이야기를 경청하는, 어리석은 듯한 자세가 필요하다는 것이었다. 그때만 하여도 젊은 나이라 듣는 즉시 머릿속에 깊이 간직했고, 이는 나의 중요한 처신지침으로 자리 잡았다.

이를 실천하는 구체적인 방법으로 직원 중 직책상 나를 보좌하는 위치에 있는 사람, 흔히 하는 말로 '아랫사람'에게도 경어 쓰기를 생활화하였다. 이 경어·존대어 사용은 세월이 흐르면서 상대방과의 친화감 형성에 지장이 되니 이를 시정하라는 권고를 받는 지경에 이르렀다. 그러나 오랜 습관이 되면서 잘 고쳐지지 않았다. 세월은 습관도 고치게 하는 건가. 70대 후반을 넘어 80대에 이르면서 조금씩 반말 또는 하대어를 쓰는 모습을 발견하게 된다.

아무튼 처음 최고의 권부에 들어가면서 비록 직책상 아랫사람이기는 하나 존대하는 것이 마땅하다는 생각에 단상을 버리고 한 계단 아래로 직원들이 서 있는 곳으로 다가가서 인사를 나누었다. 인사를 나누면서 손을 잡게 된 비서실 직원들의 면면은 그야말로 일당백 막강한 무게감을 느끼게 하는 쟁쟁한 인재들이었다.

당시 함께 일하게 된 수석비서관을 보면 정무 손주환, 경제 김종인, 외교안보 김종휘, 행정 이상배, 민정 이상연, 사정 김영일, 공보 이수정, 정책조사 김학준, 의전 이병기 그리고 총무 임재길이 포진해 있었다. 정치특보로 최영철이 임명되었으며 이홍구 정치특보는 영국주재 대사로 내정된 상태에서 2월 중순경까지 함께 일하였다. 두세 사람을 제외하고는 이런저런 인연으로 모두 낯설지 않은 관계였다. 두루 신망을 받고 있는 이들이어서 적재適材가 적소適所에 배치되었다는 느낌과 함께 일해 나가는 데 별문제가 없으리라는 생각이 들었다.

취임식이 끝나자마자 18시경부터 진행된 군장성 초청만찬이 끝난 뒤 19시 50분경부터 21시경까지 신축 대통령 관저에서 독대하며 대통령은 몇 가지 업무지침을 말씀해 주셨다. 먼저 비서실장으로서 업무를 수행할 때 무엇보다도 국무총리, 안기부장, 각 부처 장관, 비서실 간에 긴밀한 협조가 이루어져야 한다는 점을 강조하면서 행정부처 업무와 관련해서는 큰 정책 위주로 업무 집행상황을 챙기되 책임과 권한은 장관이 행사하도록 보장하여야 한다는 원칙을 말씀하였다. 장관이 대통령에 접근할 경우에는 소관 수석을 경유하는 정상적인 절차를 밟으라고 지시하였다.

또한 당과의 관계를 다루는 문제에 대해서는 당 출신 정무수석을 보임하였으므로 잘 될 줄 믿지만 당의 분위기가 서로 눈치만 보고 단합이 잘 안 되는 경향이 있음에 유념하라고 말씀하시면서 김영삼 대표최고위원과 민정계의 관계를 비롯하여 이춘구, 김윤환, 이종찬, 박철언 등 몇 사람을 거명하면서 잘 조정하라고 당부하셨다.

비서실 내부의 문제로 이번에 민정비서실이 민정 · 사정으로 나누어 심에 따라 업무분담에 차질이 없도록 하라고 말씀하시면서 특히 민정은 정보상황을 완전히 소화해 정책을 건의하여 협조 속에 업무를 진행하라는 지침을 주셨다. 수석비서관 중 장관급과 차관급으로 나누어 보임할 때 불만이 없도록 잘 살피라는 말씀도 함께였다. 또한 이홍구 특보를 대사로 전출하고 최영철 특보에게는 호남지역 문제에 대한 보좌를 기대한다는 뜻을 전한 뒤 김종인 경제수석에게 대미 인맥관계를 존중하고 활용하라고 지시하는 동시에 유혁인 국제문화협회 회장의 정치관계 자문 역할에 대하여도 자세한 지침을 내려 주셨다. 신 · 구 총리 오찬 격려, 홍성철 전 실장의 역할 부여에 대하여도 말씀하였으며, 마지막으로 비서실장 공관을 마련하도록 총무수석에게 지시하였으니 준비되는 대로 이사하여 효율적으로 직무수행하라는 말씀 등을 들었다. 사무실을 거쳐 22시가 지난 늦은 시각에야 서교동 집으로 돌아왔다. 비서실과 주변 사정을 자세하게 알려 주어 집무에 차질이 없도록 배려해 주셨음을 알고 정말 최선을 다하여야겠다는 생각을 지울 수 없었다.

연말 · 연시에도 쉴 날 없는 청와대

원래 연말연시는 지난해를 되돌아보고 새해를 계획하는 때여서 바쁜 가운데서도 성찰省察과 구상構想에 조용한 시간을 쓸 수 있는 여유가 있어야 한다. 나의 오랜 공직생활에서도 연말연시는 그야말로 귀중하고도 뜻깊은 시간이 되어 왔다. 그러나 청와대 신출내기에게는 그런 여유도 지나친 사치였을까? 대대적인 개각에 따라 당정을 다독여 힘차게 새 출발하는 일도 많았지만 끊이지 않는 대내외적 도전과 더불어 여러 가지 잡다한 일들로 눈코 뜰 새 없는 하루하루가 계속되었다.

12월 29~30일 주말 빈 시간을 이용하여 각 수석실 업무보고를 받았다. 대통령 행사에 배석해야 했고 그 밖에도 긴급한 일정들이 잇달았기 때문에 업무 보고를 장황하게 받을 시간적 여유가 없었다. 그야말로 번갯불에 콩 볶아먹듯 민첩하게 약식으로 업무를 파악하였다.

매일 오전 8시 45분에 시작되어 9시 30분경까지 계속되는 비서관회의가 있었다. '아침수석회의'로 불린 이 회의에는 정치담당 특별보좌관과 정책조사보좌관도 참석했는데, 비서실장은 이 회의를 주재하기 위하여 아침 8시경에 출근해야만 했다. 각 수석들이 보고하는 당면문제들에 대하여 수석 간에 정보와 문제의식을 공유하는 한편 해결의 방향을 잡는 것이 회의의 주된 내용이었다. 토의 내용은 서면으로 정리하여 매일 별도로 보고드렸으며, 대통령께서 그에 대하여 서면 또는 구두로 코멘트를 해주시는 것이 관례였다. 자료에 따르면 연말연시 사이에 연두 기자회견 일정과 남북 국회회담 대책 수립 및 신년도 각 부처 업무보고 추진계획(12월 29일) 등이, 연희동 전두환 전 대통령 하산下山 동향 및 향후 대처 문제와 종무식 행사 취소 결정[1](12월 31일), 1월 8일 시행 연두 기자회견 문제 논의와 불우이웃돕기 운동 추진(1월 4일) 등이 논의 및 보고되었다.

통상 수석회의가 끝나면 곧바로 대통령 집무실을 일컫는 '서재'로 올라가 대통령께 여러 가지 일일보고를 했다. 지시사항에 대한 이행결과를 보고하는 한편 주요 사항은 구두로 직접 보고하여 지침을 받기도 한

1 종무식 뒤 얼마 되지 않아 시무식이 예정되어 있었으므로 기자단 송년파티에 참석하는 것으로 종무식을 갈음하기로 하였다.

다. 예컨대 취임 이튿날이었던 12월 28일 아침에는 첫 수석회의를 주재하였는데, 개각 후속조치로서 행정수석과 사정수석이 마련한 차관급 인사안의 재가를 받아야 할 필요성이 제기되어 회의를 빨리 끝내고 서재로 달려가 보고·토의한 끝에 차관급 20명의 인사안을 재가받아 곧 시행하였다. 그 가운데 시장·지사 등 6명의 임명장을 그날 16시 30분 대통령께서 직접 수여하셨다.

대폭 개각에 따른 후속조치로서 대통령께서 신임각료 다과회(12월 27일)와 국무위원 간담회(12월 28일), 신·구 총리 오찬(12월 28일), 당 최고위원 3명 오찬(12월 29일) 등을 주재하실 때 일일이 배석하였다. 이런 모임에서 노 대통령은 관계자들에게 개각의 취지와 대통령의 정부운영에 관한 생각과 당면과제를 알려 주어 책임하에 이를 실천하라고 재삼재사 강조하셨다. 특히 국무위원들에게는 한 개 부처의 장관에 그치지 않고 국무위원의 한 사람으로서 국정 전 분야에 관하여서도 책임의식을 갖고 유기적으로 협조하라고 강조하면서 대통령의 분신分身이라는 사명감을 갖도록 분부하셨다. 지방장관들에게도 마찬가지로 맡은 지역에서 대통령의 '분신'이 되어 달라는 격려의 말씀을 아끼지 않았다. 당시 국내의 정치·행정에서 최우선 과제가 되고 있던 10월 13일 '범죄와의 전쟁' 선언과 새질서·새생활운동의 착실한 실천, 새해에 예정된 지방자치 실시 준비와 이에 임하는 자세 등을 누차 강조하셨다.

뒤늦게 12월 31일 임명장을 받은 이상옥 외무부 장관에게는 외무부 및 외무부 공무원은 보수적 경향을 지양하고 인식과 발상을 전환해야 함 등을 말씀하시는 한편, 외교안보연구원, 세종연구소 등과 관련된 중장기적 대책과 아울러 당면한 페르시아만 사태, 우루과이라운드 등 국제 문제에 대한 대처방안에 관심을 표시하시고 나아가 구평회 회장을 거명하면서 민간 외교라인을 활용하라는 당부의 말씀을 하셨다.

이런 행사에 배석하면서 느낀 점은 분위기가 매우 부드러웠다는 사실이다. 문답으로 관계자들이 의견을 표명하도록 유도하는 한편, 화제로 다루는 내용도 매우 다양하여 정말 짧은 대면이었지만 유익한 대화가 오갔다. 최고위원을 접견할 때는 국정현안 외에도 해군기술병 보수 문제, 항만의 부교건설 방법, 교통 문제, 일본 농촌의 배울 점 등 스스럼 없는 대화가 이루어졌으며, 재경 군 주요 지휘관 초청 만찬에서는 노어 통역 양성문제가 제기되기도 하였다.

이와 같이 연말 개각 후속조치로 눈코 뜰 새 없이 바쁜 가운데 소련으로부터 로가초프 외무차관을 특사로 보내겠다는 연락이 왔다. 또한 오랫동안 백담사에 머물던 전두환 전 대통령이 하산하여 연희동 자택으로 귀환하였다. 소련 특사는 양국 간 수교를 맺고 난 뒤 경제협력 문제를 매듭짓고자 방문하는 것으로 확인되어 휴일 중인 1991년 1월 2일 7시 45분부터 2시간 가까이 삼청동회의실[2]에서 이승윤 경제기획원 장관, 정영의 재무부 장관, 이상옥 외무부 장관, 이상구 국가안전기획부 차장, 김종인 경제수석, 김종휘 외교안보수석, 박운서 경제비서관 등과 함께 조찬회동을 주재하였다. 이때 경제협력 방안을 두고 대강의 의견을 교환하고 대내외로 설명할 방안을 마련한 뒤 실무대책반을 구성하기로 결정하였다.

전두환 전 대통령의 하산은 내가 비서실장으로 부임하기 전에 이미 방침이 결정되어 있었고, 구체적인 집행과정은 여러 차례 관계기관 등과 협의하였다. 전 대통령은 12월 30일 오전에 은둔 769일 만에 무사히 귀가하였다. 일요일인데도 외교안보, 정무, 민정수석실 등의 업무보고를 받은 뒤 김영일 사정수석과 함께 15시 30분부터 17시까지 연희동으로 방문하여 인사 드리고 대통령의 위로 말씀을 전하였다.

---

2 삼청동에 2층 개인주택으로 건축된 건물 1동이 비서실에서 사용하는 회의용 공간으로 활용되었다. 청와대 비서실 건물이 넉넉하지 못하거나 비공식적인 회의를 하기에 적당하지 못한 경우에 대비하여 마련된 곳이었다. 조찬으로는 해장국이 준비되어 거의 매일 개최되는 조찬회의 장소로 안성맞춤이었다.

사실 나는 전두환 대통령 재임기간 동안 검찰의 여러 요직을 두루 거치고 마지막엔 전 대통령이 퇴임할 때까지 법무부 장관으로서 9개월 봉직하기도 하였다. 돌이켜보면 대학 재학 중 공직자로 종신하기로 뜻을 세우고 자유당 말기 고등고시에 합격한 이래 공군 법무장교로 3년 반 복무한 뒤로 여러 가지 진로를 고민한 끝에 1962년 11월 검사로 임명을 받았다. 민정이양 1년 전이었다.

그러니까 군사정부에서 시작된 나의 공직생활은 박정희 대통령 정부에서 오랫동안 계속되었고 1979년 10월 대통령이 시해될 때는 부산지방검찰청 제 2차장검사로 재직하고 있었으며, 최규하 대통령 재임 말기에는 검사장 승진을 기대할 수 있는 서울지방검찰청 제 2차장검사로 보임되기에 이르렀다. 전두환 대통령이 5공화국 대통령으로 취임한 후에는 얼마 지나지 않아 검사장으로 승진하여 법무부 검찰국장으로 보임되었고 뒤따라 서울지방검찰청 검사장, 법무부 차관, 법무연수원장, 대검찰청 차장검사를 거쳐 1987년 5월 박종철 고문사건 수습을 위한 개각 당시 법무부 장관으로 입각하였다. 1988년 2월 전 대통령이 퇴임할 때는 후임 노태우 대통령이 다시 법무부 장관으로 임명하여 그해 12월까지 재직하였다.

전두환 대통령과의 사이에 무슨 특별한 관계가 있지 않을까 생각할 수 있을 정도로 나의 법무 · 검찰에서의 검사장 이상 간부직, 그것도 법무 · 검찰의 요직 근무가 모두 전 대통령 임기 중에 집중되었다. 그러나 사적인 관계는 전혀 없으며 전문직이 포진한 법무 · 검찰의 인사는 내부 경력자로 채워지기 때문에 말하자면 차례가 되어 그렇게 이루어졌을 뿐이다. 다만 직업관료 출신인 나로서는 맡은 임무를 그야말로 성심껏 최선을 다하여 수행하였으며 전 대통령과 법무부 장관이었던 나와의 관계도 비록 길지 않은 기간이었으나 아무런 문제없이 원만하였다고 자신 있게 말할 수 있다.

게다가 함께 전 대통령을 방문하였던 김영일 사정수석은 내 검찰 10

여 년 후배였던 데다 서울지검에서 함께 근무하여 나와 각별한 인연이 있을 뿐만 아니라 전 대통령 때 청와대에 오랫동안 비서관으로 파견되어 근무한 덕에 전 대통령의 신임도 두터웠다고 알고 있다. 법무부 장관 재직 시 검찰인사와 관련하여 전 대통령께서 관심을 표명한 이는 김영일 검사뿐이었다는 사실로 미루어 보아 전 대통령이 특별히 아끼는 관계라고 확신할 수 있었다.

이래저래 신경이 쓰였으며, 어려운 방문이기도 했지만 그와 같은 인연 덕분에 가벼운 기분으로 전 대통령을 찾아갈 수 있었다. 오래되어 자세한 대화 내용은 기억나지 않으나 다소 긴장되는 가운데도 별 탈 없이 임무를 수행하고 돌아와 휴일이었지만 대통령에게 즉시 보고했다 기억한다.

상당한 시간이 흘렀고 그동안 관계자들이 여러 가지 대책을 강구한 터라 큰 물의 없이 '하산'이 기정사실화되어 다행스러웠다. 그러나 이는 완전한 문제해결이 아니었고 새로운 고민의 출발이기도 하였다. 두 분 대통령의 관계를 원만히 되돌리기란 참으로 쉽지 않은 일이었으며 노 대통령께서 퇴임하실 때까지 해결하지 못한 숙제 중의 하나로 남길 수밖에 없었다.

새해맞이와 연두 기자회견 등

청와대 비서실장으로 취임한 후 닷새 만에 신미년 새해를 맞이하였다. 대통령이 임기 2년 2개월을 남겨 둔 시점이다. 여소야대 정국으로 말미암아 지난 2년 10개월 많은 어려움을 겪지 않을 수 없었다.

고민 끝에 1990년 1월 민정・민주・공화 '3당 합당'을 이루어 냄으로써 5년 단임 대통령으로서 그나마 제대로 국정을 수행하기 위한 의회에서의 기반을 다질 수 있었다. 워낙 놀랄 만한 정치적 결단이었기에 후유증을 수습하는 데에도 상당한 시간이 소요되었다. 가을에 접어들면서 10·13 '범죄와의 전쟁'을 선포하고 '새질서·새생활운동'을 전개하여 풀어진 기강을 확립하고 시대적 과제들을 수행하고자 시동을 걸었다. 내가 비서실장으로 부임하였을 때에는 이와 같은 분위기에서 그동안 대통령으로서 하고 싶었던 일들, 해야 했으나 미룰 수밖에 없었던 일들을 남은 임기 내에 많이 이룩해야겠다는 사명감과 책임감으로 충만했음을 느낄 수 있었다.

청와대의 새해맞이에는 여러 가지 행사들이 잇달았다. 초하룻날은 공휴일이었지만 대통령 관저에서 총리, 안기부장, 경호실장 그리고 대통령 친인척인 금진호, 노재우, 신명수 등과 함께 약 1시간 반 동안 오찬행사를 가졌다. 이어서 세배를 드리고 새해 인사를 나누었다.

공식적인 신년하례는 1월 3일 9시 30분 비서실 및 경호실 직원과 기자단이 함께 노 대통령께 신년인사를 드리고 이에 대통령께서 다과와 격려의 말씀을 주시는 것으로 치러졌다. 곧이어 대북관계 등을 중심으로 서재에서 수석비서관 간담회를 가졌으며, 민정수석과 사정수석 사이의 업무조정 내용, 연두 기자회견 등의 연초 일정조정 내용 그리고 1월 2일 소련특사 관련 관계장관회의와 당정회의 결과 등을 보고한 뒤 11시에 비서실 시무식을 가졌다. 직원들에게 합심 단결과 책임 그리고 앞을 내다보는 행정을 강조했다고 기록되어 있다. 오후에는 비서실 사무실을 순시함으로써 취임과 관련된 형식적인 일들을 끝낼 수 있었다. 15시 반부터 30분간 영빈관에서 정부·당 관계자 등이 참석한 신년하례식을 잇달아 가졌고 18시에는 롯데호텔에서 개최된 대한상공회의소 주최 신년교례회에 참석한 대통령을 수행했다. 이렇게 새해 첫날 공식일정을 마무리하였다.

새해 첫 본관 수석비서관회의(이하 본관수석회의)가 1월 4일 오전에 1시간 반 동안 진행되었다. 대통령을 모시고 하는 본관수석회의는 통상 월 2회 정도 개최되는데, 비서실을 개편한 뒤 처음 열린 이날 회의에서는 의전, 정무, 경제, 외교안보, 행정, 민정, 사정, 공보, 정책조사, 총무, 경호실, 당총재 비서실장이 순서대로 각 소관업무를 보고하였으며 약간의 토의에 이어 대통령이 지시사항을 말씀하였다. 대통령 지시사항에는 보고사항에 대한 자세한 의견제시가 주종을 이루었으나 새로운 사항에 대한 지시도 적지 않았다.

의전수석이 신년 기자회견, 일본 수상 방한 관련 의전행사, 정부 업무보고 일정, 신년음악회 등을 보고했다. 정무수석은 새해의 정무분야 과제로서 오랫동안 중단되었다가 6·29선언의 민주화 공약사항으로 제시하였던 지방자치의회 선거의 원만한 실시, 이듬해 실시될 14대 국회의원 선거, 정권 재창출, 그리고 1월 계획된 152회 임시국회 대책, 특히 개혁입법 추진 등을 당면과제로 제시하였다.

경제수석은 지난해 성장 9%, 국제수지 17억 달러 적자, 물가 9% 등 거시경제 지표와 노사분규 및 임금상승률, 주택건설, 농촌상황 등을 설명한 뒤 새해에는 페르시아만 사태, 우루과이라운드, 대미 통상마찰, 지자체 실시 등을 감안하여 7%의 성장률과 30억 달러 적자를 예견했다. 그러면서 당면과제로 제조업 경쟁력강화, 물가·노임·부동산 등 경제안정책, 근검절약 풍조 권장과 아울러 농어촌 대책과 함께 국제경제 대책을 강구하겠다고 보고했다.

외교안보수석은 한·미·일을 축으로 하여 그동안 추진한 대소對蘇 수교 등 북방정책이 거둔 성과와 APEC 추진 등을 바탕으로 유엔가입이 가시화 단계에 들어섰으며 남북관계도 이제 접촉에서 대화로 한 단계 격상됨에 따라 북한 개방을 유도하는 심리전을 강화하고 예기치 않은 돌발적 통일 가능성에 대한 대비책을 강구해야 된다고 강조하면서, 금년 1월에는 가이후海部俊樹 일본 수상 방한(1월 9일), 한미 행정협정 개정, 로가초프 소련 외무차관 방한, 이라크 사태에 대비한 대책을 강구하는 데에도 소홀해서는 안 된다고 설명하였다.

행정수석은 치안상황과 관련해 대기업 노조와 전노협 등 노동계의 연대투쟁에 대한 대책 그리고 학원가의 등록금 투쟁과 '의식화' 활동 차단 방법을 강구하겠다고 보고했다. 이어 공산권 해외연수를 확대 실시하는 한편, 지방자치의회 선거와 관련하여 새질서・새생활운동과 공명선거 캠페인 강화 등으로 공명선거가 이루어지도록 하겠으며 교육정책 개선으로 실업고 확충과 대학입시 자율화 방향 등을 당면과제로 보고했다.

민정수석은 악성 유언비어나 낭설이 감소되는 경향이 있으나 정책집행의 사각지대를 찾아내 대책을 강구토록 지원하는 데 역점을 두겠으며 중요 단체의 동향, 정보기관 간의 유기적 협조에 중점을 두고 민정업무를 추진하겠다는 각오를 피력하였다. 김영일 사정수석은 법령공포 상황, 개각절차 관련 헌법소원 제기 사실 등과 아울러 지난해 대통령의 5・7선언[3]에 따라 설치・운영되던 특별사정반의 그간 활동에 대하여 비위공직자 16명 구속, 36명 면직, 40명 내사, 선행 포상 56명, 부동산 투기 300여 명 적발과 국세청 통보, 세금 800억 원 추징 등의 성과를 거양하였으며 앞으로도 계속 통치자의 사정 의지가 침투될 수 있도록 진용을 재정비 강화할 것이라고 보고했다.

공보수석은 1월 8일 신년 기자회견과 관련하여 1월 8일 9시 30분부터 20분간의 기조연설과 10개 내외의 문답 등으로 1시간 20분가량 생방송을 진행할 예정이라고 보고하였다. 정책조사보좌관은 금년도 홍보 기조를 정치・경제・외교・통일 등 분야별로 정하고 주요 시책 홍보, 연구기관 활용, 민자당과의 협조, 새 홍보수단 발굴 그리고 신상필벌信賞必罰로 홍보체계를 강화하여 소기의 목적을 달성하겠다고 강조하였다.

총무수석은 직제조정 내용과 보수인상에 대하여, 경호실은 내한할 일

3 1990년 5월 7일 대통령은 강영훈 총리 등 전 국무위원이 배석한 자리에서 〈시국에 관한 특별담화문〉을 발표하고 부동산・물가・증시 문제 등 경제현안과 불법 노사분규 등을 두고 정부의 강경 대처 방안을 천명하였으며, 관계부처에서는 단계적으로 그 실천 방안을 강구해 나갔다.

본 총리 경호에 대하여 각각 보고하였다. 당총재 비서실장 김진재 의원은 당의 기본 과제로 지방자치의회 선거, 14대 총선 대비, 통치기반 확립과 정권 재창출을 제시하면서 임시국회에 대비해 미창당지구를 해소하고 정책을 개발하며 대화를 강화하는 데 중점을 두겠다고 다짐했다.

이와 같은 보고를 받은 뒤 노 대통령은 먼저 새해의 통치방향을 새 정책 개발보다는 이미 제시되어 집행 중인 민주화 · 경제난관 극복 · 북방정책과 남북관계 승화 등에서 결실을 거두는 해로 삼았으면 좋겠다는 말씀을 했다. 이와 함께 분야별로 몇 가지 중점 사항을 지시하였다.

먼저 새해 가장 중요한 정치행사인 지방자치의회 선거를 성공적으로 치러야 한다고 말씀하시면서, 특히 '돈 안 쓰는 선거'가 되어야 한다고 강조하셨다. 법의 테두리 안에서 최소한의 경비와 자금으로 선거를 치러 6 · 29선언 이래 천명으로서 추진해 온 민주화의 시금석이 되어야 한다는 것이었다. 그러기 위해서는 기업인도 선거에 관심을 갖기보다는 본연의 제조업 기술향상에 투자하도록 유도하고 관계기관에게 돈의 흐름을 감시할 수 있는 특단의 대책을 마련하라고 말씀하였다. 지난해 10월 13일 범죄와의 전쟁을 선포하고 전개한 새질서 · 새생활운동도 올해의 정치일정까지 감안하여 시작한 일이니, 선거로 해이해질 사회기강과 경제에 미칠 악영향을 기필코 극복하라고 거듭 강조했다. 이에 더해 대통령의 의지를 확실히 홍보하라고 다짐하셨다.

다음으로 경제 분야에서 대미 무역마찰 문제를 두고 각별히 대책을 수립 실시할 것, 민정수석실은 정책자료 수집과 정책화에 미흡한 점이 없도록 할 것과 그리고 사정수석실의 특명사정반의 활동을 격려 · 평가하시면서 대통령의 민주화 통치철학이 제대로 침투되도록 뒷받침할 것을 거듭 지시하셨다. 당은 연수계획을, 정치특보는 호남 관계대책을 각각 수립하여 보고하라고도 말씀하였다.

노 대통령께서는 특히 홍보의 중요성을 강조하시고, 당과 각부 장관의 홍보 노력과 당정 간의 호흡 일치 총력전 태세가 미흡하다고 지적하면서 김학준 정책조사보좌관의 노력을 치하하였다. 앞으로도 홍보체제를 일원화하여 정책조사보좌관이 전반적인 책임을 지되 대통령 개인과 관련된 홍보는 공보수석이 맡도록 하고, 정책홍보는 관계수석 등이 긴밀히 협조하여 사각지대가 생기지 않도록 하라고 말씀하였다. 정치특보의 매체 출연과 강연회 활동도 강화할 것이며 대북심리전 계획을 수립하여 보고하라는 지시도 있었다. 지방자치의회 선거와 관련하여 필요시에는 관계장관의 반복, 공동 경고 담화로써 기필코 공명선거로 평가받아야 한다는 말씀도 함께였다.

대통령께서는 정부의 홍보문제와 관련하여 정부가 정책을 수행하는 과정에서 홍보의 역할과 협조가 필수적임에도 불구하고 실제로 정책 의도가 국민에게 제대로 전달되지 않거나 왜곡되어 정책수행에 오히려 장애가 되고 있으며, 나아가 정책성과에 대한 평가도 적정하지 못한 경우가 적지 않다고 생각하시는 것 같았다. 비서실장으로 재직하던 당시 수시로 홍보문제와 관련하여 질책을 받았다.

사실 나는 평소 일만 알차게 잘 하면 그에 대한 평가는 걱정하지 않아도 된다는 생각을 갖고 있었다. 평가에 과민할 필요가 없다는 것이었다. 공직자로서 종사해 온 분야가 주로 검찰·법무 등 법집행 분야였기 때문이기도 하거니와[4] 공을 과시하는 면이 적지 않은 홍보가 꼭 필요한지에 대한 회의도 느끼던 터여서 처음엔 대통령이 보이는 큰 관심에 조

4 1980년대 초반까지만 하여도 법무·검찰의 홍보에 대한 생각은 매우 소극적이었다. 내가 서울지방검찰청 검사장으로 근무할 당시 대검찰청에서 큰 경제 관련 부정사건이었던 '이철희·장영자 사건'을 수사한 일이 있었다. 수사결과가 발표되었음에도 여러 가지 의혹이 가라앉지 않자 당시 청와대에서 검찰총장으로 새로 임명된 김석휘 총장에게 TV에 출연하여 직접 설명할 것을 권고하자 검찰 내부에서 찬반양론이 있었다. 나의 의견도 신중론이었지만 결국 TV에 출연하게 되었다. 그 뒤로 법무·검찰의 홍보에 대한 태도도 점차 적극적인 방향으로 변해 왔다.

그마한 거부감을 품었다. 그러나 민주정치가 제대로 작동하기 위해서는 국민과의 소통을 통한 국민의 협조와 참여가 필요불가결하다는 사실에 눈뜨게 되면서 홍보에 대한 나의 소극적인 태도를 바꾸지 않을 수 없었다.

새해 첫 수석회의를 통하여 정리된 새해 정책방향은 1월 8일 연두 기자회견을 통하여 국민에게 보고했다. 연말부터 몇 차례 회의를 거쳐 기자회견 준비를 해왔는데, 그 덕분인지 큰 문제없이 무난히 진행되었다. 먼저 대통령께서 새해 시정방향에 대하여 모두冒頭연설의 방법으로 밝히셨으며, 곧이어 10명 기자의 당면현안에 관한 질문에 답변하는 형식으로 생방송 진행되었다.[5]

지방자치의회 선거가 준법선거, 돈 안 드는 선거가 되어야 함을 가장 큰 과제로 강조하였으며 대학입시 자율화, 페르시아만 사태 관련 의료진 파견, 남북정상회담, 유엔가입 문제, 중국 무역대표부 설치계획 등에 대하여 전향적인 의견을 표명하셨다. 물가·임금·노사관계 등에 안정을 강조하시는 한편 사회간접자본 투자를 위한 기획단 출범을 예고하고, 우루과이라운드 등 관련 농촌문제에 대해서도 소홀함이 없도록 하겠다고 다짐하셨다. 내각제 개헌 문제는 국민의 의사를 존중하겠으며 후계자 문제도 임기가 만료되기 약 1년 전에는 민주적 절차에 따라 결정될 것이라고 말씀하였다.

참으로 큰 이슈 없이 평온한 가운데 안정적으로 임기 4년차를 맞이하는 분위기로 기자회견이 마무리되었다. 그러나 얼마 가지 않아 많은 일들이 잇달아 일어나면서 정말 다사다난한 한 해가 될 줄 누가 예측할 수 있었을까?

5 연두연설 요지는 대통령 비서실(1991), 《노태우 대통령 연설문집》 3권, 745~773쪽.

연두 업무계획 보고와 지방순시

새해에는 행정부의 수장으로 각 행정부처로부터 새해 업무계획을 보고받고 대통령의 뜻을 전달하며 지방을 순시하면서 새해의 현장을 확인하는 일도 연례화되어 있었다. 이번의 연두보고는 비서실에서 여러 가지로 논의한 끝에 우선 5개 정책과제에 대하여 관계부처가 합동으로 보고하는 형식으로 진행하기로 하였다. 정부가 중점적으로 추진하는 과제는 관계부처의 합동보고를 받음으로써 관계부처 간 정보를 공유하고, 협력을 촉진하여 효율적이고 종합적인 과제 추진이 가능하다는 이점 외에도 보고회의 횟수를 줄일 수 있다고 생각되었기 때문이다. 각 부처의 새해 업무보고는 해당 부처에서 이미 신년 업무계획이 작성되어 있으므로 소관 수석실에서 서면보고를 받는 것으로 대신하기로 하였다.

5대 정책과제는 ① 첫째, 경제안정과 성장기반 확충대책(1월 14일 경제기획원, 재무, 농수산, 상공, 동자, 건설, 체신, 노동, 과기처 등 경제부처), ② 국민생활과 환경 개선대책(1월 15일 경제기획원, 교통, 건설, 환경, 보사, 보훈, 서울특별시), ③ 교육혁신과 국민정서 함양 방안(1월 21일 교육, 문화, 공보, 체육청소년), ④ 공직 및 사회기강 확립 대책(1월 22일 총리실, 내무, 법무, 교육, 노동, 총무, 감사원), ⑤ 농어촌 대책(1월 23일 경제기획원, 농수산, 내무) 등으로 진행되었다.

그다음으로 합동보고가 적당하지 않은 부처의 경우 단독보고 형식으로 통일부(1월 16일), 외무부(1월 24일), 국가안전기획부(1월 25일), 국방부(1월 30일), 총무처(2월 1일)까지 마침으로써 연두보고를 일단락하게 되었다. 시급성이 덜한 부서인 법제처는 4월 16일에 보고했다. 2월 초부터는 지방순시에 들어갔다.

연초 업무보고 내용을 일일이 이곳에 언급할 필요는 없을 것이다. 다만 5개 합동보고사항 가운데 세 가지가 경제 분야에 관한 것이었다는 것은 경제가 국정에서 차지하는 비중이 매우 크기 때문이기도 하지만 임기 후반을 맞으면서 경제정책 수행에 중점을 두고 매우 많은 노력을 경주하고 있다는 점, 나머지 두 개 가운데 한 가지가 법질서 및 기강 확립에 관련된 것이란 것은 그동안 민주화의 진전과 더불어 그 부작용이라고 할 무질서・기강 해이를 바로잡아야 할 시대적 과제로 정확하게 인식하고 해결에 전력을 다하고 있다는 점[6], 그리고 나머지 한 개인 교육・청소년・문화 등 분야에도 큰 관심을 갖고 있었다는 점을 지적하고 싶다. 그리고 외교안보 분야는 성격상 단독보고로 연두보고가 이루어졌다.

각 부처에서는 연두 업무보고를 통하여 한 해 업무계획을 확정하고 대통령의 반응과 관심사항을 살핌으로써 확신을 가지고 소관사항을 집행하게 되는 것이다. 대통령중심제 아래서 대통령의 행정부에 대한 영향력은 거의 절대적이라 할 수 있으므로 각 소관부처가 추진하고 싶은 사항을 연두보고 시 대통령의 지시사항에 포함시키도록 사전 비서실과 의견조정을 하는 예도 적지 않았다. 국정과제 선정에 매우 중요한 기회로 활용되었기에 될 수 있는 한 1월 중으로는 연두보고를 마쳐야 했으며, 이 해에도 돌발적 사항들이 없지 않았음에도 불구하고 대체적으로 그 기간이 지켜졌다고 할 수 있다.

지방순시는 2월 5일 광주・전남부터 시작되어 전북(2월 6일), 강원(2월 13), 대전(2월 22일), 충남(2월 23일), 인천(2월 27일), 부산(3월 7일), 경남(3월 8일), 충북(3월 12일), 대구(3월 15일), 경북(3월 16일), 제주(3월 18일), 경기(3월 22일), 서울(4월 4일)의 순으로 진행되었다. 두 달이 소요된 셈이다.

지방순시 일정 가운데 지방에서 1박한 것은 전주, 대전, 경남, 대구,

6 사실 노 대통령에 대해서는 취임 초부터 법질서 면에서 너무 온건・관대하여 영이 서지 않는다는 점, 경제를 제대로 챙기지 못한다는 점 등이 주된 비판・불만사항으로 회자되고 있었다. 그런 비판을 수용한 점도 없지 않아 집권 후반기 노 대통령의 중점 관심사항이었음을 지적하고자 한다.

제주 등이며 나머지는 당일 왕복으로 진행되었다. 그리고 지방순시의 기회를 이용하여 별도의 일정을 소화하는 것이 관례화되어 있었다.

광주에서는 상무경찰관파출소 방문, 전주에서는 환경미화원과의 조찬·격려, 춘천에서는 미크로전자 공장 방문, 대전에서의 한국과학기술원 방문과 국립중앙과학관 방문, 인천에서는 서해안고속도로 기공식 참석, 부산에서 보통사람과의 만남, 경상남도에서의 해군사관학교 졸업식 참석, 충청북도에서는 공군사관학교 졸업식 참석, 대구에서는 친가 및 처가 성묘 및 동창생과의 만남, 제주에서는 농촌진흥청시험장 방문 등이 그것이다. 가급적 시간을 쪼개어 현장방문, 국민과의 만남을 이어나갔다.

지금까지 나의 기억에 남은 것은 첫째, 힘겹게 삶을 꾸려가고 있는 서민층과의 진솔한 만남이 자아내는 감격적인 순간이었고, 둘째, 대전 과학기술원 학자들과 만나는 장면이다. 강당을 가득 채운 우리나라 최고 과학자들이 전원 기립박수하는 가운데 대통령의 진정 어린 격려와 과학자들의 가슴 벅찬 화답이 이룬 참으로 흐뭇한 장면이었다. 사실 과학기술의 발전은 바로 나라발전의 기본이다. 퇴임 이후지만 1993년에 대전과학엑스포를 개최하여 우리 과학을 비약시키고자 준비하고 있는 입장에서 우리나라 과학기술 발전의 핵심적 역할을 하는 대전 과학단지 방문은 잊을 수 없는 일이었다.

지방순시가 관할 시·도청 및 교육감의 업무현황 보고, 지역현황에 관련된 질문과 답변 그리고 대통령의 지시사항으로 진행되는 것은 중앙부처 업무보고와 크게 다를 바 없다. 다만 지방의 각계인사들과 자리를 함께하며 환담하는 기회를 가지기도 하고 또 여당의 총재로서 여당 지역구 간부들을 접견하고 격려하는 일도 함께 진행되었다. 특히 연두순시 때 해당 지역에서는 대통령에게 건의하는 형식으로 지역의 관심사항에 대한 중앙정부 지원을 요청하는 것이 관례화되어 있었다. 대개 예산

지원이 수반되는 사업이기에 중앙정부 예산 사정을 보아야 확답할 수 있었다. 예산관계관을 수행하게 하여 각 지역의 관심사항을 파악하도록 하고 있었지만 최종적인 결론은 대통령의 몫이었다. 무조건 된다, 안 된다고 할 수도 없기에 비서실로서는 사전에 파악하고자 위해 노력함으로써 적절한 보좌업무를 완수할 수 있었다.

지방관서에 내리는 지시사항으로는 각 지역에 공통되는 것이 있는가 하면 그 지역에만 특별히 지시하는 것도 있었다. 1991년도 지방순시 때 공통적으로 지시한 사항은 지방자치의회 선거가 공명선거가 되도록 하라는 것, 공직자의 기강확립이 중요하기에 지방자치 실시에 동요하지 말고 공직자로서의 임무를 완수하도록 하라는 것, 새질서·새생활운동을 강력히 추진할 것, 걸프전쟁 등과 관련하여 에너지 절약에 힘쓸 것을 당부함과 아울러 저소득층의 복지에도 관심을 가지라는 다섯 가지 사항이었다. 그 밖에 각 지방의 보고와 관련하여 대통령의 의견과 관심을 표명함으로써 업무수행에 최선을 다하도록 독려하는 것이었다.

지방마다 다른 특색 있는 상황과 정책수행 방향에 대하여 대통령의 반응은 대체로 수긍하고 격려하는 쪽이었다. 우선 지방에서 열의를 가지고 수행하려는 사업에는 나름대로 이유가 있기 마련이라는 사실 이외에도 비서실과의 정보공유를 통하여 사전 조정된 적이 적지 않았기에 특별히 무리한 경우가 아니면 격려하는 것이 대통령으로서 온당한 처사라고 생각하기 때문이었다.

이와 같이 중앙부처의 연두 업무보고와 지방순시가 이루어지는 동안 벌써 한 해의 4분의 1이 지나가고 있었다. 그러나 그사이 더 많은 다른 일들이 일어나고 해결되었으며, 한편 깊은 고민을 안겨 주는 두통거리가 생겨나기도 하였다.

한일 정상회담, 러시아 특사 방한, 그리고 한미 행정협정 개정

새해 벽두 1월 8일부터 9일까지 청와대에서 노 대통령과 가이후 일본 수상이 2차에 걸쳐 정상회담을 하는 외교행사가 기다리고 있었다. 가이후 수상의 공식 방한은 전해 5월 노 대통령의 일본 공식방문에 대한 답방의 형식으로 진행되어 양국 간의 미래지향적인 협력에 큰 진전을 이룬 외교행사였다. 잘 알다시피 노 대통령은 1990년 5월 24일~26일 2박 3일간 일본을 방문하여 일왕과 수상에게서 과거사에 대한 사죄를 받았으며, 재일동포 법적 지위 문제와 관련 교포3세 문제를 매듭짓는 등 우호적인 분위기를 마련하고 귀국한 일이 있었다. 당시 일본에서의 몇 번의 연설을 통하여 일본인에게 큰 감명을 안겼으며 특히 일왕 내외 주최 만찬에서 강조한 성신외교誠信外交[7]와 일본 국회에서의 변화하는 세계 속의 새 한일관계를 모색하자는 명연설은 한동안 일본 조야에서 큰 화제가 되었다.

이와 같은 일본 방문외교의 연장선상에서 이루어진 일본 수상 방한이었기에 별다른 문제없이 순조롭게 마무리될 수 있었다. 1차 정상회담은 1월 9일 15시부터 15시 15분까지 훈장 수여 등 의례적 행사에 이어 걸프 사태, 한반도 및 주변 정세, 일본・북한 간 교섭, 한일 양국의 소련 및 중국 간의 관계 등에 관한 의견교환과 협조 등으로 우호적인 분위기 속

---

7 270년 전 조선과 외교관계를 담당했던 대마도의 일본 외교관 아메노모리 호슈가 성의와 신의(誠意, 信義)를 신조로 삼아 외교업무에 임했으며 그 상대역인 조선의 현덕윤은 동래에 성신당(誠信堂)을 지어 일본 사절을 맞았다는 옛일을 상기하는 만찬 답사가 일본 조야를 놀라게 하였다는 것이다. 옥스퍼드대학 교수인 James B. Lewis의 논문〔루이스 제임스(1996), "조선 후기 부산 왜관의 기록으로 본 조일(朝日) 관계 - '폐・성가심(迷惑)'에서 상호이해로", 〈한일관계사연구〉 6, 한일관계사학회, 122~154쪽〕과 저서〔Lewis, J. B. (2003), *Frontier Contact Between Choson Korea and Tokugawa Japan*, Routledge〕를 참조. 나는 퇴임 후 대마도를 여행하던 중 '성신외교'란 비석을 확인한 바 있다.

에서 진행되었으며, 18시 30분부터 21시 10분까지 영빈관에서 만찬 및 공연을 진행하는 등 환영행사를 하였다. 나는 노 대통령을 대리하여 내자와 함께 17시 40분 행사 전에 영빈관으로 가서 참석 내빈을 맞이하는 역할을 처음으로 수행하였다. 두 번째 정상회담은 이튿날 10시부터 11시 30분까지 1시간 반 동안 원만하게 마무리되었다.

이날 회담에서는 한일 우호협력 3원칙[8]에 합의한 것을 비롯해 인적 문화교류, 무역 역조 및 산업기술 협력문제, 유엔가입 문제, 한일 간 어업문제 등에 전향적인 의견교환이 있었으며 재일동포 법적 지위문제를 일단락 짓는 외무장관 간 합의각서 교환, 2년 내 지문날인 철폐 등의 성과를 거양하였다. 생전 처음 정상회담에 참석하여 보니 서로 인사말을 나눈 뒤 사전 실무선에서 조정된 의제순서에 따라 번갈아 발언을 함으로써 회담이 진행되는 것을 알 수 있었다. 예정에 없는 발언이 있을 수도 있겠지만 이번 한일 회담은 그야말로 화기애애한 가운데 일사천리로 이루어지는 것을 목격할 수 있었다. 그러나 이렇게 진행되기까지는 실무진의 힘든 노력이 앞서야 했을 것이다.

한일 정상회담에 앞서 연초 바쁜 일정에도 불구하고 1월 7일 9시 30분경부터 10시 20분까지 한일 21세기위원회의 보고를 받는 데 배석하였다. 한국 측 위원장 고병익과 위원 정수창, 문인구, 조석래, 김옥열, 강영규, 최형섭, 한승주 등 8명이 참석하여 그동안의 활동을 마무리하는 보고서를 제출하였으며, 위원장 이외에도 참석한 정수창, 문인구, 강영규 위원 등이 개별적으로 여러 가지 한일관계에 관련된 참고될 만한 말씀을 드리는 형식으로 진지한 토의가 계속되었다. 2년 반에 걸친 작

8 양국 간에 합의된 한일 우호협력 3원칙은 다음과 같다.
① 한일 양국의 진정한 동반자 관계 구축을 위한 교류·협력과 상호이해를 증진한다.
② 아시아·태평양지역의 평화와 화해 그리고 번영과 개방을 위한 공헌을 강화한다.
③ 범세계적 제 문제와 해결을 위한 건설적 기여를 증대한다.

업결과를 담은 보고서로 그 뒤 외무부와 청와대의 대일관계 수행에 참고되는 자료들이 담겨 있었다.[9]

한일 정상회담이 열리기 전이었던 1월 6일, 소련의 고르바초프 대통령 특사자격으로 소련 외무부 로가초프 차관이 방한하였다. 전술한 바와 같이 휴일임에도 불구하고 1월 2일 관계부처 장관이 모여 대책을 협의한 바 있었거니와 예상한 대로 로가초프 차관은 1월 7일 11시 청와대를 방문하여 대통령께 고르바초프 대통령의 친서를 전달하고 말씀을 나누었다. 로가초프 특사는 소련의 페레스트로이카 정책 추진과 관련하여 경제사정이 매우 어렵다고 말하고, 20억 달러가량의 재정차관을 요청하였다. 대통령께서는 소련의 그와 같은 정책 전환의 성공이 한반도와 세계평화를 위하여 매우 중요하므로 능력범위 안에서 최대한 협조할 것임을 밝히고 실무협의를 통하여 논의하라고 당부하셨다.

아울러 대통령께서는 북한의 개방과 우리나라의 유엔가입, 북의 핵무기 개발 문제 등을 언급하면서 우리나라는 북한을 흡수통합할 의사가 없다고 강조하고 소련의 적극적 협조를 소망한다고 말씀하셨다. 실무적 협의는 김종인 수석이 맡아 수행했으며 1월 2일 삼청동회의에 참석하였던 이승윤 부총리, 이상옥 외무, 정영의 재무 등이 협의하여 10억 달러 선에서 은행차관을 빌려 주는 형식으로 타결이 되었으나 최종 발

---

9 한일 21세기위원회는 1988년 2월 25일 노 대통령 취임식 당시 경축사절로 참석했던 다케시다 노보루 일본 수상과 노 대통령 간의 회담에서 한일 양국 간의 건설적인 동반자관계를 구축하기 위한 방안을 논의하여 그 결과를 양국 정부에 보고하기로 합의된 데 따라 구성된 것이다. 한국 측 대표는 본문에 거명된 인사 외에 최석채 위원이 포함되어 있었으며 일본 측은 스노베 료조 위원장을 위시하여 학계, 재계, 언론계, 외교계 등 총 9명의 위원이 활동하였다. 이들은 2년 반 동안 이어진 분야별 전문가들의 공동작업과 다섯 차례 합동위원회를 거쳐 〈21세기를 향한 한일관계〉라는 보고서와 〈한일 교류의 현상과 과제〉라는 부속보고서를 이날 제출 및 보고하였다. 이상옥(2002), 《전환기의 한국외교》, 도서출판 삶과꿈, 580~582쪽.

표는 1월 16일 방한한 마슬류코프 제 1부수상과의 절충이 끝난 뒤 이루어졌다. 1월 18일 오전 11시 30분부터 13시까지 노 대통령께서는 마슬류코프 소련 제 1부상을 접견하고 오찬을 함께하였다.

마슬류코프는 김종인 경제수석을 수석대표로 하는 한국 측과 수차례 경제협력차관 문제를 비롯하여 자원협력, 과학기술협력, 어업협력 등 여러 가지 문제를 협의하고 한소 경제공동위원회를 설치하기로 합의하였으며, 경제협력 규모는 결국 30억 달러(은행차관 기합의 10억 달러, 원료 및 소비재 수출용 전대차관 15억 달러, 자본재 수출용 연불수출 5억 달러)로 낙착되었다.

교섭이 막바지에 이르렀을 때 김종인 수석이 나에게 경협 규모에 대하여 의견을 물은 일이 있었다. 관계장관들의 의견으로 20억 달러 정도를 생각한다고 하면서 나의 생각은 어떤지 물어 왔다. 나로서는 전문지식이 전혀 없는 처지여서 구체적 액수에 대한 의견을 제시할 수는 없었으나 이왕이면 그야말로 대국인 소련에게 우리가 도울 수 있는 기회가 되었으니 사정이 허락하는 한 넉넉하게 마음을 쓰는 것이 좋지 않겠느냐는 이야기를 한 일이 있었다. 결국 대통령께 보고하는 과정에서 10억 달러가 더 보태진 것이 아닌가 짐작하면서 잘된 결정이라고 생각하고 있었다.

그런데 그 뒤로 특히 우리가 정부에서 물러난 뒤 이 액수가 과다했다는 이야기들이 정가에서 유포되어 소련 측의 불쾌감을 초래한 일이 있었다고 들었다. 사실 우리나라는 국토도 협소하고 자원도 부족하여 늘 어렵게 살아 왔기에 남의 나라를 도울 기회도 없었거니와 그렇게 할 엄두조차 못 냈다. 그런 비판이 나오는 것도 이러한 사정에 비추어 당연하다고 믿는다. 그러나 이왕 도움을 줄 때 상대방이 흡족하도록 하는 편이 옳다는 것은 우리가 익히 알고 있는 바다. 개인 간이나 국가 간이나 똑같이 적용되는 세상사의 원리가 아니겠는가. 그럼에도 불구하고 속 좁게 언동하여 오히려 도움을 주고도 불쾌감을 갖게 하는 것이 얼마나 어리석은 일인가 생각하면 참으로 한탄스럽다고, 물러난 입장에서 중얼거리지 않을 수 없었다. 이제 우리도 세계 10위권의 경제대국으로서 자만할 일은 아니지만 그에 걸맞은 마음의 크기를 가져야 한다고 믿는다.

또 한 가지 지적할 것은 한미 행정협정SOFA의 개정이다. 1966년 체결되어 25년이나 시행되던 주한미군 지위협정은 체결 당시 우리나라의 국력이 반영된 것으로, 그동안 우리나라의 눈부신 경제적 발전과 6·29선언 이후 진행된 민주화 등 제반 상황을 반영한 개정이 필요하다고 판단되었다. 노 대통령 취임 후 1988년 12월부터 2년여에 걸친 교섭 끝에 1991년 2월 1일 새로운 행정협정이 발효되었다. 가장 중요한 변화는 미군 범죄에 관한 여러 가지 절차가 미국과 NATO 간에 적용되는 수준으로 향상되었다는 점이다. 이는 용산미군기지 이전 기본합의와 더불어 노 대통령의 민족자존民族自尊이란 시정방침이 구현된 결과로서 기록되어야 할 것이다.

페르시아만 사태: 걸프전쟁에 대한 대처

1990년 8월 2일 이라크군이 쿠웨이트를 침공해 점령하면서 야기된 페르시아만 사태로 우리 정부도 여러 가지 걱정을 하지 않을 수 없었다. 예전 같으면 유라시아대륙 동쪽 끝에 위치한 우리나라로서는 먼 서쪽 끝에서 일어나는 일에 대하여 잘 알지도 못하였을 것이고 관심을 가지지도 않았을 것이다. 그러나 20세기 후반 교통·통신의 획기적 발전으로 여러 가지 정치적 관계, 경제적 거래가 얽히며 좁혀진 세계에서 페르시아만의 일도 우리에게 결코 남의 일이 될 수가 없었다. 더구나 에너지의 많은 부분을 이 지역에 의존하고 있으며 우리의 건설업 진출을 비롯하여 무역관계도 활발하여 주재하는 근로자·교민의 수(쿠웨이트에만 약

300명) 역시 괄목할 만한 것이어서 정부에서는 이미 교민철수 등 필요한 조치를 취하였다.

뿐만 아니라 유엔 안전보장이사회가 일련의 결의를 통하여 이라크에게 무조건 철수를 촉구했으며, 회원국은 물론 비회원국에게도 세계평화와 지역안정을 위한 제반조치에 협조할 것을 요청하였다. 정부는 이와 같은 유엔의 요청과 이런 조치를 주도하는 미국의 입장 등을 고려하여 침공 직후인 1990년 9월 24일, 2억 2천만 달러 규모의 재정지원 계획을 발표하였다.

그러나 새해 들어 이라크군 철수 시한이 1월 15일로 다가옴에 따라 청와대는 1월 5일(토요일) 오전 7시 30분부터 9시 30분까지 삼청동회의실에서 비서실장 주재로 양 부총리, 안기부장, 외무・국방・공보처 장관과 정무・경제・외교안보수석, 정책조사보좌관 등이 참석한 가운데 대책회의를 열고 걸프지역(페르시아만을 '걸프지역'으로 개칭하였음)의 상황을 점검하고 군 의료진 파견을 위한 국회동의 요청, 전쟁 발발 시 정부의 입장 표명 등을 의논하였다. 재정 및 병력 추가지원 문제는 추후 상황 변화에 따라 대책을 세우기로 의견을 모았다. 이와 관련하여 팀스피릿 규모 감축 문제 및 지방자치 준비 등에 대한 보고도 있었다. 이 회의 결과는 곧 대통령에게 보고되었으며 관계부처에 구체적 집행방안을 강구하게 하였다.

유엔 안보리가 결의한 철수시한을 앞두고 미 국무장관과 이라크 외교장관의 면담(1월 9일), 그리고 유엔 사무총장의 바그다드 방문(1월 11~12일) 등 마지막 절충시도가 수포로 돌아가면서 드디어 1월 17일 오전 9시(한국시간) 걸프전쟁이 발발되었다. 다국적군의 바그다드시 국제공항 일대 정유시설, 그리고 핵 제조시설 등에 대한 선제 공중공격이 그 신호탄이었다.

미국 측으로부터 통보를 받은 직후인 오전 10시 10분부터 10분간 대통령께서는 비서실장과 정무・경제・외교안보・행정・공보・의전수석비서관을 소집하여 관계수석비서관회의를 주재하시고 6개 항의 지시사항을 하달하셨다. 국방부의 경계 및 작전태세 확인, 군 의료진 파견에 대한 국회동의를 받도록 정부 국회 여야가 협의할 것, 아랍권 또는 북한의 침투나 기타 불순세력에 의한 테러에 대비한 국내 치안태세 확립, 매점매석 행위를 단속하고 유류 비상수급계획을 차질 없이 실시하도록 할 것, 국민이 불안감을 갖지 않고 생업에 종사하도록 홍보하고 특히 유언비어에 대한 대책을 강구할 것, 그리고 정부대책이 국민과 호흡을 맞춰 원활하게 집행되도록 언론의 협조를 구하되 전쟁 대비 TV 방영시간 조정도 실시하는 것이 바람직하다는 등의 말씀을 하셨다.

당일 14시부터 15시 25분까지 청와대에서 경제부총리, 외무, 국방, 동자 및 공보처 장관이 참석하는 국가안전보장회의가 개최되었으며 비서실에 내려온 6개 항의 지시 외에도 유가油價 인상 우려에 대비하여 에너지 절약정책을 시행하고 근검절약 분위기가 정착되도록 할 것과 근로자 및 교민철수 문제, 한미 군사협력체제 등이 논의되었다. 임시국회가 1월 21일부터 2월 9일까지 긴급 소집되도록 합의되었다는 보고도 있었다.

그 뒤로 의료지원단 파견은 1월 21일 국회 동의를 얻었다. 22일 15시 30분 대통령에게 출정신고를 한 뒤 이튿날 의료지원단 154명은 서울을 출발하여 사우디아라비아에 도착해 임무를 수행하기 시작하였다. 의료지원단 파견을 전후하여 전투병 파견으로 연결되지 않을까 하는 우려가 제기되고 찬반 논란이 있었으나 정부의 설명과 대통령의 연두 기자회견 당시 발언, 1월 19일 김대중 평민당 총재와의 회담에서 대통령의 설명 등으로 무난하게 국회의 동의를 얻은 것이다.

사실 나는 해외파병에 평소 적극적인 생각을 갖고 있었다. 우리나라는 역사상 늘 외침을 당하기만 하고 나라 밖으로 전쟁하러 나가 본 일이 거의 없었기 때문에 약소국의 신세를 면치 못하여 한탄스러웠다. 우리도 기회가 되면 외국에 나가 전쟁에 참여하는 경험을 쌓는 것이 국방력 증강에 도움이 될 뿐만 아니라 우리가 어려움을 당할 때 원조를 받을 수도 있을 것이 아닌가. 다소 희생을 감수할 자세를 가져야 한다는 생각이었다. 그러나 전투병 파병을 꺼리는 국민정서를 외면할 수도 없기에, 그리고 국방 사정도 참작한다면 적극적으로 전투병 파견을 주장할 수 없기에 속으로는 늘 우리도 싸움을 피하기만 해서는 안 된다는 믿음을 갖고 있었다.

그 뒤로도 전쟁이 조속히 종결되지 않아 대통령 주재로 1월 29일 관계장관회의를 거쳐 군수송기 5대 파견과 추가재정 2억 8천만 달러 지원을 결정하였다. 군수송기 지원에 관해서는 2월 7일 국회 본회의에서 찬성 191표, 반대 7표로 동의안이 가결되었다.

그동안 1월 20일 일요일임에도 불구하고 출근하여 오전 10시부터 11시까지 8군사령관 리스카시 대장과 미국대사 그레그에게서 걸프전을 보고받는 자리에 배석하였다. 리스카시 사령관은 걸프전쟁에서 3단계로 지상전을 생각하고 있는데 그중 1단계는 향후 6~8일 소요되며 좌에 미국 2개, 중간에 연합군 그리고 우에 해병 등 4개 축으로 공격한다고 설명하였다. 후세인은 다국적 전열 와해를 목표로 이스라엘을 공격하고 전쟁 연장으로 전쟁의지 약화를 도모할 것이라는 것이었다. 주한미군의 태세는 완벽하다는 보고도 하였다.

리스카시 사령관에 이어 그레그 대사는 노 대통령이 부시 대통령에 보낸 친서에 감사하다는 말씀과 함께 미국 국민 83%가 전쟁을 지지하며 연합군의 연합의지도 확고한 상태라고 보고하였다. 사우디나 이집트 등 걸프지역 국가들은 미군 주둔을 희망하며 이집트는 이스라엘의 참전도 무방하다는 생각을 갖고 있다는 보고를 덧붙였다. 유가는 일 50만 배럴 감산 시 30달러로, 300만 배럴 감산 시 50달러 이상으로 오를 전망이지만, 현실은 매우 안정되어 있으며 생산량도 많은 데다가 주식 가격이 오히려 폭등하는 등 전쟁의 정당성을 입증한다고 말하였다.

2월 24일 지상전 발발 소식을 들었을 때 다시 리스카시 사령관과 그레그 대사가 일요일에도 불구하고 16시 청와대로 찾아와 전황에 대해 보고했다. 곧 전쟁이 끝나게 되면 이집트가 아랍의 지도자 역할을 맡게 될 가능성이 있다고 하면서 이라크, 요르단, PLO 등이 전쟁의 피해자가 될 것이고 이스라엘은 큰 득을 볼 것이라는 전망도 하였다.

대한민국 대통령이 미합중국 주둔군 사령관과 대사로부터 전황 관련 보고를 받는 것에 대하여 참으로 흐뭇하게 생각하였으며 우리나라의 국위가 이렇게 향상된 데에 큰 자부심을 갖지 않을 수 없었다. 우리 정부가 타이밍을 놓치지 않고 적극적인 지원을 한 것이 그런대로 인정을 받는 것 같았다. 그 무렵 일본과 한국의 걸프전쟁 참여의 타이밍과 방법을 둘러싸고 일본이 140억 달러란 거금을 내고도 5억 달러에 의료진 및 군 수송기를 적시에 보낸 한국보다 고맙다는 말을 듣지 못하였다고 보도하고 있었다.

전쟁은 예상 밖으로 쉽게 끝나 버렸다. 지상전을 단행한 지 하루 만에 쿠웨이트를 탈환하였으며 이라크를 남북으로 차단하여 진격하자 2월 26일 이라크는 유엔 결의를 수락하겠다는 의사를 밝히게 되었고 2월 28일 종전선언을 함으로써 43일 만에 다국적군의 승리로 종결되게 되었다.

우리나라는 귀국하였던 소병용 대사로 하여금 3월 1일 쿠웨이트 망명정부가 있던 사우디의 타이프로 날아가 쿠웨이트 외무장관을 면담하고 국왕을 알현하여 노 대통령의 국왕 앞 전문을 전달하였고, 국왕은 지원에 대한 감사와 전후 복구사업에 한국 기업을 참여토록 하겠다는 뜻을 밝혔다. 정부는 노재봉 총리 주재로 3월 2일 관계장관회의를 개최하고, 사후대책에 만전을 기하도록 조치하였다.

종전 후 국민여론조사를 실시하였는데 미국의 걸프전쟁 승리에 따른 영향력 증대는 국가안보에 도움(66.4%), 의료지원단과 군 수송단 파견은 잘한 일(88.4%), 차량10부제 운행 지속실시(84.5%), TV 방송시간 단축 지속실시(60.6%) 등의 결과가 나왔다는 정책조사보좌관의 조사결과가 3월 2일 아침수석회의에 보고되었다. 여론이 매우 긍정적이었으며, 이는 아마도 정부가 회의를 거듭하며 미리 중지衆智를 모은 덕분이 아니었나 하고 기억된다. 인심은 조변석개朝變夕改라고 하였던가. 전쟁이 쉽게 끝나자 전투병을 파견했으면 좋았을 것이라는 일부 의견이 있을 정도였다. 정부의 중심잡기가 언제나 중요하다는 생각이 들지 않을 수 없었다.

수서사건, 국회 상공위사건 그리고 예능계 입시부정사건 등

연초부터 청와대는 한일 정상회담 등 주요 외교사안과 걸프전쟁 지원 등 대외적 현안을 열심히 다루어 나가는 한편, 연두 업무보고를 받고 필요한 지시를 내리며, 지방을 순시하여 지방행정의 현장을 확인하고 독려하는 일을 쉴 새 없이 해나갔다. 비교적 조용한 가운데 뜻있는 일을 했다. 그러나 연초 잠깐 조용한 듯하던 정치상황은 몇 가지 사건이 연달아 일어나면서 소용돌이치기 시작하였다.

국회 상공위원회 위원장을 비롯한 의원 3명이 외국출장 관련 비용을 불법으로 마련한 사건이 검찰에 발각되어 수사를 받게 되자 정치권이 떠들썩해질 수밖에 없었다. 곧이어 서울시장이 연말에 고건에서 박세직으로 바뀌면서 그동안 오랜 기간 미결상태로 남아 있던 민원사건인 수서지구 주택조합 토지분양 허가가 나고 이 일이 보도되자 무언가 큰 부정과 금품거래가 있었을 것이라는 의혹이 제기되었다. 결국 검찰수사로 이어지고 큰 정치문제로 진전되면서 일간신문의 지면을 독차지하다시피 하는 기간이 한 달 가까이 계속되었다. 그사이에 예능계 대학입시에서 실기시험을 둘러싸고 관련 교수들의 금품수수 등 부정이 발각되어 많은 사람들에게 큰 걱정을 안기는 일까지 벌어졌다. 더구나 수서사건의 경우 청와대 비서관이 뇌물죄로 구속되는 등 직접적인 의혹 대상으로 거론되어 청와대로서는 매우 힘든 시간을 보내지 않을 수 없었다.

사람들이 사회를 이루어 모여 사는 곳, 그것도 인구가 수천만에 이르는 나라에서 사건이 발생하는 것은 당연히 벌어질 수 있는 일이다. 하물며 오늘날 물질문명이 크게 발달하면서 국가권력을 둘러싼 이런저런 부정과 의혹은 시도 때도 없이 다반사로 제기되고 있으며 이를 규명하고 처단하는 정부기관의 처사와 관련하여 새로운 의혹과 비난이 끊이지 않는다. 이런 현상은 비단 우리나라에만 국한된 일이 아니다. 선진국에서도 널리 일어나는 일이다. 하지만 정부의 책임을 맡은 청와대로서는 긴장하지 않을 수 없었다.

그러나 어려운 일이 일어났다고 하여 당황하거나 서두르는 것은 금물이다. 차분하게 절차에 따라 상당한 조치를 해나가는 침착함과 아울러 공명한 마음가짐이 필요하다. 우선 명경지수明鏡止水의 자세로 사건의 진상을 규명하여야 하며 밝혀낸 사실을 바탕으로 응분의 책임을 물어야 한다. 형사책임이 주된 것이지만 행정적 책임, 도의적·정치적 문책도 고려해야 한다. 경우에 따라서는 피해자에게 마땅한 민사책임을 지도록 조치해야 할 수도 있다. 국민들의 상처 입은 마음을 위무하는 조치와 함께 제도개선이 필요한지도 검토하여 상응한 조치를 하면 사건이 일단락될 것이다. 그러나 후유증이 심하여 가라앉는 데 상당한 시간이 소요되는 경우도 없지 않다.

연달아 일어난 사건 가운데 상공위사건과 입시부정사건은 그래도 그 파장이 심하지 않아 어렵지 않게 마무리되었다. 상공위사건은 위원장과 여야 간사의원 등 3명이 구속 기소되었다. 상공위원회가 예산지원 업무와 직접 관련이 있는 뇌물을 받은 것으로 드러났기 때문이다. 처음에는 위원장이 야당이었기에 무언가 정치적 목적이 깔린 수사가 아니냐는 의문 제기나 비난이 없지 않았으나 워낙 사건 내용이 명백하게 입증되어 변명할 여지가 없었다. 검찰에서는 국회의원 체포 동의와 관련하여 정치적 논란이 일어나는 것을 피하기 위하여 회기 만료를 기다렸다가 2월 11일 구속영장을 발부받아 집행하였으며 곧장 기소하였다. 야당 총재가 소속위원장의 소위所爲에 대하여 사과 발언을 하는 등 큰 논란 없이 사건이 마무리되었다.

사실 청와대 참모 사이에서도 1월 23일부터 1월 30일까지 네 차례에 걸친 수석비서관회의를 통하여 진지한 토의를 벌였으며, 일부 정국 경색을 우려하는 견해도 없지 않았으나 검찰이 사건수사를 중립적으로 진행하는 것은 존중해야 한다는 정론正論을 거스를 수는 없었다. 다만 당시 상공위 국외출장비로 무역협회 무역지원특별회계 자금 2만 달러를 사용한 데 대하여 뇌물죄로 처벌할 수 있는가가 문제되었다. 검찰이 검토한 결과 자금의 성격이나 집행관례 등에 비추어 부정적 결론이 났고, 기소대상에서 제외되었다. 행여 향후에도 무역특계자금 운용에 문제가 될 소지를 없애야 된다는 생각에서 당시 경제수석실과 사정수석실이 협의하여 관계기관으로 하여금 충분한 재검토를 거쳐 자금집행 기준을 재정립하여 실시하도록 조치하였다.

상공위사건과 비슷한 시기에 검찰에 의하여 이른바 예능계 대학 입시부정사건이 적발되어 저명한 대학교수 등이 구속되는 등 큰 물의를 일으켰다. 서울대, 이화여대 등 명문대학의 예능계 입시부정이 밝혀진 사건으로, '대학입시의 공정성'이란 매우 민감한 문제가 이슈화되었기에 전 국민의 관심이 고조될 수밖에 없었다. 상공위 부정보다 더 많은 논란이 제기되고 여론이 들끓었다. 청와대 비서실에서도 1월 24일부터 1월 30일까지 4차에 걸쳐 이 문제를 다룬 것으로 기록되어 있다. 입시부정에 대하여 법에 따라 엄정하게 처리해야 한다는 데 이론이 있을 수 없으므로 모두들 검찰수사가 철저히 이루어지고 엄중하게 법을 적용해야 한다고 의견을 모았다. 수석비서관회의의 주된 토의 내용은 수사결과에 따라 입학취소 등 행정조치를 어떻게 하여야 할 것인지와 입시부정을 막을 수 있는 입시제도 개혁은 무엇이어야 하는지 등에 집중되었다. 이는 교육부가 다루어야 할 문제였다.

사실 대학입시제도는 우리나라 교육의 방향과 내용을 결정하는 가장 중요하고도 기본적인 과제로서 종국적으로는 각 대학에 맡겨야 될 일이라는 생각들을 갖고 있었다. 이러한 전제하에 연구에 연구, 논의에 논의를 거듭해 온 과제였다. 이런 상황에서 예능계 입시부정, 즉 실기시험을 둘러싼 부정이 드러난 만큼 우선 이 부분에 관한 개선책이라도 마련하는 것이 국민에 대한 도리가 아니겠는가. 수사결과를 참고하여 교육부가 3월 20일 관련 개선대책을 발표하기에 이르렀다.

덧붙여 언급할 것은 서구에서 실시하는 실기교육 위주의 이른바 콘서바토리conservatoire 제도가 노 대통령 임기 중인 1992년 10월 도입·실시되었다는 것이다. 1990년부터 문화부가 도입하기 위해 노력했으나 기존 대학제도와의 상충 등 여러 가지 문제 때문에 진행이 지지부진하였던 문제였다. 예능계 대학 부정입시 문제가 하나의 촉진제가 되어 1991년 12월 설치령이 제정되고 10여 개월의 준비 끝에 '한국예술종합학교'란 이름으로 발족된 것이다. 이 제도의 도입이 우리나라 예능교육에 크게 기여하고 있음은 전화위복轉禍爲福의 한 사례가 아니겠는가.

앞서 잠깐 언급했던 이른바 수서사건은 언론보도로 문제가 제기되면서 큰 정치·사회적 파장을 일으켰다. 그렇게 취임 한 달 남짓한 초보 비서실장에게 큰 고초를 안겨 준 뒤 어렵사리 마무리되어 오랫동안 기억에 남아 있다. 전날 밤 전임 비서실장과의 송별만찬을 주최한 탓에 늦게 귀가하여 느긋한 마음으로 주말을 보내던 중 갑작스레 2월 3일 자 〈세계일보〉와 〈조선일보〉 등 일간지에 보도된 수서사건 관련 기사를 보고받았다.

일요일이었지만 곧장 회의를 소집하였다. 2월 3일 오후 삼청동회의실에서 3시간 동안 서울시·건설부 등 관계관과 함께 상황을 파악하기 위한 회의를 가진 것이 이 일과의 처음 만남이었다. 워낙 큰 이권이 개재된 일인 데다 전임 고건 시장 시절 부정적으로 검토되던 사안이 후임 시장이 취임하고 한 달도 안 된 시점에서 사태가 급전하여 허가가 결정되었다는 점 외에도 당사자가 청와대, 당, 국회 등에 허가를 진정하여 여러 기관이 관여할 기회를 얻은 일이라는 점에서 간단치 않은 사건임을 직감할 수 있었다.

당장 검찰수사를 하기보다는 감사원에서 특별감사를 실시하여 진상을 파악하는 것이 좋겠다는 사정수석의 의견을 좇아 회의가 끝난 직후 오후 18시 30분 사정수석과 함께 관저로 대통령을 찾아뵙고 대강의 경위를 보고드린 뒤 감사원 감사에 착수토록 하겠다고 건의하여 즉각 허락을 받았다. 검찰수사는 필요하면 언제든지 착수할 수 있지만 우선 수사할 것인지의 여부를 내사하는 단계를 거칠 수밖에 없기에 검찰의 판단에 맡겨 두면 되리라고 생각하였다.

이튿날 2월 4일은 새 달이 시작되는 첫 월요일로 대통령을 모시고 본관수석회의를 개최하는 날이었다. 2월 5일부터 진행될 연두 지방순시, 국회 개혁입법 추진대책, 2월 25일 남북총리회담 개최를 비롯하여 경제동향, 치안상황, 설날 이웃돕기, 통일벼 구매 확산운동 등 여러 가지 당면문제 등이 보고되었으며 민정수석이 수서사건에 대해 제기한 우려에 대통령께서는 감사원 감사를 언급하시면서 조속히 수습되도록 최선을 다하라고 말씀하셨다. 회의가 끝난 뒤에도 사정수석 등과 함께 여러 가지를 의논하느라 많은 시간을 보내야 했다.

다음 날은 광주로 지방순시를 갔다가 전주에서 1박한 뒤 2월 6일 오후에 귀경하는 일정이 기다리고 있었다. 아침 일찍 7시 30분부터 개혁입법 국회통과 전략을 수의하기 위한 당정회의를 마치고 9시 10분 헬기 편으로 광주로 출발하였다. 오전에는 광주, 오후에는 전남 순으로 연두순시행사를 가진 뒤 오후에 전주로 이동하여 1박을 했다. 이튿날 아침 7시 30분 환경미화원과의 만남을 시작으로 전북도청의 보고를 받고 오찬을 마치자마자 바로 출발하여 14시 30분에 청와대로 돌아왔다.

지방출장 중에도 줄곧 사태 진전에 관심을 가질 수밖에 없었다. 이미 필요한 연락과 조치를 계속하였지만 귀경 후에는 바로 상황을 파악하는 데 집중하였다. 감사원이 특별감사에 착수하였고 검찰에서도 이미 철저한 진상규명을 위하여 여러 가지 준비작업을 마무리하고 있음을 확인할 수 있었다. 정부로서 사태 수습을 위한 노력에 소홀함이 있을 리 없었다. 조금 기다리면 진상을 규명하고 책임을 추궁하는 등 필요한 조치를 할 것임에도 불구하고 우리나라 언론에게 기다림의 미덕을 기대하는 것은 그야말로 연목구어緣木求魚였다. 확인되지 않은 일을 경쟁적으로 앞질러 보도하는가 하면, 추측을 기사화하는 경우도 적지 않았다. 물론 이 같은 언론기관의 활동은 경우에 따라 유용한 정보를 제공하기도 하고, 정부기관의 업무수행에 주마가편走馬加鞭의 역할도 한다. 그와 같은 긍정적 면에도 불구하고 폐해 또한 적지 않다. 미확인 보도로 인하여 당사자에게 회복되기 힘든 피해를 끼치는 것은 물론 국가기관의 업무수행에도 적지 않은 지장을 주기도 한다. 무엇보다도 예상 보도와 다른 수사결과가 나왔을 때 정부를 향한 불신을 조장하는 경우도 있어 이런 대형사건이 났을 때 국가기관으로서는 언론보도에 큰 신경을 쓰지 않을 수 없다.

사건 수습을 위한 본연의 수사활동, 그리고 그에 수반하는 제반조치를 취하는 것만도 벅찬데 언론대책까지 보태지고 나니 참으로 힘든 나날이었다. 매일 두세 차례 회의를 하고 또 기자들과도 대면해야 했다. 사실 사건의 규모로 보아 선진국이라면 적어도 수개월이 걸려서야 끝이 날 일이지만 우리 국민들이 이런 일에 대해 보이곤 하는 성급함을 의식하여 최종 수사결과를 발표한 3월 6일까지 약 한 달 만에 대체적으로 마무리되었다.

감사 또는 수사결과가 나오지 않은 이때쯤 그동안 파악한 사안의 내용과 여러 가지 정황을 종합해 보면 서울시의 허가결정에 문제가 많았다는 사실은 거의 확실하다고 판단되었다. 그러한 전제 아래 먼저 서울시의 결정을 시정하는 용단이 필요하다고 생각하였다. 그리고 감사원과 검찰의 감사·수사 결과를 토대로 그에 상응하는 문책을 한 뒤, 필요한 개선방책을 강구하고 정치적인 민심수습책을 시행하면 되리라는 로드맵을 구상했다.

이와 같은 기본 구상을 갖고 정부 관계기관의 활동상황을 점검하는 한편 언론보도도 철저히 모니터링하면서 시의적절한 조치를 해나가야만 했다. 아침수석회의에서도 2월 4일 이 문제를 다룬 것을 시작으로 지방출장 등으로 회의가 열리지 않는 날을 제외하고 3월 6일 검찰의 수사결과 발표가 있을 때까지 거의 매일 논의를 계속하였으며, 사정·정무 등 관계수석비서관과의 상의는 하루에도 두세 번씩 계속하였다. 언론대책회의도 소관부처와 함께 여러 번 개최하였으며 2월 11일에는 총리, 공보처 장관 등과 함께 삼청동회의실에서 언론대책을 논의하기도 하였다. 이런 회의에서 파악한 상황과 수립한 대책 등은 비서실장 또는 소관수석이 즉각 대통령에게 보고하였으며 필요한 재가를 받아 소관부서에 시달되었다.

청와대로서 가장 먼저 부닥친 곤혹스런 문제는 비서실의 체육담당비서관인 장병조를 면직하는 조치였다. 이미 고인이 되었지만 장 비서관은 수서지구 주택조합 토지분양 허가를 내달라는 진정을 담당하여 처리하면서 의혹을 사기에 충분한 행위를 한 사실이 드러났으므로 우선 사표를 수리하는 것이 좋다고 결론 내렸기 때문이었다. 전주 순시에서 귀경한 다음 날인 2월 7일이었다. 그날도 선행시민 포상과 격려 오찬, 남북총리회담 대책보고에 배석하고 만찬에는 정계의 이민우, 이철승, 이충환, 유치송, 이만섭 등 재야원로를 모시는 행사를 치렀다. 대통령을 대신하여 신라호텔에서 만찬을 함께 하면서 그들의 조언을 청취하는 한편 협조에 감사하는 대통령의 뜻을 전달할 기회였다. 화기 넘치는 만찬이었지만 그다음엔 참으로 곤혹스런 일을 치러야만 했다.

21시 15분 삼청동회의실로 장병조 비서관을 불러 면담하면서 사표를 종용하여 동의를 받았다. 당시 나눈 대화의 자세한 내용은 기억나지 않지만 사표를 내겠다는 의사를 확인할 수 있었다. 청와대가 의혹을 받는 상황에서 담당비서관을 면직함으로써 검찰의 수사가 엄정하게 진행되도록 해야겠다는 뜻이었다. 장 비서관은 며칠 뒤 그 일과 관련하여 거액의 뇌물을 받은 사실이 판명되어 검찰에 구속되었고, 결국 실형을 선고받고 복역했다.

장병조의 사표 수리가 계기가 되었는지 그 뒤로 검찰수사는 활발하게 진행되어 2월 17일 국회의원 오용운, 이태섭, 이원배, 김동주, 김태식 등 5명과 장병조 비서관, 건설부 국장 1명 그리고 한보건설 회장 정태수 등이 구속되는 성과를 거양하고, 관련 의혹을 규명하는 데에 불철주야 진력한 끝에 3월 6일 이들을 기소하기에 이르렀다.

이와 같이 많은 국회의원이 독직瀆職사건으로 한꺼번에 구속된 것은 (상공위사건 3명을 포함하면 8명 구속) 건국 이래 처음 있는 일이어서 정계에 큰 경각심을 가져다주었다. 또한 그동안 줄곧 관심을 가져온 '돈 안 드는 선거' 등의 정치풍토 쇄신이 더욱 중요한 대통령의 국정과제로 발돋움했다. 그사이 감사원도 감사를 실시하여 서울시의 허가 처분이 불법이란 결론을 내리고 2월 12일 대통령에게 그 결과를 보고했다. 2월 13일에는 서울시에 감사결과를 통보, 허가처분을 백지화하도록 요청함으로써 잘못된 처분을 절차에 따라 시정 조치하였다.

행정처분을 취소하고 사건에 관련된 부정 공직자를 처단한 데 이어 개각과 당직 개편이 단행되었다. 수사가 착수된 뒤 약 일주일이 지났을 때부터 이에 대한 준비에 착수하여 대통령이 지시하고 그에 대해 검토결과를 보고하는 절차가 계속되었다. 관계수석과 여러 번 논의한 끝에 개각범위와 인선이 확정되었고, 2월 18일 9시 수사 중간결과를 발표한 뒤 그날 16시 공보수석을 통하여 수서사건에 대한 책임을 묻는 개각을 발표하였다.

경제부총리 이승윤, 건설부 장관 이상희, 서울시장 박세직, 행정수석비서관 이상배가 물러났으며, 경제부총리 최각규, 건설부 장관 이진설, 서울시장 이해원, 행정수석비서관 노건일이 기용되었다. 그리고 차관급 8명에 대한 후속인사도 동시에 이루어져 노건일 행정수석을 포함해 기획원 진념, 내무 최인기, 재무 이수휴, 건설 이상룡, 관세청장 김기인, 전남지사 백형조, 서울부시장 백상승 등이 새롭게 임명되었다. 모두들 그동안 정부 또는 국회에서 일해 오던 경력자 중에서 기용함으로써 전문성을 바탕으로 정권 후반기 안정적으로 정부를 운영할 수 있도록 하였다. 특히 경제부총리와 서울시장은 오래전 박정희 대통령 정부에서 각료를 역임하고 정치경력도 풍부한 중량급을 골랐으며, 건설부 장관과 행정수석은 고등고시 행정과에 합격하여 각각 경제 및 내무관료로 다년간 근무한 뒤 경제기획원 및 내무부 차관으로 봉직하던 이를 승진 기용한 것이다.

개각과 함께 당직 개편안도 성안되어 같은 날 발표하려고 하였으나 사무총장직을 둘러싸고 당과의 의견조정이 여의치 않았다. 결국 그날 오후 삼청동회의실에 머물면서 의견교환을 거듭한 끝에 이튿날 오전 타결되어 19일 16시 사무총장 김윤환, 정책위의장 나웅배, 원내총무 김종호를 새로운 당직자로 임명함으로써 당직 개편도 완료되었다.

대통령께서는 2월 19일 9시 30분 신임 국무위원, 서울시장, 행정수석 및 전남지사에게 임명장을 주고 다과를 함께 하며 개각취지를 설명하시고 격려의 말씀을 하셨으며, 12시 14분부터 1시간 동안 경제부총리, 건설부장관, 서울시장과 오찬을 함께 하였다. 그리고 19시 수서사건과 관련된 대통령 특별담화가 발표되었다. 사건에 대하여, 특히 청와대 비서관의 비위가 밝혀진 데 대하여 사과의 말씀과 함께 정치풍토 쇄신을 위해 최선을 다하자는 취지의 진솔한 내용이 담긴 내용이었다. 이날 오전까지 공보수석의 초안을 토대로 독회를 거듭한 끝에 확정된 것이었다.[10]

감사원 감사 종결과 검찰의 중간수사 발표에 이은 개각과 당직 개편 그리고 대통령의 담화발표 등으로 수서사건이 한고비를 넘기던 2월 19일 밤 나의 다이어리에는 모 언론인과의 만찬과 뒤늦은 귀가, 23시경에 취침하였으며 새벽 2시에 깨어나 2시간 동안 잠을 못 이루다가 오전 4시에야 잠이 들어 6시 반에 기상, 아침 8시 삼청동 지방자치제 관련 회의 참석(총리, 안기부장, 내무부 장관, 서울시장 등) 등의 내용이 기록되어 있다. 대통령 담화에 대한 반응은 어떨지, 후폭풍은 없을지, 그리고 연초부터 준비에 박차를 가해 온 지방자치의회 선거는 뜻대로 잘 진행될지, 이 생각 저 걱정으로 뒤척이며 하룻밤을 노루잠으로 새웠다.

이튿날도 수서사건 관련 후속조치는 이어졌다. 오전 10시 임시국무회의가 소집되었다. 국무총리와 경제부총리가 20분간 수서사건을 반성하고 새 출발을 다짐하는 간략한 보고를 했다. 이어 대통령은 첫째로 공직자들의 소신 있는 업무추진과 무사안일의 지양을 주문하면서 사정활

10 담화의 요지는 다음과 같다.
"수서사건 같은 일이 일어난 데 대해 국정의 최고책임자로서 국민 여러분께 송구스럽게 생각한다. 특히 청와대 비서관이 이 사건에 연루돼 구속된 것은 저의 불찰이다. 국민 여러분께 사과말씀을 드린다. 여야는 정치풍토 쇄신을 위한 협의를 하루빨리 시작하여 돈을 쓰는 현재의 정치풍토를 과감히 개혁하는 제도적 개선을 단기간에 이뤄야 한다. 깨끗한 선거, 돈 안 쓰는 선거를 위해 선거공영제를 강화하는 방향으로 현행 선거제도를 개선하고 깨끗한 정치활동과 정당의 공명한 운영을 보장하기 위한 정치자금법의 개정, 여야 정치인 스스로가 건전한 정치윤리를 세우고 이를 실천하는 데 뜻을 모으고, 이에 따라 국회법을 고치는 것이 바람직하다.
이번 사건으로 정치인과 정치권에 대한 국민 불신이 깊어지고 있는 것은 심각한 일이다. 대통령으로서 또한 여당의 총재로서 여야 정치권이 깨끗한 정치를 실천하여 국민신뢰를 회복하도록 정치풍토 쇄신에 스스로 나서 줄 것을 기대한다. 우리 경제의 건전한 발전과 국민화합을 위해서도 정치적 부패의 소지를 없애야 한다. 저는 국민이 직접 선출해 주신 대통령으로서 무엇보다 깨끗한 대통령이 될 것이라는 굳은 결의를 새로이 하면서 어떤 부정, 어떠한 비리도 어김없이 척결하여 깨끗한 정부, 정직한 정부를 이루는 데 앞장서겠다. 아울러 정부는 각종 민원처리와 시책결정을 보다 공개적으로 하고, 부정이 개재할 소지가 없도록 제도적 개선책을 추진하는 한편, 공직자가 부정의 유혹에 이끌리지 않도록 근본적 대책을 추진해 나가겠다."

동 강화와 제도개선 등으로 깨끗한 공직풍토를 조성·확립할 것과 주택정책을 보완하여 무주택 서민에게도 기대감을 갖도록 하는 시책을 검토하고 시행하라고 지시하셨다. 둘째는 이미 시행하고 있는 새질서·새생활운동을 강화하여 범죄와 폭력, 불법과 무질서를 척결하라는 지시였다. 셋째는 당면한 지방자치의회 선거를 비롯하여 깨끗한 선거를 위한 대책을 마련하여 선거풍토를 획기적으로 개혁하여야 할 것임을 강조하였다. 마지막으로 제조업 경쟁력강화, 경제안정 등 당면한 경제대책을 차질 없이 집행하라는 마무리말씀을 하셨다. 그동안 비서실에서 토의를 거듭하여 마련한 사태 수습방안의 주요사항이 집약된 지시였다.

11시 30분부터는 당직자회의를 주재하고 당의 자정自淨 노력과 당내결속의 강화, 정치풍토 개선, 선거제도의 깊이 있는 연구시행, 당정협조의 긴밀화와 각종 특위활동이 용두사미가 되지 않도록 할 것 등을 논의하였다. 이어 진행된 당직자 오찬에서는 김영삼 대표와 당4역 외에도 채문식, 황낙주 의원과 박희태 대변인이 참석하였으며 당의 분발과 쇄신을 촉구하고 격려하는 기회가 되었다.

이와 같은 일련의 정치적·행정적 조치에도 불구하고 여진이 계속되었다. 300억 비자금설 등 계속되는 보도로 밤중에 관계수석을 깨워 통화하는 일이 계속되었다. 이튿날 2월 21일에는 출입기자단을 초청한 오찬간담회에서 대통령께서 기자들의 여러 가지 질문에 일일이 응대했다. 그러면서 수사결과 밝혀진 내용을 신뢰하고 유언비어성 소문에 현혹되지 말라고 직접 설득해야 했다. 특히 국가와 민족의 과거·현재·미래를 보는 장기적 안목에서 보도를 해달라고 당부하시면서 민주주의는 쉽게 이룩되지 않으며 6·29선언 이후 "언론의 자유에 한 가지라도 장애가 있느냐?"고 반문하고 "너무 부정적인 면만 확대해서 국민들에게 답답함을 가중시키지 말아 달라!"라고 호소하였다.

예정된 대전·충남 지방순시(2월 22~23일)와 독일 대통령과의 회담

(2월 25일) 등을 마치자마자 2월 26일 재야 원로인사 최석채, 이태영, 김준엽, 홍남순 등 네 분을 청와대로 초청하여 11시 30분부터 14시까지 오찬을 함께 하면서 수서사건을 둘러싼 민심 동향과 수습방안에 대한 의견을 청취하는 모임을 가졌다. 언론, 법조 및 여성, 학계 및 호남지역을 대표하는 존경받는 인사들이어서 경청할 만한 말씀이 많았으며 대통령께서도 일련의 사태에 대한 진솔한 설명과 각오를 말하시는 뜻깊은 자리였다고 기억된다.

특히 이태영 여사의 사건 진상에 대한 집요한 추궁과 대통령의 진지한 응대가 매우 인상 깊어 지금도 기억에 남는다. 홍남순 변호사는 면담 후 광주에 돌아간 뒤 인편으로 대통령에게 깊은 호감을 전해 오는 등 대국민 소통 차원에서 퍽 유용한 행사였다. 오래 고생하다가도 간단한 격려성 반응 한마디에 고무되어 지나온 어려움이 눈 녹듯 사라지는 순간이었다.

아무튼 큰 고비를 넘긴 셈이다. 때를 놓치지 않고 청와대로서 필요한 당면조치들을 차근차근 모두 취하였기 때문이다. 물론 비판적 의견, 특히 진상규명이 미흡하다며 일부 정치·언론에서 계속 공격했지만 대체로 일련의 정부의 제반 대처에 대하여 그런대로 수긍하는 의견이 지배적인 것으로 드러나 그야말로 한시름 놓을 수 있었다.

다만 수서사건 때문에 2월 25일 취임 3주년 즈음하여 기획하고 준비하였던 노태우 정부의 적지 않은 실적과 향후 계획을 홍보할 기회를 놓친 것이 매우 아쉬웠다. 큰불이 나서 진화에 바쁜 와중에 홍보를 들이댄다는 것은 아무래도 온당치 못하다는 판단에 따라 저자세로 조용히 취임 3년을 보낼 수밖에 없었다.

한 가지 덧붙이고 싶은 내용은 사태 수습에 가장 핵심적 역할을 한 검찰수사 활동에 대한 것이다. 비교적 짧은 시간 안에 납득할 만한 수사결과를 내놓은 검찰이 정구영 검찰총장의 지휘 아래 잘 움직여 주었다. 특히 정구영 총장은 두 번째 임기제 총장으로 취임한 지 두 달여 만에 큰일을 맞았는데도 흔들림 없이 중앙수사부를 직접 지휘하여 훌륭한 성과를 거두었다. 정부 수립 후 1950년부터 시행되어 온 고등고시 사법과에서 8회와 함께 세 자리 수에 이르는 합격자를 낸 13회 출신인 그는 많은 인재 가운데 치열한 경쟁을 거쳐 총장에 오른 탓이기도 하겠지만 인품과 능력이 정말 뛰어났다고 할 수 있다.

내가 법무부 차관으로 3년 가까이 일할 때 검찰국장으로 함께 일했고, 대검찰청 차장으로 있을 때는 서울지검 검사장으로 박종철사건 등 5공화국 말기의 어려운 시절을 함께 헤쳐 나오던 인연이 있었다. 이번 일을 처리하는 과정에서도 상호 신뢰가 각별하여 큰 어려움 없이 소임을 다할 수 있었다고 자부하고 있으며 큰 행운이었다고 믿는다.

지방자치의 첫걸음: 기초의회 구성

수서사건이 마무리되자 곧 지방자치의 실시가 당면과제로 클로즈업되었다. 대통령은 이미 신년 기자회견을 통하여 새해의 가장 으뜸가는 국내정치 과제로 '지방의회의 구성'을 제시하고 그 시행에 만전을 기하리라 다짐한 바 있었다. 정무수석실은 내가 비서실장으로 임명되면서 정무수석으로 새로이 기용된 손주환을 중심으로 새해 벽두부터 진용을 갖추고 준비에 들어갔다. 나와 손주환 정무수석이 임명되기 전 정무수석실에서는 지방자치 실시에 대비하여 이미 내무부 지방자치준비 기획단장을 역임한 조해녕 이사관을 파견받아 대책반을 구성하고 준비에 박차를 가하고 있었다. 이때 이미 실력을 보여 주었던 조해녕 이사관은 훗날 김영삼 정부에서 총무처 장관에 이어 내무부 장관을 역임하며 대구광역시 시장에 당선된다.

사실 지방자치는 건국 이후 상당 기간 지방의회를 구성하여 시행한 경험이 있었다. 그러나 5·16군사혁명 이후 군사혁명위원회 포고령에 따라 전격적으로 해산된 뒤 30년간 긴 동면의 세월을 거쳐 1991년 3월 26일 기초의원 선거 그리고 6월 20일 광역의원 선거로서 부활한 것이다. 주민자치가 다시 시작되는 뜻깊은 정치행사였다.

지방의회 구성은 1987년 민주화의 극적인 계기가 된 노태우 당시 민정당 대통령 후보의 이른바 6·29선언에서 약속한 8개 사항 중의 하나로 포함된 사항이었다. '국민화합과 위대한 국가로의 전진을 위한 특별선언'이란 이름으로 발표된 이 역사적인 선언의 제 6항에는 "사회 각 부분의 자치와 자율은 최대한 보장되어야 한다"라고 전제한 뒤 "개헌절차에도 불구하고 지방의회의 구성은 예정대로 순조롭게 진행되어야 하고 시·도 단위 지방의회의 구성도 곧이어 구체적으로 검토·추진되어야 할 것"이라고 분명히 밝힌 바 있다. 뿐만 아니라 뒤이어 여야 합의로 채택된 6공화국 헌법에 따라 실시된 첫 대통령 직접선거에서 민주정의당의 노태우 후보를 비롯한 3김 등 모든 대통령 후보가 지방자치 실시를 공약으로 내세웠다.

이와 같은 사정에 비추어 곧바로 시행되리라 생각되던 지방자치는 그 실시 시기와 구체적 내용 등을 둘러싸고 여야 사이에서 의견이 조정되지 않아 오랜 기간 우여곡절을 겪어야만 했다. 1988년 3월 여당 단독의 지방자치법 제정, 1989년 여소야대 국회에서 야당 단일안으로 개정안 의결과 대통령의 거부권 행사, 1989년 12월 여야 합의 개정안 입법, 그리고 1990년 10월 야당 김대중 총재의 단식투쟁에 이어 1990년 12월 여야 합의로 1991년 6월 30일 이전 지방의회 구성, 1992년 6월 이전 단체장 선거 등의 일정을 명시한 입법을 하게 되었다. 이와 같은 거듭된 연기는 민주화 과정에서 속도조절이 필요하다는 상당수 국민과 정부의 의견이 반영된 결과였다.

사실 6·29선언 이후 급격하게 진행된 자유화·민주화 과정에서 각계각층이 그간 자제하던 욕구가 일시적으로 분출함에 따라 법질서가 이

완되고 경제발전과 사회 안정이 위협받는 일이 생겨났다. 어느 정도 감내해야 할 일이기는 하였으나, 정치 과잉에 그 근원이 있다는 진단을 내리던 상당수의 국민을 중심으로 지방자치의 조급한 실시로 야기될 비능률, 부정 만연 등 부작용을 최소화하기 위해서는 시간을 들여 정치적·사회적 여건의 변화를 반영해 점진적인 민주화 구현을 도모하는 것이 낫겠다는 믿음이 퍼져 있었기 때문이다.

아무튼 내가 비서실장으로 부임한 후 일주일도 채 되지 않은, 시무식도 하기 전인 1월 2일 삼청동회의실에서 정무수석의 요청으로 당3역 및 정무장관과 함께 이 문제를 다루는 당정회의를 열어 당면한 국회운영과 관련하여 총리 인준, 페르시아만 사태, 국회연설, 야당과의 회담 등과 함께 지방자치 문제를 논의하고 지방자치의회 선거 준비에 발동을 걸었다. 그 뒤로 1월에만 12일과 16일 등 연거푸 당정회의를 가졌으며 특히 16일 회의에는 당대표와 총리 등이 참석하여 당정 간 최고위급회의가 개최되기도 하였다. 6월까지로 정해진 법정기한을 준수해야 함은 더 논의할 필요조차 없었으나 기초단체의회와 광역단체의회 구성을 동시에 할 것이냐, 분리하여 단계적으로 실시할 것이냐를 두고 많은 의견들이 교환되고 장단점이 검토되었다.

동시선거는 한꺼번에 선거를 실시하는 방식이어서 경비나 노력이 절약되는 이점이 있으리라는 점에서 야당을 위시하여 여권 내에서도 많은 사람이 지지했다. 그러나 막상 선거사무의 집행을 맡아야 할 입장에서 보면 사정은 달라질 수밖에 없었다. 더구나 30년 만에 부활하는 지방자치의 성공적 시작을 위해서는 한꺼번에 5,170석(기초 4,304석, 광역 866석)에 이르는 많은 의원을 뽑는다는 것 자체가 매우 부담스러웠다. 뿐만 아니라 기초의원은 당 공천이 배제된 데 반해, 광역의원은 당 공천이 가능한 상태에서 선거를 치르도록 했기 때문에 선거에서 핵심적 요소가 되는 정당의 관여방식이 판이하였다. 동시선거가 가져올 여러 가지 혼란이나 복잡성은 선거관리 경험이 적었던 당시만 하여도 매우 걱정되는 일이었다. 자연스레 선거집행을 최종적으로 책임져야 할 청와대로서는 '선 기초의원, 후 광역의원'식의 분리선거로 점차 기울어질 수밖에 없었다.

그런 논의 가운데 연초부터 상공위사건을 비롯하여 수서사건이란 대형사건이 터지다 보니 그 수습에 골몰한 나머지 한동안 지방자치의회 선거 논의는 주춤할 수밖에 없었다. 그러나 2월 하순경에 이르러 수서사건의 수사가 고비를 넘기고 개각과 당직 개편 등 정치적 조치가 마무리되면서 선거 일정을 결단하지 않을 수 없는 처지가 되었다. 2월 20일 오전 8시부터 약 1시간 동안 청와대 주관으로 삼청동회의실에서 회의를 개최하여 국무총리, 안기부장, 내무부 장관, 서울시장 등과 함께 행정부 입장에서 지방자치의회 선거와 관련된 여러 가지 문제를 검토하고 정리하였다. 2월 27일 아침에는 정부 관계자들이 모여 '3월 말 기초의원, 6월 말 광역의원'으로 분리하여 단계적으로 선거를 한다는 데 의견을 모았으며 대통령의 내락을 받았다.

이와 같은 정부방침을 바탕으로 그날 오후와 2월 28일 삼청동회의실에서 연달아 당정회의를 개최하여 의견조정을 시도하였으나 쉽게 결론이 나지 않았다. 격론을 벌이기도 하면서 수일간 조정과 대화로 많은 노력을 경주한 결과, 당에서 3월 4일 당무회의 의결을 거쳐 3월 말 기초의원 선거를 먼저 실시하는 방안을 정부에 건의하였다. 비서실에서도 3월 4일 아침수석비서회의를 열어 여러 가지 안을 검토한 뒤 공보수석이 제의한 '3월 5일 조찬기도회 참석 이후 발표'안을 채택하였다.

이 과정을 거쳐 3월 5일 10시 대통령께서 '지방의회의원 선거 실시 관련한 발표'라는 제목으로 전국에 생중계되는 특별담화를 발표하였다. 이 발표에서 지방의회 선거가 3월 26일 실시될 것이며 광역의원 선거도 법률이 정한 대로 "금년 상반기 중에 실시할 것"이라는 일정을 천명했다. 분리선거의 불가피성 그리고 수서택지사건과 관련하여 정부가 정략적으로 선거를 이용하려 한다는 주장이 합당하지 않다는 점도 설명하면서 공명하고 합법적인 선거를 실시하여 지방자치가 의도한 대로 잘 정착되도록 최선을 다할 것임을 다짐하였다.

이 담화가 나온 뒤 당초 야당이 분리선거를 보이콧할 것이라는 일부의 우려와 달리 선거에 참여하기로 결정함에 따라 곧바로 선거 국면에 접어들었다. 당초 걱정하였던 야당의 선거 참여거부는 기우에 불과하였다. 당시 내무부가 대통령 담화에 대한 반응을 두고 여론조사를 실시한 결과도 긍정 62%, 부정 38%로 나타나 정부가 결정한 내용이 지지를 받고 있음이 확인되었다. 담화 이튿날인 3월 6일 아침수석회의에서는 대통령의 3·5담화를 계기로 수서정국에서 지방자치의회 선거로의 국면 전환이 이루어지고 있음을 확인하면서 선거를 성공적으로 실시할 수 있도록 다짐하는 논의가 있었다.

그로부터 3월 26일 투표가 종료되고 결과가 나올 때까지 청와대에서는 성공적인 지방자치 출범을 위하여 그야말로 전력을 기울였다.

먼저 3월 6일에는 오전 10시부터 약 1시간 동안 공명선거 및 새질서·새생활실천 관서장회의를 열어 내무·법무부 장관, 총리행정조정실장, 서울시장, 경기도지사 등에게서 관련 보고를 들었다.

그런 뒤 대통령께서는 돈 안 쓰고 깨끗한 준법·공명선거로서 선거혁명을 이루어 내야 한다고 하시면서 몇 가지 지시사항을 말씀하셨다. 선거법 위반행위는 범죄와의 전쟁 차원에서 엄정히 다스려야 할 것이며 친여인사라고 범법행위를 묵인하거나 선거 후로 미루는 일 없이 즉각 단속하라고 지시하였다. 또한 선거를 빙자하여 법질서를 문란하게 만들거나 파괴하는 행위, 공직자가 눈치를 보거나 무사안일을 일삼는 일도 척결할 것을 주문하셨다. 통화관리 등으로 돈을 쓰지 않도록 대책을 강구하고 특히 당면문제로 공명선거 추진운동을 빙자한 불법 선거운동이나 기초의원 선거에서 한계가 있어야 할 정당의 불법행위 단속과 투개표 관리의 공명에도 관심을 표명하셨다.

이미 설명했듯이 지방순시에서 공통된 지시로 공명선거를 말씀한 데 이어 선거일이 확정된 후에는 시행된 부산·경남, 대구·경북·제주(3월 18일), 경기(3월 22일) 지방순시에서도 공명선거는 더욱 강조되었다. 다만 선거일 공고 후 실시된 지방순시에서는 접견대상을 선정하거나 말씀하는 내용 등에서 선거에서의 중립성을 의심받는 일이 없도록 세심한 주의를 기울이기로 3월 7일 아침수석회의에서 의견을 모은 바 있다.

3월 7일 오전에는 유엔가입 추진계획에 관한 보고를 마친 뒤 이에 배석하였던 총리 및 안기부장 등과 함께 지방자치의회 선거와 관련된 간담회를 열었다. 대체로 공명선거를 치르고 법질서를 유지하며, 정치풍토 쇄신을 위해 노력을 경주하는 등 수서사건의 교훈을 되새기는 자세로 일관해야 할 것이며, '버리는 것이 얻는 것이다', '필사즉생必死則生의 각오를 다지자'는 등의 대화가 주조를 이뤘다.

뿐만 아니라 부산·경남 순시를 마치고 귀경한 뒤 3월 9일부터 투표전일까지 아침수석회의에서는 거의 매일 선거와 관련하여 논의하였다. 정무, 행정, 사정 등 선거 관련 수석들의 보고에 이어 당면문제에 대한 토론과 결정·집행으로 이어지는 비서실의 전력투구가 계속된 것이다. 엄정한 법집행을 통한 공명선거로서 기초의회 구성을 위한 기초의원 선거를 원만하게 마무리하는 것이 청와대 비서실의 목표였다.

3월 8일 정식으로 선거일자가 공고되면서 후보자 등록이 시작되었다. 주사위가 던져진 것이다. 일이란 일단 시작을 해놓고 나면 그 일의 원리나 법칙에 따라 굴러가기 마련이며 그 결과란 예측하기 어렵다. 운명적 요인이 결과를 좌우하는 일도 인간사에서 흔히 일어나지 않는가. 그럼에도 불구하고 그 진행과정에서는 많은 다툼이 일어나고 크고 작은 문제가 잇달아 해결을 요구하게 된다. 한순간도 방심할 수 없는 것이 나랏일을 맡은 사람의 책무다.

먼저 당의 공천이 배제되고 통상적 정당활동 외에 어떠한 선거운동도 제한된 것이 기초의원 선거였으므로 여당에서는 그 입법취지를 존중하는 것을 기본으로 방침을 정하였다. 아예 오해를 살 소지를 없애기 위하여 당원 단합대회, 사랑방 좌담회 등 허용된 당 행사도 자제하기로 하는 한편, 야당에게 여야가 동수로 참여하는 공명선거협의회의 구성을 제의하여 이를 성사시켰다.[11]

이에 비하여 야당은 당의 허용된 활동을 선거에 활용하고자 하는 움직임을 보이는 등 양자 간에 차별화되는 모습을 보였다. 특히 수서사건에 대한 수사가 종결된 뒤 그 처리과정 등을 규탄하는 정치공세를 위하여 시도된 이른바 보라매 집회[12]가 중앙선거관리위원회의 부정적 유권해석이 내려지면서 이에 대한 정치적 공방이 일어났으나 큰 문제없이 흐지부지되고 말았다.

3월 13일 후보등록 마감결과 정원 4,304명에 10,120명이 등록하여 2.35:1의 경쟁률을 보이는 것으로 나타났다. 3:1이 될 것이라는 예상보다 낮은 후보등록이었다. 그러나 1960년 선거 당시의 2:1에 비하여는 낮지 않다고 자위하면서 그렇게 홍보하도록 하였으나 기초의원 선거에 대한 관심이 저조함을 숨길 수 없었다. 등록률이 저조함에 따라 무투표 당선자도 547명 12.7%나 되었다. 무투표 당선자는 그 뒤 선거운동기간 중 사퇴하는 사람 및 등록 무효자를 포함하여 167명이 추가됨에 따라 총 614명 14.1%로 증가하였으며 대구는 44.3%에 이르렀다. 일본의 12.5%, 1956년 시읍면의원 선거 당시 29%와 비교하면 그런대로 정상

11 선거운동기간 중인 3월 16일 1,500여 명이 참석한 가운데 정치풍토 쇄신을 위한 제도개선 대토론 회의를 개최하여 선거제도, 정치자금 및 국회운영 등을 주제로 발표와 토론을 진행했다. 이는 당면한 선거와 무관한 행사로 수서사건으로 표출된 정치권의 여러 가지 개혁과제를 활발히 논의함으로써 국민 모두가 바라는 정치혁신에 한 발 다가서는 것이었다.

12 수서사건에 대한 최종 수사결과가 발표되자 이를 규탄하기 위해 평민당이 보라매공원에서 10만 명을 동원하여 규탄대회를 갖고 행진을 한다는 계획을 세우고 이를 강행하였으나 인원 동원이나 열기에서 예상에 크게 못 미치는 결과가 나왔다. 그럼에도 불구하고 전국을 돌면서 집회를 하겠다는 움직임을 보이자 중앙선관위에 그 적법성에 대한 유권해석을 의뢰했다. 그 결과 중앙선관위가 부정적인 유권해석을 내리자 야당이 크게 반발한 일이 있었다.

적이라고 판단되었다. 중도사퇴자를 두고 관권 개입을 주장하는 야당 공세가 없지 않았으나 모두 근거 없는 정치공세로 판명되었다.

후보등록이 끝난 3월 14일부터는 합동유세가 시작되는 등 선거운동이 시작되었다. 오랜만에 부활한 탓인지 국민들이 선거운동에 보이는 관심은 높지 않은 편이었다. 차분한 분위기에서 2주일 가까운 기간 동안 선거운동이 진행되었다. 그러나 운동기간 중 여야 간에 몇 가지 공방이 계속되었다. 통상적 정당활동 외의 선거운동은 불가하다는 선관위의 유권해석을 둘러싸고 야당에서는 불만을 표시하는 한편, 여러 가지 방법을 동원하여 선거 개입을 시도하였다.[13] 여당에서는 공명선거협의회 등을 통하여 자제를 요구하는 성명을 발표하는 등의 정치공방이 있었다. 또한 선거사범 단속과 관련하여 야당 탄압이며 공안선거란 주장도 끊임없이 제기되었다. 그러나 3월 23일 현재 아침수석회의에 보고된 선거사범 단속상황 중 구속자 수가 민자당 14명, 평민당 5명, 무소속 41명이란 사실에 비추어 선거사범 단속이 여야 사이에서 불공평하게 가해진다는 주장은 근거 없음이 드러나고 있었다. 또 일부 사퇴자에 대한 관권 개입설도 제기되었으나 사실 무근임이 속속 드러났으며 3월 18일 서울에서 선거공보 소각사건이 발생하여 긴장하였으나 작업을 맡은 고용원이 작업량을 줄이기 위하여 저지른 단순사고로 판명되었다.

이와 같이 몇 가지 공방과 사건이 있었지만 선거운동 기간 중 그야말로 평온한 가운데 큰 말썽 없이 선거운동이 마무리되었다는 사실은 공명선거를 이루겠다는 정부의 목표가 상당 부분 달성된 것이라 평하여도 무리가 없다.

투표일이 가까워진 3월 23일 토요일 아침수석회의에서는 투표율 제고에 대한 논의를 하였다. 위와 같은 분위기에 비추어 투표율이 50% 이

---

13 김대중 총재의 지구당 방문 등을 통하여 사실상 선거에 영향을 주는 시도가 있었으며 실제로도 호남지역의 경우 큰 효과를 발휘하여 야당이 많은 당선자를 내는 성과를 거두었다.

하가 될 우려가 제기되었기 때문이다. 적극적인 홍보활동을 강구하기로 하였다. 드디어 3월 26일 투표가 별문제 없이 완료되었다. 전국 투표율은 선거 직전 50% 이하로 저조할 수 있다는 우려와는 달리 기대하던 60%선에는 다소 미치지 못하는 55%로 판명되어 그만하면 되었다는 안도감을 가질 수 있었다. 서울을 위시한 대도시지역은 50%에 미달해 대부분 40%대였으나, 경북을 위시한 농촌지역은 최고 70.3%에서 60%대에 달하는 등 촌고도저村高都低 현상을 보인 것은 예상한 대로였다.

개표결과는 '당 대 당' 선거가 아닌 상황에서 굳이 따질 일이 아니라고 생각할 수 있겠지만 친여성親與性 무소속을 포함하여 7 대 3 정도로 여 성향이 우세한 것으로 분석되었다. 수서사건이란 악재에도 기대 밖의 성과였으며 특히 서울에서도 전 기초단체에 걸쳐 친여 의회로 구성되게 되었음은 참으로 뿌듯한 일이었다. 야당 절대우세인 호남에서도 전북지역을 비롯하여 일부에서 상당수 친여성 의원이 당선되는 결과가 나왔다. 기초단체의 선거라는 특성 때문에 일어난 현상이라는 것을 감안하더라도 공명선거, 돈 안 드는 선거를 강조한 대통령의 노력이 상당한 지지를 받았다고 할 수 있었다.

밤늦게까지 선거 결과로 잠을 제대로 자지 못한 채 3월 27일 아침 일찍 일어나 아침수석회의에 참석하였다. 관계수석들을 비롯하여 참석자 모두 희색만면喜色滿面이었다. 선거 결과가 기대 이상이었음은 물론이고 언론의 논조도 '과열·타락 분위기 극복' 등 전반적으로 긍정적이며 당도 매우 고무되었다는 정무수석의 종합보고가 있었다. 이와 함께 경제수석은 선거기간 중 통화팽창의 조짐이 전혀 없었고 오히려 시중에서는 자금경색 현상이 보인다고 보고하였다. 한편 구속 76명, 불구속 473명 등 총 549명 입건(선거당일 현재)으로 13대 총선 당시 1,101명의 절반 정도임에도 매우 엄격한 법집행을 하였다는 인식을 갖게 한 것은 사전 분위기 제압 차원에서 선제적 단속을 했기 때문이라는 사정수석의 보고 등을 집약하여 9시 50분 대통령께 '기쁜 말씀'을 드릴 수 있었다.

이튿날인 3월 28일엔 경찰대학 졸업식 참석 후 15시 30분부터 16시 10분까지 청와대 국무회의를 개최하여 관계장관으로부터 선거 관련 보고를 받고 대통령께서 국민과 관계 단체 등에게 감사하다는 말씀을 전했다. 아울러 지방자치와 공명선거에 대하여 자신감을 갖게 한다는 소감을 피력하시면서 앞으로 시행될 광역의원 선거와 14대 총선 등에서도 돈 안 드는 준법선거를 치러서 새로운 선거문화를 창출하는 한편 관계자 세미나 등을 통하여 지방의회 운영이 잘 이루어지도록 만반의 준비를 하라고 강조하셨다.

연초부터 준비에 최선을 다해 왔던 기초의원 선거가 나름대로 잘 치러진 데에는 여러 가지로 큰 뜻이 있으며, 노 대통령의 6·29선언이 마무리 단계로 한 발짝 다가간 것이라는 데 대하여 참으로 자부심을 가질 일이라 생각하였다. 다만 한 가지 아쉬운 부분은 기초의회가 구성되어 운영될 경우 지도적 역할을 할 수 있는 인물을 발굴하는 일에 관한 것이다. 당초 선거를 준비하던 연초에는 사회 저명인사 상당수를 기초의원으로 당선시켜 30년 만에 부활하는 지방자치의 수준을 획기적으로 향상하는 선도 역을 맡기자는 논의가 제기되었고, 당을 통해 약간의 시도가 이루어지기까지 하였다. 그러나 여러 가지 다른 일이 생기고 또 이상론이 부닥치기 마련인 현실적 여건이란 장벽 때문에 흐지부지되었다.

사실 참신한 지도자를 찾아내고 길러 내는 일은 오늘날에도 가장 어려운 과업임을 잘 알지만, 좀 더 노력하였다면 하는 아쉬움이 남는다고 고백하지 않을 수 없다. 어떻든 6월로 예정된 광역의원 선거를 위하여 더 세심하게 준비하는 데 최선을 다하자고 다짐하는 가운데 3월 말 한 해의 4분의 1이 지나가고 있었다.

휴일 물가 대책회의, 제조업 경쟁력강화 대책회의, SOC기획단 발족

지금까지 1991년 3월까지 청와대에서 수행한 중요한 일들은 개략적으로 살펴보았다. 그러나 이 장을 마감하기에 앞서 몇 가지 더 적어 두어야 할 일이 있는 듯하다. 사실 나라의 일이란 일을 맡는 사람의 입장에서 정해진 임기 안에 무언가 해야겠다고 미리 구상해 온 것이 있는가 하면, 그때그때 벌어지는 일들을 수습하느라 정신없이 뛰어야 하는 것도 있다. 어느 것이 더 중요하다고 할 수 없다. 모두 최선을 다하지 않으면 안 된다.

1월 8일 연두 기자회견으로 시동을 건 임기 4차년도의 국정수행은 뜻밖에도 물가문제에 봉착하였다. 연두 기자회견 직후 언론보도로 물가인상 문제가 클로즈업되었기 때문이다. 1월 11일 아침수석회의에서 경제수석의 "목욕탕 입욕료가 50%, 즉 1,000원에서 1,500원으로 대폭 인상되어 비상이 걸린 보사부가 적극 노력한 결과 1,300원으로 조정하였으며 대형업소들은 원상복귀하였다"는 보고가 그 신호탄이었다. 사실 6공화국에 들어서면서 통제 일변도에서 벗어나 행정요금이 자율화됨에 따라 발생된 문제이기는 했다. 그러나 물가가 국민의 일상생활, 더 나아가 경제전반에 미치는 중요성에 비추어 무언가 특단의 조치를 취하지 않으면 안 된다는 쪽으로 의견이 모아졌고 대통령에게 즉시 보고되었다.

대통령께서도 큰 관심을 표명하면서 경제수석실이 중심이 되어 물가 관련 긴급 경제장관회의를 소집하기에 이르렀다. 꽉 짜인 연초 대통령의 제반 일정을 감안하여 일요일인 1월 13일 오전 9시 총리와 경제부총리, 내무·재무·농수산·상공·동자·보사·노동·교통·체신 등 관계장관을 청와대로 불러 2시간 가량 물가문제를 논의한 것이다.

서비스료 자율화, 걸프지역 사태, 지방자치 실시 등 제반 국내외 사정에 비추어 물가인상에 부득이한 면이 없지 않지만 연초 목표로 삼은 성장

9%, 물가 9% 등의 거시지표를 달성하기 위해서는 물가오름세 심리에 편승한 인상 등을 억제할 수 있도록 초기에 제압하기 위한 노력을 경주해야 한다는 데 의견의 일치를 보았으며, 대통령께서도 강력하게 의사를 표시하셨다. 장관들이 직접 나서 각 소관 분야의 물가인상을 억제하여야 한다고 강조하셨다. 우리나라의 경제발전 단계가 이미 강제적 방법을 쓸 단계는 지났으므로 미리미리 다각적 노력을 기울여 물가오름세를 막아야 한다는 것이었다. 특히 경제수석실에서는 생활물가를 일일보고할 것과 각 기관과의 협의를 통하여 저축심리를 확산하고 경제교육과 언론대책을 적절히 추진하여 만반의 대처를 할 것을 지시하셨다.

이와 같은 긴급 휴일회의는 문제의 심각성을 국민에게 알리고 합심하여 대처하고자 노력하도록 하는 충격요법 시도로서 시의적절했다는 평가가 뒤따랐다. 물론 이 문제는 한 번의 회의로 끝날 일이 아니었다. 물가는 정부가 관심을 가져야 할 여러 거시경제지표 중 가장 기본인 것이기 때문에 정부 경제정책을 담당하는 관계 부서에서는 늘 물가동향을 파악하고 대책을 수립·집행할 때 조금의 소홀함도 없어야 한다.

이후 청와대 경제비서실에서는 관계 정부부처와 긴밀한 협조 아래 물가문제를 더 심도 있게 다루어야만 했다. 정기적인 경제동향보고회의나 수석비서관회의에서는 빠지지 않는 과제였으며, 그 결과 연초 정부가 예측한 물가지수 목표가 연말에 이르러 대차 없이 달성될 수 있었다. 그 이듬해에는 더 안정된 지표로 다음 정부에 인계하였다.

연초 휴일 물가 대책회의가 뜻밖의 물가인상 동향을 가라앉히기 위한 특단의 비상조치였다면, 수서사건이 마무리된 뒤 3월 14일 9시 30분 개최된 제조업 경쟁력강화 대책회의는 상당 기간 준비한 끝에 우리 경제의 기본체력을 북돋고자 마련한 새로운 종합대책이었다.

정부는 전년도 5월부터 24개 업종에 대한 경쟁력 실태를 조사하였고, 그 결과를 토대로 9월부터 12월까지 업종별 산업발전 민간협의회를 개최하였으며 1991년 1월부터는 관계부처 협의를 거쳐 제조업 경쟁력강화 대책을 마련하였다. 그 결과를 집약하여 기업인과 근로자, 각계 대표와 국무총리를 비롯한 정부 관계자들이 모여 대통령 주재 아래 1시간 15분에 걸쳐 마련된 대책을 보고하고 1시간 동안 활발한 토론을 하였으며 대통령의 마무리 말씀으로 회의를 끝마쳤다. 이 자리에서는 기술개발, 산업인력 확대, 공장용지 및 기반시설 확충, 금융세제 지원방안 등이 보고·토론되었으며 정책의 집행방향이 현실감 있게 집약되었다.

집약된 내용을 대통령의 마무리 발언이란 형식으로 관계부처에 지시하는 한편 민간 기업인들에게는 협조를 요청했다. 우선 제조업 경쟁력에서 가장 중요한 것은 산업기술 개발이라는 점에 공감하였기에 먼저 제조업에서 제일 중요한 주체인 기업에게 노력할 것을 주문하면서 세계일류기술을 적어도 1사 1개 보유하겠다는 집념으로 노력해 나가자고 강조하였다. 정부도 기업의 기술투자를 유도하기 위하여 획기적인 지원책을 강구하라고 하면서 경제기획원에서는 추경 편성 시 생산기술 개발 지원자금을 최대한 확보할 것이며 상공부 장관은 회의에서 보고한 생산기술 5개년 계획을 철저히 집행하라고 지시하였다.

다음으로 기술개발을 위한 가장 중요한 요소인 우수 연구개발 인력 등 고급기술 인력난을 해소하고자 교육부가 주관하여 수도권 인구 억제 정책으로 시행하는 수도권 대학 증원 동결정책을 재검토함과 아울러 우수대학의 이공계 정원을 획기적으로 증원할 것을 지시하였다. 특히 수도권 대학의 수요를 조사하여 첨단 관련 학과 중심으로 1만 2천 명 범위 내에서 우수 공과대학 정원을 늘리도록 하고, 건설부 장관도 이에 적극 협조할 것을 지시하였다. 또한 실업계 고교 정원을 늘리겠다는 교육부의 보고에 동의를 보내는 한편, 실업계 고교 지원자가 제대로 배우고 일할 수 있도록 실습용 시설 및 기자재를 확충하고 생산 및 기술직을 우대하는 제반 제도를 마련하여 시행할 것도 주문하였다. 많은 중소기업에 필요한 공업용지가 충분히 공급될 수 있도록 관계부처가 분발하여야 하며 그 밖에 제조업의 원활한 활동을 위하여 정부 관계부처에서는 세제 및 금융 면에서 필요한 지원을 제공하는 데에도 주저하지 말 것을 지시하였다.

당초 경제수석실의 방침은 제조업 경쟁력강화 대책회의를 1년 후에 다시 개최하여 그동안의 진전상황을 점검하겠다고 했으나, 아침수석회의에서 논의하는 과정에서 비서실장이 1년 후 회의 개최로는 소기의 성과를 달성하기 어렵다고 문제를 제기하면서 분기별 보고회의를 계속하기로 의론이 모였다. 1991년에만 하더라도 3월 14일 회의에 이어 6월 18일, 9월 11일, 12월 16일 등 3번의 회의가 더 개최되었으며, 1992년에도 분기마다(4월 1일, 7월 1일, 10월 20일, 12월 23일) 더 개최되었다. 모두 8회 개최되어 노 대통령의 중요 경제정책으로 자리 잡았다. 제조업 경쟁력강화 대책을 열성적으로 집행한 덕분에 그 뒤 우리나라의 제조업 경쟁력 향상이 비약적 발전을 이루었음은 모두가 인정하고도 남는 사실이라고 믿는다. 이 점에 관하여서는 7장과 8장에서 설명하기로 하겠다.

이와 관련하여 한 가지 더 짚고 넘어가야 할 일이 있다. 하루 전인 3월 13일 오후 경제수석실에 '사회간접자본 기획단'의 현판식이 있었다는 사실이다. 잘 알다시피 1960~1970년대 활발하게 집행되던 우리나라 사회간접자본 투자는 박정희 대통령 시해 이후 일어난 여러 가지 혼란스러운 상황을 수습하는 과정에서 불가피하게 펼쳐진 1980년대 초의 초긴축 정책으로 인하여 급속도로 축소될 수밖에 없었다. 그 부작용으로 6공화국 출범 당시에는 사회간접자본의 격심한 부족·애로현상이 경제 전 부문에 걸쳐 나타났다. 효율적 집행과 단·장기적 대책수립과 관련하여 대통령을 보좌하기 위하여 경제수석이 단장을, 이석채 비서관이 부단장을 맡는 팀을 구성했고 이날 본격적인 업무를 개시하였다. 도로·철도·항만, 항공, 상하수도·용수, 지하철, 전력 등 모든 분야를 총점검하여 계획을 성안 및 조정하였고, 경부고속전철, 광양항 개발, 영종도신공항, 새만금간척지 개발 등 기념비적 사업에 착수하였다. 6공의 이러한 사회간접자본 투자는 정말 자랑할 만한 일이었다. 이 업무를 탁월하게 이끌었던 이석채 비서관은 그 뒤 경제기획원 예산실장, 재정경제원 차관 등을 거쳐 김영삼 정부의 정보통신부 장관, 경제수석 등을 역임하면서 우리나라 SOC 투자에 많은 역할을 하였다.

노사정 회의

곧이어 3월 19일에는 노사정勞使政 회의, 즉 '노사관계 사회적합의 형성을 위한 협의회'가 대통령 주재로 개최되었다. 사실 노사문제는 6·29선언 이후 폭증한 노사분규로 큰 국가적 이슈가 되었고, 직선대통령으로서 원만하게 이 문제를 해결하는 것은 취임 이래 중요한 과제가 되어 왔다.

돌이켜 보면 산업화가 진행되던 권위주의체제 아래에서는 전형적인 노동3권의 행사에 많은 제약이 따를 수밖에 없었으며, 압축적인 경제개발·성장에 노동자의 희생이 적지 않게 공헌했음은 숨길 수 없는 사실이었다. 그러나 6·29 민주화 선언 이후 거센 민주화의 물결을 타고 노동계의 억제된 제반 욕구가 분출하면서 노사분규가 폭발하는 사태가 일어났다. 양적으로 연간 300건에 못 미치던 1986년의 노사분규(276건)가 6·29선언이 있던 1987년도에는 무려 3,749건으로 폭증하였으며 질적으로도 폭력이 횡행하고 사태가 장기화되는 등 그야말로 무법상태를 방불케 하는 상황으로 악화되었다.

당시 5공화국 정부의 마지막 법무부 장관으로 법질서 유지의 책임을 맡고 있던 나에게 참으로 고통스러운 나날이었다는 기억을 갖고 있다. 관련 당사자들에게 법을 적용하여 사안이 중한 많은 사람을 구속하는 엄단책과 아울러 경미한 범행을 관용하는 강온 양면의 노력을 기울였으나 역부족임을 실토하지 않을 수 없었다.

1987년 12월에 노동관계법을 개정하여 노동운동 규제를 완화하는 조치를 취하고 1988년 2월 국민의 직접선거로 뽑은 새 정부가 들어서면서 사태가 다소 개선되는 조짐이 보이기는 하였다. 하지만 관성의 법칙 탓인지 1988년 1,873건, 1989년 1,616건이란 노사분규 건수가 보여 주듯 여전히 노동현장은 시끄럽기만 하였다. 뿐만 아니라 전술한 노동관계법 개정에 힘입어 노동조합과 조합원의 수도 1987년 6월 30일 기준 2,742개에 105만 210명, 1987년 말 4,103개에 126만 7,457명에서 1990년 말에는 7,698개에 188만 6,884명으로 급격한 증가를 보였다. 많은 분규과정을 거치면서 노사 간에 해결하지 못하는 문제점이 자꾸만 제기되었지만 한편으로는 노사 양자 모두에게 새로운 사태에 대처·적응하는 지혜도 축적되고 있었다. 그러나 전반적으로 정부를 향한 요구와 불만이 커져가고 있는 것이 솔직한 현실이었다.

그러나 노 대통령은 서두르지 않았다. 그것은 민주화시대에 걸맞은 자율적 합리적 노사관계 조성이었다. 모든 문제는 노사 간에 자율적인 교섭과 대화를 통하여 스스로 해결하여야 한다는 것이었다. 정부의 개입은 최후의 수단이며 시행하더라도 최소한에 그쳐야 한다는 것이다. 그러한 대원칙 아래 '참고 용서하며 기다리는' 이른바 '참·용·기'가 민民이 주인 되는 민주를 구현하는 올바른 길이라는 확신 때문이었다. 6공화국 출범 이후 3여 년이 지나면서 노사분규 건수도 1990년에는 322건으로 줄어드는 등 노사문제가 나름대로 안정되는 기미를 보였다.

1991년 3월 19일 개최된 노사정 회의는 근로자, 기업, 가계, 정부 등 모든 경제주체가 상호 신뢰와 참여 아래 강제력이 아닌 사회적 합의의 정신에 따라 노사관계가 안정되어야 한다는 대통령의 철학을 다시 한번 확인하는 자리였다. 참으로 시의적절하였다고 기록하고 싶다. TV로 생중계되는 가운데 관계자 220여 명이 참석하여 9시 30분 노동부 장관의 발제보고에 이어 노사 당사자의 의견교환 등으로 11시 30분까지 2시간 가량 대화하는 시간을 가진 뒤 20분간 대통령께서 마무리말씀을 함으로써 2시간이 넘는 긴 회의가 끝났다.

회의에서 제기된 여러 가지 의견을 종합하여 근로자 복지대책을 수립해 보고하라는 지시가 노동부에 내려졌다. 노동부는 이 지시에 따라 5·28 근로자 5대 복지시책을 마련하여 보고한 뒤 시행하였는데, 주요 내용에는 근로자 주택제도·복지기금 확충·근로자의 자기개발기회 확대 등이 포함되어 있다. 구체적 성과의 하나로 1991년 8월에는 '사내복지기금법'이 제정되고 그에 따라 1991년 말 현재 3천억 원이 넘는 복지기금이 조성되기도 하였다. 또한 노동은행 설립을 지원하라는 대통령 지시에 따라 1992년 11월 2일 노동자를 위한 은행인 평화은행平和銀行이 설립되어 업무를 개시하였다. 노 대통령 정부 5년간 근로자의 임금소득이 105%나 증가한 것 말고도 이와 같이 근로자의 경제적 지위 향상을 위한 다양한 방책이 수립·시행됨으로써 근로자의 기울어진 지위를 바로잡는 데 크게 기여하였다.

뿐만 아니라 이날 회의에서는 노사문제와 관련하여 주요 경제·사회정책을 두고 노사대표 및 각계 전문가와 관련부처 간에 정기적으로, 또는 수시로 협의하도록 정례화했다. 한편 노사단체 정책 참여활동을 지원하라는 대통령의 지시가 있었다. 자율적 합리적 노사관계 조성을 방침으로 삼은 노 대통령의 노동정책이 차츰 자리 잡아가던 시점에서 이와 같은 대화의 활성화가 큰 역할을 하리라는 기대에서였다.

이 지시에 따라 노동부에서는 우선 중앙정부 차원에서 노사정 대표 각 10인으로 구성된 '국민경제사회협의회'의 기능을 활성화하여 1991년 3월 22일 〈산업사회의 성숙을 위한 노사 공동선언문〉을 채택하였고, 정기회의를 1992년까지 7회 개최하였다. 동시에 지역 노사정 간담회 460회 개최, 서울 등 9개 도시 순회간담회(1992년 4월 2~13일), 노사정 세미나 개최(1992년 11월 27~28일) 등으로 노사관계 안정에 기여했다고 보고하였다.[14]

이와 같이 회의에서 현실적인 의견을 제시하고 토론을 거쳐 수렴하면서 관계자들의 협조 아래 정책을 수립·집행하는 일의 좋은 본보기가 바로 이 노사관계 사회적 합의 형성을 위한 협의회의가 아닌가 생각된다. 후술하겠지만 이듬해 2월 12일에도 장소를 달리하여 여의도 한국노총회관에서 같은 회의를 열고 사회적 합의를 조성하는 데 박차를 가하였다. 이런 노력 덕분인지 그렇게 극성을 부리던 1987~1989년 노사분규도 1990년 322건, 1991년 234건, 1992년 235건으로 줄어들면서 안정을 달성할 수 있었다.

페놀사태와 관계장관회의 그리고 환경처 장관 경질

3월 21일 아침수석회의에서 대구지역 상수도 오염문제가 제기되었다. 선거를 앞둔 시점에다가 문제의 성격상 긴급히 대처해야 한다는 판단에서였다. 경제·사정·행정·민정 등 관계수석 합동으로 사고원인과 현지 조치상황 및 향후 조치계획 등을 파악하여 10시부터 예정된 외무부의 통상외교체제 강화방안 보고가 끝나는 11시경 대통령께 보고하도록 지시한 뒤 위 보고에 배석했다. 그날 오전까지 대체로 파악한 바에 따르면 구미공단에 있는 두산전자 공장에서 페놀원액 30톤이 낙동강으로 흘러들어간 것이 주된 원인으로 판명되었으며, 그동안 지방 단위의 문제로 여겨져 지역에서 나름대로 진상 규명과 홍보활동 등 대책을 강구한 덕에 이제 어느 정도 진정이 되어 가는 상태라는 것을 알게 되었다.

3월 16일 토요일 오전엔 경북도청 연두순시를 하고 신년 업무보고를 받는 자리에서 금호강 수질오염 문제 등을 지적하면서 먹는 물 문제에 관심을 가지라고 지시하였다. 오후 다음 행선지인 제주도로 비행하여

14 총리행정조정실(1993. 2), 〈노태우 대통령 지시사항 종합결산 보고서〉, 665~666쪽.

농촌진흥청 제주시험장을 순시하고 격려하는 일정을 진행할 때였다. 주말을 지나 월요일인 3월 18일 제주를 순시한 후 귀경하였다. 3월 19일부터 3월 21일 오전까지 전술한 일정을 바쁘게 소화하는 사이에 대통령의 고향 도시에서는 식수로 사용하는 수돗물이 오염되어 악취를 풍기는 문제가 발생했는데, 강물의 자정능력에 따라 그 냄새가 없어질 무렵 청와대가 뒤늦게 그 사실을 알게 된 것이었다.[15]

참으로 당황스러운 일이었다. 상황파악이 이렇게 늦었다는 것은 정말 부끄러운 일이 아닐 수 없었다. 그러나 이미 엎질러진 일, 수습에 신속하게 최선을 다해야만 했다. 3월 21일 오후 총리와 이 문제에 대하여 상의한 결과 식수문제의 심각성과 민감성을 감안하여 총리 주관 아래 전문가를 포함한 조사단을 구성하고 낙동강 오염문제와 함께 전국 식수원 오염실태를 조사하도록 조치하였다. 아울러 3월 22일 아침수석회의에서 이 문제에 대한 처리방향을 정리하였다. 우선 정확한 진상조사 결과를 토대로 범법자는 엄정히 처벌하는 한편 감독상의 잘못에 대하여도 응분의 문책을 가하는 방향으로 의견을 모았다. 피해가 발생한 경우 충분한 보상대책을 강구함과 아울러 민심을 수습하기 위해서는 환경처 장관의 기자회견을 비롯해 잘못에 대한 사과가 가슴에 와닿도록 하여야 했다. 그리고 노 대통령 정부가 1989년 11월부터 추진한 맑은 물 공급대책 현황을 점검하고 환경범죄 대책을 비롯해 제도적 개선안도 마련하자고 하였다.

그런데 범법이 인정되는 공장 관계자 및 담당 공무원을 대상으로 한 문책과 별도로 중앙정부 차원에서 환경처 장관을 문책하고 사임시킬 것

15 경제수석실 보고에 따르면 3월 18일 자 신문 보도로 이 사실을 알고 곧장 환경처에 확인하였으나, 잘 알지 못하여 이리저리 확인하느라 뒤늦게 보고된 것이었다. 사안의 중대성을 놓친 데다 경제수석실이 주관한 3월 19일 노사정회의 때문에 보고가 늦어진 것이라고 짐작하였다. 뒤늦게나마 비서실의 상황파악 능력을 반성・경고하는 지시를 내렸다. (3월 22일 아침수석회의)

인가 하는 문제가 거론되어 2~3일간 논란을 거듭했다. 수석비서관 사이에서도 의견이 대립하여 심각하게 논의를 주고받았다. 선거를 앞둔 시점인 만큼 문책함이 정치적으로 올바른 조치라는 견해가 강력하게 제기되었다.

그러나 환경처 장관의 경우 전년도 9월에 취임하여 재직기간이 일천日淺한 데다가 한 기업체의 잘못을 두고 장관에게 책임을 묻는다는 것은 지나치게 가혹하다는 점이 참작되었다. 민심을 수습한다는 명목으로 장관 문책을 남용한다면 장관의 책임감 있는 직무수행에 지장이 있을 뿐만 아니라, 장관을 너무 가벼이 다루어 결국 유용한 인재를 소모하게 되고 나아가 국가역량을 유지하는 데에도 득이 될 것이 없다는 반론까지 가세하여 결국 문책하지 않기로 하였다. 물론 나도 조금 더 일할 기회를 주어야 한다는 유임론 쪽에 서서 23일 결론이 나기에 앞서 반대 입장을 견지하던 수석들을 나름대로 설득하기 위해 노력하였다.[16] 대통령께서도 이 문제와 관련된 관계장관회의(3월 28일 개최)에서 이 일에는 내무·건설·보사·환경처 장관, 대구시장 모두가 책임이 있으나 문책을 유보한 것은 사태 수습과 물 문제 개선이 보다 중요하기 때문이니 더 큰 책임감을 갖고 혼신의 힘을 기울여 달라는 취지의 독려말씀을 하셨다.

3월 22일엔 경기도 지방순시가 있었으나 귀경한 뒤 오후에도 상황이 어떻게 전개되는지 파악하고 대책을 논의하느라 분주하였다. 현지의 기관장과도 통화하였다. 3월 23일 토요일에는 대통령께서 이 방면의 최고 전문가로 알려진 한국과학기술원 전무식 교수를 초청하여 자문하는 시간을 마련하였다. 대구 출신의 이론화학자인 전 교수는 '육각수이론'

16 당시 허남훈 장관은 나와 대학동기로 고등고시 행정과에 합격, 재무부·상공부 등에서 공직을 역임 모범적 업무수행을 하고 있었으나 한 달 남짓 뒤인 4월 23일 두산전자에서 다시 페놀원액이 방출되는 등 사고가 재발함에 따라 4월 25일 장관취임 7개월 만에 권이혁 장관에게 자리를 넘겨주고 인책 사퇴할 수밖에 없었다. 이런 경우 운명적이란 말 외에 설명하기 어렵다는 느낌이었다.

을 정립하는 등 물 문제의 권위자였다. 그는 서울대 화학과 졸업 후 미국 유타대학에서 박사학위를 받고 교수로 일하다가 1971년 귀국하여 한국과학기술원 교수로 27년간 재직한 인물이다. 자문할 당시에는 대통령 과학기술 자문위원(1989~1993년)이었다.

전 교수는 페놀에 염소가 첨가되면 '클로로페놀'이라는 발암·중추신경장애 물질이 되므로 염소소독은 절대로 해서는 안 되는 일인데, 페놀 때문에 악취가 나자 소독제로 염소를 사용한 것이 사태를 악화시켰다는 진단을 내렸다. 아울러 관련 직원을 위한 직무교육을 강화하고, 물 관련 전문가를 양성하여 활용할 것, 그리고 상수원 보호를 위해 규제를 강화할 것 등을 자문의견으로 제시하였다. 그리고 물은 흐르는 과정에서 자정능력을 발휘하므로 4~5일 지나면 페놀 성분은 다 날아가 버린다는, 안심되는 지식도 제공해 주었다. 퍽 유익한 시간이었다. 전문가와 과학을 문제해결에 활용한다는 것은 매우 실용적인 문제접근이 아닐 수 없다. 오랫동안 기억에 남는 일이었다.

3월 25일 9시 청와대에서 대통령 주재로 총리, 경제부총리, 내무·법무·건설·환경 장관 등이 참석한 가운데 낙동강 상수원 오염 관계 대책회의가 개최되었다. 25분간 환경처, 내무·법무부가 관련 보고를 한데 이어 대통령께서 관계장관의 배전의 노력을 당부하는 독려의 말씀을 하신 뒤 5가지 사항을 지시하셨다.

이는 전술한 수석회의와 전무식 교수의 자문내용 등을 종합하여 발전시킨 것으로, ① 관계부서와 지방자치단체에 물 문제에 관한 전문성을 확보할 수 있도록 총리 책임하에 전문 연구기관을 설치하고 전문가를 유치하며 관계부처·단체에 전문가를 배치하는 등의 방안을 강구할 것, ② 공해·유해물질 배출에 대한 감시와 제재를 강화하기 위한 인력 증강 등 감시체제를 강화하고 필요시 법률 개정을 실시할 것, ③ 상수원 보호를 위한 행정적·법적 조치를 강화할 것, ④ 총리 책임하에 1989년

9월 수립한 맑은 물 공급대책을 재점검 및 보완하고 낙동강 수역뿐만 아니라 전국 상수도의 수질조사를 실시·공개하고 특히 수질이 나쁘다고 알려진 금호강·영산강 유역의 하수처리시설의 완공을 서두를 것, ⑤ 정부는 물론 기업이나 농축수산업계 등 모든 국민이 오염되는 환경의 피해자이자 가해자라는 의식을 갖고 대대적인 캠페인을 지속적으로 전개할 것 등이었다. 마무리말씀으로 행정부와 환경문제에 대하여 종전과 다른 인식을 가지고 환경처를 신설한 것임을 강조하면서, 환경처에게 분발할 것과 관계부처가 적극적으로 협조할 것을 당부하셨다.

대구지역에서 발생한 페놀사건과 관련하여 청와대가 취해야 할 행정적·정치적 조치가 사건이 발생한 지 10일 만에 일단 마무리된 셈이다. 천명된 제반조치와 대책시행은 관련 기관에서 차근차근 챙겨 나갈 일이었다. 그러나 사건이 사건인 만큼 여진이 없을 수 없었다. 야당에서도 자체조사팀을 구성하여 정치적 공세를 늦추지 않았을 뿐만 아니라 지역의 시민단체, 환경단체도 활동을 계속했기 때문이다. 결국 문제의 두산전자가 조업을 재개한 지 5일 만인 4월 23일 다시 페놀원액을 방출하는 잘못을 저지르면서 인책받지 않았던 환경처 장관이 4월 25일 해임되었고, 두산그룹 박용곤 회장도 인책 사임하는 데까지 사태가 진전되고서야 일단락될 수 있었다.

이 글을 쓰면서 확인한 바이지만 뒷날 이 사건은 1999년 녹색연합이 선정한 '1950년대 이후의 우리나라 10대 환경사건' 중 1위로 지목될 정도로 큰 반향을 일으켰다. 새해 들어 석 달이 지나는 동안 그야말로 큰일이 연달아 일어나고, 바람 잘 날 없는 하루하루가 청와대의 일상임을 겪으면서 비서실장이란 직책이 참으로 힘든 자리라는 사실을 절감하였다.

새질서 · 새생활운동과 국가기강 확립

새해 각 부처의 신년 업무보고가 시작되기 전인 1월 12일 토요일 10 · 13 특별선언실천 보고회의가 열렸다. 노 대통령은 1990년 5월 7일 '시국에 관한 특별담화'를 발표하면서 각종 무질서를 극복하여 정치 · 경제 · 사회의 안정을 이룩하겠다고 약속하셨다. 이 선언이 상당한 성과를 거두었다고 판단한 노 대통령은 5개월 후인 1990년 10월 13일, 건전사회운동을 벌이는 종교계 · 사회단체 대표와 교육계 · 언론계 대표 등 250여 명이 참석한 가운데 새질서 · 새생활 실천모임을 주재하면서 범죄와 폭력에 대한 전쟁을 선포하였다. 이어 민간 차원의 자발적인 새질서 · 새생활운동이 산업화 · 민주화된 우리 사회의 새로운 가치체계와 도덕성을 확립해 가는 데 더 큰 역할을 하도록 독려하셨다. 이는 경찰증원과 무장화 등 치안능력 확충과 관계단속기관의 배가된 노력으로 범죄 · 폭력 진압을 달성함으로써 '범죄의 두려움이 없는 사회', '질서 있는 사회', '일하는 사회'로 업그레이드하겠다는 정부의 다짐이자 국민에 대한 호소였다.

이 선언을 효율적으로 집행하기 위하여 1990년 10월 15일 청와대 영빈관에서 사회 각계인사, 행정부 관계자 등 205명이 참석한 가운데 2시간에 걸쳐 '범국민 새질서 · 새생활 실천모임'을 열어 9명의 수범사례 발표와 대통령 격려말씀이 이어졌고, 1990년 11월 14일 '10 · 13특별선언 실천 합동보고회의'[17]가 연달아 개최되었다. 새해벽두인 1991년 1월 12일 또다시 10 · 13특별선언실천 보고회의가 1월 14일 시작된 중앙부처 연두 업무계획 보고에 앞서 개최된 것은 이 선언의 정착 여부가 임기를

17 청와대 대접견실에서 국무위원 등 42명이 참석한 가운데 내무부 등 7개 부처 장관의 실천상황 보고에 이어 선언 1개월이 되는 시점에 즈음한 대통령의 평가와 새로운 지시사항 등이 시달되었다. 이 자리에서 대통령은 이 운동이 일시적인 현상을 치유하기 위함이 아니라 국민소득 5천 달러에서 1만 달러로 가기 위한 도약이며, 그러한 계기와 밑바탕을 마련하는 새로운 국민운동이라고 강조하였다.

약 2년 남겨 둔 노태우 정부의 성공 여부에 분수령이 될 수 있다는 판단 때문이었다.

앞에서 여러 번 언급하였지만 권위주의시대의 정부 아래 어느 정도 강압적인 질서유지에 익숙했던 공동체의 안정이 6·10항쟁과 6·29선언이란 일대 변혁을 겪으면서 여러 가지 방면으로 해이와 혼돈으로 치달았다. 강력범이 발호하여 민생치안이 위협받았고, 법질서가 문란해지면서 과소비와 투기, 퇴폐와 향락을 일삼는 풍조마저 팽배하였다.

집권 초부터 이와 같은 문제에 봉착한 노 대통령으로서는 6·29선언의 민주화정신에 따라 과거 권위주의시대와는 다른 해결방책을 마련해야만 했다. 공권력 행사 일변도로 대처할 게 아니라 국민 모두가 스스로 책임진다는 자세로 자율적으로 법과 질서를 지키는 민주적인 방식이 그것이다. 공권력 개입을 최소화하고 국민 모두가 참여하는 방식은 상당 기간 인내의 시간을 가질 수밖에 없기 때문에 이를 거듭 강조하고 촉구하는 한편, 강력한 공권력 행사도 병행해야 했다.

10·13선언은 그동안 기울인 이와 같은 노력을 집약하여 국민과 정부가 함께 나아가자는 진군의 나팔이었다. 3개월이 지나는 동안 상당한 성과가 있었다. 폭력배 검거가 획기적으로 늘어났으며 유흥업소의 휴폐업이 17.5%나 증가하고 주류 소비량이 25%나 감소하는 등 건전 풍조가 자리 잡기 시작하였다고 모두 느낄 수 있었다.

그러나 사람의 행동이 변하기 위해서는 거듭된 노력을 기울여야 한다. 이 과제는 단순한 사회 안정뿐만 아니라 우리의 민주발전과 경제의 앞날을 결정하는 국가 발전전략으로서 대통령의 최대 관심사이기도 했다. 새해에 실시될 지방자치의회 선거로 인하여 자칫 기강이 해이해질 우려마저 적지 않았기 때문에 거듭 강조하고 촉구할 수밖에 없었다.

이와 같은 뜻에서 개최된 이날 회의에서는 민자당의 당직자를 위시하여 정부 관계자, 지방장관 등 105명이 참석한 가운데 총리행정조정실장의 총괄보고에 이어 내무, 법무 등 7개 관계부처 장관의 실천계획 보고가 있었다. 뒤이어 대통령께서 그동안 관계자들의 노고에 대하여 치하와 격려의 말씀을 전함과 아울러 정부의 노력 배가, 민간 차원의 새질서·새생활운동 활성화, 잘못된 구조와 원인을 근본적으로 바로잡고 특히 청소년의 비행 예방과 건전의식 진작에 노력을 강구할 것, 그리고 공직자의 솔선수범 등을 강조하였다.

당시 비서실의 행정수석실에는 비서관 1명이 배치되어 새질서·새생활운동 활성화를 위하여 다각적인 노력을 경주하였으며, 그 집행사항을 수시로 보고하는 한편 대통령 주재 수석회의에서도 정기적으로 보고하는 등 고삐를 늦추지 않았다. 또한 민간 차원에서는 천주교의 '내탓이오 운동', '한마음 한몸 운동', 불우소년가장돕기 운동, 개신교의 음란폭력만화 추방운동, 밸런타인데이 추방운동, 바른 삶 실천운동, 언론계의 촌지추방 자율적 정화운동, 공정선거방송 심포지엄, 여성계의 과소비 추방, 환경오염방지, 공명선거 캠페인, 기업계 1직장 1운동 등 매우 다양한 활동이 전개되었다.

3월 29일에는 대통령 주재 아래 사정장관회의가 개최되었다. 행정조정실장, 총무처 장관, 검찰총장, 서울시장, 국세청장, 공정거래위원장, 감사원 사무총장 등 사정 관계기관 등이 공직기강 확립대책을 중심으로 보고한 뒤 소관 업무와 관련하여 약간의 토론이 벌어졌고, 지시사항이 시달되었다. 사정 관계공무원 등의 노력으로 기초의원 선거가 성공적으로 끝난 데 대한 치하의 말씀과 함께 사정기관의 자체적인 기강확립이 무엇보다 중요하다고 말씀하셨다. 공무원 사기진작책에 관심을 표명하는 동시에 각급 기관장의 솔선수범도 강조하셨다. 6개월 뒤에 이 회의는 다시 열리는 등 공직자 기강확립을 위한 주마가편走馬加鞭의 노력이 계속되었다.

여러 사정기관이 함께 모여 각자 맡은 분야의 활동을 정리하고 관련기관끼리 정보를 공유하고 유기적으로 협조하도록 이끈 것은 새질서·

새생활운동과 범죄와의 전쟁을 수행하는 바탕이요, 모범이었다. 두 가지 트랙의 강력한 병행추진이야말로 6공 정부의 자율적·민주적 질서 확립에 적잖은 공헌을 하였다고 자부하여도 좋을 듯하다.

독일 대통령 방한, 유엔가입·통상외교 대책, 도입 전투기 기종 변경

1/4분기 중 중요한 외교행사로 독일의 리하르트 폰 바이체커 대통령 공식방문을 빼놓을 수 없다. 바이체커 대통령의 방한은 2월 25일부터 2월 28일까지 3박 4일간 이루어졌다. 2월 25일 서울공항에서 환영식을 가졌고, 15시 30분부터 17시까지 청와대에서 한독 정상회담이 우호적인 분위기 속에서 진행되었다. 양국은 모두 2차 세계대전 후 분단되었으나 독일은 1989년 베를린장벽 붕괴와 더불어 1990년 10월 통일을 이룩한 반면, 한국은 아직도 기약 없는 분단이 계속되고 있다. 이에 양국의 현실을 서로 비교하면서 분단과 통일을 화두로 각자의 경험과 상황을 검토하고 건설적인 의견교환을 하였다.

특히 노태우 대통령이 베를린장벽 붕괴 직후 외국 원수로서는 최초로 서독을 방문하였던 사실을 상기하면서 통일국가 독일 대통령으로서는 처음 한국을 방문한 바이체커 대통령에게 깊은 환영의 뜻을 전하였다. 당초 서독 대통령이 방한할 경우 한국의 인권문제가 거론될지 모른다는 우려 아래 사전대비책을 강구하라는 지시가 있었으나, 6·29선언 이후 변화한 한국의 상황에 비추어 보아 더 이상 걱정할 일이 아니었다. 독일 대통령은 한국에 머무는 동안 정부는 물론 정치·종교·경제계 등 각계 인사와 폭넓게 접촉하였고, 방문 일정에 맞추어 개최된 하이테크박람회에 참석하는 등 양국 간 우호·교류 증진에 크게 기여하고 출국했다.

외교문제와 관련하여 1월 10일 대미무역 및 우루과이라운드 대책보고회의[18], 1월 11일 외무부 정책기획실 설치 등 기구개혁 방안 보고와 재가, 3월 7일 금년도 유엔가입을 목표로 한 제반대책 보고와 지시를 내용으로 하는 유엔문제 보고회의,[19] 3월 21일 통상외교체제 강화방안[20]에 대한 보고회의 등이 있었다. 연초에 이와 같은 문제에 대하여 보고와 토의가 이루어지고, 방침이 결정됨으로써 무역마찰을 해소하고 유엔가입이란 성과를 낼 수 있었다. 무역마찰 해소에 관해 따로 말한다면, 무역마찰이란 문제는 통상이 지속되는 한 계속 생기고 없어지고 하는 것이지만 조기경보체제를 가동하여 미리미리 상황을 파악하고 적절한 대책을 강구하는 것이 문제를 예방하고 해결하는 데 큰 도움이 된다.

국방 분야에서 공군의 차세대 전투기 기종 선택과 관련하여 3월 21일과 28일 두 차례 보고 끝에 이미 결정하였던 F-18이 공급자 측의 조건 변경으로 문제가 발생하여 F-16으로 교체하기로 하는 중요한 정책결정

18 1월 10일 15시 30분부터 17시까지 경제부총리 · 외무 · 재무 · 농수산 · 상공 장관 등이 모인 가운데 대미무역과 관련하여 미국 측이 보인 대한불신(對韓不信)이 적지 않다는 문제 제기에 따라 약속은 반드시 지키도록 해야 한다는 원칙을 상하 공직자에게 환기하였다. 그러는 한편으로 교육 · 문책 등 방안을 논의하였으며, 젊은 박사를 특채로 고용하는 등 통상 전문가 양성도 검토되었다. 아울러 우루과이라운드는 소극적 보호에서 적극적 구조조정으로 자세를 전환하라는 지시가 있었다.

19 총리, 통일부총리, 안기부장, 외무부 장관 그리고 현홍주, 노창희 대사 등이 참석한 가운데 금년도 유엔가입 목표를 재확인하고 구체적인 추진방안을 확정하였다. 특히 청와대 의전수석비서관으로 근무하다가(1988년 2월 25일~1990년 12월 27일) 외무부로 복귀하여 새 유엔주재 대사로 임명된 노창희 대사에게는 능률적 · 적극적으로 노력하라는 당부의 말씀을 하셨다.

20 이날 보고회의에는 경제부총리, 재무 · 상공 · 농수산 등 관계장관이 참석한 가운데 외무부 장관이 준비한 대책을 보고하였다. 통상외교는 경제부총리가 위원장을 맡은 대외경제위원회를 중심으로 대외경제 · 통상문제에 관한 정책조정 기능을 담당하고, 대외창구는 외무부가 담당하는 체제로 운용하는 것으로 결정하였다. 또한 전문분야 대외교섭은 각 소관 부처가 담당하되 경제기획원 · 외무부와 협조하는 것으로 정리되었다. 대통령께서는 부처 간 협조를 강화하여 일관성 있는 정책을 추진하고 통상교섭능력을 제고할 방안을 강구하며, 우수인력을 배치하고 홍보를 강화할 것 등을 지시하셨다.

이 있었다. 퇴임 후 이 결정과 관련된 의혹이 제기되어 감사원 감사 등으로 조사하였으나 정당한 절차에 따른 결정이었다는 결론이 났다. 나는 위와 같은 2번의 보고에 배석하였으나 크게 문제될 만한 기억이 없었던 사안이었다. 퇴임 후 이 문제에 대한 조사에 대처하느라 한참 동안 애쓴 일이 있었다.

야당 총재와의 조찬 회동

1월 19일 8시부터 10시 30분까지 김대중 평민당 총재와의 조찬회동이 있었다. 그날 일찍 본관으로 올라가 김 총재를 영접해 안내한 뒤 회동에는 배석하지 않고 사무실로 돌아와 수석회의를 주재했다. 두 분이 많은 이야기를 나누었다며 회담이 끝난 뒤 대통령으로부터 그 내용을 전해 들었다. 생활물가 발표, 유엔가입, 한소 경협관계, 걸프전쟁 의료진 파견 문제 등 당면문제를 설명하고 협조를 구하였다고 하셨다. 국회 운영과 관련 개혁입법 문제나 지방자치의회 구성 문제, 동시 또는 분리선거 문제 등에서 의견 차이가 있음을 확인하기도 하였다.

김 총재는 회담 준비를 위하여 깨알같이 작은 글씨로 수많은 사항을 적어 와서 하나하나 상대의 의견을 묻거나 자기 입장을 설명하는 한편, 구체적으로 어떤 사안에 대해서는 정부의 배려를 요청하기도 하였다. 비록 의견이 합치되지 않는 점이 많았지만 매우 유용한 만남이었다고 기억된다. 상호 이해를 증진하여 몇 가지 중요한 협조를 얻은 일이 있었으니, 회동한 뒤인 1월 21일에 국회는 걸프전쟁 관련 군 의료진 파견 동의안을 찬성 223, 반대 9, 기권1로 가결한 것이다. 다른 한편으로 야당 총재의 요망사항에 대하여 실무적 검토를 거쳐 가부 간 결과를 알려 준 일도 여럿이었다.

사실 여야로 갈렸지만 모두가 국가와 국민을 위해 일해야 하는 정치인의 입장에서 대화를 통하여 얼마든지 공통분모를 찾아 낼 수 있으며, 그렇게 하는 것이 정치인의 책무이자 국민이 바라는 바라고 믿기 때문에 가능한 일이었다. 당시 김대중 총재의 비서실장으로 조승형 의원이 일하고 있었는데, 나의 대학·고시·검찰 선배인 관계로 서로 연락을 주고받는 사이였다.

쌀 사주기 운동과 각종 자문회의 등

쌀 사주기 운동에 대하여도 간단히 언급할 필요가 있다. 통일벼가 우리나라 식량생산 역사상 식량문제를 해결하는 데 큰 기여를 했음에도 그동안 식생활 패턴이 변화하며 통일벼 소비가 현저히 줄어든 현실 때문이다. 농민들은 품종을 선택할 때 종래에 해오던 대로 다산 품종인 통일벼를 재배했으나, 소비자가 선호하는 새로운 품종에 비하여 수요가 급격히 줄어들었다.

이는 정부의 추곡매상秋穀買上 예산에 큰 부담으로 작용했기에 통일벼를 심지 않도록 설득해야 했으나 과도기적 대책으로 농민의 사정을 생각해서 국가기관 등에서 우선 구입해 주자는 캠페인을 벌이게 되었다. 청와대도 구내식당용으로 구매하여 통일벼 생산 농민을 돕는 한편, 국가재정 부담에도 도움을 주자는 취지였다. 오랜 시간이 흐른 지금도 정도는 달라졌으나 여전히 추곡매상정책은 이상과 현실 사이에서 큰 고민거리가 되는 듯하다.

마지막으로 대통령의 중요한 자문회의 보고에 대하여 언급하고자 한다. 먼저 1월 28일 10시부터 11시 반까지 '21세기위원회'[21]의 사회·문화부문 보고를 받았다. 다가올 21세기의 우리 사회문화 분야의 청사진을 보고받고 젊은 위원들과 이야기를 나누는 자리였다. 위원회는 '공동체 형성을 위한 문화, 인간성 회복을 위한 교육, 남녀화합을 위한 사회'를 캐치프레이즈로 다양한 정책건의를 담은 보고서를 제출하고 보고하였다. 참석한 위원과의 의견교환을 거친 뒤 대통령의 말씀으로 마무리되었다.

다음으로 수서사건으로 한창 시끄럽던 2월 18일 15시 30분부터 16시 50분까지 교육정책자문회의 보고가 있었다. 이 자문회의는 1989년 2월에 설치되어 사회적으로 문제 있는 교육정책 과제들을 종합적으로 검토하고 장·단기 정책 대안을 마련하여 범정부적으로 추진할 수 있도록 대통령의 자문에 응하고 건의하는 기능을 담당하였다. 위원 15명(뒤에 20명으로 증원)으로 구성되었으며, 이현재 전 총리가 의장을 맡았다.

이 위원회는 1989년부터 1991년까지 매년 2회 열렸으며, 도합 6회 보고한 것으로 기록되어 있다. 이때의 보고는 다섯 번째 보고였다. 이 자리에서는 준비된 보고서 제출 외에도 참석한 위원들이 개별적인 의견을 이야기하였으며 대통령께서는 끝까지 경청한 뒤 계획보다는 실천이 중요하다는 점을 강조하셨다. 또한 도덕성·창조성·민주성을 가치기준으로 설정하고 과학기술교육, 대학입시 자율화, 대학의 다양화 등에 대하여 관심을 표명하였다.

지금까지 1991년도 1/4분기의 청와대에 대하여 두서없이 살펴보았다. 3개월이란 기간 동안 얼마나 많은 일이 일어났으며 얼마나 분주히 뛰었는지 정신을 차릴 수 없었다는 기억만 생생하게 남아 있다. 사실 1~3월은 새해의 일을 시작하는 기간이어서 연두보고와 연두순시 등이

---

21 21세기위원회는 1989년 2월 23일 대통령 특별지시에 따라 국가의 장기발전 목표 및 정책방향 설정 등에 관하여 대통령의 자문에 응하고 정책을 건의하는 대통령직속 자문기구다. 〈대통령령 제 12720호 21세기위원회 규정〉(1989년 6월 1일)에 따라 설치되었으며 1989년 6월 2일 위원장으로 이관 전 과학기술처 장관을 임명함으로써 활동을 개시하였다. 위원들 대부분은 40대로 학자·경제인·언론인·법조인·여성 지도자 등 각계의 두뇌들이 위촉되었다.

주된 업무가 될 수밖에 없다. 그러나 나라의 일이란 것이 한 해 농사짓듯이 씨 뿌려 기르고 수확하며 소비하고 쉬는 것과 같을 수는 없다. 특히 정보화·세계화된 국제환경과 맞물려 하루하루 변화무쌍한 시대를 살기에 수시로 경천동지驚天動地할 일이 국내외를 번갈아 가며 일어나는 20세기 말이었다. 장기적인 생각으로 소가 걷듯이 뚜벅뚜벅 일할 수만은 없는, 쉴 새 없이 많은 임기응변이 요구되는 시대에 그것도 나랏일이 모두 모여들어 죄어 대는 청와대의 비서실장은 순간순간 그저 조마조마하기만 하였다.

분기가 바뀌고 날씨도 한결 좋아지는 4월이 다가왔다. 무슨 좋은 일이라도 줄곧 일어나기를 희망하면서 3월 그믐밤은 저물었다.

1991년 4월 1일
~
6월 30일

3

고난의 나날을 앞두고

4월이 되었다. 온갖 꽃들이 활짝 피는 봄이 다시 돌아왔다. 계절의 변화와 더불어 나랏일도 두루두루 꽃처럼 잘 피어나면 얼마나 좋을까.

지난 석 달 동안 나라 안팎으로 여러 가지 어려움이 거듭되었지만 그런대로 잘 견뎌 내었다. 걸프전도 길지 않게 잘 끝났다. 우리의 참여는 때맞게 적절한 정도로 이루어졌다. 국회 상공위 외유사건, 예능계 입시부정사건, 그리고 수서사건 등 잇단 대형사건을 대과 없이 처리하였다. 뒤늦게 알게 된 페놀사건도 잘 넘겼다.

이런 사건들이 발생하지 않으면 더없이 좋겠지만, 현실세계에서 기대할 수 없는 일이다. 잘 수습할 수밖에 없다. 정부에는 이런 일들을 전문적으로 맡아서 처리하는 기관이 언제나 대기태세를 유지한다. 처리과정에 적용되는 몇 가지 원칙도 이미 확립되었기에 그대로 집행하면 된다. 정치가나 어떤 목적이 개입하면 일이 가라앉기보다는 오히려 더 커지기도 하고, 궁극에는 미대난도尾大難掉로 치달아 수습불능의 사태로 발전하기도 한다. 다행스럽게도 노태우 대통령께서는 이와 같은 원칙을 존중하고 전문부서의 노력을 뒷받침해 주어야 한다는 방침을 확고히 실천하셨다고 기억한다. 덕분에 뜻밖의 큰일이 일어나도 시간의 흐름에 따라 저절로 잦아들곤 하였다.

1/4분기를 되돌아보면 이런 돌발사건을 수습하는 데 많은 시간을 빼앗기거나 많은 노력을 기울이지 않으면 안 되었다. 그러나 그런 데에만 매달리지 않고 국정 각 분야의 새해 과제를 확실하게 제시하고 이를 추진할 기반을 마련하는 일도 열심히 수행하였다. 앞 장에서 자세히 설명했지만 연두 기자회견, 국정과제에 대한 합동보고회의, 부처별 연두보고, 지방순시, 그리고 제조업 경쟁력강화 대책회의 등 각종 보고·회의를 통하여 1991년 국정과제를 거듭 확인하고 지시하며, 권고하고 독려하는 일에 그야말로 분초分秒를 아끼는 노력을 마다하지 않았다. 특히 6

·29선언의 8개 항 공약 중 여섯 번째 과제인 지방의회 구성에 착수하여 기초자치단체의회 구성을 완료하였다는 것은 참으로 높이 평가할 만한 업적이다.

2/4분기에 접어들면서 전 분기의 노력이 하나둘 결실을 맺기를 기원하였다. 4월 1일 유엔 아시아·태평양 경제사회이사회 위원회 제47차 총회 개최로 시작되어 고르바초프 소련 대통령의 방한으로 이어진 화려한 외교성과는 그 달콤한 향내를 즐길 겨를도 없이 4월 26일 발생한 강경대 군 치사사건으로 바래고 말았다. 약 한 달간 이어진 끈질긴 반정부 시위와 연쇄자살사건 등으로 한순간도 마음을 놓을 수 없는 고난이 계속되었다. 급기야 6월 3일 저녁에는 특강차 대학을 방문한 총리가 학생들에게 피습당하는 일까지 일어났다.

그러나 고진감래苦盡甘來라고 하지 않았던가. 6월 20일 시행된 광역의원 선거, 즉 시도의원 선거에서 여당이 압승함으로써 정국은 전기轉機를 맞았다. 편안한 마음으로 8박 9일 일정의 미국·캐나다 국빈방문을 위해 6월 29일 오후 서울공항으로 출발할 수 있었다. 청와대 비서실을 중심으로 3개월 동안 일어난 이 일들을 좀 더 자세히 되돌아보기로 하겠다.

유엔 아시아·태평양경제사회위원회(ESCAP) 총회와 고르비 방한 등

4월 1일 첫 일정은 오전 10시 롯데호텔에서 개최된 유엔 경제사회이사회 아시아·태평양경제사회위원회ESCAP: Economic and Social Commission for Asia and the Pacific 제47차 연례총회에 참석하여 개회연설을 하는 일이었다. 유엔 산하 직속기구의 총회로서는 사상 처음으로 우리나라에서 개최되는 뜻깊은 국제회의로, 유엔 회원국이 아닌 국가도 회원이 될 수 있었기에 우리나라는 일찍이 1949년 준회원국으로 가입한 상태였다. 1954년에는 정회원국이 되었으며, 1990년 6월 방콕 총회에서 제 47차 총회를 서울에서 개최하기로 결정하였다.

제 47차 총회는 미국·일본·소련·중국·인도 등 48개 회원국과 70여 개 국제기구의 대표 1천여 명이 참석한 가운데 개막되었다. 열흘 동안 진행된 이 회의에서는 "세계적으로 강화되는 보호무역주의와 지역블록화 현상에 대처하기 위해 역내 국가 간의 협력 강화가 중요하다"라는 점을 밝힌 '서울선언'과 2년에 걸쳐 전문가들이 논의한 결과를 바탕으로 마련된 '아태지역의 산업구조 재조정에 관한 서울 실천계획'을 채택했다. 한편 차기 총회는 '지역 경제협력: 전망, 우선순위 및 정책 선택'을 핵심 의제로 중국 베이징에서 개최하기로 결정하였다.

노태우 대통령은 첫날 개회사에서 "이제 세계 총생산의 50% 이상과 세계 교역량의 40%가 아·태지역에서 이루어지고 있다"고 지적하며 "이 지구촌 인구의 약 60%를 점하는 이들은 아시아·태평양의 공동체 의식을 발전시키며 세계의 평화와 인류의 번영을 위하여 함께 기여할 사명감을 나누고 있다"고 강조하였다. 이어 "아시아·태평양지역의 국가 간 우호협력관계를 증진하고 지역 협력을 강화하는 데 아·태경제사회이사회가 중추적 역할을 수행해 줄 것을 기대한다"며 아·태경제사회이사회 활동방향을 제시하였다.

노 대통령께서는 한반도 상황에 관해서도 설명하셨다. 이 지역의 안정과 협력 증진을 위해서는 한반도 긴장 완화와 남북한 관계 개선이 관건이라고 하면서 "통일이 실현될 때까지 남북한이 함께 유엔에 가입하는 것은 한반도는 물론 아시아·태평양지역의 안정과 평화에 도움이 될 것"이라면서 남북한 유엔 동시가입의 필요성을 강조하였다.

이튿날인 4월 2일 낮에는 청와대에서 서울총회에 참석한 각국 수석대표 등 112명을 초청하여 오찬을 베풀며 이 지역 국가 간의 우의와 협력을 더욱 증진하자고 당부하셨다. 이날 오찬사 모두에서 "4월 1일은 만우절이어서 통상 약속이 정말인지 확인하기 마련인데, 어제 아무런 확인도 없이 개회식에 나간 걸 보니 이는 아·태경제사회이사회의 높은 국제적 신뢰성 때문"이라는 농담을 던져 분위기를 고조시켰다. 이어 "아시아·태평양은 인종과 문화, 환경과 현실 모든 것이 다른 나라들로 구성되어 있고 발전단계와 산업구조, 이념과 체제마저 다른 나라들이 공존하고 있으므로 서로 다른 꽃들이 어우러져 아름다운 꽃밭을 이루듯 우리는 다양성을 존중하고 그것을 조화함으로써 아시아·태평양에 번영의 새로운 시대를 창조할 수 있다"고 강조하시면서 배타성과 폐쇄성을 배제한 개방성과 서로의 장점을 결합하는 협력의 증진을 통하여 평화와 번영을 이루어 내는 데 아·태경제사회이사회가 중추적 역할을 계속해 주기를 당부하였다.

대통령의 이와 같은 적극적인 뒷받침과 외무부 이상옥 장관을 비롯한 관계자들의 노력으로 우리나라에서 처음 개최된 이사회 총회는 자체의 몇 가지 결실 이외에 우리나라의 입장에서도 상당한 외교적 성과를 거둔 것으로 평가되었다. 무엇보다도 당면외교의 최대 현안이자 목표로 삼은 유엔가입 문제에서 매우 고무적인 성과를 거두었다. 안전보장이사회 상임이사국의 하나인 중국의 태도가 긍정적으로 바뀌고 있음을 확인할 수 있었기 때문이다.

이 회의를 통하여 국제사회에서 우리나라의 위상이 높아졌다는 사실을 곧바로 확인하였다는 점도 소득이었다. 그 밖에도 걸프전쟁 이후 신국제질서를 모색하던 한반도 주변 강국들의 입장을 보다 가까이에서 명확히 파악할 수 있는 기회였다는 점, 우리나라가 의장국으로서 선진국과 후진국 간의 연결고리 역할을 원만히 수행함으로써 아시아·태평양 지역 협력을 이끄는 중심 국가로 올라서는 기반을 마련했다는 점, 다른 국가들과 경협할 기회를 제공하는 등 역내 통상 증진에 기여했다는 점 등도 우리가 거둔 외교성과였다고 평가받았다.

이와 같이 국제사회에서 우리나라의 입지를 다져 나가는 분위기 속에서 4월 9일 소련 고르바초프 대통령의 한국 방문이 확정·발표되었다. 전년도 9월 30일 한소 수교가 이루어진 뒤 노 대통령은 그해 12월 13일부터 16일까지 3박 4일간 소련을 공식방문하여 한소 정상회담을 가졌다. 그때 고르바초프 대통령을 초청했는데, 고르바초프 대통령은 가급적 빠른 시일 안에 방한하겠다는 의사를 표명했다. 그 뒤로 외교 경로 등을 통한 교섭 끝에 고르바초프 대통령이 1991년 4월 16일부터 19일까지 일본을 공식방문하고 돌아가는 길에 19일 오후 제주도에 기착하여 한소 정상회담을 가진 뒤 당일 귀국하는 일정으로 상호 합의하였다.

짧은 일정이지만 소련의 최고통치자가 북한을 포함하여 한반도에 발걸음한 일이 이전에 없었다는 사실에 비추어 고르바초프 대통령의 제주도 방문은 소련의 국가원수 또는 대통령으로서 사상 최초로 한반도 땅을 밟는 역사적인 일이었다. 노 대통령과 수교를 맺기 전 샌프란시스코에서 첫 정상회담을 열고 수교를 맺은 뒤 모스크바에 이어 세 번째 정상회담을 가지는 자리이기도 하였다.

청와대 비서실이 바빠질 수밖에 없었다. 열흘밖에 남지 않은 짧은 기간 내에 회담 준비를 마쳐야 했기 때문이다. 아침수석회의 회의록에 따르면 회담을 발표하고 난 다음 날인 4월 10일 외교안보수석은 주말까지 정상회담 관련 준비를 완료하겠다고 보고했고, 공보수석은 취재기자들의 취재·송고활동 등에 지장이 없도록 준비하겠다고 다짐하였다. 4월 11일에는 고르바초프 대통령의 방일 일정 조정에 관한 외교안보수석의 보고, 숙박시설 등 제반여건을 고려하여 중문지역을 회담장소로 정하겠다는 의전수석의 보고, 700여 명의 기자가 취재에 참여할 예정이므로 경호실·외무부·공보처와 협조 중이라는 공보수석의 보고, 그리고 언론 동향에 대한 정책조사보좌관의 보고가 있었다. 대체로 중문 쪽에서 행사를 진행하는 데 동조하는 의견이 지배적이었다.

4월 12일에는 제주대 일부 학생 동향과 대처방향에 대한 행정수석 보고가 있었다. 4월 13일에는 소련 측 공식수행원 11명의 명단을 통보받았으며, 고르바초프 대통령은 18시 30분~19시 사이에 도착할 것이라는 외교안보수석의 보고가 이어졌다. 한편 기자회견 방식은 회담 결과를 설명한 후 기자 몇 명에게서 질문을 받는 순으로 진행하겠다는 공보수석의 보고가 뒤따랐다. 동시에 러시아어 전문가가 부족하다는 정책조사보좌관의 우려 표명이 있었다.

4월 15일 14시 한소 정상회담 준비회의가 개최되어 회담 준비를 마무리하는 모임을 가졌다. 그러나 그 뒤로도 회담 관련 준비상황과 고르바초프 대통령의 동향에 대한 보고와 토의가 잇달았다. 4월 18일에는 공항 영접 문제가 토의되었고, 관례에 따라 대통령 공항 영접은 하지 않기로 결정하였다. 회담장소는 중문단지 신라호텔로 확정하고 발표하였다. 그날 15시 30분부터 17시 5분까지 대통령을 모시고 행사 최종점검 보고회의를 개최하여 행사계획을 확정하였다. 그런데 4월 19일로 예정된 회담이 방일 일정이 변경되면서 한국에 도착하는 시간이 늦어짐에 따라 1박하는 쪽으로 연장 조정되었다. 이에 늘어난 일정에 맞추는 준비작업이 추가되었다. 갑작스런 변경으로 준비할 일이 늘어났지만 우리로서는 매우 좋은 일이라 생각하였다.

드디어 4월 19일 오후 회담을 위하여 15시에 서울을 떠나 16시 10분 제주공항에 도착한 뒤 신라호텔에 짐을 풀고 약간의 휴식을 취하였다. 19시 중문에서 출발하여 제주공항에 도착한 뒤에는 2시간가량 공항에서 대기하였다. 제주공항에서 고르바초프 대통령이 도착하기를 기다리던 중 갑자기 굉음을 울리면서 큰 비행기 한 대가 나타나 당시 공항에서 대기 중이던 우리 일행은 고르바초프 대통령이 탄 비행기인 줄 알고 벌떡 일어난 일이 있었다. 확인한 결과 선발대가 먼저 도착한 것이었다. 육상에서의 활동에 필요한 승용차와 기타 장비 등을 싣고 온 것으로 확인되었는데, 비록 쇠퇴하고 있었지만 역시 대국의 대통령 행차다운 면모를 과시하는 듯하였다.

예정된 시각보다 2시간 늦은 시각인 21시 38분경 도착한 고르바초프 대통령 내외분을 전용기 트랩 밑에서 이상옥 외무장관과 이연택 총무처 장관 등이 함께 영접하였다. 러시아어로 환영한다는 뜻의 '다브로파잘라바스добро пожаловать'라는 말로 인사를 건넸다. 고르바초프 대통령은 매우 피로할 터인데도 힘찬 악수로 인사를 나누었다. 곧 회담장소로 출발하여 22시 30분경 중문단지 신라호텔에 도착하였다.

호텔에서 노 대통령 내외가 영접하고 인사를 나눈 두 대통령은 약간의 휴식을 취한 뒤 23시 30분부터 뒤늦은 환영만찬을 가졌다. 2시간가량 날을 바꾸어 가며 진행된 환영연은 20일 새벽 1시 35분에야 끝났다.

심야 만찬이었음에도 불구하고 화기 가득한 가운데 웃음이 끊이지 않은 2시간이었다. 노 대통령은 봄의 절정을 맞이한 제주도에서 세 번째 정상회담을 갖게 된 것은 양국 관계가 완전한 봄을 맞이하였다는 것이라며, 제주도의 따뜻한 봄이 한반도를 가로질러 올라가 아시아대륙 전체에 화해와 봄이 넘치게 할 것임을 확신한다고 말문을 열었다. 노 대통령은 이어 "이곳에서의 우리들의 만남은 그동안 우리 민족에게 엄청난 고난을 가져온 한반도의 냉전과 불신, 대결과 긴장, 전쟁의 위협 등을 깨끗이 청산하여 평화와 협력, 통일을 이룰 수 있는 전기가 될 것"이라고 하셨다. 이어 전환기의 여러 가지 어려움을 극복하기 위하여 노력하는 고르바초프 대통령을 성원하고 지원하는 데 모든 노력을 다할 것이라고 다짐하였다.

고르바초프 대통령도 답사로 "소련과 대한민국 사이의 관계가 전면적으로 원만하게 발전하는 데에 객관적 · 주관적 장애물은 없다"고 하면서 "최근 몇 개월간 조성된 정치적 관계 개선 못지않게 경제 · 문화와 기타 모든 분야에서 실질적인 관계 발전이 이루어지리라고 확신한다"라고 말하였다. 또 "양국 간 무역 분야에서 교역량이 2배로 늘어났으며 합영기업 건설과 대규모 합작프로젝트 마련을 통한 경제적 협력관계 발전 등 효과적인 협력모델을 조성하고 양국이 지닌 잠재력을 통합해야 한다"고 강조하였다.

고르바초프 대통령은 일본을 방문하는 동안 북방 4개 도서 문제에 양보를 받아 내려는 일본의 집요한 공세 때문에 방한 일정을 연기하기까지 하는 어려움을 겪고 심야에 만찬을 하게 되었음에도 시종 피곤한 기색 없이 즐겁게 노 대통령과 담소를 나누는 모습을 보여 주었다. 내 다이어리에는 고르바초프 대통령이 "늠름 발랄하다"라고 기록되어 있다. 민속공연까지 곁들인 훌륭한 만찬이었다.

무리한 일정에 조금이라도 휴식을 가져야 할 터인지라 아침 정상회담은 오전 11시로 예정되었다. 2시에 잠이 들었으나 긴장한 탓인지 6시에 일어났다. 곧 아침식사를 하고 잠시 프레스센터를 방문하여 인사를 나눈 뒤 서울에 전화하여 이상이 없는지 확인하였다. 10시에는 대통령께 간단한 보고를 드렸다.

정상회담은 11시부터 12시 35분까지 외교안보수석만 배석하는 단독회담이 먼저 진행되었다. 이어 13시 20분까지 이어진 확대정상회담에는 나도 다른 수행원들과 함께 배석하였으며 기자간담회 후에 두 정상이 호텔 정원을 약 15분간 산책하면서 담소하는 시간을 가졌다. 제주의 봄이 만개한 가운데 호텔 주변을 산책하는 두 대통령의 모습은 매우 보기 좋고 감격스러운 장면이었다. 당시 고르바초프 대통령의 영부인 라이사 여사도 동행하였으며, 라이사 여사는 정상회담이 진행되는 동안 노 대통령 영부인과 함께 제주시 중문 서쪽 사계리 어촌 등을 방문하여 제주의 자연을 즐겼다. 13시 50분 고르바초프 대통령과 잠시 작별인사를 나누고 공항으로 출발하며 역사적인 한국에서의 양국 정상회담이 끝났다. 15시경 고르바초프 대통령의 전용기가 제주공항을 이륙함으로써 이틀에 걸친 제주행사가 마무리된 것이다.

단독회담에서 확대회담으로 이어진 양 정상의 회담에서는 한반도 정세, 유엔가입 문제, 북한 핵문제, 소련의 선린협력조약 체결 제의, 양국 간 경제협력 등이 매우 긍정적인 분위기 속에서 논의되었다. 당시 회담 내용은 자세한 자료가 보존되어 있으므로 길게 설명할 필요는 없지만, 그래도 개략적인 내용만은 언급해 두는 것이 좋을 듯하다고 판단되어 몇 자 적어 두고자 한다.

먼저 한반도 정세와 관련하여 노 대통령은 남북고위급회담이 수차례 개최되었으나 현재는 중단되어 재개를 위해 노력 중이니 만큼 소련 대통령의 협조를 요청하였다. 고르바초프 대통령도 남북 간의 대화를 환영하며 필요한 지원을 하겠다면서 다만 한소관계의 진전에도 불구하고 북한에 대한 영향력을 행사하여 남북 모두에게 이익이 되도록 하기 위하여 북한과의 관계는 계속 유지될 것이라고 이야기하였다.

유엔가입 문제에 대하여 노 대통령은 남북한 동시가입을 위하여 노력하겠지만 북한 측이 계속 동시가입에 반대하는 경우 금년에 단독가입이라도 해야겠다고 우리의 방침을 설명하셨다. 고르바초프 대통령은 북한 측의 단일의석 가입 주장이 비현실적이며 중국 측도 같은 의견이라면서 결국은 북한 측도 동시가입을 받아들일 것이라고 말하였다. 단독회담을 하면서는 만약 북한 측의 반대로 남한 측이 단독가입을 신청한다면 거부권을 행사하지 않겠다는 언질을 주기까지 하였다.

북한 핵문제에 관해서도 노 대통령은 그동안 소련 측에서 북한에 국제원자력기구IAEA와의 핵안전조치협정 체결을 촉구하여 왔으며, 일본을 방문하였을 때 공동성명에 포함시킨 데 대하여 감사의 뜻을 표하였다. 고프바초프 대통령은 곧바로 그 입장을 재확인하였다.

확대정상회담을 진행하던 중 고르바초프 대통령이 한소 간 선린협력조약을 체결하자고 제의하였는데, 우리는 예상하지 못한 일이어서 약간 당황하였다. 그러나 노 대통령은 원칙적으로는 찬성하지만 구체적인 문제는 전문가들에게 맡길 일이라고 하면서 양국 외무장관으로 하여금 협의하도록 하자는 데 합의하였다.

양국 간의 경제협력 문제를 두고서는 노 대통령은 그 잠재성이 크다면서 자원·어업·과학기술 분야의 협력이 확대될 수 있다고 하면서 특히 사할린 가스개발 사업에 소련·한국·미국과 필요하다면 일본도 참여하여 추진하는 방법이 좋겠다고 말씀하셨다. 고르바초프 대통령은 일본에 사할린 개발을 권유하였으나 적극성을 보이지 않았다고 하면서 그 밖에도 야쿠츠크지역의 원유 및 석탄 개발, 우도칸의 동 광산 개발 등 동시베리아지역의 여러 가지 사업에 한국 기업들이 참여하는 것을 환영한다고 답하였다.

이처럼 정상회담에서 여러 가지 긍정적 성과를 거두었으며, 특히 유엔가입 문제는 정부의 1991년도 최우선 외교과제로 추진하는 중이었기에 참으로 반가운 소식이 아닐 수 없었다. 다만 우호협력 체결 문제를 설명하는 과정에서 우방과의 관계에 문제가 생기지 않겠느냐는 일부 의문이 제기되었으며 성급한 비판도 없지 않았다. 그러나 조약체결의 내용이 어떠한지에 대한 문제는 향후 접촉하면서 정할 문제로, 아직 예단할 일이 아니라는 설득으로 큰 잡음 없이 진정되었다.[1]

공보처가 회담 직후 여론조사를 한 결과, 모든 문제에 관하여 긍정적인 평가가 나왔음을 지적해 두고자 한다. 긍정적 반응을 항목별로 나누어 살펴보면, ① 한반도 동북아 평화 76.5%, ② 남북대화 및 남북교류 61.4%, ③ 우리 경제 66.7%, ④ 우리나라 유엔가입 76.4%, ⑤ 한국의 국제위상 83.3%, ⑥ 한소관계의 전망 86.4% 등이었다.

이와 같이 뜻깊은 국제행사를 가진 뒤에는 반드시 따르는 절차가 있다. 국민들에게 그 내용을 자세히 보고하고 회담한 내용이 구체적으로 집행되도록 관련 부서를 독려하는 일이다. 나는 4월 20일 17시 50분 김포에 도착하자마자 토요일이었음에도 삼청동회의실로 직행하여 18시

1 이 조약 체결 문제는 그 뒤 우리 외무부가 소련 측에 조약 초안을 제시해 달라고 요구하였다. 소련 측이 초안을 준비하던 그해 8월 쿠데타가 발생하며 정국이 혼미해진 끝에 12월 고르바초프 대통령의 사임으로 소비에트연방이 해체되었다. 이에 러시아연방이 국제관계를 승계함에 따라 1992년 2월부터 러시아와 양국기본관계조약이라는 명칭으로 체결 교섭을 벌인 결과, 1992년 11월 19일 러시아 옐친 대통령이 서울에 방문하였을 당시 노 대통령과 정식 서명·체결되었으며, 1993년 5월 18일 국회비준 동의를 받아 7월 7일 발효되었다.

40분부터 22시 30분까지 당정회의를 주재하며 임시국회 입법대책을 논의하였다. 그 밖에도 여러 가지 언론보도 대책을 논의하느라 강행군할 수밖에 없었다.

다음 날인 4월 21일 일요일에는 대통령의 배려로 마련된 비서실장 공관으로 이사했다. 청와대 입구, 종로구 효자동에 마련된 공관은 꽤 넓은 마당이 딸린 2층짜리 양옥이었다. 필요에 따라 외부인사를 만나거나 직원들과 회식하고 격려하기 위한 장소 등으로 쓰였으며, 내자가 간편한 살림살이를 옮겨와 두 사람의 숙식을 해결하는 생활공간으로도 넉넉한 곳이었다. 이 건물은 내가 퇴임한 뒤 효자동 사랑방으로 용도가 변경되어 비서실장 공관으로서는 2년도 채 안 되는 기간 사용되었을 뿐이다.

이튿날인 4월 22일 9시 30분부터 청와대 국무회의가 열렸다. 25분간 이어진 외무부 장관 보고에 이어 대통령께서 30분간 이번 회담의 역사적 의의를 평가하고 앞으로 추진할 일에 관한 몇 가지 지시사항을 말씀하셨다. 노 대통령께서는 역사상 초유의 소련 국가원수 한반도 방문과 한소 정상회담이라는 이벤트가 이루어질 수 있었던 것은 고르바초프 대통령의 큰 결단 때문이라 전제하면서 이제 양국 정상이 1년 만에 세 번째 만남을 성공시킴으로써 동북아 주변의 정세가 한반도의 냉전 종식과 평화통일에 유리한 새로운 국면으로 접어들었다고 지적하시고, 이와 같은 정세변화에 능동적으로 대처할 필요가 있다고 말씀하셨다. 특히 고르바초프 대통령은 남북대화, 핵안전협정 가입, 유엔가입 문제 등에 대하여 북한보다 한국의 입장을 지지하는 한편 동북아지역의 평화와 발전에 한국의 역할이 매우 중요하다는 인식 아래 한국과의 우호조약 체결, 경제협력 등에 높은 관심을 표시함으로써 북한에 큰 타격을 주었으며 중국에게도 다시 생각하게 하는 계기가 되었다고 평가하시면서 이런 때일수록 북방정책의 역작용도 항시 유념해야 된다고 말씀하셨다.

내각에 대한 구체적 지시사항으로는 ① 미국 · 일본과의 관계 발전에 소홀함이 없도록 긴밀하게 협조할 것, ② 소련에 대한 경제협력 약속을 조속히 이행해 달라는 고르바초프 대통령의 희망을 충족시키도록 경제기획원 장관을 중심으로 필요한 조치를 취할 것, ③ 외무부 장관은 소련 측의 선린협력조약 체결 요청에 대하여 양국 관계의 우호협력 발전을 증진하되 우방에게도 좋은 내용으로 조약이 체결되도록 잘 검토하여 추진할 것, ④ 유엔가입 목표가 달성될 수 있도록 이번 회담결과를 최대한 활용할 것, ⑤ 관계장관은 정상 간 및 관계장관 간 논의사항별로 후속조치 계획을 작성해 조속히 별도 보고할 것 등 다섯 가지를 언급하셨다.[2]

4월 23일에는 3부 요인과 여야 지도자에게 한소 정상회담 결과를 설명하는 오찬 간담회가 개최되었다. 11시 35분 시작되어 외무 장관이 회담 결과를 보고하고 대통령이 보충설명하는 시간을 가진 뒤 오찬을 겸하여 13시 10분까지 좋은 분위기 속에서 종료되었다. 이 자리는 곧이어 13시 35분까지 김대중 평민당 총재와의 단독면담으로 이어졌다.

이날 대통령께서는 정상회담 당시 고향에 온 것 같아 다시 오고 싶다는 고르바초프 대통령의 말에 제주도에는 고高, 부夫, 양梁 3개의 성씨가 있는데 고르바초프 대통령, 부시 대통령, 양상쿤 주석 세 분이 이곳에서 정상회담을 하도록 주선해야겠다고 농담으로 받으며 크게 웃었다는 이야기로 서두를 여셨다. 아름다운 제주도의 봄을 화제로 삼으면서도

2 이 자리에서 대통령께서 제주 개발에 관한 특별법 제정 문제가 지지부진하다는 질책과 함께 관계장관이 합동하여 조속히 추진하라는 지시가 있었다. 전부터 제주도민의 복지 향상과 관광여건 조성에 이바지할 목적으로 제주도 종합개발계획을 수립·실시하되 제주도의 의견을 참고하여 별도의 간편한 행정절차를 밟을 수 있도록 하는 특별법을 검토하고 제정하라는 것이었다. 그동안 수차례 논의가 있었으나 특히 지역 일부의 반대가 심하여 추진이 지연되었는데, 이 지시가 내려진 뒤 4월 24일 7시 30분 삼청동 관계관회의를 시작으로 여러 차례 논의한 끝에 1991년 12월 31일 입법이 완료되었으며 그 뒤 여러 차례 개정이 이루어졌다. 나는 이 입법이 오늘날 제주도의 눈부신 발전에 큰 밑거름이 되었다고 평가한다. 당시 농수산부 장관을 지낸 제주 출신 강보성 의원이 삼청동회의에 여러 번 참석하였는데, 청와대의 요구와 지방여론 사이에서 곤혹스러워하던 모습이 지금도 눈에 선하다.

정치 지도자들의 모임이라 여야 공방이 적지 않았다. 대통령께서는 소련이 경협 20억 달러를 추가로 요청했다는 보도는 전혀 근거 없는 것이며 고르바초프 대통령의 한소 우호협력조약 체결 제의 문제와 관련하여 이미 독일 · 프랑스 · 이탈리아 · 스페인 등 서방국가들과의 체결 선례도 있을 뿐만 아니라 이 조약과 군사동맹을 관련시키는 것은 지나친 비약이라고 설명하여 이해를 구하셨다. 김대중 총재는 야당이지만 한소관계의 진전은 매우 좋은 일이며 우리나라의 국제위상도 높이는 것이라고 생각한다면서도 야당의 비판이 외교상 도움이 된다고 주장하였다.

김대중 총재는 참으로 궁금한 일이 많은 분이었던 듯하다. 소련 국내 정세의 불안에 대한 고르바초프의 생각, 소련을 지지하던 미국의 태도가 변화할지 여부, 고르바초프는 개혁 쪽인지 보수 쪽인지 등을 물었다. 대통령께서는 고르바초프는 국내 상황을 솔직히 털어놓고 어려움을 숨김없이 이야기한다는 점이 훌륭하다, 소련에 대한 미국의 지지는 변함없다, 고르바초프는 중간노선을 간다고 답변하였다.

박준규 국회의장은 자신의 방소 계획을 설명하며 사할린 유전 개발의 경제성에 대하여 물었다. 타당성 조사가 끝났다는 대통령의 답변에 김대중 총재는 파이프라인의 북한 통과 문제를 제기하였고, 대통령께서는 당장 해결된 것은 아니지만 장차 실현될 것이라 답변하였다.

김대중 총재는 야당 총재답게 이번 방문이 일본 방문에 비하여 기간이 짧아 우리 국민에 대한 예의가 어긋났다는 점과 한소 우호협력조약 문제 혼선 등을 지적하였다. 대통령은 일본 방문은 오래전부터 준비된 국빈방문이었고 방한은 갑자기 결정된 사항이었으며, 사실 거의 불가능한 일이었지만 고르바초프 대통령의 결단으로 이루어진 일로서 소련의 의지가 표명된 것이라고 성실하게 답변하셨다.

여야 대표가 함께한 자리인 만큼 당연한 일이었겠지만 임시국회에서 논의 중인 국가보안법 개정 문제와 정치풍토쇄신법 등을 둘러싸고 대통령과 김대중 총재 및 김영삼 대표 사이의 의견교환이 있었으나 각자의 입장을 표명하는 데 그칠 수밖에 없었다. 김대중 총재는 노 대통령이 자기보다 고르비와 더 친한 것 같다고 하면서 자주 만나고 상의도 하기를 간접적으로 촉구하였고 노 대통령은 잘 알겠다고 답변하셨다.

25분간 이어진 대통령과 김 총재와의 단독대담에서는 개혁입법 문제, 정치자금법 제정, 내각제 개헌 관련 향후 정국방향, 지방자치의회 선거 문제 등을 놓고 솔직한 의견을 교환하는 시간을 가졌다. 마지막으로 김 총재가 대통령에게 당총재직 이탈을 권고하였으나 대통령은 이상론이지만 정치는 현실이라고 답변함으로써 단독대담이 끝났다.

이제 급작스레 마련되어 짧은 기간이나마 국내외적으로 많은 관심을 받았던 한소 정상회담에 관한 기록을 끝내면서 나는 참으로 천지개벽天地開闢·파천황破天荒의 큰 변화를 느끼지 않을 수 없었다. 소련은 세계공산화 전략의 하나로서 북한에 제 입맛에 맞는 정권을 세우고자 국내 기반이 거의 없던 김일성을 택하여 그로 하여금 정권을 장악하게끔 조종하고 뒷받침하였고, 얼마 되지 않아 6·25 남침을 감행하게 하지 않았던가. '소련의 아들'이라고 할 수 있는 김일성이 버젓이 북한에서 정권을 쥐고 있음에도 불구하고 소련의 대통령이 대한민국 땅에서 대한민국 대통령과 화기애애한 가운데 회동하면서 상호 협력을 논의하였다는 것은 아무리 생각하여도 꿈같은 일이었다. 고르바초프 대통령이 서울 아닌 제주를 첫 방문지로 삼은 것은 그나마 북한에 대한 배려라고 믿어진다. 그동안 각고의 노력으로 이룩한 국력이 88서울올림픽을 계기로 세상에 알려지고 그런 변화의 흐름을 예견·활용하여 이른바 북방정책을 꾸준히 추진해 온 결과라 생각한다.

세상의 모든 것은 변하기 마련이라는 진리를 확인하며 변화가 생길 때는 또 다른 변화도 반드시 온다는 것을 명심, 또 명심하는 순간이었다.

과학기술 진흥에의 집념

1991년 들어 과학기술을 진흥해야겠다는 대통령의 집념이 반영된 몇 개 행사를 연달아 치렀다. 이는 특히 4월 21일 과학의 날을 계기로 기획되었던 4월 30일 대통령의 과학기자클럽 방문에서 절정을 이루었다.[3]

먼저 노 대통령은 1월 8일 연두 기자회견에서 기자 질문에 답변하면서 10년 후 우리 과학기술이 선진 7개국 수준으로 올라가기 위한 투자를 가속화하고 있다고 중장기 목표를 제시하였다. 금년 1년간 1조 2천억 원의 투자, 소련과의 첨단기술 협력, 자연계 대학·과학계 고등학교 등에서의 영재교육과 기술인력 양성 등의 청사진을 개략적으로 설명한 뒤 대통령 직속 '과학기술자문회의'를 상설화하여 정책적으로 관련 업무를 조정하고 뒷받침할 수 있도록 하겠다고 약속하였다.

2월 22일에는 대전시청·충남도청을 연두순시하는 기회에 맞춰 때마침 개원 20주년을 맞은 한국과학기술원KAIST을 방문하여 강당에서 개최된 기념식에서 참석한 교수와 학생, 내빈을 상대로 인상적인 기념연설을 하였으며 참석자들의 기립박수를 받는 감격스러운 순간을 맞았다.

연설의 주된 내용은 과학기술이 인류사회의 번영에 핵심적 역할을 해온 지난날을 회고하면서 선진국에 비해 뒤늦게 출발한 우리의 과학기술계에 석사 6,330명, 박사 1,048명을 배출하고 산업계에서 과학기술의 혁신을 이끄는 중추역할을 함으로써 비약적인 발전을 이루게 한 한국과학기술원의 노고를 치하한 뒤 연두 기자회견에서 제시한 세계 7대 선진국 수준의 과학기술을 이룩하기 위하여 한국과학기술원의 지도적 역할과 분발을 강조하는 것이었다. 구체적으로 과학기술인력 양성, 과학기

3 노 대통령은 취임 후 여러 차례 과학기술진흥회의를 주재하여 과학기술 진흥에 큰 관심을 표시하며 큰 성과를 올렸다(1차: 1989월 6일 27일, 2차: 1989년 12월 12일, 3차: 1990년 7월 10일, 4차: 1991년 12월 19일, 5차: 1992년 7월 8일).

술 투자의 확대, 연구개발 체제 및 전략의 효율적 개편 등의 계획을 설명하면서 과학기술 분야에 종사하는 모든 분들에 보내는 감사와 격려의 말씀을 호소력 있게 전달하였다.

'과학의 날'이 있는 4월에는 2일 21세기위원회의 과학 분야 보고를 청취하는 시간을 가졌다. 이관 위원장을 비롯하여 맹일영, 강주상, 박찬규, 박한규, 오세정, 이용수, 최영명, 한상준 위원 등 각 방면의 전문가로부터 과학특보 신설, 과학기술투자의 효율성 분석과 증액, 과학기술교육의 질 향상 방안, 환경 · 에너지 자립 · 해양수산 · 통신 문제 등에 다양한 전문적인 의견을 보고받고 정책에 반영할 것인지 검토 · 실시하도록 지시하였다.

4월 12일에는 대전엑스포 기공식에 참석하여 연설하면서 다시 한번 과학기술의 중요성을 강조하였다. 1993년 8월 7일부터 11월 7일까지 93일간 대전에서 개최될 세계박람회장의 기공식을 하는 자리였다. 이 박람회는 노태우 정부가 88서울올림픽을 성공적으로 주최한 직후인 1988년 말 준비를 시작하여 1989년 개최 의지를 천명하였으며 1990년 8월 '전통기술과 현대과학의 조화, 자원의 효율적 이용과 재활용'이란 주제를 가지고 종합박람회와 다른 전문박람회를 개최하기로 국제박람회기구의 공인 결정을 받았던 것이다.

노 대통령은 나라의 발전을 주도하기 위해서는 국제행사를 개최하는 것이 매우 유용하다는 생각을 갖고 계셨다. 88서울올림픽 주최로 한껏 고양된 국력 신장의 모멘트를 과학박람회라는 또 하나의 국제행사로 이어 나가야겠다는 생각을 실천으로 옮긴 결과였다. 박람회 준비과정과 진행기간 그리고 뒷마무리 등의 단계를 거치면서 이루어질 과학기술 진흥이 곧 국가 번영과 국력 신장에 큰 도움이 된다고 확신했기 때문이다.

연설에서 노 대통령은 대전엑스포는 140년 세계박람회 역사상 처음으로 개발도상국에서 열리는 박람회일 뿐만 아니라 우리나라가 여덟 칸

짜리 기와집을 전시장으로 지어 모시와 부채 등 수공품을 전시하여 처음 참석하였던 시카고박람회로부터 꼭 100년이 되는 해이며 올림픽 주최 5년 만인 1993년에 개최되어 큰 뜻이 있다고 회고하셨다. 또한 이 박람회를 통하여 우리는 인류가 지금까지 이룩한 문명과 과학기술이 이끌 미래의 세계를 보게 될 것이라고 강조하셨다.

나아가 그동안 빠른 성장으로 "신흥 산업국가로부터 대망의 선진국 대열에 들어설 문턱에 선" 우리가 "과학기술 진흥의 획기적인 전기를 마련하여 선진 산업사회로 뛰어오를 도약대가 될 것"이라고 말씀하셨다. 이 박람회의 성공을 위하여 막대한 투자가 이루어질 것이며 그 파급효과는 대전지역을 비롯한 중부지방의 모습을 획기적으로 바꾸게 할 것이라고 하면서 박람회 성공을 위하여 "범정부적인 노력과 함께 국민 모두의 적극적인 참여와 성원이 있어야 한다"고 마무리하셨다. 비록 퇴임 후 새 정부가 들어선 뒤에 개최될 행사이지만 그 준비는 대부분 노태우 정부가 해야 할 일이었기에 직접 장관으로 일하던 나웅배 경제부총리, 오명 체신부 장관 등을 발탁하여 잇달아 준비위원장의 책임을 맡겨 독려와 지원을 아끼지 않았다.

또한 4월 25일 오후에는 한소 정상회담 뒤처리 등으로 바쁜 일정에도 불구하고 과학의 날 수상자를 청와대로 초청하여 다과를 함께 나누면서 격려하였다. 4월 30일에는 9시 30분부터 11시까지 1시간 반 동안 프레스클럽에서 한국과학기자클럽 초청 간담회에 참석하여 과학기자, 과학기술 관련 학계·연구계·산업계 관계자 등 200여 명이 모인 가운데 기조연설을 한 뒤 기자 12명으로부터 질문을 받고 답변하는 시간을 가졌다. 이 간담회는 TV로 전국에 생중계되었다. 당초 4월 21일 과학의 날에 이 간담회를 개최할 생각으로 준비하였으나 한소 정상회담 등으로 일정이 비지 않아 고심하던 중 그래도 달을 넘기지 않으려고 4월의 마지막 날을 택하였던 것이다.

기조연설 및 문답 내용은 별도로 자료가 발간[4]되었기 때문에 개략적인 소개로 대신하는 것이 옳을 듯하다. 기조연설의 주된 내용은 먼저 참석자들이 그동안 우리나라 과학기술 발전에 노력한 일에 대한 감사의 말씀으로 시작되었다. 전 세계적으로 21세기 고도 산업사회·첨단 정보사회가 목전에 다가오는 오늘날 자주·선진·통일국가로의 도약이라는 소명을 완수하기 위해서는 우리 모두 '번영의 힘'을 더욱 키우는 것이 요체가 된다고 전제하셨다. 이어 그 번영의 힘, 즉 국력신장을 이끄는 가장 큰 힘은 바로 과학기술이라고 단언하시면서 앞으로 2000년까지 약 10년 동안 우리의 과학기술을 선진 7개국 수준으로 발전시켜야 한다는 목표를 다시 주창하셨다.

노 대통령은 이 목표를 연두 기자회견에서도 제창하였을 뿐만 아니라 기회가 있을 때마다 되풀이하여 강조했다. 대통령이 중언부언한다는 지적을 받을 수 있을 정도로 계속 거듭하여 주창하는 모습을 여러 군데서 볼 수 있었는데, 이는 목표 달성을 위하여 조직원을 이끌어 가고자 행하는 리더십의 발현이었다.

그동안 우리나라는 선진국이 200~300년에 걸쳐 이룩한 산업화를 불과 30여 년 만에 거의 따라잡을 수 있었고, 이는 과학기술인의 노력에 힘입은 바 크다고 강조하셨다. 그러나 우리의 과학기술 수준은 선진국에 비하여 예컨대 전자정보 산업은 5~7년, 자동차 산업은 5~10년 뒤졌으며 도금·용접 같은 생산기반 기술도 뒤떨어졌으나 가장 큰 문제는 연구개발에 대한 투자 소홀과 설계나 제품에 있어 독자적 기술이 없는 점이라고 지적하면서 우리 모두 힘을 합쳐 새로운 기술개발에 노력하자고 호소하셨다.

구체적으로 연구개발의 주체인 정부와 기업, 대학과 연구소가 역할을 효율적으로 분담하여 과학기술 개발에 온 힘을 쏟아야 한다고 하셨다. 그러면서 첫째, 기업과 경제계는 필요로 하는 기술이 무엇인지 어

4 대통령 비서실(1992), 《노태우 대통령 연설문집》 4권, 158~179쪽.

떻게 개발하여야 하는지를 잘 알기 때문에 산업기술을 개발하는 데 앞장서야 할 것이며 이를 뒷받침하는 기초과학의 발전과 인재양성에도 관심을 가져 달라고 하면서 정부는 기업의 이 같은 노력에 대하여 금융·세제상 지원과 관련 정보·인력의 원활한 공급 등을 통하여 지원을 아끼지 않겠다고 약속하셨다.

둘째, 정부는 기업의 능력만으로는 감당하기 어려운 첨단기술, 나라의 미래를 설계하는 거대기술, 공공복지를 위한 기술 등 다음과 같은 6개 분야를 주도적으로 이끌어 나갈 것이라는 뜻을 밝히셨다. 이는 정보통신산업 분야를 비롯하여 신물질 창출·신소재 개발·생명공학 등의 발전, 해양·항공·우주기술 개발, 쾌적한 환경을 지키고 가꿀 분야, 교통혁명을 이룰 기술개발, 그리고 원자력기술의 자립을 위한 여러 가지 노력 등 모두 6개 분야가 2000년까지 선진국 수준에 이르도록 기틀을 다지겠다는 뜻이었다.

셋째, 대학과 연구소는 기초과학의 산실로서의 역할 외에도 기술혁신의 원천으로서의 구실도 잘 수행해야 할 것이라고 언급하면서 산産·학學·연硏 간 협동을 강화함으로써 창조의 열기와 생동력이 넘쳐 났으면 좋겠다는 바람을 밝히셨다.

이와 같은 기업·정부·학연學硏의 분담 아래서도 과학기술 발전이 제대로 이루어지기 위해서는 무엇보다도 '사람'과 '돈'이 핵심적 요소가 되어야 한다고 말씀하셨다. 먼저 '사람'의 문제인 과학기술 인재 양성·확보·능력 발휘를 위해서는 과학영재교육의 강화, 자연계대학 정원의 대폭 증원[5], 해외두뇌 유치 등의 인력확충 방안을 들었고, 과학교육 질 향상을 위한 연구·실험 실습기구 확충[6]에 정부와 민간이 합심하는 방

5 수도권 인구억제책의 일환으로 제한받아 온 수도권 서울대, 연·고대, 한양대와 부산·경북·전북 등 우수 공과대학 정원을 매년 4천 명씩, 합계 1만 2천 명을 증원하고 광주에 제2과학기술대학을 신설하는 안 등이 구체적 인력확충 방안으로 채택·시행되었다.

안, 그리고 과학기술인에게 연금을 지급하는 제도 등 과학기술인이 우대받는 풍토 조성을 시행하는 것 등을 방안으로 예시하셨다.

다음으로 '돈'의 문제와 관련하여 과학기술 투자의 획기적인 확대와 효율성 제고가 기조연설에서 언급되었다. 1987년 5,600억 원이었던 정부 과학기술예산은 1991년 2배가 넘는 1조 2천억 원으로 늘어났으며, 기업의 기술개발 투자도 활기를 띠고 있으므로 이 여세를 몰아 2001년까지 국민총생산 5% 수준에 이르도록 노력하자고 연설하셨다. 정부도 정부 과학기술예산 증액과 더불어 정부 투자기관의 기술개발 투자도 늘릴 것이며 기술 혁신에 주력하는 기업에게는 여러 가지 지원을 아끼지 않겠다고 약속하셨다.

뿐만 아니라 우리가 가진 기술을 최대한 활용하고 능력을 최대한 발휘할 수 있도록 하는 등 정부의 과학기술 정책을 효과적으로 추진하기 위해 5월 중에 '국가과학기술자문회의'를 구성하겠다고 하는 것으로 기조연설을 마쳤다. 이어 기자들의 질문에 응답하는 시간을 가졌다.

질문 시간에는 12명의 기자가 나서서 질문했다. 기자들은 공통적으로 선진 7개국 수준으로 과학기술을 발전시킨다는 구체적 내용이 무엇인지 설명해 달라는 요구와 함께 그 가능성에 대한 대통령의 견해를 물었다. 노 대통령은 우리나라의 발전 목표가 개발도상국을 넘어 선진국의 대열에 들어서는 것이라면 과학기술을 선진 7개국 수준으로 도약시키는 것은 우리의 소명일 수밖에 없다고 강조하셨다. 선진 7개국이라면

6 당시 초·중등학교 과학기자재 보내기 운동이 4월 10일 아침수석회의에서 거론되어 의견 조정 및 준비 끝에 한국과학기술진흥재단 주관으로 언론기관(〈중앙일보〉와 KBS)의 협조를 얻어 구체적으로 시행된 바 있다. 과학꿈나무 육성을 위한 초·중등학교 과학기자재 보내기 운동은 1991년 7월부터 모금한 결과 1992년 3월 13일 당시 47만 8천5백여 명이 후원회원으로 참여해 83억 930만 7,283원(1억 9천1백만 원 상당의 실물기자재 포함)의 후원회비가 모금되었다. 모금된 회비는 마련된 지침에 따라 지역별·대상학교별 과학교육환경 열악도를 반영하여 학교에 지원되었다(〈중앙일보〉(1992년 4월 20일), "과학꿈나무 키운다: 과학기자재 보내기 보고서 발간", 10면).

미국 · 일본 · 독일 · 영국 · 프랑스 · 캐나다 · 이탈리아 등이 될 것이고, 동유럽권에서 꼽는다면 소련을 추가할 수 있을 것이라고 답변하셨다. 이들 7~8개국도 모든 면에서 세계 최고 수준의 기술을 가지지는 않았고, 다만 중요한 몇몇 분야에서 최고 기록을 확보한 것이다. 따라서 우리나라도 노력 여하에 따라서는 몇몇 기술을 세계 최고로 확보할 수 있다는 생각에서, 또한 일부 기술은 해외에 수출할 수도 있을 것이며 수입에 의존하던 기술을 국내 기술개발로 대체할 수도 있다는 뜻에서 그런 목표를 제시했다고 설명하셨다.

특히 88서울올림픽 당시 도핑문제가 제기되자 한국의 기술 수준으로는 감당할 수 없으므로 대회운영 전산시스템과 함께 국제용역에 맡겨야 한다는 주장이 제기되었으나, 당시 준비위원장을 맡고 있던 노 대통령은 국내 당국자들의 자신감과 의지를 믿고 도전을 감행하기로 결정하여 너끈히 해내었다는 경험을 소개하셨다. 그러면서 선진 7개국 수준의 과학선진국을 만드는 일, 적어도 선진 7개국 중 하위 정도는 달성 가능하다는 확신을 피력하셨다.

뒤이어 기자들은 평화를 위한 원자력 이용과 관련하여 질문을 쏟아냈다. 북한의 핵사찰 거부 및 주한미군 핵무기 논란, 환경오염 문제, 통신위성 보유 등 정보통신산업 발전계획, 기초과학과 생산기술의 조화 방안, 정부출연 연구기관의 육성과 능률적 운영 문제, 과학기술인 연금지급 계획, 정부의 기술개발 투자현황 및 계획, 북방정책의 성과인 소련과의 수교를 계기로 한 과학기술 협력 추진 문제, 대전엑스포를 과학박람회보다는 무역박람회로 바꾸는 편이 낫다는 주장에 대한 대통령의 견해 등 당면 관심사 등에 대하여 광범위한 질문을 던졌다. 이에 대통령께서는 자세히 응답하셨으며, 일부 문제에 관해서는 배석한 김진현 과학기술처 장관(원자력 안전 문제 및 연금제도) 및 송언종 체신부 장관(무궁화위성과 국가 기간전산망 사업)에게 보충 답변을 하게 하였다.

질의응답 중간에 대통령 선거 유세 당시 대덕연구단지에서 대통령께서 사위를 엔지니어 출신으로 맞이하겠다고 하면서 과학기술에 대한 애정을 표시하더니 어떤 심경의 변화가 있었느냐고 추궁(?)하는 질문이 나왔다. 대통령은 미안하다면서 딸이 아이를 낳으면 과학기술자로 키우겠다고 조르는 바람에 할 수 없이 승낙하였으나 다행히 사위가 전공은 경영 분야이지만 과학기술에 많은 취미와 관심을 갖고 있다는 농담을 하여 좌중의 긴장을 풀어 주는 순간이 있었다.

또 한 질문자는 과학기술에 더 많은 투자를 하여 과학자 사위를 두지 않은 것도 만회하고 '과학기술 대통령'이란 별호도 얻도록 하라는 격려성 질문을 하였다. 이에 대통령은 좋은 별호를 부쳐준 데에 감사하는 뜻에서라도 별호에 걸맞은 노력을 기울이겠다고 다짐하셨다. 과학기자클럽에서의 분위기는 내가 주로 겪어 오던 사회부나 정치부 기자와의 만남과는 사뭇 다른 것이었다. 실사구시적인 문답이 계속된 화기 가득한 만남이었다.

마지막으로 국민의 이익을 위해서, 또는 우리 과학자들의 합의를 구하기 위해서 국민들에게 부탁드리는 말씀을 해달라는 기자단의 요구가 있었다. 대통령께서는 우리 국민들의 미래를 위하여 무엇보다도 중요한 것이 과학기술의 진흥이라는 점, 과학기술인 여러분의 어깨가 무겁다고 생각한다는 점, 과학기술인의 연구개발 못지않게 국민들이 과학의 중요성을 올바르게 인식하도록 하는 것이 중요하다는 점을 강조하셨다.

과학기술자들이 모교를 방문하여 후배들에게 과학기술에 대한 꿈을 심어줄 것, 과학기술 관련 단체와 각계각층을 망라하여 국민 모두가 초·중학교의 실험·실습시설과 기자재를 많이 지원하기를 당부하고 이와 같은 노력이 결집되어 2000년대 과학기술 선진국으로 도약할 수 있으리라는 믿음을 갖자고 호소하는 것으로 간담회는 잘 마무리되었다.

다소 장황해질까 봐 걱정하면서도 과학기자클럽에서의 간담회를 길게 소개한 것은 이 간담회가 노태우 대통령이 과학기술 진흥에 보인 집념이 집약된 행사라고 할 수 있기에 반드시 기록하여 전달해야 한다는 믿음 때문이다. 이를 계기로 남은 임기 동안 정부 관계부처, 기업, 대학 연구소 등 과학기술 진흥에 많은 노력을 쏟아부었음은 뒤에 기술할 기회가 있을 것이다.

이 간담회에서 약속한 대로 5월 31일 '국가과학기술자문회의'가 홍릉 한국과학기술원에서 현판식을 가지고 발족하였다. 이날 11시 45분 청와대에서는 과학기술처 장관과 체신부 장관을 역임한 김성진 위원장 등 11명의 위원[7]에게 임명장을 수여한 뒤 이어 오찬을 함께 하였다. 국가과학기술자문회의는 6공화국 헌법 제127조 1항으로 국가의 과학기술 혁신과 정보 및 인력 개발 의무조항이 신설되고 그 3항에 필요한 자문기구를 둘 수 있다는 조항이 제정된 데 이어 1991년 3월 법률 제4361호로 국가과학기술자문회의법, 이어 동시행령이 4월 29일 공포됨에 따라 상설기관으로 설치된 것이었다.

과학기술 자문기구의 발족은 국가의 과학기술 정책이 매우 중요하다는 인식 아래 이루어진 일이며 과학기술의 문제가 국가 최고통치권자의 권역으로 등장했다는, 큰 뜻이 있는 제도 창설이었다. 초대 위원으로 임명 또는 위촉된 분들의 면면을 일견해서 알 수 있듯이 우리나라 과학기술계의 원로와 중진 그리고 신진기예의 학자 등 전문가를 망라한 최고 진용이 소임을 맡게 되었다. 뿐만 아니라 자문회의에는 전문위원도

7 그 밖의 자문위원 10명의 명단은 이렇다. 전무식(KAIST 교수), 김영식(서울대 교수), 김상중(서울대 교수), 이은철(서울대 교수), 심정섭(학술원 회원), 윤창구(KIST), 최형섭(전 과기처 장관), 조완규(서울대 총장), 조순(전 경제부총리), 김진현(과기처 장관, 간사위원). 이 자문회의에서는 발족 후 연구과제를 선정하여 연구를 진행하였으며 1991년 11월 과학기술 투자 재원 및 배분방안과 원자력 행정의 업무조정 방안(후술 367쪽 참조), 1992년 4월 환경과학기술의 종합대책과 기초연구의 진행 및 과학기술인력의 양성·활용 방안(후술 485쪽 참조), 1992년 10월 과학기술정보 종합관리지원, 기술발전을 위한 산학연 효율적 협력방안 및 국가개발활동의 생산성 제고방안(후술 729~730쪽 참조), 1993년 2월 과학기술교육제도 개선방안(후술 790~791쪽 참조)을 보고하였다.

둘 수 있었으며 관계행정기관의 공무원, 정부출연 연구기관 등에서 임직원을 파견받을 수 있어, 과제를 수행하는 데 불편이 없도록 제반조치가 강구되어 있었다.

위에서 개관한 대로 과학기술 진흥을 위해 노 대통령이 기울인 노력은 다른 많은 국정 일정에 비추어 괄목할 만하다고 할 수 있다. 그 밖에도 전술한 3월 14일 제조업 경쟁력강화 대책회의에서 과학기술 진흥 과제를 토의하고 한소 정상회담에서 논의하였으며, 양국 과학기술 장관회의를 개최하여 구체적인 과학기술 협력과제 수행을 논하고 상당한 성과를 거두었다는 사실 등도 함께 지적해야 할 것이다.

비서실에서도 과학 관련 국정을 수행하는 대통령을 뒷받침하기 위해 대통령 연설에 담을 내용과 행사내용, 일정기획 조정 등을 논하고자 4월 10일, 11일, 16일, 26일 등 여러 차례 아침수석회의에서 토의하고 검토하였다. 특히 공보수석실과 경제수석실 그리고 주무부처인 과학기술부의 각별한 노력으로 4월 30일 과학기자클럽 간담회를 성공적으로 진행할 수 있었다. 논의하는 과정에서 노 대통령이 '과학기술 진흥 대통령' 타이틀을 받을 수 있도록 비서실에서 최선을 다하자는 이야기가 나왔는데, 우연의 일치인지 기자간담회에서도 기자의 입에서 같은 취지의 격려성 발언이 나온 순간 배석하였던 나는 득의의 미소를 참을 수 없었다.

당시 참석한 기자들을 다시 한번 만났으면 하는 희망도 없지 않으나 지금은 이름도 기억할 수 없는 추억이 되고 말았다. 이름이 기억나는 이는 〈동아일보〉 과학부장 이용수가 유일한데, 그는 본 간담회에서 과학기자클럽의 대표로 활약하였을 뿐만 아니라 당시 21세기위원회 과학 분야 위원으로도 많은 건설적인 의견을 제시하였던 기억이 새롭다. 짧지 않은 청와대의 고된 근무기간 중에도 이처럼 생기는 흐뭇한 일이 말하자면 '보람'이라는 것이 아닌가 회상된다.

사실 과학기술 진흥 문제에 대해서는 나도 꼭 무언가 보탬이 되는 일을 해야겠다고 다짐하고 있었고, 함께 일하던 비서실의 수석비서관들도 한결같은 바람을 갖고 있었다. 무엇보다도 노 대통령의 강한 집념이 짧은 기간이었음에도 적지 않은 성과를 내지 않았던가.

나는 과학기술과는 거리가 먼 법률공부를 마친 뒤 공직생활을 했다. 과학기술 지식은 물론 그 중요성에 대한 확실한 의식도 매우 부족할 수밖에 없었다. 그러나 우리의 후진성을 탈피하기 위하여 이른바 '조국의 근대화'를 추진하던 시대의 공직자로서 '어떻게 하면 국가가 발전하고 국민생활이 풍요로워질 수 있을 것인가', '하루빨리 선진국을 따라잡는 지름길은 무엇인가'라는 근본적인 질문에 부닥치면서 과학기술의 진흥이 바로 그 키워드라는 점을 거듭 깨달았다. 인류 역사가 전개되고 발전해 온 과정이 바로 새로운 과학기술을 발명하고 활용하는 일임을 알게 된 것이다. 20세기 초 우리가 주권을 빼앗기고 조국이 분단된 것도 여러 가지 원인을 이야기할 수 있겠지만 근본적으로는 과학기술의 후진성에서 원인을 찾아야 한다는 뜻이다. 대통령 비서실장이란 국정의 중요 직책을 수행하는 동안 과학기술 진흥에 조금이라도 기여하는 것이 기본적 책무라는 생각을 늘 잊지 말아야 한다고 다짐하였다.

물론 과학기술의 진흥이란 과제는 직접적으로는 그 분야에 종사하는 분들의 몫이라고 할 수 있겠지만, 넓게 보면 모든 국민이 과학기술을 중요하게 생각하고 과학적인 사고와 행동을 실천하는 가운데 전문가들이 선구적인 소임을 완수해 나갈 때 비로소 이루어질 수 있는 과업이 아니겠는가. 세상만사 따로 떼어 놓고 이루어지는 것이 없으며 모든 일이 서로 의존적이고 또 연관되어 있어 조그마한 일이라도 원만하게 성취하기 위해서는 많은 분야가 함께해야 하기 때문이다. '전 국민의 과학화'라는 캐치프레이즈가 절실한 것이다. 초등학교 교육부터 뒷받침이 되어 고등교육까지, 그리고 사회교육에 이르기까지 꾸준하고 전방위적인 노력이 필요한 분야라고 강조하고 싶다.

강경대 군 치사사건

4월 26일 저녁 명지대 학생 강경대 군이 시위 도중 진압경찰이 휘두른 쇠파이프에 맞아 병원으로 이송하던 도중 사망하는 사건이 발생하였다. 그동안 4월 19일 개최한 한소 정상회담 뒤처리가 4월 23일 여야 지도부에 대한 보고행사와 연달아 개최된 대통령과 야당 총재의 면담 등으로 일단락되었고, 4월 23일 일어난 제 2차 페놀사건도 4월 25일 환경처 장관 경질로 마무리된 상태였다. 4월 26일 금요일 저녁, 약간 홀가분한 상태에서 단명으로 퇴임한 허남훈 장관을 위로하고자 만찬을 함께 하던 중 사건이 발생했다는 보고를 받았다. 우선 철저히 조사해야 할 것이란 지침을 말한 뒤 무거운 마음으로 하룻밤을 보냈다.

사실 시위대와 진압경찰이 맞부딪치는 현장은 물리력이 직접 작용하는 곳이어서 언제나 불상사가 일어날 위험을 안고 있다. 쌍방이 충돌하는 과정에서 상해를 입는 경우는 다반사이지만 인명피해가 발생한다면, 그것도 시위학생이 생명을 빼앗긴다면 참으로 큰 파장을 일으킬 수 있었다.

4월 19일 한 학생의 죽음이 몰고 온 4·19혁명의 기억이 생생하거니와, 시위현장에서 벌어진 일은 아니었지만 박종철 군 치사사건에서 보다시피 정부로서 학생 사망은 그야말로 곤혹스러운 일이 아닐 수 없다. 평소 경찰이 시위현장 대처에서도 가장 중점을 두고 주의하는 일이어서, 경찰이 피해를 입는 일이 있더라도 가해하는 일은 금기였다. 경찰의 공권력 행사와 관련된 민간인 사망사건의 처리에 대하여 미국 같은 나라와 우리나라는 국민정서 차원에서 그야말로 천양지차가 있다. 그럼에도 불구하고 순간적인 잘못이 큰 파장을 부를 가능성은 늘 잠재하고 있는 터였다. 파장을 줄이기 위해서라도 신속한 진상규명과 응분의 문책이 긴요했다. 또한 처리과정이 공명하여 불신을 불러오지 않아야 했다.

4월 27일 아침 일찍 공관에서 안응모 내무부 장관의 전화를 받았다. 범인을 전원 검거했다는 것이었다. 곧바로 오전 8시 궁정동 안가에서 내무 · 법무 등 관계장관과 안기부장 그리고 관계수석이 모여 대책을 논의하였다. 청와대 가까운 곳에 안기부장이 사용하는 건물이 있는데, 이처럼 보안이 요구되는 국정을 논의할 때에 종종 이용되었다.

9시에 열린 아침수석회의에서도 열띤 토론을 전개한 뒤 논의한 결과를 종합하여 9시 30분 집무실에서 대통령께 사건발생 경위와 내용, 범인 검거 사실 그리고 범인에 대한 사법처리와 정치적 대응 방향에 대하여 개략적인 보고를 드렸다. 마침 임시국회 대정부질의 마지막 날이었으므로 각 부처에서 취할 조치 등을 일러두면서 언론에도 진상을 정확히 알리도록 한 뒤 미리 예정된 대로 남양주 능내로 달려가 청와대 비서실 자연보호행사에 참석했다.

귀경하자마자 사무실에서 정무 · 행정 · 사정수석 등과 함께 진전상황을 검토했으며, 마침 내방한 출입기자들(KBS 홍성규, 〈조선일보〉 이상철 등)의 의견도 청취한 뒤 곧 전술한 안기부 궁정동 안가로 자리를 옮겨 안기부장과 함께 주로 내무부 장관 등의 인책문제 등을 중심으로 숙의를 계속하였다. 아침수석회의에서도 인책 범위 및 시기를 둘러싸고 다소 다른 의견들이 제출되었다. 하지만 연이어 논의한 결과 사건 자체가 매우 큰 악재이고 재야운동권에게 5월 투쟁의 빌미를 주어서는 안 되며, 경찰을 보호하는 차원에서도 내무부 장관을 인책 경질함이 합당하다는 결론에 도달하였다. 특히 당시 국회 대정부질의 현장에서 안응모 장관에 가해지는 야당의 공세가 매우 거세다는 사실을 확인하면서 지체 없이 조치하는 것이 옳다고 판단하게 되었다.

후임에 관한 의견도 제대로 나눌 겨를 없이 마침 4월 28일 아산에서 거행될 충무공 탄신 446회 기념 다례茶禮에 참석하고자 충북 청주의 청남대에 머물고 계시던 대통령의 결심을 받기 위해 16시 50분 헬기 편으로 청남대로 날아갔다. 논의 결과를 보고받은 대통령께서도 즉석에서 결심하셨고, 후임으로는 당초 이춘구 의원(전 내무부 장관)의 기용이 검토되었다. 그러나 본인이 극구 사양하자 동석했던 최영철 정치특보가 이상연 민정수석이 좋겠다는 의견을 제시했고, 이에 이의 없이 후임으로 내성하셨다. 20시쯤 귀경하여 총리에게 보고하니 총리도 찬성한다는 의견을 표하며 미리 알릴 곳에 필요한 연락을 취한 뒤 20시 30분 공보수석에게 발표하게 했다. 전격적인 개각으로 불필요한 정치적 논란을 매듭짓기로 한 것이다. 토요일 밤에 단행된 개각이었다.

당시 앞으로 시위진압 등 중요한 치안업무를 수행하는 과정에서 경찰의 사기를 고려해야 한다는 장관 인책 신중론이 없지 않았으므로 이를 반영하여 치안본부장, 서울시경국장 등 감독 라인의 문책은 하지 않는 대신 내무부 장관으로 하여금 모든 지휘·도의적 책임을 지게 한다는 방침 아래 신속한 조치를 취한 것이다. 더구나 개혁입법 등 중요한 과제를 수행할 목적으로 소집되어 막 회기가 진행되던 국회 운영에서 장애요인을 제거해야 한다는 점도 감안하였다.

4월 28일 일요일이었지만 충무공 탄신기념 다례에 대통령께서 참석할 예정이었으므로 일찍 헬기 편으로 현장에 도착하여 행사에서 수행한 뒤 청남대에서 보리밥으로 오찬을 하고 약간의 휴식을 취하였다. 곧 귀경하여 시국 관련 당정회의, 관계장관 대책회의, 그리고 지방자치 광역단체의원 공천 관련 당정 대책회의 등을 주재하고 밤늦게 공관으로 돌아왔다. 긴 하루였다.

4월 29일 월요일에도 일찍 출근하여 아침수석회의를 개최한 자리에서 강경대 군 사건과 관련하여 그날 오후 재야단체가 주최하는 규탄대회가 예정되어 있다는 보고와 사건수사에서 필수적인 사체 부검을 거부했다는 상황보고 등을 듣고 법에 따라 적절한 대책을 집행해야 할 것이며 총리실에서도 대책 마련을 위해 관계장관과 논의를 거듭하고 있다는 사실을 확인하였다. 9시 30분에는 신임 내무장관 임명장 수여식에 배석하였다. 대통령께서는 이미 시작된 규탄대회 등 시국상황을 잘 수습할 것, 시위문화 및 진압대책의 개선방안 마련과 대국민 홍보를 통해 사태에 대한 올바른 인식을 확산시킬 것, 광역의원 선거에 공직기강 확립 등으로 공명선거가 되도록 할 것, 경찰 사기진작 대책 강구와 아울러 당정협조에도 유념하라고 지시하셨다. 잇달아 개최된 본관수석회의에서도 일반적인 문제 외에 강경대 군 사건에 대한 수습대책이 주로 논의되었다. 대통령께서는 특히 국민이 상황을 정확하게 인식할 수 있도록 홍보활동을 강화하라고 강조하셨다.

한편, 노재봉 총리는 4월 29일 관련 장관 대책회의를 주재하고 사태수습을 위한 방향을 논의하였으며 그 결과를 토대로 대국민사과문을 발표하였다. 5월 2일에는 사태가 진정되지 않고 확대될 기미를 보임에 따라 삼청동회의실에서 총리, 안기부장, 내무·법무·교육·공보 장관과 관계수석들이 참석한 가운데 5월 대책을 숙의하였으며 대통령께 유가족에게 심심한 애도의 뜻을 표하고 국민들에게 송구스럽다는 취지의 대국민 사과의 뜻을 표명하도록 건의한 뒤 곧 사과성명을 발표하였다.

이와 같이 초동 단계에서 조치를 신속하고 적절하게 취하였음에도 불구하고 사건을 정치적으로 이용하려는 세력들의 끊임없는 각종 책동으로 사태 진정에는 상당한 시간이 소요되었다. 대통령께서는 결국 총리를 경질하셨고, 광역의원 선거라는 다음 정치일정이 진행되고서야 마무리가 되었으며 한 달이 넘는 기간 사태 수습에 갖은 노력을 강구해야만 하는 고초를 겪었다.

강경대 군에게 폭력을 행사하여 사망에 이르게 한 경찰관 5명을 사고[8] 직후 검거하여 구속했다고 이미 설명한 바 있다. 그들은 법절차에

8 가해 경찰관은 4기동대 94중대 3소대 소속의 전투경찰 대원으로서 상해치사죄가 적용되어

따라 기소되어 모두 유죄판결이 확정되었다. 그런데 그 과정에서 가장 핵심적인 수사절차로서 사체 부검을 실시하여 사인을 확정하는 일을 둘러싸고 문제가 발생하였다. 이 절차에서는 통상 유가족의 동의 아래, 또는 법원의 영장을 받아 부검함으로써 변사체의 정확한 사망원인을 확인한다. 선진국과 달리 우리나라에는 전통적으로 시체를 부검하는 것이 두벌죽음이라는 생각이 널리 퍼져 있어, 될 수 있으면 사체에 손을 대지 않으려 하는 풍조가 있었다. 강경대 군의 경우도 그런 뜻에서 유족이 반대하는 것은 이해가 가는 일이었지만 문제는 정부에 저항하기 위한 목적으로 막무가내 부검에 반대하는 움직임이었다. 학생들 1천여 명은 재야단체와 함께 시신이 안치된 연세대에서 4월 28일 '강경대 열사 시신사수 결의대회'를 개최하면서 영안실 주변에 포진하고 수사당국의 부검을 실력으로 저지할 태세를 보였다.

며칠에 걸쳐 검경수사팀의 간곡한 설득이 거듭되었으나 〈한겨레신문〉 기자가 입회한 상태에서 부검해야 한다고 주장하는 등 저항이 거세짐에 따라 부검을 하지 못했다. 결국 5월 2일 CT촬영으로 심낭내출혈이 직접사인이란 의사의 확인을 받는 선에서 타협하지 않을 수 없었다. 정당한 공권력 행사가 저지당하는 일이어서 마음에 걸렸지만 상황이 상황인 만큼 받아들이지 않을 수 없었다.

이런 가운데 사건 발생 직후부터 각 대학에서 규탄시위 등이 일어났고, 4월 29일 연세대에서 재야단체를 중심으로 2만여 명이 모여 규탄집

모두 유죄판결을 받았다. 그중 3명은 징역 1년 6월~징역 2년 6월의 실형, 2명은 징역 2년에 집행유예 2년이 선고되었다. 4월 26일 오후 명지대는 1991년 3월부터 등록금 문제로 심각한 학내 분규를 겪던 중 4월 24일 인근 상명여대에서 개최된 학원 자주화 집회에 지지연설을 하고 돌아오다가 경찰에 연행된 명지대 학생회장 박광철의 석방을 요구하는 시위를 벌이고 있었다. 시위가 끝날 무렵 경찰이 교문 밖까지 진출한 일부 학생들을 연행하기 위하여 사복체포조가 출동하여 최루탄을 쏘며 추격하던 중, 학교 쪽 담으로 넘어 학내로 피신하려던 강경대 군을 붙잡아 쇠파이프로 구타하여 쓰러뜨린 뒤 방치한 것을 동료 학생들이 세브란스병원으로 옮겼으나 사망하였다는 것이 사건의 개요이다.

회를 갖고 가두시위를 벌인 것을 필두로 서울과 지방에서 끊임없이 집회와 시위가 계속되는 쪽으로 사태가 진전되었다. 당초 청와대는 5공화국 때와는 달리 정치적 상황이 많이 민주화되었으므로 국민들의 반응이 냉담하다는 낙관적인 판단과 재야단체의 움직임에 비추어 쉽게 진정되지 않을 것이라는 예측이 팽팽하게 대립하였다. 심지어 야당에서도 재야단체들의 투쟁에 참여하기를 주저하는 태도를 보이기도 했다.

그러나 5월에 들어서도 재야단체가 중심이 되어 반정부 투쟁을 과격화하려는 노력을 계속하였으며 학원가에서는 연쇄자살사건이 배후에서 조종하는 세력이 있는 듯 연달아 일어났다. 4월 29일 전남대 박승희 양의 분신을(5월 19일 사망) 시작으로 5월 1일 안동대 김영균 군, 5월 3일 경원대 천세용 군, 5월 8일 서강대 옥상에서 김기설 전민련 사회부장이 자살하였고 5월 25일 성균관대 김귀정 양이 시위 군중에 깔려 사망하는 일이 일어났다. 그사이 5월 10일 노동자 윤용하 씨가 전남대에서, 5월 18일 연세대 정문 앞에서 이정순 씨가 각각 분신자살한 일도 학생들의 연쇄자살과 함께 민심에 영향을 주었다. 수사당국에서는 무언가 배후를 의심할 수밖에 없었으며 드디어 서강대 옥상에서 투신자살한 김기설 부장의 유서遺書가 본인의 필적이 아니라는 감정결과와 함께 대필자로 전민련 강기훈 씨를 범인으로 입건·구속영장까지 발부받게 되었다.

이와 같은 연쇄자살로 사회 분위기가 점차 악화되고, 일부 대학에서 교수들이 정부를 규탄하는 시국선언을 하는 한편 시위가 전국적으로 번지면서 많은 국민들이 크게 걱정하는 가운데 5월 9일, 6공화국 들어 가장 격렬하고 조직적이며 규모가 큰 시위가 강행되었다. 전노협, 전대협, 전농全農 그리고 운동권 학생들도 참여하여 전국적으로 44개 지역에서 10만 7천여 명이 참가한 것으로 파악되었으며(행정수석 보고에 따르면 주최 측은 50만 명, 언론은 20만 명 이하라고 주장함), 처음에는 평화적 시위로 시작되었으나 19시가 지나면서 화염병 7천 개를 투척하거나 돌을 던지는 등 과격시위로 바뀌어 경찰 276명과 일반인 3명이 부상당하였다. 이에 더해 시위진압 장비가 일부 피탈되고, 민자당사, 신민당사, 파출소 등 일부 시설이 습격을 당하는 등의 피해가 있었다. 정권타도와 반미구호를 재창하고 과격한 구호가 담긴 사노맹 명의의 팸플릿도 뿌려졌다. 정말 심각한 문제였다.

그래도 큰 불상사 없이 마무리되어 다행스럽다고 판단되었다. 또한 시민들은 일부 동조자도 없지 않았으나 대부분 걱정 반 호기심 반으로 짜증스러워하거나 무표정으로 냉담한 태도를 보였고 신민당·민주당·민중당 등 야당시위는 전혀 열기가 없었다는 것이 민정수석실이 직접 현장에서 파악한 내용이었다. 나의 다이어리에는 5월 9일 "시위규모 크고 조직적이나 무사 종료", 5월 10일 아침에는 내무 장관과 작일 상황에 관해 통화한 후 "걱정, 어제 데모 좀 크지 않았는가. 향후 대책?"이라 짤막하게 적혀 있다.

그리고 5월 10일 아침수석회의에서는 이와 같은 상황을 놓고 난상토론이 벌어졌으며 앞으로의 대책에 대한 의견교환도 있었다. 그 뒤로는 이 사건을 둘러싸고 조직되어 사태를 주도하던 '범국민대책위원회'의 주관으로 5월 14일 강경대 군 장례식을 거행하게 되었다. 그러나 서울시청 광장에서 노제를 지내겠다고 하는 것[9]을 경찰이 불법행위로 규정하여 강력하게 저지함에 따라 신촌에서의 긴 대치 끝에 장례를 중단하고 연세대로 다시 돌아가 농성하는 사태로 진전되었다.[10]

9 이른바 범국민대책위원회의 장례일정은 5월 14일 9시 명지대 영결식, 12시 30분 신촌로타리 합동추모제, 15시 서울시청 앞 노제, 20시 전남도청 앞 노제 후 광주 망월동 묘지 안장으로 짜여 있었다. 신민당에서는 김대중 총재를 비롯한 의원 등 200명이 참석하고 차량을 지원할 것 등을 계획하였으며 민주당·민중당, 전노협도 다수 참가할 예정이었다.

10 5·14시위는 체제 저항세력과 제도권 야당까지 모두 동원된 6공 최대의 조직적 시위로, 규모는 1987년도 이한열 장례식 때의 1/3수준으로 판단되었다. 많은 만장과 깃발, 현수막, 쇠파이프를 준비했으며 특히 사노맹 명의의 민중혁명·임시정부 수립을 주장하는 유인물이 배포되기도 하였다. 많은 시민들을 불안케 하는 시위였으며 큰 사고 없이 마무리되었으나 내자가 친구들과 구례 화엄사에서 무사하기를 기원하는 불공을 드리러 다녀올 정도로

그사이 경찰 당국과 이른바 '범국민대책위원회' 측은 서로 공방을 계속하는 한편 상호입장을 밝히는 대화도 진행하는 가운데 경찰에서는 시민들의 교통에 방해가 된다는 등의 이유로 여의도광장 노제를 대안으로 제시하였다. 그러나 범대위가 이에 불응하면서 5월 18일 강경대 군 장례식과 함께 광주 5·18 11주년 기념행사 등을 빌미로 또 다른 대정부 시위를 계획하고 있었다. 결국 5월 18일 서울역으로 옮겨 노제를 진행하겠다고 하였으나 경찰의 저지로 공덕동에서 노제를 지내고 광주를 거쳐 그야말로 우여곡절 끝에 5월 20일 새벽에야 광주 망월동 묘지에 안장함으로써 사망일로부터 25일 만에 한고비를 넘기게 되었다.

사실 냉정하게 생각하면 강경대 치사사건은 그야말로 하나의 사고이며 크게 정치문제화할 일이 되지 못한다고 볼 수 있다. 5공 또는 유신정권하에서 민주화운동으로 이루어졌던 학생시위와는 다른 차원에서 파악되고 처리될 수도 있는 것이다. 그렇게 되는 것이 순리라고 나도 생각하고 있었다. 범인들을 모조리 구속하고 좀 지나치다고 할 정도로 신속하게 주무장관을 경질한 것은 사태가 조속히 진정되기를 바랐기 때문이다. 이미 벌어진 일에 매달려 새로운 문제를 만들어 내는 일은 국력 낭비 아닌가.

그럼에도 불구하고 사태는 점점 좋지 않은 방향으로 진행되어 갔다. 이 일을 정치적 목적에 맞춰 이용하려는 많은 집단과 세력이 함께 일어서고 있었다. 5월 4일 전국적 규모의 데모를 시도한 이후 5월 9일, 14일, 18일 등 대규모 집단행위를 획책하면서 과격의 도를 더해 갔다. 회의를 거듭하고 널리 지혜를 구하려는 노력이 계속되었으나 전술한 바와 같이 사망자의 시신을 안장하기까지만 한 달 가까운 시간이 흘러갔다. 이어 사태가 완전히 마무리되기까지는 그로부터 또 다른 한 달 남짓 지방자

걱정되는 하루였다.

치의회 선거가 여당의 압승으로 마무리될 때까지 여러 가지 우여곡절이 있었다.

그동안 나를 비롯한 청와대의 관련 멤버들은 '첫째, 결코 당황하지 말고 침착하게 차근차근 사태에 대응한다. 둘째, 모든 정부 대처는 공명정대하게 처결하여 불신의 소지를 만들지 말아야 한다. 셋째, 정부가 잘못하여 일어난 일임을 감안하여 겸손하고 허심한 자세를 견지하자'라고 이심전심 다짐하였다. 여소야대였던 정권 초기와 달리 국회의석이 안정적이었다는 사실도 큰 힘이 되었다. 당정회의를 자주 열면서 여권 내부의 의견 통합에도 노력하였음은 물론이다. 사실 강 군의 시신이 안장될 때까지 이 사태를 위하여 아침수석회의에서는 4월 27일부터 5월 11일까지 18회나 이 문제를 진지하게 논의하였으며 관계수석회의 역시 거의 매일 개최할 수밖에 없었다. 또한 관계장관회의 5회, 당정회의 4회도 필요에 따라 개최하여 당정 간 정부 내부의 의견과 행동을 통일하는 데 최선을 다하였다.

그러나 이와 같은 당정의 노력 외에도 뜻밖의 원군이 등장하여 사태 진정에 큰 도움을 준 것은 참으로 감격스러운 일이었다. 사건 발생 직후인 5월 1일 한국외대 박원탁 교수가 나를 찾아와 여러 가지 걱정과 함께 전문적인 조언을 해준 일이 기억난다. 박 교수는 고등학교 선배라는 인연이 있기는 하지만 일부러 찾아와 각국의 유사사태에 대한 해박한 지식과 나름의 직관을 바탕으로 사태가 심상치 않다는 경고와 함께 대처 방향에 대한 의견을 제시하여 당시 어려운 고비를 넘기는 데 큰 도움이 되었다.

또 연쇄자살이라는 미증유의 사태를 당하여서는 김지하 시인이 〈조선일보〉 5월 5일 자에 "젊은 벗들! 역사에서 무엇을 배우는가"라는 제목의 칼럼을 기고한 일, 연세대 김동길 교수가 5월 8일에 교수직 사퇴를 선언한 일, 서강대 박홍 총장이 같은 날 연쇄자살에 대한 경고로 기자회견한 일 등도 참으로 감명 깊은 기억이다. 〈조선일보〉 기고문에서 김지하 시인은 "생명은 신성하며 어떤 경우에도 출발점이요 도착점"이라고 정의하면서 "정권보다 더 큰 생명"을 버리는 "죽음의 굿판을 당장 걷어치워라"라고 강조하였다. 또 "지금 곧 죽음의 찬미를 중지하라. … 영육이 합일된 당신들 자신의 신명 곧 생명을 공경하며 그 생명의 자연스러운 요구에 따라 끈질기고 슬기로운 창조적인 저항운동을 선택하라"고 호소하였다. 김동길 교수는 강 군 사건과 관련하여 서양문화사 강의시간에 다소 비판적인 뉘앙스를 띤 코멘트를 한 것에 대하여 학생들이 비난하는 글을 대자보에 올리는 일이 일어나자 배신감을 느낀 나머지 교수직을 사임하겠다고 선언하였다. 박홍 총장은 재직하던 서강대 구내에서 일어난 김기설 분신사건과 관련하여 "죽음의 블랙리스트가 있다. 열매를 보면 나무를 알 수 있다. 구체적으로 모르겠지만 배후에 분명히 죽음을 조종하는 선동세력이 있다"고 주장하면서 "부모의 자식임을 거부하고 조국의 아들이라고 죽임의 길로 달려간 젊은이의 심정이 안타깝다. 그러나 생명을 파괴하는 분신은 건설적인 사회개혁의 수단이 될 수 없음은 자명한 사실"이라고 경고하였다.[11]

경찰이 저지른 일 때문에 일어난 사태이기는 하나 진압하는 과정에서 경찰이 엄청난 고생을 감당하지 않을 수 없는 상황이었다. 300명이 넘는 경찰이 부상을 당하였다. 특히 경찰은 사태의 성질을 감안하여 5월 9일까지는 방어형 진압을 위주로 질서유지에 임하였기 때문에 피해가 클 수밖에 없었으며 경찰의 사기는 말할 수 없을 정도로 떨어져 있었다.

내가 5월 4일 토요일 경찰병원을 위문한 것을 비롯해 청와대 비서실이 성금을 모아 5월 11일 위문품을 전달하는 한편 경제단체 등에 상황을

11 세 분 모두 우리나라의 대표적 지성들로서 그동안 정부에 대하여 비판적인 태도를 견지하던 터라 그야말로 뜻밖의 일이기도 하였거니와 국민들에게도 많은 일깨움을 주는 애국적 충정으로 받아들여졌다. 큰 응원군이 되었음은 말할 필요조차 없거니와 이 기회에 심심한 감사의 뜻을 거듭 전하고 싶다.

설명하고 위문을 유도하였다. 대통령께서도 그때쯤 두어 차례 격려금을 경찰에 전달하셨고, 6월 4일에는 경찰병원을 직접 찾아 부상 경찰관을 위문하는 등 사기진작을 위한 조치를 강구하였다. 5월 13일 본관수석회의에서 행정수석은 위문금품이 약 12억 원 정도 답지하였다고 보고하였다.

다행스럽게도 강 군 장례가 마무리된 것을 계기로 상황이 호전될 기미를 보이기 시작하였으나, 후유증은 계속되었다. 경찰의 인내에도 불구하고 재야단체, 학생, 노동계 등의 잇따른 불법행위가 계속됨에 따라 경찰도 태도를 바꾸어 주동자들을 의법처리하기 위한 검거를 시작하였다. 그리고 범대위 측은 장례를 마치고 명동성당으로 옮겨 가 농성하면서 장기투쟁을 벌일 태세를 보였다. 이들은 '공안통치분쇄와 민주정부수립을 위한 범국민대책회의'(집행위원장 이수호, 상임대표 한상렬)로 명칭을 바꾸어 5월 21일에만 150여 명이 농성하는 등 저항을 계속하였다. 보도에 의하면 투쟁의 명분상 전망이 좋지 않은 것을 감지하고 정부의 새로운 악재를 기다리는 모습을 감추지 않았다고 한다.

개혁입법의 강행

강경대 군 사건이 일어날 당시 제 154회 임시국회가 개회 중이었다. 3년간 끌어 온 국가보안법, 경찰법 및 국가안전기획부법 등 이른바 개혁입법을 매듭짓는 것이 1991년도의 주된 과제 중 하나였다. 152회 임시국회 때부터 추진하였으나 수서사건 등으로 기회를 잡지 못하고 있던 터였다. 그 처리를 중요 과제로 하여 4월 19일 개회된 임시국회가 본회의 대정부질의를 하던 시기에 강경대 군 사건이 발생하였다. 따라서 이 사건을 둘러싼 여야의 공방 때문에 예정된 개혁입법에 차질이 있지 않을까 걱정하지 않을 수 없었다.

예견한 대로 야당에서는 이 문제를 빌미 삼아 내무부 장관 형사처벌, 국무총리 등 내각 총사퇴 등을 주장하면서 대정부 공세를 강화하였다. 국회 내무위원회에 진상조사소위를 구성하기도 하였다. 그러나 사건의 진상이 워낙 확실한 데다 정부에서도 내무부 장관을 조기 경질함에 따라 계속해서 이슈화할 만한 거리가 없어졌다고나 할까. 야당 측에서는 임시국회 운영에는 참여하는 쪽으로 방향을 잡으면서도 재야의 규탄투쟁에도 적정한 선에서 동조하는 쪽으로 움직이는 것이 감지되었다. 또한 국가보안법 개정은 야당의 입장에서도 반대할 수 없는 '개혁과제'였기 때문에 이번 임시국회에서는 매듭을 짓자는 것이 대통령의 확고한 생각이었다.

그러나 막상 개혁입법이라고 해서 서두르다가 연일 대정부 시위가 가열되는 상황에서 사태를 악화시키는 빌미가 되지 않을까 걱정하는 것도 당연한 일이었다. 논의가 거듭되었다. 아침수석회의에서는 반대의견이 강력히 제기되었다. 또 당정회의도 삼청동회의실에서 여러 번 열렸다. 그러나 국가안전기획부법 개정의 핵심 논의대상인 안기부가 수사권을 계속 가질 것인가에 대해 워낙 의견차가 커서 여권 내 합의가 어려웠을 뿐만 아니라, 안기부의 반대도 완강하였기에 개정을 보류하기로 정하였다. 경찰법에 대해서는 여권 내에서도 대체로 의견의 일치가 이루어져 치안본부를 경찰청으로 독립시키기로 하였으며, 야당에서도 큰 방향을 두고 반대하지는 않았다. 다만 경찰위원회 구성 권한 등 경찰운영의 중립성 보장과 관련된 여당안에 대해서는 야당이 끝까지 반대하는 일이 있었으며 당시 여당 간부 중 다소 야당에 치우치는 협상안을 거론하는 이가 있어 이를 조정하느라 서로 논쟁하기도 했다.

오래전부터 야권에서 국가보안법 폐지를 주장하는 강경론이 있어 왔으나 남북이 대치하는 데다 북한에서 적화통일을 위하여 끊임없이 각종 직간접적 침략행위를 자행하는 상황에서 폐지는 논의할 수 없다는 것이 정부의 확고한 생각이었다. 다만 정부의 북방정책 추진과 관련하여 북한에 국제사회에 나와 당당하게 대화하고 협력하자는 취지에서 88서울 올림픽을 앞둔 1988년 7월 7일 '민족자존과 통일번영을 위한 대통령 특별선언'을 발표하였다. 이 선언에서 대북관계에 일대 변화를 불러올 6개 항의 실천정책[12]을 천명함에 따라 대결과 적대관계가 바탕이 되어 온 국가보안법에도 일정한 변화가 불가피한 실정이었다.

7·7선언 당시 법무부 장관으로 재직하였던 나는 일찍이 1988년 8월 7·7선언을 뒷받침하기 위해서는 국가보안법 개정과 남북교류에 관한 특별법 제정이 필요하다는 내용의 입법 구상을 대통령께 보고드려 내락을 받은 뒤 그 준비를 하던 중 1988년 12월 개각으로 물러난 일이 있었다. 그 뒤로 남북교류협력에 관한 법률은 1990년 8월에 입법이 완료되었으나, 국가보안법 개정 문제는 매듭을 짓지 못한 채 3대 개혁입법의 하나로 국회에서 입법 계류 중이었다.

이미 오랫동안 논의가 이루어져 정부 여당안이 성안되었으며 국가보안법의 많은 조항을 개정하는, 시대 변화에 맞춘 그야말로 전향적인 개정안이라 할 수 있어 그 이상 물러설 여지가 없었다. 연초 두 차례에 걸쳐 이루어진 노 대통령과 김대중 총재의 단독회담에서도 이 문제가 거

12 7·7선언에서 자주·평화·민주·복지의 4개 원칙과 6개 항 추진정책을 천명하였다. 6개 항 추진정책은 "① 정치인, 경제인, 언론인, 종교인, 문화 및 예술인, 체육인, 학자 및 학생 등 남북 동포 간의 상호교류를 적극 추진하며 해외 동포들이 자유로이 남북을 왕래하도록 문호를 개방한다. ② 남북 적십자회담 타결 이전이라도 인도주의적 견지에서 가능한 모든 방법을 통해 이산가족들 간의 생사, 주소 확인, 서신 왕래, 상호방문이 이루어지도록 적극 주선 지원한다. ③ 남북한 교역의 문호를 개방하고 남북한 교역을 민족 내부 교역으로 간주한다. ④ 남북 모든 동포의 삶의 질을 향상시킬 수 있도록 민족경제의 균형적 발전이 이루어지기를 희망하며 비군사적 물자에 대해 우리 우방들이 북한과 교역을 하는 데 반대하지 않는다. ⑤ 남북 간의 소모적인 경쟁, 대결외교를 종결하고 북한이 국제사회에 발전적 기여를 할 수 있도록 협력하며, 또한 남북 대표가 국제무대에서 자유롭게 만나 민족의 공동이익을 위하여 서로 협력할 것을 희망한다. ⑥ 한반도의 평화를 정착시킬 여건을 조성하기 위하여 북한이 미국·일본 등 우리 우방과의 관계를 개선하는 데 협조할 용의가 있으며 또한 우리는 소련·중국을 비롯한 사회주의 국가들과의 관계 개선을 추구한다"로 구성되어 있다.

론되었으며 정부의 입장이 확고하여 더 이상 타협의 여지가 없음을 김 총재도 확실히 인식하고 있던 것이었다. 여야 간에도 마지막까지 절충·회담이 있었지만 합의가 되지 않았다.[13]

회기를 2일 연장하면서까지 타협하고자 노력하였으나 허사였다. 이번 기회를 놓치면 언제 입법할 수 있을지 모를 것이라는 생각에서 얼마간의 부작용을 감수하고서라도 일단 끝을 내자는 것이 내 의견이기도 하였다. 야당의 극력반대와 일방적 통과는 통상 여당에 정치적인 손실·후유증을 안긴다. 그러나 그런 어려움을 감수하고서라도 해야 할 때는 하는 것이 국사를 책임진 사람의 자세라는 생각이었다. 전술한 바와 같이 야당도 이번 개정안과 입법안에 대하여는 어느 정도 이해는 하면서도 정치적 이유로 끝까지 반대하는 게 아닌가 짐작되는 면도 없지 않았다.

'3개 개혁입법' 중 전부는 아니지만 3분의 2라도 단행하는 것이 옳겠다는 것이 대통령을 비롯한 청와대, 정부, 여당의 의견이었고 국회의장단도 협력할 명분이 충분하였던 탓인지 직권상정에 대비하여 준비하고 있었다. 드디어 임시국회 회기 마지막 날인 1991년 5월 10일 15시 20분, 야당의 단상점거에도 불구하고 상정하여 기습 통과하는 데 성공하였다. 이어 정부로 이송된 해당 법률안 등은 5월 31일 자로 시행되었다.

개혁입법이 국회에 통과되던 5월 10일은 광주·전남지역 상수원이 될 주암댐 준공 행사일이었다. 1시 30분 청와대를 출발하여 댐 준공식에 참석 중이던 3시 20분 준공현장에서 국회통과 소식을 들었으며 귀경하는 대로 관계자들을 격려하는 한편, 입법 내용의 홍보를 강화하고 소관 부처로 하여금 국가보안법 개정에 따라 필요한 석방조치 등을 차질

13 당시 회담이 결렬된 뒤 여야 대변인이 각각의 입장을 언론에 자세히 브리핑하여 보도가 되었는데 여야 대변인이 모두 검찰 출신 박희태·박상천 의원으로 나의 대학 및 검찰 후배들이었다. 〈조선일보〉(1991년 5월 7일), "개혁입법 무산국면에 새 카드", 3면 참조.

없이 집행하여 후유증이 없도록 하자고 관계수석들과 다짐하였다. 개혁입법 이외에도 이번 임시국회에서는 지방자치 실시와 관련된 서울특별시 행정특례에 관한 법률 등 2개 법안, 교원 지위 향상, 환경 등과 관련된 20여 건을 처리하는 실적을 올렸다.

국무총리 경질과 개각

강경대 군 사건을 둘러싼 사후처리 및 정부규탄 집단행위 등에 대처하면서 임시국회 개혁입법을 진행하는 가운데 이번에는 노재봉 총리를 경질하는 문제가 거론되어 한동안 골머리를 앓았다.

누누이 설명한 바와 같이 강경대 군 사건에 대한 인책은 내무부 장관 경질로 충분하다고 생각하였다. 야당이 내각 총사퇴를 주장하는 것은 하나의 정치공세로는 뜻이 있을지 모르겠으나 관철되리라고 기대하지는 않았을 것이다. 그런데도 6·29선언을 계기로 6공화국이 출범한 이후 뚜렷한 명분을 찾지 못하여 좌절하고 있던 재야가 단합하여 '경찰폭력에 의한 대학생 사망'을 빌미로 공안통치 종식, 정부퇴진을 요구하는 반정부 투쟁을 조직하면서 5월 4일, 9일, 14일, 18일 등 대규모 폭력시위에 나서자 여당 내 일부가 동요하기 시작하였다. 사태 수습을 위하여 특단의 조치가 필요하다는 주장을 제기하는 일부 언론의 보도도 있었다. 그래도 청와대의 입장은 확고하였다. 고려할 대상이 되지 않는다는 것이었다. 5월 7일 아침수석회의에서 나는 "일부에서 총리 경질 운운하는 소리가 나오고 있으나 이는 전혀 고려할 사항이 아니라는 감을 갖고 분명하게 대처할 것"이라고 지시한 바 있다. 대통령께서는 같은 날 저녁 관저에서 당4역을 초치하여 만찬을 나누면서 총리 퇴임은 있을 수 없는 일이며, 개혁입법은 꼭 해야 한다고 강조하셨다.

장례식이 끝나면 더 이상 명분이 없어 투쟁의 열기가 식을 것이라는 전망 아래 다음 정치일정인 광역의원 선거 준비와 더불어 대통령의 특별담화 등 정국전환 방책을 강구하고자 연일 지혜를 모았다.

그런데 상당한 후유증을 각오하면서까지 당정이 협력하여 개혁입법을 강행하고 통과시킨 이튿날 5월 11일 토요일 아침, 노 대통령이 김영삼 대표최고위원과 조찬을 함께 하며 시국에 관련된 의논을 하는 자리에서 김 대표가 노재봉 총리의 퇴임 문제를 거론하였다. 대통령께서 부정적 반응을 보이셨음은 물론이다. 대통령께서는 김 대표와 헤어진 뒤 조찬회담에서 논의한 내용을 말씀해 주셨다. 노 총리는 취임 후 법질서 확립 등 국정을 잘 수행해 왔는데 경질한다면 그의 퇴진을 주장하는 야당과 재야단체에 백기를 드는 것이나 다름없지 않느냐, 대통령과 당에 대한 바람막이가 없어질 것 아니냐, 대통령에 대한 그리고 민주주의에 대한 화살은 두려워할 것이 없는 일이다, 잘 하는 사람을 바꾸는 것은 도리에도 어긋나는 일이다고 말씀을 하였다. 참으로 옳은 말씀이라고 생각하였다.[14]

더구나 노 총리는 바로 전날 밤 KBS 방송에 출연하여 중견 언론인들과 시국 대담을 갖고 이른바 공안통치 문제, 경제정책 그리고 총리 진퇴론 등에 대하여 2시간 가까이 날카로운 공방을 벌였다. 그러면서 재야와 정치권에서 계속 제기된 어려운 문제들에 대하여 노 총리 특유의 깊은 학식과 확고한 소신을 바탕으로 논리적이고도 설득력 있는 답변을 함으로써 최선을 다하여 정부 입장을 방어하였다. 비록 당시의 상황이나 토론 포맷에 비추어 상대방을 제압하는 정도의 공감대 형성에는 다소 미흡할 수밖에 없었지만 대통령에 대한 바람막이 역할로는 손색이

14 이날 면담에서는 그 밖에도 광역의원 선거 시기 문제, 국가보안법 개정 관련 구속자 석방 문제, 그리고 민정계인 신경식 의원을 당대표 비서실장으로 기용하는 일 등이 논의되었다. 신경식 의원의 비서실장 기용에 대하여서는 그 뒤 언론에서 상당한 정치적 의미가 있다는 평가를 하였다.

없었다는 것이 수석비서관들의 공통된 의견이었다.

그와 같이 자기희생적인 국정수행 노력에 힘을 보태기는커녕 오히려 시국수습이란 이름 아래 희생양이 되라는 것을 정치세계의 부득이한 비정함이라고 그냥 받아들여도 될 것인가? 물론 당대표의 그와 같은 제의도 국정을 원활히 수행하기 위한 충정의 소산이라 믿지 않을 수 없지만, 정치분석가들 사이에는 잠재적 대권 경쟁자를 의식하는 YS, DJ의 정치책략이란 시각도 없지 않았으며, 노 총리의 강성함과 출중함이 불러온 화라는 호사가들의 촌평도 있었다. 정치에 백면서생白面書生임을 면치 못하는 내게 참으로 많은 의문거리였다.

그날은 토요일이었다. 김 대표와의 조찬 이후 결과를 듣고 바로 예정되어 있던 신축 경호실 연무관 개막식에 참석한 뒤 탁구선수를 위한 오찬에 배석하였다. 오후에는 삼청동회의실에서 강 군 장례식 대책과 수사 방향 등을 논의하는 치안관계장관회의가 2시간가량 이어졌고, 이어서 같은 곳에서 광역의원 공천관계 대책회의가 4시간 동안이나 계속되었다. 퍽 분주하고도 긴 토요일이었다. 당면 문제 협의에 골몰하는 가운데서도 총리사퇴 문제가 줄곧 머릿속을 떠나지 않았다.

5월 13일 월요일에는 대통령을 모시고 본관수석회의를 개최하여 각 수석들이 소관업무에 관해 보고하고 약간의 토의를 하면서 대통령에게 지시를 받는 순서로 진행하였다. 그러나 주된 관심사는 시국상황에 대한 현실인식 및 대책이었다. 대통령께서는 특히 시국 인식에서 공감대를 형성할 필요가 절실하다고 말씀하셨다. 합당한 논리를 정립하여 특히 중산층의 불안을 불식할 수 있도록 여권 건전단체를 활용하는 등 계획적이고 반복적으로 활동과 홍보를 계속해야 하며 국제여론이 오도되지 않도록 외신 대책에도 유념하라고 지시하셨다. 이어 오찬에는 당 상임고문을 초청하였는데, 일부 최고위원을 중심으로 개각 신중론이 제기되기도 하였다.

5월 15일에는 9시 20분 출발하여 여주 세종대왕릉에서 거행된 제 594

회 세종대왕 탄신기념 숭모제에 참석하고 11시 50분 귀경했다. 스승의 날 수상자를 위한 오찬에 배석하였으며 14시에는 비서실 체육대회 시상식에 참석하여 훈시한 뒤 14시 30분 사무실로 돌아왔다. 민자당 당무회의에서 총리 퇴임을 촉구하는 쪽으로 의견이 기울었다는 보고가 기다리고 있었다. 화가 치밀었다. 참기 어려웠지만 어떻게 할 수도 없이 16시에 곧바로 삼청동회의실로 달려가 북한 쌀교역 문제 회의를 주재하지 않을 수 없었다. 18시 30분부터 20시 30분까지는 관저에서 대통령을 모시고 민정수석 등과 함께 만찬을 했다고 다이어리에 기록되어 있다. 당시 논의한 내용은 전혀 기억할 수 없으나 약간 취하였다고 기재된 것으로 보아 아마 총리 문제에 대한 당의 태도에 불만을 토로하였을 것으로 짐작된다.

5월 16일에는 김영삼 대표가 만나자고 하여 아침 7시 30분부터 1시간 동안 롯데호텔 일식집에서 조찬을 함께 하였다. 취임 후 처음 가진 단독 면담이었는데 다른 이야기에 대한 기억은 전혀 나지 않으며 다만 총리 퇴임이 시국 수습안이라는 김 대표의 이야기를 중심으로 찬반의견 교환이 있었으리라 짐작된다. 아침 수석회의에서도 언론이 총리 퇴진을 기정사실화하는 보도에 대하여 정무수석이 보고하면서 아무리 청와대 입장을 설명하여도 반영이 안 된다는 고충을 토로하였기에 김영삼 대표와 면담한 사실과 함께 11시에 대통령께 보고를 드리고, 이 문제에 대하여는 여러 가지 숙고하여 다시 보고드리겠다는 말씀을 드린 일이 있다. 그날은 마침 노 총리가 정기보고를 하는 날이었는데 그 자리에서 노 총리가 자리에 연연하지 않는다면서 필요하다면 언제든지 물러나겠다는 말씀을 드렸다. 이에 대통령께서는 그럴 일이 아니라고 계속 일 잘 하라는 격려의 답변을 했기에 그 취지를 손주환 정무수석이 언론에 알렸으며 나도 비서실장의 입장에서 개각이 없다는 방침을 설명하기도 하였다.

그 이튿날 5월 17일 김영삼 대표가 대통령께 주례보고를 하는 날이어서 언론의 시선이 집중될 수밖에 없었다. 아침수석회의에서도 이 문제가 화제로 제기되었다. 그날 조간에 청와대가 방침을 정하지도 않았는데 개각을 기정사실화하여 보도한 데 대하여 열띤 발언이 있었다. 경제수석, 공보수석, 행정수석 등이 총리 사퇴가 통치권만 약화시킬 우려가 있다고 하면서 여당이 스스로 난관을 극복할 생각은 하지 않고 행정부만 문제 삼는 태도는 이해하기 어렵다고 개각 반대의견을 피력하였다. 정책조사보좌관은 홍보, 특히 외신대책에 성의를 다하고 있는데도 일부 매체가 청와대와 당의 충돌을 부추기는 듯 보도한다고 보고하면서 당의 태도 변화가 긴요하다는 의견을 개진하였다. 정무 · 사정 등 인사 관련 수석들도 고충을 토로하였다.

특히 정무수석의 발바닥에 불이 날 수밖에 없었다. 손주환 수석은 남달리 책임감이 투철하였다. 당 관계자들과 수시로 연락하면서 조정에 조정을 거듭하였다. 이때 손주환 수석에게는 '폰손'이라는 별명이 생겼다. 그치지 않고 계속해서 당 관계자, 언론 등에 전화를 돌려 대는 바람에 그런 별명이 붙었다. 한순간도 쉬지 않고 계속 뛰고 또 뛰는 그의 업무자세에 나는 감복하지 않을 수 없었다.

김 대표의 주례보고가 끝난 뒤 손 수석은 개각 관련 언급이 없었다고 발표하였으며 김 대표도 기자들에게 당정 간에 이견이 없다고 하였다. 그대로 다음 날 아침 신문에 보도되었다. 나도 개각 관련 언론을 비판한다고 기사화되었으며 당도 조심한다는 보도가 있었다.

재야단체 및 야당과의 대치도 쉽지 않은데 여당의 태도로 여권 내부가 서로 다투는 듯한 모양새가 되었으니 참으로 부끄럽기도 하고 걱정도 되었다. 게다가 전직 장관을 비롯하여 전직 고위직 출신의 명사들도 정부 비판 발언 · 기고를 하는 일까지 겹쳐 어수선하기만 하였다. 예를 들면 김경원 전 주미 대사가 유엔정책과 핵문제 등에 관하여, 김용갑 전 장관이 6 · 29선언 이후 정부의 시국대책에 대하여 각각 비판적인 발언과 기고를 한 일이 있었다. 물론 전직 공무원이라고 하여 언론의 자유가 제약받아서는 안 되겠지만 거북한 이야기들이 있어 당시 정부 당국자들이 만나 의견을 나눈 일이 있었다.

이러한 시국의 어려움과 관련하여 대통령께서는 5월 17일에는 우리나라 각계 원로인 현승종(당시 교총 회장), 고재필(전 국회의원, 보사부 장관), 김홍수(당시 대한변협회장), 손인실(여성운동가, YMCA총재, 적십자사 총재 역임), 양호민(언론인, 정치학자), 정준(도덕재무장운동 대표) 등을, 5월 18일에는 재야 정치원로인 이철승, 이민우, 유치송, 이충환, 이만섭 등을 함께 각각 오찬에 모시고 시국에 관한 의견을 청취하였다. 이 모임들에서도 총리 퇴진 문제에는 의견이 통일되지 않았다. 참으로 어려운 문제를 가지고 연일 고민에 고민을 거듭하였으며 대통령께도 상황의 변화와 여러 가지 장단점에 대하여 몇 차례 보고를 드렸다.

드디어 5월 18일 22시 10분 강 군의 장례행렬이 광주로 떠나면서 사태는 한고비를 넘겼다. 전술한 대로 5월 19일 일요일이 되면서 사태가 조금 진정되는 조짐을 보이기 시작하였다. 이제 한 달 가까이 끌어온 시위 소요사태에 정치적 마무리를 해야 할 단계가 된 것이다. 우선 총리 퇴진 여부를 포함한 개각 문제에 대한 결단이 초미의 과제가 되었다. 청와대의 한결같은 부정적 태도에도 불구하고 당의 움직임이 너무 진행되어 가부간 결정을 하지 않을 수 없는 상황이었다. 다음으로 6월 말까지로 정해진 광역의원 선거일을 결정하는 일, 그리고 국가보안법 개정과 이른바 공안통치 논의 등과 관련하여 시국사범 특사 등의 조치, 당면한 물가 문제 등 경제민생대책, 정치권에서 계속 논의되어 온 내각제 개헌 문제 등에 대하여 대통령의 방침 천명 등 마무리 조치가 기대되는 상황이었다.

5월 19일 일요일이었음에도 불구하고 21시부터 23시까지 2시간 동안 삼청동회의실에서 당 사무총장, 정무수석 등과 선거 일정을 비롯하여 전술한 여러 가지 문제들에 대한 의견교환을 하였으며, 이튿날 밤에도 같은 장소에서 21시 30분에 만나 23시까지 협의를 계속하여 6월 중하순 선거를 치른다는 일정을 내정하였다. 5월 21일은 석가탄신일로 공휴일이었지만 관계수석들이 출근하여 관저와 비서실장실을 오가면서 총리 문제를 거듭 논의하였다. 어느 쪽이든 일장일단이 있으므로 결심만 하면 집행해 나갈 수 있는 문제라고 생각하였다.

그런데 5월 22일 아침수석회의 도중 강용식 총리비서실장이 전화를 걸어 총리께서 대통령을 뵙고 사의를 표명하겠다는 취지의 연락을 해와 곧 보고를 드렸으며 9시 30분 노 총리가 대통령을 직접 면담하고 사표를 제출하였다. 대통령께서는 전과 같이 거듭 만류하였으나 노 총리의 결심이 확고하여 그 뜻을 존중할 수밖에 없다고 결정하게 된 것이다. 언론에도 발표되었다. 오랫동안 고민하던 문제가 끝이 났지만 많은 아쉬움이 남았다. 당면한 시국 상황을 수습하고 대통령의 원활한 국정수행을 위해서는 노 총리 스스로 사임하는 쪽이 바람직하다고 판단한 것이다. 노 총리의 결단이었다. 대통령 입장에서는 정말 그렇게 하고 싶지 않은 일이지만 큰 고민거리, 적지 않은 정치적 부담을 털어내고 새 출발할 계기를 갖게 된 것이다.

사실 노재봉 총리는 1988년 말 대통령 특별보좌역으로 발탁되어 청와대와 인연을 맺은 이래 1990년 3월 비서실장에 임명되어 10개월 가까이 3당 통합 후의 어수선한 정치상황에서 강력한 리더십을 발휘하여 대통령을 보좌하였으며, 1990년 말 국무총리라는 중책을 맡게 되었다. 짧은 기간이지만 대통령의 기대와 신임에 걸맞게 많은 노력을 쏟아 원만하게 국정수행을 했으나 뜻밖의 사건을 수습하는 과정에서 살신殺身하는 자세로 사임을 하게 되어 참으로 안타까운 심정이었다. 나에게는 바로 전임 비서실장이어서 책임을 인계받은 뒤로 전임자의 업무 수행을 모범으로 삼아 일을 해오던 터여서 더욱 그러하였다.

이제 새로운 총리를 찾아내는 과제가 떨어졌다. 예정된 시도지사 오찬회의에 배석한 뒤로 곧 사정수석 등과 함께 궁정동 안가로 가서 안기부장과 후임 총리에 대한 의논을 하였다. 아마도 사정수석에 의하여 정원식 전 문교부 장관이 거론이 되었고 별다른 이견이 없었다고 기억된다. 나와는 일면식도 없는 분이지만 그동안 문교부 장관으로 재직하면서 교원노조 문제로 여러 차례 텔레비전에 출연하여 정부방침을 강력하고 설득력 있게 설명했던 모습이 인상 깊이 남아 있어 괜찮다는 생각을 갖게 되었다. 곧이어 16시부터는 본관에서 행해진 대통령의 방미 일정에 관한 보고에 배석하였고 17시부터 18시까지는 삼청동회의실에서 사면 관련 당정회의를 주재하였다. 19시 30분부터 21시까지 관저로 올라가 의전, 정무 등 수석과 안기부장과 함께 대통령을 모시고 개각에 관해 토의한 끝에 정원식 총리를 내정했다. 당시 아프리카지역에 출장 중이어서 연락이 완료되는 대로 공표하기로 일단 이야기가 되었으며 함께할 몇몇 장관을 새로 기용하는 문제도 검토하여 보고하기로 하였다.

5월 23일 아침 일찍 사정수석과 함께 지난밤 관저에서 논의한 내용을 중심으로 집행방법에 관한 의견을 정리한 뒤 아침수석회의를 주재하였다. 이날 회의에서는 노 총리 퇴진으로 인해 향후 노 대통령의 레임덕 현상이 불가피하리라는 우려가 제기되었고, 통치권 행사의 약화현상에 대한 대비가 시급하다는 등의 의견이 제시되었다. 이미 예견하던 일이다.

회의를 마친 뒤에는 곧바로 대통령께 개각 진행 일정 등을 보고드렸다. 오후에는 후속 개각 문제에 대하여 관계수석들과 협의한 뒤 16시 30분 대통령께 정원식 총리로의 경질更迭을 다음 날 아침 발표할 것이며 후속 각료 경질은 새 총리의 제청 절차를 위하여 총리 귀국 후 빠른 시일 안에 결정하여 시행하기로 말씀을 드려 허락을 받았다. 이어 18시 30분부터 본관 식당에서 대통령을 모시고 의전·정무수석과 함께 만찬을 가졌다. 이 자리에서는 단절된 현대사를 조명하는 문제가 대통령의 임무 중의 하나라고 거듭 강조하심에 따라 이튿날 아침수석회의에서 정책조사보좌관, 행정·정무수석 등에게 추진계획을 작성·보고하고 집행하도록 지시한 일이 있다.[15] 만찬 후 삼청동회의실에서 정무·공보·사정수석 등과 함께 총리 경질 발표절차 및 대책에 대하여 논의한 뒤 상을 당한 출입기자 이정식 씨 문상을 하고 자정이 지난 뒤 귀가하였다. 어디선가 전화 걸려오는 소리가 들렸으나 받지 않고 잠을 청하였다.

5월 24일 아침 8시 10분 김영삼 대표에게 총리 경질을 통보한 뒤 9시 기자실에서 대변인(공보수석)이 발표하였다. 8시 45분부터 9시 30분까지 아침수석회의를 하였는데 총리 경질 발표를 하고 돌아온 공보수석이 정원식 총리 기용에 대하여 청와대 출입기자들은 인품이 좋고 소신 있는 사람이 선정되었다고 좋은 반응을 보이더라고 보고를 하였으나, 옆에 앉은 정무수석은 야당 측 반응은 부정적일 것이라고 코멘트하였다. 이날 회의에서는 김대중 총재가 〈뉴욕타임스〉에 "노태우 정부가 내각제 개헌으로 다시 권력을 잡을 것이라는 의심 때문에 국내 정국이 시끄럽다"라는 내용의 기고를 한 데 대하여 분개하는 분위기였으며 당에서 적절한 대응을 하도록 요구하기로 하였다. 또한 정무수석이 예견한 대로 정원식 총리 기용에 대하여 야당에서는 공안통치 강화라는 비판적 논평을 하였으나 언론사의 여론조사 결과 보도(〈조선일보〉 5월 25일 자)에 따르면 '잘했다'가 35%, '잘못했다'가 30%, '유보'가 30.9%, 무응답이 3.9%로 긍정적 의견이 우세하였다. 수석회의 결과를 구두로 보고드렸으며 장관 경질 검토상황도 보고드려 지침을 받았다.

그날 오후에는 개각과 관련한 기자들의 등쌀도 피할[16] 겸 궁정동 안가

15 이 문제는 당시 몇 가지 조치를 시작한 것으로 기억되나 단기간에 끝날 일이 아니고 계속 과제로 꾸준히 시행해야 되는데 그 뒤 정권교체 등 상황 변화로 이 글을 쓰고 있는 지금(2018년 8월)까지 해결되기는커녕 오히려 악화된 상황임이 통탄스럽다. 재임 중의 노력도 자랑할 만한 것이 되지 못하였음을 심히 후회하고 있다.

16 나는 공직생활을 하는 동안 인사는 발표될 때까지 비밀을 유지해야 한다는 원칙을 준수하기 위하여 각별한 노력을 기울였다. 이번 총리 및 각료 경질에서도 후임에 관하여 보안 유지에 노력한 결과 어느 기자도 특종보도를 하지 못하게 되었다. 발표 직후 〈조선일보〉 이상철 기자가 크게 화를 내면서 나에게 항의하는 일이 있었다. 당시 이 기자는 기자로서 인사 취재에 매우 적극적이고 열성적이었음에도 발표 전 취재가 불가능해지자 나에게 화풀이를 한 것이었다. 나는 어이없는 일이라 생각하면서도 이 기자의 투철한 직업의식과 사명감

로 자리를 옮겨 개각이 끝난 뒤 다음 주 화요일로 예정된 대통령의 대국민 입장 천명의 방식과 내용 등에 관하여 의견을 교환하였다. 이 문제는 벌써 오래전부터 수석회의 또는 관계수석 협의를 통하여 강경대 군 관련 시국전환 수순으로 검토가 되었던 안건이나 이제 최종결정을 내리고 준비를 해야 될 때가 되었기 때문이다. 안기부장과 안기부 손진곤 특보 그리고 정무수석과 최영철 특보 등이 모여 담화 발표 형식과 내용 특히 내각제 개헌 논의에 대한 입장 표명 여부 등 마무리 논의를 한 뒤(15~16시) 이를 취합하여 17시 30분 대통령께 보고드리고 결심을 받았다.

이번 시국상황 수습과정에서 당정 간에 여러 가지 엇박자가 있었던 점을 감안하여 개각이 끝난 뒤 5월 28일에 당 간부, 정부 각료 등이 전원 출석하는 회의를 영빈관에서 개최하기로 했다. 이 회의를 대통령께서 당정이 당면한 여러 가지 문제에 대한 방침을 두고 천명·지시·독려하는 말씀을 하는 모양새로 진행하도록 방침을 정하였다. 남은 기간 개각 마무리와 말씀자료 준비 등 과제가 새로이 부과되는 순간이었다.

이때 대통령께서는 몇 가지 중요한 지시사항을 말씀하셨다.

> 첫째, 당정 간의 불협화음 또는 힘의 균형 문제 등과 관련하여 당의 체질상 불가피한 면도 있다고 생각하나 앞으로 당총재로서 월 2~3회 당직자 등에게 직접 접견·지침 시달 등을 여행(勵行)할 것이니 수석들은 결코 위축되지 말라. 둘째, 수석회의에서 가급적 실장이 결론을 내주어라. 셋째, 홍보 강화와 관련하여 사령탑 역할을 할 기구를 정비하고, 과제 선정, 홍보, 효과 측정, 비판 모니터 등을 시행하는 한편 당 사무총장이 양성하는 논객 활용하고 장관들에게 TV출연을 권장하라. 넷째, 내각책임제 개헌문제에 대해서 논의는 자유스럽지만, 권력 연장이나 음모 운운은 반민주적 주장이다. 지금

을 높이 평가하지 않을 수 없었다. 그렇게 친해져서 그 뒤로도 자주 연락하는 사이였는데 너무 일찍 별세하여 안타깝기 그지없다. 명복을 빈다.

껏 6 · 29선언을 계속 실천하고 있다. 명예훼손적 발언은 안타깝다.

물러 나와 행정 · 공보수석과 함께 지시사항을 준비하기 위한 회의를 한 뒤 퇴근하였다.

5월 25일 토요일 아침수석회의에서는 어제 저녁 대통령께서 결심해 주신 것을 토대로 당정회의를 어떤 방법으로 진행할 것인지 논의하였다. 행정수석이 준비한 안을 토대로 TV생중계를 고려하여 개각 때 주로 활용해 온 방식, 즉 대통령께서 약 30분에 걸쳐 간결하게 지시말씀만 하고 끝내는 방안이 채택되었으며 정무 · 행정 · 경제 등 분야별 지시내용을 마련하여 공보수석이 종합 정리하기로 의논이 되어 곧 실행에 들어갔다. 나는 10시 15분 김영삼 대표를 만나 개각 방침에 대하여 설명드렸다.

대통령께서는 이날 12시 30분~13시 30분 수석 전원에게 본관식당에서 오찬을 베풀었다. 그동안의 수고를 치하한다는 말씀과 함께 앞으로 더욱 분발하여 위축되지 말고 업무에 정진하라는 당부의 말씀을 하셨다. 수석들의 사기 진작을 위해 특별히 배려한 행사였다. 18시 30분 관저에서 급거히 귀국한 정원식 총리와 처음 면담할 기회를 가졌다.

5월 26일은 일요일이었다. 갑작스런 호출을 받고 9시 10분 본관으로 올라가 개각 대상을 정리 · 보고하고 지시를 받았으며, 이 과정에서 대통령께서 법무장관 후임으로 마음에 두고 계시던 김형기 전 대법관과 접촉한 결과 본인이 극구 사양한다는 사실을 보고드려 그 뜻을 받아들이기로 한 것 외에는 미리 검토되던 대로 4명의 각료를[17] 경질하는 개각

17 개각 요인이 생길 때마다 미루지 않고 개각을 해왔기 때문에 장기 재직자가 얼마 되지 않아 민심을 수습하는 차원의 개각으로는 좀 범위가 작다고 느껴졌지만 부득이한 조치였다. 내가 비서실장으로 책임을 맡은 뒤 5개월밖에 되지 않았는데 그동안 수서사건, 페놀사건, 그리고 강경대 사건 관련 내무부 장관 등 세 차례 개각이 있었다. 대통령께서는 각료를 기용할 때 특정 지역에 편중되는 일이 없도록 하라고 말씀하셨고, 이에 따라 총리를 포함하여 5명의 출신지는 각각 황해, 강원, 경남, 전북, 충북으로 나타났다.

명단이 마무리되었다. 이날 10시부터 11시까지 신임 총리가 대통령을 면담하는 자리가 마련되어 당정 협의, 홍보문제, 공직자의 가족 처신 등에 관심을 가지라는 당부말씀이 있었다. 그리고 정원식 총리의 제청을 받아들이는 절차를 밟아 이용만은 재무부, 김기춘은 법무부, 진념은 동자부, 안필준은 보사부 장관으로 개각 인선이 마무리되었다. 본인들에게 통보하고 승낙을 받는 한편 당 최고위원과 정부 관계자 등 사전에 알려야 할 곳에 알리는 조치를 마친 뒤 일요일이지만 미룰 이유가 없다는 판단에서 16시 언론에 공개하였다. 한고비를 넘기는 순간이었다.

5월 27일 9시 30분 신임 총리 및 각료 4명에게 임명장 수여식이 진행되었다. 이 자리에서 대통령께서는 총리 및 신임 4개부 장관들에게 국정수행과 관련해서 대국민 설득과 홍보 강화, 중심을 잡고 흔들리지 않는 자세 견지, 규제 완화와 중앙정부 권한의 지방 이양, 물가안정, 학원안정, 집단시위문화 개선 등에 특히 유념할 것을 주문하셨다. 이어 대통령께서는 신임 각료들과 오찬을 함께 하면서 환담을 나누며 격려하셨고, 만찬은 관저에서 당4역을 비롯해 최각규 부총리와 손주환 정무수석을 불러 함께 하시면서 그동안의 노고를 치하하셨는데, 특히 손 정무수석의 노력을 칭찬하는 말씀을 하셨다. 그사이 오후에는 개각으로 공석이 된 차관 등에 대한 인사를 결정하셨다.

드디어 5월 28일 화요일 오전 9시부터 9시 40분까지 영빈관에서 당간부, 정부 각료 전원 그리고 청와대 수석들이 참석한 '청와대 확대 당정 연석회의'가 개최되었다. 이 자리에서 노 대통령은 미리 준비한 말씀자료를 낭독함으로써 당정에 앞으로 취할 국정수행의 방향을 말하고 실천해야 할 사항을 지시하였다. 그 구체적인 내용을[18] 여기에서 장황하게 설명하는 것은 부적절하다고 생각하지만, 그래도 개략적인 내용과

18 물론 연설문의 콘텐츠는 관계수석실에서 제공하지만 공보수석실이 종합해 마련한 것이다.

요점만은 적어둘 필요가 있지 않을까 생각한다.

먼저 노 대통령께서는 내각 개편 사실을 언급한 뒤 지난 한 달간의 시위 소요 사태는 정부와 집권당을 바라보는 국민의 눈이 따가우며 기대와 여망도 그만큼 크다는 것을 보여 주었다고 진단하시면서 국가발전에 중대한 고비를 맞고 있다고 강조하셨다. 대통령과 새로 취임한 국무총리·국무위원 그리고 당의 대표최고위원과 최고위원, 당직자와 당무위원에게 여러분은 이 시대 이 나라의 책임을 공유하기 때문에 다함께 심기일전하여 국민을 위한 정치를 펼쳐 분화된 이 사회를 통합하고 국민화합을 실천하는 정치를 행동으로 보여 줌으로써 이 어려운 상황을 극복하자고 호소하셨다.

대통령께서는 정부·여당이 해나가야 할 긴요한 과제로서 시위문화의 획기적 개선, 민생경제 문제, 공직사회 풍토의 개선, 6·29선언 정신에 입각한 민주화의 꾸준한 추진 등을 제시하는 한편, 내각제 개헌과 향후 정치일정 추진에 관한 입장을 표명하셨다.

먼저 시위문화 개선에 관해서는 평화적인 집회·시위는 보장하고 대화를 통해 이익집단의 정당한 요구는 수용하며, 학사의 대학 자율처리 요구도 실현시킬 것을 다짐하였다. 그러나 어떠한 경우도 폭력은 용납하지 않겠으며 민주주의 체제를 폭력으로 전복하려는 좌익 계급혁명 세력은 그 근원을 척결할 것이라고 말씀하셨다. 그러면서 시위문화 개선에 모든 국민이 협조할 수 있도록 법 개정 등 모든 방안을 마련하여 실시하라고 지시하였다.

민생경제 문제에 관해서는 연설의 40%가 넘는 많은 분량을 할애하여 말씀하실 정도로 우선순위로 앞세웠다. 구체적으로 물가안정 달성, 광역의원 선거에서의 돈 안 드는 선거 실현, 200만 호 건설을 통한 주택공급 확대, 공공자금 투입을 통한 서민주택의 공급 증가, 부동산 투기 억제책 강화, 농업 구조조정 추진, 제조업 경쟁력강화, SOC 확충과 공해환경문제 개선 등에 역점을 두고 추진하여 경제의 안정과 성장을 달성함으로써 민생문제를 해결해 가자고 말씀하셨다.

다음으로 정치 및 공직사회 풍토를 개선하고, 규제를 완화하며, 중앙 정부 권한을 지방으로 이양하고, 광역의원 선거를 실시하는 등 6·29선언 정신을 구현하는 데에도 함께 노력하자고 말씀하셨다. 이와 관련해서는 최근 '내각제 개헌을 추진하여 장기집권을 도모한다'는 선동이 없지 않다고 지적하시면서, 민주사회에서 개헌 논의를 하는 것은 자유지만 국민이 원하지 않는 개헌을 할 수 없는 것 또한 확실한 일이며 현재 국민들이 내각제 개헌을 원하지 않는다는 사실도 모두 인정하기에 정부가 개헌을 추진한다는 말은 그야말로 정치공세라고 단호하게 일축하셨다. 이어 대통령이 내각제 개헌을 추진하는 일은 없을 것이라고 확언하셨다. 6·29선언 때 이미 선언한 것이고 조금의 변경도 없음을 밝힌 것이었다. 그리고 헌법이 정한 정치일정이 순조롭게 진행될 수 있도록 당내 민주주의 실천부터 솔선하자고 거듭 강조하였다. 이와 같은 여러 가지 당면과제들에 대하여 "당은 당대로 대책을 세우고 내각은 추진계획을 수립하고 시행하여 당과 정부가 달라진 모습을 국민께 실증해야 할 것"이라고 마무리하셨다.

계획한 대로 대통령의 지시를 내리는 것으로 공식회의는 9시 40분 끝났으며 뒤이어 장소를 옮겨 최고위원 등과 티타임을 가졌다. 역사단절 문제, 정치인의 윤리 문제, 미국 유학생들 중 종속이론 수학으로 생긴 문제점 등이 화제로 떠올랐고, 전교조 문제와 관련해서는 일본에서의 자금원 추적으로 대처하는 사례 등 자유토론이 있었다. 12시부터는 최고위원, 당무위원 등 당 간부들과의 오찬행사가 진행되었다. 5월 30일 시도 경찰국장을 위한 오찬 행사가 5월 22일의 시도지사 오찬에 이어 치러졌고, 같은 날 저녁 퇴임각료(총리, 내무, 재무, 법무, 동자, 보사, 환경)를 위한 만찬이 있었다. 이 일련의 행사를 계기로 새 출발을 다짐하는 진군나팔이 당정 간에 크게 울려 퍼졌다.

이제 6월 20일로 예정된 광역의원 선거가 6월 1일 공고되고 선거운동이 시작되면 그사이 많은 국력을 소모해야 했던 시위와 소요의 5월이 가고, 지방분권의 시대를 열 열띤 여야 간 경쟁의 6월이 다가올 것이다. 하나의 과제가 해결되면서 새로운 과제가 부과되는 순간에 참으로 좋은 소식이 날아왔다. 5월 28일 청와대 당정 연석회의가 끝나고 차를 마시고 담소를 나누는 순간 북한이 그동안 우리가 주장해 온 남북 유엔 동시가입 제의를 받아들여 유엔가입 신청을 하겠다는 정책 변경 의사를 오전 10시 외교부 성명으로 발표하였다는 것이다.

유엔가입 실현

노 대통령은 연두 기자회견에서 금년도에는 꼭 유엔가입을 실현하겠다고 천명하였다. 1월 24일 외무부 신년 업무보고 때는 외무부가 금년도 유엔가입을 위하여 최선을 다하겠다는 보고를 한 데 대하여, 대통령께서는 우리 외교가 새로운 국제질서에 능동적으로 대응하고 한반도의 안정과 평화적 통일의 기반을 확보하기 위해서도 유엔가입이 실현되어야 한다면서 1991년 중에는 반드시 유엔가입을 이루어 내라고 지시하셨다. 이에 따라 외무부는 구체적 실천방안을 마련하여 3월 9일 대통령께 보고하여 허락을 받았다.

이와 같은 보고회의를 통하여 확정된 방침은 우선 남북이 동시에 유엔회원국으로 가입하려는 노력을 계속하되 북한이 끝까지 반대할 경우에는 단독으로라도 가입을 실현한다는 것이었다. 말하자면 배수진을 친 셈이다.

그동안 꾸준히 기울인 외교적 노력, 특히 북방외교가 결실을 거둠에 따라 한국의 유엔가입에 호의적인 분위기가 확산되었음은 주지의 사실이었다. 그러나 유엔회원국으로 가입하기 위해서는 먼저 안전보장이사회의 결의, 그 가운데서도 5개 상임이사국의 동의가 필수적이었다. 그동안 1949년부터 유엔가입을 신청하였음에도 상임이사국인 소련의 거부권 행사로 좌절의 고배를 마셔 왔다. 물론 국제사회의 판도가 바뀜에 따라 남북의 유엔가입 정책도 바뀌어 왔지만 1991년에는 '단일한 의석 아래 공동가입하자'라는 북한의 제의와 '남과 북이 동시가입하자'라는 한국의 제안이 대립하였다. 북한의 단일의석 가입 주장이 조리에도 맞지 않고 비현실적이라는 점은 삼척동자라도 알 일이었다. 그렇지만 진영논리陣營論理가 우선하는 국제사회의 현실에 비추어 쉽게 낙관할 일은 결코 아니었다.

전술한 대로 우리가 ESCAP 서울총회를 활용하여 중국을 설득하고 제주 한소 정상회담을 열어 합리적인 소련의 입장을 확인하면서 우리의 노력이 유엔가입으로 실현되리라는 자신감을 느낄 수 있었다. 외무부가 노력을 배가하여 특사 파견으로 취약지역에 대한 외교활동을 거듭하는 한편, 안보리 상임이사국을 비롯하여 유엔 당국을 계속 설득하며 노력을 강화하였다.[19] 거듭 다지고 확인하는 것이었다.

그러나 가장 쉬운 길은 북한이 입장을 변경하게 하여 동시가입으로 이끄는 것이었다. 전년도부터 활발해진 남북고위급회담을 하는 자리에서도 여러 번 논의를 하였으나 요지부동이었다. 우리가 단독가입 방침을 천명하고 상임이사국, 특히 중국과 소련에 협조를 요청하기 위한 노력을 집중한 것도 북한의 정책 변화를 유도하기 위한 압박이었다고 할 수 있다.

드디어 5월 28일, 서울 청와대에서 강경대 군 사건이 몰고 온 국내 정

19 노 대통령은 4월 17일 해외공관장회의 참석자를 위한 만찬에서 이 방침을 강조하는 등 기회가 있을 때마다 독려를 멈추지 않았으며 외무부에서는 4~5월 사이 9개 특별교섭 사절단〔단장 노신영, 강영훈(이상 전 총리), 박동진, 이원경, 최광수, 이승윤, 정원식(이상 전 장관), 김창훈, 한우석(이상 본부대사)〕을 37개국에 파견하였다.

치상황을 전환하려는 당정 연석회의가 열리고 있을 때, 북한 평양에서는 서울의 주장을 그대로 받아들여 유엔 동시가입으로 방침을 전환하겠다는 외교부 성명을 공표한 것이다. 그동안 다방면으로 힘겨운 노력을 해온 큰 일이 성사되는 것이어서 그야말로 희소식이 아닐 수 없었다. 이상옥 당시 외무부 장관의 회고록에도 언급하였듯이 "놀랍고도 반가운 소식"이었다.[20]

이러한 북한 외교부 성명을 두고 우리 외무부가 환영한다는 논평을 한 것을 시발로 미국·소련·중국·영국·프랑스 등 상임이사국 모두가 환영하는 태도를 보였다. 국내에서도 사사건건 대립만 하던 여야가 모두 환영대열에 동참하였다. 이제 대한민국의 오랜 숙원이던 유엔회원국 지위 획득은 사실상 결정된 일이며, 9월 개최되는 유엔총회에서 만장일치로 승인되기까지 몇 가지 형식적인 절차를 거치기만 하면 되는 상황이 펼쳐졌다.

실제로도 가입절차는 일사천리로 진행되었다. 북한은 7월 2일 자 가입신청서류를 7월 8일 유엔에 제출하였다. 우리 정부는 국내 절차로서 유엔헌장의무수락선언 동의안을 6월 13일 국무회의 심의를 거쳐 국회에 제출하였으며 국회는 7월 13일 본회의에서 김영삼 대표와 김대중 총재의 찬성 토론을 거쳐 7월 13일 만장일치로 통과시켰다. 대통령은 이에 따라 7월 19일 유엔헌장 의무수락서에 서명하였으며,[21] 같은 날 외무장관 유엔가입 신청서와 함께 8월 5일 노창희 대사를 통하여 유엔 사무총장에게 제출하였다. 유엔에서는 1973년 동서독 유엔가입 예에 따라 단일 결의안으로 처리하는 방향으로 의견이 모였으며 남북도 그와 같이

20 이상옥(2002), 《전환기의 한국외교》, 도서출판 삶과꿈, 84쪽.

21 이날 노 대통령은 서명식이 끝난 뒤 전직 외무부 장관 8명(이동원, 김용식, 김동조, 박동진, 노신영, 이원경, 최광수, 최호중)과 주유엔 대사 6명(한표욱, 문덕주, 윤석헌, 김경원, 박근, 박쌍용)을 초청, 오찬을 함께 하며 역사적 유엔가입 실현을 축하하고 그동안의 노고를 치하하셨다.

합의함에 따라 8월 6일 유엔 안전보장이사회는 회원국 가입신청 심사위에 회부하여 당일 심사한 뒤, 8월 8일 안보리 이사회에서 표결 없이 채택하여 총회에 회부하였다. 그리고 9월 17일 15시 총회에서 만장일치로 승인됨으로써 모든 가입절차가 마무리되면서 북한은 160번째, 한국은 161번째 회원국이 되었다.

앞서 설명했듯이 북한이 한국의 동시가입 방안에 동의함으로써 사실상 결말이 난 것이다. 그렇게도 완강하던 북한의 태도 변경에 대해 5월 30일 아침수석회의에서[22] 외교안보수석은 ① 북방정책의 성공에 따른 북한의 외교적 고립, ② 파탄 수준으로 침체된 북한 경제, ③ 권력 승계에 따른 대내외적 압력, ④ 유엔가입·핵안전협정 준수 문제 등 구체적인 상황에 대한 대처 필요성 등 여러 가지 원인이 작용했다는 취지로 보고를 하였다.

특히 중국의 태도 변화가 큰 영향을 미쳤다고 보았다. 중국의 리펑 총리가 5월 3일부터 6일까지 북한을 공식방문하여 한국의 유엔가입안에 대하여 거부권 행사가 어렵다는 것을 알림에 따라 부득이 방향 전환을 하게 되었다는 것이다. 당시 양국의 공식적 발표 내용은 그러하지 않으나 전후 사정으로 보아 거부권 불행사 통보를 한 것이 틀림없다는 것이 외교가의 일치된 분석이었다. 북한은 한국의 유엔가입이 거의 확실해진 데다가 믿고 있던 중국과의 의견 일치도 깨지자 한국이 유엔회원국으로서 한반도의 단독대표가 될 것을 우려하여 방침을 변경했으며 아울

22 이 회의를 비롯하여 그 뒤 몇 번의 아침수석회의에서는 유엔 동시가입으로 남북관계에 어떤 변화가 일어날 것인지와 국내외적으로 부담이 될 문제는 없는가에 대한 토의도 이루어졌다. 북한이 동시가입을 수락했다고 하여 남북관계에 큰 변화를 기대하기는 어렵다는 분석이었다. 국제노동기구가 요구하는 노동법규 변경 문제도 각국에 재량이 있어 큰 문제는 없을 것이며 독도 문제를 두고 국제사법재판소 소송을 제기할 가능성을 염려하는 이야기도 나왔다. 그러나 그런 문제들보다는 앞으로 우리 정부가 유엔회원국으로서 조용한 가운데 능동적으로 외교활동을 강화하고 전향적인 자세로 나아감으로써 국익 증진에 도움이 되도록 여러 가지 연구하고 실천해 나가야 한다는 의견이 많았다.

러 유엔에 가입하려면 이번 기회에 해야지, 내년부터는 대내외 여건이 더욱 어려워질 것이라는 판단이 작용한 결과라는 것이었다. 막다른 골목까지 몰려 백기를 든 것이라는 일부 외신보도와 같이 노태우 대통령이 거둔 북방정책 성공의 결정판이었다.

국내 문제로 어려움을 겪을 때 들려온 평양발 낭보는 그야말로 더할 수 없이 기쁜 일이었다. 그러나 아무리 좋은 일이 닥쳤을 때에도 힘든 일이 따라다니는 것이 청와대 비서실의 일상이었고, 이번 경우에도 예외는 아니었다. 나는 당시 대통령으로부터 호되게 질책받았다. 다름 아닌 언론보도와 관련된 일 때문이었다.

다이어리에 따르면 5월 29일과 30일 양일에 걸쳐 언론의 관련 보도가 사태의 본질을 설명하는 데 매우 미흡하다는 질책을 받았다고 기록되어 있다. 특히 5월 30일에는 민자당 당사에서 거행된 광역의원 선거 공천장 수여식에 참석하고 시도 경찰국장 격려 오찬을 위해 당에서 돌아오던 차 안에서 질책을 받았다. 사실 북한의 발표가 워낙 예기치 않은 것이어서 사전 준비가 전혀 없었으며 발표 당일 당정 연석회의란 큰 행사를 치르고 그 뒷마무리 등을 하느라 제대로 챙기지 못한 일이었다. 대통령의 질책에 변명할 여지가 없었다. 비상이 걸렸다.

5월 29일 아침수석회의에서도 남북한 유엔 동시가입이란 역사적 사건이 대통령께서 열성적으로 추진해 오신 북방정책의 결실이라는 점을 초점으로 하는 홍보가 필요하다는 이야기를 하였지만, 대통령의 질책을 받은 그날 오후에도 관계수석들을 중심으로 다시 대책회의를 개최하였다. 정책조사보좌관은 안기부, 통일원, 외무부, 공보처 합동으로 홍보계획을 수립해 시행에 착수하였다.

차 안에서의 거듭된 질책으로 5월 30일 16시 30분부터 18시까지 총리, 통일원 장관, 안기부장, 공보처 장관 등과 함께 외교안보수석의 남북관계 검토 보고를 중심으로 앞으로 전개될 남북관계를 전망하는 홍보대책을 적극적으로 시행하도록 독려하였다. 그리고 이와 같은 회의에서 논의된 내용을 5월 31일 11시 보고드렸는데, 홍보 강화대책과 관련하여 앞으로는 홍보가 부진한 장관에 대하여 문책을 고려하겠다는 보고와 함께 비서실장으로서 홍보 독려를 위한 노력을 배가하겠다는 다짐도 말씀드렸다. 이에 홍보대책 강화방안의 하나로 정부 홍보를 전체적으로 총괄・조정하는 비서실장 주재 회의가 구성되어 임기 말까지 운영되었다. 매주 토요일마다 총리실, 경제기획원, 공보처, 그리고 비서실 관계수석들이 고정멤버로 참석하여 회의를 개최하고 당면한 정부 홍보 문제를 총괄・독려하는 역할을 맡았다. 그리고 광역의원 선거 후의 정치일정 등과 관련하여 당내 움직임에 대한 우려와 대책도 함께 보고드린 것으로 기록되어 있다.

이 기회에 유엔가입과 관련하여 사족蛇足이나마 내 소회를 몇 마디 적어 두고 싶다. 사실 나는 대학에 재학할 때 국제법을 필수과목으로 수강하였으며 고등고시 과목에서도 국제법을 선택하였다. 당시 교과서로는, 또 고시준비 필독서로는 박관숙 이화여대 교수의 《국제법》이 있었는데, 제 10회 고등고시 응시에 임박하여 고려대 박재섭 교수의 《국제법》이 출간되었다. 이 책들을 여러 번 읽으면서 국제연합이란 국제기구에 대하여 알게 되었다. 그때만 하여도 유엔이 발족한 지가 10년 정도된 탓도 있었지만 당시 유엔이란 기구에 퍽 비판적인 생각을 품고 있었다. 과연 필요한 것인지에 대하여 회의적이었다. 유엔이란 기구가 국제문제를 과연 실효적으로 해결할 수 있는 권위와 실력이 있는지에 대한 회의와 함께, 상임이사국 5개국의 거부권 행사 같은 강대국 중심의 조항 등이 과연 공정한 것인가 하는 데 대해 젊은 법학도의 정의감에서 우러나오는 부정적 인식 때문이었다.

그러나 세월이 흘러 1975년 8월 스위스 제네바에서 개최된 유엔 범죄방지회의에 우리나라 대표로 대표단장이었던 당시 이종원 법무부 교정국장을 모시고 참석한 적이 있었다. 그 회의는 5년마다 개최되어 당면한 범죄 문제의 원인과 대책에 대하여 약 2주간에 걸쳐 다방면으로 논의하고 그 결과를 유엔에 보고하는 대규모 국제회의였다. 유엔회원국 외에 비회원국도 대표를 파견할 수 있었으며 관련 학술단체와 비정부기구NGO 등도 논의에 참여하였다.

막상 회의에 참석하고 보니 비회원국인 우리나라의 자리는 회원국들의 대표들이 앉는 자리와는 별도로 교황청 대표 옆으로 기억되는 뒤쪽 자리에 마련되어 있어 기분이 매우 언짢았다. 발언 순서도 회원국들에 우선권이 있어 시간이 모자라면 비회원국 대표는 발언할 수도 없었다. 당시 한국 대표이던 이종원 교정국장이 교정문제를 다루는 분과회의에서 우리나라 새마을운동을 교정에 적용하여 교정행정을 발전시킨 사례를 발표하고자 하였으나, 회원국 대표들의 발표에 밀려 폐회 직전에 겨우 기회를 얻었다. 그마저도 당시 교정 관계 분과회의 의장이 마침 이웃 일본의 교정국장을 역임한 나가시마 검사로서 이 국장과 친분이 있어 특별히 배려를 받을 수 있었던 것이다. 처음 국제회의에 참석한 나로서 회원국이 아닌 설움을 통감하게 되어 잠이 안 올 지경이었다는 좋지 않은 기억을 갖게 되었다.

그때 나는 대학시절의 잘못된 생각을 접고 반드시 유엔회원국이 되어야 한다고 믿게 되었으며 청와대에서 일하는 동안 그 '한'을 풀게 되어 얼마나 고맙고 기뻤는지 모른다. 그야말로 필설로 다할 수 없는 해원解冤이요, 환희였다.

광역의원 선거 공고와 총리 피습 그리고 여당의 압승

강경대 군 사건의 후유증이 완전히 가시지 않던 6월 1일 광역의원 선거가 6월 20일 실시된다는 공고가 나갔다. 기초의원 선거 때와는 달리 당의 공천이 가능하였기에 선거 자체가 '당 대 당' 경쟁의 장이 되었으므로 정부와 여당으로서는 크게 신경을 쓰지 않을 수 없었다. 정부로서는 선거가 법이 지켜지는 가운데 공명하게 이루어져 기초의원 선거 때와 같이 돈 안 쓰는 선거가 되기를 바라고 있었다. 여당으로서는 야당과의 경쟁에서 승리하여 더 많은 당선자를 내는 것이 목표가 될 수밖에 없었다. 청와대 비서실로서는 대통령이 당의 총재를 맡고 있는 만큼 두 가지 목표를 동시에 달성해야 하는 처지가 되었다.

기초의원 선거가 3월 26일 큰 잡음 없이 진행됨으로써 30년 만의 지방자치 부활이 무난하게 첫발을 내디딘 이래 이제 광역의원 선거가 실시되면 지방의회 구성이 모두 끝나면서 노 대통령이 6·29선언에서 약속한 지방자치 관련 사항이 모두 이행되는 역사적 순간이 다가온 것이다. 비서실에서는 기초의원 선거가 끝난 뒤 사흘 만인 3월 29일 당정회의에서 임시국회 개최 대책과 함께 광역의원 선거를 논의하기 시작하였다. 무엇보다도 당의 공천 아래 이루어지는 선거였기에 공천 준비에 만전을 기해야 했기 때문에 그 일부터 착수하였다.

당시 광역단체의원은 정원이 866석에 이르렀으므로 그 작업량도 만만치 않았다. 물론 당에서 공천절차나 공천대상자를 결정하지만 당총재를 보좌해야 하는 비서실의 입장에서는 세심한 준비가 필요한 작업이었다. 비서실장이던 내게 그 구체적 내용은 지금까지 기억에 남은 것도 없을 뿐만 아니라 기록을 가지고 있지도 않다. 다만 내 다이어리에 공천관계로 주로 퇴근 후 삼청동회의실에서 밤 시간을 이용하여 비서실장 주재로 회의한 것이 4월 21일부터 5월 21일까지 6차례나 된다는 기록만 남아 있다. 회의 참석자의 기록도 없고 공천관계회의라고만 적혀 있는 것이다. 당에서 준비한 자료와 청와대의 자료 등을 당 사무처와 청와대 정무수석비서실 관계자들과 함께 검토하여 대통령께 보고드리고 결정하는 과정이었을 것이라고 짐작된다. 다만 공천이 공정하게 이루어지는 가운데 당선가능성이 높은 자를 골라낼 수 있도록 많은 노력을 기울였다는 사정은 짐작할 수 있다.

그와 같이 많은 노력을 했다. 그럼에도 공천 결정이 발표된 뒤 후유증이 만만치 않았다. 당의 관계자들과 6월 1일 토요일이었지만 오후 2시간 가까이 논의하였고, 6월 4일 밤에도 삼청동회의실에서 사후대책을 논의하였다는 기록이 나오는 것으로 보아 참으로 사람을 고르는 일이 쉽지 않은 일이라는 사실을 절감하게 된다.[23]

노 대통령도 이 선거의 중요성에 대하여 깊이 인식하셨기 때문에 5월 30일 당 공천자대회에 직접 참석하여 당총재의 자격으로 공천장을 수여하고 연설하셨다. 이번 선거로 6·29선언의 마지막 약속을 실천하게 되었다는 점을 상기하고, 우리는 지방자치를 통하여 "투쟁을 일삼는 '소모의 정치'를 지양하고 국민의 의사와 이익을 지역공동체 속에서 조화하여 주민의 복지와 내 고장의 발전을 이루는 '창조의 정치'를 구현하려는 것"이라고 강조하셨다.

나아가 우리 당은 이 시대와 이 나라를 책임진 정당으로서 확고한 안정 위에 민주주의의 밝은 장래를 열고 번영을 일구어 풍요로운 사회를 이룩하며 7천만 겨레가 한 울타리 속에 살 통일을 앞당길 책무와 능력을 지닌 유일한 정당이란 점을 명심하여 자신감을 갖고 함께 전진하자고 격려한 뒤 돈 안 쓰는 선거, 깨끗한 공명선거를 통해 당선하기를 소망한다고 말씀하셨다.

이와 같이 철저한 준비를 거쳐 출사표를 던졌으나 공고 당시의 판세가 그렇게 낙관적이지 않았다. 정부의 외교성과와 경제·사회 등 안정을 위한 노력에도 불구하고 잇따른 악재와 재야세력의 정부 규탄이 계속된 탓이다. 연초부터 상공위사건, 수서사건 그리고 강경대 군 치사사건 등 대형 악재가 잇달았으며 이를 수습하기 위하여 국무총리와 여러

23 이 글을 쓰면서 〈조선일보〉 기사를 검색해 본 결과 공천 후유증은 당시 야당에 더 깊었으며 여당은 그렇게 심각하지 않다는 기사를 확인할 수 있었다. (〈조선일보〉 1991년 6월 1일자 3면 기사 참조)

명의 장관 등을 경질하였지만 사태가 완전히 진정되지 않고 선거에 악영향을 미칠 것이란 걱정이 많았기 때문이기도 하다.

어떻든 주사위는 던져졌다. 그런데 뜻밖의 일이 일어났다. 입후보자 등록이 막 시작되던 6월 3일 밤, 신임 정원식 총리가 한국외대 교육대학원에 출강하여 강의를 마친 후 대학생들에게 에워싸여 심한 봉변을 당하는 사건이 발생하였다. 그날 18시 30분 418호 강의실에서 90분으로 예정된 마지막 강의를 하던 중 학생회 간부 및 학생이 소란을 일으켜 50분 만에 강의를 마치고 퇴실하던 정 총리에게 정 총리가 문교부 장관으로 재임할 때 전교조 관련 교사들의 해직을 주도했다는 이유로 계란과 밀가루 세례를 퍼붓고 몇 차례 주먹질과 발길질을 하는 전대미문의 총리 폭행사건이 발생한 것이다. 이들의 폭행으로 약 30분 후에 겨우 학교를 빠져나온 총리는 택시 편으로 총리공관으로 돌아왔다고 한다.

나는 총리 피습 소식을 보고받고 21시 30분경 총리공관으로 총리를 방문하였다. 이날도 오전에는 본관수석회의가 있었고 오찬에는 5월 중 사태에 대처하느라 수고가 많은 전국 검사장 격려 오찬에 배석하였다. 오후에는 공안사범 검거, 백병원의 김귀정 양 문제 대책 등을 논의하는 삼청동회의를 늦게까지 주재한 후 20시가 지나서야 퇴근하였다. 다소 시간이 지난 뒤여서인지 총리는 비교적 안정된 모습을 보이고 있었으며 몇몇 관계장관 등이 자리를 함께하고 있었다. 큰 상처는 없는 것 같아 그런대로 안심이 되었으나 이런 일이 일어난 데 대하여 분개만 하여서는 안 되며 큰 책임감과 함께 적절하고도 강력한 대책이 수립·시행되어야 한다고 생각하였다.

총리께 위로의 뜻을 전한 뒤 곧 윤형섭 교육부 장관, 최창윤 공보처 장관과 함께 삼청동회의실로 옮겨 사태에 대한 의견교환 등으로 자정 무렵에야 귀가했으며 새벽 2시에 잠이 들었다고 다이어리에 적혀 있다.

예상한 대로 사건에 대한 반향은 매우 컸으며 국민여론은 학생들의 행위를 용납할 수 없는 반도덕적 행위라고 규탄하고 있었다. 잘 알다시피 우리나라는 예전부터 군사부일체君師父一體라고 하여 임금과 스승, 아버지의 은혜를 같은 반열에 올려놓고 있지 않은가. 스승을, 그것도 현직 총리를 폭행한다는 것은 패륜이요, 국기國基 문란이라는 것이었다.

6월 6일에 공보처가 조사한 여론은 총리 폭행행위에 대하여 '반인륜·반도덕적 행위이다' 가 74.3%, '충격적이다'가 85.4%였으며, '조직적일 것이다'가 56.6%, '우발적이다'가 28.1%로 나타났다. 국민의 분노와 충격이 최고조에 이르렀음을 보여 준다. 글자 그대로 전 국민이 분노하고 경악하는 사태라고나 할까. 정부 대변인 최창윤 공보처 장관은 물론 여당의 박희태 대변인도 야당의 박상천 대변인도 학생들을 규탄하는 성명을 발표하였다. 사회 각계에서도 우려하는 목소리를 내놓았다. 현승일(국민대 총장), 김상철(변호사), 김지하(시인), 박홍(서강대 총장) 등 지식인들이 운동권을 비판하는 목소리를 내고 있다는 공보수석의 보고가 6월 7일 아침수석회의에서 있었다. 정부로서도 여론에 귀 기울이면서 신속한 대책을 세워야 했다.

6월 4일 아침수석회의에서 사태의 진상 및 수사상황에 대한 보고가 있었다. 이번 사건에 대하여 단호한 조치를 취하지 못할 경우 오히려 정부에 대한 비판이 제기될 가능성이 있을 정도로 운동권 학생들의 폭력행위에 대한 규탄 여론이 고조되고 있었다. 특히 치밀하고 조직적인 배후조직에 의하여 움직인다는 혐의가 농후한 만큼 배후조직 수사와 활동자금 추적 등 철저한 진상 규명과 엄정한 법집행이 요구된다는 논의를 하였다.

때마침 본관으로부터 연락을 받아 엊저녁부터 민첩하게 대처하던 윤형섭 교육부 장관의 긴급보고에 배석하게 되었다. 이 자리에서 대통령께서는 교육부 장관에게 이번 사건을 계기로 학원 풍토를 근본적으로 쇄신하도록 일과성이 아닌 지속적인 노력을 경주하라고 지시하셨다. 그러면서 이번 일은 나라와 스승의 체면이 짓밟힌 일로 국기를 확보하는 차원에서 모든 방법을 동원하고 필요할 때는 학교 폐쇄도 불사한다는 각오로 임할 것을 당부하였다. 아울러 물의를 일으켜 총리직을 사임하고 싶다는 총리의 뜻에는 그럴 일이 아니라는 말씀으로 더 거론하지 않도록 하여 일단락되었으며 사후대책 강구에 진력하라고 말씀하셨다.

짧은 보고와 지시에 뒤이어 곧바로 9시 35분 출발하여 미리 계획된 국립묘지 참배와 경찰병원에서의 부상전경 위문을 수행하고 11시 30분 돌아온 뒤[24] 정무·행정·사정수석 등과 함께 총리 피습사태에 대한 수습방안으로 국무위원 간담회(당일 오후 개최하여 사태에 관한 정부의 입장대책을 논의한 뒤 언론에 발표하였다), 대학 총학장회의, 공안 장관회의 등을 개최하는 것이 좋겠다는 의견을 모았다. 그리고 교육부 장관과 총리비서실장 및 행정조정실장 등의 인책 문제 등도 논의하였다. 그 뒤 윤 장관이 6월 5일 대학 총학장회의를 주재하고 나서, 총리비서실장 강용식, 행정조정실장 등은 6월 4일 각자 사표를 제출하였으나 곧 반려되었다.

한편 당일 윤형섭 장관과 정구영 검찰총장이 기자회견을 통하여 각각 교육정책 및 범인 처벌에 대한 방침을 밝혔다. 국회에서도 문체위를 소집하여 이 문제를 다루었다. 범행 당일 경찰이 학교에 출동하여 학생 362명(외대생 141명, 타교생 221명)을 연행하여 수사를 하는 등 최선을 다했으며 그 뒤로 검찰의 수사지휘와 함께 경찰 수사력을 집중했으나 주범들이 대부분 도주한 상태여서 강경대 군 사건과 관련된 불법시위 주동자를 포함해 폭력시위 배후조종자 130여 명에 대하여 6월 7일 공개수배 조치를 취하기도 하였다.

6월 5일 교육부 장관 주최로 전국 대학 총·학장 63명이 참석한 가운데 3시간 반에 걸쳐 대학 폭력사태의 원인 분석과 대책을 논의했다. 하루 이틀에 해결될 문제가 아니지만 정부로서 필요한 조치를 취하였으며

24 차 안에서 전날 밤 총리관저에 위문차 다녀온 상황을 구체적으로 보고했으며 그 밖에도 전날 오후 공안 관계기관장들이 모여 공안사범 검거, 유기준 의원 선거법 위반 사건처리(6월 5일 구속), 백병원 대치사태 및 명동성당 농성 등에 대하여 논의한 내용도 보고하였다.

6월 8일 아침수석회의에서 종합한 시국안정 및 학원 정상화 종합대책[25]이 보고되고 그 집행을 논의하기 위하여 15시 삼청동회의실에서 내무·법무·교육·안기부 등과 관계수석들이 모여 협의를 끝냄으로써 총리 폭행사건에 대한 일련의 조치는 마무리되었으며 소관별로 시차를 두어 가면서 지속적으로 집행하는 일만 남았다.

그러니까 6월 1일 광역의원 선거가 공고되고 6월 6일 등록이 마감되었으며 6월 8일부터 합동연설회가 시작되기까지 청와대는 6월 3일 밤 돌발적으로 일어난 총리 피습사건 뒷수습에 눈코 뜰 새 없는 일주일을 보내고 있었다. 게다가 5월 25일 시위행렬에서 시위 군중에 깔려 사망한 성균관대 여학생 김귀정 양의 부검을 둘러싸고 사체가 안치된 백병원 영안실 주변에는 학생들이 한 트럭분의 화염병을 준비하고 당국의 진입에 대비하는 등 사태 추이에 따라 큰 피해가 발생할 수 있는 일촉즉발의 대치상태였다. 하지만 수사당국의 끈질긴 노력과 성균관대 장을병 총장 등의 열성 어린 설득으로 6월 6일 부검하기로 합의가 이루어지고 6월 7일 부검이 완료되었다. 경찰의 가해행위가 아님이 밝혀짐에 따라 또 다른 사건도 해결을 보게 되었다.[26] 이래저래 한시름 놓은 상태에

25 종합대책의 첫째 내용은 폭력 주동세력을 척결하는 것으로 검경 합동으로 공개 수배한 130여 명을 조속히 검거하여 처벌하는 것, 둘째 학원안정과 교학질서를 구축하는 것으로 엄정한 학사관리, 교권침해 및 면학질서 파괴행위 근절, 운동권의 자금원 봉쇄, 학생자치활동의 건전화, 학교 동창회 및 학부모 역할 강화, 대학운영 및 재단비리 제거 등을 대학 자율로 시행, 셋째 새질서·새생활운동을 강화하는 것으로 건전사회운동 확산과 범죄와의 전쟁을 강력 추진하는 것, 넷째 시위문화 개선위원회를 구성, 시위문화 개선 노력을 가시화하는 것 등이며 그 밖에 대학 총장과 대통령과의 대화(6월 19일 시행), 주요인사 신변보호조치 강화 등이 포함되었다.

26 김귀정 양의 장례식이 6월 12일 거행되었다. 당초 파고다공원 앞과 백병원 앞 노제를 둘러싸고 정부의 불허방침에 따른 대치가 우려되었으나 당국이 일보 양보하여 탄력적인 대처로 방침을 정함에 따라 무사히 장례가 끝났다. 장을병 총장과 시경 국장 간의 대화를 통하여 파고다공원 앞 노제를 허용하는 선에서 타협이 되고, 1시간 40분가량 평화적으로 노제를

서 광역의원 선거란 큰 정치행사를 치를 수 있었다.

6월 6일 마감된 후보자 등록 상황은 총 866개 선거구에 2,877명이 등록하여 평균 경쟁률 3.3:1로서 기초의원 선거 때의 2.4:1보다 높았으며 선거에 대한 높은 관심을 보여 주었다. 정당별로는 민주자유당 839명(97%, 정원 대비 비율로 이하 동일), 신민당 556명(64.2%), 민주당 469명(54.2%), 민중당 43명(5%), 공명민주당 3명(0.4%)이며 무소속이 967명으로 가장 많아 전체 등록자의 33.6%를 차지하고 있었는데, 여야 공천탈락자의 상당수가 등록했기 때문이었다. 무투표지구는 14개 선거구로 전부 민주자유당 지구였으며 후보자는 연소화, 고학력화 경향이 두드러졌고 공무원 출신은 280명, 여성후보 60명, 재야단체 소속원도 147명이 등록하였다.

청와대 비서실은 선거공고일인 6월 1일 이후 거의 매일 아침수석회의에서 선거 관련 동향과 문제점 등에 대한 토의를 계속하였다. 특히 등록이 끝난 뒤 선거운동기간 중엔 정무·행정수석의 선거 관련 동향, 사정수석의 선거사범 단속 상황이 매일 보고되었다. 그 밖의 수석들도 매번은 아니지만 민정수석이 상황을 파악했고, 공보수석과 정책조사보좌역이 보고하는 언론 동향을 비롯해 각 소관별로 특별한 상황을 토의 대상으로 삼고 활발하게 의견을 교환한 뒤 공약수를 도출하여 집행하도록 하는 것이다. 이번 선거기간 중에는 크게 심각한 문제가 일어나지 않았으며 순조롭게 투표까지 갔다고 기록되어 있다.

치른 뒤 대한극장 앞 2차 노제, 무학여고를 거쳐 장지 모란공원으로 떠나게 된 것이다. 사실 부검을 둘러싸고 극한 대치가 계속되고 백병원 부근에 위험물질 등 문제로 큰 사고의 우려가 없지 않아 연일 노심초사하였는데 장 총장이 적극 나서 가족 및 운동권 설득에 성공함으로써 무사히 해결되었으므로 장례문제에는 다소 양보하는 것이 옳겠다고 나는 판단하고 있었다. 장 총장은 정부에 비판적인 운동권 성향이었지만 총장 재직 시 내 사무실을 찾아 학내문제를 의논하기도 하여 크게 도와주지는 못하였지만 원만한 관계였다. 퇴직 후에도 한국학중앙연구원장 재임 시 내가 이사장으로 있는 다산학술문화재단 일에 관심을 가져주었는데 이미 고인이 되어 참으로 안타까우며 이 기회를 빌려 명복을 빈다.

선거 판세는 공고 당시만 하더라도 강경대 군 사건 등으로 여당이 긴장할 수밖에 없었던 상황에서 시작되었지만 총리 폭행사건이 발생하면서 야당 일부의원의 탈당 등 사건과 겹쳐 오히려 야당에 불리한 쪽으로 분위기가 바뀌고 있다는 분석이었다. 그러나 선거 후반으로 가면서 수도권을 중심으로 여당이 낙관할 수 없다는 경고음이 울리기도 하였으나 당에서 고삐를 늦추지 않고 최선의 노력을 강구한 탓인지 선거 결과는 여당의 압승으로 끝났다.

6월 20일 투표가 끝나고 철야 개표를 한 결과는 투표율 58.9%에 민자당 564석(65.1%), 신민당 165석(19.1%), 민주당 21석(2.4%), 민중당 1석(0.1%), 무소속 115석(13.3%)으로 나타났다. 특히 여당은 신민당 대비 서울 83.3% 대 15.9%, 경기 80.3% 대 2.6%, 인천 74.1% 대 3.7% 등 큰 차이로 당선자를 냄으로써 수도권에서 전례 없는 대승을 거두었을 뿐만 아니라 전통적인 여촌야도與村野都의 경향도 '여도야촌'이라 할 정도로 변화된 당선 결과를 나타냈다. 초조하게 개표결과를 기다리던 청와대 비서실에 그야말로 큰 놀라움을 안겨 주었다. 더구나 개표 초기 부재자 투표에서 야당이 우세한 결과가 나옴에 따라 걱정이 태산 같았는데, 23시를 지나면서 여당의 신민당에 대한 우세가 호남지역을 제외한 모든 지역으로 안정적인 확산을 보임에 따라 6월 21일 아침에는 만면에 희색을 감출 수 없었다.

선거 당일 투표를 마치고 10시에 출근해 수석회의를 하였다. 선거가 끝난 뒤 취해야 할 마무리조치로서 대통령께서 특별담화를 발표할 것인지를 놓고 토론이 벌어졌다. 이번 선거로 지방화시대가 열렸다는 의미를 부여하는 대국민 담화를 발표하는 것이 좋겠다는 의견(정무수석, 정책조사보좌관), 6월 24일 예정된 청와대 국무회의에서 대통령 말씀 중 간략하게 요점만을 TV중계하는 것으로 충분하다는 의견(공보·행정·경제수석)에다가 담화를 발표하기에 앞서 국무회의를 거치는 것이 순서이므로 미리 담화문안을 작성한 후 검토하여 담화여부를 결정하자는 의견(사정수석) 등이 나왔다. 선거 결과에 따라 담화 또는 국무회의 지시로 택일하되 국무회의를 22일로 당기자는 쪽으로 이야기가 정리되었다. 선거 결과가 압승으로 판명된 6월 21일 아침수석회의에서는 마무리와 관련된 일련의 조치에 '겸손'을 기조로 삼는 것이 좋겠다는 쪽으로 의견이 모아졌고, 따라서 '담화'를 하지 않고 국무회의 후 간단한 지시로 마무리말씀을 하기로 하였다. 그 밖의 당 선거관계자를 위한 격려 오찬의 규모 축소, 당선자 축하행사도 청와대 행사로 하지 않고 당 주최로 하되 대통령께서 참석 연설하는 것으로 조정하기로 의견이 모아졌고 그대로 진행되었다.[27]

이번 선거와 관련하여 특기할 사항은 선거과정에서 공명선거가 이루어졌다고 자부할 만큼 준법이 구현되었다는 점이다. 6월 21일 현재 입건된 선거사범은 총 875명(구속 78명, 불구속 797명)으로 기초의원 선거 당시 1,150명보다 감소하여 깨끗한 선거였다고 말할 수 있을 것 같으며 그런 가운데서도 구속된 비율은 8.9%로서 기초의원 선거 때의 6.6%보다 증가하여 법집행 당국의 공명선거 의지가 나타났다고 볼 수 있다는 것이다.

이와 같이 공명선거가 이룩된 것은 최고통치권자의 강력한 선거혁명 완수 의지, 검찰·경찰 등 법집행기관의 선제적 수사권 발동과 엄정한 처단, 선거관리위원회의 적극적인 선거관리, 유권자의 고발정신과 각

27 6월 22일 청와대 국무회의가 개최되어 내무장관의 선거 결과 보고와 총리의 향후 국정운영 방향보고가 있었고 대통령께서 이번 선거의 역사적 의의와 함께 향후 불법폭력에 대한 단호 대처와 새질서·새생활운동으로 건전기풍 조성, 경제의 안정과 성장, 지방자치 발전과 중앙정치로부터의 단절, 그리고 지역갈등 해소를 위한 정치풍토 쇄신을 강조하는 지시말씀이 있었으며, 6월 24일 선거관계 당직자 격려 오찬이 있었고 6월 26일 당의 당선자 격려대회 참석연설, 6월 27일 출입기자단 오찬의 순서로 선거 뒷마무리 행사들이 잇달았다. 조용한 가운데 선거 관련 격려도 이어졌음을 첨언한다.

당 후보의 상대후보 근접감시 그리고 공명선거 촉진 시민단체의 활발한 감시활동 등 다각적인 노력 때문이라고 분석되었다. 더구나 선거문화의 일보 전진으로 이해될 수 있는 몇 가지 초유의 일, 예컨대 금품을 받은 유권자 5명 구속, 매표 알선 브로커 4명 구속, 정당공천 관련 금품수수행위 단속, 선거사범 5명에 대한 사전영장 발부 등이 이루어진 것도 기록할 만한 일이었다.

마지막으로 이번 공명선거에 의한 여당의 압승으로 김대중 총재는 상당히 어려운 처지에 처하였으며 명동성당 농성사태도 종식되었다.[28] 한국외국어대 총리 폭행사건 피의자들도 속속 검거가 진행되어 6월 29일에는 25명을 검거했으며, 미검자는 102명으로 파악되었다. 그러니까 4월 26일 발생한 강경대 군 사건으로 인한 시국문제는 6월 20일 광역의원 선거에서 민심의 판단을 받으면서 서서히 역사의 뒤안길로 사그라져 가고 있었다.

돌이켜 보면 1991년 1월부터 6월까지 반년간 대한민국은 3개월 단위의 큰 사이클로 순환과정을 거쳐 온 것 같다. 1월 외교행사와 연두 업무계획 보고 등의 활발한 국정활동, 2월 상공위사건과 수서사건 등 대형 부정부패사건 적발과 수사처리 및 개각 등에 골몰, 3월 기초의원 선거라는 것이 1분기의 진행과정이었다면, 4월 한소 정상회담 및 기타 국정활동 수행, 5월 강경대 사건으로 인한 재야단체의 반정부 활동과 진압 및 개각 등에 국력 소모, 6월에 광역의원 선거라는 비슷한 과정을 지난 것이다. 조용하지 않은, 큰 소동을 겪지 않으면 안 되는 정치상황이 계속되었던 것이다. 그와 같이 소란을 겪으면서 그래도 조금씩 발전해 가

28 그동안 평신도회, 성당 측 등이 농성 해제를 요구해 왔으며 6월 28일 저녁 한승헌 변호사, 박형규 목사, 유인호 교수 등이 농성자들을 설득, 6월 29일 14시 30분 수배자를 제외한 잔여 농성자는 검거하지 않는다는 조건으로 수배자 4명은 자수형식으로 경찰에서 신병 인수하였고, 나머지 잔류 농성자 14명도 성당 측과 중부서장이 설득하여 6월 29일 18시 30분 성당 밖으로 나오는 것을 전원 연행함으로써 명동성당 농성은 완전 종료되었다.

는 것이 한국사회가 맞을 긍정적이고 희망적인 결과를 기대하게 하지 않았나 생각하게 된다.

경제 챙기기, 제조업 경쟁력강화 대책회의 그리고 신도시 부실건설 문제

국정을 수행함에 있어 경제가 차지하는 비중이 매우 크다는 것은 말할 나위조차 없다. '항산恒産이 없으면 항심恒心도 없다'는 옛말과 같이 민생이라고 표현할 수 있는 경제의 문제는 바로 민심에 직결되어 치국治國의 근본이자 정권政權의 바탕이 되지 않는가. 경제가 잘되면 선거에서 이길 수 있다는 오늘날 민주정치에서의 원리도 '경제제일'의 구체적 구현이라고 할 것이다.

특히 노 대통령은 정권을 책임진 전반부에 민주화의 바람을 안고 국정의 책임을 맡아 정치적 욕구 조절에 골몰하느라고, 또한 세계적인 동서해빙이라는 물결을 타고 북방정책을 펴느라고 경제에는 소홀하다는, 본인으로서는 약간 불만스런 평을 받고 있었다. 정권 후반기로 오면서 경제 챙기기에 더 큰 힘을 쏟아야 할 이유이기도 하였다.

4월 9일에는 경제동향 보고회의를 주재하여 경제부총리 등 경제장관들의 보고를 받고 SOC 관련 재원조달 방법의 다양화, 제조업으로 자금이 흐르도록 하는 문제, 만성적인 대일對日수지 적자 개선, 발전소 건설 입지선정 및 농산물 가격, 특히 쌀값 문제 등에 관하여 토의하였다. 한편 첫째로 경제기반을 강화할 수 있도록 장기적 전망을 하는 가운데 경제를 운영할 것, 예컨대 물가안정도 물가현실에 대한 설명과 설득을 통한 방법으로 접근하고 고속도로 사용료도 현실화할 필요가 있는지 검토할 것이며, 둘째로 임금 안정을 위하여 소관별로 각 장관들이 챙길 것, 셋째로 에너지 절약을 하도록 노력할 것, 넷째로 재벌 사업영역 확장·

경제집중화에 대하여도 상속세, 증여세 강화 등 필요한 대책을 강구할 것들을 지시하였다.

5월에 들어서자 첫날인 1일 9시 30분 경제장관회의를 소집하여 보고, 토의, 지시의 순서로 진행하였다. 물가 문제, 건축 과열 진정, 5·8부동산대책 강력 집행, 환경문제 재점검 대책 수립, 산업안정대책, 농촌문제, 노사 문제 등을 거론하였으며 대응조치를 신속히 하되 대국민 약속과 내외 발표에 신중을 기하도록 하라는 말씀을 하셨다.

6월 8일에 당 정책위의장 나웅배 의원을 비롯하여 정창화·서상목·신재기 의원 등 당 농어촌발전기획단이 농어촌구조 조정 문제에 관해 보고하였다. 잘 알다시피 우루과이라운드가 진전되어 국제협정이 타결될 전망을 보이면서 농산물시장 개방이 가시화됨에 따라 국제 경쟁력이 취약한 우리나라의 농어촌 생산구조는 획기적인 탈바꿈을 해야 할 상황에 처해 있었다. 연초부터 대책을 마련하라는 여러 차례 지시가 있었음은 이미 전장에서 설명하였거니와 당에서도 농촌지역 출신이 많은 비중을 차지했기 때문에 자체적인 연구를 거듭한 끝에 당총재에게 보고하여 정책화하겠다는 것이었다. 그러나 구조조정은 무엇보다 예산이 수반되는 일이었기에 정부와 당정 협의를 거쳐 발표하도록 지시하였으며 이는 농수산부의 느린 업무진행에도 큰 자극제가 되었다.

6월 18일에는 제2차 제조업 경쟁력강화 대책회의가 203명이 참석한 가운데 영빈관에서 개최되어 경제부총리와 상공부 장관의 경쟁력강화 대책 추진 상황을 보고받았다. 그 후 대체로 만족스럽다는 격려의 말씀과 함께 산업인력 공급대책 분야의 추진상황이 미흡함을 지적하고 부총리와 교육부 장관의 분발을 촉구했다. 나아가 노 대통령은 기업의 자금난 완화, 산업평화 정착, 물가와 부동산가격의 안정 등과 아울러 기술개발·인력양성·사회간접자본 확충에 지속적인 노력을 기울이라고 당부하셨다. 마지막으로 이웃 일본의 사례를 참고할 것과 미쓰비시연구소의 마키노 노보루 씨가 쓴 《제조업은 영원하다》가 일본에서 인기를 끌고 있다는 사실을 소개하면서 경제부처 공무원의 분발을 촉구했다.

6월 19일에는 SOC기획단의 보고를 받고, 6월 25일에는 경제부총리로부터 추가경정예산안에 관한 보고를 받는 등 경제 챙기기에 많은 시간을 할애하던 가운데 노 대통령의 역점사업 중 으뜸으로 추진 중이던 '주택 200만 호 건설사업'과 관련된 신도시 건설현장에서 부실시공 문제가 부각되어 청와대 비서실에 비상이 걸렸다.

6월 23일 일요일 밤, KBS가 불량 레미콘 문제를 보도한 것이 발단이었다. 이튿날인 월요일 아침수석회의에서 이 문제에 대한 토의가 시작되었다. 안양평촌지구 아파트 건설현장 5개 업체에 5월 8~9일 공급된 진성레미콘 회사의 레미콘이 불량품으로 판명되어 2개 업체 시설물은 이미 철거가 완료되었고 나머지 3개 업체 건축물에 대하여는 안전한지 진단 중이며, 공업진흥청도 이미 5월 21일 불량품 생산업체의 허가를 취소하였다는 것이다. 건설부가 자체조사 결과를 일단락하였음에도 이 사건을 빌미로 언론에서 과장된 보도를 통하여 마치 주택 200만 호 공사 전체가 부실덩어리가 될 수 있다는 의혹을 제기한 것이었다. 사실 한꺼번에 많은 건축물량을 소화하다 보니 건축자재에 부실이 생길 수밖에 없으리라는 주장은 일견 그럴 듯한 의혹제기로 받아들여지는 분위기였다. 더구나 레미콘에 사용되는 바닷모래가 제대로 된 세척과정을 거치지 않는다는 의혹과 함께 실수요자들에게 불안감을 안겨 줄 수 있었다.

우선은 진상을 정확히 파악하는 것이 급선무였지만 만약 문제점이 있다면 필요한 시정·보완 조치를 신속하고 충분하게 취하여야 할 것이고 그 과정을 정확하게 사실 그대로 관계자를 비롯한 국민에게 알림으로써 의혹과 불안을 해소하면 될 것이었다.

드러난 사건은 진성레미콘의 컴퓨터 고장으로 배합 비율이 잘못된 레미콘이 공급된 단순사고임이 판명됨에 따라 합당한 행정조치가 내려졌으며 검찰이 범죄로 수사하기에는 처벌법규 등이 마땅치 않아 신중을 기할 수밖에 없는 처지라는 것이었다. 그러나 혹시라도 안전상 문제가 될 시공이 있는지, 또한 구조적 문제가 있는지 가려내기 위하여 건설부와 건설협회가 적극적으로 나서서 신도시 아파트의 안전상태를 진단하고 있다는 것이었다.

사실 이 문제는 궁극적으로는 건설업자의 문제라고 볼 수 있었다. 아파트를 건설하여 분양하는 것을 업으로 하는 사람들이 약속한 설계에 맞도록 자재를 쓰고 시공하여 약속한 때에 입주자에게 제공할 의무를 지는 것이기 때문이다. 다만 정부로서는 관계법규에 따른 일정 범위의 감독 책임을 지고 있기 때문에 그 책무를 다하여야 했다. 경제기획원 장관을 중심으로 건설부 장관과 상공부 장관 등 관계경제장관들이 힘을 합쳐서 대처해 나가야 할 일이었다. 청와대가 전면에 나설 일은 아니었기에 청와대 나름의 방향 제시와 독려에 집중해야 할 사안이었다.

이와 같은 업무 체계, 업무 성질에 따른 조치가 이루어졌다. 6월 26일 관계장관들이 공기 연장, 상설 건설감리단 설치 운영, 레미콘공장에 대한 24시간 상시감시, 부실시공 건물 철거 등 대책을 마련하여 시행하기로 하고 언론에 공표함으로써 필요한 조치를 취하였다. 다만 200만 호 건설사업은 예정보다 다소 공기가 늦어지더라도 계속 추진하여 안전한 아파트가 공급되도록 한다는 것이었다. 이 같은 정부방침이 발표되면서 사태는 진정되기 시작하였다.

청와대 비서실에서는 6월 24일부터 28일까지 계속 이 문제에 대한 토의를 거듭하였으나 6월 29일 대통령의 방미 출국 시까지도 완전히 진정되지 않아 많은 걱정을 하였으며 6월 28일 오후에는 삼청동회의실에서 비서실장이 경제부총리, 건설부·공보처 장관들과 함께 이미 확정된 정부대책의 홍보를 위해 논의하였다. 그 덕택인지 그 뒤로 문제가 크게 확대되지 않고 진정되어 퍽 다행스럽게 생각하였다. 사실 청와대에 조직된 홍보대책팀도 사건 발생부터 진상과 대책을 홍보하는 데 각 부처와 협력하면서 많은 노력을 기울였음을 기록해두고자 한다.

돌이켜 보면 조그마한 사고에서 시작하여 크게 확대될 염려가 있는 일이기도 하였지만 200만 호 주택건설이라는 다소 힘에 겨운 큰일을 추진하는 과정에서 행여 일어날 수 있는 방심과 태만을 일깨워 주는 경고 및 예방의 계기가 되었다고 생각할 수 있을 것 같다. 역사적인 미국 국빈방문을 앞두고 행해진 6월 27일 출입기자단 오찬간담회에서 노 대통령은 기자의 질문에 "그나마 일찍 발견되어 불행 중 다행으로 생각합니다. 이번 일로 200만 호 주택건설의 대역사에 차질이 생기지는 않을 것입니다. 그렇다고 너무 서둘러서는 무리가 있으니 공기가 다소 늦어지더라도 안전성에 문제가 없도록 해 나가겠습니다"라고 답변하였다시피 그야말로 전화위복轉禍爲福이 되었으면 좋겠다는 것이다. 실제로 대통령께서 출국한 뒤로도 신도시 건설 품질검사 결과 별 문제가 없음이 확인되었고, 경제부총리를 중심으로 한 관계장관들이 대책을 세워 시행했을 뿐만 아니라 홍보에 힘을 쓰고 당정협의를 거듭함으로써 7월 3일 이후로는 언론보도에서 이 문제가 더 거론되지 않을 정도로 진정되었음을 출장 중 보고받았다.

그 밖의 국정수행: 외빈 접견, 국방 · 통일 관련 보고, 청소년 대책회의, 경복궁 복원사업 착공 등

다음으로 1991년 4~6월까지 수행된 몇 가지 국정사항 등을 개략적으로 정리하는 것이 마땅할 듯싶다.

먼저 외교 면에서 많은 중요 인사들이 한국을 방문하여 대통령과 면담하였다. 5월 2일 프랑스 총리 접견 · 오찬, 5월 16일 터키 수상 접견 · 오찬, 6월 12일 덴마크 수상 정상회담 및 만찬, 6월 21일 폴란드 수상 접견 · 오찬 등이 열려 배석하였으며 그 밖에도 4월 6일 미국 상무장관, 5월 31일 유엔총회 의장, 6월 7일 소련 국가과학기술위원회 위원장을 접견하였다. 우리나라의 국력이 획기적으로 신장되고 6 · 29선언 이후 민주화가 괄목할 정도로 진전됨에 따라 외국의 많은 수상 등 고위인사들이 한국을 방문하는 현상을 확인할 수 있어서 정말 자랑스러운 일이었노라고 말하고 싶다.

해당 기간에는 국방과 관련된 중요한 보고도 잇달았다. 5월 6일에는 노 대통령 취임 후 정력적으로 추진하던 여러 가지 국방개혁 중 미군 감소 대비계획 및 용산기지 관련 보고와 함께 걸프전 참전경험에 대한 보고가 있었다. 조성태 소장과 송응섭 대장이 보고하였다. 나는 그 자리에 배석하였으나 국방업무에 대하여서는 그야말로 문외한이었다. 물론 당시에는 보고 내용을 대체로 파악했겠지만 글을 쓰는 이 순간 기억에 남는 것은 없다. 잘 아는 내용이라도 많은 세월이 흐른 지금 기억한다는 것은 극히 적은 경우, 그리고 특별한 일이 아닌 한 불가능하다. 다만 당시 다이어리에 적힌 대통령의 지시사항을 그대로 옮김으로써 역사적인 자료 보존에 조금이라도 도움이 되었으면 하는 소망에서 쓸 뿐이다.

대통령께서는 걸프전쟁을 교훈으로 삼아 북한에 대한 경각심을 한순간도 놓아서는 안 된다고 말씀하셨다. 구체적으로 북한은 현재 경제의 마이너스 성장, 북방정책 성공에 따른 외교적 압력, 김일성의 노령으로 인한 승계 관련 내부의 정치적 문제 등 세 가지 압력에 시달리고 있으며 이것이 도발을 유인할 수도 있지만 우리에겐 통일의 기회일 수도 있는, 즉 '위기는 곧 기회'라는 상황임을 명심하라고 말씀하였다. 이어 그렇기 때문에 현재 시행단계에 들어간 818계획[29]과 합참기능 개편이 빠른 시

29 6공에 접어들어 변화한 국내외 정세와 남북관계에 대비하여 그동안 여러 가지 문제점이 많았던 국방태세를 획기적으로 쇄신할 필요가 있다는 1988년 7월 7일과 14일 양일간 연이은 대통령의 지시가 있었다. 또한 1988년 8월 18일 국방태세 발전방향 연구계획이 대통령께 보고되고 재가됨에 따라 국방부는 그동안 1988년 8월부터 연구를 시작하여 1989년 1월 24일 1단계 연구계획이 보고되었고, 1989년 4월 1일~12월 31일 2단계 연구결과가 나왔으며, 1989년 11월 16일 최종 보고되어 확정되었다. 3단계로 시행계획을 1990년 1월 1일~1991년 12월 31일 사이에 실천하는 것으로 하여 시행해 왔다. 818계획 또는 사업으로 약칭되는 국방정책 쇄신은 노태우 대통령의 지휘하에 임기 중 계획대로 시행되었으며 그와 관

일 안에 체계적이고 안정적으로 정착되어야 한다고 강조하셨다. 용산 골프장 이전 계획을 재가하였음은 물론이다.

이어 6월 11일 국방부 장관이 조성태 소장과 박용옥 준장을 대동하여 당면한 국방업무를 보고하는 데 배석하였다. 이 자리에서 대통령께서는 북방정책의 최종 목표는 평화통일이며 그것이 성공하기 위해서는 외교와 안보라는 두 기둥이 잘 뒷받침해야 하는데, 금세기 말까지 통일을 이룩할 수 있도록 기반을 공고히 하자면 무엇보다 국방부가 818사업을 조속히 매듭지어야 한다고 국방부에 강조하셨다.

아울러 대통령께서는 내게 중요한 과제를 주문하셨다. 그동안 여러 방면으로 제기된 핵정책, 특히 북한의 핵개발 문제와 재처리시설 등과 관련하여 우리의 입장을 정리해서 보고하고 계속 면밀히 검토하라는 말씀이었다. 이 문제는 미국과의 협의도 중요할 뿐만 아니라 남북관계의 기본 틀과 관련하여 신중히 검토해야 한다고 하셨다. 또한 통일부, 안기부, 외무부, 국방부 등 관계장관과 회의를 거쳐 보고하라고 하시면서 이를 구체적으로 집행할 때 핵문제는 보안유지가 중요하므로 제한된 인원만 참여하고 문서보안을 강화하여 장관급 이상이 보고하도록 하라는 지침을 주셨다. 기록에 의하면 6월 15일에 삼청동회의실에서 통일부·외무부·국방부 장관, 안기부장 등과 함께 한 차례 회의를 하여 대체적인 입장을 정리하고 보고드린 것으로 기록되어 있으며, 뒤에 1991년 말까지 몇 가지 중요한 매듭이 지어지므로 뒤에 자세한 경과를 정리하여 상술할 것이다. 여기에서는 이런 일이 있었다고 지적하는 데 그치고자 한다.

다만 핵문제 역시 나는 제대로 공부를 하지도 않았을 뿐만 아니라 실무를 담당할 기회가 없었음은 물론이다. 그러나 그동안 두 가지 사항이 나의 뇌리에 각인되어 있었음을 적어 두고자 한다. 한 가지는 핵을 갖게

련된 보고가 잇달았다.

되면 국제적 지위가 매우 높아진다는 것이다. 나는 1975년 8월 스위스 제네바에서 개최된 유엔 범죄방지회의에 정부 대표단원으로 참석한 적이 있다. 당시 제네바 주재 한국대사는 문덕주 대사였다. 그 무렵 박정희 대통령이 한국도 핵개발에 착수하여 핵보유국이 되겠다는 의사를 표명한 일이 보도된 적 있었다. 그 보도가 있자 유엔기구에 파견된 다른 나라들의 많은 대표가 회의에서 만나면 일부러 문 대사에게 와서 그 이야기를 화제로 삼아 아첨성 관심 표명을 한다는 것이었다.

또 하나의 이야기는 1970년대 후반으로 거슬러 올라가는데, 주미 한국대사를 역임하고 귀국한 함병춘 박사가 언급한 미국이란 강대국의 실체였다. 당시 중견검사들을 법무연수원에 모아 간부 검사로서 지녀야 할 소양에 대한 교육을 하는 자리였다. 함 대사께서 주미 대사로 근무하는 동안 미국 당국으로부터 핵문제와 관련하여 시달린 일들을 소개하면서 한국이 우방임에도 불구하고 핵확산방지라는 미국의 국가 목표를 — 세계 평화유지를 위한 명분도 되겠지만 — 위하여 대사에게 여러 가지 방법으로 압력을 가하는 일을 당하면서 한국이 독자적으로 핵무장하는 것은 절대로 불가하다는 점을 인식하게 되었다는 것이다. 그런 과정을 통하여 미국에 좋지 않은 감정을 가질 정도로 국제관계의 냉혹함을 뼈저리게 느꼈다는 말씀이었다. 그러니까 핵문제에 관한 한 미국의 뜻에 어긋나는 독자적 국가정책 수행은 불가능하다는 것이었다. 이 두 가지 핵문제에 관련된 나의 기억이 그 뒤 이 문제를 다루는 과정에서 바탕이 되었음을 고백하고 싶다. 핵을 가질 수 있으면 더없이 좋겠지만 우리나라 입장에서 현실적으로는 불가능하다는 것이다.

6월 11일과 6월 25일 두 차례에 걸쳐 통일부총리의 보고가 있었다. 남북관계도 다른 모든 일과 마찬가지로 얼었다 녹았다 하는 과정을 겪는 것이다. 이즈음 1991년 2월 25일부터 평양에서 개최되기로 한 제 4차 남북총리회담이 북한 측의 일방적 연기로 중단되는 등 남북대화가 다소 주춤한 가운데 5월 28일 북한의 유엔 동시가입 결정이 발표되는 등 상황이 변화하는 시점에서 통일 대비계획 및 8·15행사 등과 관련된 보고가 있었다.

이와 같은 외교·국방·통일 등의 국정수행과 더불어 4월 26일에는 마약사범 단속에 관한 검찰총장 보고가 있었고 5월 13일에는 강경대 군 치사사건으로 시국이 매우 혼란한 가운데서도 나라의 미래를 지고 나갈 청소년 대책에 대한 회의가 있었다. 이 청소년 대책회의에는 체육청소년·교육·노동·보사 등 정부 관계부처를 비롯하여 이윤구 청소년연구원장, 김문희 청소년단체협의회 회장, 정준 도덕재무장운동 대표, 김집 전 체육부 장관, 이상희 전 과기처 장관, 구천서 BBS 총재 등이 참석하여 많은 제안과 토론이 진행되었으며[30] 한국 청소년 기본계획의 충실한 작성과 시행, 청소년 유해환경 개선 및 학교주변 폭력 근절, 학교교육에서 전인교육이 이루어지도록 하고 가정교육과 아울러 훌륭한 한국인을 양성할 것, 미진학·무직 등 불우청소년 자립 및 갱생여건 조성, 잼버리대회 개최 지원 등을 지시하였다.

노 대통령께서 청소년 문제에 보인 관심은 남다른 것이었다. 취임 후 청소년육성법이 제정·시행되었고 청소년 업무를 총리실로부터 체육부로 이관·확충함과 함께 1990년 12월 체육청소년부로 개칭하고 1991년 6월 27일 한국 청소년 기본계획을 확정하여 시행하였다. 위 회의는 청소년 대책을 정부의 주요 분야로 삼아 계획·집행하는 과정을 점검한다는 성격이 강하였다. 여기서 논의된 사항들이 청소년 기본계획에 반영된 것은 물론이다.

30 이 회의에서는 봉사활동 등 내신성적 반영, 근로청소년회관 증설, 불우이웃 결연, 청소년단체 프로그램의 다양화와 개방, 우주소년단, 청소년 순례활동, 도덕재무장운동의 자리양보운동 성과, 청소년을 문제의 대상이 아닌 문제해결의 주역으로 삼는 의식의 전환 등의 아이디어도 보고되었다.

6월 5일 오전 10시 30분, 총리 폭행사건의 뒤처리로 어수선한 가운데서도 민족자존을 되찾는 역사적 행사가 거행되었다. 경복궁 복원 10개년계획의 기공식이 그것이다. 경복궁은 조선왕조 600년 우리 역사의 중심으로 350여 채에 이르는 전각殿閣이 즐비하였는데, 일제가 점령하면서 전각 대부분을 헐어 내거나 옮기고 국권의 상징이던 근정전勤政殿을 가로막아 총독부 건물을 세웠다. 이와 같이 일제에 의하여 짓밟힌 민족사에 대한 긍시를 회복하고 민족자존을 지키기 위하여 기획된 '경복궁 복원사업 기공식'은 참으로 역사적 순간이었다.

1990년부터 1999년까지 10년간 약 300여 억 원의 예산을 투입한다는 계획하에 1990년에는 경복궁 내 발굴지의 조경을 정비하고 지광국사 현묘탑 등 12기의 석조 문화재를 중앙박물관 앞뜰로 이설하고 건물지 발굴조사를 하였으며 드디어 145.7평의 강녕전康寧殿 복원사업에 앞서 경복궁 복원사업 기공식을 하는 행사였기 때문이다.

노 대통령은 기공식 연설을 통하여 "이곳 경복궁은 세종대왕께서 집현전을 두어 한글을 창제·반포하셨고 바로 옆 흠경각欽敬閣에서는 세계 최초의 측우기와 물시계·해시계·천체관측기기들을 설치하였던, 우리 겨레의 자존과 문화적 긍지가 깃든 곳"이라고 회고한 뒤 "역사의 진보와 나라의 발전은 문화전통의 창조적 계승으로부터 이루어질 수 있다"면서 "앞으로 복원될 경복궁은 민족자존을 온 국민의 가슴속에 내면화시켜 가는 살아 있는 교육의 장이 될 것"이므로 "역사적 복원공사에 참여하는 모든 분들이 깊은 사명감을 갖고 철저한 고증으로 완벽한 시공을 해주시기를 바란다"고 마무리하였다.

기공식은 약 1시간에 걸쳐 진행되어 11시 30분에 끝났다. 정원식 총리가 6월 3일 한국외대에서 피습당하는 일이 돌발하여 그 수습 및 뒤처리로 어수선할 때였다. 청와대란 곳은 그런 곳이었다. 잠시도 조용하지 않았다. 경복궁 복원이란 역사적인 경사를 예정·준비하는 가운데 충격적인 총리 피습사건이 발생하였다. 사건이 발생하여도 국정은 잠시

도 멈출 수 없었다.[31]

마지막으로 통상적인 정부 업무수행과는 다소 거리가 있지만 전두환 전 대통령과의 관계를 원만하게 회복하는 문제가 비서실 과제로 계속 노력의 대상이 되어 왔다는 것, 그리고 박철언 장관의 거취와 관련하여 4월 6일 월계수회 고문직을 사퇴하여 하나의 매듭은 지어졌지만, 그 과정에서 여러 가지 노력이 필요하였다는 점을 언급해 두고 싶다. 이 두 가지 문제는 그 뒤로도 계속된 과제로서 일단 후술할 기회로 미루고자 한다.

31 이 복원사업은 노 대통령 정부기간 중 강녕전 복원공사 착공에 이어 1992년 6월 24일 강녕전 상량식이 있었으며 교태전 및 주위 회랑 등 12동과 근정전 등 6동의 고 건물 복원 및 정비 설계를 발주해 놓은 상태였으며, 창덕궁은 총사업비 55억 원을 들여 1991~1994년간 인정전 행각 등을 복원하는 등 공사가 진행되었다.

1991년 7월 1일
~
9월 30일

4

미국 및 캐나다 국빈방문 그리고 밴쿠버선언 발표

1991년 7월은 미국 및 캐나다 방문이란 외교활동으로 시작되었다. 노 대통령의 북미주 2개국 방문은 6월 29일 토요일 13시 40분에 청와대를 출발해 서울공항에서 약간의 행사를 치른 뒤 14시 40분 특별기로 이륙하는 것으로 시작하여 7월 7일 18시 40분 서울공항에 도착하는 8박 9일의 여정이었다.

어쩌다 보니 출국하는 날이 6·29선언 4주년을 맞는 날이었고, 또 나로서는 국빈방문이라는 외교행사를 처음 수행할 기회이기도 하여 긴장되는 한편 설레는 마음 또한 없지 않았다. 그러나 출국하는 날도 조용히 생각을 정리하거나 인사치레를 할 겨를이 나기를 기대할 수는 없었다. 정부의 홍보활동을 총괄하는 비서실장 주재 삼청동 홍보조정회의가 아침 7시 30분에 열렸고 곧이어 8시 50분 아침수석회의를 주재하였다. 해외순방기간 중 정무수석 주관으로 대통령께 일일보고를 할 수 있는 보고체계 확립, 7월 8일 시도의회 개원 축하메시지 전달, 신도시 부실공사 문제에 대한 마무리조치가 경제기획원과 건설부 중심으로 빈틈없이 강구되도록 챙기는 일, 한진중공업 근로자 장례식 동향 등 치안상황 대비 철저, 대통령 부재중 공직기강 해이가 일어나지 않도록 관계수석이 조치할 것 등을 지시하였다.

9시 30분에는 대통령께서 부재 중 유념사항에 대한 관계장관 및 당직자회의를 직접 주재하시는 자리에 배석하였다. 경제부총리, 안기부장, 내무·법무·국방부 장관과 당 사무총장이 참석하였으며 대통령께서는 대북 경계에 철저할 것, 미국 영사관 화염병 투척 등 국내 불순세력의 준동에 철저히 대처할 것, 신도시 건설부실 문제와 관련하여 보완에 치중하여 시정토록 하되 당이 잘 뒷받침할 것을 지시함과 아울러 당면한 추가경정예산 홍보에 최선을 다하라고 강조하였다. 대통령께서는 곧 김대중 총재와 통화하여 해외출장 인사를 하는 등 바쁜 일정을 소화하셨다. 나는 새벽부터 바쁘게 움직이다가 12시 공관으로 돌아와 준비된 점심을 먹는 둥 마는 둥 때우고 가족과 대화도 제대로 나누지 못한 채 헬기장으로 달려가 서울공항으로 출발하는 헬기에 몸을 실었다.

사실 6·29선언은 노 대통령에게 일생일대의 중요한 사건으로서 두고두고 기억해야 할 일이었다. 당연히 조촐한 행사라도 해야 했지만 미국 방문의 장도壯途에 올라야 할 더 중요한 외교행사 때문에 공항에서는 출국인사만 하셨다. 출국인사의 끝자락에 최근 실시된 광역의원 선거가 어느 때보다도 공명한 가운데 여당이 압승을 거둠으로써 6·29선언 이후 험난했던 민주화의 과정이 그런대로 잘 진전되고 안정되어 간다는 말씀으로 4주년의 의의를 상기하시면서 이를 바탕으로 국빈방문을 하게 되어 감개무량하다는 소회를 피력하셨다.

곧이어 11시간의 태평양 횡단 비행에 6월 29일의 대부분을 보내야만 했다. 그러나 '날짜변경선' 덕택에 샌프란시스코에 도착했을 때는 여전히 6월 29일 오전 9시 20분(현지시간)이어서 서울에서의 6·29와 또 다른 미국에서의 6·29를 기념할 수 있었다.

공항에서 노 대통령을 영접한 아그노스 샌프란시스코 시장은 지난해인 1990년에[1] 이어 두 번째로 '노 대통령의 날'을 선포했음을 알리는 선언문을 증정하였다. 지난해 한소 정상회담이 개최되었던 페어몬트 호텔에 여장을 푼 노 대통령은 약간의 휴식을 취한 뒤 11시 40분 호텔을 출발하여 12시 30분 스탠퍼드대학 후버연구소에 도착하여 레이지 연구소장과 슐츠 전 국무장관, 윌슨 주지사, 아그노스 시장 등이 참석한 가운

1 1990년 6월 4일 노태우 대통령이 샌프란시스코 페어몬트호텔에서 소련 고르바초프 대통령과 역사적인 정상회담을 개최하였을 때 '노 대통령의 날'을 선포한 일이 있었는데, 이번에 두 번째로 같은 선언을 하게 된 것이다. 첫 한소 정상회담은 그해 9월 양국 수교, 12월 노 대통령의 소련 방문, 1991년 4월 고르바초프 대통령의 한국(제주도) 방문 등으로 이어지면서 노 대통령의 북방정책 수행·성공에서 중요한 이벤트가 되었다.

데 오찬연설을 하면서 첫 활동에 들어갔다.

노 대통령은 '태평양시대의 새 질서와 한국의 역할'이란 제목으로 약 30분간에 걸쳐 당신의 외교정책에 관하여 기념비적 연설을 하였다. 어떻게 보면 가장 뜻 깊은 6 · 29선언 4주년 기념행사[2]가 되었다고 할 수 있는 오찬연설이었다. 연설은 노 대통령과 샌프란시스코의 각별한 인연을 언급하는 데에서 시작하여 후버연구소의 창설자인 미국 31대 후버 대통령의 21세기를 내다보는 예지에 대한 찬탄讚歎 그리고 20세기 무수한 전쟁과 혁명을 겪은 세계가 이제 "평화로운 공동체를 향해 전진하고 있다"[3]고 진단하고 이러한 과정을 인간의 존엄성과 다원적 민주주의라는 인류의 보편적 가치로 주도해 온 미국의 노력과 성취에 축하의 뜻을 표하였다. 나아가 새로운 세기를 전망하면서 이제 세계는 태평양시대를 맞이하고 있으며 전 세계 인구의 반 이상이 살고 있어 "세계 발전의 새로운 축으로 떠오르고 있는 아시아 · 태평양지역이 이 지역 모든 국민과 인류에게 평화와 번영의 축복을 더해줄 협력의 틀을 설계하고 구체화해 나가야 한다"라고 주장하였다.

그러기 위하여 첫째, "아시아 · 태평양지역에도 냉전체제의 대결을

2 6 · 29선언은 그 뒤로 이른바 민주화 세력이 집권하면서 주된 내용이 되는 노 대통령의 결단 부분은 점점 퇴색한 채 6 · 29선언이 있게 하였다는 이른바 '6월항쟁' 부분만 강조되는 사태로 발전되어 갔다. 역사를 한쪽 면만 클로즈업하는 일종의 왜곡이 일어난 것이다. 그러나 노태우 대통령은 그 측근과 함께 조용한 가운데서 꾸준히 6 · 29선언을 기념했으나, 건강 악화로 더 이상 기념행사라고 할 만한 일이 뜸해지던 2017년 6월 29일에 즈음하여 30주년을 기념하는 국제학술대회가 성황리에 개최되었으며 일방적인 의미부여가 다소 시정되는 계기가 되었음을 지적해 두고자 한다. 2017년 6월 28일 9시 30분~18시 한국프레스센터 국제회의장에서 한국정당학회, 대한민국역사박물관 주최로 6 · 29 민주화선언 30주년 기념 학술대회가 '6 · 29 민주화선언과 한국 민주주의'란 주제로 개최되었다.

3 'Hoover Institution on War, Revolution and Peace'라는 명칭에 함의한 바와 같이 20세기는 두 차례에 걸친 세계대전, 볼셰비키혁명 같은 곳곳에서의 혁명 등 많은 전쟁과 혁명의 세기였으며 현대에는 걸프전쟁과 같은 새로운 전쟁 등을 거치면서 이제 미국 주도의 평화로 세계의 모습이 바뀌어 가고 있다고 피력하였다.

종식하고 안정의 확고한 기틀을 마련해야 하며" 둘째, "아시아 · 태평양의 번영이 개방을 통한 교역과 경제협력의 증대를 통해 지속되도록 해야 하며" 셋째, "민족과 문화는 물론 경제발전 단계가 서로 다른 이 지역 국가의 다양성을 조화하고 융합하는 협력을 촉진해 나가며" 넷째, "아시아 · 태평양의 공동체 의식을 바탕으로 이 모든 것을 이룰 수 있는 협력의 틀"을 진전시켜 나가야 할 것인데 이미 가동되고 있는 아시아 · 태평양경제협력체APEC: Asia-Pacific Economic Cooperation를 모체로 '아시아 · 태평양 공동체'의 창설을 추진하자고 제의하였다. 이런 과정에서 미국의 주도적 참여가 매우 긴요하며, 여러 가지 면에서 중간의 위치를 차지하고 있는 한국도 '중간국가'로서 새로운 역할을 해나가겠다고 강조하면서 노 대통령 스스로가 추진하여 상당한 성과를 올리고 있는 북방정책이 바로 그 바탕이 될 것이라고 마무리하셨다.

오찬을 하고 연구소가 자리한 건물인 타워를 시찰하는 등 15시 20분까지 약 3시간 가까이 후버연구소 방문 · 연설 일정을 마친 뒤 16시 40분경 호텔로 돌아왔다. 그날 저녁 만찬은 슐츠 전 장관 사저에서 그의 초청으로 치러졌으며 화기애애한 분위기를 뒤로하면서 나는 법무부 검찰국 근무 시절 인연을 맺은 현홍주[4] 대사와 동승하여 호텔로 22시 10분경 돌아와 잠을 청하였다. 본국에서 송부한 많은 보고서를 접하고 이런저

4 현홍주 대사는 나와 특별한 인연이 있다. 현 대사는 나의 서울 법대와 검찰 후배로서 법무부 검찰과에서 약 2년간 함께 근무하였고 그가 장기간 중앙정보부 파견 근무 시에 나도 잠시 다른 부서이지만 파견근무를 한 일이 있을 뿐만 아니라 6공화국 출범 당시에는 초대 내각에서 법무부 장관과 법제처장이란 직책으로 함께 일하였는데 그 뒤 나는 형사정책연구원장을 거쳐 비서실장으로 일하게 되었으며 현 대사는 주유엔 대사를 거쳐 주미 대사직을 수행하는 입장으로 다시 만나게 되었다. 인품이나 능력 모든 면에서 나무랄 데 없는 후배로서 젊은 검사 시절 특히 영어실력이 출중하여 주목의 대상이었는데 결국 외교관으로서 실력을 발휘할 수 있게 된 것 같아 적재적소 인사의 표본이라 생각하였다. 퇴임 후에도 내게 관심을 갖고 과거의 인연을 잊지 않는 처신을 하여 늘 고맙게 생각하고 있었는데 너무 일찍 작고하여 안타깝기 그지없다. 이 기회에 다시 명복을 빈다.

런 생각을 하느라 자다 깨다 하며 하룻밤을 보냈다.

이튿날은 일요일이었지만 아침 일찍 깨어 8시부터 9시까지 개최된 교민대표 초청 조찬모임에 배석하였다. 이어 휴식 겸 시차적응 등을 위하여 슐츠 전 장관 초청 골프운동으로 하루 낮을 보냈으며, 저녁에는 아메리카은행 총재와 아시아재단 총재 등이 함께하는 가운데 슐츠 전 장관을 위한 만찬(19~21시)을 가짐으로써 샌프란시스코에서의 일정을 마무리하였다.

이튿날인 7월 1일 일찍 일어나 조찬을 마치고 8시 30분 팩스로 보고받은 국내 상황을 요약해 보고드린 뒤 8시 50분 호텔을 출발하여 공항에 도착하였고, 9시 20분 이륙한 특별기 편으로 미국 대륙을 횡단 그날 17시(현지시간, 한국시간 7월 2일 오전 6시) 워싱턴 교외의 앤드루스공군기지에 도착하였다. 의전장 등의 공식 영접과 교포 1만 1천여 명의 환영을 받고 곧 숙소인 영빈관Blair House으로 이동해 베이커 국무장관 내외의 예방을 받음으로써 워싱턴에서의 국빈방문 일정에 들어갔다. 블레어하우스는 백악관의 바로 건너편에 위치한 미국의 전통적인 국빈 전용숙소이다. 1824년에 건축한 백악관 부속건물로서 장소가 비좁아 의전수석과 경호실장 등 최소 인원만 이곳에 머물고 나머지 대부분의 수행원은 호텔을 숙소로 이용하였다.

나는 영빈관에 투숙하지 않고 대부분의 수행원들과 함께 호텔로 이동해 잠시 휴식을 취한 뒤 저녁행사의 첫 행선지인 옴니슈람호텔로 가 대기 중이던 교민 1천여 명의 열렬한 환영 속에 리셉션을 가졌고, 곧이어 20시 20분부터 21시 30분까지 대사관저에서 현홍주 대사가 마련한 만찬에 참석하였다. 이어 영빈관을 거쳐 숙소 호텔에 마련된 프레스센터에 들러 보도진과 인사를 나눈 뒤 자정에야 취침할 수 있었다.

7월 2일은 한미 양국의 정상이 회담을 갖는 등 이번 미국 방문의 가장 중요한 일정이 기다리고 있었다. 아침 일찍 영빈관에서 간략한 국내 상황 보고에 이어 당일 일정 등에 대하여 보고를 드리면서 의견을 나눈 뒤 오전 10시로 예정된 국빈환영 행사장으로 이동하였다. 백악관 남쪽 정원에서 거행된 노 대통령 환영행사는 양국의 국가연주로 시작되어 21발의 예포, 의장대 사열, 미국 건국 초기 전통복장을 한 고적대 분열에 이어 부시 대통령의 환영사, 노 대통령의 답사 등으로 약 35분간 진행되었으며, 화창한 날씨에 400여 명의 관계자들이 참석한 화려한 행사였다.

이와 같은 환영행사는 이번 노 대통령 방미가 통상의 공식방문Official Working Visit이 아닌 국빈방문State Visit이었기 때문에 가능한 것이었다. 국빈방문은 미국 대통령의 재임기간 중 그 횟수가 제한되어 있어 특별한 경우에만 이루어진다. 우리나라의 경우 이승만 대통령이 1954년에, 그리고 박정희 대통령이 1965년에 한 번씩 국빈방문을 한 뒤로 26년여 만에 이루어지는 귀한 일이었다. 국빈방문의 경우 전술한 바와 같은 백악관 환영행사 외에 백악관에서의 공식만찬과 공연이 열리며, 숙소는 영빈관인 블레어하우스를 쓰고 미국 의회의 상·하 양원 합동회의에서 연설하게 되는데, 노 대통령은 이미 1989년 방미 때 의회 연설을 하였기 때문에 이번에는 연설은 하지 않기로 한 것이다. 노 대통령에게 이 같은 예우가 주어진 것은 노 대통령이 직접선거에 의하여 선출되어 한국 민주화에 기여한 공이 클 뿐만 아니라, 연초 걸프전쟁 당시 신속하고도 만족할 만한 지원을 하는 등 한미관계 증진에 노력한 점 등이 고려된 것으로 믿어진다.

환영행사에 이어 곧 양 정상 간의 단독회담(10시 35분~11시 20분)과 확대회담(11시 20분~11시 50분)으로 진행되었다 단독회담에는 김종휘 외교안보보좌관만 배석하였으나 확대회담에는 외무·상공 장관, 나와 관계수석비서관 등, 공식 수행원이 참석하여 따뜻한 분위기 속에 원만히 진행되었다. 이 무렵 노 대통령께서는 한미관계의 모델에 관하여 유럽에서 미국과 영국의 관계처럼 되는 것이 동북아 안정과 세계평화에 이바지할 것이므로 그런 한미관계 정립에 노력하겠다는 생각을 여러 번 피력한 일이 기억에 남는다. 양 정상의 회담 내용을 이수정 공보수석이 기자들에게 브리핑하였는데 그 요지는 다음과 같다.

첫째, 양 대통령은 향후 외교 · 안보 · 경제면에서 양국 간 긴밀한 협력을 바탕으로 성숙되고 영속적인 동반자 관계를 발전시키기로 합의하였다. 둘째, 노 대통령이 한반도의 평화적 통일을 주도적으로 이루어 가려는 한국의 노력을 적극 지지하고 국제사회에서도 지지를 받을 수 있도록 협조해 달라고 요청한 데 대하여 부시 대통령은 미국의 지지를 재확인하면서 통일 문제는 한국인 스스로 해결해야 할 일이라는 것이 미국의 입장임을 강조하였다. 셋째, 양국 대통령은 미국과 북한과의 관계와 관련하여 북한을 개방과 개혁으로 유도하고 건설적인 남북한 관계를 정립하는 데 이바지하는 방향으로 추진되어야 한다는 쪽으로 의견이 일치되었으며 부시 대통령은 미북 접촉을 남북관계 진전 상황을 충분히 고려하여 추진할 것이며 한국 측과 긴밀히 상의하겠다는 입장을 밝혔다. 넷째, 북한의 핵문제와 관련하여 북한이 핵확산금지조약 당사국으로서 국제원자력기구와 핵안전협정을 체결하고 즉시 핵 관련 시설과 핵물질에 관한 국제사찰을 수락하는 것이 당연한 의무임을 강조하면서 북한의 핵무기 개발을 저지할 외교적 노력을 다해 나가기로 합의하였다. 다섯째, 부시 대통령은 미국의 대한국 방위공약을 재확인하고 노 대통령은 적정 수준의 미군 주둔이 계속 필요하며 능력 범위 내에서 방위비 부담을 증대해 나갈 것이라고 밝혔다. 여섯째, 부시 대통령은 경제 · 통상문제와 관련 한국의 시장개방과 농업 구조조정을 위한 지속적인 노력을 요망하였으며 노 대통령은 자유무역의 질서를 유지한다는 원칙 아래 우루과이라운드가 조속히 타결되기를 희망한다고 말하였다. 마지막으로 노 대통령은 부시 대통령에게 한국을 방문하도록 초청하였고 부시 대통령은 원칙적으로 수락한다고 답하면서 아 · 태지역을 방문할 기회에 한국 방문이 실현되기를 희망한다고 말하였다.

정상회담 이후 12시 10분 미국 국무부 장관의 초청으로 국무부에서 개최된 오찬모임에 참석한 뒤 영빈관을 거쳐 호텔에서 휴식을 취하였다.[5] 그사이 노 대통령은 부시 대통령과 백악관 테니스코트에서 친선 테니스 경기를 했으며 18시에는 영빈관에서 정상회담을 평가하는 대책회의를 가졌다. 곧이어 나는 19시 영식令息 내외와 동승한 채 백악관으로 이동하여 국빈 만찬에 참석하였다.

노 대통령 내외를 위한 국빈 만찬은 먼저 백악관 이스트룸에서 130명에 이르는 양측 참석지에 대한 양국 대통령의 접견으로 시작되어 2층 만찬장에서의 만찬으로 이어졌다. 만찬은 이스트룸에서 열린 여흥행사였던 뮤지컬 〈팬텀 오브 더 오페라〉 관람 등을 즐기며 22시 30분까지 활기찬 가운데 진행되었다. 부시 대통령은 만찬 축배 제의 연설에서 한국이 미국의 가장 중요한 우방과 동맹국의 하나라고 부르면서 한국의 국력 신장과 국가위신 증대로 북한에 비하여 체제의 우월성을 과시하게 되었으며 곧 유엔회원국이 될 것을 축하하고 한미 양국 간 동반자 관계를 발전시키는 데 노 대통령이 가장 중요한 역할을 수행했다고 격찬하였다. 노 대통령은 초청에 감사의 뜻을 표시하면서 한미 양국은 서로가 소중한 동반자로서 21세기 자유와 평화, 번영이 넘치는 태평양시대를 함께 열어 가자고 강조하였다. 만찬 도중에는 미국 군악대가 〈아리랑〉과 〈도라지〉 등 한국민요를 연주하여 분위기를 돋우었으며 내 옆에는 내가 법무부 장관으로 재직할 때 상면하였던 대법관 산드라 오코너 여사가 자리하였던 것으로 메모되어 있다.

워싱턴 방문 마지막 날인 7월 3일에도 바쁜 일정이 기다리고 있었다. 나는 한국음식 생각을 참을 수 없어 7시 30분 최경원, 조해녕, 정태익

5 국무부 초청 오찬에는 미국 측에서 로버트 게이츠 CIA국장 내정자, 칼라 힐스 무역대표부 대표, 데이비드 록펠러 체이스맨하탄은행 총재 등이 참석하였으며 우리나라 여자 골퍼 구옥희가 나와 한 테이블에 동석한 것으로 기억된다. 친선 테니스는 양국 주재 대사인 현홍주, 그레그가 파트너가 되었으며 '노 대통령 – 현 대사' 조가 6 대 4로 이겼다. 이 테니스 시합은 이듬해 1992년 1월 서울에서 다시 한번 이루어진다.

비서관과 함께 '상록수'란 한국식당을 찾아 해장국으로 아침식사를 하였다. 얼큰한 해장국이 며칠간 먹은 양식으로 느끼해진 뱃속을 확 풀어 주었다. 한국인에게는 역시 한국음식이었다.

대통령께서는 아침에 〈워싱턴포스트〉의 임원 등과 회견하는 스케줄을 소화한 뒤 11시부터 블레어하우스에서 워싱턴 주재 한국 특파원들과의 다과를 겸한 회견이 예정되어 있어 배석하게 되었다. 짧은 회견이라 많은 이야기는 없었으나 한 가지 적어 두고 싶은 것이 있다. 금세기 말 한반도 통일 전망을 부시 대통령에게 이야기한 것은 무슨 근거에서인지를 질문한 기자에게 선뜻 "지도자로서의 예감과 21세기까지 통일을 해야겠다는 의지 그리고 독일통일의 교훈 등이 작용한 종합적인 판단을 표한 말"이라 답변하는 것이었다. 말하자면 정情, 의意, 지知가 가져다 준 결론이라는 것으로 얼마나 통일문제를 골똘하게 생각하는지 보여 주는 답변이었다고 생각하였다.

다음 일정은 12시 한국대사관에서의 대사초청 오찬이었다. 퀘일 부통령을 비롯해 미국 측 주요 인사들을 초청하여 미국 방문을 마무리하면서 부시 대통령의 국빈초청에 감사를 표시하는 오찬이었다. 오찬 후에는 국립묘지 참배와 영빈관에서의 체니 국방장관 면담이 마지막 일정으로 기다리고 있었다.

2박 3일간의 워싱턴 일정을 마치고 영빈관에서 출발한 노 대통령은 7월 3일 15시 앤드루스공군기지를 출발해 16시 30분 캐나다의 수도 오타와국제공항에 도착해 나티신 캐나다 총독과 멀로니 총리 내외의 영접을 받고 환영행사에 참석하셨다. 대통령께서는 초청국이 숙소로 제공한 총독관저에 투숙하셨고, 나를 비롯한 일행은 웨스틴호텔에 짐을 풀면서 캐나다 국빈방문 일정에 들어갔다.

캐나다는 외교적으로나 경제적으로나 우리에게 매우 중요한 우방이다. 그런데도 1982년 전두환 대통령이 방문한 뒤로 9년 동안이나 정상의 방문이 없었기 때문에 이 기회에 방문하게 된 것은 의미가 크다고 할 수 있을 것이다.

캐나다에서의 첫 일정은 도착한 당일 19시 웨스틴호텔에서의 교민 초청 리셉션이었다. 약 500명의 교민들을 격려하는 자리였다. 이튿날 아침 나는 노 대통령의 숙소인 총독관저를 거쳐 대통령을 수행, 10시 캐나다 국회의사당에 도착하였다. 양국의 정상회담은 의사당 내 총리 집무실에서 약간 지각을 한 브라이언 멀로니 총리와의 15분간 단독회담, 30분간의 확대회담, 약 30분간의 기자회견 순으로 진행되었으며 곧이어 총리가 주최한 오찬행사가 상원 귀빈식당에서 개최되었다.

양국 정상회담에서는 첫째, 그해 11월 서울에서 개최될 제 3차 APEC 회의를 계기로 아 · 태지역 경제협력을 더욱 강화해 지역협력체로 발전시키는 데 공동 노력하기로 합의하였으며 특히 서울회의에서 중국, 타이완, 홍콩의 가입 문제에 공동보조를 취하되 아 · 태지역 내 소블록 형성은 바람직하지 않다는 데 의견이 합치되었으며 둘째, 북한 핵무기 개발이 한반도는 물론 동북아지역 및 세계의 평화 · 안정에 위협이 된다는 데 인식을 같이하고 7월 15일 런던 G7정상회담에서 북한 핵문제를 제기하기로 협의하였으며 셋째, 캐나다의 대북한 관계개선과 관련하여 북한의 핵사찰 수락과 남북대화의 진전에 따라 추진되어야 한다는 노 대통령의 주장에 멀로니 총리도 전적으로 같은 입장임을 표명하였다. 멀로니 총리는 정상회담에 뒤따른 기자회견에서도 북한 정권이 극단적으로 전체주의적이며 압제적 폐쇄사회이기 때문에 동유럽 공산권 국가처럼 오래가지 않아 붕괴될 것으로 믿는다고 하면서 남한의 민주화 바람이 북한에도 흡수되길 바란다고 말하였다.

마지막으로 양 정상은 양국 간의 상호보완적 교역과 협력을 가일층 확대하기로 하고 한국 기업의 캐나다 투자 증대, 자원 공동개발 제 3국에의 공동진출 등을 협력하기로 한다는 데 합의하였다. 다른 한편으로, 노 대통령은 캐나다가 수주한 월성원전 2호기 착공을 계기로 캐나다의 원자력기술 이전과 통신, 우주항공, 유전자공학, 의약 분야 등에서 협력을 촉진하자고 요청하였으며, 멀로니 수상은 월성원자로 수주에 감사를 표한다고 하였다.

대통령께서는 특히 이날 15시부터 캐나다 외무부회의실에서 열린 양국 경제인들 간의 간담회에 참석해 격려연설을 하신 뒤 숙소에서 야당인 자유당 당수를 접견하신 후 저녁에는 나티신 총독이 주최한 국빈 만찬에 참석하였다. 우리 측 공식수행원과 수행 경제인, 멀로니 수상을 비롯한 캐나다 각계 고위인사 100여 명이 참석하여 성황을 이룬 가운데 화기 가득한 만찬이 진행되어 양국의 우의가 더욱 돈독해질 수 있었다.

캐나다 방문 사흘째인 7월 5일 아침 일찍 호텔을 출발하여 7시 45분 숙소인 총독관저로 가 노 대통령께 전날 밤 서울로부터 보고받은 수서 사건 재판 결과 등을 보고드린 후 8시부터 9시까지 수행기자들과의 조찬간담회에 배석하였다. 이 자리에서 노 대통령은 이번 양국 방문이 소기의 목적을 달성했다고 평가하면서 동서냉전의 시대가 끝나고 새로운 세계질서가 형성되는 상황에서 동북아의 안보, 한반도의 안정・통일・번영이 이루어지기 위해서는 미국의 힘이 절실하며 과거 힘의 공백이 가져온 불행한 일들을 교훈으로 삼아야 할 것을 강조하셨고, 부시 대통령도 동감하면서 앞으로 한국의 평화・통일이 동북아에서 가장 중요한 과제이며 미국은 지금까지의 지원을 바탕으로 더 긴밀히 협조하고 지원하겠다고 다짐했다면서, 이번에 한반도 통일은 한국이 주도하되 미국이 전적으로 지원하겠다고 거듭 약속한 것이 가장 중요한 성과라고 할 수 있다고 말했다. 그 밖에도 부시 대통령은 노 대통령의 한소 정상회담을 비롯한 북방정책 수행에도 전적으로 동의한다고 하였으며 일부에서 경제개방 압력을 우려했으나 그런 말은 없었고 확대회담에서 추상적으로 한마디 언급하였을 뿐이라고 만족감을 피력하였다. 한국・캐나다 회담에서도 당면한 경제협력 등 매우 고무적인 결과가 있었다고 말씀하셨다. 남북관계에 관한 기자들의 질문에도 자신 있게 설명하는 등 이번 미국・캐나다 방문의 성과가 적지 않았음을 힘주어 말씀하였다.

기자단과의 조찬간담회를 마친 뒤 오타와에서의 일정을 마감하고 9시 숙소를 떠나 10시 10분 공항을 이륙하였다. 캐나다 측의 수행장관을 대동한 채 5시간가량 횡단 비행한 끝에 기착지인 캐나다 서부 해안도시 밴쿠버에 현지시간으로 12시경 도착하였다. 숙소인 팬퍼시픽호텔에 체크인하고 곧 밴쿠버 교민을 초청해 오찬을 함께 하며 격려하는 행사를 가졌으며 오후에는 약간의 휴식을 취한 뒤 19시부터 21시까지 현지 브리티시컬럼비아주의 데이비드 람 지사가 주최한 환영 만찬에 참석하여 환대를 받았다.

숙소로 돌아온 대통령께서는 21시 30분부터 수행원 간담회를 개최한 자리에서 이른바 '대북교류 관련 밴쿠버선언'을 발표하였다. 이 선언은 이번 미국과 캐나다 국빈방문을 통하여 다질 수 있었던 주요 우방국들의 지원을 바탕으로 그동안 북한의 8·15행사 관련 제의를 포함해 국내에서 논의하던 대북교류 문제를 보다 전향적으로 추진할 것을 관계당국에 지시하는 내용의 선언이었다.

출국 전인 6월 25일 통일원 장관으로부터 8·15대책 보고를 받는 자리에서 북측이 제의한 남북종단 공동 순례행사, 통일문제 학술대토론회 등의 제의를 수용하는 문제, 대학총장 인솔 학생 방북단 구성문제, 8·15기념행사 공동수행 등의 문제에 대하여 전향적으로 검토할 것을 지시한 바 있었다. 이번 외교활동을 토대로 밴쿠버선언을 통하여 더 구체적인 지시를 함으로써 그동안 교착상태에 빠진 남북대화에 새바람을 불어 넣는 시도를 한 것이다. 즉각 소관 부서에 지시가 전달되었다. 이번 미주 방문의 피날레를 장식하는 조치라고 할 수 있었다.

이튿날 7월 6일은 토요일이었는데, 휴식과 운동으로 오전을 보낸 뒤 예정대로 16시 30분 밴쿠버공항을 이륙해 서울시간으로 일요일인 7월 7일 18시 40분 서울공항에 도착하여 귀국함으로써 8박 9일의 방미 일정을 마쳤다. 노 대통령은 공항에서 환영차 나온 약 1천여 명의 국민에게 귀국인사를 하면서 이번 방미활동의 성과를 보고하였다. 특히 냉전종식과 새질서 형성이 재촉되고 있는 시점에서 미국과 캐나다를 국빈방문하면서 다진 우방협력과 지원을 바탕으로 우리 주도 아래 남북통일을 위한 노력을 배가함으로써 "이 세기 안에 대결과 긴장의 시대를 마감하고 7천만 겨레가 한 나라 속에 평화롭게 사는 통일을 이루어야 할 것"이라고 거듭 강조하였다.

수행 소감 및 준비과정 등

이번에 내가 수행하면서 느낀 몇 가지를 적어 둘 필요가 있을 듯하다. 먼저 외교활동이란 것이 참으로 힘들고 긴장되는 일이라는 점이다. 이때의 미국 방문은 국빈으로 초대를 받아 진행되는 형식이어서 크게 해결해야 할 문제를 가지고 방문하는 것도 아니었다. 말하자면 비교적 편안한 마음으로 하는 외교활동이었다. 그럼에도 불구하고 장시간의 태평양 횡단으로 쌓인 피로를 풀 사이도 없이 곧 꽉 짜인 일정을 소화하지 않으면 안 되었다. 8박 9일간 대통령께서는 연설만 해도 16회, 기자회견 4회에다 밴쿠버선언 1회 등 쉴 새 없이 활동을 이어가야 했다. 그 밖에 회담과 접견 등으로 눈코 뜰 새 없는 하루하루였다. 그때만 하여도 해외여행을 할 기회가 드물었기에 대통령이 외국 출장을 한다고 하면 뭔가 편하게 외유하는 듯하다는 시각을 가진 사람도 없지 않았다. 심지어 외국 출장을 견제하는 정치권의 움직임도 없지 않았다.

그러나 막상 외교활동을 수행하면서 참으로 힘든 일이라는 사실을 실감하지 않을 수 없었다. 외교활동으로 인한 성과는 곧 국내문제에 영향을 주어 그야말로 국리민복에 기여하는 바가 많다는 점에서 뿌듯한 성취감을 가질 수도 있었고, 또한 그동안 선배들이 기울인 각고의 노력으로 이룩한 국력 덕택에 적지 않은 대접을 받는 데 대한 기쁨 또한 없지 않았다. 그렇지만 외교활동이란 정말로 힘든 일임을 거듭 지적하지 않을 수 없다.

이와 같이 어려운 활동을 준비하기까지는 힘든 준비과정이 있었다는 사실 또한 언급해야 할 것 같다. 이번 행사는 대략 5월 중순경 확정되었다. 한창 강경대 군 사건으로 시끄러울 때였다. 그 문제를 해결하는 데 여념이 없는 가운데에서도 담당부처인 외무부의 준비작업을 토대로 비서실의 외교안보수석실, 공보수석실, 의전수석실 그리고 경호실 등의 치밀한 준비작업이 계속되었다. 준비사항을 요약하면 5월 23일 외교안보수석이 아침수석회의에서 방미 일정이 확정되었다고 보고함에 따라 본격적인 준비작업이 시작되었다.

5월 31일 아침수석회의에서 수행기자단에 지방지 기자를 포함할지 여부와 수행기자 항공요금 소속사 부담 문제 등을 논의하여 지방지 기자를 포함하고 항공요금은 소속기관이 부담한다고 확정 지었다. 6월 14일에는 방미에 관계되는 해외매체 기자회견 등 홍보가 계획대로 잘 시행되고 있다는 공보수석의 보고가 있었다. 6월 24일 대통령을 모시고 외무부 의전장이 방미 행사계획을 2시간 가까이 보고하고 확정하는 한편, 주요 연설문 독회 등을 거쳐 준비작업을 마무리했으며 방미 중 보고계획 등에 대하여 전술한 대로 출국을 앞두고 6월 24일과 29일 두 차례에 걸쳐 논의해 확정하였다.

이와 같은 치밀한 준비에도 불구하고 막상 실제 진행과정에서는 문제가 발생하였다. 후버연구소 연설 뒤에는 소규모 반대시위가 있었고, 샌프란시스코 교민 초청 조찬간담회에서는 뜻밖에 참석자 중 한 사람이 국내의 동서화합 문제를 거론하며 비판적 발언을 하는 일도 있었다. 물론 대통령께서 능숙하게 대처하시어 오히려 좌중으로부터 큰 박수를 받기도 하였다. 워싱턴 국빈 만찬에 한국인 초청 대상자와 관련 대사관, 외무부, 비서실 모두 제대로 챙기지 못하는 일이 발생하여 7월 3일 대사관행 차 안에서 호된 질책을 받는 일도 있었다. 비서실장직을 수행하다

보면 뜻밖에 꾸중을 듣는 경우가 가끔 있었다. 아랫사람의 입장에서 일일이 변명하거나 대꾸하는 것은 바람직하지 않다고 생각하였다. 그대로 경청하고 죄송하단 말씀을 드리는 것이 가장 현명한 처신이라고 믿어 그렇게 해왔으며 워싱턴에서도 그렇게 넘어갔다.

아무튼 많은 준비가 필요한 것이 외교행사이며, 힘들고 잠시도 방심할 수 없이 늘 긴장해야 하는 것이 외교활동이었다. 귀국 후에는 또 마무리행사가 기다리고 있었다. 귀국 다음 날인 7월 8일 국무회의를 개최하여 총리와 외무부 장관의 보고를 들은 뒤 대통령께서 외교성과를 설명하고 노고를 치하하는 한편 앞으로의 집무지침을 시달하는 것이었다. 그리고 하루걸러 7월 10일에는 3부 요인과 당 최고위원을 초청해 방미성과를 설명함으로써 6·29선언 4주년과 겹쳐 진행된 역사적 방미활동이 마무리되었다.

정중동의 정국: 임시국회 · 김대중 총재와의 회동 · 최영철 특보 제주 발언 파동과 후계구도 문제

7월에 들어서면서 정국은 비교적 조용한 가운데 순조로운 상황이 이어졌다. 미국으로 출국할 당시 걱정거리였던 신도시 부실건설 문제도 최각규 경제부총리를 중심으로 경제팀이 대책을 세워 시행하고 당의 협조도 보태어져 출장기간 중 큰 정치문제로 번지지 않는 방향으로 진정되었다는 보고를 미국에서 받았다. 또 7월 1일 광주에서 거행된 나라를 위한 기독교계 기도회에서 김영삼, 김대중 두 분이 참석하면서 이루어진 양자 회동도 큰 문제없이 마무리되었다는 보고[6]를 받았다.

6 기독교 교역자 주관 구국기도회를 계기로 한 양자 회담은 4월 1일 대구에서도 개최되었는데, 그때 발표된 합의사항 가운데 적절하지 않은 용어를 사용하거나 당대표로서는 월권으

귀국하자마자 예정된 제 155회 임시국회가 7월 8일 개회되었다. 추가경정예산 편성의 필요성을 이유로 김종인 경제수석이 임시국회 개회를 요청한 데 대하여 정무수석 측에서 정치적 부담을 우려한 신중론이 제기되었으나 다소 어려움이 있더라도 추경을 편성하고 SOC예산과 제조업 경쟁력강화 등 당면 국책사업을 추진해야 된다는 주장에 무게가 실림으로써 개최가 결정된 임시국회였다.

그러나 개각으로 인한 정원식 국무총리 임명동의안과 유엔가입을 위한 국회 동의절차 등이 뜻밖의 의제로 떠오름에 따라 정말 시의에 맞는 임시국회가 되었다. 7월 8일 총리 임명동의안 가결, 7월 13일 유엔헌장 수락동의안 만장일치 통과라는 당면 국정과제가 처리되었기 때문이다. 신임 총리의 국정보고에 이어 7월 9~12일까지 본회의 대정부질의가 있었고 이어 상임위 활동, 예결위 심사 등을 거쳐 7월 23일 총 4조 1,985억 원 규모의 추가경정예산안을 표결처리함으로써 13대 국회의 마지막 임시국회가 막을 내렸다. 이 추경예산안은 세계잉여금 및 1991년도 세입초과예상액 등 재원확보가 확실하였기 때문에 정부제출안의 세출규모에 변동 없이 전술한 대로 SOC예산, 맑은 물 대책, 제조업 경쟁력강화, 그리고 우루과이라운드 타결 예상에 대비한 농어촌구조 개선 소요예산 등이 계상된 외에 야당의 새만금사업 예산증액 등 요구를 반영하여 694억 원 상당의 지출내역을 조정하는 안으로 결정되었다. 비록 야당이 표결에서 반대했으나 실질적으로는 합의예산이라고 할 수 있었다.

이와 같이 추경예산 처리 등 국회운영이 원만하게 마무리된 것은 당시 지방자치의회 선거 여당 압승 등 정치상황, 여당의 안정의석 확보[7]

로 비치는 사항에 합의하는 등 당내 물의를 일으킨 바 있었다. 그 원인은 오랜 야당 활동으로 김영삼 대표최고위원에게 배인 야당 체질 탓이라 이해되었다. 당직자 등이 설명하는 등 노력을 기울여 이번 회담을 앞두고 출국하면서 정무수석에게 다시 문제되는 일이 없도록 주의를 환기한 일이 있었는데 그 노력이 효과를 거둔 탓인지 별다른 문제 없이 진행되었다. 3당 합당 후 여당 대표로서의 자세를 익혀 나가는 과정이기도 하였다.

등 여러 가지 요인[8]이 반영된 결과지만, 임시회의 회기 중이던 7월 16일 오전 8시부터 청와대에서 개최된 대통령과 김대중 총재와의 회동에 힘입은 바 크다고 하지 않을 수 없었다. 그날 회담을 위하여 비서실에서는 7월 13일 토요일이었음에도 14시부터 회담자료 독회를 하는 등 준비를 거듭하였으며 마지막으로 회담 전날 18시에 대통령께 최종보고를 하였다. 회담 당일에 나는 회담 시작 전 7시 45분 일찌감치 출근하여 김대중 총재를 영접해 회담장으로 안내하였다. 당시 김대중 야당 총재와는 수시로 만나 당면 국정현안 등에 대하여 의견을 나누곤 하였다. 전술한 바와 같이 금년 1월과 4월에도 회동을 가졌으며 이런 분위기는 임기 말까지 계속되었다.

회담에서는 전날 최호중 통일부총리의 8 · 15행사 관련 대북제의 발표와 관련 긍정적 의견교환으로 시작되어 김대중 총재가 좀 더 과감한 개방교류 정책, 즉 남한만이라도 텔레비전 · 라디오를 개방하고 재야 · 학생단체 방북을 허용할 것, 정당 간 교류 등을 제의한 데 대하여 재야 · 학생단체의 정부 승인 후 방북문제를 긍정적으로 검토할 것, 평화시 · 평화공원 조성문제 전향을 검토할 것 등을 약속하고, 국회회담 추진이 답보상태인 상황에서 정당교류를 당장 실시하기 어렵지만 상황전개에 따라 점진적으로 가능성을 검토한다는 유보적 의견을 제시하는 등 큰 의견충

7 1990년 1월 22일 3당 통합 선언으로 새로 탄생한 여당인 민주자유당은 전체 의석의 3분의 2가 넘는 218석의 절대적인 안정 의석을 확보하게 되었으며 향후 정국 운영에 큰 힘이 되었다. 3당 합당에 대하여는 부정적인 비판론이 여러 각도에서 제기되었으며 일면 타당성이 없지 않았지만 통합의 목적대로 국정과제 수행에 큰 힘이 되었음은 아무리 강조하여도 지나치지 않다고 확언할 수 있다.

8 그 밖에도 박준규 국회의장은 7월 4일 오전 김대중 총재를 방문해 지난 제 154회 임시국회에서 국가보안법 · 경찰법 등 개혁입법의 강행처리에 유감을 표시하고, 앞으로 이러한 강행처리는 지양하여야 한다는 의사를 표명하는 등 임시국회의 원만한 운영을 위한 사전조치를 취하였다. 김 총재도 박 의장 사회 거부 결정을 철회하기로 화답하는 등 사전 정지작업이 이루어진 사실도 지적해 두어야 할 것 같다.

돌이 없었다. 그러나 선거법과 정치자금법 문제는 큰 틀에서 개정의 필요성에 동의하면서도 세부사항에서는 이견을 보였으며 정치권에서 중지를 모아 합의를 도출해 나가 달라고 주문하셨다.

김 총재는 내각제 개헌 문제를 다시 제기하면서 대통령 의중을 확인하고자 하였다. 그러나 이 문제는 강경대 군 사건을 마무리하면서 개최된 5월 28일 당정 연석회의에서 대통령이 확실히 밝힌 바와 같이 "지금 국민 대다수가 내각책임제를 원하지 않고 있으며 이러한 상황에서 내각제 개헌을 할 수 없을 뿐만 아니라 추진해서도 안 된다는 나의 입장에는 변화가 없다"라고 설명하셨다. 김 총재는 다시 "대통령께서는 임기 중 내각제 개헌을 국민이 원한다고 볼 때 이를 실현시킬 것인지 안 할 것인지 분명히 해주십시오"라고 추궁하였지만, 대통령께서는 "김 총재가 내각제 개헌에 대한 정치권의 합의와 국민적 합일점을 먼저 찾으십시오. 그때 가서 다시 생각해 볼 문제입니다"라고 답변하셨다.

김 총재는 정치일정과 관련하여 다음 국회의원 선거는 13대와 같이 4월에 실시할 것, 인사와 지역개발 정책상의 차별 시정, 정치범 석방과 국가보안법 폐지, 안기부법 개정, 그리고 경찰 중립의 결단, 농수산물 개방대책 등을 강조하였다. 대통령께서는 국회의원 선거일정은 아직 검토된 바 없지만 선거비용을 줄이고 국정운영 부담을 더는 방향에서 결정될 것이며 법적 사항을 벌써부터 논의하는 것은 시기상조로 적절치 않다는 입장을 밝혔으며, 구속자 석방 문제는 정치적으로 다룰 일이 아니라 공정한 재판에 따라 법적으로 처리되어야 하며 그 밖의 문제는 지역 차별이 없도록 할 것이며, 쌀시장 개방에 관하여 지금까지의 입장을 고수하는 등 최선을 다할 것이라고 답변함으로써 원만히 회담이 종료되었다. 이 회담을 계기로 국회의 추경예산 심의가 시작되고 처리된 것은 전술한 대로다.

김대중 총재는 매사 준비가 치밀한 성격이어서 회동 시에 깨알같이 적은 회담자료를 낱낱이 낭독해 가며 준비사항을 빠짐없이 주장하고 또 대통령의 답변 사항도 일일이 메모해 가는 등 그야말로 최선을 다하였다. 따라서 비서실에서도 준비에 철저를 기함은 물론 회담 뒤에는 여러 가지 요망사항을 하달받아 뒤처리에 고심하지 않을 수 없었다.

이와 같이 7월 임시국회가 순항함에 따라 대통령께서는 피서 겸 그동안 쌓인 피로를 회복하기 위하여 7월 20일 토요일 오후 청남대로 내려가 여유를 갖고 휴식을 취하기로 하였다. 그동안에도 급한 업무보고는 장관들이 직접 청남대를 방문하여 했기에 완전한 휴가라 하기도 어려운 상황이었다. 비서실에서는 매일 수석회의를 개최하면서 업무수행에 여념이 없었다. 특히 폭우로 중부지방에 제법 큰 홍수 피해가 일어나 급한 대책을 강구하느라 골몰하고 있는 때에 청와대 최영철 특보의 향후 정치일정 관련 발언이 도화선이 되어 여권에 내분이라도 일어난 것처럼 확대 보도되는 사태가 발생하였다.

사실 당시 여당은 3당 합당으로 막강한 정치세력이 되어 있었지만 민정·민주·공화 등 3계파 간에 화학적 결합이 이루어지지 않아 늘 분란의 소지를 안고 있었다. 특히 차기 대통령을 정치인생의 목표로 삼고 있던 김영삼 대표는 하나부터 열까지 모든 정치행동의 초점을 '차기'에 맞추고 있었다. 조금이라도 '차기'에 지장이 생기겠다 싶은 일은 한 치의 양보도 하지 않으려고 하였다. 이런 상황에서 최 특보가 7월 26일 제주 신라호텔에서 열린 전경련 주최 세미나에서 특강을 통해 후계자 결정 및 일정 등과 관련하여 과거의 야당식 경선과 내각제 개헌 가능성 등을 언급한 것이었다.

이 발언이 김영삼 대표 진영을 긴장하게 만들었고, 당내 분란이 일어날 듯한 모습을 보이게 되었다. 때마침 하계휴가를 위하여 제주에 머물고 있던 김영삼 대표와 김종필 최고위원이 회동을 가졌고, 김윤환 사무총장, 손주환 정무수석 그리고 발언한 장본인인 최영철 특보도 가세하여 한동안 제주가 정계의 주목을 모으는 현장이 되었다. 김영삼 대표 측도 경선을 피하지 않겠다는 입장을 표명하면서 대결 양상이 펼쳐졌다는 보도가 잇달았으나 실상은 대화를 통하여 공통분모를 찾고 있었다.

8월 4일 일요일 저녁 대통령께서 청남대에서 청와대 관저로 돌아오신 직후인 17시부터 18시까지 약 1시간에 걸쳐 정무수석과 함께 그동안의 상황과 함께 특히 정무수석이 제주를 방문하여 김영삼 대표를 비롯한 관계자들을 만나 조정한 내용 등을 상세히 보고하였다. 그 자리에서 대통령께서는 김영삼 대표에게 내각제 합의 파기를 상계相計할 수 있는 노력이 필요함을 인식시키고 이를 검토할 시간적 여유를 주고 있다는 말씀을 하셨다.

이튿날인 8월 5일 아침 본관수석회의에서 전 수석이 참석한 가운데 대통령께서는 제주 정치일정을 논의하는 등 분란사태를 질책하면서 먼저 급변하는 국제정세 변화에 대비하여 단합된 제반 노력을 집중하여야 할 시기에, 특히 지방자치의회 선거에서 여당을 압도적으로 지지해 준 국민의 뜻이 바로 집권당에 대한 큰 기대의 표시라는 것을 생각할 때 단합을 저해하는 사태가 생긴 것은 매우 유감스럽다고 하였다. 이어 "지시하지 않은 것을 강의하지 말라"며 대외 발언에 신중하라고 경고하셨다. 법과 당헌에 일정과 절차가 명시되어 있으므로 그대로 준수할 것이니 당정은 합심하여 예산안 준비를 비롯해 정기국회 대비와 당면한 무역, 교통, 환경 문제 등 해결에 철저를 기하여야 할 것이며 특히 역사적인 유엔가입을 계기로 비약적인 국가 발전과 통일을 위한 기반을 다지는데 총력을 기울여야 할 단계임을 명심하라고 지시하였다.

이 지시사항을 구현하기 위하여 나는 정무수석과 함께 그날 19시 30분부터 2시간가량 신라호텔로 당4역(김윤환 사무총장, 나웅배 정책위의장, 김종호 원내총무, 최형우 정무장관)을 초청하여 만찬을 함께 하면서 지시사항을 구체화하기 위한 당정 간의 결의를 다졌다.

드디어 8월 9일 당대표의 주례보고를 계기로 대통령께서 김 대표에게 직접 "우리나라의 유엔가입, 급변하는 국제정세와 경제전쟁 등에 대처하기 위해서는 당이 이를 뒷받침하는 데 최선을 다해야 하며 따라서 연말까지 불필요한 정치일정 논의는 일절 없어야 할 것"이라고 강조하고, 김 대표도 대통령의 뜻을 받들도록 당을 이끌어 나가겠다고 다짐함으로써 최 특보 발언으로 촉발된 일련의 분란은 수습되었다. 대통령께서는 이튿날인 8월 10일 낮에 당의 세 최고위원을 청와대로 초치하여 오찬을 함께 하면서 정치일정 논의를 중단할 것, 계파 활동을 자제할 것, 그리고 국정에 전념할 것 등을 거듭 다짐하였다.

사실 최 특보[9]의 발언이 크게 궤도를 벗어난 것도 아니었고, 보도하고 전달하는 과정에서 다소 거두절미去頭截尾·왜곡·와전된 점도 없지 않아 쉬이 가라앉았다. 그리하여 정기국회가 개최되고 국정감사가 시행될 때까지 비교적 안정된 정국이 유지되었다.

그러나 이 문제는 끝이 아니라 오히려 시작이라고 해야 할 일이었다. 노태우 대통령의 임기 말 가장 중요한 정치과제인 원만한 정권 인계에 관련되는 일이었기 때문이다. 다음 대통령 선거의 여당후보는 어떠한 절차를 거쳐 누구로 정해질 것인가, 그리고 그 후보가 국민의 선택을 받을 수 있을 것인가, 그 과정에서 대통령은 어떤 역할을 어떻게 수행해야 할 것인가라는 어렵고도 어려운 문제였다. 우리 헌정사에서 선례가 없는 일이었다. 민주주의의, 대통령중심제의 메카라고 할 수 있는 미국의 제도 운영방식이 참고가 될 만하였다. 미국식 제도도 건국 이래 오랜 시

9 최영철 정치특보는 〈동아일보〉 정치부장과 외신부장을 거친 언론계 출신으로 1971년에 무임소 장관, 정무조정실장을 시작으로 박정희·전두환 대통령 시절 4선 의원, 국회부의장을 역임하였으며 노태우 대통령 정부에서 체신부·노동부 장관을 거쳐 내가 대통령 비서실장으로 임명되었을 때 정치담당 특별보좌역으로 기용되어 1년 6개월간 나와 함께 청와대에서 노 대통령을 보좌하였으며 그 뒤 통일부총리로 전임되었다. 국회의원으로 있을 때부터 나와 알던 사이였으나 청와대에서 함께 근무하면서 정치문제, 특히 호남지역의 민심 동향 등에 관하여 많은 도움을 주었다. 노태우 대통령께서는 최 특보의 정치능력, 특히 탁월한 대중연설에 대하여 칭찬을 마지않았으며 퇴임 후에도 꾸준히 긴밀한 관계를 지켰다.

간을 지나면서 큰 틀이 확립되어 왔고, 사회경제적 여건의 변화를 반영하려는 노력이 집약된 결과였다.

우리나라의 경우 민주주의 역사가 길지 않고 특히 오랜 권위주의 시대를 거치느라 이렇다 할 전례가 없었다. 민주화의 계기가 된 6·29선언 이후 처음 맞는 정권 이양 절차를 맞아 새롭게 결정해야 할 일들이 한두 가지가 아니었다. 미리미리 깊이 생각해 두었다가 때에 맞추어 행동하여야 하는 일이기도 하였다.

그전부터도 문득문득 생각하는 일이 있었으나 지방자치의회 선거가 끝난 뒤로는 틈날 때마다 고민하지 않을 수 없었다. 청와대 비서실 내에서 주무인 정무수석 외에도 관계되는, 그리고 관심을 가진 수석들과 비공식적 대화를 나누고 토론하였다. 당 관계자들의 이야기를 듣는 일도 잦아졌다. 정보기관과의 상황 파악·의견 교환도 있었다. 그 밖에도 언론계나 학계 인사들의 자문도 받으면서 구상을 가다듬었다. 1993년 2월에 있을 정권 이양까지의 정치일정을 어떻게 원만하게 관리·운영할 것인가에 대한 구상이었다. 정기국회가 개최될 즈음에 이르러서는 어느 정도 공통된 합일점이 수렴되어 때가 오면 택일·결단을 건의할 수 있을 정도로 정리가 되고 있었다. 최 특보 발언이 이 같은 구상·정리에 촉진제가 된 면도 없지 않았다.

이 무렵 다이어리 갈피에 "부시 대통령의 부통령 시절의 행동지침"이라 적힌 메모가 남아 있는 것을 발견하였다. 첫째, 백악관 남쪽 잔디밭 South-dawn에 헬기로 내리지 않는다. 둘째, 대통령(당시 레이건 대통령)을 무조건 옹호하며 인기 없는 일이라도 예외가 아니다. 셋째, 두 분 사이의 깊숙한 이야기는 절대로 누설하지 않는다. 넷째, 끝까지 충성을 다한다. 이는 의견을 달리하는 2인자는 필요치 않다는 생각에서 나온 것이었다. 자필로 갈겨쓴 메모에 적힌 것이어서 출처나 내용의 정확성 여부를 확인할 수는 없지만, 그 무렵 누군가의 이야기를 듣고 남긴 메모임은 틀림없다고 생각한다. 이 메모 내용이 권력의 세계에서 제 2인자가 가져야 할 자세라는 말에 — 특히 미국과 같이 자유와 민주가 확립된 나라에서도 — 퍽 공감이 가서 굳이 이곳에 인용하였다.

아마 이런 이야기가 나온 것은 당시 김영삼 대표의 처신과 관련한 잡담 속에서 누군가가 전한 내용이라 짐작이 된다. 청와대의 비서 업무에 종사하는 입장에서 우리나라의 2인자도 부시 부통령과 같은 자세를 가졌으면 얼마나 좋을까 하는 바람이 반영된 것이 아닌가 생각하면서 이런저런 공상을 이어 나가고 있었을 나의 그때 모습이 생생하게 그려지는 순간이었다.

힘들기만 했던 전두환 대통령과의 관계 회복

전두환 전 대통령과의 관계 회복은 비서실장으로 재직하면서 해결해야 할 중요한 과제 가운데 하나였다. 여러 가지 노력을 기울였지만 뜻대로 되지 않았다. 지금 돌이켜 보면 원시 불가능한 일이 아니었나 하는 생각이 들기도 하고, 조금 마음을 달리 가졌더라면 하는 아쉬움도 없지 않다. 이 기회에 조그마한 언급이라도 해두고자 하는 것은 역사의 기록으로서 그런대로 뜻이 있었으면 하는 바람 때문이다.

내가 비서실장의 소임을 맡은 지 사흘째 되던 1990년 12월 30일 전두환 대통령께서 백담사에서 내려와 귀가하였고, 그날 사정수석과 함께 전 대통령을 사저로 방문·인사를 드린 것은 이미 언급하였다. 그 뒤로 곧 노 대통령께서 전 대통령에게 직접 전화통화를 하였으나 전 대통령 측 반응이 기대하던 것과는 거리가 있었다.

무언가 대책을 강구해야 할 입장이 되었다. 두 분 사이의 개인적 관계 복원이라는 면에서도 그러하지만 전직대통령과 현직대통령이 원만한 관계를 유지하는 것은 공적 차원에서도 매우 중요한 일이기 때문이다. 특정 대통령의 임기는 유한하지만 국가는 영속하기에 현직대통령이 전직대통령을 존중하고 그 유산을 전승하여 발전시키며 전직대통령 또한 현직대통령을 존중하고 조언과 협조를 아끼지 않는 것은 민주적 정권교체가 요구하는 윤리적 당위이자 국익신장의 요체라고도 할 수 있다. 이른바 바람직한 전직대통령 문화의 정립과 창달이 절실하게 기대되는 과제임에 이의를 제기할 수 없을 것이 아닌가. 그럼에도 불구하고 현실에서의 문제해결은 그렇게 쉽지 않다는 것이 역사적 경험이기도 하였으며 오랜 기간 시행착오를 거치면서 지혜를 모아 가는 노력이 거듭되어야 하는 일인 듯 했다.

5월 2일 10시 안교덕 신임 민정수석비서관 임명장 수여식이 있었다. 강경대 군 사건과 관련하여 안응모 장관이 물러난 뒤 내무부 장관으로 전임된 이상연 수석의 후임이었다. 신임 안교덕 수석은 노 대통령 및 전두환 대통령과 육군사관학교 동기생으로 각별한 친분을 쌓아 온 친한 친구관계였다. 군 복무 중 윤필용 사건에 연루되어 조기전역한 뒤로 민간기업, 국영기업, 그리고 국회의원 등 다양한 경력을 축적했기 때문에 장관급 민정수석으로 기용된 것이었다.

전 대통령과의 관계 회복에 역할을 할 것이라는 기대 또한 없지 않았다. 내가 취임할 당시 민정수석비서관실이 관장하던 업무 가운데 일부를 분리하여 사정수석비서관실을 신설하였다. 이에 따라 대통령 근친관리업무 중 5공화국 부분은 계속 민정수석실이 담당하되, 6공화국 부분은 사정수석실이 맡도록 분장업무를 조정하였으므로 전 대통령과의 관계 문제는 민정수석실이 담당했기 때문이다.

안교덕 수석은 부임하자마자 전 대통령과의 관계를 회복하기 위하여 여러 가지로 노력하고 있었다. 마침 6월 9일 주말을 이용하여 대통령께서 전직 국무총리 몇 분을 초청하여 태릉골프장에서 같이 운동한 일이 있었다. 당시 노신영 전 국무총리가 나와 같은 조에서 라운딩을 하게 되어 이런저런 이야기를 주고받던 끝에 두 대통령 간의 관계가 화제가 되었다. 노 총리께서는 전두환 대통령 재임 당시 외무부 장관으로 출발해 국가안전기획부장과 국무총리를 역임하면서 전 대통령의 신임이 매우 두터웠으며 여러 직책을 훌륭하게 수행하였다고 회자되고 있었다.

내가 여러 가지 걱정스러움을 토로하자 노 총리께서는 선뜻 두 분 대통령의 관계 회복을 위하여 한번 노력해 보겠다는 의사를 표시하기에 나도 간곡하게 부탁의 말씀을 드렸으며 노 대통령에게도 곧 보고를 드렸다. 그 뒤로 두세 차례 노 총리와 면담 또는 전화통화로 연락을 취하면서 대책을 의논하였으며 노 총리께서 직접 전 대통령을 방문하는 수고도 아끼지 않았다고 다이어리에 기록되어 있다.

그러나 6월 25일 저녁 노신영 총리께서 부정적 결과를 알려 주는 것으로 약 보름간에 걸친 노 총리의 성심 어린 노고는 결실을 맺지 못한 채 끝나고 말았다. 사실 그날은 낮에 내가 이양우 변호사[10]를 오찬에 초대하여 장시간 논의하기도 하였으며, 전 대통령의 동생인 전경환이 새마을운동사업 비리로 복역하던 중 가석방으로 석방[11]된 날이기도 하였다. 일이 잘 풀리지 않은 때문이었는지 만취하였다고 다이어리에 기록되어 있다.

실제로 내가 이와 같이 조금 노력한 것은 그야말로 빙산의 일각일 뿐이며 주무인 안교덕 수석이 여러 가지 대책을 강구하고 노력을 기울였

10 이양우 변호사는 해군사관학교 출신으로 서울 법대에 학사 편입하여 고등고시 12회 사법과에 합격한 뒤 군법무관으로 병과를 바꾸어 국방부 법무관리관으로 봉직하였으며 전역한 뒤에는 국회의원, 법제처장 등을 역임하였다. 퇴직한 이후 전 대통령의 법률보좌역으로 계속 일하였으므로 대리인 자격으로 재직 중 몇 번 접촉하기도 했다. 1970년대 초 내가 법무부 검찰국에 파견되어 장관 답변 보좌를 위하여 국회에 출입할 때 이 변호사는 국방장관 보좌역으로 활동하였으므로 나와는 법사위 등에서 만나 알게 되었으며 나쁘지 않은 관계를 유지하였다고 기억된다.

11 전경환은 새마을운동협회 중앙회장으로 재직 시 저지른 비리로 1988년 3월 구속되어 1989년 5월 대법원에서 징역 7년이 확정되었다. 복역 중 1991년 2월 노 대통령 취임 3주년 기념 특사에서 잔여 형기가 일부 감형되었고 그해 6월 25일 가석방으로 석방되었다. 노 대통령 정부에서 은전을 받아 복역기간이 많이 줄어든 것이다.

음은 말할 나위도 없다. 많은 분들이 중간 역할에 열성스레 최선을 다하였다고 들었다. 그럼에도 전 대통령의 태도가 워낙 완강하여 두 분이 만날 기회는 오지 않았다. 내 다이어리에는 그 뒤 대통령께서 청남대에 계시던 7월 30일에도 삼청동회의실에서 이 문제로 회합을 가졌다는 기록이 나온다. 회동의 구체적 내용은 적혀 있지도 않고 기억할 수도 없지만 안기부장, 민정수석, 그리고 정무수석과 함께 약 1시간 동안 '연희동 대책'을 논의한 것이다. 그 밖에 8월 12일에도 안기부장 등과 이 문제를 검토했다는 기록이 있는 것으로 보아 이 문제로 상당히 압박받고 있었음을 확인할 수 있다.

그 뒤로 대통령께서 청남대에서 돌아오셔서 최영철 특보 발언 등 당면 문제를 매듭지은 뒤인 8월 13일 17시 45분 대통령집무실에서 이 문제에 관한 지시사항을 말씀하셨다. 이날도 바쁜 일정이었다. 아침수석회의를 마치자 곧 9시 45분 김종운 신임 서울대 총장 임명장 수여 및 환담, 10시 30분 한일의원연맹 관계로 방한 중이던 다케시다竹下 전 일본 수상 접견, 11시 일본 의원 등 접견과 사진촬영 등에 배석하였다. 오후에도 15시 30분부터 감사원장의 업무보고에 배석한 뒤 한숨 돌릴 겨를도 없이 17시 45분부터 안기부장·경호실장·민정수석·사정수석 등과 함께 대통령으로부터 전 대통령 문제에 관하여 질책 섞인 지시사항을 하달받았다.

대통령께서는 전 대통령이 하산한 이후 8개월 가까운 시간 쏟은 노력에도 불구하고 성과는 없고 오히려 역효과만 나타나는 것 같아 걱정되는 상황이라고 질책하시면서 그동안 취해 온 지나치게 유화적인 접근과 전 대통령 측근의 과잉충성을 두고 방법을 바꾸도록 검토하라는 지시를 하셨다. 역사는 승계되는 것이므로 전 대통령의 통치철학과 실적에 대하여 존중하여야 하고 또 그렇게 하고 있다고 전제한 뒤, 그동안 본의 아니게 겪어야 했던 전 대통령의 인간적인 고생에 대하여 미안하게 생각하지만 역사와 시대를 대표하는 국가원수의 입장을 개인적 상황과 혼동하는 것은 불가하므로 먼저 전 대통령을 찾아오라는 것은 결코 받아들일 수 없는 제안이라고 강조하셨다. 일단 전 대통령과의 청와대 회동이 이루어진 다음에 전 대통령을 방문하는 것은 얼마든지 가능한 일이라는 원칙을 확실하게 전달하라는 방침을 말씀하셨다. 측근에 대하여도 궁극적으로 어떻게 보좌하는 것이 득이 되는지를 깨닫고 실천할 수 있도록 여러 가지 방책을 강구하고 계속 집행해야 효과가 있을 것이라는 말씀도 덧붙이셨다.

그 뒤로 대통령이 지시한 내용을 기본으로 삼아 소관기관 및 담당자들이 꾸준히 이 문제에 대한 상황파악과 대처를 해나갔다. 때에 따라 필요한 회의도 하였으나 이렇다 할 돌파구를 만들지 못하던 중, 대통령의 유엔가입 행사를 계기로 한 가지 시도를 할 기회를 잡았다. 대통령께서 9월 30일 귀국한 이후 외교활동에 대하여 보고하기 위하여 전직대통령을 청와대로 모시는 계획을 세우게 되었다. 최규하 대통령께서는 흔쾌히 승낙하였으나 전 대통령 측에서는 사전 타진 및 10월 3일의 안교덕 수석 방문에도 불구하고 초청에 응할 뜻이 없음을 밝혔다. 이에 최 대통령 한 분만을 10월 5일 오찬에 초대하여 유엔・멕시코 방문과 기타 국정운영 전반에 관하여 보고하고 자문하는 행사로 진행할 수밖에 없었다.

이른바 5공 청산과정에서 일어난 백담사행 등 일련의 상황이 빚은 두 분 사이의 '인간적・심정적・정치적 이반상태'[12]는 변하지 않고 있었다. 사실 4년제 육군사관학교 제 1기로 만난 두 분이 가꾸어 온 관계는 그야말로 문경지교刎頸之交라 하기에 조금의 손색도 없는 '친밀함' 그것이었다. 이 가까움이 그 같은 서먹함으로 변한 것은 권력, 그것도 최고권력의 성격상 그럴 수밖에 없었던 것이라고 이해할 따름이다. 많은 시간이 필요한 일이며 인생무상을 절감할 뿐이다.[13]

12 김민배(1991년 10월 6일), "노-전 회동 난망 재확인", 〈조선일보〉 3면 해설기사에서 인용.
13 1991년 10월부터 이 글을 초하는 2019년 2월, 그러니까 27년 6개월이란 긴 세월이 지난 시

경찰청의 발족과 독립

1991년 8월 1일 경찰청이 내무부 산하 외청으로 발족되었다. 경찰청이 내무부 산하 보좌기관이던 치안본부에서 경찰청으로 독립하게 된 것은 경찰의 오랜 염원이었을 뿐만 아니라 대한민국 헌정 수립 이래의 숙제이기도 하였다. 노 대통령은 내무부 장관을 역임하여 경찰의 사정을 누구보다도 잘 이해하셨으며, 선거 당시 공약사항으로 제시한 바 있었다. 우리나라 민주주의를 발전시키고 민생치안을 확립하기 위해서는 경찰이 그 규모와 기능에 걸맞게 독립된 조직을 가져야 한다는 신념 아래 취임 후 입법을 추진하였다. 개혁입법의 하나로 5월 10일 강경대 군 사건 이후 혼란한 상황에서 야당의 반대를 무릅쓰고 강행하여 통과시킨 안이었다.

5월 31일 경찰법이 제정되고 7월 31일 자로 시행됨에 따라 직제 정비 등 여러 가지 준비 작업을 거쳐 8월 1일 아침 초대청장에 김원환 서울시경 국장을 치안총감으로 승진·임명하였으며 그날 13시 청장 취임식에 이어 15시 정원식 국무총리, 이상연 내무부 장관, 오한구 국회 내무위원장, 허정훈 경찰위원회 위원장 등이 참석한 가운데 개청식과 현판식을 가졌다. 당시 대통령께서는 청남대에서 휴가 중이었으므로 그날 10시 반 청장 임명장을 청남대 집무실에서 수여하셨으며, 우근민 제주지사 임명장 수여도 동시에 치러졌다. 자연스레 개청식 연설문은 총리가

점에서 다시 한번 생각을 돌이켜 본다. 그때 쌍방에 누군가가 양보할 수는 없었던가 하는 아쉬움이다. 사실 전·현직대통령 간에 의전상 문제를 두고 현직대통령이 우선되어야 한다는 것은 명백한 원칙이라 생각된다. 그러나 한편 두 분이 맺은 그동안의 인간관계에 비추어 원칙에 예외를 적용할 수는 없었을까 하는 생각도 해본다. 해결하도록 보좌하지 못한 나로서는 능력의 한계와 노력의 부족을 반성하면서 많은 분들에게 불편을 끼치게 된 데 대하여 아직까지도 미안함을 고백하지 않을 수 없다. 그렇게 될 수밖에 없었던 일이라 자위도 해본다.

대독하게 되었다. 임명장 수여식에 배석하기 위하여 나는 아침 7시 공관을 출발하였으나 휴가철 교통 혼잡으로 경찰의 도움을 받았음에도 9시 55분 예정보다 늦게 도착하여 임명장 수여시간이 약간 늦어지는 결례를 범하였다. 지금까지 기억에 남아 있다.

임명장을 수여하는 자리에서 노 대통령은 김 초대 경찰청장에게 "경찰청 발족을 계기로 새로이 태어나는 자세로 부단한 노력을 경주함으로써 국민으로부터 신뢰받는 경찰상을 구현하고, 무엇인가 확실히 달라졌다고 국민이 피부로 느낄 수 있도록 치안능력을 획기적으로 발전시켜 달라"고 당부하고, 그러기 위해서 경찰의 기강 확립이 긴요하며 범죄와의 전쟁도 사회기강 확립도 경찰 기강 확립 없이는 불가능하다고 강조하였다.

그날 오후 거행된 개청식장에서 국무총리가 대독한 연설문을 통하여 대통령은 무엇보다 "우리 경찰을 새로운 위상 위에 서게 할 경찰청이 발족하게 된 것을 온 국민과 함께 축하한다"고 하면서 "14만 경찰관의 바람과 국립경찰 45년의 숙원이 실현되었으며 이제 우리 경찰은 선진 민주경찰로 발전할 확고한 기틀을 마련했다"고 설명하였다. 이와 같은 경사는 "지난 반세기에 걸쳐 헤아릴 수 없이 많은 경찰관이 나라와 국민을 위해 바친 피와 땀의 결정체"이며, "해방 후 건국기의 혼란과 6·25동란으로부터 오늘의 진정한 민주주의 시대를 열기까지 우리 경찰은 숱한 역경과 파란 속에서도 나라와 국민의 안녕을 지켜 온 든든한 보루였다"고 치하하시면서, "치안 일선에서 헌신하고 있는 경찰관"에게 "뜨거운 격려"를 보낸다고 말씀하셨다.

이어 "이제 권위주의 시대의 낡은 옷을 벗고" 민주화시대로의 전환기가 가져온 여러 가지 어려움을 극복하여 "국민의 자유와 권리, 생명과 재산을 지켜 주는 봉사자로서"의 모습을 "확고히 정립하고" 있는 때에, 경찰청으로 새로운 출범을 하게 되어 경찰의 업무환경과 위상은 더없이 나아졌으며 "1990년대는 경찰이 새로운 위상 위에서 획기적인 발전을 이룩하는 빛나는 연대가 될 것"이라고 강조하셨다.

마지막으로 노 대통령은 이 같은 "자랑스러운 선진 민주경찰을 이룬 주역은 바로 '경찰관' 여러분이다"라고 하시면서 국민의 큰 기대에 부응해야 할 책무를 지닌 경찰관 모두 '부단한 자기혁신'과 '공명정대함'으로 국민의 믿음을 얻어 "국민의 지지와 참여 속에 일하는 민주경찰이 되어 달라"고 당부하시고, 국민 여러분의 적극적 성원을 바란다고 마무리하셨다.

이날 개청식에 직접 참석하지 못한 것을 아쉽게 생각한 나머지 노 대통령은 바쁜 일정에도 불구하고 경찰청 발족 1개월이 되는 8월 31일 토요일 오전 10시 40분 청와대를 출발하여 경찰청을 직접 순시하고 13시 20분까지 경찰청에 머물면서 업무보고를 받고 오찬을 함께 하여 김원환 경찰청장 이하 경찰간부들을 격려하였다. 이 자리에서도 노 대통령은 경찰청 발족을 계기로 우리 경찰은 국민으로부터 신뢰받는 선진 민주경찰로 거듭나야 한다고 말하면서 경찰의 기강 확립과 지휘체계 구축, 인사제도 개선과 교육 강화 등을 지시하시고, 당면한 과제인 범죄와의 전쟁을 더욱 강력히 추진하여 사회 안정을 이루어 줄 것을 당부하셨다.

경찰법이 제정된 뒤 두 달 만에 경찰청이 발족하는 과정에서 한두 가지 문제가 없지 않았다. 경찰과 내무부와의 관계 설정과 관련하여 일부 이견이 노출되었으나 큰 문제 없이 잘 조정되었다. 조직만 치안본부였지, 사실상 독립된 건물을 갖고 외청에 버금가는 조직을 운영해 왔기 때문에 경찰청 및 산하 13개 지방경찰청 그리고 해양경찰, 경찰대학, 중앙경찰학교 등 직할 기관으로 구성되는 경찰청 발족은 잘 마무리되었다. 노태우 정부가 이루어 낸 큰 업적이었다고 자랑하고 싶다.

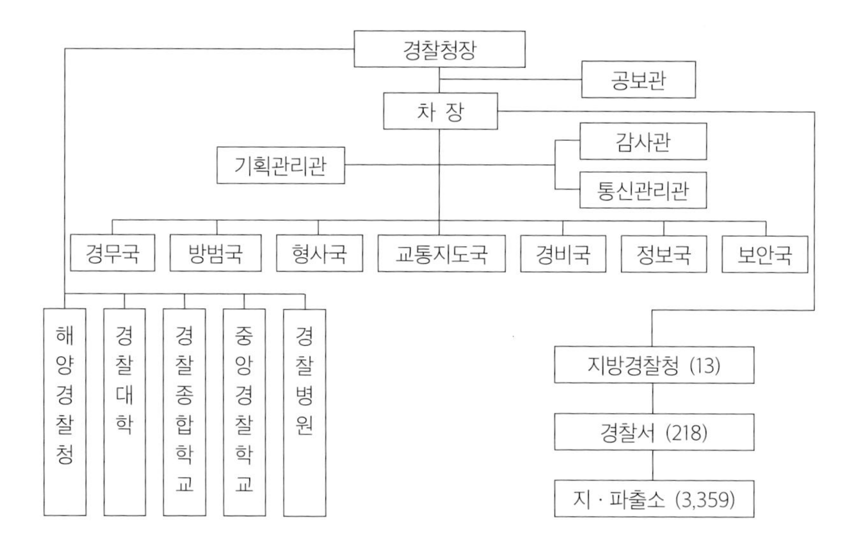

소련 쿠데타 사태 발생과 대처

8월 19일은 월요일이었다. 전날인 8월 18일 일요일 나는 새벽 6시 10분 공관을 출발하여 9시 45분 경북 선산군 해평면 월곡리에 있는 선친 내외의 산소를 찾아 성묘를 하였다. 비서실장직에 취임한 후 벼르고 벼르던 일이었다. 하계휴가도 가지 않았고 정기국회 등 중요한 국정 일정이 시작되기 전 비교적 여유가 있었던 주말을 이용한 결행이었다. 귀로에는 김천시 대항면 황악산 직지사 중암에 들러 평소 정신적 스승으로 존경해 오던 관응觀應 큰스님을 뵙고 말씀을 들었으며 점심 공양供養을 함께 한 뒤 14시 출발하여 17시 20분 서교동 사가私家에 도착했다.

가족들과 이른 저녁을 나누고 19시경 공관으로 돌아왔다. 모처럼 부모님도 뵙고 스님의 좋은 말씀도 들었으며 아이들과 정다운 만찬도 하게 되어 조용한 가운데 평온한 마음이었지만 곧장 걸려 온 서동권 안기부장의 전화에 가라앉았던 가슴은 곧바로 두근거리기 시작하였다. 전두환 대통령 재임 기간 중 경호실장과 안기부장을 역임한 장세동 전 부장이 정당을 창당하겠다는 〈한국일보〉와의 회견 기사 내용 때문이었다. 다행히 이 발언은 전 대통령과 관계없는 것으로 파악되었으며 그 뒤로 실행에 옮겨지지도 않은 것으로 기억된다.

8월 19일 오전 6시 잠에서 깨자마자 안기부장과 장세동 회견기사와 관련하여 통화를 했으며 곧이어 정무수석으로부터 김동영 전 정무장관[14]의 사망소식을 들었다. 이래저래 어수선한 마음을 달래며 출근하여 대통령께 성묘 다녀온 보고와 함께 장세동 기자회견 소식을 보고드린 뒤 9시 30분부터 대통령께서 주재하는 본관수석회의에 참석하였다.

특별한 사정이 없는 한 월 2회 개최되는 본관수석회의로서 8월 회의로는 8월 5일에 이어 두 번째로 개최된 것이었다. 정무수석의 정기국회 대책을 필두로 경제수석의 새해 예산안 편성 방향, 외교안보수석의 APEC과 남북고위급회담 및 유엔 방문, 행정수석의 학원 대책 등 치안 문제에 이어 민정·사정·공보·정책조사·총무, 그리고 경호실과 당에 이르기까지 당면한 문제와 대책을 보고하였으며 대통령께서 필요한 지시사항을 말씀하셨다. 이날 대통령께서는 지난 7~8월이 가장 조용하게 지나가고 있는 안정기로 생각된다고 평가하시면서 그 원인을 분석하여 안정기조가 정착되도록 하라고 지시하시고, 특히 그동안의 공직자 및 당의 노고를 치하하셨다. 각 분야별로 자신감을 가지고 업무에 임하라고 격려하는 가운데 특히 전민련·전학련 등 불안 요소를 극소화하도록 독려하였다.

이와 같이 안정된 분위기와 대통령의 치하에 고무된 가운데 삼청동회

14 김동영 장관은 김영삼 전 대통령의 측근으로 거창출신 4선의원이다. 3당 통합 후 1990년 10월 13일 정무장관이 되었으며 내가 비서실장으로 취임한 후 1991년 7월 18일 신병으로 사임하기까지 당 4역의 일인으로 당정회의에서 수시로 국정을 의논하였다. 야당 출신이었지만 스스럼없이 대화할 수 있었고 정이 들었는데, 사망 소식을 듣자 안타깝기 그지없었다. 그날 저녁 대통령을 대신하여 문상을 하였는데 빈소에서 김영삼 대표가 울먹였다고 나의 다이어리에 기록되어 있을 정도로 YS의 심복이었다. 훈장이 추서되었으며 국회에서 거행된 장례식에 나도 참석하였다.

의실에서 11시부터 안기부장, 당 사무총장 등과 장세동 발언 문제 등을 논의하고 있을 때 뜻밖에 소련에서 고르비가 실각했다는 뉴스를 접하게 되었다. 참으로 하루도 바람 잘 날 없는 것이 나랏일이라는 것을 절감하지 않을 수 없었다.

70년에 걸친 공산주의체제의 한계를 인식하고 페레스트로이카(재건·개혁을 뜻하는 러시아어)를 기치로 경제개혁과 개방사회를 추진하던 고르바초프 대통령이 내부 쿠데타로 실각의 위기에 놓였다는 뉴스는 정말 충격적인 것이었다. 특히 노태우 대통령께서는 고르바초프와 세 번이나 만나면서 새로운 국제질서 형성에 공감대를 가꾸어 오던 터라 더욱 걱정스런 소식이 아닐 수 없었다. 우선은 사태의 발단과 진행상황을 정확히 파악하는 데에서부터 대책을 신속히 세워 집행해야 할 것 같았다. 외무부와 안기부 등 국가의 신경망을 동원하여 사태 진전상황을 정확하게 판단할 것과 미국 등 국제사회의 대처방향도 관찰하도록 조치하면서 이튿날 새벽 삼청동회의를 소집하기로 방침을 정하였다.

당일 파악된 내용으로는 8월 19일 흑해 연안에서 휴가 중이던 고르바초프 대통령을 연금하고 부통령 야나예프가 "고르바초프 대통령이 건강상 이유로 직무수행을 할 수 없게 되어 헌법에 따라 자신이 대통령직을 승계하였다"고 발표하였다는 것이다. 보수파에 의한 쿠데타가 발생한 셈이었다. 이어 야나예프는 총리 및 연방 국방위원회 부위원장 등과 함께 3인 명의로 된 성명을 통하여 6개월간의 국가비상사태를 선포하고 보수성향 인사 8명으로 구성된 국가비상위원회가 국가정권을 이양받았다고 발표하였다.[15] 아울러 유엔과 각국에 메시지를 보내 소련은 개혁정책을 포기하지 않을 것이며, 국제적 공약을 이행하고 모든 국가들과

15 위 3명 외에 KGB 의장, 국방 장관, 내무 장관, 농민연맹 위원장 및 국영기업연합회 위원장이 국가비상위원회 위원이었는데, 그 가운데 크루츠코프 KGB 의장이 사실상 위원회를 지휘한 것으로 알려졌다.

의 관계를 발전시켜 나갈 것이라고 다짐하였다.

그럼에도 불구하고 소련 내부의 반발과 국제사회의 부정적 반응 때문에 사태가 유동적이라는 사실이 확인되고 있었다. 이튿날인 20일 아침 7시 30분 삼청동회의실에서 안기부장, 외무 장관, 외교안보수석 및 경제수석과 함께 소련 사태를 두고 대책회의를 가졌다. 9시 30분 대통령께 사태가 유동적이므로 신중을 기하는 것이 좋겠다는 아침회의 결과를 보고하고 오후에 관계장관회의를 소집하자는 말씀을 드렸다. 곧장 10시부터 상반기 주요 정책추진상황 평가보고회의가 총리행정조정실장 보고와 대통령 지시로 11시 40분까지 개최되었다. 대통령께서는 보고에 관련된 여러 가지 지시를 내리고 말미에 소련 사태를 면밀히 분석하여 대책・대비에 만전을 기하라는 말씀을 하셨다.

그날은 대통령께서 마침 방한 중이던 유엔주재 피커링 미국대사와 오찬을 함께 하기로 하여 배석하였다. 소련 사태에 대한 의견교환이 있었는데 피커링 대사도 사태가 유동적이므로 관망하면서 신중하게 대처하는 것이 좋겠다는 의견을 피력하였고, 소련 내부 사정이 매우 복잡하고 어렵다는 점도 설명해 주었다. 피커링 대사는 대통령께서 유엔 방문 시 행할 연설 내용에 대해서도 우리나라가 전쟁 후 폐허에서 이룩한 경제 성공과 미래를 향한 도전 그리고 민주화, 그 과정에서 받은 미국의 도움, 국제무대 한국의 공헌・역할, 그리고 일본과 다른 점을 강조하는 것이 좋겠다는 조언도 해주었다. 퍽 도움이 되는 정보 제공을 때맞추어 받은 셈이었다.

이날 16시부터 총리, 양 부총리, 안기부장, 외무・국방・공보 장관 등과 대책회의를 개최하고 관련보고와 토의를 거친 뒤 노 대통령은 먼저 사태가 매우 유동적이라는 점, 고르바초프 대통령의 업적을 평가하여야 한다는 점, 설사 쿠데타가 성공하더라도 냉전시대로의 복귀는 불가능할 것이므로 한소 관계에 큰 손상은 없을 것으로 전망된다는 점, 무엇보다도 우방과의 협조 강화가 절실하다는 점, 그리고 당장의 현안도 없으므로 조급한 태도 표명은 필요치 않다고 생각된다는 점을 강조하면서 다음 몇 가지를 지시하였다.

소련의 개혁정치가 계속되도록 가능한 노력을 강구할 것, 미국 등 우방과의 협조를 강화할 것, 태도 표명을 서두르지 말 것, 대소對蘇 경협자금 집행은 사태의 추이를 보아 결정할 것, 사태와 관련하여 북한이 당면 고위급회담을 중단할 구실을 주지 않도록 할 것, 북한 군사 동향을 파악하고 대처할 것, 외무부는 교민대책을 강구할 것, 한소 양국 간 교류에서 실무 협의를 조용한 가운데 계속 진행할 것과 안기부는 여러 가지 사태에 대비한 대응책 강구에 만전을 기할 것, 정부의 조치사항 등을 국민에게 알리도록 할 것 등 자세한 지침을 주었다.

8월 21일 아침 일찍 안기부장, 외무부 장관 등과 통화하여 상황이 어떻게 진전되는지 파악하였다. 아침수석회의에서도 소련 사태가 논의 대상이었다. 수석회의에서 토의한 결론은 역시 조심스러운 관찰이 정답이라는 것이었다. 그러나 이 중대한 사태에 정부의 입장표명이 필요하다고 판단하여 16시 30분 삼청동회의에서 안기부, 외무부, 공보처와 외교안보·경제수석 등이 모여 의견을 조율한 뒤 17시 30분 정부 대변인 최창윤 공보처 장관이 정부를 대표하여 "이번 사태에 대하여 깊은 우려를 표하며, 폭력이나 유혈사태 없이 평화적으로 해결되기를 바란다"는 희망을 피력하고, 소련의 개혁정책을 지지하는 정부의 입장에 변함이 없음을 천명하였다.

그러나 사태는 오래가지 못하고 삼일천하로 끝났다. 부시 대통령을 비롯한 국제적인 쿠데타 반대여론 속에 옐친을 중심으로 하는 진보세력의 저항, 그리고 발트 3국과 카자흐공화국 등의 반대 움직임 등을 극복하지 못한 채 21일 21시(한국시간 22일 새벽 3시) 고르바초프 대통령이 통치권 회복을 선언하고 이틀날 새벽 모스크바로 귀환함으로써 쿠데타 세력의 완패로 일단락되었다.

이에 앞서 8월 21일 소 연방최고회의가 쿠데타 세력으로 구성된 국가비상위원회 해산과 고르비 복권을 의결하였으며, 같은 날 19시(현지시간) 쉐르바코프 소련 부총리가 25개국의 모스크바 주재 대사들을 초치하여 쿠데타 사태와 관련된 소련 정부의 입장을 설명하였다. 이때 서방 G7 국가들과 중국, 동유럽 국가 등과 함께 공노명 한국대사도 초청을 받았다.

그날 22시경(현지시간 16시) 홍성규 KBS 청와대 출입기자[16]가 전화로 내게 사태의 반전을 알려 주었다. 곧 안기부, 외무부, 외교안보수석과도 서로 연락이 되어 정보를 공유하였으며 대통령께도 보고하였다. 뉴스를 확인한 뒤 이튿날 새벽 6시 20분 대통령께서 전화를 주셨으며 즉각 7시 30분 안기부장, 외무·공보 장관과 공보·외교안보수석 등을 삼청동회의실로 소집하여 대통령께서 직접 소련 사태 정상화에 따른 언론발표를 하시는 것이 좋겠다는 의견을 냈다. 이어 고르비와의 통화, 친서 송부 등의 문제를 논의한 뒤 8시 30분 대통령께 보고를 드렸다.

8시 50분 아침수석회의를 가진 뒤 9시 45분 대통령께서는 춘추관에서 '소련 사태 정상화에 따른 언론 발표'를 하셨다. 노 대통령은 간략한 발표에서 "소련이 불행한 사태를 큰 유혈 없이 단기간 내에 극복하고 헌정질서를 회복한 것을 환영하고" 또한 "세계에 냉전질서를 종식시키고 한소 관계를 정상화한 고르바초프 대통령의 안위에 대해서도 큰 걱정을 했는데 모스크바에 귀환하여 합헌적인 통치권을 회복한 것을 매우 기쁘게 생각한다"라고 말씀하셨다. "오늘의 사태 진전은 자유와 민주주의를 향한 소련 국민의 결의와 용기의 위대한 승리"라고 지적하고, "옐친 러시아공화국 대통령을 비롯한 소련 지도자들의 민주주의에 대한 신념과 지도력" 덕분이라고 하면서 "소련 국민과 이들 지도자에" 경

16 홍성규 KBS 기자는 김천고등학교 출신으로 나의 김천중고 후배가 되는 사이여서 자주 왕래하면서 여러 가지로 협조해 주었다.

의를 표한 뒤 마지막으로 "이제 자유와 민주주의는 누구도 거역할 수 없는 역사의 흐름이 되었다"고 하면서 "세계 각국이 소련이 현재 맞고 있는 어려움을 극복하고 개혁을 진전시키도록 적극적인 지원을 해나가기를 바라면서", "한소 우호 협력관계가 더욱 강화되고 지속적으로 발전될 것으로 믿는다"고 마무리하셨다.

이날 오후 고르비 대통령과의 통화를 시도하였으나 성사되지 않았다. 노 대통령께서는 고르바초프 대통령과 옐친 러시아 대통령에게 전문을 보냈으며 특히 옐친 대통령의 한국 방문을 희망한다는 내용을 포함시켰다.

이처럼 정부는 사태 발생과 전환 등 일련의 과정에서 신중하고도 일관된 원칙을 가지고 나름대로 신속하고도 적절한 대처를 하였다. 우리 정부가 취한 조치에 대하여 소련의 어떠한 오해나 섭섭함도 없었다고 확신할 수 있으며 전술한 대로 상황진전을 설명한 25개국에 우리나라가 포함되었고 그 뒤 소련 측이 우리 정부가 취한 여러 가지 조치와 태도 표명에 대하여 감사를 표한 것으로도 확인할 수 있는 사실이었다.[17]

그런데도 야당 국회의원들이 우리 정부의 태도가 기회주의적이라고 주장하는 것은 야당이니까 그럴 수도 있다고 하겠으나, 〈조선일보〉가 사설(8월 23일 자 3면)에서 정부의 태도가 원칙과 테두리를 벗어난, 기회주의적이라고 혹평하는 사설을 게재하는 바람에 비서실에 비상이 걸렸다. 가판을 읽은 정무수석이 〈조선일보〉 김대중 주필에게 1차 항의와 해명을 하였으나 받아들이지 않고 제목만 바꾼 채 그대로 실었다고 8월 23일 아침수석회의에서 보고하고 대통령께서도 관심을 표명하심에 따

17 그 뒤 8월 28일 고르바초프 대통령은 노 대통령에게 한국 정부와 노 대통령이 취한 입장에 대하여 감사하다는 친서를 보내왔으며 주한 소련대사 소콜로프도 8월 30일 휴가 중 귀국하면서 공항에서 노 대통령과 한국 국민에게 감사하다는 성명을 발표하였다. 이상옥(2002), 앞의 책, 751쪽 참조.

라 올바르게 역사적 기록을 남기려는 노력을 하였다. 8월 24일 자 〈조선일보〉에 외무부 구주국장 권영민이 독자투고[18]를 하여 그대로 게재되었으며 8월 24일 자 〈한국일보〉는 정부 입장을 두둔하는 내용의 '지평선' 칼럼을 실었다. 외무부 장관이 8월 23일 국회 외무통일위원회에서 답변한 데 이어 8월 25일 KBS 〈오늘의 문제〉에 출연하여 해명하기도 하였다. 언제나 조용히 지나가는 일이 없는 청와대의 일상이었다.

이번 사태와 관련하여 북한이 보인 태도도 적어 두는 것이 좋을 듯하다. 북한은 이례적으로 8월 19일 19시 정규뉴스 시간에 이 사태를 조기에 신속 보도하면서 아주 고무된 반응을 보였다. 그동안 고르바초프 대통령의 개혁정책에 큰 불만을 품어 왔음을 노골적으로 나타내었다. 당기관지인 〈노동신문〉이 논설을 통하여 "사회주의 승리가 역사적 필연"이라고 주장하기까지 하였다. 남북고위급회담에도 이 사태가 바로 영향을 미쳤다. 그동안 활발하게 개최되어 왔던 남북고위급회담은 걸프전쟁 발발로 답보상태에 들어간 상황이었다. 당초 예정되었던 1991년 2월 25일 평양회담이 북한 측의 일방적 결정으로 개최되지 못하였기 때문이었다. 그러나 그 뒤 쌍방조정에 따라 8월 27일 회담이 예정되어 있었는데 소련 사태가 발발하자 이번에는 우리 측 지역의 콜레라 발생이라는 되지 않는 핑계로 또 평양회담 개최를 거부하고 판문점으로 장소

18 권영민 국장은 8월 23일 자 〈조선일보〉 사설이 우리 국민과 당사국인 소련 그리고 여타 국가들에도 오해를 야기하여 국익에 끼칠 영향이 우려된다고 전제한 뒤, 우리 정부는 고르바초프 대통령의 민주화 및 개혁·개방정책이 지속되어야 하며, 이 사건이 경우에 따라 세계사의 흐름을 바꿀 수 있는 중대한 사건이라는 인식 아래 우방과의 긴밀한 협조 아래 대처한다는 세 가지 기본입장에 따라 신중하게 대처하였다는 점을 강조하였다. 그는 이어 외국의 국내 문제, 특히 강대국의 정변에 대하여 입장표명이나 논평은 극도로 신중해야 한다는 사정을 감안하였으며, 그런 가운데서도 쿠데타에 성공할 시 경협자금 집행을 재고하겠다는 경고를 보냈고 어업협정사절단 방소를 취소하는 등 필요한 조치를 단호히 취하였으며, 소련당국도 우리 정부의 조치에 감사했다는 점 등을 들어 사설이 부적절했음을 지적하였다.

를 변경할 것을 요구하는 것이 아닌가. 이는 그해 9월 평양에서 개최되는 77그룹 아주지역 각료회의에 참석한 대부분 국가에서도 콜레라가 발생하였는데도 회의 참석을 허용한 것과 상충하는 행동으로, 이치에 맞지 않는 요구임이 누가 보아도 명백하였다. 우리 측은 곧바로 북한 측 요구를 받아들이지 않기로 통보하였으며 노 대통령께서는 "남북고위급회담 개최를 서두를 필요가 없다, 다급한 것은 오히려 북한 측"이라고 말씀하셨다.

예측한 대로 소련 쿠데타가 실패로 끝나자 북측이 8월 23일 제 4차 고위급회담을 10월 22일부터 10월 25일까지 평양에서 개최하자고 수정 제의해 오기에 이르렀으며 우리 측이 이를 받아들임으로써 그대로 성사되었다.

이와 같이 쿠데타 사태는 일단 종료되었지만, 그 후유증은 작지 않았으며 결국 소연방이 소멸하게 되었다. 8월 24일 고르바초프가 당 서기장을 사임했고, 8월 29일 연방최고회의에서는 공산당 활동정지 결의안을 채택했으며, 12월 8일에는 독립국가연합을 창설하고 소비에트연방이 국제법상 주체로서 존재하지 않게 되었다는 선언을 하는 과정을 거쳐 고르바초프가 12월 25일 대통령직을 사임한다고 선언하며 소비에트연방은 공식적으로 소멸하고 러시아연방공화국이 소련의 국제적 지위를 인수하게 되었다.

비서실에서는 쿠데타 사태가 일단락되었음에도 불구하고 위와 같은 소연방 소멸에 이르기까지의 상황 전개를 예의주시하면서 응분의 대책을 강구해 나가야 했으며 그 과정은 후술할 기회가 있으리라 믿는다. 다만 8월 26일 아침수석회의에서 소련 국내 상황변화 전망 및 대처와 관련하여 심각한 토의가 이루어졌음을 기록하고자 한다. 외교안보수석이 상황분석보고서 작성계획을 보고하면서 앞으로 연방 해체 및 공화국 분리 · 독립 동향, 고르바초프와 옐친 간의 권력구조 문제와 경제 동향 등 소련 내부에서 벌어질 세기적 혼란상태가 우리나라에 미칠 영향, 옐친 대통령 방한 초청 등 문제를 제기하였으며, 경제수석, 정책조사보좌관, 정무수석, 공보수석 등이 나름의 전망과 언론 대책 등을 피력하였다. 이런 논의를 바탕으로 그 뒤 대소련 대책 등이 수립되고 또 집행된 것이다.

청와대 본관 신축 준공

청와대 본관이 신축·준공되어 9월 4일 준공식을 하였다. 본관은 1989년 7월 착공하여 1991년 8월 말 준공되었으므로 내가 부임하기 전에 거의 모든 작업이 이루어졌고 공사 마지막 단계에 몇 번 현장을 돌아보면서 공사관계자들을 격려한 일이 고작이었다. 공사가 마무리 단계에 들어서면서 준공될 건물들의 방실에 명칭을 어떻게 붙일 것인지, 준공행사는 어떻게 할 것인지 등이 아침수석회의에서 몇 번 논의된 일이 있을 뿐이었다. 워낙 중요하고도 뜻깊은 일이었으므로 그동안의 경과에 대하여 확인할 수 있는 범위에서 기록해 두고자 한다.

청와대가 자리 잡은 곳은 천 년 가까이 우리 역사의 숨결이 깃든 유서 깊은 장소다. 고려 때 이곳에 남경南京의 이궁離宮이 터를 잡은 이래 조선조에 이르러 한양이 도읍지가 되면서 경복궁이 세워지자 그 후원後園이 되었다. 조선조 말 고종 때 경복궁이 중건되면서 중일각中日閣, 오운각五雲閣, 융문당隆文堂, 융무당隆武堂, 경무대景武臺 등의 건물이 지어지고 과거장科擧場이나 권농장勸農場, 열무장閱武場 등 여러 가지 용도로 사용되었다.

조선조가 멸망하고 일본에 강제 합병되면서 이곳에는 일본 총독의 관저가 신축되었다. 경복궁 자리에 일본 식민지배의 본산인 총독부 건물이 들어오면서 위에 적은 여러 건물을 철거하여 공원화하고 일제의 총독 관저 터로 점지하였다. 1937년 3월부터 1939년 7월까지 그사이에 연건평 586평의 건물이 지어져 7~9대 총독의 관저로 사용하였던 것이다.

해방 후 이 총독관저는 처음에는 미 군정 사령관 존 하지 중장의 관저가 되었으며, 1948년 대한민국 정부 수립 후로는 이승만 초대 대통령이 경무대景武臺라 이름 짓고 집무실 겸 관저로 삼았다. 그 뒤로 윤보선 대통령 때 '청와대'로 명칭만 개칭된 채 줄곧 1층은 대통령의 집무실로, 2층은 관저로 사용되어 온 것이다.

그동안 1969년 6월 증축해 1,080평으로 늘어났으며 1980년 9월에 현관의 위치가 서쪽에서 남쪽으로 바뀌는 등의 중요 변경 사항을 포함하여 여러 차례 개·보수와 증축이 있었으나 일제강점기의 총독 관저가 대한민국 대통령의 집무실 및 관저가 되었다는 것은 민족의 자존심을 크게 해치는 일이었다. 더구나 우리나라의 국력이 획기적으로 신장함에 따라 대통령의 집무실 겸 관저로서는 여러 가지 면에서 많이 모자라는 곳이어서 불편하기 그지없었다. 초라하기까지 하여 위상에도 어울리지 않았다.

노 대통령은 청와대 신축의 필요성을 확신하던 중 1988년 10월경 올림픽이 끝난 뒤 그 생각을 참모진들과 논의한 뒤 의견의 일치를 보면서 국회와 접촉해 동의를 얻어 예산을 확보하였다. 동의를 얻는 과정에서 당시 홍성철 비서실장이 큰 역할을 했다는 이야기를 들었다.

곧바로 총무수석비서관 임재길을 팀장으로 하는 7명의 청와대 신축팀[19]을 구성하여 작업을 맡겼다. 후에 문화부 초대 장관(1990년 1월~1991년 12월)으로 일한 이어령 이화여대 교수를 위원장으로 하여 건축,

19 청와대건설지에 따르면 총무수석비서관을 팀장으로 총무수석실 관리비서관 배종명을 비롯해 파견되어 온 대한주택공사 부장 최명호, 과장 김윤기, 동 오형진, 동 이태근, 한국전력공사 과장 노황래 등으로 구성되었다. 다만 위 최명호의 회고에 따르면 그 밖에 한국통신공사 2명과 산림청 1명이 더 파견되어 모두 10명이었다고 기록하고 있다. 청와대건설지(1992년 2월 10일); 최명호(2011), "삼각산 아래 우뚝 선 한국인의 자긍심", 노재봉 외 《노태우 대통령을 말한다》, 동화출판사, 737~742쪽 참조.

설비, 조경, 미술, 방송 등 총 24명의 각계 전문가를 위원으로 하는 자문위원회를 구성하였다. 설계에서 시공 및 준공에 이르기까지 모든 문제를 자문하여 결정하도록 하였으며, 의견이 일치되지 않는 주요 문제는 복수의 안을 마련하여 대통령의 결심을 받아 집행하는 방식으로 작업이 진행되었다. 자연스레 예상보다 지연되거나 설계 변경이 빈번히 이루어질 수밖에 없었다.

공사에 착수하기 전 가장 논의가 활발하였던 것은 청와대의 모습을 어떻게 정할 것이냐의 문제였다. 대통령께서 건축을 준비하고 있을 때 유럽 6개국을 순방한 일이 있었는데 그때 "각국마다 나름대로의 얼굴을 가지고 있더라, 관계자는 각국을 시찰·참고하여 우리도 우리의 혼을 담은 건물을 지었으면 좋겠다"는 의견을 제시한 것이 발단이었다. 그것은 한국식 전통건축 방법을 반영한다는 것이었는데 자문위원, 특히 건축전문가들 사이에 전통건축과 양식洋式의 접목이 성공한 사례가 없다는 문제를 제기함에 따라 오랜 토의 끝에 의견일치를 보지 못하고 복수의 조감도를 마련하여 대통령의 결심으로 전통건축 한식으로 결정하였다는 것이다.[20]

큰 방침이 결정됨에 따라 당시 건축할 3개의 건물, 즉 본관(집무실)과 관저 그리고 춘추관(기자실)의 설계가[21] 완료되었으며 제일 먼저 1989년 5월 춘추관이 착공하여 1990년 9월 말 완공되었고,[22] 본관은 1989년

20 최명호(청와대 건설 총감독), 앞의 글 참조.

21 기자실이 제일 먼저 착공되어 가장 일찍 준공하고 입주하였음은 6공화국의 자유민주주의 정신과 무관하지 않다. 노태우 대통령의 6·29선언으로 시작된 6공화국 정부는 국민의 민주화 열망 구현을 가장 큰 목표로 삼았으며 언론자유의 창달은 민주화의 으뜸가는 요소이기 때문이다. 6공화국 정부 때 언론의 자유가 만개하였으며 그 뒤 어느 정부보다 언론인들이 자유로운 활동을 할 수 있었다는 사실은 현재까지 관심을 가진 모두가 공감하고 있다고 여러 언론인에게서 들은 바 있을 뿐더러 나 역시 확신하는 바이다.

22 본관과 춘추관의 설계는 정림건축, 관저는 선진엔지니어링이 맡았으며 본관·관저의 시공은 현대건설, 춘추관 시공은 유원건설이 담당하였다〔〈청와대건설지〉(1992년 2월 10일),

7월, 관저는 8월에 각각 착공되었다. 관저가 1990년 10월 먼저 준공되었으며 본관은 마지막으로 1991년 9월 4일 준공하였다.

이 건물들은 모두 노 대통령의 뜻에 따라 우리의 기술, 우리의 자재, 우리 고유의 건축양식으로 지었음이 특기할 만한 일이거니와 대통령의 집무실로 사용될 본관 건물은 우리 고유의 건축미를 살리되[23] 민주화시대에 걸맞게 밝고 진취적인 모습을 갖도록 설계·시공되었다. 이와 같은 한국 고유의 양식이 채택된 것에 대하여 일반적으로 호의적인 평가를 받았으며 대통령의 회고에 따르면 재임 중 부시 대통령 내외가 2번 방한하였는데 첫 번째는 구 본관에서, 그리고 두 번째는 새 청와대 건물에서 만났다고 한다. 두 번째 새 건물을 방문하는 순간 부시 대통령은 깜짝 놀라는 표정을 지었으며 본관과 더불어 관저를 돌아본 뒤 "청와대와 백악관을 맞바꾸자"는 농담을 던질 정도로 한국건축의 전통미, 특히 추녀의 곡선미에서 눈을 떼지 못하더라는 것이었다.[24]

이와 같은 청와대 신축공사의 전 과정에 대해서는 이미 〈청와대건설지〉가 1992년 2월 10일 자로 발간되어 그 자세한 경위가 역사적 기록으로 남아 있다. 준공식이 마무리된 후 9월 5일 9시 30분 새로운 건물에서 개최된 첫 본관수석회의에서 임재길 총무수석이 그 발간계획을 보고드린 뒤 작업이 진행되었던 것이다. 공사 자체가 대부분 내가 부임하기 전에 이루어진 것이어서 지금까지 개략적으로 기록한 것으로 그치고자 하며, 다만 준공 전후의 몇 가지 일에 대하여 몇 마디 덧붙이기로 한다.

251쪽).

23 청기와를 올린 팔작지붕, 다공포 형식의 처마, 현관 건물의 녹색 단청, 창문살 등이 모두 우리 고유 건축양식을 따른 것이다. 현관 건물에 쓰인 일부 단청은 당초 계획된 것이 아니었는데, 마무리 공사가 시행되고 있을 무렵 내가 현장에 격려차 방문하였을 때 총무수석에게 그야말로 전문지식이 백지상태인 소인(素人)의 입장에서 단청은 하지 않느냐는 질문을 한 것이 계기가 되어, 현관에 한하여 가벼운 색깔로 단청을 하는 것이 좋겠다는 자문위원회의 검토 결과에 따라 시공되었다.

24 노태우(2011), 《노태우 회고록(하): 전환기의 대전략》, 조선뉴스프레스, 120~121쪽.

공사가 마무리 단계에 다다르면서 먼저 새 건물에 들어설 방실房室의 명칭을 두고 총무수석실이 수집한 여러 가지 의견을 수석들이 검토하였다. 그 결과 1층 좌측 별채에 자리한 대회의실은 세종실, 우측 별채의 대식당은 충무실로, 1층 우측 중식당은 인왕실로, 2층에 있는 회의실은 집현실로, 그리고 소식당은 백악실로 각각 이름 지었다. 식당이라고는 하지만 필요에 따라 세팅을 바꿈으로써 접견, 회의, 행사 등으로 사용할 수 있는 다용도 방실이었다.

준공식과 관련하여 아침수석회의에서 많은 논의가 있었다. 총무수석실이 마련한 계획안을 가지고 7월 29일 아침수석회의에서 행사일자, 행사내용, 초청범위, 기념품 등 개괄적인 토의를 가진 것을 시작으로 수차례 논의를 거쳤다. 당초 제안된 8월 17일 행사는 혹서기라는 점 때문에 좀 늦추기로 하였고, 그 결과 9월 4일로 행사일자를 정하였다. 8월 22일 아침수석회의에서 구체적인 논의를 하여 중요사항에 대해 방침을 결정한 것을 위시하여 8월 31일, 9월 2일 등 회의에서 수차 논의와 점검을 거듭하였다. 마지막으로 행사 전날인 9월 3일 아침수석회의에서는 행사 당일 강우가 예보됨에 따라 강우 대비책을 논의하는 가운데 경제상황 등을 감안하여 다소 사치스럽게 비칠 우려가 있으니 강우예보를 구실로 행사를 연기하고 추후 3부 요인 초청 기념식수 등 소규모 행사로 치르자는 의견까지 제기되었다.

참으로 우리나라는 역사적으로 작고 크고 간에 일을 치르는 데 의견이 백출하는 것이 관례화되었다는 생각이 들지 않을 수 없었다. 특히 관공서 건물에 대하여서는 걸핏하면 호화사치 시비가 일어나곤 했다. 그러나 하루 전 연기 통보란 물리적으로 불가능할 뿐만 아니라 입안 단계에서 검토된 문제점을 두고 연기할 수는 없다는 결론이 내려져 우천에 대비한 제 2안을 마련하는 것으로 결론이 났다.

드디어 9월 4일이 되었다. 예보대로 비가 내렸다. 걱정스러운 가운데 출근을 준비하고 있던 7시 50분 대통령께서 먼저 전화를 주셨다. 손님들이 불편하시지 않도록 실내행사로 진행하라는 말씀이었다. 어른께서 먼저 결정해 주시니 고맙기 그지없었다. 곧장 총무수석실에 연락하여 준비상황을 파악하고 취지를 전달하였다. 곧 출근하여 8시 50분 아침수석회의를 시작하였고, 현 경제상황에 대한 박태준 최고위원의 비판적 문제 제기 등을 보고받아 논의하였으나 간단히 회의를 끝내고 9시 10분 행사장으로 달려가 내빈을 맞이하기 시작하였다. 10시 대통령께서 참석하시면서 행사가 시작되어 11시 15분까지 진행되었다. 전·현직 3부 요인, 민자당의 김영삼, 김종필, 박태준 등 세 최고위원, 신민당 김대중 총재를 비롯한 여야의원, 각계 대표 등 600여 명이 참석하여 성황을 이룬 가운데 공사 경과보고, 준공 식사式辭, 테이프 커팅, 건물 시찰, 다과회 등이 실내행사로 진행되었다.

대통령께서는 준공식 연설에서 "오늘 우리의 전통적 건축양식으로 우리가 지은 청와대의 본관을 준공하게 된 것을 국민 여러분과 함께 뜻깊게" 생각하며, "북악을 등지고 활력에 넘친 수도 서울의 모습이 한눈에 펼쳐지는 이 유서 깊은 터전에 새 청와대가 세워진 것은 우리 모두의 기쁨"이라고 전제하고, 청와대 집무실의 그동안의 내력을 회고하면서 "일제가 우리 민족의 정기를 끊고 영구 지배하겠다는 불순한 의도로 경복궁을 가로막고 조선총독부 청사와 총독 관저를 지었다"고 상기하는 가운데 "우리나라의 국력이 커지고 우리의 국제적 위상이 높아짐에 따라 낡고 좁은 건물을 더 이상 쓸 수 없게 되었으며", "특히 수많은 외국의 지도자들을 여기서 맞는 것은 부끄러운 일이었기" 때문에 "3년 전 올림픽을 치른 뒤 저는 대통령의 집무실과 관저, 자유 언론의 공간인 춘추관을 민주주의를 연 이 시대의 기념비로 신축을 결정하였다"고 말씀하셨다. 마지막으로 "오늘 새 청와대를 준공하는 이 자리에서 나라와 겨레의 밝은 앞날을 열기 위하여 모두가 최선을 다하는 것을 다짐"하면서 "우리 국민의 행복이 증진되고 우리나라가 무궁히 발전하기를 기원한다"고 하시면서 벅찬 감격을 숨기지 않으셨다.

모두 기뻐하는 가운데 덕담이 오가고 지신밟기, 공사관계자 격려 오찬 등이 이어지며 걱정 많았던 준공행사는 무사히 끝이 났다. 여담이지만 행사가 시작되자 내리던 비는 그쳤다. 이 무렵 청와대 비서실과 경호실 내에서는 노 대통령 취임 후 행사를 시작하면 꼭 비가 그친다는, 비가 스스로 알아서 물러가는 것 같다는 이야기가 회자되었다. 새 건물이 들어서도 비서실이 크게 이사할 일은 없었다. 구 본관 집무실에 근무하던 의전수석비서실과 부속실 등이 그대로 옮겨 가면 되었기 때문이다. 이튿날 9월 5일에는 곧장 새로 옮겨간 건물 2층 집현실에서 본관수석회의가 열릴 수 있었다.

청와대 본관이 완성됨에 따라 구 본관을 어떻게 할 것인가에 여러 가지 의견이 나와 진지하게 토론한 일이 있었다. 준공행사를 앞둔 8월 30일 아침수석회의에서였다. 먼저 총무수석비서관이 총무처와 문화부에서는 철거하는 것이 바람직하나 시기적으로 서두를 것은 없다는 의견을 갖고 있지만, 방치할 경우 폐허가 될 염려가 있어 공청회 등 의견수렴 과정을 거쳐 조속히 처리할 필요가 있다는 의견을 제기하였다.

이에 대하여 청와대가 책임지고 결정할 사안으로 공청회 개최는 필요 없을 것이나 여론의 동향을 살펴 신중히 결정할 사안으로 초대 대통령도 사용했던 곳이니만큼 조급하게 철거하다간 뒷날 원망을 들을 수 있다는 의견(공보수석)을 들어 철거방침을 정하되, 철거 시기는 미루고 가능하다면 사무실이 비좁은 실정이므로 의전·경호 사무실이나 영빈관으로 활용하는 방안도 검토(행정·사정수석)하였다. 한편 최규하 전 대통령이 관심을 표명한 데 비추어 당장 철거는 좋지 않다(민정수석), 보존가치도 없으니 철거해 버리자(정무수석·정치특보)는 등 의견이 분분하였으며 구 본관 사무실을 활용하기에는 관리요원이 부족하다(총무수석)는 걱정도 있었다. 아무래도 가벼이 처리할 일이 아닌 것 같아 시일을 두고 신중하게 검토하는 편이 좋겠다는 쪽으로 정리되었다.

이 토론 내용을 보고받으신 대통령께서는 9월 30일 을지연습장 순시를 마치고 사저로 돌아오던 차 안에서 구 본관을 영빈관으로 사용하자는 의견에 약간의 관심을 표시하셨다. 그러면서 건물에 대한 정밀진단, 즉 보완 여부나 천정 · 침실 · 욕조, 건물 모양 등에 대한 자세한 검증이 필요한 구체적 이유와 그 방법을 말씀하였다. 경제문제에 대하여 예상 보고가 빗나가고 있는 점에 대한 걱정과 함께 예술의 전당 노조 대책 등에 대하여 지시말씀을 주셨다. 곧바로 총무수석에게 전달하였다. 그 뒤 내가 청와대를 떠날 때까지 이 건물을 철거하지는 않고 관리하면서 일부 활용하다가 후임 대통령에게 숙제로 넘겼다는 기억이다.

신축 청와대에서의 첫 본관수석회의

준공식 바로 다음 날인 9월 5일 아침 9시 반부터 11시경까지 본관수석회의가 개최되었다. 본관 2층 대통령 집무실 옆에 있는 집현실集賢室에서였다. 통상 본관수석회의에서 비서실장은 별도 보고를 하지 않으며 직제순에 따라 수석비서관들이 보고한다는 것은 이미 앞에서 설명한 바 있다. 그러나 새로 지은 새 청와대 본관에서 열린 첫 회의였기에 먼저 내가 기립한 자세로 짧은 소감과 다짐을 말씀드릴 기회를 가졌다. 대통령께서 중요한 국정목표로 삼아 추진해 오시던 '민족자존'을 구현하는 '대역사大役事'를 이룩하신 데 대하여 축하와 감사의 뜻을 전해 올린 뒤, 뜻깊은 새 청사 준공을 계기로 비서실 직원 일동은 심기일전 충성을 다하겠다는 다짐의 말씀을 드렸다.

이어 정무수석이 첫 보고를 하였다. 먼저 여당은 민생 문제에 중점을 두고 당무를 수행하고 있으나 야당에서는 통합 문제를 마무리 짓지 못하고 있다는 정당 동향과 함께 정기국회 개회에 따라 국정감사가 제도의 취지대로 정착될 수 있도록 노력하는 한편 필요한 안건 처리에도 최선을 다하겠다고 보고하였다. 새로 출범한 지방의회가 여러 가지 문제를 일으킴에 따라 지방의원 세미나 개최, 징계 검토 등 대책을 세우겠으며 21세기위원회의 보고 일정에 대하여서도 말씀드렸다.

경제수석은 국경 없는 전쟁이 벌어지는 경제현실에 대비하여 제조업 경쟁력 향상을 기조로 경제를 운영해야 한다고 하면서 국제수지는 통관 기준 87억 달러의 적자이나 가공조립·에너지 다소비 산업에서 기술집약적·고부가가치 산업으로의 전환을 위한 진통을 극복해야 한다고 설명하였다. 물가는 작년 말 대비 8.3% 인상되었으며, 연말 한 자릿수 달성 목표를 이룩하기 위하여 세입 내 세출 원칙 준수, 추석 물가안정 대책, 과소비 억제책이 긴요하다고 한 뒤 조만간 예산안 보고와 7차 5개년 계획 중간보고를 계획하고 있다고 보고하였다.

외교안보수석은 소련 사태에 관해 공산당 몰락·개혁 추진·연방 와해 등 어려운 문제들이 잇달아 잘 해결되지 않고 있다면서 방소 실무단이 출발하여 추세 파악에 노력하고 있으며 쿠데타 실패 이후 독립선언을 한 발트 3국에 대하여 소련의 과도적 통치기구로 설치된 국가평의회가 9월 6일 독립을 승인할 예정이라는 사실과 아울러 유엔방문 준비에 만전을 기하겠다고 보고하였다.

행정수석은 치안상황이 대체로 양호하다는 전제 아래 전대협 대책, 범죄 소탕 50일 작전과 함께 추석 전 방범활동과 캠퍼스 내 범죄 대책을 실시하고 있다고 보고하였다. 또한 새질서·새생활운동은 특히 근검절약에 중점을 두고 실시하고 있으며, 한민족체전은 88개국 1,600여 명이 참여하여 개최될 예정이며[25] 태풍복구는 응급조치가 완료되었다고 보

25 88올림픽을 기념하고 세계에 흩어져 있는 한민족의 화합을 위하여 1989년 제 1회 한민족체전이 개최된 데 이어, 제 2회 대회가 1991년 9월 11일부터 10일간 서울올림픽 주경기장 및 서울올림픽공원 일원에서 열렸다. 이때 85개국에서 1,601명이 참석하여 육상, 축구 등 체육행사, 씨름, 활쏘기 등 민속행사, 그 밖에 청소년·학술행사 등으로 다양하게 진행되어 대성황을 이루었다.

고하였다. 8월 23일 남해안을 휩쓸고 지나간 태풍 글래디스의 피해는 사망 실종 등 인명피해 103명, 이재민 1만 3천여 명, 재산피해 총 2,599억 원에 이른 것으로 집계되었다.

민정수석은 최근 문제되었던 소련 사태와 중국·북한에 대한 관심과 관련하여 '정치권이 지나치게 서두르지 말고 신중히 대처하라', '경제사회 문제와 관련 농업인대회 지원이 과대하다', '추석 대책으로 과소비 억제가 필요하다', '심야업소의 부도덕한 행태를 없애야 한다'는 내용의 여론 동향을 보고하였으며, 사정수석은 정기국회 입법 대책과 건전한 추석 보내기를 위한 사정의 활동 방향, 그리고 교도소 재소자 산업인력 활용사례 등을 보고하였다.

공보수석은 약 25분 정도에 걸쳐 행할 유엔총회 연설문 작성과 홍보계획이 순조롭게 진행 중이며 청와대 준공 사실 보도상황도 문제가 없었다고 보고하였다. 특히 초·중·고등학교 과학기자재 보내기운동이 KBS나 〈중앙일보〉 등 언론기관 중심으로 전개되어 그동안 3만 명이 참여하였고 25억 원이 모금되었다고 중간보고를 하였다.

정책조사보좌관은 그동안의 언론·홍보 동향과 관련하여 유엔가입, 북한위협에 대한 경각심 제고, 한민족공동체 통일방안 수립 2주년 계기 통일의 꿈과 준비, 강경대 사건 이후 위축된 운동권 상황, 농촌 문제 대책실시 등이 다루어졌다고 보고하였다. 총무수석은 청와대 공사 뒷마무리와 특히 건립지建立誌 발간계획과 청와대의 국정감사 수감 대비상황을, 경호실은 유엔 방문, 말레이시아 국왕 방한과 관련된 경호 대책을 보고하였다. 마지막으로 당총재 비서실장이 유엔가입 홍보활동, 사무처 개편, 지방의원 세미나 개최 등에 대하여 보고함으로써 대통령께 드리는 보고는 마무리되었다.

노 대통령은 각 수석의 보고에 대하여 먼저 새 본관으로 이전이 있기까지 들인 노고를 치하하는 말씀과 더불어 이를 계기로 국민의 기대에 맞게 역사적 소명을 완수하는 데 열심히 노력하라고 당부하셨다. 아울러 외교안보수석의 생일 축하와 함께 몇 가지 지시사항을 말씀하셨다.

먼저 정기국회 국정감사에 대하여 행정부의 권위가 실추되는 일이 없도록 겸손하되 위축되지 말고 당당하게 감사를 마치도록 지원하라는 말씀과 함께 6공화국 13대 마지막 정기국회를 잘 마무리하도록 당부하셨다. 6공화국 업적을 정리하여 국회를 통하여 홍보함으로써 정권을 재창출할 수 있도록 노력하며, 추곡수매 관련 국민과의 기본 약속 준수, 제반 법안 통과에도 소홀함이 없어야 한다고 강조하셨다. 막 출범한 지방의회가 빚은 불미한 사례에 관하여 지구당 책임제 등으로 근절하도록 하라고도 지시하셨다.

이날 노 대통령은 대통령 직속자문기구 회의가 소기의 기능을 발휘할 수 있어야 한다고 하셨다. 특히 21세기위원회의 운영과 관련하여 청와대의 정책기능이 미온적이어서는 안 되며, 전문가의 의견을 수렴하여 반영하는 과정을 거쳐 21세기의 비전을 만들도록 하라고 강력하게 말씀하시면서 비서실장이 직접 나서거나 태스크포스task force를 만들라고 지시하셨다. 이와 같은 지시는 다음 날인 9월 6일 오전 위원회의 보고 끝에 다시 되풀이되었고, 후술하는 바와 같이 특단의 대책을 마련하여 실시하게 되었다.

다음으로 경제문제와 관련하여 경제각료의 책임을 강조하시면서 그동안 보고된 예측 목표와 결과에 차이가 있다고 하셨다. 이에 정부의 일, 기업·근로자·국민(소비자)이 해야 할 일을 제시하여 설득해 공감을 얻도록 해야 하며, 집권당도 불만만 표시할 것이 아니라 대안을 제시하는 등의 방법을 통하여 능동적으로 참여하여 국민을 설득하라면서 함께 노력하여 어려움을 극복하자고 호소하셨다. 경제각료들이 힘을 결집할 것과 필요한 쇼크요법 등을 말씀하면서 내각이 경제에 중점을 두고 기필코 일본 따라잡기를 달성해야 한다고 강조하셨다.

당면한 추석물가 대책과 관련해서는 농산물수급 특별대책을 수립하여 농수산물이 물가 상승을 주도하지 않도록 하여야 한다고 말씀하셨다. 또한 소비억제에 대해서는 예컨대 근로자는 노동부가 담당하고, 새질서・새생활운동의 일환 등으로 민간 차원에서 총체・총력전을 전개하여야 하며 대통령께서도 직접 면담하여 격려하도록 기회를 마련하라는 간곡한 말씀을 주셨다.

학원문제는 장기적・근본적 대책이 미흡하다, 농어촌 투자계획을 강화하라, 사정수석은 사정 장관 등을 독려하여 추석에 건전 풍조가 정착되도록 하라는 지시의 말씀과 아울러 유엔연설문은 직접 독회를 주재하겠다는 뜻을 피력하셨다.

새 청와대 본관에서의 첫 수석보고회의는 이와 같이 진지한 각오 다지기와 의제 정립에 최선을 다하는 가운데 11시경 종료되었으며 곧이어 해군참모총장 신고식이 거행되었다. 12시부터는 새로 마련된 충무실 대식당에서 보통사람들과의 오찬을 마련함으로써 노 대통령이 지향하는 '보통사람들의 시대'의 주인공들에게 청와대가 그 자리를 처음 제공하는 경사가 이루어졌다.

21세기위원회 보고와 연구기획단 발족

첫 본관수석회의가 있던 다음 날 9월 6일 대통령께서는 21세기위원회로부터 보고를 받으셨다. 새 청와대에서 위원회가 첫 보고를 하게 된 것은 나름 큰 뜻이 있다고 느껴졌다. 당면한 문제를 해결하는 데 최선을 다하는 것이 급선무임은 말할 나위조차 없거니와 급변하는 세계, 21세기 미래의 모습을 그려 보면서 국민들에게 꿈을 심어 주는 것도 대통령이 해야 할 중요한 일이기 때문이다. 이러한 대통령의 관심과 문제의식에 따라 1989년 6월 발족한 21세기위원회는 이미 몇 차례 보고회를 가졌는데, 새 청와대에서 처음 보고하는 위원회가 되었다.

제6공화국 초대 과학기술처 장관을 역임한 이관 위원장이 준비된 보고서를 중심으로 보고하였다. 노 대통령은 비서실에서 보고서를 참고하라고 지시한 뒤, 이념 대립이 퇴조하는 가운데 경제·기술이 경쟁의 대상으로 주목받고 있으며 이른바 따라잡기 이론Catch-up theory이 대두되고 있음에 비추어 우리의 국가목표는 세계를 향해 대외지향적으로 열강과 경쟁하는 데 우리의 에너지를 발산하는 방향으로 설정되어야 한다고 말씀하셨다.

이어 동석하였던 위원 8명이 각각의 전문 분야에 관련된 의견을 제시하고 이를 경청하는 시간을 가졌다. 먼저 소련의 장래에 대하여 이상우 서강대 교수는 구체제는 부작동, 신체제는 미가동으로 빵을 만들지 못하는 상황이며 혼란과 문제가 상존한다고 요약하였다. 북한은 당분간 경직상태를 유지할 것이나 장기적으로는 방향 전환이 불가피할 것이라 전망한 뒤, 북방정책의 1단계는 소련수교, 중국관계 개선, 유엔가입 등으로 성공적으로 성취했다고 평가되며 2단계는 안보에서 경제실익 위주로 나가야 한다고 말하였다.

양수길 한국개발연구원 선임연구위원은 독일 통일 교훈으로 본 북한 경제 관련 문제 등에 관하여 통독 후 시장경제로 전환하는 과정에서 산업도태·실업·유랑화 등으로 투자·복지 부담이 증가하고 그 결과로 물가 불안, 국제수지 악화, 조세저항, 국론분열 등의 좋지 않은 상황이 전개되었음에 비추어 동·서독 모델보다는 유럽공동체 모델의 점진적 과정이 더 적합하지 않을까 생각된다고 하였다. 덧붙여 통일비용 조달, 경제사회제도의 통일한국에 맞는 이상형 개발을 해야 할 것이라고 제의하였다. 특히 통일은 포기할 수 없는 것이므로 통독 과정을 교훈 삼아 후발자의 이익을 살릴 준비가 필요하다고 강조하였다.

이성호 연세대 교수는 통일에 대비한 교육 부문 대책을 제시하였는데, 첫째로 초등학교 통일안보교육을 적대에서 이해로 전환하는 평화교육으로 실시할 것, 둘째로 대학생에게 북한자료 개방을 확대하여 평화통일교육을 실시할 것, 셋째로 북한과의 교육협력을 추진하되 과학

고등학교와 제일고등중학의 캠프활동 교환, 수학·과학 과목부터 공통 교과서 연구 등을 검토하자고 제의하였으며, 현실적으로 북한자료 개방으로 인한 부작용을 고려하여 정부가 자문위원에게 우선 모든 자료를 제공하는 것도 방안으로 생각해 보자고 하였다.

〈동아일보〉 과학부장 이용수 기자는 남북과학기술 문제와 관련하여 표준문제, 한글영문표기, 컴퓨터 기호 등의 통일을 과제로 제기하고 북한 어린이에게 컴퓨터 보내기를 시도해 봄직하다고 제안하였다.

박한규 연세대 교수는 정보화사회가 전개되면서 한글은 일본의 가나, 중국의 한자에 비하여 불편한 것이 전혀 없다는 큰 이점이 있다고 전제한 뒤, 지역정보화추진법을 제정하여 농산물유통 정보화 등 지역정보화 마인드 확산과 지역화 추진, 국가기간전산망 구축을 동·면까지 확충하는 문제 등이 검토되어야 하며, PC보다 데이터베이스 구축이 시급하다고 강조하였다. 또한 과학기술정책을 일원화하고 연구소 통폐합 문제도 검토하자고 주장하였다.

김한중 연세대 교수는 복지문제와 관련하여 의견을 제시하였다. 노인 인구 증가와 가족 부양기능의 약화에 따른 노인복지 수요의 확대, 생산활동인구의 수준 향상을 위한 산업재해·실업 등 근로자 복지수요의 증가와 주택수요 확대 등의 주장을 내놓았다. 또한 남북통일 대비 등 재정수요가 과다해질 것이므로 복지추진 주체를 다양화하고 복지수요 축소 시도와 민간·공공의 균형 등으로 한국형 복지모델을 모색해야 할 것으로 전망한 뒤 전문가 부족을 해결하는 방안을 마련하는 것도 시급한 과제라고 설명하였다.

안청시 서울대 교수는 지방자치제 실시와 관련하여 주민 참여와 야간·공휴일 의회 도입 등으로 의회 운영의 생산성을 극대화하며 공명선거 감시·공해 추방 등의 과제에서 민간활동을 독려하는 것이 바람직하다고 건의하였다.

김문환 서울대 교수는 지방화시대의 문화 창달을 위한 관심과 정책

수행을 강조하면서 1994년 서울 정도定都 600년을 계기로 문화시설과 문화인력을 획기적으로 확충하여야 할 것이라고 하였으며 남북 공연예술가의 지위에 관하여 관심을 표명하였다.

노 대통령은 위원들의 의견을 청취한 뒤 21세기위원회의 활동을 통하여 21세기에 대한 범국민적 관심을 제고하고 의견을 수렴하여 정치, 경제, 사회, 문화 등 제반 문제를 진단하고 대책을 세워 다시 한번 도약하도록 분발하리는 격려의 말씀과 함께 "21세기를 향하여 함께 뛰자"고 말씀하시며 2시간 가까운 보고회의를 마무리하였다.

전술한 바와 같이 대통령께서 21세기 관련 비서실 업무 강화를 지시함에 따라 나는 9월 13일 7시 30분 삼청동회의실에서 정무·경제·외교안보·행정수석과 정책조사보좌관 등과 함께 회의를 개최하였다. 논의를 거듭한 끝에 비서실장이 주관하여 21세기위원회 활동 지원을 강화하는 것 외에 새로이 '21세기기획단'을 조직하여 각 정부출연 연구기관장으로부터 직접 분야별 21세기 대비책을 마련하도록 하여 보고받은 뒤 함께 논의하고 정책화하는 작업을 실시하게 되었다. 비서실장의 일정을 고려하여 주 1회를 원칙으로 1991년 9월 10일부터 1992년 11월까지 모두 28차례의 조찬모임을 삼청동회의실에서 가진 것인데, 이 임무가 부과되면서 비서실장에게는 전술한 홍보조정회의 외에 또 하나의 정기회의를 주재하는 일이 추가되었다. 그 결과물은 《21세기의 한국》이란 책자로 1993년 1월 15일 동화출판사에서 발간하게 하였다. 이관 위원장이 주관한 21세기위원회도 연구 결과를 집약하여 《21세기를 향한 한국의 과제》(1991년 9월), 《2020년의 한국과 세계》(1992년)의 2개 책자로 발간하여 세상에 내놓았다.[26]

26 이 위원회는 1989~1994년까지 5년간 연구 활동을 하도록 규정하여 발족하였다. 노 대통령 정부가 임기 만료된 후에도 이 위원회는 계속 존속되었으며 김영삼 정부 때인 1995년부터는 정책기획위원회로 명칭이 변경되었다. 2008년 이명박 정부 때는 미래기획위원회로

농어촌대책과 홍수 그리고 태풍

7월에 들어가면서 정부는 경제정책 중에서도 농업 분야에서 획기적인 새 출발을 단행하였다. 농자천하지대본農者天下之大本이란 말은 농업이 산업의 주인 노릇을 하던 농경사회에서 당연시하던 캐치프레이즈지만, 이미 상공업이 주가 되어 버린, 그것도 정보화사회에까지 들어선 지점인 1991년 7월에는 또 다른 뜻에서 농업의 중요성을 말하지 않을 수 없게 되었다. 그것은 산업화에 골몰한 나머지 농어촌이 상대적으로 낙후지역이 되었을 뿐만 아니라 이제 우루과이라운드 타결을 목전에 두고 시장개방·국제경쟁력을 향하여 획기적인 농업구조 개선대책을 강구하지 않을 수 없게 된 것이다.

노태우 정부는 이러한 상황 전개에 대비하여 1989년 4월 28일 농어촌발전종합대책을 발표하였으며 그 후속 조치로 1990년 3월 농어촌발전특별조치법과 농어촌진흥공사 및 농지관리기금법을 제정하여 동년 8월 그 시행령을 공포하였다. 나아가 1989년부터 1992년까지 총 16조 원을 투입한다는 계획 아래 영농 규모 확대와 전업농 육성, 가격 안정시책과 가공산업에의 참여 지원, 농공단지 조성과 농어촌 특산단지 및 농어촌 휴양지 개발 지원으로 농가소득의 다변화 도모, 농지관리제도 개선 등을 추진하기 시작하였다.

그러나 국제 농업환경이 하루가 다르게 바뀜에 따라 1991년 1월 23일 신년 업무보고를 할 때 농업 부문만을 떼어 보고받은 것을 위시해 당시 논의한 바를 구체화하기 위한 작업을 농수산부가 진행해 왔다. 대통령께서는 그 진도를 여러 번 확인해 조경식 농수산부 장관을 독려했으며 나도 조그만 힘을 보탠 바 있었다.[27] 당에서도 이러한 현실을 감안, 나

명칭이 변경되어 2013년까지 계속되었고 2017년 문재인 정부 때 다시 정책기획위원회란 명칭으로 유사한 기능을 가진 위원회가 활동하고 있는 것으로 확인된다.

웅배 정책위의장을 중심으로 작업을 전개해 6월 8일 대통령께 보고한 것은 이미 기술한 바 있거니와 조 장관은 6월 10일 그동안의 작업 내용을 다시 보고드린 뒤 농수산물 유통구조 개선대책과 농어촌구조 개선대책[28]을 정리해 7월부터 시행에 들어갔다. 이번에는 1992년부터 2001년에 이르는 10개년계획으로 정책 수행기간을 조정하여 그 동안 42조 원에 이르는 방대한 자금을 농어촌에 투자하기로 한 것이다. 그 주된 내용은 기술로 농수산업을 선도할 정예인력 확보, 규모화된 전업농가 육성과 기계화·자동화를 통한 고품질·고부가가치 산업으로 구조개선을 촉진하고, 다양한 소득원 개발과 생활환경의 획기적 정비, 사회정책적 지원 확대로 농어촌의 활력을 증대함으로써 농수산업이 2·3차 산업과 균형을 이루도록 한다는 것이었다.

이와 같은 농어촌대책 추진은 장기간에 걸쳐 시행되는 것이지만 그 청사진을 제시하고 계획을 실천에 옮기는 제반 조치를 취하였다는 점에서 우리나라 농어촌 발전에 1991년 7월은 큰 의미가 있는 달로 평가될 수 있을 것이다.

사실 7월 하순부터 8월 중순까지 약 한 달은 통상 혹서기로 공직사회도 좀 쉬어 가는 기간이었다. 경제개발 초기에는 휴가를 즐길 여유도 갖지 못하였지만 1980년대에 들어서면서 휴가에 관한 생각이 달라지기 시작하였으며 1990년대에 이르러서는 '휴가 필수'가 정착하는 중이었다.

27 조경식 장관이 내 고교시절 은사인 조충식 선생님의 동생이라는 사실을 알게 되면서 내가 비서실장으로 재직할 때 허물없이 지낼 수 있었으며, 이 문제 외에 양곡수매 등 어려웠던 농어촌 문제를 해결하는 데 큰 도움이 되었다.

28 전술한 1989년 농어촌발전 종합대책의 기본 틀을 유지하는 가운데 우루과이라운드 협상 및 농어촌 환경 변화 등 농업의 개방과 국제경쟁이라는 대내외적 경제 여건의 변동을 고려함과 아울러 각계 전문가 및 농어민 의견수렴이라는 절차를 거쳐, 보다 장기적인 전망 아래 한국농업 발전방향을 제시한 것이다.

그 휴가가 주로 하계에 집중하여 시행되고 있었다. 그러나 청와대 비서실에서는 휴가 중에도 안심하지 못할 일이 늘 도사리고 있었다. 계절상 홍수와 태풍이란 자연재해가 연례행사처럼 찾아오기 때문이다.

아니나 다를까 7월 말엔 집중호우로 인한 홍수피해가, 그리고 8월 말엔 태풍으로 인한 막대한 피해가 기다리고 있었다. 7월 21일부터 26일까지 서울, 경기, 춘천 등 중부지방 일원에 집중호우가 내리면서 산사태, 낙뢰, 철도 운행 중단 등으로 총 70명의 인명피해와 873억 원에 이르는 재산피해가 발생했다. 비서실에 비상이 걸렸다. 7월 22일부터 27일까지 매일 아침수석회의에서는 피해상황을 파악하고 긴급복구를 독려하는 데 힘을 쏟았다. 담당 노건일 행정수석은 예정했던 휴가를 취소하였고 내무부 등 관계부처의 상황실도 비상근무에 들어갔으며, 김영삼 대표가 수해 현장을 방문하기도 하였다.

대통령께서 현장방문을 할 것인지가 아침수석회의에서 검토되었다. 인명피해 257명, 재산피해 5천억 원에 달했던 전년도에 비해 피해상황이 현저히 줄어든 상황임을 감안하여 굳이 현장방문을 하지 않아도 되겠다는 결론이 나 청남대에 그렇게 보고하였다. 그러나 폭우기간 중 대통령의 지시가 계속 하달되어 관계기관에서 응급복구에 최선의 노력을 다하였고, 본관수석회의가 열린 8월 5일에는 추가적인 피해를 포함하여 총 인명피해가 73명, 재산피해가 1,399억 원으로 집계되었으며 응급복구는 100% 완료된 것으로 파악·보고되었다. 장마철 비상 대응은 일단락된 셈이었다.

소련 사태가 쿠데타 실패로 전환되어 한시름 놓으려던 8월 23일, 12호 태풍 글래디스가 남해안에 상륙하였다. 당초 예보와 달리 진로를 바꾼 태풍은 8월 23일 오후 전남 여수 해안에 상륙하여 24일 새벽 변산반도를 지나 서해 해상으로 빠져나갔다. 글래디스가 한반도를 지나가는 시간은 여느 태풍에 비하여 결코 길지 않았다. 그러나 그 피해는 엄청났다. 인명피해는 사망 74명, 실종 29명 등 103명에 이르렀고, 이재민 3,912세대, 1만 3천여 명, 재산피해 955억 원(1991년 8월 25일 현재)으로 집계되었다. 특히 태풍이 진행하던 방향 우측인 부산·경남지역, 그 가운데서도 부산의 사상공단 등 몇 개 공단에 폭우피해가 심하였으며 대구, 경북, 강원 등 반도의 동쪽에 피해가 컸다.[29] 태풍이 느린 속도로 북상하면서 많은 열대지방의 수분을 흡수한 탓에 전례 없는 집중폭우가 쏟아졌다는 것이다. 인명피해가 컸던 것은 물론 주택과 공단, 농경지가 입은 피해 또한 심각하였다.

토요일이던 8월 24일 새벽 6시 30분 나는 청와대의 전화를 받고 행정수석과 통화한 뒤, 곧 관저로 달려가 대통령을 수행하여 7시 40분 관저를 출발하였다. 내무부의 재해대책본부에 도착하여 상황보고를 받고 몇 가지 지시사항을 말씀하시는 데 배석하였다. 재해대책본부에게서 피해상황과 복구 노력에 대하여 보고받은 노 대통령께서는 군을 포함하여 정부의 전 능력을 동원하여 피해복구에 최선을 다하도록 지시·격려하는 한편, 이번과 같은 이상기후 상황에 대비 기상관측기술을 개발할 것, 부산 사상공단에 대하여는 근본적인 대책을 검토 시행할 것, 콜레라 대비책을 마련할 것, 골프장 등의 비공식 강우량 측정을 활용하는 방안을 검토할 것, 차량 대피계획을 마련할 것 등과 함께 무동력선이 함부로 조업하는 일에 대한 책임 추궁도 생각해야 할 것이라고 말씀하셨다.

8시 20분 재해대책본부를 떠난 나는 삼청동 홍보조정회의, 아침수석회의, 오후에는 당정국회대책회의를 주재하는 등 바쁜 일정을 소화한 뒤 저녁에는 이상연 내무부 장관에게서 수해지역 시찰 결과를 전화로

29 1991년 8월 24일 0시 기준 집계된 22~23일 이틀간 지역별 강우량은 동쪽에서는 부산 505.5㎜, 울산 532.3㎜, 포항 393.6㎜, 거제 502㎜, 마산 320.3㎜, 울산 532.3㎜, 울진 305.5㎜, 대관령 372.2㎜, 삼척 318.2㎜였으며 서쪽에서는 여수 51.5㎜, 광주 17.6㎜였다(〈조선일보〉, 1991년 8월 24일 자 1면 참조).

보고받았다.

8월 27일에는 9시 30분부터 약 1시간 동안 수해대책복구 관련회의가 개최되어 총리로부터 상황보고를 받았다. 노 대통령은 재난에 대비한 여러 가지 예방책을 강구해야 하겠지만 우선은 시민 생활에 불편이 없을 정도로 조속한 복구와 방역 등에 최선을 다하라고 하시면서, 그 과정에서 예산이 필요한 경우 선지급한 뒤 후조치하라고 지시하셨으며 수재의연금 모금으로 서로 돕는 풍토도 조성해야 할 것이라 말씀하셨다. 또한 사상공단 등 산업시설이 입은 피해에 대하여 근본적인 재해요인을 파악하여 조치할 필요가 있는 세제 · 금융지원 등을 아끼지 말고, 마지막으로 전례 없는 폭우와 강수량 등에 대비하여 하천준설 · 제방 · 댐 등 시설의 '설계기준'을 전반적으로 재검토할 것을 주문하였다.

이와 같은 정부와 당사자들의 노력에 힘입어 9월 5일 현재 태풍피해에 대한 응급복구는 완료되었다고 행정수석이 파악 · 보고했으며, 수재의연금도 9월 6일 현재 123억 원이 모금되어 큰 도움이 되었음을 확인하였다. 각종 재난에 많은 의연금이 답지하는 것은 우리나라의 자랑스러운 미풍美風이라 할 만하다. 이리하여 금년 여름 홍수 · 태풍피해 문제도 어느 정도 해결되어 가고 있었다.

경제정책 다잡기

7월에 획기적 농수산대책 발표 · 시행, 경찰청 출범, 최영철 특보 발언 사태 수습 등을 거쳐서 한여름을 대과 없이 보내고 국회가 개회되는 가을을 맞이하였다. 그러나 8월 하순에 이른 때에 경제운영 전반과 관련하여 한바탕 논쟁이 제기되는 일이 있었다.

그에 앞서 7월 15일 새해 예산안 편성방향에 관한 경제기획원의 보고가 있었다. 이 자리에서 예산규모 확충의 필요성이 인정되면서 세원 발굴과 낭비요인 삭감, 그리고 새만금사업 등 SOC사업 관련 민자유치 방안 등이 논의되었다. 이를 토대로 예산당국의 작업이 진행되고 당정협의 등을 거치면서 진일보한 예산안을 마련하여 8월 23일 오전 약 1시간 반에 걸쳐 대통령께 보고하였으며, 예산 규모, 공무원 처우, 방위비, 청소년 관련 예산 등 중요 쟁점과제에 대한 방향이 결정되어 가고 있었다.

그런데 8월 16일 아침수석회의에서 정무수석이 예산안 및 수해대책 당정회의에서 당이 내년도 예산안 확대에 대한 국민들의 부담이 우려된다고 문제제기하였고, 언론의 비판적 보도도 잇따르고 있다고 보고했다. 경제수석은 SOC 투자를 하지 않는다고 비난하는 언론이 예산 팽창을 비판하는 것은 모순이라면서 전체 GNP 중 정부 재정의 비중이 중요한데, 1980년대에 들어서면서 줄곧 긴축기조로 재정을 해왔기 때문에 새해 예산안의 팽창 규모는 큰 문제가 되지 않는다고 답변하였다.[30] 이 문제 제기를 계기로 그 뒤 수석회의에서는 8월 20일 당의 정책위의장이 금년도 물가가 20% 정도 오를지도 모른다는 우려를 표명하고, 박태준 최고위원이 민간업계를 대변하는 발언으로 정부의 경제 운용을 비판하고 있다는 보고가 있었다. 이와 같은 방식으로 노 대통령이 유엔방문을 위하여 출국하던 9월 20일까지 무려 13회나 경제문제가 아침수석회의에서 거론되었다.

이틀에 한 번 꼴로 회의에서 제기된 문제는 상반기 경제 운영에서 나타난 물가문제, 국제수지 적자 등 거시경제지표와 함께 새해 예산편성

30 확정된 1992년 예산 규모는 전회계 기준 45조 2,464억 원으로 전년 대비 14.5%가 증가하였으나 경상 GNP 235조 8,800억 원 대비 19.2%로서 전년도 재정부담률 19.3%와 비슷한 수준이었다. 공보처(1992), 《제6공화국 실록》 3권, 96쪽.

연도별 재정규모 추이

재정부담률(%) / 전회계

연도	1982~1987년 평균	1988년	1989년	1990년	1991년	1992년
재정부담률	19.9%	17.8%	19.0%	18.6%	19.3%	19.2%

관련 재정 규모, 공무원 처우 개선, 국방비 규모 등이 토론되었고, 건전한 소비 풍조 진작과 관련하여 사치·과소비 배격, 외제 밀수품 단속, 근검절약 캠페인 등 경제 전반에 관련된 문제들이 거론되어 토의되었다. 대개 상식적으로 이해되거나 염려되는 문제들이 두루 논의되었지만 이런 문제에 대하여 여당 간부, 경제 각료, 청와대 사이에서 엇박자가 나는 것에 대하여도 걱정하지 않을 수 없었다. 일사불란이 꼭 좋은 것만은 아니지만 정부·여당의 지나친 분열·난맥상 또한 바람직하지 않은 일이다. 대통령께서도 8월 하순 무렵 몇 차례 걱정하시는 일이 있었기에 경제정책을 다잡기 위한 노력이 절실히 요구되는 시점이었다.

정무수석과 경제수석이 나서서 당과의 소통을 강화하는 한편 나도 경제부총리를 만나 직접 대화할 기회를 가졌다. 9월 5일 새 청와대 집현실에서 본관수석회의를 가진 뒤로 이튿날(9월 6일) 18시 30분부터 약 1시간 가까이 최각규 부총리를 삼청동회의실에서 만나 거시지표와 함께 경제문제를 두고 엇박자를 보이는 당·정 등 청와대의 염려를 전달하고 허심탄회하게 의견을 나누었다. 그 자리에서 최 부총리는 대통령과 독대할 기회를 마련해 달라고 요청했고, 이에 그렇게 하겠다고 약속하였다.[31] 곧 경제수석실의 준비를 바탕으로 대통령께서 경제장관회의를 소집하여 특별지시를 내릴 기회가 마련되었다. 그사이 나는 박태준 최고

31 최각규 부총리는 고등고시 7회 행정과에 합격한 이래 재무부·경제기획원 등에서 경제관료로 실력을 쌓아 박 대통령 시절 이미 농림·상공부 장관을 역임한 바 있었다. 고시 10회 합격자인 내가 검찰과장으로 검찰 예산문제를 담당할 때에는 경제기획원 차관이었다. 당시 모시던 검찰국장 서정각 검사장은 고시 1회 사법과 합격이었는데 당시만 하여도 고등고시 합격자들 사이에는 동지의식, 선후배 관념이 확고하였다. 서 국장이 최 차관에게 전화하면 깍듯이 선배 대접을 하는 한편 검찰예산에 대한 협조도 아끼지 않았던 것으로 기억하여 상당한 호감을 갖고 있었는데, 세월이 흘러 내가 대통령 비서실장이 되어 처음 개각할 때 국회의원으로 여당 정책위의장을 맡고 있던 최각규 선배가 경제부총리로 기용되게 된 것이다. 특별히 친분을 쌓을 기회는 없었지만 고시 선후배란 관계에 위와 같은 좋은 기억이 합쳐져서 대화가 잘 되었다.

위원과도 만나 여러 가지 의견을 들었다. 박태준 최고위원과는 9월 7일 저녁 식사를 겸하여 약 3시간가량 대화를 나누었다. 당시 박 최고위원은 돈 안 드는 선거와 내각제 문제 등을 두고 긴 이야기를 하였으며, 경제문제에 관한 의견을 비롯해 당 운영에 최선을 다하겠다고 하여 이를 대통령께 보고드렸다. 이때 박태준 위원의 의견을 많이 참고하라는 지시를 받았다.

9월 9일 오전 9시부터 1시간 동안 총리, 경제부총리, 재무, 농수산, 상공, 동자, 건설, 보사, 노동, 교통, 체신, 과기처, 환경처 장관 등 전 경제장관은 물론 한국은행 · 산업은행 총재, 국세청장과 관세청장 등을 소집한 가운데 부처별로 지시가 내려졌다. 먼저 국무총리에게 물가안정, 국제수지 개선 및 경제성장 등을 위해 국민의 협조를 호소하는 TV 출연을 할 것을 말씀하셨으며, 이를 비롯해 경제장관회의에 대통령이 직접 참석하여 독려하겠다고 언급하신 뒤 임박한 추석대책을 수립하여 실시하되 원활한 수송을 위하여 자가용 차량의 홀짝 운행도 검토하라고 지시하셨다.

부총리에게는 중요한 일에는 직접 나서고 정도를 지키라고 하시면서 당면한 정부예산 편성을 위한 당정협의와 관련하여 정치에 흔들리지 말 것을 당부하시고 해외 출장여비 등의 외화 절약과 문화체육시설 점검 등을 유념하라고 하는 한편, 재무부 장관에게는 인심 잃을 각오를 하고 과소비대책과 제도개혁에 임할 것이며 재무관리의 관료적 · 고압적 자세 개선에 노력할 것을 지시하였다. 또한 국세청장에게 호화사치 대책을 세우고, 관세청장에게는 밀수 및 불법 과다반입 대책을 수립할 것과 한국은행은 자금흐름의 건전화를 위해, 산업은행은 설비투자 · 기술개발 지원관리를 위해 각별히 노력할 것을 당부하셨다.

상공부 장관에게 무역수지 개선대책을 현장 중심으로 KOTRA, 무역협회 등과 협조하여 실시할 것, 농수산부 장관에게 농어촌적 시각에서 탈피하여 추곡수매 대책을 입안할 것, 건설부 장관에게 건설 과열 진정과 부실공사 대책을 수립할 것, 노동부 장관에게 임금상승, 노동관계 입법 등과 관련 대국민 설득에 노력할 것, 과기처 장관에게는 기술향상, 핵폐기물처리시설 해결에 각각 최선을 다하라고 말씀하셨다.

기업인에게는 R&D 투자 강화와 노사화합에, 근로자에게는 근로의욕 향상과 근로윤리 확립, 그리고 임금협상 문제에 합리적 선을 지킬 것을, 소비자에게 과소비 억제와 근검절약을 호소하는 내용을 강조하였다. 이 계제에 나는 우리나라같이 무역에 의존하는 개방경제에서 수입축소를 위한 외제품 사용절제 운동은 자칫 무역마찰을 일으킬 소지도 있어, 매우 조심스럽게 민간의 자발적 캠페인 등으로 추진하는 것이 바람직하는 생각을 굳히게 되었다.

국제수지가 오랜 적자 끝에 1986년 처음 흑자로 전환된 뒤 4년 동안 흑자 상태를 유지하다가 1990년부터 다시 적자로 돌아섰으며 1991년에 이르러서는 적자 규모가 더 커짐에 따라 다각적인 방책이 논의된 것이다. 4년간 흑자기조가 유지되는 동안 샴페인을 너무 일찍 터뜨리는 등 일부에서 보인 문제점을 제기하기도 하였으나, 민주화가 정치에 미친 역효과 등 여러 가지 원인이 복합적으로 작용하여 4년 만에 적자로 돌아섰다. 특히 1991년에는 경상수지 기준 1990년 21.8억 달러 적자에 비하여 88억 3천 달러 적자로 많이 늘어난 현상[32]을 두고 심각한 논의가 일어났다.

1991년의 급격한 적자 증가에는 시설투자를 위한 수입이 많이 늘어났다는 주된 원인이 있었으므로 향후 경제성장을 위하여서는 긍정적 면이 없지 않았으나, 불요불급·사치품 등 과소비도 걱정할 수준이었다고 판단하였다. 이에 대통령께서 각 부처에 관련 대책을 주문하시기에 이

32 경상수지 추이는 다음 표와 같다.

연 도	1986	1987	1988	1989	1990	1991
경상수지(억 달러)	46.2	98.3	141.6	50.5	-21.8	-88.3

르렀다. 이와 같은 노력은 효과를 나타내기 시작하여 연말에 이르러 물가상승률도 한 자릿수를 지킬 수 있었다. 국제수지도 흑자 전환은 되지 않았으나 1992년에 적자가 대폭 감소되었으며 특히 순외채는 총액이나 GNP 대비 비율이나 모두 획기적으로 축소된 상태에서 1993년 2월 정권 이양이 이루어졌음을 미리 지적해 두고자 한다.[33]

이 회의 직후 최각규 부총리는 대통령에게 배석자 없이 독대 보고를 하였다. 경제 전반의 운영과 관련하여 대화가 좋게 진행되었으리라 짐작할 뿐, 그야말로 독대인 만큼 대화 내용에 대하여 나는 관심을 두지 않았다. 12시부터 국회 상임위원장 · 간사들을 위한 오찬행사가 인왕실에서 진행되었으므로 그사이에 두 분이 충분히 대화의 시간을 가졌으리라 짐작할 뿐이다.

이와 같은 경제 다잡기 회의가 있고 나서 하루가 지난 9월 11일엔 10시부터 '제조업 경쟁력강화 대책회의'가 진행되었다. 세 번째 회의였다. 이번에는 앞선 2번의 회의와 달리 부총리, 재무 · 교육 · 상공 · 동자 · 건설 · 노동 · 체신부 장관, 과기처 차관 등 관계부처 장 · 차관만 참석시킨 가운데 추진상황이 미흡한 분야를 중심으로 심도 있는 토의를 하는 포맷으로 진행되었다. 당면한 산업기술 향상, 금융 · 세제지원, 산업인력 공급, 생산직 인력난, 공업용지, 과학기술 개발 등과 관련하여 경제부총리, 교육부, 상공부 장관이 소관별 보고를 하였으며, 노동부 장관이 근로자 생산성 향상을 위하여 일하는 분위기 조성과 탁아소법 제정으로 공공탁아소 설립을 확대하여 인력공급에 기여하도록 하자는 등의

33 대외 순채무 추이는 다음 표와 같다.

연 도	1980	1985	1990	1991
대외 순채무(억 달러)	196.3	467.6	48.5	124.8
GNP 대비(%)	32.5	39.6	2.0	4.4

보고와 토의가 있었다.

대통령께서는 보고와 토의 상황을 경청한 뒤 그저께 내린 지시에 이어 우리 경제의 전반적 상황에 대하여 기조설명을 하였다. 지금 우리 경제는 몇 가지 불안요소가 있으나 궤도를 벗어나거나 후퇴하고 있지는 않으며, 성장률 · 제조업 생산 · 투자 · 수출증가율 등이 경쟁국들보다 절대 나쁘지 않을 뿐만 아니라 노사관계는 작년보다 안정되었으며 기술개발을 위한 노력도 불붙기 시작하였다고 평가하였다.

다만 "내수가 과열될 조짐이 나타났을 때 미리 대비치 못하고 시기를 놓친 것이 아닌가 생각되며 근로자는 일하기 싫어하고 기업인은 사업의욕을 상실하고 소비자는 사치 · 낭비하는가 하면 정부는 소극적인 자세로 근무하여 전반적으로 풀어진 분위기를 다잡지 못했다는 아쉬움이 있다. 그러나 우리가 기본방향으로 삼고 있는 안정적 기조를 유지하면서 장기적 성장기반을 구축하자는 것은 올바른 길이며 그를 위하여 단기적 처방보다 산업경쟁력 강화가 우선적 처방이 되어야 한다고 생각한다. 제조업 경쟁 대책은 당면한 현안일 뿐만 아니라 선진국 진입의 필요조건이므로 동요 없이 추진하여야 한다"는 기본 입장을 천명한 뒤 구체적으로 다음과 같은 몇 가지 사항을 지시하셨다.

첫째, 많은 생산기술과 핵심기술 개발에 착수한 것은 기필코 성공하여 기업화와 경쟁력 강화로 연결하고 수출에 이어지도록 해야 한다. 둘째, 교육부 장관은 인력 수급의 불균형을 시정하고 산업현장에서 필요한 기술인력을 길러낼 수 있도록 기술교육제도를 획기적으로 개편하라. 셋째, 노사분규가 진정되고 있는 것은 다행이지만 실질임금 상승률이 가파르게 상승하여서는 경쟁력 감퇴가 불가피할 것이므로 노동부 장관은 제도를 개선할 점이 있다면 노사단체, 정치권 등 전 국민적 차원의 문제 제기 · 합의 달성을 추진하도록 한다. 넷째, 각 장관은 소관분야 시책 추진을 직접 점검 · 보완 · 시정하도록 하며 상황판이라도 집무실에 걸어 놓아야 한다.

앞에 설명한 대로 우리 사회의 해이해진 분위기를 다잡아야 하며 특히 300만 원짜리 웨딩드레스 임차, 과분하고 빈번한 해외여행 등 사치·과소비 풍조를 바로잡지 않고서는 물가안정, 국제수지 적자 개선, 산업경쟁력 제고도 다 물거품이 될 것이라고 하면서 각 부 장관들이 앞장서서 국민의 협조를 끌어내도록 최선을 다해 달라고 당부하셨다.

9월 16일에는 오전 약 1시간에 걸쳐 새해 예산안 보고를 받고 논란이 되던 공무원 처우 개선, 국방비 문제에 대하여 결단을 내린 뒤 예산실장을 격려하였으며, 다른 의견을 피력한 박태준 최고위원에게 잘 설명하여 협조를 받도록 하라고 지시하였다.

9월 20일 유엔방문차 출국을 앞두고 그 전날인 9월 19일 9시 30분 청와대를 출발하여 국립묘지에서 참배하였다. 이어 10시 30분 정부 과천청사에서 경제장관회의를 주재하며 경제기획원, 재무·상공·노동·농림수산부 장관 등의 보고를 받고 그동안 민주화로 치른 대가를 거두어들이자고 격려하면서 지난번 제시한 경제기조를 유지하되 확인·점검 강화, 국민 설득과 협조 유도로 실효를 거두어야 할 것이며, 특히 경제홍보와 경제교육의 중요성을 거듭 강조하였다. 그리고 지난번 논의에서 매듭짓지 못한 탁아소 증설 문제 등에 대하여 결말을 짓도록 지시하였다.

출국을 앞둔 바쁜 일정 가운데서도 경제장관회의를 거듭 주재한 것은 9월 9일 회의 때 약속했던 사항을 이행하는 일이기도 하였거니와 거듭 지시·점검·확인·실천해야 한다는 의지가 간절함을 장관들에게 주지시키기 위한 것임을 보면서 비서실장으로서 무한한 책임을 다시 한번 느끼지 않을 수 없었다.

정기국회 준비 및 기타 국정수행 사항

9월 10일 제13대 국회의 마지막 정기국회가 개회되었다. 13대 국회의 임기는 1992년 4월에 만료되지만 그전에 14대 국회의원 선거가 실시되어야 하는 만큼 정기국회로서 사실상 13대 국회의 활동은 끝날 수밖에 없었다. 이 마지막 국회에서는 상공위사건과 수서사건 등으로 드러난 정치부패 등을 개선하고 다음 총선에 대비하여 선거법·정치자금법 등 정치 관계 입법을 매듭지어야 했다. 또한 전술한 바와 같이 대통령의 관심사로 추진해 온 제주개발특별법이 쟁점법안으로 등장한 것을 비롯해 많은 입법과제와 함께 국정감사, 예산안 처리, 그리고 가을 국회의 연례과제가 되어온 추곡수매가 동의 문제 등 많은 국정과제가 기다리고 있었다.

이와 같이 많은 문제를 원만하게 처리하기 위하여 청와대 비서실은 연초부터 줄곧 준비를 해왔고, 현안들에 대한 방침도 대개 정해져 있었다. 그동안 당정 간의 협의과정이 쉽지 않았으나 빈번하고도 긴밀한 대화를 통하여 국정감사, 예산안, 추곡수매가, 정치개혁입법, 기타 입법계획에 대한 의견이 거의 조정된 상태였다.

드디어 정기국회 개회를 앞두고 9월 2일 정기국회 일정에 대한 협의가 종료되었다. 9월 10일 개회식에 이어 9월 12일~13일 양당 대표연설, 9월 16일~10월 5일 국정감사, 10월 7일 예산안에 대한 시정연설에 이어 10월 8일~12일 대정부질문까지의 일정 합의였다. 그러나 될 듯 말 듯 시간을 끌어오던 신민당과 민주당 간의 야당 통합이 정기국회 개회일이던 9월 10일 성사됨으로써 양당 대표연설이 야당 측 요구에 따라 국정감사 뒤로 미루어지는 조정이 이루어졌다. 정치는 생물이어서 하루 앞을 내다볼 수 없다고 하듯, 여 3당 통합 이후 1년 반 만에 양당제로의 환원이 이루어지면서 정기국회 일정도 순조롭지만은 않을 것이란 예감이었다.

아니나 다를까 국정감사 증인에 수서사건 정태수를 채택하는 문제로 대립하며 9월 30일 야당이 국정감사를 보이콧하는 바람에 나머지 기간은 단독 국정감사로 끝낼 수밖에 없었다. 지방자치의회 선거 압승과 더불어 시작된 조용한 정국도 다시 흔들리기 시작하였다.

정기국회의 운영 상황에 대하여서는 그 대부분이 10월 이후의 일이므로 다음 장에서 설명하겠지만 여기에서는 9월까지 일어난 일과 관련하여 몇 가지만 지적해 두기로 한다.

먼저 국정감사와 관련하여 지방의회가 구성된 마당에 국회가 지방자치단체에 대하여 계속 국정감사를 하는 것이 옳으냐는 논의가 제기되었다. 그러나 야당의 요구가 강력하였을 뿐만 아니라 현실적으로 지방자치단체 업무 중 국가 위임업무가 큰 비중을 갖고 있다는 점에 비추어 국정감사를 지방의회로 완전히 넘긴다는 것은 이치에도 맞지 않는 것 같았다. 여야 간 협의 끝에 국가 위임업무를 대상으로 지방자치단체에 대한 국정감사를 실시하기로 결정되었다는 사실이 9월 5일 아침수석회의에서 보고되었다.

다음으로 입법 준비와 관련해 비서실장이 관심을 가지고 의견조정에 나선 것으로는 제주개발특별법과 국제교류재단 설립과 관련된 사항을 적어야 할 것 같다. 제주개발특별법은 대통령께서 오래전부터 관심을 가지고 지시해 오신 사항으로 고르바초프 대통령의 제주도 방문 이후 청와대 국무회의에서 다시 독촉하는 지시가 있었음은 이미 설명한 바 있다. 대통령께서 제주도민의 복지 향상과 관광여건 조성에 이바지할 목적으로 제주도종합개발계획을 수립・시행하되 제주도의 의견을 참고하여 제주도청의 권한을 확대하고 중앙정부의 권한을 줄여 별도의 간편한 행정절차만을 밟게 하는 내용의 특별법을 제정하라는 지시를 하신 바 있었다. 그동안에도 여러 차례 논의가 있었으나 특히 지역 일부의 반대 여론으로 지연되어 오던 중 이 지시를 계기로 4월 24일 7시 30분 삼청동회의실에서 관계관회의를 소집하면서 발동이 걸렸다.

3당 통합 후 민주계 몫으로 농수산부 장관을 역임한 제주 출신 국회 강보성 의원이 제주개발특별법 제정 작업에 나서기를 기대하면서 삼청동회의실에서 열린 관계장관 및 수석 등과의 회의에 강 의원을 출석시켜 함께 논의하였다. 6월 28일 아침회의에도 참석하였는데 그날 회의는 갑론을박이 심하여 결론을 내지 못하였다. 현지 여론이 좋지 않다는 이유로 강 의원이 문제를 제기한 것으로 기억된다. 물론 정면으로 반대하지는 않았다.[34]

그 뒤로 나는 현지 지사와의 여러 차례 의견교환을 비롯하여 청와대 자체 회의, 당정 대화 등으로 다각적인 노력을 계속하였다. 당시 내 생각으로는 제주도민이 비록 일부일지라도 반대 의견을 내는 것을 도무지 이해할 수 없었다. 제주도가 잘되라고 특별한 배려를 하려는데 왜 이를 흔쾌히 받아들이지 못하는가?

제주지역의 특별한 사정과 정서가 작용하는 것이 아닌가 생각해 보기도 하였으나 그렇다고 하여 물러설 일이 아니었다. 설득을 계속하고 필요한 절차를 밟기로 하였다. 8월 초에 들어 공청회도 개최하고 당과의 대화도 강화하였다. 드디어 8월 23일 당 정책위의장이 제주 출신 의원들과의 모임에서 의원입법으로 제주개발특별법의 연내 입법이란 과제를 수행하기로 함으로써 수개월의 노력이 한고비를 넘기게 된 것이다. 조금 장황하게 느껴질 만큼 긴 이야기를 적고 있는 것은 민주주의를 실천하기가 그야말로 쉽지 않으며 많은 힘과 슬기를 쏟아야 한다는 사실을 상기하고자 함이다.

34 본인이 앞장서는 것에 대하여서는 매우 소극적이었던 듯하다. 대통령 특별지시사항을 정면으로 반대하기도 어렵고 그렇다고 지역구 여론을 무시하기도 어려워 매우 곤혹스러워하였다.

또 한 가지 기억에 남는 것은 한국국제교류재단Korea Foundation 설립에 관련된 일이다. 당시 문화부 산하단체로서 한국국제문화협회란 사단법인이 국제문화교류사업을 수행하고 있었으며 유혁인 전 포르투갈 대사가 협회장직을 수행하고 있었다. 획기적인 국력 신장에 따라 외국과의 각종 교류사업을 더욱 활성화함으로써 한국에 대한 올바른 인식과 이해를 도모하고 국제적 우호친선에 기여하기 위해 일본의 국제교류기금Japan Foundation과 같은 조직이 필요하다는 의견이 제기되었다. 여러 가지 검토 끝에 한국국제문화협회를 흡수해 외무부 산하기관으로 한국국제교류재단을 발족시키기로 의견이 모였으며, 7월 31일, 8월 2일 두 차례에 걸쳐 청와대 비서실 내 관계수석 회합을 통하여 방침을 확정했다.

곧이어 8월 14일 16시부터 18시까지 삼청동회의실에서 비서실장 주재로 경제부총리, 외무, 문화, 공보처 등 관계장관과 관계수석 등이 모여 회의를 거친 끝에 외무부 주관으로 입법을 추진하자는 결론을 내려 집행하게 된 것이다. 그날 문화부 등 관계부처가 문제를 제기했으나 토론 끝에 위와 같이 결론을 냈으며 뒤이어 실무 조정 작업이 완료됨에 따라 작업이 원만하게 진행되었다. 당시 재원 확보가 문제였으나 경제부총리가 여권을 발급할 때 일정액을 국제교류기여금으로 하는 방안을 제시했고 이 안이 채택됨으로써 재단은 우리나라의 대외이미지 제고에 큰 역할을 하게 되었다. 이 법안은 큰 이의 없이 그해 12월 14일 국회에서 입법됐고 이듬해 1월 한국국제문화협회 유혁인 회장이 이사장으로 임명됨과 동시에 활동을 시작했다. 한국국제교류재단법에 따르면 이사장은 외무부 장관의 추천을 받아 대통령이 임명하도록 되어 있다. 그 뒤 이 재단은 현재까지 많은 국제교류사업을 수행하고 있는 것으로 확인된다.

한국국제교류재단 설립 문제 외에도 7~9월간 서울시장(7월 10일), 제 17회 세계잼버리 준비 보고(7월 13일), EXPO 준비상황(7월 18일 상공부), 남북고위급회담 추진대책(8월 12일 총리, 통일, 안기부), 감사원장(8월 13일), 국방부(8월 17일), 공정거래위원장(8월 22일), 보훈처(9월 2

일), 고속전철 추진상황(9월 9일 교통부) 등의 보고와 지시 등이 있었다. 상반기 주요정책 추진상황 보고(8월 20일 행정조정실장), 정부출연 연구기관 평가 결과 보고(8월 21일 행정조정실장)가 잇달았다.

9월 17일에는 사정장관회의가 있었다. 본 회의에는 행정조정실, 내무, 검찰, 국세청, 관세청과 감사원의 보고가 있었으며 그린벨트에 대한 개념을 세분화하여 적절한 활용책을 강구하기 위한 토의를 거쳐 총리실이 추후 보고하도록 하였다.[35]

그리고 지도층 비리와 세무공무원 부조리 등에 대한 단속계획이 보고되었다. 특히 이날 대통령께서는 경제 상황과 관련하여 근검절약, 호화사치 풍조 자제 등이 필요한 시절이므로 사정 장관들도 이와 같은 경제정책 집행을 뒷받침하는 자세가 필요하다고 강조하셨다. 무엇보다도 사정기관 공무원의 기강을 솔선하여 확립하라고 거듭 강조하셨다.

그 밖에 외빈 접견으로 호주 하원의장 접견(7월 19일), 브라질 외상 접견 및 훈장 수여(8월 9일), 다케시다 전 일본 총리 및 한일의원연맹 일본 측 의원 접견(8월 13일), 칼 구스타프 스웨덴 국왕 환영 오찬(8월 14일), 일본 사회당 의원 접견(8월 16일), 일본 국회의원 모리(뒤에 수상 역임) 등 3인 접견(8월 23일), 한일문화교류기금 일본 측 하나무라花村 서훈(8월 26일), 릴리 대사(주한 및 주중 미국대사 역임) 접견, 벨라루스 캐비치 수상 접견(9월 9일), 말레이시아 국왕 접견 및 공식만찬(9월 13일), 메드레데프 소련특사 접견(9월 17일) 등이 끊임없이 이어졌다.

35 대통령께서는 시행령 개정 등으로 그린벨트 내에서도 예컨대 체육시설, 산책로, 화장실, 음수대 등 편의시설을 확충하여 그린벨트를 활용하는 한편 보호도 하는 효과를 거양하는 등의 방책을 강구하는 것이 필요하다는 생각을 가지시고 여러 번 지시하신 바 있었다. 특히 나는 주말 등에 서울 주변을 지나는 차 안에서 여러 번 말씀을 들은 바 있다.

유엔 연설, 멕시코 방문 그리고 핵 관련 선언

대통령께서는 9월 20일 15시 30분 서울공항을 출발하여 9월 30일 15시 50분 서울공항으로 돌아오는 유엔 및 멕시코 방문 외교행사를 진행하였다. 3/4분기는 외교활동으로 시작하여 외교활동으로 끝난 셈이다.

막상 출국을 앞둔 9월 17일 밤에 서울대 대학원생 한국원 군이 귀가 도중 경찰이 시위대 진압차 위협 발사한 총탄에 맞아 사망하는 사고가 발생하였다. 9월 8일 오전 6시 10분경 행정수석의 전화로 보고받은 뒤 곧 관계관회의를 소집하였다. 이윽고 이른 시간인 7시 40분에 출근하여 8시 30분부터 9시 10분까지 삼청동회의실에서 내무·교육·공보 장관 및 검경 관계관 등이 참석한 가운데 사안에 대한 보고를 받고, 진상조사와 법에 따른 조치를 취하기로 협의하였다. 곧장 아침수석회의에 참석하여 유엔행사 및 대통령 귀국 후 행사일정 관련 논의를 하던 중 대통령 출근시간에 맞추어 도중 퇴장하여 본관에 가서 관련 보고를 하느라 부산을 떨었다.

그날 낮엔 마침 대통령 유엔 출장 등을 설명하는 편집국장단 오찬행사가 계획되어 있었다. 자연스레 서울대 대학원생 이야기가 나왔으나 사건의 경위가 명백하였던 탓인지 언론에서 크게 문제 삼을 일은 없다는 느낌을 받았다. 조속한 진상규명 공개, 그리고 법에 따라 필요한 조치를 취하도록 하여 그대로 집행하였다. 큰 물의 없이 수습되었다. 국회 내무위원회에서 현장 조사를 하는 한편 국정감사를 벌이는 등 약간의 정치공세가 없지 않았으나 유족들과 협의한 끝에 9월 21일 고향인 구례에서 가족장으로 장례를 치름으로써 원만히 마무리되었다. 당시 〈동아일보〉(1991년 9월 23일, 18면 기사)는 유족의 확고한 입장, 조기 진화를 위한 당국의 노력 및 학생들의 소극적 대응이 빚은 결과라고 풀이하고 있었다. 사건의 진상이 너무나 명백하였기 때문이라고 생각한다.

사실 대통령께서는 9월 20일 출국하던 날 아침 일찍 전화를 주셨다.

대학원생 사건에 대한 문제를 비롯해 소련특사 문제, 추석물가 문제 등을 걱정하셨다. 진행상황을 보고드리고 출국 전에 마지막 확인을 하고서야 15시 30분 서울공항을 출발하는 비행기를 탈 수 있었다.

기내에서는 대학생대표 면담에 배석하고 기내를 돌아본 뒤 자리로 찾아온 이상철(조선일보), 이종구(한국일보) 두 기자와 대변인 이수정 수석 등과 환담하였다. 첫 기착지인 미국 워싱턴주 시애틀 타고마공항에 도착한 것은 현지시간 같은 날 9시 30분이었다.

공항에서는 워싱턴주 부지사 및 시애틀 시장 등의 영접을 받았으며 10시 15분 웨스틴호텔에 체크인하였다. 이어 12시부터 2시까지 교민대표 초청 오찬에 배석하였다. 2년 만에 다시 시애틀 교민과 만난 노 대통령은 그동안 북방정책의 성공적 진행과 유엔가입에 대하여 참석자들에게 그 경위와 성과를 설명하셨다. 또한 부시 대통령과 2개월 만에 재회할 예정이라고 밝혔으며, 멕시코 방문에 대해서도 보고하였다. 때마침 시애틀 교민으로 9명 정원인 시애틀 시의회 의원에 도전해 당선을 코앞에 둔 마사 최를 격려하는 박수를 보내 달라고 참석자들에게 유도하고 함께 격려하셨다.

나는 그 자리에서 고등학교 및 대학 선배로 그곳으로 이민한 채태용, 외환은행지점장으로 근무 중이던 친구 이일우 등 친지를 만나 환담할 기회를 가졌다. 그들은 하나같이 물 문제, 도덕성 회복, 북한 대책 등 한국의 걱정되는 문제들을 지적해 주어 고맙게 생각하였다. 고국을 떠나도 나라 걱정은 더 많이 하고 있음을 느낄 수 있었다. 이튿날은 주말이라 시차적응 겸 시애틀 골프클럽에서 운동한 뒤 저녁에는 호텔에서 대통령을 모시고 공식수행원과 만찬을 가졌다.

9월 22일은 추석이었지만 아침 8시 30분 공항을 출발하여 뉴욕으로 향하였다. 16시 50분 뉴욕 케네디공항에 도착한 뒤 17시 45분 플라자호텔에 체크인하였다. 첫 행사로 18시 40분부터 19시 50분까지 뉴욕 교민 초청 리셉션이 있었으며 공식수행원과 만찬을 가진 뒤 손주환 정무수석, 이양희 비서관 등과 환담을 나누었으며 자정쯤 청심환을 복용한 뒤 취침한 것으로 기록되어 있다.

리셉션에서 대통령께서는 유엔가입에 대한 역사적 의의를 설명하고 유엔에서 유엔회원국의 국가원수로서의 첫 연설을 통하여 "세계문제에 대한 우리 겨레의 입장을 당당히 밝힐 것입니다"라고 보고한 뒤, 다음날 부시 대통령과의 회담계획, 유엔 연설 뒤 멕시코 방문계획 등을 설명하면서 우리나라가 국제무대에서 "소련으로부터 오스트레일리아, 캐나다로부터 멕시코에 이르는 태평양지역의 협력을 주도적으로 이끄는 나라가 되고 있습니다"라고 강조하셨다. 이 자리에서 대통령께서는 연설 말미에 경축사절단 일원으로 방미한 김영삼 대표가 참석했다고 소개하고 만장의 박수를 유도하셨다.

9월 23일 아침에 노 대통령은 전날 CNN TV와의 회견에 이어 〈월스트리트저널〉과의 조찬회견, 〈뉴욕타임스〉와의 핵문제 관련 회견을 가졌다. 오전 중 말레이시아 수상과의 정상회담, 일본 나카야마中山 외상 접견, 오후에는 뉴질랜드 수상과의 회담 등 바쁜 일정을 소화하였으며, 그 뒤로 부시 대통령과의 회담을 하고 북한 핵문제 등을 논의하는 한편[36] 김영삼 대표를 소개하는 일정을 가졌다.

저녁에 나는 모처럼 개인시간을 얻어 뉴욕에 거주하는 고등학교 동기 전홍열, 노태균, 박현동, 강자구, 남상찬, 손상훈 등과 한식으로 만찬을 함께 하며 오랜만에 회포를 나누는 즐거운 시간을 가졌다.

---

36 이날 나는 경축사절단으로 참석한 몇몇 원로들을 만나 대통령의 격려 말씀을 전달하는 등 보좌역할을 수행하였다. 김영삼 대표의 부시 상면은 공보수석을 통하여 뒤늦게 알게 되었다. 이 문제는 국내에서 유엔 방문을 준비하는 과정에서 논의된 바 있었으나 민감한 문제여서 구체적인 스케줄은 극도의 보안 속에 진행된 탓이었다. 이 상면에 김영삼 대표는 크게 고무되었다고 언론은 보도하였다. 이날 부시와의 정상회담은 북핵 문제, 한반도 문제가 동서냉전 종식의 관건이며, 남북한 관계는 남북 당국의 대화와 타협으로 해결해야 한다는 점, 소련 지원 문제 등에 이견이 없었으며, 11월 중 부시 대통령이 서울을 방문할 때 양국 무역증진 방안 등을 논의하기로 합의하였다.

9월 24일은 대통령께서 유엔총회에서 역사적 연설을 하는 날이었다. 9시 45분 호텔을 출발하여 유엔본부 앞 국기 게양대에 게양되어 힘차게 펄럭이던 태극기를[37] 관망하는 감격을 만끽한 뒤 본회의장에서 오전 11시 10분부터 37분까지 27분간에 걸쳐 유엔회원국으로서 처음 행하는 대통령의 기조연설을 경청하게 되었다. 연설은 '평화로운 하나의 세계 공동체를 향하여'라는 제목으로 진행되었다.

연설에서 "남북이 유엔에 동시가입하는 것이 한반도에 평화와 통일을 실현하는 가장 현실적인 선택"이며 "유엔 동시가입은 분단 이후 남북한 관계의 가장 획기적인 전환"으로서 이제 "남북한은 모두 국제사회의 책임 있는 성원으로서, 유엔헌장을 준수하며 한반도와 세계의 평화를 위해 주어진 책무를 다해야 한다"고 강조하였다. 비록 한민족이 "각각 다른 의석으로 유엔에 가입한 것은 가슴 아픈 일이며 불완전한 것"이지만 "통일을 위해 반드시 거쳐야 할 중간단계"라는 소회를 피력하면서 "우리에게 분단의 비극을 가져다준 냉전체제 자체가 와해된 이 세계에서 민족자결에 바탕하여 자주적으로, 무력에 의하지 않고 평화적으로 민족성원 모두의 자유로운 의사에 따라 민주적으로 통일을 이룰 것"이라고 '자주・평화・민주'의 통일 3원칙을 제시하였다.

나아가 남북한 유엔 동시가입으로 전개되는 새로운 남북공존시대에 즈음하여 3개의 평화통일 원칙, 즉 '휴전체제에서 평화체제로의 전환', '군사적 신뢰 구축을 바탕으로 한 핵무기 개발 금지 등 실질적 군비 감축 추진', 그리고 '사람과 물자, 정보의 자유로운 교류' 등을 제시하였다. 한국이 비록 뒤늦게 유엔회원국이 되었지만 여러 가지 면에서 중간적

37 국기게양식은 9월 17일 15시 개최된 유엔총회에서 북한, 미크로네시아, 마셜군도, 발트 3국 등 6개국과 함께 유엔가입이 승인되어 이상옥 외무부 장관 등 각국이 가입 수락 연설을 한 다음 게양대에 새로이 7개국의 국기를 게양함으로써 이루어졌다. 대한민국 유엔회원국 가입은 정부 수립 후 43년, 1949년 1월 유엔가입 신청을 한 뒤 42년 8개월 만에 실현된 것으로 실로 역사적인 쾌거였으며 노태우 대통령 재임 중 이룬 큰 외교적 업적이다.

위치를 차지하고 있는 국가로서 세계평화를 구축하고 유엔헌장의 정신을 구현하는 데 최선의 노력을 다하겠다고 약속함으로써 '첫 연설'을 마무리하였다.

연설이 행해진 유엔총회에는 김영삼 대표, 김대중 공동대표 등 정치지도자를 비롯한 30명의 경축사절단[38] 외에도 공식수행원, 교민 등 다수가 방청석에서 역사적 순간을 함께하였다. 연설에 대한 국제적 평판은 괜찮은 것으로 나왔다. 후술하는 바와 같이 공보수석실을 중심으로 수개월간 힘을 쏟은 일이 헛되지 않았다고 생각하였다.

노 대통령께서는 이날 데케야르 유엔 사무총장을 면담한 자리에서 관례에 따라 문화부가 각계 전문가 회의를 거쳐 유엔가입 기념품으로 선정・제작한 월인천강지곡月印千江之曲의 목판 금속활자본(보물 제 398호) 복제품을 전달하여 이를 유엔본부 2층 복도에 전시하게 하였다. 뿐만 아니라 43년 만의 유엔가입이란 대경사를 축하하기 위하여 문화부가 파견한 경축예술단이 9월 25일 저녁 뉴욕 카네기홀에서 '소리여, 천년의 소리여!'란 주제 아래 미국 내 각계 인사, 각국 유엔총회 대표단, 유엔사무처 간부, 그리고 뉴욕지역 교민들을 초청한 가운데 성황리에 경축공연을 마쳤다.[39]

그 밖에도 9월 24일 연설 후 경축사절단을 위한 대통령 초청 오찬행사

38 후술하는 바와 같이 경축사절단 선정 시 각계 여론을 수렴하면서 관계부처 및 청와대 관계수석 등이 수시로 대통령에 보고하여 지침을 받는 등의 절차를 거쳐 정계 2명, 전 국무총리 3명, 국회상임위원장 2명, 통일 관계기관 3명, 경제계 1명, 언론계 3명, 교육계 1명, 문화예술계 1명, 예비역 군인 1명, 외교 원로 3명, 여성계 1명, 체육계 1명, 청년계 1명, 법조계 1명, 노동계 1명, 농어민 대표 3명, 학생대표 2명 등으로 확정했으며, 이들은 대부분 전용기에 동승하였으나 정계의 김영삼과 김대중은 별도 일정을 갖고 뉴욕에 합류하였다.

39 경축예술단은 국립국악원연극단, 국립무용단 및 서울시립국악관현악단 소속 135명으로 구성되어 뉴욕에 앞서 서울, 로스앤젤레스에서 공연을 가졌다. 미국 공연을 마친 후에는 소련, 폴란드, 유고슬라비아, 체코 등에서 순회공연을 하였다. 나를 비롯한 인원은 9월 25일 오전에 멕시코로 출국하였으므로 공연을 관람하지는 않았다.

가 있었고, 18시 30분부터 약 1시간에 걸쳐 노창희 유엔대사 주최 리셉션이 각국 대표단 및 미국 각계인사 초청인사 등 700여 명이 참석한 가운데 성황리에 개최되었다. 이 자리에는 김영삼 대표와 김대중 공동대표가 함께 참석하였다. 김대중 공동대표는 잠깐 인사만 하고 자리를 떠났다.[40]

노 대통령께서는 9월 24일 오찬행사 이후 저녁행사까지의 틈을 이용하여 14시 50분부터 17시 50분까지 미 육군사관학교West Point를 방문했다. 학교 당국자들과 면담하고 시설을 시찰하는 한편 학생들도 만났다. 당시 웨스트포인트에는 학생 4,400명가량이 수학 중이었으며 한국계 학생도 70여 명 있었고 여자 생도도 있었다. 1802년 설립되어 대통령 2명을 배출해 낸 인재양성의 산실임을 엿볼 수 있었다. 내게는 매우 인상 깊은 행사였다고 기억된다.

이날 저녁 리셉션이 끝난 후 대통령께서는 사절단 중 총리급 이상 인사들과의 만찬으로 뉴욕에서의 마지막 행사를 치렀다. 화기애애한 순간이었다. 나는 기자실에 들러 인사하였으며 박성범 KBS 앵커, 홍성규 KBS 기자와의 환담을 끝으로 23시 30분 잠자리에 들었다.[41]

40 뉴욕에서 양김 대표의 동선은 확연히 구별되었다. 모두 경축사절단의 일원으로 뉴욕을 찾았지만 김영삼 대표가 9월 22일 뉴욕 총영사 주최 교민 리셉션을 비롯해 공식행사에 모두 참석한 반면 김대중 대표는 노 대통령의 유엔 연설을 제외하고는 별도의 행사를 마련했다.

41 리셉션에서 김동락 선배를 만나 기쁨을 나누었다. 그는 선친이 포항초등학교에 재직할 시절 각별했던 선배 김종식 선생님의 장남으로서 경북의대를 졸업하고 미국으로 이민하여 뉴욕대 의과대학 교수로 재직 중이었다. 내가 미국에서 유학할 당시에도 뉴욕 올버니 교외에 있는 그의 집을 방문하여 며칠간 머문 일도 있었다. 김 선배의 모친은 내가 태어났을 무렵 '삼신'에게 빌어 주기를 마다하지 않을 정도로 친밀한 관계였다고 들었다. 또 이날 낮 4종고모란 분이 찾아와 호텔에서 만난 일이 있고 그 아들 백호석과 통화도 하였는데 뜻밖의 방문에 당황스럽기도 하였으나 혈연이 정말 귀하다는 느낌이 드는 감격스러운 순간을 맛보기도 하였다. 공무수행 중에도 이런 일들이 하나의 청량제가 될 수 있었다고 회고된다.

9월 25일은 멕시코로 떠나는 날이었다. 아침 6시 30분 기상하여 내방한 뉴욕 총영사 등과 환담을 나눈 뒤 8시 40분부터 행해진 대통령의 뉴욕주재 한국특파원단 간담회에 배석하였다. 짧은 회견이었다. 남북통일에 대한 전망, 북한 내부 변화의 가능성, 통일비용, 10월에 열릴 남북고위급회담에서의 핵문제 논의 여부, 임기 중 남북정상회담 가능성에 대한 질문이 있었으며 모범적이고 짧은 답변으로 기자회견은 무난하게 끝났다. 9시에 호텔 방으로 돌아와 기다리다가 10시에 호텔을 출발하여 JFK공항에서 11시 10분 이륙하였으며, 약간의 오수를 즐기는 가운데 멕시코 현지시간으로 14시에 베니토 후아레스국제공항에 착륙하였다. 예포가 울리며 국빈방문이 시작되었다.

멕시코시티는 해발 2천m가 넘는 고원에 자리하고 있어 고산병 증세가 나타날 수도 있었다. 적응하는 데 시간이 걸리겠지만 호텔에 체크인한 뒤 약간의 휴식만 취한 채 곧장 국빈방문 행사 및 정상회담 장소인 대통령궁을 향해 출발하였다. 강행군이었다. 아니나 다를까 수행기업인 39명 중 1명이 행사 도중 쓰러지는 일이 일어났으나 곧 조치하여 별 문제 없이 행사가 계속될 수 있었던 것으로 기억된다.

먼저 17시 대통령궁 정원에서 공식 환영식이 있었다. 이 자리에서 살리나스 멕시코 대통령은 환영사를 통해 "멕시코가 한국 대통령이 최초로 방문한 중남미 국가가 되었고 이번 방문이 유엔가입 직후에 이루어진 것이어서 특별한 의미가 있다"고 언급하였다. 17시 30분부터 약 1시간 진행된 정상회담은 큰 이견 없이 주로 경제협력 증진을 중심으로 의견교환이 있었다. 멕시코 대통령이 설명한 북미자유무역협정 추진 상황과 관련하여 노 대통령은 동 협정이 배타적인 지역경제블록이 되지 않아야 한다고 강조하였으며, 멕시코 대통령은 멕시코가 APEC에 가입할 수 있도록 한국의 지원을 요청하였다. 멕시코 측은 한국 기업의 투자확대를 요청하였으며 한국 측은 멕시코 내 한국 기업 전용공단 조성과 관련하여 공장용지의 저가 임대, 원자재 관세면제 등 투자여건 마련의 중요성을 지적하였고 한국 항공기의 이원권을 확보할 수 있도록 항공협정 개정을 요망하였다. 노 대통령은 살리나스 대통령의 방한을 초청하였고 원칙적으로 수락한다고 답변하였다.

20시부터 1시간 40분 동안 대통령 관저에서 공식 만찬행사가 개최되었다. 이 자리에서는 노 대통령의 애창곡인 〈베사메 무초〉의 작곡가가 참석하여 인사하였으며 여러 번 이 곡이 연주되었고, 마지막엔 양국 대통령 내외가 일어나 참석자들과 함께 〈손에 손잡고〉를 합창하는 감격을 연출하였다. 노 대통령은 만찬 답사에서 1984년 88서울올림픽 조직위원장으로서 국가올림픽위원회연합회ANOC 회의에 참석차 멕시코시티를 방문한 일이 있음을 상기하면서 멕시코가 개발도상국으로서는 처음으로 1968년 올림픽을 개최한 것이 우리 국민에게 큰 용기를 일으켜 주어 자신감을 지닐 수 있었다고 회상하였다. 이날 만찬장에는 생화로 장식한 양국 국기가 인상적이었으며 내가 앉은 테이블에는 멕시코 내무장관과 쿠바대사 등이 동석하였다고 기록되어 있다.

이튿날 9월 26일 아침에는 수행원 등과 함께 한국식당인 '서울회관'에서 한식 조찬을 하고 물가문제 등을 비롯한 국내 상황과 김일성이 중국을 방문했다는 사실 등을 대통령께 보고드린 뒤 10시 멕시코시티 시청을 방문하는 데 수행하였다. 그 자리에서 대통령께서 인구 2천만 명을 자랑하는 멕시코시티 카마초 솔리스 시장에게서 명예시민증과 행운의 열쇠를 증정받고 인사말씀을 하신 뒤 다음 목적지인 애국용사탑에 이르러 헌화하셨다. 이어 13시부터 14시 30분까지 멕시코 외무부에서 열린 한국·멕시코 경제협력위원회 주최 오찬에 참석하여 양국 경제협력의 증진을 희망하는 오찬연설을 하였다.

나는 16시부터 약 1시간 남짓 멕시코국립자치대UNAM를 방문하였다. 학생이 30만 명이나 되는 큰 대학이었으며 대사관 박 공사의 안내로 도서실 등을 둘러보았다. 숙소인 카미노레알호텔에 돌아왔을 때 서울의 손주환 정무수석으로부터 전화가 걸려 와 뉴욕주재 특파원과의 전날 아침회견 기사가 서울에서 보도되었는데 통일과 관련된 답변 중에 조금 문제되는 내용이 있다는 것이었다. 동행하고 있던 외교안보수석 · 공보수석, 정책조사보좌관 등과 사후대책을 의논하였으며 큰 문제가 없을 것이라고 판단하였다.

이날 저녁 19시부터 20시 20분경까지 마지막 행사로 이복형 대사[42]가 주최하는 교민 초청 만찬회가 숙소인 카미노레알호텔에서 개최되어 뜻깊은 시간을 가졌다. 초청된 교민 50여 명은 대부분 1905년 전후 유카탄반도 메리다 등에 자리 잡은 농장에 취업차 이민 간 한국인 2~3세로, 1960년대 이후 이민 온 교민들과 함께 우애 넘치는 동포사회를 이루고 있다고 설명하였다. 대통령께서는 참으로 흐뭇한 만남이라고 반가워하시면서 한국의 유엔가입 등 발전상과 세계한민족체전 등을 소개하면서 조국의 국민은 "어느 민족보다 가혹했던 지난날의 경험을 세계가 찬탄하는 발전의 원동력으로 만들었다"고 말씀하시면서 "동포 여러분도 더 큰 긍지를 갖고 멕시코와 조국의 발전을 위해 훌륭한 일을 많이 해주시기 바랍니다"라고 격려하셨다.

멕시코에서 출발하여 귀국길에 오르기로 예정된 9월 27일 아침 일찍 또 하나의 비상과제가 발생하였다. 부시 대통령이 획기적인 핵무기 감축정책을 발표하였기 때문이다. 이날 아침 외교경로를 통하여 부시 대통령이 9월 27일 20시(현지시간) 텔레비전 방송으로 핵무기 감축정책 선언을 발표할 예정임을 통보해 온 것이다. 이후 부시 대통령이 선언한 내용은 ① 미국의 모든 지상 발사 단거리 핵무기 폐기, 해외에 배치된 핵폭탄과 단거리 탄도미사일 핵탄두는 본토 회수 후 파기, 해상함정과 공격 잠수함의 모든 전술핵무기와 지상기지 해군 항공기의 핵무기 철수,

42 이 대사는 주멕시코 대사를 비롯해 중남미 여러 곳에 근무하면서 모은 여러 가지 자료들을 전시함으로써 국민들에게 중남미 문화를 접촉할 기회를 제공하고자, 퇴임 후 경기도 고양시에 '중남미문화원'을 설립 운영하고 있다.

② 미국의 전략폭격기 경계태세와 대륙간 탄도미사일 발사태세 해제, 이동식 ICBM의 개발 중지, 전략폭격기 단거리 핵 공격미사일 교체계획 중지, ③ 1990년 미소 간 서명한 전략무기감축조약START의 조속한 비준과 미소 양국의 다탄두 ICBM의 전면폐지협정 체결 추진, ④ 미국과 동맹국들의 안전을 보전하기 위하여 필요한 군사력 계속 유지, ⑤ 소련에 상응하는 조치 취하길 기대함 등의 5개 사항이었다. 우리나라에 배치된 것으로 인정된 핵무기를 철수한다는 뜻이 포함된 선언이었다.

아침 7시 30분 호텔에서 외무부 장관, 합참의장, 외교안보수석, 공보수석 등이 모여 사태를 검토하고 정부가 취할 조치에 관하여 의논하였다. 7시 45분 함께 대통령에게 보고하여 재가를 받은 뒤 8시 5분부터 8시 40분까지 문안 정리를 마쳤고, 오전 11시 멕시코를 떠나는 항공기 안에서 공보수석이 기자단에 알리기로 방침을 정하였다.

우리 정부가 발표할 내용은 ① 부시 대통령이 발표한 핵정책은 세계평화를 주도하는 획기적인 조치로서 이를 전폭적으로 지지하고 환영한다, ② 소련과 다른 핵보유국도 상응하는 조치를 취하기를 기대하며 한반도와 동북아시아의 모든 관계국도 핵 제거 조치를 취할 것을 촉구한다, ③ 북한은 핵무기 개발을 즉각 포기하여 무조건 국제원자력기구와의 핵안전협정을 체결하고 국제적인 핵사찰에 응할 것을 촉구한다, ④ 미국 정부는 새로운 핵정책과 관련하여 우리 정부와 긴밀히 협의해 왔으며 부시 대통령은 친서로 미국의 대한민국 안보 공약이 확고함을 다시 확인하였다는 것이다.

뒤따라 소련도 상응하는 조치를 취하였으며 북한 외교부도 한국 내 핵무기 철수를 환영하고 북한의 핵안전협정 체결을 위한 길이 열릴 것이라고 확인하였다. 사실 핵문제에 관한 강대국의 발언은 따를 수밖에 없는 것이 현실임을 고려하면 정부로서 다른 대안이 없는 일이었다. 약소국의 비애라는 느낌이 없지 않았으나 어떻든 우리로서는 환영해야 할 '좋은 일'이라는 생각을 하였다.

그날 2박 3일의 멕시코 방문 일정을 뒤로하고 10시 반 호텔을 출발하여 예포 소리를 들으며 11시 멕시코 공항을 이륙한 전용기는 8시간 10분의 짧지 않은 비행 끝에 현지시각 15시 10분 하와이 호놀룰루 히캄공항에 도착하였으며 곧장 카할라의 힐튼호텔에 체크인하였다. 본국에 있는 정무수석과 그동안의 일을 논의하기 위한 통화가 기다리고 있었다.

호놀룰루에서도 그날 저녁 18시부터 19시 30분까지 교포를 위한 리셉션, 9월 28일 수행기자 조찬간담회, 토요일 휴식 및 운동, 만찬행사, 9월 29일 미국 하와이 주지사, 상원의원, 호놀룰루 시장, 하와이대 총장, 태평양사령부 군 관계자 5명 등 초청 조찬 등 꽉 짜인 일정을 소화하였다. 이윽고 다음 날 10시 30분에 호텔을 출발하여 11시에 비행기가 이륙했으며, 9월 30일 15시 50분(서울 기준) 서울공항에 도착하는 것으로 10박 11일간의 출장은 막을 내렸다.

그동안 이 일정을 원만히 소화하기 위하여 비서실에서는 여러 가지로 많은 준비를 하였다. 먼저 경축사절단 문제는 전술한 대로 각계각층을 망라하여 모두 30명으로 구성하였다. 그 가운데 양당 대표 문제에 대하여서는 원만히 진행되도록 하라는 대통령의 지시도 있었기에 정성을 다하였다.

먼저 김영삼 대표는 부시 대통령과 상봉할 기회를 마련하는 일 등 정치적으로 미묘한 파장이 있을 수 있는 일까지 겹쳐 보안이 유지되는 가운데 원만히 마무리할 수 있었다. 김대중 공동대표[43]는 7월 16일 청와대에서 대통령과 면담할 당시 대통령께서 직접 동행을 권고한 바 있었으며 그 자리에서 김 총재는 개인적으로 찬성하지만 당론을 물어 최종적으로 답변을 하겠다는 대답을 내놓았는데, 그 뒤 경축사절단에 동참

43 김대중 총재는 신민당 총재였다가 9월 10일 민주당과 통합하면서 당명을 민주당으로 하되 김대중・이기택 공동대표제를 채택하기로 합의함에 따라 그 뒤로 공동대표로 불렸다.

하기로 결정하였다. 그러나 양자 공히 대통령전용기에 동승하지는 않고 각자의 입지를 고려하였다. 김영삼 대표는 9월 19일 일본으로 출국하여 일본 수상과 면담한 뒤에, 그리고 김대중 대표는 9월 17일 출국하여 소련 등에서 외교활동을 한 뒤에 각각 뉴욕에서 경축사절단에 합류하는 방식을 취하였다.

8월 8일 및 8월 10일에는 유엔본부에 기증할 기념품에 대하여 아침수석회의에서 용고龍鼓, 금관, 훈민정음, 월인천강지곡 등이 거론되고 있다는 보고를 받고 의견교환을 하였으나 결국 문화부 의견대로 월인천강지곡의 목판 금속활자본 복제품이 채택되었다. 경축사절단 규모 문제, 문화행사, 기념우표, 기념주화 제작 문제도 7월 16일, 8월 13일, 9월 16일 등 아침수석회의에서 이런저런 논의가 있었으나 주무부처의 의견을 반영하여 처리하도록 하여 큰 물의 없이 처리할 수 있었다.

가장 많은 시간을 소비하면서 독회를 거듭한 것은 유엔총회에서의 첫 연설문이었다. 7월부터 공보수석실에서 외무부 자료 등을 토대로 작업을 시작하였으며, 8월 7일 내가 아침수석회의에서 각 수석이 협조하라는 지시를 하였는데도 8월 27일 공보수석이 아침수석회의에서 연설문 작성과 관련하여 외무부 자료가 미흡하다는 등의 고충사항을 토로한 것이 보고되어 대통령의 질책까지 받는 일이 발생하였다. 비서실이 긴장할 수밖에 없는 일이었다. 이런 경우 가장 문제 되는 것이 연설에 담을 내용이다. 내가 아이디어를 내도록 각 수석실에 두세 차례(8월 29일, 8월 30일 등) 독촉하고, 전술한 피커링 유엔주재 미국대사의 의견까지 참고하도록 하는 등 노력을 쏟은 가운데 9월 4일 16시부터 18시까지 대통령께 연설문 초안을 보고하는 독회를 했으며, 9월 10일 오전 다시 독회한 끝에 출국 전까지 공보수석 주관 아래 연설문이 완성되었으며 유엔대사와 연락하여 영문 연설안도 마무리될 수 있었다. 그뿐 아니라 이번 출장 중 각종 행사에서 연설할 연설문 16건에 대하여도 9월 17일 완료된다고 공보수석이 9월 16일 아침수석회의에서 보고하였다. 연설문을 작성하거나 기자회견 자료를 보고하는 등 공보수석실이 준비하고자 기울인 노력은 아무리 칭찬하여도 지나치지 않은 것이었다.

유엔 출장에 앞서 귀국 후 출장 보고 일정도 아침수석회의의 토의를 거쳐 출국 전 이미 확정되어 있었다. 9월 30일 15시 50분(서울 시각) 서울공항에 도착하였고, 공항 환영행사에서 대국민 귀국인사를 한 뒤 16시 40분 청와대 사무실에 도착하였으며 행정·정무수석 및 정치특보로부터 그동안의 상황에 대한 보고를 받고 19시 퇴근하였다.[44] 이번 출장에서는 시차 때문에 하루가 날아가 버렸다. 귀국일인 30일 오후가 월요일이 되다 보니 귀국 후 잠시의 휴식시간도 없이 10월 1일 아침 일찍 출근하였다.

8시 50분 아침수석회의를 마치고 대통령께 국정감사 진행 상황, 노동법 개정문제, 대소 경협 문제 및 제주개발특별법 추진 상황 등을 보고드린 뒤 11시부터 열린 국무회의 및 국무위원 오찬에 배석하였다. 국무회의에서는 국무총리가 추석 전 국내 동향, 국정감사, 경제동향 등의 보고와 함께 핵문제·남북관계·소비절약 문제에 대한 계획을 보고하였고, 이번 외국출장과 관련하여 한반도 평화, 유엔 남북협력, 다자외교 및 중남미 외교 등에 대한 외무부 보고를 한 다음 대통령의 말씀이 있었다.

대통령께서는 이번 유엔 연설은 회원국 국가원수로서 최초의 연설이

44 귀국인사의 요지는 이번 출장을 통해 첫째, 그동안 추진해 온 북방정책이 큰 결실을 거두면서 이제 당당한 유엔회원국으로서 국제사회에서 우리나라의 위치가 확연히 달라졌으며, 둘째, 이제 자유번영을 키워 통일태세를 갖추는 쪽으로 국력을 집중하여야 할 것이며, 셋째, 한미 정상회담을 통하여 우리나라가 미국의 중요한 동반자이며 한미관계는 그 어느 때보다 긴밀함을 확인하였으며, 넷째, 멕시코 방문을 통하여 남북 미주 진출의 교두보를 구축하고 우호 협력관계를 더욱 높은 차원으로 발전시킬 계기를 마련하였으며, 다섯째, 통일의 영광된 앞날을 향하여, 더 넓은 세계를 향하여 7천 만 동포의 밝은 내일을 향하여 모두가 자신과 신념을 갖고 힘차게 전진할 것을 다짐하자는 것이었다.

었으며 각국의 반응이 매우 좋았다고 전제하고[45] 북방정책의 성과로서 재임 중 유엔가입이 성사된 것은 큰 보람이었을 뿐만 아니라 한미, 한·멕시코 정상회담도 매우 만족스러웠다고 소회를 피력하였다. 잇달아 통일을 위한 적극적 노력, 북한의 IAEA 가입 문제, 모든 국제분쟁에 입장을 명확히 하는 등 다자외교 강화, 남북의 소모적 대결을 지양하여 불요불급한 공관 정비와 본부인력 보강 등 외교망 재정비, NAFTA(북미자유무역협정) 대책 강구 등 구체적 지시사항을 말씀하셨다.

특히 눈부신 외교성과에 비하여 내치와의 연결과 균형에 문제가 있다는 지적을 고려하여 GNP 세계 15위, 유엔 비용부담 20위라는 국력에 자부심을 느끼고 높아진 위상에 걸맞게 외교성과와 내치가 균형을 잡도록 해야 한다고 강조하셨다. 나아가 남북문제에 국론이 분열되지 않도록 하기 위하여 여야와 각계 대표가 함께 유엔에 참석하게 된 것을 계기로 국론 통일에 더욱 힘써야 하며, 내치의 요체인 경제문제 해결을 위하여 소관 공직자는 현장에 나가 기술 향상, 노사합의 등에 노력하고 새질서·새생활운동을 함께 강화하는 등 "새로운 자세로 뛰자"고 간곡히 지시하셨다.

10월 4일 월요일엔 3부 요인 및 여야 대표[46]와 오찬을 겸한 외교활동 결과보고가 있었으며 참석자들의 의견교환으로 활기찬 가운데 건설적

45 10월 1일 아침수석회의 때 정무수석이 보고한 바에 따르면 당 사무처가 대통령의 유엔 방문행사 관련 전화 여론조사를 한 결과 다음과 같이 매우 좋은 반응을 얻었다고 나타났다〔이번 유엔 방문이 남북한 통일에 기여했다(76%), 6공화국 통일정책이 잘 추진되고 있다(63.8%), 남북한 정상회담이 통일에 도움이 될 것이다(63%), 이번 유엔 방문 시 여야 대표 동반은 적절했다(69%)〕.

46 국회의장, 대법원장과 여당의 세 최고위원(김영삼, 김종필, 박태준), 그리고 야당의 양 대표(김대중, 이기택)가 참석하였으며 출장 중인 장관을 대신하여 참석한 외무부 차관의 보고에 이어 참석자들의 의견교환이 있었다. 이 자리에서 국회의장은 외교를 뒷받침하기 위한 국회의 노력을 제기하였으며 김대중 대표는 소련, 독일, 폴란드 등 2년 반 만의 출국에서 느낀 점을 말하였다. 특히 교민청 신설 등 교포정책 강화를 제의하였다.

인 대담이 진행되었다. 10월 5일에는 최규하 전 대통령을 오찬에 초청하여 12시부터 14시 20분까지 노 대통령과 함께하는 시간[47]을 가졌다. 당초 전두환 전 대통령도 초청하였으나 전 대통령 측이 청와대 방문을 거절하는 바람에 최 대통령과의 단독 회동이 되고 말았음은 이미 전술한 바와 같다.

이와 같은 몇 개의 행사를 통하여 유엔 및 멕시코 방문행사의 뒷마무리가 이루어졌다. 구체적인 집행사항은 각 소관부처에서 성실히 진행할 몫이고 청와대 비서실에서도 계속 점검해 나가야 함은 물론 직접 행동하여야 할 것도 적지 않았다. 3/4분기의 앞과 뒤를 장식한 외교활동은 이렇게 역사의 한 장으로 넘어갔다.

---

47 이 자리에서는 유엔, 멕시코 방문 외에도 국정운영 전반에 관한 대담이 있었다고 한다. 내 경험에 비추어 볼 때도 최 대통령께서는 국정의 온갖 부분에 관심을 가지시고 많은 지도말씀을 장시간 자상하게 해주시는 어른이셨다.

1991년 10월 1일
~
12월 31일

5

임기 4년 차를 마무리하기 위하여

유엔·멕시코 방문의 여독을 풀 사이도 없이 임기 4년 차, 1991년을 마무리하는 4/4분기인 10월 1일의 아침이 밝아 왔다. 전술한 대로 외교행사 마무리로 국무회의, 3부 요인 및 여야 지도자 회동을 진행하는 가운데 당면한 국정과제를 챙기기 시작하였다.

우선 정기국회 개회와 더불어 국정감사가 진행 중이었으며 12월까지 계속될 정기국회를 통하여 새해 예산안과 함께 국정수행에 필요한 법률안, 동의안 등을 확정하는 일이 으뜸가는 과제였다. 이미 전장에서 언급한 바와 같이 대통령께서 외교활동을 하던 9월 30일 야당이 국정감사를 보이콧하는 사태가 일어났다. 여당은 야당의 국정감사 불참이 명분이 없다고 보고 단독으로라도 국정감사를 진행하기로 하였다. 야당은 국정감사에 참여하지 않는 대신 자체적으로 수서사건 등 7개 진상조사단을 구성하여 조사결과를 백서白書로 공표하겠다고 밝힘에 따라 국정감사의 나머지 1주일간 야당이 불참한 가운데 여당과 무소속 의원들만으로 진행할 수밖에 없었다.[1]

대통령 비서실도 마지막 날인 10월 5일 15시부터 18시까지 국회 운영위원회에 출석하여 국정감사를 수감하였다. 당시 질의·응답한 내용에 대하여 특별히 기억나는 일이 없다. 다만 나는 그동안의 공직생활을 통하여 국회의원을 존중하는 마음으로 가급적 낮은 자세로 임하는 것이 슬기롭다는 확신이 있었기에 그런 마음가짐으로 성실하게 답변하였으리라 믿는다.[2] 토요일 오후였지만 감사가 끝난 뒤 국회의원들과 여의도

1 이 문제로 10월 2일 삼청동회의실 당정회의를 개최하기도 하였다. 결론은 마찬가지였다.

2 당시 신문기사를 검색해 본 결과(〈조선일보〉 1991년 10월 6일 자 기사 참조) 최기선 의원이 부유층과 재벌의 사치풍조, 공직사회 기강해이 등에 대한 대책을 촉구하고, 나는 남북정상회담 필요성, 주한미군 철수대책, 대소 경협자금 지원 실무협의 등에 대하여 답했다고 보도되었다. 크게 문제가 될 만한 문답이 없었던 것 같다.

에 있는 중식당에서 만찬을 함께 한 것으로 기록되어 있다. 국정감사 후 수감부서와 만찬 또는 오찬을 함께 하는 것이 당시의 관례였다.

국정감사가 종결된 후 10월 7~8일 여야 대표연설, 10월 9일 정부의 예산안 제출과 관련된 국무총리의 시정연설[3] 등의 순으로 국회 일정이 진행되었다. 10월 10일부터 본회의 대정부질의가 시작되었으며 정기국회가 끝날 때까지 원내총무 경질 등 한두 번 우여곡절이 있었으나 대체로 순조로운 가운데 예산안이 가결되고 입법·동의안 등 향후 국정수행에 필요한 일들이 잘 마무리되었던 것으로 기억된다. 무엇보다도 3당 통합으로 안정 의석이 확보되었기에 가능한 일이었다고 믿는다.

정부의 제반 국정수행도 전반기보다 비교적 순조롭게 이루어졌다. 특히 그동안 북한 측의 일방적 연기로 중단되었던 남북총리회담이 10월에 재개되며 드디어 12월 서울회담에서 〈남북기본합의서〉 채택이란 역사적인 과업이 달성되었다. 잇달아 남북 간 비핵화 관련 합의도 이루어 냄으로써 분단 이후 적대관계로만 치닫던 남북관계에 획기적인 전환을 이룩하는 계기를 마련하였다. 유엔 동시가입과 〈남북기본합의서〉 채택이란 큰일을 이룩하는 한 해가 된 것이다.

그러는 가운데 청와대에서는 새해의 국회의원 선거와 대통령 선거 등 정치일정에 관한 마스터플랜을 마련하는 일도 대통령의 결심을 받아 확정 지었다. 이와 같은 큰일을 해낸 뒤 1991년에 마무리해야 할 통상적인 국정집행도 대부분 일구어 냈던 과정을 차례대로 기록해 두고자 한다.

3 대통령 연설문〔대통령 비서실(1992), 《노태우 연설문집》 4권, 572~587쪽〕에 “국민생활 안정에 최우선”이란 제목으로 실려 있는 것을 국무총리가 대독하였다.

연달아 개최되는 본관수석회의

10월 2일 아침 본관수석회의가 열렸다. 통상 본관수석회의는 월 2회 격주로 열리는 것이 관례지만 1991년 9월에는 외교활동 때문에 9월 5일 한 차례만 열렸을 뿐이었다.[4] 유엔 및 멕시코 방문에서 귀국하자마자 바로 이튿날 국무회의를 소집하여 당면한 현안을 보고받았다. 동시에 외교활동의 성과를 국정수행에 연계시키려는 노력과 아울러 새로운 자세로 함께 뛰자고 대통령께서 당부한 뒤에 본관수석회의를 잇달아 열었다. 국정수행에 한 치의 틈도 주지 않는 '고삐 잡기'에 나선 것이다.

이날 본관수석회의에서도 정무수석으로부터 시작하여 총무수석에 이르기까지 직제 순에 따라 소관별 업무보고가 진행되었다. (이날 의전수석과 경호실장은 보고사항이 없었다.) 정무수석은 국회 국정감사 상황과 야당 동향 그리고 평통위원에 대한 교육계획 등을, 경제수석은 물가 8.9% 상승, 무역적자 9월 7억 달러 등 합계 96억 달러, 기업자금 상황과 증권시세 등 경제동향 외에 한소 경협 집행상황과 유엔 동시가입 이후의 경제전망 등을 보고하였다.

유엔 동시가입이라는 금년도 최대 외교 목표를 달성한 외교안보수석은 향후 과제로 남북관계를 획기적으로 개선하기 위하여 포위·압력과 회유·설득을 병행하는 노력, 인도차이나 3개국과의 국교 정상화, 핵문제를 비롯한 세계 외교질서 개편과정에서 한미협력의 긴밀화, 몽골 대통령 방한과 APEC 제3차 각료회의의 서울 개최 등을 계기로 한 다자외교의 강화, 그리고 정계 원로 등과 접촉으로 통일외교 관련 국론통일

4 1991년 본관수석회의는 총 20회 개최되었다(1월 4일, 21일, 2월 4일, 3월 4일, 25일, 4월 8일, 29일, 5월 13일, 6월 3일, 7월 15일, 8월 5일, 19일, 9월 5일, 10월 2일, 14일, 25일, 11월 11일, 25일, 12월 9일, 30일). 2월, 5월, 6월, 7월, 9월에는 그때마다 급한 국정현안이 발생하여 1회만, 10월에는 3회 개최된 것이다.

을 도출할 수 있는 노력을 배가할 것 등을 제시하였다. 행정수석은 국내 치안상황이 대체로 안정적이나 추곡수매를 둘러싼 농민 등의 집단행동 및 일부 학원사태에 대한 치안역량 집중과 함께 새질서·새생활운동을 통한 근검·절제 정착에 노력하고 있으며 수해상황은 태풍이 5개나 상륙한 어려움에도 불구하고 피해액 면에서는 전년도 5천억 원과 비교해 현저히 감소한 3,672억 원에 그쳤다고 보고하였다.

민정수석은 국민이 유엔연설에 보인 반응이 양호한 편이었으며 경제·치안·민심이 안정적이라고 보고하면서 다만 지수물가와 시중물가 간의 괴리 문제, 일본 일련정종日蓮正宗 과 저질 외래문화에 관심을 가질 필요가 있다고 문제를 제기하였으며, 사정수석은 남북한 유엔 동시가입 등 상황 변화에 따른 좌익세력 대책, 집단사태 배후세력 척결, 공무원의 사적 해외여행 파악 결과에 따른 징계 등 후속조치에 만전을 기하겠다고 보고하였다.

공보수석은 170명 기자의 유엔 취재활동과 외신보도 등이 원만히 진행되었으며 향후 〈경향신문〉 창간 45주년 기념 회견, KBS 앵커 인터뷰, 그리고 대통령연설문집 발간계획 등에 대하여 보고하였고, 정책조사보좌관은 유엔활동 관련 특집 독려와 21세기 대비 및 해외 한국학 연구지원을, 총무수석은 직원가족 교육을 각각 보고하였다.

대통령께서는 각 수석의 보고에 대한 의견을 말씀하시는 가운데 특히 추곡수매 관련 불법행위는 절대로 용납되어서는 안 되며 새질서·새생활운동 관련 교육 확산과 경쟁 유발로 성과를 거양할 것을 강조하셨다. 한미관계 개선을 위하여 연내 및 신년 초에 걸쳐 제임스 베이커James Baker 국무장관, 딕 체니Dick Cheney 국방장관, 그리고 조지 부시George Bush 대통령 등 이른바 B·C·B의 연쇄 방한기회를 최대한 활용하도록 전문가 요원을 동원하여 철저한 준비에 만전을 기할 것이며 현대사 재조명 사업의 지속적인 추진을 강조하였다. 마지막으로 '보통사람'을 생각하고 호흡을 같이할 기회, 즉 현장방문을 자주 할 수 있도록 일정을 마련하라는 지시를 하셨다.

이날 본관수석회의를 시발로 10월에 2번 더 그리고 11월, 12월에 각 2번씩 4/4분기에는 총 7번의 본관수석회의가 열린 것이다. 1~3분기의 4~5회에 비하여 훨씬 많은 횟수의 회의가 열린 것은 상반기에 수서사건, 강경대 군 사건 등 대형사건 발생과 활발한 외교활동 때문이었다. 4/4분기에는 정치상황도 안정되었기에 10월 첫 본관수석회의에서 현장방문을 강화하라는 지시를 받아 그렇게 노력하였다. 여러 번 열린 본관수석회의의 보고・토의・지시사항은 이곳에 따로 설명하지 않아도 될 것이라 생략하기로 한다. 다만 마지막 12월 30일 본관수석회의에서 행한 일들은 다음에 언급하기로 한다.

현장방문의 강화

대통령의 직무수행에서 현장방문은 또 하나의 중요한 방법이다. 제 2장의 지방순시 일정과 관련하여 현장방문 행사가 계속되었음은 이미 설명한 바이다. 위와 같이 본관수석회의에서 지시를 받은 뒤로 첫 행사가 전주에 있는 삼양사를 방문하는 것이었다. 10월 7일 전주에서 개최된 제72회 전국체육대회 개회식에 참석하여 연설하기에 앞서 오전 11시 30분부터 12시 50분까지 삼양사 전주공장을 방문하였다. 그 공장에서는 그해 폴리카보네이트[5]라는 새로운 소재를 생산하는 공장을 신축하였으므로 체육대회에 참석하는 김에 특별히 시간을 할애하게 된 것이다.

오래되어 방문 당시의 일에 대해서는 기억도 나지 않고 또 다이어리

5 폴리카보네이트란 새로운 플라스틱 소재(강도와 내열성이 높아 금속을 대체할 수 있음)를 생산하여 자동차・항공기・전기전자・의료기기 등 다양한 분야에 광범위하게 사용할 수 있게 되었으므로 격려차 방문한 것이다.

에 기록된 내용도 없어 언급할 수 없는 것이 아쉽다. 다만 당시 공장 측으로부터 대통령에게 특별한 요망사항이 없었다는 점이 지금까지 뇌리에서 지워지지 않고 하나의 좋은 기억으로 남아 있음을 지적하고 싶다. 통상 대통령을 만나게 되면 무언가 애로사항 또는 요청사항을 호소하는 것이 관례처럼 되어 있는데, 삼양사 전주공장에서는 그런 것이 없었다는 것이 그 기업의 좋은 점으로 느껴졌다는 사실이다.

다음으로는 11월 8일 오전 비핵화선언을 발표한 날 오후에 안산지역을 방문했다. 14시 반 청와대를 출발하여 안산 근로자주택 입주식에 참석한 뒤 한국지퍼 공장을 방문하였고, 공단사무실을 순시하는 등의 일정을 소화하고 17시 30분 청와대 관저로 돌아와 대통령을 수행하였던 상공·건설·노동 장관, 당총재 비서실장, 그리고 경제수석 등과 차를 함께 마셨다. 그때 텔레비전 방송을 활용하여 근로자주택 건설 상황, 생산성 향상 등을 광고 겸용으로 정책을 홍보해 보자는 등 여러 가지 이야기를 한 뒤 헤어졌다고 기록되어 있다.

입주식의 대상이 되었던 근로자주택은 노태우 정부 당시 추진한 근로자 주거안정 시책의 성과였다. 당시 200만 호 건설과 함께 근로자에게도 주택을 제공한다는 1990년 2월 '근로복지주택 및 사원용 임대주택 건설계획'에 따라 15만 호를 건설할 계획을 수립·시행하였는데 그 가운데 일부가 준공·입주식을 여는 곳에 대통령께서 직접 임석하여 사업에 특별한 관심을 표명함과 함께 사업 추진을 독려하는 효과도 거두고자 한 것이었다. 한국지퍼는 오랫동안 수입에 의존하던 지퍼 생산에 골몰하여 성공을 거둔 기업으로서 중소기업을 향한 대통령의 관심과 격려의 뜻을 담은 행사였다고 기억된다.

11월 16일 새벽에는 가락시장을 방문하여 농산물 유통 현장을 파악할 기회가 있었다. 전국의 농수산물이 집하되어 매매되는 큰 시장의 현장 상황을 직접 관찰·파악하는 한편 그곳 사무실에서 관계자 브리핑을 받았다. 국민의 식생활과 직접 관련되는 농수산품의 수급과 가격변동이 정부의 관심사가 될 수밖에 없고, 더구나 산지가격과 소비자가격 간의 큰 괴리가 늘 문제가 되었다.

지금까지 내가 기억하는 것은 시장의 중매인仲買人 한 사람이 실상에 대하여 설명한 내용이었다. 세간에서 생각하는 것처럼 중간상인의 마진이 크지 않다는 것이었다. 그는 강원도에서 재배한 배추를 서울의 소비자에게 전달하는 과정을 예로 들면서 통상 밭에 심긴 상태에서 매매가 되는데, 그 상태에서 매수한 상인이 그 배추를 뽑아 흙을 털어 내는 등의 작업을 거쳐 자동차에 싣는 단계에서부터 서울 도매시장까지의 운송비용, 그 뒤 도・소매를 거쳐 소비자에게 배달되기까지, 그리고 완전히 다듬어진 상태로 아파트 실수요자에게 배달되기까지의 여러 단계를 거치면서 지출되는 인건비와 수송비 등을 합산하면 산지가격과 마지막 소비자가격의 차이는 생각보다 커질 수밖에 없다고 했다. 그러면서 소비자가 아파트 방에 편안히 앉아 손끝 하나 대지 않아도 될 정도로 깨끗하게 다듬어진 배추포기를 받아들기만 하려고 하는 안일(?) 한 자세를 나무라는 듯한 어투로 말하며 중간상인의 입장을 강조・설득하는 것이 아닌가. 어릴 때 농촌과 가까운 도시에 살면서 덜 다듬어진 김장거리를 힘들게 씻고 장만하던 어머니의 모습이 겹치면서 나는 구체적인 마진의 액수를 헤아리지도 않은 채 우선 소비자의 호사스러움(?)이 거북해지는 것을 참을 수 없었다.

당시 노 대통령께서는 농수산물 유통구조 개선 방안을 강구하라고 지시한 것으로 기록되어 있다. 개선할 여지가 많은 사항임은 상식적으로 명백한 일이었지만, 개선방안을 마련하는 일이 말같이 쉽지는 않음을 직감할 수 있었다. 보통사람들의 식견과 주장이 이와 같이 당당하고 뚜렷하다는 것은 정말 믿음직한 일이기도 하지만, 이런 문제를 조정하고 해결해야 할 정부 공무원의 자세와 노력 또한 얼마나 치밀하고 진지해야 할 것인지 깊은 생각에 잠기지 않을 수 없었다.

11월 23일에는 삼익악기 공장 현장을 방문하였다. 그날 10시 청와대를 출발하여 부평에서 열린 경인선 복복선 기공식에 참석한 뒤 인근에 있던 삼익악기 공장을 방문하였다. 종업원 5천 명에 1억 달러 상당의 기타 등 각종 악기를 수출하는 중견기업이었다. 삼익악기 방문에 이어 구로 3복선 개통식에[6] 참석한 뒤 13시 30분에 귀경하여 수행한 장관들 그리고 수석비서관들과 오찬을 함께 하였다.

이틀 뒤인 11월 25일 개최된 본관수석회의에서 위에 설명한 현장방문 행사의 국민적 반응이 양호하였다는 민정수석의 보고가 있었다. 그러나 최소한 한나절의 시간은 필요한 현장방문 기회를 마련하기란 결코 쉬운 일이 아니었다.

새질서 · 새생활운동 1주년 평가보고회의 등

10월 15일 오전은 새질서 · 새생활운동 1주년 평가회의로 시종하였다. 1년 전 10월 13일 대통령께서 '범죄와의 전쟁'을 선포함과 동시에 본 운동을 민관 합동으로 전개할 것을 제창하신 바 있었으며 그 뒤로 이 운동이 정착하고 성과를 내도록 수차 독려하는 모임을 가졌음은 제 2장에서 설명한 바 있다. 특히 행정수석실에 비서관 1명을 배치하여 진행상황을 파악 및 독려하고 새로운 방책을 모색하고 실천하는 일을 전담하게 했다. 이제 1년이란 세월이 흐른 시점에서 상황을 평가하는 모임이 필요

6 경인선 복복선 공사는 수도권 교통망 확충계획의 하나이다. 구로-인천 간 복복선화 사업으로 시행되는 것이며 이날 부평에서 기공식을 하고 1995년에 완공할 계획이었다. 그리고 구로 3복선 개통은 1993년 완공을 목표로 시행 중인 서울-구로 간 3복선화 공사 중 경부선과 경인선이 합류하며 혼잡을 빚어 온 영등포-구로 구간을 개통하는 행사였다. 이 자리에서는 경인고속도로 8차선 확장공사의 1992년 7월 준공, 6차선 제 2경인고속도로의 1994년 개통, 인천항 확장공사 및 영종도 수도권 신공항 건설계획 등 수도권의 사회간접자본 확충계획 등이 추경예산 1조 원 추가로 탄력을 받았다고 설명하면서 청와대 사회간접자본 투자기획단의 활동상황을 소개하기도 하였다.

한 것은 당연한 일이었다.

이날 10시부터 12시까지 2시간에 걸쳐 관계자들이 모인 가운데 준비한 슬라이드를 통하여 그동안 적지 않은 성과가 있었음을 확인하였다.[7] 뒤이어 몇 가지 성공사례가 당사자에 의하여 보고되었다. 여자 깡패 단속에 성공한 용산구 이태원 자율방범대 이종대 대장의 사례, 월급 51%를 저축한 방배학교 서진숙 교사의 사례, 신일사업 김호영 사장의 혼을 쏟은 제품생산 및 경영실적 공개, 능인중학교 김희 교사의 학생선도 보호 등 모범·우수사례 발표가 잇달았으며 이화여대 김동일 교수의 의견 제시 및 논평이 있었다. 김 교수는 우리나라의 국민의식은 대체로 민족주의적 애국심, 근면성 및 성취동기 등 장점과 함께 규범의식의 혼란, 지나친 자기중심적 성향 등 단점이 있다고 하면서 국민 정신교육을 강화하여야 한다고 강조하였다. 특히 가정·학교교육에서 인성교육에 중점을 두어야 하며, 평생교육과 사회교육체제를 확립·실천하되 지도층의 솔선수범이 필요하다고 조언하였다.

대통령께서는 "지난 1년간 우리가 전개해 온 새질서·새생활운동의 보람을 국민 여러분과 함께 나누며, 특히 언론·종교·여성·경제·사회단체 등 이 운동을 앞장서 이끌어 주신 모든 분께 감사드린다"고 말씀

7 당시 경찰의 집계에 따르면 전년 10월 13일부터 금년 9월 말까지 민생치안 확립의 지표라고 할 수 있는 강도·절도·강간 등 강력범죄가 2.7% 감소하는 한편 검거율도 7% 증가한 81%였고, 특히 경찰이 검거대상으로 지목한 조직폭력배 두목급 20명을 전원 검거하였다. 전국적으로 102차례의 검문검색으로 약 60만 명의 강·절도범, 폭력배, 기소중지자를 붙잡는 등 경찰활동이 획기적으로 활발해졌다는 것이다. 또한, 유흥업소의 퇴폐·변태영업 등이 급감하였으며 유흥업소의 수와 종사자가 모두 감소하는 한편 술 소비량, 전력 소비량도 대폭 감소하였다고 내무부가 집계결과를 발표하였다.

또한 10·13특별선언 발표 1주년을 평가하는 여론조사 결과(공보처가 한국리서치에 의뢰하여 10월 5~6일 조사) '교통질서 확립' 78.8%, '심야유흥업소 단속' 73.9%, '퇴폐이발소 단속' 59.7%, '민생치안 질서 확립' 55.7% 등의 긍정적 평가가 있었으나, '호화사치 낭비 풍토 개선'은 77.5%가 더 나빠졌다고 답변하였다. 앞으로 치중해야 할 과제 역시 '호화사치 낭비 추방'이 45.4%로 으뜸을 차지하였다.

하셨다. 앞으로 이 운동은 "첫째로 국민 모두가 안락한 삶을 누리며 화합하는 민주공동체 건설운동, 둘째로 민주주의를 우리 모두의 생활 속에 정착시키는 운동, 셋째로 사회 각 분야가 또 한 번 도약을 이루어 번영하는 선진국을 앞당기는 국민운동"으로 발전되어야 한다고 그 의의와 방향을 제시하였다. 그러기 위하여 무엇보다 범죄를 소탕하고 불법과 무질서를 가차 없이 다스리며 모든 비능률과 낭비, 비합리적인 제도와 관행을 과감히 바로잡아야 하며 일하는 보람과 땀의 가치를 소중히 여기는 사회풍토가 확립되어야 함은 물론 돈 안 쓰는 선거, 질서 있는 선거를 기필코 정착시키겠다고 다짐하였다.[8]

사실 새질서·새생활운동은 나라의 기강과 질서를 확립하는 일로 나라의 근본을 다지는 매우 중요한 일이다. 정부의 기본 책무이기도 하다. 그러나 다른 한편 이 일은 오랜 시간에 걸쳐 꾸준한 노력을 기울여야 할 일이기도 하다. 국민의 질서의식을 한 단계 올리는 일, 생활방식을 합리화·민주화하는 일은 쉽게 이루어지지 않기 때문이다.

---

8 10월 16일 아침수석회의에서 행정수석이 전날 청와대 행사와 관련한 여론반응을 보고하였다. 대체적으로 범죄발생 감소, 교통질서 확립 등 갖가지 병폐들이 개선되고 공권력에 대한 신뢰가 되살아나고 있다는 데 공감하면서 특히 발표된 사례가 국민들에게 더욱 확산되도록 조치하는 것이 좋겠다는 여론과 함께 대통령께서 공명선거를 강조하신 것에 대하여 시의적절한 조치라는 반응이었다. 각 분야에서 활동한 관련단체 회원, 공무원 등도 보람을 느낀다고 하면서 계속 지원·격려를 요망하였으며 특히 불철주야 노력한 경찰에서는 당분간 휴식이 필요하다는 희망사항을 피력하기도 하였다. 이 같은 희망·요망사항 등은 당시 적절한 방법으로 모두 반영하였던 것으로 기억한다.

몽골 대통령 방한, APEC 3차 각료회의 개최, 중국 외교부장 접견 그리고 한미연례안보회의

1991년 10월 22일 푼살마긴 오치르바트 몽골 대통령이 서울을 공식방문하여 25일까지 3박 4일 동안 체류하였다. 몽골은 아시아 사회주의국가로서는 최초로 1990년 3월 우리나라와 수교하면서 그동안 북한과만 교류하던 정책에서 탈피하여 한국의 시장경제와 새마을운동에 관심을 표명하는 등 적극적으로 접근해 옴에 따라 동유럽 공산권과의 수교 등 북방정책을 활발하게 추진하던 노 대통령의 초청을 받은 것이다.[9]

잘 알다시피 몽골은 칭기즈칸 때 유라시아대륙 대부분을 석권하였으며 그 무렵 우리나라도 침략하여 우리는 오랫동안 수난의 세월을 견뎌야만 하였다. 최근 냉전시대에는 북한을 일방적으로 지원하여 반세기 가까운 단절이 있었다. 참기 어려운 기억만을 안겨 주던 몽골의 대통령이 역사상 처음으로 한국을 찾았다는 것은 참으로 뜻깊은 일이 아닐 수 없었다.

푼살마긴 오치르바트 몽골 대통령은 경제부총리, 외무·상공 장관 등 공식·비공식 수행원 14명을 대동하고 10월 22일 서울에 도착하였으며 10월 23일 10시 청와대에서 30분간에 걸쳐 진행된 환영행사에 참석하여 노 대통령과 첫 인사를 나누었다. 곧바로 약 1시간에 걸쳐 단독회담이 이루어졌고, 약 30분간의 확대회담으로 이어진 뒤 정상회담을 마쳤다. 18시 10분부터 21시 30분까지 인사 - 만찬 - 공연으로 이어지는 환영만찬이 화기에 찬 가운데 진행되었다.

9 이에 앞서 1991년 3월 27~30일까지 몽골의 콤부스텐 외무 장관이 한국을 방문하여 이상옥 외무 장관과 양국 관계 발전을 위한 제반 상황을 토의한 바 있으며, 그때 한국 외무 장관의 몽골 방문 및 몽골 대통령의 방한이 논의되었으나 한국 측 사정으로 외무 장관의 몽골 방문이 미루어진 가운데 먼저 몽골 대통령이 방한한 것이다(이상옥, 앞의 책, 905쪽).

양 정상의 회담 내용은 10월 25일 몽골 대통령이 한국을 떠나기에 앞서 양국 대통령의 공동성명서를 통해 발표되었다.[10] 두 정상의 만남은 우호적이고도 정중한 가운데 양국 관계가 당면한 여러 가지 상황과 과제에 대하여 의견의 일치를 보였으며 특히 앞으로의 경제협력 관계가 정부 간은 물론 민간기업 및 단체 간의 다양한 협의 채널을 통해서도 더욱 확대되기를 희망하였다. 한편, 몽골 대통령이 노 대통령의 몽골 방문을 초청하고, 노 대통령은 이를 수락하는 것으로 매듭지어졌다.[11] 그리고 10월 23일 정상회담에서 한국이 대몽골 경제협력의 일환으로 대외경제협력기금EDCF에서 1천만 달러 장기저리 차관과 쌀과 의류, 비누 등

10 회담 결과 발표한 내용의 요지는 다음과 같다.

1. 양국 대통령은 다음 세 가지 의견을 같이하였다. 첫째, 미소 간의 협력 증진·군비축소, 각지의 민주화 개혁 및 남북한의 유엔가입 등에 비추어 최근 세계가 동서냉전 구도로부터 벗어나 화해·협력의 시대로 나아가는 데 인식을 같이하고, 아시아지역 국가들이 평화와 번영을 위해 역동적 변화를 보임을 평가하였으며 지역 내 국가들이 유엔헌장의 제 원칙에 따라 상호교류와 협력을 더욱 활성화해 나가야 한다. 둘째, 남북한의 유엔가입이 한반도 및 동북아 평화정착에 기여할 것이며 남북한 통일문제는 남북 당사자 간에 협의가 이뤄져야 한다. 셋째, 수교 후 짧은 기간임에도 정치·경제·문화 등 제반 분야에서 양국 관계가 내실 있게 발전하고 있는 데에 만족을 표명하고 앞으로 한국이 몽골에 대하여 경제발전의 경험과 지식을 전수하고 인적 교류를 확대하는 등 실질적 협력을 증대하는 노력을 함께하기로 한다.

2. 오치르바트 대통령은 한국이 민주주의와 시장경제를 기본으로 하여 급속한 정치·경제 발전을 이루어 왔고 동북아 및 세계 평화와 발전에 기여함으로써 개발도상국의 모범이 되고 있음을 높이 평가하고, 평화적 통일을 이루기 위하여 한국이 기울이고 있는 노력을 지지하였다.

3. 노 대통령은 몽골이 정치·경제적 개혁을 성공적으로 추진하고 개방정책을 실시하고 있다는 점, 특히 시장경제체제 확립을 위한 개혁을 적극 추진하는 점을 평가하고 재정능력의 범위 내에서 다른 우방 국가들과 협조하여 몽골의 개혁노력을 지원할 것이라고 언급하였다(이상옥, 앞의 책, 906쪽).

11 노 대통령의 몽골 초청 수락은 여러 가지 사정으로 실현되지 않았으며 오치르바트 대통령은 1997년 6월까지 재임한 것으로 확인되었다. 그 뒤 양국 관계는 교류가 날로 확대되었으며 김대중(1995년 5월), 노무현(2006년 5월), 이명박(2011년 8월), 박근혜(2016년 7월) 대통령 등이 잇달아 몽골을 방문한 바 있다.

생필품 100만 달러 상당을 무상지원하기로 합의하였으며 항공협정 체결과 관련하여 대한항공이 몽골에 보잉727 여객기 한 대를 기증하기로 하였다.

당시 몽골 대통령은 노 대통령과 단독 면담하는 자리에서 몽골이 가진 희귀금속류 광산 개발에 한국이 참여할 것을 특별히 요청한 일이 있었다고 기록되어 있다. 무언가 검토가 있었으리라 짐작될 뿐 구체적 추진사항에 대하여는 아무런 기억이 없다.

다만 지금까지 어렴풋이 기억나는 일이 있다. 그것은 만찬 자리에서 만난 몽골 측 수행원 한 사람의 복장이었다. 어릴 적 우리 농촌에서 조끼를 입고 담뱃대와 부싯돌을 갖고 다니던 것이 연상되는 모습이었다. 장본인의 신원이나 복장에 대하여 확인할 기회를 갖지 못하였지만 아마도 몽골과 우리나라가 문화적으로 공통된 뿌리를 갖고 있음을 말하는 것 같아 혼자 회심의 미소를 짓지 않을 수 없었다.

아직도 뿌리에 대한 연구와 조사가 계속되고 있는 줄로 안다. 내가 알기로는 우리와 겉모습이 가장 많이 닮은 민족이 몽골인이라는 점과 함께, 아프리카 어느 곳에서 발생하였다는 현생인류가 한반도에 이르기까지의 경로 가운데 바이칼호·몽골지방이 유력하게 거론되고 있을 뿐만 아니라 13세기 고려시대 몽골의 침략으로 시작된 장기간의 다방면의 접촉·교류까지 겹쳐 우리와 몽골은 퍽 친해질 수 있는 관계에 있다는 생각이다. 대통령께서 몽골 대통령의 방한을 환영하는 환영사에서 언급한 "역사가 기록되기 이전부터 교류와 깊은 인연을 가져온 우리 두 나라 국민", 그리고 만찬사에서는 "각하의 방한은 유구한 역사를 통해 가까운 이웃으로 깊은 인연을 맺어온 한국과 몽골 국민 간 끊어졌던 우의友誼의 회복을 상징하는 것"이라는 표현도 바로 이와 같은 역사적 관계를 말씀하시는 것이라고 나는 생각한다.

이와 같은 몽골 대통령의 귀중한 방한이 있은 지 한 달이 채 되지 않은

11월 12일부터 3일간 신라호텔에서 제 3차 아시아·태평양 경제협력 각료회의APEC가 개최되었다. 이 회의는 애초 1989년 1월 호주 수상 로버트 호크가 방한하였을 때 노 대통령과 호크 수상이 세계경제가 점차 블록화되어 가는 현상과 관련하여 아세아·태평양지역 국가들이 효율적으로 대처하기 위한 방안의 일환으로 아·태지역 경제협의회를 구성하자는 데 합의한 일이 시발이 되었다. 그 후 양국 정상의 다각적인 노력으로 그해 11월 호주 캔버라에서 한국·호주·미국·일본·캐나다·뉴질랜드 및 아세안 6개국, 모두 12개국이 참여한 가운데 제 1차 APEC 각료회의가 출범하였으며 1990년 7월에는 제 2차 회의가 싱가포르에서 개최되었다. 그사이 실무회의도 6차례 열리면서 아·태지역 국가 간 광역적 경제협력체로서 그 유용성을 인정받게 되었고 연례각료회의의 형태로 정례화되어 제 3차 회의가 서울에서 열린 것이다.

이번 회의는 기존 12개 회원과 제 3차 회의 의장국인 한국 정부의 끈질긴 노력 끝에[12] 신규 회원으로 참여하게 된 중국, 타이완, 홍콩 등 3개국 등 모두 15개 경제체에서 26명의 각료를 비롯하여 아세안 사무총장, 태평양경제협력위원회PECC 의장, 남태평양포럼SAF 사무총장 등 3명의 옵서버와 각 대표단원 등 약 400명이 참석하였다.

이 회의가 11월 13일 9시 반 개최되기에 앞서, 12일 16시 청와대에서 APEC 참가 각료급 22명을 단체로 접견하는 행사가 약 30분간 계속되었다. 이 만찬에는 15개국 대표단 103명과 주한 외교단 23명, 국내 관계인사 60명 등 186명이 참석하였으며 노태우 대통령은 이 자리에서 APEC 총회에 거는 기대와 소망이 담긴 기조연설을 하셨다. 뒤이어 13

12 1990년 7월 싱가포르회의에서 제 3차 APEC회의가 1991년 11월 서울에서 개최되기로 결정되고 중국, 타이완 및 홍콩 등 3경제체의 가입이 현안이 됨에 따라 제 3차 회의 주최국으로서 1990년 8월부터 의장국의 업무를 인수하게 된 한국 외무부는 3개 경제체 간의 미묘한 관계를 조정하기 위하여 수차례 회동한 끝에 1991년 10월 이들의 회원 가입을 확정하였다. 자세한 경과는 이상옥의 《전환기의 한국 외교》 884쪽 이하에 자세히 기록되어 있다.

일 오전 9시 반부터 회의가 시작되어 다음 날인 14일 16시 공동 기자회견을 끝으로 막을 내렸다.

노 대통령의 기조연설은 각료회의 참석자들에게 환영과 기쁨을 전달하는 인사말을 서두로 시작하였다. 이어 본 회의가 처음 열리고 2년이 흐르는 동안 세계는 냉전체제의 해체라는 엄청난 변혁을 겪고 있으며 "이 광대한 아시아·태평양지역에도 대결의 어두운 시대를 청산하고 협력을 통해 공동의 번영을 실현하려는 움직임이 진전되고 있으며 오늘 저녁 이 자리는 그것을 세계에 알리고 있다"고 천명하였다. 또한 이와 같은 변혁의 시대에 "온 세계는 지금 우리와 우리의 후손들이 살아갈 새로운 세계, 새로운 질서의 형성을 향해 분주히 움직이고 있다"고 전제하고, 우리는 세계의 평화와 번영을 위하여 "서로를 가르는 모든 벽을 허물고, 서로가 서로의 발전을 돕는 개방과 협력의 정신을 실천해야 한다"고 강조한 뒤 우리 아·태 경제협력회의가 이러한 정신을 구현하는 데 "선도적 역할을 수행해 나가야 한다는 신념을 나누자"고 말씀하셨다.

노 대통령은 구체적으로 이 협력회의가 추구해야 할 4가지 원칙과 방향을 제시함으로써 참석자들의 갈채를 받았다. ① 자유무역주의 원칙 아래 개방적 지역주의를 구현함으로써 21세기의 세계경제를 세계주의에 바탕을 둔 질서로 이끌어야 한다. ② 역내 동남아 국가연합이나 북미자유무역협정 같은 소지역 그룹을 포용하는 광역협력체로서 적극적인 역할을 해나가야 한다. ③ 선진국과 개도국 사이의 발전 격차를 줄이며 역내 사회주의경제의 개방과 개혁을 지원하고 이들 나라들이 아시아·태평양경제권에 합류하는 것을 돕는다. ④ 장기적으로 아시아·태평양 전체를 포괄하는 자유무역지역의 형성을 지향한다.

이어 노 대통령께서는 새로운 세기가 10년 앞으로 다가오는 시점에서 "많은 석학들이 21세기는 태평양의 시대가 될 것이라고 예언하고 있는데, 우리 모두가 그 초석을 놓은 사람으로 기록되도록 최선을 다하자"라는 말씀으로 기조연설을 마무리하셨다.

뒤이어 13일 오전 9시 30분부터 회의가 시작되어 다음 날인 14일 16시 공동 기자회견을 끝으로 막을 내렸다. APEC회의는 노 대통령의 기조연설이 반영된 서울 APEC 선언 채택[13], 전술한 3개국 회원의 가입, 그리고 당면한 세계 최대 무역과제인 우루과이라운드 협상에 관한 APEC 선언을 채택하는 성과를 거둔 채 종료되었다. 우리나라의 외교력을 과시하였다고나 할까.

APEC회의 자체의 성공적인 수행과 더불어 회의기간 여러 가지 활발한 외교활동이 전개되었으며 청와대도 조용히 지나갈 수가 없었다. 먼저 대통령께서는 11월 12일 오후 16시 40분부터 17시 20분까지 약 40분간에 걸쳐 중국 외교부장으로서는 처음 한국을 방문한 첸치천 장관 일행 5명을 별도로 접견하는 시간을 가졌다. 중국과는 1991년 초 무역대표부를 설치한 뒤로 경제교류가 날로 증가하기는 하였지만 아직도 엄연히 미수교 상태였으며 6·25전쟁 등을 생각할 때 이 만남은 예사로운 일이 아니었다. 더구나 접견 당시의 대화 내용이나 분위기로 보아 양국 간의 관계 정상화가 가까워지고 있음을 느낄 수 있었다. 이 역사적 만남에 배석할 수 있었던 것은 나에게 큰 영광이었다고 할 수 있다.[14]

노 대통령께서는 한국과 중국이 오랫동안 긴밀한 관계를 맺어 왔으며 400년 전 임진왜란 당시 일본의 정명가도征明假道 요구에 저항하여 큰 피해를 보았던 역사적 사실을 상기한 뒤 북한을 흡수 통일할 생각이 없음을

13 서울선언은 APEC의 목적, 활동 분야, 운영방식, 참가 및 조직에 관한 규정으로 우리 정부 초안을 바탕으로 수개월에 걸친 막후 협의 등을 거쳐 채택된 APEC의 기본헌장이며 이 선언의 채택으로 APEC 출범 2년 만에 비공식협의체에서 명실상부한 지역협력체로 발전할 수 있는 법적·지도적 기반을 구축하였다(이상옥, 앞의 책, 891쪽).

14 중국 측에서는 동행한 이남청(이난칭) 대외경제무역부장 외에 3명의 공식수행원이 동석하였고, 한국 측에서는 이상옥 장관, 김종휘 외교안보수석, 김재섭 비서관과 내가 배석하였다. 첸치천 외교부장은 1928년생이며 중국에서 변방이라 할 수 있는 흑룡강성 출신으로 영어, 노어, 불어 등 외국어에 능통하여 외교부장까지 승진한 실력자로 알려졌다.

강조하면서, 한중 양국의 관계 회복이 우리 시대에 부과된 소명이라고 언급하였다. 첸치천 부장은 양국 관계가 크게 발전하고 있음을 만족스럽게 생각하고 한국의 11월 8일 비핵화선언과 남북대화를 지지한다고 하면서 수교 문제는 북한과 미국·일본과의 관계 개선과도 관련된 문제라고 답변하면서도 그것이 조건은 아니라고 첨언하였다. 특히 노 대통령은 북방외교를 수행하는 과정에서 각국의 지도자를 만나는 일이 빈번해지고 있는데, 그중에서도 미국의 부시 대통령에게 천안문사태와 관련하여 중국의 역사와 문화 그리고 자존심을 존중하려는 노력이 필요하다는 점을 피력했다고 하자 전 부장은 크게 감명하면서 감사의 뜻을 표시하기도 하였다. 본국에 가서 상부에 노 대통령의 말씀 내용을 꼭 보고하겠다고 거듭 밝히는 등 노 대통령의 말씀과 태도에 수긍하고 감동했다는 표현을 한다는 것을 문외한이지만 느낄 수 있었다. 노 대통령 자신이 아주 능숙하게 외교활동을 하는 으뜸 외교관이라는 생각을 하였다.

중국 외교부장과의 뜻깊은 만남이 이루어진 이튿날 15시에는 APEC 회의에 참석차 방한 중이던 일본의 와타나베 미치오 장관을 약 40분간 접견하였으며[15] 곧이어 베이커 미 국무부 장관 내외와 친선 테니스 시합을 가졌다. 베이커 내외 조는 대통령 내외 조 및 이현우 경호실장 내외 조에게 7 대 5, 6 대 3으로 패하기는 하였으나 테니스를 무척 좋아한다고 알려진 베이커 장관에게는 승패와 관계없이 더없는 환대였으리라 짐작된다.

이튿날 오전 11시부터 청와대에서 베이커 장관의 예방을 받았다. 그레그 주한 미국대사, 솔로몬 동아태담당 차관보, 터트와일러 공보담당 차관보(대변인) 등을 대동한 베이커 장관은 나와 외교안보수석, 경제수석, 공보수석 등이 배석한 가운데 노 대통령에게 외교전문지 〈포린어

15 와타나베 장관을 예방(禮訪)할 때 배석하였으나 당시 대담 내용은 내 기록에는 남지 않았다. 큰 이슈가 없었을 것이다.

페어즈〉(*Foreign Affairs*)에 기고하여 문제가 되었던 이른바 '2+4' 6자회담 문제에 관하여 자세한 해명을 한 뒤 더 이상 추진하지 않겠다는 의사를 명확히 표시하였다. 사실 이 주제 때문에 다소 긴장된 가운데 시작된 접견은 아무런 문제없이 화기에 찬 채 진행되며 끝맺을 수 있었다.[16] 우리의 한반도 문제는 남북 당사자가 주도하여 해결한다는 원칙이 존중되고 관철되어 퍽 다행스럽게 생각하였다. 그 밖에도 베이커 장관은 북핵 문제를 비롯해 중국 관계, 우루과이라운드 협상, 한미 경제문제 등에 대하여도 많은 설명을 하였으며 서로 이해하고 존중하는 가운데 면담이 진행되었다.

APEC회의가 폐막되던 11월 14일 오후에는 한일협력위원회에 참석하기 위하여 내한한 일본 측 후쿠다, 하세가와 대표 등이 한국 측 대표인 김정렬 전 총리의 안내로 청와대를 예방하였다. 노 대통령 재임 중에는 일본 정치인의 청와대 내방이 빈번하였으며 일본 여당뿐 아니라 야당 정치인도 왔다고 기억한다. 한일관계가 원만하였으며 일본 정계의 노 대통령에 대한 평판 또한 매우 좋았기 때문이다.

11월 21일에는 미국 국방장관 체니(뒤에 부통령 역임)와 합참의장 파월(뒤에 국무장관 역임)에게 훈장을 수여하고 오찬을 함께 하는 자리에 배석

16 이 기고문은 11월 11일 시판에 앞서 11월 9일 워싱턴특파원발로 보도되면서 국내에서는 거부반응이 심하게 일어났다. 기고문의 내용은 한반도의 화해와 궁극적인 통일과정은 한국인들의 주도권에 기초해야 함을 전제하면서도 미국, 소련, 중국, 일본 등 4강의 한반도에 대한 이해관계에 비추어 남북한과 4강 간의 포럼을 구성하여 문제해결을 모색해 나가는 것이 좋다는 제안으로, 한국 언론은 한반도 문제해결에 소련, 일본 등은 관여할 일이 되지 못한다며 국제회의 방식의 문제해결 방식에 강력히 반발하였다. 이에 본관수석회의에서 논의했으며 그날 17시 삼청동회의실에서 관계장관들을 소집하여 대책을 논의하였다. 우리 정부가 직접적인 당사자끼리 한반도 문제를 해결한다는 원칙을 가지고 남북고위급회담 등 남북대화가 활발히 진행되고 있으며 11월 8일에는 비핵화선언까지 했다는 사실, 중국과 북한의 태도도 부정적이라는 점, 사전조율도 없었을 뿐만 아니라 시기적으로 맞지 않으므로 당장 추진되어서는 안 된다는 입장을 정리하였다. 외무부 장관이 언론에 정부 입장을 설명하고 다각적인 외교활동을 진행하던 중이었다.

하였다. 미 국방장관과 합참의장은 11월 20일부터 21일까지 서울에서 개최된 제 23차 한미 연례안보회의SCM: Security Consultive Meeting 참석차 방한하여 여러 가지 중요한 합의를 이루어 냈다. 무엇보다도 1993년으로 예정되었던 주한미군 2단계 감축계획[17]을 북한 핵개발로 인한 위험성과 이로 인한 불확실성이 제거될 때까지 연기하기로 합의하였다. 한국의 안보와 동북아 안정을 위하여 매우 중요한 조치였다. 그뿐만 아니라 전시지원협정WHNS: Wartime Host Nation Support[18]이 체결되었고 양국 간에 북한 핵개발에 대한 공동 저지 및 대북 억제력 보완조치 등을 논의하여 합의하는 성과가 있었다. 당시 회의 결과를 발표하는 양국 공동기자회견에서 북한 핵무장이 가능해지는 시점을 묻는 기자 질문에 이종구 국방부 장관은 재처리 시설 개발에 1년, 그 후 핵무기 개발에 1~2년, 모두 2~3년 안에 가능하리라고 본다고 답변했다. 그만큼 핵개발 저지를 위한 노력이 시급한 과제였으며 그 과정에 대해서는 뒤에 자세히 설명하고자 한다.

이 SCM에 앞서 11월 12일 10시부터 청와대에서 국방부 장관의 보고가 있었다. 당시 국방 중장기계획 추진상황과 SCM 대책에 대한 보고가 김준배, 조성태 소장에 의하여 진행되었고 약간의 논의 끝에 노 대통령은 몇 가지를 지시하셨다. 국방 중장기계획과 관련된 보고 내용에 대하여 재가한다는 말씀과 함께 먼저 통일시대를 준비하기 위하여 균형 잡힌

17 한미협의에 의하여 확정된 주한미군 감축계획에 따르면 제 1단계(1991~1992년), 주한미군 4만 3천 명 수준 병력 가운데 지상군 5천 명, 공군 2천 명 합계 7천 명을 감축하며 제 2단계(1993~1995년) 연 2천 명씩 감축하는 것으로 되어 있었으나 상황변경에 따라 2단계 감축을 연기하기로 한 것이다.

18 1985년 제 17차 한미안보협의회 때 미 측의 요구에 따라 논의가 시작된 이래 오랜 기간의 준비와 논의 끝에 1987년 19차 회의에서 체결양해서가 서명되었으며 1991년 6월 최종안이 마련되고 1991년 11월 제 23차 안보협의회에서 체결되었다. 한반도 유사시 전개되는 미 증원군의 즉각적인 전투력 발휘를 보장하기 위한 전시지원을 원칙으로 한 포괄적 정책협정이다. 유사시 미국 측 증원군의 군수지원을 확보함으로써 증원군 신속 전개의 환경이 조성된 것이다. 공보처(1992), 《제 6공화국 실록》 2권, 622쪽.

전력과 기동화, 특히 헬기 전력의 중요성을 강조하였으며, 둘째로 1980년대 다소 약화한 방위산업을 육성할 것, 셋째로 군과 민간 연구의 연계를 통하여 국방과학기술 발전에 노력할 것, 마지막으로 시대에 맞는 장병 정신교육, 즉 권위주의·이기주의·좌익사상을 타파하고 충성심과 사명감을 고취하여야 할 것을 지시하셨다. 그리고 SCM과 관련하여 대통령의 11·8선언에 제시된 전술핵 철수 문제가 완전히 매듭지어져야 히며 외적으로는 조용한 가운데 핵우산 문제가 보장되도록 하는 한편, WHNS 체결에 대하여서는 적절한 홍보도 잊지 말라고 당부하였다. 마지막으로 전 장병에게 대통령의 격려 뜻을 전달해 달라고 말하였다.

앞서 대통령께서 본관수석회의를 통하여 B·C·B 외교를 말씀하셨다고 언급한 바 있거니와 베이커·체니의 방한은 그런대로 착실한 준비과정을 거쳐 소기의 성과를 거두었다고 할 수 있겠다. '마지막 B', 즉 부시 대통령은 당초 11월 26일부터 12월 7일까지 호주·싱가포르·일본 등 아시아 4개국 방문계획 중 1박 2일 일정으로 12월 1~2일 한국을 방문할 예정이었으나 자국 내 사정으로 이 계획을 모두 취소한다고 11월 5일 발표함에 따라 방문 자체가 성사되지 않았다. 다만 이듬해 1월 5일~7일 동안 한국을 방문하게 되어 우리의 사전준비 및 외교활동은 연기될 수밖에 없었다.

4/4분기 동안 대통령께서 접견한 외국 인사는 다음과 같다. 먼저 10월 중엔 에릭 마크주모비치 아산베아프 카자흐공화국 최고회의 의장(10월 11일), 장 클로드 페에 OECD 사무총장(10월 16일), 알래스카 주지사 월터 히켈(10월 24일), 루마니아 외상 아드리안 나스타세(10월 28일 서훈), 루슬란 하스블라토프 러시아공화국 최고위 의장(12월 10일), 스티븐 솔라즈 미국 하원의원(12월 23일), 마하티르 빈 모하맛 말레이시아 수상(12월 27일) 등이다. 말레이시아 수상과는 오찬을 나누며 여러 가지 의견을 나누었던 것으로 기억하고 있다. 이처럼 외국의 많은 정치인,

공직자를 만난 이외에 해외 언론과의 인터뷰도 꾸준히 이루어졌다. 인도 PTI통신(10월 28일), 독일 〈디 차이트〉(*Die Zeit*)와의 회견(10월 31일)을 비롯해 〈뉴스위크〉(*Newsweek*)의 캐서린 그레이엄 여사와도 회견[19](11월 7일)을 가졌다. 이와 같이 많은 외국 인사와의 만남은 우리 국력의 신장과 관련이 있지만 북방정책을 내걸고 전 세계와 그야말로 벽을 헐고 개방하는 노 대통령의 통치철학이 반영된 것이라 할 만하다.

민중당 대표 면담과 진보세력의 제도권 포용

11월 18일 10시부터 11시 20분까지 청와대에서 민중당 이우재 대표, 이재오 사무총장, 장기표 정책위원장 등 3명을 노 대통령이 직접 면담한 일이 있었다. 당시 나는 정무수석 및 공보수석 등과 배석하면서 그야말로 격세지감을 느끼지 않을 수 없었다.

6·29선언 이후 민주화 과정에서 이른바 진보세력 또는 혁신계 인사들을 어떻게 대할 것이냐는 하나의 숙제가 되어 왔다. 그러나 민주화합을 국정지표의 하나로 내세운 노태우 정부에서 진보정당도 화합과 포용의 대상이 되어야 함은 당연한 일이었다. 11월 11일 본관수석회의에서 정무수석이 비록 국회의석은 갖지 않았지만 당시 진보세력의 대표라 할 수 있던 민중당 대표단과의 접견 문제를 제기하였고 대통령께서 긍정적

19 캐서린 그레이엄 여사 일행과는 백악실에서 12시부터~13시 30분 오찬을 함께 하며 회견했다고 기록되어 있다. 한반도 문제와 관련해서는 '부시 대통령 개인보다는 미국의 역할이 중요하다', '방어력이 공세적이냐, 방어적이냐는 종이 한 장 차이로 구별하기 곤란하다', '북한에 대한 무력 응징은 고려하지 않고 있다', '한국 민주화 과정의 문제점으로는 근로자의 급격한 임금상승, 무질서, 언론의 과장 보도 등이 어려운 과제이다', '힘이나 권위보다는 자발적 협조 분위기를 조성하는 것이 보람이다', '경제를 파괴하지 않는 선거를 연구하고 있다', '근검절약 운동(Austerity campaign)은 무역 문제로 번질 우려가 있다'는 등의 이야기가 오갔다.

으로 검토하라고 말씀하신 것으로 기록되어 있다.[20]

이 지시에 따라 11월 13일 오전 11시 삼청동회의실에서 안기부장, 내무·법무부 장관 그리고 정무·사정수석 등과 함께 이 문제를 검토하기 위한 회의를 개최하였으며 별다른 이의 없이 면담을 추진하기로 의견을 모았다. 그날 16시에는 약 1시간에 걸쳐 정무·공보·정책조사 등 수석과 함께 정무수석실이 마련한 말씀자료를 검토하고 독회를 했다. 이튿날인 14일 오전, 회의 및 독회 결과를 대통령께 보고드렸다.

이와 같은 준비과정을 거쳐 11월 18일 청와대 접견실에서 민중당 간부와 접견하며 대화한 내용은《노태우 대통령 연설문집》4권(663쪽 이하)에도 실려 있지만 이 기회에 요지를 적어 두고자 한다. 다소 긴장된 분위기에서 만남이 시작되었지만 노 대통령이 건넨 "어려운 여건에도 불구하고 진보정당을 창당하여 오늘까지 이끌어 온 노고를 치하합니다"라는 인사말씀에 이우재 대표는 "건국 이후 처음으로 대통령이 진보정당의 대표와 간부들을 만나 주셔서 감사합니다. 이는 역사적 의미가 있으며 정치발전에 큰 도움이 될 것입니다"라고 화답하며 원만한 분위기 속에서 대화가 진행되었다.

대통령께서는 "남북분단과 6·25를 거치면서 이념적 대결 및 적대관계가 지배하는 풍토가 일관되었으나 이제 이 세계의 큰 변화 속에서 이를 지양하고 진정한 민족화합으로 새로운 풍토를 다음 세대에 물려주는 것이 우리 세대의 소명입니다. 나는 6·29선언과 북방정책으로 오늘까지 이런 철학과 목표로 정부를 이끌어 왔습니다. 특히 이를 위해 계급혁명이나 폭력적, 그리고 비합법적 수단과 방법으로 이념을 관철하는 것이 아니라 민주주의 기본질서와 헌법의 테두리 안에서 진보적인 정책을

20 정무수석이 문제를 제기하기 전에 어떤 검토나 사전접촉이 있었는지는 내가 가진 자료에서 기록을 발견하지 못하였고 또 기억나는 것도 없다. 아마도 정무수석실이 통상적으로 여야 각 정당 문제를 검토하는 일을 맡아 처리하는 과정에서 제기하지 않았을까 짐작할 뿐이다.

추구하고 이에 따른 국민적 지지를 확보하는 것이 중요합니다"라고 말씀하시고, "오늘의 만남은 정치적으로 만남 자체가 의미가 있을 것입니다"라며 총론적 언급을 하셨다. 이우재 대표도 "한국적 대결 정치풍토에서 진보정당은 국민적 오해를 받아 활동에 문제가 있었으나 오늘 대통령이 만나 주셔서 이 오해나 편견을 불식하는 좋은 계기가 될 것입니다"라고 화답하였다. 나아가 대통령께서는 "6·29선언부터 민주주의가 모든 보수 및 혁신세력을 조화시키면서 자연스럽게 서로 만나 상호 정책을 수용하는 관계를 지향해야겠다고 생각해 왔습니다. 보수와 혁신은 수레바퀴처럼 조화되어야 하고 국민들의 욕구를 제도 안에서 수용하는 것이 사회·정치적 조화에 바람직하다고 생각해 왔습니다"라는 말씀으로써 화합과 포용을 강조하셨다.

다음으로 이 대표, 이 총장, 장 위원장의 순으로 대통령에게 몇 가지 요망·건의사항이 개진되었다. 이 대표는 한반도의 긴장 완화와 남북화해 그리고 국민화합을 이룰 수 있는 정책 구현을 요구하는 한편 시국사범의 석방, 사면 및 복권을 통해 진보세력이 활동할 수 있는 여건 조성과 제도적 개선을 이루어 달라고 요망하였다. 나아가 통일 후 어떤 나라가 될 것인가 하는 비전을 설정하고 통일을 위한 노력을 해나갈 수 있도록 여야 및 국민 각계가 토론할 수 있는 모임을 갖자고 제안하였다.

이재오 사무총장은 선거공영제를 강화하고 돈 안 쓰는 선거를 할 수 있도록 제도를 개선할 것, 전국구 의석 배분을 정당별 득표 비율에 따르게 함으로써 진보세력의 원내 진출이 가능하도록 만드는 한편 정치자금을 배분할 때 일정 비율 이상의 지지를 받는 원외 정당에도 배분하게 하고 정치자금의 국고지원을 제도화하는 등 진보정당이 활동할 여건을 개선해 줄 것, 그리고 민주적 기본질서를 수용하는 사람들은 석방·사면·복권하는 조치를 취해 줄 것, 특히 정치활동이 불가한 민중당원 48명도 정당활동을 할 수 있도록 해줄 것 등을 건의하였다.

마지막으로 장기표 정책위원장도 시국사범의 석방·사면·복권을 강조하면서 현재의 경제 난관이 과소비 · 호화 · 사치 등에서 발생하므로 부동산 투기 등의 근본적 개혁이 있어야 할 것이라고 주장하면서 지금은 '투쟁'이 아닌 '게임'을 통해 승부를 가리는 시대로 규정하고, 6공 정부가 한국정치사에서 중요한 역할을 수행 중이며 민주제도가 정착되고 있는 시기에 노 대통령께서 최고집권자로 계시는 것이 자랑스럽고 이에 경의를 표한다고 마무리하였다.[21]

노 대통령께서는 세 사람의 의견과 요구시항을 경청한 뒤 세계의 대변화(냉전체제 종식)가 일어나기 전부터 남북관계에서 북방정책 등으로 화해와 통일을 위한 전진적 조치를 취해 왔으며 그런데도 북한의 기본 노선과 자세에 변화가 없는 실정이며 계속해서 나아가려는 노력을 기울이고 있다고 말씀하셨다. 나아가 소련 · 동구에서 공산당이 와해된 마당에 계급혁명 · 민중해방 · 정권타도를 외치는 비현실적 세력과 확연히 구분하여 합법적인 활동으로 국민적인 지지를 얻어 주기 바란다는 희망사항을 밝히셨다. 그리고 통일 문제에 있어서 혁신진보정당도 초당적 대처를 해야 할 것이며 남북관계 통로는 정부가 되어야 하므로 진보적 의견 개진은 얼마든지 좋지만 대북교섭 등은 정부가 맡아야 한다는 점을 강조하였다.

구속자 사면 · 복권 문제는 정부 관계부처가 구체적 사항을 검토하여 조치토록 할 것이며, 선거공영제 강화를 통한 돈 안 쓰는 선거의 필요성에는 동감하나 구체적인 문제는 민자당 · 민주당이 함께 이야기할 것이며 정치자금 배분 개선방안도 검토시키겠다고 말씀하였다. 투기 근절

21 장기표 정책위원장은 법무 · 검찰에서 줄곧 일해 온 내게 매우 익숙한 이름이었다. 서울 법대 재학 중 학생운동을 주동한 가장 과격한 인물로 알려져 있었으며, 1991년에도 강경대 군 사건 이후 노 대통령 퇴진을 요구하며 결성된 '공안통치 종식을 위한 범국민 대책회의' 공동대표로 활약한 일이 있었기 때문이다. 그러나 대통령 접견에서 물론 인사치레의 말이지만 노 대통령에게 자랑스럽고 경의를 표한다고 발언하는 것을 들으며 세상이 많이 바뀌었으며, 만나서 대화하면 서로 이해하고 존중할 수 있다고 생각하게 되었다.

과 제조업 발전을 위하여 정부도 적극적으로 정책을 추진하고 조치를 강화할 것이라 약속하였으며 마지막으로 통일과 선진국 진입을 위해서는 국민화합이 선결과제이고 이를 위하여 모두가 민주적 기본질서 속에서 함께 나아가자고 하면서 진보세력도 이런 바탕 위에 발전을 이루기를 바란다고 매듭지었다.

당초 긴장했던 것과는 달리 원만하게 접견이 마무리되었다. 이 회견 뒤 민중당 측의 요망사항을 검토하기 시작하였으며 그 가운데 사면·복권 문제에 대하여는 정부의 기준에 맞는다고 인정된 이재오 사무총장이 12월 24일 성탄절 특사에 반영되었다. 이번 접견에서 거둔 가장 뚜렷한 성과라 할 수 있을 것이다. 그 밖에 선거제도·정치자금 문제는 당시 여야 간에 정치개혁 작업의 일환으로 많은 논의가 계속된 결과 후술하는 바와 같이 정기국회에서 일부 반영된 입법이 이루어졌다고 생각된다. 경제정책 문제는 당시 정부가 추진하던 방향과 일치하는 것이었기에 기존의 노력에 힘을 보태는 효과가 있었으리라 믿는다. 그러나 이런 요망사항의 부분적인 반영보다도 진보세력을 바라보는 시각을 교정했다는 점, 그리고 민주적 기본질서 속에서 정책 경쟁을 한다는 방향을 확립했다는 면에서 역사적으로 큰 뜻이 있는 '하나의 사건'이라고 평가될 만하다. 당시 언론의 평가도 퍽 호의적이었던 것으로 기억하고 있다. 단번에 큰 변화가 이루어질 일은 아니었지만 점진적으로 변화·발전하는 한 계기가 되었다고나 할까?

청와대 민원전화 개통

1991년 11월 1일부터 청와대 비서실에 민원전화가 개통되었다. 각종 민원상담 및 문의용 번호인 730-5800과 청와대 직원 사칭 여부 확인용 및 청와대 방문에 관한 안내용 번호 737-5800을 안내전화로 사용한다고 밝히고 곧 시행에 들어갔다.

그동안 청와대 전화번호는 대외비對外祕였다. 그러나 시대가 바뀌고 민주화가 대세로 확립된 때에 권위주의 청산을 위하여 민원전화 개방은 더 미룰 수 없는 일이 되었다고 판단하였기 때문이다. 그동안 이 문제를 상당 기간 검토했으며 국민 여론도 개방을 요구하는 쪽이 다수임이 확인됨에 따라 민정수석과 총무수석 등이 준비 작업을 해왔고 10월 28일 본관수석회의에 최종적으로 보고되었는데, 반대의견이 없었으며 대통령께서도 만시지탄晩時之歎이 있다고 재가함에 따라 11월 1일부터 시행에 들어가게 된 것이다.

이 조치에 대해 호의적인 보도가 잇달았으며 시행 결과 국민의 기대가 컸음이 확인되었다. 시행이 성공적이란 보고가 수차 있었으며 11월 21일 아침수석회의에서도 민정수석은 민원전화가 여전히 폭주하고 있으며 최근에는 현대그룹의 탈세사건과 관련하여 다양한 의견들이 개진되어 여론의 향배를 파악하는 데도 도움이 된다고 보고하였다.

11 · 8 비핵화선언, 12 · 18 핵무기부재선언, 그리고 12 · 31 남북 비핵화 공동선언 타결

오래전부터 문제되던 북한 핵문제에 몇 가지 긍정적 변화가 일어났다. 북한은 그간 1974년 국제원자력기구IAEA에, 그리고 1985년 12월 핵무기비확산조약NPT에 가입하였다. 그러나 여러 가지 경로에 따른 국제적인 정보수집 결과로는 북한이 핵무기 개발을 진행하고 있다는 것이었다. 이와 같은 핵개발 의혹을 해소하기 위해서는 IAEA의 사찰을 받아야만 했다. 또한, NPT에 가입하면 가입 18개월 이내에 IAEA와 핵안전조치 협정을 체결하고 IAEA의 사찰을 받아야 했다.

북한은 이 같은 당연한 의무를 이행하지 않고 이런저런 핑계를 일삼기에 급급하였다. 우리 정부로서는 그동안 남북총리회담으로 고위급 접촉이 진행됨에 발맞추어 대화하는 기회에 핵개발 의혹을 해소할 것을 촉구하였다. 북방외교가 진행됨에 따라 소련 등 북한에 영향을 미칠 수 있는 나라를 통하여 북한을 설득하는 노력도 게을리하지 않았다. 뿐만 아니라 냉전체제가 종말을 고함과 아울러 미소 간에도 핵무기 감축을 위한 노력이 결실을 보고 있었다.

내외 환경이 이와 같이 변화하면서 북한이 종래의 억지 주장을 거두어들이고 우리가 주장하던 합리적인 남북 유엔 동시가입안을 받아들이게 된 것은 이미 설명한 바와 같다. 대통령께서는 이런 사정 변화를 감안하여 북한 핵문제를 해결하는 데 박차를 가해야겠다고 판단하고 6월 11일 국방부 장관이 당면한 국방업무를 보고할 때 비서실장에게 핵문제에 관한 과제를 부여하신 것 역시 전장에서 전술했다. 이에 따라 나는 6월 15일 삼청동회의실에서 안기부장, 통일 · 외무 · 국방 장관과 외교안보수석이 회합을 갖고 대통령께서 지시한 사항을 전달하면서 앞으로 이를 이행할 체제와 태세를 갖추도록 합의한 바 있었다.

그 뒤로 북한은 1991년 7월 16일 그렇게 미루어 오던 핵안전협정에 가서명하는[22] 한편, 7월 30일에는 북한 외교부 성명을 통하여 '한반도의 비핵화를 위한 제안'을 발표하였다. 그 내용은 총 4개 항으로, "① 남북한은 한반도 비핵지대화 문제를 협의하여 늦어도 1992년 말 이전에 법적 효력을 가지는 공동선언을 채택한다, ② 미국과 한반도 주변의 핵무기 보유국인 소련 및 중국은 한반도 비핵지대화가 합의 선포되는 대로 그 지위를 법적으로 보장하며, 미국은 이와 관련하여 한국으로부터 핵무기를 철수하기 위한 조치를 취한다, ③ 아시아의 비핵국가들은 한반도 비핵지대화를 지지하며 그 지위를 존중한다, ④ 이 같은 비핵지대

22 이는 북한의 유엔가입 신청과 때를 같이하는 것이어서 유엔가입이 원만하게 진행되도록 하기 위한 조치라는 분석도 그럴 듯하게 받아들여졌다.

창설 문제를 협의하기 위해 북측은 어느 때든지 양자 간 또는 다자 간 협상을 진행할 용의가 있다"라는 것이었다.

북한 외교부의 제안 발표가 있은 즉후인 7월 30일 오후 삼청동회의실에서 관계장관이 모임을 가졌다. 그날은 아침 7시 30분 인도네시아 선박 폐유 사건 대책을 위하여 외무·내무·법무부 장관과 행정조정실장, 외교안보수석 등이 회합하였으며 15시부터는 안기부장과 민정·정무수석 등과 전두환 전 대통령 관련 문제를 가지고 의논을 한 바 있다. 계속하여 16시 20분부터 18시 30분까지 안기부장, 외무·국방부 장관, 외교안보수석과 함께 북한 외교부 발표 대책모임을 가졌다. 삼청동회의실에서 하루에 3번이나 회의를 가진 것이다. 북한이 종래 주장하던 내용과 본질적으로 달라진 점이 있다고 할 수는 없지만 남북한 간의 비핵화 협상 가능성을 제시한 것은 주목할 만한 대목이라는 데 의견을 모았다. 그리고 우리의 입장을 일단 밝혀 두는 것이 좋겠다는 의견에 따라 외무부 대변인이 성명을 발표하기로 하였으며 대통령께도 보고드려 재가를 받았다.

당시 외무부 대변인이 발표한 성명은 "첫째, 정부는 북한이 핵 재처리 시설을 포함한 모든 핵물질과 핵 시설에 관하여 IAEA의 완벽한 사찰에 응해야 할 것이며, IAEA 사찰은 북한이 NPT 당사국으로서 이행해야 할 국제법상의 의무로서 다른 어떠한 문제와도 연계할 수 없다는 것을 분명히 한다. 둘째, 정부는 남북한 간의 긴장 완화와 신뢰 조성을 위하여 핵 확산 방지를 포함한 남북한 간 군사 등 제반 문제가 앞으로 남북한 당국자 간에 논의될 수 있을 것으로 본다"라는 것이었다. 뒤이어 미 국무부도 "한반도 긴장 완화와 신뢰 구축에 관련된 제안들은 남북한이 직접 논의하는 것이 바람직하다"고 논평하였을 뿐만 아니라 북한 측도 8월 26일 외교부 대변인 담화를 통하여 한국 측과 이 문제에 관해 협상할 준비를 갖추고 있다고 밝힘으로써 우리 측이 주장해 온 남북 간 직접협상에 응하겠다는 쪽으로 태도 변화가 감지되고 있었다. 하나의 의미 있는 변화가 아니겠는가.

그러나 북한은 여전히 핵안전협정에 가서명한 단계에 머무를 뿐이었다. 북한은 참으로 간단치 않은 상대였다. 언제나 복선을 깔고 퇴로를 마련한다. 말 바꾸기도 너무 쉽게 해버린다. 공산당 특유의 선전・선동은 쉴 새 없이 집요하게 계속되고 있었다.

우리도 이와 같이 어려운 상대와 맞닥뜨려 난제 중의 난제를 해결하기 위해서 지혜를 모으고 힘을 합쳐야만 했다. 무엇보다 미국과의 협조가 긴요하였다. 한미는 꾸준히 대화하고 협의하였다. 특히 남북의 문제를 자주적이고 평화적이며 민주적으로 해결한다는 노 대통령의 확고한 정책과 지침을 구현하는 일이었기에 각급 담당자들은 최선을 다하였으며 공감대가 형성되고 있었다. 미국 측은 우리 측의 '자주적' 노력을 양해하고 지원하는 입장이었다.

이미 전장에서 언급한 대로 유엔총회에 참석하고 멕시코 방문이 끝날 무렵 미국 부시 대통령의 핵무기 감축 정책이 발표되었다. 그 발표는 우리나라에 배치한 것으로 인정되어 온 핵무기를 철수하겠다는 뜻이 포함된 성명으로, 북한 측이 끈질기게 주장해 온 한반도 비핵화지대론의 일부가 받아들여지는 결과가 되는 것이었다. 북측이 대던 핑계 하나를 해결할 수 있는 조치였다. 전술한 대로 대통령께서는 부시 대통령의 핵감축 발표를 지지한다는 내용의 성명을 지체 없이 발표하였다. 1991년 9월 27일 멕시코발 호놀룰루행 비행기 안에서 일어난 일이었다.

그런 가운데 그동안 북한 측이 두 차례에 걸쳐 연기한다고 통보함에 따라 개최하지 못했던 제 4차 남북총리회담이 10월 22일~25일까지 평양에서 열렸다. 이 회담의 준비과정과 진행과정에 대해서는 뒤에 자세히 언급할 것이지만 그동안 추진하던 남북관계에 관한 기본합의서 추진에 상당한 진전을 봄과 동시에 핵문제에 대해서도 상호 의견교환이 진행되었다. 그리고 12월 서울에서 제 5차 회담을 갖기로 결정하였으며 서울회담에서는 무언가 매듭이 지어질 것이라는 기대가 형성되고 있었다.

이와 같은 안팎의 사정 변화를 감안할 때 북한 핵개발 저지라는 당면한 과제를 수행하기 위해서는 대통령의 입장 표명이 바람직하다는 판단을 내리게 되었다. 11월 2일 아침 삼청동회의실에서 외무・국방부 장관, 안기부장과 외교안보수석이 참석한 가운데 대통령 선언을 검토하기로 하였다. 11월 7일에는 16시 궁정동 안가에서 다시 모여 약 1시간에 걸쳐 의견조정을 완료한 뒤 곧장 노 대통령께 보고하여 재가를 받았으며, 비서실 내에서 관계수석들과 함께 문안 작성을 완료하였다. 11월 8일 9시부터 8분간에 걸쳐 노 대통령이 직접 이른바 '한반도의 비핵화와 평화 구축을 위한 선언'을 발표하였다.

"나는 한반도의 핵문제를 선도적으로 해결하고 이 땅에 평화를 정착시키기 위해 중대한 결단을 내리고 이를 실행하는 조치를 취해 나가기로 결정했다"고 전제한 데 이어, 다음 세 가지를 약속하셨다.

> 첫째, 우리는 핵에너지를 평화적 목적을 위해서만 사용하며 핵무기를 제조 · 보유 · 저장 · 배비[配備] · 사용하지 않는다. 둘째, 우리는 ' 핵무기의 확산 방지에 관한 조약'과 이에 따라 국제원자력기구와 체결한 '핵안전조치협정'을 준수하여 한국 내의 핵 시설과 핵물질을 철저한 국제 사찰을 받도록 하며, 핵연료 재처리 및 핵 농축 시설을 보유하지 않는다. 셋째, 우리는 핵무기와 무차별 살상 무기가 없는 평화적인 세계를 지향하며, 화학 생물 무기의 전면적 제거를 위한 국제적 노력에 적극 참여하고 이에 관한 국제적 합의를 준수한다.

나아가 노 대통령은 우리가 이와 같이 비핵화선언을 한 이상 북한 측이 더 이상 국제 사찰을 피하며 핵무기를 개발하여야 할 아무런 이유도, 명분도 있을 수 없으므로 북한도 상응한 조치, 즉 핵 재처리 및 농축시설 보유를 포기하고, '핵안전조치협정'에 조속하게 서명하는 등 제반 조치를 시행하며 남북 간 직접협의를 통하여 핵무기 없는 한반도를 실현하고 나아가 진정한 평화시대를 열자고 촉구하였다.

이 선언은 그동안 남북대화 과정에서 북한이 제기한 여러 가지 문제에 대한 응대였다. '우리가 핵개발을 하지 않을 터이니 너희들도 할 생각을 버리라'는 선제적 선언이었다. 이 선언으로 북에 태도 변화를 촉구하는 한편 11월 12일 개최될 서울 APEC회의 그리고 11월 20일 개최될 제 23차 한미안보협의회 등 외교행사를 눈앞에 둔 시점에서 국제적 여론 환기를 통한 대북 압력을 강화한다는 효과도 노린 것이었다.

이 선언에 대해서는 국내 일부 언론 등에서 비판적 주장이 제기되기도 하였으나 대체로 긍정적이었다고 기억된다. 특히 핵 재처리 및 농축시설 포기까지 언급한 것은 지나치다고 하면서 핵 주권의 포기라는 비판이었다. 그렇지만 정치도 외교도 현실이라는 점에서 핵개발 의혹을 조금이라도 남기는 것은 우리의 국가 이익에 도움이 되지 않을 뿐만 아니라, 핵 재처리 및 농축시설을 가지는 것은 그동안의 경험에 따르면 전혀 가능하지 않다는 것이 국제정치의 현실이라는 점도 감안할 때 불가피한 주체적 결정이라는 견해였다. 북한도 만족스럽지는 않으나 진일보했다는 반응을 보였을 뿐만 아니라 미국 등 국제사회에서도 확실히 신뢰를 얻게 한 획기적 선언이었다. 뿐만 아니라 예상한 대로 APEC회의나 한미안보협의회SCM 등에서도 한국의 입장을 강화해 주는 결과가 나타났다.

11·8선언은 남북고위급회담에서 〈남북기본합의서〉를 채택(12월 13일)하는 과정에서 남북 핵 논의의 바탕이 되었을 뿐만 아니라[23] 대통령의 12월 18일 핵부재선언, 12월 31일 한반도 비핵화 공동선언 타결·가서명으로 이어졌다.

23 제 5차 남북총리회담에서 〈남북기본합의서〉(〈남북 사이의 화해와 불가침 및 교류 협력에 관한 합의서〉)가 채택되는 과정에서 핵문제 합의는 미루어졌지만 연내 판문점에서 대표 접촉을 갖기로 합의하였다.

12월 13일 〈남북기본합의서〉가 채택될 당시 연말로 미루었던 사안인 핵문제 타협을 앞두고 12월 18일, 남북 핵 협상에 박차를 가하는 노 대통령의 핵부재선언이 나왔다. 남북합의서 채택이란 역사적 성취에 안도할 겨를도 없이 연말로 미루어진 핵문제 타결을 향한 고삐 조이기에 나서지 않을 수 없었다. 12월 18일 정기국회 회기 종료를 앞두고 마지막 쟁점 의안인 추곡수매동의안 등의 국회 처리로 여야 간 전운이 고조되는 가운데, 그리고 임박한 연말 개각작업이 한창인에도 불구하고 외교안보수석실에서는 대통령의 '한반도의 비핵화와 관련한 특별발표'를 준비하고 있었다. 더 이상 늦출 수도 없었다. 미국과의 협의도 끝났으므로 12월 17일 대통령께 마지막 보고를 한 뒤 재가를 받았다. 드디어 12월 18일 19시 춘추관에서 텔레비전과 라디오로 전국에 생중계되는 가운데 노 대통령은 단호한 어조로 "이 시각 우리나라의 어디에도 단 하나의 핵무기도 존재하지 않는다"는 핵부재선언을 하였다.

이 선언과 더불어 대통령께서는 "우리가 비핵화를 구현하고 남북한 동시 핵사찰을 수용한 상황에서 북한이 핵무기를 개발하거나 사찰을 거부할 어떠한 명분이나 이유도 사라졌다"고 강조하면서 "이제 북한은 국제원자력기구와 핵안전조치협정을 조속히 체결·비준하여 아무런 조건 없이 국제 사찰을 수락하고 핵 재처리 및 농축시설을 포기해야 한다"고 촉구하였다. 나아가 "북한은 남북합의서의 정신에 따라 핵문제를 하루빨리 마무리 지어야 한다"고 지적하면서 특히 "세계 각국과 국제사회가 북한의 핵개발은 이 지역의 평화를 위협하고 세계적인 핵 확산을 촉진할 위험성을 안고 있는 중대 사안으로 보고 이에 대한 대응책을 강구하고 있다"고 상기하였다. "북한 당국도 이 문제의 핵심을 파악하고 있을 것이라고 믿으며 며칠 후 열릴 판문점회담에서 우리와 온 세계의 정당한 요구에 부응하는 조치가 있기를 기대하면서 나는 올해 안에 한반도의 비핵화를 실현하는 합의를 이루고 밝아 오는 새해와 함께 남과 북이 평화와 협력, 평화와 공동 번영의 시대를 힘차게 열게 되기를 바란다"고 마무리하였다. 이튿날 열린 아침수석회의에서 공보수석은 이번 비핵화 선언과 관련하여 보안 유지가 잘 되었음은 물론 내외언론 특히 미국 반응이 매우 좋았다고 보고하였다.

이 핵부재선언은 최고통치권자가 한국 어디에도 핵무기가 없다는 것을 공식 선포함으로써 한국 내 핵무기 존재 여부에 관한 논쟁에 마침표를 찍었음을 뜻하는 것으로, 북한 핵개발 저지를 위한 대통령의 확고한 결의를 천명한 것이었다. 북한은 닷새 후인 12월 23일 자 외교부 성명을 통하여 "남조선 당국자가 단 한 개의 핵무기도 존재하지 않는다고 발표한 것처럼 남조선에 실지로 미국의 핵무기가 철수되고 핵무기가 없게 되었다면 우리가 일관되게 주장하던 정당한 요구가 드디어 실현된 것이 되므로 이를 환영한다"고 말하였다. 미국의 태도 표명이 필요하며 핵 사찰을 받게 될 때 주한미군에 대한 사찰도 동시에 진행해야 된다는 꼬리를 붙이기는 하였으나 한걸음 진전된 태도 변화라고 진단할 수 있었다.

드디어 해를 넘기지 않은 12월 31일, 남북은 판문점에서 '한반도 비핵화에 관한 공동선언'을 타결하고 가서명하기에 이르렀다.

이 공동선언을 위하여 그동안 12월 26일과 28일, 그리고 31일 등 세 차례에 걸친 남북 접촉이 판문점에서 진행되었다. 남측 대표로는 임동원(고위급회담 대표 외교안보연구원 원장), 이동복(고위급회담 대표 총리특별보좌관), 김재섭(청와대 외교안보수석실 비서관), 반기문(외무부 미주국장), 박용옥(국방부 군비통제관) 등 5명이었으며, 북측에서는 최우진(고위급회담 대표 외교부 대사), 김영철(고위급회담 대표 인민무력부 부국장), 김수길(외교부 연구원), 최한솔(군축평화문제연구소), 최영관(인민무력부) 등 5명이 대표로 참석하였다.

쌍방 간 치열한 공방이 계속된 끝에 합의문 도출에 성공하였다. 그동안 현안이 되어 왔던 문제와 관련하여 합의된 사항은 이러했다. 첫째로 IAEA와의 핵안전협정 서명 및 발효, 핵사찰 수용 등의 조치는 북측이 확실히 이행하겠다는 의사표시를 명확히 하였으며, 둘째로 우리 측은 북측의 핵사찰 수용 조치가 가시화되는 대로 1992년도 팀스피릿훈련 중단 등 상응한 조치를 하기로 확약하였지만 합의 문안에는 포함시키지 않기로 하였다.

이 공동선언에 대하여 미국 측은 국무부 성명을 통하여 환영한다는 발표와 함께 한반도 긴장 완화를 위해서는 남북한 간 대화가 제일 중요함을 보여 주었다고 하였다. 덧붙여 우리 대통령께서 끈질기게 주장하고 실천해 온 남북문제의 자주적 해결이란 원칙이 구현되었음을 확인하기도 하였다. 일본은 환영한다는 뜻을 밝힘과 함께 실천을 기대한다는 성명을 발표하였을 뿐만 아니라 북한의 김일성도 신년인사에서 핵개발 의사·능력이 없다고 하면서 공정성이 보장되는 조건하에 핵사찰을 받아들이겠다고 밝혔다.

정말 불가능하다고 여겨지던 남북의 비핵화 공동선언이 타결됨으로써 12월 13일에 채택된 〈남북기본합의서〉와 함께 남북관계에 큰 획을 긋는 경사가 이루어졌으며, 앞으로 1992년에 벌어질 일들은 뒤에 설명할 것이지만, 1991년을 보내는 나와 청와대 스태프들의 가슴은 하나의 결실이 가져다주는 자신감과 뿌듯함, 그리고 새로운 기대로 설레고 있었다.[24]

24 이 선언의 이행 상황은 뒤에 설명하겠지만 이 공동선언은 1992년 1월 20일 자로 남북고위급회담 대표인 양측 총리가 각각 서명하여 1월 21일 원본을 교환하였으며 2월 19일 제 6차 고위급회담에서 발효 조치를 취하게 된다.

〈한반도 비핵화에 관한 공동선언〉 전문

남과 북은 한반도를 비핵화함으로써 핵전쟁 위험을 제거하고 우리나라의 평화통일에 유리한 조건과 환경을 조성하며 나아가 아시아와 세계의 평화와 안전에 이바지할 것을 다짐하면서 다음과 같이 선언한다.

1. 남과 북은 핵무기의 시험 · 제조 · 생산 · 접수 · 보유 · 저장 · 배비 · 사용을 하지 아니한다.
2. 남과 북은 핵에너지를 오직 평화적 목적에만 이용한다.
3. 남과 북은 핵 재처리 시설과 우라늄 농축 시설을 보유하지 아니한다.
4. 남과 북은 한반도의 비핵화를 검증하기 위하여 상대방이 선정하고 쌍방이 합의하는 대상들에 대하여 남북핵통제공동위원회가 규정하는 절차와 방법으로 사찰을 실시한다.
5. 남과 북은 이 공동선언의 이행을 위하여 1개월 안에 남북핵통제공동위원회를 구성 · 운영한다.
6. 이 공동선언은 남과 북이 각기 발효에 필요한 절차를 거쳐 그 문본을 서로 교환한 날로부터 효력이 발생한다.

4 · 5차 남북고위급회담, 〈남북기본합의서〉 채택 그리고 대통령의 대 솔라즈 의원 설명

우여곡절 끝에 제 4차 남북고위급회담이 10월 22일부터 25일까지 평양에서, 그리고 제 5차 회의는 12월 10일부터 13일까지 서울에서 잇달아 개최되었다. 12월 13일에는 총리회담이 시작된 지 1년 3개월, 분단 46년 만에 〈남북기본합의서〉 문안이 타결되고 서명되기에 이르렀다. 이 같이 역사적인 일이 이루어지기까지의 과정을 살펴보고자 한다.

남북고위급회담은 노 대통령 정부가 출범한 해인 1988년 12월 28일 강영훈 총리가 북한 연형묵 총리에게 남북총리회담을 제의하고 연 총리가 1989년 1월 16일 이를 수락함에 따라 시작되었다. 이 회담을 위하여 1989년 2월 8일부터 시작된 예비회담은 중단과 연기를 거듭한 끝에 1990년 7월 26일에야 타결되어 1990년 9월 4일~7일 서울 1차 회담과 10월 16일~19일 평양 2차 회담이라는 일정에 합의하게 되었다. 합의대로 1~2차 회담이, 그리고 3차 회담은 12월 11일부터 14일까지 서울에서 개최되었다. 4차 회담은 1991년 2월 25일 평양에서 열리기로 되어있었으나 북측의 일방적인 성명으로 개최되지 않았으며 8월 27일로 정하였던 회담 일자도 다시 연기되어[25] 뒤늦게 무려 약 10개월 만에 평양 4차 회담이 열린 것이다.

4차 회담을 위하여 회담 대표인 총리를 중심으로 관계부처에서 면밀한 준비작업을 해왔으며 10월 16일 12시 총리공관에서 나도 참석한 가

25 북한의 약속 파기는 다반사임을 우리 모두 잘 알고 있거니와 2월 회담의 연기는 우리 측의 걸프전과 관련된 경계 태세와 팀스피릿훈련을, 8월 회담 연기는 콜레라 전염병 발생을 구실로 삼았지만 사실은 전자의 경우는 유엔가입 문제와 관련되었던 것이고, 후자의 경우는 소련 쿠데타 발생의 추이를 관망하려는 것이었다고 분석되었다. 늘 그랬듯이 북한은 자기 측에 조금이라도 불리하다든지 또는 사정이 생기면 약속은 아랑곳하지 않고 핑계를 대어 일방적으로 취소 · 연기한다고 통보해 버렸다.

운데 남북회담 준비를 위한 관계자 회합을 가졌다. 10월 21일 오후에는 이튿날 평양으로의 출발을 앞두고 회담 대표들이 대통령께 회담 준비상황을 보고하는 자리가 마련되었다. 이 자리에서 보고를 청취한 대통령께서 몇 가지 말씀을 하셨다. 우리의 대북 기본방침은 북한의 개방을 유도하는 데 있음에 유의하여 남북 사이에 거론되어 온 기본합의가 이루어지도록 노력하되, 특히 합의 내용이 중요하다고 강조하는 한편 대통령께서 유엔총회에서 제시한 자주·평화·민주통일 원칙을 강조하고 핵문제가 해결되도록 노력하라는 것이었다.

정상회담 문제는 북에게 오히려 필요할 것이라고 말씀하심으로써 관심을 표명하였다. 나는 10월 22일 6시 10분에 총리실로 달려가 중요한 사명을 띠고 출발하는 총리 일행을 환송하였다. 제 4차 남북고위급회담 대표는 수석대표 총리 정원식, 부대표 외교안보수석 김종휘, 대표 5명은 송응섭 합참 제 1차장, 송한호 통일원 차관, 강현욱 경제기획원 차관, 임동원 외교안보연구원장, 이동복 국무총리특별보좌관이었다. 이날 판문점을 통하여 평양으로 향한 대표단 일행은 위 대표 7명과 수행원 33명, 기자단 50명 등 90명에 이르렀다.

회의에서는 그동안 논의해 오던 〈남북기본합의서〉의 양측 안을 토대로 토의가 진행되었으며 북한 측은 주한미군 철수 등 종래의 주장을 되풀이하면서도 합의 도달에 전향적인 자세를 보였다. 문안 합의는 되지 않았으나 하나의 합의서로 구성하는 데 의견 접근을 보았으며 구체적인 내용은 판문점 접촉 등을 통하여 계속 협의하기로 함으로써 전에 없었던 진전을 볼 수 있었다.

또한 이 회담에서 정원식 총리는 북핵 문제를 거론하는 기조연설을 통하여 북한의 핵개발 포기를 강력히 요구하고 북한이 가서명한 IAEA의 핵안전조치협정에 조속히 서명하고 이를 비준하여 핵사찰을 받으라고 촉구하였다. 북측도 한반도 비핵화를 주장하며 남한에 핵우산 제거[26], 주한미군 핵 철수와 주한미군 철수까지도 주장함으로써 상호 접점을 찾기는 어려웠다. 그러나 이러한 공방이 이루어졌다는 사실 자체가 뜻이 있는 것이어서 4차 회담은 나름대로 성과가 있었다고 말할 수 있었다.[27]

3박 4일의 일정을 마친 대표단은 10월 25일 16시 30분부터 청와대에서 대통령께 귀환 보고를 하였다. 회담경과 보고와 함께 11월 7일에 실무회담이 개최 예정이라는 것, 방송 개방, 군사 신뢰 구축, 휴전체제 문제 등을 검토해야겠다는 것, 그리고 북한이 합의서 타결과 관련하여 약간 조급하게 서두른다는 인상을 받았다는 것이 보고 내용이었다.

노 대통령께서는 노고를 치하하면서 '이제 남북관계 개선이 궤도에 진입하였으며 통일의 과정에 들어가는 단계이다', '5차 회담에서는 〈남북기본합의서〉가 타결되고 나아가 합의 내용이 실천되도록 해야 한다'고 말씀하였다.

제 5차 남북고위급회담을 앞두고 12월 6일 청와대에서 회담대책 보고회의가 있었다. 이 자리에서 대통령께서 회담과 관련하여 몇 가지 말씀을 주셨다.

첫째, 북한 측에 남한이 정치일정으로 혼란해지더라도 공산화될 가능성은 전혀 없다는 사실을 명백히 알려야 한다.
둘째, 남북 간의 기본문제는 남북한이 해결해야 한다는 원칙을 지켜야 한다.
셋째, 합의서 도출과 핵문제를 병행하여 토의해야 한다.

26 핵우산 보호는 1968년 NPT 체결과정에서 핵보유국이 비보유국에 대하여 일반적으로 제공하기로 한 안전보장의 일환이다. 당시 유엔안전보장이사회의 결의에 따라 그 근거가 국제적으로 확인된 사항으로, 남북한 공히 해당하는 것이었다. 따라서 북측 주장은 터무니없는 왜곡이라고 해야 할 것이다.
27 언론에서도 처음으로 가시적 성과를 거두었다는 등 긍정적 보도가 있었다(〈조선일보〉 1991년 10월 25일 자 3면 참조).

넷째, 여러 가지 사정으로 보아 합의될 가능성이 있으니 유연하게 접근하는 것이 바람직하다.
다섯째, 합의 시의 홍보 대책도 미리 준비하는 것이 좋겠다.

대통령과 총리께서 자리를 떠나신 뒤 안기부장과 통일부총리가 나와 잠시 이야기를 나눌 기회를 가졌다. 북한이 집요하게 전제조건으로 내세워 왔던 국가보안법 폐지와 주한미군 철수 주장을 언급하지 않게 된 마당에 가급적 〈남북기본합의서〉를 타결하도록 하자고 거듭 다짐한 것이다. 그동안의 접촉에서 쟁점으로 내세우던 사항이 우리 측 주장대로 대부분 의견 접근을 이루고 있으므로 기회를 놓치지 말자는 말이었다. 세 사람 사이에 이견이 없었다고 기억한다.

드디어 12월 10일 10시 판문점을 통하여 북한 측 연형묵 총리를 위시한 대표단 일행 90명이 서울로 와 숙소이자 회담장인 워커힐호텔에 여장을 풀었다. 그날 나는 아침수석회의를 주재한 후 곧바로 러시아 최고회의 의장 루슬란 카스블라토프를 접견하는 자리에 배석한 뒤, 몇 가지 현안에 대하여 보고를 드렸다. 그 후 국회 예산처리에 수고가 많았던 경제부총리, 국회 예결위원장 및 간사 그리고 재무위원장을 격려하는 오찬 자리에 배석하였다.

15시 10분경 북측 대표단 영접차 판문점까지 출장하였던 김종휘 외교안보수석이 전화로 전해 온 내용을 대통령께 보고드렸다. 연 총리와 접촉한 결과 이번에 합의서가 반드시 채택되기를 희망하며 합의서가 채택되면 다음 순서로 정상회담이 가능할 것이라는 사실을 확인하였으며, 남은 쟁점 중에는 그렇게 중요한 사항이 없으므로 합의서 채택이 낙관적이라는 요지였다. 그러는 가운데 북측 대표단은 정오가 좀 지나 워커힐호텔에 도착하여 정원식 총리의 영접을 받았으며 19시부터는 신라호텔에서 정원식 총리가 주최하는 만찬에 참석하여 우호적인 분위기를 이어 갔다.[28]

나는 환영만찬이 끝난 21시 30분 신라호텔로 찾아가 총리, 통일부총리, 안기부장, 외무·국방부 장관 등과 함께 남북회담 대책회의에 참석하였다. 이런저런 이야기들이 오갔으며 합의서 채택과 핵문제 협의에 최선을 다하자고 거듭 다짐하였다. 내 다이어리에는 회합이 약 2시간 가까이 진행된 것으로 기록되어 있다. 결국 새벽 1시에 취침하였는데, 그날따라 여러 가지 세상 돌아가는 일로 참고되는 정보를 알려 주던 이원조 의원[29]의 전화를 받았다고도 쓰여 있다.

12월 11일은 7시 30분부터 삼청동회의실에서 국회 운영과 관련된 당정회의가 있었다. 회의가 끝날 무렵 외교안보수석의 전화를 받았다. 전날 밤 북측 대표들을 접촉한 결과 북한이 합의를 서두른다는 점을 확인하였으나 쌍방 모두 숙고·검토할 시간을 가지기 위해 합의시간을 다소 늦추기로 하였으며, 12월 12일 대통령께 중간보고를 드릴 일정과 12월 13일 북 대표단 접견 및 오찬 또는 만찬 일정을 예비해 두어야겠다는 내용이었다. 이에 대통령께 보고드려 내락을 받았다. 20시 30분에는 김종휘 수석이 민병석 비서관과 함께 그동안의 경과를 보고하겠다고 내방하여 관저로 대통령을 찾아뵙고 21시부터 진행 상황과 군축 문제 등에 관한 상황을 직접 보고드렸다.

12월 12일에도 아침 7시 30분 삼청동회의실에서 안기부장, 통일부총리, 외무·국방부 장관 및 이동복 대표 등이 회합을 갖고 회담 진행상황 등을 점검하는 한편 국방 문제 등에 대하여 논의를 진행하였다. 그 결과

28 이날 만찬에는 북측 대표단을 맞아 3차 회담까지 파트너였던 강영훈 전 총리를 비롯하여 홍성철 민주평통 수석부의장, 최호중 부총리, 박정수 국회 외무통일위원장, 박용학 무역협회장 등, 각계인사 300여 명이 참석한 가운데 성황을 이루었으며 마지막에는 사회자의 제의로 기립하며 〈우리의 소원〉을 합창하였다.

29 이원조 의원은 노 대통령과 특별한 친분이 있는 대구 출신 금융계 인사였다. 전두환 대통령과도 각별한 관계로 잘 알려진 사실이다. 내가 고교에 재학할 시절 교감으로 재직하셨던 이보경 선생님의 장남으로서 나와도 면식이 있는 사이였다. 정부의 일을 돕는다는 취지에서 가끔 전화로 도움되는 정보를 알려 주곤 하였다.

는 9시 50분에 대통령께 보고되었으며 북한 내부에서는 군부의 반발로 고심하는 듯하다는 안기부장의 보고가 있었다. 17시에 총리, 통일부총리, 외교안보수석 등이 대통령께 회담 중간보고를 하였으며 그 결과를 바탕으로 드디어 18시 실무협의가 타결되었으나 내용 발표는 평양의 사정으로 보류되었다는 보고를 받고 제 1부속실을 통하여 대통령께 이 사실을 보고하였다.

회담 마지막 날인 12월 13일 9시 본회의를 열고 전문 전 4장 25개 조항으로 구성된 '남북 사이의 화해와 불가침 및 교류, 협력에 관한 합의서'에 서명하고 3개 항의 〈남북공동발표문〉을 발표[30]함으로써 3박 4일간에 걸친 제 5차 남북고위급회담은 역사적 사명을 수행하고 대단원의 막을 내렸다.

회담을 성공적으로 마무리한 남북대표단은 곧 청와대로 향하였다. 11시 10분 연형묵 총리가 도착하였으며 노 대통령은 접견실에서 11시 15분부터 40분까지 연 총리와 최봉춘 대표, 정 총리와 김종휘 외교안보수석을 접견하고 이들과 환담하였다. 이어 집현실에서 북 대표단 10명을 12시까지 접견한 뒤 12시부터 13시 10분까지 인왕실에서 양측 대표단 및 관계자 등과 오찬을 함께 하였으며 기념촬영하는 것으로 청와대 접견행사는 마무리되었다.

이 자리에서 노 대통령은 "남북합의서 채택은 역사적인 일이며 온 국민과 함께 치하한다"고 대표단의 노고를 격려한 다음, 지난날 우리는 식

30 〈남북공동발표문〉의 내용은 다음과 같다.

① 남과 북은 12월 13일 '남북 사이의 화해와 불가침 및 교류 협력에 관한 합의서'에 서명하였으며 이른 시일 안에 각기 발효에 관한 절차를 거치기로 하였다.

② 남과 북은 한반도에 핵무기가 없어야 한다는 데 인식을 같이하면서 핵문제를 협의하기 위하여 12월 안에 판문점에서 대표 접촉을 갖기로 하였다.

③ 남과 북은 제 6차 남북고위급회담을 1992년 2월 18일부터 21일까지 사이에 평양에서 개최하기로 합의하였다.

민통치를 받기도 했고 남북 분단과 전쟁을 겪는 등 강대국들의 희생물이 되기도 하였다며 지난날을 회고한 뒤 "이번 합의서 타결로 과거의 비극을 종식시키는 시발점이 되기를 기대한다"라고 언급하였다. 이어 "합의서 내용을 남북이 성실히 실천해서, 통일을 이루는 역사의 금자탑을 반드시 세워야겠다"라고 강조한 뒤 "나 스스로 대통령으로서 이 일을 이루지 못하면 역사에 죄를 짓는 것이라고 생각해 왔으며 김일성 주석도 이 세기가 가기 전에 민족문제·분단문제를 해결해야 역사에 훌륭하게 기록될 것"이라며 합의서 내용에 적시된 평화·불가침·교류 협력이 구체화될 수 있도록 노력하자고 말씀하셨다.

양측 대표단의 접견과 오찬행사는 매우 부드러운 분위기 속에서 진행되었으며 환담이 오갔다. 당시 북측 대표로 참석하였던 김정우 경제부부장이 경제발전에 관해 던진 질문에 경제기획원 강현욱 차관이 설명한 일이 당시 북의 경제에 대한 어려움을 상징하는 일이었다고 기억된다. 그리고 대통령께서 김일성 주석의 건강 비결을 물었을 때 연 총리와 백남준 대표는 '걷기와 수영 그리고 낙천적 생각'이라고 답변하였음을 상기하고 싶다.

이튿날인 12월 14일 8시부터 3부 요인과 여야 지도자를 초치하여 조찬모임을 갖고 〈남북기본합의서〉 채택에 관해 보고하였다. 통일부총리의 보고에 대하여 모두 큰일을 하였다는 분위기였다. 다만 국회 비준문제와 통일방안 및 전망 등에 대한 이런저런 이야기가 오갔다. 그리고 오전 10시 30분부터는 집현실에서 경제계 주요 인사들을 초청하여 〈남북기본합의서〉 채택을 설명하고 의견을 교환하는 간담회가[31] 열렸다. 합의서가 채택되고 남북관계가 개선될 것이 기대됨에 따라 북한에 대한

31 이날 간담회에 참석한 경제인은 정주영, 김우중, 이건희, 구자경, 최종현, 조중훈, 김석원, 김승연, 김선홍, 정수창, 최원석, 조석래, 이동찬, 이재준, 이임용 등이었다고 다이어리에 기록되어 있다.

지원, 투자, 노동력 활용 등에 대하여 간담하였다. 지나치지 않아야 하며 과당 경쟁하지 않도록 교통정리가 필요할 것이라는 의견, 우리의 내실을 더욱 다져야 한다는 등의 신중론과 함께 집단농장을 해체하면 3년 이내에 북한의 식량자급이 가능할 것이라는 희망적 전망도 있었다. 대통령께서는 국내 경제전망과 관련하여 임금안정과 준법경영을 강조하고 특히 선거를 앞두고 경영에 전념하도록 당부하셨다.

공식적인 마무리 작업은 대체로 끝났고 우방을 비롯한 외국의 반응도 매우 호의적이었지만, 워낙 큰일이었기에 또 다른 뒤치다꺼리가 기다리고 있었다. 먼저 국회 비준 동의 문제였다. 헌법상 국회의 체결·비준 동의가 필요한 것은 국가 간의 조약(헌법 제60조)인데 〈남북기본합의서〉의 경우 '국가 간[32]의 조약이라고 볼 수 없고, 따라서 대통령의 재가로 효력이 발생하며 국회 동의는 필요치 않다는 것이었다. 당시 법제처의 의견을 청취한 결과도 그러하였으므로 정부로서는 국회의 동의를 받지 않기로 결정한 것이다. 대통령이 〈남북기본합의서〉에 재가함으로써 정부로서는 할 일을 다했다는 입장을 확인하였던 것이다.

다만 당시 정치권에서 이 중대한 합의에 국회가 동의하는 결의안을 가결함으로써 정치적인 책무를 다하는 것이 좋겠다는 의견의 제기되었고, 실제로 외무·통일 연석 상임위원회에서 〈남북기본합의서〉에 대해 질의하는 과정에서 일부 논의가 되었으나 야당 측이 돌연 비준 동의를 요구하는 바람에 의견이 충분히 집약되지 않으면서 흐지부지된 것으로 기억한다. 얼마 전인가 정부가 비준 동의를 받으려고 하였는데 국회 반대로 동의를 받지 못한 양 오해한 보도를 본 것 같은데 그것은 진상을 알

32 물론 유엔에 동시가입하는 등 대외적으로 본다면 국가 간의 일이라고 할 수 있을지 모르지만 양자 관계에 있어서는 서로 국가라고 인정할 수가 없는 관계임이 명백하므로 조약으로 볼 수 없었다. 분단국가로서 불가피한 이중성을 감수할 수밖에 없지 않겠는가. 서로 그와 같은 관계를 통일될 때까지 잠정적으로 이어갈 수밖에 없다는 점이 합의서 전문에 기재되어 있으며, 합의서 채택의 의의 중 하나이기도 하다.

〈남북 사이의 화해와 불가침 및 교류, 협력에 관한 합의서〉 전문

남과 북은 분단된 조국의 평화적 통일을 염원하는 온 겨레의 뜻에 따라, 7・4 남북공동성명에서 천명된 조국통일 3대원칙을 재확인하고, 정치군사적 대결 상태를 해소하여 민족적 화해를 이룩하고, 무력에 의한 침략과 충돌을 막고 긴장완화와 평화를 보장하며, 다각적인 교류・협력을 실현하여 민족공동의 이익과 번영을 도모하며, 쌍방 사이의 관계가 나라와 나라 사이의 관계가 아닌 통일을 지향하는 과정에서 잠정적으로 형성되는 특수관계라는 것을 인정하고, 평화통일을 성취하기 위한 공동의 노력을 경주할 것을 다짐하면서, 다음과 같이 합의하였다.

제 1장 남북 화해

제 1조 남과 북은 서로 상대방의 체제를 인정하고 존중한다.

제 2조 남과 북은 상대방의 내부문제에 간섭하지 아니한다.

제 3조 남과 북은 상대방에 대한 비방・중상을 하지 아니한다.

제 4조 남과 북은 상대방을 파괴・전복하려는 일체 행위를 하지 아니한다.

제 5조 남과 북은 현 정전상태를 남북 사이의 공고한 평화상태로 전환시키기 위하여 공동으로 노력하며 이러한 평화상태가 이룩될 때까지 현 군사정전협정을 준수한다.

제 6조 남과 북은 국제무대에서 대결과 경쟁을 중지하고 서로 협력하며 민족의 존엄과 이익을 위하여 공동으로 노력한다.

제 7조 남과 북은 서로의 긴밀한 연락과 협의를 위하여 이 합의서 발효 후 3개월 안에 판문점에 남북연락사무소를 설치・운영한다.

제 8조 남과 북은 이 합의서 발효 후 1개월 안에 본회담 테두리 안에서 남북정치분과위원회를 구성하여 남북화해에 관한 합의의 이행과 준수를 위한 구체적 대책을 합의한다.

제 2장 남북 불가침

제 9조 남과 북은 상대방에 대하여 무력을 사용하지 않으며 상대방을 무력으로 침략하지 아니한다.

제10조 남과 북은 의견대립과 분쟁문제들을 대화와 협상을 통하여 평화적으로 해결한다.

제11조 남과 북의 불가침 경계선과 구역은 1953년 7월 27일 자 군사정전에 관한 협정에 규정된 군사분계선과 지금까지 쌍방이 관할하여 온 구역으로 한다.

제12조 남과 북은 불가침의 이행과 보장을 위하여 이 합의서 발효 후 3개월 안에 남북군사공동위원회를 구성 · 운영한다. 남북군사공동위원회에서는 대규모 부대이동과 군사연습의 통보 및 통제문제, 비무장지대의 평화적 이용문제, 군 인사교류 및 정보교환 문제, 대량살상무기와 공격능력의 제거를 비롯한 단계적 군축실현문제, 검증문제 등 군사적 신뢰 조성과 군축을 실현하기 위한 문제를 협의 · 추진한다.

제13조 남과 북은 우발적인 무력충돌과 그 확대를 방지하기 위하여 쌍방 군사당국자 사이에 직통 전화를 설치 · 운영한다.

제14조 남과 북은 이 합의서 발효 후 1개월 안에 본회담 테두리 안에서 남북군사분과위원회를 구성하여 불가침에 관한 합의의 이행과 준수 및 군사적 대결상태를 해소하기 위한 구체적 대책을 협의한다.

제 3장 남북 교류 · 협력

제 15조 남과 북은 민족경제의 통일적이며 균형적인 발전과 민족전체의 복리향상을 도모하기 위하여 자원의 공동개발, 민족 내부 교류로서의 물자교류, 합작투자 등 경제교류와 협력을 실시한다.

제 16조 남과 북은 과학 · 기술, 교육, 문화 · 예술, 보건, 체육, 환경과 신문, 라디오, 텔레비전 및 출판물을 비롯한 출판 · 보도 등 여러 분야에서 교류와 협력을 실시한다.

제 17조 남과 북은 민족구성원들의 자유로운 왕래와 접촉을 실현한다.

제 18조 남과 북은 흩어진 가족 · 친척들의 자유로운 서신거래와 왕래와 상봉 및 방문을 실시하고 자유의사에 의한 재결합을 실현하며, 기타 인도적으로 해결할 문제에 대한 대책을 강구한다.

제 19조 남과 북은 끊어진 철도와 도로를 연결하고 해로, 항로를 개설한다.

제 20조 남과 북은 우편과 전기통신교류에 필요한 시설을 설치 · 연결하며, 우편 · 전기통신 교류의 비밀을 보장한다.

제 21조 남과 북은 국제무대에서 경제와 문화 등 여러 분야에서 서로 협력하며 대외에 공동으로 진출한다.

제 22조 남과 북은 경제와 문화 등 각 분야의 교류와 협력을 실현하기 위한 합의의 이행을 위하여 이 합의서 발효 후 3개월 안에 남북경제교류 · 협력공동위원회를 비롯한 부문별 공동위원회들을 구성 · 운영한다.

제 23조 남과 북은 이 합의서 발효 후 1개월 안에 본회담 테두리 안에서 남북 교류 · 협력분과위원회를 구성하여 남북교류 · 협력에 관한 합의의 이행과 준수를 위한 구체적 대책을 협의한다.

제 4장 수정 및 발효

제 24조 이 합의서는 쌍방의 합의에 의하여 수정 · 보충할 수 있다.

제 25조 이 합의서는 남과 북이 각기 발효에 필요한 절차를 거쳐 그 문본을 서로 교환한 날부터 효력을 발생한다.

1991년 12월 13일

남북고위급회담 남측대표단 수석대표 대한민국 국무총리 정원식

북남고위급회담 북측대표단 단장 조선민주주의인민공화국 정무원총리 연형묵

지 못하는 잘못된 기사임을 확실히 말해 두고 싶다. 그 밖에도 '남북기본합의서가 졸속이다', '핵문제가 미결이다'라는 등으로 비판하는 기사가 보도되었으나 5차례 회담 끝에 채택된 합의서를 졸속이라고 하는 것은 정말 어처구니없는 왜곡이며 핵문제는 연말까지 추가로 해결하기로 합의하였고 또 그렇게 실천되었음은 이미 설명한 대로이다.

아무튼 큰일 뒤에 여러 가지 이야기들이 난무하는 것은 이해되는 면이 있기는 하지만, 청와대 비서실의 어깨는 더 무거워질 수밖에 없었다. 모두 동분서주하기를 마다하지 않았다. 사실 이 합의서는 그동안 대결 일변도로 긴장하고 있던 상황에서 상호 실체의 인정, 평화를 바탕으로 불가침, 교류 협력 등을 정한 양자 간 관계에 뜻깊은 장전章典일 뿐만 아니라 특히 대통령께서 늘 강조하던 대로 외세의 개입 없이 남북이 자율적으로 합의를 도출해 내었다는 점에서 참으로 높이 평가되어야 할 것이다. 이 중요한 합의가 구체화되고 하나하나 실천되도록 더욱 힘써야겠다는 다짐을 하고 또 하였다.

이와 관련하여 12월 23일 오전 10시 미국 하원 외무위원회 동아태소위원장 스티븐 솔라즈 의원을 면담할 때 노 대통령께서 〈남북기본합의서〉에 대하여 설명한 내용을 기록해 두는 것이 당시 상황을 이해하는 데 도움이 될 것이다. 솔라즈 의원은 우리나라의 권위주의 정부 시절 한국 인권문제에 대하여 비판적 발언을 내놓는 등 나의 뇌리에도 각인된 진보적 인사로 1980년대에도 북한을 방문한 일이 있었다. 이번에는 12월 17일~19일까지 평양을 방문하여 김일성 등을 만난 뒤 21일부터 23일까지 서울에 체류하면서 이상옥 외무부 장관 등과 만나 북한 방문결과를 가지고 토론을 하는 등 활동하던 끝에[33] 이날 그레그 미국대사와 함께

33 북한 핵문제 해결을 위하여 무언가 역할을 기대하고 북한을 방문하였으나 기대한 효과를 얻지 못하고 서울에 왔으며, 북핵에 매우 실망하였음을 숨기지 않았다고 한다. 자세한 대

대통령을 예방하게 된 것이다. 시기적으로 〈남북기본합의서〉가 막 체결되었고, 12월 18일 노 대통령의 핵부재선언이 있었으며 남북 간에 핵문제 해결 협상을 앞둔 시점이었다. 이때 노 대통령께서 솔라즈 의원에게 〈남북기본합의서〉 등에 관하여 설명한 내용이 다이어리에 다음과 같이 메모되어 있다.

먼저 동유럽, 소련 및 중국 등이 모두 변화하는데도 불구하고 유독 북한만이 변하지 않는 이유로 "자유 · 시장경제 사상을 가진 사람은 전부 숙청하거나 수용소에 강제수용하였으며 또 남한으로 탈출해 버림으로써 김일성을 종교적으로 신앙하는 체제가 확립되었다는 것, 동유럽 등에서는 자본주의를 아는 사람이 있었으나 북한 사람들은 자본주의를 전혀 모르고 있으며, 말하자면 농경사회에서 공산독재사회로 바로 이행되었다는 점 때문에 변화도 되지 않고 대화도 잘 안 이루어지고 있다는 것을 설명하셨다.

대통령께서는 이어 이 어려움을 극복하기 위하여 46년간 노력해 왔는데, 이 노력에 가장 믿음직한 뒷받침은 미국이 수행했으며 그런 차원에서 핵문제 해결을 위한 한미협력은 매우 중요하다"라고 말씀하였다.

대통령께서는 〈남북기본합의서〉에 관해서도 자세히 설명하셨다. 이번에 체결된 〈남북기본합의서〉는 "46년간 우리의 노력과 미국 지원에 힘입은 역사적 장전章典임을 알아야 한다. 같은 민족으로 대립하고 적대해 온 것을 되풀이하지 않겠다. 대화 · 교류 · 신뢰 · 동질성 회복 · 통일을 위한 기본사항, 그것도 우리 주장이 거의 반영된 합의서가 곧 기본틀basic framework이다. 이는 통일을 향한 기본합의이고, 핵문제는 그 과정에서 해결해야 할 과제의 하나다. 기본합의서가 진전되는 것이 핵문제 해결에 큰 힘이 되고 매우 이로울 것이다. 기본합의서 그대로 추진 · 실행하고 핵개발을 제지하도록 서로 상승작용으로 병행하여 함께 해결하는

담 내용에 대하여는 이상옥, 앞의 책, 485쪽 이하 참조.

것이다. 대화과정에서 핵문제에 대해 압력을 가하고 미국 등 우방, IAEA · 유엔안전보장이사회 등 국제적인 노력이 합쳐져야 한다"라고 말씀하신 뒤, 마지막으로 김일성체제는 종결되겠지만 시간이 걸릴 것이라는 전망을 제시하셨다. 그리고 유엔안보리에서의 경제봉쇄는 가능하다는 것이 우리 정부의 입장이라고 첨언하셨다.

배석한 나는 그대로 필기를 하였고 그대로 옮겨 실었다. 대통령의 진솔한 의견 개진이 곧 역사적 자료가 된다고 믿기 때문이다.

정기국회의 마무리 I: 예산안 통과까지

1991년도 정기국회는 약간의 문제들이 돌출하는 등 고비가 없지 않았으나 비교적 성공적으로 마무리되었다고 자평하고 싶다. 국정감사, 당대표 연설, 시정연설 등이 큰 문제없이 진행되었고 예산안, 추곡수매동의안, 제주개발특별법 등 쟁점법안 등 모두가 그럭저럭 곡절을 겪으면서도 정부가 뜻하는 바에 크게 어긋나는 일 없이 국회라는 관문을 통과할 수 있었다. 이제 그 경과를 살펴보기로 한다.

먼저 정기국회에서 다루어야 할 가장 중요한 과제였던 1992년도 예산안 심의과정에 대하여 회고해 보자. 정부예산안을 확정하는 과정과 그 내용을 다룬 시정연설에 대하여서는 이미 설명하였다. 10월 9일 국무총리가 대통령의 시정연설을 대독한 뒤로 본회의 대정부질문이 10월 15일 종료됨에 따라 10월 16일부터 18일까지 각 상임위원회에서 1991년도 결산안 및 예비비에 대한 심사가 진행되었으며 10월 19일부터 25일까지 상임위원회에서 각 소관부처 예산안 심사가 완료되었다. 물론 예년의 경우와 다름없이 상임위원회에서 심사된 예산안은 정부 원안보다 합계 4,545억 원이나 증액된 결과로 나타났다.[34] 사실 상임위 심사는 예산안 심의의 본격적 장이라 할 예결위에 큰 영향을 주지 못하는 것이어서 증액 요구에 큰 방점이 주어지는 것은 아니었다. 11월 5일부터 시작된 예결위의 심사과정을 관심 있게 들여다보기로 하자.

상임위 심사에 이어 바통을 이어 받아야 할 예결위는 후술하는 바와 같이 10월 25일 정부의 추곡수매가격이 결정되면서 이에 따른 장외활동 등으로 국회 일정이 공전하였고, 10월 31일에야 여야 간에 나머지 기간 의사일정에 대한 합의가 이루어졌다.[35] 예결위의 예산안 심사는 11월 12일~19일 및 11월 21일~27일로 다소 미루어졌다. 예결위 심사는 대정부 정책 질의, 부처별 심사, 계수조정소위 심사, 예결위 예산안 확정 등의 순서로 진행된다. 11월 25일까지 부처별 심사가 종료되었으며 11월 27일부터 계수조정소위원회가 구성되면서 그야말로 건곤일척乾坤一擲, 마지막 대결의 순간이 다가왔다. 나는 관례에 따라 예결위에 출석하지 않았는데 막바지 청와대 예산 소위 심사 때 야당의 출석요구에 따라 11

34 예산안 심의는 상임위 심사, 예결위 심사, 본회의 가결 등의 순서로 진행되는데 상임위원회에서는 통상 정부예산안보다 증액되어 통과되고 예결위 심사로 넘기는 경우가 거의 관례화되어 있었다. 이는 국회 심사 기회에 정부예산에 반영되지 않은 사업예산을 확보하고자 하는 정부 각 부처, 관계 이익단체 및 이해관계자, 지역구 등의 새로운 요구 등을 반영하다 보니 나타나는 현상이다. 그러나 예산심사 과정에서 증액보다는 감액에 중점을 두는 것이 국회의 기능이라고 볼 때, 상임위 예산심사는 예결위·본회의 심사와 상충하는 경우이기 때문에 한 번쯤 반추해 보아야 할 일이라 생각된다.

35 합의된 의사일정은 다음과 같다. ① 11월 5~9일: 상임위 안건 심사, 예결위 결산예비비 심사, ② 11월 11일: 본회의 1990년도 세입세출 결산, 예비비 지출 승인 등, ③ 11월 12~19일: 상임위 안건 심사, 예결위 1992년도 예산안 심사, ④ 11월 20일: 본회의 안건 처리, ⑤ 11월 21~27일: 상임위 안건 심사, 예결위 1992년도 예산안 심사, ⑥ 11월28일~12월 2일: 본회의 1992년도 예산안 기타 안건 처리, ⑦ 12월 3~14일: 상임위 안건 심사, ⑧ 12월 16~18일: 본회의 안건 처리.
이에 앞서 10월 26일 이후 의사일정 중 일부에 대한 합의가 있었는데 본회의에서 휴회 결의(10월 26일), 상임위 일반 안건 심사 후 휴회(10월 28일~11월 2일), 본회의 안건 처리(11월 4일)가 그것이다. 위 합의된 일정에서 보다시피 5번의 본회의(11월 4일, 11월 11일, 11월 20일, 11월 28일~12월 2일, 12월 16~18일)가 예정되어 있어 각각 상임위 심사 등이 완료된 안건을 처리하도록 진행되었다.

월 27일 17시경 계수조정소위에 참석하여 정치관계법 협상 관련 질문을 받고 약 30분 만에 국회를 떠났다고 기록되어 있다.

그런데 심사가 막바지에 이르렀을 즈음 하나의 사건이 일어났다. 여당의 김종호 총무 주도로 관심의 초점이 되어 온, 여야 간에 의견이 극명하게 갈리는 몇 가지 안건에 대하여 여당 단독으로 상임위 의결을 하는 일이 일어난 것이다. 11월 26일 밤부터 11월 27일 아침에 걸쳐, 11월 28일 본회의를 앞둔 시점에서 ① 건설위원회는 제주도개발특별법을, ② 내무위는 바르게살기운동육성법안을, ③ 재무위는 세입액을 결정하는 소득세법 등 세법개정안을, ④ 농수산위는 추곡수매안을 각각 여당만이 참석한 가운데 의결해 버렸다. 야당의 심한 반발이 예상되는 가운데 아침 7시 30분 삼청동회의실에서[36] 대책을 논의하였다. 무엇보다 당에 비상이 걸렸다. 당은 즉각 야당과의 협상에 나서지 않을 수 없었으며 여러 번 만남을 가진 끝에 11월 28일 밤 협상이 타결되었다. 문제의 4개 안건에 대하여는 이번 본회의에서는 처리하지 않고 12월 2일 예산안이 통과한 후 국회에서 재론하기로 타협된 것이었다. 11월 29일부터 국회가 정상화되어 그날 10개 법안을 처리하였다.

한편 예산안을 둘러싼 여야 간 막바지 협상에 앞서 야당은 10월 22일 1992년도 예산안 총 33조 5,050억 원 가운데 1조 6,150억 원 삭감을 목표로 정한 바 있으나 그 후 심사·협상 과정에 따라 삭감 목표액은 점차 줄어들었으며 정부로서는 야당과의 협상을 위하여 2천억 원 삭감 정도는 받아들인다는 방침을 당정 간에 잠정 합의하였다.[37] 정부 여야 간 밤샘 줄다리기가 벌어졌으며 12월 2일 법정 통과 시간을 앞두고 결국 예산

36 이 회의 참석자 등에 대하여는 기록되어 있지 않아 확인할 수 없다.

37 시간이 흐름에 따라 야당은 5천억 원 삭감으로 후퇴하여 결국 5천억 대 2천억 원으로 팽팽한 대결 끝에 3,050억 원으로 낙착된 것이다. 나는 경제부총리와 여러 차례 전화로 협상 상황을 연락받으면서 대통령에게 보고한 뒤 결심을 받는 과정을 거쳤다.

총액 3,050억 원을 삭감하는 선에서[38] 협상이 타결되었고, 법정기간을 조금 넘긴 12월 3일 새벽 3시 본회의에서 통과되었다.

이에 앞서 12월 2일 8시 30분 삼청동회의실에서 마지막 당정회의가 열렸고 나를 비롯해 당 사무총장, 정무·경제수석이 참석하여 3천억 원 선에서 조정하자고 합의하였는데, 막바지 원내총무가 보인 뜻밖의 행동 등으로 50억 원이 늘어났으며 결국 원내총무가 경질되는 일이 일어났다. 예산안 국회통과는 야당이 반대하는 가운데 표결 처리되었다.[39] 이 결과를 놓고 야당이 승리했다는 평도 없지 않았으나 "어쨌든 여당으로서는 예산안을 법정시한(2일)을 몇 시간 넘겼지만 충돌 없이 처리했고 야당으로서도 3천억 원의 순삭감, 그것도 예비비와 국방비 등 정치예산을 삭감했으니 만족해야 할 것이다"[40]라는 평가와 같이 승패로 단정할 일은 아닌 것 같다.

청와대에서는 그날 아침 7시 30분 삼청동회의실에서 나와 정무·경제수석이 예산안 통과 과정을 놓고 논의를 하였다. 마지막 여야 절충과정에서 원내총무의 행동에[41] 문제가 있다는 결론에 따라 이날 오전 대통령께 보고를 드렸으며 문책하는 방향으로 의론이 모였다. 당에서도 같은 의견이었으며 큰 논란 없이 이튿날 김 총무의 사표 제출과 수리 그리고 이자헌 신임총무 기용으로 결론이 났다.[42] 신임 총무에 대한 임명장

38 삭감 내용은 세입에서는 세외수입 2,050억 원, 관세 1,000억 원 포함 3,050억 원을, 세출에서는 예비비 1,670억 원, 조달기금 출연 450억 원, 특별설비자금 240억 원, 무역박람회경비 200억 원, 대외경제협력 출연 및 융자금 200억 원, 방위비 150억 원, 산업은행 출자금 100억 원, 무역진흥공사 신축비 40억 원 등 3,050억 원이었다.

39 여야 간에 타협이 되었는데도 야당은 반대하고 여당은 찬성하여 통과된 것은 일견 어색하기 짝이 없다. 그러나 표결로 평화롭게 안건을 처리하는 것도 하나의 카드였다. 예산안은 그렇게 처리되는 예가 없지 않았으며 야당은 자기 당의 실적을 선전할 목적으로 그와 같은 방책을 쓰는 것이다.

40 심양섭(1991년 12월 3일), "예산안 우여곡절", 〈조선일보〉 2면 참조.

41 11월 26~27일 상임위 쟁점법안 단독처리에 대한 책임도 함께 고려된 것이다.

수여식은 12월 6일 청와대에서 이루어졌으며 이 자리에서 대통령께서는 당정협의 과정이나 국회운영에 있어서 절차 준수를 강조하며 남은 회기 동안 쟁점법안 처리 등 마무리 대책의 수행에 당정 모두 갈팡질팡하는 일이 없도록 하라고 당부하셨다.

정기국회의 마무리 II: 추곡수매가 동의안, 정치관계법 및 쟁점법안 처리

예산안은 그런대로 마무리되었으나 12월 18일까지 남은 회기 내에 중요한 입법사항·동의안을 처리해야만 했다. 여야가 첨예하게 대립하는 안건도 적지 않아 또 정신을 쏟아야 했다. 게다가 남북고위급회담, 남북 핵문제, 연말 개각과 새해 정치일정 정리, 그리고 경제문제 등 국정과제의 마무리라는 많은 일이 함께 진행되어야만 했다. 눈코 뜰 새 없는 12월이었다.

국회운영과 관련하여 먼저 추곡수매가 동의안의 처리가 초미의 급무였다. 그러나 동의안을 처리한 과정을 설명하기에 앞서 추곡수매가를 결정 내린 과정을 조금 살펴볼 필요가 있을 것 같다.

추곡수매는 정부가 쌀값 안정과 쌀 수급을 조절하기 위하여 농민들로부터 정부가 정한 가격으로 일정량의 쌀을 사들이는 제도로, 정부 수립 초기부터 시행해 왔다. 국민생활의 기본이 되는 식량문제와 관련된 사

42 김종호 총무는 나의 대학 1년 선배로서 재학 당시 학도호국단 사무실에 머무는 일이 많은 것을 보면서 정치에 관심이 있는 선배라고 기억하고 있었다. 졸업 후 행정대학원을 거쳐 내무부에 들어가 충북지사, 내무차관 등 요직을 거쳤고 그 뒤 국회로 진출하여 당시 3선 의원으로 이미 내무부 장관, 예결위원장 등을 거쳐 1991년 봄부터 원내총무를 맡아 나와도 자주 업무협의를 하였다. 그동안 국회운영도 잘하였으며 어려운 일도 많이 처리하였으나 회기 도중 낙마하게 되어 아쉬움이 없지 않았다.

항이기에 정부로서는 매우 중요하게 처리해야 할 일이었다. 구체적으로는 정부가 수매할 추곡의 수량과 가격을 정하는 것이었다. 이 수량과 가격은 1988년 법 개정으로 국회의 동의를 받아야 했으므로 해마다 정기국회에서 결정해야 할 중요한 난제 중의 난제가 되어 있었다. 먼저 정부가 수매량과 가격을 정하여 국회의 동의를 요구하는 것이었다.

정부는 이미 정부예산안 편성 당시 통일벼 150만 석을 포함하여 총 600만 석 수매에 총 1조 2,212억 원을 계상해 두고 있었다. 양곡관리법에 따라 수매가를 정부에 건의하는 양곡유통위원회가[43] 10월 15일 전체회의를 열고 수매량은 통일벼 150만 석을 포함하여 850만~950만 석으로 하고, 통일벼의 수매가는 전년도와 동일하게 정하되 일반미 수매가는 9.5~10.5% 인상한다는 안을 결정하여 논의에 불을 지폈다. 당은 당대로, 정부는 정부대로 의견을 조정하기 시작하였으며 야당은 야당대로 안을 마련하고 있었다.

수매가 11월 1일부터 시작되어야 하므로 그 며칠 전에 정부 방침을 정하여 국무회의 심의를 거치고 대통령 재가를 받아 국회에 동의안을 제출해야만 했다. 물론 11월 1일 이전에 국회 동의절차가 완료되면 좋겠지만 현실적으로 불가능하므로, 정부안이 확정된다는 전제하에 우선 수매를 시작하고 국회에서 변경되면 사후정산하는 것이 관례였다.

최종결정을 하고 모든 책임을 져야 하는 것은 대통령 소임이었다. 10월 19일 당정회의를 개최하였다. 그날은 토요일이었고 마침 비서실 추계체육대회가 열렸다. 나는 9시 체육대회에 참석하여 10시 50분까지 머

43 양곡유통위원회는 생산자대표 5명, 소비자대표 5명, 학계 인사 5명, 언론인 2명, 유통 분야 인사 3명 등 20명으로 구성된 농림수산부 장관의 자문기구로, 이때에는 위원 중 16명이 참석하여 14 대 2로 결정하였다. 이 안은 정부로서 받아들이기 어려운 것이었으나 당은 이 안을 근거로 주장했고, 농민 편을 들게 마련인 농수산부도 은근히 동조한 반면 경제기획원은 재정 형편을 고려하여 난색을 보였다. 팽팽한 긴장감이 청와대를 조이는 가운데 후술하는 대로 청와대가 나서서 10월 19일부터 조정하게 되었다.

무르며 개회사를 하고 참관하다가 11시 20분 대통령을 뵙고 체육대회 진행상황과 오후회의에 대해 보고드렸다. 오찬을 마치고 곧 삼청동회의실로 달려가 15시부터 17시 50분까지 추곡수매가를 결정하기 위한 당정회의를 주재했다. 당에서는 당4역(사무총장, 원내총무, 정책위의장, 정무장관)과 농수산위원장이, 정부에서는 경제부총리와 재무·농수산 장관이 참석하였으며 정무·경제수석도 자리에 함께했다.

삼청동회의실에서 열린 이 회의에서 추곡수매량과 수매가 문제를 두고 열띤 토론을 계속하였다. 당이 제시하는 안은 아무래도 농민들의 입장을 더 많이 고려한 것일 수밖에 없는 반면, 정부는 정부의 재정적 형편, 농촌의 사정 변화, 우루과이라운드로 대표되는 국제경제 동향 등을 고려하여 좀 더 합리적인 접근을 하려는 것이었으리라 짐작된다.[44] 여러 가지 고려사항에 대한 의견교환이 있었으며 이틀 뒤인 10월 21일 저녁 2차 당정회의를 가진 것으로 기록되어 있다.[45] 21시부터 22시 30분까지 논의를 거듭한 결과 대체로 윤곽이 결정되었던 듯하다. 사실 회의는 대립하면서도 절충이 이루어지는 과정이기도 하다.

그사이 일요일인 10월 20일 저녁 9시부터 10시 반까지 삼청동회의실에서 조경식 농수산부 장관을 만나 이 문제를 둘러싸고 제기되는 여러 가지 전문적인 의견과 상황 등을 전해 들었다. 당시 통일벼가 중요한 이

44 당시 제안된 당과 정부안의 내용에 대해서는 기억도 없고 기록도 찾지 못하였으나 당시 신문에서는 당은 매입가 10% 인상에 1천만 석, 정부안은 매입가 5% 인상에 6백만 석이었고, 10월 19일 당정회의에서 도출한 잠정합의안은 매입가 9% 인상에 850만 석이라고 보도하였다. 보도 중 정부안 매입가 9% 인상은 후에 결정한 내용으로 보아 잘못 전달된 수치가 아닌가 생각된다. (〈조선일보〉 1991년 10월 21일 자 1면 참조)

45 이날은 경찰의 날이어서 오전 기념식 참석에 수행하였고, 오후에는 전술한 대로 남북고위급회담 대표 보고가 있었으며, 전두환 전 대통령의 장모께서 별세하시어 문상 문제를 검토하느라 일과가 바쁘게 지나는 바람에 밤늦게 회의를 할 수밖에 없었다. 전 대통령 상가에는 다음 날 영부인을 모시고 민정·사정수석과 함께 다녀왔으며 의전상 대통령께서는 상가에 직접 가시지 않는 것으로 결론이 났었다.

슈 중의 하나였다. 통일벼는 우리나라 연구진이 개발한 다수확종 벼로서 1970년 초 시험 재배에 성공하였고, 정부가 이를 고가에 수매하는 정책을 씀으로써 재배면적이 늘어나 1977년 식량자급을 이룩하게 한 일등공신이자 기적의 품종이었다. 그러나 세월이 흐르면서 맛 좋고 생산량도 적지 않은 새로운 품종이 개발되면서 통일벼는 소비가 줄어 정부가 매수해 주지 않으면 판로가 막막한 사정이었다. 재배를 줄이는 정책을 시행해야만 했다.

이러한 사정을 고려하여 10월 22일 아침 대통령께 보고하였더니 통일벼는 가격과 수량 모두 전년대로 150만 석을 수매하고, 일반미는 700만 석을 수매하되 가격을 7% 인상하는 것으로 방침을 정하여 시행하도록 하였다. 실무적인 준비를 거쳐 10월 25일 임시국무회의를 개최하였다. 이때 추곡수매동의안을 심의・의결하였고 대통령 재가를 거쳐 10월 28일 국회에 제출하였다. 가격 인상폭보다 수매량을 좀 더 늘려 주는 편이 생산자들에게 도움이 될 것이라는 점, 그리고 통일벼 생산을 억제한다는 방침이 반영된 결정이었다.

어렵게 결정하였지만 국회 동의라는 더 높은 벽을 넘어야만 했다. 야당에서는 11월 5일 매입가는 '일반미 15%, 통일벼 10% 인상', 수매량은 '일반미 950만 섬에 통일벼 150만 석, 합계 1,100만 석'이란 대안을 내걸고 장내외 활동을 병행하고 있었다. 그러나 11월 1일부터 시행된 수매작업은 비교적 순조롭게 진행되었다. 그 정도면 괜찮다는 농민들의 생각이 지배적이었던 것이다. 야당은 어떻게 하든지 이 문제를 쟁점으로 다음 선거에서 득을 보겠다는 계산을 하였고, 정부 여당은 방어에 최선을 다할 수밖에 없었다.

예산안이 통과되는데도 동의안은 진전이 되지 않았다. 전술한 대로 11월 27일 농수산위원회에서 김종호 총무가 상임위 강행 결정을 지휘하였고 그 결과 잠시나마 국회운영에 지장이 있었으며 그가 인책 사임하는 데에까지 나아갔음은 이미 설명한 바와 같다.

정부·여당으로서는 이 동의안에 관한 한 더 이상 후퇴는 있을 수 없었다. 예산안이 통과된 후 나머지 입법안 심사가 진행되었고 상당수의 법안이 가결되었다. 그러나 이 동의안은 야당의 방해로 결국 12월 18일 국회의장이 의장석이 아닌 곳에서 통상적이 아닌 사회를 하면서 여당만의 동의로 통과시킬 수밖에 없었다. 국회의장은 당시 야당 측 의원들에게 폭행당하여 안경이 벗겨지고 약간의 부상을 입었다. 이튿날 나는 법무부 장관과 처벌 문제를 논의하였다.

이 안을 시행하고자 추가로 5,600억여 원이 소요되는 실정이었다. 물론 농수산부로서는 그에 대한 대책을 세웠겠지만[46] 계속되는 추곡수매로 인하여 해마다 늘어나는 재고량, 양곡증권 이자부담 등 근본적인 방향 전환이 필요하지 않을까 하는 생각이 들기도 하였다. 현실과 이상 속에서 또 상충·모순되는 이익이 충돌하는 가운데 이를 적정히 조정하는 일이 정녕 힘들고 어려운 일임을 절감하면서 하나의 고비를 넘겼다는 씁쓸한 안도감이 찾아올 뿐이었다.

다음으로 정치관계법이 개정되는 과정에 대하여 언급하여야겠다. 새해 벽두부터 대통령께서는 '깨끗한 선거, 공명선거'를 중요한 추진과제로 내걸고 2개의 지방자치의회 선거에서 무언가 진전된 선거의 모습을 보이고자 노력했으며 어느 정도 성과를 거두었음은 이미 여러 번 말하였다. 그런데 1월 말과 2월 초에 연달아 국회의원들의 비리가 적발되어 큰 파동을 일으키자 깨끗한 정치, 공명한 선거가 정계에 큰 과제로 클로

46 600만 섬 예산만이 확보된 상태였으므로 추가된 250만 섬을 수매하기 위해서는 그 가운데 농협 매입분 100만 섬을 제외하더라도 3,377억 원의 정부지출이 추가되어야 하는데, 추가 부담금은 양곡판매 대금 300억 원과 내년 추곡예산 3천억 원을 끌어다 쓰는 방법으로 해결한다고 조경식 장관이 답변하였다. 아울러 조 장관은 통일벼 매입은 금년을 마지막으로 한다는 방침을 정하였다고 하면서 현재 통일벼 재고가 전체 재고량의 80%에 달한다고 설명하였다. (〈조선일보〉 1991년 10월 26일 자 7면 중 조경식 농수산부 장관 인터뷰 참조)

즈업되었다. 큰 정치 부정이라 할 수서사건이 매듭지어진 뒤로 곧장 민자당에서는 정치개혁을 화두로 토론회도 열고 학계의 의견도 청취하는 등 노력을 기울여 왔다. 야권에서도 나름대로 연구를 거듭한 것은 말할 나위도 없다.

정기국회에 들어가면서 13대 국회의 마지막 정기국회임을 감안해 회기 내에 국회의원선거법과 정치자금에 관한 법률 등을 개정해야 한다는 데 여야 간에 공감대가 형성되었음은 자명하였다. 청와대로서도 관심을 가지고 진즉부터 여야의 움직임을 파악하는 한편, 정무수석을 중심으로 많은 논의를 했다. 청와대 수석비서관들은 소관에도 불구하고 수석회의 또는 비공식 간담의 기회를 이용해 활발하게 의견을 집약했다.

정기국회 회기가 만료되기까지 약 2개월을 앞두고 여야 사무총장이 이 문제를 두고 협상하기 시작하였다.[47] 10월 17일 양당 사무총장은 회동을 갖고 정치관계법을 개정하기 위한 실무소위를 구성하여 실무적인 검토를 선행하기로 의견을 모으고 여당에서는 장경우·윤재기·강신옥, 야당에서는 이철·박상천·정균환 등 6인의 의원에게 실무협상을 하게 하였다. 이 소위원회는 10월 18일부터 12차의 회의를 한 뒤 그 결과를 11월 5일경 각기 당에 보고하고 활동을 끝냈으며 그 뒤로 미합의 사항에 대하여서는 사무총장 간에 협상을 계속하게 되었다.

아무래도 정치관계법 개정은 국회에서 정당이 주체가 되어 추진해야 할 과제였고 또 그렇게 진행되었지만 당총재인 대통령을 보좌하는 청와대 비서실로서도 수수방관만 해서는 안 되는 일이었다. 긴밀한 협의가 필요한 과업이었다. 소회의의 협상으로 여야 간의 쟁점사항이 부각된

47 당시 정무수석이 10월 17일 아침수석회의에 보고한 바에 따르면 국회의원선거법 협상을 둘러싼 여당 입장은 소선구제를 유지하면서 공영제를 확대하고 벌칙을 강화하며 선거운동 방법을 현실화하는 등 개혁적인 방안을 제시할 예정이라고 하였으며, 후술하는 바와 같이 이 같은 방안이 개정안에 상당히 반영되었음을 확인할 수 있다.

11월 10일 16시 30분 삼청동에서 당정회의가 열려 이 문제를 비롯한 정기국회 운영 문제를 논의하였으며 이를 바탕으로 야당과 접촉하여 당내 의견을 수렴하는 과정 등을 거쳐 11월 25일 다시 당정회의를 개최하였다. 이날 회의는 17시부터 21시까지 장시간 진행되었으며 정부·여당의 의견이 집약되어 그 이튿날 오전 정무수석과 함께 대통령께 보고하여 결심을 받은 것 같다. 그 뒤로도 협상이 계속되며 밀고 당기기를 거듭하였다. 시간이 촉박함을 느낀 12월 9일 여당 단독안을 내무위원회에 제출하기까지 하였으나 거듭된 절충 끝에 12월 16일 상호 간에 국회의원선거법은 여야 공동발의 합의통과, 정치자금법은 여당안 표결 통과로 타결되었다.[48]

12월 17일 본회의에서 국회의원선거법은 합의 통과, 정치자금법은 야당의 기권 속에 표결 통과하는 방법으로 끝내었다. 큰 숙제를 해결하는 순간이었다.[49]

12월 18일 단독통과를 강행하지 않을 수 없었던 3개 안건 가운데 이미 설명한 추곡수매동의안 외에 제주개발특별법 및 바르게살기운동육성법에 대하여 몇 마디 부연하고자 한다.

48 이 합의가 이루어질 때 그동안 야당이 반대해 오던 쟁점법안 중 종합유선방송과 청소년기본법은 시행일을 1993년 1월 1일 이후로 연기하는 조건으로 합의 통과되었다. 그리고 그에 앞서 12월 11일 및 12월 12일 이틀에 걸쳐 삼청동회의실에서 당과 청와대가 회동하는 당정회의를 갖고 막바지 정기국회 운영에 대한 결의를 다지고 목표를 재확인하였다.

49 국회의원선거법 개정 내용은 ① 지역구 13개 증설로 지역구 237명, 전국구 62명, 합계 299명, ② 전국구 배정방법 개정(제 1당 과반수 우선배정조항 삭제 및 지역구 없더라도 전국 득표율 3%이상 정당 1석 우선 배분), ③ 정당연설회 허용과 합동연설회 축소, ④ 당원 단합대회 옥내외 불문 허용, ⑤ 금품수수선거인 자수 시 형 면제, ⑥ 선거운동원 수당 폐지 및 실비 보상, ⑦ 선거 관련 기부행위 금지, 단 관혼상제 등 예시 경우 허용, ⑧ 선거사범 공소시효 1년(도피 시 3년)으로 늘림, ⑨ 방송·신문을 통한 선거운동 불허용, 단 KBS 후보자당 1분간 경력 방송 실시 등이었다. 정치자금에 관한 법률 개정 내용은 정당에 대한 국고보조금 상향(유권자 1인당 600원, 전국단위 선거 시 300원씩 추가)이 주요 내용이었다.

먼저 제주개발특별법에 대해서는 전장에서 설명했다시피 8월 말 당정책회의가 입법하기로 결정함으로써 추진방침이 확정되었다. 그러나 정작 입법 작업을 수행하는 과정에서 제주지역의 일부 반발 및 반대 활동이 끊이지 않아 지지부진했다. 아침수석회의에서도 몇 번이나 거론되었으며 삼청동 당정회의도 열어야만 했고(10월 4일) 김영삼 대표의 청와대 주례보고에서도 거론될 정도로 쟁점이 되어 있었다. 여러 경로를 통한 독려가 주효하였는지 당의 움직임이 활발해지기 시작한 것은 11월 10일 입법담당의원을 강보성 의원에서 이기빈 의원(북제주군)으로 교체하면서였다. 김 대표가 채찍을 들면서 드디어 11월 20일 당무회의의 의결을 거쳐 법안이 제출되기에 이르렀고 전술한 대로 11월 26일 건설위원회에서 여당 단독으로 처리하였으며 야당의 본회의 통과 저지작전을 무릅쓰고 12월 18일 단독통과를 강행하게 되었다.[50]

나는 이 과정에서 일부지만 제주도민들의 반대를 이해할 수 없어 현직 도지사는 물론 나의 검찰 후배인 제주 출신 현경대 전 의원[51]에게 상의도 해보았으며 막바지 11월 16일엔 당시 제주지검 신창언 검사장[52]과 만찬을 함께 하며 상황을 청취하기도 하였다.

신 검사장의 말에 따르면 제주도에는 역사적으로 오랫동안 중앙정부에 대하여 저항적인 정서와 함께 육지인을 향한 부정적 감정이 있다는

---

50 그동안 국회 앞에서 시위하는 등 제주지역의 반대 움직임은 끈질겼으며 11월 16일에는 미디어리서치를 통해 제주도민 500명을 대상으로 여론조사를 하였는데 찬성 66.5%, 반대 33.2%로 찬성이 압도적인 우세를 보였다.

51 현경대 의원은 내가 서울지검 형사3부장으로 재직할 때 부정식품 전담으로 함께 근무한 일이 있으며, 그때 가짜커피사건을 적발하여 크게 보도된 일도 있던 명검사였다. 그 뒤 수년이 지나고 내가 서울지검 제 2차장 검사로 있을 때 민주정의당의 부름을 받아 검사직을 사임하고 향리에서 입후보한 뒤 국회의원에 당선되어 정계에 입문하였다. 당시 이한동 형사1부장도 함께 국회로 진출하여 그 뒤 국무총리까지 역임하였다.

52 신창언 검사장은 법무부 검찰과장으로 재임할 때 현홍주·박철언 검사와 함께 많은 일을 하면서 각별히 친해진 관계였으며 뒤에 부산지검 검사장을 거쳐 헌법재판관으로 일하였다.

것이었다. 중앙정부에서 개발을 추진하는 일에 대하여도 제주 토착민에게는 별로 득이 될 것이 없으며 외지 부자들에게 이익만 챙겨주게 된다는 생각을 갖고 있다는 것이다. 이러한 정서가 개발에 부정적 여론으로 나타난 것이 아닌가 하는 짐작을 이야기하는 것이었다. 과연 이해가 가는 면이 없지 않았다. 고려시대 항몽抗蒙항쟁에서부터 지금까지 여러 가지 단편적으로 알고 있던 역사적인 일들이 주마등走馬燈처럼 스쳐 갔다. 그러나 어떤 면으로 보더라도 제주도를 위하는 일이고 나아가 나라에도 득이 되는 일이라는 생각을 바꿀 수는 없었다.

사실 크게 쟁점화되지 않을 일이 어떻게 하다가 여야 간 가장 극렬한 대립 사안이 되었는지 지금도 생각하면 세상일이란 불가사의한 것이 정말 적지 않다고 고개를 갸우뚱거리게 된다.

바르게살기운동은 6공이 출범한 후인 1989년 4월 1일 바르게살기운동 중앙협의회로 발족하여 진실 · 질서 · 화합을 3대 이념으로 삼고 모든 국민이 자율적이고 능동적으로 바르게살기운동을 전개함으로써 민주적이고 문화적인 국민의식을 함양하고 공동운명체로서 국민화합을 이루며 선진국형 사회발전에 이바지함을 목적으로 삼고 있었다. 중앙에 바르게살기운동 중앙협의회를 두고 각 분야별 지역별 조직을 갖추었으며, 초대회장 신학진 전 육군 소장이 2년 임기를 마치고 2대 회장 김동수(한국도자기 회장)가 1991년 4월 2일 취임한 후 조직과 활동을 활성화하기 위하여 필요하다는 판단에 따라 법제화를 시도한 것으로 특정 정당과는 관계없이 그야말로 순수한 민간운동단체였다. 야당은 이 단체가 정부 여당을 정치적으로 돕는 것이 아닌가 하는 의구심에서 법 제정을 끝까지 반대하였다. 정부로서는 6 · 29선언 이후 우리 사회가 필요로 하는 국민운동이어서 적극적으로 지원 · 육성할 필요가 있다는 판단에 따라 입법을 강력하게 추진하였다. 바르게살기운동이 지향하는 목표가 전술한 3대 이념과 그를 구체화하는 '진실-진실 · 배려 · 정직', '질서-질서 · 희망 · 효율', '화합-화합 · 평화 · 역동' 등 새 시대가 요구하는 제반 덕목임이 괄목할 만한 것이라 생각한다.

아무튼 우여곡절 끝에 제 13대 마지막 정기국회가 마무리되었다. 제 156회 정기국회 기간 동안 법률 100건, 추곡수매동의안 등 동의안 34건, 쌀 등 기초식량 수입반대 결의안 등 결의안 11건으로 집계되었으며, 계류 중인 130여 개의 안건은 폐기될 수밖에 없다는 정무수석의 12월 19일 아침수석회의에서의 보고였다. 이 보고에서 정무수석은 마지막 날 국회의장의 사회 과정을 언급하면서 야당의 집요한 실력저지로 불가피한 조치였음을 강조하고, 안건처리 후 퇴장하는 야당 측 의원, 보좌관, 당원 등의 집단폭행은 규탄받아 마땅하며 의법 조치가 필요하다고 주장하였다. 내가 이미 법무부 장관과 통화하였음을 알리고 아침 수석회의를 마쳤다.

청와대 비서실의 조그마한 노력이 보태졌다고 감히 말할 수 있을지 모르겠지만[53], 13대 국회가 그전의 국회에 비하여 과도기의 어려운 과제들을 감당하는 과정에서 대화하고 타협하고자 노력한 점, 의회정치의 민주화를 위해 노력한 점 등 여러 가지 많은 발전이 있었다는 평가를 받고 있음은[54] 퍽 뿌듯한 일이다.

다만 한 가지 언급해야 할 것은 노동법 개정작업을 중도 포기한 것이다. 추진력이 남다르다는 최병렬 장관이 많은 노력을 하였으나 노동단체들의 강력한 반대 때문에 여당이 엄두를 내지 못하고 끝낸 것이다. 김영삼 대표가 직접 노동단체 등을 접촉하여 돌파를 시도하기까지 하였으나 멀지 않은 총선거를 앞두고 추진하는 것이 무리라는 판단을 한 것이

53 사실은 노 대통령의 인자하고 양보하여 배려하는 성품 덕분이라고 생각한다. 양보를 두려워하지 않는 대통령이 청와대의 주인공이었기에 원만한 타협의 정치가 이루어질 수 있었으며 보좌진의 노력은 그야말로 미미하다고 할 것이다. 당시 정치를 주도하던 김대중, 김영삼, 김종필 등 3김의 정치 경륜도 큰 도움이 되었다고 생각한다.

54 공보처(1992), 《제 6공화국 실록》 1권, 351쪽 이하의 제 4절 “13대 국회 결산” 참조.

다. 두고두고 아쉬움이 남는 일이었음을 고백해두고자 한다.

7차 경제개발 5개년계획, 국가과학기술자문회의, 경제장관회의 정례화 문제, 제조업 경쟁력강화 대책회의, 과학기술진흥회의, 정책평가회의

4/4분기 들어 정기국회 운영과 더불어 유엔가입 뒤처리를 비롯하여 남북관계의 진전에 따른 제반 조치, 그 뒷받침에 많은 관심이 집중되었지만 경제문제를 소홀히 할 수는 없었다.

먼저 언급해야 할 것은 제 7차 경제개발 5개년계획 수립에 관한 것이다. 9월 30일 미국·멕시코 출장에서 귀국한 뒤 여독이 겨우 풀릴까 말까 할 즈음인 10월 4일 15시 30분부터 17시까지 제 7차 5개년계획 작성보고가 있었다.[55] 이 계획은 제 7차 경제사회발전 5개년계획(1992~1996년)이란 이름으로 1992년 3월 노 대통령이 공포하여 시행하게 된 것이다.

이 계획의 작업과정을 살펴보면 지침 작성단계(1990년 6월~10월), 부문계획 작성단계(1990년 11월~1991년 6월), 종합조정 단계(1991년 7월~

55 우리나라의 경제개발계획은 박정희 대통령 집권기 중 1962년~1966년 제 1차 경제계획 이래 4차 경제계획(1977~1981년)까지 성안되고 집행되었으며 전두환 대통령이 이를 이어받아 제 5차(1982~1986년), 제 6차(1987~1991년) 경제계획을 성안하였다. 노태우 대통령 집권기 대부분은 제 6차 계획기간 중이었으며 집권 5차 연도인 1992년부터 집행하기 위한 제 7차 경제계획을 작성하고 있었으며 그것을 보고하는 것이었다. 각 경제계획은 단계별로 상황을 고려하여 목표와 사업을 설정하고 이를 토대로 경제정책을 시행해 왔던 것이며, 제 7차 계획은 본문에서 서술한 대로 전의 계획들과 다른 접근이 이루어진 것이다. 박 대통령 집권 전에도 1948~1957년 자립경제의 토대 확립을 위한 정부 수립과 경제재건계획, 자립경제기반 조성을 위한 1960년~1962년 경제발전 3개년계획이 성안 및 집행된 바 있다.

10월), 계획 확정 및 계획서 작성단계(1991년 11월~12월)의 4단계 1년 7개월여가 소요되었으며, 대통령께서 10월 4일 보고를 받게 된 것은 제 3단계 종합조정 단계에서였다. 이날 보고를 받으신 뒤 1980년대 경제실적을 평가함에 있어 민주화 과정에서 겪어야 했던 제반 문제점을 반영하는 한편 국영기업체 임금실태, 토지보상제도 심층연구와 고용보험제도 등에 대한 문제점을 검토하라고 지시함과 아울러 남북통일과 관련된 문제들에 대하여 남북 경제협력, 통일 후 북한 부동산 문제, 휴전선 비무장지대 활용 등에 관심을 표명하였다.

제 7차 5개년계획은 1990년대 경제계획 환경의 급격한 변화로 정부가 양적 목표를 설정하고 그것을 달성하기 위한 정책수단을 제시하는 것이 아니라, 중장기적 관점에서 경제사회의 제도 정비 및 개선 방향을 제시하는 것이 중요하게 된 점을 감안하여 주요 정책과제와 검토사항의 발굴이 중요시되고 다양한 분야에서 전문가 참여가 긴요함을 인식한 바탕에서 작업이 진행되었다. 민간연구기관의 시안작성이 선행되고 이를 바탕으로 실무작업반에서 부문계획을 수립하였다. 따라서 제 7차 계획에서는 우리가 해결해야 하는 과제와 정책 방향을 제시하는 데 주안점을 두었고 이에 관한 국민적 합의 형성이 중요하다고 판단하여 민간 부문 인사들이 계획 입안에 적극 참여하는 과정을 거쳤다.

그 결과 제시된 중점과제는 다음과 같이 3개 분야 10개 과제로 정리되었다.

① 산업의 경쟁력강화(산업사회에 부응하는 교육 및 인력양성제도의 개편, 기술혁신과 정보화 촉진, 사회간접시설의 확충과 수송체계의 효율화, 기업경영 및 산업조직의 효율화와 중소기업의 경쟁력강화)

② 사회적 형평 제고와 균형발전(농어촌구조 개선과 지역의 균형발전, 주거 및 환경문제에의 적극적 대처, 사회보장제도의 확충과 정신문화의 창달)

③ 국제화 · 자율화의 추진과 통일기반 조성(자율화의 적극적 추진과 정부 기

능의 재정립, 경제개방의 확산 · 발전, 남북 교류협력을 통한 통일기반 조성)

11월 1일 오전에는 발족 후 첫 국가과학기술자문회의가 열렸다. 이 자리에서 먼저 과학기술 투자 재원 및 배분 방안과 관련하여 조순 위원은 목적세로서 과학기술세를 검토해 볼 것을 건의하였다. 최형섭 위원은 과학과 기술의 관계와 관련하여 기술에는 개량형 기술개발이 60%, 시스템형 기술개발이 25%, 새로운 기술개발이 15% 정도씩 차지한다고 설명하면서 기초과학을 토대로 새롭게 혁신하는 세 번째 유형의 기술개발에는 통상 10년 이상의 장기간이 소요된다고 전제한 뒤, 꼭 '새로운 기술개발'이 아닌 다른 두 가지 기술개발에도 큰 힘을 쏟아야 한다고 강조하였다. 또한 원자력 행정업무 조정 방안과 관련하여 동자부 · 과기처 소관을 일원화하거나 안전 · 연구개발은 과기처로, 발전사업은 동자부 소관으로 이원화하는 문제 등을 토의하였으며, 노 대통령은 특히 산업경쟁력 제고를 위하여 기술정보의 수집 · 분석 · 전파 · 관리 방안을 강화하도록 하라고 말씀하셨다. 또한 한일 간의 기술이전을 위하여 학계를 통한 접근방법을 강구해 볼 만하다는 조완규 위원의 제의도 있었다.

이와 같은 중장기적 경제정책 과제가 논의되는 가운데 12월 3일 아침 수석회의에서 경제장관회의 정례화 여부를 두고 활발한 토론이 벌어졌다. 이날 나는 각계 원로들의 제언임을 전제하고, 최근 수출이 부진하고 경제상황이 좋지 않으므로 대통령 주재 경제장관 비상회의 정례화가 필요하다고 하는 데 대하여 주무인 경제수석은 경제장관회의 정례화가 필요치 않다고 주장하였다. '과거 박정희 대통령이 집권하던 1970년대에는 회의에서 제기된 건의사항에 대하여 즉석 지시를 통하여 조치를 강구하는 식이었는데 지금은 경제상황이 변하여 그런 식으로 일을 하다간 다른 분야에서 부작용이 발생할 우려가 있다', '대통령의 지시가 잦아지면 효과가 있을지 의문이며 회의 후 가시적인 조치가 없으면 오히려 비판받을 가능성이 농후한 데다 경제에 대한 책임을 장관들이 지지 않고 대통령만 부담을 지게 될 수도 있다', '경제가 잘되기 위해서는 업계의 요구를 즉석에서 들어주는 것보다는 어려움을 인내하면서 정책의 일관성을 유지하는 것이 좋으며 현재도 경제장관회의가 자주 열리고 있어 정례화의 필요는 없다'라는 것이었다.

그러나 정치특보, 정무·행정·민정·외교안보수석, 정책조사보좌관 등 대다수의 수석은 정례화를 검토하자는 의견을 제시하였다. '일반 국민은 대통령께서 북방정책과 민주화 분야에서는 상당한 업적을 거두었으나 경제 부문이 미흡하다고 지적하고 있으며 경제대통령 대망론이 대두되는 상황이다', '최근 여론조사 결과 70% 이상이 경제문제를 지적하면서 대통령이 책임지고 해결해야 한다는 견해이다', '특별한 의제가 없더라도 대통령께서 경제장관으로부터 월간 경제동향을 보고받거나 장관들의 애로사항을 검토·보고하는 과정을 통하여 정부가 노력하는 모습을 국민에게 보여줄 수 있다'는 것이었다. 나는 다수의 의견을 좇아 월례회의 추진방향에 동조하였으나, 다만 이미 계획된 경제행사 일정과 중복되지 않도록 해보자고 결론을 맺었다.

실제로 12월 16일엔 제조업 경쟁력강화 대책회의가 있었고 12월 19일엔 과학기술진흥회의가 열렸으며 12월 26일 오전엔 전 국무위원이 참석하는 정책평가회의가 개최되었고, 오후에는 경제장관 전원이 참석한 가운데 경제운용계획 보고를 받는 등 연말인데도 경제를 향한 활발한 진군이 계속되었다.

제조업 경쟁력강화 대책회의는 1991년 초 처음 시작된 이래 분기마다 시행되어 벌써 4번째 회의를 갖게 된 것이다. 오전 9시 반에 영빈관에서 개최된 회의는 국회 및 정당, 행정부, 유관단체, 언론기관, 학계 및 연구기관, 기업인 및 근로자 등 220명이 참석하여 11시 20분까지 계속되었다. 상공부 장관의 1992년 수출입 전망 및 대책 보고에 이어 한원정기, 경수섬유 및 고려합섬 등 기업의 기술개발 및 노사화합 성공사례 보고가 슬라이드로 행해진 뒤 삼성반도체 관계자의 자금난 관련 애로사항, 달성견직 안도상 대표의 중소기업형 합리화 지정기간 연장과 염색단지 조성 및 기업 능력을 고려한 환경 규제 등 건의사항, 자동차부품연구소장 황 박사의 중소기업 기술개발 강화지원, 대일 무역적자 축소를 위한 기업인 중심 기술이전 추진체 구성 등 전문적 제안이 이어졌다.

대통령께서는 그동안 제조업 경쟁력강화를 위한 노력을 잘 인식하고 있다고 하면서도 국제수지와 임금안정 문제에서 성과가 미흡함을 지적하시면서 부총리에게 임금안정 시책에 총력을 다할 것과 관계부처 간 의견이 상충되어 결론을 내리지 못하는 미결과제에 대하여 연내에 결론을 내리도록 조정할 것을 지시하셨다. 재무부 장관에게는 시중 자금사정, 금리문제 등 기업인들의 불만이 많은 부문에 관하여 통화의 흐름을 시정하도록 근본적 대책을 강구하여 특히 내년 선거와 관련하여 돈이 비생산적인 부문으로 흐르지 않고 제조업 분야에 대하여 자금이 안정적으로 공급되도록 철저히 감독할 것, 상공부 장관은 대일 무역적자가 73억 달러에 달하는데도 해결 노력이 미흡한 것 같으니 개선대책을 마련·보고할 것, 동자부 장관은 에너지 소비가 14~15%나 증가하여 낭비가 심하니 10% 에너지소비 절약시책을 확실히 시행토록 할 것 등을 말씀하셨다. 교육부 장관에게는 경제계가 향후 3년간 공과대학 확충에 약 1천억 원을 지원하기로 한 사실에 감사의 뜻을 표시하시면서 계획된 산업인력 양성을 차질 없이 추진하라고 강조하셨다.[56]

마지막으로 노사의 공동운명체 의식을 강조하면서 내년도 원숭이해

56 교육부는 10월 22일, 1992학년도 대학 입학정원 조정 결과를 발표하는 가운데 수도권대학에 8년 만에 증원을 허용하면서 이공계에 국한하여 증원 인원의 70%에 해당하는 4,540명을 배정하는 획기적 산업인력 양성 방안을 확정하였다. 물론 이 조치는 전술한 바와 같이 제조업 경쟁력강화 1차 대책회의 때 대통령께서 고급기술인력난 해소를 위하여 수도권대학 공대정원 증원 지시에 따른 조치였다. 경제계의 공과대학 지원 약 1천억 원 지원방안도 대통령께서 관심을 가진 덕택에 이루어진 것으로, 공과대학 발전에 큰 도움이 되었다.

를 맞아 원숭이처럼 슬기롭고 부지런하고 어려움을 뛰어넘는 데 기업과 근로자, 국민과 정부, 모든 경제주체가 힘을 합치자는 호소로 회의를 마무리하였다.

잇달아 12월 19일에는 10시부터 11시 20분까지 과학기술진흥회의가 있었다. 이날은 개각을 발표하는 날이어서 내 다이어리에는 회의 내용에 대한 메모가 빠지고 다만 회의를 개최했다는 사실만 기재되어 있다. 회의에 참석해 있으면서도 나의 머릿속에는 개각의 마무리 및 발표계획으로 가득 차 있었던 것 같다. 다른 자료를 통하여 확인한 바로는 이 회의는 취임 이래 제 4차 회의이며 후술할 제 5차 회의(1992년 7월 8일)까지 개최함으로써 노 대통령께서는 그야말로 과학 대통령으로서 손색없는 '과학에의 관심'을 실천하였다고 주장할 만하다.

4차 회의에는 과학기술인 · 언론계 · 유관기관 · 행정부 · 국회 관계자 등 200명이 참석한 가운데 청와대 영빈관에서 개최되었으며 과기처 장관의 과학기술정책의 기본방향과 추진대책, 경제부총리의 과학기술 투자 촉진을 위한 지원대책에 관한 보고에 이어 참석자 간 토의와 대통령 말씀 순으로 진행되었다. 이 자리에서 대통령께서는 정부주도형 성장은 한계에 도달한 시점임을 감안하여 기업과 근로자의 주도가 필요하다고 강조하시면서, 향후 10년간 과학기술 선진 7개국 수준 진입을 목표로 정부의 지원자금 조달계획의 다변화를 꾀할 것과 과기처만이 아닌 전 정부 부처(농수산 · 상공 · 동자 · 건설 · 교통 · 보건사회 등)이 소관별로 기술개발에 참여할 것, 정부출연연구기관의 성과를 점검하고 독려할 것, 중소기업기술진흥대책을 세울 것 등 총력 과학기술 개발을 강조하셨다. 과학기술계와 산업계 그리고 정부가 과학기술 입국의 의지와 유기적인 협조체제로 한 덩어리가 되어 과학기술 입국에 매진하여 1990년대 선진국 대열 진입을 성취하자는 것이었다.

12월 26일 오전 10시부터 11시 30분까지 국무위원 전원이 참석한 가운데 총리행정조정실장의 정책평가보고가 있었다. 그동안의 분야별 주요정책 시행이 거둔 성과와 미흡한 사항에 대한 보고였다. 치안, 농촌, 무역수지 개선, 산업인력 양성, 일 더하기 운동 등이 논의되었으며, 정부는 무엇보다 경제에 우선을 두어야 하며 물가안정, 국제수지 개선, 제조업 경쟁력강화 등을 추진하라, 돈 안 드는 깨끗한 선거, 새질서·새생활운동을 통한 민주사회 질서 확립하고 21세기 평화통일을 위한 기반을 구축하자는 등의 내용을 강조하면서 비상한 각오와 사명감, 부처 이기주의 지양, 실천 강화, 국무위원으로서의 책임의식을 갖자고 마무리말씀을 하셨다.

그날 오후에는 15시 30분부터 경제부처 장관 전원이 모인 가운데 부총리의 경제운용계획 보고를 들었다. 노 대통령께서는 경제기획원, 재무, 농수산, 상공, 동자, 건설, 보사, 노동, 교통, 체신, 과학기술처, 환경처 등의 순으로 부처별 당면과제를 낱낱이 거명하고 지적하면서 새해에 분발하기를 호소하셨다. 18시부터는 개각이 이루어진 각료를 포함한 장·차관 내외를 초청하여 연말 만찬을 함께 하면서 격려하는 행사를 가졌다. 그 밖에도 4/4분기 중 대통령께서 각 부 장관 등으로부터 직접 보고를 받는 데 내가 배석한 행사도 적지 않았다.[57]

57 다이어리에 기재되어 있는 것만도 다음과 같다. 10월 10일 감사원장(공약사업 추진상황), 10월 16일 내무부 장관(14대 선거, 단체장 선거, 고양군 승격, 치안 상황 등), 10월 18일 서울시장(도시구도, 교통, 쓰레기, 물, 공기, 주택, 한강 이용 등), 10월 30일 총무처 장관(제 3청사 건립 영빈관 등) 11월 7일 부총리(분당·일산 신도시 문제 등), 11월 12일 국방부 장관(국방 중기계획, SCM 대책), 11월 21일 감사원장(도시가스, 일산 전철·금융 현황 등), 11월 26일 건설부 장관(200만 호 건설, 국토개발계획, 그린벨트 내 휴식 공간), 12월 17일 내무부 장관(지방자치 문제 등)

새만금 간척 종합사업 및 대구 지하철 기공식

11월 28일 오후에는 역사적인 새만금 간척종합사업 기공식을 가졌다. 그리고 12월 7일에는 대구 지하철 1호선 기공식에 참석하였다.

새만금 간척종합사업은 1991년부터 2004년까지 14년간 1조 3천억 원을 들여 세계 최장의 33km 방조제를 건설하여 1억 2천만 평(4만 1백 정보)의 간척지를 새로 조성하는 큰 역사役事였다. 이 사업은 오래전부터 농지 확보라는 차원에서 구상되어 온 것으로, 노 대통령께서 선거 당시 공약한 사업의 하나였고 지역주민의 숙원사업이었다. 호남지역을 정치적 기반으로 삼고 있던 김대중 대표도 강력하게 사업 착수를 요구해 왔음은 말할 나위도 없었다. 1991년 들어서도 노 대통령과 면담할 때 김 대표가 독촉했던 일이었다.

그러나 정부, 특히 경제 전체를 관장하는 부서들은 이 계획에 부정적이었다. 국제경제의 현실에서 볼 때 식량은 수입하는 것이 오히려 경제적이기 때문에 식량 확보를 주된 목적으로 구상되던 해안 매립은 소요되는 비용과 그 결과로 얻을 수 있는 경제적 이익의 크기 등을 종합해 볼 때 경제성이 없다는 것이었다. 정치적 결단이 필요한 일이었다. 경제 담당 부서의 신중론에도 불구하고 공약을 지킨다는 대통령의 의중[58]과 호남지역 배려라는 정무부서의 정무적 주장이 채택됨에 따라 전술한 7월 임시국회에서 새만금 예산이 반영된 것이다. 그동안 준비과정을 거쳐 기공식을 하였다. 전북 부안군 변산면 대합리 합구마을에서 내외 귀빈·주민 등 2천 4백여 명이 모여 성황을 이루었다.

58 노 대통령께서는 공약 실천에 큰 중점을 두고 정무를 집행하고자 노력하셨다. 스스로 공약 실천에 최선을 다한 대통령으로 기록되기를 바란다고 여러 기회에 말씀하셨는데, 공약사업의 리스트를 작성하여 간직하면서 수시로 진도를 확인 및 독려하시곤 하였다. 뒤에 공약 실천 결과에 대하여 언급할 기회가 있을 것이다.

이날 기공식에서 대통령께서는 "21세기 대망의 서해안시대가 현실로 다가오고 있다는 믿음을 나누며 우리나라의 지도를 바꾸는 대역사大役事를 시작하는 현장에 함께 섰습니다"라고 말씀하시면서 연설을 시작하셨다. 이어 "새만금 간척종합개발사업은 우리 역사상 최대 규모의 국토개발사업입니다"라고 전제하면서 "4년 전 대통령 후보로서 '새만금 개발'을 공약했던 저는 우리가 자손만대에 물려줄 웅대한 국토 확장의 첫 삽을 뜨며 깊은 감회를 느낍니다"라고 말씀하셨다. 또한 이 사업은 "국토와 산업의 균형 있는 발전을 이룩하려는 시대정신의 표상입니다"고 규정하면서 "새로 조성될 새만금 평원의 임해공단은 군장 산업기지와 맞물려 이 지역을 21세기 한국산업을 이끄는 중심지역으로 만들 것이며 공단과 항만, 농수산단지와 관광시설이 함께 개발되는 이 사업은 종합적인 지역 개발의 시금석일 뿐 아니라 농업구조 개혁과 농외소득 향상을 선도하게 될 것"이라는 청사진을 제시하였다.[59]

이날 행사에는 헬기를 이용하여 행사장에 도착하였으며 당일 17시경 귀경했다고 기록되어 있다. 행사를 열기 며칠 전 김대중 대표가 참석하기를 원한다는 이야기가 있어 아침수석회의에서 논의한 일이 있었다. 일부 반대론도 있었으나 참석을 원한다면 참석하도록 예우하는 것이 좋겠다는 쪽으로 집약되었다고 기록에 남아 있다. 그러나 실제로 참석하지는 않았던 것으로 기억한다. 본인의 사정 때문이라 짐작된다.

대구지하철 공사는 새만금사업에 비하여 모든 면에서 차원이 다른 사업이었다. 그러나 대구가 선진도시로 도약하는 전기가 될 주요 사업으

59 실제로 공사가 착공된 이후 일부 환경단체의 반대로 소송까지 거치는 등 우여곡절 끝에 2010년 4월 27일 착공 18년 5개월 만에 준공되었으며, 사업비 2조 9천억 원이 투입된 것으로 확인된다. 1991년 11월 28일 착공에 앞서 1989년 11월 6일 새만금 간척종합개발사업 기본계획 발표, 1991년 10월 22일 공유수면 매립면허 고시, 1991년 11월 13일 사업시행인가 고시 등의 사전절차가 진행되었다.

로, 청와대에 설치된 사회간접자본 투자기획단의 성의가 어린 노력의 결과물이기도 하거니와 나의 고향에서 시행되는 사업이어서 감회가 남다를 수밖에 없었다.

이날은 토요일이었다. 아침 7시 30분부터 매주 열리는 홍보조정회의를 주재하고 9시 아침수석회의를 개최한 뒤 9시 40분 헬기로 출발하여 서울공항, 대구공항을 거쳐 11시 대구지하철 1호선 월배역에 마련된 기공식장에 도착하였고, 기공식 연설을 통하여 공사의 개요와 공사의 의의를 설명하였다.

노 대통령은 재작년에 대구지하철 공사를 시행하도록 지시한 뒤로 2년 10개월 만에 기공식을 갖게 되어 보람을 느낀다는 말씀과 함께 1호선은 월배에서 안심까지 27.6km에 이르는 노선으로 4년간의 공사가 끝나면 대구의 동서를 관통하면서 도심까지 이르는 시간을 20분대로 줄이는 효과가 있을 것이며, 교통혼잡을 완화하고 29개 지하철역 주변의 도시를 개발하며 상권을 형성하는 등 도시의 모습을 새롭게 바꿀 것이라고 전망하였다. 또 1호선에 이어 2~3호선이 1995년~2001년에 건설되고 대구 내외 신천대로 건설, 성서국도 확장, 고산국도 확장, 대구~춘천 중앙고속도로 건설, 구마고속도로 확장, 경부고속전철 건설 등 교통시설이 단계적으로 확충되어 대구지역의 교통 환경은 획기적으로 달라질 것이라고 말씀하신 뒤 지하철 건설 관계자를 격려하고 대구시민에게 세모歲暮 인사를 하는 것으로 연설을 마무리하였다. 이어 인근에 위치한 문화예술관을 관람하고 준비된 오찬행사를 마친 뒤 동촌비행장을 거쳐 14시 20분 청와대로 돌아왔다. 짧은 귀향 행사였고 강행군이었다. 이날 노 대통령은 대구 동촌비행장을 국제공항으로 확대·전환하는 방안을 검토하라고 지시하였다.

개각과 새해 정치일정

12월 19일 15시 연말 개각이 발표되었다. 이수정 공보수석이 발표한 개각 내용에 따라 국방 최세창, 문화 이수정, 체육청소년 이진삼, 상공 한봉수, 건설 서영택, 총무 이상배, 정무2 김갑현 등 7명의 각료가 새로 기용되었고, 청와대 외교안보수석(장관급)에 김종휘 외교안보보좌관, 공보수석(대변인)에 김학준, 국세청장에 추경석, 철도청장에 최평욱, 그리고 산림청장에 유종탁이 함께 임명되었다.

그동안 연말 정기국회가 끝날 무렵이면 큰 규모의 개각을 하는 것이 관례였다. 특히 이듬해인 1992년 봄에는 국회의원 선거가 예정되어 있었기 때문에 연말 개각이 불가피하리라 생각하며 오래전부터 구상하던 차였다. 임기 1년여를 남겨 둔 시점이었기에 청와대 비서실을 비롯하여 정부 전반에 대한 평가, 그리고 관계자들의 진로 등도 검토해 보아야만 했다. 보기에 따라서는 마지막 개각이라고 생각할 수도 있는 터였다.

대통령의 인사권 행사를 전반적으로 보좌해야 할 책임을 지고 있는 나로서는 가을에 접어들면서 틈나는 대로 관계수석들과 토론도 하고 의견을 청취하는 작업을 계속해 왔다. 다이어리에 따르면 11월 27일 오후에 사정수석으로부터 장관 인사자료를 받았다고 기록되어 있다. 연말 개각작업에 대비한 기초자료를 작성하여 대통령께도 보고하였을 것으로 생각한다.

그런데 그 자료를 검토한 결과 그동안 필요에 따라 수시로 개각을 해왔고 1991년에만도 수서사건 관련 3명, 페놀사건 및 강경대 군 사건 관련 각 1명, 총리 경질 당시 4명, 정무1 장관 사망 등으로 총 10명이나 경질되는 개각이 있었다. 국무회의 참석자인 국무총리를 포함하여 29명[60] 중 1년 이상 재임자는 7명뿐이며 2년 이상은 1명도 없다는 것이었다. 장관 재직기간이 너무나 짧았다. 큰 문제가 아닐까 하는 생각이 들었다.

나는 평소 장관은 적어도 2년은 일하는 기간이 있어야 조그마한 정책 하나라도 추진할 수 있다고 생각해 왔다. 내부승진을 한 나의 경우 평소 업무파악이 거의 완벽했음에도 불구하고 몇 가지 새 정책을 실시하기 위하여 국회에 법안을 제출해 놓은 상태에서 퇴임할 수밖에 없었던 기억이 있다.[61] 외부에서 기용되는 경우 업무 파악에 필요한 기간을 포함하면 일이라고 할 만한 업무를 수행하기 위해서는 2년도 모자랄 것이다. 그러니 5년 단임제 대통령의 경우 장관에게 장기간의 임기를 보장하는 일이 쉽지만은 않은 현실에서 고민이 커질 수밖에 없었다. 개각의 폭이 줄 수밖에 없었다.

다이어리에 따르면 내가 구체적 작업을 시작한 것은 12월 14일 토요일로, 오후에 안기부장 등과 의견을 교환했다고 기록되어 있으며, 이튿날 저녁까지 나름대로 안을 정리하여 12월 16일 월요일 저녁에 대통령께 개각 방향과 구상안에 대하여 보고드렸다. 그날은 전술한 바와 같이 오전에는 제조업 경쟁력강화 대책회의가 있었고, 시도지사를 초청하여 오찬과 함께 당면과제 등을[62] 토의하고 지시사항을 말씀하셨다. 곧이어

60 국무총리 외에 국무위원 24명, 비 국무위원으로 참석하는 4명(법제처장, 원호처장, 비상계획위원회부위원장, 서울시장)으로 합계 29명이다. 국무위원은 경제기획원·통일원·외무·내무·재무·법무·국방·교육·문화·체육청소년·농림수산·상공·동자·건설·보사·노동·교통·체신·총무처·과기처·환경처·공보처·정무1·정무2 장관 등이다. 가장 오래 재임한 장관은 1990년 1월 초대 문화부 장관으로 발탁된 이어령 장관으로, 그는 2년에 가까운 기간 동안 재임 중이었으며 수개월 전 이미 연말 개각에는 물러나겠다는 뜻을 굳히고 있었다.

61 나는 5공에서 6공으로 넘어가는 과정에서 각 9개월씩 합계 1년 6개월간 법무부 장관으로 재임하였는데, 검찰총장 임기제, 소년보호관찰제 도입 등에 관련하여 법안을 제출하여 심의가 끝날 무렵 퇴임하였으며 그나마 형사정책연구원법을 입법할 수 있어 퍽 다행스럽게 생각하였다.

62 대통령께서는 시도지사에게 깨끗한 선거, 새질서·새생활운동, 지역이기주의 대책 강구, 경제·물가문제에 대하여 관심 갖기 등을 강조하는 한편 지방자치 실시와 관련하여 공무원을 안정시키려는 노력을 기울일 것이며 자부심을 갖고 일하라고 격려하셨다.

사단법인 한중소협회 임원을 위한 다과회를 열었으며, 저녁에는 언론사 사장 등과의 만찬에 배석하는 등 온종일 행사 배석이 계속되었다.

마침내 만찬이 끝난 19시 40분부터 20시 20분까지 관저에서 준비한 개각 내용과 국회 상황에 대해 보고를 드렸다. 물러난 후에는 밤늦게까지 기다리면서 만찬을 하고 있던 대학동기들과 오랜만에 짧은 만남을 가진 뒤 귀가하여 늦은 시간 정무수석과 전화로 국회 상황에 대한 이야기를 나누고서야 잠자리에 들었다.

이튿날 17일 저녁 9시경 대통령께서 직접 전화를 주셨다. 철도청 문제에 대하여 물으시면서 이튿날 18일 아침 조찬을 함께 하자는 말씀이었다. 이튿날 아침 일찍 박영훈 비서관과 통화하여 철도청장 문제를 파악한 뒤 7시 40분 관저로 올라가 대통령을 모시고 경호실장[63]과 함께 조찬을 하면서 개각 내용에 대한 지시를 받았다. 16일 밤 보고드린 것과 관련된 지시말씀이었다.

아침수석회의를 마치자 김종인 수석에게는 부총리 문제, 손주환 수석에게는 입각문제 등 의견을 듣고 대통령께 결과를 보고드려 지시를 받은 뒤 일하는 풍토 조성 수범자를 위한 오찬에 배석하였다. 13시 30분 공관에서 최각규 부총리를 만나 대통령 임기 말까지 경제부총리로 유임시키고자 하는데 다음 선거에 입후보를 포기할 것인지 의견을 물었다. 그동안 대통령과 개각문제를 논의하는 가운데 이번 개각에는 노 대통령에게 아킬레스건이 되고 있던 경제정책 수행과 관련하여 경제팀의 수장을 유임시켜 임기 말까지 안정적인 업무수행이 되도록 하는 데 가장 역점을 두고 있었다. 취지를 설명하자 최 부총리는 그야말로 흔쾌히 승낙하는 것이었다. 16시경 대통령께 보고를 드렸고 몇 가지 남은 문제가 모

63 인사문제와 관련된 일에 대해 경호실장과 함께 지시받는 일이 원칙이 아니었으나 그날은 국방부 장관을 비롯해 철도청장까지 3명의 군 관계자와 관련된 내용이 있어 함께 자리한 것으로 짐작된다.

두 정리되었다.

이를 토대로 이튿날 아침 9시 서재에서 대통령께서 국무총리를 만나 개각내용을 설명하고 의견을 나눈 끝에 위에 설명한 대로 내용을 확정하였다. 국무총리의 제청을 받는 절차를 밟은 것이었다. 곧이어 개최된 과학기술진흥회의가 11시 20분에 끝나자 나는 입각대상자에게 통보하는 일을 시작하였다. 도중 12시부터 전직 3부 요인 초청 오찬에 배석하였는데 오찬 후 13시 45분경 김갑현 정무2 장관 내정자가 아무리 권고하여도 사양하는 바람에 발표시간이 늦어지는 일까지 있었다. 그러나 추천한 분을 통하여 14시 30분 설득이 되어 곧장 공보수석으로 하여금 15시 개각발표를 하게 함으로써 개각작업은 신속히, 그리고 보안이 유지되는 가운데 일단락되었다. 퇴임 각료에게 발표 즉후 연락을 하고 위로하였음은 당연한 일이다.

신임 각료들에 대한 임명장 수여식은 이튿날 12월 20일 9시 30분에 거행되었으며 이 자리에서 대통령께서는 민주화, 통일, 경제 등 그동안 추진해 온 정책들이 잘 마무리되도록 해달라고 당부하시면서, 특히 경제는 "지금을 바닥으로" 상승할 수 있도록 하라고 강조하셨다. 대전엑스포와 새해에 개최될 바르셀로나올림픽에 대한 관심을 가지라고 말씀하셨다. 퇴임 각료 7명에 대하여 12월 23일 대통령은 오찬을 함께 하면서 그동안의 노고를 치하하였다.

언론의 개각 평가도 크게 문제되는 것이 없었던 것으로 기억된다. 물론 완벽한 일이란 있을 수 없으므로 한두 가지 토를 다는 일이 있었을 것이다. 다만 언급해 두고자 하는 것은 개각작업에서의 보안 문제다. 물론 언론에서는 인사에 앞서, 특히 인사가 예정된 것이 확실할 때 하마평을 보도하기도 하며 취재가 되면 공식발표 전에 구체적 보도를 할 수도 있다. 언론자유의 영역이다. 그러나 인사 내용이 사전누설되는 것은 공직사회에서 으뜸가는 금기라는 것이 당시 규범이었다. 언론의 취재경쟁이 치열해진 만큼 인사담당자의 방어도 단단해져야 할 일이다.

당무자가 가급적 언론과 접촉하지 않는 것이 상책이다. 작업을 단기간 내에 전격적으로 해치우는 것이 누설 가능성을 봉쇄하는 길이기도 하다. 평소 인사의 필요성에 충분히 대비하여야만 인사요인이 발생했을 때 언제나 신속한 조치를 할 수 있다는 것 또한 말할 필요조차 없다.

12월 18일 16시경 개각 내용을 확정한 뒤 19시에는 춘추관에서 대통령께서 핵부재선언을 발표하셨다. 이 발표 행사에 배석한 뒤 물러나 외부에서 만찬을 하고 22시경 귀가하여 공관 2층에서 휴식을 하고 있었다. 졸음이 오는 순간 23시경 아래층에서 인기척이 있고 누군가 찾아온 것 같았다. 아무래도 기자인 듯싶어 모른 척하고 불을 끈 채 잠을 청하였던 것 같았다. 한참 지난 뒤 새벽 1시를 넘어 내자가 올라왔기에 물어보자 이상철 〈조선일보〉 출입기자가 다녀갔다는 것이다. 집에 손님이 왔는데 그냥 보내어 께름칙한 생각이 들었다.

사실 〈조선일보〉는 이미 12월 2일 자 이상철 기자 기명기사로 연말 대폭 개각과 내용에 대하여 상세하게 보도한 바가 있었다. 이번에 검색해 본 결과 기사 내용은 당시 정부의 상황에 대하여 심층취재가 이루어졌고 상황 설명의 정확성도 괄목할 만한 것이었다. 그러나 발표된 인사 내용은 맞추지 못한 것이 더 많았기에 인사 발표 후 같은 기자의 해설기사에서 "이번 개각작업은 특히 입이 무거운 정해창 비서실장이 주도하여 상당히 보안이 지켜졌는데 최종작업이 마무리된 것은 개각 하루 전인 18일이었다"라는 내용이 실렸다.[64]

돌이켜 보면 사전에 충분한 준비가 있었고 연말 국회의 불미스러운 마무리와 핵부재선언 등 큰일들이 벌어진 와중에 짧은 작업(12월 16일 밤~12월 19일 낮)으로 당시 공직자들이 표준으로 삼고 있던 인사작업이 이루어진 것이 아닌가 생각하였다. 나로서는 연말의 큰일 하나를 반드

64 〈조선일보〉 1991년 12월 2일 자 및 20일 자 기사(이상철 기자 기고) 참조. 개각인사 취재와 관련하여 이상철 기자가 보인 열의에 대해서는 3장에서 이미 언급한 바 있다.

시 완벽한 내용은 아니지만 해냈다는 안도감을 가질 수 있었다.

그러나 조금 쉴 여유도 없이 새해 정치일정을 확정하는 과제가 기다리고 있었다. 새해에 임기를 마무리함에 있어 가장 중요한 일은 다음 정부의 주인공 후보를 정하는 일이었다. 그러나 그에 앞서 봄에는 임기가 만료되는 13대 국회를 이을 14대 국회의원을 선출하는 총선거를 실시하여야 했고, 전반기에 지방자치단체장 선거도 치르도록 되어 있었다. 그리고 마지막으로 연말에는 대통령 선거를 국민 직접선거로 실시하도록 일정이 짜여 있었다. 그러나 당시 법은 구체적인 선거일자는 법이 정한 일정한 기간 안에서 정부가 결정하도록 되어 있었다.

선거시기야 법정기간 내에서 결정하면 되는 것이지만 이는 정치세력들의 이해가 걸린 문제라 참으로 예민한 문제가 되고 있었다. 다음 대통령이 되고자 하는 사람들에게는 매우 큰 관심의 대상이었다. 그러나 그에 앞서 여당 내에서는 후보를 언제 어떻게 결정할 것인가가 더 시급한 과제였다.

이 문제에 대하여서는 당헌에 전당대회에서 선출하는 것으로 규정되어 있지만, 여당으로서는 민주화 이후 처음 맞는 일이어서 오래전부터 의견이 분분하였다. 전술한 최영철 정치특보의 제주 발언도 이 문제와 관련된 것이었다. 노태우 대통령의 경우 전임 전두환 대통령이 추천하는 형식으로 후보가 되었다. 그러나 당시와 달리 국민 직접선거로 대통령을 선출하는 6공화국 헌법 아래에서 후보 선출방식은 당연히 달라질 수밖에 없었다. 전당대회의 경선과정에서 대통령의 역할은 어떠해야 할까. 국회의원 선거와 대통령 후보 선출의 선후는 어떻게 할 것인가. 그리고 지방자치단체장 선거는 꼭 해야 할 것인가 등 이른바 새해 정치일정의 주요 포인트를 정하는 일이었다.

비서실로서는 이 문제들에 대하여 오래전부터 논의도 하고 검토도 해왔다. 여야 정치권을 비롯하여 안팎의 의견수렴도 게을리하지 않았으며 선진 외국의 예도 쉼 없이 알아보았다. 대체로 청와대 비서실은 새해 신년 기자회견 때에는 정치일정과 관련된 정부의 입장을 발표하여야 된다고 생각하였다.

당시 비서실에서는 관련 수석들이 안팎의 의견을 수렴하고 자료화하여 대통령의 결정에 도움이 될 수 있도록 보고하였다. 관계부처도 소관사항에 대한 건의를 게을리하지 않았다.[65] 나도 나름의 건의를 해야겠다고 판단하여 12월 24일 15시 '당면과제 보고'란 제목으로 자필 보고서를 작성하여 본관에서 대통령께 직접 제출 보고했다고 기록되어 있다. 14쪽에 이르는 보고서 말미에는 결론으로 연두 기자회견 시 ① 임기 중 경제 전념, 남북관계 진전에 철저 대비, ② 개헌 포기, 자치단체장 선거 연기, ③ 정치일정 천명(4~5월 총선, 6월 이후 후보 논의, 9월 이전 후보 결정, 12월 대통령 선거, 대통령 입지자의 의사 표명은 3월 이후 가능), ④ 친인척 등 주변 관리 철저 등을 선언하는 것이 좋겠다는 것을 건의하였다.[66]

이 건의가 있은 뒤 바쁜 연말 일정을 소화하던 중 일요일인 12월 29일 아침 일찍 관저로부터 전화 호출을 받고 10시 정무수석과 함께 관저 접견실로 달려갔다. 대통령께서는 정치일정을 둘러싼 문제점에 대한 지침을 말씀해 주셨다. 이때의 지시사항과 그 집행상황에 대하여는 내가 다른 기회에 언급한 바가 있다. 노 대통령 팔순에 즈음하여 발간된 《노태우 대통령을 말한다: 국내외 인사 175인의 기록》에 실린 "민주절차에 따른 정권 재창출"이란 제목의 글이다.[67] 이날 대통령의 지시 내용은 대통

65 내가 보관하고 있는 자료에는 정무수석실의 보고서(정치일정 전반에 관한 보고서)가 있으며 지방자치 문제와 관련된 행정수석의 보고(노건일 수석으로부터 최근 확인하였음), 내무부 장관의 12월 17일 보고 등의 기록이 있다. 내무부나 행정수석은 단체장 선거가 시기상조이므로 상당 기간 연기하는 것이 좋겠다는 것이었다.

66 이 보고서에는 문제의 제기, 대처 방향, 주요 당면과제, 결론 순으로 구성되었으며 주요 당면과제는 개헌문제, 지방자치단체장 선거, 대통령 후보 선정문제, 정치일정 검토, 임기 중 추진과제 선정, 친인척 관리문제 등 6개 과제에 간략한 의견이 함께 제시되어 있다. 현재 내가 그 사본을 보관 중이다.

령 후보 결정과 관련 6·29선언의 정신을 구현한다는 취지에서 당헌에 정한 대로 전당대회에서 민주적 절차, 즉 자유경선에 따라 선출하되 전당대회는 총선거 이후에 개최될 것이며, 총선거는 3월 이후에 치른다고 말씀하셨다. 그 자리에서 다음 후보는 김영삼 대표가 당대표로서 당의 구심적 역할을 감당하고 당의 중심이 되어 총선을 치르는 경우 그를 후보로 생각하고 있다는 말씀도 하셨다. 뿐만 아니라 그동안 정치권에서 꾸준히 이어 온 개헌 논의와 관련하여 임기 중 이를 추진하지 않는다는 방침을 거듭 확인하면서 이번에 완전히 끝을 맺겠다고 말씀하셨다. 그리고 단체장 선거 연기를 내락하시면서 다만 그 방법에 대하여는 유보적이었지만 그 뒤 계속 숙고를 거듭하신 끝에 연두 기자회견에서 함께 발표하신 것은 후술할 예정이다.[68] 약 40분간에 걸친 말씀을 듣게 된 것이다.

이제 방침은 정해졌지만 당내 설득과 여론의 호소를 통하여 원만하게 집행하는 일은 참으로 난제 중의 난제였다. 정무수석과 같이 물러나 공관에서 오찬을 함께 하면서 이런저런 이야기를 나누었으며 14시부터 2시간 반 동안 궁정동 안가에서 안기부장과 만나 대책을 숙의하였다.

사실 김영삼 대표 측은 3당 합의의 정신에 따라 차기 후보는 당연히 김영삼이어야 한다는 주장을 오래전부터 해왔다. 3당 합당 당시의 합의는 내각제 개헌을 하고 그 첫 행정수반으로 김영삼 대표를 생각한다는 것이었으나 합당 후 개헌 약속을 교묘히 벗어던지고 대통령 후보를 내놓으라는 것은 무리하다고 해야 할 것이다. 뿐만 아니라 5년 전과 달리 민주화가 진행되어 아무리 대통령이라 하더라도 후임을 지명할 수는 없는 상황이었다. 경선을 통하여 당원의 선출을 받을 수밖에 없음을 잘 알

67 노재봉 외, 앞의 책, 748쪽 이하 참조.

68 이 문제는 1991년 하반기가 되면서 많은 논의가 이루어졌으며 대통령께서도 직접 외국의 선례를 알아보시고 무엇보다 온 국민이 걱정하던 경제문제에 대한 영향에 대하여도 경제인 등을 통하여 파악하시면서 연기를 결심한 것이다.

면서 김 대표 측에서는 연초에 대통령 후보를 결정한 뒤 그 후보 중심으로 총선을 치르는 것이 총선 승리나 정권 재창출에 유리하다는 논리로 조기 전당대회를 시도하고 있었다. 이른바 '담판설'을 퍼뜨리면서 갖은 압력을 가하였다.[69]

그러나 나머지 임기 1년간 경제문제와 남북관계 등 국가적 이익이 걸린 일에 전념해야 될 대통령 입장에서 그런 주장을 받아들일 수는 없었다. 청와대는 국정의 최고·최후 책임을 지는 곳이다. 흔들려서는 안 되었다. 새해 연두 기자회견까지 10여 일간 힘을 합쳐서 국정수행의 임무를 완수하자고 굳은 결의를 다지고 지혜를 모았다. 그리고 실행하였다.

연말 기자회견 그리고 마지막 본관수석회의

대통령께서는 12월 26일 오찬에 출입기자들을 초대하여 송년 기자회견을 하였다. 오찬간담회란 이름 아래 식사를 함께 하면서 14명의 기자로부터 질문을 받고 답변하였다.

올해를 어떻게 회고하느냐는 질문에 대하여 참으로 바쁜 한 해였고, 특히 남북한 유엔 동시가입과 비핵화선언에 이어 〈남북기본합의서〉 채택 그리고 핵부재선언 등 우리의 자주역량에 의해 주체적 의지로 많은 일을 해냈다고 답변한 뒤 새해 전망에 대하여는 금년 못지않은 격동의 해가 될 것이며 경제블록화 현상 등 이념 대립보다는 경제적 이해관계를 주조로 국제적 신질서가 형성되리라 전망하였다. 국내적으로는 물가를 안정시키는 일이 첫째 과제이고, 내년 초부터는 우리 상품의 국제

69 당시 김영삼 대표를 지지하던 민자당 내 민주계에서는 1월 중순 대권후보 가시화를 위하여 탈당 불사, 연대서명을 불사한다는 설이 유포되었고, 최후 담판을 한다는 등의 움직임이 보도되고 있었다.

경쟁력이 회복되는 징후가 나타나도록 진력하겠으며 대통령 선거 때 공약사항이 95% 정도가 완료되거나 계획대로 추진되고 있다는 보고를 받아 보람으로 생각하는데, 나머지 사항은 임기 중 성실히 마무리하겠다고 강조하였다.

새해 정치일정과 관련된 여러 가지 움직임과 특히 후보 가시화 주장 등에 대한 질문에는 아직 확정된 일정이 없다고 하면서 후보 가시화라는 것은 자연스럽게 부각되거나 출마의사를 표명하거나 누가 좋다고 내가 이야기할 수도 있는 등 민주국가에서는 모든 것이 자유롭고 자연스러워야 한다고 말씀하시고 원칙을 지키겠다고 말해 둔다고 답변하였다. 개각의 지역편중론에 대하여서는 능력 위주의 인사가 원칙이며 친인척의 의원 출마에 대하여 본인의 공약사항은 친인척을 무리하게 공직에 임명하지 않겠다는 것이었으며 그 공약을 분명히 지켰다고 답변하였다.

그 밖에 총선 전 대권후보 가시화 문제, 6·29선언 주체, 당내 언론 단속 문제 등에 대하여는 가볍게 원론적인 답변으로 응대하였고, 김정일의 군 사령관 취임과 남북정상회담 가능성 질문에 총사령관 취임 후 언제 정권을 승계할 것인지는 두고 보아야 하며 정상회담 가능성은 희박하다고 답하였다. 정주영 회장의 정치활동에 대하여는 회의적인 견해를, 고르비의 실각에 대해서는 "위대한 사상가나 개혁자가 자신의 사상과 개혁의 희생물이 된다는 역사의 아이러니"를 착잡한 심경으로 느꼈다고 한 뒤, 그러나 "그는 세계사의 물줄기를 바꾼 위대한 개혁자로서, 그의 업적은 희망하는 방향으로 나갈 것이라는 데 전적으로 공감한다"고 강조하면서 아쉬움을 감추지 않았다.

12월 30일 9시 반부터 11시 10분까지 한 해를 보내는 본관수석회의가 개최되었다. 순서에 따라 정무수석은 부시 미국 대통령이 새해 초 방한할 때의 임시국회 개회 문제와 야당의 동향 등에 대하여 보고하였으며, 보안을 요하는 정치일정 결정사항에 대하여는 보고하지 않았다. 경제수석은 1991년도 경제운영 성과에 대하여 그동안 제조업 경쟁력강화 등

구조조정과 부동산 정책 등 안정화 정책이 연말 효과를 내고 있다 하면서 경제성장은 8.6%, 물가는 도매물가는 1990년도 7.2%에서 3.0%로 소비자물가 9.5% 상승으로 한 자릿수 달성에 성공하였으며 무역적자는 90~95억 달러로 추정되고 있다고 보고하였다. 새해에는 7% 성장을 목표로 임금안정, 소득정책, 금융 안정 공급 등 경제원칙에 입각한 운영을 계속하고 경제주체들의 자제와 협력을 유도하도록 노력하겠다고 보고하였다.

외교안보수석은 냉전 소멸 가능성을 보인 한 해로 특히 〈남북기본합의서〉 서명에 의미를 부여하면서 새해에는 합의서 내용이 구체적으로 실천되도록 하여 통일과정을 촉진하고 북핵문제 해결과 중국 수교 문제를 타결함으로써 전쟁 공포로부터 해방되어 평화가 정착되도록 힘쓰겠다고 청사진을 제시하였다.

행정수석은 치안 면에서 범죄 4.5% 감소, 학원 화염병 투척 행위 35% 감소 등 많은 향상이 있었으며 새질서·새생활운동을 활성화하였고 깨끗한 선거·공명선거 달성에도 진전이 있었다고 보고하였다. 공약사업 추진은 총 459건 중 98%에 해당하는 448건은 추진에 착수하였고, 175건 완료에 273건은 정상 추진 중이며 미착수 11건 중 내년도에 4건이 착수될 예정이었다. 또한 나머지 7건은 민간투자로 추진할 것을 검토 중인데 공약사업에 소요되는 자금 65조 원 중 41조 원을 투입할 것이며, 내년도에는 10조 원을 투입할 예정이라고 보고하였다. 제주개발특별법은 국회통과 후 반대활동이 진정되는 추세이며 홍보책자 발간으로 설득을 강화하겠다고 말하였다.

민정수석은 세모歲暮의 민심 동향으로 뜻깊은 한 해였다는 세론이 퍼져 있으며 정치 때문에 경제가 희생되는 일이 없어야 한다는 바람이 지배적이라고 보고하였다. 추곡수매는 순조롭게 진행되고 있고 학원·운동권 동향도 전보다 많이 나아진 것 같으나 다만 출판물이 불러일으킨 피해에 대한 사전대책 강구, 엑스포아파트 착공 연기 등 대전엑스포 준비사항 미흡 등을 지적하였다.

사정수석은 정기국회에서 많은 입법이 이루어졌으나 노동관계법, 농업관계법, 기술대학법 등 입법이 이루어지지 못한 것을 반성한다고 보고하였으며 〈남북기본합의서〉 채택에 따른 법령 정비 문제가 주목받고 있다면서 새해에 작업을 하여야겠으나 합의서 내용이 실천되는 정도에 따라, 또한 상대방의 태도에 따라 작업 속도는 달라질 수밖에 없을 것이라고 언급하였다. 지난해 사정활동 평가 결과와 새해계획을 정리하여 언론에 홍보할 예정이라고도 하였다.

공보수석은 기자실 출입기자가 46명에서 22명이 늘어나 68명이 되어 청와대가 지나치게 노출되는 것이 아닌지 염려스럽다고 하면서 지난해는 취임 이래 가장 안정된 한 해였으며 상반기는 '민주 대통령'으로, 하반기는 '평화통일 대통령'으로 비쳤으며 20회에 이르는 외신회견으로 국제사회에 큰 관심의 대상이 되었다고 보고하였다. 또한 공보수석실 주관으로 음악회, 시낭송회 등 문화행사를 하였으며 관계자와 근로자 등을 초청해 대화하는 기회로 이용하였는데 이 같은 문화행사는 새해에도 계속할 계획이며 새해는 정치기사의 홍수가 예견되므로 이에 대비하여 춘추관 일일브리핑제를 검토 중이며 연두 기자회견 준비에 만전을 기하겠다고 보고하였다.

총무수석은 종무식 및 시무식 계획을 보고드렸으며 경호실장은 지난해 국빈방문이 6회, 일일 접견인원은 102명(4년간은 108명)에 이르렀다고 하면서 경호활동을 총괄 보고하였다. 당총재 비서실장은 당 공약 개발 계획과 정책백서 발간에 관하여 보고하였다.

보고가 끝난 뒤 연말연시 행사 관련 공지사항 통보 등을 두고 약간의 논의가 있었다. 이어 대통령께서는 1년 동안 비서실과 경호실 등 청와대 직원의 노고를 치하하고 종무식 때 특별히 그 뜻을 전달하라는 당부를 하셨다. 임기 4년을 마치는 소회와 이른바 레임덕lame duck 문제 등 내년의 방향에 대하여 의미 깊은 말씀을 하셨기에 여기에 적어 두고자 한다.

내년을 마무리로 생각하고 있으며 또 레임덕도 염려하고 있으나 거기에 과민하거나 신경 쓸 필요가 없다. 권력 누수를 과민하게 받아들이는 자체가 스스로 약해지는 것이다. 누수를 자연스럽게 인정하는 것이 좋다.

지난 4년을 회고해 보면 민주화 과정에서 여러 가지 어려운 갈등, 참기 어려운 문제점이 많이 발생했으나 3년간은 참고 기다렸다. 지난 한 해는 새로운 민주질서 · 민주의식을 국민 스스로가 갖추어 그동안의 부작용 · 대가를 보람으로 승화시킬 수 있다고 호소하고 이에 많은 국민이 공감하고 공감대를 형성하여 내년의 매듭을 준비하는 한 해였다. 내년으로 매듭짓게 되는데 이제는 어떤 차원에서는 매를 들어야 할 시기이다. 이렇게 생각하면 레임덕이란 있을 수 없다. 모든 권한 · 기능은 그대로 살아나야 한다.

내년의 과제는 경제, 올바른 선거, 남북관계의 초석을 놓는 일이다. 이것은 정치권력 운운과는 본질을 달리하는 국가 경영의 과제이자 방향이다. 대통령은 선거에 이기고 지는 주체가 아니다. 페어플레이의 관리자로서 역할을 다해야 한다. 이렇게 하여 역사에 부끄럼 없게 6 · 29선언 정신을 구현하여 다음 정부에 이양하는 것이다. 남북관계 발전에 착실한 준비를 하라. 당당하라. 레임덕 걱정하지 말라.

이와 같은 독려의 말씀을 마친 뒤로 각 수석이 보고한 사항에 대하여서도 관심을 표시하고 지시 말씀을 이어나갔다. "경제는 제조업 경쟁력 강화 시책이 피부에 와닿도록 가시화하는 노력을", 외교안보는 〈남북기본합의서〉가 통일 촉진에 기여하도록 하고 핵문제는 우리 주도로 타결하도록 하며 중국 수교가 이루어지도록 노력하라고 말씀하셨다. 행정수석에게는 공권력을 강화하고 새질서 · 새생활운동에서 능률적 · 자발적으로 경쟁하도록 유도하는 등 대처할 것, 공약사업 추진성과는 새해 업무보고 및 지방순시에 보고하여 홍보되도록 할 것을 말씀하셨다. 민정수석 보고와 관련, 추곡수매에 대하여서는 공권력 행사와 무마의 양면으로 대처할 것이며 엑스포 준비상황은 관계부처 합동보고를 할 것, 사정수석에게는 농촌관계법을 임시국회에 입법하기 위한 노력과 아울러 남북관계법령 정비작업에 착수할 것을 지시하였다. 끝으로 새해 연두 기자회견 준비를 철저히 하여 정치일정 등 국민의 궁금증을 풀어줄 수 있게 할 것이며 연초 방한 예정인 부시 · 미야자와 등 외빈맞이 준비도 빈틈이 없어야 한다고 말씀하셨다.

수석회의가 끝난 뒤 대통령께 정치일정과 관련하여 결정된 사항을 집행하는 계획에 대하여 정무수석과 함께 보고드렸으며 그 내용 및 추진사항은 연두 기자회견과 함께 뒤에 설명하기로 한다. 다만 큰일을 결정하였으니 최선을 다하여 잘 집행되고 마무리되어야 할 것이다. 모든 일은 진인사대천명盡人事待天命이라 하였으니 '진인사'하는 수밖에 없을 것이다.

보고가 끝난 뒤 12시부터 인왕실에서 대통령 내외분을 모시고 수석비서관 전원이 참석한 가운데 송년오찬이 있었다. 모두 한 해를 보내는 감회에 분위기는 차분한 가운데서도 화기와 환희가 넘쳤다. 만찬에는 관저에서 당의 세 최고위원을 초청하여 송년만찬을 열었으며 나는 정무수석과 함께 배석하였다. 만찬이 끝난 뒤 20시 30분부터 23시 30분까지는 경북고 출신 언론인 약 50명이 참석하여 만찬을 함께 하는 행사를 하게 되어 자정이 지나서야 잠자리에 들었다.

12월 31일 신미년 마지막 날도 아침수석회의는 계속되어 신년준비에 관련된 논의를 하였으며 11시에 종무식을 거행한 뒤 11시 30분 대통령께 보고드림으로써 신미년의 업무는 끝이 났다. 한 해를 보내는 감회가 없지 않았지만 여기 기록할 만큼 기억에 남은 것이 없다. 다만 연두 기자회견까지 해야 할 일이 쉴 만한 여유를 주지 않았기에 계속 궁리하며 만나고 이야기하고 보고하고 지시받는 일은 해가 바뀐다고 하여 끊이질 않고 계속되었다.

1992년 1월 1일
~
3월 31일

6

새해를 맞으며

다사다난했던 신미년辛未年이 가고 희망찬 임신년壬申年 새해 아침이 밝았다. 1992년은 노 대통령에게 임기 5년 차가 되는 해였다. 사실상 임기를 마무리하는 해였으며 사적으로는 회갑을 맞는 해이기도 하였다. 이래저래 뜻깊은 한 해가 되기를 비는 가운데 새해맞이를 하게 된 것이다. 비서실의 각오 또한 각별하여야만 했음은 말할 나위도 없다.

앞 장에서 설명한 바와 같이 새해의 중점과제는 경제와 올바른 선거, 그리고 남북관계의 초석을 놓는 일이라고 정리했다. 특히 '올바른 선거'란 과제는 5년 단임 대통령으로서 정권을 어떻게 잘 이양할 것인가라는 문제로서 그 방향과 일정에 대하여 어느 정도 복안이 결정되어 있었다. 그러나 뜻한 대로 집행되기 위해서는 관계되는 당사자들의 협조와 참여가 필수적이므로 각자의 정치적 이해관계에 따라 상반될 수밖에 없는 주장들을 잘 조정하여야 하는 난제가 도사리고 있었다. 정초부터 긴장한 상태로 움직일 수밖에 없었다.

정월 초하루에 나는 서교동 자택에서 가족들과 서둘러 세배를 나누고 다례茶禮를 올린 뒤 공관으로 옮겨 잠깐 머물렀다. 11시 25분에 관저로 달려가 노 대통령 내외께 세배를 올린 뒤 전·현직 총리, 안기부장, 경호실장 등과 함께 하는 오찬에 참석하였다. 오찬이 끝나자마자 안기부장과 함께한 자리에서 대통령께 보고를 드렸다. 김영삼 대표 측의 동향과 대책에 대한 보고와 토론이 있었으며 박철언 장관 문제도 거론이 되었다. 주변 설득을 강화하라는 지시를 받으면서 약 40분간에 걸친 보고를 마쳤다. 공관으로 돌아갔다가 곧장 정무수석의 활동결과를 보고받자 궁정동회의실로 이동하여 약 2시간 동안 안기부장과 함께 토의를 거듭하였다. 초하루부터 강행군이었다.

연휴 이틀째인 2일에는 오후 최규하 전 대통령을 방문하여 세배를 드렸다. 최 대통령께서는 늘 많은 말씀을 하시고 나랏일에 대한 이런저런 가르침을 주시는 터라 세배가 끝난 뒤에 1시간 넘게 머물다가 공관으로 돌아왔다. 사적으로 몇 분 신년인사를 나누는 것으로 이틀간의 휴일은 끝났다. 1월 3일부터 본격적인 업무가 시작되기에 앞서 휴식이라고는 거의 취할 수 없이 이틀을 보냈다.

시무식 및 연두 기지회견, 정치일정 발표, 단체장 선거 연기 등

1월 3일부터 새해 업무가 시작되었다. 9시 비서실장실에서 수석회의가 열렸다. 새해 인사와 연휴 중 일들에 대하여 간략한 대화를 나누었다. 곧장 본관으로 올라가 비서실, 경호실, 기자단 순으로 하례를 올린 뒤 다과회에 참석하여 건배사를 하였으며 대통령의 훈시 말씀을 듣는 것으로 신년하례를 끝마쳤다. 그때 대통령께서 건배사를 칭찬하셨다. 원래 눌변이라 그동안 몇 번 건배 제의를 한 일이 있어도 칭찬받은 일이 없었고, 말솜씨가 나아졌을 리도 없는데 칭찬하는 말씀을 해주신 것은 1년이란 시간의 덕택이었다고 생각된다. 인생살이에서 결코 무시할 수 없는 세월의 무게 때문이었으리라.

11시부터는 비서실의 시무식이 열렸다. 비서실 강당에서 전 직원이 모여 새해 인사를 나누고 비서실장의 신년사를 하는 순서였다. 신년사에서 무한책임 · 솔선수범 · 화합 · 충성을 강조했다고 다이어리에 기록되어 있다. 오찬은 본관 백악실에서 대통령을 모신 가운데 미국 부시 대통령 방한에 발맞추어 귀국한 현홍주 대사, 외교안보 · 경제의전 · 공보 등 수석들과 경호실장이 함께 하였다. 15시 30분부터 영빈관에서 3부 요인 행정 · 입법 · 사법부 주요 인사 및 정당 관계자 등의 신년인사를 받는 신년하례가 있었으며 16시 30분부터 감사원장, 양 부총리 등과 함께 본관에서 다과를 나눔으로써 새해 첫 집무를 마쳤다.

1월 4일에는 경제장관회의를 소집하여 경제 다지기에 시동을 걸었으며 1월 5일과 6일은 부시 대통령 방한행사로 바빴다. 이런 사정을 감안하여 연두 기자회견 날짜는 1월 10일로 결정하였다.

연두 기자회견은 통상 새해의 시정 방향을 국민들에게 보고하는 차원에서 시행되어 왔다. 새해에도 그 방침에 변화가 있을 수 없지만 이번 신년회견은 새해 중요한 정치일정 발표가 있어야 하기 때문에 언론의 관심이 여느 때와 달리 크게 고조되고 있었으며 관련된 정치세력 간의 힘겨루기 또한 전례 없는 것이었다. 앞에서 언급한 바와 같이 대통령께서는 연말에 필요한 과제들에 대하여 결심을 하신 바 있었다. 그러나 결심한 그 내용이 그대로 원만하게 집행되기 위해서는 발표에 앞서 사전에 설득하는 작업이 매우 중요하였다. 비서실에 비상이 걸리지 않을 수 없었다. 극도의 보안이 유지되어야 할 일이었기에 관여하는 인사에 제한을 둔 가운데 일이 진행되어야 한다는 어려움까지 겹쳐져 휴일을 포함한 연말·연초 기간 나와 정무수석 그리고 안기부장 등은 '접촉 - 토의 - 보고 - 결심 - 실행'이란 과정을 거치면서 초긴장 상태로 지내지 않을 수 없었다.

그러나 이 문제와 관련하여 대통령께서 결심한 사항, 즉 총선 후 전당대회에서 자유경선으로 대통령 후보를 선출한다는 정치일정은 여러 가지 상황을 고려해 볼 때 유일하고도 최선의 방안이라고 해야 할 것이다.[1] 전당대회에서 후보를 결정해야 한다는 것이 바꿀 수 없는 원칙인 이상 총선이 열리기 전 전당대회를 개최한다는 것은 물리적으로도 거의 불가능하다. 뿐만 아니라 연초부터 전당대회에 모든 국력이 집중되고

1 나는 이 글을 쓰는 과정에서 언제나 당시를 기준으로 생각하며 글 쓰는 때에 비추어 의견을 쓰는 것은 금물이라는 원칙을 지켜 왔다. 그러나 이 방안은 30년 가까운 세월이 흐른 지금 생각해 보아도 정말 그 방법밖에 없었으며 그 뒤 후보 결정에 있어 가장 민주적인 절차로서 선례가 되었다는 사실에 확신을 가지고 있다는 점을 강조해 두고 싶다.

뒤이어 국회의원 선거를 한다는 것은 5년 단임의 마지막 해를 선거로만 지새우게 하여 차분하게 마무리해야 할 국정수행이 마비 지경에 이를 수밖에 없다.

모든 판단의 기준을 국가와 국민의 이익, 대통령의 국정수행이라는 임무 완수에 두어야 할 청와대의 입장에서 다른 대안이 없었다. 당시 김영삼 대표 측의 주장대로 총선 전 대통령 후보 가시화를 받아들이는 것은 당헌상 가당치도 않았을 뿐만 아니라 당의 다수를 차지하는 민정계의 반발로 당이 유지될 수도 없는 상황이었다. 당시 연말 연초를 거치면서 김영삼 후계구도 확정이라는 언론보도가 나왔을 때 민정계의 이종찬·박철언 의원 등의 반발 움직임이 만만치 않았음 또한 모두 기억하고 있을 것이다. 당시의 정치 상황에서는 대통령이 설혹 어느 후보를 지지하겠다는 마음을 가졌다 하더라도 그 생각을 대외적으로 표시하는 순간 경선은 물 건너가고 당이 깨질 가능성이 매우 높았다. 참으로 어려운 순간이었다.

이 어려운 위기를 벗어나도록 결단하고 조정하는 것은 결국 노 대통령의 몫이었다. 전술한 바와 같이 1991년 12월 29일 대통령께서 나와 손주환 정무수석에게 방침을 말씀하신 뒤로 1992년 1월 10일 연두 기자회견에서 몸소 발표하실 때까지의 경과를 적어 보고자 한다.

지시를 받고 물러난 정무수석과 나는 공관으로 이동하여 오찬을 함께 하면서 상황분석과 대책을 논의하였으며 안기부장의 협조가 필요하다고 판단하여 14시부터 약 2시간 동안 궁정동 회의실에서 세 사람이 회동하면서 여러 가지 논의를 하였다. 향후 긴밀한 연락과 정보교환을 통하여 원만한 결과를 도출하는 데 최선을 다하기로 다짐하였다. 이 모임을 통해 수렴된 진행방안을 가지고 이튿날인 12월 30일 본관수석회의가 끝난 뒤 11시 30분부터 대통령께 보고드렸다. 다이어리에 메모한 바로는 대통령께서 보고를 받으시면서 "걱정스러운 모습을 보이셔서 조심된다"

고 쓰여 있다. 곧바로 대통령 내외를 모시고 인왕실에서 수석비서관 송년오찬을 가진 뒤 그날 저녁에는 앞으로 정치일정 조정에 주역이 될 당의 세 최고위원을 동부인으로 초청하여 관저에서 18시부터 20시까지 송년만찬을 나누면서 환담하는 기회를 가졌으며 여기엔 나와 정무수석이 배석하였다. 그 자리에서는 정치일정과 관련된 이야기는 없었다고 기억되지만 앞으로 진행될 협의과정을 생각하면 원래 예정된 행사였다 하더라도 적지 않게 도움이 되는 시간이었다고 짐작된다.

그때까지 정무수석과 안기부장은 세 최고위원, 특히 김영삼 대표와 직접 접촉하거나 또는 그 주변 인사들과의 대화 등을 통하여 세 최고위원과 대통령과의 개별면담 또는 단체회동에 대비한 준비·정지작업에 착수하였다. 나는 여러 가지 사정을 감안하여 직접 접촉활동에 나서지는 않았으며 정무수석과 안기부장이 그 역할을 담당했던 것으로 기억한다. 우리 세 사람은 수차 회동을 갖고 전화 연락도 자주 하면서 결과를 종합하여 내가 정무수석과 함께 대통령께 보고드리고 필요한 지시를 받아 집행한 뒤 다시 보고하는 시스템을 유지하였다. 신문보도 때문에 질책을 받는 것은 나의 몫이었다. 날마다 신문 정치면 기사는 정치일정 보도로 채워지곤 하였다. 부적절한 보도가 있는지 매일 체크해야 했으며 어떤 때는 체크하기 전에 대통령께서 먼저 읽어 보시고 전화를 주시는 일도 잦았다.

대통령께서 세 최고위원을 직접 만나 결정사항을 설명하시겠다는 말씀에 따라 일정을 조정하였다. 김종필, 박태준 최고위원은 1월 3일과 4일 저녁에 각각 단독 대좌·만찬을 하는 방식으로 진행되었다. 그 선후는 기록이 되지 않아(아마 보안 때문에 다이어리에도 기록을 생략한 것 같다) 확실치 않으나 이틀에 걸쳐 경호실 협조로 보안이 유지되는 가운데 회동이 이루어졌으며 그 결과는 괜찮았다는 설명만 해주셨다. 면담 전후 안내 역을 맡았던 정무수석의 보고 중 김종필 최고위원께서는 대통령께서 매우 합리적인 생각을 갖고 계시더라는 코멘트를 하더라고 나에게 귀띔해 준 것이 생생한 기억으로 남아 있다.

그 뒤 5일과 6일은 방한 중이던 미국 부시 대통령과의 만찬으로 대통령의 설득 활동은 중단되었으나 넘어야 할 가장 높은 봉우리인 김영삼 대표최고위원과의 만찬 회동은 1월 7일 이루어졌다. 이날 사전에 많은 노력을 기울였음에도 불구하고[2] 김 대표가 당 연수원 행사에서 총선 전 후보 결정이란 발언을 함에 따라 더욱 긴장이 고조되는 가운데 초조히 공관에서 만찬을 하며 기다려야만 했다. 드디어 21시 모든 것이 잘 되었다는 연락을 받고 안도의 한숨을 쉬었다. 늦게 정무수석이 공관으로 왔기에 사후대책을 논의하였으며 대통령께서 회동이 끝날 무렵 김 대표와 포옹하면서 친밀감과 신뢰를 다졌다는 이야기도 손주환 수석으로부터 들었다.

세 최고위원과의 개별 면담이 보안유지가 잘 되는 가운데 대체로 원만히 종료되어 한고비를 넘긴 셈이다. 1월 8일 오전에는 연말에 미루었던 차관급 인사안을 재가받았으며[3] 면담 후 최고위원들 동향에 대한 보고를 드렸다. 당시 일부 언론에 김 대표가 후계자로 내정되었다는 추측기사가 보도되었다. 이종찬·박철언 등 민정계 의원 등의 반발 움직임이 거세게 일어나고 집단행동으로 번질 조짐을 보였다. 진정시키지 않으면 안 될 일이라 판단되어 비상이 걸렸다. 박태준 최고위원의 노력에다 청와대의 설득이 보태어져 한숨을 돌릴 수 있었다.

1월 9일 오후에는 당의 세 최고위원과 대통령께서 당면한 정치일정

2 안기부장과 김 대표는 1월 6일 오찬(11시 50분~13시 20분) 시간에 자리를 함께하였으며 이 자리에서 김 대표는 대통령과의 면담 결과에 따라 최선을 다하겠다는 다짐을 하였다는 보고를 받아 나와 정무수석은 15시 30분부터 16시 30분까지 이 사실을 포함하여 김 대표·민정·공화계 동향 향후 대책 등을 보고드렸다.

3 평통 사무총장에 송한호 통일부 차관, 경제기획원 차관에 한갑수 환경처 차관, 통일원 차관에 임동원 외교안보연구원장, 환경처 차관에 이진 전 총리비서실장이 임명되었다. 충남지사에 이종국 전 치안본부장, 경북지사에 이판석 내무부 차관보가 임명되었다. 이들에 대한 임명장 수여식은 1월 9일 10시에 행해졌다.

문제, 총선대책 등 현안을 논의·결정하여 1월 10일 실시될 연두 기자회견을 통하여 발표하기로 일정이 잡혀 있었다. 정무수석실에서 준비한 세 최고위원 회동자료와 함께 기자회견 자료까지 보고해야만 했다. 10시 15분부터 11시 30분까지 정무수석과 함께 관련 자료를 제출하고 보고하였으며, 이어 12시부터 13시 30분까지 정무·외교안보·공보수석과 함께 대통령을 모시고 오찬을 겸한 회견문 독회로 일단 회견 준비가 끝났다.[4]

15시 30분부터 18시 35분까지 약 3시간 동안 만찬을 곁들여 진행된 대통령과 세 최고위원 간의 회동은 정치일정과 총선대책 등을 포함하여 허심탄회하고도 진지한 의견교환 끝에 합의를 이루어 냈다.[5] 나는 회동에는 배석하지 않았으나 18시 20분경 끝날 무렵 본관으로 올라가 아주 성공적인 회동이었다는 사실을 확인할 수 있었다. 경호실 사우나에 들러 피로를 푼 뒤 공관에서 저녁 식사를 마치자마자 서교동 강변도로를 45분에 걸쳐 한 바퀴 돌고 오는 드라이브를 하지 않을 수 없었다.

그 순간 지난 10여 일의 분주했던 나날들이 주마등같이 스쳐갔다. 무엇보다 나는 노태우 대통령의 정확한 상황판단, 합리적 결정, 그리고

4 연두 기자회견 준비는 공보수석실에서 8회 이상 자체 독회를 거쳐 정치일정 대목을 제외한 부분을 완성하고 1월 8일 오후 수석들과 독회를 거쳤으며 나는 1월 8일 퇴청 후에도 회견문을 검토하였다. 1월 9일 오후 세 최고위원 회동을 앞두고 오찬 보고로 마무리 지었으며 정치일정 부분을 회동 후 추가하여 밤늦게 완성이 되었다고 기억한다. 공보수석실은 이런 경우 밤늦게까지 근무할 수밖에 없었다. 이때 정주영 회장의 정치자금 제공 발언에 대한 답변 방향도 검토되었으며, 조용한 가운데 겸손한 자세로 답변한다는 방침에 따라 기자 질문에 답변하여 큰 탈 없이 넘어간 것으로 기억한다.

5 회동 결과는 '민주자유당 최고위원 접견 결과 발표'라는 제목으로 회동 후 발표되었다. 노 대통령은 총선 시기, 전당대회 시기, 대통령 후보 선출방법, 14대 총선 공천문제 등에 관해 세 최고위원의 의견을 들었으며 노 대통령의 최종결심 내용은 연두 기자회견에서 밝힐 예정이라고 발표하였다. 노 대통령은 특히 이 자리에서 총선에서 민자당이 국민의 폭넓은 지지를 받을 수 있도록 당의 결속, 조속한 총선 채비 갖추기, 계파의 이해관계를 떠나 국민지지를 받을 수 있는 인사 공천 등 노력할 것을 당부하였다.

상이한 주장을 내놓는 사람들과의 만남과 대화를 통하여 조정과 설득을 이루어 내는 탁월한 리더십에 크게 감복하였다. 참모들에게 지시만 하고 결과나 채근하기만 하는 — 그렇게 해도 되는 경우가 대부분이다 — 여느 지휘관과 달리 나서야 할 때라고 판단할 때는 주저 없이 솔선 행동에 나서는 노 대통령의 일하시는 모습에 감동하지 않을 수 없었다.[6]

1월 10일 드디어 연두 기자회견일이 밝았다. 나는 내무부 장관, 정무·행정수석 등과 함께 당4역을 삼청동회의실로 초치하여 기자회견 발표에 앞서 지방자치 연기 문제를 알리고 양해를 구하는 자리를 마련하였다. 전술한 바와 같이 연말에 방침을 결정하였지만 기자회견 때 발표한다는 것은 마지막 순간에 결정되어 당과 협의할 시기를 놓친 데 대하여 양해도 구하고 앞으로의 집행에 차질이 없어야 하겠다는 다짐도 받는 자리였다. 당에서는 불만을 토로하여 아침부터 격론이 벌어졌던 것으로 기억된다. 그러나 결론에 크게 이의를 제기할 일은 아니었기에 원만히 대화를 마무리 지은 뒤 9시 10분 관저로 올라가 9시 30분부터 실시할 기자회견장 춘추관까지 대통령을 수행하는 역할을 감당하였다.

평소의 연두 기자회견 때와 달리 당의 세 최고위원이 배석한 것이 특이하였다. 중요한 정치일정 발표에 세 최고위원과 100% 합의된 것임을 암시한다고나 할까. 9시 30분에 시작된 회견은 약 20분간 준비된 회견문을 낭독한 뒤 출입기자 14명으로부터 질문을 받는 것으로 11시 10분까지 1시간 40분가량 진행하였다. 당초 연설 20분, 질문 40분 합계 1시간가량으로 준비를 시작하였으나 질문을 원하는 기자가 늘어남에 따라

---

6 내가 노 대통령에 대하여 처음 알게 된 것은 법무부 검찰과장으로 일할 때 검찰과 검사 박철언으로부터 많은 이야기를 듣게 되면서이다. 그의 외사촌 자형인 노 대통령은 육사 출신들 가운데 김복동, 전두환 등과 함께 선두그룹을 형성하고 있으며 특히 동기생들 간에 다툼이 있을 때 조용히 조정하여 문제를 해결하는 데 탁월한 능력이 있다는 자랑을 하는 것이었다. 이때 박철언 의원의 이야기가 생각나면서 노 대통령의 비범한 능력을 확인할 수 있었다.

질문시간이 80분가량으로 길어진 것이다. 이날 기자회견문과 문답내용은 《노태우 대통령 연설문집》 4권에 전문이 실려 있으므로 여기에서 자세히 언급할 필요는 없는 듯하다.

회견문은 지난해를 회고하고 새해 나라가 처한 내외상황을 정리한 뒤 경제정책, 정치일정,[7] 남북관계, 사회질서 확립과 주택·교육·환경 등 사회정책, 새해 시정방향을 요약하고 설명하였으며 국민 여러분의 선진 시민의식과 공동체의식 실천을 강조하는 한편 새질서·새생활운동으로 과소비·퇴폐·무질서를 몰아내 달라고 호소하였다. 마지막으로 대통령은 임기 마지막 해의 각오를 피력하였다. 대통령으로서 시대적 책임을 완수하는 데 최선을 다할 것이라 전제하고 정치일정은 정치권의 책임 아래 차질 없이 수행하리라 기대하면서 현실정치에 초연한 자세로 경제에 활력을 불어넣는 일, 통일을 위해 공고한 기반을 닦는 일에 전념하겠다고 다짐하였다.

이어진 기자들의 질문은 김영삼 대표의 후계자 내정 여부 등 정치일정 관련 질문이 가장 많았으며 그 밖에 지방자치단체장 선거 문제, 남북문제, 외교 문제 등에 대한 질문이 있었으며 경제문제에 관해서는 물가와 우루과이라운드 협상 관련 질문이 있었을 뿐이었다.[8]

이날 대통령의 답변은 걸림 없이 물 흐르듯 하여 설득력이 돋보이는 것, 바로 그것이었다. 특히 후계자 결정 절차와 관련하여 국민학교 반장까지도 선거로 뽑는다며 자유경선 이외의 방법은 민주화시대에 맞지 않는 것이라고 강조하면서 이런 민주화시대에 지명이나 내정이란 말은 당사자들에게 모욕이 될 정도로 용납될 수 없는 것이란 대목에 이르러

7 정치일정의 요지는 국회의원 선거는 3월 이후 실시, 국회의원 선거 후 민자당 대통령 후보를 당헌에 따라 경선으로 선출, 개헌 불추진, 지방자치단체장 선거 연기 등이었다.

8 기자회견 결과를 살펴보는 1월 11일 아침수석회의에서는 경제 분야 질문이 적어 역점을 두고 시행할 정부의 새해 경제정책 내용을 설명할 기회가 없었음을 아쉬워하면서 향후 연두 업무보고 과정을 통하여 경제정책 홍보 강화와 국민협조 유도를 도모하기로 다짐하였다.

서는 반론을 제기할 수 없는 답변이라는 확신을 주기에 충분한 것이었다. 임기 마지막이 되어가는 시점에 대통령의 국정수행 능력 가운데 가장 중요한 대국민 설득력이 정점에 이른 것으로 생각되어 흐뭇함을 참을 수 없었다. 그날 나는 의전수석과 함께 이제야 대통령의 국정수행 리더십이 절정에 달하게 되었는데 임기 마지막 해가 된다는 것이 참으로 아쉽다는 이야기를 웃으면서 나누었다.

기자회견이 끝난 직후 나는 이한동·이종찬·박철언 의원에게 전화로 반응을 확인하였다. 이구동성으로 잘했다는 답변이었으며 특히 이한동 의원[9]은 경기도 어느 지구당위원장의 반응을 인용하면서 칭찬을 아끼지 않았다. 이날 오찬은 대통령을 모시고 백악실에서 하게 되었다. 경호실장을 비롯해 정무, 정치특보, 공보, 경제, 외교안보, 행정수석 등이 참석하여 서로 덕담을 나누는 가운데 후속조치, 특히 지방자치단체장 선거 연기 문제에 관한 걱정을 나누었다. 오찬에서 물러나자 나는 언론사 사장 중 몇 분에게 전화로 반응도 듣고 조언을 들으며 향후 협조를 부탁하였다. 김영삼 대표에게도 전화하여 단체장 선거 연기와 관련하여 몇몇 언론기관에게 협조를 구해 달라고 부탁하였는데, 김 대표께서는 흔쾌히 노력하겠다는 약속을 하였으며 그대로 실천하였음을 확인할 수 있었다.

17시에는 서재에서 기자회견 반향을 보고드렸으며 녹화된 필름을 시청하기도 하였다. 이 자리에서 대통령께서는 앞으로 김영삼 대표가 대통령이 되고자 한다면 무엇보다 당에 의존하는 자세를 실천해야 하며 당

9 이한동 의원은 내 대학 2년 선배이지만 제 10회 고등고시에 같이 합격하게 되었으며 나는 검사로 관직생활을 시작하였으나 이 의원은 판사, 변호사 등을 거쳐 한참 후 검찰에 들어와 함께 일하였다. 짧은 기간이지만 내가 서울지검 제 2차장으로 근무할 때 이 의원은 형사 제 1부장으로 함께 일하다가 국회로 진출하여 화려한 정치경력을 쌓은 뒤 김대중 대통령 때는 국무총리까지 역임하였다. 나와는 고등고시 동기 합격과 검찰근무 등으로 스스럼없이 대화할 수 있는 사이였다.

의 중심에 서서 민정·민주·공화계를 아우르는 노력, 특히 민주계나 개인적 인맥보다는 민정·공화계의 마음을 얻을 수 있도록 해야 한다고 강조하셨다. 또한 박철언 의원은 차기를 목표로 "더 참고 감추며 기다리는 노력을 해야 한다"고 말하셨으며, 김윤환 의원의 가장 큰 장점은 유연성이라는 코멘트를 하시면서 한고비 넘긴 여유를 즐기시는 것 같았다.

사실 이번 연두 기자회견에서 지방자치단체장 선거를 연기한다는 것이 후계구도 못지않게 큰 뉴스거리였다. 언론에서는 김영삼 후보 내정 여부에만 골몰한 나머지 다소 소홀하게 생각하다가 뜻밖의 발표에 충격을 받았다고나 할까. 당시 청와대로서는 이 문제와 관련하여 의회와 단체장 선거의 선례를 찾아보면 볼수록 시간적 간격이 큰 사례가 나왔을 뿐만 아니라[10] 특히 경제계의 우려가 너무나 심대하여 전해 연말쯤 연기 결심을 하였으나, 그 발표 시기를 놓고서는 여러 가지 의견이 있었다. 기자회견을 준비하는 과정에서 어차피 시비의 대상이 될 바에는 정면돌파하자는 쪽으로 의견이 모임에 따라 마지막 순간 회견문에 포함하게 된 것이었다. 청와대로서는 적지 않게 신경이 쓰이는 일이었다.

다행스럽게도 1월 11일 자 〈조선일보〉가 한국갤럽에 의뢰하여 조사한 여론조사 결과가 매우 긍정적이어서 일단 안도할 수 있었다. 잘한 일이라는 응답이 59.3%였으며 부정적 반응은 24.5%로서 긍정적 평가가 지배적이었기 때문이다.[11] 1월 11일 아침수석회의에서도 기자회견 반응에 관한 보고가 잇달았다. 모두 대통령의 기자회견에 대하여 반응이

10 의회 선거 후 단체장 선거까지 미국은 116년, 프랑스는 186년이 소요되었으며 간격이 짧다고 하는 나라도 캐나다는 10년, 대만은 4년이었다.

11 〈조선일보〉 1992년 1월 11일 자 1면 기사 참조. 그 밖에 '무어라 말할 수 없다'가 7.7%, '모르겠다'가 8.5%였으며 차기 대통령 후보 자유경선에 대하여는 '잘한 일이다' 51.9%, '잘못한 일이다'가 16.0%로 긍정적인 답변이 압도적이었다. 그리고 정주영 씨의 신당 창당에 대하여는 부정적인 답변이 50.4%로서 긍정적 반응 18.4%를 압도하였으며 '무어라 말할 수 없다'와 '관심 없다'가 각각 25.8%, 5.4%였다.

좋았다는 것이었으며, 단체장 선거 연기결정에 대하여는 재야지도자의 한 사람인 광주의 홍남순 변호사가 지지의견을 표시하였음은 물론 지방기관장을 비롯한 공무원의 사기가 크게 올랐다는 것이었다. 청와대 민원전화에도 격려성 전화가 잇달았다는 보고였다. 그러나 단체장 선거 약속을 어긴 것은 잘못이란 전화도 없지 않았으며 야당, 일부 언론인, 대학생 중 학생회 간부들도 비난하는 동향을 보여 방심할 일이 아니라는 보고도 있었다. 홍보활동에 소홀함이 없도록 하자는 다짐을 하였다. 실제로 이 문제에 대한 야당의 반발로 9·18 중립내각 결정이 있을 때까지 국회운영이 큰 영향을 받을 수밖에 없었다.

기자회견 다음 날인 1월 11일은 토요일이었다. 나의 첫 스케줄은 전년도부터 시행해 온 홍보조정 조찬모임이었다. 이날도 아침 7시 30분 삼청동회의실에서 조식을 해장국으로 때우면서 당면한 홍보대책을 논의하였다. 기자회견 후속 홍보와 함께 일본 미야자와宮澤 수상의 방한 관련 홍보가 논의의 대상이었다. 이어 아침수석회의를 주재한 뒤 9시 55분 본관에서 아침회의 내용에 대하여 간략하게 보고드린 뒤 곧 대통령을 수행하여 영빈관에서 10시 개최된 확대당직자회의에 배석하였다. 정치일정과 관련하여 결정된 사항을 확실하게 집행하자고 다짐하는 모임이었다.

많은 당직자들이 모인 자리에서 대통령께서는 당총재 자격으로 당의 단합을 강조하면서 분파 행동을 해당害黨 행위로 규정하여 문책하고 위계질서를 존중하라고 말씀하셨다. 김영삼 대표는 당의 중심으로 계파를 초월해야 한다고 주문한 뒤 총선체제와 관련하여 계파지분이란 있을 수 없으며 오로지 당선 가능성, 참신성, 도덕성을 기준으로 공천해야 한다고 강조하였다. 지방자치단체장 선거 연기는 인기에 영합하지 않고 경제회생이란 시급하고도 중요한 과제를 고려하여 결정한 것이라고 하면서 야당의 공세를 막아 나가자고 하였다. 그동안 논의되었던 내각제 개헌 문제 등도 깨끗이 정리하였으며 이제 오로지 단합으로 총선승리를 이루어 내자고 마무리 당부를 하였다. 이 자리에서 김영삼 대표는 3당 통합 정신을 되살려 제 2창당을 한다는 결의로 단결하여 선거체제를 갖춤으로써 기필코 승리하겠다는 각오를 피력하였다. 이 같은 당총재의 독려에 화답한 것으로 기록되어 있다.

이날 나는 춘추관을 찾아 오찬을 하고 오랜만에 기자와 바둑을 두는 여유를 맛보던 도중에 대통령으로부터 박철언의 처신에 관한 충고를 하라는 전화를 받았다. 토요일 오후에 바둑 한두 판 즐길 여유도 용납되지 않는 것이 비서실장이었다.

이튿날 일요일에는 아침 9시에 출발하여 남성대 골프장으로 향하였다. 큰 문제를 일단락 지은 뒤 당 관계자와 함께 운동을 통하여 더욱 각오를 다지는 자리였다. 당에서 세 최고위원과 당4역 등이 참석하였으며 17시에 관저에 돌아왔다. 식사하는 자리에서 단체장 선거 연기에 대하여 대통령께서 다시 한번 강조하신 것으로 기록되어 있다. 그대로 선거를 하면 대통령 개인으로서는 좋을지 모르나 경제가 문제이다, 이제 민주화는 돌이킬 수 없는 궤도에 진입하였으므로 대통령께서 고통이 따르더라도, 또 욕을 먹는 일이 있더라도 민주와 경제의 균형을 찾기 위해 오히려 어려운 길을 선택한 것이라는 말씀이었다.

새해 첫 본관수석회의

이제 새해 가장 큰 행사를 합격점을 받는 성적으로 마친 셈이다. 이 성과를 토대로 착실한 전진을 도모해야 할 새해 첫 본관수석회의가 기다리고 있었다. 본관수석회의에 앞서 1월 13일 월요일 아침 9시 아침수석회의가 열렸다. 단체장 선거 연기와 관련된 야당의 동향과 미국 부시 대통령의 한국 및 일본 방문에 대한 평가 등이 보고되었으며 15일 김영삼 대표의 기자회견과 관련하여 연두보고 일정 조정 방안이 검토되었다.

곧장 본관으로 자리를 옮겨 9시 반부터 2시간가량 대통령을 모시고 수석회의를 개최하였다. 연두 기자회견이 잘 마무리되었기에 수석비서관회의의 분위기 역시 고조되어 있었다. 정무수석으로부터 순서에 따라 소관 업무보고가 잇달았으며 대통령의 코멘트 및 지시는 그야말로 주마가편走馬加鞭이었다.

정무수석은 기자회견에서 밝힌 후계구도 및 지자체단체장 선거 연기가 야당에 미친 영향과 함께 총선 공천 준비와 공약 개발 등에 박차를 가할 것, 야당 측의 선거 연기 저지 투쟁에 대한 대책 강구 그리고 정주영 회장이 추진하는 신당 동향에 대하여 보고하였다. 경제수석은 국내외적으로 국제금리 하락과 선거 연기 등 경제운용 여건이 다소 호전되고 있다고 전제하면서, 경제운영이 정치의 영향을 받지 않도록 공약 절제 등을 여행勵行할 것이며, 재벌의 행태와 관련하여 일본 마쓰시타전기산업의 창업자 마쓰시타 고노스케가 일관되게 지켜온 '한 개 업종에 전념하기', '탈세 안하기', 그리고 '부동산으로 이득을 취하지 않기' 등의 원칙을 참고하여 우리나라 재벌도 대중과 충돌하지 않도록 자제하는 노력이 필요하다고 강조하였다.

외교안보수석은 남북문제와 관련하여 전년도 말 타결된 비핵화선언의 총리 서명과 발효조치 및 〈남북기본합의서〉상 관련 위원회 구성 등에 대해 보고한 뒤, 일본 수상 방한 관련 자료를 준비하는 데 철저를 기하겠다고 하였으며, 행정수석은 새해 총선 및 우루과이라운드와 관련하여 치안 확립, 새질서·새생활운동, 교통사고 줄이기, 선거 연기 홍보 등에 중점을 두고 내무행정을 해나갈 것이라고 보고하였다.

민정수석은 '기자회견 후 공직사회와 민심이 안정되고 있다면서 경제대책을 구체적으로 제시할 필요가 있다', '금융계 인사 문제를 둘러싼 동요를 진정시켜 기강을 확립해야 된다', '상장기업체 부도사태가 연발하고 있으므로 흑자도산 방지 대책과 악성루머 대책 강구가 필요하다', '핵폐기물처리장 건설 관련 주민 반발 동향에 대한 대책 강구', '일하는 풍토 조성 모범업체 격려' 등 민심 동향을 보고하였으며, 사정수석은 사전 선거운동 단속 상황과 공직기강 확립대책 그리고 지방자치제 시행과 더불어 제기되고 있는 자치법규 제·개정 문제를 검토하고 시행하겠다고 보고하였다.

공보수석은 기자회견 후 홍보대책과 일본 수상 방한 홍보에 대하여, 경호실장은 일본 수상 방한 관련 경호 대책을 보고하였다. 마지막으로 당총재 비서실장은 연두 기자회견에 대한 반응이 좋다고 전제한 뒤, 경제 활성화를 위한 당정협의 강화, 총선 공약개발 준비, 2월 9일 창당 2주년 기념행사 등을 보고하였다.

대통령께서는 기자회견과 관련하여 노고를 치하한다고 말씀하시면서 지금 민심이 안정되고 인기가 회복되는 듯하지만 방심은 금물이라고 경고하셨다. 특히 여권 측의 성과는 야권 측의 더 강한 반작용으로 나타날 것이므로 주의 깊게 대처하라고 말씀하셨다. 기자회견 내용이 잘 집행되도록 철저히 점검하고 각 수석이 보고한 문제들에 대하여 동감을 표시하면서도 교통사고 줄이기, 핵폐기물처리장 조속 해결, 단체장 선거 연기 홍보의 지속적 시행 등을 강조하였다.

이어 '당의 공약이 남발되지 않도록 사전에 정부와 협의를 할 것', '학생·농촌·쌀 개방·노동계·재야 등의 문제에 대하여 국민에게 이해시키려는 노력과 함께 법을 위반하는 행위는 절대로 용납하지 말아야 한다', '일본 수상 방한과 관련 무역역조, 기술이전, 과거사 문제에 대한 사전홍보를 하라', '일본의 잘못을 지적해야 하지만 무조건 나쁘다고만 할 것이 아니라 우리의 잘못도 동시에 지적하는 것이 바람직하다', '경호대책을 잘 세우라' 는 등의 말씀을 하셨다. 경제정책과 관련해서는 중소기업을 살리는 방안을 세워야 하며 특히 통화정책과 물가문제에 대하여 재무부 권한이 집중되어 있는 상황도 해소하도록 할 것과 대전엑스포와 관련하여 총리보고를 정기화하라는 지시를 하셨다.

부시 미국 대통령과 미야자와 일본 수상의 방한

연초에 중요한 외교행사가 잇달았다. 1월 5~7일, 2박 3일간 미국 부시 대통령이 서울을 방문하였으며 1월 16~18일, 3일간은 일본의 신임 미야자와 기이치 수상이 한국을 방문하였다. 우리나라의 주요 우방인 미・일의 대통령과 수상이 방한한다는 것은 우리로서는 매우 중요한 외교행사가 아닐 수 없었다.

부시 대통령의 방한은 당초 전년도 12월 초로 예정되었던 것이 미국 내 긴급한 사정 때문에 연기된 것이었다. 부시 대통령은 부인 바버라 부시 여사와 함께 1월 5일 15시 30분 전용기 편으로 서울공항에 도착하여 정원식 국무총리 내외의 영접을 받은 뒤 국립묘지를 참배하였다. 이후 17시 청와대에 도착해 노 대통령 내외와 인사를 나누었으며, 청와대 실내 테니스코트에서 1시간 20분 동안 테니스 게임을 가졌다. 내가 관람한 바로는 부시 대통령의 플레이가 매우 공격적이고 정력적이었다고 기록되어 있다. 노 대통령의 전년도 미국 방문 때 테니스 시합을 한 뒤 이번에는 서울에서 다시 게임을 즐김으로써 두 분 사이의 관계는 더욱 친밀해졌을 것이다.

이어서 양국 대통령 내외는 관저에서 양국 대사(현홍주와 그레그)와 외교안보보좌관(김종휘와 스코크로포트)이 배석한 가운데 약 2시간가량 비공식 만찬을 가졌다. 많은 이야기가 화기애애한 분위기 속에서 오갔으며 후식으로 나온 한국 배의 맛이 미국 대통령 내외분의 극찬을 받게 되어 별도로 보내드리지 않을 수 없었다고 들었다. 더구나 1월 6일이 부시 대통령 내외분의 결혼 47주년이 되는 것을 확인한 노 대통령께서 축하하는 뜻으로 장미 47송이를 보낸 것도 화제가 되어 양국 정상 간의 우의가 가히 절정에 도달하였다.

이튿날 오전 10시부터 거행된 환영행사, 수행원 접견, 단독정상회담, 확대정상회담, 협정 서명식(한미 간 군사특허비밀보호협정 및 과학기술협력협정), 양국 경제인 접견·격려, 기자회견은 12시 30분에 끝날 때까지 물 흐르듯이 원만하게 진행되었다.

부시 대통령은 양국 상공회의소가 주최하는 오찬 연설회에 참석하여 각종 규제와 수입 장벽의 철폐, 금융시장 개방을 요구하는 연설을 하였다. 뒤이어 국회를 방문한 박준규 의장의 영접을 받고 여야 지도자와 간담회 그리고 약 20분간에 걸친 본회의장 연설을 하였다. 저녁에는 청와대 영빈관에서 개최된 환영만찬(리셉션·만찬·공연)에 참석하였다. 만찬은 19시부터 오후 21시 30분까지 계속되었으며 부시 대통령은 이튿날 일본으로 떠났다.

양국 대통령은 짧지 않은 대화를 통하여 양국 관계와 현안에 대하여 의견의 일치를 보았으며, 그 결과는 지난번 워싱턴 정상회담에서와 달리 공동기자회견을 통하여 양국 대통령이 발표하였으며 기자들의 질문에 답변하기도 하였다.

먼저 한미 양국은 아시아·태평양지역의 항구적 번영을 위하여 양국의 역할과 협력이 중요하다는 데 의견을 같이하면서 한국 방위에 대한 미국의 공약을 확인함으로써 양국 간의 유대가 공고함을 재확인하였다. 노 대통령은 그동안 한반도의 긴장 완화와 평화 정착을 위해 기울여 온 주도적 노력과 남북관계의 진전 상황을 설명하였으며, 한반도 문제는 남북한 당사자 간에 직접 해결해야 한다는 원칙에 이의가 없었을 뿐만 아니라 최근 이루어진 남북 간 합의에 대하여 부시 대통령도 이를 지지하며 노 대통령의 공로라고 밝혔다.

북한 핵문제와 관련하여 북한이 지체 없이 핵안전협정에 서명한 뒤 이를 비준하고 사찰을 받음으로써 한반도 비핵화가 이루어져야 한다는 데 의견을 같이하였으며, 부시 대통령은 특히 노 대통령의 11월 8일 자 한반도 비핵화선언을 전폭 지지한다고 언명하였다. 다만 부시 대통령은 남북한 간의 관계가 급속한 진전이 이루어지고 있음에도 불구하고 북한이 핵무기확산조약에 따라 국제원자력기구에 지고 있는 제반 의무를 전면적으로 이행할 것인지에 대하여 우려를 표명하였으며 1991년 12월 31일 자 한반도 비핵화 공동선언에 의한 역사적 상호사찰 조치를 이행해야 한다고 강조하였다.

나아가 부시 대통령은 이와 같은 북한 측 의무수행과 상호사찰 합의 이행을 위한 조치가 취해진다면 금년도 팀스피릿훈련을 중단할 용의가 있음을 노 대통령과 합의하였다고 밝히기도 하였다. 이와 같은 언급이 있은 뒤 1월 7일 한미 양국이 1992년도 팀스피릿훈련 중지를 발표하였는데, 한국 측은 국방부 대변인이 "국방부가 정부의 결정에 따라 1992년도 팀스피릿훈련을 실시하지 않기로 하였으며, 미국 정부도 이러한 우리 정부의 결정에 동의하였다. 따라서 1992년도 팀스피릿훈련은 실시되지 않을 것"이라고 공식 발표하였다. 북한 측의 핵 관련 의무 수행을 촉진하기 위한 조치였다.

노 대통령과 부시 대통령 사이에서는 한미 간의 경제통상관계와 우루과이라운드협상에 관하여도 우호적인 의견교환이 있었으며 상호협력을 약속하였다. 노 대통령은 21세기 태평양 시대에 두 나라의 공동번영을 목표로 외교·안보·경제·과학·기술 등 모든 분야에서 항구적인 동반자 관계를 발전시켜 나가기로 합의하였다고 전제하고, 자유무역 확대를 통한 공동번영 추구 원칙을 재확인하고 긴밀히 협력하기로 약속했다고 밝혔다. 당면한 우루과이라운드 협상 타결을 위하여 적극적 자세를 취하고 있음을 강조하면서도 농산물 분야에서만큼은 우리의 특수한 입장 때문에 전면 개방은 어렵다는 점에 대하여 미국의 이해와 협조를 요청하였다.

노 대통령은 한국의 대미무역이 적자로 돌아서는 등 경제사정을 설명하였다. 나아가 양국 기업이 상대국에서 기업활동을 원활히 할 수 있도록 양국 정부가 지원하기로 의견을 모았으며, 특히 '한미경제협의회'가 양국 간의 동반자 관계를 증진하는 방안을 협의하기로 합의함과 아울러 양국 간 과학·기술협력을 증진시킬 수 있도록 이번에 새로운 과학기술

협정 및 군사특허비밀보호협정을 체결하였음을 강조하였다.

부시 대통령은 우루과이라운드협정 체결에 한국의 지지가 필요함을 역설하고 지난번 서울 APEC 각료회의가 성공적으로 개최된 것을 축하하면서 양국 간 통상·경제협력의 틀을 마련하게 되어 구체적인 성과를 기대할 수 있을 것이라고 화답하였다. 이와 같은 양국 정상의 서두발표에 이어 내외기자들의 남북 간 합의사항을 북한이 성실히 이행할 것인지, 미북관계 외교 접촉의 격상 문제, 남북정상회담 문제, 미국의 한국시장 개방 요구 등에 관한 질문이 있었으며 양 정상의 답변이 이어졌다.

그 밖의 양국 상공회의소 주최 오찬, 국회 본회의장에서의 연설, 환영만찬에서의 양국 대통령의 만찬사 등의 내용에 관해서는 설명을 생략하고자 하거니와 미국 대통령의 2박 3일 일정을 통하여 양국 관계는 그야말로 틈이 없을 정도로 공고한 유대를 갖고 있음을 확인할 수 있었으며 이러한 관계를 더욱 증진했다고 장담할 수 있었다.

나는 당시 일련의 행사에 수행·배석 또는 관람의 영광을 회고하며 큰 기쁨과 보람을 느끼고 있었다. 특히 노태우 대통령이 북방정책이란 원대한 외교 구상을 실행하는 데 있어 부시 대통령과 같이 훌륭한 지도자가 굳건하게 뒷받침해주고 있다는 사실이 노 대통령에게 천행天幸이었다는 생각을 지울 수 없었다. 사실 대한민국의 대통령은 지정학적으로 4대 강대국의 이해가 충돌하는 위치라는 입지 때문에 언제나 4대 강국의 집권자가 어떠한 사람인가에 따라 많은 영향을 받을 수밖에 없다. 그 가운데서 특히 미국 대통령은 대한민국의 탄생부터 줄곧 큰 역할을 하였을 뿐만 아니라 6·25전쟁과 베트남전쟁 등을 거치면서 이른바 혈맹관계를 유지했기에 미국 대통령이 어떤 분인가에 따라 대한민국 대통령의 외교적 입지는 크게 달라질 수밖에 없다.

부시 대통령은 1988년 11월 선거에서 당선되어 1989년 1월부터 1993년 1월까지 재임하였다. 노태우 대통령의 5년 임기 중 첫 1년을 제외한

4년간 임기를 함께 한 셈이다. 그 첫 1년은 레이건 대통령의 부통령으로 재임하였으므로 노 대통령의 임기 전 기간을 부통령 또는 대통령으로 함께한 셈이었다. 그동안 노 대통령이 여섯 차례나 미국을 방문하였으며 부시 대통령도 2번이나 한국을 찾았으니[12] 두 분의 관계가 얼마나 돈독해질 수 있었을지는 짐작할 만한 일이었다.

특히 부시 대통령은 성품이 매우 온건하고 합리적이었으며 CIA 국장, 주중 대사, 주유엔 대사, 부통령 8년 등 화려한 경력과 더불어 다듬어진 풍부한 경륜을 가지고 있었기에 냉전체제 해체와 더불어 새로이 형성되는 국제질서를 아주 원만하게 관리한 것으로 평가되고 있다. 그와 같은 새로운 국제관계 형성 과정을 선제적으로 활용하여 북방정책을 수행하던 노태우 대통령을 신뢰하고 고르바초프와의 샌프란시스코회담을 직접 주선하는 한편 남북관계의 진전에도 전폭적인 지지를 아끼지 않았다.

노 대통령도 부시 대통령의 지원에 보답하여 그의 핵 감축 정책을 앞장서 지원·지지하였으며, 걸프전쟁에도 주저 없이 참여한 것은 이미 설명한 바와 같다.[13] 부시 대통령이 걸프전쟁의 효율적 수행으로 89%의 지지라는 기록을 수립하였음에도 불구하고 국내정책 수행과정에서의 당내 보수파 반발 등으로 재선에 실패한 것은 퍽 아쉬운 일이었다.

---

12 노 대통령의 미국 방문은 1988년 10월과 1989년 10월의 공식방문, 1990년 6월 고르바초프 대통령과의 샌프란시스코회담 후의 워싱턴 비공식방문, 1991년 7월의 국빈방문과 10월 유엔방문 시 정상회담 등으로 5번 이루어졌으며 부시 대통령의 2번의 한국 방문을 합하여 모두 7회의 정상회담이(그 가운데 1988년 10월은 레이건 대통령과 회담하였음) 있었다. 노 대통령은 1992년 9월 말 유엔총회 참석차 뉴욕을 방문하였으나 부시 대통령의 선거운동 등 일정 때문에 직접 만남은 성사되지 않았다.

13 부시 대통령은 2011년 5월 5일 자 서한 형식의 회고기록을 통하여 자신이 노 대통령과 고르바초프 대통령의 회담을 주선한 사실, 한반도 전술핵 철수에 대한 노 대통령의 동의가 전세계 전술핵 철수에 큰 힘이 되었다는 점 그리고 걸프전 당시 한국의 지원과 1992년 방한 당시 환대에 대한 감사 등을 증언하고 있다. 노재봉 외, 앞의 책, 84~86쪽.

사족이지만 노 대통령 재임 당시 고르바초프 소련 대통령, 중국의 등소평 최고지도자 등도 모두 실용적 사고를 가지고 대외개방정책을 추진하고 있었던 것이 북방정책 추진에 큰 힘이 되었다. 당시 한반도 주변 4강국의 일원인 일본은 잦은 수상 교체로 대외정책 수행에 문제가 있었던 것 같았으며 일본과 미국과의 관계도 썩 원만하지 못하였던 것으로 기억된다. 부시 대통령이 한국 방문에 이어 일본에 갔을 때 건강 문제로 어려움을 겪은 것도 겹쳐 상대적으로 한미관계의 친밀함이 돋보이기도 하였다.

1월 13일 아침수석회의에서 외교안보수석실의 보고에 따르면 한미정상회담 때 수행했던 솔로몬 미 국무부 차관보가 재차 방한하여 한미정상회담은 성공적이었으나 미일 정상회담은 기대 이하였다는 언급과 함께 북한의 그간의 태도로 보아 핵 재처리시설 등 핵 시설에 관하여 신고하지 않거나 은닉할 가능성이 있으므로 강제 사찰 등 대비책 강구가 필요하다는 충고를 하였다는 것이었다. 한순간의 방심도 금물이라는 생각을 하면서 사실 부시 대통령 방한 준비와 관련하여 비서실장으로서는 정치일정을 결정하는 문제 때문에 크게 신경을 쓸 여유가 없었음을 고백하지 않을 수 없다.

미야자와 기이치 일본 수상의 방한은 1991년 11월 5일 수상 취임 후 첫 방문지로 한국을 선택한 데 따른 의미 있는 공식방문이었다. 미야자와 수상은 1월 16일 11시 45분 전용기 편으로 서울공항에 도착하여 1월 18일 경주를 방문한 뒤 귀국하기까지 2박 3일간 한국에 체류하였다. 미야자와 일본 수상은 서울공항에서 정원식 국무총리의 영접을 받고 환영식에 참석한 뒤 국립묘지를 참배하였으며 곧바로 15시 청와대에 도착해 노 대통령과 인사를 나누고 17시까지 1차 정상회담을 가졌다. 이 회담은 김종휘 외교안보수석과 통역관, 그리고 다니노 외무성 아시아국장과 통역관이 배석한 가운데 단독회담 형식으로 이루어졌다.

18시부터 20시 30분까지 영빈관에서 환영만찬이 있었으며[14] 이튿날 오전 9시부터 11시까지 청와대에서 열린 확대정상회담과 11시 10분부터 55분까지 행해진 기자회견에는 나도 배석하였다. 기자회견을 마치고 미야자와 수상 일행을 배웅한 뒤 백악실에서 외무장관, 오재희 주일대사, 외교안보·경제·공보수석 등과 함께 대통령을 모시고 회담이 원만히 진행된 것을 화제로 오찬 모임을 가졌다.

미야자와 수상은 경제 4단체장들이 공동 주최한 오찬회에 참석하였으며 이어 14시 국회의사당을 방문하여 박준규 국회의장과 김영삼 대표, 김종필·박태준 최고위원 및 김대중 대표 등 여야 지도자들과 간담회를 가진 뒤 일본 수상으로서는 처음으로 국회 본회의에서 25분간 연설하였다. 미야자와 수상은 서울에서의 일정을 무사히 마치고 18일 서울을 떠나 일본 수상으로서는 처음으로 경주를 방문하여 천마총, 불국사, 국립경주박물관 등을 관람한 후 이날 오후 출국하였다.

당시 일본과의 관계도 대체로 원만한 상황이었으며 1991년 초 가이후 수상 방한을 통하여 양국 관계의 질적 향상을 다짐하는 일련의 합의가 있었음은 이미 설명한 바와 같다. 그러나 미야자와 수상이 취임 후 첫 방문지로 한국을 선택한다는 의향을 비침에 따라 노 대통령은 이원경 전 외무장관을 특사로 삼아 일본 수상의 방한을 초청하는 친서를 전달함으로써 방한이 결정되었다. 그 무렵을 전후하여 일본군 위안부 문제가 한일 관련자 증언 및 관계자료 발굴 보도 등으로 주목받기 시작하였으며, 1991년 11월 말 현재 우리의 대일 적자 규모가 90억 달러에 육박한다는 사실이 확인되면서 만성적인 대일 무역역조 현상에 대한 대책 강구도 초미의 급무가 되었다. 청와대 비서실에서는 이런 문제를 놓고

14 나는 만찬행사 전인 17시 40분 영빈관으로 가서 내빈을 영접하는 역할을 담당하였으며, 만찬이 끝난 뒤에는 20시 40분부터 익일 0시 40분까지 4시간가량 당 사무총장, 안기부장 및 정무수석과 함께 당면한 정치문제, 특히 공천 문제를 협의한 것으로 기록되어 있다.

아침수석회의에서 수차 대책을 마련해야 한다는 논의가 거듭되었으며 노 대통령도 특별한 관심을 표명하였다.

외무부가 무언가 사전교섭과 대책 마련을 하지 않을 수 없는 상황이 되어 일본과의 논의가 시작되었다. 양국 간 의견차를 좁히려는 회담은 1월 16일 일본 수상이 방한하여 1차 정상회담을 마친 뒤 절충안을 마련하기 위해 심야에 교섭을 벌이기까지 하는 노력 끝에 만족할 정도는 아니지만 그런대로 공통분모를 찾아내어 회담 결과를 발표할 수 있었다.[15]

먼저 양국 간의 무역 불균형 문제에 관해서는 1차 정상회담에서 노 대통령의 간곡한 문제 제기가 있었으며 미야자와 수상은 개선의 필요성을 인정하면서도 주로 민간에서 해결할 일임을 지적하면서 정부로서도 뒷받침하도록 노력하겠다는 입장을 보였다. 이에 한국 측이 요구하는 구체적 행동계획을 마련하기 위한 방안 등을 중심으로 실무자 간 심야 절충까지 벌인 끝에 첫째, 양측이 기존 한일 무역·산업기술협력위원회 등을 가동하고 구체적 실천계획안을 6월 30일까지 마련하여 양국 정부에 보고하기로 합의하였으며, 둘째, 미야자와 수상이 제기한 민간 경제인포럼을 구성·가동하는 방안에도 의견의 일치를 보았다. 이 문제는 양국 간 산업구조적 측면도 있었으며 장기간에 걸쳐 누적된 결과여서 한두 가지 방안으로 해결될 일이 아니었기 때문에 양국 정상의 관심 아래 하나하나 장기적으로 꾸준한 노력을 경주해야 할 것이라는 공감대가 형성되었기에 노 대통령으로서는 그런대로 만족할 수밖에 없었다.[16]

15 미야자와 수상이 서울에 도착한 이후 1차 정상회담에서 노 대통령께서 이 문제를 강력히 제기함에 따라 한국 측의 외무부 이기주 제 2차관보와 일본 측의 사이토 구니히코(齊藤邦彦) 외무심의관을 수석대표로 하는 양국의 심야 고위 실무교섭을 통하여 미흡하나마 타결을 보게 되었다.

16 이 문제에 대하여 후속조치를 적극적으로 강구해야 할 것이었으므로 그 뒤 경제기획원, 외무부 등이 합심하여 노력한 결과 약속한 대로 무역 불균형 시정을 위한 실천계획을 7월 1일 공동발표하고 실행에 들어갔다. 이상옥, 앞의 책, 671~675쪽 참조.

다음으로 일본군 위안부 문제에 관하여 노 대통령의 적극적인 진상 규명과 그 결과에 따른 응분의 조치를 요구한 데 대하여 미야자와 수상은 일본 정부가 종군위안부의 모집과 위안소 운영 등 문제에 있어 구 일본군이 관여한 것은 움직일 수 없는 사실임을 정부 차원에서 공식적으로 인정하고 내외에 사죄하기로 입장을 결정하였다는 뜻을 밝혔다. 그러면서 종군위안부로서 말로 다할 수 없는 고통을 겪은 분들에게 충심으로 사과와 반성을 표명한다고 말하였다.

앞으로 이런 잘못이 되풀이되어서는 안 된다는 결의 위에서 평화국가로서의 입장을 견지하면서 향후 한일관계 구축에 임하겠다고 말하고 작년부터 일본 정부 차원에서 시작된 자료 발굴과 사실 규명을 위한 조사 활동을 성심껏 수행할 것이라고 말하였다.[17]

북한 핵무기와 일본 수교 교섭에 관하여는 노 대통령이 〈남북기본합의서〉를 채택할 때의 상황 등을 설명하고 남북대화의 진전과 북핵 해결에 도움이 되는 방향으로 일북관계를 발전시켜 달라고 요청하자, 이에 미야자와 수상도 동의한다는 입장을 재확인하였다.

일본의 유엔 평화유지활동PKO: Peace Keeping Operations의 참여 문제와 관련해서는 여러 아시아 국가들의 의견을 반영하여 달라는 노 대통령의 의견 표명에 대하여 일본 수상은 일본의 PKO활동이 군사 대국화를 지향하는

17 당시 아침수석회의에서 일본 정부가 책임을 인정하였기에 그 후속조치로서 신고 독려 등으로 진상 규명을 하고 그에 따른 응분의 조치가 강구되어야 한다는 의견이 모임에 따라 대통령께서는 1월 17일 오후 정원식 국무총리로부터 주례보고를 받는 자리에서 총리 책임하에 지체 없이 충분한 관련 조치를 하라고 지시하였으며 이에 따라 1월 21일 행정조정실장 주재로 관계부처 실장급회의를 열어 일본 정부에 진상규명, 보상, 교과서 반영 등의 조치를 요구하기로 하되, 정부 내에 합동대책반을 구성·가동하여 수시로 회의를 통해 강력히 추진하기로 결정하였다.

그 결과로 설치된 외무부 대책반에서 7월 3일 중간결과 발표, 12월 말까지 활동기간 연장 등의 조치가 따랐으며, 일본 정부도 7월 6일 중간조사 결과를 발표하였다. 이어 정부대책반에서는 조사결과 발표, 보상 문제와 후속조치 검토, 유엔인권위 문제 제기 등이 잇달았다.

것이 아니라고 설명하였다. 노 대통령도 일본이 여러 나라의 의견에 따라 유엔 활동에 나름의 역할을 분담하는 것은 문제될 것이 없다고 말하였으며, 그 밖에도 한일 간 인적 문화교류의 확대 방안에 대하여 5년간 한국 청년 500명을 일본으로 초청하는 계획 등 적극적인 방안 제시가 있었으며, APEC과 우루과이라운드에 대해서도 긴밀히 협조할 것을 약속하였다.

대체로 우호적인 분위기 속에서 양국 관계가 진일보하는 모습을 보였다고 생각되었으며 대통령의 무역역조 시정 요청과 위안부 문제 등과 관련하여 신문에서 긍정적으로 보도했다는 아침수석회의의 보고가 있었다. 그러나 일부 언론에서는 현안 타결에 실패하였다는 비판적 보도가 없지 않았다. 무역역조 시정을 요구하는 구체적 방안에 대하여 일본 측의 부정적 반응으로 당장 손에 잡히는 결과가 없었으며 위안부 문제에 대하여도 립서비스만 하였을 뿐이라는 것이었다. 그렇게 볼 수도 있지만 전술한 대로 문제의 성질상 당장 끝이 날 일이 아니었기에 그래도 시한부 방안을 마련하자는 합의를 이끌어 내고 위안부 문제에 일본 정부가 관여했음을 인정하고 사과하도록 한 일은 당초 예상과 다른 진전이라고 해야 할 것이다.

뿐만 아니라 미야자와 수상은 일본 수상으로는 처음으로 국회 연설을 하였으며 '아시아와 세계 속의 한일관계'라는 제목의 연설에서 남북대화를 통한 한반도의 평화적 통일을 지지하였다. 우리 정부의 북방정책을 이솝우화를 인용하여 '햇볕' 정책에 비유하여 지지하였으며, 위안부 문제에 대해 반성과 사죄의 뜻을 거듭 표명하였다. 일본 수상으로는 처음으로 경주를 방문하여 한국 문화에 관심을 표명함으로써 한일관계를 문화적 측면으로 확대 강화시킨다는 의욕을 표명하기도 하였다.

사실 한일 양국은 가장 가까운 이웃 나라이기 때문에 상호 친밀한 우호관계를 유지하여야 한다는 필요성이 아무리 강조하여도 지나치지 않을 정도로 절실한 것이다. 그러나 너무나 가깝기 때문에 역사적으로 오랜 교류와 접촉을 해왔으며 그에 따라 불가피하게 애증, 호불호의 감정과 기억이 저 깊은 무의식에까지 켜켜이 축적될 수밖에 없는 것이다. 잘 나가다가도 여기저기서 뜻밖의 장애요인이 불쑥불쑥 튀어나오기 마련이란 생각이 든다. 아무리 어려운 일이 생긴다 하더라도 양국 정부는 가장 가까운 이웃이요, 자유민주라는 가치를 공유하는 입장에서는 우호관계를 돈독하게 유지해야 한다는 원칙을 버려서는 안 되며 그런 뜻에서 수시로 만나고 대화하여 서로를 존중하는 가운데 합당한 해결책을 마련하고 실천해야 한다는 생각이다.

당시 청와대 비서실의 분위기는 2차 대전 이후 오랜 앙숙이던 독일과 프랑스가 지도자들의 잦은 접촉과 소통으로 유럽공동체를 탄생·발전시킨 사례를 모델로 한일 간에도 당일치기 왕래까지 가능한 접근성을 충분히 활용하는 방안이 좋겠다는 것이었다. 노 대통령의 방일, 가이후·미야자와 수상의 방한이란 잇따른 우호증진 노력을 바탕으로 스스럼없는, 비공식적 회동을 포함하여 지도자 간의 잦은 교류가 필요하다는 공감대가 형성되고 있었다. 이번 정상회담에서도 그와 같은 의견이 교환되었고 드디어 노 대통령의 11월 8일 일본 교토 방문(당일 왕복)이 이루어졌다.

국가 간의 잦은 왕래는 각계각층, 특히 청소년 간의 교류 증대로 발전되어야 하며 이는 그야말로 친한 친구 사이가 된다는 것을 말한다. 그것이 서로의 이익 증진으로 연결되리라는 사실은 말할 나위도 없거니와 '친한 이웃'이란 말도 얼마나 흐뭇한 말인가. 그러나 현실은 그렇지 않았다. 11월 8일 일본 교토 방문이 성사되기까지만 하여도 꽤 많은 장애를 돌파해야만 했다.

경제 다잡기로 시작된 연두 업무계획보고 그리고 지방순시

연두 기자회견이 끝나면 바로 시작되는 것이 정부 각 부처의 업무계획 보고이다. 올해도 작년에 이어 합동보고 형식의 여러 부처의 연두 업무 계획 보고가 기획되고 시행되었다. 여러 곳의 부처가 관련되는 정책 보고는 보고의 효율성이나 시행 면에서 합동보고 형식이 훨씬 낫다고 판단되었기 때문이다. 합동보고의 주제가 5개로 작년과 같은 숫자였으나 내용에는 약간의 변화가 있었다. 개관하자면 경제 분야 합동보고(1월 14일 경제기획원, 재무, 상공, 과학기술처, 노동, 동자, 체신, 내무 등), 민주사회 질서 확립(1월 15일 내무, 법무, 보사, 총무, 교통), 통일기반 조성(1월 20일 통일원, 외무, 국방), 국민 복지 증진 및 생활환경(1월 22일 경제기획원, 농수산, 건설, 교통, 환경, 보사, 보훈처), 그리고 교육개혁·문화창달·여성참여(1월 27일 교육, 문화, 체육, 정무2)가 합동보고로 진행되었다. 단독보고 부처로 외무(1월 20일), 국방(1월 28일), 안기부(1월 30일) 등이 1월까지 중앙부처 연두보고를 하였다.

이와 같은 연두 업무보고를 받기에 앞서 정치일정 결정에 관한 의견 조정과 부시 대통령 방한 준비라는 중요한 난제들을 수행하는 가운데 1월 4일 오전 10시 대통령께서는 경제장관 12명(경제기획원, 재무, 농수산, 상공, 동자, 건설, 보사, 노동, 교통, 체신, 과기, 환경 등)을 청와대로 소집하여 시무식 및 신년하례에 이은 첫 국무수행으로 경제장관회의를 주재하였다. 새해 국정수행에서 첫 번째 우선순위로 경제를 지목하여 최선을 다하겠다는 강력한 의지를 천명한 것이다. 특히 대통령께서 경제우선 정책을 수행하면서 선거의 영향을 받아서는 안 된다는 점을 거듭 강조하였으며 레임덕은 걱정하지 말라는 당부도 빠뜨리지 않았다. 정치에 초월하면 레임덕도 문제될 것이 없는 것이므로 경제장관들은 정치에 좌고우면左顧右眄하지 말고 오로지 나라를 위하여 운명공동체로 일한다는 자세를 가지자고 말씀하셨다.

경제의 중요한 요소가 되는 '사람'과 관련해서는 임금안정에, '돈'은 흐름의 건전화에, '토지'는 투기 억제에 중점을 두어야 하며 법규 적용에는 엄정과 형평을 구현하고 경제 행정에는 타이밍이 중요함을 유념하여 소신 행정을 여행勵行하라고 격려하였다. 선거 때문에 자칫 해이해지기 쉬운 일하는 분위기를 다잡는 캠페인도 적절히 펴나가자는 당부의 말씀도 하셨다. 경제가료들이 한눈팔지 않도록 연초 시무와 더불어 채찍질을 아끼지 않았으며 이때 한두 명의 경제 관련 장관에게 구체적인 경고까지 하였다.

뿐만 아니라 5개 분야 합동보고로 시행된 연두 업무계획의 첫 과제도 '경제'였다. 경제안정과 경쟁력강화 대책이 그것이었다. 1월 14일 오전 10시부터 시작된 보고회의에서 경제기획원은 물가안정(소비자 9%, 도매 4%)과 임금안정 그리고 수출증대와 국제수지 개선을, 상공부는 70억 달러대의 적자로 무역수지 개선의 전환점을 이룩하고 제조업 경쟁력강화와 일하는 풍토 조성을 각각 추진할 계획이라고 보고하였다.

과학기술처는 14개 핵심선도기술 개발, 과학기술투자 확대, 우수과학기술인력 양성 등으로 과학기술 G7이 되도록 노력하겠다는 결의를 다짐하였다. 노동부는 인력수급 원활화와 노사관계 안정을, 동력자원부는 에너지 10% 절약 달성을, 체신부는 정보통신산업 활성화 대책을 각각 보고하였다. 재무부는 경제 안정기조를 유지하기 위하여 통화량 18.5%, 금리 하향 안정화와 함께 자금 흐름의 방향을 개선하여 당면 경제정책 과제인 제조업 경쟁력강화, 수출 및 중소기업 지원 등에 중점을 두겠다고 강조하였다.

노 대통령은 열흘 전에 열린 특별 경제장관회의 때도 말씀하셨지만, 선거의 해를 맞아 정부의 경제운영이나 각 경제주체들의 경제활동이 정치나 당의 영향을 받아 경제본연의 논리나 원칙이 왜곡되는 일이 없도록 거듭 강조하셨으며 정부부처 간의 협조체제를 강화하여 공동책임이란 의식을 갖고 경제 행정을 집행하라고 당부하셨다.

각 경제부처의 보고 내용을 그대로 실천하도록 말씀하시면서 경제부총리의 부처 조정과 정책결정에 실기失機하는 일이 없도록 할 것, 그리고 경제부처는 아니지만 이날 보고회의에 참석한 내무부 장관에게 지방자치단체장이 지역경제 · 물가 등 경제운영에 관심을 두고 대처할 것과 선거 관련 전시행정을 지양하도록 지시하면서 시도별 · 월별 평가도 하라고 지시하였다. 특히 재무, 상공, 노동, 동자부 등에 연두계획 집행상황을 보고할 것과 매월 경제동향 보고회의를 갖겠다는 지침을 시달함과 아울러 경제가 호전되도록 최선을 다하자고 말씀하였다.

사실 대통령께서 강조하신 것은 국민들에게는 당장 인기가 없는 긴축 · 안정 · 일하는 풍토 등 경제의 체력을 기르는 데 노력하자는 것이었다. 백년대계라고까지 말하지 않더라도 당장 한두 해를 생각하지 않는 정책, 경제논리에 충실한 경제운용이 거듭 강조되고 있었다.

다음으로 1월 15일에는 '민주사회 질서 확립 대책보고회의'가 개최되어 총리행정조정실장, 내무 · 법무부, 총무 · 공보처의 소관별 보고가 있었으며 배석한 보사부 장관에게는 퇴폐 · 유흥업소 단속 문제, 교통부 장관에겐 교통사고 사망자 연 1만 명 이하로 줄이기 운동에 대한 질문 · 지시가 있었다. 대통령께서는 민주적 기율과 법질서 확립, 돈 안 드는 깨끗한 선거, 새질서 · 새생활운동, 공직기강 확립 등을 강조하면서 백 리를 가는 데는 구십 리를 반으로 삼아야 한다行百里者 半於九十는 교훈을 살려 취임했던 당시의 심정으로 국정을 수행하자고 강조하였다.

일본 수상 방한 등으로 세 번째 연두보고는 1월 20일에야 '통일기반 조성계획 보고'가 통일원, 외무 · 국방부 합동보고로 행해졌다. 작년 12월에 이룩한 〈화해와 불가침 및 교류협력에 관한 남북기본합의서〉 체결과 남북 비핵화 공동선언 채택을 구체화하는 방안을 중심으로 3개 부처의 소관별 보고가 진행되었다. 통일원은 휴전체제의 평화체제로의 전환을 통한 화해, 군사적 신뢰 구축과 군축을 통한 불가침 보장, 사람·물자·정보의 자유교류를 통한 교류협력 달성 등 3대 기본원칙을 실현함으로써 통일기반 조성을 다져가겠다고 보고하였다. 외무부는 통일외교의 3대 원칙으로 남북 당사자 간 직접 해결, 안보의 보장 그리고 민족 전체의 공동이익 신장을 기조로 한 통일기반 조성에 기여하겠다고 하였으며, 국방부는 군사협의에서 신뢰와 군축을 목표로 하되 감시·검증체제의 확립과 주한미군과의 긴밀한 협조에 중점을 두겠다고 보고하였다.

대통령께서는 1988년 4월 21일 취임 후 첫 기자회견 때부터 남북 간의 협력과 북방외교 추진을 천명한 이래 많은 노력의 결실로 〈남북기본합의서〉 채택 등이 이루어진 것을 회고하면서 그동안 남북관계 추진 공로자에 포상계획을 세워야 할 것이라고 말씀하셨다. 이어 이제는 남북 간의 합의사항에 대하여 구체적 실천계획, 즉 거시적이 아닌 미시적으로, 또한 망원경으로 방향을 잡아가던 방식에서 현미경으로 하나하나 짚어 나가는 노력이 절실하다고 강조하였다. 통일원은 이에 필요한 기구의 강화·우수인력 차출을 통한 내실화, 통일기금 확대 방안 수립, 대국민 홍보에 매진할 것, 외무부는 특히 미국·일본과의 조정에 중점을 둘 것, 그리고 국방부는 방위태세를 확고히 보장하는 가운데 진취적 자세를 가지고 군비 통제, 비핵화 등에 관련된 태세를 조정해 나가는 것, 즉 안보태세를 강화하면서 통일의 길을 걸어가야 할 것이라고 강조하고 특히 3개 부처가 긴밀히 협조하라고 지시하였다.

이날 15시 30분부터 16시 10분까지 외무부의 단독 업무보고가 계속되었는데 공고한 안보체제, 통일의 대외여건 조성 그리고 경제외교 강화와 국제협력 확대 등을 구체화하여 장관의 보고가 있었다. 대통령께서는 그동안의 노고와 성과를 치하하는 격려의 말씀과 함께 금년에 중국과의 수교로 북방정책의 대미를 장식할 것과 아울러 미국과의 긴밀한 협조, 경제외교에 주력할 것, 외무부의 조직개편, 인력확충 및 독립청사 마련 등에도 진전이 있도록 하라고 격려하였다.

네 번째, 1월 22일 오전에는 국민복지 증진과 생활환경 대책에 관한 경제기획원, 농수산, 건설, 교통, 환경, 보사, 보훈처 등 7개 원・부처 장관의 합동보고가 진행되었다. 이 자리에서 경제기획원 장관은 거시적 지표보고를 통하여 1987년 대비 현재 의료보장률은 61.7%에서 100%로, 주택보급률 69.2%에서 74.2%로, 상수도보급률은 71.1%에서 80.0%로, 경지정리율은 69.2%에서 84.8%로 각각 개선되었다고 보고하였다. 농수산부는 농어촌 발전 대책을, 건설부는 안정적인 주택공급과 부동산 투기 억제책을, 교통부는 교통 개선대책을, 환경처는 환경 개선대책을, 보사부는 국민건강과 사회복지 향상 대책을 그리고 보훈처는 보훈대상자 예우 대책을 각각 보고하였다.

대통령께서는 사회의 활력을 늘리는 복지, 경제와 복지가 상승효과를 갖도록 노력함으로써 '복지 과다-재정 파탄-사회 노화'라는 선진국병에 걸리지 않도록 하여야 한다고 강조하면서 경제기획원에는 이미 4배가량 증가한 복지예산의 적정 규모 검토와 수도권 집중 억제책을, 농수산부는 전년도에 의욕적으로 성안・집행 중인 농어촌구조 개선대책의 홍보를 강화하여 농어민의 신뢰를 확보하고 적극적인 참여를 유도할 것, 농수산물 유통구조 관련 협회・사업자 등의 수급 관련 악용사례 시정과 지역농업의 특성화 및 다양화를, 건설부에는 부동산가격 안정과 신도시 교통・교육 등 생활여건 개선과 신도시 자족 기능 확보 등을, 교통부에는 의식주에 더하여 행行이 기본 욕구가 되고 있는 현실을 직시하여 경부고속전철이나 신국제공항 등 사회간접자본 확충과 철도 보수와 효율성 제고를 위한 소프트웨어 개발을, 보사부에는 복지에 민간 참여책 강구와 의료서비스 개선 그리고 탁아시설 확충을, 환경처에는 환경개선은 정부 노력만으로는 부족하므로 국민 모두가 나서도록 해야 하며 특히 쓰레기 문제는 분리수거 등 캠페인을 강화할 것을, 보훈처에는 그동안 국가유공자 지원예산이 1987년 1천억 원에서 1991년 5천억 원으로 5배 증가한 사실을 강조하면서 물질적 '보상지원'에 더하여 '명예선양' 확대로 예우 방법 다양화를 검토하도록 지시하였다.

마지막 다섯 번째는 교육개혁, 문화창달 및 여성참여 확대 대책 합동보고가 1월 27일에 열렸다. 그사이 대학입시 시험문제지 도난사건이 발생하여 교육부 장관이 경질되는 일이 일어났다. 1월 22일로 예정된 후기대학 입시를 앞둔 1월 21일 경기도 부천시 서울신학대에 보관 중이던 시험문제지가 도난당하는 사고가 발생한 것이다. 교육부는 입시일을 2월 10일로 연기하는 등 사태 수습에 나서는 한편 윤형섭 장관은 총리에게 책임을 지고 사퇴하겠다는 의사표시를 하였다. 이날 11시 30분경 행정수석을 통해 보고를 받게 되었으며 대통령께도 보고되었다.

이날 나는 예정대로 이춘구 의원과 오찬을 함께 하면서 공천 등 당면 정치문제에 관한 의견을 듣는 시간을 가진 뒤 15시 20분 대통령께 다른 몇 가지 보고와 함께 시험지 도난 관련 인책 문제를 보고 및 의논 드렸으며, 총리 등 몇 분의 의견을 들어 보겠다고 말씀드린 후 물러났다. 1차로 의견수렴을 마치고 15시 30분 다시 대통령께 보고드려 사안의 민감성과 중대성에 비추어 인책경질이 불가피하다는 쪽으로 방향을 정하였으며, 이튿날 15시경 후임으로 조완규 서울대 총장을 기용하는 것으로 결심을 받아 일단락 짓게 되었다.[18] 조완규 장관은 당시 내 통보에 서울대 총장 임기를 채우기를 바란다며 사양의 뜻을 피력하였으나 내 간곡한 설득에 수락하였던 것으로 기억된다. 임명장 수여식은 이튿날(23일)

18 윤형섭 장관은 재임 1년을 조금 넘긴 시점에서 불의의 사고로 인책 사임하게 되어 퍽 아쉽게 생각하였다. 그동안 적극적이고 열성적으로 복잡하기 그지없는 교육행정의 제반 문제점을 해결하는 데 많은 공헌을 한다고 평가되어 왔기 때문이다.

오전 10시에 거행되었으며 이 자리에서 대통령께서는 대학 자율화를 강조하신 것으로 기록되어 있다.

합동보고에서 교육부는 1985년부터 시행하던 도서·벽지 중학 의무교육에 더하여 1992년부터는 3개년계획으로 군 지역 중학생 의무교육도 시행하게 되었으며, 일반계고교 대 실업계고교 비율도 1990년도 68 대 31에서 1995년 50 대 50이 되도록 진행 중이라고 밝혔다. 4년제대학 이공계 대 인문계 비율도 1987년 48.5 대 51.5에서 1991년 52.5 대 47.5로 역전되었고 1995년까지는 55 대 45가 되어 교육 정상화에 한 걸음 다가서리라 전망한 뒤 교육 발전기반 내실화, 21세기 대비 교육개혁 그리고 통일 대비 교육계획을 추진하겠다고 보고하였다.

문화부는 민족문화 정체성 확립과 문화예술 창달과 사회적 기능 증대, 국민문화행복 기반 조성과 통일문화에 대하여, 체육청소년부는 바르셀로나올림픽에서 금메달 12개를 목표로 준비 중이라 보고하며 청소년 건전육성예산이 1991년 121억 원에서 1992년 425억 원으로 대폭 증액됨에 따라 동네청소년 휴게실, 이야기방, 쉼터 등을 확충하겠다고, 여성 문제를 관장하는 정무2 장관은 경제 활력 회복을 위하여 3덜(사기, 쓰기, 하기) 운동으로 근검절약을 이룩하며 새질서·새생활운동에 동참하여 사회 안정에 기여하고 여성권익 향상책도 펴겠다고 각각 보고하였다.

대통령께서도 각 부처보고를 받으신 뒤 금년도 정부의 정책 중점목표가 경제·선거·통일에 있음을 상기하면서 각 부처는 이 정책목표 달성에 도움이 되는 방향으로 소관정책을 수행하라고 지시하신 뒤 각 부처 계획수행을 승인·격려하는 말씀을 하셨다.

5개 분야 합동보고 이외에 전술한 외무부 단독보고와 더불어 1월 28일 국방부, 1월 30일 국가안전기획부 보고가 각 부 방문보고 형식으로 진행됨으로써 중앙부처 연두보고는 일단락되었다.

지방기관 순시는 2월 11일 경기도를 시작으로 2월 13일 강원, 18일 광주·전남, 19일 전북, 21일 인천, 24일 서울, 26일 대전·EXPO, 27일 충남, 28일 경남, 29일 부산, 3월 4일 충북, 6일 대구, 7일 경북으로 일단 마무리하였으며, 제주는 총선거 뒤인 4월 17일에야 이루어졌다.[19]

3월 24일이 총선일로 결정됨에 따라 선거일이 임박하여 지방순시를 하는 것은 아무래도 선거에 중립을 지켜야 한다는 원칙에 위배된다는 의심을 받을 수도 있기 때문에 서둘러 지방순시 계획을 집행하지 않을 수 없었다. 마지막으로 (제주 제외) 3월 7일 경상북도를 순시하던 날은 도요일이었으며 이날 총선일자를 공고하게 되었다.[20]

이번 지방순시에서는 각 시장・도지사의 보고를 받으신 뒤 대통령께서 공통사항으로 경제 활력 증진, 공명선거, 새질서・새생활운동에 관하여 지시하셨으며, 그 밖에 각 시도의 실정에 따라 추진할 사항에 대하여 관심을 표시하는 지시와 격려의 말씀으로 진행이 되었다. 임기 마지막 해이므로 공약사항 진행 상황도 빠짐없이 확인하였다.

민자당 국회의원 후보 공천

연두 기자회견에서 정치일정이 공포되면서 공천작업이 기다리고 있었다. 공천은 당에서 관장하는 문제이지만 대통령께서 당총재로서 최종 결심을 해야 할 일이어서 정무수석실이 미리부터 준비작업을 해왔다. 전술한 1월 13일 본관수석회의에서 정무수석은 공천 준비에 들어간다

19 나는 이때의 지방순시 중 2월 28~29일 부산・경남, 3월 4일 충북에는 동행하지 않았다. 전국구 후보 결정 등 중요한 문제를 처리하기 위하여 서울에 머물렀다.

20 3월 7일 오전 경북 순시를 마친 노 대통령은 3월 9일 해군사관학교 제 46기 졸업식에 참석하기 위하여 진해로 향발하였다가 같은 날 17시 청와대로 돌아왔으며 나는 주말이라 대구에서 1박 후 14시 귀경하였다. 그리고 그동안 수차례 협의를 한 끝에 후술하는 바와 같이 3월 24일을 선거일로 결정하였기에 선거법상 정한 입후보 등록, 선거운동 등 필요한 기간을 감안 3월 7일 선거일자를 공고하게 되었다.

고 보고한 바 있다. 국회의원이 되고자 하는 사람은 당 안팎은 물론 청와대·정부에 두루 포진하고 있으면서 촉각을 곤두세우고 있었다. 뿐만 아니라 공천내용에 따라 선거 결과가 거의 결정된다고 할 수 있을 정도로 중요한 일이었다. 사심 없이 객관적으로 기준에 따른 선발작업이 이루어져야 할 것이지만, 3당 통합 후의 첫 총선인지라 인물 과잉이란 현상까지 보태어져 대통령 보좌의 책임자로서 그야말로 밤잠을 이루지 못하는 나날을 보낼 수밖에 없었다. 당사자들에게는 건곤일척의 순간이라고 해야 할까.

당에서는 1월 13일 공천 기본일정을 확정했으며 이에 따라 1월 17일에 1월 18일부터 21일까지 공천신청을 받는다고 공고하였다. 활시위가 당겨진 것이다. 1월 21일 17시 마감된 공천신청자는 237개 지역구에 총 718명으로 평균 3 대 1의 경쟁률을 보였다. 현 지구당위원장 중 5명이 신청을 포기하였으며 최고령자는 광주북을 지역구 안학선 79세, 최연소자는 경기 하남·광주 지역구 홍병기 28세였다. 그리고 13명의 여성 신청자가 있었다.

당에서는 사무총장을 위원장으로 하는 공천심사위원회를 구성하는 등 절차를 밟기 시작하였다. 오래전부터 당 사무당국에서 수집·조사·평가해 온 공천 관련 자료에다 718명 공천 신청자가 신청한 자료 등을 기초로 공천원칙을 정하고 지역구 공천 신청자들을 개별 심사하여 공천자를 결정한 뒤 공천심사위원회의, 당무회의 등의 의결을 거쳐 당총재의 재가를 받게 되는 것이었다.

그러나 최종결정권자는 당총재인 대통령이므로 대통령의 결정이 온당하게 내려질 수 있도록 보좌의 책임이 있는 비서실에서도 큰 몫의 노력을 기울이지 않을 수 없었다. 최종보고에 앞서 당과의 끊임없는 대화와 조정을 거치는 것이었다. 그 경과를 기록과 기억을 더듬어 정리해 두고자 한다.

본격적인 공천심사에 들어가기 전인 1월 15일 김영삼 대표가 연두 기자회견을 하게 되었다. 김 대표는 우선 향후 정치일정 추진과 관련하여 대통령과의 사이에 대통령은 경제와 남북문제에 전념하며 14대 총선 등 정치문제는 당대표가 책임지기로 역할을 분담하였으며, 선거는 대표가 당의 얼굴로 책임지고 해나가겠으며 자신 있다는 등, 도에 넘치는 발언을 함으로써 문제를 일으킨 것이다. 이날 오전에는 사회질서 확립에 관한 업무보고가 있었다. 잇달아 현대자동차 노사분규 등 당면한 몇 가지 문세에 대한 회의를 몇 차례 주재했으며, 공천을 앞두고 늘어난 방문객 접견 등으로 정신없이 지나다가 뒤늦게 퇴근하였다. 저녁 식사를 마치고 잠자리에 들려고 할 즈음 23시경 대통령께서 전화를 주셨다. 김 대표 기자회견 내용에 관한 질책이었다. 즉시 정무수석과 안기부장에게 전화한 뒤 잠자리에 들 수 있었다. 눈앞에 다가오는 공천과정에 신발 끈을 조여 매라는 경고음이었다.

이튿날인 16일 아침수석회의를 마치자마자 9시 50분 대통령께 경과를 보고드렸다. 대통령께서는 연두 기자회견 등 여러 기회에 당의 위계질서를 강조하였는데 김 대표의 회견 내용은 이를 정면으로 어기는 언동이며 분파작용의 원인이 될 수 있는, 용납할 수 없는 일이므로 즉각 시정하도록 하고 향후 대책을 수립 시행하라는 말씀이었다. 물러나 곧장 정무수석과 안기부장에게 지시하는 말씀을 전하고 정무수석을 파견하여 필요한 조치와 다짐을 받았던 것으로 기억된다. 조치 결과를 보고한 뒤 12시에는 외교안보・경제・공보수석 등과 함께 대통령을 모시고 오후로 예정된 일본 미야자와 수상과의 회담을 화제로 오찬행사를 가졌다. 저녁에 미야자와 수상과의 만찬행사가 끝난 뒤 20시 40분부터 이튿날 0시 40분까지 4시간이라는 긴 시간 동안 궁정동에서 당 사무총장, 안기부장 및 정무수석과 함께 간담회를 가졌다.

이 간담회에서 무슨 이야기를 주고받았는지는 기억에 남아 있는 것도 없거니와 내가 갖고 있는 다이어리 등에도 아무런 기록이 없다. 다만 전

후 사정으로 보아 김 대표의 기자회견으로 나타난 정국 운영 문제를 비롯해 당면한 공천 문제에 대하여 공천 심사기준이 될 도덕성, 참신성, 당선 가능성으로부터 구체적으로 공천과정에서 고민하여야 할 인사들을 거명하는 등으로 예비 의견교환이 있었으리라 짐작된다. 이 모임을 계기로 당의 공천심사와 병행하여 당청 간의 의견조정은 나와 당 사무총장, 안기부장, 정무수석 등 4인의 회의체에서 그 임무를 담당하기로 하였으며, 궁정동이 모임의 장소로 이용되었는데 그것은 보안유지의 필요성 때문이었다.

1월 16일 회의에 관해서는 이튿날 아침 한일 확대정상회담을 앞두고 몇 마디 구두로 보고를 한 뒤 1월 18일 토요일 오전 11시 30분 서재에서 자세히 보고드려 대통령의 의중을 파악하였으며 정무수석실에서 마련한 공천 관계자료를 제출하였다.

두 번째 4인 회의는 일요일인 1월 19일 정오부터 17시 30분까지 같은 장소에서 진행되었다. 회의에 앞서 대통령께서 전화로 몇 가지 지시를 하셨다. 정주영 회장의 정치활동 관련 현대그룹의 동향, 박철언 장관 문제, 김대중 대표 동향 등에 관한 상황 파악[21]과 대책에 관한 것이었다. 모두 당시 정국의 중요한 관심사로 계속 관찰하면서 적절한 대책을

21 당시 정주영 회장이 정당을 창설하고 본격적으로 정치활동을 함에 따라 현대그룹이 동원될 수밖에 없는 일이 생겼으며 정부로서는 이와 관련하여 법규를 위반하는 일이 없는지 관심을 가질 수밖에 없었기에 여러 차례 관계자들이 모여 대책을 논의하였다. 박철언 장관은 스스로 대권에 도전하겠다는 생각을 버리지 않고 있어 이에 대하여 시기상조라는 확신을 갖고 계시던 대통령과 의견이 달랐으며 대통령의 뜻을 받아들이도록 하기 위한 여러 가지 노력이 계속되었다. 이 문제들에 대하여서는 뒤에 설명할 기회가 있으리라 생각한다. 김대중 대표는 그의 예측과 달리 당시 정부의 정치일정이 당의 내분에 이르지 않은 채 정리되고 지방자치단체장 선거 연기, 내각제 개헌 포기 등 방침이 천명됨에 따라 한편 당황하기도 하고 한편으로는 재야 합동으로 정권타도 운동을 할 것인가를 고민한다는 이야기까지 있어 그에 대한 대응이 필요하다는 대통령의 말씀이었다.

강구해야 할 일이었다. 이 문제들을 포함 공천심사에 대하여 많은 논의를 거듭한 회의였다. 이 회의에서 검토된 사항은 이튿날 아침 통일기반 조성을 위한 연두 업무 합동보고에 앞서 약 10분간 보고하였으며 좀 더 자세한 내용은 정무수석이 정리하여 공천 관계 중간보고로 나와 함께 16시 30분부터 1시간 10분에 걸쳐 보고되었다.

다음 당청회의는 당에서 공천 신청, 접수 마감 등의 작업이 진행된 뒤인 1월 24일 18시 50분~23시 30분 궁정동에서 이루어졌다. 이 회의에서의 심사 조정 결과는 이튿날인 1월 25일 토요일 15시 20분부터 20시까지 관저에서 정무수석과 함께 대통령께 보고드렸으며 대통령께서 결심하셔야 할 사항이 점차 축약되고 있었다. 이날 보고는 만찬으로 이어졌으며 당면한 여러 가지가 화제로 올라왔는데, 특히 당시 비서실 일부 직원이 공천심사로 들떠 있다는 일부 보도 등과 관련하여 비서실을 안정시키라는 말씀이 있었다.

이튿날 일요일에도 작업은 계속되었다. 대통령께서 아침 일찍 전화로 몇 가지 어젯밤 보고를 두고 하문하셔서 답변을 드린 뒤 10시부터 13시까지 궁정동에서 모임을 갖고 정리 작업을 하였다. 이후 관저로 가 보고드려 몇 군데를 확정 지었다.

1월 27일 8시 30분부터는 당의 공천 심사위원들을 청와대 인왕실로 초치하여 대통령께서 격려하는 조찬을 가졌다. 16시부터 1시간여 공천심사 상황을 보고하였다. 거의 매일 공천 관계보고를 해야 하는 상황이 계속되었다. 마지막이라 할 당청 조정회의는 1월 29일 18시 40분부터 이튿날 새벽 1시까지 궁정동에서 행해졌다. 이 회의는 당에서 김영삼 대표가 사무총장과 함께 참석하였다. 모두 다섯 사람이 참석한 이날 회의는 장장 6시간을 넘기며 활발한 토론이 이루어졌다. 고성이 오가는 논쟁도 없지 않았다. 정치판은 참으로 험악하다는 말이 걸맞을 정도로 간단치 않은 곳이라는 사실을 실감할 수 있었다. 아무튼 이런 과정을 거치면서 작업은 종착역을 향하고 있었다.

이튿날 1월 30일은 전술한 바와 같이 안기부에 출장하여 연두 업무 보고를 받았으며 16시 50분부터 18시 45분까지 나와 정무수석이 공천심사 결과를 대통령께 보고하기에 이르렀다. 1월 31일에는 당대표가 사무총장을 대동하고 청와대 서재에서 10시 30분부터 12시 10분까지 공천심사 보고를 하였으며 약간의 논란이 없지 않았으나 결론을 내었다. 연이어 12시 10분부터 13시 20분까지 대기하던 최고위원 두 분을 포함하여 세 분의 최고위원과 사무총장 등과 오찬을 함께 함으로써 일단락되었다.[22] 이튿날인 2월 1일 당무회의의 결과 총재 재가라는 절차를 밟아 237개 지역구 공천 결과를 발표하였으며 2월 7일 10시 대통령께서 당사로 가셔서 11시까지 약 1시간에 걸쳐 공천장을 직접 수여하고 사진촬영을 하는 등 공천작업을 마무리하였다.

공천 심사과정에서 당의 의견과 청와대의 생각이 다른 경우가 많았으며 당내에서도 3당이 통합되었다는 사실에 비추어 계파 간에 의견이 일치될 수 없음은 또한 당연한 이치가 아니겠는가. 다른 의견을 큰 불만 없이 조정해 내는 것은 참으로 어려운 과제임을 실감하지 않을 수 없었다. 사무총장은 궁정동 회의에서 의견조정 결과를 당으로 가지고 가 그 과정은 자세히 알 수 없지만 당 측 최고위원들이나 심사위원들과 의견을 조정하는 역할을 수행하였다.

김윤환 사무총장은 대통령께서 몇 번 귀띔했다시피 그의 탁월한 유연성을 십분 발휘하여 무난하게 소임을 완수하였다고 기억된다.[23] 또 대

22 나와 정무수석이 보고 및 오찬에 배석하였으며 당대표 보고에 앞서 9시 50분부터 대통령께 마지막 문제 지구에 대하여 미리 보고드렸다.

23 김윤환 사무총장은 중·고교 분리 전 6년제 경북중학교에서 노 대통령과 동기생으로 수학하였으며 내 5년 선배다. 내가 법무부 차관으로 재직 당시 김 총장이 문공부 차관으로 일하면서 알게 되었으며, 그 뒤로 법무부 장관으로 재직할 때 전두환 대통령의 마지막 비서실장으로 봉직하면서 나에게 도움을 주기도 하였다. 6공 출범 후 민정당 원내총무로 있으면서

통령께는 나와 정무수석이 수시로 필요한 보고를 드려 결심하는 데 보좌역할을 수행하였다.

이 글을 쓰게 되면서 당시 신문기사를 찾아보았다. 그 기사를 보면서 기억을 되살려 보고자 노력한 바에 따르면, 지역구 공천 결과가 발표되었을 때 당이 공천의 기준으로 삼고자 천명하였던 도덕성·참신성·당선 가능성을 충실히 반영하지 않았다는 신문의 비판은 수긍할 수밖에 없었다. 3당 통합 후 첫 공천이라는 현실적인 제약 때문에 물갈이로 이루어야 할 참신성과 거리가 있었으며 3파간의 힘겨루기도 없지 않아 이를 조정하는 과정에서 당선 가능성에 대하여 냉철함을 잃은 결정도 적지 않았다는 것이다. 그러나 3당 합당이란 구조적 제약에 비하여 계파간에 공천 결과에 대한 큰 불만이 없었다는 점을[24] 그나마 위안으로 삼을 수 있었다는 기억이다.

청와대 수석들 가운데는 총무수석 임재길과 사정수석 김영일이 본인들의 희망에 따라 각자의 고향에서 공천받아 입후보하게 되었다. 이들은 2월 1일 토요일 수석회의를 마지막으로 청와대를 떠났으며 이들 후임으로는 총무수석에 김재열, 사정수석에 김유후가 임명되어 임기 말까지 재직하게 된다. 총무수석은 노 대통령과 동년배로서 6·25전쟁 때 학도병으로 입대한 것이 계기가 되어 육군준장까지 진급하였으며, 그

여소야대 국회 구성 관련 당정협의를 할 때 법무부 장관이던 나와 다시 만났으며 이제 6공 말기 당 사무총장과 비서실장으로 또 공동 목표를 수행하며 만났다. 더구나 나는 그의 형인 김규환 선배와 방송위원으로 함께 일한 일도 있어 보통 인연이 아니라고 생각하였다. 동기생들에 비하여 일찍 타계하여 매우 아쉽게 생각하며 장례식장에서 영결의 인사를 나눈 것이 아직도 기억에 선하다.

24 당시 공천자는 민정계 159명, 민주계 51명, 공화계 27명이었으나 민주계, 공화계를 포함하여 계파별로 큰 불만이 노출되지는 않았다. 그러나 그 뒤 공천에 탈락된 인사들이 탈당하여 무소속으로 당선한 경우가 상당수 있었으며 결국은 합당 당시 3분의 2가 넘던 221석의 의석이 14대 선거 결과 과반에 1석 모자란 149석으로 의석이 줄었다.

과정에서 합참행정처장과 국방부 총무과장 등을 역임하고 전역해 군 골프장인 남성대 사장으로 근무하던 중 대통령께서 직접 낙점하여 기용하였다. 사정수석은 당시 광주고검 검사장으로 재직 중이던 나의 검찰 후배로서 내가 법무부 장관으로 재직하던 중 검찰국장으로 기용했던 인연이 있어 대통령께 천거하여 김영일 수석의 공천이 내정된 단계인 1월 27일 오후 대통령의 내락을 받고 곧장 본인에게 통보하여 동의를 받았다. 뒤늦게 1월 31일 경쟁자가 나타나는 바람에 그날 오후 대통령의 하문을 받고 상황설명을 드린 끝에 어렵게 임명되었던 것이다.

또한 공천과 관련하여 전년도 후반부부터 전북지역 대책이 논의되었음을 기록해 두고자 한다. 당시 총무처 장관 이연택을 중심으로 전북 출신 여권 고위인사들이 모여 여당 불모지인 전북지역에 고위공직자 출신 몇 명을 전략 공천하여 선거를 치른다면 일부라도 승산이 있을 것이라 기대하면서 나름대로 방안을 마련하겠다고 청와대의 의향을 타진해 온 일이 있었다. 정무수석 등이 검토한 결과 한번 시도해 보자는 이야기가 되었으며 당시 현직에서 그만두고 입후보하는 장·차관 등을 다음 인사에 배려가 있었으면 한다는 희망사항도 피력한 일이 있었다. 그 결과로 전주·완산 이연택 총무처 장관, 군산 강현욱 경제기획원 차관, 무주·진안·장수 황인성 전 교통부 장관, 부안 고명승 전 보안사령관 등을 공천했다. 뒤에 설명하겠지만 황인성 전 장관만 당선되어 기대만큼은 되지 않았지만 남원 양창식 전 의원과 함께 전북 14석 중 2석을 당선시키는 성과가 있었다.[25]

지역구 공천이 끝난 뒤로는 곧 전국구 공천에 눈을 돌리지 않을 수 없

25 전북지역에서 이와 같은 노력을 한 것을 감안하여 다음 개각 때 이연택은 노동부 장관, 강현욱은 농수산부 장관으로 입각되었다. 특히 강 차관은 현직에 그대로 있어도 장차 장관이 될 수 있는 재목으로 인정되어 왔던 터에 입후보 권고를 흔쾌히 받아들였었다.

었다. 지역구 공천 탈락자에 대한 대책을 세우는 과정에서도 전국구 공천 검토가 가장 으뜸가는 대책이 될 수밖에 없었기 때문이다. 뿐만 아니라 전국구 공천을 희망하는 사람이 정말로 많았다. 사실 전국구의원은 전문 직능인사를 발탁하여 지역구의 대의기능을 보완함으로써 국회의 입법기능 수행을 향상시킨다는 목적으로 마련된 제도이다. 취지대로 운영된다면 지역구의원 선거에서는 선출하기 어려운 인재등용이 가능해지고, 나아가 국회의 입법 능력을 격상시키는 데 큰 도움이 될 수 있을 것이었다. 그러나 현실적으로 야당에게는 정치자금 조달의 방편으로 일부 활용되었으며, 여당의 경우에도 제도의 취지와는 달리 정실이 앞서는 경우가 적지 않았다.

나도 비록 보좌기능이지만 이 작업에 참여하는 기회를 얻음에 따라 비서실장으로 1년여 근무하는 동안 눈여겨보아 온 행정부 1급 이상 공무원 또는 국책연구기관의 장 등에서 몇 명의 명단을 메모하여 천거할 기회를 보기까지 하였다. 그러나 막상 작업에 들어가면서 메모한 쪽지는 무용지물이 되고 말았다.[26]

다이어리에 따르면 나는 2월 8일 오전 당에서 개최된 창당 2주년 기념식에 대통령께서 참석하시어 연설하신 후 청와대에 돌아오시기까지 수행하였으며 관저에서 행사에 수행하였던 경호실장, 정치특보, 정무수석, 공보수석, 의전수석, 그리고 당총재 비서실장 등과 함께 난산이었던 공천 후일담, 선거 전망 등을 화제로 환담하면서 오찬을 한 것으로

26 내가 공직생활을 한 1960년대~1990년 초의 기간 공직자들은 일본 따라잡기를 통한 한국사회의 발전을 주요과제로 삼았다. 내가 종사하던 검찰 분야도 일본 검찰을 모범으로 제도를 정비하고 운영 노하우를 배우는 것이 한국 검찰의 발전모델이 되었거니와 그 과정에서 일본 자민당의 장기집권 과정에서 요시다 시게루 수상이 행정부 관료 출신인 이케다와 사토 등을 정계에 입문시켜 정치인으로 양성하고 수상이 되게 하여 일본 전후 부흥의 토대를 마련한 것에 대하여 많이 읽고 들으면서 우리나라도 행정부 출신 관료들이 다수 국회에 진출하는 것이 좋지 않을까 하는 백면서생 같은 꿈을 실현해 보고자 한 것이라고 할 수 있을 것이다.

되어 있다. 곧이어 궁정동으로 가서 안기부장 등과 전국구 문제 등에 관하여 장시간(14시 30분~18시) 이야기를 나눔으로써 전국구 작업이 본격화되게 되었다.

2월 9일은 일요일이었다. 모처럼 TV에 방영된 바둑 프로그램을 잠시 시청하며 망중한을 즐기고 있을 무렵 이해원 서울특별시장이 찾아왔기에 당면한 정치문제, 시정과제 등에 관하여 두어 시간 이야기를 나누었다. 물론 전국구 문제에 대한 여러 가지 좋은 말씀도 귀담아들었다.[27] 전국구 문제를 구상하는 데 박차를 가하는 기회가 되었다고나 할까. 이날 저녁에는 손주환 정무수석이 내 공관으로 찾아와 김영삼 대표와 전국구 문제로 의견을 나눈 것을 요약하여 보고하였다. 이때부터 정무수석과 나는 거의 매일 이 문제의 진전 상황에 관하여 의논하고 대통령께 보고하여 결심을 받는 과정을 반복하였다.

그러는 가운데 2월 16일 일요일 오후와 17일 밤 두 차례에 걸쳐 궁정동에서 안기부장과 정무수석, 나 3인이 회동하면서 전국구 공천의 지침과 방향 등 윤곽을 정리했다. 한편 2월 17일 당 사무총장이 야당 측과의 대화를 통하여 3월 말 총선에 대한 의견교환을 하였으며 이를 토대로 호남 지방순시를 마치시고 귀경하여 경제 동향 보고회의를 마친 2월 20일 11시 서재에서 정무수석이 그동안 이야기된 것을 토대로 선거일자 결정 및 당 선거대책본부 구성 등에 관하여 내락을 받게 되었으며 이튿날 15시 삼청동회의실에서 당정회의를 개최하여 선거일자를 3월 24일로 정하게 되었다.[28] 이에 따라 3월 7일에는 정부가 선거일자를 공고하도록

27 이해원 시장은 나의 대학 7년 선배이자 대학동기생 홍영희 여사의 남편인 관계로 전자부터 약간의 면식이 있던 터였다. 서울시장이 되면서 박정희 대통령 시절 국회의원, 당 대변인, 보사부 장관 등을 역임하면서 닦은 경륜을 바탕으로 내게 많은 가르침과 조언을 아끼지 않았다. 퇴임 후에도 이런저런 접촉이 계속되었는데 부부 모두 수를 누리지 못하고 앞서거니 뒤서거니 세상을 떠났다. 명복을 빌 따름이다.

28 관계법규에 따라 선거일자는 정부가 결정하여 공고하도록 되어 있었다. 그러나 당시 정부

일정이 잡혔으며 전국구 공천작업도 매듭을 지어야 할 날짜가 얼마 남지 않게 되었다.

전국구 공천자를 결정함에 있어 우선 당 최고위원으로 대표되는 계파들의 의견수렴 외에도 대통령 입장에서 의견을 듣고 고려해야 할 대상 또한 적지 않았다. 이런저런 경로를 통하여 자천·타천으로 후보 명단에 오르고자 노력하는 사람도 적지 않았다. 이런 자료들은 정무수석이 전부 취합하여 필요한 곳과 정보를 공유하면서 논의를 전개해 나갔다. 2월 22일은 토요일이었다. 이날 나는 새벽 4시에 깨어 그동안 고민해 온 전국구 공천 문제에 관한 생각을 정리하였다. 7시 30분 삼청동회의실에서 매주 열리는 홍보 관계회의를 주재하고 8시 45분 아침수석회의를 마치자 서재로 올라가 이날 낮 예정된 오찬 기자간담회 자료를 가지고 정무·공보·외교안보 등 관계수석과 함께 대통령께 보고드렸다. 11시에는 서울시장의 당면과제 보고에 배석하였으며 12시부터 취임 4주년에 즈음한 출입기자단 오찬간담회를 본관 충무실에서 가졌다.

오찬간담회가 끝난 뒤 잠시 휴식을 취하였으며 토요일 오후였음에도 15시 25분부터 17시 30분까지 관저에서 그동안의 작업결과를 정리하여 전국구 관련 지침을 중심으로 대통령께 보고드렸다. 이 보고에는 경호실장이 배석하였는데 군 관계를 비롯해 대통령 측근 관심사항에 대한 정보를 공유할 필요가 있었기 때문이다. 이날 보고는 취임 4주년 기념 전 국무위원 대상 총리공관 만찬 참석 때문에 충분한 논의가 이루어지지 못한 상태에서 중단되었으며 일요일인 이튿날 저녁 계속되었다. 오전엔 기자단 초청 골프가 있었으며 16시부터 20시까지 관저에서 경호실장, 안기부장, 정무수석과 함께 대통령을 모시고 보고·토의·대통령 말씀 등으로 진행되었다. 이틀간의 보고모임을 통하여 집약된 지침을

는 일방적으로 결정하지 않고 당과 협의를 거치는 것은 물론 야당의 의견도 들은 뒤에 선거일을 결정하였으며 대통령 선거일의 경우도 예외가 아니었다.

대통령께서 정리해 주셨다. 지역구 공천에서 아쉽게 탈락한 자를 구제하고 직능별로 지역구에서 없는 분야, 예컨대 군과 여성 등을 보완할 것, 6공 이념을 승계하여 실천할 참신성 있는 자를 물색할 것 등과 함께 고령자 배제, 계파에서 추천한 기업인 제외, 그리고 재공천은 가급적 줄인다는 등의 지침을 하달하신 것이다.

이와 같은 방침으로 작업이 계속되었으며 청와대 수석들의 문제도 본인과의 상담·보고와 대통령의 의중 타진 등의 노력을 이어갔다. 당과의 협의도 계속되었다. 당 사무총장과 2월 25일과 28일 궁정동에서 두 차례 심야회의를 하면서 의견을 조정하였다.[29] 그리고 2월 29일에는 19시 30분부터 22시 30분까지 역시 궁정동에서 당대표, 사무총장, 안기부장, 정무수석 등이 참석한 가운데 마지막 결정하는 모임을 가졌다. 대부분의 인선에는 이의가 없었으나 일부 인선에 김영삼 대표가 이의를 제기함에 따라 2~3일간 끈질긴 절충 끝에 3월 3일 늦게 원안대로 결론을 내릴 수 있었다.

3월 4일 오전 7시경 대통령께서 전화로 문의하셨을 때 잘 되었다는 보고를 드림으로써 전국구 후보 인선 문제가 고비를 넘기고 있었다. 그날은 대통령께서 충북 연두순시 및 공사 졸업식 참석을 위하여 청주로 출장가시도록 되어 있었다. 나는 나머지 전국구 관계 잔무를 처리하기 위하여 수행하지 않고 서울에 머물렀으며, 전국구 공천을 마무리하는 최고위원 초치 관저 만찬이 예정되어 있었다.

이 작업과 관련하여 무소속 출마를 고집하던 권익현 전 대표는 2월 25일 아침 내가 전국구 후보를 수락하라는 대통령의 말씀을 전하자 즉석

29 대통령께서는 2월 28일 13시 부산으로 연두 지방순시를 떠나셨다가 29일 오후 귀경하셨는데, 나는 전국구 인선 마무리 때문에 수행하지 못하였다. 29일 15시경 귀저하여 그때까지의 심사상황을 보고드렸다.

에서 승낙하였으나 정호용 전 장관은 3월 1일 아침 마지막으로 내가 의사를 타진하였을 때 전국구는 싫으며 지역구에 공천되지 않으면 무소속으로 입후보하겠다고 분명하게 말하여 그대로 할 수밖에 없었다. 최각규 부총리는 전년도 내게 확약하였지만 막상 때가 되자 은근히 전국구는 공천되지 않을까 하는 기대를 하고 있었던 것 같아 2월 29일 오찬을 함께 하며 사정을 설명하여 이해를 구하였다. 그리고 현대건설 이명박 회장은 일찌감치 손주환 수석이 천거해 교섭하여 전국구 25번으로 공천되었으며 이때의 정계 입문은 뒷날 그의 대통령 당선으로까지 연결되었다. 청와대 현직 수석으로는 김종인 경제수석이 포함되었다. 그리고 순번을 정하는 것도 나와 정무수석이 마지막까지 고심에 고심을 거듭한 어려운 일이었다.

그럭저럭 힘든 작업이 끝났지만 3월 4일 대통령께서 공천작업을 마무리하는 만찬을 마련하여 초대한 모임에 김종필 최고위원이 공천 내용에 불만을 품고 불참한 것이 옥에 티가 되었다. 이른바 몽니를 부린 것이다. 김 최고위원은 본인의 뜻에 따라 지역구에 입후보하였으며 전국구에도 공화계 몇 분을 배려하였으나 본인이 추천한 몇 분이 제외되었다는 불만이었다. 김윤환 총장 등과 의논한 결과 불만을 해소하는 차원의 몇 가지 조치를 취함으로써 곧 해결되었지만 오랫동안 밤잠 설치면서 작업해 온 사람들로서는 참으로 맥 풀리는 일이 아닐 수 없었다.

크게 잘된 공천이라고 말할 수 없었다. 그러나 여러 가지 현실적 여건을 감안할 때 그런대로 무난하게 끝났다고 자위할 수밖에 없었다. 나는 일을 끝내면서 권력이라는 것의 추한 모습, 사람들의 곱지 않은 면면들을 보게 되면서 씁쓸함을 금할 수 없었다. 3월 5일 당무회의 등 절차를 거쳐 발표된 전국구 후보 54명의 명단을 참고삼아 적어 두고자 한다.

1. 김영삼(당 대표최고위원)
2. 박태준(당 최고위원)
3. 김재광(국회 부의장)
4. 노재봉(전 국무총리)
5. 권익현(전 민정당 대표위원)
6. 이만섭(전 국민당 총재)
7. 정석모(현 의원)
8. 안무혁(전 국가안전기획부장)
9. 이원조(현 의원)
10. 최병렬(노동부 장관)
11. 김종인(청와대 경제수석)
12. 김광수(전 의원)
13. 박재홍(현 의원)
14. 강선영(예총 회장)
15. 정시채(전 전남 부지사)
16. 최운지(현 의원)
17. 강용식(당 선거대책부본부장)
18. 김영수(전 안기부 1차장)
19. 김영진(당 선거대책부본부장)
20. 강신옥(당 정책위부의장)
21. 서상목(당 정책조정 2실장)
22. 윤태균(전 도로공사 사장)
23. 박구일(전 해병대 사령관)
24. 곽영달(전 공군사관학교 교장)
25. 이명박(전 현대건설 회장)
26. 이환의(전 문화방송 사장)
27. 강인섭(당무위원)
28. 김동근(김종필 위원 비서실장)
29. 최상용(노총 상임부위원장)
30. 주양자(의료보험공단 이사장)
31. 이현수(유원건설 부회장)
32. 노인도(농협중앙회 상임감사)
33. 구천서(당 중앙위 청년분위장)
34. 조용직(당 부대변인)
35. 구창림(국회의장 비서실장)
36. 박근호(동국대 교수)
37. 유성환(전 의원)
38. 이재명(대우기전 사장)
39. 정옥순(당 여성국장)
40. 윤원중(당 기획조정국장)
41. 김찬두(한국디젤공업 회장)
42. 김사성(평북지사)
43. 이연석(당 조직국장)
44. 이민헌(당 경북지부 사무처장)
45. 김재석(당 총무국장)
46. 이수담(당 선전국장)
47. 배길랑(당 정세분석행정실장)
48. 김정숙(당 중앙위 여성분위장)
49. 김현배(한국청년지도련 회장)
50. 김무성(당 의원국장)
51. 박승웅(당 서울지부 사무처장)
52. 진경탁(당 청년국장)
53. 허세욱(당 노동사회국장)
54. 김영순(대표최고위원 보좌역)

노사관계 사회적 합의 형성을 위하여

정부의 연두 업무보고가 마무리되고 지방순시가 시작되어 진행 중이던 2월 12일 노 대통령은 노사관계 발전을 위한 중요한 회의를 주재하였다. 6공화국 출범과 더불어 가장 뜨거운 감자의 하나로 대두되면서 큰 고민의 대상이 되어 온 노사관계와 관련하여 거국적인 사회적 합의 형성이 필요하다는 판단에 따라 작년 3월 19일 첫 번째 회의를 개최하여 여러 가지 정책성과를 거두었음은 이미 제 2장에서 언급한 바 있다. 그로부터 1년가량 지난 시점을 골라 두 번째 회의를 하게 된 것이다. 이번 회의는 제 1차 회의와 달리 여의도 한국노총회관에서 개최되었으며 정원식 총리, 최각규 부총리 등 관계장관과 기업인, 근로자, 노사단체와 사회단체 대표 및 각계 전문가 등 269명이 참석한 가운데 오전 10시부터 13시 30분까지 오찬행사를 포함하여 시행되었다.[30]

이날 회의는 노동부 장관의 그동안 진행상황 평가보고에 이어 조순 전 부총리가 사회적 합의 형성을 제안하는 총론적 발제를 하였으며 이어 관련 전문가, 노사정 당사자들의 활발한 토론이 진행되었다. 김대모 중앙대 교수는 금년도 임금에 대하여 노총은 16% 인상, 경총은 6% 인상을 주장하고 있으나 종래의 예에 비추어 10% 선으로 전망한 뒤 선거의 해여서 대기업의 임금안정 정책이 바람직하며 총액임금제는 그 취지가 타당하다는 의견을 피력하였다. 노사합의 형성에서 임금 문제가 요체라는 뜻에서 전문적인 의견을 제시한 것이다. 소비자보호 운동을 장기간 펼쳐 온 대한주부클럽연합회 회장 김천주 여사는 정부는 체감물가

30 이 회의의 장소와 복장, 오찬 포함 문제 등에 대하여 1월 30일 및 2월 1일 수석회의에서 검토와 논의를 거쳤다. 구로공단, 청와대 등이 후보로 검토되었으나 노총회관, 간소복, 오찬 포함 등으로 결정되었다. 다만 논의과정에서는 근로자들이 청와대 행사를 선호한다는 보고가 있었다. 이 보고를 바탕으로 뒤에 설명하는 바와 같이 3월 12일 모범근로자 초청 오찬행사가 결정되었다.

의 안정에 힘써야 하며 기업인에게는 노사분규로 불량품이 생산되면 국산품 외면의 씨가 됨을 지적하면서, 근로자도 폭력분규를 자제하여 양질의 국산품을 소비자에게 제공해야 한다고 강조하였고, 임금안정과 관련하여 대기업 근로자의 임금인상 억제가 필요하다고 말하였다.

128일이란 장기파업으로 1년 6개월간 옥고를 치른 이원진 현대중공업 노조위원장은 민주화가 진행되는 데 대한 감사의 뜻을 표하면서 정부에게는 법을 잘 모르는 구속노동자의 석방을, 기업에는 해고근로자 복직을 주문하면서 근로자도 정당하여야 하며 준법하는 가운데 열심히 일해야겠다고 다짐하였다. 한국중공업 안천학 사장은 취임 후 노사관계 개선을 위하여 근로자와의 대화에 우선순위를 두고 잦은 만남을 통하여 경영상태 등 근로자가 알고 싶어 하는 욕구를 충족시키는 한편 장래에 대한 비전을 제시하여 신뢰관계를 구축하며 질서 문란, 사규 위반에 대하여는 신상필벌信賞必罰로 준엄한 제재를 가하는 방침을 실천하고 있다고 보고하였다.

배병휴 〈매일경제〉 상무이사는 금년 노사 상황이 선거라는 불안 요소에 봉착한 것이라는 우려가 없지 않으나 폭력을 규탄하고 개입과 자율이 적정하게 조화하는 방향으로 노사관계가 발전하고 있다고 평가하였다. 이어 그는 첫째, 노사 양측의 인식에는 각기 문제가 있다는 데에 합의하고 노사정이 자기 입장과 자세를 먼저 내보임으로써 경제난에 대한 인식을 좁혀 나가고 나아가 합의에 도달할 수 있을 것이며, 둘째, 정부가 공직 기강 확립으로 솔선하고 관계 지원부처의 제조업 경쟁력강화 대책을 실행하여 전체적으로 일하는 분위기를 조성하며, 셋째, 언론은 엄정 중립을 지키면서 타협을 권고하고 불법을 비난하는 자세를 견지해야 노사합의 형성에 기여할 수 있을 것이라고 하였다.

고려대 곽상경 교수는 노사문제를 비롯해 경제 전반에 관하여 과열풍조를 없애야 할 시점이라고 강조하면서, 금융은 담보우선 금융을 지양하고 생산성 향상 쪽으로 돈이 흐르도록 하고 조세정책은 부동산가격 안정에 기여할 수 있도록 재산 · 상속 · 증여세 강화에 중점을 두어야 하며 재정지출은 직접 보조 · 지원을 줄이는 한편 자율 · 시장경제 기조를 유지하여야 할 것이라고 강조하였다. 그동안 우리나라가 '묶인 사회'에서 6 · 29선언을 거치면서 '풀린 사회'로 흔들림을 거듭하다가 제자리 잡기로 나가고 있다고 평가하였다.

YMCA의 전대련 총무는 근로기강 확립과 건전 노동문화 정착을 위하여 정부는 근로자 사기진작, 지도층 수범, 불로소득 중과세, 유흥업소 감시 강화와 근로자주택 해결책 강구에, 기업주는 경영혁신, 기술개발, 노동환경 · 복지 개선에, 그리고 근로자는 '투쟁'에서 '일하기'로 자세 전환하는 데 각각 노력하자고 호소하였다.

근로자를 대표하여 한국노총 위원장은 생필품 가격이 30% 인상되는 현실을 탈피하기 위하여 정부가 긴축 의지를 보일 때라고 하면서 불로소득 척결, 재산세 인상, 근로소득세 인하, 과소비 억제책과 함께 사내복지기금 확충, 고용보험과 노동은행 신설, 노동자 주거안정(현재 30% 노동자만 주택 확보) 등 복지 대책을 요구하였다. 나아가 노총위원장은 노동자 기업경영 참가, 해고노동자 복직 및 구속노동자 석방과 함께 정부의 공정한 공권력 행사와 자율적 노사관계 확립을 강조하였다.

이동찬 경총 회장은 노사정 간에 책임을 따지기보다는 난국 타개를 위한 중의 집약이 중요하다고 전제하면서, 첫째, 근로자는 사용자를 믿고 열심히 일하여 생산성 향상에 힘써야 할 것이며, 둘째, 기업인은 근로자의 인격을 존중하고 사업의 동반자로서 신명나게 일할 수 있도록 동기부여를 해야 할 것이며, 셋째, 정부는 노동관계법 개정을 꼭 이루어 달라고 요구하였다.

정부를 대표하여 경제기획원 장관, 노동부 · 법무부 장관 등이 제시된 문제에 대하여 답변하고 정부 입장을 설명하였다. 노사정의 입장에 공통분모가 도출될 수 있는 상황이었다. 이미 작년 3월 19일 노사정 합의 형성 회의에 관한 설명에서도 언급한 바와 같이 노사정의 대화 · 합의에 의하여 자율적인 해결이 이루어지도록 여러 가지 노력이 계속되어 왔으며 노사관계의 안정 또한 괄목할 만한 진전을 보이고 있었다. 1년이 지난 시점에서 열린 이번 회의에서도 각계 참석자들의 생각들이 많이 접근해 가고 있음을 확인할 수 있다. 대통령께서는 이 회의를 통하여 확인된 미진한 점, 새로이 해야 할 일 등을 정리하여 다음과 같은 주마가편走馬加鞭의 말씀으로 뜻깊은 회의를 마무리 지었다.

대통령께서는 "우리가 맞고 있는 국내외의 경제여건이 어려운 상황이므로 이를 극복하기 위해서 물가와 임금 및 노사관계의 확고한 안정 기반을 다지는 데 정부와 기업, 근로자 등 온 국민이 지혜와 힘을 모아야 한다"고 전제하신 뒤 "이제는 개방화 · 민주화 · 국제화라는 시대상황에 걸맞은 새로운 노사관계를 정립하여 경제사회의 안정과 발전에 부담이 아니라 원동력이 되도록 하여야 한다"고 강조하셨다. 이어 그렇게 하기 위해서는 "기업은 근로자와 노동조합에 대하여 기업의 실상을 정확히 알림으로써 기업 발전을 위해 공동으로 노력할 수 있는 여건을 만들고 근로자와 노동조합은 국민경제의 차원에서 올바른 노동운동의 이념을 세워나가야 한다"고 말씀하셨다.

이와 같은 총론적 상황 설명에 이어 대통령께서는 구체적인 몇 가지 지시사항을 말씀하셨다. 첫째로 근로자나 노동조합도 국가경영의 책임 있는 주체로서 역할과 정책기능을 고양할 수 있도록 노 · 사 · 정 · 학계 등 관계전문가로 구성된 노동관계법 연구위원회를 구성해 현행법상 문제들을 체계적으로 개정하도록 노동부 장관에 지시하였다.[31] 둘째로 임금안정과 관련하여 "기업규모 간, 업종 간의 극심한 임금격차를 축소하는 데 임금정책의 중점을 두어야 하며 이를 위해 금년에는 정부투자 ·

31 이 지시에 따라 학계 · 법조 · 언론 및 노사 대표 18명으로 노동관계법 연구위원회를 구성하여 연구를 실시하였으나 이미 정치상황 등으로 임기 내 개정작업을 하지 않기로 방침을 결정하였음은 5장에서 이미 설명하였다.

출연기관 등 공공부문과 상대적으로 임금수준이 높은 대기업, 금융·서비스업 분야의 임금은 최대한 억제되어야 하겠다"는 임금정책을 천명하고 그렇게 되도록 노사의 자체적 노력과 함께 정부도 적극적 행정지도와 규제조치를 취하라고 지시하였다. 셋째로 심각한 인력난 해소와 근로자 복지를 위하여 취업 안전망 확충과 여성인력 확대, 고용보험, 노동은행, 탁아시설 확충 등을 강조하였다.

이 회의는 라디오·텔레비전 등으로 중계되었으며 재방송하는 등 국민의 많은 관심을 불러일으켰다. 특히 전술한 대로 노사관계가 사회발전의 부담이 아니라 오히려 원동력이 되어야 한다는 언급은 우리 경제사에 새로운 획을 긋는 발상의 대전환이라는 평가였다. 그러나 어찌 된 일인지 신문에서 크게 보도하지 않은 일로 이튿날 아침수석회의에서는 비서실의 노력이 미진하였다는 자기반성이 있었음을 지적해 둔다.

사실 앞에서도 언급했지만 극심한 노사분규로 나라의 기본이 무너지는 혼란을 딛고 출범한 6공화국 정부에서 그래도 퇴임 무렵 노사분규가 획기적으로 적어지고 근로자 소득도 엄청난 증가를 보임으로써 분배의 형평에 크게 접근하는 성적표를 남겼다는 것은 대통령의 사안에 대한 현명한 판단과 꾸준한 관심 아래 노사를 비롯해 국민 전체가 합심한 결과라 자부할 만하다고 믿고 있다. 다만 노동관계법의 비현실적인 부분들을 다듬지 못한 채 다음 정부에 넘기게 된 것은 후회막급한 일이었다.

6차 남북고위급회담과 남북관계 진전

전년 12월 〈남북기본합의서〉 채택과 남북 비핵화 공동선언 타결이라는 획기적인 남북관계 진전이 이루어졌으며 연초에 개최된 한미 정상회담에서 이와 같은 남북관계 변화라는 성과에 대하여 부시 대통령의 전폭적인 지지가 확인된 사실, 그리고 이와 같은 진전 상황을 뒷받침하기 위한 조치로 1월 7일 한미 양국이 1992년도 팀스피릿훈련을 실시하지 않기로 공식 발표한 일은 이미 언급한 바와 같다.

이와 같은 희망적인 상황전개에 즈음하여 6공 출범 이후 이른바 북방정책에 많은 노력을 경주한 노 대통령은 이제 그 종착역이 될 남북통일에 한 걸음 다가서는 토대 구축에 임기 마지막 해를 바쳐야겠다고 다짐하고 있었다. 정권이양이라는 정치문제에 초연한 자세를 견지하면서 경제문제와 더불어 남북문제에 역점을 두는 1992년이 될 것이라 천명한 것이다. 구체적으로는 〈남북기본합의서〉와 비핵화 공동선언에서 합의 약속한 대로 하나하나 실천에 옮기도록 하는 일이었다.

우선 12월 31일 가서명한 비핵화 공동선언에 대하여 1월 20일 양측 총리가 서명하여 이튿날 원본을 교환하였다. 2월 15일에는 2월 19일 평양에서 개최하기로 예정된 제 6차 남북고위급회담 추진계획에 대해 통일부총리의 보고를 들었다. 이 자리에서 대통령께서는 남북 간에 합의한 정치·군사·교류협력 등 분과위원회와 비핵화 공동선언에 명시된 핵통제공동위원회를 약속대로 구성하여 활동에 들어가는 것이 매우 중요한 과제이며, 핵문제 해결을 위해 핵 사찰을 관철할 수 있도록 하는 것은 물론 특히 1월 30일 늦게나마[32] 북한이 IAEA와의 핵안전협정에 서명했으나 언제 비준할지 모르는 상황이므로 이에 대한 대처도 확고히 하라고 지시하셨다. 이산가족 상봉 문제도 추진하라는 말씀이었다.

6차 남북고위급회담 참석을 위한 2월 18일 대표단 출발을 하루 앞두고 2월 17일 오전 10시 〈남북기본합의서〉 서명식이 본관 집현실에서 거행되었다. 국내의 발효 절차를 마무리하는 대통령의 재가·서명 후

32 북한은 1985년 12월 핵무기비확산조약(NPT)에 가입하였으므로 18개월 이내에 IAEA와의 핵안전협정에 서명하게 되어 있는데도 불구하고 계속 미루다가, 1992년 1월 30일 북한원자력공업부 부부장 최근표가 IAEA 사무처에 와서 IAEA 사무총장과 협정에 서명하였다. 그 자리에서 IAEA 사무총장이 조속한 비준을 요구하자 1년 이상은 걸리지 않으리라고 말함으로써 단계별 지연작전을 편다는 우려를 증대시키는 상황이었다.

참석한 3부 요인, 관련 각료 및 고위급회담 우리 측 대표 등 약 30명의 내빈과 함께 다과를 나누며 역사적인 순간 뜻깊은 감회를 나누게 되었다. 대통령께서는 〈남북기본합의서〉와 비핵화 공동선언은 실천을 통해 이행될 때만 의미가 있는 것이라고 지적하며 실천을 거듭 강조했다.

대통령 재가만으로 발효되지 않고 국회 동의를 받아야 한다는 야당을 비롯한 일부 이의 제기가 없지 않았지만 합의서 전문에 명시한 대로 이 합의서가 나라와 나라 사이의 관계가 아닌 잠정적으로 형성된 특수관계로 국가 간이 아닌 민족 내부적 문서로서 국회 비준동의 절차가 불필요하다는 것이 확고한 정부의 견해였다.[33]

대표단이 북으로 출발하던 2월 18일 대통령께서는 아침 일찍(8시 50분) 항공 편으로 출발하여 광주에 출장하여 1박 2일 일정으로 광주·전남·전북 시·도청 연속순시 일정을 진행하셨으며[34] 2월 20일은 경제동향 보고회의 주재, 2월 21일 오전은 인천지방 연두순시를 하신 뒤 14시 35분 청와대로 돌아왔다. 그동안 남북고위급회담 소식은 간간이 중요 진행상황을 보고받았으며 본격적인 회담 참석 보고는 인천으로부터 돌아오신 뒤에 받게 되었다. 대통령께서는 돌아오시자마자 제대로 쉴 사이도 없이 바로 16시부터 30분간 김종휘 수석으로부터 보고를 받았으

33 북한에서는 최고인민회의 상설회의와 중앙인민위원회 연합회의 심의를 거쳤다는 것이다. 그러나 2월 19일 고위급회담에서 상호교환·발효 절차를 끝냄으로서 북한도 우리가 내부 절차를 완료하였다는 점을 받아들인 것이다.

34 지방순시 중 〈남북기본합의서〉가 평양회담에서의 절차진행에 따라 2월 19일 발효되자 그 날 오후 대통령께서는 미리 준비한 TV방송을 통한 〈남북기본합의서〉 발효에 즈음한 특별담화를 발표하고 거듭 실천의 중요성을 강조하며 북한도 성명발표를 통하여 실천하겠다는 뜻을 국내외에 선언하기를 기대한다고 말했다. 특히 핵무기개발 의혹을 완전히 씻을 수 있도록 필요한 조치를 취하라고 촉구했다. 북한 김일성 주석은 노 대통령의 이 성명에 대한 답변으로 이튿날 방북대표단과의 오찬에 앞서 예정에 없던 '북과 남이 힘을 합쳐 평화와 통일의 길을 열어가자'라는 성명을 낭독했다. 그는 이 성명에서 핵무기 개발을 부인하는 한편, 주한미군 철수문제도 거론하는 등 남북관계의 긍정적 진전과는 거리가 먼 주장을 늘어놓았다.

며 뒤이어 총리를 비롯한 대표단 전원이 함께한 자리에서 보고를 받고 문답하며 말씀하시는 것으로 진행되었다.

김종휘 수석은 북측이 남의 경제 우위를 인정하고 남의 경제협력, 특히 김우중 회장에 대한 기대가 크다는 것을 알 수 있었으며 북한은 핵문제와 함께 남북정상회담을 협상카드로 생각하고 있었는데 회담 시작 전 남측이 정상회담 요구를 하지 않기로 한 결정을 사전공개한 사실[35]에 대해 실망하고 있었다는 사실과 북한의 기강해이가 만연하다는 사실, 김일성의 식사나 소지품 등 호화사치가 극에 이르고 있으며 김일성의 건강은 기억력 감퇴, 식사 태도 등을 보아 매우 노화하였음을 확인할 수 있었다고 보고하였으며 실무에 대해 거의 알지 못하는 것 같으므로 앞으로 김정일을 돌파하는 것이 중요한 것 같다고 보고하였다.

총리는 김일성과의 단독·전체 면담에 대해 보고하였으며 김일성은 위안부와 일본 핵문제 등을 거론하고 앞으로 고위급회담을 백두산과 한라산에서 개최하자는 이야기도 하였으며 대통령께서 관심을 가졌던 이산가족 상봉 문제와 관련해서는 문익환·임수경 석방을 요구해 진전이 없었다는 개략적 보고를 하였다. 대통령께서는 〈남북기본합의서〉 발효와 분과위 구성은 역사적 사건으로 이를 성취한 노고를 치하하면서 합의 도출도 중요하지만 성실한 실천이 더 중요하다고 강조하였다.

이어 공노명 대표(외교안보연구원장)의 핵통제위원회 구성 등 핵 관련 문제, 임동원 대표(통일원 차관)의 이산가족 문제, 한갑수 대표(경제기획원 차관)의 북한 경제 실상 및 경제협력 문제, 이동복 대표(회담 대변인)의 김일성에 대한 인상, 송응섭 대표(합참 차장, 육군 대장)의 팀스피릿

35 제6차 고위급회담을 앞두고 남북정상회담 문제가 거론되는 과정에서 임기가 1년밖에 남지 않은 시점에 여러 가지 정치일정을 감안하여 정상회담에 집착하는 것은 정치적 부담이 될 수 있고 협상 입지를 악화시킬 우려가 있다는 결론에 따라 2월 13일 이동복 남북회담 대변인이 정부는 북한 핵문제 해결의 긴박함 등을 고려하여 제6차 고위급회담에서 북측에 남북정상회담에 관련된 어떠한 공식제의도 하지 않기로 했다고 발표하였다.

중지 관련 북한 태도 등 보고가 있었다. 대체로 북한이 합의사항을 쉽게 진행하기보다는 여러 가지 꼬투리를 달며 지연전술로 유리한 입지를 구축하려는 것 같다는 분위기로 집약되는 듯했다. 대통령께서는 통일은 그야말로 대장정大長征이므로 꾸준한 노력이 필요하다고 격려하셨다.

보고를 받은 대로 기대한 큰 진전은 없었으나 다음과 같은 공동발표문이 보여 주듯 한 걸음 내디딘 것은 틀림없는 듯하였다.

그 후 3월 한 달간 약속대로 위원회 위원 명단이 교환되고, 기본합의서가 정한 3개 위원회도 개최되었다. 그러나 현안들에 대해 서로 의견합치를 보지 못하면서 아무런 진전을 보지 못했으며 5월 5~8일 서울에서 개최하기로 했던 7차 고위급회담을 기다려야만 했다.

비핵화 공동선언에서 합의된 핵통제공동위원회와 핵사찰 문제에 관하여도 몇 번의 회의를 개최하며 의견교환을 했으나 지지부진을 면할 수 없었다. 우리 측은 위원회를 조속히 발족시키고 핵사찰도 곧바로 하자고 제안했으나 사찰 문제는 별도의 합의서를 만들어야 한다며 지연전술을 폈다. 이에 위원회 발족을 3월 19일까지 해야 한다는 2월 19일 공동성명 발효 당시의 약속을 지키기 위해 3월 14일 공동발표문을 통하여 우선 3월 19일 위원회를 발족시키되 공동위 1차 회의 후 2개월 안에 사찰 규정을 채택하도록 노력하고 채택 후 20일 안에 사찰을 실시하기로 양해하는 선에서 절충이 이루어졌다. 7차례나 회의를 개최하는 등 노력을 기울인 결실이었다. 이에 따라 3월 19일 남북핵통제공동위원회 제 1차 회의[36]가 판문점 통일각에서 개최되었고 핵사찰 실사를 위한 협상에 착수하게 되었다. 그러나 양측의 주장이 서로 달라 합의에 이르지 못한 채 시간만 흘러가고 있었다. 그 더딘 진전사항은 다음 장으로 미루지 않을 수 없다.

36 우리 측은 위원장 공노명 외교연구원 원장, 부위원장 반기문 외무장관 특별보좌관으로 하고 통일원, 국방부, 과기처, 대통령 비서실, 국무총리실에 각 1명으로 구성되었고, 북측은 위원장 최우진 외교부 대사, 부위원장 박광원 인민군 소장과 위원 5명으로 구성되었다.

〈제 6차 남북고위급회담 공동발표문〉 전문

남과 북은 1992년 2월 19일 평양에서 개최된 제 6차 남북고위급회담에서 '남북사이의 화해와 불가침 및 교류・협력에 관한 합의서'와 '한반도의 비핵화에 관한 공동선언'을 발효시키고 '남북고위급회담 분과위원회 구성・운영에 관한 합의서'를 서명 발효시켰다. 남과 북은 이 역사적인 회담에서 남북합의서와 비핵화 공동선언을 성실히 이행할 것을 다짐하면서 다음과 같이 합의하였다.

1. 남북 쌍방은 남북정치분과위원회, 남북군사분과위원회, 남북교류・협력분과위원회 위원장 및 위원들의 명단을 1992년 3월 6일 서로 상대측에 통보하기로 하였다.
2. 남북 쌍방은 남북정치분과위원회 제 1차 회의를 1992년 3월 9일 판문점 남측지역 '평화의 집'에서 개최하기로 하였다.
3. 남북 쌍방은 남북군사분과위원회 제 1차 회의를 1992년 3월 13일 판문점 북측지역 '통일각'에서 개최하기로 하였다.
4. 남북 쌍방은 남북교류・협력분과위원회 제 1차 회의를 1992년 3월 18일 판문점 남측지역 '평화의 집'에서 개최하기로 하였다.
5. 남북 쌍방은 1992년 2월 19일 남북핵통제공동위원회 구성 운영문제를 협의하기 위한 제 1차 대표접촉을 가진데 이어 제 2차 대표접촉을 1992년 2월 27일 판문점 북측지역 '통일각'에서 가지기로 하였다.
6. 남북 쌍방은 제 7차 남북고위급회담을 1992년 5월 5일부터 8일까지 서울에서 개최하기로 하였다.

1992년 2월 20일

남북고위급회담 남측대표단 수석대표 대한민국 국무총리 정원식

북남고위급회담 북측대표단 단장 조선민주주의인민공화국 정무원 총리 연형묵

취임 4주년에 즈음하여

1992년 2월 25일은 노태우 대통령께서 대한민국의 제 13대 대통령으로 취임한 지 만 4년이 되는 날이었다. 전년도 취임 3주년 때는 뜻밖의 수서사건 때문에 준비하였던 3주년 기념행사나 홍보계획을 집행할 수 없었다. 워낙 큰 사건이 터지는 바람에 정부가 3년 동안 어떤 일을 했으며 앞으로는 또 어떻게 하겠다고 떠들 수 없었기 때문이다. 조용히 겸손한 자세로 사태 수습책을 강구해야만 했다. 그러나 취임 4주년에는 다행스럽게 그와 같은 걱정거리가 없어서 지난 4년을 되돌아보고 남은 1년을 어떻게 마무리할 것인지를 국민 여러분께 보고드리는 것도 하나의 의무라고 생각되었다.

먼저 2월 22일 토요일에 청와대 충무실에서 출입기자단과 오찬회견을 가졌다. 그날 저녁에는 총리공관에서 총리 주최로 전 국무위원이 참석한 기념만찬회가 화기 가득한 가운데 2시간 가까이(18시 15분~20시) 계속되어 축하와 덕담이 오갔다. 이튿날 일요일에 출입기자단을 초청하여 남성대 골프장에서 운동을 함께 하고 오찬을 나누었다. 2월 24일 14시 반에는 기자단 주최로 춘추관이 개최된 보도사진전 개막식에서 테이프커팅을 하였다.[37] 오래되어 기억이 나지 않지만 당시 대통령의 국정수행 현장을 수행하면서 촬영한 많은 훌륭한 보도사진들이 출품되어 나를 비롯한 청와대 직원들에게 흐뭇함을 안겨 주었다.

2월 25일 기념 당일엔 오전 10시부터 30분가량 비서실 경호실 직원 및 출입기자단이 대통령께 취임 4주년을 축하드린다는 인사를 하고 기

37 청와대 보도사진전은 연례행사로 이번이 제 3회 사진전이었다. 정사진(靜寫眞) 382점, 동사진(動寫眞) 총 4편이 출품되었고 그 가운데 정사진 50점, 동사진 4점을 선정하여 전시하였으며 금상 2점, 은상 3점, 동상 5점 등을 시상하였다. 이때 대통령께서는 참석하시지 않았고 내가 테이프커팅, 시상, 다과 등을 주재하였으며 최창윤 공보처 장관이 내빈으로 참석하였다고 기록되어 있다.

념 케이크커팅, 건배[38] 그리고 기념품 증정 순으로 취임 4주년 하례賀禮가 진행되었다. 참으로 가슴 뿌듯한 순간이었다. 이어 수석비서관들이 참석하는 기념오찬이 있었다.[39] 저녁에는 인왕실에서 약 2시간 동안 박준규 국회의장, 김덕주 대법원장, 정원식 국무총리 등 3부 요인, 당 김영삼 대표최고위원과 김종필·박태준 최고위원, 최각규·최호중 부총리, 김영준 감사원장, 서동권 안기부장 등이 부부동반으로 초청 기념만찬을 가졌으며 나도 배석하였다. 이 만찬을 마지막으로 기념행사는 끝이 났다.

취임 4주년이 되기 전 금요일 2월 21일 아침수석회의에서 김학준 공보수석은 4종의 홍보자료를 제작하여 2월 20일까지 기자들에게 배포 완료하였다고 보고하였다. 4종의 홍보자료는 해설자료(43쪽), 대통령 동정 관계 통계(8쪽)[40], 노태우 대통령 주요동정 일지 책자(160쪽), 노태

38 건배 제의는 내가 하였다. 대통령의 취임 4년간 업적을 민주화, 북방정책, 경제 등 순으로 언급하고 하루 평균 112명 접견, 정상회담 42회(국내 24회, 국외 18회)를 가지셨으며 지구의 다섯 바퀴 반에 해당되는 22만km를 다니셨다고 경하하는 말씀을 드린 뒤 앞으로 민주화를 이룩한 대통령, 통일의 기반을 닦은 대통령, 경제의 어려움을 극복한 대통령으로 평가되도록 신명을 바쳐 보필하겠다는 다짐과 함께 대통령 내외의 만수무강, 나라의 무궁한 발전을 기원하는 건배 제의를 하였다.

39 15시 15분부터 대통령께서 전술한 보도사진전을 관람하는 자리에 수행하였는데 이 자리에서 기자단이 대통령께 카메라를 기념품으로 증정하였고 대통령께서는 즉석에서 그 카메라로 사진을 찍으셨다. 이 모습이 일부 신문에 보도되기도 하였다. 매우 즐거운 수행이었다.

40 대통령 동정 관계 통계를 의전수석실에서 작성하여 보고한 것의 사본이 내 다이어리에 꽂혀 있다. 그 내용은 다음과 같다.

[접견 및 행사현황보고]

1. 행사 구분별 현황

① 접견: 계 12,026회, 163,290명(1일 평균 111.8명 접견)

·업무보고: 8864회, 19,670명 ·접견: 925회 8,007명 ·회의: 225회, 11,596명

·연회: 1,467회, 114,395명 ·정상회담: 24회, 24명(해외 별도) ·회견: 77회, 736명

·훈·포장 수여: 101회, 880명 ·임명장 수여: 184회, 2,955명

·신임장 제정: 104회, 104명 ·시도 업무보고: 55회, 4,923명

우 대통령 주요어록 책자(333쪽)이었다. 이 자료를 토대로 언론의 보도가 잇달았거니와 대통령께서는 전술한 바와 같이 2월 22일 출입기자들과 오찬 기자회견의 기회를 갖고 기자들의 질문에 답변하는 가운데 4주년을 맞는 소감으로부터 지난 4년의 회고 그리고 당면한 국정과제에 대한 견해를 밝혔다.

가장 보람 있었던 일이 무엇이냐는 기자의 질문에 "내 몸이 희생되더라도 국민이 소망하는 바가 이루어진다면 그 이상 더 큰 보람이 어디 있겠습니까"라고 전제하면서 취임 후 6·29선언을 실행해야 하는 임무와 사명을 부여받아 그 실천을 위해 노력했으며 한때 무정부적인 상황이 벌어질 정도로 허물어지는 것 같아 민주화가 될 수 있을까 의심하기까지 하였으나 결국 민주주의를 성취하였으며, 북방정책 또한 목표의 80% 정도 이루어내었고 남은 1년 노력하여 5% 정도만 후임자에게 인계할 수 있을 듯하여 민주화와 더불어 보람이 되겠다고 답변하였다. 재임 중 어려웠던 일은 '경제적인 면에서 고통도 있었고 보람도 있었다'면서 노사문제와 관련하여 '책임 없는 대통령'이란 비난을 받으면서까지 참고 견딘 결과 다행히 국민들께서 한계를 지켜 주었기에 자율화와 민

---

② 시찰 및 행사: 계 349회
- 민정 시찰: 75회 · 군부대 시찰: 44회 · 각종 기념행사: 101회
- 문화예술행사: 38회 · 각급 기관 순시: 82회 · 해외 순방 9회

2. 접견 대상별 현황
- 청와대 20,045(12.3%) · 국회·당·정치인 29,782 (18.2%)
- 행정부 26,245(16.1%) · 사법부 552(0.3%) · 헌법기관 7,386(4.5%)
- 정부산하기관 465(0.3%) · 전직 요인 849(0.5%) · 군인 4,744(2.9%)
- 경찰 1,394(0.9%) · 검찰 358(0.2%) · 법조계 269(0.2%) · 경제인 11,943(7.3%)
- 언론인 4,873(3.0%) · 종교문화예술계 2,953(1.8%) · 학계 3,260(2.0%)
- 여성계 781(0.5%) · 체육계 6,438(3.9%) · 여론지도층인사 12,635(7.7%)
- 재외국민 4,857(3.0%) · 청소년(어린이) 2,506(1.5%)
- 보통사람 및 기타 14,540(8.9%) · 외국인 6,165 (3.8%)
- 북한인사 33(0.1%) · 지방자치단체 213(0.1%)

주화가 이루어질 수 있었다고 말씀하였다. 북한 영변 핵문제와 관련하여서는 북측이 핵 사찰 등을 자꾸만 미루려는 듯한 낌새를 보이고 있지만 실무 접촉 등을 통하여 유야무야로 흘려버리지 않도록 최선을 다하겠다고 말씀하시고, 재벌이 정당을 만들어 돈을 마구 쓴다는 질문에는 자칫 탄압이라고 비난할지 모르겠으나 정부의 공명선거에 대한 의지는 확고하며 금권·타락 선거는 용납될 수 없다는 여론 또한 따갑기 때문에 성숙한 결과가 나오리라 믿는다고 답변하셨다.

남은 임기 동안 역점을 두고자 하는 일을 물은 데 대하여 "총선거와 대통령 선거를 공명정대하고 훌륭하게 치러냄으로써 6·29선언이 명실공히 실천되고 또 실천된 바가 궤도에 올랐다는 국민의 평가를 받고 싶다"라고 말씀하신 뒤, "경제가 실패하면 민주화를 하고 싶어도 못하므로 경제활력 회복에 최선을 다할 것입니다"라고 다짐하였다. 순외채, 외환보유고, 무역수지 등 경제지표가 호전되고 있으며 사회간접자본 투자, 기술개발, 기술인력 양성 등 투자한 효과는 결과가 나타나기까지는 다소 시간이 걸리므로 앞으로 좋은 결실이 기대된다고 하면서 "민주화를 이룩한 대통령, 통일의 기초를 닦은 대통령, 경제도약을 성공시킨 대통령으로 매듭지어졌으면 좋겠습니다"라는 희망을 피력하였다. 다만 경제부문은 '도약까지는 어렵더라도 어려움을 극복해 낸 대통령으로 평가될 수 있도록 최선을 다할 생각'이라고 다짐을 하였다.

사실 취임 4주년을 맞는 시점에서 대통령의 재임기간은 진통기 - 조정기 - 안정기를 거쳐 왔다고 요약할 수 있었다. 취임 후 여소야대 구조하에서 노사분규 폭발, 5공 청산 요구 등 각계의 욕구가 폭발했던 진통기를 지나 3당 통합 후의 조정기 그리고 1991년 지방자치의회 선거와 유엔 동시가입이 이루어진 후의 안정기로 발전되어 온 것이다. 이런 과정을 거치면서 노 대통령이 전술한 기자회견에서 언급한 대로 정치 면에서의 민주화 정착, 북방외교의 뚜렷한 성과, 경제 면에서의 진전, 그리고 사회 부문에서의 노력 등을 좀 더 부연하고 국내외 언론에서의 평가·보도 등도 기록해 두고자 한다.

먼저 민주화 정착에 관하여 살펴보기로 하자. 잘 알다시피 노태우 대통령은 5공화국 권위주의체제의 종식을 열망하는 국민적 민주화 요구를 받아들여 이른바 6·29선언을 하였으며 여야 합의로 헌법을 개정한 뒤 국민 직접선거에 따라 대통령으로 선출되어 취임한 것이다. 6·29선언 8개 항으로 집약되는 대국민 약속이 그대로 지켜지는 경우 곧 우리나라의 민주화가 정착된다고 할 수 있다. 노 대통령은 1991년 지방의회 구성을 마침으로써 6·29선언에서 약속한 사항들을 모두 실천하였다고 평가될 수 있었다. 이 내용은 앞으로 다음 장에서 다룰 6·29선언 5주년 기념평가 때 자세히 검토되겠지만 대통령 직접선거가 실시되고 형사절차상 구속적부심사 조항의 부활 등 인권 신장, 언론자유 보장[41], 학원자율화와 해외여행 자유화 그리고 문화예술창작활동의 자유화 등의 조치는 바로 민주화의 토대가 구축되고 국민 모두가 열망하던 민주화 요구가 실현된 결과였다. 권위주의를 청산하는 차원에서 총 법령의 50%에 달하는 1,673건이 정비되기도 하였다.

북방정책의 성과가 눈부신 것이었음은 자타가, 세계가 인정하는 바이다. 민주화 정착이 국민적 요구를 받아들여 가는 수동적인 국정수행이었다면 노태우 대통령의 북방정책은 국제정세의 대전환이라는 상황 전개에 능동적으로 대처하여 대전략을 구상·계획하고 선제적으로 실행하여 큰 성공을 거둔 것이다. 88서울올림픽 준비과정에 착수, 올림픽 성공적 개최의 여세를 몰아 동구권 수교를 시작으로 중국·쿠바를 제외한 모든 사회주의 국가와의 관계 정상화 그리고 1991년 9월 남북 유엔

41 언론자유는 가히 만개하였다는 표현이 걸맞을 정도였다. 일간지 68개, 방송사 7개, 잡지 2,606개가 늘어났다는 양적 신장 외에도 당시 언론인들은 모두 당시 언론자유가 방종을 걱정할 정도로 보장되었다고 회고하고 있다.

동시가입을 이루어낸 것은 참으로 자랑할 만한 일이었다. 7회의 한미 정상회담, 5회의 한일 정상회담, 3회의 한소 정상회담을 비롯하여 많은 정상과의 빈번한 만남을 통하여 한반도 냉전 종식을 선도했다.

남북관계에도 큰 진전이 있었다. 6차에 걸친 남북총리회담을 통하여 남북한기본합의서와 비핵화공동선언을 채택·발효하는 역사적인 진전을 이룩하였다. 남북교류협력에 관한 법률 및 남북협력기금법을 제정·시행함으로써 남북한의 인적·물적 교류도 크게 증가하였다. 구체적으로 말한다면, 1989년 6월 이후 북한 방문은 14건에 421명, 남한 방문은 7건에 466명을 기록하였고 물자교류는 1988년 4건에 100만 달러 수준에서 1991년 386건에 1억 9천2백만 달러로 늘어났다.

경제 면에서의 성과도 괄목할 만하다. GNP 규모는 1987년 1,289억 달러에서 매년 9.2% 증가하여 1991년 말엔 2,700억 달러(세계 15위)였으며, 1인당 국민소득도 3,110달러에서 6,253달러로 2배 이상으로 늘어나고 있었다. 무역 규모도 2배가량 증가하는 등 확실한 성장세를 이어나가고 있었다. 다만 1986년 5공 말 처음으로 46.2억 달러 흑자 규모를 달성한 경상수지가 1988년 141.6억 달러를 정점으로 1989년에는 50.5억 달러로 감소하더니 1990년에 들어서면서 21.8억 달러 적자로 돌아섰고 1991년에는 94억 달러 적자로 그 적자 규모를 확대하기에 이르렀다. 게다가 소비자물가도 1987년도 6.1%에서 1988년 7.2%, 89년 5.1%로 소강상태를 이루다가 90년 9.4%, 91년 9.5%로 두 자릿수에 육박하는 상태로 악화되었다. 더구나 정권 초기 극심하던 노사분규까지 합쳐져 경제가 망가지는 것이 아니냐는 걱정을 증폭시켜 한때 6공은 경제정책 실패정권이라는 말이 회자될 정도까지 되기도 하였다. 그러나 실상은 그렇지 않았다.

집권 4년이 되는 1992년 2월 24일의 경제상황은 권위주의체제에서 민주화로의 성공적 전환과 함께 그동안의 혼란과 불안을 극복하고 안정과 발전으로 확실히 도약하고 있었다. 무역수지도 1991년 94억 달러 적자

수준에서 저점을 찍었으며 그와 관련된 외채도 5공 당시 연평균 384억 달러에서 1991년까지 4년간 연평균 329억 달러로 감소하였다. 순외채는 5공 당시 연평균 283억 달러에서 지난 4년간 연평균 69억 달러로 개선되었고 소비자 물가 역시 1991년 말 9.5%로 정점이 되었다.[42]

오히려 무리하지 않고 경제를 경제논리에 따라 순리적으로 정책을 세우고 집행하였기 때문에 일시적 퇴조가 있다 하더라도 장기적으로 우리 경제의 발전에 적절한 기여를 했다는 평가가 힘을 얻고 있다. 사실 노 대통령이 지난 4년간 추진한 첨단산업 위주의 산업 고도화와 제조업 경쟁력강화를 주축으로 한 산업 구조조정 정책은 기술개발 지원, 대학 이공계 증원 등 고급기술인력 양성, 제조업 금융지원, 공장부지 공급 등을 중심으로 추진되었다. 이에 더하여 사회간접자본기획단 중심의 도로·항만·공항·철도 등 사회간접자본 투자계획 수립·실행, 200만 호 건설을 중심으로 한 주택공급계획(목표 1년 전 달성)과 토지공개념 도입 등의 부동산대책 등 이루 헤아릴 수 없는 경제관련 정책을 수립하고 시행하여 상당한 성과를 올렸음은 물론 중장기적인 경제발전 토대 구축에도 크게 기여하였다고 믿는다.

그 밖에도 사회 면에서 실시한 범죄와의 전쟁 및 새질서·새생활운동의 꾸준한 추진도 취임 4주년에 기억해야 할 일일 것이다.

취임 4주년에 즈음하여 미국 헤리티지재단의 에드윈 풀너 회장이 2월 24일 자 〈워싱턴타임스〉(*Washington Times*)에 "아시아의 분명한 자유와 횃불"이란 제목으로 "세계무대에서 주요 역할을 담당하게 된 한국의 정치·경제적 발전의 많은 부분은 노태우 대통령의 재임 중에 이루어졌다. 25일로 그는 취임 4주년을 맞는다. 임기를 꼭 1년 남겨 놓은 노 대통령의

42 1992년 말 경제성적표는 후술하겠지만 무역수지 적자는 40억 달러 수준이었으며 소비자물가는 4.4% 인상이 될 것이라고 경제수석이 1992년 12월 7일 수석회의에서 보고하였다.

업적은 인상적이다"라고 전제하고, 경제 · 정치 · 외교 면에 걸쳐 이룩한 일들을 열거 · 설명한 뒤[43] '노 대통령은 한국이 이제 책임 있는 민주세력으로서 미국과 성숙한 동반자 관계에 접어들고 있는 가운데 집권 마지막 해에 들어선다. 이 지역에서 한국의 영향력은 이제 막 호기好機를 맞이하고 있다'고 찬사를 마무리하였다.

그 밖에도 필리핀의 시사주간지인 〈퍼시픽리뷰〉와 일본의 〈산케이신문〉(産経新聞)의 논설 등 적지 않은 외국 매체의 칭찬하는 보도가 이어졌다. 뿐만 아니라 공보처가 취임 4주년에 즈음하여 여론조사기관인 대륙연구소와 미디어리서치에 의뢰하여 실시한 여론조사 결과도 상당히 긍정적 반응을 보이고 있었다. 설문조사에서 나타난 긍정적 반응은 각각 다음과 같다(수치는 대륙연구소, 미디어리서치 순).

① 민주화 척도: 58.6%, 71.2%
② 언론의 자유: 71.3%, 74.0%
③ 노동조합결성의 자유: 58.1%, 49.9%
④ 학문 · 예술 · 종교의 자유: 71.4%, 74.8%
⑤ 생활 수준: 58.4%, 73.9%
⑥ 남북관계 개선노력: 82.1%, 72.5%
⑦ 북방정책의 성과: 66.0%(미디어리서치 해당 없음)
⑧ 잔여임기 중 역점분야-물가안정, 경제활력 회복: 56.5%, 74.4%

43 풀너 회장은 '경제 면에서 집권 이래 매년 10% 성장하여 세계 12대 교역국이자 미국의 7대 교역대상국이다, 1970년대 이래 다양한 자유시장 개혁을 추진해 온 한국은 경제적 기적을 이룩했다, 1980년대는 한국에 있어서 민주주의의 10년으로서 당시 집권당 대표이던 노 대통령이 1987년 6월 획기적인 개혁안을 제시하였고 새 헌법은 정부 내 권력 균형과 시민권을 보장하였으며 각계각층 지도자는 자신의 견해를 거리낌 없이 자유롭게 발표할 수 있다, 외교 면에서도 한국의 주도적인 정책으로 남북한은 1990년 말 고위급회담을 시작하였으며 남북한 간에 화해 증진과 군사적 긴장을 완화하는 합의서에 서명하고 핵개발 야욕을 포기하겠다는 약속을 받아냄으로써 눈부신 성공을 이루었다'라고도 적었다.

⑨ 사회기강 및 민생치안 확립: 18.9%, 6.4%

취임 4주년에 즈음한 국내의 보도상황도 그렇게 나쁘지만은 않았다고 기억된다. 그러나 그동안 잘못한 일, 미흡한 일, 뜻하지 않은 정책 수립과정의 부작용 등 반성하고 개선해야 할 일은 지금까지 열거한 업적·자랑거리에 비하여 그 무게가 조금도 가볍지 않았을 것이다. 많은 일을 하고 겪는 가운데 지나가고 잊어버림이 인지상정이기도 하지만, 좋은 일이 있을 때 더욱 조심하라는 것이 선인들의 가르침이다.

2월 25일 청와대 비서실장 다이어리에는 다음과 같이 적혀 있다.

6:00 기상, 서류 열독으로 시작

8:20 출근

8:50 수석회의

9:30 권익현 통화 OK

10:00~10:30 취임 4주년 하례

11:00 육군참모총장 복무계획 보고 배석

12:00 수석오찬 거창사건 문제: 행정·사정·정무 협의

14:30 직원 서훈 전수(흔들리지 않고 중심잡기 강조)

15:15 대통령 보도사진전 참관 수행

17:00 구내이발관 이발 도중 각하 전화(거창문제)

18:15~20:20 취임 4주년 만찬(당 최고위원, 3부 요인 등)

21:00~23:00 전국구 심사(궁정동, 사무총장)

23:00~24:00 서류 읽기, 출장 준비 등

24:00 취침

여기서 '거창사건'은 경남 거창군 여당 후보인 이강두 씨가 금품을 살포한 현장이 발각되어 입건·구속된 일이다. 정말 바람 잘 날 없는 하루하

루라 해야겠다. '권익현 통화 OK'는 권 전 대표와의 통화에서 지역구를 포기하고 전국구 후보로 나설 것을 제의한 데 대해 동의했음을 뜻한다.

경제 활성화를 위하여

3월 7일 선거일 공고로 민주국가에서 가장 중요한 국사인 총선거 운동이 시작되었다. 모든 이목과 관심이 선거에 집중되는 이른바 선거철이 된 것이다. 청와대 비서실도 선거에 눈을 떼거나 귀를 막아서는 안 된다. 그렇다고 국정수행의 책무는 한순간의 방심도 허용되지 않는다.

통상 1월~3월 1/4분기는 한 해 국정의 시동을 거는 중앙부처 연두 업무계획 보고, 그리고 지방자치단체 순시가 주된 국정수행이 된다. 전년도의 경우 지방순시까지 끝났을 때가 4월 4일이었다. 올해는 그렇게 할 수가 없었다. 임기 마지막 해인 데다 소화해야 할 정치일정이 줄지어 기다리고 있었다. 3월 7일 경상북도 도정 보고를 끝으로 지방순시를 일단락하였다. 앞서 말했다시피 제주도 순시는 부득이 4월 17일에 행하였다. 정말로 빽빽한 일정이었다.

그런 가운데서도 경제 활성화를 향한 대통령의 노력은 끊이지 않고 계속되고 있었다. 새해 시무식이 끝나자마자 1월 4일 첫 국정 집행으로 경제장관 12명을 청와대로 불러 새해 최우선 국정과제가 경제임을 강조하고 선거에 영향 받지 않는 경제운용을 지시한 일은 이미 언급한 바 있다. 뿐만 아니라 지난 연말 아침수석회의에서는 임기 말까지 월 1회 이상 경제장관회의를 개최하면서 경제각료를 독려할 필요가 있다고 의견을 모은 적 있었다.

이러한 경위로 2월 20일 10시 청와대에서 경제동향 보고회의가 소집되었다. 경제부총리를 비롯한 6개 경제부 장관이 모인 자리에서 먼저 경제정책에 가해지는 부당한 비판에 적극적으로 대처하자는 대통령의 말씀이 있었다. 물가대책과 관련하여 경제부총리는 전번 국정보고에서 논의되었던 시도별 대책평가 결과를 토대로 사각이 없도록 철저히 관리하고 책임 분담이 이루어지도록 할 것이며, 재무부는 자금흐름이 선거의 영향을 받아 왜곡되는 일이 없도록 거듭 다짐함과 아울러 한국은행을 비롯한 국책은행의 임금교섭이 조속히 타결되도록 할 것, 상공부는 무역수지와 관련하여 수입억제책으로서 수입 의존적 산업구조에 대한 개선대책을 수립하여 보고하도록 지시를 하는 한편, 현장에 뛰어들어 정책이 효율적으로 집행되도록 노력하라는 당부의 말씀도 있었다.

건설부는 부동산가격 안정대책과 관련하여 일부 지역의 건설 과열에 대한 대책, 특히 언론의 부추김을 방지하고 중개업자·중소 건설업체의 불순한 동향에도 관심을 가질 것을 주문받는 한편, 교통부는 경부고속전철과 영종도공항 등 사회간접자본 투자사업을 적극 추진하여 조속히 착공하도록 하라는 지시를 받았다. 위에서도 언급하였지만 경제정책에서 가장 문제가 되던 물가와 국제수지를 안정시키기 위하여 문제가 일어나기 전에 미리미리 해결하려는 노력을 기울이자고 다짐하였다.

3월은 선거기간 중이었음에도 경제장관 보고가 2번이나 진행되었다. 3월 11일 11시부터 약 1시간가량 계속된 경제장관 보고회의에서는 경제기획원·내무부의 물가안정 대책 집행, 경제기획원의 설비투자 정책에 대한 TV 설명과 실업률 계산방법 문제, 건설부의 건축물량 적정배분 문제, 재무부의 선거 관련 자금흐름과 금융기관 임금협상 현황, 농수산부의 농수산물 가격 안정대책, 상공부의 수출입 무역수지 관련 유류수입량 문제, 건설부의 건설 과열문제 등에 대하여 보고하고 이에 대한 토의 및 지시가 있었다. 이때 경제안정화 시책과 관련하여 5% 이내 임금안정이 달성되도록 강조하였다.

선거가 막바지에 이른 3월 20일에도 경제장관들은 대통령의 간곡한 독려를 감당해야만 했다. 그날 16시 과천 정부청사 회의실에서 먼저 경제부총리는 생활물가 상황과 대책을, 재무부 장관은 증권시세, 중소기업금융 대책, 노동은행 설립 진행상황을, 농수산부 장관은 연 40만 명이 이농하는 농촌 현실을, 상공부 장관은 3월 국제수지가 수출 63억 달러, 수입 73억 달러로 예상되어 방심할 수 없다는 사실을, 동자부 장관은 원유 수입증가세가 둔화된다는 보고를 하였다. 보고를 받으신 대통령께서는 제조업 경쟁력강화로 수출을 지속적으로 확대시키고 기술경쟁력도 강화하라, 생활물가 안정에 최선을 다하라, 대기업과 중소기업의 관계가 잘 설정되도록 하라, 공정분배가 이루어져 정당한 대가를 받을 수 있다고 생각하는 분위기를 만들라고 지시하셨다. 그리고 농촌인력 대책으로 일손돕기 캠페인을 벌여 공무원·군인 이외에 일반인의 참여도 유인해 보자고 말씀하였다. 또한 전력 절약과 관련하여 과도한 전력 사용을 막을 수 있는 다양한 홍보책도 강구해 나가자며 그야말로 세세한 걱정까지 아끼지 않았다.

대통령께서는 경제장관들을 자주 부르거나 만남의 기회를 만들며 가히 닦달에 가까운 감독과 격려를 계속하는 한편 중견기업인(2월 17일), 증권·보험업계 인사(2월 20일), 농수축협 관계자(3월 5일) 모범 근로자(3월 12일) 등을 오찬에 초대하여 경제 활성화를 위하여 분발할 것을 당부하였다. 또 지방순시를 기회 삼아 지방의 시장(2월 19일 전주 남부시장, 2월 2일 대전 농수산물시장), 산업현장(2월 19일 전주 BYC) 등을 방문하여 애로사항을 청취하고 해결책을 함께 의논하려는 노력도 마다하지 않았다. 대통령의 경제에 대한 노력은 그야말로 진지하고도 정성이 담긴 혼신渾身, 그것이었다.

이와 같은 경제장관들과의 회동으로 언론에서도 호의적 보도가 이어졌다는 보고였다. 2월 21일, 3월 12일, 3월 21일 아침수석회의에서는 대통령의 경제장관 보고회의 내용이 방송을 중심으로 크게 보도되었으며 물가정책과 관련하여서는 내무부 장관을 참석시켜 지방자치단체가 관심을 갖도록 하는 방책이 효과를 본다는 보고도 있었다.

14대 국회의원 선거와 공명선거관리

3·24 14대 국회의원 선거가 막을 올렸다. 3월 7일 정부의 선거공고와 더불어 입후보 등록이 시작되면서 진군의 나팔소리가 울린 것이다. 이번 선거는 사실상 민주화 이후 최초의 총선거라고 볼 수 있다는 점에서 역사적 의의가 크다고 생각되었다. 13대 총선거가 6·29선언 이후에 치러지긴 하였으나 민주화 초기단계, 대통령 선거의 연장선상에서 과거의 선거 양태와 유사한 선거였던 데 반하여 민주화 이후 4년이 훌쩍 지난 시점에서 시행되는 14대 선거는 민주화 4년여에 대한 평가의 뜻도 지니기 때문이다.

더구나 그동안 여당인 민정당은 민주·공화당과 3당 합당을 하였으며 야권도 김대중 중심의 평화민주당이 이기택 중심의 신민주연합과 통합하여 여야의 정계개편이 있었다. 이에 더하여 기성정치를 부정하고 새로이 경제도약의 기치를 내건 정주영 중심의 통일국민당이 등장하였다. 이와 같은 정계의 변화에 대한 국민의 평가가 향후 한국 정치의 향방을 제시하는 큰 뜻을 지닌다는 점에서 한국 민주사에 하나의 획을 긋는 일이라고도 생각되었다.

청와대로서는 이러한 큰 정치적 행사가 공명하고 원만하게 치러짐으로써 한국의 민주정치가 한 단계 격상되고 6·29선언의 또 하나의 성취로 기록되기를 소망하고 있었다. 여당이 승리하여 안정 의석을 확보해야 하는 것 또한 다시 말할 필요조차 없는 과제였다. 그동안 연초부터 야간작업을 거듭하면서 공천작업에 골몰한 것도 선거승리를 위한 기초작업이었다. 6공 정부가 출범한 지 4년여 지난 시점에서 치러지는 이번 총선거와 관련하여 대통령께서는 "꿀릴 것"이 없다는 말씀을 여러 번 하셨다. 그것은 권위주의 정부에서는 늘 민주화·인권 문제같이 켕기는 일을 두고 선거를 치러야 했지만 6공 정부하에서 민주·인권은 더 이상 쟁점이 될 수 없으며, 그동안 성취한 민주화 그리고 북방정책 수행의 성과와 더불어 경제 활성화를 위한 정부의 노력과 진전 상황을 그대로 유권자들에게 인식시킨다면 응분의 성공을 거둘 수 있다는 확신이었다. 정부·여당이 노력한 바를 그대로 솔직하게 보여 준다면 그것이 바로 득표로 연결될 수 있다는 말씀이었다. 2번의 지방자치의회 선거에서 기대 이상의 지지를 받을 수 있었다는 사실도 어느 정도 자신감을 갖게 하는 요인이 되고 있었다. 그러나 세상만사 자기 생각대로 굴러가지 않음을 생각할 때 두려움이 앞서기도 하는 것이 선거에 임하는 모든 당사자의 솔직한 심정이 아니겠는가.

3월 10일 마감된 지역구 후보등록에서는 총 1,052명의 후보자가 등록하여 평균 경쟁률은 4.4 대 1로서 13대 때의 4.7 대 1보다 약간 낮은 경쟁률을 보이는 것으로 집계되었다. 소속정당별 입후보자는 민자당 237명, 민주당 225명, 국민당 189명, 신정당 111명, 민중당 52명, 공명민주당 12명, 무소속 226명이었다. 최고경쟁률은 경기 광명시의 9 대 1, 여야 1 대 1 지역도 여주, 성주·칠곡 등 7개 지역이었다. 무소속후보가 전체의 21.5%를 차지하여 역대 어느 선거보다 높은 비율을 보였다는 점이 특징 중 하나였다.

정주영 회장이 창당한 국민당 후보의 성향을 분석한 결과 여권이탈인사 80명(42%), 야권이탈 인사 45명(24%)이었으며 신진인사는 64명(34%)이었는데 구리시 이주일, 전국구 최불암(최영한)·강부자 등 연예인 출신이 눈에 띄기도 하였다.

각 당은 선거대책본부를 발족하면서 당대표와 선거대책본부장 등이 기자회견을 갖고 출사표를 던지는 한편 중앙당과 지역구 간에 유기적 협조체제를 갖추고 득표활동을 향한 총력전에 들어갔다. 여당도 김윤환 사무총장을 선거대책본부장으로 정하고 김영삼 대표의 지휘하에 당력을 총동원하여 3·24 골인지점을 향한 진군에 박차를 가하였다. 청와대 비서실은 여당과 목표를 공유하면서도 다른 차원에서 고민하는 책무까지 감당해야 했다. 선거의 전 과정이 공정하게 진행되도록 중립적 입장에서 보살필 최종 책임이었다.

연초부터 대통령께서는 공명선거를 강조하였다. 전년도 두 차례 지방자치의회 선거에서도 같은 방침을 가지고 돈 안 드는 깨끗한 선거를 하자고 거듭 말씀하였고 큰 성과가 있었다고 평가되었지만, 이번에도 공명선거를 향한 의지는 확고하기만 하였다. 연두부터 기회가 있을 때마다 기자회견을 통하여, 정부의 관련 회의 때 훈시를 통하여, 그리고 연두 지방순시의 기회에 지시사항으로 빠짐없이 공명선거, 돈 안 드는 깨끗한 선거를 말씀하고 또 말씀하였다. 특히 대통령께서는 2월 28일 법무부 장관으로부터 선거사범 단속계획을 보고받는 자리에서 선거사범은 초기부터 일관성 있게, 그리고 엄정하게 법을 집행하여야 한다고 말씀하면서 사전경고를 강화하여 범법행위를 예방하는 노력을 함으로써 그야말로 공명하고 깨끗한 선거 분위기를 이어나갈 수 있도록 유념하라고 지시하였다.

3월 3일 법무부가 선거를 앞두고 개최한 전국검사장회의를 마친 뒤 청와대를 예방한 법무·검찰 간부 38명에게 오찬을 베풀면서 같은 취지의 훈시를 하셨다. 이에 더하여 대통령께서는 특별한 쟁점이 없이 치르는 이번 선거에서는 정당과 후보자들 간의 지나친 경쟁으로 불법·타락선거의 폐습이 되살아날 조짐이 있으므로 금품과 선심 제공, 폭력과 선동은 물론 음성적인 불법자금 조달에 이르기까지 모든 위법·탈법 행위를 여야를 불문하고 가차 없이 적발·처벌함으로써 선거법을 위반하면 당선될 수도 없을 뿐만 아니라 당선되더라도 소용없다는 사실을 모두가 깨닫도록 해야 한다고 말씀하였다. 그 밖에 산업현장의 불법행위 등 선거철의 이완된 분위기를 틈탄 불법 집단행위나 법질서 문란행위도 엄단하여 사회기강이 해이해지는 일이 없도록 하라고 지시하셨다.

노 대통령께서는 그 밖에도 국무총리로부터 3월 5일과 13일, 그리고 20일 주례 국정보고를 받는 자리에서 불법 선거사범 단속과 사회기강 확립을 강조하면서 선거기간 중 기강을 해치는 문란행위가 없도록 관계부처를 철저히 지휘·감독하라고 말씀하였다.

이와 같은 대통령의 의지와 국민적 기대에 부응하여 검찰·경찰 등 법집행기관은 선거공고 전부터 사전선거운동 등을 철저히 단속하였다. 이미 언급한 바 있거니와 2월 25일 경남 거창에서 여당의 이강두 후보가 금품을 살포하다가 현장에서 발각되는 일이 있어 당에서는 즉각 공천을 취소하고 다른 후보자로 교체하는 한편 구속수사하는 조치를 취하였다. 여당이라고 하더라도 이와 같은 범법행위에 대하여는 단호한 법적용이 있어야 한다는 판단 때문이었다. 이와 같은 방침에 따라 입후보등록이 마감되던 3월 10일 현재 선거사범으로 이미 121건 190명이 입건되었으며, 그 가운데 9건 15명은 구속되었고 112건 175명은 불구속 처리되었다고 사정수석이 3월 11일 아침수석회의에서 보고하였다.

이와 같이 공명선거 성취라는 목표 아래 출발한 선거운동은 큰 사건 없이 진행되었다. 비서실에서는 선거상황을 파악하는 데 최선을 다하면서 제기되는 문제에 대하여 지체 없이 대책을 강구하는 등 최선을 다했다. 예측대로 선거는 큰 이슈 없이 차분한 가운데 진행되었으며 연말 대통령 선거를 앞둔 잠재 후보자들의 경쟁장으로서의 면이 없지 않았다. 후보자 간에 흑색선전이나 고발전이 적지 않게 발생하는 것도 하나의 특징이 되었다.

3월 16일 선거가 중반에 이르렀을 때 본관수석회의가 열렸다. 그날 정무수석은 선거 분위기가 차분한 가운데 국민당의 금품 살포행위 등이 문제가 되고 있으며 유권자의 50%가 부동층인 것 같다고 보고하였다. 정당 연설회의에 참석한 인원은 민자당이 민주당보다 많은 편이며 현재 선거에 참여한 정당은 여당 이외에 민주, 국민, 신정, 민중, 공명민주 등 5개당이라고 말하였다. 행정수석은 선거인명부 확정, 투표 통지, 연설회 등 선거관리 사무가 원활히 진행되고 있으며 공명선거 캠페인과 치안질서 확립, 새질서·새생활운동도 예정대로 공명선거 분위기 조성에 기여하고 있다고 보고하였다. 사정수석은 선거사범으로 195건 339

명을 입건하였는데 정당별로 민자당 75명, 민주당 54명, 국민당 50명, 신정・민중・공명민주 등 3개 정당[44] 17명, 기타 143명으로 여야 구별 없이 공정한 법집행이 이루어지고 있다고 보고하였다. 대통령께서는 공명선거를 다시 강조하시고 여당이 더욱 분발하라고 말씀하였다.

무슨 일이 일어나면 대책을 논의하는 당정회의도 특별히 열 필요가 없었으며 다만 국민당이 벌인 금품 살포행위 등 기타 도를 넘는 정당활동과 관련하여 청와대가 관계 정부부처와 머리를 맞댄 일이 두세 차례 있었을 뿐이다. 대통령께서도 선거 후반이었던 3월 18일 당의 세 최고위원을 청와대로 초청하여 조찬을 함께 하면서 화기 가득한 가운데 그동안의 노고를 치하하고 선거상황과 대책을 논의하는 모임을 가졌다. 그리고 3월 21일 12시 당 사무총장으로부터 선거상황을 보고받을 기회가 있었다. 이 자리에서는 김영삼 대표의 대권 연계 발언이 선거에 도움이 되지 않는다는 의견이 교환되어 자제를 요청하기로 하였으며 선거판세를 지켜본 결과 당초 목표로 설정한 60% 의석 확보가 쉽지 않다는 보고와 관련하여 전국구 후보 활용방안이 강화되어야겠다는 말도 있었다고 기록되어 있다.

아무튼 투표일이 가까워지고 있었다. 악재가 발생하지 않아야 된다는 바람에 찬물을 끼얹는 뜻밖의 일이 잇달아 일어났다. 강남을구에서 3월 21일 일어난 안기부 직원 한기용 외 3명의 유인물 살포행위와 3월 22일 육군 9사단 소속 이지문 중위의 부재자투표 관련 양심선언이 그것이다. 전자는 안기부 직원 4명이 강남을구 민주당 홍사덕 후보의 사생활을 비난하는 내용의 유인물을 개포동 아파트단지에 살포하다가 홍 후보 측 운동원에게 적발된 사건이다. 검찰은 이들 4명을 구속 수사하는

44 선거 결과 5개 야당 중 민중(대표 이우재), 공명민주 등 2개 당은 당선자를 내지 못하였을 뿐만 아니라 총득표수가 2%에도 미치지 못하여 당 등록이 취소되고 민자・민주・국민・신정 등 4개 정당만 존치하게 되었다.

데, 이들이 배후관계를 부인하고 있다는 것이었다. 후자는 육군 이지문 중위(ROTC 29기)의 양심선언으로서 부재자 투표 시 공개투표·기표 확인 등 부정행위가 있었다는 폭로였으나 국방부는 진상을 규명한 결과 기자회견 내용이 거짓이라고 밝히는 등 공방이 계속된 사건이었다. 두 사건 모두 공명선거를 위한 정부의 노력에 어긋나는 일이었다. 만족할 만한 진상규명 결론이 나기 전에 투표가 이루어졌고 홍사덕 후보는 큰 표 차이로 당선이 되었다. 공명선거를 향한 정부의 의지로 보아 여당의 득표 면에서 큰 악재임이 틀림없었다.

드디어 3월 24일 역사적인 투표일이 되었다. 아침 일찍 투표하러 나서는 대통령을 수행하기 위하여 청와대 관저로 향하였다. 오전 8시 출발하여 대통령께서 영부인과 함께 서울맹아학교에 설치된 투표소에서 투표하시는 데 수행하였다. 곧 관저로 돌아와 경호실장, 공보·의전수석 등과 함께 대통령을 모시고 9시 20분까지 조찬을 하였다. 9시 반 물러나 서교동 집으로 갔다가 투표를 마치자마자 11시 출근하였다. 이제는 투개표가 무사히 끝나고 선거 결과가 잘 나오도록 기도하는 마음이었다. 이런저런 상황을 확인하고[45] 삼청동회의실에서 곰탕으로 저녁식사를 마친 뒤 관저로 달려가 20시 반 대통령께 보고드리고 지시를 받았다. 먼저 다음 날부터 소화해야 할 대통령 일정으로 선거 결과가 나오는 3월 25일 선거 결과에 대한 대국민 메시지 발표, 3월 26일 국무회의 개최, 당무회의, 당선자대회 등이 예정되었다고 보고드렸으며 당정개편 문제, 국민당 및 현대그룹 관련 문제, 선거사범, 특히 안기부 직원과 관련된 사건을 비롯하여 선거 후 정리할 문제들에 관하여 대통령의 말씀을 듣는 시간을 가졌다.

45 투표율은 71.9%로 비교적 낮은 것으로 나타났다. 13대 대통령 선거 89.2%나 13대 총선의 75.8%보다 낮았으며 역대 총선 평균투표율인 80.8%보다도 8.9%포인트 낮았다. 그러나 선진국의 예에 비추어 그렇게 낮다고 할 수는 없는 수치여서 큰 문제가 될 것은 없었다.

물러나자 바로 사무실에 가서 TV로 개표상황을 시청하면서 자정까지 머물렀다. 처음에는 괜찮은 결과가 나오는 것 같았으나 점차 기대 밖의 결과로 개표가 진행됨에 따라 내무부 장관, 서울시장 등과 전화로 의견을 교환하면서 불안한 시간을 보냈다. 자정이 넘어서야 공관으로 돌아왔으며 새벽 2시 넘어 잠자리에 들었다. 개표결과를 시청하면서 다이어리에 "방심, 구심점 없음(경북), JP, 공천문제, 악재" 등이라 끼적거렸다. 전체적으로 3당 통합, 지방자치의회 선거 승리 등을 믿고 우세를 낙관하였으며 특히 국민당에 대한 생각도 포함하여 방심하였다는 반성과 함께 대구·경북에서의 무소속 및 국민당의 괄목할 만한 진출, 그리고 대전·충남에서의 부진은 각각 중심점 부재와 JP 영향력의 퇴조가 문제였던 것 같으며 무소속 당선자 대부분이 공천 탈락자였음에 비추어 계파 간 지분경쟁으로 공천을 잘못한 탓이라는 자책, 그리고 선거 마지막 단계에서 발생한 악재 등이 선거 결과를 결정한 중요요인이라 직감한 끼적거림이 아니었나 싶다.

과반수 미달과 사후 수습:
외신의 긍정적 평가와 당직 개편

3월 25일 개표가 거의 끝난 아침 6시 30분 기상하였다. 과반수 미달이 확실해지고 무소속 당선자가 21명이나 되며 그 대부분이 여권 성향임이 명백해짐에 따라 무소속 영입대책을 세워 분담·집행해야겠다고 생각하면서 곧 출근하여 8시 50분부터 아침수석회의를 주재하였다.

아침수석회의에서는 선거 결과에 대한 총론적인 분석과 청와대의 향후 행동방향에 대한 의견 집약이 있었다. 과반 확보에 실패한 민자당을 두고 언론에서는 계파지분에 얽매인 공천과 더불어 막바지 악재가 겹쳤기 때문이라고 분석하였으며, 공화계의 퇴조가 두드러지고 민자당 공천 탈락자 중 상당수가 국민당 또는 무소속으로 당선되었다는 점 그리고 민자당의 득표율 자체는 역대 선거 때 여당의 33~35% 수준에 비하여 38%를 상회하는 좋은 실적이었다는 점 등에 비추어 타당한 분석이라고 할 수 있을 것이었다.

그러나 수석들의 생각은 이번 선거에서 정부·여당이 국민에게 인기가 없어 심판받았다고 보는 것이 옳기 때문에 스스로 겸허하게 반성할 필요가 있다는 것이었다. 이미 선거 결과가 나온 마당에 하루빨리 정부와 여당이 제자리를 잡고 일하는 모습을 국민에게 보여 주는 방향으로 대책이 추진되어야 한다는 전제 아래 "첫째, 대통령 주재 국무회의를 내일 오전에 개최한다.[46] 둘째, 총선 관련 대통령 말씀은 13대 선거 때의 예와 같이 대통령께서 비서실장과 정무수석의 선거 결과 보고를 받는 자리에서 하신 말씀을 요약하여 기사화하는 것이 좋으며 대통령의 대국민 대화발표나 춘추관 문답은 적절치 않다. 셋째, 친여 무소속 당선자 영입대책을 조속히 강구하여 과반수를 확보하는 한편 국민당의 세력 확장이나 무소속 동우회 결성 기도를 방지하도록 노력한다" 등의 의견이 모아졌다.

곧장 본관으로 올라가 9시 20분부터 경호실장, 정무·의전·공보·사정·행정 등 관련수석 등과 함께 선거 결과에 대하여 죄송하다는 뜻을 말씀드리고 수석회의에서 논의한 전술 내용 등을 요약 보고하였다. 대통령께서는 '최선을 다했음에도 불구하고 과반수 미달이라는 결과는 하늘의 뜻으로 받아들이자', '무소속 영입을 추진하라', '국민당에 대한 대책을 세워 현대그룹과의 관계를 단절하게 하는 것이 필요하다', '당에서도 필요한 여러 가지 대책을 강구해야 한다', '행정부는 차질 없이 업무를 수행하여야 한다'는 말씀으로 비서실의 보고내용을 대체로 수렴하

46 대통령께서 수석회의 때 말씀하신 것은 국민의 뜻을 겸허히 받아들인다는 등 요지로 정리하여 기자실에 알렸고 방송·일간지 등에 보도되었다.

여 지시하신 것이었다.

이어서 대통령께서는 이번 선거 결과에서 얻은 교훈을 정리하여 보고하라고 말씀하였다. 전날까지 했던 보고와 다른 결과가 나온 것에 대하여 분석하시며 "대정당으로서의 선거에 임하는 자세·전략·전술은 테마를 갖고 일사불란하게 움직였어야 했다. 즉, 6공 정부의 업적을 정리 홍보하고 다음 정권의 비전을 제시함에 있어서 체계적이었어야 했는데 그렇게 하지 못한 것이 아닌가? 최고위원 간의 팀워크가 제대로 되지 못한 채 대권 관계 발언에 치중하는 등으로 국민을 실망시켜 감표 요인이 되었고 몇 가지 악재도 작용한 것 같다"는 감상을 말씀하였다. 국민당을 가볍게 본 것이 아닌지 반성해야 할 것이란 말씀도 보태셨으며, 정무수석에게 무소속 당선자 대책을 보고하도록 지시하셨다.

그 뒤 이어진 독대에서 몇 가지 추가적인 지시와 말씀을 들었다. 당 개편 방향, 김 대표와 정주영 회장과의 관계, 김 대표와 김복동·박철언 간의 문제, 정호용·문희갑에 대한 말씀 등을 하셨다. 나는 임재길 수석이 낙선되어 죄송스럽다는 말씀을 드렸다. 대통령께서는 세상인심이란 것이 섭섭하게 느껴질 때가 많을 것이라면서 초월하는 노력을 하라는 충고와 함께 일 챙기기, 부하 다루기 등에 대한 조언도 해주셨다.

오찬을 마친 뒤 정무·행정·민정·사정 수석 등과 함께 오전 지시사항을 중심으로 향후대책을 토의·정리하였다. 대통령 후보 완전 경선, 당직 개편, 국무회의 준비 등에 관하여 자유로운 토론이 이어졌다. 그러는 사이 당의 움직임이 어떠한지 동향 보고를 하였다. 김영삼 대표가 선거 결과 관련 대국민 성명을 발표하고 기자와의 만남을 가졌다는 등의 내용과 김종필 최고위원의 사의표명이 김동근 비서실장을 통하여 전달되었다. 김영삼 대표는 이날 아침 선거 결과를 겸허히 받아들이며 국민 기대에 부응하지 못하는 결과를 거둔 데 대한 대국민 사과와 함께 향후 정국안정을 위하여 애쓰겠다는 대국민 성명을 발표하였으며, 기자들의 질문에 선거 패인에 대하여 할 말이 많다는 뉘앙스를 비추면서 책임을 전가하려는 듯한 모습을 보였다고 보고받았다. 이런 가운데 선거 결과가 확정되었는데 민자당은 149석(지역구 116, 전국구 33)을 확보하여 과반수에 1석이 모자라는 1당이 되었으며, 민주당 97석(지역구 75, 전국구 22), 국민당 31석(지역구 24, 전국구 7), 신정당 1석, 무소속 21석이라는 결과였다.

15시부터 2시간 동안 궁정동에서 안기부장과 만났다. 선거 결과를 놓고 책임을 정리하는 당정개편, 김영삼 대표와 사의를 표한 김종필 최고위원 문제, 후계구도 문제, 무소속 영입, 현대그룹 문제, 김 대표와 정주영 대표 관계 등에 대해 허심탄회하게 의견교환을 하였다. 이 자리에서 서 부장은 사의를 표명하였으며 나로서는 만류한다는 뜻을 전한 뒤 청와대로 돌아왔다.

마침 경제수석이 왔기에 정국문제에 대하여 의견을 들었으며 사정수석과도 의견을 나누었다. 이와 같은 결과를 취합하여 18시부터 1시간 동안 대통령께 총선결과를 분석 보고하고 당정개편 문제와 후계구도 관련 경선문제 등에 대한 보고도 드린 뒤 사무실로 돌아왔다. 긴 하루였다. 그동안 여기저기서 많은 전화가 걸려 왔다. 주로 위로하는 내용이었다. 자정 이후에야 잠을 청하였다.

3월 26일 10시 국무회의가 개최되었다. 총리, 내무, 법무, 경제부총리, 행정조정실장 순으로 선거 관련 내용과 향후대책을 간략히 보고한데 이어 대통령께서는 이번 선거는 21세기를 준비하는 국회의원을 선출하는 뜻깊은 일이었으며 그동안 다져진 민주화를 바탕으로 새 선거 풍토를 확립하고 공명선거를 실천하게 되어 큰 보람이라고 말씀한 뒤, 일부 과열로 인한 불미스런 일이나 재벌당 문제가 없지 않았으나 대체로 양호하게 진행되었으며 국민의 뜻을 겸허하게 받아들이고 반성하여 다시 태어난다는 각오로 정부 여당이 합심하여 민주·번영·통일에 매진하자고 강조하였다. 앞으로 경제 활성화, 법질서 확립, 새질서·새생활운동 재점화, 공직기강 확립과 행정 쇄신에 노력하라고 당부하였다.

아울러 선거사범을 끝까지 추적하여 엄정하게 처리해야 한다고 지시하였다.

끝으로 이번 선거를 치른 소감으로 일한 만큼 인정받지 못한 것 같아 서글픈 마음도 없지 않다고 말씀하시며 우리 정부는 경제에 실패한 정부도 아니며, 치안·안정에 실패하지도 않았는데 그것을 제대로 인정받지 못하는 데 대해 당·정은 깊이 되새겨 보고 소신과 자신을 가져야 한다, 국민의 따가운 매는 겸허하게 받아들이되 국민의 지나친 걱정이나 오해는 바로잡고 이해시키도록 하라는 간곡한 당부의 말씀을 하셨다.

이날 오후에는 전국 대학 수석합격자 축하 다과회에 배석한 뒤 곧장 16시 10분부터 대통령께 이번 선거 결과와 관해 김영삼 대표가 이날 기자회견을 통하여 책임질 일이 없다는 태도를 보인다는 보고를 드렸다. 당직자 문책도 하지 않을 것이며 무소속 영입을 추진하되 원 구성 전 전당대회 개최와 총재 권한 대행 등을 요구한다는 것이었다. 당초 대표 주도·책임하에 선거를 치른다고 공언해 놓은 처지에 선거 결과가 기대 이하로 나오자 오매불망 대권행보에 지장이 될까 두려워서인지 책임 떠넘기기에 급급하다고 생각하지 않을 수 없었다.[47] 유세기간 중 대권관계 발언만 하고 6공의 업적은 말하지도 않았으며 경제실정 운운까지 과도한 발언을 한 것이 부산·경남에서의 승리에는 도움이 되었을지 모르지만 다른 지역에 역효과를 낸 것에 대하여 모르는 채 그냥 넘기려는 것은 용납하기 어렵다는 생각이었다. 대통령께서도 아주 못마땅하다는 반응을 보이시는 것이 아닌가. 선거 후 취해야 하는 여러 가지 조치에 걸림돌이 나타난 것이다. 정무수석에게 김 대표의 태도 변화를 설득하

47 물론 선거 결과를 놓고 김종필 최고위원은 사의를 표명하고 당무에 참여하지 않고 있으며 박태준 최고위원의 움직임 또한 김 대표에 호의적이지 않을 뿐만 아니라 이종찬, 박철언 의원 등의 태도도 심상치 않아 당내 입지가 불안한 나머지 방어 자세를 취하는 면도 있다고 생각되었다.

라는 과제가 부여되었다. 손주환 수석은 그날 밤 김 대표를 만났다.

이튿날인 27일 아침수석회의에서도 김 대표의 기자회견 내용이 성토의 대상이 되었다. 많은 수석들이 의견을 개진할 때 본관으로부터 연락이 왔다. 정무수석과 나는 곧바로 회의장을 나섰다. 대통령께 간밤에 정무수석과 접촉한 결과를 보고해야 했다. 김 대표의 주장이 완강하다고 보고하고 대책을 토의하였다. 정무수석은 당직 개편을 하지 않아도 되지 않을까 하는 의견을 넌지시 제시하였으나 선거 결과에 대한 당의 책임을 묻지 않을 수 없는 상황에서 대표나 최고위원을 문책할 수 없는 현실에 비추어 당직 개편은 선거 이후의 상황을 수습하는 차원에서 불가피하다는 점을 내가 이야기하였다. 대통령께서 이를 수용하심에 따라 손 수석은 오후에 예정된 김 대표의 선거 결과 보고 이전에 김 대표를 다시 면담하게 되었다.

안기부장에게도 전화하여 협조를 요청하였다. 대통령을 모시고 경호실장, 의전수석과 함께 백악실 오찬을 마치자 곧 14시경 정무수석이 김 대표 면담 결과가 성공적이었음을 알려 왔으며, 이는 대통령께도 보고되었다. 16시 30분부터 행해진 김 대표의 대통령 면담은 약 1시간 동안 계속되었는데, 김 대표의 태도가 완전히 바뀌어 대통령께서 아주 만족한다는 말씀이었다. 김 대표가 대통령 앞에서는 꼼짝 못 한 것이다.[48] 하나의 문제가 해결된 셈이었다.[49] 당직 개편으로 당에 대한 선거 마무

48 그동안 김영삼 대표의 주례보고 회동과 관련하여 그때마다 김 대표가 대등한 입장에서 대통령과 회담하고 요구하는 양 언론이 보도해 왔으나 이는 사실과 달랐다. 대통령께 결례하는 일이 없이 대화가 오간 것이다. 신문에는 큰일이 있는 것처럼 보도되어 우리 비서실로서는 긴장하는 경우가 없지 않았으나 회동이 끝난 뒤 대통령의 모습은 그야말로 평온하였으며 언짢은 기색을 보이신 일이 없었다. 이날 회동에서도 김 대표는 손 수석의 설득 탓이겠지만 당직 개편에 이의가 없었다.

49 선거가 끝난 뒤 청와대 민원실로 접수된 여론동향 보고(3월 26일 아침수석회의 민정수석 보고)에 따르면 김영삼 대표가 전국을 다니며 본인이 대통령 후보로 나설 것이라고 너무 떠들어 다른 지역에 좋지 않은 영향을 주었기 때문에 선거 결과가 좋지 않았다고 하면서 심지

리는 끝나는 것이며 당 운영은 당초 합의된 일정대로 전당대회, 자유경선 등이 진행된다는 정무수석의 발표가 있었다.[50]

3월 28일 토요일이었다. 7시 30분부터 삼청동회의실에서 홍보조정회의를 주재하였다. 그 자리에서 참석자들은 이구동성으로 경제 상황에 불만을 품은 시중의 여론을 거론하였다. 장사가 안 된다, 기업도산이 많다, 주식투자에 손해가 크다, 부동산 경기도 좋지 않다는 등이었다. 체감경기가 좋지 않다는 것인데 이런 것도 선거에 반영되지 않았을까 생각하면서 아침수석회의에 참석하였다. 이날 회의에서는 각 당의 선거 후 동향 등 선거사범 처리 현황, 외신 동향 등이 보고되었는데, 구미계 외신들이 14대 총선과 관련하여 한국 정치가 선진형으로 발전되고 있으며 노 대통령의 민주화 노력이 성공을 거두고 있다고 평가하였다. 특히 〈뉴욕타임스〉 사설은 "Impressive Success", 곧 "인상적인 성공"이라고 격찬했다. 일본 주요 신문도 한국의 민주정치 성숙을 평가하면서 다만 국민당 출현으로 정부·여당의 입지가 어려워지고 김영삼 대표의 대통령 후보 진출에 경고가 되었다고 지적하였다.

나는 선거 후 야기된 당 관련 문제는 수습되는 방향으로 나아가고 있으므로 당·정이 공히 해야 할 일을 착실하게 추진하여 경제 안정을 달성하고 12월 정권 재창출을 향하여 총력을 기울일 것과 지방자치단체장 선거가 연기된 일과 관련하여 법 개정안을 14대 국회에 즉시 제출할 수 있도록 준비하라는 두 가지 지시사항을 이야기하였다. 특히 지방자치법 문제는 야당에서 선거를 치른 결과 과반수가 안 된 것을 구실로 정치

어 대표 교체를 요구하는 주장이 있는가 하면, 안기부 공작을 규탄한다는 내용과 민자당의 중앙·지방당 간 호흡이 맞지 않은 점을 비난하는 내용이 많았다고 한다.

50 선거 후 책임 문제로 일었던 왈가왈부는 일단 당직자 교체로 일단락되었으며 당 최고위원들의 사의는 반려하였다. 당대표도 선거 결과에 대한 책임을 통감하며 송구스럽게 생각한다는 의사를 표시하였다.

공세를 할 움직임이 있어 이를 차단하기 위해서는 선거 연기를 정하는 개정안을 제출하여 입법해야만 되는 일이었기 때문이다.

전날 회동에서 결정된 대로 이날은 토요일이었음에도 사무총장 이춘구,[51] 정책위의장 김용태가 소정의 절차를 거쳐 새로 임명됨으로써 당에 대한 선거 마무리는 일단락되었다. 더 이상 당내 동요를 방치할 수 없었기 때문이다. 그리고 이날 김영삼 대표는 대통령 후보 경선에 입후보한다고 선언하였다.[52]

새 당직자에 대한 임명장 수여는 3월 31일 11시 15분에 있었으며 새로이 임명된 두 당직자에 대하여 몇 가지 당부말씀을 하였다. '첫째는 정부의 경제정책이 잘못된 양 국민들이 잘못 인식하고 있는 것이 이번 선거 결과에 반영된 듯하나 이는 정부가 기울인 많은 노력과 성과에 대한 홍보가 부족한 탓이라 생각되므로 깊이 반성하여 특별홍보대책을 강구·실시함으로써 연말 대선에 대비해야 한다, 둘째로 국민당 대책과 관련 당 차원에서 비판할 것은 비판하는 자세를 가져야 한다, 마지막으로 당의 단합에 힘써야 한다'는 등의 지시사항을 주문하였다.

뒤이어 12시부터 당선자 전원이 참석한 가운데 청와대 영빈관에서 당선자대회를 개최하고 오찬을 함께 하였다. 이 자리에서 대통령께서는 당총재 자격으로 '믿음과 희망의 정당으로 거듭나자'라는 총재연설을 하였다. 당선자들이 전에 없이 깨끗하고 공명하게 치러진 선거를 통하여

51 이춘구 사무총장은 내가 법무부 차관(1982년 6월~1985년 2월) 재직 중 내무부 차관으로 상당 기간 재직하여 차관회의 때 바로 옆자리에 앉았으며 내가 법무부 장관으로 재임할 때 내무부 장관으로 취임하여 국무회의 때 바로 옆자리에 앉아 9개월간 함께했던 특별한 관계였다. 사적인 교류는 없었으나 공무수행 중 서로 신뢰하고 존중하는 사이로 발전하였다.

52 출마 선언을 한 뒤 김 대표는 박태준 최고위원과 함께 대통령께서 주최한 오찬에 참석했다. 선거 뒤처리를 마무리하는 시점에서 당 최고위원들의 노고를 치하하고 앞으로의 단합된 당 운영을 다짐하자는 취지에서 마련된 자리였으나 김종필 최고위원은 인책 사의표명·당무 불참을 계속한다는 뜻에서 불참했다. 이날 오찬에서는 자유경선을 다시 천명했으며 개각 문제도 화제가 되었다. 총선거에서 대통령 선거 준비로 장면이 바뀌고 있었던 것이다.

값진 승리를 거둔 것을 축하하고 국민의 여망을 제대로 수용하지 못해 최선을 다했음에도 미흡한 결과밖에 거두지 못했지만, 득표율이 9대 이후 역대 집권당 득표율 가운데 최대였다는 점이나 13대 때 전멸하였던 호남지역에서 2석이나 당선시킨 사실은[53] 물론, 외신에서도 민주정치의 큰 발전이라고 평가한 점 등 긍정적인 점도 없지 않으므로 '선거의 미흡한 성과를 전화위복의 계기로 삼아 민자당이 국민에게 믿음을 주고 희망을 주는 정당으로 거듭나야 할 것'이라고 말씀하였다.

그렇게 하기 위해서는 오는 5월로 예정된 전당대회의 대통령 후보 선출절차를 자유경선에 의한 민주적 방법으로 진행함으로써 우리 당의 개혁 의지와 단합된 모습을 국민에게 확실하게 보여 주어야 한다고 강조하였다. 나아가 대통령께서는 당선자 여러분의 노력으로 14대 국회가 창조적인 정치, 화합의 정치를 구현할 수 있도록 하라고 당부하며 연설을 마쳤다.

개각 그리고 총선 마무리 본관수석회의

이번 선거가 과반 확보에 실패하면서 패배라는 낙인을 면할 수 없지만 제 2당에 비하여 52석이나 많은 의석을 확보하였을 뿐만 아니라 친여 성향 무소속 당선자가 많아 무소속 영입으로 안정의석 확보가 쉽게 예견되는 상황이었다. 따라서 개각이 꼭 필요할지 의문이 제기될 수도 있었다. 실제로 선거가 끝난 직후인 3월 25일 경북 점촌·문경에서 무소속으로 당선된 이승무 후보가 여당 입당 절차를 밟겠다고 선언함으로써

53 전북지역에서 황인성(무주·진안·장수), 양창식(남원) 두 후보가 당선된 것이다. 후보 공천 과정을 설명하는 기회에 전북지역을 위하여 특별한 노력을 기울였음을 이미 거론하였다. 그리고 황인성 후보를 위하여 여권의 경쟁자에게 전국구 배정 등으로 배려도 하였다.

곧바로 150석, 즉 과반수 확보가 되었다. 그러나 대통령께서는 선거 결과가 나온 직후부터 선거에 나타난 민심을 반영하는 뜻에서 당·정 개편을 말씀하였다. 당 개편은 전술한 바와 같이 선거 후 어수선해진 상황을 탈피하고 예정된 다음 정치행사인 전당대회를 원만하게 치르기 위하여 개각에 앞서 28일에 단행된 바 있었다.

개각을 준비해야만 했다. 나는 토요일이던 3월 28일 낮 김영삼 대표 대통령 후보 출마선언과 관련된 동향을 보고드린 뒤 전술한 당 최고위원 오찬 행사에 배석한 뒤로 사정수석으로부터 인사 관련 자료를 챙겼으며 경제수석을 만나 전국구 진출과 관련하여 퇴임시기와 후임 문제 등에 대한 의견교환도 하였다.

3월 29일 일요일 아침 10시부터 1시간여에 걸쳐 관저로 올라가 준비된 개각 관계 보고를 드렸다. 연말에 개각한 뒤로 얼마 되지 않아 대상이 제한적일 수밖에 없었으며 그동안 몇 번이나 말씀을 들어 왔기 때문에 쉽게 골격을 잡았다. 최종결정은 이튿날 아침 총리 제청을 받는 자리에서 마무리 지을 일이므로 가벼운 마음으로 물러났다. 이번 개각에서는 안기부장 경질이 포인트였다. 본인의 사퇴 의사도 완강하였을 뿐만 아니라 선거 막바지 발생한 사건으로 경질 대상으로 삼을 수밖에 없다는 사정 때문에 그렇게 결정을 하였으며, 대통령께서 만찬을 함께 하자고 말씀하시어 저녁 18시부터 21시까지 관저에서 안기부장, 경호실장과 함께 아쉬운 시간을 가졌다.[54]

3월 30일 본관수석회의에 앞서 9시 인사안을 마무리하는 작업이 있었으며 9시 30분 본관수석회의가 끝난 뒤 총리가 서재로 대통령을 방문하여 인사안을 제청하는 절차를 마쳤다. 곧 12시부터 개각 대상자, 총무

54 과로 탓인지 토요일 밤에 코피가 터지고 혈압도 103~148로 올라갔다. 인사보고를 마친 뒤 모처럼 몇 시간 여유가 생겨 휴식을 취할 겸 서교동 집에서 가족들과 함께 국수로 점심을 즐긴 뒤 오후에는 꽃시장에서 꽃구경을 하면서 한가한 시간을 가졌다.

처 장관, 세 최고위원, 부총리 등에게 직접 연락한 뒤 15시 대변인에게 개각을 발표하게 하였다. 안기부장에는 이상연 내무부 장관, 내무부 장관에는 이동호 충북지사, 농림수산부 장관엔 강현욱 전 경제기획원 차관, 교통부 장관엔 노건일 행정수석, 경제수석엔 이진설 전 건설부 장관, 행정수석엔 심대평 행정조정실장, 정책조사보좌관엔 임인규 민자당 의원이 각각 임명되었다. 이 인사에 대해서 인사 결정이 매우 빨랐다는 점을 평가하면서 안기부장 경질은 민의를 수렴하고자 한 의지가 반영된 결과이자 경제 활성화를 위해 적극 대처하려는 정부의 의지가 부각된 인사라는 평이 주를 이루었다. 큰 비판이 없는 인사였던 것 같다.

새로 임명된 각료 등에 대한 임명장 수여식은 이튿날인 3월 31일 10시 거행되었으며 대통령께서는 교만하여서는 안 되며 연말 대통령 선거 필승을 위해서는 경제 홍보를 강화하여 경제 실정이라는 인식을 교정하도록 최선을 다할 것을 당부하면서 정책 개발보다 마무리에 중점을 두라고 말씀하였다. 특히 안기부장에게는 국가안보와 경제에 유념할 것, 내무부 장관에겐 경제전문가로서 지방행정이 경제 활성화에 나서도록 할 것, 농림수산부 장관엔 우루과이라운드에 대비하여 구조개선에 역점을 둘 것, 교통부 장관엔 교통 원활화 및 고속전철사업 추진을 각각 주문하였다. 경제수석에겐 건강을 걱정하였고, 행정수석에겐 행정조정실장으로 수고했다고 치하하였으며, 정책조사보좌관엔 홍보계획 중에서도 특히 경제 홍보와 6공 실적에 대한 인식 전환에 힘쓰라고 당부하였다. 이어 공석이 된 차관급 인사로서 행정조정실장엔 윤성태 보사부 차관을, 보사부 차관엔 박청부 예산실장을, 충북지사엔 이원종 청와대 행정비서관을 전보하는 인사안을 보고하고 재가를 받았다. 선거 뒤의 당정개편 작업이 일단락되는 순간이었다.

이날 오전 9시 30분부터 본관수석회의가 열렸다. 1/4분기를 마무리함과 아울러 선거 뒤 업무 추진방향을 논의하는 자리였다. 정무수석은 총선평가, 전당대회, 원 구성, 지방자치단체장 선거 연기 및 야당 동향을, 경제수석은 물가동향, 국제수지 등 경제동향과 함께 선거와 경제에 대하여, 외교안보수석은 남북관계회의 개최상황을, 행정수석은 치안상황과 새질서·새생활운동 및 공무원 사기 앙양대책을, 민정수석은 선거 관련 당·민심 동향과 물가 등 경제문제에 대한 민심 동향을 정리하여 각각 보고하였다. 사정수석은 선거사범 처리 현황, 특히 여야 간에 공평하게 법 적용이 된다는 사실을,[55] 공보수석은 대통령 행사와 관련하여 홍보계획과 외신동향을 보고하였다.

대통령께서는 선거 결과에 대한 소감을 말씀하신 뒤 전당대회가 기강이 확립되는 가운데 자유경선을 통하여 새로운 모습을 보임으로써 연말 대선 승리의 계기로 삼아야 함을 거듭 강조하였으며, 이날 경제 홍보와 관련하여 총리·부총리와 중앙·지방홍보기관을 망라하는 특수홍보체제를 마련하라고 말씀하면서 경제자문회의를 구성하여 경제수석실을 강화하는 방안을 구체화하고 경제인들의 의식을 바꾸는 것이 필요하다고 지시하였다. 공무원 기강 확립, 사회기풍 혁신과 함께 문제가 된 안기부 사건 및 군 관계사건을 조속히 매듭지으라고[56] 당부하였다.

3·24 총선을 결산하고 새로운 태세를 갖추는 일련의 조치와 행사 등이 끝났다. 2/4분기가 시작되기 전 3월 31일까지 매듭을 지으려고 혈압이 상승하는 위험을 감수하면서 뛰고 또 뛰었다. 힘든 일주일이었다. 그러나 31일 오후에도 일은 계속되었다. 대일 무역역조를 시정하기 위

55 선거사범 874명(구속 49명)이 입건되었으며 그 가운데 후보자는 174명, 당선자는 73명이 입건되었다. 당선자 당적은 여당 43명, 야당 및 무소속 31명이었다.

56 이번에 검색해 본 결과 안기부 직원 4명은 구속 기소되어 신속한 재판 끝에 집행유예로 석방되었고 배후에 대한 수사는 상사 1명 조사로 끝났으며 그 뒤 정치문제로 번지지는 않았다. 부장이 책임지고 물러난 탓인 듯싶다. 이 중위 사건은 헌병대에 의하여 근무지 이탈과 명예훼손 혐의로 군검찰에 구속 송치 결정이 내려졌고, 그 뒤 기소유예로 석방되어 징계 처분으로 불명예제대하였다. 그러나 이 중위의 불복으로 대법원에서 파면 처분이 취소된 것으로 확인된다.

한 제반조치 계획이 15시 30분부터 1시간 넘게 경제부총리, 외무·상공부 장관에 의하여 보고되었다. 비서실장실로 오자 곧바로 인터폰이 울렸다. 무소속 영입관계를 걱정하시는 내용이었다. 그렇지 않아도 이 문제 때문에 저녁회의가 예정되어 있었다. 18시부터 20시 30분까지 삼청동회의실에서 만찬을 곁들여 이춘구 사무총장, 이상연 안기부장, 손주환 정무수석 그리고 나 4인이 모인 회의였다. 이 총장과 이 부장은 이날 낮 새로이 임명장을 받아 아직 업무파악도 하지 않았을 것 같다. 자주 만나 의논해야 할 사람들이라 상견례를 겸하여 모인 자리였다. 무소속 영입 대책과 전당대회 준비가 논의 대상이었다.

회의를 끝내고 공관으로 가려는데 친구 몇 명이 멀지 않은 일식집에서 기다린다는 전갈이 왔다. 어울리지 않을 수 없었다. 11시가 넘어서야 잠자리에 들었다. 1/4분기의 마지막 날 밤은 이렇게 저물었다. 3월 다이어리 끝 장엔 꾸불꾸불 힘없는 글씨로 "매우 피곤, 몸살 날 정도"라고 적혀 있다.

1992년 4월 1일

~

6월 30일

7

14대 총선거라는 큰 정치행사를 대과 없이 끝내면서 그 뒤치다꺼리에 일주일이란 시간을 보내야만 했다. 주말에도 쉬지 않는 강행군이었다. 벌어진 일에 대해서는 빠른 수습이 필요하다는 판단 때문이다. 다음 단계의 더 중요한 일을 제대로 해야만 한다는 판단이었던지 대통령께서도 평소와 달리 빠른 결단과 집행을 독려하셨다. 뒤처리의 핵심이라 할 당정개편은 3월 31일 임명장 수여로 마무리되었으며 14대 국회의원 민자당 당선자대회도 이날 낮 막을 내렸다. 가히 전광석화電光石火와 같이 진행된 선거 뒷마무리는 4월 1일이 되자 첫 대통령 행사인 제조업 경쟁력강화 대책회의로 바통 터치가 이루어졌다.

이날 9시 30분 청와대 영빈관에서 열린 5차 제조업 경쟁력강화 대책회의를 시작으로 경제 활성화를 향한 대통령의 진군나팔이 힘차게 울려 퍼졌다. 과학기술자문회의 개최, 경제자문회의 신설, 월례 경제장관회의의 잇단 소집, 산업현장 시찰 격려, 각 분야 경제인과의 모임 및 대화, 그리고 6월 30일 경부고속철도 기공식 등으로 쉼 없이 이어졌다. 그야말로 전력을 다한 역주力走의 연속이었다.

통일기반을 조성하려는 정성이 전년 말 〈남북기본합의서〉 채택과 비핵화공동선언 타결이란 결실을 거두었거니와 이 약속을 구체적으로 실현하기 위한 노력에도 최선을 다하였다. 기대한 만큼의 속도를 내지는 못하였지만 그래도 5월 서울 남북총리회담 개최와 5·18 남북연락사무소 현판식, 분과위원회 구성 등으로 조금의 진전을 보고 있었다. 한국외교의 지평을 획기적으로 넓힌 북방정책은 체코, 베냉, 우즈베키스탄 등 여러 나라 원수의 방한으로 이어졌으며 마지막 목표인 중국과의 수교를 향하여 조용한 가운데서도 속도를 더해 가고 있었다.

6·29선언으로 시작된 정치 민주화는 이제 그 종착역이라 할 평화적 정부 이양을 향하여 '집권당 내 첫 자유경선에 의한 후보 선출'이란 힘든

과정을 소화해야만 했다. 5월 19일 김영삼 후보 선출이란 결과가 있기까지 달려 온 자유경선이란 힘들고도 숨 가쁜 레이스는 경선 주자에게는 물론 전당대회 대의원, 선거관리위원, 당 사무국장 및 준비위원 등 모두에게 버겁기만 한 새로운 경험이었다. 마지막에 종국적인 책임을 지는 당총재의 고뇌 또한 더할 나위 없는 것이었다.

이와 같은 일들이 시작되고 마무리되기까지의 모습들을 제 7장에서 살펴볼 것이다. 내 다이어리 4월 1일 자 앞 장엔 "새로운 마음으로 굳은 다짐으로 하루하루 열심히 그리고 즐겁게"라는 다짐의 글귀가 적혀 있다.

5차 제조업 경쟁력강화 대책회의와 2차 과학기술자문회의

4월 초하루 오전 9시 30분부터 청와대 영빈관에서 국회 및 정당, 행정부, 유관단체, 언론기관, 학계 및 연구기관 그리고 기업인과 근로자 등 218명이 참석한 가운데 새해 들어 첫 번째이자 통산 다섯 번째 제조업 경쟁력강화 대책회의가 개최되었다.

이날 회의에서는 먼저 정부를 대표하여 경제부총리가 제조업 경쟁력 강화 대책 추진상황 종합보고를, 상공부 장관이 업종별 경쟁력 동향과 당면과제에 대해 보고하였으며 제조업을 대표하여 럭키금성[1]과 기아자동차가 경쟁력강화 전략에 대하여 준비해 온 보고를 하였다. 정부가 제조업 부문 설비투자 및 기술개발 촉진을 위해 1991년도에 15조 6,400억 원을 투입하였고 1992년도에는 전년 대비 16% 증가한 18조 1,500억 원

1 나의 다이어리에는 1992년 공보처에서 발행한 《제 6공화국 실록》 5권, 612쪽에 기록된 럭키금성과 달리 삼성전자로 기재되어 있어 어느 기업이 보고하였는지 확실치 않으나 굳이 확인하지 않았다. 두 기업 모두 우리나라의 대표적인 제조업 회사이기 때문이다.

을 투입할 계획이며 이는 전체 설비기술 지원자금 23조 400억 원의 76%에 달한다고 보고하였다. 또한 기계류 부품소재 등의 국산화를 위하여 1991년 738개 품목을 지정했는데 그중 57%인 420개가 국산화에 성공하였고 1992년부터 1996년까지 4천 개 품목에 7천억 원을 투입하여 국산화에 나서겠다고 보고하였다. 럭키금성은 자금 지원, 기아자동차는 내수 안정을 애로사항으로 언급하였다.

이어 기업체 대표로서 평화산업 김종식 사장은 ① 제조업이 긍지를 가질 수 있는 사회환경 조성, ② 임금안정 시책추진 특히 고금리문제와 기술개발 지원, ③ 노사관계법을 개정하여 사용자 지원을 강화하고 법테두리 안에서 대화할 수 있도록 해줄 것을 요구하였다. 근로자 대표로서 기아차 김관태 노조위원장은 ① 물질적 보상도 중요하지만 그보다 노동의 보람을 느낄 수 있는 환경 조성, ② 물가안정으로 근로자의 생계안정 도모, ③ 불신풍조를 불식하여 춘투春鬪아닌 춘담春談이 되도록 노력, ④ 당면한 재고누적 대책을 각각 주장하였다. 언론계를 대표해 〈조선일보〉 김문순 논설위원은 ① 통계로 나타나는 지수보다 현장과 실물에 관심을 둘 것(그 예로 생활물가, 서비스의 질 등), ② 국제수지 적자와 외채에 대한 대책을 세울 것, ③ 산업현장과 관료조직의 경직성과 할거주의를 타파할 것 등을 충고하였으며 서울대 공과대학 이희주 학장은 학교시설 장비개선 자금으로 980억 원이란 거금이[2] 지원된 데 대하여 감사의 뜻을 표하면서 국적 있는 공학교육, 산학협동 강화에 최선을 다하겠다고 다짐하는 한편, 공과대학 교수 부족 현상(말레이시아나 태국보

2 당시 대통령께서 기업인들을 만나는 기회에 공과대학 지원을 권고하여 이루어진 서울대 공과대학 지원자금에 대해 대통령에게 감사의 뜻을 말씀드린 것이다. 당시 고려대 김희집 총장도 내게 이공계가 취약하였던 고려대가 시대적 요구에 부응하여 이공계를 획기적으로 확충하고 안암동 일대에 새로운 교육시설을 마련한다고 하면서 지원을 요청하였던 것이 지금도 기억에 남는다. 아마 이 무렵 우리나라 이공계 대학에 상당한 자금이 투입되었을 것이라 믿고 있다.

다도 적은 현실임) 을 지적하면서 해결책 강구를 호소하였다.

대통령께서는 먼저 제조업 경쟁력강화 대책회의가 시작된 지 1년이 되었음을 회고하면서 그동안 관계자 모두의 노력으로 '안정기조하의 성장기반 확충'이란 경제정책 기본방향이 점차 성과를 올리고 있다고 말씀하였다. 구체적으로 제조업 성장률이 1989～1990년 전체 성장률에 미치지 못하였으나 작년에는 8.5%의 성장률을 보여 전체 성장률 8.4%를 약간 상회한 점, 수출 증가도 최근 꾸준히 이어져 1/4분기에는 작년 동기간보다 무역적자가 4억 달러나 줄어든 점, 건축 경기가 진정되고 주택 및 토지가격이 안정됨과 동시에 과소비 열기도 식고 있는 점, 선거를 치렀음에도 통화량 증가가 18.5% 수준에서 안정적으로 유지되고 있으며, 소비자물가가 전년 동기 4.9% 상승에 비하여 지난 석 달 동안은 2.6% 상승에 그치고 있는 점을 지적하였다. 기업인, 근로자 등 모든 경제주체가 정부의 노력에 호응해 준 덕택이라고 말씀하신 뒤 아직은 수출 채산성이 개선되지 않고 중소기업이 경영에 애로를 겪고 있으며 장바구니 물가가 안정되지 않는 등의 문제점이 해결되어야 하므로 정부, 기업인, 근로자 등에게 다음과 같은 당부말씀을 하셨다.

먼저 정부 관계자들에게는 제조업 경쟁력강화 정책과 관련하여 첫째, 경제상황은 항상 살아서 움직이는 것이기 때문에 수시로 상황을 점검하여 보완·시정해야만 소기의 목적을 달성할 수 있다고 전제한 뒤 대통령이 분기별로 회의를 개최한다면 장관은 적어도 월 1회, 실무자는 주 1회씩은 점검에 나서야 할 것, 둘째, 경제기획원 장관은 까다로운 규제나 행정절차나 관행 때문에 기업활동에 지장을 주어서는 안 되므로 창업·기업경영에 관한 모든 규제·절차·관행을 기업인 입장에서 총점검하여 개선방안을 마련 별도로 보고할 것, 특히 각 부처는 자기 권한을 내놓지 않으려는 생각과 자세를 과감히 버림으로써 새로운 시대상황에 적응하고 자율과 경쟁을 촉진하며 제도를 개선할 것, 셋째, 경제기획원과 상공부, 기업 등이 슬라이드로 보고한 건의 내용도 적극적으로 검토한 뒤 가능한 것은 수용하여 정부 시책에 반영하라고 지시하였다.

기업인들도 국제화·개방화·정보화 추세에 발맞추어 정부의 보호나 지원만을 바라는 낡은 생각을 버리고 전문업종에 집중 투자하여 독창적인 기술과 새로운 상품에 주력해 달라고 당부했으며, 근로자들도 1992년도 임금협상을 앞두고 우리 산업의 경쟁력강화라는 차원에서 정부가 권장하는 총액임금제에 대해 이해와 협조를 바란다고 호소하였다.

4월 3일에는 과학기술자문회의가 개최되었다. 제 3장에서 이 자문회의가 발족하는 과정을, 그리고 제 5장에서 발족 후 열린 첫 회의에 관하여 언급한 바 있다. 이제 두 번째 회의가 개최된 것이다. 이날 회의에서는 김성진 위원장의 경과보고에 이어 전무식·김영식 위원이 준비한 기초연구의 진행과 과학기술인력 양성 방안에 관하여,[3] 그리고 심정섭·김상중 위원이 준비한 환경과학기술의 종합대책을 각각 보고했다. 심정섭 위원은 보고를 통하여 환경기술개발원 설립을 건의하였으며 배석한 권이혁 환경처 장관은 1994년 출범을 목표로 추진하겠다고 답했다.[4] 그 밖에 배석한 경제부총리, 교육부·과기처 장관 등이 토론에 참여하였으며 연세대 이공대 박규택 학장은 대통령께 기업체의 공과대학 지원이 계속되도록 건의하였다. 대통령께서는 건의 내용에 대하여 주무 장관들이 구체적 실천방안을 강구하라고 지시하였으며 서울대 공대의 연구실이 불야성不夜城을 이루며 연구에 매진한다는 보고에 매우 흐뭇해하시면서 자신감과 사명감을 가지고 과학기술에 관한 연구에 정진하여 훌

3 이 보고서에서 기초과학 인력 양성과 관련하여 1987년 3,500억 원, 5만 2천 명에서 1991년 6,500억 원, 7만 5천 명으로 늘어났다고 보고하였다.

4 한국환경기술개발원은 실제로 이 건의 때문이었는지 1992년 4월 15일 대통령 재가를 받았으며 그해 12월 26일 환경처 장관에게 설립을 허가받아 12월 28일 재단법인으로 설립되어 1993년 1월 29일 개원하였다. 초대 원장은 노재식이었으며 1997년 9월 환경영향평가법 개정과 더불어 그 법에 따라 설립된 한국환경정책평가연구원으로 승계되어 현존하고 있다.

륭한 성과를 거두자고 격려를 아끼지 않았다.

경제홍보 강화와 제 2경제수석 신설 문제 그리고 경제자문회의

대통령께서 총선거가 끝난 뒤 여러 기회에 경제에 관한 정부의 홍보가 미흡하여 일한 만큼 인정받지 못하였으며 그것이 과반수 확보 실패의 큰 원인이었다고 진단하셨음은 이미 몇 차례 언급하였다. 특히 3월 30일 본관수석회의에서는 연말의 큰 정치행사를 앞두고 획기적인 개선책을 강구해야 한다는 말씀이었다. 우선 경제홍보를 전담하는 특수홍보체제를 검토해 보라는 말씀이었다. 총리실과 경제수석실이 나서서 중앙의 국정홍보 요원과 지방의 도정홍보 요원을 활용하는 한편 당에서도 지도부의 지도 부족을 보완하는 활동을 강화해야 한다는 말씀이었다. 청와대 비서실도 경제수석실의 기능을 극대화할 수 있도록 경제자문위원회 구성과 제 2경제수석 신설 문제를 검토하라는 지시였다. 비서실에서는 무언가 특단의 방안을 강구하지 않으면 안 되었다.

4월 2일 17시부터 두어 시간 동안 정책조사보좌관을 비롯한 정무・공보・경제 등 관계수석들이 실장실에서 머리를 맞대고 숙의를 거듭하였다. 이 자리에서 토의된 내용을 주무라 할 수 있는 정책조사보좌관이 정리하여 4월 4일 11시 대통령께 보고드렸다. 정책조사보좌관이 정리한 국정홍보 쇄신계획을 보고할 때 정무・경제・공보・의전수석 외에 공보처 장관도 배석하였으며[5] 홍보 결과 확인에 관한 내용이 다소 미흡하다는 지적이 있었으나 이 점을 보완하여 집행하기로 하였다.

5 당시 검토한 내용과 보고 내용에 대해서는 자료를 갖고 있지 않으며 특별히 기억나는 일도 없어 자세히 언급할 수 없다.

사실 홍보문제는 내가 비서실장직을 맡은 이래 늘 지적을 받아 오던 '해결되지 않는 과제'였다. 말하자면 딱히 매듭이 지어지지 않는, 모든 국정집행에 반드시 따라다니는 문제였다. 경제홍보라고 하지만 홍보할 대상인 경제문제는 불변하는 것이 아니고 끊임없이 변한다. 홍보수단·방법도 일정할 수가 없다. 게다가 홍보로 사람들이 어떤 생각을 갖도록 바라지만 홍보를 받은 사람도 나름의 지식과 생각을 갖고 있기 마련이다. 홍보의 다리 역할이라 할 매체 또한 나름의 기준과 척도를 갖고 있다. 참으로 간단치 않은 일이다. 정부가 전문가를 확보해 이들이 과제를 실천하게 하고 있다. 그러나 국정 홍보는 모든 공직자가 나서야 할 일이기도 하였다. 무엇보다도 부지런히 그리고 끈질기게 뛰도록 분위기도 만들어주고 당근과 채찍을 적절히 활용해야 하는 일이었다.

내가 청와대에 있는 동안 대통령으로부터 가장 많은 질책을 받은 분야였다. 매주 토요일 비서실장이 주재하는 홍보조정 삼청동회의가 정례적으로 개최되었으며 중요한 국정이슈가 있을 때는 수시로 회의가 소집되고 과제를 분담하여 실천하였다. 아무리 해도 끝이 없다는 느낌이었다. 자유민주사회의 홍보에는 — 다른 일도 그렇지만 — 한계가 있음을 실토하지 않을 수 없었다. 만족할 만한 결과를 얻기란 불가능한 일이 아닌가 생각되었다. 그렇다고 단념하거나 포기할 일은 더욱 아니었다. 청와대에 있는 동안 가장 많이 신경을 쓸 수밖에 없었던 일이라고 고백하지 않을 수 없다. 실제로 총리실과 부총리도 이 문제에 관하여 어느 정도 역할을 분담하였고 성과도 없지 않았다고 기억한다.

경제홍보와 더불어 지시를 받은 사항은 경제수석실 강화 문제였다. 국정에서 경제가 차지하는 비중이 막대함은 국무위원 25명 중[6]에서 경

6 내가 청와대에 재직할 때 국무위원은 국무총리와 **경제기획원**·통일원·외무·내무·**재무**·법무·국방·교육·문화·체육청소년·**농림수산**·**상공**·**동자**·**건설**·보사·**노동**·**교통**·**체신**·총무·**과기**·**환경**·공보 장관 등 25명이었다. 고딕체로 표시한 12개 부처가 넓은 의

제부처 장관이 12명이나 되며 청와대 비서실에도 경제수석실에만 9명[7]의 많은 비서관이 포진하고 있다는 사실에 비추어 너무나 명백한 사실이었다. 이들이 제 2경제수석을 두어도 될 만한 방대한 업무량을 감당하고 있었다. 3월 30일 지시를 받은 뒤로 나 자신도 이런저런 생각도 해보고 기회가 닿는 대로 의견수렴을 했다. 4월 7일 아침수석회의에서 이 문제가 토의 대상이 되었다. 참석한 수석비서관 모두가 제 2경제수석 신설에 부정적 의견을 피력하였다. 임기를 1년도 남기지 않은 시점에서 수석비서관직을 신설하는 것은 그 필요성이 아무리 절실하더라도 그와 아랑곳없이 자리만 늘린다는 좋지 않은 인식을 준다는 점, 대통령께서 취임 당시 청와대 비서실 축소를 말씀하시면서도 업무 추진에 필요하여 그렇게 하지 못하였는데, 이제 와서 오히려 증원을 거론하기보다는 장관들을 수시로 불러 의견도 듣고 일도 시키는 것이 대통령제의 취지에도 맞을 뿐만 아니라 훨씬 효율적일 수도 있다는 점 등을 강조하는 것이었다. 나도 같은 생각이었으므로 이튿날인 4월 8일 오전 서재에서 보고드려 더 이상 거론하지 않기로 결론을 지었다. 대통령께서는 경제계의 여러 문제에 대하여 좀 더 민첩하게 움직이라고 말씀하였다.

경제자문회의를 신설하여 운영하는 문제에 대해서는 경제수석실에서 준비를 시작하였으며 박차를 가하여 6월 2일 첫 회의를 가질 수 있었다. 이날 회의는 남덕우 전 국무총리를 비롯해 김종인 전 경제수석, 최우석 〈중앙일보〉 주필, 김병주 서강대 교수, 김영하 〈조선일보〉 논설위원, 손상모 동부그룹 부회장, 김선홍 기아자동차 회장 등 7명이 자문위원으로 참석하여 대통령의 자문에 응하는 형식으로 진행되었으며 정

미의 경제부처였다.

7 당시 비서실의 수석비서관은 통상 3~4명의 비서관을 두었으며 5명은 외교안보와 총무, 6명은 행정 · 사정이었다.

부의 관계장관, 청와대 비서실 관계관 등이 배석하였다. 회의는 오전 10시 시작되어 12시까지 계속되었으며 인왕실에서의 오찬으로 이어졌다. 대통령의 인사말씀에 이어 남덕우 전 총리의 '경제환경의 변화와 정책대응 방향: 민주화·국제화 시대의 경제운영'이란 제목의 40분에 걸친 발제가 있었으며 간사 역할을 맡은 김종인 전 수석의 사회로 나머지 자문위원들의 의견 개진, 정부 관계자와의 약간의 토론이 진지한 분위기 속에서 계속되었다. 오찬 시간에도 화기에 찬 대화로써 뜻깊은 시간을 가질 수 있었다.

남 총리는 경제환경이 국제화되고 개방화됨에 따라 환율·금리·임금·물가·부채 등 모든 부분에 걸쳐 국제 수준, 특히 일본, 대만, 싱가포르 등에 맞도록 개혁하는 것이 시급하다고 하면서 예컨대 총액임금 5%, 물가안정, 환율 800원대 달성 등이 정책목표가 될 것이며, 고금리 문제의 요인이 높은 인플레, 만성적인 자금난, 정부의 이자율 규제, 금융시장의 무경쟁, 금융기관의 비능률, 부실채권 과다 등이 복합되어 있으므로 금융기관의 자율화와 경쟁 도입 등 과감한 개혁이 조속히 추진되어야 한다고[8] 강조했다. 또한 남 총리는 민주화시대에 경제정책 추진력이 자칫 약화될 것에 대비하여 지식이 힘의 원천이 되는 정보화시대를 맞아 전문가를 간부공무원으로 활용해 정부정책 홍보와 여론 계도啓導에 임하도록 해야 한다고 말하면서 양성된 전문가를 임용하거나 고시합격자를 유학시켜 수준을 향상시켜야 할 것이며, 민간이나 연구소의 인

8 배석하였던 이용만 재무장관은 한꺼번에 금리 자율화를 실시하기는 어려우므로 단계적으로 문제를 풀어 나가야 한다고 하면서 하반기에 제 2단계 자율화 조치가 이루어질 것이라고 의견을 피력하였다(〈조선일보〉 1992년 6월 3일 자 기사 참조). 금리자유화와 관련하여 1991년 5월 재무장관으로 취임한 이용만은 전임자가 1991년 7월부터 금리자유화를 실시한다고 발표한 정부방침에 대하여 취임 즉시 큰 무리가 따른다는 판단에 따라 1991년 8월 23일 대통령의 재가를 받아 4단계로 나누어 단계적 자율화로 변경한다는 방침을 결정·발표하여 시행하였으며 금리인하도 재임 중 상당히 성공하였다고 회고하였다. 공병호(2017), 《이용만 평전》, 21세기북스, 518쪽 이하.

원을 활용해 고시 일변도의 임용을 탈피하라고 촉구했다.

첨예해지는 이해관계의 갈등과 혼란스러운 주장의 난립을 해결하기 위해서는 부총리의 권한·위상을 강화하여 사무장관에서 정치장관으로 일할 수 있도록 리더십을 보장하는 권한 이양과 감독평가 기능 부여 등의 조치가 바람직하며 그리하여 세평에 흔들리지 말고 정책 담당자가 일관되게 정책을 추진할 수 있어야 한다는 점도 지적하였다.

이어 최우석 주필은 정부의 낙관적 경제 전망은 금물이라고 하면서 적어도 7.5% 성장은 유지되어야 저성장에서 오는 여러 부작용을 막을 수 있다고 주장했다. 경제의 국제화에 걸맞은 사고전환이 되지 않은 실정이라고 하면서 '국제화를 두려워 할 일이 아니다, 민주화 사회의 국민에게 권한에는 책임이 따른다는 것을 인식하게 해 모든 것을 정부에게 미루려 해서는 안 된다'라고 강조했다. 잘사는 것만이 능사가 아니라 '함께 잘 사는 사회', 즉 봉사와 희생, 자선이 강조되는 사회를 지향해야 할 것이라고 말하면서 특히 일본과 싱가포르 등 경제발전과 유교철학의 접목이 성공한 예를 연구할 필요가 있다고 제안했다.

김병주 교수는 5년이란 단임 기간은 짧기 때문에 그 임기 안에 너무 많은 것을 추구하고자 하는 과욕過慾은 경계할 일이라고 전제한 뒤 정권 간의 분업을 통해 선택적이면서도 연속성·일관성이 유지되도록 배려하는 것이 어떨까 하는 생각이라면서 그러기 위해서는 직업 관료의 신분 보장이 절실하다고 말하였다. 1980년대 초 개혁의 목소리가 컸던 데 비하여 지금은 개혁하려는 모습이 보이지 않는다고 하면서 대학 정원 획득의 어려움 등 교육개혁이 필요하다고 주장하고, 금리인상 문제를 해결하기 위하여 연금기금 통합과 관련하여 감사원 감사가 필요한지 검토하자고 언급하였다.

김영하 논설위원은 금세기 말까지의 한국경제는 낙관한다고 하면서 일부에서 불황을 걱정하는 것은 과장이라고 전제한 뒤 21세기 경제에 대해서는 비관할 요인이 적지 않다고 말하였다. 이는 21세기까지 일어날 변화의 폭에 비하여 우리들 사고의 변화가 못 따라갈 것 같기 때문이며 새로운 사고와 개혁 의지를 찾아보기 힘들다는 경고를 아끼지 않았다. 자기주장만 하고 해결책 마련을 위한 공동의 노력이 아쉽다, 개별적이 아닌 종합적 해결책 마련을 위하여 각계 에너지 결집의 주체로서 관료사회의 책임이 강조되어야 한다고 말하였다.

손상모 부회장은 제조업의 중요성을 강조하면서 급격한 변화에 대한 적응이 미흡하며, 임금인상에도 불구하고 열심히 일하지 않아 생산성·품질 저하를 초래하고 있다고 하면서 제조업의 조직·인사·생산의 혁신과 기업 간의 협조를 강조하였다. 제조업 경쟁력의 장단기 대책을 적극 시행하기 위하여 금리인하와 함께 국가경쟁력위원회를 설치하자고 건의하였다.

김선홍 기아자동차 회장도 금리인하를 주문하면서 현재는 기업민주화의 기반을 닦는 시기라고 진단하고 총액임금제의 철저한 추진, 경영자총연합회와 노총의 조정기관으로서 싱가포르에서 헌법기관으로 기능하는 국가임금평의회 설치 검토, 기술개발·도입을 위한 외국기업 유치의 강화 그리고 중소기업에 대한 정부의 배려를 건의하였다.

마지막으로 김종인 의원은 국제화·민주화에 따른 변화를 인식하지 못하는 경제 운영방법을, 예컨대 수직적에서 수평적으로 바꾸는 등의 방법을 재고해야 하며 변화와 적응을 위해서는 인적 관계의 변화를 꾀하기보다는 제도적 장치를 창출하고 시행하는 것이 마땅하다는 의견을 제시하고 아울러 국민 능력을 초과하는 소비에 대하여 구체적으로 밝히고 대책을 강구하는 노력을 하자고 건의하였다.

대통령께서는 회의 벽두 인사말과 마무리 말씀을 통하여 "그동안 우리 경제가 전환기적 과정을 겪으면서 많은 대가를 치르기는 했으나 '제조업 경쟁력강화,' '사회간접자본 확충,' '내수 진정을 통한 안정 성장' 등의 정책을 꾸준히 추진한 결과 최근 들어 물가와 국제수지 등 경제지표도 개선되는 모습을 보인다고 말씀하였다. 그러면서 오늘의 경제학은 심리학이라고 하는 말이 있듯이 모든 경제주체들이 경제하려는 마음가짐과 발전에 대한 의욕으로 충만하는 것이 결정적인 요인이 될 것이므로 그런 방향으로 노력을 결집하자고 말씀하였다. 정부는 오늘 제기된 많은 의견을 수렴하여 안정적 기반 위에 성장잠재력을 키워 나가는 정책기조를 일관되게 추진할 것이라고 마무리하였다.

이날 자문위원으로 참여한 인사는 모두 전직 총리와 장관을 비롯하여 언론계, 학계, 기업계에서 우리나라 경제를 지도하는 역할을 담당하는 분들이었다. 이들의 의견은 모두 현 실정을 깊이 고민한 끝에 나온 결론이어서 정말 정곡을 찌르는 지혜의 결정체라고 할 것이었다. 정부의 생각과도 상당 부분 방향을 같이하는 것이기도 하였다. 이런 분들이 대통령과 만난 것 자체가 큰 뜻이 있기도 하려니와 우리나라 경제발전에 큰 도움이 되지 않을까 하는 느낌이 들었다고 나는 고백하고 싶다. 정부의 경제정책에 대하여 서로 만나 논의하는 과정을 통하여 이심전심 이해도를 높이고 그것이 바탕이 되어 자문위원들의 향후 활동에도 긍정적인 변화를 기대할 수 있을 것이며 정부 당국자들도 정책수행에 큰 도움을 받았으리라고 믿기 때문이다.

경제인과의 만남
그리고 전국 중소기업자대회 연설

4월 25일 오전 11시 30분부터 약 40분간 전경련 유창순 회장과 최창락 부회장 그리고 우리나라 5대 그룹 회장인 이건희 삼성, 정세영 현대, 구자경 럭키, 김우중 대우, 최종현 선경그룹 회장 등 7명을 청와대로 초청하여 당면한 경제현안에 대한 의견을 교환하였으며 오찬을 함께 하는 행사로 이어졌다. 이 자리에는 최각규 부총리와 나, 경호실장, 경제·공보수석이 배석하였으며 당면한 한국경제의 문제와 함께 특히 현대그룹 정주영 회장의 정치활동에 대하여 의견을 나누었다.

대통령께서는 회의 벽두 당면한 한국경제의 문제로서 세 가지를 제시하였다. 첫째, 내수 과열로 인한 거품현상을 정리하고 내실을 기하여 건실한 성장을 이룩하기 위해서는 재정·금융상의 안정기조가 필요하며, 둘째, 물가안정과 국제수지 적자 폭 축소를 위하여 과도한 임금인상은 자제되어야 하기에 정부가 제시한 총액기준 5% 범위 내에서 임금인상이 이루어지기를 바라며, 셋째, 14대 국회의원 선거를 계기로 현대그룹이 인력과 자금을 동원하여 정치활동을 함에 따라 정경유착 문제가 파문을 일으키고 마치 정부와 현대그룹이 대결하는 듯이 비추어지게 된 점을 매우 안타깝게 생각하며, 우리 산업의 경쟁력을 제고하기 위하여 정부와 기업이 힘을 모아야 할 시점에 기업이 그 인력과 자금으로 특정 정당을 지원하는 것은 국민 모두에게 불안감을 안겨 주는 행위라고 말씀하였다.

유창순 회장은 전경련을 대표하여 현대그룹의 정치행위에 대하여 사과의 뜻을 표하면서 대기업의 오너들과 만나는 기회를 관례화하였으면 좋겠다고 말하였고, 정세영 회장도 사과의 뜻을 표한 뒤 현대그룹으로서도 어려움이 많다고 하면서 정경분리하겠다는 다짐을 말하였다.

이건희 회장은 우리나라 기업의 역사 30년에, 민주화 역사는 5년 미만으로 급변하는 상황에 가치 혼란이 없지 않다고 하면서 국가와 국민 없는 기업은 있을 수 없으며, 정경분리는 당연한 원칙이라 생각하므로 기업도 그 원칙 구현에 성의를 다하여야 할 것이라고 언급하였다.

구자경 회장은 경영환경이 급변하고 있어 자율경영이 요구되는 때이며 대통령께서 말씀하신 긴축정책, 임금인상 억제, 정경분리는 지극히 당연하다면서 중소기업 가운데 유망기업을 선별하여 도산을 방지할 수 있록 지원하고 시설투자가 감소하는 경향을 탈피하여 투자를 증대토록 조치하는 것이 바람직하다고 말하였다.

김우중 회장도 민주화라는 급변하는 환경에 기업의 대비가 미흡하였음을 반성한다고 전제한 뒤 정신적으로 열심히 일하는 분위기 조성에 앞장서겠으며 금리문제의 구조 개선과 제조업 강화가 필요하다는 제안도 하였다.

최종현 회장은 어젯밤에 정경분리에 힘쓰자고 논의가 이루어졌다는 말씀과 함께 6·29선언 이후 임금이 3배나 인상된 사실에 비추어 5% 임금인상은 기업으로서는 지지하는 바이며 20% 수준에 이르는 고금리와 자금난 개선, 그리고 노동집약에서 기술집약으로 구조조정하는 일에 적극 지원할 것 등을 건의하였다.

대통령께서는 기업이 국민의 지지를 받을 수 있도록 노력해 달라는 당부와 함께 소유와 경영의 분리, 정치와 경제의 분리, 문어발식 경영 지양 등을 강조하였다. 당면한 자금부족과 고금리, 노사문제, 인력난, 사회간접자본 부족 등 애로사항을 해결하기 위하여 정부가 최대한 노력할 것이라고 다짐하면서 우리 경제를 다시 일으켜 세우기 위하여 대기업들이 앞장서 함께 노력해 달라고 당부하였다. 오찬 시에도 여러 가지 의견들이 논의되었으며 특히 중소기업 자금난, 은행 운영상 관례 등이 화제가 되었다.

대통령께서는 5월 14일 중소기업협동조합 중앙회 창립 30주년을 맞아 세종문화회관에서 개최된 '전국중소기업자대회'에 참석하여 유공자를 포상하고 '중소기업의 발전은 경제성장과 산업 경쟁력의 밑바탕'이라고 연설함으로써 중소기업인을 격려하였다.

노 대통령이 중소기업에 기울인 관심은 각별하였다. 취임 이듬해인 1989년 9월 29일 중소기업회관에서 첫 중소기업진흥회의를 주재하고 중소기업이 우리 산업의 뿌리라고 하면서 중소기업의 경영 안정을 위한 지원대책을 최우선으로 강조하겠다고 약속한 바 있었다. 그 뒤로도 제조업 경쟁력강화 대책회의에서 끊임없이 중소기업 지원을 강조한 덕택인지 그동안 중소기업은 2만 개나 더 창업되어 1992년 5월 기준 총 7만 3

천 개에 이르는 등 양적으로 팽창했으며 종업원 수는 전체 근로자의 61%, 수출은 40%, 국가 전체 부가가치 창출액의 46%를 차지하기에 이르렀다.

이날 중소기업자대회에서는 특히 다음과 같은 기념비적 연설을 하였다. 먼저 대통령께서는 "중소기업중앙회가 걸어온 지난 30여 년은 바로 우리 경제의 빛나는 성장과 발전의 발자취"라고 전제하고 "온갖 어려움을 참고 경제성장의 밑바탕을 이루어 온 중소기업들에게 위로와 격려를 보낸다"는 치하의 말씀을 전하였다.

그러나 "최근 민주화와 시장개방에 따른 전환기적 진통으로 경제의 전반적인 활력이 떨어지고 자금난과 인력 부족으로 중소기업의 부도와 도산이 늘어나는 것을 매우 안타깝게 생각한다"고 말하면서, 그런 가운데서도 "기술개발과 생산성 향상을 위한 열의를 보이고 있으며 전국의 산업현장에서 다시 열심히 일하자는 건전한 기풍이 되살아나고 있는 것은 매우 고무적인 일"이라면서 "정부는 이런 분위기를 더욱 고양하기 위해 중소기업의 경쟁력강화를 위한 지원시책을 계속할 것"을 다짐하였다. 구체적으로는 중소기업 공제사업기금 확대, 중소기업구조조정 기금의 내실화, 신용보증기관에 대한 정부 출연금 증액, 세법 개정으로 감세방안 강구, 시설 자동화와 정보화 사업 강화, 그리고 각종 행정규제 절차의 획기적 개선 등을 계획하고 있다고 하였다.

마지막으로 대통령께서는 중소기업도 이제는 정부의 보호와 지원에만 의존하는 시대는 지난 만큼 경영자 스스로 근검절약의 미덕과 창의력을 겸비하여 기술개발과 생산성 향상에 앞장서는 것은 물론 전문화를 위해 한 가지 제품, 한 가지 기술이라도 특성과 경쟁력을 갖추도록 노력하여 이 자리에 참석한 중소기업인 모두가 21세기 세계 일류기업으로 성장하길 기대한다고 격려하였다.

경제부처 순시, 경제 현장 격려 등

대통령의 경제 관련 활동을 늘려야 한다는 것은 여러 번 언급한 바 있거니와 당시 비서실로서는 수시로 확인하고 의논하던 일이었다. 이미 여러 가지 경제 관련 국정 집행사항을 설명한 바 있거니와 대통령께서 보다 많은 현장 활동을 하시는 것이 필요하다는 전제 아래 비서실은 아침 수석회의 때마다 머리를 맞대고 논의를 거듭했다. 이 기회에 2/4분기 동안 기획하고 실천한 몇 가지 활동사항을 적어 두고자 한다.

4월 5일은 식목일이었지만 일요일이기도 하였다. 대통령께서는 이날 9시 30분 헬기 편으로 경기도 광릉수목원을 시찰하셨다. 잘 알다시피 우리나라는 1960년대 초만 하여도 산림이 황폐하여 여러 가지 문제를 일으켰다. 박정희 대통령 재임 중 강력한 산림녹화사업을 전개하여 세계적으로 산림녹화를 성공적으로 완수한 모범사례로 칭송되었다. 내가 처음 대구지검 검사로 공직생활을 시작할 때 가장 많이 취급하던 사건 중의 하나가 산림법 위반사범이었는데, 이는 강력한 단속이 있었기 때문이다. 식목사업도 활발히 전개하였으며 산림청이 농림부에서 내무부로 소속을 옮겨 지방행정과 유기적 연계를 갖게 하는 등 각고의 노력이 있었고, 거기다 연탄이 연료 문제의 해결사로 등장하면서 산림녹화가 이루어진 것이었다.

그 기념으로 광릉수목원에 녹화기념탑을 건립하여 제막하는 행사에 노 대통령이 직접 참석한 것이었다. 현장에는 산림박물관도 건립되어 있어 시찰도 하고 기념식수도 하였으며 산림청의 업무현황 보고도 청취하고 직원들을 격려하였다. 대통령께서는 이제 녹화는 달성되었으나 산림을 활용하여 국민생활에 도움이 되도록 산림행정의 방향을 개선하라는 지시·격려의 말씀을 하셨다. 실제로 산림자원의 활용을 위한 연구와 생활 도구화가 상당히 진전되고 있음을 박물관 순시를 통하여 확인할 수 있었다. 흐뭇한 느낌이 들었던 것으로 기억한다. 행사가 끝나자 곧장 청와대로 들어와 경내에서 11시 25분 식목일 기념식수를 하였으며 오찬을 할 때에는 여러 수석과 함께 전당대회 문제를 토의하였다. 특히 4월에 들어서면서 전당대회의 당 대통령 후보 선출문제가 가장 큰 관심사로 부각되었다.

5월 11일에는 과천청사를 방문하였다. 15시 30분 과천청사에 도착한 대통령께서는 물가안정이 계속 과제로 등장하는 현실을 감안하여 경제기획원 물가총괄과를 직접 방문하여 현황을 보고받고 직원들을 격려하였다. 이어 농림수산부를 순시하여 농수산물 유통개선 계획과 농촌 일손돕기운동 진행상황 등을 확인한 후 과천청사에서 경제장관 등과 간담회를 가졌다. 이 자리에서는 물가문제를 비롯하여 임금협상 상황, 공공요금 인상문제, 기업부동산 규제, 에너지 절약의 확실한 시행, 벼 해충인 물바구미 문제, 의사 정원 문제 등 당면과제가 논의되었으며 대통령께서는 경제 홍보에 대하여 다시 강조하는 말씀을 하였다.

5월 21일 오전 11시 감사원장으로부터 경제홍보 실태를 점검한 결과를 보고받았다. 전술한 바와 같이 대통령의 최대 관심사 중의 하나가 경제홍보, 즉 경제에 대하여 국민이 올바르게 인식하도록 하는 일이 됨에 따라 감사원에서도 정부의 노력이 어떻게 진행되는지 점검하여 보고하게 된 것이었다.

당시 보고한 내용은 자료를 갖고 있지 않아 설명할 수가 없지만 대통령께서 첫째, 언론자유가 창달되는 등 언론여건이 획기적으로 변화한 상황에서 국정홍보 자세의 근본적 전환이 필요하다, 둘째, 점검 결과 발굴된 문제점은 시정하고 개선방안과 대책을 강구하라, 셋째, 금년은 특히 임기 마지막 해며 대통령 선거를 행하는 때이므로 한국경제에 대한 국민 인식, 역사적 기록, 선거 결과 등 모든 것이 홍보에 따라 크게 좌우될 것이므로 현대적 홍보기법을 발굴하여 활용하고, 관심을 제고하며 교육하는 등 다각적 노력을 기울이도록 하자는 말씀과 아울러 장

·차관들이 책임을 지고 공보 관계직원의 전문화, 공보업무 강화에 노력할 것을 당부하셨다.

5월 30일 토요일에는 모내기 행사에 참석하여 농민들과 대화할 기회를 가졌다. 이날 아침 10시경 출발하여 충북 음성군 금왕읍 각회리 모내기 현장에서 모내기 행사를 가졌다. 현재는 모내기가 기계로 이루어지고 있지만 당시만 하여도 일일이 손으로 모를 심어야 했으므로 노동력이 단기간에 집중되어 모내기철에는 농촌 일손돕기가 거국적인 행사로 권장되던 때였고, 농업이 천하의 대본大本이었기에 대통령께서 친히 모내기 행사에 솔선하여 참여하고 있었다. 모내기 행사가 끝나자 인근에 있는 신창목장을 시찰하고 오찬을 함께 한 뒤 청와대로 돌아왔다. 신창목장은 한우를 사육하여 외국에 수출하는 일을 개척한 곳이어서 퍽 인상적이었다는 기억이 있다.

6월 19일 오후 시간을 할애하여 약 2시간에 걸쳐 성남시 공업단지를 방문하여 삼영전자 및 한주통산 등 중소기업 두 군데를 방문하였다. 산업현장의 상황을 파악하고 현장의 경영자 및 근로자를 격려하는 행사를 가졌다. 사실 산업현장을 방문하면 현장에서도 매우 좋아하고 사기가 고무되며 언론보도도 대체로 호의적이어서 자주 하고 싶은 생각이 많지만 현실적으로는 쉽지가 않다. 사전 검토·확인 등 여러 가지 면에서 워낙 일정을 잡기가 어렵기 때문에 성남공업단지를 방문지로 결정하여 시간을 낸 것이 2/4분기이자 상반기의 마지막 경제현장 시찰이었다.

7차 남북고위급회담과 남북관계의 진전

7차 남북총리회담이 5월 5일~8일 서울에서 개최되었다. 전년 12월 서울에서 개최된 제 5차 회담에서 〈남북기본합의서〉를 채택하였으며, 지난 2월 평양 제 6차 회담에서 발효조치를 마무리한 뒤로 처음 열리는 총리회담이어서 그 역사적 의의가 매우 크다고 할 수 있었다. 앞으로 남북 관계가 기본합의서에서 합의한 대로 상대를 인정·존중하는 가운데 화해와 불가침 기조를 지키고 교류·협력해 나감으로써 겨레의 숙원인 남북통일을 향하여 순항할 것인지를 가늠하는 첫 만남이기 때문이었다. 그러나 회담이 개최되기 전 회담을 준비하는 과정에서 회담 전망은 밝지가 않았다. 그동안 남북 간에는 기본합의서 실천을 위하여 14차례나 접촉을 하면서 기본합의서가 정한 분과위원회 구성 활동을 위해 노력했으나 시원스러운 합의에 이르지 못한 채 답보상태에 머물고 있었기 때문이다.

사실 이번 회담을 앞두고 국무총리를 비롯한 대표단 및 관계장관 등이 5월 1일 16시 반부터 대통령께 남북총리회담 대책을 보고하였다. 당시 보고에서는 회담에 임하는 우리 측의 대책보고가 있었고 이에 대한 대통령의 지시말씀이 있었다. 이 같은 보고가 있을 때 배석한 나의 다이어리에는 통상 보고의 주요한 포인트가 메모되고 지시상황은 구체적인 내용을 알 수 있을 정도로 요약 기재되어 있는데 이날 회의와 관련된 메모는 "인고忍苦의 시간, 앞서가는 사람은 당기고, 늦게 오는 사람을 이끌고 하면서 통일업무 추진"이라고 짧게 적혀 있을 뿐이다.

이 무렵 청와대 비서실은 5월 19일로 예정된 당 차기 대통령 후보 경선을 앞두고 여러 가지 제기되는 문제 때문에 눈코 뜰 새 없는 시간을 보내고 있었다. 다이어리에도 남북회담 관련 사항은 거의 없고 앞뒤로 경선관계 일만이 잔뜩 적혀 있다. 총리회담 준비보고에 관련된 기록이 이처럼 짧은 것은 아마도 대통령께서 남북회담이 힘들게 진행되는 상황에서 회담관계자들이 가져야 할 마음가짐에 대하여 말씀하신 것이 아닌가 짐작된다.

이와 같은 분위기 속에서 북한대표단이 5월 5일 오전 판문점을 경유하여 서울에 도착하였다. 연형묵 총리 등 회담대표 7명과 수행원 33명, 기자 50명 등 대표단 일행 90명이 서울에 도착했고, 숙소인 신라호텔에 체류하면서 3박 4일간의 회담을 시작하였다. 북한대표단을 맞이하여 만찬을 나누고 예비접촉을 한 대표단과 함께 나는 저녁 10시부터 1시간 반 동안 삼청동 총리공관에서 대책회의를 했다고 기록되어 있다. 상대방과의 비공식 접촉을 통하여 당초 예상과는 달리 회담에 진전이 있을 것이라는 예측 아래 우리 측의 입장을 정리하기 위한 모임이었던 것 같다. 내 다이어리에도 이에 대한 자세한 기록이 없이 "정치 공동위 문제와 이산가족"이란 메모만 있어 자세한 회의 내용은 기억할 수 없고 확인하기도 어려워 이 정도로 기록할 수밖에 없다.

5월 6일 10시부터 북측 대표 숙소로 사용되던 신라호텔 2층 다이너스티홀에서는 잠시 동안 어린이날, 평양·개성 간 고속도로 완공 및 3·24 총선 등을 화제로 환담이 이루어진 뒤 정원식 총리의 기조연설이 있었고 이어 북측 연형묵 총리가 예정시간을 약간 초과하는 긴 연설로 긴장을 고조시키기도 하였다. 정 총리는 이번 7차 회담에서 어떻게 하든지 구체적이고도 현실성 있는 결과를 민족 앞에 내보일 수 있어야 한다고 촉구하면서 "민족적 화해를 바탕으로 한 단합은 민주주의와 인권 보장이 마련되지 않고는 이뤄질 수 없다"며 북한 인권문제를 처음으로 거론하여 "진정한 의미의 민족대단결은 민족구성원 개개인의 창의가 존중되고 복수의견이 허용되는 가운데 기본 인권과 자유가 보장되어야만 가능하다"고 강조하였다.

연형묵 총리는 긴 시간 동안 때로는 격앙된 목소리로 남측을 비난하기도 하였지만 그러나 차분하게 준비한 연설문을 낭독하였다. 남북 간의 기본합의서가 발효된 것이 양측이 거둔 중요한 성과이며 새로운 진전이라고 전제하면서도 "전반적으로 놓고 볼 때 위원회들의 사업은 우리들의 기대에 못 미치고 있으며 매우 완만하게 진행되고 있다"면서, 이것은 "분과위원회들에서 전혀 문제로도 될 수 없는 우리에 대한 핵사찰을 전제조건으로 들고나온 데서 비롯되었다"고 남측을 비난하였다.

그러나 정 총리가 분과위별 대표 접촉을 제의하자 연 총리가 이를 수락하여 분과위원회별 접촉 및 논의가 시작되었고 밤늦게까지 줄다리기를 계속한 결과 기본합의서 이행을 위한 위원회 구성을 비롯하여 8월 15일 해방 47돌을 계기로 남북이 각기 노부모 100명, 예술인 70명, 기자 및 지원 인원 70명 합계 240명으로 구성되는 이산가족 노부모 방문단 및 예술단을 서울과 평양에서 동시 교환하도록 하는 방안에 합의함으로써 뜻밖의 성과를 거두었다. 5월 7일 속개된 회의에서는 합의한 내용을 확인하고 쌍방이 서명하여 발표하였으며 그 구체적 합의 내용은 남북고위급회담 합의문에 적힌 대로이다.

합의문에 명시된 바와 같이 〈남북기본합의서〉에 합의된 사항을 실천하기 위한 기구 구성이 구체화되었다는 사실은 한 걸음 진전된 조치라 할 것이며 더구나 노부모방문단이 실현될 수 있게 되어 큰 성과를 거둔 셈이다. 이산가족 상봉은 노 대통령 취임 후 다방면의 남북관계 교류에도 불구하고 한 번도 이루어지지 않아 대통령께서는 퍽 관심을 가지고 성사시키고자 노력해 온 터이다. 세월이 흐름에 따라 이산가족이 자꾸만 세상을 떠나는 실정에 비추어 고향방문의 절실함은 아무리 강조하여도 지나치지 않은 일이기 때문이다. 1985년 제1차 고향방문단 교환이 있은 뒤 7년 만에 이루어지는 일이며 이 사업이야말로 인도주의 구현이란 차원에서뿐만 아니라 남북한 간 신뢰를 회복하는 데에도 더없이 큰 기여가 될 것이라는 점에서 큰 기대와 박수를 불러오고 있었다. 하지만 이와 같은 큰 기대에 아랑곳없이 이 사업은 실현되지 않았다. 그 경위는 후술하겠다.

적지 않은 성과를 거둔 회의는 5월 7일 폐회되었으며 북측 대표단은 공장시찰 등 스케줄을 소화하고, 5월 7일 밤 서울시장 초청 만찬에 참석한 뒤 5월 8일 평양으로 돌아갔으며 이번에는 청와대 방문행사는 갖지 않았다.

〈제 7차 남북고위급회담 합의문〉 전문

남북 쌍방은 1992년 5월 6일부터 5월 7일까지 서울에서 제 7차 남북고위급회담을 개최하였다. 남북 쌍방은 회담에서 남북고위급회담 분과위원회들의 성과를 촉진시키는 방안을 진지하게 협의하였다. 남북 쌍방은 이번 회담에서 남북군사공동위원회, 남북교류・협력공동위원회 구성・운영에 관한 합의서와 남북연락사무소 설치・운영에 관한 합의서를 채택・발효시켰다. 남북 쌍방은 회담에서 남북기본합의서를 성실히 이행하기 위하여 함께 노력할 것을 재확인하고 다음과 같이 합의하였다.

1. 〈남북사이의 화해와 불가침 및 교류・협력에 관한 합의서〉 제 1장 남북화해분야의 이행기구에 관하여 다음 사항에 합의하였다.
   ① 남북화해 분야의 이행을 위하여 남북화해공동위원회를 구성・운영한다.
   ② 남북화해공동위원회 안에 쌍방이 합의하는 필요한 수의 실무협의회를 둔다.
   ③ 제 8차 남북고위급회담 이전에 남북화해분야의 부속합의서를 작성하며, 남북화해공동위원회를 발족시킨다.
2. 남북 쌍방은 남북군사공동위원회, 남북경제교류・협력공동위원회, 남북사회문화교류・협력공동위원회를 1992년 5월 18일 자로 구성함과 동시에 각기 자기 측 구성원 명단을 상대측에 통보한다.
3. 남북 쌍방은 1992년 5월 18일 자로 판문점 자기 측 지역에 설치할 남북연락사무소 자기 측 소장과 부소장 및 연락관들의 명단을 상대측에 통보함과 동시에 사무소 운영을 개시한다.
4. 불가침 분야의 부속합의서를 1992년 9월 1일까지 작성하고, 교류・협력 분야의

부속합의서는 1992년 9월 5일까지 작성한다.

5. 남북합의서 이행에 대한 첫 선물을 민족 앞에 내놓으려는 염원에서 올해 8·15해방 47돌을 계기로 각기 노부모 100명과 예술인 70명, 그리고 70명의 기자·지원 인원들로 구성되는 이산가족 노부모 방문단 및 예술단을 서울과 평양에서 동시에 교환하도록 쌍방 적십자단체들에 위임한다.
6. 각 분과위원회와 남북핵통제공동위원회의 다음번 회의날짜와 장소는 다음과 같이 한다.
   ① 제 4차 남북핵통제공동위원회는 1992년 5월 12일 (화) 판문점 남측 지역 평화의 집에서 개최한다.
   ② 제 4차 남북정치분과위원회는 1992년 5월 19일 (화) 판문점 북측 지역 통일각에서 개최한다.
   ③ 제 4차 남북군사분과위원회는 1992년 5월 25일 (월) 판문점 남측 지역 평화의 집에서 개최한다.
   ④ 제 4차 남북교류·협력분과위원회는 1992년 5월 30일 (토) 판문점 북측 지역 통일각에서 개최한다.
7. 제 8차 남북고위급회담은 1992년 9월 15일부터 18일까지 평양에서 개최한다.

1992년 5월 7일

서 울

분과위별 합의사항 요약

남북연락사무소의 설치 · 운영에 관한 합의서

- 남북 각각 판문점 평화의 집과 통일각에 사무소 설치
- 소장(국장급) 1명, 부소장 1명과 연락관들로 구성
- 남북 사이의 연락업무 및 각종 왕래와 접촉에 따르는 안내와 편의 제공
- 상호연락은 접촉 또는 전화를 통해 진행
- 운영시간은 9시~16시(토요일은 9시~12시)

남북군사공동위원 구성 · 운영에 관한 합의서

- 위원장[차관급(부부장급) 이상] 1명, 부위원장 1명, 위원 5명으로 구성
- 불가침의 보장을 위한 실천 대책 협의
- 분기에 1회 회의개최를 원칙으로 하되 쌍방 합의하여 수시로 개최할 수 있다
- 회의 장소는 판문점과 서울, 평양 또는 쌍방이 합의하는 지역
- 합의사항은 쌍방 위원장의 서명과 함께 발효

남북교류 · 협력공동위원회 구성 · 운영에 관한 합의서

- 위원장 1명[장관(부장급) 또는 차관급], 부위원장 1명, 위원 7명으로 구성
- 부속합의서 이행을 위한 세부합의와 실무협의회들의 활동을 종합 · 조정
- 분기별 1회 개최, 필요시 쌍방 합의로 수시 개최
- 서울, 평양, 판문점, 기타 쌍방 합의장소에서 회의 개최
- 쌍방 합의하여 교류 · 협력 당사자와 해당 전문가 참여

정치분과위 합의서

- 8차 고위급회담 이전 발족
- 실무협의회 설치

북 대표단이 떠난 뒤 대통령께서는 5월 8일 15시 30분부터 회담 결과를 보고받으셨다. 총리가 대표단을 대표하여 회담 경과를 보고하였다. 대통령께서는 노고를 치하하였으며 이산가족이 상호방문할 때 재북 가족 확인을 우선하는 등 이산가족 만남의 효과가 극대화될 수 있도록 방안을 강구하여 시행하라는 지시와 함께 통일원 대화사무국 직원의 증원을 검토하라고 말씀하였다. 그 자리에서는 북측의 김광진 차수가 군 관계에 관한 사실상 결정권자임을 과시·강조하는 언동을 보이는 모습으로 보아 군사공동위원장이 될 것 같다는 보고도 있었다.

7차 총리회담의 합의에 따라 5월 18일에는 남북연락사무소, 남북군사·경제교류협력·사회문화교류협력 등 3개 위원회를 발족시켰으며 뒤이어 위원회 접촉 등이 계속되었다.

한편, 합의한 바에 따라 5월 12일 핵통제공동위원회 4차 회의를 개최하였으며 논란이 되어 온 사찰 규정과 관련하여 실무회의를 갖기로 합의되었다. 실무협의는 5월 15일과 20일 그리고 23일 등 세 차례의 만남에도 불구하고 합의를 도출하지 못하였으며 잇달아 열린 5월 27일 5차 핵통제공동위원회에서도 아무런 합의를 이루지 못하였다. 결국 7차 총리회담 기간 중 핵통제공동위원회 양측 위원장 간에 합의된 '5월 중 사찰규정 채택, 6월 상호사찰 실시'란 목표는 이루어질 수 없어졌다.

그사이에 국제원자력기구 블릭스 사무총장이 5월 11일부터 16일까지 북한을 공식방문하여 북한의 IAEA에 대한 최초보고서에 밝힌 대로 극소량의 플루토늄을 생산한 것과 핵 재처리시설인 방사능화학실험실이 건설 중인 것을 확인하였으며 이에 따라 5월 26일부터 6월 5일까지 IAEA가 제 1차 임시 사찰을 하기에 이르렀다. 6월 15일에 개최된 IAEA 정기이사회에서는 많은 국가 대표가 북한의 플루토늄 은닉 여부 규명, 북한의 핵 처리시설 포기 및 남북 상호사찰 조기실시 등을 촉구하였다.

이 같은 사태진전과 관련하여 북한이 IAEA사찰에 적극적인 반면 남북 상호사찰에는 소극적·회피적인 태도를 보이는 것을 확인하고 정부에서는 여러 가지 외교적 압력을 가하는 조치를 취하는 한편, 상호사찰 실시를[9] 실현하기 위하여 정부의 입장을 수차례 북에 천명하였다. 특히 6월 26일 교류·협력분과위원회 회의에서 임동원 위원장이 북측 김정우 위원장에게 핵문제 해결(사찰규정 채택과 상호사찰 실시) 없이는 남북관계의 실질적 진전이 어려움을 강조하였으며 6월 30일 개최된 16차 핵통제공동위원회에서도 강력히 핵문제 해결을 요구하였으나 북한 측의 거부로 진전을 이룰 수 없었다.[10]

2/4분기가 끝나기까지 남북 간 이런저런 접촉은 계속되었으나 서로의 의견 조정에 조금의 진전이라도 거두는 것은 기대할 수 없었으며 결국 남북관계는 9월 8차 총리회담에서의 일부 진전한 것을 끝으로 노 대통령의 임기 중 대화 중단에 들어갔음을 후술하게 될 것이다.

4월 초쯤 북한 측 특사 윤기복이 서울을 방문하여 안기부장을 만나 김일성 생일에 노 대통령이 북한을 방문하면 남북정상회담이 이루어질 수 있을 것이라는 제의를 해온 일이 있었으나 격식에 맞지 않는 일이어서 거절한 일도 있었으며, 그 밖에도 많은 접촉이 있었으나 핵문제에 관한 상호사찰 문제는 북의 회피로 해결되지 않았다.

9 상호사찰과 관련 정부에서는 사찰의 전문성을 확인하기 위하여 5월 7일부터 21일까지 외무부, 국방부, 과학기술처, 원자력연구소 등 관계기관의 전문가대표단을 선발하였고, 미국에 파견하여 필요한 전문지식과 기술, 경험 등을 습득하도록 준비한 바 있다.

10 핵통제공동위원회는 7월 21일 7차, 8월 31일 8차 회의를 가졌으나 합의에 실패하였으며 9월 15일부터 18일까지 개최된 평양 8차 남북총리회담에서도 성과를 올릴 수 없었음은 후술하는 바와 같다.

LA 폭동 사태와 청와대

4월 29일 미국 로스앤젤레스시 법원의 배심재판에서 아프리카계 미국인 로드니 킹을 집단 구타하여 사망케 한 경찰관 3명에게 무죄 평결을 내리자 이에 격분한 아프리카계 미국인들이 폭동을 일으켜 방화·약탈·파괴를 벌인 사건이 발생하였다. 이 폭동은 아프리카계 저소득층 미국인들의 밀집 주거구역이던 LA 남쪽 사우스센트럴지역에서 시작되었으나 우리 교민들의 상점들이 몰려 있던 지역으로 확대되면서 교민들에게 적지 않은 피해가 발생하여 정부로서도 일정한 관심 표명과 필요한 조치 등을 취하지 않을 수 없는 상황으로 전개되었다.

캘리포니아주 당국은 물론이고 부시 대통령이 연방군을 투입하는 등 신속하고 과감한 진압조치로 상황은 곧 진정되었으나 사망 58명, 부상 2,383명의 큰 인명피해와 7억 2천만 달러 상당의 재산상 피해를 가져왔다. 한국 교민도 1명 사망, 부상 46명의 인명피해 외에 피해업소 1,944개소 3억 5,230만 달러 상당의 큰 피해를 보았다.

4월 30일 오후 사태 발생을 알게 되었으나 우리 교민에게도 큰 피해가 발생하는 쪽으로 사태가 진전되자 5월 1일 청와대는 이 문제가 비록 미국 국내의 문제이긴 하지만 한국 정부로서도 방관만 할 수 없다고 판단하였다. 이날은 여의도 63빌딩에서 기독교단체가 주최하는 제 24회 국가조찬기도회가 열리는 날이었다. 대통령께서는 아침 일찍(7시 45분) 청와대를 출발하여 8시부터 개최된 기도회에 참석해 인사말을 하였으며 9시 50분 청와대로 돌아오자마자 LA사태 관련하여 취할 조치를 결정·지시하였다. 먼저 대통령께서 부시 미국 대통령에게 보내는 메시지와 LA지역 교민에 보내는 위안전문을 조속히 작성하여 송부할 것을 결정하였으며 국무총리에게 정부로서 취해야 할 조치를 신속히 집행하라고 지시하였다.

미국 대통령에게 보내는 메시지에는 먼저 이번 소요사태에 대하여 유감의 뜻과 함께 위안의 뜻을 전하고 미국 대통령이 취한 제반 조치에 지지를 보낸다는 말과 함께 특별담화에서 한국 교민들의 안정에 각별한 관심을 표시해 주신 데 대하여 감사의 뜻을 표명하였다. 그리고 한국 교포들의 안전을 위해 각별한 배려와 함께 한국 교민이 미국 사회의 성실한 구성원으로 계속 발전할 수 있도록 지원해 줄 것을 요청하였다. LA 교민에게 보내는 위안전문에서는 위안의 말씀과 함께 정부에서 미국 정부에 교민의 안전을 위하여 배려하도록 요청하였으며 공관에도 필요한 조치를 취하도록 지시하였음을 알리고, 교민사회가 일치단결하여 이 어려움을 슬기롭게 극복함으로써 존경받는 한인사회를 이루도록 노력해 달라고 당부하였다. 이 메시지와 위안전문은 5월 2일 자로 발송되었다.[11]

대통령의 지시에 따라 국무총리는 5월 1일 관계장관회의를 소집하여 정부로서 취할 제반조치를 결정·집행하였다. 현홍주 주미 대사의 LA 파견, 노창희 외무차관의 그레그 주한 미국대사 초치, 요망사항 전달이 있었다. 이 문제는 전술하였다시피 미국 국내 문제이기 때문에 우리 정부로서는 내정간섭이라는 오해가 생기지 않도록 조심스럽게 접근할 수밖에 없었다.

비서실도 5월 1일 아침수석회의부터 5월 5일 아침까지 이 문제에 대한 상황진전을 파악하고 대책방향을 매일 확인하고 있었다. 정치권에서도 여야 공히 대표단을 파견하는 등 민감한 반응을 보임에 따라 5월 3일 저녁 일요일임에도 심야 삼청동 대책회의를 소집하지 않을 수 없었다. 이날 21시부터 약 2시간가량 외무·문화·공보처 장관, 경제기획원 차관 그리고 비서실의 경제·행정·정무·외교안보수석 등이 참석하여 논의를 거듭한 결과 현홍주 주미 대사의 현지상황 보고를 검토한 뒤 외교 차원에서 미 당국에 요구할 사항을 정리하는 한편 정부조사단

11 이 메시지와 위안전문의 전문은 대통령 비서실(1993), 《노태우 대통령 연설문집》 5권, 168~172쪽 수록.

파견, 'LA 교민돕기' 민간 활동에 정부가 협조하고 이를 장려하는 일 등을 결정하여 관계부처가 시행하기로 하였다.[12] 이 사태에 대한 정부 조치는 이와 같은 관계부처 특히 외무부의 신속·적정한 노력으로 대과 없이 집행된 것으로 기억된다. 세계가 정말 하나로 좁아졌음을 느끼는 계기였다. 태평양 건너 LA에서 일어난 일이 먼 남의 나라의 일이 아닌 바로 우리나라의 우리 일처럼 가까워지고 있음을 실감하였다.

체코슬로바키아·베냉·우즈베키스탄 대통령의 방한

2/4분기 체코슬로바키아, 베냉, 우즈베키스탄 등 3개국의 대통령이 우리나라를 각각 공식방문하였다. 체코슬로바키아 바츨라프 하벨 대통령은 4월 26일부터 2박 3일간, 베냉공화국 니세포르 소글로 대통령은 5월 31일부터 4박 5일간 그리고 우즈베키스탄 이슬람 카리모프 대통령은 6월 16일부터 3박 4일간 각각 서울을 방문하여 노태우 대통령과 정상회담을 갖고 양국 간의 관심사와 협력 방안을 논의하는 외교활동을 벌였다. 이들 세 나라는 모두 새로이 우리나라의 우방이 된 나라들로 그 관계를 공고히 하는 데 크게 기여하였다.

먼저 체코슬로바키아는 한국과 1990년 2월 노 대통령의 북방정책의 일환으로 추진된 동유럽권과의 수교 중 비교적 늦게 외교관계를 맺은 나라였다. 바츨라프 하벨 대통령은 체코슬로바키아가 공산권에 속해 있을 때부터 반체제 작가로 널리 알려졌으며 1989년 12월 민주정부의 초대 대통령으로 당선되어 1990년 3월 우리나라와 수교한 뒤로 약 2년이 지난 4월 부인과 함께 우리나라를 공식방문하게 된 것이다. 서울에

12 그 뒤의 정부 조치사항 및 성금 모금·집행 등에 대하여는 이상옥, 앞의 책, 386~394쪽에 자세히 기록되어 있다.

도착한 이튿날 아침 10시 청와대 환영행사, 10시 30분부터 11시 15분까지 단독정상회담, 11시 45분까지 확대정상회담을 가졌다. 이날 저녁 18시부터 21시까지 만찬과 민속공연으로 이어진 환영만찬이 화기에 찬 가운데 진행되었다.

양국 정상이 함께한 단독·확대회담 자리에서는 첫째, 남북한 관계의 진전 상황과 한반도 정세 및 동북아시아와 국제정세 전반에 관한 노 대통령의 설명이 있었으며, 둘째, 양 대통령이 유럽정세에 대해 진지하게 토론하며 동유럽국가의 민주화와 경제개혁의 성공이 그 지역의 번영과 안정에 이바지할 것이라는 데 대하여 공감하였으며, 셋째, 양국 간의 경제협력과 무역확대 문제에 대하여 심도 있는 논의를 함으로써 양국 경제의 상호보완성에 따른 협력 증가 가능성에 인식을 같이하였으며, 두 나라 사이에 투자보장협정과 이중과세방지협정을 체결·서명하는 성과를 거두기도 하였다.

하벨 대통령의 방한으로 양국 간의 다방면에 걸친 교류와 협력을 강화하는 계기를 마련하였으며 동유럽의 민주주의와 시장경제체제로의 이행을 지원함으로써 우리나라의 국제무대에서의 협력기반과 위상을 높이는 데도 기여함은 물론 우리 국민들에게 공산주의체제의 실상과 동구의 개혁과정을 알리는 데도 큰 도움이 되었으리라 믿는다.

베냉공화국의 소글로 대통령 내외분의 방한 역시 큰 뜻이 있는 일이었다. 베냉은 아프리카 서부에 있는 면적 11만여㎢, 인구 약 500만 명[13]의 크지 않은 나라로서 우리나라와는 1961년 수교하였으나 그 뒤 좌경화되면서 1975년 10월 베냉 측의 일방적 단교선언으로 국교가 단절되었다. 1990년 11월 국교가 회복된 뒤 처음으로 소글로 대통령이 우리나라

13 인구는 최근 1천만 명이 넘는 것으로 확인되었으나 내 다이어리에 1992년 기준 500만 명으로 되어 있어 그대로 적어두었다.

를 공식방문하게 된 것이다. 베냉은 1972년 쿠데타로 집권한 케레쿠 대통령이 1990년 마르크스-레닌주의를 포기하고 퇴진하면서 프랑스 국립행정학교ENA 출신 엘리트인 소글로가 과도정부의 수상으로 취임하여 한국과의 국교 회복을 주도하였다. 1991년 4월에는 최초의 다당제 선거에서 대통령으로 취임하였고, 민주화 개혁조치와 시장경제체제하의 경제개발계획을 추진하는 친서방 대통령으로서 한국을 방문하게 된 것이다.

6월 1일 오전 10시부터 청와대에서 공식 환영식을 가졌으며 단독회담과 확대회담 등 정상회담을 통하여 양국 간의 우호협력을 위하여 관계를 증진할 방안과 공동관심사에 관해 우호적 분위기에서 의견을 교환하였다. 특히 대통령께서는 최근의 남북 유엔 동시가입, 〈남북기본합의서〉 채택 등 한국의 국제관계 진전상황을 설명하였으며 베냉 대통령은 사회간접자본 투자, 농업 관련 협력, 병원의료시설 등과 관련한 협력에 관심을 표명하였다. 양 대통령은 두 나라 사이의 협력을 강화할 필요성을 확인하고, 희망과 도전으로 가득 찬 오늘의 세계에서 동반자로 협력하기로 합의하였다.

정상회담이 끝난 뒤 그날 밤에는 18시 20분부터 20시 30분까지 소글로 대통령의 방한을 환영하는 만찬행사가 화기 가득한 가운데 개최되었다. 양국 간의 관계가 한층 돈독해지는 계기가 되었다.

동유럽과 서아프리카의 국가원수가 다녀간 뒤로 한 달이 채 되지 않았을 때 이번에는 중앙아시아 우즈베키스탄 대통령의 공식 방한이 기다리고 있었다. 카리모프 대통령은 소련연방이 해체된 후 우리나라를 방문한 최초의 독립국가연합 회원국 대통령이란 점에서 큰 의미가 있었다. 우즈베키스탄은 실크로드의 중심에 위치하여 동서문화를 융화시켜온 나라로서 독립국가연합 회원국 가운데 세 번째로 많은 인구와 금·석유·면화 등을 지닌 자원 부국으로서 우리나라와는 1992년 1월 수교를 맺었으며 특히 우즈베키스탄에서는 우리나라 교포가 20만여 명 거주하고 있다.

6월 17일 10시 청와대에 도착한 카리모프 대통령은 공식 환영식을 가졌으며 10시 30분부터 단독정상회담, 이어 11시 35분부터 확대정상회담을 가졌다. 나는 관례에 따라 확대정상회담에 배석하였다. 양 대통령은 정상회담에 이어 '한 · 우즈베키스탄 관계와 협력에 관한 원칙'에 서명하였으며, 이와 별도로 양국 외무 장관 사이에는 경제협력 · 교류의 바탕이 되는 투자보장협정, 과학 · 기술협정, 무역협정, 사증발급 양해각서가 서명되었다. 양국 원수가 서명한 '한 · 우즈베키스탄 선언'은 양국이 주권 평등, 영토 보전과 정치적 독립 존중, 국내문제 불간섭, 분쟁의 평화적 해결을 포함한 유엔헌장의 원칙 존중, 양국 간 광범위한 접촉과 유대를 통해 관계 증진을 도모할 것을 규정하고 있다. 나아가 동 선언에는 양국이 상호이익에 기초하여 산업 · 투자 · 무역 · 자원개발 · 과학 · 기술 및 수송 분야뿐만 아니라 문화 · 예술 · 교육 · 언론 · 체육 및 관광 분야에서의 광범위한 협력을 증진할 것을 명시하고 있다. 이 선언은 가히 양국 우호관계의 상징이라 할 것이며 양국 간 협력 증진의 기본틀로서 구실할 것임이 명백하다.

이와 같은 선언을 채택하기에 앞서 두 정상은 국제정세와 남북관계의 흐름, 북한 핵개발 문제, 독립국가연합의 민주화와 경제개혁문제 그리고 우즈베키스탄에 사는 20만여 명의 동포 문제 등에 관하여 우호적인 입장 설명과 의견교환도 나누었다.

카리모프 대통령은 이날 저녁 청와대에서 약 2시간 동안 개최된 환영만찬에서 노 대통령과의 우의를 더욱 다지는 만찬사를 하였으며 이번 방문으로 인하여 노 대통령이 애써 추진해 온 북방외교가 내실화를 다지는 데 크게 이바지했다는 평가이다. 노 대통령도 카리모프 대통령의 방문에 매우 흡족해하였으며 이로써 수교 전부터 시작된 경제협력이 한 번 더 도약하는 계기를 맞았다.

민주자유당 전당대회와 대통령 선거 후보 선출 I: 대회 준비와 후보 단일화

3·24 국회의원 선거가 끝나고 3월 말까지 뒷마무리를 끝내면서 이제 연초에 결정된 정치일정, 즉 자유경선에 의하여 대통령 후보를 선출하는 전당대회 개최가 또 다른 큰 정치행사로 기다리고 있었다. 이미 설명한 대로 3월 28일 당직 개편과 함께 김영삼 대표가 출마를 선언하면서 당초 예정된 5월 대통령 후보를 결정하는 전당대회를 준비하는 것은 초미의 급무急務가 되었다.

4월 1일 아침 제조업 경쟁력강화 대책회의를 앞둔 9시경 주말의 상황 등을 보고하러 서재로 올라간 내게 대통령께서는 첫째, 무소속 당선자 영입에 박차를 가할 것, 둘째, 전당대회 일자를 조속 확정하고 경선과정에서 돈 쓰기, 헐뜯기 등 부정행위가 일어나지 않도록 전국구 10번 이내 중진 당선자들의 역할이 있어야 할 것이라고 당부하는 한편, 국민당 대책과 언론계 접촉을 강화하라는 지시를 주셨다. 특히 무소속 영입과 관련하여 국민이 여소야대를 원한 바가 아님에도 불구하고 우리 당의 잘못으로 여소야대가 되었으므로 무소속을 영입하는 것은 오히려 국민의 뜻에 따르는 것이기도 하다고 말씀하심과 함께 인간적 유대를 활용하는 등 백방으로 노력을 기울이되 진전상황을 매일 보고하라는 당부말씀을 덧붙이셨다.

이에 따라 전당대회 날짜를 검토하도록 당에 연락을 취했고 당에서는 전당대회에 앞서 치러야 할 지구당 대의원 선출을 위한 지구당대회 개최, 시·도당대회 개최와 전당대회 대의원 확정 등 절차에 소요되는 기간, 그리고 대통령 후보의 등록, 선거운동기간 등을 고려하고자 검토한 끝에 5월 19일을 전당대회 일자로 잠정 결정하여 준비를 시작하였으며 4월 9일 당무회의가 승인함으로써 이 같은 사항이 확정되었다. 아울러 대통령 후보 신청접수와 대의원명부 열람은 4월 19일부터 26일까지 실시할 것을 결정하는 등 경선일정이 확정되었다. 그리고 같은 날 당무회의에서 선거관리위원장으로 이원경 당 후원회장을 제청하기로 하였으며 이춘구 당 사무총장을 위원장으로 하는 전당대회 준비위원회 구성도 마침으로써 당의 경선 준비체제를 갖추었다.[14] 선거관리위원장에 대한 임명장 수여는 당대표가 경선에 입후보하는 사정을 감안하여 당총재께서 직접 수여하는 것이 좋겠다는 4월 9일 아침수석회의 논의 결과가 참고되어 4월 11일 오전 10시 청와대에서 위원장 및 위원에 대한 임명장이 수여되었다.

당에서 전당대회 준비를 위한 제반업무가 진행되는 가운데 대통령 후보로 선출되고자 하는 움직임과 관련하여 몇 가지 살펴보아야 할 일이 있었다. 먼저 국회의원 선거 직후 입후보를 선언한 김영삼 대표 측에서는 총선 후 사무총장직에서 물러난 김윤환 의원이 앞장서서 김영삼 후보 추대위원회를 구성하고 활동을 개시하였다. 김영삼 후보 선출이 순리이자 대세라는 입장을 표방하면서 민정계의 지지를 규합해 나가는 것이었다. 그러나 명실공히 자유경선으로 후보를 결정해야 한다고 주장해 온 이종찬, 이한동, 박철언 등 김영삼 후보 옹립에 부정적 확신을 갖고 있던 민정계 중심의 독자 출마 또는 후보 단일화의 움직임도 활기를 띠어 갔다.[15] 이들 양 진영의 활동은 경선이 끝나기까지 매일 정치면 기사의 주요 보도사항으로 주목받으면서 큰 관심을 끌고 있었다.

14 4월 8일~12일간 179개 지구당개편대회 개최, 4월15일~16일간 시·도당대회, 4월 19일 전당대회개최 공고 등의 일정으로 전당대회 준비가 진행되었다.

15 3월 31일 김윤환, 남재희, 김용태, 정순덕, 김종호, 정재철, 금진호, 김진재, 이웅희 등 민정계 의원 9인이 모여 YS 지지 모임을 발족시켰으며, 반 YS진영은 박태준 최고위원과 이종찬, 이한동, 심명보, 박준병, 박철언 의원 등 6인 중진협의체(뒤에 양창식 의원 참여로 7인 협의체로 되었음)를 구성, 반 YS진영의 단일후보를 내세운다는 원칙에 합의하였다. 민주화가 상당히 진행된 당시의 상황에서 '추대위원회'란 명칭 자체가 비민주적이라는 비난이 없지 않았다.

이와 관련하여 3당 통합의 또 다른 축을 이룬 김종필 최고위원의 동향에 대하여 언급해야 할 것 같다. 총선과정에서 김 최고위원이 전국구 공천 때 불만을 표시한 일이 있음은 앞의 장에서 언급했거니와 총선 결과 과반수 미달이라는 결과가 나왔을 때 책임을 진다면서 다시 당무 참여를 거부하였으며 3월 28일 청와대 오찬(세 최고위원 초청)에도 불참하였다. 4월 2일 오후에 김용환 의원이 만나자고 하여 공관에서 약 1시간가량 만났다. 크게 친분이 있는 사이는 아니었으나 대학 4년 선배이고 재무부 장관으로 재직할 때 나는 법무부에 근무하였기에 아주 생소하지도 않은 만남이었다. 내게 김종필 최고위원을 한번 찾아가 만나라는 이야기였다. 당무 복귀의 수순이 아닌가 생각하면서 이튿날 대통령께 보고드렸다.

주말을 보낸 뒤 4월 7일 화요일 저녁에 청구동으로 찾아가 18시부터 약 30분간 면담하게 되었다. 노 대통령의 안부 말씀을 전한 뒤 대통령께서 조속히 당무에 복귀해 주시기를 바란다는 말씀도 전하였다. 김 최고위원은 선거 결과와 관련하여 죄송하다는 말씀을 하면서 이제 시간이 약이어서인지 마음이 정리되었다고 전제한 뒤 당 대통령 후보 경선을 두고 당초 자신은 5월 전당대회 이후 8~9월 후보 지명을 생각하였으나 이미 결정된 일이니 대통령의 뜻이 이루어지도록 최선을 다하겠다, 경선 - 불복 - 분열의 소지가 있으므로 적절한 조정이 필요할 것이다, 6공 단절은 절대 불가하며 내각제식 운영(총리는 대통령 임명, 각료는 당이 임명한 뒤 책임도 당이 지는 방식 등)도 검토대상이 될 수 있을 것이다, 본인은 경선에 나서지 않겠지만 3당 합당의 3인이 마무리도 함께해야 한다고 생각한다고 말씀하였다. 보고를 드린 뒤 연락하겠다는 답변을 하고 돌아왔다.

대통령에 대한 성심이 느껴지는 것 같아 이튿날 10시 50분 아침수석회의를 마친 뒤 서재에서 방문·면담 결과를 자세히 보고하였다. 바로 그날 저녁 만찬에 초대하기로 결정하였다. 18시 20분 관저에서 영접하여 대통령과 독대 만찬을 하도록 안내하였다. 나는 배석하지 않고 두 분께서 별도로 만찬행사를 가졌으며 20시 30분 관저로 가서 대기하다가 만찬을 끝낸 김종필 최고위원을 전송한 뒤 21시 30분 물러나 친척 상가에 문상하고 자정에야 취침할 수 있었다.

물론 두 분의 만남이 잘 진행된 것을 확인할 수 있었다. 김 최고위원은 귀가 후 기자들에게 대통령과의 만남이 잘 진행되었음을 말하고 경선에 대한 본인 입장도 정리되었다고 하면서 그 내용이나 대통령과의 면담내용에 대해서는 이야기하지 않겠다고 답변하였다. 그리고 이튿날인 4월 9일부터 당사에 출근하여 당무에 복귀하였으며 자신은 경선에 나서지 않겠다는 입장을 발표하면서 '참된 자유경선과 결과에 대한 승복'을 강조하였다.

김종필 최고위원의 당무 거부로 인하여 약간의 문제를 안고 있던 당무 집행이 정상화된 것이다. 전술한 대로 4월 9일 당무회의가 경선일정을 확정하고 본격적인 경선준비체제로 진입하고 있었다. 그동안도 경선과 관련하여 김영삼 대표 진영과 반 김영삼 진영과의 경쟁관계가 활발한 움직임을 보이고 있었음은 전술한 바와 같다. 이와 같이 중요한 국민적 관심사에 대하여 청와대 비서실도 전에 없는 책임을 느끼지 않을 수 없었다.

6·29선언으로 시작된 노 대통령의 민주화 대장정大長征은 1992년 말 대통령 직접선거에서의 정권 재창출로 대단원의 막을 내릴 수 있을 것이었다. 집권당에서의 민주적인 후보 선출이란 일 자체가 처음 해보는 일이었다. 얼마 전 끝난 총선에서 국민으로부터 만족할 만한 신임을 얻지 못한 상황이었다. 이 경선절차를 잘 치러냄으로써 국민의 신임을 회복해야 한다는 과업은 그야말로 난제 중의 난제가 아닐 수 없었다. 상식과 순리로 풀어 나가되 살얼음을 밟는, 글자 그대로 여리박빙如履薄氷의 조심성으로 어려운 순간들을 헤쳐 나가야 했다.

청와대 아침수석회의는 그날그날 열띤 토론을 마다하지 않았다. 경선과정은 민주정당으로서 손색이 없을 정도로 공명정대하고 민주적이어야 했다. 3당 통합으로 탄생한 정당에서 결과에 대한 승복을 얻어 내야 했거니와 경선과정에서의 과열로 인한 자해행위가 본선에서의 감표요인이 되지 않아야 했다. 경선결과에 대한 불복은 애써 이룬 통합의 과업을 무산시킴은 물론 본선에서의 경쟁력을 훼손할 것임이 명약관화였다. 경선 상대방에 대한 무자비한 인신공격보다는 정책대결을 통한 후보의 장점 부각과 정책홍보가 본선에서의 유리한 고지를 선점할 수 있게 할 것이라는 사실 또한 명백하였다. 선진국에서의 후보 결정과정에서 많은 것을 벤치마킹하여 우리의 민주화 장정에 잘 접목할 수는 없을 것인가. 참으로 고차원의 복잡한 방정식을 풀어 나가는 길이었다.

경선일자가 결정되면서 '김영삼 대 반反 김영삼'으로 경쟁구도가 형성되고 있음은 전술한 대로이다. 김영삼 대표가 입후보하는 것은 당연한 사실로 받아들여지고 있었지만 반 김영삼 진영의 주자를 어떻게 할 것인가는 경선일자가 결정된 4월 초부터 언론보도에 빠지는 날이 없을 정도로 관심이 집중되고 있었다. 전술한 대로 김종필 최고위원의 불출마는 4월 9일 본인이 직접 명백히 밝혔다. 그러나 박태준 최고위원의 거취에 대해서는 확실한 결심이 알려지지 않은 채 설왕설래가 끊이지 않았다. 그 밖에도 민정계에서는 이한동, 이종찬 및 박철언 의원 등의 경선 입후보가 예견되고 있었다. 이와 같은 움직임과 관련하여 대통령께서는 박태준·박철언 두 분에 대하여 경선 입후보를 자제하는 것이 좋겠다는 입장을 갖고 계셨다. 그것은 오랫동안 심사와 숙고를 거듭한 끝에 내린 결론이었다.

박태준 최고위원은 민정당 대표위원으로 재임 중 3당 통합이 이루어지면서 총재인 노 대통령을 대리하여 민정계 몫의 최고위원으로서 민정계를 관리하는 역할을 담당하고 있었다. 박태준 최고위원이 김영삼 대표와 경선에서 경쟁할 경우 '민정계 대 민주계'의 대결이라는 구도가 된다. 3당 통합정신에 배치된다고 주장할 수 있는 빌미를 제공할 우려가 있으며 나아가 분당의 불씨가 될 수 있다는 것이 문제였다. 그 밖에도 여러 가지 상황에 대한 다각적인 검토 끝에 문민 출신 대통령으로 승계되는 것이 순리라는 결론, 본선 경쟁력 등 현실적인 고려 등이 보태어져 김영삼 대표가 후보가 되었으면 좋겠다는 생각을 굳히고 있는 대통령의 입장에서 자유경선은 거쳐야겠지만 '김영삼 대 박태준'의 경선경쟁은 일어나지 않아야 되겠다고 결심하신 것이었다.

나는 당초 그동안 대통령과 박태준 최고위원 간에는 연초 단독면담 등 교감의 기회가 있었기에 박태준 최고위원이 쉬이 결심할 것이 아닌가 하는 순진한 생각을 하고 있었다. 그러나 일은 그렇게 진행되지 않았다. 전술한 대로 3월 31일부터 시작된 민정계 6인 중진협의체를 이끌면서 민정계 후보 단일화에 노력하는 한편 가까운 민정계 의원들과의 모임도 계속하며 본인의 입후보 여부에 관한 결심을 공표하지는 않고 있었다.[16] 김영삼 대표 측에서는 박 최고위원의 입후보 여부에 큰 신경을 쓰면서 청와대가 나서야 한다는 이야기를 공공연히 하였다. 청와대의 고민이 커질 수밖에 없었다.

박철언 의원의 문제도 차원이 다르기는 하나 해결해야 할 또 다른 난제가 되고 있었다. 잘 알다시피 박철언 의원은 노 대통령 영부인 김옥숙 여사의 고종사촌동생이었다. 4촌밖에 안 되는 아주 가까운 인척관계였다. 박 의원도 경선에 입후보할 생각이 없지 않은 듯하였으며 전술한 바와 같이 민정계 6인 중진협의체의 일원으로서 무엇보다 김영삼 대표의 후보 선출에 부정적 의견을 공공연히 피력하고 있었다. 대통령께서는

16 박태준 위원의 부적절한 점에 대하여 노태우 대통령은 그의 회고록에서 자세히 밝히고 있으므로 여기에서는 내가 관찰한 바를 대략 적어두는 것에 그치고자 한다. 노태우(2011), 《노태우 회고록(상): 국가, 민주화, 나의 운명》, 조선뉴스프레스, 505~511쪽 참조.

박 의원이 앞으로 정치적으로 크게 발전·성장하기를 바라면서도 이번 경선에 나서는 것은 여러 가지 상황에 비추어 적절하지 않으며 보다 진중한 처신을 통하여 덕을 쌓고 실력을 길러 다음번에 기회를 보는 것이 좋겠다는 것이었다. 그런데도 박 의원의 반 김영삼이란 생각은 확고하였다. 노 대통령의 뜻과 다른 방향을 고집한다고나 할까.

사실 박철언 의원은 나와도 각별한 인연이 있는 사이였다. 그는 나의 고등학교 및 대학 후배이다. 내가 법무부에서 일할 때 사법시험 합격이 늦어져 뒤늦게 박 의원과 같은 시기에 사법대학원을 다니던 나의 대학 동기생 우영제 군이 박 의원을 소개했다. 매우 우수하고 장래가 촉망된다는 칭찬이 대단하였기에 내가 기억하고 있었다. 얼마 뒤 내가 과장으로 근무하던 검찰과에 검사 1명을 충원할 필요가 있어 초임에 부산지검 검사로 근무하던 박철언 검사를 천거하여 검찰과 검사로 파견받았다. 1974년 초의 일이었다. 내가 1976년 6월 서울지검 형사3부장으로 전근될 때까지 약 2년 반 동안 한 사무실에서 일하게 된 것이었다. 그때 박 검사는 검찰행정·기획사무를 맡아 새로운 분야에 대하여 열심히 배우는 가운데 능력을 발휘하였다. 이어 미국 유학의 기회를 가진 뒤 서울지검 검사로 일하던 중 국보위·청와대 등에 파견되었다. 검찰에 적을 두면서도 권력의 핵심부에서 새로운 경력을 화려하게 쌓았다. 특히 6공에 들어서는 더더욱 발전을 거듭하고 있었음은 새삼 긴 설명이 필요 없는 일이다.

어쨌든 짧지 않은 세월이 흐른 뒤 이제 청와대 비서실장과 체육청소년부 장관으로서 한 대통령을 다른 면에서 보좌하는 입장으로 만나게 된 것이다. 물론 그동안에도 공사 간 접촉과 교류가 끊이지 않았지만 그야말로 부담이라고 할 만한 일이 없는 원만한 관계가 계속되었다. 그러나 지금은 단순히 체육청소년 분야 국정을 관장하는 장관이 아니라 정치인으로서 쌓아온 비중과 실력을 실감하게 하는 모습으로 만나게 되었다. 적이 걱정되는 점도 없지 않았다. 그러나 사적인 이해관계가 충돌하는 일이 아니었다. 대통령의 공적인 정치의사가 관철되도록 보좌하는 일에 조금의 주저도 있을 수 없었다. 최선의 노력으로 합당한 해결책을 찾아 나가야 했다.

사실 박태준 최고위원을 중심으로 추진되기 시작한 6인 중진협의체(뒤에 7인 중진협의체)의 민정계 후보 단일화 노력은 진행 여하에 따라 대통령의 고민을 덜어 드릴 기회라 생각되었다. 물론 이 단일화 작업이 쉽게 이루어지리라 장담할 수 없었다. 경선의 모습으로는 단일화가 성사되어 김영삼 대표와 일대일로 경쟁하면서 상대를 존중하는 가운데 정책을 두고 토론하며 본선에서의 경쟁력과 대통령으로서의 자질과 능력을 검증한다면, 그리고 결과에 승복해 당의 승리를 위한 대열에 협력한다면 그야말로 민주정당의 대통령 후보 선출로서 더 없이 이상적이라 생각할 수 있었다. 김영삼이란 거목을 상대할 후보가 복수가 된다면 그 경선은 결과가 뻔해져 맥 빠진 정치행사가 될 것이기 때문이다.

단일화가 이루어진다면 민주정당이 기대하는 정치흥행으로서도 의미 있는 일이 될 것이란 기대가 없지 않았다. 단일화 과정에서 박 최고위원과 박 장관의 명분 있는 불출마가 이루어질 가능성이 있기 때문에 대통령의 희망도 자연스레 구현될 수 있을 것이었다. 그리하여 4월 19일부터 26일까지로 예정된 후보등록에 앞서 위 두 분이 아닌 민정계 단일후보가 결정되도록 진전되는 것이 일차 목표가 되었으며 상황의 진전에 맞춘 노력이 전개되었다. 양 진영 간의 움직임을 면밀히 모니터링하는 가운데 청와대의 머리 맞대기는 계속되었다. 대통령께서도 민정계 단일화 방안이 무방하리라는 양해를 하신 가운데 그런 방향으로 향하려는 보이지 않는 노력이 진행되고 있었다.

당초 반 김영삼 후보 단일화가 성공하리라고 보는 견해는 소수였다. 대부분은 후보를 마음에 두고 있다고 알려진 박태준, 이한동, 이종찬, 박철언 등의 생각과 계산이 다 다르며 서로 간의 관계도 상호이해·지원하는 쪽과 반대·경쟁하는 쪽 등으로 복잡하게 얽혀 있어 공통분모를 찾아내기가 어려우리라는 것이었다. 특히 이종찬 의원은 어떠한 경우에도 후보를 포기할 수 없다는 주장을 완강하게 표명하고 있었기에 단일화의 전망은 비관적인 것이 사실이었다. 그러나 3월 31일 1차 회의를 시작으로 4월 2일, 4일, 6일, 8일, 13일, 15일, 17일 등 8차 회의를 거듭한 끝에 기적 같은 단일화가 이루어졌다.

박철언 의원의 경우 전술했다시피 대통령께서 극구 만류하심에도 불구하고 적극적으로 단일화 회의에 동참하고 있었다. 그러나 단일화 모임이 막바지에 이르러가던 4월 14일 아침 대통령께서 인터폰으로 나에게 박철언 장관의 입후보 불가 및 중립입장 견지를 확실하게 통고·관철하라고 지시하셨다. 물론 그동안도 여러 차례 박 장관 문제가 논의되었고 내가 박 의원과 전화로 입장에 대한 의견교환을 한 일이 있었으나 이번의 대통령 말씀은 단호하기 그지없었다. 안기부장과 협조하라는 말씀도 하셨으나 박 장관과의 관계로 보아 안기부에 미루기보다는 아무래도 내가 나설 수밖에 없다고 판단하였다.

그날 13시 40분부터 15시까지 공관에서 박 장관과의 만남을 가졌다. 이때 대통령 말씀을 그대로 전하였다. 경선 입후보 불가, 중립 요구와 함께 활동을 중단하고 외유하라는 말씀이었다. 참으로 달갑지 않은 대화였으나 그렇게 할 수밖에 없는 일이라고 생각하였다. 다행스럽게도 박 장관은 불출마를 받아들이겠다고 하면서 곧장 입장표명을 하겠노라고 말하였다. 아울러 대통령에 대한 서운함을 장시간 호소하기도 하였다. 18시 대통령께 서운해한 것을 포함하여 면담결과를 보고하였으며 박 장관은 이튿날 약속대로 기자회견에서 경선 불출마를 선언하였다. 그 뒤에도 박 장관은 17일 8차 회의에서 단일화가 성사되도록 하는 데 큰 역할을 하였다고 기억한다.

박태준 최고위원은 더 어려운 과정을 거쳐서야 불출마 결정을 하였다. 박 최고위원 접촉은 안기부장이 수고하였다. 몇 차례 접촉한 끝에 그리고 박 최고위원 자신의 고뇌 어린 숙고 끝에 내린 결론이었다. 박 최고위원은 7인 회담이 열리는 동안 본인의 출마 여부에 대한 의향을 최후의 순간까지 밝히지 않고 있었다. 결심하기 어려웠기 때문일 것이다. 당시 민정계 내부에는 김영삼 대표 대통령 후보 선출에 반대하는 분위기가 상당히 두텁게 퍼져 있었다. 자연스레 박태준 최고위원이 민정계 단일후보로 나서야 할 것이 아닌가 하는 주장이 힘을 얻어가고 있었으며 본인도 딱히 싫어하지 않았던 것 같다. 이와 같은 분위기의 바탕에는 3당 통합 뒤 2년이 지났음에도 불구하고 김영삼에 대하여 호감을 갖지 못하는 당원이 여전히 많다는 것이었다. 물론 그 불호不好의 원인은 사람에 따라 다르지만 특히 김 대표의 대통령직 수행능력에 대한 불안 내지 의구심이 가시지 않고 있었다는 점이 크게 작용하였다. 박 최고위원도 그 점에 대한 애국적 차원의 염려가 없지 않은 것 같았다. 당시 대통령에게 김영삼 불가론을 건의하던 많은 사람이 든 근거도 그러한 것이 아니었던가 기억된다.

나는 당시 정무수석이나 안기부장과 이런 문제들을 거의 매일 상의하였지만 박태준 최고위원의 비서실장 역을 맡아 측근으로 보좌하고 있던 최재욱 의원과의 인연으로 박 최고위원 측과 소통하고 있었다. 최 의원은 내 바로 아래 동생과 경북고등학교 동기였기에 진작부터 알고 지내는 사이였다. 최 의원이 두어 차례 공관으로 찾아와 장시간 상황에 관한 정보교환도 하였고 전화로도 수시로 단일화 진행에 대해 귀띔해주기도 하였다.

전술한 대로 안기부장이 박 최고위원을 맡아 접촉하였어도 결과가 의도한 대로 잘 나오지 않고 있었다. 하는 수 없이 4월 17일 8차 회의를 앞두고 대통령께 종합보고를 드리면서 대통령의 수고를 건의드렸다. 마침 4월 17일에는 대통령께서 연초 바쁜 일정으로 미루어 온 제주 연두순시를 하시게 되어 있었다. 4월 15일 밤에는 당 경선후보 등록일(4월

19일)을 앞두고 궁정동에서 약 3시간 동안 당 사무총장, 안기부장 및 정무수석과 함께 당 경선후보 문제를 비롯하여 경선진행 관련 문제 등에 대해 토의하였으며 이를 종합하여 4월 16일 13시 30분부터 대통령께 보고하였다.

박태준 문제를 매듭지어야겠다는 결론을 내리면서 대통령께서 박 최고위원에게 전화라도 한번 해주시라고 건의를 드리지 않을 수 없었다. 다이어리에는 대통령께서 4월 16일 14시 59분부터 15시 5분까지 박 최고위원과 통화하였다고 기록되어 있다. 박 최고위원이 경선에 바친 노고에 격려의 말씀을 전한 뒤 시원한 결과가 없어 안타깝다, 어느 누구도 경선을 통해 개인의 명예가 훼손되거나 당이 신뢰를 잃는 일이 있어서는 안 된다, 현재 최선은 없고 차선을 택할 수밖에 없으며 국민의 기대를 저버리지 않도록 최선을 경주해 달라는 취지로 통화했다고 말씀하시면서 비서실장과 안기부장이 잘 마무리하라고 지시하였다고 기록되어 있다.[17]

안기부장이 다시 박 최고위원을 만났으며 다른 경로를 통한 설득도[18] 하는 등 노력한 끝에 드디어 4월 17일 경선 불출마 결심을 선언하였다. 4월 17일 15시부터 롯데호텔에서 개최된 7인 중진회의에서 본인이 입후보하지 않을 것이니 그 대신 단일화를 꼭 이루라고 분명한 의사표시를 하게 된 것이다. 그사이 나는 제주 출장을 수행하지 않고 서울에 머무르면서 7인 회의가 4월 18일 0시 50분 이종찬 의원을 단일후보로 결정하기

17 이날 16시 30분부터는 당 사무총장이 당총재에게 경선 진행상황을 보고하였으며 그 이튿날(4월 17일) 당무회의에서는 전당대회 관련 시·도 및 지구당대회 승인의 건, 당무회의 선임 상무위원 400명 및 전당대회 대의원 289명 선출, 민족사관정립위원회 설치(백범 암살사건 배후 규명 등 백범에 관한 일을 지원하기 위한 조치였음), 지방자치특위 구성과 단체장 선거 연기 관련법 개정문제 등의 처리가 의결되는 등 전당대회 준비가 착착 진행되었다.

18 노 대통령께서는 중요한 일을 추진할 때 비서실 등의 당무자 외에도 별도의 인적 관계를 활용하는 치밀함과 아울러 최선을 다하시는 일이 종종 있었다. 참모들의 노력을 측면 지원하기 위함이었지만 크로스체크의 효과도 있었을 것이다.

까지 초조하게 기다리고 또 기다렸다. 다이어리에는 4월 18일 0시 50분 정무수석실의 보고로 결과를 알게 되었으며 2시 50분 최재욱 의원과 통화를 한 뒤에야 잠자리에 들었지만 약간 흥분되어 잠이 잘 오지 않았다고 적혀 있다.

3월 31일 시작된 중진회의가 4월 18일 밤늦게 후보 단일화를 결정하기까지 8차례나 열린 회담은 그야말로 암중모색暗中摸索과 난상토론, 막후에서의 여러 회동과 절충 그리고 긴 줄다리기 끝에 하나의 매듭을 이루어 낸 역사적인 일이었다.[19] 나름 보람을 가질 만한 일이기도 하였다. 그러나 큰일에는 반드시 뒤따르는 마무리라고 할까, 또는 수습하는 일이라 할까 그런 수고가 있기 마련이다.

워낙 밤늦게 이루어진 일인 데다 제주 출장 중이셨기에 대통령께 곧장 보고드릴 수가 없었다. 날이 새기를 기다려 6시 30분 정무수석에게 연락하여 각 진영의 동태를 파악한 뒤 7시 30분 이른 아침이었지만 대통령께 전화로 보고드렸다. 박태준 최고위원의 불출마 결정에 대하여 처음에는 부정적이었으나 결국 살신성인殺身成仁의 결정을 함으로써 단일화가 이루어졌으며 그 뒤로도 장시간에 걸친 마라톤 회의를 거쳐 결정이 나오게 되었다는 것과 김영삼 대표 측이 약간 긴장한다는 내용을 보고하였다. 아울러 경선의 모양새가 잘 되어 다행이란 말씀과 함께 박 최고

19 당시의 결정과정에 대하여 나는 더 이상 기억나는 것이 없으나 박철언(2005), 《바른 역사를 위한 증언 2》, 랜덤하우스중앙, 304쪽 이하에 적힌 바에 따르면, 9시간 20분간의 마라톤회의 중 17시 20분 박태준 최고위원이 포기를 선언하면서 기필코 단일화를 이루라고 당부한 것을 계기로 이종찬, 이한동 두 후보가 담판을 벌였으나 합의가 되지 않아 결국 박철언 의원이 투표로 결말을 짓자고 제의하였고 양자가 동의함으로써 양자를 제외한 나머지 5명이 투표한 결과 만장일치로 이종찬으로 결정되었으며, 이튿날 0시 40분 최재욱 비서실장이 언론에 결과를 발표하였다고 쓰여 있다. 그러나 이한동 회고록〔이한동(2018), 《정치는 중업이다》, 도서출판 승연, 63쪽〕에는 이종찬 3표, 이한동 2표로 결정되었으며 본인은 깨끗이 승복하였다고 적고 있다.

위원을 초청하여 위로·격려하는 기회를 마련하시는 것이 좋겠다는 건의를 드렸다. 대통령께서는 김영삼 측이 긴장한다는 보고에 대하여 대범하게 대응하는 것이 바람직할 것이라고 말씀하면서 이종찬 의원에 대해서도 가볍게 보이지 말고 정치 선배를 존경하는 자세로 노력하는 것이 좋겠다는 말씀도 하였다.

양측이 정책대결을 통하여 페어플레이를 하기 바라며 양쪽에 모두 격려의 뜻을 전할 것은 물론 이한동 의원과 심명보 등 다른 의원에게도 격려의 뜻을 전하라는 지시를 하셨다. 난립이 걱정되었는데 민주적 방법으로 양보하여 가닥이 잡혀가게 되어 좋다는 소감을 피력하였다.

나는 즉시 이한동 의원에게 전화하여 대통령 뜻을 전달했으며 8시경 박태준 최고위원에게 전화로 대통령의 위로와 치하의 뜻을 전달하였다. 박 최고위원은 젊은 사람이 나와야 할 때라고 생각하여 출마를 철회하였다고 하면서 자기는 대통령의 뜻을 따른다고 강조하였다. 직접 대통령께서 전화도 주셨고 이상연 안기부장을 만나 이야기도 들었으므로 결심을 하게 되었으며 사후 수습을 잘 해야 한다고 하면서 내일 지방에 갔다가 3~4일 후 귀경할 예정이라고 말하였다. 대통령께서는 4월 22일 박 최고위원을 초청하여 오찬을 함께 하시면서 위로·격려와 함께 향후의 일에 대하여 대담을 나누었다. 나는 이종찬 의원에게도 전화로 대통령의 말씀을 전달했음은 물론이다.

전화가 끝나자 곧장 출근해 8시 50분부터 수석회의를 열었으며 정무수석이 단일화 결과와 당의 경선 관련 준비상황을 보고했다. 이 자리에서 나는 "이번 후보 단일화는 박태준 위원의 살신성인하는 자세를 바탕으로 충분한 토의를 거쳐 합의를 도출함으로써 한 단계 발전한 모습을 갖추었다. 관례조차 없는 생소한 것이어서 앞으로 새롭고 좋은 관례를 만들어 나가야 하며 5·19 전당대회까지 선의의 경쟁이 되도록 관련자 모두 더욱 노력해야겠다"는 소감을 피력했다. 토요일이어서 퇴근하여 약간 휴식을 취했으나 17시 50분 대통령께서 제주 출장으로부터 돌아오실 예정이어서 좀 일찍 16시에 사무실로 나와 상황을 점검하였다.

정무수석과 안기부장에게서 확인한 바에 따르면, 민자당에서는 사무당원의 경선운동 금지 문제, 김윤환 의원이 추진하는 추대위원회 문제 등이 논의되고 있는 한편, 박 최고위원의 입후보 사퇴와 관련하여 포항제철 간부사원은 환영하고 안도하는 분위기라는 것이었으며 박 최고위원은 광양행을 예정한다는 것이었다.

대통령께서 관저로 돌아오신 즉후 18시부터 그간의 상황을 보고드렸으며 박태준 최고위원의 향후 역할 분담과 관련하여 당헌 개정과 당대표 접견에 있어서 이종찬 후보와의 공정 기회부여, 다른 최고위원과의 동향 등을 검토하라고 지시하는 한편, 양 후보 사이에서 중립적인 입장을 취하는 3분의 1가량 의원들을 규합하여 경선의 원활한 진행을 지원하도록 하는 것이 좋겠다는 말씀도 하셨다. 나는 비서실 수석들의 의견을 취합한 것을 토대로 대통령께서 앞으로 중립을 지켜주실 것을 건의하였다.

민주자유당 전당대회와 대통령 선거 후보 선출 II: 양자대결로 시작되어 일방 중도포기로 얼룩진 후보 결정

민정계 후보 단일화가 성사되면서 양자 대결로 압축된 후보 경선은 당총재의 4월 19일 자 5월 19일 전당대회 공고로 공식적인 선거 국면에 들어섰다. 비서실은 더 많은 신경을 써야 할 처지가 되었다.

4월 20일 아침수석회의를 끝내자 11시 30분 대통령께 미루어 오던 시도지사 및 차관급 11명에 대한 인사안을 보고하여 재가를 받았다.[20] 다음으로 정무수석이 주말의 당 상황을 보고드렸으며 잇달아 백악실로 자리를 옮겨 경호실장, 민정·정무수석과 함께 대통령을 모신 가운데 오찬 간담회를 가졌다. 이 모임에서 앞으로 경선을 공정하게 관리하기 위한 몇 가지 방안 등이 논의되었으며 당 최고위원 등을 초청하여 경선 문제에 대한 대통령의 생각을 밝히기로 하였다. 이 결정에 따라 4월 23일 15시 30분부터 약 1시간에 걸쳐 대통령께서는 당의 세 최고위원(김영삼, 김종필, 박태준)과 면담을 갖고 후보등록 마감을 앞둔 시점에서 경선을 공정하게 관리하겠다고 말씀하였다. "이번 전당대회는 대통령 선거로 가는 길목으로" 계파 간에 상호비방, 내분 양상을 보여서는 안 되며 페어플레이를 당부한다고 말씀하는 한편, 공정경쟁을 위하여 후보등록이 예상되는 김영삼 대표의 주례보고가 전당대회까지 중단될 것이라는 결정을 하였다.

이어 4월 24일 이종찬 후보가, 그리고 25일 김영삼 후보가 등록하면서 본격적인 경선활동이 시작됨에 따라 4월 27일 체코 대통령이 방한 중인 바쁜 일정에도 불구하고 대통령께서는 양 후보와 두 최고위원, 당4역(원내총무는 불참), 그리고 이원경 선거관리위원장 등을 청와대로 초청하여 경선과 관련하여 의미 있는 행사를 주재하였다. 이날 12시 세종실에서 당 사무총장으로부터 등록마감 결과를 보고받은 뒤 격려하는 인사말씀을 하셨으며 두 후보의 출진 각오를 피력하는 출진식을 가진 것이다. 이 자리에서 대통령께서는 당총재로서 경선의 의의와 중요성을 강조하면서 공정한 경쟁과 합리적 선거운동을 주문하고 상호비방보다는 장점이 부각되도록 할 것과 세 싸움보다 정치적 신념과 정책을 두고 토론하는 장이 되어야 한다고 강조하였다. 나아가 대통령께서는 엄정하고 공정한 관리자 역할을 다할 것이며 경선과정이 과열되면 적절한

20 문화부 차관 김동호, 체육부 차관 이해봉, 농림부 차관 김한곤, 항만청장 강동석과 함께 인천 박종우, 대구 한명환, 대전 김주봉, 광주 김동환, 경기 심재홍, 전북 강상원, 전남 이효계 등 지방 장관 7명의 인사안이 이날 발표되었고 그 가운데 시도지사 7명에 대해서는 이튿날 11시 청와대에서 임명장이 수여되었다.

조치를 취할 것이라고 경고하였다.

김영삼 후보는 대선을 통한 정권 재창출이 당의 목표이므로 서로가 상처를 입지 않도록 아름답고 멋진 경선을 펼치고 결과에 승복하는 민주주의의 원칙을 지키겠다고 서약하였다. 이종찬 후보는 대통령께서 경선을 힘 있게 추진하여 정치 기적을 이룰 것이라 기대하며 크게 경하한다고 한 뒤 경선과정이 규정에 맞고 국민이 바라는 대로 이루어져야 함을 강조하고 대통령을 가까이 모시는 인사들의 중립을 견지해 달라고 요구하였다. 이원경 위원장은 후보들에게 규칙을 준수할 것을 주문하였고, 당 사무총장은 하루에도 몇 번씩 중립을 지키는지 반성하고 있다고 말하였다.

이날의 출진식은 기념촬영과 인왕실 오찬으로 이어졌으며 새로운 다짐을 확인하는 자리로 기억한다. 마지막으로 대통령께서는 "내가 이때까지 살아오며 하나 크게 느낀 점은 남을 헐뜯고 비방하는 사람이 잘 되는 것을 보지 못했다는 것"이라며, 비방 경쟁이 아닌 칭찬 경쟁이 되었으면 좋겠다는 희망을 피력하기도 하였다. 이날 행사는 13시 30분까지 1시간 반 동안 계속되었다.

참으로 간절한 대통령의 호소였다. 그러나 막상 한 달도 채 안 되는 기간 동안 득표활동이 시작되자 점차 대통령의 호소, 그리고 국민의 기대와는 먼 일이 벌어지기 시작하였다. 이종찬 후보 측에서 경선의 불공정성을 문제로 제기한 것이다. 후보등록을 마쳤으면 당연히 당헌과 당규에 규정된 절차에 따라 개인연설회 등을 개최하여 전당대회 대의원 약 7천 명을 상대로 한 득표활동에 들어가는 것이 입후보자의 정상적인 행보가 되어야 할 것이 아닌가. 그럼에도 불구하고 이종찬 후보 측은 그렇게 하지 않았다. 당규에 허용된 개인연설회 외에 합동연설회, 후보간 토론회 등이 필요하다고 주장하는가 하면 다른 한편으로는 노 대통령의 측근에서 노 대통령의 중립적 태도를 왜곡하는 일 때문에 공정한 경쟁이 이루어질 수가 없음을 문제 삼기도 하였다. 심지어 이와 같은

'불공정'이 시정되지 않는 한 경선이 정상적으로 진행될 수 없으리라는 주장도 서슴지 않았다.

합동연설회 등의 선거운동 방법에 대하여 당에서도 여러 가지 검토와 노력을 하고 있었으나 김영삼 후보 측과 입장이 일치하지 않아 시원스러운 해결책이 마련되지 못하는 가운데 시간이 흘러가고 있었다. 김 후보 측에서는 토론회나 합동연설회 등에 대하여 부정적이었다. 참으로 김 대표 측의 좀 더 대범한 대처가 아쉽기도 한 상황이 계속되었다.[21]

노 대통령의 중립성을 문제 삼는 데 대해서 청와대로서는 가벼이 넘어갈 일이 아니었다. 물론 대통령께서는 연초부터 여러 차례에 걸쳐 자유경선을 천명해 왔으며 비서실에서도 중립적 입장에서 공정한 선거관리가 무엇보다 중요하다는 것을 인식하고 각별한 주의를 기울여 왔다. 그런데도 이 후보 측의 문제제기가 끊이지 않았으며 4월 28일 관훈토론회에서도 그와 같은 주장을 굽히지 않자 4월 29일 오전 대통령께서는 대통령 주변에 대하여 엄중한 질책을 하셨다. 그날 10시 10분부터 30분간 외무부 장관의 보고가 끝난 다음 배석한 내게 왜 그런 소리가 나오느냐고 꾸짖으셨다. 나로서는 참으로 곤혹스러운 순간이었다.[22] 사실 비서실의 수석들 가운데서도 내심 김 대표를 지지하지 않는 사람도 적지 않았으며 나 자신은 중립적이었다고 자신할 수 있었다. 그러나 대통령께서 질책하시는 데 대하여 변명하지 않았다. 언동에 더욱 조심하여야 한

21 아침수석회의에서도 이 문제가 논의되었고 4·29회의에서는 내가 합동연설회에 관하여 적극적으로 검토해 보자는 의견을 제시하기도 하였다. 당헌상 합동연설회는 후보 간 논의할 사항으로 선거관리위원회가 결정할 수 없다는 것이었다. 전당대회 정견 발표는 선거법 정신과 외국의 예에 비춰 불가하다는 것이 선관위의 입장이었다.

22 당시 대통령의 측근이라고 한다면 근친과 업무상 직속 보좌진인 비서실과 안기부장을 들 수 있는데, 근친이라면 금진호, 김복동, 박철언이 있다. 이들은 각자 정치적 소신에 따라 금은 '친김', 박은 '친이'이고, 김은 독자적인 처신을 했음을 천하가 다 알고 있지 않은가, 그렇기 때문에 비서실과 안기부장이 문제인데 비서실의 처신을 질책하지 않을 수 없다는 말씀이었다.

다는 각오를 하면서 공보수석이 언론에 이 사실을 보도하도록 조치하는 한편, 4월 30일 아침수석회의에서 간곡한 지시를 하였다.

그러나 이 후보 측의 태도는 바뀌지 않았다. 이런 움직임은 당시의 판세로 보아 어느 정도 이해할 수 있는 점이기도 하였다. 사실 김영삼 후보 측은 벌써 40대부터 대통령이 되겠다고 뜻을 세우고 오랜 세월 말 그대로 피나는 노력을 해왔다. 3당 통합도 호랑이를 잡기 위하여 호랑이 굴에 들어갔다는 말이 있을 정도로 집념을 가지고 있었다. 자연스레 경선에 대비하여 민정계를 공략하는 데 많은 노력을 기울여 왔으며, 전술한 대로 김윤환 의원을 비롯한 9인 회의로 시동을 건 김 후보 추대모임은 4월 28일 국회의원 회관에서 163명의 지구당위원장과 당 고문, 전·현직 지역구·전국구 의원 등 모두 229명이 참석한 가운데 '김영삼 대통령 후보 추대위원회'를 결성하기에 이르렀다. 동시에 추대위원회 명예위원장에 김종필, 공동위원장에 권익현, 김재광, 이병희를 앉혔고, 대표 간사로 김윤환을 선출하였다.

이에 비하여 이종찬 후보 측은 출발 자체가 늦었으며 특히 단일화 노력에 많은 시간을 소비한 관계로 준비태세에서 상대적 열세를 면할 수 없었다. 통상적인 투표활동으로는 도저히 판세를 뒤집기 어려운 실정이었다. 실제로 당시 이종찬 진영은 선거자금 등 모든 면에서 준비가 되지 않은 상태여서 경선에 계속 참여할 것인지 고민하면서 보이콧을 검토한다는 정보 보고와 보도가 나오기도 했다. 그러나 단일화의 명분을 살리고 당내 강력한 반김 정서를 활용한다면 상당한 추격과 역전승도 할 수 있을 것이란 견해도 없지 않았다. 아까운 시간을 대의원 접촉·설득에 노력을 기울이는 것이 상식적인 선거운동일 것이 아닌가. 상대가 상대인 만큼 기적을 만들어 내려는 노력이 정도正道일 것임에도 불구하고 게임의 규칙, 대통령 측근의 중립만 문제 삼는 것이 과연 올바른 일인지 생각해 보아야 할 일이었다. 이와 같은 공격이 선거운동으로서 효과를 내리라는 것도 계산에 넣었으리라고 짐작도 해보았지만 경선의 성공적인 완수를 큰 목표로 삼고 있던 대통령의 비서실로서는 무언가 노력을 하지 않으면 안 되었다.

그런 가운데 이종찬 후보 측은 5월 1일 아침 당총재의 뜻을 왜곡 전파하여 자유경선의 뜻을 훼손하고 공명정대한 전당대회 개최를 불가능하게 만들고 있다고 주장하면서 손주환 정무수석과 김윤환 전 사무총장, 그리고 최형우 정무장관의 문책을 요구하였다. 이때 합동연설회 개최와 김 후보 추대위원회 해체도 요구하였으며 당의 최고위원회의에서 일단락 짓기로 한 가락동 중앙정치교육원 부지 문제를 계속 제기하는 등 공세를 늦추지 않았다.

정치공세의 성격이 강하였지만 그냥 지나칠 수 없을 것이라 느껴졌다. 그날은 미국 로스앤젤레스 사태에다가 남북총리회담 대책보고 등이 겹쳐 부산하게 뛰어다니고 있었다. 정무·민정수석, 정치특보 등과 기자회견 내용에 대하여 머리를 맞대는가 하면 안기부장과 전화로 대화를 나누었다. 대통령의 여러 일정 사이에 시간을 내어 보고드렸다. 오전 보고에 대하여 대통령께서는 상호자극적 행동을 자제해야 할 것이며 합리적으로 경선을 진행하는 방안을 마련할 수 없는지 걱정하였다. 일단 쌍방의 동향을 좀 더 자세히 파악하고 진행상황을 관망하기로 하였다. 그리고 오후 보고에서도 즉각적인 대응보다는 신중한 대처를 결정하였다.

그러나 퇴근 후 19시 열린 '법의 날' 기념 리셉션에 들렀다가 서교동 집에서 만찬을 끝낼 무렵 대통령께서 전화를 주셨다. 심기가 매우 불편하심을 직감할 수 있었다. 아마 경선상황에 대하여 무언가 보고를 받으신 것 같았다. 김영삼 대표 측에서 '싹쓸이'하여 압승하려는 자세를 취해서는 안 될 것이며 경선의 모습을 갖추는 노력도 함께 보여야 한다는 말씀이었다. 긴급대책을 세워야만 했다. 늦었지만 22시 삼청동회의실에서 안기부장, 당 사무총장 그리고 정무·민정수석이 모였다. 자정이 넘은 이튿날 0시 40분까지 상황을 분석하고 해결책을 강구하기 위한 토론이 진행되었다. 토의 내용은[23] 이튿날 아침 9시 40분 정무수석과 함께 대통령께 보고하여 집행에 들어간 것으로 기억한다. "대통령의 질책이 있었다"는 다이어리의 기록이 이 무렵 청와대가 얼마나 긴장했는지 말해 주는 것 같다.

이종찬 후보가 제기한 손주환 수석의 퇴진 문제는 별도로 대통령께 독대 보고하였다. 손 수석이 사의를 표명하고 있긴 하였으나 가벼이 처리할 일이 아니었다. 손 수석은 언론계 출신으로 국방부 출입기자 때부터 대통령과 알게 된 것이 인연이 되어 그동안 특별한 친분을 유지했으며 대통령에 대한 충성심은 모두가 인정하는 사실이었다. 손 수석이 대통령의 뜻에 어긋나는 일을 하리라고는 상상할 수 없는 일이었다. 다만 손 수석은 김영삼 후보의 부인 손명숙 여사와 사촌남매 간으로서 가까운 친척관계였기 때문에 우선 김 후보에 기울어질 것이라는 의심을 받지 않을 수 없었다.

그동안 관찰한 바에 따르더라도 손 수석만큼 '대통령 편'인 사람은 없다고 할 수 있었다. 그렇다고 이 후보 측에게 사실 여부를 가려내자고 해봤자 시끄럽기만 할 일이었다. 참으로 곤혹스러운 문제임을 실감하면서 주말을 보내었다.

5월 4일 월요일에는 본관수석회의가 개최되었다. 정무수석이 경선 진행상황과 함께 야당의 대통령 후보 선출일정 등을 보고하였으며 경제상황이 호전된다는 경제수석의 보고 등이 잇달았다. 각 수석의 보고 말미에 대통령께서 비서실의 자세에 대해 다시 말씀하였다. 지난번(4월 29일) 나에게 중립을 지킬 것을 지시하신 데 이어 그동안의 상황 진전을 포함하여 경선에 대한 대통령의 뜻을 다시 부연 설명하셨다. 대통령께

23 토의 내용은 내가 가지고 있는 기록에서는 확인이 되지 않는다. 그러나 이종찬 측이 제기한 문제에 대한 대응책과 함께 쌍방의 예민한 관계를 중화할 수 있는 몇 가지 방안이 정리되어 보고되고 집행되었을 것이다.

서는 비서는 충실한 참모로서 대통령의 명백한 의지를 확실히 인식하고 최선을 다하여 받들어야 한다고 전제한 뒤 대통령의 의지에 대하여 "당내 후보 경선은 6·29정신을 매듭짓는 자유경선으로서 대권 싸움, 세력다툼이란 좋지 않은 인상을 받지 않도록 서로 존경하고 정책 제시, 토론의 과정을 통하여 국민에게 새로운 희망을 안겨 주는 것이 되어야 한다"고 강조하셨다. 상대방을 비방·모략하거나 상처를 주는 행위는 하지 말아야 하며 이런 일은 국가와 당, 민심과 대통령에게 해가 되는 일로서 묵인할 수 없다고 말씀하였다. 당과 대통령에 대한 불신은 더는 용납되어서는 안 된다는 강력한 메시지였다.

회의가 끝난 뒤 서재에서 안교덕 민정수석과 함께 대통령을 뵙고 손주환 수석 문제를 논의하였다. 정말 내키지 않는 일이지만 사의를 받아들이는 것이 불가피하다는 잠정 결론을 내렸으며 후임으로는 허청일, 김중권 두 사람이 거론되었다. 5월 5일 어린이날 오후 대통령의 지시에 따라 김중권 전 의원을 만나 그가 중립적 입장임을 확인하였으며, 18시 손 수석을 만나 내일 있을 원로간담회 등을 논의한 뒤 곧 대통령의 결심이 표명될 것이라고 일러 주었다.

5월 6일 아침수석회의 도중 대통령의 호출을 받고 9시 30분 서재로 올라갔다. 작일 총리공관에서의 남북총리회담 대책회의 결과를 보고드린 뒤 손주환 수석 문제를 일단락하였다. 즉석에서 대통령께서 손 수석을 호출하여 통보하는 조치를 취하였으며, 10시 10분 공보수석에게 지시를 내려 정무수석을 김중권으로 교체한다는 사실을 공표하게 하고 당 등의 관계기관에도 통보하였다. 다이어리에는 붉은 글씨로 "지난 금요일 시작된 일련의 고민 일단락, 괴롭다!"라고 적혀 있다. 참으로 해서는 안 될 일, 하기 싫은 일을 할 수밖에 없는 순간이었다. 12시 백악실에서 대통령과 함께 오찬을 가졌다. 오후 15시 30분에는 신임 정무수석 김중권에게 임명장이 수여되었다. 이 자리에서 대통령께서는 경선에서 쌍방이 조금씩 양보하면 될 것이라고 말씀하시면서 객관적 시각으로 현실을 살펴 최선이 아니더라도 차선·차차선을 찾는 노력이 절실하다고 말씀하였다.

임명장 수여에 이어 16시부터는 청와대 집현실에서 당 원로간담회를 약 1시간 20분가량 진행하였다. 김종필, 박태준, 채문식, 김재순, 권익현, 윤길중, 박준규, 유학성, 노재봉 등 원로와 이원경 선관위원장, 이춘구 사무총장이 참석하였다. 참석자는 친김·친이·중립 등의 여러 성향이 두루 망라되어 있었다. 경선과정의 문제점·심각성을 논의하기 위한 모임이었다. 회의 모두에 김영삼 후보 측의 첫 개인연설회에 찬조연사로 다녀온 권익현 전 대표의 연설회 진행상황 보고와 채문식 고문의 이 대표 진영의 야당 분위기 팽배와 연설회 문제의 시정이 필요하다는 발언이 있었다. 이어 노재봉 전 총리는 이번 경선은 6·29선언의 연장선상에서 당내 민주화를 마무리하는 일로, 한국정치사에 획기적 전환점이 될 수 있다고 하면서 쌍방은 소小에 집착하지 말고 큰 원칙에 충실해야 한다고 말했다. 특히 호선과 달리 경선을 하는 것은 이승만 시대의 2여 1야, 박정희 시대의 1.5 정당제와 달리 1여 2야 체제를 이루고 있는 현실에서 호선으로는 국민의 득표와 연결이 불가능하고 경선만이 득표와 연결될 수 있다는 점을 간과해서는 안 된다고 강조했다.

대통령께서는 처음 치르는 경선이라 쉽지 않다고 하면서도 그렇다고 하여 포기할 수는 없는 일이라고 말씀하였다. 이어 이원경 선관위원장이 규정을 위배하는 일이 있어도 경고와 당기위 제소라는 절차를 취하는 데 그칠 수밖에 없으므로 선관위 능력에 한계를 절감한다고 고충을 토로하였으며, 사무총장은 당기위 제소 전에 해결이 되어야 한다는 의견을 제시하였다.

박준규 의장이 나섰다. 여당의 경선은 필수적이며 세몰이·진陣치기로 감정대립을 하거나 흑백판단을 하는 것은 곤란하다고 하면서, 첫째, 쌍방은 분당할 것이란 위기의식을 없애기 위해 승복의 태도를 밝혀야 하며, 둘째, 개혁의 구체적 내용, 특히 역사 단절의 문제와 국정운영의 방향, 그리고 경선 이후 당 중심으로 정국을 운영할 것인지, 의회 민주주의와 당 운영 방안은 어떻게 될 것인지를 밝히라고 주장했다. 이 후보 측 윤길중 고문은 경선 승복을 통한 창조적 발전은 당연한 일이나 경선 답기 위해서는 세몰이로는 부족하며 합동연설회 등 정책대결의 장이 필요하다고 말했으며 역시 이 후보 측 채문식 고문은 전당대회 후 단합하기 위해서라도 합동연설회가 필요하다는 입장을 굽히지 않았다.

김종필 최고위원은 이종찬 후보 측이 제기한 당 훈련원 매각 문제는 당 내부 문제로 더는 거론하지 않기로 하자, 한계를 지키고 여유를 가지며 대범해지자, 그리고 부채질하지 말고 가라앉히자고 말하였다.

결론이 나지 않았다. 물론 결정권자는 후보 두 사람이기 때문일 것이다. 마지막으로 대통령께서 서로 양보하자고 말씀하시면서 경선의 의의는 차기 대통령 후보 지명권을 당원에게 돌려주는 것으로 정당 민주화의 요체이자 6·29선언의 마무리라고 거듭 강조하였다. 그런데도 경선의 모양새가 후보 측의 상호비방, 대의원의 눈치 보기로 인해 실망스럽기 그지없다, 룰을 지키고 상처내기는 하지 않기로 하자고 말씀하였다. 원로 여러분께서는 어느 후보 지지보다도 더 중요한 역할, 즉 당총재의 파견자란 생각으로 특정 후보 당선보다 경선이 잘되도록 해주시기 바란다, 이해에 집착하지 말고 역지사지易地思之로 역사의 소리에 귀 기울여 주시리라 믿는다, 당은 어느 후보의 전유물이 아니다, 과열을 진정시키자, 후보가 당위에 있지 않다, 두 진영이 예정하던 대로 상호방문하여 경선 이후의 당 단합을 생각하자, 이 후보의 주장을 수용하여 정무수석을 인책 사임케 한 대통령의 충정을 헤아려 달라는 등의 말씀으로 당 원로들에게 거듭 호소하였다.

그러나 대통령의 강력한 의지에도 불구하고 경선의 진행은 순조롭지 못하였다. 그야말로 우여곡절의 연속이었다. 정무수석 경질, 당 원로

간담회가 숨 가쁘게 진행된 5월 6일 허탈감 속에 퇴근하여 밤늦게 취침하였으나 이튿날 5월 7일엔 새벽 6시에 기상하였다. 손주환 전 수석의 전화였다. 전날 대통령께서 작별 오찬을 하실 때 임무를 부여받았다. 김영삼 대표를 만나 대통령의 뜻을 전하라는 것이었다. 국민의 뜻과 감성에 맞추어 처신할 것, 즉 경선이 잘 진행되도록 논의 중인 선거운동 방법과 관련하여 양보하는 자세를 취하라는 권고였다. 판세로 보아 모양을 잘 갖추어도 걱정할 것이 없으리라는 내용의 전갈이었다. 손주환 수석의 면담 결과는 기대 밖이었다. 김영삼 후보가 보는 판세는 압승은 커녕 승리도 쉽지 않다, 상대측이 돈을 못 쓰도록 해야 한다고 주장하며 화를 내더라는 것이었다. 9시 50분 서재에서 다른 당면과제 보고와 함께 김 후보의 반응을 말씀드렸다. 곧이어 헌혈행사가 있었으며 대통령을 모시고 경호실장, 정무・공보수석과 오찬을 함께 하였다. 이 자리에서도 경선의 모양새가 화제였으며 김 후보의 완강한 태도에도 불구하고 박준규 의장의 중재에 기대를 걸어 보자는 이야기가 있었다.

아니나 다를까 그날 16시부터 박준규 의장 주선으로 김종필, 박태준, 채문식, 이원경 등이 63빌딩에서 모임을 가진 결과 첫째, 이 후보의 대전집회 양해, 둘째, 시차제 합동연설회, 셋째, 전당대회 규칙 개정 문제 등에 합의하였다는 이춘구 사무총장의 보고가 들어왔다. 낭보였다. 그러나 그 이튿날 아침 이춘구 총장은 어제 합의를 이행하지 않게 되었다는 말을 하였다. 김 후보 측의 김윤환 전 총장 등이 반대한다는 것이었다. 김영일, 신경식, 김윤환과 통화하였으며 안기부장과도 통화하여 상황을 공유하면서 11시 50분 대통령께 보고드렸다. 언짢은 말씀을 듣지 않을 수 없었다.

그런 가운데 효자・효부 등 200명을 초청하여 오찬을 베푸시는 데 배석하였다. 화난 표정은 어느새 감추어야 했고 화기 가득한 행사였다. 14시 삼청동회의실에서 당 사무총장, 안기부장, 정무수석 그리고 내가 모였다. 다음 일정인 15시 30분 남북고위급회담 결과보고가 있을 때까지 남은 시간 1시간 20분을 이용한 당 전당대회 준비대책회의였다. 김영삼 후보 측은 개인연설회를, 이종찬 후보 측은 후원회 형식의 대규모 지지자모임을 하면서 평행선을 그리는 경선의 모습을 어떻게든 궤도에 올려놓을 방법을 궁리하였다. 시차제 합동연설회라는 타협안을 양측에 설득해 보기로 하는 한편 그 밖의 여러 가지 중화中和방안이 논의되었다. 남북총리회담 보고가 끝난 뒤 삼청동회의의 결과를 보고드리면서 백방으로 노력하겠다는 다짐으로 보고를 마쳤다.

그러나 대통령의 닦달하시는 말씀은 그날 저녁 만찬행사(대통령의 경북고 32회 동기대표 14명 초청만찬)에 배석하고 공관으로 돌아와 잠시 휴식을 취하는 사이 22시가 가까운 때 전화로 이어졌다. 김윤환을 질책하시는 말씀이었다. 합동연설회, 토론회 등 형식을 반드시 갖추도록 하라, 이 후보 측 이야기만 듣는 것이 아니고 국민의 소리 등을 종합적으로 판단하여 김 후보 측에도 도움이 되도록 권고하는 것이라고 김 총장에게 전하라는 말씀이었다. 물론 여러 번 전화했던 일이었지만 또 전화하였다. 이춘구 총장, 이상연 부장에게도 알려 주었다. 참고하라는 뜻에서였다. 그런데 잠시 뒤에 김 후보 비서실장을 맡고 있던 신경식은 사태가 좀 나아지는 것 같다는 기쁜 소식을 전해 오기도 하였다. 어떻게 돌아가는지, 진정 대도大道를 걷는 정치인은, 민주화된 의식을 갖는 후보는 우리에게 다가오지 않고 있는가?

이튿날 아침에는 이종찬 후보 측의 대전 집회[24]에 대하여 경고하라는 인터폰 연락을 받았다. 토요일이었다. 이종찬・박태준 등과 통화를 하였다. 김중권 신임수석은 김 후보를 만나 여러 가지 설득 노력을 기울였

24 이 후보 측은 당에서 정한 개인연설회에는 불응하면서 '이 후보 지원모임'이란 이름 아래 대의원이 아닌 일반 국민 지지자까지 참여하는 후원회를 개최하여 당규가 정하지 않은 방식의 이른바 장외활동을 계속해 나갔다. 5월 4일 서울 코엑스회의장에서, '이종찬 후보 돕기 모임'을 시작으로 5월 8일 대전 충무체육관에서 약 1만 명이 참석한 가운데 모임이 열린 일을 말한다. 그 밖에도 광주와 인천 등 몇 군데에서 같은 형식의 집회를 했다.

다. 이상연, 이춘구와도 연달아 전화를 하였다. 특별히 좋은 진전이 없는 것 같았다.

그러나 일요일 오후 이춘구 사무총장에게서 양 진영의 극한적 대립을 견제하고 완화할 모임이 구체화되고 있다는 보고를 받았다. 이튿날인 월요일 아침 대통령께 보고드렸다. 드디어 이춘구 사무총장의 노력이 결실을 이루어 중립적 자세를 보여 오던 그룹이 5월 12일 오전 8시 63빌딩에서 '당을 걱정하는 모임'을 개최하기에 이른 것이다. 이 모임에는 박준규 의장, 이자헌 원내총무 등 81명의 지구당위원장과 당선자가 참석하였으며 약 1시간에 걸친 토론 끝에 "전당대회가 정권 재창출에 도움이 되는 방향으로 축제 분위기 속에서 치러지도록 양 후보 측의 동참을 촉구함. 양 후보 측은 선관위 규칙을 준수하고 전당대회 후의 단합 분위기 조성에 노력해 주기 바람"이라는 요지의 결의문을 채택·공표하게 되었다.

이 모임을 계기로 그날 오후 이춘구 총장은 양 후보 측의 김윤환 대표간사와 심명보 본부장을 초청하여 중재 끝에 이 후보 측으로부터 당일 인천 집회를 끝으로 당규에 따른 개인연설회를 실시할 것을 약속 받아 한고비 넘기게 되었다는 보고를 받았다. 그 밖에 5월 14일 당무회의에서 의결할 전당대회 의결사항(당총재, 최고위원 3명) 등에 대한 대통령의 결심을 받아 달라는 요청도 하였다. 전당대회 1주일을 남겨두고 서광이 비치는 듯하였다.

그러나 그 희망은 하루가 가기 전에 또 걱정으로 변하였다. 5월 13일 이종찬 후보 측이 부산·경남 개인연설회를 앞두고 기자회견을 통하여, 정무수석 교체로 일단락되었다고 생각된 김영삼 후보추대위 해체, '노심盧心'의 뜻을 왜곡한 나머지 2명의 문책, 그리고 합동 정견발표 등 3개항 요구를 다시 제기하면서 5월 15일까지 대통령과 김 후보가 입장을 밝혀 달라고 요청하였다. 득표활동의 일환으로 보이기도 하였으나 경선을 거부할 가능성을 배제할 수 없다는 관측들이었다.[25] 마침 그날로 예정되었던 대통령의 안동 임하댐 준공행사 참석이 날씨 때문에 취소되면서 나는 아침수석회의 때부터 줄곧 이 문제를 가지고 수석들과 거듭 궁리하였다. 새로운 주장이 제기된 것은 아니었기에 일일이 답변할 일도 아닌 듯하다는 잠정적 결론을 내렸으며 좀 관망하기로 하였다.

모처럼 이종찬 후보 측이 그날 부산·경남을 시작으로 5월 14일 경기, 15일 대구·경북, 16일 강원, 17일 충북·전북, 18일 서울·제주지역에서 개인연설회를 가지겠다고 통보함에 따라 당 사무국은 준비에 박차를 가하고 있었기 때문이다. 실제로 이 후보 측의 개인연설회는 비록 참석한 대의원 수가 기대에 미치지 못하였으나 5월 16일 강원까지 예정대로 진행되었다. 그리고 5월 16일 토요일 오전엔 이춘구 사무총장이 양측 대표(김윤환과 심명보)를 초청하여 마지막 협상의 대상이 되고 있던 전당대회 전 5월 18일 전 대의원을 상대로 합동연설회를 개최하는 문제에 대한 절충을 시도하여 이춘구 총장안에 대한 김영삼 후보 측의 동의를 받아 내는 단계까지 진전이 되고 있었다. 그런데도 이 진전된 제의에 대한 이 후보 측 반응이 신통치 않았을 뿐만 아니라 아무래도 안심이 되지 않는 상황이었다.

토요일 아침수석회의가 끝난 뒤 바로 정무·민정수석, 정치특보 등이 모여 이종찬 후보 측 동향을 점검하고 있었다. 마지막으로 대통령께서 이종찬 후보를 면담하여 격려 및 설득하는 것이 좋겠다는 쪽으로 의견이 모아졌다. 때마침 대통령께서 인터폰으로 호출하셨기에 10시 30분 본관으로 올라가 간밤의 여러 동향을 보고한 데 이어 이 후보 접견을 건의하였고 허락을 받았다.

25 그 전날인 5월 12일 오후 나는 대통령의 지시에 따라 박철언 의원을 공관에서 약 1시간가량 만난 일이 있었다. 대통령께서는 박 의원이 이종찬 캠프에서 여러 가지로 당의 단합에 좋지 않은 아이디어를 제시하는 것 같으니 강력히 경고하라고 말씀하였다. 당시 박 의원은 일부 시중에서 떠도는 스캔들은 강력 부인하면서 전당대회 연기 가능성, 이 후보의 불복 가능성 등을 언급하고 돌아갔다. 이 사실도 곧바로 대통령께 보고되었다.

정무수석실이 마련한 점검 자료를 18시 15분 관저에서 보고드렸으며 강릉에 개인 연설차 출장 중이던 이 후보와 연락이 되어 그날 밤 20시 10분부터 22시 20분까지 2시간 10분 동안 청와대 경내 별관에서 독대 접견의 시간을 가졌다. 접견이 끝난 22시 35분부터 23시까지 대통령께서 접견 내용을 설명하신 후 몇 가지 지시말씀을 주셨다. 대통령은 잘 다독거리며 열심히 하라고 격려했다고 말씀하였고, 만남이 잘 되었다는 만족감을 표시하셨다.

당 사무총장이 이 후보에게 개인연설회에 당원을 최대한 동원하도록 하겠다고 격려하는 말을 전하라는 지시말씀을 하였으며, 경선 여건이 보장되도록 건의하는 사항에 대해서는 대통령께서 최선을 다하겠다고 약속하였으니 비서실과 당 사무총장이 협의하여 필요한 조치를 취하라는 말씀이었다. 이 후보가 건의한 것은 대통령께서 중립선언을 해주실 것, 그리고 지금까지 주장한 경선 3개 사항이었다.

그 자리에서 이 후보는 자기가 배신하는 일은 하지 않겠다고 하면서 이른바 '노심盧心'을 언급하여 대통령께 심려를 끼친 데 대하여 사과한다고 하였다. 이에 대통령께서는 불공정한 경선이란 주장에는 최선 아닌 차선에도 만족해야 하는 것이 정치현실이며, 열심히 노력하여 승리하면 좋지만 그렇지 않게 결과가 나오더라도 승복할 줄 아는(한 예로 1959년 11월 26일 민주당 대통령 후보 지명대회 당시 조병옥과 장면 간의 대결), 지고도 이기는 큰 인물로 보이게 하는 것이 정말 바람직하다고 이야기하였으며 이 후보도 동감을 표시하였다고 말씀하였다.

이튿날 아침 9시 30분 일요일인데도 궁정동에서 관계자들이 만났다. 대통령께서 말씀하신 대로 이 후보 측 요구사항을 검토하여 가능한 대안을 마련하기 위해서였다. 당 사무총장, 안기부장, 정치특보, 정무·민정수석 그리고 내가 모여 머리를 맞대었다. 논의 도중 공보수석도 참석하였으며 김윤환 본부장의 입장을 들을 기회도 가졌다. 당시 이 회의에서 마련한 대안이 이 후보 측의 요구를 그대로 들어주는 것은 아니나 전당대회를 이틀 앞둔 시점에서 이 후보 측의 요구를 어느 정도 반영해 주는 안이었다고 기억하며 — 기록이 남아 있지 않고 기억나는 것도 없어 구체적인 설명을 할 수 없어 아쉽다 — 이 후보 측과 절충하는 시간을 갖기로 하고 나는 휴식을 취하고 있었다.[26]

그런데 그날 15시경 이 후보가 경선 거부를 선언하였다는 소식을 들었다. 참으로 당황하지 않을 수 없었다. 급히 당 사무총장과 정무수석 등에게 연락해 상황을 파악한 뒤 16시 30분 대통령께 보고드렸다. 청와대 경내 테니스장에서였다. 대통령께서는 당당하고 의연한 자세로 강력히 대처해야 하며 대회는 그대로 진행할 것, 언론대책을 잘 세우고 따라가는 사람을 최소화하도록 하되 중도진영의 역할 강화에도 유념하라는 지시를 즉석으로 해주셨다.

그렇게 공을 들여 온 경선과정에 큰 오점이 발생하여 애통하기 그지없었다. 무엇을 잘못했는지 반성하는 한편 우선 대책마련이 급하였다. 17시 안기부장, 당 사무총장, 원내총무, 정무·공보수석이 모여 의논 끝에 20시 30분 긴급 중요당직자회의를 개최하여 사후대책을 논의하는 것이 좋겠다는 결론이 나서 18시 전화로 보고하여 재가를 받아 곧바로 준비에 들어갔다. 세 최고위원, 당3역, 선관위원장, 총재 비서실장, 대변인 그리고 국회의장에게 참석을 통보하였다. 청와대에서는 비서실장, 경호실장, 정무·민정·공보수석과 정치특보가 배석하였다. 회의에 앞서 20시 관저로 올라가 말씀자료를 보고드리는데 대통령께서 그야말로 진노하시며 질책을 거듭하였다. 이때 대통령께서는 당총재직 조건부 사퇴의사를 표명하시겠다고까지 말씀하였으나 정무수석과 함께 불가하다고 건의드렸으며 경선을 파행시킨 직간접 책임자에 대하여 극도의 불쾌감을 말씀하였다. 참으로 몸 둘 바를 모를 지경이었다.

26 일요일 오후여서 이 후보 측과의 절충은 저녁이나 되어야 결말이 있으리라 생각했었다.

그러나 정작 20시 35분 회의가 시작되자 대통령께서는 국민 앞에 얼굴을 들 수 없는 죄를 짓고 모이게 되었다는 자책의 말씀으로 서두를 뗀 뒤 민주화를 위한 당의 자유경선 중도포기라는 오점을 남기게 되어 매우 유감스러우며 국민에게는 어떻게 보답해야 할지 난감하기 그지없다, 200만 당원에 대한 배신행위이자 해당행위이다, 바로 어제 이종찬 후보를 만나 결과에 승복할 것을 당부하였고 반론이 없었는데 어떻게 이런 일이 있을 수 있는가? 국민에게 한 약속을 지키지 못하게 된 마당에 당총재로서 자격이 있다 할 수 있겠는가, 전당대회에 참석할 면목이 없다, 이런 실망스러운 상황을 회복할 수 있는 조치를 논의해 주기 바란다고 말씀하였다.

김종필 최고위원이 먼저 발언하였다. 이 회의에서의 발언 내용은 대외비로 하면 좋겠다고 전제한 뒤 이 후보의 경선 거부는 분명한 해당害黨행위로 응분의 조치를 취해야 한다고 하면서 그동안 이 후보가 보인 여러 가지 행위를 신랄하게 비판하였다. 그러나 전당대회는 예정대로 진행하자고 말하였다. 박태준 최고위원은 대통령께 송구스럽게 생각하며 후보의 자유의사를 막을 수 없었다고 말하였다.

박준규 의장은 정권 재창출을 위한 단합이 중요하다고 하면서 대통령 선거를 예측할 수 없는 상황임에 비추어 전당대회에 전원 참석함으로써 더 이상 경선에 상처를 주지 않도록 해야 하며 추대위원회를 해체하고 당을 평상체제로 환원하자고 제의하였다. 김용태 정책위의장은 충격적인 일이라고 하면서 전당대회를 치른 뒤 문책해야 하며 추대위원회도 해체하되 지구당위원장 회의를 소집해 단합을 도모하자고 말하였다. 이춘구 사무총장은 책임을 지겠다고 하면서 전당대회는 그대로 개최하되 불공정사례가 무엇인지 규명해야 할 것이라고 말하였다.

김영삼 대표는 1971년 야당 대통령 후보 경선시절을 회고하면서 우리 정치사를 보면 패자敗者에게 가혹하였기에 충격적인 일로 받아들이지 말고 전당대회를 멋있게 치름으로써 전화위복轉禍爲福의 계기로 삼자고 하였다. 상대를 자극하지 말라고 주의시켜 두었다고도 덧붙였다.

대통령께서는 자신의 경우를 회고하면서 권력이란 하늘이 맡기는 것이라고 전제하면서 거듭 이종찬 후보의 어젯밤과 오늘의 행위에 대한 배신감과 함께 본인의 부덕의 소치라고 자책의 뜻을 토로하셨다. 전당대회는 예정대로 실시할 것이며 이춘구 총장에게 당원이 동요하지 않도록 하라는 지시와 함께 모두가 반성할 일이라고 말씀하신 뒤 퇴장하셨다. 21시 55분이었다. 나는 화를 참지 못하고 참석자들을 향하여 갑작스레 소리를 질렀다. 특히 가장 만만한 박희태 대변인 쪽을 바라보면서 이종찬 후보의 잘못은 말할 것도 없지만 원인 제공자도 화합을 위한 조치가 필요하지 않겠는가, 적어도 송구하다는 말은 해야 된다고 일갈하면서 어색한 분위기 속에서 헤어지게 되었다.

대통령께서 서재에서 기다리신다는 전갈을 받고 들어갔다. 허탈하신 모습의 대통령께서는 맥주를 청하여 마시면서 여러 가지 불쾌감을 표시하셨다. 서재에서 맥주를 청하는 일은 전무한 일이었다. 얼마나 상심이 컸기에 이러시는가라는 데 생각이 미치면서 말주변이 없는 나로서는 어떻게 위로의 말씀을 드려야 할지 안절부절하지 않을 수 없었다. 겨우 조금 전 박희태 대변인에게 화풀이했다는 말씀을 드렸더니 마음이 조금은 풀어지시는 것을 느낄 수 있었다. 대통령께서도 비슷한 생각을 하고 계셨지만 이번 경선과정을 되돌아볼 때 정말 우리 정치인의 민주적 사고가 기대한 수준에 많이 미치지 못함을 실감할 수밖에 없었다.

사실 당시 크게 문제 삼았던 대통령의 중립 문제만 해도 그렇게까지 시비를 걸 일은 아니었다. 민주화가 정착된 선진 민주국가에서라면 대통령이 중립일 필요도 없다. 대통령도 국민의 한 사람, 그것도 최고의 정치인인 이상 당연히 후임 대통령 후보에 관한 정치적 입장이 있어야 할 것이 아닌가! 다만 대통령이 그 직권을 이용하여 어느 편을 드는 행위가 옳지 못한 일일 뿐이다. 그러나 막강한 권한을 행사하던 오랫동안의 권위주의체제로부터 민주화로 전환하는 시간이 일천하였던 1992년 5월 당시 상황에서 대통령이 특정 후보를 선호·지지한다는 심중을 드러내는 일 자체가 경선의 공정성을 해칠 것이 명백하였으므로 반드시 자제해야 한다는 것이 당시의 상식이었다. 노 대통령께서 연두 기자회견을 비롯해 여러 기회에 자유경선을 천명한 것은 어느 편을 들지 않겠다는 결심의 표현이었다.

사실 이 문제와 관련하여 그때 언론은 끈질기다고 할 정도로 노 대통령의 생각, 이른바 '노심'이 무엇인지를 추적하여 보도하려는 노력을 계속하였다. 그렇지만 어느 신문이라도 추측만 할 뿐 '노심'에 대하여 확인하지 못하였던 것으로 기억한다. 노 대통령이 중립적 자세를 잘 지켰다는 방증이 아니겠는가. 뿐만 아니라 이종찬 후보 스스로 5월 16일 밤 대통령과의 면담에서 노 대통령의 중립을 시비한 것에 대하여 사과하지 않았던가.

물론 이 후보가 문책을 요구한 것은 대통령 측근이나 김영삼 후보 진영이 '노심'을 왜곡하는 것을 겨냥한 것이었다. 구체적으로 손주환 정무수석, 김윤환 전 사무총장, 최형우 정무장관 등 3인을 지목하였다. 그 가운데 손 정무수석은 김 후보의 부인과 4촌밖에 안 되는 매우 가까운 인척관계 때문에 중립성이 의심받을 수밖에 없는 현실이었다. 아주 작은 의심의 여지라도 방치할 수 없다는 판단에서 그의 잘잘못을 따지지도 않은 채 사의를 받아들인 것이었다. 나머지 두 사람의 경우 그들의 정치행적에 비추어 볼 때 아무리 대통령이라도 어떤 조치를 취한다는 것이 오히려 새로운 공정성 시비를 불러올 수 있는 일이었다. 이종찬 후보 측의 정치공세는 그야말로 도를 넘는 일이라고 생각되었다. 특히 모두가 자기 나름의 식견을 갖추었다고 인정해야 하는 전당대회 대의원들이 '노심'에 흔들린다는 주장은 아무리 민주화 초기라고 하더라도 지나친 자기비하요, 비민주적 사고라고 할 수밖에 없을 것이다.

연설회 문제만 하더라도 그렇게까지 다툴 일이 아니었다고 생각한다. 정해진 규칙이 공평하게 적용된다면 그 규칙에 따르는 것이 올바른 민주정치인의 자세일 것이다. 당시 당에서는 합동연설회가 가져올 부작용을 염려한 나머지 개별적인 개인연설회의 기회를 공평하게 보장하는 것으로 충분하다는 판단을 한 결정이었을 터이다. 더구나 김 후보 측에서 합동연설회 또는 그 당시만 하여도 보편화되지 않았던 TV 토론회를 달가워하지 않았다. 당이 강행하기 어려운 상황이었다.

그렇지만 이종찬 후보 측이 합동연설회나 토론회를 요구하였을 때 김 후보 측에서 충분히 받아들일 수도 있는 일이 아니었던가 생각한다. 그럼에도 불구하고 상당히 합리성이 인정되는 경선운동 방법을 받아들이지 않은 김 후보 측의 협량狹量 역시 비판받지 않을 수 없었다. 오랜 민주화 투사를 자처하는 김 후보로서는 옳지 않은 주장을 하는 것이었다. 그저 오랜 기간의 준비와 본인의 정치 경륜을 앞세워 불리하다고 염려되는 새로운 시도는 막무가내 반대하고 세를 몰아 압승만을 노리는 듯한 자세는 모처럼 공들여 시행하는 자유경선에 오히려 역효과를 내지 않겠는가, 비판받지 않을 수 없었다.

매사 그렇지만 경선이 얼룩지게 된 데는 양측이 모두 반성해야 할 부분이 적지 않았다. 정정당당하게 경쟁하고 결과에 깨끗하게 승복한다는 민주경선의 아름다움을 구현하는 데는 역시 시행착오와 함께 시간이 필요한 일이었다고 생각하지 않을 수 없었다.

아무튼 한쪽이 보이콧하는 불상사가 있었지만 경선일정이 변경되어서는 안 된다고 모두 생각하고 있었다. 대통령께서는 한쪽이 보이콧하더라도 많은 대의원이 참석하여 전당대회를 제대로 치러야 한다는 과제를 제시하시고 수습하는 노력을 하자고 말씀하였다. 이종찬 후보에 조치를 취하는 문제를 거듭 논의하였으며 박태준 최고위원을 별도로 접견하시겠다는 말씀을 듣고 최영철 정치특보로 하여금 박태준 최고위원과 접촉하라고 전달하였다. 김윤환 전 총장에게도 전화하여 김 대표로 하여금 반대진영에 서 있던 대의원 등에 대해서도 화합·포용할 것과 보이콧 사태에 대한 유감 표시를 하는 것이 좋겠다는 내용의 전화를 하고 공관에 돌아오니 시간이 22시 10분을 지나고 있었다. 얼마나 가슴이 답답한지 안기부장, 당 사무총장에게 하소연하는 전화를 한 뒤 12시가 지나 잠자리에 들었다.[27]

18일 아침, 잠이 깊이 들지 않아 자다 깨기를 반복하다 7시에 일어나자마자 곧장 안기부장, 김윤환 전 사무총장, 최영철 특보와 통화하여 간밤의 후속상황을 파악하였다. 출근하여 곧 아침수석회의를 주재하였다. 이 자리에서는 당초 예정된 본관수석회의를 취소하는 조치로서 대통령의 불편한 심기를 당에 전달하고, 당이 더욱 긴장하여 전당대회 준비에 박차를 가하도록 하는 것이 좋겠다는 의견에 따라 본관수석회의를 취소하도록 하였다. 전 수석비서관이 친분을 활용하여 이종찬 후보의 경선 거부행위가 부당함을 설득하는 노력을 하기로 다짐하였다. 전당대회 이후 예정한 21일 청와대 국무회의는 그대로 진행하기로 의견을 모았으며[28] 이 후보의 향후 행보와 관련하여 탈당 후 독자적 세력을 규합하고 원내교섭단체를 구성하고자 노력할지도 모른다고 걱정하는 이야기를 비롯해 몇 가지 논의가 있었다. 이 자리에서 나는 간밤의 대통령 주재 긴급 중요당직자회의의 분위기를 설명하고 전당대회에 많이 참석하도록 독려해 줄 것을 당부하였다.

27 나는 밤새 고민 끝에 아침에 깨자마자 사직원을 작성하였으며, 이는 지금도 다이어리의 갈피 속에 끼워진 채로 보존되어 있다. 그러나 이튿날 주변 수석 등과 의논한 결과 제출하지는 않았으며 다만 언제든지 책임을 지겠다는 다짐을 단단히 하면서 집무에 임하였다는 심정을 적어 두고자 한다.

28 아침수석회의에서는 경선이 종반에 접어들던 5월 14일 임인규 정책조사보좌관의 제의로 경선 이후의 정국 변화에 대한 대응방안을 논의하였다. 경선 결과에 대한 승복 문화 확립, 대통령과의 주례보고 회동 계속, 공무원 사회동요 대책, 선거 국면으로의 전환과 관련된 사회기강의 해이, 대통령의 위상 강화 등이 논의되었으며 우선 공직사회의 기강 확립과 관련하여 5월 21일 청와대 국무회의를 개최하기로 결정하였다. 나머지 문제는 각 소관 수석들이 단계적으로 대책을 강구하는 방안을 검토·시행하기로 하였다.

수석회의가 끝난 뒤 10시 20분 서재에서 그동안의 상황을 보고드렸다. 간밤에 힘쓴 결과가 반영되어 김 후보가 "온 당원의 노력에도 불구하고 일부 불협화음이 일어난 것은 대표최고위원의 부덕의 소치로 생각하며 노태우 총재, 당원과 국민에게 송구스럽다"는 사과 발언을 하여 보도되었으며, 반대진영과의 화합을 위한 노력도 시작하였다는 보고를 드렸다. 이 후보의 행동을 여러 가지로 분석한 결과와 고립책에 대해서도 보고를 드렸다.

11시 50분에는 박태준 최고위원을 안내하여 대통령과 오찬을 함께 하는 것을 확인한 뒤 나는 구내식당에서 오찬을 하였다. 배석자 없는 두 분만의 오찬이었기에 대화 내용은 알 수 없으나 대통령께서 박 최고위원에게 당의 단합을 위하여 수고해 달라고 당부하였을 것이라고 짐작된다. 14시 30분 수석들과 간담회를 갖고 정무수석의 대화 요점에 관한 설명을 듣는 한편 전당대회와 이종찬 후보 관련 대책을 위하여 몇몇 수석이 분담할 사항을 결의한 뒤 곧 대통령께 보고드렸다. 각 수석이 나름의 노력을 하겠다는 보고에 대통령께서 다소 안도하시는 듯한 표정을 지으셨다.

드디어 5월 19일 전당대회가 올림픽 체조경기장에서 개최되었다. 노 대통령은 9시 40분 청와대를 출발하여 헬기 편으로 10시 대회장에 도착하였고 민주자유당 제 2차 전당대회에 참석하여 당총재로서 개회연설을 하였으며, 11시경 투표한 뒤 일단 청와대로 돌아와 정무·공보수석, 정치특보, 당총재 비서실장 등과 함께 오찬을 가졌다. 투표가 끝날 때쯤인 14시 55분 청와대를 떠나 전당대회에 다시 참석하였다가 김영삼 후보의 선출을 확인·격려한 뒤 16시 대회장을 나와 헬기로 수원·안산·인천 등을 한 바퀴 돌고서야 16시 40분 청와대로 돌아올 수 있었다. 오랜 기간의 준비와 노력 끝에 후임 대통령 후보 선출이란 긴 정치일정 가운데 매우 중요한 한 단계를 넘기고 있었다.[29]

이날 당 대회에서 대통령께서는 "정당의 민주화 없이 참된 의회민주주의는 이루어질 수 없다."고 주창하시면서 당내 자유경선에 의해 대통령 후보를 선출하는 것이 5년 전 당신께서 선언하시어 꾸준히 실천해 오신 6·29선언의 정신을 "한 차원 더 높게 승화시키는 일이라 믿고 공정한 경선이 이루어지도록 최선을 다해 왔다"고 말씀하였다. 이와 같은 간곡한 뜻이 이루어지도록 누차 당부해 왔음에도 불구하고 전당대회를 불과 이틀 앞두고 납득할 수 없는 이유로 경선을 거부한 것은 침통하기 그지없는 일이며 큰 죄책감을 느낀다고 하면서, 그러나 모두가 반성하고 굳게 결속해 당에 맡겨진 일들을 과감하게 추진하자고 강조하셨다. 대통령께서는 6·29선언 이후, 그리고 특히 3당이 통합해 민주자유당을 창당한 뒤에 그동안 민주·번영·통일을 위해 노력하고 성취한 일들을 회고하면서, 이 같은 과업을 계속해 우리나라가 선진국 대열에 우뚝 설 수 있도록 훌륭한 새 대통령 후보를 선출하고 나아가 새 후보를 중심으로 대동단결해 기필코 다가오는 대통령 선거에서 승리해야 한다고 거듭 강조하였다. "오늘의 대회장을 거대한 용광로로 삼아 무쇠와 같은 결속을 이루어야" 하며 "우리 모두 승리의 그날을 향해 힘차게 나아갑시다"라고 호소하는 말로 역사적인 연설을 끝냈다.

이와 같은 힘찬 연설을 듣는 순간 나는 큰 감격과 함께 여러 가지 지난날들이 주마등같이 뇌리를 스치고 지나가는 것을 느끼고 있었다. 그런 가운데 그저께 오후 이종찬 후보의 청천벽력 같은 보이콧에 당황했던 일은 그야말로 해프닝에 불과했으며 오늘의 역사적인 경선 일정이 순조롭게 진행되는 모습을 확인할 수 있었다. 무엇보다도 재적 대의원 6,882명 가운데 98%에 이르는 6,713명이 참석하였고, 97%에 이르는

29 이날 투표에 앞서 여러 가지 논의 끝에 당총재에 노태우 대통령을 최고위원에는 김영삼, 김종필, 박태준 최고위원을 전원 재선출하였으며 개표가 끝난 뒤 김영삼 후보는 노 총재에 의하여 대표최고위원으로 재지명되었다.

6,660명이 투표했다는 사실에 고무되었다. 게다가 대회 전 과정이 질서 있게 진행되었으며 개표결과도 김영삼 4,418표(66.3%), 이종찬 2,214표(33.2%)로[30] 대의원들의 의사가 있는 그대로 잘 반영되어 어느 쪽이나 트집을 잡을 만한 일이 없었다.

당초 이종찬 후보가 거부하는 것에 대하여 어떤 법적 해석을 해야 할 것인지 뚜렷하지 않은 점이 없지 않았다. 경선 거부라면 통상 입후보 사퇴로 해석되는 것이 상식이며 따라서 이 후보가 입후보를 사퇴하고 탈당하는 것이 아닌가 염려하고 있었다. 탈당에 추종하는 자를 줄이도록 해야 된다는 논의가 있을 정도였다. 선관위가 나서서 이 후보 측에 사퇴 여부를 묻기까지 하였다. 그러나 이 후보 측에서는 사퇴를 위하여 필수적인 사퇴서를 제출하지 않으면서 경선 거부 그대로 이해해 달라는 뜻밖의 반응을 보임에 따라 선관위로서는 투표용지에 그대로 이종찬 후보를 두기로 하고 이 후보에 대한 투표도 유효로 인정한다는 것으로 입장을 정리하게 된 셈이었다. 결국 한 후보가 투표에 불참했을 뿐 모든 면에서 자유경선이라고 하기에 모자람이 없는 행사가 되었다.

사실 대통령께서 참으로 애통해 하셨고 나 역시 분통이 터져 잠을 잘 이루지 못할 지경이었다. 그러나 이 후보의 애매모호한 태도에 너무 과민반응이 아닌가 할 정도로 이 후보가 그 당시와 그 후에 보인 처신이 이해하기 힘든 점이 적지 않았다. 그러나 경선과정에 오점을 남겼음은 부인할 수 없는 사실이었다. 대통령께서 백 리를 가야 하는데 팔구십 리밖에 못 갔다고 아쉬워하셨지만 나는 그에도 모자라는 육칠십 리에 머문

30 이종찬 후보가 거둔 예상보다 높은 지지율은 이 후보가 경선을 거부하면서도 막판 표 다지기에 주력했기 때문으로 보인다. 이 결과는 경선 거부를 해당 행위로 규정했음에도 많은 지지표를 확보함으로써 당기위 회부에 부담이 된다는 부정적인 면이 있는 반면, 긍정적인 면으로는 자유경선의 의미가 확인되었을 뿐만 아니라 김 후보의 압승으로 인한 자만이 당내 화합에 역작용을 일으킬 소지를 막을 수 있다는 것이 정무수석이 내놓은 분석이었다. (아침 수석회의 보고)

것이 아닌가 하는 생각까지 하였었다. 대회장을 떠나면서 바로 청와대를 향하지 않고 수도권을 한 바퀴 선회하면서 여러 가지 심란함을 달래고 정리하는 시간을 가지시는 데 동행하면서 나도 만감이 교차한다고 말하지 않을 수 없었다.

경선 뒤처리 I: 전당대회 축하연, 청와대 국무회의, 당직 개편 및 국회의장 내정

경선이 끝났다고 하여 잠시라도 쉴 틈을 주지 않는 것이 청와대 비서실의 일상이었다. 뒤처리 문제가 시급하였다. 큰일이 찾아온 다음에는 반드시 수습해야 할 후유증이 있기 마련이기 때문이다. 더구나 이번 전당대회는 이종찬 후보가 경선을 거부하는 불상사가 있었기에 그 문제를 어떻게 정리할 것인가가 당면과제로 클로즈업되고 있었다. 이종찬 후보에 대해서는 당초 출당시킨다는 대통령의 결심이 확고하였지만 그 뒤 사태진전이 여러 가지 과정을 거치면서 그가 8월 18일 탈당하기까지 미결과제가 되었다.

물론 이 후보 외에도 김영삼 후보를 지지할 수 없다는 의원들의 동향 등과 관련하여 흔히 있는 대통령 교체기의 이합집산이란 문제로 많은 곡절을 겪게 된다. 말하자면 반대파에 어떻게 대처하는가 하는 문제이지만 반대파라고 하여 일도양단一刀兩斷이란 단기·속결적인 대처방안만이 유용한 것은 아니다. 여러 가지 상황변화에 따라 시간이 필요한 대처가 요구되는 경우도 허다하다. 잠시 언급을 뒤로 미루기로 하고 다른 성질의 사후대책부터 먼저 다루는 것이 필요하다고 생각하였다.

연말에 있을 대통령 선거의 큰 고비라 할 후보 선출을 마무리하면서 대통령 선거까지 치러야 하는, 여러 가지 필요한 일정들이 있는가 하면 국정의 책임을 맡고 있는 대통령의 입장에서 챙겨야 할 일들이 또한 즐비하게 기다리고 있는 것이었다.

먼저 전당대회 대통령 후보 선출의 뒤풀이라 할 수 있는 민자당 2차 전당대회 축하연이 대회 이튿날 저녁 코엑스에서 성황리에 개최되었다. 이 축하연에서 대통령께서는 당총재로서 인사말을 통하여 김영삼 후보의 선출은 "매우 중대한 결정으로서 대의원 여러분의 결정은 현명한 것이었다"고 전제한 뒤 먼저 김영삼 후보는 "2년 전 오직 구국의 한마음으로 스스로를 던져 3당 합당의 결단을 내린 분", "민주화 투쟁을 해 온 투사일 뿐 아니라 나라와 겨레의 장래를 진정으로 걱정하는 지사의 풍모를 보인 분"으로서 그동안 "집권당의 대표최고위원으로 나를 도와 정치안정을 이루고 국정을 원만하게 이끌어온 데 대한 당원과 국민 모두의 총체적 평가"가 바탕이 되어 선출된 것이라 믿는다고 하였다. 나아가 대통령께서는 김 동지가 6·29선언 이후 추진해 온 민주·번영·통일의 정책을 이어받아 "도덕정치 … 깨끗한 정치를 몸소 실천하여 지역갈등을 해소하고 국민화합을 이루는 큰 정치를 실현할 것으로 확신한다"면서 우리 모두 김 동지가 대선에서 압도적 승리를 거둘 수 있도록 합심 단결하자는 동지애를 담아 박수를 보내자고 제의하였다.

대통령께서는 집권당으로서 처음 자유경선을 추진하게 된 경위를 회고하면서 과거부터 이어지는 정치관행상 당총재·대통령에게 주어졌던 후보 지명에 대한 기득권을 기꺼이 포기하고 경선이 공정하게 이루어지도록 모든 노력을 다했음에도 불구하고 "후보 한 사람이 막바지에 와서 세가 불리하다고 하여 경선 거부를 선언하고 당헌·당규의 바깥으로 나간" 것 때문에 다소 흠이 되기는 하였으나, 순조로운 전당대회 진행에 4,418표 대 2,214표라는 투표 결과가 말해 주듯 "경선은 분명 경선"이라고 확인하셨다. 이어 "지난날 같은 '물리력에 의한 통합'이 아닌 화학적 융합의 시도가 처음 성공적으로 이루어진 것"이라고 그 역사적 의미를 부여하였다. 마지막으로 그동안 경선과정에서 불거졌던 감정대립과 갈등은 모두 풀고 공동운명체로서 대동단결하여 기필코 정권 재창출, 명예로운 승리를 이룩하자고 매듭지었다. 곧이어 대통령 내외분께서는 청와대 관저에서 김영삼 대표, 김종필 최고위원과 박준규 국회의장 내외와 사무총장 등을 초청하여 약 2시간 동안 화기 가득한 가운데 만찬행사를 가졌으며 나도 배석하였다.

이튿날 아침 7시 30분 삼청동회의실에서 나는 안기부장, 당 사무총장, 정무수석과 함께 조찬을 들면서 향후 정국 운영방안에 관한 여러 가지를 논의했다. 아침수석회의가 끝난 뒤 오전 10시부터 1시간 가까이 청와대 국무회의가 진행되었다. 전술한 바와 같이 전당대회 이후 공무원들의 기강 확립에 초점을 맞추고 소집된 국무회의였다. 먼저 부총리가 무역수지가 개선되도록 독려하였으며 일부 성공을 거두고 있다고 보고하였다. 이어 교통사고가 전년 대비 10% 감소했다는 내무부 보고, 학원사태 관련 집단행위의 횟수가 50%, 참가인원이 69% 감소했다는 교육부 보고, 노사분규가 22.1% 감소하여 6·29선언 이전 수준으로 호전되었다는 노동부 보고가 있은 뒤 대통령께서 몇 가지 지시사항을 말씀하였다.

대통령께서는 먼저 민자당 경선과정에 큰 의미를 부여하면서 목표를 완전히 달성하지는 못하였으나 이상과 현실의 괴리로 이해하고 정치발전의 새로운 기원으로 삼자고 말씀하였다. 그러면서 첫째로 사회기강 확립과 건전기풍 진작, 공권력의 엄정 집행과 새질서·새생활운동의 활성화 등으로 흔들림 없는 국정을 수행할 것을 주문하고, 둘째로 경제의 안정과 활력화 정책 추진, 특히 총액임금제 추진과 에너지 절약에 힘쓸 것, 셋째로 상대적 소외계층에 대한 배려를 강화하여 경제민주화를 동시에 이룩할 것을 강조하면서 근로계층의 노동소득 분배율이 1987년 53%에서 1991년 60%로 향상되었지만 중소기업, 농어민, 도시영세민 등 소외계층도 골고루 성장 혜택을 느낄 수 있도록 노력할 것, 넷째로 당면한 14대 국회 개원대책으로서 지방자치법 개정안이 관철되도록 의

연하게 대처하고 국회 운영과 관련 민생에 지장이 없도록 함은 물론, 다섯째, 공직기강 확립에 노력하되 사정기관이 계속 점검하도록 하라고 지시하셨다.

잇달아 당직 개편에 착수하여 정무수석이 당과 접촉해 개편안을 정리한 다음 5월 23일 대통령께 보고드려 재가를 받았다. 사무총장에 김영구, 정책위의장 황인성, 원내총무 김용태, 정무장관 김용채가 당4역의 새로운 진용이었다. 경선이 막바지에 이르렀을 때부터 당직 개편안에 대한 의견교환이 있었으며 김영삼 대표가 후보로 선출되더라도 당4역에 민주계를 기용해서는 안 된다는 의견에 이의가 없었다. 민정계 3명, 공화계 1명이 새로운 당4역으로 결정되어 토요일이지만 이날 16시 발표되었고, 월요일인 5월 25일 10시 정무장관에게 임명장을 수여한 직후 10시 10분 당 사무총장 등 3역에 대한 임명장 수여가 있었다.[31]

대통령께서는 임명장을 수여한 즉후 당4역에게 정권 재창출의 당위성을 언급하시면서 국민들이 갈망해 온 민주화의 궤도를 여는 역할을 하였는데 이제 민주화를 위하여 투쟁하던 사람, 즉 YS와 DJ 중 한 사람인 김영삼 대표가 나서서 민주화의 꽃을 피워야 할 것이라 생각한다, 이 같은 역사의 순리를 좇아서 단합하자고 말씀하였다. 사무총장을 향해 반 김영삼 정서는 없어져야 할 것이며 사무처 요원의 기강 확립과 사기 앙양에 힘써 모든 당원이 하나가 되도록 하자고 말씀하면서 다만 이종찬 후보의 해당 행위는 짚고 넘어가야 할 것이나, 본인이 반성하고 심기

31 나는 임명장 수여가 있기 전날인 5월 24일 일요일 저녁 신임 당4역을 삼청동회의실에 초청하여 만찬을 같이 하면서 약 1시간 40분 당면문제에 대한 의견교환을 하였다. 이 자리에서 첫째로 일하는 모습을 보일 수 있도록 경제중심, 민생중심, 보통사람과 호흡을 같이하는 일 등을 주 1회 이상 이벤트화하여 홍보할 것, 둘째로 청와대 행정관급 이상 직원을 위해 다과회를 개최하는 등 격려하고 사무실 순시도 검토할 것, 셋째로 당내의 반 YS정서를 제거하기 위한 노력을 계속할 것 등으로 의견을 모아 이튿날 대통령께 보고드렸다.

일전하는 자세를 보인다면 문제는 달라질 것이라고 밝히셨다.

정책위의장에게는 미래지향적 정책개발로 국민이 피부로 느끼고 마음으로 필요로 하는 사항을 챙겨야 할 것이라고 강조하시는 한편, 원내총무에게는 지방자치단체장 선거를 연기하는 법의 개정안이 조속히 통과되어야 한다는 말씀과 함께 정권 이양기에 생길 수 있는 혼란을 방지하는 데 유념토록 당부하셨다. 정치는 당에 맡기고 경제 챙기는 일을 정부가 맡는 분업을 통해, 그러나 상호단합하여 서로 깊은 관계를 맺고 보완함으로써 국리민복國利民福 증진에 바탕이 되는 민주정치와 경제를 함께 도약시키자고 말씀하였다. 끝으로 당 후속인사와 국회직 선출을 원만하게 추진하고 당의 단합을 이룰 수 있도록 당직자들이 합심하여 노력하라는 말씀으로 당4역에 건네는 당부말씀을 마무리하였다.[32]

그날 5월 26일 민주계의 김덕룡 의원을 당총재 비서실장에 앉히는 일에 대하여 김영삼 대표와 협의를 끝내고 대통령께 보고하여 재가를 받았다. 이 문제는 대통령과 김 대표 두 분 간에 이미 교감이 끝난 것으로, 절차를 밟은 것에 불과했다. 곧이어 당4역 이하의 하위직 인선을 서둘렀고 5월 29일 청와대에서 임명장 수여식을 했다.[33] 이 자리에서도 대통령께서는 경선과정에서의 문제점을 조기에 해소하고 단합된 가운데 당 운영이 안정될 수 있도록 독려하는 말씀을 하셨다.

한편 5월 31일부터 임기가 개시되는 제 14대 국회 개회와 관련하여 국회의장을 내정할 필요가 있어 당에서의 의견 취합을 거쳐 5월 31일 오후

32 대통령께서는 물러난 이춘구 사무총장과 이자헌 총무를 위하여 5월 27일 오찬을, 새로 임명된 당4역에 대한 오찬은 6월 1일에 각각 청와대 백악실에서 가졌으며 나는 두 행사 모두에 배석하였다.

33 이날 임명장을 수여받은 당직자는 김덕룡 당총재 비서실장을 비롯해, 이해구 제 1사무부총장, 주양자 제 3사무부총장, 강용식 제 1정책조정실장, 백남치 제 3정책조정실장, 이성호 수석부총무, 김영진 기획조정실장, 김영수 정세분석위원장, 권해옥 운영실장, 정영훈 민원실장 등이었다. 대부분 민정계가 임명되었음을 알 수 있었다.

에 대통령의 결심을 받았다. 대통령께서는 전술한 바와 같이 5월 30일 모내기행사와 음성군 신창목장 순시를 마친 뒤 청남대로 가셔서 주말을 보내고 5월 31일 16시 50분 관저로 돌아오셨다. 관저에서 다른 현안들과 함께 보고드렸으며 여러 가지 사정을 고려하여 박준규 전 의장을 14대 전반부 의장으로 내정하는 결정을 하였다.

전당대회 이후의 당 체제 정비도 당무위원 인선을 제외하고는 일단락되었으며 국회의장도 내정하는 등 14대 국회 개원에 대비한 기초 작업도 끝내면서 5월이 가고 6월을 맞이하게 되었다.[34]

경선 뒤처리 II: 이종찬 출당 보류 및 당 체제 정비와 개각, 무소속 영입과 14대 국회 개원, 단체장 선거 연기

이종찬 후보는 경선을 거부하고도 사퇴하지는 않았다. 그렇다고 경선결과에 승복하지 않으면서 탈당할 기미도 보이지 않고 있었다. 이 후보의 경선 거부 후 대통령께서는 출당조치를 해야 된다는 의사표시를 분명히 하셨다. 그런데도 경선이 무사히 끝나고 이 후보가 예상보다 많은 득표수를 올리는 결과가 나오자 성급하게 출당시키는 것이 득 될 게 없다는 분위기로 바뀌기 시작했다.

김영삼 대표부터 이 후보와 화해하는 모습을 보이는 것이 낫다고 판단하고 있었다. 이 후보도 경선결과를 인정하지 않는다고 하면서도 심하게 반대활동을 하지는 않았다. 보이콧할 때의 기세로 보아 후속 행동

34 전당대회 후 공직기강 확립을 위하여 청와대 국무회의를 하여 국무위원들을 독려했음은 전술한 대로다. 여기에 청와대 직원 격려도 필요하다는 당정협의(5월 24일 밤, 주31 참조), 수석회의 등에서의 결론에 따라 6월 3일 16시부터 50분간 영빈관에서 대통령 내외분께서 비서실 직원 전원과 다과를 함께 나누면서 격려하는 행사를 가졌다. 대통령 후보 선출이란 대사 뒤처리를 어느 정도 매듭짓게 된 것이다.

계획이 있지 않을지 의구심을 갖고 있었으며 심지어 운동권 세력과 손잡을 가능성을 거론하는 사람도 있었는데 그냥 당에 머물면서 비판세력으로 남고자 하는 것 같아 좀 당황스럽기까지 하였다. 김영삼 대표 측과 막후 접촉을 시도하고 있는 듯했다. 그러나 당에 남아서 건전한 비판활동을 하려면 민정계 단일후보로 선출되었다가 함부로 보이콧한 데 대한 설명과 반성, 그리고 대통령과의 면담에서 밝힌 경선 완주·결과 승복 약속을 저버린 데 대한 진심어린 사과가 있어야 할 것임에도 불구하고 33%의 지지자를 배경으로 자기 입지를 세우려는 자세가 강하다는 것을 느낄 수 있었다. 조금 기다리면서 관망하고 사태 진전에 따라 태도를 결정해야 한다는 쪽으로 물러날 수밖에 없을 듯싶었다. 출당 감행을 보류하고 관망하는 수밖에 없었다.

그 밖에도 적지 않은 소용돌이는 끊이지 않았다. 박철언 의원은 대통령의 뜻과는 다른 방향으로 계속 움직였다. 노 대통령과 경북고 동기여서 공천과정에서 특별한 배려를 아끼지 않았던 유수호 의원을 비롯해 적지 않은 의원들이 김영삼 대표를 대통령 후보로 선출한 결과에 불만을 품고 대오에서 이탈하려는 움직임을 보이는 것이었다. 어떻게 해석하고 어떻게 대처해야 할지 걱정거리였다.

그러나 당의 연말 대선을 향한 대오 정비는 계속되었다. 6월 13일에는 전당대회 이후 당 최고기관인 당무회의 당무위원 및 당 고문이 선임되었으며[35] 이들에게는 6월 16일 오후 대통령께서 임명장을 수여하셨

35 당 상임고문에는 김재광, 김재순, 이만섭, 이종근, 권익현(이상 원내), 민관식, 최재구, 김명윤, 김정례(이상 원외), 당무위원에는 이병희, 김영구, 황인성, 김용태, 김용채, 신상우, 최형우, 이자헌, 정석모, 김수한, 김윤환, 김정수, 김종호, 나웅배, 박관용, 박명근, 박정수, 신상식, 심명보, 양정규, 이민섭, 이승윤, 이종찬, 이한동, 이춘구, 정순덕, 황명수, 김광수, 박재홍, 남재희, 이도선, 정재철, 김영광, 남재두, 박준병, 서청원, 심정구, 양창식, 이세기, 최운지, 김덕용, 김용환, 박철언, 최병렬, 김식, 양경자, 강선영, 노재봉 의원이 선임되었다.

다. 당무위원은 4선 이상을 기준으로 임명하였다. 4선인 이종찬 후보는 논란 끝에 이탈할 명분을 제공하지 않는다는 뜻에서 임명되었으며, 박철언 의원 · 최병렬 의원 · 노재봉 의원 등은 청와대의 관심을 반영한 결과로 알고 있다.

이종찬 의원은 당무위원으로 기용된 후에도 6월 23일 기자들에게 7월 초 탈당설을 언급하였다가 김영삼 대표와의 만남(6월 25일), 그리고 김 대표의 이종찬 캠프 방문(6월 26일) 후 당에 잔류할 것이라고 언론에 밝히기도 하였다. 그러나 전후 사정으로 미루어 그렇게 쉽게 끝날 일이 아니었다. 무언가 새로이 모색하는 듯 보였다. 작용에는 반작용이 있기 마련, 보이콧이란 작용에 대한 반작용은 조용한 가운데에서도 힘을 발휘하고 있는 것 같았다. 그러면서도 새로운 작용을 준비하고 있었다.

한편 당무위원 임명으로 전당대회 이후 당 체제 정비를 거의 마무리 지은 당에서 이번에 당대표 비서실장으로 공보처 장관 최창윤을 기용하는 인사를 결정하였다. 당총재 비서실장에 민주계 김덕룡 의원을 임명한 데 이어 김 대표 비서실장에 청와대 정무수석을 지낸 육사 출신 현직 공보처 장관을 앉힌 것은 정치적으로 큰 뜻을 지니는 조치였다.

후임 공보처 장관을 임명해야만 했다. 전당대회 뒤처리로 당4역을 새로 임명하면서 개각을 할 것인지 고민하고 있었다. 이미 총선 후 개각을 하여 큰 개각요인이 있지는 않았다. 다만 노동부 장관 최병렬이 전국구 국회의원으로 진출함에 따라 개각 대상이었음에도 노동부의 현안을 고려하여 일단 미루어 놓았던 일이 있었고, 임기를 마무리하면서 배려해야 할 인사가 없지 않았기 때문이다. 5월 30일 아침 서재에서 국회의장 문제를 보고드릴 때 이 문제도 함께 보고드렸으며, 이튿날과 6월 1일 준비한 자료를 보고한 끝에 어느 정도 윤곽을 잡을 수 있었다.

이를 바탕으로 6월 2일 14시 공관에서 최병렬 장관을 만나 의견을 청취하고 상황 파악을 마친 뒤 6월 4일 15시 보고하여 공보처 장관 인사만 먼저 단행하고 나머지 장관 인사는 국회 개원협상이 종료되어 개원할 때로 미루기로 결심을 받았다. 이튿날인 6월 5일 오전 10시 50분, 대통령께 공보처 장관에 손주환 전 정무수석을 기용하고 당대표 비서실장으로 최창윤을 임명한다는 인사 조치를 내정하는 재가를 받았다. 오후 총리(15시)와 당대표(16시)와의 최종 협의를 거쳐 대통령의 최종 재가를 받았고, 공보수석이 곧장 발표하도록 조치하였다. 대통령께서는 6월 6일 토요일 신구 공보처 장관인 손주환과 최창윤에게 청와대 관저에서 오찬을 베풀었다.

이 무렵 감사원장 후임 문제가 제기되었다. 김영준 감사원장의 임기 만료가 7월 3일로 다가왔기 때문이다. 6월 초부터 사정수석과 의견을 교환하는 한편 대통령께는 6월 9일 1차 보고를 드렸으며 김 원장을 유임하는 쪽으로 방향을 잡았다. 임기 8개월을 앞두고 새로운 사람을 기용할 경우 후임 대통령과의 관계에서 임기보장 문제가 불명하다는 점, 김 원장의 경우 1993년 6월이면 당시 감사원법상 정년 연령인 65세가 되기 때문에 후임 대통령의 감사원장 인선에 부담을 주지 않을 것이란 점도 참작되었다. 김 원장은 그동안 임무를 훌륭하게 수행하였으며 대통령께서도 신임한다는 점 등을 참작한 결정이었다. 6월 17일에는 김 감사원장과 오찬을 함께 하며 취지를 설명하여 양해를 받았다. 그날 16시 이 사실을 대통령께 보고드리는 과정에서 뜻밖에도 함께 일했던 모 수석이 나를 감사원장 후보로 추천하였는데, 대통령께서 어떠냐고 넌지시 물어보시는 것이 아닌가. 나는 전혀 예상치 않은 질문이라 좀 당황스러웠지만 그럴 뜻이 없음을 분명히 말씀드렸다.

감사원장 후임 문제를 검토할 때 내가 갈 수 있는 자리일까 생각해 보지 않은 것은 아니었다. 그러나 당시 나는 30년 동안 검찰인으로 살아왔고, 돌이켜보면 사람의 잘못을 찾아내고 벌주는 일은 이젠 그만해야 한다고 결심한 터였다. 감사원은 검찰과는 다른 일을 하지만 그래도 본질적으로 국가의 기강을 잡는 사정기관이란 점에서 동질의 업무를 다루는 곳임에 틀림없다. 사람의 잘못을 다루는 일은 그만하고 싶다는 생각이었다. 감사원장은 격으로 보아 비서실장보다 한 단계 위인 데다가 임기 4년이 보장되는 직위여서 탐을 낼 만한 자리였다. 그런데도 나에게는 마음에 내키지 않는 일이었다. 추천해 준 분에게는 한편 고마운 생각도 없지 않았지만 내가 사양하는 것을 대통령께서 바로 받아들임으로써 없던 일로 일단락되었다. 감사원장은 임명에 국회의 동의가 필요한 직위이다. 후술하는 바와 같은 국회 동의절차를 거쳐 김영준 원장이 다시 임명되었음은 말할 필요조차 없다.

5월 19일 전당대회가 끝나고 당 체제를 정비하면서 이제는 14대 국회를 개원하는 문제가 당면과제로 부상하였다. 3월 24일 14대 총선거가 있었지만 13대 국회의 임기가 5월 30일까지였을 뿐만 아니라 5월은 각 당이 차기 대통령 후보를 선출하기 위해 전당대회를 개최한 관계로 개원 협상은 6월 들어서야 시작할 수밖에 없었다. 5월 15일에는 국민당이 정주영 후보를, 그리고 민주당은 5월 26일 김대중 후보를 각각 선출하였으며 민주당의 후속 당직 개편은 6월 2일에야 이루어졌다.

14대 국회가 이미 임기를 시작하였음에도 불구하고 아직 원 구성조차 하지 않고 있는 상태여서 하루속히 임시국회를 열어 의장단 선출을 비롯한 원 구성을 완료하고 입법 활동에 들어가야 했다. 매우 시급한 과제였다. 그러나 민주당은 지방자치단체장 선거가 법에서 정한 대로 6월 안에 실시하여야 한다는 구실로 원 구성에 협조하지 않겠다는 입장을 보이고 있었다. 정부·여당에서는 얼른 원 구성이 완료되어 지방자치법 개정을 비롯하여 시급한 민생현안에 대한 입법 활동이 이루어지기를 갈망하였다.

이 같은 여야 양측의 이견을 조정하기 위하여 6월 4일 오후 국회에서 여야 3당 원내총무가 첫 회담을 가졌다. 그러나 연말 대통령 선거를 앞두고 여야 간에 정치 득실을 다투는 공방전이 평행선을 그으면서 아무 결과도 내지 못한 첫 회담이었다. 여당 측에서는 임기가 시작한 후 30일 이내에 첫 임시국회를 개회해야 된다는 국회법상 규정을 내세워 6월 28일을 넘기지 않고 개원하여 원 구성을 완료하고 국회의 직무를 수행해야 한다고 주장하고 있었다. 제 1야당인 민주당은 지방자치법이 정한 단체장 선거 기일을 지켜야 국회법을 지키라는 주장을 할 수 있을 것이 아니냐고 맞받으면서 지방자치단체장 선거를 법이 정한 6월 말 이전에 실시하라는 주장을 펼쳤다. 국민당은 민주당과 같이 강경하지는 않으면서 이런 저런 줄다리기를 하였으나 결국 민주당 쪽에 기울어지고 있었다.

6월 단체장 선거를 위해서는 6월 12일이 선거공고 마지막 날이었으나 공고 없이 지나자 민주당은 대통령의 법 위반을 비난하면서 정치공세를 강화하는 한편, 6월 20일 헌법소원을 제기하였다. 정부로서도 곤혹스러운 일이었다. 단체장 선거 연기가 발표되었을 때 여론조사 결과 압도적 지지를 받았는데 그때 바로 국회에서 법 개정을 해야만 했다는 아쉬움이 없지 않았다. 발표한 뒤 바로 3월 국회의원 선거, 5월 전당대회 대통령 후보 선출 등 잇따른 정치일정 때문에 국회를 열 겨를도 없었다. 당초부터 정부는 새 국회에서 단체장 선거 시기를 결정하는 것이 좋겠다는 생각을 갖고 있었고, 6월 초 국회가 개원되었다면 법 개정이 충분히 가능하였다. 주무부처인 내무부는 대통령이 연기를 선언하여 국민적 지지를 받자 연기는 기정사실이라 생각하고 될 수 있는 대로 늦게 단체장 선거를 하는 개정안을 들먹이며 늑장을 부리는 것 같았다. 바쁜 정치일정 전개에 골몰하느라 청와대도 다소 방심한 점이 없지 않았다.

총선 결과가 과반수에 미달한 것을 계기로 야당의 공세가 거세졌다. 청와대에 비상이 걸렸다고나 할까. 내무부를 독촉하고 당정협의를 다그쳐서 6월 5일에야 1995년 단체장 선거 실시로 개정안을 마련하여 국회에 제출하고 조속한 입법을 요구하게 되었다. 이 개정안은 내무부가 성안한 것으로 여러 차례 당정회의를 거쳤으며 6월 1일 당정 간 의견이 조정됨에 따라 정부 입법으로 제안하게 된 것이다. 뿐만 아니라 대통령

선거의 공정을 위하여 단체장 선거 연내 실시가 필수적이라는 공세에 대응하기 위하여 대통령 선거 공정관리를 위한 대통령선거법 개정을 역으로 제의하기도 하였다.

이와 같은 공방이 20여 일간 계속되는 가운데 6월 29일(법정기한 28일은 일요일이었다) 국회 개원이라는 결론이 도출되었다. 그동안 여러 번 열린 여야 간의 원내총무회담에서는 합의되지 않았지만 야당 측에서도 국회 원 구성 법정기한을 준수하지 않을 수 없다는 명분에 따라 국회의 장단 선출과 개원식에는 참석·협조하겠다는 결정을 내리게 되자[36] 여당 측에서도 우선 원 구성을 해놓고 국회 내에서 현안을 논의하겠다는 생각에서 6월 25일 단독으로 임시국회 개회요구서를 제출하였기 때문이다.[37]

이와 같이 국회 개원이 이루어짐에 따라 개원에 맞추어 준비하던 개각을 단행하였다. 6월 24일 오전 경제기획원의 새해 예산편성지침 보고회의에 배석한 뒤 보고가 끝난 11시 40분부터 개각 내용을 보고하고, 이미 간헐적으로 논의해 오던 것을 종합해 보고드리며 대강을 정하였다. 6월 25일 9시 50분 서재에서 보고드리면서 최종 확정한 안을 가지고 그

36 민주당과 국민당은 6월 24일 원내총무회담, 6월 25일 양당 대표회담을 거치면서 국회 개원 후 지방자치단체장 선거를 관철하고자 공조하기로 합의하여 사실상 국회 원 구성에는 협조하기로 하였다.

37 이 과정에서 단체장 선거 연기와 관련하여 대통령의 사과를 요구하는 국민당의 주장이 나오기도 하였다. 국회 개원 및 지방자치법 개정의 전제로 대통령이 법 위반에 대한 유감 표명이 필요하다는 것이었다. 6월 22일 CPX와 관련하여 청와대 비서실 비상소집훈련이 있었다. 17시 50분에 출근하였으며 7시 삼청동회의실에서 관계수석과 조찬을 하면서 위 유감 표명 문제를 논의한 결과 국회의 지방자치법 개정을 촉구하는 코멘트와 함께 국회 개원 지연으로 입법하지 못하는 경과를 설명한 뒤 법정기한을 지키지 못하게 되었음은 유감 표명을 하는 것이 좋겠다는 결론을 얻었다. 이날 9시 40분부터 개최된 본관수석회의에서 대통령 지시말씀 벽두에 위와 같은 취지로 대통령의 견해를 말씀하였으며 공보수석이 정리하여 언론에 브리핑하여 보도되었으며 6월 29일 개원식 연설에서도 같은 취지의 유감 표명을 되풀이하였다.

날 15시 30분 대통령께서 총리를 만나 인사안에 대하여 논의 및 제청 절차를 거친 뒤 17시 개각을 발표하였다. 통일부 장관에 최영철 정치특보, 노동부 장관에 이연택 전 총무처 장관, 총무처 장관에 이문석 예비역 대장, 환경처 장관에 이재창 전 경기지사, 법제처장에 한영석 형사정책연구원장, 서울특별시장에 이상배 총무처 장관을 임명하였으며 서동권 전 안기부장은 정치특보[38]로 기용되었다. 이들의 임명장 수여식은 이튿날 오전 9시 30분에 거행되었다.

이 자리에서 대통령께서는 신임 통일부 장관에게 남북관계를 마무리하는 성과를 올릴 것, 노동부 장관에게 총액임금제 100% 시행과 근로자 사기 진작책 강구, 환경처 장관에게는 환경문제가 범세계적 문제가 되어 가는 상황에 처하여 이를 이끌어 나가는 국가로 자리매김할 수 있도록 노력하되 완급 조절에 주의를 기울일 것, 서울특별시장에게는 국가행정기능의 70~80%를 담당하는 수도 행정의 책임자로서 정부 업적을 정정당당하게 홍보하는 일에도 관심을 가질 것, 그리고 정치특보에게는 자유로운 입장에서 자문역할을 수행하되 특히 나의 정치, 남북문제 등에 관한 통치능력이 빛나도록 보좌하라는 지시말씀을 하였다. 법제처장은 당시 공무로 소련에 출장 중이어서 귀국한 후 6월 29일 오전 10시에 별도로 임명장 수여식을 하였다.

개각과 함께 국회 개원에 앞서 추진·처리한 일로 무소속 의원 영입 문제가 있다. 이 문제는 총선 결과가 나온 즉후 대통령께서 내게 지시한

38 서동권 특보는 여러 가지 사정을 고려하여 비서실 정원내의 정치특보이던 최영철 특보와 달리 공무원 신분이 아닌 일반인으로서 대통령 특별보좌역에 위촉되었다. 아침수석회의에는 참석하지 않고 본관수석회의에만 참석하는 등 자유로운 입장에서 대통령의 자문에 응하는 역할을 맡게 되었다. 6월 27일 아침수석회의에서 비서실장은 서 특보의 역할과 신분을 설명하면서 비서실과의 긴밀한 협조체제 유지 및 업무지원에 소홀함이 없도록 하라고 수석비서관들에게 당부하였다.

중요과제 중 하나였다. 전술한 바와 같이 4월 1일 제조업 경쟁력강화 대책회의에 앞서 4가지 지시를 받았던 것 중 첫 번째였다. 무소속 의원의 적극 영입과 함께 전당대회 일자의 조속한 확정, 국민당 대책 그리고 언론대책이 그것이었다. 이 지시를 받기 전부터 당에서는 이미 무소속 의원 영입을 적극 추진하기로 방침을 정하고 이춘구 사무총장을 중심으로 활동을 개시하고 있었다. 무소속 당선자 대부분이 여당 성향이었기 때문에 어려움 없이 성과를 올릴 수 있으리라 낙관하면서 착수하였다. 그러나 막상 개별 접촉을 시작하면서 그리 쉬운 일만이 아님을 알 수 있었다. 상당한 노력을 기울여야만 했다. 당선자들의 생각과 사정이 모두 달랐다. 이승무 의원은 당선된 즉시 입당하였다.

각자의 사정에 따라 곡절이 없지 않았으나 국회 개원을 앞두고 6월 25일 현경대 의원 등 3명의 입당 환영식을 갖기까지 총 10명의 무소속 의원이 입당함으로써 과반인 총 159석(53.1%)을 확보하게 되었다. 수차례 걸쳐 입당한 의원 명단은 다음과 같다.

이승무(점촌 · 문경), 김길홍(안동), 최돈웅(강릉), 서석재(부산 사하),
정필근(진양), 박헌기(영천), 하순봉(진주), 현경대(제주), 양정규(제주),
조진형(인천 북구)

드디어 6월 29일, 이날은 6·29선언 5주년이 되는 날이기도 하였다. 역사적인 제 14대 국회가 문을 열었다. 오전의 임시국회에서 의장단(의장 박준규, 부의장 황낙주, 허경만)을 선출함으로써 원 구성을 하게 되었다. 국회 원 구성이 완료되기 위해서는 상임위원장 선출, 의원 상임위 배정이 뒤따라야 하나, 야당의 비협조로 의장단 구성만 하는 파행이 연출되는 상황이었다. 이어 14시에 국회 개회식이 개최됨에 따라 대통령께서 개원식에 참석하여 25분간 축하연설을 하였다. 대통령의 국회개원식 참석과 관련해서는 당이 중심이 되고 정무수석이 연락을 담당하면서 수차 숙의를 거듭하고 야당 측의 의중도 탐색하였다. 6월 27일 오후에 최창윤 당대표 비서실장, 김용태 원내총무, 김중권 정무수석, 그리고 안기부장과 회동을 갖고 마지막 조율을 한 끝에 성공적인 축하연설을 할 수 있었다.

이날 14시 청와대를 출발, 국회 본회의장에 도착, 여야 의원들의 기립박수 속에 등단하여 25분간 연설하였으며 연설 도중 여야 의원들의 8차례 박수가 있었다고 보도되었다(〈조선일보〉 1992년 6월 30일 자 기사 참조). 대통령께서는 오늘 국회개원일이 6·29선언 5주년이 되는 날이어서 뜻깊게 생각한다고 하면서 의원들의 당선과 국회 개원을 축하한 뒤 6·29선언으로 시작된 지난 5년간의 우리나라의 민주화, 경제발전, 국제환경 변화와 북방정책 수행성과를 차분하게 설명하였다. 특히 6·29선언에서 약속한 8개 사항을 모두 완수하였으며 6·29 민주화의 선택이 어느 한 사람의 선택이 아니라 국민 모두의 선택이었다고 강조하면서 이 선언에 담긴 우리 국민의 뜻, 즉 "민주정신, 화합정신, 자율과 개방, 인간존중의 정신은 우리가 앞으로 계속 발전시키고 꽃 피워야 할 이념입니다"라고 말씀하였다.

대통령은 현안이 되고 있는 단체장 선거 연기와 관련하여 연기의 불가피성과 그동안의 경과를 되돌아본 뒤 비록 국회 개원이 지연되면서 법이 개정되지 않았지만 "약속한 기일 안에 실시되지 못한 데 대해 국정의 최고책임자로서 매우 유감스럽게 생각합니다"라고 하면서 조속한 법개정이 이루어지도록 당부함과 함께 14대 대통령 선거를 "조용하고 차분한 가운데 공명정대하게 치르기" 위하여 대통령선거법의 미흡한 점을 개정·보완하도록 했으면 좋겠다고 덧붙였다. 끝으로 앞으로 14대 국회가 "나라와 국민을 위해 진지한 정책대결과 입법활동에 몰두하는 국회," "높은 도덕성을 보여 주는 청렴한 국회의원"으로 거듭나야 할 것이며, 나아가 "나라의 밝은 장래에 대하여 확신을 주는 '희망의 정치', 적극적으로 문제를 해결하는 '창조적 정치'를 구현하자"고 강조하였다.

"14대 국회가 기필코 1990년대에 '7천만 한민족이 한나라로 사는 통일 조국, 국민소득 2만 달러를 바라보는 선진국'이라는 새로운 기적을 만들어 낼 것이라고 기대한다"는 말씀으로 연설을 마무리했다.

우여곡절 끝에 뒤늦게 14대 국회가 개회되었다. 그러나 연말로 예정된 대통령 선거라는 정치적 대사를 앞두고 국회는 그 대사에 종속변수로서 제대로 활동을 하지 못하였다. 단체장 선거 연기를 구실로 국회활동이 볼모가 되었기 때문이다. 대통령이 대통령 선거를 중립적으로 관리하기 위하여 민자당 당적을 이탈하는 조치를 취하고 난 뒤에야 정상화되었음은 후술하는 바와 같다.

그 밖의 일들: 환경문제, 정주영 국민당 총재 면담 그리고 6·29선언 5주년 기념행사

먼저 환경문제에 관한 몇 가지 일들에 대해 언급하고자 한다. 6월 5일은 제 20회 '세계환경의 날'이었다. 이날 오전 10시 세종문화회관에서는 1년여의 준비 끝에 마련한 '환경보전을 위한 국가선언'을 선포하는 뜻깊은 행사가 거행되었다. 3부 요인, 언론계, 종교계, 그리고 환경단체 등 4천여 명이 참석한 선포식에서 노 대통령은 "환경문제가 온 세계의 절박한 관심사가 되고 있는 이때 우리가 국가 차원으로는 처음으로 그 보전의 의지를 대내외적으로 천명하게 된 것은 뜻깊은 일이다"고 강조하고 6공화국 정부가 그동안 헌법정신을 따라 환경문제 해결을 위하여 노력한 것을 회고하고 특히 지난 5월 〈환경과학기술개발 10개년 계획〉을 성안·발표한 것을 언급하면서 앞으로 "정부와 기업, 사회 각계 국민 모두가 환경보전운동에 그 주체가 되어 솔선하고 참여해야 한다"라고 말씀하였다.

6월 3일부터 14일까지 브라질 리우데자네이루에서 유엔 환경회의가 개최되었다. 당초 이 대회에는 각국 원수를 포함하여 185개국 정부대표가 참석하게 되어 있어 유엔 회원국이 된 우리나라 입장에서는 대통령께서 직접 참석하실 것을 검토한 바 있었다. 그러나 임기 말 여러 가지 산적한 국내문제와 당시까지만 해도 국제회의 참석에 대하여 일부 곱지 않은 시각을 갖고 있는 국내 분위기 등을 감안해 정원식 총리가 대표단을 이끌고 참석했다. 이 회의는 '리우환경선언'을 채택하고 역사적 과업을 완수한 것으로 평가되었는데 회의에 참석하고 귀국한 정 총리는 부총리, 외무・환경처 장관 등이 임석한 가운데 6월 23일 오전 10시 반부터 약 1시간 동안 유엔회의 참석 결과를 보고했다.

대통령께서는 유엔가입 후 첫 대규모 정상회의에 참석한 노고를 치하한 뒤 첫째, 에너지 다소비형 산업이 많고 대외의존도가 높은 우리 산업을 선진화하여 환경과 산업이 조화를 이룰 수 있게 환경 보존형・에너지 절약형 산업으로 가는 계획을 입안・실천할 것, 둘째, 환경기술개발에 인력양성과 투자 등 박차를 가할 것, 셋째, 자원절약 캠페인을 강화할 것, 넷째, 총리를 위원장으로 하는 범정부적 대책기구를 조속 구성할 것, 다섯째, 필요 이상의 불안감을 갖지 않도록 환경문제의 실상 및 개선 노력을 국민에게 소상히 알리도록 할 것 등을 지시하였다.

다음으로 6월 23일 밤에 대통령께서는 정주영 국민당 대표를 청와대에서 만나 서로 만족스러운 회동을 한 바 있다. 당초 국민당이 창당되고 정주영 회장이 그 대표가 되어 국회의원 선거를 치를 때부터 청와대는 근심 어린 시각으로 관망해 왔다. 재벌이 정치한다는 것은 여러 가지 면에서 바람직하지 않다고 판단했기 때문이다. 그러나 6・29선언 이후 민주화가 진행되고 정치활동의 자유가 꽃을 피우고 있는 마당에 재벌이라고 하더라도 실정법에 어긋나는 행위를 하지 않는 한 정치활동 자체를 저지할 방법은 없었다. 더구나 총선 결과 31석이라는 의석을 차지한 국민당에 대하여 현실을 인정한 바탕 위에 적절한 대책을 강구하라는 지시가 있었다는 것은 이미 언급한 바와 같다.

관계기관이 모여 몇 번 의논을 한 결과 국민경제를 위해 정상적인 기업활동을 적극 보호한다는 전제 아래 정경분리 차원에서 기업의 돈과 인원이 부당하게 정치권에 쓰이지 않도록 적법절차에 따른 통상적인 법 집행을 확실히 해 나가야 한다는 방침을 세우고 총선거가 끝난 뒤 활동을 개시하고 있었다. 일부 범법행위가 적발되었으며 서류위조에 의한 탈세 등의 사안에 대해서는 그에 걸맞은 제재조치를 취하고 있었다. 그러나 4~5월 각 당이 대통령 선거 후보 선출을 위한 전당대회를 하느라 국회 개원이 미루어져 왔다.

6월 들어 당 원내총무 등의 접촉이 활발히 이루어지고 있을 무렵인 6월 17일 오후 기무사령관이 나를 찾아왔다. 정주영 대표가 극도의 보안을 전제로 대통령과 면담하기를 희망한다는 의사를 표시해 왔다는 것이다. 전과 달리 기무사령관이 국내정치에 관여하는 일은 금기가 되어 있었지만 정주영 대표 측에서 보안유지 때문에 기무사령관을 택해 중간역할을 부탁한 것이라면서 대통령께 부담되는 요망사항이 있는 것은 아니나 정당의 대표가 된 입장에서 한번 만나 뵙고 인사드리는 것이 좋겠다고 판단했으며 임시국회 개회 전에 기회를 마련해 달라는 뜻이었다. 그날 바로 보고드려 내락을 받고 기무사령관에게 연락하여 원만한 회동을 위해 중간역할을 하도록 했다. 두어 차례 연락이 오간 뒤 6월 23일 저녁으로 면담시간을 정했으며 그날 오전 10시 15분 정무수석과 함께 대통령께 최종적으로 면담에 필요한 자료를 작성해 보고드렸다. 만난 시간은 구체적으로 다이어리에 기록되지 않아 확인할 수 없다.

그날 밤 20시 20분 관저에서 호출이 있어 21시까지 대통령으로부터 면담이 원만히 진행되었다고 하면서 대화 내용을 말씀하였다. 정주영 대표는 총선과정에서 여러 가지 행태로 정부에 불쾌감을 준 데 대하여 사과한다는 뜻을 말한 뒤 자기 기업과 가족의 범법행위에 대하여 선처를 부탁하기에 대통령께서는 무슨 일인지 잘 모르겠으나 알아보겠다고 답변하였다.

그는 기업인으로서 한계를 느낀 나머지 정치에 나서야겠다는 결심을 하고 오래전부터 준비한 끝에 정치에 뛰어들었다고 하기에 기업인으로서 쌓은 명예가 정치활동으로 손상되는 일이 없도록 하였으면 좋겠다고 말씀하시면서 정 대표가 야당 체질은 아닐 터이니 당면과제인 지방자치 문제 등에 협조하는 것이 좋지 않겠느냐, 국민당이 공정선거를 위하여 대통령선거법 개정을 추진해 보는 것도 좋을 것이라고 권고하는 등 나름대로 뜻 있는 대화가 오갔다고 말씀하였다. 며칠 뒤인 6월 25일 기무사령관이 정주영 대표가 대통령과의 만남에 퍽 만족하고 있다는 보고를 해왔다. 그러나 정주영 대표는 그 뒤 대통령 선거과정에서 대통령께서 걱정하신 대로 여러 가지 문제 되는 행위를 서슴지 않다가 다음 정부 들어 어려움을 겪지 않았던가. 재벌이 정치한다는 것은 참으로 바람직하지 못한 일인 듯싶었다.

6월 29일은 대통령께서 역사적인 6·29선언을 하신 지 5주년이 되는 날이었다. 임기 중 마지막 기념일이기도 하여 뜻깊은 기념행사를 갖자는 것이 청와대의 바람이었다. 6·29선언은 당대표 시절 이루어진 것이어서 벌써부터 당에서 몇 가지 기념사업을 검토하였으며 6월 17일 아침 수석회의에서 당이 마련한 계획안에 대하여 토의를 거쳐 당에 의견을 제시하기도 하였다. 6월 22일 당 확대 당직자회의에서 최종결정하여 6·29선언 5주년 평가보고회와 '보통사람과의 대화'를 갖기로 결정하였으며 그대로 집행하였다.

이 두 가지 행사를 개최하기에 앞서 6월 26일 청와대 출입기자들과 오찬 기자간담회를 가진 바 있다. 5주년을 기념하는 기자 회담에서는 일부 논란이 되어 온 6·29선언의 주체에 대하여 국민이 선언의 주체라고 정리하고 싶다는 말씀을 하시면서 "국민이 한결같이 바랐기에 나는 하겠다고 받아들인 것입니다. 그리고 실천은 나와 국민이 함께 했습니다"라고 확언하였다. "6·29선언은 나의 통치철학이 되었고 나라를 다스리는 기본이념이 되었습니다"라고 회고하면서 〈마그나 카르타〉(*Magna Carta*)가 영국 민주주의의 황금문서라면 6·29선언은 우리나라 민주주의의 황금문서라고 생각할 수 있다고 말씀하였다.[39]

6월 27일 오전엔 청와대에서 당정 연석으로 6·29선언 5주년 평가보고회의가 약 1시간 반에 걸쳐 개최되었다. 이 회의에는 정부의 국무위원, 당 당무위원, 청와대 수석비서관 등 105명이 참석하였으며 김영삼 대표의 6·29선언의 의의와 과제, 정원식 국무총리의 6·29선언의 실천 내용과 성과, 당 정책위의장의 정치 분야 관련 보고, 법무부 장관의 기본권 신장 관련 보고, 공보처 장관의 언론 분야 관련 보고, 그리고 총리행정조정실장의 기타사항 종합보고 등의 평가보고가 있었으며 이어 대통령께서 소감을 말씀하시는 것으로 마무리되었다. 대통령께서는 6·29선언에 담긴 정신은 민주·화합·자율·개방이라고 규정하면서 이 정신을 계속 구현해 나가야 한다고 강조하였다. 구체적으로 선언에서 약속한 8개 항의 약속은 모두 실천되었지만, 6·29정신이 우리의 의식에 정착하기까지 더 많은 시간이 필요하며 많은 노력과 실천을 해야 할 것이라고 호소하였다.

6월 29일 저녁에는 민자당 중앙정치교육원에서 '보통사람과의 대화' 시간을 가졌다. 근로자, 주부, 교사, 농·수·축산 종사자, 종교·문화·예술계 인사, 장애인, 직능·사회단체 회원 등 1천여 명과 민자당 소속 국회의원과 지구당위원장, 사무처 요원, 중앙위분과위원장 및 간사 등 당 인사 5백여 명이 참석한 가운데 생중계되는 행사가 약 1시간 동안 계속되고 국민가수 이미자가 노래를 부르기도 하였다.

이어 8시부터 9시 20분까지 청와대 관저에서 당의 세 최고위원, 당4역, 총리, 감사원장, 양 부총리, 안기부장, 정치특보 등을 동부인 초청

39 대통령 비서실(1993), 《노태우 대통령 연설문집》 5권, 273쪽 이하 참조.

한 기념만찬이 화기 가득한 가운데 진행되었다. 당에서는 6월 29일 자 중앙 9대 일간지에 "6·29 민주화 선언 그 후 5년, 참으로 많이 달라졌습니다. 그러나 아직도 할 일이 많습니다"라는 제목의 광고를 게재하였으며 대륙연구소를 비롯해 많은 연구소에서 세미나를 개최하였다. 공보처에서도 여론조사를 실시한 결과 65.6%가 6·29선언 이후 우리 사회가 전반적으로 민주화되었으며 59.8%가 언론자유가 나아졌다고 답변하는 등 긍정적인 평가를 하면서도 지역감정 대립, 과소비 문제, 자기 몫 찾기, 가치관과 도덕성 상실, 집단이기주의 등 민주화 과정에서 불거진 문제점이 지적되기도 하였다.

경부고속철도 기공식 그리고 6월을 보내면서

2/4분기의 마지막 6월 30일은 음력으로 유월 초하루였다. 이날은 역사적인 경부고속철도 기공식을 치르는 날이었다. 노 대통령은 오전 9시 50분 청와대 헬기장을 출발하여 충남 천안시 근교 아산군 장재리 기공식 현장에 도착, 10시 30분부터 약 30분간 진행된 행사에 참석하여 역사적인 착공 버튼을 누르고 감격어린 연설을 한 뒤 11시 5분 현장을 출발하여 11시 반 청와대로 돌아왔다. 기공식 연설에서 언급하신 경북고속전철사업의 개요와 전망을 요약하여 적어 둔다.[40]

> 우리나라 전체 인구의 3분의 2가 거주하며 국민총생산의 69%를 생산하는 서울-부산 구간, 이른바 경부축[京釜軸]은 지난 30년 동안 수출입 화물을 실어 나르는 주요 통로였으나 이제 엄청나게 팽창된 수송 수요를 감당하기 어려운 실정에 이르렀다. 이를 타개하기 위하여 정부는 이미 1983년부터

40 앞의 책, 307~311쪽.

고속철도 건설에 대한 기초조사를 해왔으며 이를 바탕으로 1987년 대통령 선거 당시에는 공약사업이 되었다. 1990년 정부의 방침으로 정한 뒤 면밀한 준비 끝에 오늘 뜻깊은 기공식을 하게 된 것이다.

앞으로 1998년까지 약 5조 8천억 원을 투입, 서울과 부산 사이 411km 노선이 건설되어 첨단 고속시대의 새로운 지평을 열면 최고 시속 300km, 평균 시속 240km의 속도로 서울-부산 간은 1시간 40분, 서울-천안은 20분, 대전은 38분 만에 달릴 수 있는 고속시대가 열리고, 승객은 3배, 화물은 8.6배로 수송능력이 향상될 것이다.

첨단기술의 결정으로 운행될 경부고속철도는 국내 관련 산업 활성화, 환경 보전에 기여함은 물론 앞으로 평양과 신의주, 나아가 만주와 시베리아를 거쳐 유럽에 이르는 '민족의 대동맥'으로 발전할 것이다. 참으로 벅찬 꿈을 안고 완공의 그 날까지 적극적인 동참과 성원을 부탁드린다.

기공식을 마치고 청와대로 돌아오자 대통령께서는 12시부터 백악실에서 동행하였던 경제부총리, 교통·건설 장관과 오찬을 함께 하며 경부고속전철의 미래를 화제로 즐거운 시간을 보냈다.

나는 오찬행사 후 16시 20분 1992년의 전반을 보내면서 춘추관 기자실을 방문하였다. 여느 때와 달랐다. 조용한 분위기였다. 정치 관련 질문은 없고 중국 관광 이야기를 나누며 시간을 보냈다. 퇴근 후엔 몇몇 친구들과 한영석 법제처장[41]의 신임을 축하하는 만찬을 갖고 21시 40분 공관으로 돌아왔다. 잠시 쉬고 있는데 일본 동경에서 외교활동을 벌이던 박태준 최고위원으로부터 국제전화가 걸려 왔다. 한일재단 설립 문

41 한영석은 나의 법대 1년 후배이자 검찰 후배로서 법무부에 근무할 때 함께 일하면서 친분을 쌓았으며, 내가 법무부 장관이 되었을 때 차관으로 기용해 보좌를 받기도 하였다. 나의 후임으로 제 2대 형사정책연구원장직을 수행한 일도 있어 현재까지도 자주 만나는 사이이다.

제에 관한 낭보였다. 곧 대통령께 전화 보고를 드린 뒤 잠자리에 들었다. 자정이었다.

비교적 즐거운 일만으로 2/4분기의 마지막 날을 보낸 셈이다. 그러나 나의 다이어리에는 저녁시간 경호실 사우나에서 발가락을 약간 다쳤다고 기록되어 있다. 사실 나는 이 무렵 건강상 약간의 이상으로 가벼운 치료를 받고 있었다. 6월 20일 토요일, 계속된 격무에다 가뭄 걱정까지 겹친 상황이었다. 장관급 인사문제로 이래저래 고민이 심하였던 탓이었을까. 13시 40분 어지럼증이 좀 심하게 왔다. 사무실을 나와 곧장 지구병원으로 달려가 진찰을 받았다. 혈압이 190/115로 나와 침대에 누운 채 안정을 취하였으며 혈압강하제도 복용하였다. 16시에야 공관으로 돌아왔다. 이후 상당 기간 지구병원에서 혈압 체크를 매일 받았으며 점차 140/110으로 그리고 6월 28일에는 130/90으로 안정이 되었으나 그때부터 혈압약을 복용하기 시작한 것이 오늘까지 이른다. 서울대병원 순환기내과 서정돈 박사가 공관으로 와서 진찰·처방을 해주기도 하였다. 서정돈 박사는 나의 5년 후배인데 나의 선친이 담임을 한 인연이 있으며, 대구에서 가까이 살며 집안 사이에도 교분이 있었다. 현재도 관계를 유지하고 있다.

1992년도 상반기를 보내면서 발가락을 조금 다친 것이 '액땜'이 되었으면 하고 빌면서 그대로 깊은 잠에 들 수 있었다.

1992년 7월 1일
~
9월 30일

8

임기 8개월을 남기고

1992년 7월 1일 1992년의 반을 훌쩍 넘기고 이제 6개월, 1993년 2월 25일 임기 말까지 2개월을 합쳐도 임기가 8개월밖에 남지 않은 시점에 이르렀다. 그러나 생각하기에 따라 '밖에 남지 않은' 임기는 '8개월이나 남은 기간'이 될 수도 있었다. 어영부영 큰일 없이 지나리라던 8개월 그 가운데도 이 제 8장의 기록 대상이 되는 3개월에 그야말로 경천동지驚天動地할 일들이 기다리고 있었다고 누가 예측할 수 있었을까?

7월 1일 노태우 대통령의 첫 공식 일정은 제조업 경쟁력강화 대책회의를 주재하는 것이었다. 전날 경부고속철도 기공식에 이어 국가경영의 대본인 대한민국 경제를 챙기고 다지는 일이었다. 잇달아 경제장관회의, 과학기술진흥회의, 경제자문회의, 21세기위원회 보고회의, 상반기 주요 정책평가 및 하반기 중점과제 보고회의를 주재하는 한편, 30대 기업 대표 초청 간담, 한국전력 본사 및 만남의 광장 등 현장순시 독려 등을 통하여 경제에 힘을 쏟았다. 임기 말이라고 하기에는 너무나 정력적인 노력과 활동의 연속이었다. 여느 해라면 더위로 힘들어 할 때인데 멀리 스페인 바르셀로나에서 잇달아 기쁜 소식이 날아오기도 하였다. 8월 24일에는 임기 중 힘차게 추진해 온 북방외교의 마지막 관문인 중국과의 수교도 이루어졌다.

많은 일들이 성취되었다. 그러나 연말 대권 향방을 놓고 건곤일척乾坤一擲 다툼을 거듭하던 정치가 문제였다. 지방자치단체장 선거 연기를 쟁점화하여 국회를 파행하게 한 채 퍼붓는 집요한 공격으로 한 치 앞을 내다볼 수 없는 곤혹스러운 여름밤이 계속되었다. 게다가 이동통신사업 문제가 수습되자 연기군 부정선거 폭로라는 악재가 터졌다. 외통수에 걸렸다고나 할까. 그러나 위기에는 기회가 잉태되어 있다고 하던가. 드디어 대통령의 중립내각 구성과 당적이탈을 담은 9·18결단이 일거에 문제를 해결하게 되었다. 예정된 유엔 방문과 중국 국빈방문을 마지막으로 3/4분기의 모든 어려움은 역사의 장으로 넘어갔다. 이런 역전에 역전을 거듭한 청와대 비서실의 이야기가 제 8장의 내용이 될 것이다.

본관수석회의 그리고 홍보대책 강화

7월 6일 대통령을 모신 가운데 3/4분기 첫 본관수석회의가 개최되었다. 한 달에 2번씩 열리도록 예정되어 있으나 다른 일정이나 돌발 상황 처리 등으로 그렇게 되지 못하는 경우가 허다하다. 상반기에도 예정대로라면 12회 열렸어야 하나 실제로는 8회(1월 13일, 2월 10일, 3월 16일, 30일, 4월 13일, 5월 4일, 6월 8일, 22일)에 그쳤다. 후반기에는 7월 6일 첫 회의를 시작하여 12월 7일까지 8차례 본관수석회의가 열렸는데(7월 6일, 20일, 8월 10일, 10월 7일, 10월 19일, 11월 2일, 16일, 12월 7일), 그사이 7월 11일 특별지시를 위한 비정기적 본관수석회의가 추가되어 전반기보다 한 차례 늘어난 9번 열린 것으로 확인된다. 특히 8월 10일 회의가 열린 뒤로 다음 회의인 10월 19일까지는 두 달이 넘는 공백이 보인다. 이때 단체장 선거 연기와 이동통신사업 문제 그리고 연기군수 부정선거 폭로 사건 등이 잇달아 일어났으며 유엔 방문과 중국 방문이라는 외교행사까지 겹치는 바람에 평상의 본관수석회의는 개최될 수 없었던 것이다.

이날은 내가 청와대 비서실장직을 수행한 지 1년 반이 되는 때였다. 문득 집현실에서 열린 수석회의 참석자의 면면을 살펴보았다. 바뀌지 않은 것은 의전수석 이병기와 외교안보수석 김종휘, 그리고 경호실장 이현우와 나뿐이었다. 공보수석 김학준은 정책조사보좌관에서 자리를 옮긴 채 회의 멤버로 계속 자리하고 있었지만 나머지 8인, 즉 정치특보 서동권, 정무 김중권, 경제 이진설, 민정 안교덕, 사정 김유후, 정책조사보좌관 임인규, 총무 김재열 등 수석비서관은 물론 당총재 비서실장 김덕룡은 모두 1992년(민정수석은 1991년 5월) 들어 새로이 회의멤버로 자리하고 있었던 것이다. 1년 반이란 짧은 동안 참으로 많은 변화가 일어나고 있었음에 놀라지 않을 수 없었다.

이날 회의에서 정무수석이 먼저 보고를 시작하였다. 국회가 공전하고 있어 지방자치법개정안 등 5건의 시급히 처리해야 하는 안건이 심의에 착수도 하지 못하는 실정이며 백방으로 노력하고 있으나 전망이 불투명하다는 걱정과 함께 당에서는 당원교육, 정치권 정화 캠페인 등을 계획하고 있다고 보고하였다. 경제수석은 상반기 경제운용 현황이 비교적 안정적이며 제조업 경쟁력강화 정책도 효과가 가시화되고 있다고 전제하면서 성장률 7.3%, 소비자물가 3.8%, 주택가격 -2.1%, 국제수지 63억 달러 적자에서 50억 달러 적자로 13억 달러 개선, 통화량 안정과 금리인하 등의 지표개선을 보인다고 보고하였다. 하반기는 세계경제가 회복세를 보이며 국제 원자재가격이 상승될 전망임에 비추어 예산 긴축편성, 통화 흐름 개선, 에너지 절약형 산업으로의 조정 등 안정정책을 견지함으로써 연초에 목표로 삼은 물가, 성장률, 국제수지 개선 등을 달성할 수 있을 것이라고 전망하였다.

외교·안보수석은 남북고위급회담 합의사항의 실천·구체화에 노력하고 있으며 특히 이산가족 상봉과 대중국 수교에 노력을 기울이겠다고 보고하였다. 행정수석은 치안상황이 안정되어 가고 있으며 특히 시위행위가 횟수 33%, 인원 41%, 가두시위 77%씩 각각 감소하는 한편 주요 범죄는 1.4% 증가에 그치고 있다, 가뭄대책과 수방대책에 만전을 기하고 새질서·새생활운동의 활성화와 함께 바르셀로나 올림픽 선수단 344명(선수 270명, 기타 74명)의 좋은 활약이 기대된다고 보고했다.

민정수석은 국회 공전과 관련하여 야당에 대한 비난 여론이 일어나고 있으므로 여당의 민생문제 해결 노력을 부각할 필요가 있으며 경제상황과 관련하여 도산업체의 발생, 증시하락과 유가인상 등 불안을 보이고 있으므로 진솔한 설명이 요구된다고 하면서 경제수석의 보고와 달리 다소 비관적인 시중 여론을 주시하는 한편 운동권의 반민자당 운동, 행락

질서 확립, 에너지절약 등에 관심을 가져야 한다고 보고하였다. 사정수석은 임시국회에서 다룰 법안 제출상황을 보고하면서 정부에서 속도를 낼 필요가 있다고 강조하는 한편, 단체장 연기 관련 등 몇 가지 헌법소원에 대한 종합적 대책강구에 소홀함이 없도록 하겠다고 다짐하였다.

공보수석은 유엔 출장에 필요한 연설문안과 말씀자료 등을 준비 중이라고 보고하면서 6·29선언 평가회의시 대통령 말씀내용을 10만 부 제작·배포한 일과 6·29 계기 해외언론인 초청상황을 종합 보고하였다. 정책조사보좌관은 7·7선언 관련 홍보계획, 지방자치단체장 선거 연기 2단계 홍보와 함께 7월 8일 시도의회 개원 1주년 계기 홍보계획을 보고하는 한편, 6·29선언 계기 홍보는 비교적 성공적이었다는 평가를 말씀드렸다. 총무수석은 청와대 내 식품 찌꺼기 줄이기, 재생지 사용 등 환경보호 활동을, 경호실장은 경호실 자체 훈련계획에 대하여 각각 보고하였다.

당총재 비서실장은 단체장 선거 관련 교착상태를 타개하기 위하여 야권과의 대화와 함께 민생을 해결하고자 노력하는 데 집중하고 있다고 전제한 뒤 당정협의를 강화하여 민생문제 정책토론 등 정책활동에 성과를 내도록 하는 한편 야당 측이 제기하는 이른바 7대 의혹에 대응하여 사업추진의 당위성과 진상 설명활동을 당당하게 전개해 나가겠으며 대선 실무계획단 설치, 7·10 도의원 보궐선거 전망 및 신년 예산심의 상황 등을 보고하였다.

대통령께서는 지방자치법 개정, 당 연수 및 자정활동, 정무 2장관실을 활용한 여성단체 활동 격려, SOC확충계획의 실행을 의혹사건으로 만드는 데 대한 대응강화, 헌법소원 문제와 함께 쓰레기 문제, 한강 살리기 등에 대해 각별한 관심을 표시하면서 성과가 있도록 최선을 다하라고 지시하였다. 경제상황에 대한 평가가 입장에 따라 다를 수 있다고 전제하면서 여러 경제지표 등이 호전되고 있다는 사실, 중소기업 도산 사례에 대한 시각 차이, 부동산 경기 등에 대하여 실상을 알리는 홍보를 강화할 것을 말씀하시면서 특히 정부의 기술개발 관련 노력을 강조하는 홍보에 역점을 둘 것과 중소기업 지원책도 강구하라고 말씀하였다.

정기 본관수석회의가 열린 주말인 토요일 7월 11일, 이례적으로 대통령께서 수석회의를 소집하셨다. 이날 10시 집현실에서 회의가 개최되어 1시간 반가량 열띤 토의가 진행되었다. 먼저 대통령께서 그동안 6공화국 정부의 치적을 정리・홍보하는 이른바 국정홍보를 강조했지만 현 시점에서 국민들이 어느 정도 이해하고 있는지의 관점으로 홍보실적을 평가한다면 아무래도 성과가 오르지 않고 있다고 판단할 수밖에 없다, 몇 달 남지 않은 기간, 특히 대통령 선거를 앞두고 이 정도로 되겠는지 함께 점검해 보고 대통령으로서 생각하는 지침을 하달하겠다고 발제하는 말씀을 하셨다.

먼저 정무수석은 국회 정상화를 위해 여러 가지로 노력을 경주 중이라고 전제하면서 언론보도와 관련 신문・방송을 상대로 기사 정정요구를 하고 있으나 한계가 있는 것이 현실이며 허위보도의 경우 피해자의 구제청구 등이 활성화되어야겠다고 말하였으며, 정치특보는 6・29선언 및 단체장 선거 연기 관련 홍보가 미흡하였음을 절감한다는 의견을 피력하였다.

경제수석은 물가・국제수지 등과 관련하여 불신풍조로 인해 홍보가 미흡함을 언급하였고, 외교안보와 행정수석은 정책평가와 교육활동 강화가 필요하다고 발언하였다. 민정수석은 민주국가 국민의 의견 다양화로 과반수의 지지를 받기는 매우 어려운 것이 사실이라고 하면서 특히 언론인의 비판적 자세, 정책과 실행의 괴리로 인한 신뢰성 확보 어려움 등을 지적하였으며, 사정수석은 원칙에 따라 합리적인 업무처리를 해나갈 수밖에 없다고 언급하였다.

공보수석은 대학에서 오랜 연구로 쌓은 학문적 온축蘊蓄을 바탕으로 상황에 대한 설명과 반성 그리고 다짐을 말하였다. 6공화국의 치적과 관련, 우리가 그동안 민주화란 이름 아래 추진해 온 일들, 흔히 '4D 프로그램'이라고 하는 민주Democracy, 개발Development, 분배Distribution, 화해Detente의 성과에 대하여 국제 평가와 국내 평가 사이에 작지 않은 괴리가 있다고 하면서 역사적 평가는 헤겔의 '역사의 망각 또는 배은背恩', 키신저의 '발전의 성취가 그 성취로 인하여 오히려 희생되는 경우가 허다하다'는 주장 등이 암시하는 바와 같이 사실과 차이가 날 수 있다고 언급하였다. 특히 오늘날 '비판이론'이 국제적으로 크게 발달하여 국내 언론에 영향을 주고 있다는 점, 미국의 케네디 대통령도 취임 100일이 되면서 언론의 비판으로 인한 좌절 때문에 독재dictatorship의 필요성을 절감했으며, 트루먼 대통령은 퇴임 전 20~25%의 긍정평가밖에 받지 못한 사실을 회고하면서 대통령직이 모든 것을 해결할 수 있을 것이라 생각하지만 곧 무력감과 좌절감을 느낄 것이라고 했다는 등의 일화에 비추어 국정홍보는 정말 어려운 일이라고 하면서도 홍보업무의 일각을 담당하는 입장에서 단체장 선거 연기에 대해 자만했으며, 경선과정에서의 자기훼손 등 예견력과 끈기 및 전투력이 부족했음을 반성한다고 고백하였다.

홍보 주무수석인 정책조사보좌관은 홍보 주체의 홍보에 대한 이해 부족을 지적하고, 사업추진에는 반드시 홍보계획이 수반되어야 한다는 사실을 잊어서는 안 되며 홍보예산의 부족을 거론하면서 부임 후 3개월간 집행한 52억 원으로는 태부족이며 월 100억 원 정도가 필요하다는 의견과 함께 전 공무원이 홍보요원이 되도록 할 필요가 있다고 말하였다. 특히 당면한 단체장 선거 연기, 국책사업 추진 및 치적 홍보에 최선을 다하겠다고 다짐하였다.

나는 당대에 좋은 소리 듣기가 참으로 힘든 일인 것 같다고 하면서 노력한다고 해도 끝이 없는 것 같다, 매체를 통한 홍보에 어려움이 있음을 감안, 이를 보완하는 직접 홍보방법도 개발 · 집행해 나가야겠다는 말씀을 드림으로써 수석들의 의견표시가 끝났다.

대통령께서는 당대에 좋은 소리 듣기 어렵다는 것은 잘 알고 있다고

하시면서 그보다는 우리가 목표로 삼는 정권 재창출을 위해 긴요한 일이기 때문에 강조하는 것임을 명심하여 치적 홍보에 최선을 다하라고 강조하셨다. 홍보와 관련 당면과제로 첫째, 경제정책과 관련해 물가와 중소기업 지원정책에 대한 국민 이해를 증진시키는 일, 둘째, 지방자치단체장 선거 연기에 대한 국민여론이 야당의 집요한 노력으로 당초 압도적 지지에서 반전되어 오히려 비판 여론이 우세해지면서 국회 등원에 걸림돌이 되고 있다는 점, 셋째, 민생치안, 쓰레기 줄이기, 물자절약 등에 대해 보다 많은 국민적 지지・협조를 얻어 낼 수 있도록 홍보를 다양화하는 일(예컨대 TV스폿광고 등), 넷째, 여당의 홍보체계가 야당에 밀리고 있는 점 등을 예시하면서 지금까지 홍보체제 미흡 탓인지 또는 기동성 부족 탓인지 의제를 선점 당하는 일이 많았으며 홍보의지 또한 성의가 부족하고 끈기와 악착스러움이 보이지 않을 뿐만 아니라 형식적 홍보에 그치는 경우도 많다는 소감을 피력하였다.

당정이 협조하여 정권 재창출의 기반이 되는 일이라는 인식 아래 6공 치적을 널리 인식시키도록 다각적이고 체계적인 노력을 계속하는 한편 현안에 대해서도 홍보를 강화할 것이며, 당・정부뿐만 아니라 산하 연구기관, 전문가와 교수 등도 함께하는 총력 홍보, 매체를 통한 홍보 이외에도 직접 광고, 단체활동 등을 통한 방법을 활용할 것, 홍보실적을 점검하는 시스템 가동(민정수석, 감사원, 여론조사팀을 통한 효과측정 등), 통치자금, 예비비 등을 통한 필요예산 지원, 정책조사보좌관실이 센터로서 최소 주 3회 회동하면서 방향 제시・실천・집행을 독려하는 체제 확립, 그리고 사실 전달에 추가하여 심리전 기법을 활용함으로써 '끝장을 내는 추진력'을 발휘하라고 당부하셨다.

이와 같은 특별지시를 이행하기 위하여 7월 13일 월요일 삼청동회의실에서 오찬을 함께 하면서 약 2시간에 걸쳐 대통령의 지시내용을 알리고 집행할 것을 다지는 회의를 개최하였다. 이 자리에는 안기부장, 공보처 장관, 경제기획원 차관, 당 사무 제 2부총장, 행정조정실장, 정책조사보좌관, 정무·공보·경제·행정수석 등이 참석하였으며 정책조사보좌 역이 홍보센터 역을 맡아 당정 전 관련기관이 협조하는 홍보체제를 가동시킴과 함께 예산문제도 협의하여 집행하기로 의견을 모았다. 임기 8개월을 앞둔 시점에서 마무리하는 일들에 힘과 슬기를 모아야 했으며 두 차례의 본관수석회의를 통하여 문제가 부각되고 해결책을 강구하는 다짐이 확인되고 있었다.[1]

6차 제조업 경쟁력강화 대책회의와 5차 과학기술진흥회의

하반기가 시작된 7월 1일 첫 대통령 주재 행사는 6차 제조업 경쟁력강화 대책회의였다. 오전 9시 30분부터 11시 10분까지 영빈관에서 국회 및 정당, 행정부, 유관단체, 학계 및 연구기관, 기업인 및 근로자 등 255명이 참석하였다. 경제부총리의 제조업 경쟁력강화 대책 추진상황 종합보고, 상공부 장관의 수출구조의 변화와 대응 방향에 대한 보고가 있었으며, 의류산업의 경쟁력강화 전략에 관한 삼풍 회장의, 신발산업 합리화 추진전략에 관한 화승 회장의 슬라이드 상영 보고가 각각 진행되었다. 보고사항 등과 관련 열처리공장의 자금난·인력난, 의류제조업의 자동화 자금지원, 동성반도체의 덤핑대책과 국산품 구매, 화승 노조위원장의 주택부지 공급 등 문제 관련 문답토론이 있은 뒤 대통령께서 정부 관계자, 기업인 및 근로자의 순으로 당부말씀을 하셨다.

1 3/4분기에는 전술한 바와 같이 7월 20일, 8월 10일에 본관수석회의가 개최되었는데 자세한 보고지시 내용은 생략하거니와 7월 20일 회의 때 경제수석이 부동산시장 현황에 관하여 집값 9.5% 하락, 땅값 17년 만에 0.5% 하락을 보고하면서 200만 호 건설사업, 토지공개념 관련 정책, 부동산가격 상승에 따른 순환적 경기변동 요인이 함께 작용한 것으로 분석되며 향후 2~4년간 더 하락하리라 전망한 것을 특별히 기록해 두고자 한다.

먼저 공직자의 사명감과 비전이 중요하다고 강조하면서 정치상황의 변화에 민감하지 않고 앞만 보고 열심히 뛰는 자세를 가져야 하며 묵묵히 일하는 공직자를 과감하게 발탁·중용하라고 말씀하신 뒤 ① 경제부총리에게는 대통령의 약속사항이기도 한 중소기업 지원책에 대하여 보다 구체화된 실천계획을 작성·보고할 것을, ② 중소기업 자금지원 문제와 관련 부총리는 재정에서 중소기업사용 보증기관에 출연예산을 대폭 확대하고 재무부 장관은 제 2금융권에서도 신용보증기금에 의무 출연하도록 하여 신용보증능력을 획기적으로 확충하도록 할 것, 그리고 재무부 장관은 지난 주 시행한 산업어음 할인한도 인상에 더하여 중소기업이 납품대금으로 받은 진성어음을 원하는 대로 할인해 주도록 조치할 것, ③ 상공부, 과학기술처 등 관련 부처에서는 기술개발자금의 사용 상황, 기술개발계획의 집행 현황을 장관이 직접 챙기도록 하라고 지시하였다.

기업인들에게는 첫째, 실질적인 절약운동을 솔선수범할 것, 일본 기업인이 경영자부터 사무실 규모 축소, 손수 운전, 부인의 노동력 활용 등으로 위기를 극복하는 예를 참고하고 에너지 절약, 원가 절감 등 조직적 캠페인을 벌일 것이며, 둘째, 국제화 전략을 촉진, 적극적인 해외투자 확충으로 확대되는 지역화 추세에 대비하는 한편, 셋째, 금번 리우 환경회담에서의 논의과정을 감안 환경산업에 능동적으로 뛰어드는 노력이 필요하다고 당부하였다. 근로자에게는 그동안 자제해주고 협조해주신 데 대한 감사의 말씀과 함께 제품생산에서 품질관리에 노력해 주기를 당부하였다.

제조업 경쟁력강화와 밀접하게 관련되기도 하지만 국가발전이나 민생 향상에 기본과제라고도 할 과학기술 진흥은 노 대통령이 가장 많은 관심을 가지고 챙겨 온 분야임은 이미 3장의 '과학기술에의 집념'에서 설명한 바 있다. 취임 후 다섯 번째로 과학기술진흥회의가 1992년 7월 8일 오전 10시 반부터 12시 10분까지 대전 대덕연구단지 내 한국과학재단에서 과학기술인, 정부관계관 등 193명이 참석한 가운데 열렸다. 〈철이의 꿈〉이라는 영화를 관람한 데 이어 부총리가 과학기술 투자 촉진을 위한 지원대책을, 과학기술처 장관이 주요 과학기술 혁신대책을 보고하였으며, 금성연구소가 제기한 G7 프로젝트 예산지원 확대문제, 한양화학이 제기한 연구소 대지의 비업무용 토지분류에 관련된 문제점, 전북대 교수의 기초과학연구 지원문제 등에 대한 토의를 진행한 다음 대통령께서 말씀하시는 순서로 진행되었다.

대통령께서는 토의에서 제기된 문제들에 대해 정부에서 긍정적으로 검토·지원할 것을 지시한 다음 국가의 당면과제인 경제발전을 통한 선진국 진입과 통일달성을 위해서는 모두 그 원천이 과학기술의 진흥이라고 진단하시면서 더구나 기술패권주의가 팽배해지는 국제현실에 비추어 과학기술의 중요성은 아무리 강조하여도 지나치지 않는다고 강조하셨다. 구체적으로는 ① 이미 성안된 과학기술혁신 종합대책을 차질 없이 추진할 것, ② 대책 추진을 내실 있게 수시 점검하여 반드시 결실을 거둘 수 있도록 할 것, ③ 가용재원의 유한성을 감안하여 전략적 접근이 필요하다, 88올림픽 때도 미국·소련이 우세한 육상·체조보다 양궁, 탁구, 복싱 같은 분야에 집중한 결과 많은 메달을 획득, 4위에 진입한 예를 참고하여 과학기술도 모든 분야를 다 개발하기보다 우리 여건에 맞고 경쟁력이 있는 분야를 선정, 인력과 재원을 집중 투입할 것, ④ 정부출연 연구기관·연구원의 사기진작책을 강구할 것, ⑤ 효율적 기술행정이 긴요하므로 기술자의 행정참여를 유도할 수 있도록 직급·정원·승진에 인센티브를 부여하는 한편 기좌·기감 등 익숙하지 않은 기술직 공무원의 명칭도 시대에 맞게 고치는 것을 검토할 것, ⑥ 우리의 안보능력 제고를 위해서는 고급 신기술 개발을 촉진해야 하므로 앞으로 군수품 입찰에 있어 가격뿐 아니라 품질·성능을 고려하게 함으로써 우수제품이 조달될 수 있도록 할 것 등 6가지를 지시하셨다. 과학기술이야말로 온 겨레의 소망을 실천해 주는 '황금열쇠'라고 지적하면서 이 자리에 함께한 기술인 여러분이 바로 그 황금열쇠를 지닌 주인공들이라는 자부심으로 더욱 분발하기를 당부한다는 말씀으로 회의를 마무리하였다.

오찬을 함께 한 뒤 비룡대를 방문하였으며, 마침 그날은 대전시의회가 1주년을 맞는 날이어서 이를 기념하는 리셉션에 참석하시어 관계자를 격려한 뒤 15시 헬기로 출발해 서해안고속도로 공사현장을 공중에서 돌아보신 뒤 16시 10분 귀경하셨다.

경제장관회의와 현장 점검 등

전년부터 대통령께서 경제에 많은 시간을 할애한다는 방침을 시행했으며 월 1회 이상 경제장관회의를 소집한다는 원칙을 지켜왔다. 아침수석회의는 이 원칙의 시행과 경제현장 확인 등에 대하여 꾸준히 의논하고 집행했다.

그와 같은 노력에 따라 7월 9일 그리고 9월 7일 두 차례 경제장관회의가 개최되었다. 7월 9일 회의에서는 먼저 경제부총리가 약 30분간 상반기 경제운영평가와 하반기 운영방향에 대하여 보고하였으며 그에 대한 대통령의 질문 내지 관심 표명과 함께 몇 가지 대화·토론이 진행되었다. 첫째, 경제홍보 문제와 관련하여 부총리는 국민의 신뢰회복이 긴요하다고 하면서 기왕의 평가교수단을 참고하여 언론인 자문위원단을 구성해 보겠다고 발언하였으며, 둘째, 중소기업 자금지원과 관련하여 재무부 장관은 하반기에는 확대 가능하다고 하면서 지난번 지시한 진성어음 문제도 해결하겠다고 답변하였다. 상공부 장관은 중소기업진흥공단의 협조체제 강화, 지원 효율화를 위한 구체적이고도 세부적인 계획에 대해 재보고할 것을 지시받았으며, 또한 무역수지가 개선되도록 강력히 독려하되 특히 미·일·서구 등 선진국에서 시장점유율이 떨어지지 않도록 노력하라는 주문을 받았다. 동자부 장관은 에너지 소비 절약정책을 여러 가지 방면으로 치밀하게 추진하라는 지시를 받았으며 하절성수기를 앞둔 전력수급과 관련 그냥 근근이 넘길 수 있을 것이라고 답변했다. 교통부 장관은 경부고속전철과 영종도신공항 추진상황을 보고했으며 대통령께서는 이런 사업은 그야말로 국가 백년대계를 위한 일로 장기간 검토·숙고 끝에 추진하는 것임을 국민들에게 당당하게 설명, 홍보해 이해되도록 해야 한다고 강조했다. 농수산부 장관과는 가뭄으로 인한 농촌피해에 대한 정부의 지원문제, 양파·풋고추·마늘·들깻잎 등에 대한 수급·가격상승 문제 등을 토의하였다.

마무리 말씀으로 대통령께서는 부분적인 어려움이 있지만 안정화 정책이 효과를 나타내고 있으며 기업인과 근로자가 근검절약 풍조 등 건전화에 노력하고 있으므로 이러한 좋은 징조를 잘 살려 나가자고 격려했다. 연말 대통령 선거와 관련, 당 전문위원이 사전에 공약 실천 가능성을 검토하도록 할 것과 정부가 추진하는 대형사업을 정치문제화하려는 야당의 움직임에 동요하지 말고 당당하게 임하도록 하되 만약 잘못이 발견되면 과감하게 시정함으로써 추호의 동요도 없어야 하며 정치적으로 이용당하는 일도 있어서는 안 된다고 말씀하였다.

8월에는 휴가와 다른 정치적 사건 등으로 경제장관회의를 소집할 여유가 없었지만 9월에 접어들자 곧바로 경제 챙기기에 시동을 걸고 9월 7일 과천청사를 방문하여 오전 10시부터 11시 20분까지 경제장관들과 머리를 맞대고 당면현안을 점검하고 격려하는 일정을 가졌다. 추석물가에 대한 경제부총리 보고를 시작으로 금리안정(재무부), 범국민적 일손돕기와 풍년 작황(농수산부), 체불임금(노동부), 추석 수송상황 및 계획(교통부), 정보화 사업(체신부), 쓰레기 문제(환경처) 등이 보고되었으며, 동석한 상공·동자·보사부 장관도 소관 상황에 대해 간략하게 보고하였다. 대통령께서는 전체적으로 경제상황이 호전되고 있으며 경제주체들이 모두 근검절약을 깨닫기 시작하고 안정정책의 효과가 가시화

단계에 이르고 있음에 대하여 거듭 만족감을 표시하면서 경제가 정치의 영향을 받지 말아야 된다고 말씀하였다. 앞으로 각 경제주체들의 능동적인 절제가 정착되어야 하며 이미 추진하고 있는 경쟁력강화 시책과 함께 설비투자를 보완하도록 할 것이며, 중국 수교로 인한 활동영역 확대, NAFTA, EC 통합 등 블록화 경향 등 국제무역 환경변화에 대응하는 장단기 대책을 수립하여 실시할 것이며, 농어촌·중소기업 등 취약 소외계층 지원강화에 힘씀으로써 호기를 맞아 더욱 분발하고 노력하자고 격려하였다. 잠시 별실에서 휴식한 뒤 오찬을 함께 하면서 금리와 금융의 자율화 및 개방화, 신도시의 학교 등 교육시설과 관련 교육부 협조 문제 등을 화제로 간담을 한 뒤 13시경 청와대로 돌아왔다.

이 같은 경제장관회의 이외에도 경제관련 현장 확인이 계속되었다. 먼저 그동안 발전시설에 대한 투자가 미흡하여 하절기 전력수요 성수기를 무사히 넘길 수 있을지 걱정된다는 문제제기가 있었다. 7월 8일 아침 수석회의에서 경제수석은 7월 7일 전력수요가 1,923만㎾로서 금년 중 최대치를 기록하여 작년도 최대 전력수요치를 넘었으며 8월 20일경까지 냉방수요 등 전력수요가 많아질 것으로 보여 현 공급능력에 비추어 30~50만㎾ 정도의 차이로 피크타임을 가까스로 넘길 것으로 예상된다고 보고하였다. 전술한 바와 같이 7월 9일 경제장관회의에서의 동자부 장관의 보고도 동일한 취지였다. 대통령께서 직접 확인·격려하는 것이 좋겠다는 의견을 좇아 7월 13일 15시 10분 청와대를 출발하고 한국전력회의실에 도착하여 동자부 장관 진념, 한국전력 사장 안병화 등으로부터 전력상황 및 에너지 절약에 관한 보고를 받았으며 전국의 전력공급을 통제하는 중앙급전통제소를 시찰하면서 전력공급상황을 점검·확인하였다. 이 자리에서 대통령께서는 에너지 정책을 종래의 공급위주 정책에서 수요관리 위주로 전환할 것을 강조하면서 모든 건물을 에너지 절약형으로 설계하도록 건축 관계법령을 개정·보완하라고 지시하였다. 이 순간 나는 몇 년 전 외국여행 중 일본 쓰쿠바에서 열린 박람회 에너지관에 들러 현대생활에서 에너지가 차지하는 중요성을 확인하였던 일과 함께 선진국에서 건물 설계, 건축자재 개발 등으로 전력을 절약하려는 노력이 크게 진전되고 있다는 책을 읽으면서 크게 감명받았던 사실이 떠오르면서 우리나라도 바로 그러한 현대지식과 기술을 활용하는 때에 이른 것임을 절감할 수 있었다.

7월 14일 16시에는 경부고속도로 양재·수원 구간 확장 준공식에 참석하여, 테이프를 절단한 뒤 시주試走 후 도로공사 사무실에서 관계자를 격려하면서 고속도로 상황전달 서비스 기능을 지속적으로 개선하라고 말씀하였다.

전술한 바와 같이 9월 7일 과천에서 경제장관회의를 주재한 뒤, 9월 8일에는 행주대교와 자유의 다리를 잇는 자유로 46.6km 구간 중 행주대교－오두산 29km 준공식과 오두산 통일전망대 준공식에 잇달아 참석하였다. 이 지역은 대통령께서 군 복무 시 사단장으로 근무하던 육군 제 9사단 관할구역이었고, 일산신도시 건설과 함께 앞으로 통일 후 평양까지 연결될 고속도로를 염두에 두고 설계·시공한 것이어서 수행하던 나는 대통령의 감회가 특별히 깊음을 느낄 수 있었다.

나는 이날 오후 김정렬 전 국무총리의 빈소를 방문, 대통령의 조의를 전달하고 한참 동안 깊은 생각에 빠졌다. 5공화국 말기 법무부 장관으로 재직하면서 정권 말 국무총리로 모시면서 어려운 시절 많은 지도와 모범을 보여주신 김 총리님을 잊을 수 없었기 때문이다. 얼마 전인 8월 19일 병석에 계실 때 대통령을 대신하여 문병할 때만 하여도 평소와 크게 다르지 않은 늠름하신 모습을 대할 수 있었는데 생자필멸生者必滅, 인생무상人生無常… 눈물을 참느라 참으로 힘든 순간이었다.

이튿날 9월 9일에는 추석 연휴를 앞두고 경부고속도로 만남의 광장을 방문하여 교통상황을 점검하고 귀성객들과 인사를 나누었다. 대통령께서는 곧장 추석 연휴를 맞아 휴식을 위하여 청남대로 출발하셨다.

경제자문회의 그리고 경제인과의 만남

임기 마지막 해 경제에 최선을 다하겠다는 대통령의 굳은 결심을 구현하는 과정에서 탄생한 새로운 노력의 한 가지인 경제자문회의는 전장에서 설명한 바와 같이 6월 2일 첫 회의를 가졌다. 당시 남덕우 전 총리를 비롯한 학계, 언론계, 기업인 등이 좋은 의견을 개진하며 건실하게 이어간 토론은 퍽 기억에 남는 일이었다. 이제 한 달가량이 지난 7월 15일 두 번째 자문회의를 갖게 되었다. 이번에는 정부재정, 즉 예산문제를 가지고 자문하게 되었으며 김종인 의원이 주무로 회의를 진행하였다. 자문위원은 최광(외국어대), 민병문(동아일보), 이재승(한국일보), 곽태원(서강대), 김동건(서울대) 등 5명이었다.

먼저 최광 교수가 10시 10분부터 10시 45분까지 발제하였다.[2] 최 교수의 발제에 이어 민병문, 이재승, 김동건, 곽태원의 순으로 각 10분 전후로 의견발표가 있었으며(10시 50분~11시 30분) 김종인 의원이 7분간 마무리 발언을 한 뒤 대통령께서 11시 37분부터 11시 55분까지 발표된 의견에 대하여 몇 가지 코멘트와 함께 경제수석에게 지시말씀을 하신 것으로 자문회의는 만족스러운 분위기 속에서 종료되었다.[3]

민병문 위원은 방위비 증가는 조정할 필요가 있다, 예산홍보는 예컨대 조세부담 내용을 부담층에 납득시키는 일과 같이 매우 중요한 일이다, 재정은 기본적으로 절약·긴축 자세가 필요한 분야다, 세입 공평성

2 최광 교수의 발제 내용과 관련하여 다이어리에는 'sunset law'라는 메모 외에는 기재된 것이 없다. 집필하는 과정에서 최 교수에게 문의할 기회가 있었으나 최 교수도 오래된 일이라 기억나지 않으며 수일간 노력하였지만 자료를 찾을 수 없다는 회신을 주었다. 다른 위원들의 발언 내용으로 미루어 보아 정부의 새해 예산편성과 관련하여 재정 규모, 방위비, 사회간접자본 예산 등에 대하여 발제했을리라 짐작될 뿐이다.

3 그날 오찬은 바르셀로나올림픽 선수단과 함께 하기로 예정되어 있었다. 1회 때 회의 종료 후 인왕실에서 오찬을 함께 하였으나 이번 자문회의에서는 오찬을 할 수 없었다.

문제와 관련 실명제가 필요(비실명예금의 보관료 징수문제 등)하다, 경부고속전철의 필요성을 인정하나 우선순위는 검토가 필요하며 특히 산업배치정책 등으로 교통량을 줄이는 노력도 병행해야 한다, 국민의식 개혁운동이 추진되어야 한다는 등의 의견을 말하였다.

이재승 위원은 6공화국 경제정책의 이데올로기가 되고 있는 안정화정책(물가·국제수지 등)을 꼭 지켜 주기 바란다, 상반기 운영은 물가, 국제수지, 임금, 항만 적체, 금리, 인력 등 모든 면에서 성공적으로 평가되며 결코 경기침체가 아니라 경제안정 국면이라고 본다, 섬유·신발 등은 적자생존 원칙에 따라 과감한 업종전환이 필요하다, 중소기업지원정책은 은행의 관행상 잘 안 되고 있으므로 실질적으로 집행되도록 독려할 필요가 있다, 농어촌구조 조정과 관련하여 진흥지역의 투자효과가 나타날 수 있도록 비전을 제시할 필요가 있다, 대통령은 당총재를 겸한다는 양면성 때문에 안정화 시책과 선심 행정이 상충할 수 있으나 경제원리를 우선하도록 바란다고 말하였다.

김동건 위원은 첫째로 재정에 대한 국민 인식이 부족하거나 부정적인 것이 현실이다, 그것은 정부·정치권에 대한 불신 때문에 재정이 곧 낭비·부조리의 대명사가 되고 긴축할수록 좋다는 인식이 보편화되고 있는 것이다, 그러나 긴축은 방만한 재정운영에 대한 반성이어야지 재정규모와 바로 연결시키는 논리가 되어서는 곤란하며 작은 정부도 능률있는 정부를 뜻하는 것임을 생각할 때 현재의 재정규모가 국제와의 비교 측면에서 결코 크다고 할 수 없다, 예산편성에서 정치적 타협은 금물이며 장기적 시각을 가질 필요가 있고 규모 논쟁보다 지출구조와 세입에 중점을 두는 방향으로 예산제도를 개선하되 예산 공개와 홍보 강화로 국민의 부정적 시각을 극복해야 할 것이다, 둘째, 내년도 예산과 관련하여 경제의 경쟁력강화를 위한 제반 예산인 SOC, 기술, 중소기업, 환경, 농어촌 등을 둘러싼 정책 방향은 옳다고 긍정적 평가를 한다, 다만 세입과 관련 목적세를 신설하는 것은 불가피하기에 지방재정과 관련하여 부처 간 의견이 대립하는 중앙재정과 지방재정의 관계를 조정하는 작업은 정치적 측면을 고려하여 원만하게 이루어져야 할 것이며, 특히 SOC의 효과를 정밀히 분석할 것을 권고하였다.

곽태원 위원은 최광 위원의 의견에 동조한다는 전제하에 목적세 신설 등으로 세입을 늘려 재정규모를 확대할 필요가 있다, 소득 보상적 지출이 목표집단target group에 효과가 있느냐를 검토하는 작업이 필요하다, 원칙에 따른 재정운영이 홍보보다 더 큰 홍보효과가 있다, 소득재분배 시책과 관련하여 누진세제나 정부 기능은 성공적이지 못한 반면에 연금제도가 비교적 성공한 케이스라 언급하면서 직역별 연금을 국민연금으로 통합하는 문제, 방위비 가운데 연금 줄이기 등을 권고하였다.

김종인 위원은 세입을 남겨야 한다는 그릇된 인식은 지양되어야 하며 적자재정 아닌 나라로 규모 논쟁을 하는 나라는 없다, 세수가 있는 한 규모를 걱정할 필요가 없다고 강조한 다음 목적세를 수익자 부담으로 신설하는 것은 바람직하다는 의견을 피력하였다.

대통령께서는 위원들의 허심탄회한 의견 개진에 깊은 인상을 받은 시간이었다고 소감을 말씀한 뒤 자문위원들의 의견이 경청할 만하며 정책입안 · 수행에 참고하겠다고 말씀하였다. 특히 예산홍보의 중요성, 이재승 위원의 안정기조 유지 주장에 크게 공감한다고 언급하셨으며 통치철학과 관련, 대통령의 권위로도 할 수 없는 일을 보통사람의 역할로 할 수 있게 한 것이 6공화국의 업적이 아닌가 생각한다고 말씀하면서 이제 보통사람의 뜻을 받아들이지 않는 정부는 있을 수 없게 되었으므로 다음 정부에도 보통사람의 뜻이 강조되고 관철되는 것은 그대로 유지되리라 전망하였다.

마지막으로 대통령께서는 SOC 투자, 복지 수요 등에 비추어 재정규모 확장은 불가피하므로 아끼면서도 필요한 곳에는 쓸 수 있도록 예산편성을 해야 할 것이며 재정규모보다 효율화가 더욱 중요하다는 자문위원들의 의견을 꼭 반영하라고 동석한 경제수석에게 지시하셨다.[4]

7월 23일 오찬에는 우리나라 경제에 매우 중요한 역할을 담당하고 있는 30대 기업의 대표들을 초대하여 2시간 동안 당면한 문제에 대한 의견을 청취하는 자리를 마련하였다. 이 모임은 당초 10대 그룹 회장 초청만찬으로 기획되었다가 추진과정에서 해외출장 중인 그룹 회장이 몇 명 있어 8월로 연기할 것을 검토한 바 있다. 그러나 30대 그룹으로 참석 범위를 넓히고 대리참석도 가능하게 하되 미루지 말고 7월 중에 시행하자는 쪽으로 7월 13일 아침수석회의에서 결론 났던 것이었다.

이날 오찬에 참석한 경제인은 구자경(럭키금성), 정세영(현대), 최종현(선경), 조중훈(한진), 조석래(효성), 김선홍(기아), 김준성(대우), 최관식(삼성), 신준호(롯데), 정수창(두산), 이동찬(코오롱), 이재준(대림), 김석준(쌍용), 박성용(금호), 김현철(삼미), 정몽원(한라), 성낙정(한국화약), 김상응(삼양사), 김준기(동부), 장치혁(고려합섬), 정인욱(강원산업), 김중원(한일합섬), 백욱기(동국무역), 현재현(동양), 이임용(태광), 유찬우(풍산금속), 이용배(해태), 유영철(동아) 등 29명이었다.

오찬 도중에 발언한 기업인은 11명으로 다이어리에 기록되어 있다. 장치혁 회장은 러시아 진출, 정수창 회장은 한일 협력, 김선홍 회장은 증권시장 대책, 정세영 회장은 해외자동차시장 동향, 박성용 회장은 상호지급보증 문제와 함께 경제정책에 정치적 영향이 개입하는 문제 등에 대하여 관심을 표명하였다.

구자경 회장은 남북경제협력과 관련하여 우선 소비재 위주로 진행하되 거론되고 있는 남포보다는 원산과 해주가 좋아 보인다는 의견을, 현재현 회장은 건축 규제의 점진적 완화를, 그리고 백욱기 회장은 대구지역 섬유산업의 애로사항을 열거하면서 진흥원 설립, 염색가공 개선대

4 이 무렵 새해 예산편성과 관련하여 사회간접자본을 확충하는 재원을 확보하기 위한 목적세 신설 문제가 거론되고 있었는데, 이 자문회의의 논의가 촉진제가 되어 도입하기로 결론 난 것으로 기억한다. 자세한 경위는 본문에서 후술한다.

책 등을 각각 언급하였다.

김준성 회장은 수출금융, 금리문제, 증권시장에 대하여, 최종현 회장은 고금리대책을, 그리고 이동찬 회장은 근검절약 기풍 진작, 주택문제의 수요억제와 관련 대가족제 장려정책 등 여러 가지 개선대책을 주장하였다.

이에 대통령은 기업활동에 대한 규제와 간섭을 과감하게 축소하겠다고 약속하였으며 대형사업 추진과 관련하여 모든 행정이 공개된 오늘날 특혜란 있을 수 없다고 강조하고 국가적인 대형산업은 철저히 공정한 과정을 거쳐 계획대로 추진하겠다고 밝혔다.[5]

바르셀로나올림픽 및 우리별 1호 발사

국회가 공전하는 가운데 바르셀로나로부터 날아온 잇따른 승전보勝戰報가 여름밤의 무더위를 식혀 주는 청량제가 되었다.

88서울올림픽에 이어 25회 바르셀로나올림픽대회가 1992년 7월 26일부터 8월 10일(한국시간)까지 16일간 스페인 바르셀로나에서 개최되었다. 세계 172개국에서 1만 5천여 명의 선수들이 참가, 그곳 몬주익 메인스타디움에서 역사적 개막식이 열렸으며 우리나라에서는 직전 대회 주최국으로서 남자 168명, 여자 79명 등 247명이 참가하여 참가국 중 12번째 규모의 선수단을 파견하였다. 선수단이 출국하기에 앞서 청와대는 7월 15일 김성집 선수단장을 비롯한 선수단 전원을 초청하여 대통령께서 임석하신 가운데 오찬회를 갖고 선수단을 격려하였다.

대회가 시작되자마자 대회 첫 금메달은 우리 선수의 차지였다. 여자

5 내 다이어리에 대통령 말씀에 대한 기록이 전혀 없어 다른 자료로 확인한 것을 기록해 둔다. 공보처(1992), 《제 6공화국 실록》 5권 579쪽 및 6권 548쪽 참조.

사격 공기소총 부문 여갑순 선수가 그 주인공이었다. 경기장엔 태극기가 게양되고 애국가가 연주되었다. 참으로 좋은 출발이었다. 계속하여 메달 획득 소식이 전해지면서 한국은 금 12개[6], 은 5개, 동 12개 합계 29개(단체경기가 포함되어 총 48명 남자 20명, 여자 28명이 메달 획득)의 메달로 종합전적 7위라는 위업을 달성하였다. 특히 우리 황영조 선수가 올림픽의 꽃이라 일컫는 마라톤에서 우승하여 대회 마지막 금메달을 차지한 것은 정말 놀랄 만한 일이 아닐 수 없었다. 대회의 첫 금메달과 마지막 금메달이 한국의 태극기 게양과 애국가 연주로 장식된 것은 두고두고 기억하고 자랑할 일이라 생각되었다. 마라톤 경기가 생중계되던 8월 10일 새벽 온 국민이 중계방송을 시청하느라 밤잠을 설쳤다. 함께 손뼉치며 환호하였다. 더구나 마지막 골인을 다툰 상대는 일본이었다. 일본 선수를 20여 초 차이로 따돌린 것은[7] 우리를 더 감격시킨 일이었다. 순간 일장기를 가슴에 달고 올림픽 금메달을 목에 걸어야 했던 손기정 선수를 회상하지 않을 수 없었다. 사실 100년 올림픽 역사상 마라톤에서 우승한 동양인은 단 두 사람뿐이며 모두 한국인이란 것이 확인되는 순간 그 기쁨, 그 자랑을 어찌 필설로 표현할 수 있겠는가.

마침 8월 10일은 본관수석회의가 예정되어 있었다. 이에 앞서 열린 아침수석회의에서는 행정수석이 이번 올림픽대회에서 거둔 큰 성과를 국민화합의 계기로 삼는 동시에 밝은 가운데 일하는 사회 분위기를 조성하기 위해 대대적인 축하행사를 개최할 계획이며 우선 8월 12일 선수단 귀국환영행사가 서울시 주관으로 시청 앞 광장에서 총리 참석하에

6 레슬링 안한봉, 박장순, 남자 배드민턴 복식 김문수·박주봉, 여자 배드민턴 복식 정소영·황혜영, 남자 사격 이은철, 여자 사격 여갑순, 양궁 여자개인 조윤정, 여자단체 김수녕·이은경·조윤정, 역도 전병관, 여자 유도 김미정, 남자 마라톤 황영조, 여자 핸드볼팀이 금메달을 획득했다.

7 황영조 선수는 2시간 13분 23초, 일본의 고이치 모리시타 선수는 2시간 13분 45초, 그리고 동메달 독일의 슈테판 프라이강은 2시간 14분의 기록으로 골인 지점을 통과하였다.

성대하게 진행될 것이라고 보고하였다. 이의가 있을 수 없는 일이었기에 모두 좋은 축하 방안을 개발하자고 뜻을 모은 가운데 곧이어 9시 반부터 대통령을 모시고 8월 첫 본관수석회의를 진행하였다. 올림픽의 승전보로 화기 가득한 가운데 시작되었으나 막상 정무수석의 첫 보고는 국회 공전상태에 관한 것이었다. 이런저런 수석들의 보고가 끝나는 순간 대통령의 첫 코멘트는 "올림픽! 밖에서는 잘 되는데 안에서는 잘 되지 않는군, 국회의 공전 그리고 정치지도자의 책임!"이라는 일갈이었다. 청와대의 희비喜悲동행이란 숙명을 웅변하는 장면이라고나 할까.

아무리 어려운 일이 있어도 웃어야 할 일, 격려해야 할 일엔 얼굴을 크게 펴고 기쁨을 함께하고 또 축하와 격려를 아끼지 말아야 하는 것이 대통령의 일상이자 책무였다. 8월 13일 귀국한 선수단을 위한 서훈敍勳과 다과회가 10시 반부터 12시까지 청와대에서 성황리에 개최되었다. 이 자리에는 김성집 선수단장을 비롯한 선수단과 임원, 경기단체장 등 343명이 참석하였다. 먼저 메달리스트 48명에 대한 훈장 수여에 이어 다과를 함께 하면서 격려하는 시간을 가진 것이다.

대통령께서는 이번 대회에서 우리나라는 올림픽 3회 연속 10대 체육강국에 들어가는 쾌거를 이루었다고 말씀하시면서 LA, 서울, 바르셀로나 등 3회 올림픽에서 연달아 10위권에 든 나라는 미국・독일・한국 세 나라뿐이라고 강조하였다. 특히 대회의 첫 금메달과 마지막 금메달을 우리가 따서 애국가로 시작하여 애국가로 끝맺게 하였으므로 이번 대회의 표어는 '한국인에서 한국인으로'가 되어야 할 것이라고 우스개를 하심으로써 좌중의 분위기를 한껏 고조시켰다. 특히 이번 대회에서 한국 선수단은 배드민턴과 여자유도 종목에서 원년 챔피언이 되었으며 양궁에서는 3연패, 핸드볼은 2연패라는 기록을 세웠을 뿐더러 마라톤 황영조 선수의 우승은 민족 전체를 위하여 참으로 큰일을 하였다고 감격에 찬 찬사를 아끼지 않으셨다. "황 선수는 세계인의 이목이 쏠린 가운데 우리 역사의 한을 풀고 국민의 가슴마다 새로운 희망을 주었습니다".

“56년 전 손기정 선수가 우승한 바로 그날 … 역사의 증인이 지켜보는 가운데 펼쳐진 황 선수의 승리는 한 마디로 한국의 드라마였습니다”라고 기뻐하셨다. 나아가 대통령께서는 이와 같은 성과를 올린 선수단 여러분의 노고를 온 국민과 함께 치하하고 아낌없는 박수를 보낸다고 격려하신 뒤 무엇보다 여러분의 선전善戰을 통하여 우리 국민 모두가 ‘한국인은 할 수 있다’라는 자신감을 확인한 것이 더없이 값진 일이라고 말씀하였다. 앞으로 더욱 노력하여 2년 후의 히로시마아시안게임, 4년 후의 애틀랜타올림픽대회에도 철저히 대비하자고 다짐하시면서 선수단의 정진精進을 당부하는 말로 인사말을 마무리하였다.

이번 마라톤에서 마지막까지 한국 · 일본 · 독일 선수가 각축한 것을 보면서 “독한 민족끼리 붙었군”이라고 어느 외국인이 말한 데 대하여 대통령께서는 ‘독한 민족’이 아니라 ‘강한 민족’이라고 하시면서, 세 나라는 2차 세계대전 후 세계가 부러워하는 업적, 즉 일 · 독은 막강한 경제력을, 한국은 ‘한강의 기적’을 이루었다고 풀이하신 뒤 우리는 이제 마라톤에서처럼 국력에서도 세계 1위가 된다는 목표를 세우고 노력 또 노력해 나가자고 말씀하였음을 덧붙여 두어야겠다.

다시 청와대 비서실에서는 황영조 선수의 영웅화 작업이 논의되고 추진되었다. 황 선수의 혁혁한 전과를 기리는 한편 국가발전의 계기로 활용할 필요에 대해 10일 아침수석회의에서도 일부 논의가 있었음은 전술한 바와 같거니와 이튿날인 8월 11일 아침 비서실장실에서 아침수석회의를 진행하던 중 대통령께서 인터폰으로 지시하셨다. 황 선수를 영웅화하는 방안을 수립 · 시행하라는 지시말씀이었다. 비서실에서는 방안을 연구하는 한편 주무부인 체육청소년부에 곧바로 지시가 전달되었다.

사실 황 선수의 마라톤 제패가 영웅적인 일이라는 데 대하여 이의를 가질 사람이 없으리라 생각되었다. 당연히 기념되어야 하며 젊은이들에게는 사표師表로, 롤모델로 칭송받아야 할 일이었다. 이런 ‘영웅’이 많은 나라가 국력이 강한 나라가 아니겠는가. 물론 이런 영웅은 자연스레 드러나야 하겠지만 그보다는 찾아내고 만드는 노력 또한 필요하다는 것이 인류의 경험이요, 현실이라고 할 것이다. 어느 나라든지, 특히 선진 강국의 경우에는 영웅을 만들기 위한 이 같은 노력이 활발하게 이루어지고 있지 않은가. 그럼에도 불구하고 우리나라의 경우 이런 노력이 많이 부족한 것이 현실이라고 나는 감히 말할 수 있다. 오히려 지나치리만큼 사람의 잘못을 찾아내 지적하고 폄하함으로써 '영웅'이 되기가 어려운 것이 우리의 풍토라고 해야 할 것이다. 반성할 일이다. 우리의 인생살이는 순간순간 많은 잘못으로 점철될 수밖에 없는 것이 아닌가. 누구나 저지를 수밖에 없는 잘못을 침소봉대해 더 큰 공적·영웅적 행위를 덮어버리는 어리석음은 용납되지 않아야 할 것이다. 물론 황 선수의 경우에는 무슨 잘못이 있지도 않은 청년이 아닌가. 기념관 건립, 기념국제대회 신설, 1993년도 교과서에 실어 자라나는 다음 세대들에게 널리 알리는 일, 그리고 특히 마라톤 훈련코스 마련 등 마라톤 진흥을 위한 기반을 다지는 일들이 기획되어 추진되었다고 알고 있다.[8]

마라톤 승전보로 국민 모두의 흥분이 채 가라앉기도 전인 8월 11일 오전 8시 30분경 우리나라 최초의 국적 위성 '우리별 1호'가 성공적으로 발사되었다. 우리 기술과 우리 연구진이 만든 과학위성이 남미 프랑스령領 기아나의 쿠루 발사장에서 발사되어 궤도에 진입한 것이다.

우리별 1호는 총중량 48.6kg의 소형 과학위성으로 카메라 2대, 방송 및 통신장비, 우주방사선 측정장치 등 각종 과학실험 장비를 탑재하고 지상 1,300km 궤도를 1백 분에 한 번씩 돌면서 각종 음성방송 및 통신 실험, 기상관측, 우주입자 검출실험 등을 동시에 수행하는 최첨단 기능

8 기념사업의 구체적 추진상황은 확인하지 못하였으나 강원도 삼척시 근덕면 초곡리 황 선수의 생가 부근에 조성되어 있는 황영조기념공원 및 기념관에는 내가 2019년 여름휴가 때 방문한 일이 있다. 아마도 당시 체육청소년부가 기획한 결과물임이 틀림없을 것 같다.

을 가진 위성이다. 1989년부터 과학기술처와 체신부의 공동지원 아래 한국과학기술원 인공위성연구센터가 주관이 되어 영국 전문가의 도움을 받아 개발되었다. 한국과학기술원은 항공우주연구소, 전파연구소, 표준과학연구원, 서울대 등 6개 대학 및 삼성전자 등 6개 민간기업의 총 462명의 연구인력이 참여한 가운데 개발을 추진해 왔으며 총 69억 4천여만 원의 연구비가 투입되었다.

이번 발사로 우리나라는 세계 최초의 인공위성인 구소련의 스푸트니크호가 발사된 지 35년 만에 세계 20여 개 위성 보유국 대열에 들어서는 것이었다.

여러 번 언급한 바와 같이 과학기술 진흥에 큰 관심을 가지고 국정수행에 진력하신 노태우 대통령께서는 8월 11일 오전 '우리별 1호' 발사 성공에 부치는 축하메시지를 발표하고 현지의 한국참관단 대표 최순달 박사(전 체신부 장관)를 비롯한 한국인 연구진과 직접 통화하여 축하인사를 전하고 노고를 치하하였다. 먼저 이번에 우리별 1호를 하늘에 띄우게 된 기쁨을 온 국민과 함께 나눈다고 하면서 "방금 지구 맞은편에서 저녁 하늘 한가운데로 힘차게 솟아오른 우리 '과학위성'의 찬연한 불빛은 겨레의 반만년 역사에 '우주시대'가 새로이 열렸음을 알리는 서광이었으며 하루가 다르게 발전하는 우리나라의 과학 수준을 세계에 알리는 쾌거"라고 말씀하였다. "지난 3년 동안 설계에서 제작에 이르기까지 우리 과학기술이 이루어 낸 가슴 뿌듯한 긍지이자 불과 30여 년 전 가난의 굴레에서 맨주먹으로 떨쳐 일어났던 한국인에게 오늘의 이 성취는 큰 자랑이 아닐 수 없다"고 기뻐하셨다. 이 위성의 발사로 우리의 활동무대는 5대양 6대주로 크게 넓어졌으며 이 위성이 진행해 나갈 각종 실험·관측·조사 등으로 우리는 우주와 더욱 가까워지고 있다고 전망하면서 내년에 발사될 제 2호 과학위성과 과학로켓, 95년에 예정된 통신위성 발사 등으로 우리의 도전은 끊임없이 진행될 것이라고 말씀하였다.

마지막으로 대통령께서는 "밤하늘을 수놓으며 우주의 신비를 푸는 인공위성은 이제 머나먼 꿈이 아니라 한국의 희망을 실어 나르는 한국인의 가까운 벗이 되었습니다", "우리 모두 신념과 용기로 넓은 우주로, 밝은 미래로 힘차게 나아갑시다"라고 호소하면서 과학기술인에게는 따뜻한 위로와 격려를 전하고 국민 여러분에게는 깊은 감사로 인사말씀을 마무리하였다.

대통령의 회갑연

이 같은 기쁜 소식에 이어 8·15 광복절을 하루 앞둔 8월 14일은 대통령께서 60주년 회갑을 맞는 날이었다. 역대 대통령 가운데 재임 중 회갑을 맞는 것은 박정희 대통령에 이어 두 번째였다. 대통령 내외께서는 전부터 음력 기준으로 생신을 기념하고 있었으며 8월 14일은 대통령의 음력 생신인 7월 16일이 되는 날이었다.

지방자치단체장 선거 연기 문제로 정국이 경색되어 국회가 공전하는 여름이었으며 이동통신 문제로 여권 내부도 조용하지 않았다. 그러나 회갑일을 며칠 앞두고 올림픽에서의 역사적인 마라톤 제패, 우리별 1호의 성공적 발사 등 경사가 잇따르고 역사적 한중 수교가 다가오고 있었다. 간소하게나마 회갑연을 갖는 것이 좋겠다고 의견이 모였다.

먼저 9시 30분부터 30분간 비서실이 주관하여 대통령 내외분에게 축하의 예를 올리는 행사가 있었다. 비서실, 경호실 간부들이 모여 조촐한 다과가 마련된 가운데 하례, 케이크커팅 등 헌수獻壽의 예를 갖추고 만수무강을 기원하였으며 건배 제의와 함께 축배를 올리기로 하였다. 나는 공보비서실에서 준비한 '각하 회갑에 드리는 헌사獻辭'를 낭독하면서 건배를 제의하였다.

이날 축하오찬은 12시부터 1시간 40분 동안 3당 대표, 3부 요인, 6공 이후 전·현직 국무위원, 민자당 고문 및 당4역이 영빈관에 모인 가운데 화기 찬 분위기 속에서 진행되었다. 박준규 의장, 김영삼 대표, 김대중 민주당 대표, 정주영 국민당 대표 등의 순으로 건배 제의가 있었다. 대통령께서는 처음에는 이런 자리를 받고 싶지 않아 비서실장을 만류했으나 올림픽 7위, 황영조 선수의 마라톤 금메달 등 이만저만 크지 않은 생일선물을 받게 되어 답례가 있어야겠다는 생각에서 자리를 마련하였다고 하면서 올림픽 정신을 정치에도 되살려 정치에서도 금메달이 쏟아져 나오기를 희망한다고 회답하였다.

저녁만찬에는 친가·처가·사가 등 친인척이 모인 가운데 만찬과 춤, 노래 등으로 18시부터 10시 반까지 즐거운 축수연祝壽宴이 계속되었다.

여야 대결과 제 157~158회 임시국회 공전

전장에서 우여곡절 끝에 6월 29일 제 14대 국회 개원, 제 157회 임시국회가 개회되었음을 언급하였다. 그러나 개원 국회는 개회 당일 의장단을 선출하고 개회식을 가졌으며 대통령께서 개회식에 참석하여 25분간 축하연설을 한 뒤로 7월 28일까지 한 달 동안을 회기로 정하였을 뿐 여야 간의 대결로 공전을 거듭하며 허송세월하고 있었다. 이미 설명한 바와 같이 지방자치단체장 선거 연기를 쟁점으로 내걸고 상임위원 명단 제출과 상임위원장 선출을 보이콧함으로써 원 구성조차 마무리되지 않은 상태에서 의사일정을 마련하기란 엄두조차 낼 수 없는 상황이었기 때문이다.

정부·여당의 입장에서는 하루빨리 국회를 정상화시켜 지방자치법을 개정해야만 했다. 6월 말까지 실시한다는 지방자치단체장 선거조항을 개정해야만 법 위반상태를 해소할 수 있었기 때문이다. 지방자치법 개정 외에도 감사원장 및 대법관 임명동의안은 미룰 수 없는 시급한 안건이었으며 그 밖에도 몇 가지 법안은 정기국회 이전에 처리하여야 할 필요성이 절실한 것이었다. 무엇보다도 14대 국회 임기가 개시된 지 두 달이 가까워 오는데도 야당의 보이콧으로 원 구성도 제대로 못하고 있다는 것은 입법부의 책무를 망각한 일이라 비난받아 마땅한 일이었다.

그런데도 야당, 특히 민주당의 반대입장은 요지부동이었다. 민주당의 김대중 대표나 국민당의 정주영 대표는 모두 연말 대통령 선거에 각 당 후보로 선출되어 있었다. 그 가운데 김대중 대표는 멀리 1971년 실시된 대통령 선거에 입후보했다가 실패한 일을 비롯해 세 번째 도전하는 것이어서 모든 정치행위가 연말 대선에 초점을 맞추고 있었다. 특히 상대인 여당의 김영삼 대표와는 1971년 당내 경선까지를 포함한다면 역시 세 번째 대결이 되는 셈이어서 두 사람 사이의 경쟁과 다툼은 그야말로 집요하면서도 치열할 수밖에 없었다. 야당인 김대중 대표의 입장에서는 이제 노태우 대통령의 뒤를 이어 그의 경쟁상대가 된 김영삼 대표를 공격하는 방법으로서 노 대통령 정부의 실정失政을 찾아내는 것이 긴요하다고 생각하고 있었다. 그러나 권위주의 정부 시절 야당이 여당에 들이밀던 단골 메뉴인 민주화 주장은 더는 쓸 수 없는 공격 포인트였다. 언론의 자유가 만발한 노태우 정부에서 이렇다 할 실정을 가려내기도 쉽지 않았다.

그 무렵 경부고속전철, 영종도신공항 건설, 제 2이동통신, 삼성 상용차사업, 정보사 토지사건[9] 등을 6공 정부의 5대 사건이라고 지목하려는 움직임도 있었으나 정부의 주요 국책사업 추진에 부정이 개입되었다는 막연한 의혹 제기가 그렇게 깔끔한 공격 자료가 되기 어려웠다. 이런 가운데 단체장 선거 연기는 나름대로 이유가 있어 취한 대통령의 조치였으나 법 개정 시기를 놓침으로써 지방자치법을 위반했다는 것은 분명하였기에 그 잘못을 지적하는 방법이 아주 효과적인 공격이 되고 있었다.

9 이 무렵 정보사령부 토지 관련 사건이 적발되어 수사가 진행되었으나 단순한 사기 사건으로 판명되었다.

단체장 선거일을 공고하지 않아 법을 위반하게 된 6월 12일부터 대통령은 곤혹스러운 수세守勢를 감내해야만 했다. 지방자치법 개정을 용인할 수 없다는 민주당 김대중 대표의 입장은 가히 철벽이었으며 국회 원 구성 보이콧이 그 1차적인 수단이었다. 뿐만 아니라 민주당은 대통령의 지방자치단체장 선거일 불공고 위헌확인 헌법소원을 제기하여 위헌 결정을 받으려는 노력에도 힘을 쏟고 있었다.

국민당의 정주영 대표는 김대중 대표와는 약간 다른 입장을 보였다. 제3당으로서의 입지를 강화하기 위해서는 국회에 등원하여 의회활동을 통한 대정부 투쟁을 벌이는 것이 바람직하다는 의견을 갖고 있었기 때문이다. 그러나 정주영 대표도 개원에 앞서 6월 25일 가진 김대중 대표와의 회동에서 단체장 선거 문제에는 서로 공조하기로 합의한 일도 있다시피 이 문제에 대하여 여당 입장에 동조할 생각은 갖지 않고 있었다. 약간의 차이를 보이면서도 원 구성에 협조하는 결단을 하기에는 주저가 많았다. 여당으로서는 참으로 곤란한 입장이 되었다. 그렇다고 시간이 흐르기를 마냥 기다리기만 할 수는 없었다.

먼저 단체장 선거 연기의 불가피성에 대하여 다각적인 방법으로 대국민 설득을 강화하는 일에 힘을 쏟았다. 대통령께서 국회연설을 비롯해 여러 번 유감의 뜻을 표명하기도 하였다. 단체장이 임명제에서 직접선거제로 선임되어야만 다가올 대통령 선거가 공정하게 관리될 수 있다는 야당 측의 주장에 대해 그 대안으로 대통령선거법을 개정할 것을 제의하기도 하였다. 국회 정상화를 거부하는 명분을 감쇄減殺하려는 노력이었다. 대통령께서는 국회가 개원한 다음 날인 7월 2일 신임의장단과 여야 원내총무단을 청와대로 초청하여 오찬을 베풀면서 취임 축하인사와 함께 국회를 조속히 정상화하여 원만하게 운영할 것을 간곡하게 당부하기도 하였다.

그러나 한 달을 회기로 정한 제157회 임시국회는 회의 한 번 제대로 개최하지 못한 채 회기를 허송하고 말았다. 물론 정상화를 위한 다각적인 노력이 계속되었다. 개원 직후 신임 박준규 의장은 대통령선거법과 지방자치법 개정문제를 협의할 여야 간 정치관계법 협상기구를 구성하자고 여야에 제의하였으며 감사원장 임명동의안 처리가 임기 만료에 맞추어 될 수가 없으니 우선 서리를 임명하라고 청와대 정무수석실에 연락하는 등 국회 공전사태 해결을 위한 노력을 자임自任하고 나섰다. 당무자인 원내총무단은 여러 차례 회담을 계속하면서 원 구성 완료 및 국회 운영일정 마련을 위한 노력을 게을리하지 않았다. 단체장 선거 연기 문제가 문제의 핵심임을 감안하여 이 문제를 해결하기 위한 3당 사무총장 회담이 수차례 개최되기도 하였다. 정부와 여당 간의 대책회담도 사흘이 멀다고 계속되었다. 삼청동회의실이 불이 났다. 당의 원내총무, 사무총장 등 당4역, 비서실장과 정무수석, 그리고 안기부장 등 정부의 당무자들이 모여 상황을 점검하고 대책을 토의하였다. 물론 당에서 그리고 국회에서 담당할 일이었지만 정부도 지혜를 보태고 지원을 아끼지 않았다.[10]

당대표들의 회담도 거론이 되었으며 일부 이루어지기도 하였다. 7월 14일에는 김대중 대표와 정주영 대표의 양자회담이 개최되었다. 정주영 대표는 당시 정치이슈가 되고 있던 정보사 사건 등을 다루기 위해서는 국회를 정상화하여 국회 안에서 문제해결에 나서자는 입장이었으나 김대중 대표의 반대로 합의가 불발되었으며, 다만 단체장 선거 연내 실시 관철을 위한 공조체제는 유지하기로 합의하는 데 그쳤다. 회담 분위기도 그렇게 좋지 않았다는 것이었다.

7월 21일 밤에는 김영삼 대표와 정주영 대표 간의 회담이 열렸으나 당

10 7월 중 삼청동회의실에서 당정회의가 6회(7월 3일, 13일, 17일, 22일, 24일, 27일) 개최된 것으로 내 다이어리에 기록되어 있다. 참석자는 당에서 사무총장과 원내총무, 정부에서 안기부장, 정무수석, 그리고 내가 빠짐없이 참석하였고 상황에 따라 정무장관, 정치특보 등이 참석하기도 하였다. 통상 2시간가량씩 계속되었다.

초 기대와는 달리 국회 정상화에는 이르지 못하고 말았다. 다만 3당 대표회담을 제의하기로 합의하였으나 민주당의 소극적인 태도 등으로 성사되지 않았을 뿐만 아니라 임시국회 종료를 앞두고 민자·민주 양당 대표회담의 필요성이 제기되어 양당 사무총장 간의 절충이 성사되는 듯하다가 마지막 단계에서 결렬되고 말았다. 회기 종료를 하루 앞둔 7월 27일 국회의장 주재의 3당 총무회담을 끝으로 역사적 사명을 띠고 소집된 제 157회 임시국회는 공전을 거듭한 끝에 원 구성도 완료하지 못한 상태로 끝맺음하고 말았다.

157회 임시국회가 종료될 즈음하여 대통령께서는 비서실에 질책성 코멘트와 함께 대책수립을 말씀하였다. 당내 결속에 문제가 있는 것이라고 걱정하시면서 국회 공전의 총체적 책임을 검토·조치하라는 말씀이었다.

사실 이 문제에 대해서는 당에서 나름대로 문제가 제기되고 논의되었으며 대책도 검토하고 있었다. 전술한 7월 24일 삼청동회의실 당정회의에서는 임시국회 공전을 예견하고 회기가 만료되는 7월 28일 의원총회를 개최한 뒤 이어 1박 2일간 성남 새마을연수원에서 의원 세미나 겸 단합대회를 실시하기로 하는 당 계획에 의견이 집약되었으며 이 계획은 그대로 집행되었다. 당내 결속을 강화하고 잇달아 소집을 요구하기로 되어 있던 제 158회 임시국회에서의 전열 정비를 다지는 모임이었다. 뿐만 아니라 8월 1일부터 임시국회를 소집하여 될 수 있는 대로 8월 8일 이전에 원 구성과 지방자치법 개정을 완료하자는 방침에도 의견일치를 보았던 것이다. 그리고 7월 27일 오전, 7월 25일부터 청남대에서 휴가 중이던 대통령께 국회 상황을 전화로 보고하였으며 국회 공전상태를 해결하도록 최선을 다하라는 지시를 받았다. 이 지시를 이행하기 위해서 그날 오후 삼청동회의실에서 사무총장, 원내총무를 정무수석과 함께 만나 임시국회 소집요구 및 지방자치법 개정과 관련하여 7월 24일 당정회의 때의 결의대로 집행할 것을 다시 확인하였던 것이다.

8월 1일 제 158회 임시국회가 소집되었다. 민자당이 단독으로 7월 29일 회기 2주간의 임시국회 소집을 요구한 데 따른 것이었다. 예상대로 야당은 개원식에 불참하였고 여야 대결의 전운戰雲이 감돌기 시작하였다. 전술한 바와 같이 민자당으로서는 기다릴 만큼 기다렸으니 이제 원 구성 및 지방자치법 개정을 강행해도 되겠다고 판단하였다. 구체적인 행동계획은 국회 상황을 보아가며 당에서 신축성 있게 조정하며 집행할 수밖에 없었다. 당시 당정회의에서는 강행 처리를 위해서는 전체 상임위 구성이 쉽지 않으므로 최소한 지방자치법 개정안을 다룰 특별위원회를 구성하겠다는 방향으로 의견이 모였던 것으로 기억된다. 청와대로서는 지방자치법 개정이라는 성과만이 중요하였으므로 구체적 집행방법은 당의 결정에 맡길 수밖에 없었다.

8월 1일 158회 임시국회 개회식에 야당은 불참하였으며 민자당 의원과 무소속의 이상재·이강두 의원 등이 참석한 가운데 국회의장의 개회사만 듣고 산회하였다. 곧이어 국회의장이 소집한 원내총무회담에서 국회의장은 야당에게 조속한 국회 정상화를 촉구하면서 3당 대표회담을 개최할 것을 제의하였다. 그러나 민주당의 김대중 대표가 3당 대표회담 대신 대통령이 참석한 4자 회담을 역으로 제의함에 따라 3당 대표회담은 사실상 합의되지 않았다. 대통령은 심사숙고 끝에 이미 지방자치법 개정안을 제출한 상황에서 이 문제를 다루는 회담은 불필요하다는 입장이었기 때문에 민주당의 역제의 역시 불발할 수밖에 없었다.

이와 같은 공방이 진행되는 가운데 8월 3일 월요일이 되자 민주당은 여당의 강행처리를 실력으로 저지하겠다는 결의를 하고 저지조를 구성하는 등 실력 저지 준비를 갖추는 한편 여당은 원 구성 및 지방자치법 개정을 단독으로라도 처리한다는 방침을 실천에 옮길 태세를 보임으로써 여야 간 물리적 충돌이 예상되었다. 그러나 3, 4일 이틀간 상대방의 자세를 탐색하는 가운데 본회의는 개최되었다가 곧 산회되는 형식으로 시간을 보내고 있었다. 그동안 안기부장, 정치특보 등이 김영삼 대표를 면담한 결과 김 대표의 강행의지가 확고함을 확인함에 따라 8월 4일 오후 나와 국회부의장, 사무총장, 원내총무, 안기부장, 정무수석 등이 당정회의를 갖고 이튿날 일단 국회 원 구성을 시도하기로 하였으며 이에 따라 8월 5일 본회의장에서는 여야 의원이 대치하는 가운데 의장의 본회의장 진입을 실력으로 저지하려는 야당 의원과 의장 간 언쟁이 오가는 일촉즉발의 위기가 조성되고 있었다. 그러나 국회의장이 충돌상태를 막기 위하여 3당 대표회담을 제의하자 3당이 수락함으로써 위기를 모면하고 이튿날 8월 6일 오후 의장실에서 3당 대표회담을 개최하여 돌파구 마련을 위해 협상하기로 하였다.

나는 이와 같은 국회의 교착상태와 함께 제 2이동통신사업자 선정 1차 심사 결과발표에 따른 여당 내 동향과 8월 말로 예정된 당총재직 이양 후 당 체제 정비문제 등 긴급한 현안을 보고하기 위하여 8월 6일 13시 헬기 편으로 출발하여 청남대에 도착하였고, 1시간 반가량 머물다가 15시 40분 서울로 돌아왔다. 국회 상황에 대해서는 예정대로 개회되어 특위 구성방법으로 개정안을 통과시키는 방안을 구상하고 있는데 여러 가지로 후유증에 대한 염려와 갖추어야 할 모양새 그리고 의장의 소극성 때문에 지연되고 있다, 금일 오후에 3당 대표회담이 예정되어 있으나 효과를 기대하기 어렵다, 김 대표의 결심은 확고하다고 하나 의원 수 부족으로 고민하고 있다, 그러나 가능하다는 것이 원내총무의 입장이며 8월 8일~10일 중 결행 예정이라는 보고와 함께 의장에게 대통령께서 격려 전화를 해주실 것을 건의하였다.

대통령께서는 당과 국회의 의지가 약한 것이 아닌가, 청와대 지시에 따라 한다는 피동적 움직임으로는 되지 않는다, 책임과 권한은 당대표에게 일임한 상태이며 단체장 선거 연기결정은 당정 간 의견일치를 보았으니 당에서 책임지고 방법을 강구하라, 물리적으로 불가하면 김대중에게 헌법소원을 철회하고 국민투표라도 해보자고 할 수도 있지 않은가, 김 대표의 책임과 권한하에 돌파력을 행사하기를 기다린다는 말씀을 하였다.

청와대로 돌아온 뒤 정무수석, 안기부장 등에게 지시사항을 전달하였으며 3당 대표회담은 예상대로 결렬되었다는 보고를 받았다.[11] 8월 7일에도 본회의에서의 강행시도는 실패하였으며 8월 8일도 대결 끝에 본회의는 자동 유회되었다. 8월 9일은 일요일이었다. 여야의 대치는 계속되었으며 특히 의장의 본회의장 입장을 저지하기 위한 야당 측의 농성과 여당 측 돌파시도 등으로 긴장상태가 계속되었고 일부 폭력시비가 일어나기도 하였다.

이런 가운데 8월 9일 14시 정무수석이 보안이 누설되어 강행시도가 실패할 것 같다는 걱정 섞인 보고를 했다. 사무실로 나가 여러 가지 상황을 파악・논의하였다. 박준규 국회의장이 15시 30분경 전화로 특위를 여야 동수로 구성하여 지방자치법, 대통령선거법, 정치자금법을 패키지로 협상해 보는 것이 어떻겠느냐고 제의했다. 막후에서 협상을 시도하고 있음을 알 수 있었다.

이날 16시 30분 대통령께서 청남대에서 귀저하였다. 정무수석과 함께 현안인 국회대책과 이동통신 문제를 보고드렸으며 대통령께서는 단체장 선거 연기는 확실한 당론이니 바뀔 수 없다는 점과 이동통신도 확실히 추진되도록 하라는 방침을 주셨다. 8월 9일 밤은 양측이 철야로 대치하는 등 충돌이 예상되었으나 강행처리를 해내지 못하였으며 8월 10일 10시에 예정된 국회 본회의는 열리지 않았다. 김영삼 대표의 결단으로 그간 막후에서 다방면으로 논의되던 민자・민주 양당 대표회담을 제의하여 협상을 통하여 해결하는 쪽으로 방향을 선회함에 따라 사태가 급변하게 되었다. 주말에 강행한다는 목표는 이루어지지 않았다. 하루 동안의 실무적인 접촉 준비 끝에 8월 11일 15시 양당 대표회담이 개최되

11 3당 대표는 이날 15시 국회에서 만나 2시간 반 동안 협상을 시도했으나 입장의 차이만 확인하고 합의를 보지 못한 채 헤어졌다는 것이다.

었다. 이날 회담은 1시간 30분 만에 합의에 도달하여 지방자치법 개정은 임시국회는 물론 정기국회에서도 강행 처리하지 않기로 약속하며, 정치문제 타결을 위한 특별위원회를 여야 각 9인 동수로 구성하여 9월 정기국회까지 지방자치법, 대통령선거법, 정치자금법 개정안을 심의하도록 하며, 감사원장 및 대법관 임명동의안을 처리하되 회기는 14일까지로 하는 내용으로 타결되었다.

이 합의안은 이튿날 열린 3당 대표회담에서 그대로 합의되어 그날 오후 본회의에서 특위구성안과 감사원장·대법관 임명동의안이 가결됨으로써 격돌로 치닫던 여야 대결은 문제의 발단인 지방자치법 개정 문제는 미루는 가운데 사태를 미봉하는 선에서 그런대로 잘 해결이 되었다. 전술했다시피 10일 아침 바르셀로나의 낭보로 고조된 국민적 화합 분위기에 국회의 물리적 충돌로 찬물을 끼얹어서는 안 된다는 점은 물론 양김의 정치력이 시험대에 오른 데 대한 국민적 기대가 압력으로 작용한 결과라는 분석이었다.

지방자치법이 뜻대로 개정되지 않았으나 선거 연기방침은 결단코 바꿀 수 없다는 대통령의 뜻이 그대로 유지되었으며 헌법소원의 문제에 대해서도 긍정적인 영향을 기대할 수 있어 백 점은 되지 않아도 그런대로 받아들일 만한 결과라고 생각되었다. 시간이 흐를수록 단체장 선거 연기방침은 법 개정 없이도 기정사실로 굳어질 수밖에 없을 것이며 대통령의 연기조치에 대한 평가는 역사의 몫이 될 수밖에 없는 것이었다.

8월 12일 본회의 결의에 따라 정치특위 구성이 완료되고 활동이 시작되었다. 각 당의 준비과정을 거쳐 8월 17일 첫 회의를 열어 위원장에 민자당 신상식 의원을 선출하였으며. 18명의 위원을 6명씩 지방자치법, 대통령선거법 및 정치자금법 개정 등 3개 심의반으로 나누어 협상을 진행하기로 하였으며 위원 명단은 다음과 같다.

· 지방자치법 신상식, 정시채, 강용식(이상 민자당), 김봉호, 홍사덕

(이상 민주당), 윤영탁(국민당)

· 대통령선거법　최재욱, 이인제, 김영진(이상 민자당), 조순형, 박상천(이상 민주당), 변정일(국민당)

· 정치자금법　김중위, 황윤기, 강재섭(이상 민자당), 김덕규, 신기하(이상 민주당), 정장현(국민당)

3개 개정 심의반은 정기국회 때까지 1차로 정한 8월 말까지의 기한을 연기하면서까지 거의 매일 회의를 개최하다시피 활동을 하였으며 그 성과는 후술할 것이다. 또한 국회 동의에 따라 8월 13일 오전 청와대에서는 최종영 대법관과 김영준 감사원장에 대한 임명장 수여식을 했다.

지방자치단체장 선거 연기 위헌소원 전말

이 기회에 지방자치단체장 선거 연기와 관련하여 야당 측에서 제기한 위헌소원에 관한 전말을 기록해 두어야 할 것 같다. 야당 측에서[12] 대통령의 지방자치단체의 장 선거일 불공고 위헌확인 헌법심판청구가 제기된 것은 이미 설명한 바와 같다. 청와대 비서실로서는 걱정하지 않을 수 없었다. 헌법재판소는 6공화국 헌법에 의하여 새로 마련된 제도로서 미국·일본 등 대법원이 위헌심판업무를 관장하는 제도와 달리 독일 등 유럽의 헌법재판 제도를 모델로 해 법률의 위헌여부 외에도 탄핵 심판, 정당 해산, 권한쟁의 및 헌법소원 등 여러 가지 헌법재판을 관장하게 되어 있었다. 그 가운데 헌법소원은 공권력 행사 또는 불행사로 헌법상 보장된 기본권을 침해받은 자가 그 구제를 위해 헌법소원 심판을 구하는 제도로 법원의 재판이 그 대상에서 제외되었을 뿐 그 밖의 모든 공권력

12 야당 외에 개인이 청구한 여러 건의 심판청구도 있어 함께 심리되고 있었다.

행사가 그 대상이 되고 있었으며 대통령도 예외가 아니었다.

나는 6공 정부 초대 법무부 장관으로서 이 헌법재판소를 발족하기 위하여 필요한 헌법재판소법을 입법하는 일에 참여하였다. 각국의 입법자료 수집, 학계의 의견수렴, 세미나 개최 등 과정을 거쳐 법안을 성안, 정부 입법으로 제안할 준비를 완료하였었다. 당시 민정당 측과 당정협의를 하는 과정에서 당이 의원입법으로 제정하고 싶다는 의사를 피력하기에 많은 공을 들인 법무부 직원들을 힘겹게 설득해 당에 법안과 관계자료를 넘겨준 일이 있었다. 약간의 손질로 1988년 8월 5일 입법이 되고 9월 15일 초대 재판소장 조규광이 임명되면서 역사적인 헌법재판소가 발족하였다. 나는 이 같은 헌법재판소 발족에 여러 가지 뒷바라지를 하였는데 이제 대통령이 피청구인이 되어 헌법재판의 당사자가 된 마당에 그 비서실장으로 역할을 맡게 되었으니 감개무량한 바 있었다.

사정수석과 의논하여 당시 초대 헌법재판관으로 3년가량 근무한 뒤 정년퇴직한 변호사 이성렬과 법 이론에 해박한 김교창 변호사를 접촉, 변호인으로 선임하여 소송대리를 하도록 조처하였다. 당초 나는 법에 정한 선거일 공고를 하지 않은 것이 법을 위반한 것이 명백하여 헌법소원이 인용認容될 것이 아닌가 걱정하였다. 실제로 소원을 제기한 김대중 대표도 나름의 정보 판단으로 상당한 기대를 하고 있었다.[13] 그러나 선임된 변호사들 그리고 법무부의 전문적 법률검토 결과 그렇게 간단하게 결론이 날 사안이 아님을 알게 되었다. 더구나 대통령으로서 당연히 할

13 민주당이 헌법재판소에서 소원이 수용될 가능성이 크다는 정보를 갖고 있다는 정무수석의 7월 9일 자 아침수석회의의 정보보고가 있었으며 이 사건 주심을 맡았던 변정수 재판관이 변론 없이 심리종결을 주장하였으나 대다수 재판관의 반대로 변론을 열기로 결정(〈조선일보〉 1992년 9월 9일 자 2면 참조), 9월 18일 변 재판관이 심리 지연에 불만을 품고 주심사퇴서를 제출하였다(〈조선일보〉 1992년 9월 19일 자 23면 참조)는 등으로 민주당의 기대는 근거가 없지 않았다. 야당 추천으로 헌법재판관에 임명된 변정수 재판관은 최종 심판 결정에서도 소수의견을 표명하였다.

수 있는 법률개정안 제출이 국회의 심의지연으로 제때 처리되지 못한 사정이 있는 데다 지방자치단체장 선거는 법이 정한 공고를 하지 않는다고 하여 헌법상의 기본권이 침해되었다고 할 수 있는가라는 문제도 간단히 결론 날 수 있는 사안이 아니었다. 양론이 있을 수 있으며 오히려 단체장 선거권은 법리상 헌법의 기본권 범주에 들지 않는다는 이론이 우세하다는 것이었다. 당초 국회의 입법권을 존중, 그 진행을 감안하여 천천히 결론이 났으면 하는 희망을 접고 국회에서의 법 개정이 언제 될지 알 수 없는 상황이 되면서 8월 12일 당시 김기춘 법무부 장관을 비롯해 정무·사정수석 등이 회합하여 헌재에서의 기각결정을 받도록 목표를 수정하여 변호인 등이 노력하도록 결정한 바 있었다.

그러나 이 문제는 후술하는 바와 같이 여러 가지 뜻밖의 정치상황이 전개됨에 따라 국회에서의 법 개정은 그해 정기국회에서 이루어지지 못하였다. 문제가 매듭지어지지 않은 채 대통령의 임기를 마치고 퇴임하였던 것이다. 정기국회가 진행되고 대통령 선거가 시행되어 새로운 대통령이 선출되기까지 거의 잠복된 상태가 된 것이었다.

이번에 확인한 바로는 새 정부가 들어서면서 1994년 3월 16일 지방자치법을 개정, 선거일 공고제도를 없애고 선거일을 아예 법률에 정하도록 하되 첫 단체장 선거는 1995년 6월 27일 시행하는 것으로 확정하였으며 헌법재판소도 그동안 수차 변론 외에 오랜 심의 끝에 1994년 8월 31일 심판청구를 각하하는 결정을 하였다.[14] 물론 법 개정이 각하의 주된

---

14 당시 헌법재판관은 조규광 소장을 포함 9명의 재판관 모두가 소신이 뚜렷하여 정치권의 영향에서 자유롭게 헌법재판업무를 집행했다고 기억된다. 조규광 소장은 친형인 조규대 변호사와 함께 엘리트 법조인으로 명성이 자자하였다. 초대 헌법재판소장으로서 헌법재판의 조기 정착과 재판소 권위확립을 위하여 많은 일을 하였다고 평가되었다. 내가 법무부 차관으로 재직 중 변호사 징계위원회에서 몇 번 만난 일이 있었는데 정의감이 투철하고 태도가 분명한 선배 법조인으로 깊은 인상을 갖고 있었다. 그렇기 때문에 8월 7일 아침수석회의에서 김대중 대표가 조규광 소장이 국회의장과 연락 정치권에서 해결되기를 촉구하는 전화를 했다는 보고를 받고 불쾌감을 표시했다는 정보보고에 대하여 내가 조 소장의 인품으로 보

사유지만 다수의견에 대한 보충의견에 따르면 대통령의 불공고 행위가 헌법상 기본권을 침해한 것으로 보기에도 어려움이 있다고 설시說示하고 있다. 지방자치단체장 선거를 연기하였으나 이를 뒷받침할 법 개정이 되지 못하여 께름칙한 가운데 임기 만료로 퇴임한 노 대통령에게는 뒤늦게나마 다행스러운 국회의 법 개정이요, 헌재의 결정이었다.

전반기 결산, 정기국회 준비: 예산안 편성과 정치관계입법 절충

임기 종료가 가까워져 옴에 따라 정부이양에 관계되는 정치일정을 원만하게 소화하는 일은 참으로 힘들었다. 그렇다고 하여 정부에게 맡겨진 통상 국정수행을 소홀해서는 결단코 되지 않는다는 생각이었다. 지금까지 대통령께서 여러 차례 정치로 인하여 경제운영이 좋지 않은 영향을 받아서는 안 된다고 강조해 오신 것도 그 때문이었으며 야당의 강력한 단체장 선거 실시 주장에 버티어 온 것도 그 때문이었다.

7월 21일 정치현안으로 정신을 차리기 힘든 상황에서도 대통령께서는 1992년도 상반기 주요 정책평가 및 하반기 중점추진과제 보고회의를 주재하셨다. 이날 오전 10시 청와대에서 정원식 국무총리를 비롯한 전 국무위원과 청와대 수석비서관이 참석한 가운데 총리행정조정실장의 보고를 받았다.

대통령께서는 먼저 보고내용과 관련 경제기획원 장관에게는 물가가

아 그런 일이 절대로 있을 수 없다고 단언한 일이 있다. 실제로 이 사건의 중요성에 비추어 재판관 사이에 열띤 토론과 의견대립이 없지 않았으며 그러는 가운데 결론을 도출하는 데 시간이 걸린 것이다. 내가 이 글을 쓰면서 당시 헌법재판관 결정문을 찾아보고 그 과정을 확인할 수 있었으며 오랜 시일이 지난 뒤여서 당시 재판에 관여한 재판관에게 집필 도중 전화로 당시의 일을 확인한 바이기도 하다.

금년에는 8%, 내년에는 5%로 안정 추세로 호전되는데 국민들은 여전히 불안하게 느끼는 이유를 물었으며, 경제부총리는 8~9%는 아직도 고물가라 할 수 있으므로 인플레 요인이 잠재하고 있는 데다가 농산물 등 생필품가격이 폭등한 일이 있어 물가 불안심리가 있다고 설명하면서 대책으로는 이 수준에서 더 오르지 않는다는 확신을 심어주면 될 것이라고 답변하였다. 대통령께서는 경제부총리가 물가문제를 총괄하는 책임을 맡고 있지만 전 경제부처는 물론 내무부 등 비경제부처와 지방자치단체도 물가가 민생안정의 바탕이자 산업의 경쟁력을 높이는 기초임을 인식하고 다 함께 노력해 달라고 당부하였다. 또한 홍보활동을 더욱 강화함으로써 물가와 임금, 공공요금 등 관련 문제에 대한 국민적 공감대 형성과 협력을 유도하는 것이 요긴하다고 말씀하였다.

내무부 장관에게 범죄와의 전쟁 이후 치안상황에 대하여 질문하셨다. 상당히 호전되다가 6월 들어 다소 악화되는 추세여서 하반기에는 순찰 강화 등 치안노력 배가, 형사기동반 강화와 엄정한 법 집행으로 대처해 나가겠다는 내무부 장관의 답변을 들은 뒤 대통령께서는 범죄 감소에 최선을 다하라고 말씀하시면서 대선을 앞두고 치안 수요가 증가할 것이므로 경찰 수뇌인사[15]를 계기로 심기일전하여 특히 정신무장을 강화하도록 전력을 경주하라고 지시하였다.

법무부 장관에게는 외국인 범죄에 대하여 질문하셨다. 장관은 출입국 인원이 1천만 명에 이르며 입국자도 300만(그중 반은 일본인)으로 증가함에 따라 외국인 폭력·절도·마약범죄가 증가하고 있으므로 국제정보 수집·마약견 활용 등 입국심사 강화, 체류 외국인 동태 감시 등 대책을 강구하고 있다고 답변하였다. 대통령께서는 기업 인력난 대책으로 외국인의 취업이 불가피한 현실에 비추어 외국인 범죄단속에 철저를 기하라고 지시하였다.

---

15 7월 13일 경찰 간부들에 대한 인사이동안이 대통령의 재가를 받은 바 있다.

농수산부 장관에게는 농촌진흥지역 지정과 관련된 불만 해소 문제에 대하여 질문하였으며 사전통고·개인 설득 후 추진 그리고 지정 후 집중투자로 득이 되게 할 것이라고 설명하는 등 노력을 하고 있다고 답변하였다. 대통령께서는 정책수행에서 국민의 믿음이 가장 중요하므로 관계공무원이 노력하여 국민들이 믿도록 해야 한다고 말씀하였다.

환경처 장관에게는 최근 언론기관과 민간단체에서 쓰레기 줄이기와 자원재활용 운동에 나서고 있는 것이 매우 바람직하다고 관심을 표명하시면서 쓰레기 줄이기는 자원절약이며 쓰레기 재활용으로 쓰레기 처리 부담이 절감된다고 말씀하였다. 환경처 장관이 캠페인과 함께 제도 정착을 위한 대책, 즉 유통체계, 재생산업체 육성과 법령 정비 그리고 이를 위한 대토론회 등을 준비하고 있다고 답변하였다. 대통령께서는 자원절약 운동을 공직자가 솔선수범하여 전 국민에게 확산되도록 하라고 말씀하시면서 대통령의 지시로 청와대 비서실이 사무용지 양면 쓰기, 재생지 쓰기, 회의 시 노트 나누는 것 없애기 등 쓰레기 줄이기에 이미 착수·시행하고 있다는 말씀도 덧붙이셨다. 총무처 장관에게 공직자 자가용 10부제, 에어컨 가동 중지 등 절전 운동의 실태에 대하여 질문하셨으며 총무처 장관은 10부제에 공무원 참여도는 95%, 민간 포함 시 26%이며 냉방 중단의 어려움도 참을 수 있다는 자긍심으로 잘 극복하고 있다고 답변하면서 자신이 군에 근무하면서 공무원에 대하여 생각하던 것보다는 매우 다르다는 느낌이라고 강조하였다.[16] 대통령께서는 총무처 장관의 보고에 흡족해하시면서 공직자의 솔선수범은 가상嘉賞한 일이다, 노고를 치하한다, 산하 직원을 격려하여 이러한 기풍이 더욱 확산하도록 힘쓰라고 지시하셨다.[17]

---

16 총무처 장관 이문석은 육군 대장, 제 1군 사령관직에서 전역하였다.

17 이때 냉방 문제는 전기 사정 등을 감안, 해제 검토 지시가 있었으며 회의가 끝난 뒤 총리 책임하에 일단락 짓도록 하자고 결론 난 것으로 기록되어 있다.

대통령께서는 이날 자신의 정부가 첫째, 약속을 철저하게 실천한 정부, 선진화의 토대를 마련한 정부, 그리고 다음 세기를 대비하여 비전을 제시한 정부로 기록되기를 바란다고 말씀하시며 21세기는 ① 자유와 질서가 성숙된 사회, ② 창의와 활력이 넘치는 고도산업사회, ③ 풍요와 쾌적함이 보장된 선진복지사회, ④ 가까운 장래의 통일을 생각하는 사회라고 말씀하였다.

이와 같은 정부가 되도록 남은 기간 잘 마무리하기 위하여 결연한 의지로 국정에 임할 것을 참석한 국무위원과 배석한 수석비서관들에게 지시하면서 ① 물가 8% 안정, 제조업 경쟁력강화, 중소기업 금융지원 등 경제 안정기조와 활력 회복, ② 국책사업 당당추진 등 공약사항 완수, ③ 치적 평가를 제대로 받게 하는 홍보 강화, ④ 조기 과열억제로 공명하고 조용한 대통령 선거가 되도록 할 것, ⑤ 선거를 틈탄 불법·무질서 척결 등 확고한 준법 질서유지와 민생안정 확보 그리고 대민행정 쇄신, ⑥ 민주화·국제 경쟁력강화·통일 등 6공 정부가 추진한 국가적 과제가 다음 정부에서도 계승되어 창조적으로 출발할 수 있도록 준비할 것을 거듭 강조하셨다.

잘 알다시피 9월 10일부터 정기국회가 개최되었으며, 정기국회의 가장 중요한 책무는 국정감사와 새해 예산안 및 관련된 법안 및 동의안 등을 처리하는 일이다. 정부에서도 10월 초에 예산안을 국회에 제출하고 새해 시정방향에 대하여 대통령의 시정연설(통상 총리 대독)을 하게 되어 있다. 국회에 제출할 예산안 작성작업은 물론 경제기획원의 몫이지만 예산안이야말로 국정의 청사진이 표현된 문서로서 최종적으로 대통령의 결심이 필요한 것은 말할 필요도 없다. 수차 대통령에게 보고하는 절차를 거치게 되어 있으며 비서실로서는 그때마다 내용을 파악하여 필요한 보좌를 해야만 하는 것이었다.

새해 예산에 대한 첫 보고는 편성지침에 관한 것이었으며 6월 24일 10

시부터 40분간 진행되었다. 이때 보고된 편성지침을[18] 바탕으로 예산편성작업이 진행됨에 따라 8월 20일 오전 경제부총리의 예산안 편성보고가 있었다. 이 자리에서 대통령께서는 증권시장의 상황과 관련 정치에 문제가 생기더라도 경제 · 행정은 흔들리지 않는다는 인식을 국민에게 심어주어야 한다고 거듭 강조하셨으며 사회간접자본 투자예산을 조달하기 위하여 차관이라도 얻고 싶다는 절실함을 말씀하시기도 하였다. 국방비와 관련 하사관 처우 개선과 전쟁기념관 예산에 관심을 표명하셨으며 목적세 신설이 논의되고 있는 것과 관련[19] 사회간접자본과의 유기적 관계에 중점을 두라고 방향 설정을 당부하시는 한편 고속도로 신설에는 4차선을 원칙으로 하고 중앙예산과 지방예산의 배분과 관련 중앙 · 지방정부 간 기능 분담을 재정립하는 일이 선행되어야 할 것이라고 지적하셨다.

예산안은 그사이 수차 당정협의를 거쳤으며 9월 16일 오전 9시 30분 경제부총리가 예산실장을 대동 마지막 보고를 드려 현안에 대한 최종 결심을 받았다. 이 과정을 거치는 도중 당에서 경부고속전철, 영종도신공항 건설예산 등을 대폭 삭감하자는 의견이 있었으나 받아들여지지 않았으며 공무원 봉급은 총액 기준 3% 인상하되 하후상박下厚上薄으로 인상

18 보고내용이나 대통령말씀에 대하여 메모된 것이 없다. 당시 개각작업이 마무리 단계였으며 예산지침 보고 뒤에 개각 대강을 보고한 것으로 되어 있는 것으로 보아 예산보고에 배석하면서도 나의 생각은 개각내용으로 꽉 차 있었던 것이 아닌가 짐작한다.

19 이때 경제기획원 예산실 주동으로 사회간접자본 재원 조성을 위해 휘발유 등에 목적세를 신설하는 방안이 제안되었다. 청와대 비서실에서 1991년 3월 13일 발족한 사회간접자본기획단의 실무책임을 맡았던 이석채 관리관이 1992년 4월 예산실장으로 전보된 뒤 1992년 7월 21일 오후 나에게 보고했으며 이튿날 오후 경제부총리, 내무 · 재무 · 건설 · 교통 · 과기 · 교육 · 국방 장관 등과 이 문제를 논의했다. 7월 30일 총리, 경제부총리와 함께 이 문제가 긍정적으로 논의됨에 따라 예산안 보고 시 대통령께도 보고드리는 등 강력히 추진되고 있었다. 그러나 당정협의 과정에서 내무부 등의 반대로 일단 보류되었었다. 정권 말이라 추진하는 데 동력이 불충분했다고나 할까. 그러나 이때 검토한 것이 토대가 되어 1993년 말 다음 정부에서 채택 시행되어 사회간접자본 건설에 많은 공헌을 한 것으로 알고 있다.

률을 조정하기로 하였다. 드디어 9월 24일 국무회의에서 일반회계 기준 총 38조 5백억 원 규모의 예산안을 의결, 국회에 제출하게 되었으며 국가경쟁력강화와 안정기조 유지라는 모순되는 요구를 무리 없이 조절한 것으로 평가되었다.

정기국회 준비와 관련 당에서 힘을 쏟은 것이 정치관계법 개정특위였다. 국회 정상화에 걸림돌이 되어 오던 단체장 선거 연기 문제를 해결하는 방안으로 김영삼·김대중 양 대표가 회담하여 정치관계법 심의특별위원회를 구성하기로 합의하고 그에 따라 여야 동수의 특위를 발족시킨 것은 이미 설명한 바와 같다. 이에 따라 발족된 특별위원회는 위원 18명이 전원 참석한 가운데 8월 17일 오전 전체회의를 열어 위원장에 민자당 신상식 의원, 간사에 김중위(민자), 박상천(민주), 정장현(국민) 의원을 선임하였으며, 간사회의 결과 지방자치법, 대통령선거법, 정치자금법 등 3개 심의반 별로 8월 말까지 심의를 진행, 개정안을 성안하되 전원합의제로 의결한다는 원칙에 합의하게 되었다. 여당은 여당이 제안한 지방자치법 개정안 그리고 중앙선거관리위원회가 제시한 대통령선거법 개정안을 심의하는 방안을 주장하였으나 야당 측 반대로 백지상태에서 심의활동을 할 수밖에 없었다.

각 심의반은 8월 19일부터 심의활동에 들어갔다. 거의 매일 회의를 개최하다시피 하였으나 심의에 진전을 보지 못하였다. 지방자치법 심의반은 단체장 선거 연기여부에 대한 의견이 대립되어 심의활동에 착수도 하지 못한 채 야당의 회의불참이 거듭되는 상황이었으며 정치자금법에 대한 토의도 거의 진전이 없는 상황이었다. 대통령선거법 심의반만이 몇 개 사항에 대한 의견접근을 본 가운데 8월 31일 활동시한이 종료되었다.

특위는 1차로 9월 3일까지 2차로 9월 8일까지 심의반 활동시한을 연장하였으며 9월 9일 전체회의를 열어 활동상황보고서를 채택하였으나 뚜렷한 성과를 거양하지는 못하였다.

추석 연휴로 정기국회가 나흘 늦은 9월 14일에 개최되게 되어 있었으나 아직도 국회 원 구성이 완료되지 않은 상태였다. 단체장 선거 문제가 타결되지 않는 한 정기국회의 전망은 암담하기만 하였다. 정기국회 개회를 앞둔 9월 14일로 예정된 3당 대표회담으로 정기국회를 둘러싼 모든 과제가 넘어갔다. 9월 7일 3당 사무총장회담에서 9월 14일 7시 30분 국회귀빈실에서 3당 대표회담을 개최하여 정치관계법 개정특위 협의사항과 정기국회 대책문제 및 그 밖의 정치 및 민생문제를 의제로 삼아 해결책을 모색하려는 것이었다. 이 회담에 앞서 9월 7일 개최된 3당 원내총무회담은 3당 대표회담의 결과에 따라 구체적 일정을 협의하되 잠정적인 운영일정으로 9월 14일 14시 개회식 후 1차 본회의를 개최하여 회기 결정, 국정감사 시기 변경 등 안건을 처리하기로 합의하였으며 국회가 정상화되면 그날 상임위원장 선거도 실시하기로 하였다.[20] 국회정상화를 위하여 실낱같은 기대를 갖게 하였으나 어디까지나 대표회담의 합의가 전제되는 것이었다. 그야말로 3당 대표회담의 향방에 모든 관심이 집중되고 있었다.

그러나 뜻밖의 변수가 사태 해결의 실마리로 등장하고 있었다. 연기군수 사건이었다. 정치권의 최대 관심사가 되고 있던 이 사건의 수사가 종결되지 않음에 따라 여당 측 요구로 3당 대표회담은 연기되었다. 여야 대표를 비롯한 정치권에 의한 국회 정상화가 아니라 사건수습을 마무리하는 대통령의 통치적 결단이 여러 가지로 얽힌 어려운 문제를 일거에 해결하게 된 것이다. 국회 정상화도 그 하나이며 뒤에 자세히 경위

20 이날 3당 원내대표는 당초 오후에 회합하기로 예정되었으나 국회의장이 개입하여 오전 10시 30분 3당 총무를 초청하여 의장접견실에서 간담회를 갖게 되었다. 1시간 30분의 간담회에서 합의사항을 도출 발표한 뒤 오찬을 함께 하는 것으로 진행되어 국회 정상화를 위한 대단한 열의를 보였다고나 할까.

를 설명할 것이다.

당총재직 이양과 공직기강 잡기 등

이때쯤 대통령께서 수행한 중요한 정치결단이 당총재직을 이양하는 일이었다. 대통령께서는 8월 25일 15시 30분 청와대에서 당 고문과 주요 당직자 및 당무위원 그리고 국회 상임위원장 및 상임위 간사 내정자 등 80명이 모인 가운데 총재직 사퇴를 선언하고, 후임 총재로 김영삼 대표를 천거하면서 그를 중심으로 당이 결속하여 선거 승리를 통한 정권 재창출을 당부하였다. 이에 따라 당에서는 당무회의, 상무위원회 회의 등의 절차를 거쳐 8월 28일 김 대표가 새로이 당총재직에 취임하고 대통령은 명예총재로 추대되었다.

총재직 이양은 김영삼 대표가 대통령 후보로 선출되면서부터 예정된 일이었다. 다만 시기를 잡는 일과 그전에 준비할 사항 등을 놓고 오랜 기간 고민에 고민을 거듭해 온 사안이었다. 물론 당 측에서도 구상을 구체화해 왔으며 7월 중순경부터 청와대와 김 대표 측 사이에 김 대표의 구상[21]을 바탕으로 의견교환과 절충이 시작되었다. 어떻게 보면 당총재직을 이양하고 뒷일을 당에 일임하는 것으로 끝낼 수도 있는 일이다. 그러나 연말의 대통령 선거까지 당정 간의 원만한 협력관계 유지가 매우

21 7월 16일 오전 서재에서 대통령을 모시고 정무수석, 정치특보, 경호실장 및 내가 배석한 가운데 국회대책 및 당 지도체제 문제에 대한 보고·토의가 있었다. 이때 김 대표의 당 체제에 대한 구상으로 보고된 것은 우선 8월 말~9월 초 당총재직을 이양한다는 것과, 둘째로 대표는 공석으로 하고 선거대책위원회를 구성하되 위원장은 김종필, 부위원장은 김윤환, 이한동, 최형우로 하며 선대본부장으로는 이춘구를 생각하고 있으나 부위원장을 증원하거나 공동대표제 기구로 기획위와 선대위를 두는 등의 방안도 검토하는 등 확정은 되지 않았다는 것이었다.

필요하다는 사정에 비추어 그렇게 쉽게 결정할 일이 아니었다.

도중에 한두 번 고비가 있었으나 대통령의 임기 만료 6개월 전이 되는 8월 25일에 대통령께서 총재직 이양을 선언하기로 결정됨에 따라 전술한 대로 이양절차가 원만하게 진행·완료되었다. 관계자들이 불철주야 노력한 데다 대통령께서 무엇보다도 연말 정권 재창출이라는 대과업을 위하여 큰 결단을 거듭하신 덕분이라 생각하였다.

당총재직 이양 후의 당 체제에 대한 의견도 거의 타결이 된 상태였으며[22] 순조롭게 총재직 이양절차가 마무리되었다.

이와 같이 큰일을 치러 내는 가운데서도 통상적 행정업무 집행에 소홀함이 없어야 했으며 임기 말로 접어드는 비서실 분위기를 다잡는 일에도 고삐를 죄야만 했다. 7월 13일 오전에는 내무부 장관으로부터 시장군수대회 개최, 새질서·새생활운동 및 한해 대책 등 당면한 지방행정계획에 대해 보고를 받는 한편 경찰 간부 인사안을 재가하셨다. 7월 24일 오후에는 국방부 장관으로부터 국방부에서 추진하는 교외 이전사업과 국방예산에 관하여 보고를 받았으며 국방예산의 절감, 공개행정 강화, 북한 군사력에 대한 정확한 평가와 수해 대비태세에 대하여 당부의 말씀을 하였다. 8월 18일에는 감사원장에게서 결산 결과와 부처협조 미진사례에 대한 보고를 받으시고 정권 말기 공직자들이 흔들림 없이 복무하도록 감사원이 공직기강을 확립하는 데 철저를 기하라고 말씀하였다. 8월 31일 오전에는 노동부 장관이 노동법 개정문제, 체불임금 해결방안 및 평화은행 설립상황에 대해 보고하였다.

22 대통령께서는 박태준 최고위원과 이춘구 의원이 중용되는 것이 향후 당의 단합 및 정권 재창출에 도움이 된다는 생각을 가지고 계셨다. 그러나 경선과정의 여러 사정이 반영되어 김종필 대표로 결정되었으며, 선거체제 발족 시 박 최고위원의 역할도 충분히 존중되도록 의견 합치가 된 상태에서 총재직 이양이 된 것으로 기억하고 있다. 그러나 이 문제는 후술하는 바와 같이 그 뒤의 사태 진전에 따라 많은 변화가 있었다.

임기를 6개월 남긴 시점, 당총재직을 이양한 데다가 이동통신사업 연기로 인한 공직자의 사기가 저하하는 상황을 맞이하여 청와대는 또 한 번 긴장하지 않을 수 없었다. 이른바 레임덕 현상이 현실화되는 위기에 봉착하였기 때문이다. 8월 26일 청와대 국무회의를 소집하여 대통령께서 국무위원들에게 직접 흔들림이 없도록 강조하는 당부말씀을 하셨다. 이 자리에서 대통령께서는 특히 마무리에 역점을 두어 차기 정권에 부담을 주는 일이 없도록 해야 할 것이라고 강조하였다.

또한 ① 경제상황이 호전되고 있으므로 안정화 시책을 마련하고 제조업 경쟁력을 강화하고 SOC를 추진하는 동시에 중소기업 도산 방지책을 강구할 것, ② 주요 국책사업을 계속 추진할 것, ③ 내년도 예산편성에 적극 협조할 것, ④ 사회 안정, 법 집행 철저와 기강 확립 그리고 민원해소에 힘쓸 것, ⑤ 북방외교의 결실 등 5가지 지시사항을 말씀한 뒤 한 시대를 마감한다기보다 다음 시대의 창조·도약의 기반을 마련하는 데 화합하고 협력한다는 자세로 가일층 분발하라고 마무리 말씀을 하셨다.

이와 더불어 비서실에서는 향후 5개월간 국정운영대책보고서를 작성하여 9월 9일 대통령께 보고하였다. 각 수석비서관별 계획을 총괄 요약한 이 보고서는 총 18페이지로 개황概況, 국정운영 기본방향, 분야별 실천계획, 주요행사 일정으로 구성되어 있다. 분야별 실천계획은 ① 의연하고 철저한 국정수행(주요 정책사업의 계속 추진 마무리: 13대 대선공약 이행 독려, 민생현장 방문행사 확대, 대통령 주재 국무회의 수시 개최, 주요 정책사안에 대한 각 부처 업무추진 상황점검 강화), ② 정권 재창출을 위한 대선지원체제 구축(정치권과의 위상 재정립 및 당정 협조, 정부의 공명선거 의지 부각), ③ 6공 치적에 대한 홍보 강화, ④ 공직기강 확립, ⑤ 퇴임에 대한 정지작업(재임 중 도움을 받거나 소외된 인사에 대한 관심 표명, 친인척 관리 강화, 지원세력 관리, 6공 기간 중 임명된 각료·수석비서관 및 군·재계인사 인정감 부여 등)으로 요약되어 있다.

이 보고서에 담긴 내용을 바탕으로 퇴임 때까지 상황전개에 신축적으로 대응하면서 업무를 집행하기로 하였다. 내가 비서실장으로 재직하는 동안 이와 같은 중간점검과 대책강구를 꾸준히 계속한 것으로 기억된다. 그렇게 함으로써 국정수행에 효율성을 기하고 해야 할 일을 빠뜨리는 것을 가급적 최소화할 수 있기 때문이다.

대통령께서는 이 보고서를 제출받기 전 사기가 저하된 비서실을 순시하는 수고를 아끼지 않으셨다. 9월 1일 비서실 건물로 오셔서 사무실을 순시하신 뒤 직원들을 격려하고 비서실장실에서 차를 마시면서 당면문제 몇 가지에 대하여 지시말씀을 하셨다. 먼저 당정의 협조와 국책사업 추진을 독려하셨으며 나환자촌이나 쓰레기처리장 등 궂은일을 하는 곳에 관심을 표명하는 일, 연기군수 사건 수습 등에 최선을 다하자고 말씀한 뒤 월말로 예정된 유엔 방문 행사는 간소하게 진행하되 중국 방문에서는 많은 기업인이 수행하도록 하여 경제교류 활성화에 도움이 되도록 하는 것이 좋겠다는 지침도 주셨다. 직원들의 사기 문제와 관련하여 나는 조금 전이기는 하나 7월 22~23일 양일간 비서관 전원을, 8월 31일, 9월 1일, 2일, 7일 4차에 걸쳐 행정관 전원을 각 두세 개 조로 나누어 비서실장 공관에서 각 2시간씩 만찬을 함께 하는 기회를 가졌다. 노래도 부르고 어떤 직원은 내 흉내를 내기도 하는 등 정말 즐거운 시간을 보냈다고 메모되어 있다.

내 공직생활을 회고해 보면 법무·검찰에 있을 때는 이런 회식을 자주 주최하였으나 청와대에서는 그렇게 할 수가 없었다. 비서실장이라고 하여도 역시 비서의 한 사람인지라 자기 뜻대로 시간을 관리할 수 없을 뿐만 아니라 워낙 바쁘게 움직여야 했기 때문이다.

8 · 15 이산가족 상봉행사 취소, 북한 부총리 김달현 서울 방문 및 8차 남북총리회담

이제 3/4분기 중 남북관계에 대하여 언급할 차례가 된 것 같다. 노 대통령 재임 중 남북관계는 남북총리회담을 중심으로 다양한 대화 · 교류가 활발하게 이루어졌으며 1991년 12월 〈남북기본합의서〉를 채택하고 핵문제에 관하여도 합의를 끌어내는 성과를 거두었다. 참으로 역사적 의의가 큰일을 해낸 것이었다. 임기 마지막 해인 1992년도에도 1/4분기에 평양, 2/4분기에 서울에서 남북총리회담을 가지고 조금씩 진전된 결과를 내놓을 수 있었음은 이미 설명한 바와 같다.

서울회담의 합의에 따르면 그동안 시행되지 않던 이산가족 노부모방문단을 구성하여 8월 15일경 상호방문하기로 되어 있었다. 큰 기대를 갖고 남북적십자회담이 개최되었다. 그러나 회의가 진행되는 과정에서 북측이 미전향 좌익수인 이인모 노인의 송환과 한미군사훈련 중단을 조건으로 내걸었을 뿐만 아니라 핵문제에 대한 남측 태도의 변화를 요구함에 따라 8월 7일 판문점에서 개최된 제 8차 회담을 끝으로 무산이 확정되기에 이르렀다. 당초 8월 25~28일까지로 일정을 잠정적으로 정하고 끈질기게 합의를 시도했으며 7월 7일 이인모 송환과 관련하여 북측에 이산가족 문제로 확대하고 상호주의적 요청으로 전향적인 제의를 하는 한편 후술할 김달현 부총리의 서울 방문 기회를 이용할 수 있지 않겠느냐는 기대도 없지 않았으나 북측의 소극적 태도를 극복할 수 없었다. 참으로 안타까운 일이었다. 대통령께서 8 · 15 경축사[23]를 통하여 약속이 실현되지 않은 데 대하여 유감을 표할 수밖에 없었다.

---

23 8 · 15 경축사에서 대통령께서는 이산가족 고향방문사업의 정례화, 핵개발 의혹 해소, 남북경제협력의 조속한 실천 등을 제의하였다. 그리고 8차 남북총리회담에서도 노력하였으나 성공하지 못하였음은 후술하는 바와 같다.

7월 19일부터 25일까지 북한의 부총리 겸 대외경제위원장 김달현이 서울을 방문하였다. 최각규 부총리의 초청에 따라 7월 19일 오전 10시 판문점을 통하여 김달현 부총리 일행 10명이 서울에 도착하여 6박 7일간의 공식일정에 들어갔다. 이들은 서울에서 최각규 부총리와 회담하는 한편 많은 한국 경제인과 만나고 한국의 산업현장을 두루 시찰하면서 한국 자본주의경제의 현황을 눈으로 확인하였다. 나아가 한국 측의 경제협력, 특히 대우그룹과 사전협의를 해오던 남포공단에 투자를 요청하는 적극성을 보이기도 하였다.

이들의 방한을 두고 청와대로서도 긍정적 시각으로 무언가 성과가 있었으면 좋겠다는 생각을 가지고 있었다. 그전에도 외교안보수석의 주관 아래 상황을 파악하고 있었지만 이들이 서울에 도착한 19일 오후 관저에서 안기부장이 대통령께 보고할 때 내가 배석하였다. 그때 대통령께서는 김달현 부총리에게 한국은 수출의존형 산업으로 발전해 왔다는 사실, 남북경제협력이 여러 가지 면에서 절실한 일이지만 우리의 우방국들이 북한에 품고 있는 핵개발 의혹을 풀지 않는 한 경제협력은 어렵다는 사실, 핵문제만 해결되면 우방들이 경제적으로 북한을 돕게 할 수도 있고 우리도 얼마든지 도울 것이니 핵문제를 먼저 해결해야 된다는 점, 우리는 북한체제를 존중하여 무너뜨리거나 흡수할 생각이 추호도 없다는 사실 등을 상대방이 확실히 인식하도록 하라고 말씀하였다. 또한 김달현이 김일성의 외사촌의 사위라는 점에 비추어 그에게 힘을 실어줄 수 있도록 방안을 강구하라고 말씀도 하였으며 김우중 회장과 진행하는 투자문제도 당국의 지원이 필수적임은 물론 쌀문제도 정부가 나서야 충분한 지원이 가능하다는 사실을 인식시키라고 당부하셨다.

김달현 일행은 한국의 경제상황을 살피고 배우는 일정을 대부분 소화한 7월 24일 오전 11시 25분 청와대에 도착하여 대통령을 예방하였다.[24] 대통령께서는 12시 20분까지 이들을 접견한 뒤 오찬장으로 이동해 13시 30분까지 오찬을 함께 하였다. 이 자리에서 노 대통령은 김일성

주석의 안부를 물었으며 김일성이 노 대통령에게 전하는 안부와 방문 성과를 기대한다는 메시지가 김달현을 통하여 전달되었다. 분위기는 부드럽고 화기애애했다. 대통령께서는 이념의 시대가 지나고 치열한 경제전쟁이 진행되는 때에 남북이 협력하여 발전을 이룩하자고 하면서 남북 간 기본합의가 이루어져 여러 분과위원회 활동이 전개되고 있는데 그런 활동을 해나가면서 특히 핵문제에 대하여 의혹을 해소할 수 있는 조치를 해주어야 경제협력이 될 수 있다고 말씀하였다.

김달현 부총리가 남포공단 사업에 대한 협력을 요구한 데 대하여 대통령께서는 원래 핵문제 해결과 고위급회담 부속합의서 문제가 해결된 뒤 진행할 생각이었으나 우선 전문가를 파견하여 실태조사를 해보도록 조치하겠다고 약속하셨다. 이에 따라 남포공단조사단을 파견하고 최각규 경제부총리가 답방하는 형식으로 북한을 방문하기로 하는 성과를 올린 가운데 이튿날인 25일 이들 북한방문단 일행은 서울을 떠나 판문점을 경유하여 평양으로 돌아갔다. 이들이 한국의 경제현장을 돌아보며 그 발전상에 대하여 놀라움을 금치 못하더라는 보도대로 북한의 고위 공직자가 한국의 현실을 인식하는 계기가 되었다는 사실은 남북관계 진전에 큰 자극이 되리라는 생각을 금할 수 없었다.

9월 15일부터 18일까지 제 8차 남북고위급회담이 평양에서 열렸다. 정원식 총리를 비롯한 회담대표 7명, 수행원 및 기자단 90명으로 구성된 우리 대표단은 서울을 출발, 판문점을 경유한 뒤 정오쯤 평양에 도착하여 3박 4일간의 공식일정에 들어갔다. 8·15 이산가족방문이 무산되고 각 분과위원회의 교섭상황도 답보를 거듭하는 상황에서 당초 회담 전망이 밝지 않았다. 회담에 앞서 9월 5일 10시 삼청동 남북회담장에서

---

24 김달현 부총리와 함께 청와대를 방문한 북한대표단은 정운업 삼천리총회사 총사장, 림태덕 대외경제협력추진위 서기장, 리성대 중국주재 무역참사, 김동국 정무원 책임원 등이다.

회담 준비상황 보고가 있었다. 이 자리에서 최영철 통일부총리가 회담 준비 상황을 보고하였으며 그동안 노력한 결과, 9월 7일 남북한 교류협력 분야 부속합의서가 대부분 타결되었다는 점이 조그마한 실마리가 될 것이란 기대를 갖게 했다. 이 자리에서 대통령께서는 관계자들의 노고를 치하한다는 말씀과 함께 〈남북기본합의서〉의 부속합의서 채택이란 과제에 대하여 단계적 접근이 가능할 것이라고 언급하셨다. 다소 불완전하거나 일부라도 가능하다면 우선 채택하고 나머지는 계속 합의토록 노력하자는 말씀이었다. 상호핵사찰 실시 등 핵문제를 둘러싼 의혹 해소가 선결되어야 한다는 점을 강조하시면서 계속 설득하라는 지시와 함께 이산가족 방문(노부모 고향방문단), 이인모 문제 등에 대하여도 합의를 도출하도록 최선을 다하라는 당부말씀을 하셨다.

15일 평양에 도착한 한국대표단은 환영만찬 등 행사를 진행하는 가운데서도 부속합의서 마련을 위한 접촉을 계속한 결과 당초의 비관적인 전망과 달리 부속합의서 채택[25]을 합의하는 등 성과를 거두었다. 양측

---

25 이 합의서는 남북불가침 부문 6장 19조, 남북화해 부문 8장 제 29조, 남북교류협력 부문 4장 20조로 되어 있으며 그 요지는 다음과 같다.

① 불가침 부문: 상대방 관할구역 무력침입 금지, 우발적 무력충돌이나 침범 가능성 경우 상대측에 즉시 통보, 사전대책 강구, 우발적 무력충돌의 경우 즉각 군사직통전화로 상대측에 통보, 지상불가침 경계선과 구역은 군사분계선과 지금까지 쌍방이 관할해 온 구역, 해상 불가침 경계선은 지금까지의 쌍방 관할구역, 합의서 발표 후 50일 이내 남측 국방부 장관과 북측 인민무력부장 간 군사직통전화 설치 운영.

② 남북화해 부문: 상대방 정치, 경제, 사회, 문화체제(제도) 인정(사상 제외), 상대방 당국의 권한·권능 인정·존중(정부 대신 당국으로 표현), 언론·삐라 및 그 밖의 다른 수단과 방법을 통한 상대방 비방·중상 금지, 상대방의 특정인에 대한 지명공격 금지, 모든 형태의 파괴·전복 행위 금지, 정전상태를 평화 상태로 전환시키기 위한 적절한 대책 강구, 국제무대에서의 상호비방·중상 금지, 재외 공관 간의 필요한 협의 진행.

③ 남북교류협력 부문: 교류·협력 당사자 간의 직접 계약체결로 교류·협력 실시, 대금결제는 청산결제 방식, 물자교류에 대한 무관세, 인천, 부산, 포항과 남포, 원산, 청진항 간 해로 개설, 경의선 철도와 문산－개성 간 육로 연결, 김포공항과 순안비행장 간 항로 개설, 판문점을 통한·우편·전기통신 교환, 연결, 교육·문화·예술·보건·체육과 신문·라

은 화해공동위를 10월 15일까지 구성하고 첫 회의를 11월 5일에, 군사공동위는 11월 12일, 경제교류협력공동위는 11월 19일, 사회문화공동위는 11월 26일에 각각 판문점에서 첫 회의를 갖기로 합의하였다. 그리고 양측은 제 9차 남북고위급회담을 오는 12월 21일부터 24일까지 서울에서 개최하기로 합의하였다고 발표하였다. 말하자면 〈남북기본합의서〉에서 합의한 공동위원회가 구체적인 활동을 개시할 수 있는 준비를 완료한 셈이었다. 분과위 활동 단계로 진입한 것이다.

뜻밖에 상당한 성과를 거두고 9월 18일 귀임한 대표단 일행은 이날 16시 30분 청와대를 방문하여 대통령께 회담 결과를 보고하였으며, 나는 이 자리에 배석하였다. 당초 전망과 달리 부속합의서 채택이라는 성과를 올린 것은 북측의 적극적인 자세에 기인한 바 크다고 보고하면서 당초 과제로 삼았던 나머지 두 가지 사안, 즉 핵문제와 이산가족 고향방문단 문제에 대하여 합의에는 이르지 못하였으나 상당한 의견 접근이 있었으므로 향후 대화하고자 하는 노력을 계속하겠다는 말씀이었다. 이제 남북고위급회담이 설계단계를 거쳐 실천회담 단계에 진입하였다는 데 의견을 같이할 수 있었다. 정 총리는 또한 남포공단의 규모가 보잘것없으며 정보차단 상태가 심하여 언론자유가 없다는 점, 군부의 살기등등함을 실감하였으며 군의 영향력이 크다는 등 보고 느낀 바도 함께 보고하였다.

사실 정 총리가 귀국보고를 한 것은 후술하는 바와 같이 대통령께서 공정한 선거관리를 위하여 민자당 당적을 탈퇴한다는 경천동지驚天動地할 결단을 선언한 뒤 두세 시간밖에 지나지 않을 때였다. 이날 오전 김영삼 대표와 면담을 가진 뒤 대변인을 통하여 중립 선거관리 내각 발족과 함께 당적이탈을 천명한 것이었다. 워낙 중대한 정치적 결심을 한 지 얼마

디오 · 텔레비전 및 출판물을 비롯한 출판 · 보도 등 교류협력 실시, 상대측의 저작물 권리보호, 상대측 지역 자유로운 왕래조치 강구, 이산가족 · 친지들의 상봉, 면회소 설치.

지나지 않은 때여서 대통령께서도 대표단의 노고를 치하하고 간단한 대화만 나누었으며 곧장 서재로 자리를 옮겨 총리와 안기부장에게 그동안의 결단·선언 경위를 설명하시지 않을 수 없었다. 다른 분들도 마찬가지였겠지만 나로서는 선언에 대한 여론 동향, 정계의 움직임 등에 신경이 가 있었다. 이제 이와 같은 상황 전개의 전후사정을 정리해 보는 순서가 된 것 같다.

연기군수 부정선거 폭로와 진상규명 그리고 9·18 정치적 결단

참으로 산 넘어 산이었다. 큰 고비라 할 당총재직 이양 절차가 8월 28일로 끝난 지 사흘밖에 되지 않은 8월 31일이었다. 이번엔 현직 공직자의 부정선거 폭로사건이 터졌다. 며칠 전부터 그럴 기미가 감지되던 차였다. 얼마 전 단행된 인사이동에서 정년 1년을 앞두고 공로연수 파견으로 발령된 연기군수 한준수의 동향이 심상치 않다는 것이었다. 인사에 불만을 품고 자신이 연기군수로 있던 연기군 국회의원 선거에서 관권선거가 자행되었다는 양심선언을 한 것이었다. 기미를 감지한 관계자들의 노력이 없지 않았으나 한 군수는 야당인 민주당과 접촉한 뒤 민주당 원내총무실에서 기자회견을 통하여 "3·24 총선은 조직적인 관권·부정선거였다"고 폭로하는 한편 충남지사로부터 받은 10만 원짜리 수표 90장과 선거와 관련된 각종 자료 등을 증거자료로 제시하였다.

당시 연기군 선거구의 여당 후보는 선거 직전 청와대 총무수석직을 사임한 임재길이었다. 임 후보는 육군사관학교 22기 출신 예비역 대령으로 군 복무 당시부터 노 대통령께서 퍽 신임하는 관계였다. 그러한 인연으로 첫 총무수석비서관으로 기용되어 4년 가까이 재직하면서 청와대 청사 신축공사를 잘 마무리하는 공적을 쌓기도 하였다. 연기군에서 대성大姓으로 집성촌을 이루고 있던 부안 임씨 씨족을 기반 삼아 출사표를 던진 것이었다. 당시 3·24 총선에는 청와대 수석 중 김영일, 임재길 두 사람이 여당 공천으로 지역구에 출마하였으며 비서실로서는 모두 당선되기를 기대하고 있었다. 김영일 후보는 당선되었으나 임재길 후보는 낙선하고 말았다. 퍽 아쉽게 생각했는데, 부정선거 폭로까지 당하자 당황스럽기 그지없었다.

이날 오전엔 전술한 대로 노동부 장관의 노동법 개정 등 당면한 노동행정 문제에 대한 보고가 있어 배석하였다. 해당 보고가 끝난 뒤 연기군수 양심선언 문제를 보고하였으며 잘 수습되도록 하라는 지시 말씀이 있었다. 물러 나와 안기부장, 내무부 장관, 행정수석 등과 연락하여 사안의 개략을 파악해 보았으며 진상을 가감 없이 규명하여 응분의 문책을 하면 되리라 생각하였다. 걱정되는 것은 이 문제를 문제 그대로 보지 않고 정치적으로 이용하려는 움직임이었다. 당사자가 민주당의 보호를 빌미로 민주당의 정치적 목표 달성에 동조하여 사건을 왜곡·과장할 가능성이었다. 정치적 공방이 진행되는 가운데[26] 검찰이 진상규명에 곧장 착수하였다.

검찰은 '양심선언'이 행해진 직후부터 관할 대전지방검찰청 수사팀을 투입하여 진상조사에 나섰다. 관계자료 분석, 관계자 진술 청취 등으로 양심선언 내용의 진위를 가리는 노력에 들어간 것이다. 무엇보다도 양심선언을 한 장본인의 진술 청취가 우선이었으므로 한준수 전 군수의 출석을 요구하였으나 본인과 민주당은 이에 불응하였으며, 자신들이 진상 확인활동을 벌이는 가운데 양심선언 내용을 기정사실화하고 대통

26 민주당은 당 자체 조사기구를 구성, 진상조사를 하는 한편 검찰을 방문, 공소시효를 감안한 조속한 수사 착수를 요구하였으며 민자당 박희태 대변인은 정부에서 필요한 조치를 할 것이라고 하면서도 선거가 끝난 지 6개월이나 지난 시점에 양심선언을 한 동기에 의구심을 제기하는 등으로 공방이 시작되었다(〈조선일보〉 1992년 9월 2일 자 1면 참조).

령 사과를 요구하는 등 정치공세를 강화하고 있었다.[27] 검찰에서는 출석요구에 불응하자 법원으로부터 한준수에 대한 구인장을 발부받아 몇 차례 집행을 시도한 끝에 9월 8일 밤늦게[28] 영장을 집행할 수 있었다. 많은 시간을 흘려보내고 있었다.

그렇지만 수사가 진행됨에 따라 한 군수가 임재길 후보의 당선을 위해 공직자임에도 선거운동을 한 사실은 인정되었기에 9월 9일 밤 국회의원선거법 위반으로 구속영장이 발부되어 집행되었으며 임재길 후보도 수차례 조사를 받은 끝에 9월 15일 국회의원선거법 위반 혐의로 구속수감되었다. 그리고 충남지사 이종국은 불구속 입건하여 모두 3명을 국회의원선거법 위반으로 기소함으로써 사건 수사를 일단락 짓고 9월 17일 오전 수사결과를 발표하기에 이르렀다.[29] 수사가 진행되는 동안 정치권의 움직임도 활발하였으며 청와대 비서실도 조용한 가운데서도 고민을 거듭하고 필요한 조정・결정을 게을리하지 않았다.

야당에서는 전술한 바와 같이 조속한 진상규명과 사법처리, 관계자 문책 외에도 민자당 총재와 대통령의 사과를 요구하였다. 나아가 8월 국회에서 미결로 넘긴, 그러나 이미 시행하기에는 시기를 놓친 것이라 생각되던 단체장 선거 연내 실시를 다시 제기하여 기필코 관철하겠다는

27 민주당은 자체 진상 조사활동을 벌여 언론에 공표하는 한편 9월 5일에는 대전 역전에서 규탄대회를 개최하였다. 그러나 예상과 달리 경찰 추산 7천 명, 언론보도 1만 명으로 많지 않은 인원이 참석하는 데 그쳐 안도하였다는 취지로 다이어리에 기록하였다. 그리고 9월 7일에는 2차 양심선언이란 형식으로 부정선거에 안기부도 관여하였다고 폭로하였다.

28 민주당 측에서는 당초 구인영장 집행을 실력으로 저지하여 신체적 충돌까지 있었으나 어느 정도 정치적 목적이 달성되었다고 판단하였는지 9월 8일 밤에는 묵인하는 쪽으로 방향을 바꾸게 되었다. 그제야 영장 집행이 가능하였으며 대전지방검찰청에 도착한 것은 9월 9일 0시 41분이라고 기록되어 있다.

29 당초 양심선언에서는 내무부 장관, 충남지사, 연기군수 등이 총동원되어 여당 후보의 선거운동을 한 유례없는 관권・타락선거였다고 주장하였으나 검찰수사 결과는 후보와 군수가 공동으로 선거법을 위반하였을 뿐이며 충남지사는 격려금 전달로 사전 선거운동을 방조한 것으로 인정하였으나 내무부 장관은 무관한 것으로 결론을 내렸다.

결의를 다지고 있었다.[30] 전술한 바와 같이 규탄대회 등의 장외투쟁을 벌이며 전선을 확대해 가고 있었다. 국민당도 국회 정상화에 대하여 다소 적극적이란 점을 제외하고는 민주당에 동조하는 자세였다.

민자당에서는 당초 수사상황을 관망하면서 수세적守勢的 자세를 견지하였으나 한준수가 연행되는 시점을 지나면서 야당의 공세가 강화되는 데 대한 대응책 마련에 고심을 거듭하는 듯했다. 특히 김영삼 총재는 연말 대선을 앞두고 발생한 관권선거 시비가 대선에 악재가 되는 것을 절감하는 것 같았다. 3·24 총선을 당대표로서 치른 입장에서 방관만 할 수 없는 일이라고 판단했으리라 여겨진다. 무언가 선제적 태도표명이 필요하다는 쪽으로 방향을 잡아 나가는 것 같았다. 추석 연휴가 끝나던 9월 13일 오후 당총재가 대통령 면담을 바란다는 김덕룡 의원의 전갈과 함께 그날 오후 김 의원과 면담하며 당총재의 생각을 들을 수 있었다. 정무수석과 면담하고 최창윤 실장, 안기부장 등과 전화로 접촉한 결과와 그동안 파악한 수사결과를 종합하여 이날 19시 20분 청남대에서 돌아온 대통령께 보고드렸다.

이에 앞서 청와대 비서실에서는 '양심선언' 이후 검찰의 수사상황을 파악하면서 정치권의 동향도 세심히 관찰하고 있었다. 관계수석들의 보고가 이어졌으며 아침수석회의에서도 화제가 되지 않을 수 없었다. 검찰의 수사상황에 대해서는 진상을 그대로 규명하여 법대로 다스린다는 원칙을 지킬 수밖에 없었다. 청와대가 좌지우지할 일이 아님은 물론

---

30 사실 단체장이 민선으로 선출되어 있는 것이 꼭 관권선거를 예방하는 데 도움이 되는가에 대해서는 그렇지 않다고 생각하는 것이 사리에 맞는다는 주장도 설득력이 있다. 민선 단체장이 오히려 당파적으로 움직여 중립성을 상실할 우려가 있기 때문이다(〈한국일보〉 1992년 9월 18일 이행원 논설위원 칼럼 참조). 뿐만 아니라 9월 4일 아침수석회의에 보고된 바에 따르면 이 무렵 지방자치학회의 여론조사 결과는 단체장 선거 문제에 대하여 금년 중 실시 24.4%, 대선과 동시 실시 17.4%, 1994년으로 연기 31.4%, 1995년 이후 실시 25.6%로 1994년 이후 연기가 57%에 이른다는 것이었다.

검찰에 맡겨둘 수밖에 없는 것이었다. 9월 8일 한준수가 구인되어 본격적인 수사가 진행되고 충남지사가 수사선상에 오름에 따라 그날 저녁부터 지사 경질 문제를 검토하기 시작하면서 "큰 배짱을 가지자!"라고 다이어리에 적어 놓았다. 어떠한 일이 생기더라도 흔들림 없이 원칙적·정도적 접근에서 벗어나지 말아야 한다는 결의를 다졌다.

9월 9일 오전 9시 반 노재원 신임 주중 대사 임명장 수여식이 치러진 다음 전술한 향후 국정운영 대책보고서를 제출하였다. 잇달아 대통령께 연기군수 사건의 처리방향에 대하여 독대로 보고드렸다. 원칙적·정도적 접근이 있어야 하며 수사결과에 따라 사법처리 외에 정치적 대응이 필요할 수도 있다는 말씀을 드린 것이다. 인사조치에 더하여 대통령의 중립선언, 명예총재직 사임 등의 가능성을 보고드렸다. 이튿날부터 시작되는 추석 연휴, 늦은 오후 청남대 출발을 앞둔 대통령께 생각하실 화두를 말씀드렸다고나 할까. 대통령께서도 동감하시는 듯한 느낌을 받으면서 물러나 오전 10시 30분 궁정동회의실에서 안기부장·정무·사정수석과 함께 연기군수가 구인된 후의 상황 전개에 대하여 허심탄회하게 여러 가지 의견을 나눈 뒤 헤어졌다. 다이어리에는 역시 "원칙적·정도적 접근 합의 → 홀가분"이라고 기재되어 있다. 앞으로 전개될 상황에 대하여 힘과 마음을 합치자는 다짐이었다.

9월 10일부터 시작된 연휴기간 9월 13일 오전까지는 수사진행 상황 등을 수시로 파악하면서 추석 차례, 부모님 묘소 성묘 등 사적인 시간도 가질 수 있었다. 그러나 전술한 대로 9월 13일 오후가 되자 김영삼 총재로부터 날아오기 시작한 몇 가지 메시지를 접하면서 다시 비상근무 태세에 돌입하지 않을 수 없었다. 귀저한 대통령께 상황보고를 드린 것은 전술한 바와 같거니와 대통령의 지시에 따라 김중권 정무수석이 직접 김영삼 총재를 방문하여 면담하였으며 21시 30분 공관에서 그 결과를 보고받았다. 연기군수 사건을 수습하고자 김영삼 총재는 관련자의 문책과 개각, 단체장 선거의 일부 실시를 생각하고 있다는 것이었다. 다시 골칫거리가 생겼다고나 할까.[31] 야당과의 대결보다 여권 내부에서 문제가 일어나고 있었다.

이튿날 9월 14일 아침 7시 비서실장 공관에서 정무수석, 안기부장과 회동하면서 김 총재 복안에 대한 의견교환을 한 뒤 오전 8시 관저로 찾아가 대통령을 모시고 조찬모임을 가졌다. 대통령께서는 이 문제는 가볍게 결정할 일이 아니라고 말씀하면서 진지한 토의, 즉 당의 의견취합을 위한 당정협의를 거치라는 것이었다. 이날 오전 김덕룡 의원에게도 대통령께서 지시하셨다. 이에 따라 21시부터 자정까지 3시간에 걸친 당정회의가 개최되었다. 삼청동회의실에서였다. 당에서 김영구 사무총장, 김용태 원내총무, 당 명예총재비서실장 김덕룡 의원, 최창윤 당총재 비서실장이, 그리고 김중권 정무수석과 이상연 안기부장이 나와 함께 참석하였다. 난상토론이었다. 결론은 대체로 단체장 선거는 당초 결정대로 연기하는 것이 좋겠다는 것이었으며 사태를 수습하고 국면 전환책을 강구함으로써 대선에서 승리하는 계기로 삼기 위해서는 개각과 중립선언을 해야 한다는 것이었다.

9월 15일 아침수석회의 도중 대통령 호출을 받고 정무수석과 함께 서재로 달려갔다. 대통령께서는 9월 20일로 예정된 유엔 방문에 앞서 입장을 천명하겠다고 하시면서 능동적인 대처를 주문하셨다. 전날 밤 회의 결과를 보고드리면서 오전 중으로 김 총재를 설득하여 단체장 선거

---

31 이날 정무수석이 보고 후 귀가한 22시 30분, 이번엔 임재길 후보가 공관으로 찾아왔다. 대통령의 총무수석을 역임한 사람으로서 검찰수사를 받게 된 마당에 어떻게 처신할지에 대하여 자문하는 것이었다. 이미 대통령께도 말씀드려 내락을 받은 바대로 성실하게 검찰수사를 받고 처분에 따르라는 이야기를 할 수밖에 없었다. 본인도 각오가 된 듯 귀가하였으며 그 뒤로 이런저런 과정을 거쳐 구속기소 되어 재판을 받게 되었다. 유죄판결(징역 8월, 집행유예 2년)이 뒤따랐으며 그 뒤 김영삼 정부로부터 복권의 은전을 입어 다음 국회의원 선거에 입후보하였으나 당선되지는 못한 것으로 알고 있다.

문제가 거론되지 않도록 하겠다고 보고드렸다. 마침 신임장 제정행사가 있었으나 배석을 포기하고 곧장 대책강구에 들어갔다. 먼저 최창윤 실장에게 확인했는데 단체장 선거 문제에 대한 설득에 실패하였다는 것이었다. 뿐만 아니라 김영삼 총재 측으로부터 정무수석에게 9월 16일 단체장 선거 실시 선언 기자회견, 9월 18일 대통령 면담, 9월 19일 개각(전 · 현직 안기부장, 내무 · 건설 · 체신부 등 포함)이라는 일정을 요구한다는 전화가 왔다는 것이었다. 즉시 서동권 정치특보를 만나 상황을 설명한 뒤 김 총재를 설득하도록 부탁하였으며 서 특보는 13시 50분 김 총재를 만나기로 약속을 잡았다.

한편 11시 30분 김영구 사무총장으로부터 단체장 선거 문제는 설득되었으나 조건이 있다는 연락이 왔다. 즉시 정무수석에게 12시 삼청동회의실에서 만나도록 조치한 후 나는 헌법재판소 재판관 초청 오찬에 배석하였다. 배석이 끝나자 곧장 삼청동회의실로 달려가 동석했던 정무수석, 당 사무총장 및 원내총무와 이야기를 나누었다. 단체장 선거를 연기하기 위해서는 총리를 포함한 6명(전술)의 개각이 있어야 된다는 것이었다. 6명 개각이 단체장 선거를 연기하는 조건이라는 것이었다. 14시 50분 대통령께 보고드렸으며 대통령께서는 "수사 결과에 따라 국민이 납득할 수 있는 조치를 취하겠다, 필요에 따라 개각도 가능하다"라는 지침을 주셨다. 김중권 수석으로 하여금 김 총재를 만나 대통령의 지침을 전하도록 하였다. 김 총재를 만나고 돌아온 서동권 특보로부터 단체장 선거 문제에 대하여 설득된 것 같다는 이야기를 들었으며 이 문제는 일단락되었음을 확인할 수 있었다.

곧이어 15시 반부터는 17시 대통령의 외국 순방계획에 대한 보고가 있었다. 보고가 끝난 뒤 김중권 수석에게 김 총재 면담 결과를 대통령께 보고토록 하였다. 한 가지 문제가 해결되는 순간이었다. 김 수석에게 내일 아침 김 총재의 기자회견 문안을 입수하도록 한 뒤 공관으로 돌아가 휴식을 취하였다. 개각 문제를 두고 이런저런 구상을 하면서도 행여 김 총재가 내일 한다는 기자회견과 관련하여 문제 상황은 없을지 걱정하면서 뒤늦게 잠자리에 들었다.

이튿날 9월 16일 아침 6시 30분에 일어나 팩스로 보내온 회견 문안을 일별하면서 "한심스럽다"고 느꼈다고 다이어리에 기록되어 있다. 구체적으로 어떤 내용이 문제였는지는 기록되지 않은 채 최창윤 비서실장, 김중권 수석에게 수정 요청을 한 것으로 적혀 있다. 아마도 회견 문안에는 스스로가 당 책임자에 불과함에도 마치 국무위원 인사권자인 듯한 표현이 들어 있지 않았나 기억된다. 실제로 그날 오전 행해진 기자회견에서 9월 18일 대통령을 만나 총리를 포함하여 중립적이고 선거관리 성격의 개각을 단행하도록 협의하겠다는 뜻을 밝혔다. 물론 연내에 단체장 선거는 실시하지 않을 것임을 분명히 하였으나 마치 당총재가 인사권자이기라도 한 마냥 '대담한' 주장을 내놓은 것이었다.

그러나 김 총재의 기자회견에 대해 야당 측이 모두 강력히 반발하는 반응을 보이면서 정국의 교착상태를 해결하기 위하여 예정했던 9월 22일 3당 대표회담에 응하지 않겠다는 태도를 표명하였다. 특히 민주당 확대 당무회의는 '김영삼 총재의 개각 언급은 대통령의 고유권한인 인사권을 침해하는 헌정질서 문란행위'이며 '정원식 총리 경질을 시사한 발언은 정 총리가 남북고위급회담 대표로서 평양에서 중요한 국무를 수행 중임에 비추어 용납할 수 없는 발언'이라고 하면서 사과와 해명을 요구하는 한편, 충남지사 구속과 관련하여 공무원 사법처리를 촉구한다고 결의하였다. 국민당도 관권선거를 막는 근본적이고 유일한 방법인 단체장 선거 실시, 대통령의 사과, 전 안기부장, 내무부 장관의 사법처리를 요구하였다.

언론의 논조도 호의적이지 않았다. 관권선거를 하지 않겠다는 결의는 이해하면서도 당면한 정국수습에 도움이 되는 대책이 없는 것을 지적하고 있었다. 여당의 민관식 고문과 민자당 현역의원, 학계 인사 등이 청와대 비서실의 몇 수석비서관들에 전화하여 김 총재의 기자회견,

특히 평양 출장 중인 총리 경질 시사 회견에 대 우려를 표명하였다. 청와대 수석들도 한결같이 염려스러운 표정을 감추지 않고 비서실장실에 모여들고 있었다.[32]

사실 김 총재가 기자회견을 할 무렵에는 나는 전술하였다시피 경제부총리의 예산안 보고에 배석 중이었다. 보고가 끝난 10시 50분경 대통령께 충남지사 경질 문제를 보고하여 내락을 받았다. 나름대로 차근차근 수습대책을 강구하고 있었던 것이었다. 그 자리에서 대통령께서 그날 조간신문 개각기사가 불만스럽다고 말씀하는 것이 아닌가. 이날 아침 조간신문은 18일 즈음 개각을 단행할 것이라는 예고 기사를 싣고 있었다. 그날 있을 김 총재의 기자회견에서 방침을 밝히리라는 것이었다. 개각 이외에 수습방법은 없는지 물어보시면서 여러 가지 고민하시는 것을 확인할 수 있었다.

이날 15시에는 주니어육상대회를 참관하였다. 이 자리에서 대통령께서는 세계육상연맹 회장으로부터 훈장을 받으셨으며 16시 50분 청와대로 돌아오셨다. 사무실로 돌아오자 그날 김 총재의 회견내용을 확인한 정무·행정·민정·사정·공보수석 등이 전술한 바와 같이 내 사무실로 모여들어 이구동성으로 불만과 분노를 표시하는 게 아닌가.

이런저런 이야기를 주고받는 사이 대통령께서 인터폰으로 연락을 주

32 김 총재의 기자회견 문안을 팩스로 받아본 순간 다이어리에는 전술한 대로 "한심스럽다"는 표현과 함께 "연기군수 사건에 대한 입장 천명이 꼭 필요한가? 오늘 해야 하는가?"라고 적혀 있다. 수사 결과가 나오면 당이 할 일과 대통령이 할 일을 판단하고 당정협의를 거쳐 집행하면 될 일이다. 그런데도 당이 먼저 무언가 조치해야 한다는 조급함을 걱정할 수밖에 없는 일이 벌어지고 있었다. 아직 수사결과가 발표되지도 않았고 또 개각은 대통령의 고유한 권한인데 하필 서둘러서, 그것도 당총재가 개각도 마음대로 하는 듯한 인상을 주는 회견을 한 것이다. 더구나 단체장 선거 문제는 이미 수차 방침을 밝힌 사안인데 굳이 다시 강조함으로써 야당의 반발을 샀을 뿐 당면한 최대관심사인 정국수습에 오히려 찬물을 끼얹는 결과를 초래하였다. 그러나 크게 보면 이 기자회견도 사태 수습과정의 하나로서 긍정적 기여를 하였다고 평가하고 싶다.

셨다. "대통령이 누구인가!"라고 화를 내시면서 정 총리 문제를 거론하시고 개각에 그칠 것이 아니라 당적이탈[33]도 검토해 보라는 말씀이었다. 곧장 롯데호텔로 장소를 옮겼다. 안기부장과 정무·민정수석이 함께하였다. 19시부터 22시까지 논의에 논의를 거듭하여 결론을 마련하였다. 공명선거와 탈당 선언 이후 예정된 미국·중국 출장을 끝낸 뒤 귀국하여 개각한다는 것이었다. 9월 16일도 긴 하루 녹초가 되었다고 기록되어 있다.

9월 17일 아침수석회의를 마치자 서재로 달려가 대통령께 지난밤 회의한 내용을 보고드렸으며 후임 충남지사로 홍선기를 결정하도록 말씀드려 재가를 받았다. 사무실로 돌아와 기자들에게 주말 개각은 어렵다고 말한 뒤 다시 서재로 올라가 정무·민정·사정수석과 함께 내일 김총재와의 면담에서 결정할 사항의 방향을 정리·결정하였다. 즉, 명예총재직 사퇴와 탈당 그리고 중립내각 구성이었다. 이어 정책조사보좌관까지 참여하여 5명이 대통령을 모시고 백악실에서 오찬을 하였다. 내일 내릴 결정과 사후 문제 등에 대해 간담하는 시간을 가졌다. 대통령께서는 공직사회와 당의 동요를 걱정하시면서 대책을 세우라, 당총재의 중요한 정책 등 결정은 당 중진과 협의해 당론을 수렴하는 절차를 거치

33 공명하고 중립적인 선거관리만을 생각하면 대통령이 당적을 갖지 않는 것이 가장 좋은 방법일 것이다. 그러나 선거를 통하여 대통령이 선출되며 정당정치를 근간으로 삼는 민주국가에서 대통령이 당적을 가져야 함은 너무도 당연한 일이다. 그러나 민주주의의 역사가 일천한 우리나라의 경우 관권선거가 늘 문제가 되었기 때문에 대통령이 당적을 가지면서도 관권선거가 문제 되지 않을 정도로 민주화가 정착되지 않은 단계에 머물고 있었다. 단체장 선거 연기와 더불어 제기된 관권선거의 문제가 여전히 국민적 우려로 존재하는 시점에서 '당적이탈을 통한 관권선거 의혹의 불식'이란 비상한 발상은 연기군수 사건의 해결을 골똘히 생각하는 과정에서 자연스레 부각되는 대안이었다. 게다가 김영삼 총재가 지나친 내용을 담은 기자회견을 성급하게 한 것이 촉진제가 되었다고나 할까. 실제로 당시 청와대비서실 일부는 당적이탈까지 할 필요는 없다는 반론도 없지 않았으나 대다수가 대통령의 검토 지시에 동의하는 가운데 일이 진행되었다.

도록 하라, 당총재 주변과의 대화를 강화하라는 등의 말씀을 하셨다.

이날 오후에는 장애인올림픽 입상자를 위한 다과회가 있었으며 김영삼 총재가 김준엽 고려대 총장을 총리로 앉히고자 교섭한다는 말이 있다는 등 몇 가지 보고와 함께 내일의 중대사를 다짐하는 말씀도 드렸다. 저녁 만찬은 정무・경제・행정・정책조사・공보・총무 등 대부분의 수석과 함께 진주집 비빔밥으로 환담을 나누었다. 큰 결정의 집행을 앞둔 날 비교적 조용한 하루였다. 그러나 밤늦게 자정 가까운 시간 잠자리에 들려고 하는데 안기부장으로부터 전화가 왔다. 김 총재 측근이 개각 기사를 언론에 흘리고 있다는 보고였다.

드디어 찾아온 9월 18일, 오전 5시에 일어났다. 초조함을 느낄 수 있었다. 6시 40분경 공보・정무수석 그리고 안기부장과 통화했다고 기록되어 있다. 7시 15분엔 매주 금요일 개최되는 홍보조정회의를 주재한 뒤 8시 50분부터 아침수석회의를 개최하였다. 9시 30분 공군 장성 조근해, 이광학의 진급 및 보직 신고식에 배석, 9시 50분 서재로 가 대통령께서 결심을 피력하시는 것을 경청하고, 김 총재의 어제 동향을 보고하였다. 10시에는 충남지사 홍선기 임명장 수여식이 있었다. 공무원은 제대로 열심히 일하는 자세가 필요하다고 강조하셨다. 곧바로 공보수석에게 발표 준비를 지시하였다.

대통령께서 드디어 10시 30분부터 김 총재를 면담하기 시작하여 12시 10분 원만히 타결이 이루어진 가운데 종료되었다. 그동안 정무・민정수석과 함께 다소 초조한 마음으로 대기하고 있었다. 당초 준비한 대로 당적 탈퇴 및 중립 선거관리 내각 구성을 내용으로 하는 발표문이 공보수석에 의하여 발표되었다. 역사적 순간이었다.

이날 면담에 이어 예정에 없던 대통령과 김영삼 총재의 오찬 회동이 있었으며 나와 정무수석이 배석하였다. 당초 김 총재는 별도의 오찬 행사가 예정되어 있었으나 워낙 충격적인 결정을 하게 된 상황에서 대통령께서 오찬 제의를 한 것이 아닌가 짐작이 되었다. 기억하기로는 김 총재가 다소 상기되었던 것 같았으나 오찬이 진행되면서 냉정을 찾아 각오를 다지는 모습을 보였다는 것이다. 배석한 나와 정무수석도 이번 조치가 김 총재의 대선에 큰 도움이 되리라고 거듭 강조하였던 것 같다. 대통령께서 당적을 갖고 있는 한 아무래도 일선에서의 탈선행위를 막기 어려우며 그런 경우에 김 총재의 당선에 큰 장애가 될 수 있음을 강조한 것이다. 오찬을 마치자 모두 웃는 가운데 김 총재는 특유의 늠름한 모습으로 청와대를 떠나갔다.

김 총재를 전송한 뒤 잠시 휴식을 취하면서도 여론 동향을 파악한 뒤 정무·공보수석과 함께 15시 서재로 올라갔다. 여론이 호의적인 반응을 보인다는 사실, 김 총재도 만족하고 있으며[34] 무엇보다 비서실의 사기가 크게 올라갔다는 보고를 드렸다.

대통령께서는 이튿날 국무회의 소집을 지시하시면서 결단 취지를 다시 부연설명하셨다. 그동안 공명선거를 위한 노력이 계속 유지되었으나 이번 대선에서 공직자의 자세를 가다듬어 관권선거 문화를 혁신해야 할 역사적 시점이다, 일부의 관권선거로 훼손된 많은 공직자의 명예를 회복해야 한다, 정부와 공직자는 6·29선언의 정신으로 되돌아가 마무리 짓는다는 자세로 솔선수범하여 확고한 사명감과 신념으로 흐트러짐 없이 일해야 한다, 선거 영향으로부터 순수한 공직자를 보호하고 명예 손상을 예방하는 계기로 삼아 단결해 더 힘을 내고 국민에게 희망을 주며 의연하고 깨끗한 자세로 관권선거의 벽을 뛰어넘어 새로운 민주시대

34 그날 김 총재는 63빌딩에서 함께 오찬행사를 하기로 하였던 당 소속 천주교 신자모임 참석자들에게 뒤늦게 찾아가 대통령과의 면담 내용을 설명하고 대통령께서 참으로 구국적인 결단을 하였다고 전했다고 한다. 이어 당사로 돌아가 김종필 대표와의 면담과정에서 탈당이 몰고 올 좋지 않은 영향에 대한 이야기를 듣고 긴장하기 시작하였다는 것이다. 그러나 김 총재는 그 뒤로도 대통령의 결단이 위대한 결정이었음을 각종 행사나 정치집회에서 계속해서 강조했다고 기억한다.

당적 탈퇴 발표문

노태우 대통령은 오는 대통령 선거에서 정부의 공정한 선거관리가 한 점의 의혹도 없이 이루어질 수 있도록 중립적인 선거관리 내각을 구성키로 결단을 내렸습니다. 노 대통령은 정국 수습방안을 협의하기 위해 오늘 오전 청와대를 방문한 김영삼 민자당 총재의 건의를 받아들여 이와 같은 결심을 밝혔습니다. 노 대통령은 이와 함께 선거관리의 최고책임을 맡은 대통령으로서 철저한 중립을 지키기 위하여 민자당의 명예총재직을 사퇴하고 당적을 떠나기로 했습니다. 노 대통령은 지난 3월 24일에 실시된 총선거 때 일부 지방에서 관권의 선거 개입이 있어 사회적 물의를 빚은 데 대해 "국정의 최고 책임자로 국민에게 대단히 송구스럽게 생각한다"라고 말하고, "아직도 뿌리 뽑히지 않은 이와 같은 지난 시대의 폐습을 근본적으로 청산하기 위해서는 획기적인 조처가 필요하다"라고 강조했습니다. 노 대통령은 민주주의의 핵심은 정부의 정통성에 있다는 확고한 정치적 신념에 따라 6·29선언을 단행했었음을 상기하면서, 오는 대통령 선거에 의해 새로 들어설 정부의 정통성에 대해서도 시비가 없도록 하기 위해서는 국민 모두가 납득할 수 있는 공명정대하고 깨끗한 선거가 치러져야 하기 때문에 이와 같은 결심을 하게 된 것이라고 설명했습니다. 노 대통령은 새로운 정치를 열망하는 국민의 뜻을 받들어 관권의 선거 개입 시비에 종지부를 찍어 우리나라 선거문화를 한 단계 더 발전시키는 것이 6·29선언으로 시작된 민주화 과업을 명예롭게 마무리 짓는 일이라고 강조했습니다.

우리나라 헌정사상 대통령이 공정한 선거관리를 위해 집권여당의 당적을 포기하는 것은 처음 있는 일입니다. 이번에 구성될 중립 선거관리 내각은 여당뿐만 아니라 야당의 의견까지도 수렴하여 명실공히 중립성이 보장되도록 해야 한다는 것이 대통령의 뜻입니다. 오는 대통령 선거를 우리 역사에서 가장 공명정대하고 깨끗한 선거로 치름으로써 이 땅의 민주주의를 선진국 수준으로 확실하게 뿌리내리겠다는 노 대통령의 의지는 그만큼 진지하고 강렬한 것입니다. 선거관리 내각의 구성은 인선에 신중을 기하기 위해 노 대통령의 유엔과 중국방문을 마치고 귀국한 뒤에 이루어질 것입니다. 노 대통령은 김 총재에게 자신의 유엔과 중국 방문기간 중 선거관리 내각 구성방안에 대해 여·야가 충분히 협의를 하여 건의해주도록 당부했습니다. 노 대통령은 김 총재가 여·야 협의를 거쳐 건의한 선거관리 내각 구성안을 바탕으로 개각을 단행할 것입니다.

노 대통령은 오늘 이와 같은 결심을 밝히면서 "공정한 선거관리를 위한 중립적인 선거관리 내각의 구성과 운영에는 어려움도 적지 않겠지만 6·29선언을 하던 그 당시의 심정과 각오로 결연하게 실천해 나가겠다"라고 말했습니다. 노 대통령은 정치권이 국회를 하루빨리 정상화하여 지방자치법 개정안 등 산적한 법안을 처리하고 예산을 심의하여 정국안정을 바라는 국민 여망에 부응해 줄 것을 강력하게 촉구했습니다. 정부는 노태우 대통령이 지난 연두 기자회견에서 자치단체장 선거를 연기하기로 한 결심을 밝힌 후 각 기관에서 실시한 수차례의 여론조사 결과와 각계 전문가가 참여한 전국 순회공청회를 통해 수렴된 의견을 토대로 지방자치법 개정안을 성안하여 지난 6월 5일 국회에 제출했습니다. 그러나 14대 국회가 개원하고도 원 구성이 이뤄지지 못하여 이를 심의조차 못하고 오늘에 이른 것입니다. 노 대통령은 국회의 원 구성과 지방자치법 개정안 처리를 위한 정치권의 결정이 빨리 이루어질 것을 거듭 촉구했습니다. 노 대통령은 끝으로 우리 선거문화의 획기적 개선을 위한 이번 결단에 국민 모두가 적극적으로 협조하고 동참해 주기를 간곡히 당부했습니다.

를 열자고 강조하셨다. 뒤이은 직원 임명장 수여식, 평양 남북고위급회담 보고 배석 등에 이어 18시부터 수석비서관 간담회를 열어 9·18선언 사후책에 대해 논의했으며 18시 30분 대통령께 결과를 보고드렸다.

이날 나는 여당의 양 최고위원과 당4역을 비롯해 이춘구, 박철언, 노재봉, 김영일, 이한동, 금진호, 이원조, 김복동 의원 등 많은 분과 전화로 선언의 취지를 알리고 의견을 들으며 협조를 부탁하였다.

9월 19일 아침수석회의에서는 9·18선언 집행을 위한 태스크포스를 정무·정책조사·민정·사정 등 관계비서관으로 구성하기로 하였다. 또한 10시부터 국무회의를 소집하여 대통령께서 9·18결단의 의의·배경을 직접 설명하시고 흔들림 없는 국정집행을 당부하셨다. 이어서 서재로 자리를 옮겨 총리·양 부총리 및 감사원장과 약 30분간 대화를 나누었다. 이 자리에서 대통령께서는 개각의 폭이 크지 않을 것이니 남은 기간 마지막까지 분발하기를 바란다, 공직자의 선거에 대한 개념을 바꾸도록 한 번 걸러내는 것이 필요하다, 더 이상 관권선거는 국민의식이 용납하지 않는다, 발상을 전환하도록 공무원에 대한 교육을 강화하라, 그러나 일을 잘하고 그것을 국민이 인식하도록 하여 국민의 신뢰를 얻는 것이 여당에 도움이 될 것이라고 말씀하였다.

이날은 토요일이었다. 국무회의에 이어 국방부 장관과 합참의장의 한미 국방장관회담 준비상황 보고가 있었으며 이틀날 유엔 방문을 앞두고 관저에서 12시 5분부터 안기부장과 함께 대통령을 모시고 오찬을 하면서 여러 가지 사후대책에 대하여 보고하고 지시도 받았다. 대통령께서는 경제부처는 유임하여 경제안정에 노력해야 할 것이며 이번 대통령 결단을 계기로 혹시라도 여당 내에서 무리한 행동이 있을지 모르니 각별히 챙기라고 말씀하였다. 그 무렵 미국에 출장 중인 김대중 대표로부터 축하와 감사를 전하는 국제전화가 걸려 와 대통령께서 직접 짧게 통화하였다. 이 밖에도 저녁 늦게 최창윤 실장의 전화 부탁으로 김영삼 총재가 대통령과 통화하도록 하였으며, 이튿날 아침에 통화하였다는 사실을 확인하였다. 대통령께서는 이 통화를 전후하여 비서실은 너무 앞에 나서지 말고 김 총재 스스로 당의 중심에 서서 자력으로 노력하여 당을 이끌도록 해야 한다는 지침을 주셨다.

9·18결단[35]이 있고 난 뒤 참으로 세상이 크게 바뀐다는 것을 느낄 수 있었다. 처음 대변인 발표가 나가자 '탈당'이란 의외의 조치에 대하여 여야 없이 놀라는 기색이 역력하였다. 너무나 파격적인 조치였기 때문이다. 사실 관권선거가 문제가 된 이상 그 해결책으로서는 대통령의 당적이탈이 궁극적인 정답正答이 될 수밖에 없는 것이었다. 골똘히 생각하고 생각한 끝에 풀어낸 결론이 파격적으로 받아들여지는 것은 어떤 탓인가. 정당을 생명선으로 삼아 정치활동을 해나가는 직업정치인에게 당적이탈이란 참으로 어려운 결단이기 때문이 아닌가 짐작해 본다. 노 대통령은 생명을 바쳐 나라를 지키는 군인을 본업으로 삼아 온 분이기에 정치인으로서는 가장 높은 자리인 대통령이 되었어도 추구하는 가치의 우선순위에서 당적이란 것은 버려도 되는 사항이라 생각할 수 있기 때문이 아닐까. 당시 이 결단을 보좌하던 참모진도 대부분 당적을 갖지 않고 있던 직업관료, 군인 또는 학자 출신이었다. 그래도 정당생활을 해오던 정무 쪽의 의견은 당적이탈에 부정적 또는 소극적이었던 것으로 기억한다.[36]

환호성에 가까운 지지가 야당, 특히 김대중 대표의 민주당에서 나왔으며 국민당 역시 세부적인 정책에 민주당과 차이가 있었으나 대통령의

35 9·18선언에 대하여 9·18조치·선언·결단 등으로 다양하게 지칭되었으나 점차 9·18결단이란 용어로 수렴되어 갔다. 이후 '9·18결단'으로 쓰겠다.

36 당시 청와대 비서실은 2개의 건물을 사용하고 있었는데 외교안보·민정·사정·정책보좌 등이 들어가 있던 동별관이 당적이탈 쪽에 더 적극적이었으며 비서실장실을 위시하여 정무·행정·경제·공보·총무 등이 사용하고 있던 본관도 당적이탈 쪽이 많았다. 정무 쪽은 상대적으로 소극적이었다.

결단에 호의적이었음은 말할 나위가 없다. 전술한 바와 같이 김영삼 총재의 여당에서도 적극적 지지가 있었음은 물론이다.[37] 언론의 호의적 보도는 물론이거니와 국민적 지지 역시 괄목할 만한 것이었다.[38] 결국 그동안 대결과 교착상태를 거듭하여 앞날이 보이지 않던 정국의 상황이 일거에 면목을 일신하여 해결의 길로 접어들게 된 것이었다.

9월 20일 일요일 오후 대통령께서는 예정된 유엔 방문의 장도에 올랐다. 대통령의 유엔 출장을 두고 그동안 이를 비난하는 정치권 및 언론의 보도가 없지 않았다. 그러나 이날 출발하던 서울공항에는 전례 없이 3당 대표가 모두 경쟁적(?)으로 모습을 드러내어 대통령의 장도를 축하하였다. 민자당의 김영삼 총재, 국민당의 정주영 대표, 민주당의 이기택 대표(김대중 대표는 미국 출장 중이었음)가 송영送迎한 것이었다.

이 공항에서의 송영 모습이 웅변하듯 9·18결단으로 인하여 여러 가지 면에서 정치권에 새로운 바람을 불어넣을 수 있었다. 먼저 관권선거 시비의 도화선이 되어 정국 경색을 초래했던 이른바 연기군수 양심선언 사건이 정치적으로 말끔히 수습되었으며 관권선거 우려를 확실하게 불식하는 성과를 가져왔다.

여야 간 협조 분위기를 유도한 뒤 9월 22일 김대중·정주영 야당 대표 간 회담, 9월 28일 김영삼·김대중·정주영 3당 대표회담을 거치면서 9개월간 이어져 온 국회 부재상태에 종지부를 찍고 표류하던 정국을 정상화시켰다. 김영삼 총재에게는 여당 후보로서 입지를 다지는 효과가

---

37 그러나 김 총재에 대하여 소외감을 느끼고 있던 많은 의원이 그 소외감을 표면화하는 계기로 삼고자 하는 움직임이 나타나고 있었으며 이 문제 때문에 여러 가지 고민을 하지 않을 수 없었음은 후술하는 바와 같다.

38 공보처가 대륙연구소에 의뢰하여 9월 18일~21일 4일간 벌인 여론조사 결과는 ① 중립 선거관리 내각 구성은 잘한 일임 81.5%, 잘못한 일임 11%, 무응답 7.5%, ② 명예총재 사퇴 및 당적 포기는 바람직함 74.9%, 바람직하지 못함 18.0%, 무응답 7.1%, ③ 9·18결단이 공정선거에 미치는 영향은 크게 기여함 8.3%, 어느 정도 기여함 47.5%, 별로 기여하지 못함 30.1%, 전혀 기여하지 못함 4.5%, 무응답 8.6%.

있었으며 야당 두 후보에게도 공정한 경쟁의 기회를 얻게 해 세 후보 모두에게 불만이 있을 수 없게 한 조치로서 평가될 만한 일이었다. 이동통신 문제, 연기군수 사건 등으로 심히 걱정하던 대통령의 레임덕 우려가 상당 부분 해소되고 청와대 비서실의 사기 또한 한껏 고양되었다.

그러나 이와 같은 결단 뒤에는 부작용이 없을 수 없으며 결단이 뿌리내리도록 하는 일련의 치밀한 후속 조치 또한 절실하였다. 나는 예정되었던 유엔 출장 수행을 포기하고 서울에 남아 펼쳐지는 상황을 관리하고 후속조치를 준비하는 데 진력하기로 하였다. 공항에서 14시 대통령 전용기가 이륙하는 것을 확인하고 귀갓길에 올랐다. 참으로 큰일을 치렀다. 잠시나마 머리를 식히고 싶었다. 통일로를 드라이브하면서 때마침 만개한 코스모스의 아름다움을 실컷 즐겼다. 모처럼의 짧은 여유였다. 그러나 저녁 식사에는 김용태 원내총무와 김영구 사무총장을 초청하여 만찬을 함께 하면서 다시 한번 9·18결단을 화제로 당의 단합을 당부하는 대화를 나누어야만 했다.

중국 수교와 중국 국빈방문, 그리고 유엔연설

8월 24일 오전 10시(현지시간 오전 9시) 대한민국과 중화인민공화국 간의 외교관계 수립에 관한 공동성명이 베이징 조어대釣魚臺 국빈관 18호각 방비원에서 양국 외무장관에 의하여 정식 서명됨과 동시에 양국 수도에서 발표되었다.[39] 두 나라 사이가 43년이란 긴 단절을 끝내고 정상화되

39 공동성명 전문은 다음과 같다.
① 대한민국 정부와 중화인민공화국 정부는 양국 국민의 이익과 염원에 부응하여 1992년 8월 24일 자로 상호 승인하고 대사급 외교 관계를 수립하기로 결정하였다.
② 대한민국 정부와 중화인민공화국 정부는 유엔 헌장의 원칙들과 주권 및 영토 보전의 상호 존중, 상호 불가침, 상호 내정 불간섭, 평등과 호혜, 그리고 평화 공존의 원칙에 입각하

는 순간이었다. 1949년 중화인민공화국 건국 이래 단절되었던 양국 관계가 정상화된 것으로, 1910년 강제로 이루어진 한일합병을 기준으로 하면 82년 만에 국교 정상화가 이루어진 것이었다. 노태우 대통령은 양국 외무장관의 서명이 이루어진 때에 맞추어 청와대에서 약 12분에 걸쳐 '한중 수교에 즈음한 특별담화'를 발표하였다.

특별담화는 먼저 양국 외무부 장관의 공동성명 내용을 정리하여 설명한 다음 가까운 시일 안에 양상쿤 중국 국가주석의 초청으로 노 대통령께서 중국을 공식방문하기로 합의하였음을 덧붙였다. 양국이 수천 년 동안 오랜 선린 우호관계를 맺어 왔음에도 "20세기 들어 1세기 가까이 공식수교 없이" "비정상적인 상황" 아래 지내온 것은 "우리의 안보와 국익 면에서 큰 부담이 되었을 뿐 아니라 양국 국민에게 여러 가지로 불편과 불이익을 주어왔다"라고 회고한 뒤, 이와 같은 비정상적이고 불편한 상황을 타개해야 한다는 "두 나라 국민의 염원과 이익에 부응하기 위해 지난 3개월 동안 서울과 북경에서 수교를 위한 회담"을 개최한 끝에 수교 합의에 이르렀다고 수교의 필요와 경위를 간략히 보고하였다. 이 수교는 "냉전시대의 마지막 유물인 동북아시아 냉전체제의 종식을 예고하는 세계사적 의미"와 함께 "한반도의 평화통일을 향한 마지막 외적 장애가 제거되었다는 민족사적 의미"를 지니고 있음을 강조하였다.

여 항구적인 선린 우호 협력 관계를 발전시켜 나갈 것에 합의한다.
③ 대한민국 정부는 중화인민공화국 정부를 중국의 유일 합법 정부로 승인하여, 오직 하나의 중국만이 있고, 타이완은 중국의 일부분이라는 중국의 입장을 존중한다.
④ 대한민국 정부와 중화인민공화국 정부는 양국 간의 수교가 한반도 정세의 완화와 안정, 그리고 아시아의 평화와 안정에 기여할 것으로 확신한다.
⑤ 중화인민공화국 정부는 한반도가 조기에 평화적으로 통일되는 것이 한민족의 염원임을 존중하고, 한반도가 한민족에 의해 평화적으로 통일되는 것을 지지한다.
⑥ 대한민국 정부와 중화인민공화국 정부는 1961년의 외교 관계에 관한 빈 협약에 따라 각자의 수도에 상대방의 대사관 개설과 공무수행에 필요한 모든 지원을 제공하고 빠른 시일 내에 대사를 상호 교환하기로 합의한다.

그동안 양국은 외교관계가 수립되지 않았음에도 불구하고 인적·물적 교류가 활발히 진행되었으며 올해는 "100억 달러"를 돌파하는 물적 교류, "15만 명"에 이르는 인적 왕래를 내다보고 있음에 비추어 수교로 인한 "양국 국민이 얻는 호혜협력은 매우 클 것이라고" 전망하였다. 무엇보다도 이번 중국과의 수교로 대통령께서 "취임사와 7·7선언을 통해 국민 여러분에게 약속드린 북방정책을 성공적으로 마무리 짓게 된 것을 기쁘게 생각합니다"라고 소회를 밝히기도 하였다.

대통령께서는 이번 수교과정에서 이 수교가 갖는 "중대한 의미와 한반도 문제의 장래에 미칠 깊은 영향을 감안하여" 신중에 신중을 기하였으며, 특히 한반도 평화통일, 북한 핵문제 해결 등에 도움이 되는 방향으로 협상이 타결되도록 최선을 다하였을 뿐만 아니라 "긍정적"인 대화와 "고무적인 반응"이 있었음도 언급하였다.

그리고 이번 수교와 관련하여 대만과의 공식관계가 단절된 것에 대하여 심심한 유감을 표명하였다. 우리가 과거 "항일 독립운동과 대한민국 정부수립 시기에 당시의 중국 정부와 중국 국민으로부터 많은 우호적 도움을 받은 점을 잘 기억하고 있습니다", 그동안 "대만과의 사이에 발전되어 온 민간차원의 교류협력관계 또한 우리로서는 매우 소중한 것들이라"고 말씀하면서 중국 정부의 하나의 중국원칙과 국제정치의 현실에 따라 불가피하게 취하는 조치이나 "몹시 안타깝고 마음 무거운 일"이라고 유감을 표시하였다. 다만 수교과정에서 "대만과의 실질관계가 될 수 있으면 손상되지 않도록 노력했으며 공식관계가 단절된 후에도 최상의 비공식관계를 유지하겠다는 우리의 뜻을 분명히 전달"했으므로 앞으로 우리와 대만 간의 민간관계에서 유지되어 온 우호적 감정과 민간협력관계가 한중 수교에 영향을 받음이 없이 길이 지속되기를 기대하며 이를 위해 빠른 시일 안에 대만 측과 비공식관계 정립을 위한 협의를 시작할 것이라고 말하였다.

마지막으로 이번 "수교와 그에 따른 국제환경 변화가 민족 통일의 밑거름이 되도록 노력하자"고 하면서 북한 당국도 역사의 대세대로 "평화와 화해, 그리고 진정한 민족 대화합의 길로 하루빨리 동참해 나오기"를 기원하는 한편 12억 중국 국민에게 인사를 보내면서 "이날이 동아시아의 평화와 번영의 새 역사가 시작된 날로 기억되기를 바랍니다"라고 끝맺음하였다.

사실 북방정책이 대단원의 막을 내리는 이벤트라고 할 중국과의 수교는 이미 예견된 일이기도 했다. 6공화국 초대 대통령으로 취임한 후 7·7선언과 더불어 시동을 건 '전환기의 대전략', 북방정책은 동구권 수교를 시작으로 하나둘 꾸준히 결실을 맺어 왔다. 내가 비서실장으로 취임한 후 첫해에는 남북한 유엔 동시가입과 〈남북기본합의서〉 채택이란 성과가 거양되었으며 임기 마지막 해인 1992년에는 연초부터 중국과의 수교가 으뜸가는 외교목표가 되고 있었다. 중국과의 수교는 가장 가까운 나라이며 아주 오랜 관계를 맺어 왔음에도 외교관계를 회복하기가 쉽지 않은 난작업難作業이었다. 그동안의 노력에 대해서는 이 책에서도 뜨문뜨문 언급되어 온 바가 없지 않았다. 전년도에 무역대표부 설립이라는 발걸음을 디뎠으나 북한의 존재, 6·25전쟁 등의 장애요인이 만만치 않은 걸림돌이 되기도 하였다. 그러나 세계정세의 변화 그리고 그동안 쌓아온 민간관계의 밀도 등이 요구하는 시대적 물결에는 아무리 단단한 방파제도 비켜설 수밖에 없었다.

두 나라 외무당국의 합의에 따라 5월부터 수교협상이 시작되었다. 먼저 예비회담이 세 차례에 걸쳐 열렸다. 한국 측 예비회담 대표단으로 단장에 권병현 대사 등 6명이, 중국 측은 단장 장루이제 대사 등 5명(3차 때는 6명)으로 구성되었으며 1차 예비회담은 5월 14일~15일, 2차 회담은 6월 2일~3일 중국 베이징에서, 3차 회담은 6월 20일~21일 서울 워커힐호텔에서 개최되었고 공동성명문안 등을 확정하였다. 그리고 본회담은 7월 29일 한국 측 수석대표 노창희 차관[40]이, 중국 측에서는 쉬둔신 외교부 부부장이 참석한 가운데 베이징 조어대에서 개최되어 8월 24

일 베이징에서 양국 외무장관이 공동성명을 발표하고 수교 절차를 마무리 짓기로 합의하게 되었다. 예비회담·본회담이 진행되는 동안 청와대에서는 외교안보수석실에서 상황을 파악하여 필요한 방침 결정과 조정을 해왔으며 몇 번 관계장관회의도 열렸다고 기억된다.

가장 곤혹스러운 일은 대만과의 관계를 부드럽게 정리하는 일이었다. 대만에서는 양국 간의 수교동향에 신경을 곤두세워 왔으며 5월 7일에는 중국(대만) 총통비서실장 장언사蔣彥士가 총통특사 자격으로 청와대를 방문하여 대통령께서 접견하셨으며 내가 배석한 일도 있었다.[41] 수교협상의 성질상 비밀유지가 으뜸이었으며 중국 측의 비밀유지 요구 또한 강력하였다. 오랜 우의관계에 비추어 미리 귀띔하는 것이 섭섭함을 덜어줄 수 있을 것이 아닐까 생각도 해보았으나 수교를 할 수밖에 없는 이상 부질없는 일이라 생각되었다. 우리로서도 연초에 민관식·김종인 두 분으로 구성된 특사를 대만에 보내기도 했고 수교방침이 확정된 8월 중순경 외무부 장관이 대만 측과 조심스럽게 접촉하기도 하였다. 국제선례에 따라, 그리고 국제법 원칙에 따라 일을 진행할 수밖에 없었다.

막상 수교가 발표되고 재산문제 등을 정리하는 과정에서 대만 측이 보인 분노와 항의는 정말 곤혹스러웠다. 어느 정도 시간이 해결할 문제

40 당초 한국 측 대표단장으로 청와대 외교안보수석인 김종휘가 결정되었으나 김 수석이 장관급으로 상대와 격이 맞지 않아 노 차관으로 교체하였다.

41 이날 대통령께서는 장언사 특사에게 한국과 중화민국은 공히 공산 침략에 대항하여 자유민주주의를 바탕으로 통일능력을 키우고 있는 공통적인 운명을 지녔으며 우리의 북방정책은 전쟁 방지, 적대 해소, 공존공영을 통한 통일을 목표로 추진되고 있다고 설명하였다. 중화민국은 대륙과 4,300만 통의 서신 왕래, 1만 3천 통의 전화 등 교류가 진행되고 있다는 장 특사의 발언에 대통령께서는 우리로서는 매우 부럽다고 하면서 북방정책을 이해해 주시리라 믿는다고 답하였으며, 장 특사는 중국 본토는 머지않아 자유화될 것이므로 수교가 오히려 한국 통일에 걸림돌이 될 우려가 있다고 하였다. 대통령께서는 협력과 우호 유지를 해나갈 것이라고 하면서 대만 측 국가발전 6개년 계획 등 서로 돕고 참여하자고 하였으며 장 특사는 노 대통령의 방문을 요청한 것으로 기록되어 있다.

였지만 정부로서는 인내하면서 필요한 조치를 취하였다.[42] 대통령의 담화문에서도 언급하였다시피 "공식관계가 단절된 후에도 최상의 비공식 관계를 유지하겠다."고 생각하고 있었으므로 민간관계 유지를 위한 협의를 시작하는 것은 자연스러운 일이었다. 다만 대만 측의 감정이 격앙된 상태였기에 여러 가지 궁리 끝에 정부가 아닌 여당 민자당이 파견하는 고위 민간사절단을 구성, 9월 15일부터 9월 17일까지 파견하였으며[43] 그 뒤 10월에는 외무부 김태지 본부 대사를 단장으로 하는 예비교섭단을 파견, 절충을 시도하기도 하였다. 그러나 대통령 임기 내에 성사가 되기에는 시간이 너무 촉박하였으며 새 정부 출발을 기다려야만 했다.[44]

중국과의 수교가 이루어진 뒤 9월 27일부터 9월 30일까지 노 대통령은 중국을 공식방문하였으며, 이에 앞서 9월 20일 출국하여 미국 뉴욕에서 유엔총회 연설 등 외교활동을 수행하고 9월 25일 17시 35분 서울공항 도착·귀국한 바 있다. 나는 당초 대통령의 유엔 출장에도 공식수행원으로 수행할 예정이었다. 그러나 9월 18일 대통령께서 당적이탈 및 중립내각 구성이란 중대 결단을 하심에 따라 그 결단에 따른 후속조치

42 우리나라가 대만 관계를 고민하였다면 중국은 북한문제로 상당한 고민과 신중한 검토를 거친 것으로 알려졌다. 국가주석 양상쿤의 4월 13일 북한 방문, 당 정치국후보위원 딩관건의 5월, 양바이빙 중앙군사위원회 비서장이 6월에 각 평양을 방문하였으며, 마지막으로 1992년 8월 첸치천 외교부장이 방북하여 수교사실을 통보하고 설득한 것으로 알려졌다(이상옥, 앞의 책, 235~238쪽 참조).

43 대표단 고문 정일권(전 총리, 국회의장), 단장 김재순 전 국회의장 외 5명의 단원 등으로 구성되었으며 출국에 앞서 9월 14일 대통령께서 오찬을 함께 하시면서 격려하였다. 그에 앞서 이기택 공동대표를 단장으로 하는 민주당 사절단 국회의원 5명과 수행원 2명 등이 8월 26~30일 대만을 방문하여 초당적인 차원에서 외교활동을 벌인 바 있다.

44 수차례 접촉 끝에 1993년 7월 27일 비공식관계 설정에 관한 합의가 이루어졌으며 한국에서는 1993년 11월 24일 전 주브라질 대사 한철수가 초대 주타이베이 한국 대표로, 대만 측에서는 1994년 1월 20일 임존현 주그레나다 대사가 주한 타이베이 대표로 각 부임하였다. 자세한 내용은 이상옥, 앞의 책, 288~293쪽 참조.

를 마련하고 요동치는 정치상황에 대처하기 위하여 수행을 포기하고 서울에 남기로 하였다. 내가 직접 목격한 것은 아니지만 대통령의 유엔에서의 활동상황을 요약하여 기록해 두고자 한다.

현지시간 9월 20일 오후 뉴욕에 도착해 김기수 뉴욕총영사가 주최한 교민 리셉션에 참석 연설하였으며, 9월 21일에는 숙소인 월도프아스토리아호텔에서 노르웨이 브룬틀란 수상과의 정상회담, 스코크로프트 미국 대통령 안보보좌관, 이글버거 미국 국무장관 대리, 와타나베 일본 외상을 접견하는 한편 유엔본부를 방문 부트로스 갈리 유엔 사무총장 및 기네프 총회 의장(불가리아 외무장관) 등과 면담하는 등 바쁜 일정을 소화하였다. 저녁에는 유종하 주유엔 대사가 주최하는 리셉션에 참석하였는데 이 자리에는 라트비아 대통령, 뉴질랜드 수상, 유엔총회 의장을 비롯해 각국 외무 장관, 주유엔 대사 등 600여 명이 참석 성황을 이루었다. 리셉션이 끝난 뒤 〈월스트리트저널〉 피터 칸 회장과 부인 카렌 하우스 여사가 초청한 만찬에 참석,[45] 미국 대통령 선거와 노 대통령의 민주화, 서울올림픽 개최, 북방정책 등 업적을 화제로 화기애애한 분위기 속에 흐뭇한 시간을 가졌다. 이 자리에는 현홍주 주미 대사가 배석, 통역까지 겸하는 수고를 아끼지 않았으며 이상옥 장관도 배석하였다.

9월 22일 11시 15분부터 약 20분간 유엔총회에서 '평화와 번영의 21세기를 향하여'라는 제목으로 연설하였다. 노 대통령 임기 중 유엔총회에서 행한 세 번째 연설이었다. 1988년 10월 19일 '한반도에 화해와 통일을 여는 길'이라는 제목의 첫 번째 연설은 88올림픽을 성공적으로 개

45 이때 동석한 미국 측 정·재·언론계 인사는 다음과 같다. 미국외교협회 이사장 피터 피터슨, 대통령 대외정보자문회 위원장 대리 보비 인만 예비역 해군제독, 제너럴모터스 로버트 스템펠 회장, 모건스탠리그룹 리처드 피셔 회장, NYNEX사의 윌리엄 퍼거슨 회장, 빌 브래들리 미 상원의원, 레이건 전 대통령 안보보좌관 리처드 앨런, 다우존스사의 케네스 뷰렌카 사장, 월스트리트저널의 로버트 바트지 부사장 겸 편집인과 폴 스타이거 편집국장이 참석했다.

최한 감격을 안은 채 임기 중 펼쳐 나갈 외교정책의 청사진을 유엔 무대에 선보이고 국제사회의 협력을 호소한 것이었다. 1991년 9월 24일 '평화로운 하나의 세계 공동체를 향하여'라는 두 번째 연설은 그동안 3년간 추진한 북방정책의 중간 결실로서 남북한 유엔 동시가입이 이루어져 당당한 회원국이 된 입장에서 유엔이 지향하는 평화적인 세계 공동체를 위하여 핵무기 확산 억제 등 당면과제 해결에 적극 동참할 것을 다짐한 것이었다. 이제 임기 종료를 앞두고 중국과의 수교가 이루어져 북방정책이 큰 결실을 본 시점에서 "연단을 떠나며 여러분께 말씀드립니다. '평화와 번영의 21세기'는 한반도의 통일로 시작될 것입니다. 세계 평화에 더 크게 기여하는 통일한국의 첫 국가원수가 이 자리에 설 때 우리 국민은 여러분의 가슴에서 우러나오는 더 큰 박수를 기대합니다."라고 통일한국을 소망하는 메시지를 세계만방에 던진 것이다. 오후에는 첸치천 중국 외교부장을 접견하였다.

9월 23일에는 닉슨 전 대통령과 오찬 간담회, 수하르토 인도네시아 대통령과의 정상회담이 있었으며 저녁에는 미국아시아협회 연례 만찬에 참석, 연설하고 '올해의 정치지도자상'을 받았다. 이날은 유엔 외교를 마무리하는 기자회견도 가진 뒤 귀국하게 된 것이다. 유엔 출장을 위하여 여러 차례 독회를 가지며 연설문을 다듬는 것은 비서실의 소임이었다. 출장기간 중 매일 국내 상황을 정리하여 현지에 보고하였다. 특히 9·18결단에 대하여 정치권에서 그 진의와 득실을 둘러싸고 의견이 백출하여 청와대 비서실에서 많은 노력을 해야 했으며 그것이 정리되는 과정은 후술할 것이다.

9월 25일 오후 서울공항에서 귀국행사를 마치자 헬기 편으로 청와대로 향하였다. 기내에서 긴급한 보고를 시작, 관저까지 계속되었다. 20시에 퇴근할 수 있었다. 준비된 서면보고도 제출하였음을 물론이다.

9월 26일 토요일 오후 휴식을 취한 후 9월 27일 오후 대통령의 중국

방문에 수행·출국하였다. 대통령께서 강행군을 거듭하시는 것 같았다. 2시간여의 비행 끝에 한국시간 17시 베이징공항에 도착하였으며 중국 측 명예 수행각료로 지정된 리란친 대외경제무역부장 등의 영접을 받았으며 조어대 국빈관에 도착, 숙소로 지정된 18호루에 여장을 풀었다. 현지시간 19시부터 조어대 방비각에서 노재원 주중 대사가 한국 교민, 상사 대표 등을 초청한 리셉션에 참석 첫 일정을 시작하였다.

나는 1990년 4월경 한국형사정책연구원장으로 재임할 때 베이징에서 개최된 세계법률가대회에 한국대표단의 일원으로 참가하기 위해 중국을 방문한 일이 있었다.[46] 당시에는 수교 전이었으며 항공 편도 직행이 없었기에 상해까지 대한항공으로 비행한 뒤 거의 한나절을 기약 없이 기다리다가 베이징행 비행기를 탈 수 있었다. 좋지 않은 기억이 있었는데 이번에는 2시간 만에 도착할 수 있었으며 그것도 국빈방문하는 국가원수의 공식수행원 자격의 출장이라 그야말로 격세隔世의 변화를 느끼면서 무척 감개무량했다.

9월 28일 오전 10시 천안문 남쪽 인민대회당 동편 광장에서 공식 환영식이 거행되었다. 중국 측에서 양상쿤 국가주석 등 중국 정부요인이 참석하였으며 한국 측 수행원이 배석한 가운데 노태우 대통령은 중국인민해방군 육해공군 의장대를 사열하고 의장대의 분열식이 거행되었다. 공식 환영식에 이어 인민대회당 복건청에서 양국 정상회담이 개최되었다. 노 대통령과 양상쿤 주석의 단독회담으로 10시 15분부터 11시 43분까지 진행된 후 12시 5분까지 확대회담을 개최, 양국 정상이 기조발언을 함으로써 종료되었다. 이어 12시 30분부터 조어대 국빈관 방비원에서 개최된 한중 경제인 오찬에 참석, '황해를 우정과 번영의 바다로'라는 제목의 연설을 한 뒤 14시 20분 숙소로 돌아와 휴식을 취하였다. 휴식시

46 당시 4월 22일 출국하여 베이징에서 세계법률가대회에 참석하였으며 회의가 끝난 뒤 상하이, 쑤저우, 항저우, 시안, 구이린 등을 관광한 후 홍콩을 경유 5월 6일 귀국하였다.

간 중 서울의 정무수석과 통화, 이날 오전 개최된 3당 대표회담 결과와 김대중 대표의 의중 등에 대하여 보고하는 한편 MBC 파업사태에 대하여 유연성 있게 대처하라는 지시를 받았다.

16시 20분 출발 자금성紫禁城을 시찰하고 17시 45분 조어대로 귀환하였다. 저녁에는 19시 20분 출발 인민대회당 서대청에서 국빈 만찬이 있었는데 21시까지 계속되었다.[47] 여러 가지로 세심한 준비를 한 것 같았으며 분위기도 매우 화기애애했다.

9월 29일에는 아침 8시 30분에 출발하여 9시 30분 팔달령에 도착, 일반 관광객의 방문이 통제된 가운데 만리장성을 시찰한 뒤 11시 조어대로 돌아왔다. 12시 리펑 총리가 조어대로 방문, 대통령께서 면담하였다. 예정 시간을 약 30분 초과 1시간가량 면담이 진행되었으며 리펑 총리가 주최하는 오찬으로 이어졌다. 조어대 내 동락원同樂園 양원재養源齋 오찬에는 한국 측 공식수행원 및 관계자 그리고 중국 측에서는 첸치천 외교부장, 황화 전 외교부장, 리란칭 대외경제무역부장, 쉬둔신 외교부 부부장 등이 참석하여 14시 30분까지 계속되었다. 15시 조어대를 출발해 인민대회 복건청에서 장쩌민 당 총서기와 1시간가량 환담하였으며 나를 비롯해 공식수행원 등이 배석하였다.

대통령께서는 16시 15분부터 55분까지 내외신 기자회견을 가졌다. 한국 측의 〈국민일보〉, 〈한겨레신문〉 두 기자와 중국 〈인민일보〉, 신화사 기자 그리고 AP통신, 일본 NHK 기자 등 6명의 질문이 있었다. 이날 저녁에는 인민대회당 3층에서 민속공연을 관람한 뒤 수행기자들과 만찬을 가졌다.

---

47 한국 측에서는 노 대통령 내외분을 비롯해 공식수행원과 수행경제인, 대사관 간부들이 참석하였으며 중국 측에서는 양상쿤 주석을 비롯해 전국인민대표자대회 상무위 부위원장 천무화, 정치협상회의 부주석 창쓰위엔, 외교부장 첸치천, 대외경제무역부장 리란칭, 인민해방군 총참모장 츠하오톈, 외교부 부부장 쉬둔신, 국가과학기술위 부주임 후이융정, 베이징 부시장 장바이파 등이 참석하였다.

9월 30일 오전 7시 30분부터 8시 20분까지 수행기자단과의 중국방문을 결산하는 간담회가 화기애애한 가운데 개최되었다. 대통령께서는 북방정책 마무리로 전방위 외교를 펼치게 된 상황을 실감하며 만리장성에 올랐을 때 "소박한 한 인간으로서의 감회뿐만 아니라 나라의 입장에서 볼 때도 그 감회는 말로 다 하기 어렵다"고 말씀하였다. 이어 9시에는 노 대통령과 양 주석이 임석한 가운데 조어대 국빈관 18호실에서 '투자증진 및 상호보호 협정 및 경제·무역·기술협력 공동위원회 설립에 관한 협정'(이상옥 외무부 장관과 리란칭 대외경제무역부장), '무역협정'(한봉수 상공부 장관과 리란칭 대외경제무역부장), '과학 및 기술협력 협정'(김진현 과학기술처 장관과 쑹젠 국가과학기술위원회 주임) 등 4개 협정에 대한 조인식이 있었다. 그리고 이때쯤 이번 방문의 의의와 성과를 집약한 '공동 언론 발표문이 발표되었다.

양 정상 간에 작별면담을 끝으로 베이징에서의 일정을 마치고 곧장 조어대를 출발, 베이징공항 경유 11시 55분 상하이공항에 도착했으며 상하이 황쥐 시장의 영접을 받았다. 상하이 신금강호텔에 12시 20분 도착 잠시 휴식을 취한 후 13시부터 상하이 시장이 주최하는 오찬회에 참석하였다. 14시 30분부터 대통령께서는 상하이 푸동지역 개발에 관한 브리핑을 수행원 및 경제인 등과 함께 받은 뒤 15시 30분부터는 대한민국임시정부 청사를 시찰함으로써 중국에서의 3박 4일 일정을 모두 마치고 16시 45분 공항을 이륙, 19시 20분 서울공항에 도착·귀국하셨다.

이에 앞서 나는 신금강호텔에서의 오찬이 끝나자마자 14시 25분 출발 홍구공원과 만국공묘萬國公墓를 방문하였다. 홍구공원은 윤봉길 의사의 의거가 있었던 장소였으며 만국공묘에는 박은식과 노백린 등 애국선열의 유해가 안치된 곳이어서 대통령께서 참배하심이 마땅하다 생각되었으나 바쁜 일정 때문에 내가 대리하여 경의를 표하게 된 것이었다. 참배가 끝나자 바로 공항으로 향하였다.

공동 언론 발표문

1. 대한민국의 노태우 대통령은 중화인민공화국 양상쿤 주석의 초청으로 1992년 9월 27일부터 30일까지 중국을 공식방문하였다. 노태우 대통령은 중국을 방문한 첫 번째 한국 대통령으로서 중국정부와 국민의 정중한 환영과 열렬한 영접을 받았다.
2. 방문기간 동안 대한민국의 노태우 대통령은 중화인민공화국의 양상쿤 주석과 우호적인 분위기 속에서 회담을 가졌으며, 중국 공산당 중앙위원회 장쩌민 총서기 및 국무원 리펑 총리와 각각 면담하였다. 동 회담과 면담 중 양측은 각각 자국의 정치, 경제상황에 관해 소개하였으며, 양국 간의 우호협력관계를 더욱 발전시키는 문제에 관해 토의하였다. 또한 양측은 국제정세와 동북아지역 정세에 관해 광범위한 의견을 교환하였다.
3. 한중 양국 지도자들은 한중 수교의 의의를 높이 평가하면서 양국이 과거의 비정상 관계를 청산하고 수교공동성명의 기초 위에서 상호 선린협력관계를 발전시키는 것이 양국 국민의 이익에 부합될 뿐만 아니라 현재의 국제정세의 발전추세에도 일치되며 아시아와 세계 평화와 발전에 중요한 의의를 가지고 있다고 인식하였다.
4. 양국 지도자들은 양국 정부가 무역협정, 투자보장협정, 경제・무역・기술협력위원회 설립에 관한 협정 및 과학기술협력 협정을 서명한 데 대해 만족을 표하였으며 양측은 향후 경제, 무역, 과학기술, 교통, 문화, 체육 등 제반 분야에서의 교류와 협력을 적극 추진키로 결정하였다.
5. 노태우 대통령은 한반도의 남북대화, 비핵화 및 평화통일 실현에 관한 한

국 측의 입장을 설명하였다. 중국 지도자들은 한반도에서의 남북대화가 진전을 이룩하고 있는 것을 높이 평가하고, 한반도 비핵화 공동선언의 목표가 하루속히 실현되기를 희망하고 남북한 쌍방이 한반도의 자주 평화통일을 조속히 실현하는 것을 지지함을 재천명하였다. 양국 지도자들은 한반도에서의 긴장 완화가 전체 한국민들의 이익에 부합될 뿐만 아니라 동북아지역 및 아시아지역 전체의 평화와 안정에 유익하며 이와 같은 완화추세가 계속 발전되어 나가야 한다는 데 합의하였다.

6. 양국 지도자들은 동북아지역 및 아・태지역의 경제협력을 강화하는 것이 역내 국가들의 발전과 공동번영에 유익하다고 인식하고, 양측은 아시아태평양경제협력체(APEC) 등 기타 역내 경제협력 기구에서 협력하는 데 합의하였다.

7. 한중 양측은 노태우 대통령의 성공적인 중국방문이 장차 양국 간의 선린 협력관계를 가일층 발전시킬 것임을 확신하였다.

8. 노태우 대통령은 중국 측의 열렬한 환대에 감사를 표하고, 양상쿤 국가주석이 편리한 시기에 한국을 방문해 주도록 초청하였으며 양상쿤 주석은 이에 감사를 표하며 방한 초청을 흔쾌히 수락하였다.

귀국하자 서울공항에서 간단한 환영행사가 있었으며 곧 헬기 편으로 20시경 관저로 돌아왔다. 나는 국내에서 비서실을 책임지고 있던 정무수석의 국내 상황 보고에 배석한 뒤 20시 30분 공관으로 돌아왔다. 베이징에 있는 동안에도 수시로 정무수석과 통화하여 대통령께 보고드렸거니와 출국 때 비하여 정치상황이 많이 정리되고 있다는 느낌을 받았다. 여당 내의 동요도 나름대로 방향을 잡아가고 있으며 야당의 9·18결단에 대한 생각도 정리되어 가고 있는 것 같았다. 그러나 중립내각 구상을 빠른 시일 안에 구체화해 나가는 등 힘든 일이 기다리고 있었다.

이 기회를 빌려 나의 수행 소감을 몇 마디 덧붙이고자 한다. 먼저 적어 두어야 할 일은 이번 대통령의 국빈방문이 우리나라의 국가원수로서는 반만년 역사상 처음 있는 일이었다는 점이다. 우리나라는 오랫동안 중국이란 대국으로부터 많은 침략을 받고 복속服屬을 요구받았으며 모욕적인 일을 참아야 했던 것 또한 너무나 많았다. 감히 생각할 수가 없던 변화가 일어난 것이다. 인민대회당 동편광장에서 우리 대통령께서 인민군 의장대를 사열하고 분열식을 통하여 경례를 받는 늠름한 모습을 바라보면서 참으로 감격의 눈물을 삼키지 않을 수 없었다. 그뿐인가. 공항에 도착하여 숙소로 이동하는 도로 연변에 휘날리는 태극기에다가 도로 양변에 중국인민해방군 병사들이 일정한 간격으로 도열하였다. 이와 같이 삼엄한 도열·경호는 만리장성을 오갈 때를 비롯해 차량이 이동할 때 빠짐없이 행해졌다.[48] 중국정부의 환대와 세심한 준비 또한 괄목할 만하였다. 만찬에서의 메뉴에 대통령 내외분의 구미와 식성을 배려하는 한편 만찬장의 한국 측 명패도 한글로 표기하고 한국 가요를 끊임없이 연주하였다. 첫 방문에서 환대를 받을 수 있었던 것은 오로지

48 당시 경호실에서 경호상황을 점검하기 위하여 선발대로 중국을 다녀온 직원의 말에 의하면 당시 우리 측에서 아웅산 사건을 예로 들면서 북한의 도발을 우려하는 말을 전하였으며 이를 반영하여 경호가 더욱 삼엄해졌다는 것이었다.

그동안 온 국민의 노력으로 이룩한 국력 신장의 덕택이었다고 생각하면서 가슴 뿌듯한 자부심을 만끽할 수 있었다. 나로서는 공직생활 중 가장 기억나는 순간들이었다고 말할 수 있을 것 같다.

나의 다이어리에 적힌 바로는 장쩌민은 매우 활달하고 개방적이었으며 리펑은 착실하고 꼼꼼한 성품이라는 것이었다. 서로 보완적인 성격으로 중국이란 대국을 잘 이끌고 있지 않은가 하는 생각을 가질 수 있다. 사실 당시 중국의 최고지도자는 덩샤오핑으로 알려져 있었으나 그는 고령으로 2선으로 물러나 있었으며 양상쿤도 은퇴를 앞두고 국가원수직을 맡고 있을 뿐 실제 중국정부를 이끄는 장쩌민・리펑의 조화된 모습이 돋보이는 것이었다. 그리고 대통령께서 양상쿤・리펑・장쩌민과의 대화를 이어가는 과정이 별다른 마찰 없이 그야말로 물 흐르듯이 순조로웠던 것도 기억되는 일이었다.

특히 장쩌민과의 대담 중에는 서로 고시古詩와 속담을 인용하는 대화가 계속되었으며 같은 한문 문화권에 속한 탓인지 서로 걸림이 없이 대화가 진행되었다. 장쩌민은 당시 중국의 개방과정에서 무척이나 궁금하였던지 노 대통령에게 국민총생산GNP 성장률이 몇 퍼센트 정도가 좋은지를 묻는 솔직함을 보였다. 나에게는 퍽 인상에 남는 질문이었다. 노 대통령은 한국의 금년도 성장률 목표가 7%인데 물가만 안정시킬 수 있다면 중국의 12% 경제성장률은 놀라운 것이라고 칭찬하면서 중국의 발전을 기원한다고 답변하기도 하였다.

당시만 하여도 중국경제의 발전 단계는 우리나라보다 많이 못 미치는 것이었으며 덩샤오핑의 개방정책은 박정희 대통령의 경제정책을 모델로 하고 있다고 알려져 있었다. 우리 일행에 대한 관심과 환대, 그리고 무엇이라도 배울 것은 배워야겠다는 자세, 그리고 한국의 많은 투자를 바라는 끈질긴 노력을 절감할 수 있었다. 그에 비하여 대통령께서는 북한의 변화를 유도하려는 노력, 북한 핵개발 억제의 필요성을 계속 주문하고 있었다. 3박 4일의 짧은 일정이었지만 매우 뜻깊고 실질적인 출장이었다.

그 밖에 3/4분기 중 외교활동으로 8월 27일 세라노 엘리아스 과테말라 대통령의 국빈방문과 정상회담, 9월 3일 둔켈 GATT 사무총장 접견, 9월 4일 마거릿 대처 전 영국 총리와의 오찬 간담회, 9월 18일 황화 전 중국 외교부장 접견 등이 진행되었음을 적어 두고자 한다.

1992년 10월 1일
~
12월 31일

9

역사적인 중국방문을 마치고

3/4분기가 끝나는 9월 30일 저녁 3박 4일의 역사적인 중국 방문을 마치고 청와대로 돌아왔다. 잠시 쉴 사이도 없이 곧장 국내 정치문제 해결이라는 난제를 비롯해 많은 국정과제를 차근차근 해결해 나가야만 했다. 뜻밖의 사건을 수습하는 과정에서 충격적인 결단을 내리지 않을 수 없었지만 이 결단은 선언으로 끝나는 것이 아니었으며 이제 치밀한 계획과 정교한 시책의 집행으로 구성될 일련의 후속조치로 뒷받침해야만 하였다. 대통령의 당직 이탈과 중립내각 발족으로 시작하여 12월 대통령 선거에 이르기까지 다음 정권의 향방을 놓고 벌어질 정치권의 경쟁과 대결을 원만하게 마무리되도록 관리하는 것이었다. 그러나 이에 못지않게 중요한 것은 경제를 비롯한 제반 국정과제 수행에 소홀함이 없도록 하는 것이었다.

이와 같은 4/4분기의 제반 과제를 머릿속에 그리면서 10월 1일 첫 대통령의 일정은 국무회의를 소집하여 10여 일에 걸친 유엔 및 중국에서의 외교활동에 대하여 주지시키고 앞으로 국정방향을 제시하는 것이었다. 유엔 출장에 앞서 9월 19일 '9·18결단'과 관련하여 국무회의를 개최한 지 열하루 만에 다시 국무위원들과 자리를 함께한 것이다. 이 자리에서는 총리와 외무부 장관의 보고에 이어 대통령의 소감 피력과 함께 몇 가지 지시말씀이 있었다.

대통령께서는 그동안 추진해 온 북방정책의 결실로 유엔총회 연설과 중국 방문을 연달아 치르면서 큰 보람을 느낌과 함께 감회가 깊었다고 서두를 열었다. 우리는 동북아지역에서 국제질서가 본격적으로 개편되는 과정에서 능동적인 외교를 통하여 100년 전에 저지른 과오를 되풀이하지 않도록 해야 한다면서 국제정세의 예측 불가한 변화에 대비하기 위한 노력을 기울여야 한다고 강조하였다.

특히 중국과의 관계에서 한중 교역 증진에 기여할 수 있도록 이번에 체결한 4개 협정 외에 항공・해운・이중과세 방지 등의 협정을 조속히 체결하도록 하되, 첫째로 과도한 의욕으로 불리한 관계설정이 되지 않아야 하며, 둘째로 기업 간에 과당경쟁으로 국가이익에 손상이 가는 일이 없어야 하며, 셋째로 한중 간 경제협력은 국내산업의 구조 고도화에 기여하고 공동화空洞化를 방지하는 방향으로 추진하라고 말한 뒤 경제부총리는 관련된 계획을 마련하여 보고하라고 지시하였다.

상해임시정부 성역화 작업을 비롯해 윤봉길 의사의 의거에 관련된 고증, 중경임시정부 사적 발굴 작업 등을 추진하도록 외무부・문화부 등이 종합계획을 수립해 보고할 것도 지시하였다. 아울러 외무부 장관에게 유엔총회 연설에서 주창한 동북아 다자대화 문제를 계속 추진할 것과 함께 대중 수교와 관련하여 대미・대일외교에 소홀함이 없도록 할 것도 말씀하였다. 이 지시에 따라 김종휘 외교안보수석이 10월 2일부터 일본과 미국에 직접 출장 가 중국 방문 상황을 설명하였다.

마지막으로 대통령께서는 참석한 관계장관에게 경제 안정기조와 활력 회복에 최선을 다할 것과 함께, 특히 정치로 인하여 경제활동이 훼손되는 일이 없도록 거듭 당부하셨다.

이날 아침 관계수석들과 협의하여 당면한 3당 대표와의 회담 일정에 의견을 모았으며 그동안의 정국상황을 보고드려 방향을 잡아 갔다. 국무회의가 끝난 뒤 안기부장의 국내정세 보고가 있었고 12시에는 백악실에서 대통령을 모시고 오찬모임을 가졌다. 정치특보, 정무・사정수석 등과 내가 참석한 이 자리에서 3당 대표와의 개별면담 일정(10월 2일 김영삼 대표와 만찬, 10월 5일 김대중 대표와 만찬, 10월 6일 오전 정주영 대표와 만남)을 재가 받았으며, 유엔총회 연설과 중국 방문 결과를 설명하는 3부 요인・헌재소장 및 3당 대표 만찬모임은 10월 6일 갖기로 결정하였다. 민자당 내 일부 동요하는 세력과 관련된 문제, 중립내각 발족 일정 등도 논의되었다. 이날은 국군의 날이어서 오후에 국군의 날 포상 및 다과회를 열었고, 저녁에는 국군의 날 리셉션에 참석하였다. 4/4분기가 시작되는 첫날, 10여 일간 이어진 외교일정의 피로를 풀 겨를도 없는 하루였다.

이렇게 시작된 4/4분기의 청와대 비서실은 여전히 많은 일을 소화해야만 했다. 9·18결단의 백미라고 할 탈당과 중립내각, 그리고 공명정대한 선거관리는 쉽지 않은 과정이었다. 정권 재창출은 더욱 험난한 고비를 극복해야만 얻을 수 있는 결과물이었다. 단임 대통령의 마지막을 대과 없이 마무리하는 일 역시 치밀하고 정교한 안목과 노력을 요구하였다. 한시도 방심할 수 없던 매 순간, 청와대 비서실에서 일어난 일들을 살펴보는 것이 제 9장의 임무다.

민자당 탈당과 당사 고별 방문

노 대통령은 10월 5일 오전 관훈동 소재 민자당 중앙당사를 방문하여 탈당 절차를 밟고 고별연설을 함으로써 9·18결단에서 약속한 당적이탈 조치를 이행하였다. 사실 당적이탈, 즉 탈당의 절차는 매우 간단하다. 탈당계를 당 사무국에 제출하면 된다. 실제로 방문 당일 정무수석이 당 사무총장에게 대통령의 탈당계를 제출하였다.

그러나 대통령의 이번 탈당은 특별한 역사적 의미가 있는 일이었기에 어떠한 방법으로 진행할 것이냐에 대하여 의견을 모으지 않을 수 없었다. 당의 의견을 받아들여 대통령께서 당사를 방문하여 고별 연설을 하기로 한 것이다. 이날 9시 45분 청와대를 출발하여 10시에 도착해 김영삼 총재를 비롯한 박 최고위원과 김 사무총장 등의 영접을 받으며 당총재실로 올라가 약 10분간 환담한 뒤 5층 당무회의장에서 대기하고 있던 당 고문, 당무위원, 국회상임위원장, 시도지부장, 상근당직자 등 100여 명과 악수를 나누고 준비한 고별 연설문을 낭독하였다.[1]

이 고별연설에서 먼저 2년 전 민주자유당은 3당으로 나누어져 있던 온건·중도·민주세력이 하나로 뭉쳐 창당함으로써 정치의 안정을 이룰 수 있었으며 그 바탕 위에 경제와 북방정책에서 많은 성과를 거두었을 뿐만 아니라 집권당으로서는 처음으로 대통령 후보를 자유경선으로 선출하는 획기적인 일을 해냈다고 회고하였다. 9·18결단의 배경에 대하여 "6·29선언은 우리 정치권에서 수십 년간 지배해 온 정통성 시비와 민주 대 반민주 구도를 해소"했지만 "선거의 공정성에 대한 시비는 아직 근절되지 않아 선거가 있을 때마다 문제가 제기되고 정치적 불안의 요소가 되어 왔다"고 지적하고 "선거문화에 일대 혁신을 이루어 이러한 논쟁에 종지부를 찍는 것이 우리 정치를 한 단계 발전시키는 일이라는 확신" 아래 "대통령으로서 엄정한 중립을 지키기 위해 민주자유당의 명예총재직을 사퇴하고 당적을 떠나게" 된 것이라고 설명하였다.

대통령께서는 또한 이와 같은 결단은 "김영삼 총재의 공명선거 의지와 중립 선거관리 내각 구성 제의를 내가 발전적으로 수용한 결과"라고 부연설명하였다. 이어 "선거의 공정성에 대한 시비가 사라질 때 대결·갈등의 정치가 생산적·창조적 정치"로 발전할 것이며 "새로 들어설 정부의 정통성과 도덕성에 대한 시비 또한 해소되어 정치안정과 국민화합"을 이루게 되고 나아가 "6·29 민주화 과정을 명예롭게 마무리"짓게 될 것이라고 강조하였다.

마지막으로 대통령께서는 "내가 주도하여 창당하고 총재직을 맡아 이끌어 온 민주자유당, 거슬러 올라가 나를 대통령으로 당선시킨 정당의 당적을 떠난다는 것은 정치 이전에 인간적 정리情理의 차원에서 개인적으로 가슴 아픈 일이 아닐 수 없었기"에 "여러 날 밤을 번민으로 지새웠다"고 말하면서, 당원 동지들의 이해를 구한 뒤 알렉산더 대왕의 고사[2]

1 고별 연설은 '선거문화에 일대 혁신'이란 제목으로 《노태우 대통령 연설문집》 5권(1993, 대통령 비서실)에 수록되어 있다. 이날 대통령의 당 행사는 정무·공보수석과 함께 수행하였다. 연설문은 몇 번의 독회를 거쳐 공보수석실이 완성한 문안이었다.

를 인용하면서 "민자당 역시 떳떳하고 당당하게 주민의 심판을 받아 역사 앞에 한 점의 부끄럼도 없는 승리를 거두어 달라"는 말로 작별의 인사를 고하였다.

이날 당의 분위기는 자못 숙연·착잡하였으며 동석한 양경자 의원은 눈물을 보였다고 다이어리에 기록되어 있다. 하나의 중요한 일을 해내는 역사적 순간이었지만 어쩐지 씁쓸하고 무거운 기분을 안은 채 청와대로 돌아오는 승용차에 몸을 실었다.[3] 9·18결단 이후 보름이 지나면서 선언이 의도한 긍정적 상황변화가 자리를 잡아 갔다. 원 구성도 하지 못하던 파행상태가 해소되고 국회가 정상화되고 있었다. 무엇보다 연기군수 사건에 대한 사후수습책으로서 더 시비할 것이 없게 되었다. 그러나 민주자유당의 동요라는 새로운 걱정거리가 현실화되었으니, 대통령의 당적이탈 조치에 대하여 그 진의가 무엇인지를 두고 각자의 당내 입지에 따라 아전인수격으로 해석하면서 설왕설래가 계속되었다. 대통령께서 바라지 않는 방향으로 사태가 전개될 조짐이 보였다. 고별이란 것이 뜻하는 슬픔과 고통에다가 당의 어수선한 분위기가 보태어져 숙연하면서도 다른 한편으로는 착잡함을 느껴 이를 기록한 것이 아닌가 생각한다.

2 참모들이 알렉산더 대왕에게 "야습(夜襲) 하면 전승할 수 있다"고 건의하자 "나는 승리를 훔치고 싶지 않다"면서 거절했다는 고사이다.

3 이날 노 대통령께서 주도하여 제정한 제 2회 서울평화상 시상식이 거행되었다. 오찬에 수상자 슐츠 전 미국 국무장관 내외를 초청했으며 16시 45분 시상식에 참석, 축하연설을 하였다. 저녁에는 후술하는 바와 같이 김대중 대표 초청만찬 및 대담이 관저에서 진행되었다.

현승종 중립 선거관리 내각 발족

10월 8일 16시 중립 선거관리 내각을 이끌 국무총리 현승종에 대한 임명장 수여식이 있었으며 이튿날 10월 9일 15시 30분엔 신임 안기부장 이현우, 내무장관 백광현, 법무장관 이정우, 공보장관 유혁인, 정무장관 김동익 그리고 경호실장 최석립에 대한 임명장이 수여되었다. 중립내각이 발족한 것이다. 이때의 개각은 9·18결단에서 예고된 것이어서 반공개적으로 작업이 진행되었다. 우여곡절이 없지 않았으며 대통령의 외국 출장과 여야 정당의 의견수렴 등 필요한 과정을 밟느라 9·18결단 후 약 20일이 지나서야 마무리되었다. 그동안의 경과는 다음과 같았다.

9월 20일 대통령께서 유엔총회 참석차 출국하실 때 당초의 수행계획을 변경하여 서울에서의 뒷수습을 맡게 된 나는 몇 가지 관련되는 일을 챙겨야만 했다. 무엇보다도 관심의 대상으로 떠오른 중립내각을 어떤 절차를 거쳐 어떤 모습으로 발족시킬 것인가는 쉽지 않은 과제였다. 더구나 대통령께서는 중립 선거관리 내각의 진용에 대하여 야당을 포함한 정치권의 의견을 수용하겠다는 전에 없는 제의를 하였기 때문이다. 통상 개각작업에서는 비밀유지가 중요하므로 행여 누설되는 일이 있지 않을까 조마조마하는 가운데 하루하루를 보내야만 한다. 이번에는 개각한다는 사실이 공개되어 있고 더구나 개각의 범위, 구체적인 인선과 관련 정치권의 의견을 반영하겠다고 대통령께서 제의까지 해놓은 상황이었다. 정치권의 의견을 수렴하는 것 자체가 다른 하나의 어려움으로 떠오르고 있었다.

우선 정무수석으로 하여금 대통령의 의중을 전달하게 하여 정치권의 반응을 살펴야 했다. 정무수석의 발걸음이 쉴 새 없었지만 나도 나름의 접촉을 게을리할 수 없었다. 많은 사람을 만나고 다양한 의견을 청취하였다. 각 당에서도 모두 급변한 상황에 대처하는 모임들이 거듭되었으며 9월 22일에는 김대중·정주영 양당 대표회담이, 9월 28일에는 김영삼 총재를 포함 3당 대표회담이 개최되었다. 그사이 대통령께서는 9월 23일(한국시간) 뉴욕에서 귀국에 앞서 기자회견을 가졌으며 이 자리에서 9·18결단의 경위와 중립내각에 대한 생각, 김영삼 총재와의 관계 등에 대하여 솔직하게 설명[4]함으로써 국내 정치권에서 벌어지는 혼란스러운 논의에 대하여 하나의 가이드라인을 제시하기도 하였다.

이와 같은 과정을 거치면서 개각의 범위와 내용에 대해서는 선거 관련 장관이 반드시 포함되어야 할 것이나 구체적 인선은 대통령께 일임한다는 쪽으로 논의가 수렴되어 갔으며 대통령과 3당 대표와의 만남에 대해서는 4자 회담보다는 개별회담이 좋겠다는 쪽으로 결론이 나고 있었다. 중국 출장 중에도 수시로 국내와 연락하여 정무수석으로부터 거의 실시간 국내의 움직임을 파악하여 대통령께 보고하였으며, 귀국한 즉시 개별 회담일정을 확정하게 된 것이다.

다른 한편 중립 선거관리 내각 총리로는 귀국 후 전술한 10월 1일 오찬모임에서 현승종 한림대 총장 겸 한국교총 회장이 거론되는 등 구체적인 개각작업이 진행되었다. 서둘러서도 되지 않지만 중립내각 발족은 시급한 문제였다. 안팎의 의견수렴이 충분하게 진행되었다는 판단 아래 숙의를 거듭한 결과 10월 5일에는 현승종 총장으로 의견을 모을 수

4 뉴욕 월도프아스토리아호텔에서 개최된 기자회견에서 노 대통령은 6·29선언으로 시작한 6공화국 대통령으로서 대통령 선거라는 마지막 정치일정을 어떻게 매듭지을지 심사숙고해 온 끝에 관권선거로 인한 정치적 시비가 기필코 없어져야 한다는 생각으로 스스로 당적을 이탈하여 엄정하게 중립을 지키기로 한 것이다, 김영삼 총재와의 사전협의는 없었으며 김 총재가 탈당에는 부정적이었으나 탈당 없이는 중립내각의 의미가 없다고 설득하여 김 총재도 이해하게 되었다, 언론에서 김 총재와 사이에 불협화음이 있다고 보도하는 데 대하여 김 총재가 오랜 야당생활 탓에 야적인 언동을 하는 것을 두고 그렇게 해석하지만, 대통령께서는 김 총재의 야성을 싫어하지 않으며 오히려 좋은 점이 된다고 여겨 왔기 때문에 불편하지도 않고 불협화음이 있는 것도 아니다, 탈당을 올바르게 이해하면 오히려 김 총재에게 좋게 상승작용할 수도 있는 것이라고 말하였다. 또한 4자의 입장이 아니기 때문에 3당이 먼저 협의하는 것이 필요하다고 말씀하며(〈조선일보〉 1992년 9월 24일 자 1면 및 2면 참조) 4자회담에 대하여 부정적인 의견을 피력하였다.

있었다.

이에 앞서 10월 2일 김영삼 총재와 대통령의 만찬회담은 관저에서 18시 30분부터 21시까지 계속되었다. 18시 20분 김 총재를 영접한 뒤 이어진 배석 없는 만남이어서 자리를 떠났다가 뒤늦게 관저로 갔을 때 김 총재는 이미 회담을 끝내고 떠난 뒤였다. 대통령으로부터 김 총재가 개각과 관련하여 총리는 이북 출신이 좋겠고, 안기부장은 개각대상에 꼭 포함해야 된다는 의견을 말하였으며 대통령께서는 당의 동요와 관련하여 박 최고위원이 주장하는 내각제 문제도 수용하는 자세를 취하는 것이 좋겠으며 매일 당직자 회의를 개최하여 당의 단합을 도모해야 한다는 말을 전하였다고 말씀하였다. 공관에 돌아와 대기하고 있던 공보・정무수석에게 담화 내용은 보도하지 말고 21시까지 만났다는 사실만 보도하라는 지침을 주었다.

10월 5일 18시 50분 관저에서 김대중 대표를 영접하여 회담장으로 안내하였으며 이번에는 늦지 않게 8시 30분 관저로 가 대기하다가 9시 만찬 회담을 끝마친 김 대표를 전송할 수 있었다. 대통령께서는 면담 내용을 자세히 설명해 주셨다. 김대중 대표가 국민의 60%가 지지하는 단체장 선거를 연내 실시해 달라고 요청한 데 대하여 각계 의견을 수렴하여 신중하게 결단한 것이고, 대통령 개인의 명예보다 국가경영을 우선한 것이므로 임기 중 실시는 불가하며 실시 시기는 정치권에서 결정하면 되는 사항이라고 답변하였다, 개각과 관련하여 일괄 사퇴 후 임명함이 바람직하다는 김 대표의 의견에 대하여 법적으로 꼭 그렇게 할 필요는 없지만 검토해 보겠다고 답변하였다, 김 대표는 노 대통령에 대하여 6・29선언 이후 줄곧 인간적인 신뢰를 갖고 있으며 퇴임 후에도 변함없이 지원을 아끼지 않겠다, 자기는 공산당과는 멀다면서 민중당과의 통합도 반대하였고 미국 방문 시에도 보수적 발언을 하였다고 자신의 입장을 설명하였다는 것이다. 그 밖에 MBC 사태와 관련하여 대화를 통한 해결을 요구한 데 대하여 충분히 시간을 주었는데도 타협이 되지 않아 부득이 법 집행을 한 것이라 설명하였으며 이동통신 문제로 물의를 일으켜 미안하다는 뜻을 전했다고 말씀해 주셨다.

대통령께서는 앞으로 선거관리와 관련하여 대통령의 결심과 행동이 중요함을 강조하면서 관권선거의 시대가 지났지만 아직도 정치인은 공무원에 의지하려 하고 공무원도 부담감을 가지는 폐습이 잔존하므로 이번 기회를 통해 획기적으로 개선되도록 하겠다, 앞으로 공직자에게 확고히 공명선거 지침을 내리겠으며 정치인의 위법행위를 엄격히 다스림은 물론 돈 쓰는 행위도 철저히 단속하겠다고 강조하여 말씀하였다. 그동안 민주당 측에서는 여러 경로[5]를 통하여 개각에 관한 생각을 말해 왔으며 강원룡 목사를 총리 후보로 선호한다고 하면서도 9·18결단에 대하여 존중하는 뜻을 거듭 천명하면서 중립성만 확보된다면 구체적인 인선은 대통령의 몫임을 강조해 왔다.

정주영 대표는 10월 6일 오전 10시부터 대통령과의 회담을 가졌다. 이날 오찬은 마침 방한한 후안 안토니오 사마란치 IOC 위원장과 함께하기로 예정되었으므로 정 대표와는 회담하는 데 그칠 수밖에 없었다. 정 대표는 회담 후 회담 분위기가 화기애애하였으며 결과에 대해서도 대단히 만족한다고 밝히고 중립내각 구성으로 연말 대선은 공명선거가 될 것이 틀림없다고 확신한다고 말하였다. 사실 국민당에서는 정원식 총리의 유임도 무방하다는 생각을 가지고 있었으며 인선은 대통령에게 일임한다는 분위기였음을 확인하고 있었다.

이와 같이 3당 대표와 의견을 수렴하는 가운데 10월 5일 오전 현승종 총장 총리안에 의견이 모이고 있었음은 전술한 바와 같다. 그날 오후 본

5 조승형 비서실장, 강창성 의원 등이 메신저 역할을 하였다. 조 실장은 나에게, 강 의원은 안기부장을 통하여 김대중 대표의 의중을 전달하였다.

인의 의사를 확인할 필요에 따라 그의 대학 제자로서 평소 친분이 각별하던 손주환 공보처 장관에게 의사타진을 부탁하였다.

그날 저녁 직접 방문하여 확인한 결과 뜻밖에도 완강하게 고사한다는 것이었다. 10월 6일 아침 일찍 손주환 장관의 전화를 받으면서 현승종 총장을 설득하는 작업이 과제로 떠올랐다. 정주영 대표의 청와대 방문을 앞둔 시점 대통령께 손 장관의 보고 내용을 말씀드린 뒤 정무수석과 대책을 논의하기 시작하였다. 같은 학계 출신 이현재 전 총리에게 문의도 해보고 대안이 없는지도 생각하던 끝에 현 총장과 대학동기인 신현확 총리의 도움을 받아야겠다는 생각이 떠올라 급히 행방을 확인하고 16시 20분 광화문 사거리 근처에 있던 사무실로 찾아갔다. 고등학교 선배이자 대학도 선배라 큰 왕래가 없었음에도 무턱대고 달려갔던 것이다. 상황을 설명하자 현 총장이 최적임자임을 확언하시면서 함께 검토되던 몇 분의 군·법조인 출신보다는 현 총리를 모시도록 하라고 말씀하는 것이 아닌가.

당시 나의 속셈은 대학동기 사이이니 신 선배께서 좀 나서실 수 없는지를 말씀드리려는 것이었다. 그러나 신 총리께서는 중간에서 권유하여 설득하려 들지 말고 대통령께서 현 총장을 면담하시고자 하니 직접 면담하라고 하면 거절하기 어려울 것이고 일단 면담이 이루어지면 성사되기란 어렵지 않을 것이라는 방법을 말씀하셨다. 역시 대선배님다운 지혜였다.

곧장 김중권 수석에게 이 방안으로 접근해 보자고 하면서 그날 저녁 현 총장이 참석하도록 예정되어 있던 자하문 밖 올림피아호텔에서 개최되는 행사를 기회 삼아 고려대 제자인 김중권 수석 및 서동권 정치특보가 협의하여 대통령 면담을 성사시키도록 하는 방안을 강구하였다. 17시경 만날 수 있었으며 단번에 승낙을 받을 수는 없었다. 그렇지만 장시간 노력한 끝에 18시 30분부터 중국 방문 결과를 설명하기 위하여 개최된 3부 요인과 헌재소장, 3당 대표과의 만찬회동이 끝날 무렵 배석하고 있던 나에게 오케이라는 김중권 수석의 연락이 도착하였다. 20시 30분경 관저에서 정무수석과 함께 올림피아호텔에서 설득한 상황을 보고드렸으며 다만 한림대 설립자의 사전 양해가 걸림돌이 될 수 있음을 우려한다는 것이었다. 청와대 수석들 중에 마땅하게 메신저 역을 할 이를 찾을 수도 없어 내가 직접 통화해 보기로 하였다.

그러나 뜻밖의 일을 당하여 밤새 많은 걱정을 하지 않을 수 없었다. 한림대 설립자 윤덕선尹德善 옹[6]이 당시 충남 도고에 체류 중임을 확인할 수 있었으나 전화 받기를 거절하고 있었다. 이튿날 아침 일찍부터 다시 통화를 시도하였으나 불통이었으며, 같은 도규계刀圭界 출신인 권이혁 전 장관의 수고를 부탁하는 등 노력했음에도 응답이 없었다. 이날 9시 30분에 예정된 본관수석회의에도 참석하지 못하였다. 9시 20분 대통령께 경과를 보고드린 뒤 정무·행정수석과 함께 수석회의에도 불참한 채 대책을 숙의한 끝에 교육부 장관, 아산군수 등을 동원하여 11시 30분에야 일단락될 수 있었다. 나와 통화한 기억은 없으나 다이어리에 "통화 - 도고 - 일단락"이라 기재되어 있으며 곧장 대통령께 현승종 총장을 설득한 경과와 개각 전 단계로 내각 일괄사표 제출 후 개각 방식이 좋겠다는 두 가지 사항을 보고하고 재가를 받았다. 조마조마한 기다림의 연속이었다.

15시 20분 정원식 총리 주재로 국무위원 일괄사표가 제출되었으며 15시 40분 현승종 총장을 대통령께서 접견하시게 되어 내가 배석하였다. 현 총장은 능력이 부족하다는 이유로 주저된다고 말하였으나 대통령께서는 스스로도 부족함을 알고 있으나 하늘의 뜻을 거스를 수 없어 대통

6 일송 윤덕선 선생(1921~1996년)은 현 총리와 평양고보 동창생으로, 경성의학전문학교를 졸업한 이후 외과 개업의로 출발해 가톨릭대학 교수 등을 역임하고 한림대를 설립하는 등 큰 업적을 쌓았으며 각계의 존경을 받는 분이었다. 내가 통화를 시도하던 때는 이미 1989년 11월 일송학원 이사장직을 사임하여 명예이사장으로 추대된 이후였다. 현재는 장남으로 의사인 윤대원 박사가 이사장을 맡고 있다. 일송기념사업회(2016), 《일송 윤덕선 평전》, 민음사 참조.

령직을 수행하고 있다고 말씀하신 뒤, 전부터 생각해 오던 일이라고 운을 떼시면서 선거문화 향상이란 시대적 요청에 따라 탈당과 중립 선거관리 내각 발족이란 결단을 내린 터에 덕망과 인격, 기본 철학, 여러 면에서 적임자라 생각하고 부탁드리는 것이며 하늘의 뜻이라고 믿고 있으니 승낙하시는 것으로 알겠다고 말씀하였다. 현 총장은 교단생활만 해왔기에 걱정이라고 말하면서 성의와 노력을 다하겠으니 잘 지도해 주시기 바란다고 승낙의 뜻을 밝힌 다음 대통령께서 6·29선언으로 시작하여 9·18결단으로 민주주의를 완성하시고 북방외교를 성취한 데 대해 경의를 표하였다.

대통령께서는 평생 개인의 입장보다 조직·사회 위주로 살아 왔으며 6·29선언도 공동작품이며 북방외교에도 외국인들의 도움이 컸다고 부연한 뒤 주나라 때 강태공姜太公의 고사를 들어 현 총리께서 국정을 잘 수행할 수 있도록 뒷받침하겠다고 말씀하였으며 현 총리는 공명선거 실행에 최선을 다하겠다고 다짐하였다. 약간의 진통이 있었으나 대통령과 현 총리의 면담은 뜻깊은 대화를 진행하면서 잘 마무리되었다.

물러 나와 관계수석들과 후속 조치·대책을 협의하였다. 국회에 임명동의안을 보내는 등 총리 임명에 필요한 절차를 밟는 한편 내각개편에 대한 최종안을 정리하게 되었다. 개각의 범위와 관련하여 정치권에서는 당초 경제각료를 포함한 대폭적인 것이 되어야 한다는 의견이 제시되기도 하였다. 그러나 이번 개각이 임기 5개월을 앞둔 시점에 실시되는 데다 연기군수 사건을 수습하기 위한 차원의 비상적인 것이며 그야말로 관권선거 불식을 목표로 하는 중립 선거관리 내각 발족이라는 점이 부각되면서 그에 필요한 최소한의 개각이면 족하다는 쪽으로 의견이 모였다. 선거관리 관련 부서인 내무·법무·공보·정무 등 4개 부처로 집약되고 있었다. 그러나 안기부장 이상연이 총선 당시 내무부 장관이었다는 사실 때문에 개각대상에 포함되어야 한다는 일부 주장이 강력하게 제기되면서 마지막 단계에서 경질 쪽으로 방향을 선회하게 되었다.

4개 부처 장관 후보에 대해서는 진즉부터 검토가 진행되고 대통령께 수차 보고도 하여 방향이 잡혀 갔다. 아무래도 중립성이 최우선 기준이었기에 학계, 언론계, 법조계 인사들이 검토대상이었다. 뿐만 아니라 짧은 기간에 9·18결단의 참뜻을 알고 실천할 수 있는 경륜이 요구됨은 말할 필요조차 없었다. 10월 8일 오찬 때 현승종 총리 내정자를 모시고 정무수석이 배석한 가운데 개각안에 대한 협의도 끝낼 수 있었다. 내무 백광현, 법무 이정우, 공보 유혁인, 정무 김동익 그리고 안기부장 이현우, 경호실장 최석립이 개각 내용으로 정리되고 있었다. 안기부장과 경호실장은 마지막 단계에 대통령께서 경질을 결심하면서 인선 내용도 직접 말씀해 주신 것이었다. 그날 15시에 대통령께 마지막 보고를 드려 결심을 받았다.

국회는 10월 8일 본회의를 열고 현승종 총리 임명동의안을 재석 277명 중 266명, 96%의 찬성으로 가결하였다. 역대 국무총리 임명동의안 가운데 찬성표 수나 찬성률에서 최고를 기록한 것 같아 '중립 선거관리 내각'의 위력(?)을 절감하였다.[7] 늦출 이유가 없어 그날 16시 임명장 수여식이 거행되었으며 두 분께서 환담하는 가운데 개각내용에 대한 말씀도 나눔으로써 총리제청 절차를 밟았다. 곧이어 18시 40분부터 20시까지 관저에서 신임 총리를 위한 만찬행사가 진행되었다. 이현우 경호실장과 정무수석 그리고 내가 배석하였다.

이 자리에서 대통령께서는 이현우 경호실장을 안기부장으로 기용하는 데 대하여 직접 설명하셨다. "안기부장은 9·18결단의 참뜻을 알고

7 266명의 가표는 역대 최고 득표이며 지지율 역시 역대 최고인 5대 장면 총리와 동률이다. 그동안 노태우 정부 총리의 동의안 표결은 이번 경우같이 신속하지도 않았고 늘 야당의 비협조에 봉착해 왔다. 다른 총리의 임명동의안 가결 상황은 다음과 같다. 이현재(재석 220, 찬성 195), 강영훈(재석 294, 찬성 160), 노재봉(재석 262, 찬성 189), 정원식(재석 268, 찬성 203).

실천할 수 있어야 하며 안기부 업무에 대해서도 숙지하고 있어야 한다. 이현우 실장은 9·18결단 과정에도 이바지하였으며 그동안의 경력, 특히 경호실장 업무가 국가안위 차원에서 안기부 업무와 맥을 같이하는 것이어서 안기부 업무에도 생소하지 않다, 게다가 정치적으로 무색하여 중립내각 취지에도 부합한다"라고 말씀하였다. 그리고 이현우 실장에게는 권력 행사하러 가는 것이 아니고 마무리하러 간다는 자세를 가지라고 당부하셨다.

만찬이 끝난 뒤 물러나 새로 입각할 장관 내정자들에게 통보하였다. 통보 도중 백광현 내정자가 사양하겠다는 뜻을 밝혀 사정수석으로 하여금 설득하도록 한 결과 승낙을 받았으며 필요한 연락을 취한 뒤 자정에야 취침하였다.

이튿날 10월 9일에는 아침 6시에 기상하여 7시에 공보수석에게 개각 발표를 지시한 뒤 7시 15분 홍보조정회의에 참석하였는데, 회의 멤버인 손주환 장관이 마지막으로 참석하는 회의가 되었다. 이어 아침수석회의를 마친 뒤 서재로 올라가 개각이 일으킨 반향이 호의적임을 보고드렸으며 대통령께서는 퇴임 각료에 대한 처우 대책을 강구하도록 지시하셨다. 오찬에는 퇴임하는 이상연 안기부장, 이동호 내무·김기춘 법무·손주환 공보·김종호 정무장관을 대통령께서 초청하여 그동안의 노고를 치하하고 환담하였다.

이날 15시 30분 신임 국무위원 4명과 안기부장 및 경호실장에 대한 임명장 수여식이 거행되었다. 이 자리에서 대통령께서는 첫째, 선거혁명이란 새 역사 창조에서 끝이 아니고 시작이란 생각으로 역사발전의 밑거름이 되어 달라고 말씀하셨다. 그동안 우리나라는 국제적으로 좋은 위상을 확립하였음에도 불구하고 복잡한 국내 정치문제를 해결하지 못하는 고민을 안고 있었으며 이를 뛰어넘는 계기를 마련하고자 9·18결단을 단행하였다, 기필코 선거 혁신을 이루어 어려움을 극복해야 할 것이라는 뜻을 전하였다. 둘째, 공직사회가 허전함과 무력감을 느낄지 모르나 중립이란 강점을 활용하여 더 떳떳하고 더 힘 있게 선거를 틈타 기강을 어지럽히는 행위를 엄단하고 공권력을 엄정하게 집행하라고 당부하였다. 셋째로 공약사업을 비롯해 SOC 사업 등을 지나치다는 말을 들을 정도로 강력하게 추진할 것을 지시하였다. 마지막으로 국정감사 시 질문이 먼저 보도, 부각됨으로 인한 문제점을 철저한 홍보로 극복하라는 등의 지시말씀을 하셨다.

잇달아 17시 30분부터 약 30분간 '공정선거 관리를 위한 중립내각 출범에 즈음한 특별담화'를 발표하였다. 이날 발족한 중립 선거관리 내각의 그동안의 경과와 취지를 설명한 뒤 대통령으로서 새 내각의 각오를 다짐함과 동시에 공명선거 구현을 위한 청사진과 남은 임기 동안 국정수행이 나아갈 방향을 제시하고 공직사회와 정치권 그리고 국민의 순으로 협조를 호소하는 내용을 담고 있었다. 대통령께서는 "공명선거에 대한 저와 새 내각의 결의는 매우 단호한 것"이라고 전제하면서 선거관계법의 엄정 집행, 공무원의 정치적 중립 준수, 시대변화에 따른 안전기획부의 역할 · 기능 쇄신, 중앙선거관리위원회의 기능 대폭 강화, 돈 안 드는 깨끗한 선거를 위한 엄정한 법 집행과 흑색선전 엄단 등을 강조하였다. 그리고 정권교체기의 차질 없는 국정수행을 목표로 경제의 안정적인 성장과 민생을 안정시키는 방안을 추진할 것이며, 국책사업의 과감한 추진과 공직자의 기강 확립을 다짐하였다.

이와 같은 양대 과제를 수행하기 위하여 첫째로 공직자의 철저한 정치적 중립과 국정수행, 둘째로 공명선거 구현에 협조하기 위한 정치권의 선거법 준수, 그리고 국민의 높은 민주시민의식 발휘 등을 호소하면서 "우리 모두 다시 한번 한마음이 되어 우리 정치풍토의 일대 쇄신을 이루고 민주 · 번영 · 통일을 향해 함께 전진합시다"라고 특별담화를 마무리하였다. 중립내각 발족을 매듭짓는 일이 마무리되는 순간이었다. 마침 금요일 저녁이었다.

대통령께 푹 쉬시라고 말씀드리면서 다음 행사인 〈경향신문〉 창립기념 리셉션 자리로 달려갔다.

주말을 보낸 10월 12일 월요일 17시 새 내각의 첫 국무회의가 열렸다.[8] 새 국무총리가 공명선거와 국정 마무리를 다짐하는 내용의 보고를 한 뒤 새 내각에 당부하는 대통령 말씀이 있었다. 첫째, 선거관리에 중립과 공명을 확실하게 구현할 것, 둘째, 잔여 임기를 마무리하는 책임행정의 이행, 셋째, 정치권과 긴밀한 협조로 예산안과 법안 입법에 차질이 없도록 하되 정책·사안별로 각 정당과 협의하는 체제로 운영하라는 중립 선거관리 내각의 일반적 운영방향을 먼저 말씀하였다.

신임 내무부 장관에겐 깨끗한 선거 풍토 조성에 솔선할 것과 민생치안 능력 강화 그리고 민원업무 정부시책 수행 등 책임 행정으로 국민이 안심하도록 노력할 것을, 신임 법무부 장관에겐 선거사범 엄단지침 하달·시행과 사회기강 확립을, 신임 공보처 장관에겐 공명선거 실천을 위한 홍보활동과 6공화국 정부 실적 홍보 강화를, 신임 정무장관에게는 정당관계를 위한 새 모델 구축과 각 정당과의 원활한 협조를 주문하셨다. 경제부처에는 정부가 추진해 온 민생안정, 경제활력 증강, SOC·국책사업, 국가경쟁력강화와 함께 특히 선거의 영향으로부터 경제운영·활동을 보호하도록 할 것, 마지막으로 안전기획부에는 엄정중립과 시대상황 변화에 맞게 새 역할·기능 재정립을 이룩하라고 지시하시면서 모든 국무위원의 책임공동체 의식을 강조하였다.

8 금요일 오후 새 내각을 구성해 발표하고 대국민담화를 발표하였다. 이튿날인 10월 10일 토요일에는 대구에서 열린 전국체전 개회식에 참석하셨고, 주말에는 청해대에서 약간의 휴식을 취하였으며 월요일 12일 오전엔 거제 옥포 대우조선소에서 거행된 해군의 첫 번째 잠수함 이천함의 진수식에 참석해 연설하신 후 14시 40분 청와대로 돌아와 17시 국무회의를 주재하셨다. 나도 대구에 수행하였다가 일요일은 서울에서 보낸 다음 월요일 아침 거제로 가서 진수식 연설에 배석한 뒤 귀경하였으며 국무회의에 앞서 이임하는 이현우 경호실장을 송별하는 기념사진 촬영을 청와대 수석들과 함께하였다. 참으로 바쁜 나날이었다.

민자당의 동요와 일부 의원 등 탈당

9·18결단이 공표되었을 때 야당 측의 전폭적인 지지에 비하여 여당 내의 분위기가 심상치 않았음은 이미 언급한 바 있다. 아무리 당총재직까지 이양하고 명예총재직에 머물고 있을 뿐이었지만 대통령의 탈당이 민자당 당원에게 미치는 영향은 결코 가벼운 것이 아니었다. 3당 통합 후 3년 가까운 세월이 흘렀으며 그동안 국회의원 선거, 자유경선에 의한 대통령 후보 선출이란 큰 정치행사가 잇달았지만 당의 응집력에는 여전히 한계가 있었었다고나 할까. 청와대로서는 방관만 할 수는 없는 일이었다.

9·18결단은 무언가 새로운 일을 크게 벌이고자 함도 아니었거니와 정계 개편 같은 새판 짜기를 시도하는 것은 더욱 아니었다. 1년 내내 지루하게 벌여온 여야 간의 대결과 교착상태, 게다가 관권선거라는 새로운 악재가 보태져 임기가 5개월밖에 남지 않은 단임 대통령으로서 무언가 수습책을 내놓지 않으면 안 되는 막다른 골목에서 대통령의 당적이탈-중립 선거관리 내각이란 자기희생적 고육책을 내놓은 것이었다. 그로 인하여 행여 여당에 균열이 생기는 것은 정말 바라지 않는 일이었다. 탈당한 마당에 적극적인 당무 개입은 불가능하기도 하거니와 중립에 어긋나는 일이기도 하였지만 조용한 가운데 대통령의 진의를 인식시키는 노력은 하지 않을 수 없었다.

무엇보다 곤혹스러운 것은 박태준 최고위원의 거취에 관심이 집중되었다는 것이었다. 박 최고위원은 민정당 대표위원으로 대통령을 대리해 당 운영을 책임지는 위치에 있었으며 3당 합당 후로는 민정계를 대표하는 최고위원으로 역시 당의 가장 큰 계파를 관리하는 책무를 담당하고 있었기 때문이었다. 이런 위치에 있던 박 최고위원이 10월 9일 최고위원 사퇴서와 탈당계를 당에 제출하는 일이 일어났다. 노 대통령의 중립 선거관리 내각이 출범한 날이었다. 전술한 바와 같이 그날 오후 신임 국무위원에게 임명장을 수여하고 대국민 특별담화를 발표했다. 9·18 결단을 집행하기 위한 하나의 큰 고비를 넘기는 순간이었다. 큰일을 끝내고 하룻밤 푹 쉬시라는 말씀을 드리고 물러 나와 〈경향신문〉 창립기념 리셉션에 참석하여 김영삼 총재도 만나고 검찰에서 오랫동안 모시던 이종원 전 법무부 장관도 만나 가볍게 인사를 드렸다. 만찬은 평소 친히 지내던 법대 동기생들과 함께 하였다. "화기 찬 만남 끝, 23시에 취침" 한 것으로 기록되어 있다.

이튿날 10월 10일은 전술한 대로 대구에서 개최되는 전국체전 개회식 참석이 예정되어 있었다. 6시 30분 눈을 뜨자마자 대통령께서 전화를 주셨다. 박태준 최고위원의 탈당문제를 확인하는 전화였다. 부리나케 정무수석과의 통화를 통하여 탈당 사실과 함께 김영삼 총재가 박태준 최고위원과 만나기 위하여 광양행을 실행할 것이라는 사실을 확인할 수 있었다. 곧장 이현우 신임 안기부장에게 연락해, 신임 인사 겸 박 최고위원과 연락을 취해 상황전개를 파악하도록 귀띔하였다.

큰일을 치른 뒤의 고향행이어서 대통령께서는 15시에 개최되는 전국체전 개회식에 앞서 오전 9시 40분 전용기 편으로 대구에 도착하였으며 비행장에서 멀지 않은 곳에 자리 잡은 선영 성묘, 생가 방문과 빙부 산소 성묘를 마치고 경북지사 공관에 도착해 지역인사들과 오찬 행사를 가졌다. 수행하는 내내 나의 머릿속엔 김영삼 총재와 박태준 최고위원의 광양회담이 어른거렸다. 전국체전 개회식 참석 직전 김중권 정무수석으로부터 김 총재·박 최고위원이 3시간 35분(10시 25분~14시)에 걸쳐 긴 만남을 가졌음에도 불구하고 박 최고위원의 탈당 의사를 철회시키는 데에는 실패하였으며 박 최고가 정치를 하지 않겠다고 말하였다는 전화를 받고 대통령께 즉시 보고드렸다. 대통령께서는 탈당이 확산되지 않았으면 좋겠다고 말씀하시고 특히 박철언 의원의 동향에 관심을 표명하시면서 신중한 처신을 당부하셨다.

대통령께서는 월요일 오전의 잠수함 진수식 행사와 관련하여 청해대로 가시게 되었으나 나는 수행하려던 일정을 변경하고 상경하여 20시 40분 공관에 도착하자마자 궁정동회의실로 달려가 이현우 안기부장, 김중권 정무수석과 머리를 맞대었다. 그날 일어난 일들, 특히 김영삼 총재와 박태준 최고의 동향에 대하여 정리하여 대통령께 전화로 다시 보고드렸으며 김영삼 총재가 적극적으로 진화에 애를 쓰고 있음을 확인하고 청와대는 당분간 관망하기로 하였다. 다만 이춘구 의원, 이원조 의원을 비롯한 몇몇 의원들과 서동권 특보, 이상연 전 안기부장 등에게 연락하여 동요하는 분위기가 확산되지 않도록 노력할 것과 박철언 의원에게 탈당하지 말도록 하라는 대통령의 말씀을 분담하여 전하기로 하였다. 그때부터 나는 이튿날 일요일까지 관계자들에게 전화로 연락을 계속하였으며 박철언 의원과는 몇 차례 통화하였는데, 우선 탈당을 조금 늦추겠다는 답변만 들을 수 있었다.

사실 박태준 최고위원에 대하여 대통령께서는 많은 걱정을 해오셨다. 당내 대통령 후보 경선에서 박 최고위원이 대통령의 뜻을 존중하여 불출마를 결심한 뒤로 박 최고의 당내 입지에 대하여 많은 고민도 하시고 김영삼 총재와 적지 않은 의견교환도 해오셨다고 알고 있다. 당총재직을 이양할 때 박 최고위원이 대표최고위원직을 맡았으면 하는 생각을 하고 계셨으며 그렇게 될 듯하기도 하였으나 결국 김종필 대표로 낙착되지 않을 수 없었으며 그 대신 선거대책위원장직을 맡기로 양해를 구하였다. 그러나 뜻밖에 9·18결단을 하지 않을 수 없는 상황이 돌발하였고, 박 최고위원이 선대위원장직을 사양함은 물론 탈당계를 제출하는 일까지 벌어진 것이다.

널리 알려진 사실이지만 대통령께서 중국 방문에서 귀국한 뒤 이틀만인 10월 2일 역사적인 포항제철 광양제철소 준공식이 있었으며 대통령께서 직접 참석하여 연설하셨다. 대통령께서는 그날 아침 9시 20분 출발한 뒤 사천공항을 경유하여 광양제철소에 도착하였다. 11시부터 개최된 포항제철 2,100만 톤 철강 생산체제 준공 기념식에서 연설하고 오찬을 나눈 뒤 1시간여 박태준 최고와 독대하면서 여러 가지 말씀을 나누셨다.[9] 수행원들은 오찬 후 두 분만의 시간을 가지는 동안 각자 휴식을 가질 수 있었다. 14시 25분 광양에서 출발하여 16시 청와대로 돌아왔으며 그날 저녁에는 김영삼 총재와의 만찬 면담이 있었음은 이미 설명한 대로이다. 박태준 최고위원의 내각책임제 의견을 김영삼 총재에게 전달하면서 수용하는 방안을 검토해 보라고 권유하셨다는 것 역시 전술한 대로이다.

이와 같은 대통령의 노력에도 불구하고 박 최고위원이 당을 떠나겠다는 결심을 한 것은 주위의 권고 등 나름의 이유가 있으리라고 짐작하거니와 청와대로서는 이 탈당사태가 확대됨으로써 임박한 대선정국이 소용돌이치는 것은 결코 견딜 수 없는 일이었다.

이미 자유경선에 불복하여 탈당한[10] 이종찬 의원이 밖에서 기다리고 있었으며 행여 박 최고위원이 중심이 되어 신당이 창당된다면 어려운 상황이 펼쳐질 것이 우려되기 때문이었다. 김영삼 총재에게 비상이 걸린 것은 말할 필요조차 없다. 탈당계 제출소식이 전해지자 김영삼 총재는 다른 일정을 취소하고 전술한 바와 같이 광양행을 단행하여 당에 잔류하라고 설득하였으나 완전한 성공에는 미치지 못한 채 끝나고 말았다. 그러나 김영삼 총재와의 면담을 위시하여 다방면으로 상황을 파악해 본 결과 박태준 최고위원이 당장 정치활동을 하거나 신당 창당의 주

9 이때 대담 내용에 대하여 대통령께서 나에게 말씀하신 것은 내각제 문제만이 기록되어 있으나 박철언 의원의 회고록에 따르면 광양회담에서 대통령께서는 박 최고위원의 탈당을 만류하면서 선대위원장직을 맡으라고 강력히 권유하였다는 것이다. 박철언(2005), 《바른 역사를 위한 증언》 2권, 랜덤하우스중앙, 324쪽 참조.

10 이종찬 의원은 경선 불복 뒤 당에 잔류하면서 이런저런 행보 끝에 8월 17일 탈당하였다. 그러나 이종찬 의원과 동반 탈당한 현역 의원은 없었으며 전 의원인 광주의 이영일 의원이 탈당하였을 뿐이었다. 그러나 이종찬 의원은 무언가 변화를 기대하고 있었으며 9·18결단을 호기로 판단하여 신당 창당 노력을 활발히 전개하고 있었다.

역으로 나서는 일은 없으리라는 것이 확인되었으므로 그런대로 받아들일 수밖에 없었다.[11] 그러나 동반 탈당을 최소한으로 축소하는 것이 당면과제로 떠올랐으며 당에서 다각적인 노력을 경주한 결과가 반영되어 현역 의원은 10월 14일 박철언, 김용환, 이자헌, 장경우, 유수호 등 5명이 탈당하는 데 그쳤다.[12]

이들은 모두 김영삼 총재에 비판적인 의원들로 그 가운데 장경우 의원 등은 이종찬 의원과 가까운 사이였다. 대통령의 입장에서는 박철언 의원을 만류할 수 없었던 것이 특히 아쉬운 일이었으나 본인의 독자적 판단이어서 말리는 데 한계가 있었음을 고백할 수밖에 없다. 이들은 탈당 후 이종찬 의원 측과 연대하여 이미 민자당을 탈당한 원외 인사들과 함께 신당 창당을 추진하리라고 파악되고 있었다.[13]

이와 같은 탈당사태를 전후하여 청와대도 하루하루가 그야말로 일일여삼추一日如三秋였다. 그러나 청와대로서는 해야 할 일을 차근차근 해나가는 수밖에 없었다. 박태준 최고위원이 탈당한 것은 금요일이었다. 이어진 주말을 대구·거제 출장으로 보낸 대통령께서는 전술한 대로 귀경한 12일 월요일 오후 늦은 시간임에도 중립내각 첫 국무회의를 주재하면서 중립 선거관리 내각의 정책방향을 다시 강조해야만 했다. 이튿날

11 실제로 박 최고는 다른 정치활동은 하지 않았으며 당의 판단에 따라 탈당계를 수리하지 않은 채 대통령 선거를 치렀으며 대선이 끝난 뒤 12월 29일 탈당계가 수리되었다. 탈당이 되면 전국구 의원 신분도 상실하게 된다.

12 그 밖에 하루 앞서 10월 13일 당 고문인 채문식, 윤길중과 전직 의원으로 윤재기, 윤성한, 이동진, 최명헌, 이진우 의원 등 10여 명이 탈당하였다.

13 10월 19일 아침수석회의에서 정무수석실이 보고한 내용이다. 이날 보고에는 강재섭·최재욱·이긍규·조영장·박범진·박명환 의원 등은 이날 탈당 대열에 참여하지 않고 박태준 최고위원의 거취 등 사태를 더 관망하기로 하였다고 되어 있다. 특히 박철언 의원과 함께 정치활동을 해온 강재섭 의원의 거취에 관심이 집중되어 있었는데 당 잔류를 결정한 것이 탈당파에겐 큰 타격이 되었으며 김영삼 측에겐 큰 도움이 되었다.

은 벨기에 국왕이 공식방문하여 오전 내내 환영행사와 정상회담을 열었다. 오찬에는 정무 · 정책조사 · 공보 수석과 함께 백악실 오찬 행사에 참석하였다. 백악실은 청와대 본관 2층 대통령 집무실 앞에 있는 소규모 방실로, 소규모 면담실 또는 소식당으로 사용되는 곳이다.

이 자리에서 대통령께서는 당시 동요하던 당을 두고 의미 있는 말씀을 하셨다. 이번 사태의 발전은 김영삼 총재의 지도역량에 따라 달라지리라 전망하면서 일이 잘못되면 청와대로 미루는 것은 곤란한 일이다, 대도大道의 원칙에 따라 대처함이 바람직하다, 당초 김 총재의 지도력에 대한 믿음이 있었기에 그러한 전제하에 공명선거 관리가 김 총재 당선에 도움이 된다는 생각으로 9 · 18결단을 단행한 것이다, 따라서 김 총재의 지도력이 발휘되어야 하고 청와대는 관여하지 않는 것이 원칙이다, 대통령께서 중립 선거관리 지침을 이미 시달하였으므로 내각에서는 실천을 가시화하여야 하며 무엇보다도 경제가 위축되지 않도록 관심을 가지고 독려하여야 한다, 특히 중소기업 지원 상황을 확인하고 금리 인하 문제도 챙겨라, 선거법을 비롯한 강력한 법을 집행함으로써 질서와 안정을 달성하도록 하라는 지침을 말씀하였다.

민감한 시기이므로 당분간 정치인을 만나지 않는 것이 좋겠다는 말씀을 드렸다. 이미 박철언 의원의 탈당에 대해서는 언급하였지만 전술한 대통령과의 백악실 오찬이 있던 날 22시 30분경[14] 내일 탈당하겠다는 전화를 받았다. 대통령께서 그렇게 간곡하게 만류하였음에도 불구하고 그냥 자기 갈 길로 가버렸다. 허전함을 달래느라 위스키 한 잔을 마시고서야 잠들었다고 기록되어 있다.

이 무렵 당 일각에서는 강영훈 전 총리를 대통령 후보로 추대하자는 움직임을 보이는가 하면, 대통령의 진의와는 동떨어지게 대통령께서

14 이날 10월 13일 밤에는 18:15부터 벨기에 국왕을 위한 환영 공식만찬 및 민속공연이 21:30까지 진행되었으며 공관에 돌아와 약간의 휴식을 취하는 중 박철언 의원 전화를 받았다.

마치 김영삼 총재와 결별하려는 것이 9·18결단의 진상인 것처럼 주장하는 일까지 있었다.[15] 그러나 시간이 흐르면서 강 총리도 전혀 입후보 생각이 없음이 확인되고 있었으며 박태준 최고위원도 탈당계 제출 후 이렇다 할 정치활동이 파악되지 않았다. 김영삼 총재도 선거대책위원회 발족으로 국면을 전환하면서 사태는 진정되기 시작하였다.

정원식 선거대책위원장 기용설이 당에서 검토되던 10월 14일 나는 서동권 정치특보와 함께 정원식 총리 퇴임 후 위로를 겸한 만찬을 가졌다. 이 자리에서 선거대책위원장 문제가 거론되었으며 이튿날인 10월 15일 아침 서재에서 보고하여 대통령의 의중을 확인하였다. 곧장 정 총리와 통화가 되었으며 10월 17일 아침 당 선거대책위원장으로 부위원장 50명(상임 부위원장 이춘구, 김윤환, 이한동 3명)과 함께 발표되었다. 10월 15일 다이어리에는 "마음이 좀 편해지기 시작, 당도 가라앉는다."라고 기재되어 있으며 강재섭이 잔류하기로 확정되었다는 사실도 함께 기록되어 있다. 9·18결단으로 인해 당이 동요하는 사태가 일단 진정되어 가고 있었다.[16]

---

15 〈조선일보〉 10월 11일 자 김대중 주필의 칼럼이 대표적인 사례였다. 마치 노 대통령이 YS와 결별, 신당 창당을 배후에서 조종하고 있으며, 박태준 최고위원의 탈당도 노 대통령과 연결하는 등 사실과 다르게 적고 있었다. 당시 공보수석이 반론을 제기한 것으로 기억되거니와 나는 굳이 반론을 되풀이할 필요를 느끼지 않는다. 김영삼 대통령 당선이 노 대통령의 바람이었다는 것이 너무도 명백하게 입증되고 있다고 믿기 때문이다.

16 그 이상 큰 탈당사태는 없었으며 일부 탈당 이후 정원식 선대위원장 영입으로 오히려 전화위복이 되었다는 평가가 있을 정도였다(〈조선일보〉 1992년 10월 20일 자 기사 참조). 탈당의원들은 대부분 우여곡절 끝에 정주영 캠프에 참여하는 것으로 일단락되었으며 11월 16일 새한국당 채문식 창당준비위원장과 정주영 국민당 대표가 합당을 선언하였다. 이 무렵 대통령의 처남 김복동 의원이 민자당을 탈당하는 일이 일어나 비상이 걸렸으며 당초 가족들 권유로 본인이 탈당의사를 일단 번복하였으나 결국 탈당하였음은 후술하는 바와 같다. 대통령으로서는 박철언·김복동 두 친인척을 떠나보내게 되어 고심이 이루 말할 수 없었다. 정치의 무상을 말하지 않을 수 없었다.

국회 정상화: 단축 운영한 정기국회, 정치관계법 · 추곡수매동의안 및 예산안 통과

'9 · 18결단'이 가져온 가장 큰 정치적 변화는 국회가 정상화되었다는 것이다. 그것도 분위기가 일신되어 행정부 입장에서 한결 수월해졌음을 느꼈으며 연말 대선을 앞두고 정기국회 회기도 단축 운영될 수밖에 없었다. 3월 봄에 선거가 실시되었으나 기나긴 여름, 그리고 초가을까지 대결에 대결을 거듭하면서 원 구성도 온전하게 이루지 못한 채 허송만 하던 국회였다.

10월 2일 국회 본회의가 속개되어 17개 상임위원장 및 윤리위원장을 선출하고 환경, 대전박람회 지원, 정치관계특위 등 3개 특위 구성결의안을 통과시킴으로써 국회 원 구성을 완료한 뒤 10월 5일부터 상임위별 국정감사 준비 등 활동을 개시하게 된 것이었다. 참으로 많은 곡절 끝에 활동하는 국회의 모습을 볼 수 있었다. 9 · 18선언이 국회 정상화의 계기를 마련한 뒤로도 보름 만의 일이었다. 그동안 대통령의 당적이탈 등 초유의 조치에 대하여 여야 각 당 나름의 해석과 대책이 정리되고 3당 대표회담을 비롯한 각 정당 간의 절충이 이루어지기를 기다려야만 했다. 드디어 9월 30일 오후 박준규 국회의장 주재로 3당 총무회담을 열고 10월 2일부터 국회를 재개하기로 합의하였다.[17] 제 159회 정기국회가 9월 14일 개원한 후 18일 만에, 그리고 14대 임기가 시작된 후 96일 만에

17 논의를 거듭했던 17개 상임위원장은 민자, 민주, 국민을 10 대 5 대 2로 배분하였으며, 10월 5일부터 상임위 활동이 시작되었다. 정기국회에서 소화해야 할 국정감사, 예산심의, 정치관계법과 민생입법 등을 완수해야만 하였다. 9월 30일 여야 총무회담에서는 10월 5일~7일 상임위, 10월 8일 본회의 속개, 정부의 시정연설, 3당 대표 연설, 상임위 예산 · 결산 심의 등 빡빡한 일정을 예정하고 10월 14일 또는 10월 15일부터 국정감사를 실시한다는 데 합의하였다. 그리고 11월 10일경 예산안 심의를 마지막으로 정기국회를 마무리하는 것으로 예정하였다.

비로소 정상화된 것이었다. 정부 측의 사정 등으로 당초 예정된 일정이 다소 조정되었으나 11월 20일 새벽 예산안이 통과하기까지 대체로 순조롭게 국회 일정이 진행·마무리되었다. 잇달아 11월 20일 대통령 선거가 공고되면서 본격적인 선거 국면으로 정치권은 다시 대전환의 발걸음을 옮기게 되었다.

대통령이 탈당한 상태에서 진행된 40여 일간의 정기국회 동안 청와대가 해야 할 일에는 상당한 변화가 있었다. 우선 여당과의 당정협의가 바뀔 수밖에 없었다. 국회가 개회 중이면 비서실장은 사흘이 멀다고 자주 당정회의를 주재해야만 하였다. 이제 그렇게 할 수도 없거니와 할 필요도 없었다. 여당과 모든 정사를 한편이 되어 의논하고 추진하는 것은 중립내각의 취지에 어긋나는 것이었다. 국정을 원만하게 수행하기 위한 새로운 방법의 정책협의가 필요하였다. 그것도 종래의 여당만이 아닌 여야 3당과의 정책협의라고나 할까. 정책협의를 통한 새로운 당정 협조체제를 구축·집행함으로써 정당 간, 당정 간 불협화음이 생기지 않는 가운데 진일보한 수준 높은 정책토론과 협력이 이루어지도록 해야만 했다. 대통령께서는 10월 19일 아침 본관수석회의에서 나에게 관계수석과의 긴밀한 협의를 통하여 그때그때 일어나는 정치적 쟁점에 관하여 관련 정당에 알려 주기도 하고 의논도 하는 시스템을 새로이 마련하라는 지시말씀도 하였다. 그리고 그렇게 집행하였다.

여당과의 협의가 주조를 이루던 당정대화가 야당과의 사이에서도 심심찮게 일어나고 있었다. 부득이한 일이기도 하거니와 바람직한 일이라는 생각도 들었다. 대통령이 민자당이라는 집권 기반에서 벗어나 3당을 초월하는 중립적 권력으로 자리매김한 탓에 3당 대표들은 대통령과 무엇을 다투는 자세를 취하지 않았으며 오히려 3당 대표 간에 12월 대권 고지를 향하여 서로 다투는 형국이 되었기 때문이다.

이같이 상황이 변화함에 따라 정기국회 운영은 한결 수월해졌다. 대통령의 시정연설(10월 12일 국무총리 대독), 3당 대표 연설(10월 13일~15일) 이 있은 뒤[18] 10월 15일부터 24일까지 열흘간[19] 14대 국회 첫 국정감사가 열렸다. 국정감사 기간이 짧아진 탓도 있었지만, 열흘간의 국정감사는 전에 비하여 조용한 가운데 수월하게 끝날 수 있었다.

곤란한 쟁점이 없지 않았다. 사실 13대 국회 말 이후 1년 가까이 국회가 공백상태였음에 비추어 그동안 쌓인 굵직굵직한 정치적 현안들이 적지 않았다. 지방자치단체장 선거 연기, 연기군수 관권선거 폭로, 제2이동통신사업자 선정, 정보사 부지 사기사건, 신행주대교 붕괴사건, 대규모 간첩단 검거사건 등이 그것이다. 그러나 대통령의 '9·18결단'이란 정치적 조치가 모든 이슈를 해소해 버리는 블랙홀이 된 탓인지 국회의 국정감사는 조용하기만 하였다. 정부에 대한 공격보다는 오히려 정책감사, 예산심의 자료수집 등 본연의 기능을 발휘하였다는 평가가 있을 정도로 성공적인 면모가 부각되기도 하였다.

예년과 달리 청와대 비서실에 대한 국정감사도 그야말로 부드럽게 진행되었다. 10월 23일 9시 25분 청와대를 출발하여 국회운영위원회에 도착한 뒤 비서실 국정감사를 받았다. 나는 10시 15분부터 15분간 회의장에 머물면서 선서, 인사말씀만 하고 퇴장하여 바로 청와대로 돌아와 11시부터 대통령께서 선거사범 단속, 국정감사 상황 등을 독려하기 위하여 비서실동 별관 사정·민정·외교안보 수석실 등을 순시하는 데 수행할 수 있었다. 남은 감사일정은 정무수석이 맡아 답변함으로써 13시가 조금 지나 무사히 끝났으며, 일부 질문에 대해서는 서면 답변으로 대신

18 10월 13일 김영삼 대표는 연설을 마치면서 대통령 선거에 전념하기 위하여 의원직을 사임한다고 발표하였으며 당대표 연설이 오전에 행해지는 가운데서도 오후에는 상임위 활동을 계속하였다.

19 국정감사는 법정기한이 20일간으로 되어 있었지만 당초부터 2주간 정도로 단축 실시키로 여야 간에 합의가 되었었다. 그러나 정기국회 일정이 반 이하로 단축 운영됨에 따라 실제로는 열흘밖에 하지 못하였다.

하기로 하는 등 국회는 어느 때보다 호의적이었다.

이와 같은 국회 분위기는 10월 26일부터 29일까지 4일간 잇달아 진행된 본회의 대정부 질문에서도 이어졌다. 중립내각을 이끌던 현승종 총리는 중립적인 선거관리와 엄정한 법집행을 강조 또 강조하였다. 국회는 아무리 하여도 평탄하기만 할 수는 없지만 현 총리의 고매한 인격과 덕망은 몇 가지 어려운 일들을 헤쳐 나가는 데 조금의 모자람도 없었다. 대정부 질문이 끝나자 예산 심의에 착수하였으며 그동안의 상임위 활동을 통하여 여야 간에 합의된 민생관련 법안들, 그리고 정치관계 입법에도 상당한 성과를 거양할 수 있었다.

대통령선거법, 선거관리위원회법 및 정치자금법 등의 개정안, 이른바 '정치관련법'이 11월 4일 국회 본회의에서 통과되었다. 전술했다시피 지난 8월 지방자치단체장 선거 연기를 입법화하는 문제로 극한적 대립, 교착상태에 빠진 국회 상황을 타개하기 위하여 신상식 의원을 위원장으로 하는 특별위원회를 구성하고 대통령선거법, 정치자금법 등에 관한 개정작업에 착수한 바 있었다. 이 작업이 당초 목표한 기한 내에 합의를 이루지 못한 채 연기를 거듭하고 있었음 또한 이미 설명했거니와, 그 뒤로 전개된 정치상황의 변화와 함께 거듭된 연기 끝에 10월 30일 대통령선거법과 정치자금법 그리고 중앙선거관리위원회법의 개정이 일괄 타결에 이르렀다.

이와 같은 3당 간의 긴 협상 끝에 합의 통과된 정치 관련 3개 법의 개정은 뜻있는 내용을 적지 않게 포함하고 있었다. 먼저 대통령선거법은 110여 군데를 고치는 것이었다. 관련 선거시비의 소지를 줄이기 위하여 향토예비군 간부, 통·반장, 관변단체 임직원 등의[20] 선거 간여를 대폭

20 향토예비군 소대장급 이상 간부와 통·리·반장, 지방공사 임직원, 새마을운동 협의회와 바르게살기 협의회, 자유총연맹 등의 상급 임직원 및 중앙회장들도 선거 기획에 참여하거

규제하기로 하였다. 선거운동기간을 30일에서 28일로 단축하면서도 선거운동에 관한 여러 가지 제약을 완화하고 방송을 이용한 연설 및 광고에도 기준을 정하는 등 선거운동을 활성화하는 한편, 군 부재자투표의 영외투표 등 부정시비를 줄이려는 노력도 하였다.[21] 선거관리위원회법은 선관위의 권한을 강화하기 위한 차원에서 위원·직원의 선거법 위반행위 중지·경고 시정 명령권 및 불응시 수사·고발권 부여, 사무총·차장의 장·차관급 승격 등을 규정하였다. 정치자금법은 정당에 지급하는 국고보조금을 선거마다 유권자 1인당 3백 원에서 6백 원으로 증액하는 한편, 후원회가 비회원 상대로 모금할 때 1회 1백만 원 이내의 익명기부를 허용하는 규정을 신설했다.

국회가 협상을 통하여 정치 관련법의 개정합의에 이른 것은 나름 큰 의의가 있다고 생각되었다. 중립내각이란 정치 환경이 상당한 촉진제 역할을 하였을 것이라는 점 또한 의심할 여지가 없을 터이다. 대통령선거법 개정 논의 자체가 지방자치단체장 선거 연기와 관련되었음은 전술한 바와 같다. 대통령 선거가 공정하게 이루어지기 위하여 단체장 선거가 필요하다는 야당의 주장에 대응하여 대통령선거법은 개정하는 것이 오히려 낫지 않겠냐는 대안을 대통령께서 제안하였던 것이다. 이와 같은 사정에 비추어 정치 관련법 개정에 대하여 청와대가 큰 관심을 두고 대처해 왔음은 말할 필요조차 없다.

국고보조금을 늘리는 정치자금법 개정안에 대하여 여론의 비판이 없

나 특정 후보 지지활동 등을 할 수 없게 제한하였다. 그리고 통·리·반장과 향토예비군 소대장급 이상의 경우 선거운동원이 되려면 대통령 임기 만료일 100일 전에 현직에서 물러나야 하며, 선거 후 6개월간 복직을 금지토록 하였다.

21 정당 추천 후보자와 무소속 후보자 간에 차등(5천만 원, 1억 원)을 둔 기탁금 액수의 위헌시비를 의식하여 3억 원 균일로 개정하였다. 후보자 가족은 운동원 신고 없이 선거운동을 할 수 있게 하고, 선거연설 횟수를 늘리고 연설회장에서 녹음기·녹화기 사용, 후보 선전용 노래 부르기, 표지판과 어깨띠·수기의 휴대·착용, 연호, 정지된 자동차 위 연설 허용 등으로 선거운동 활성화를 도모하였다.

지 않았을 뿐 개정안에 대한 언론의 태도도 긍정적이었던 같다. 나는 정치자금의 국고지원에 대하여도 당시 긍정적인 생각을 갖고 있었음을 기록해 두고 싶다. 정치자금이 필요한 이상 국고에서 공평하게 지원하는 편이 오히려 나을 것이라는 현실적인 생각 때문이었다.

이날 철도공사 발족을 연기하는 한국철도공사법 개정안 등 몇 개 법률안과 1991년도 세입세출 결산과 예비비 지출 승인안, 1992년도 제 1차 추가경정예산안 등이 통과되는 등 국회는 정기국회에 부과된 임무도 수행하고 있었다.

정기국회에서 처리해야 할 중요한 사안으로 추곡수매동의안이 있었다. 1988년부터 시행된 제도로서 추곡수매량 및 가격에 대하여 정부가 안을 마련하여 국회의 동의를 받아 농민들의 한해 벼농사를 마무리하게 하는 중요한 국사였다. 종래 이 문제는 정부가 동의안을 제출하기 전에 여당과 당정협의를 거치게 되어 있었다. 이번에는 중립내각이 출범되어 당정협의를 하지 않아도 되었다. 전년에 비하여 크게 달라진 것이었다. 먼저 법이 정한 바에 따라 10월 16일 양곡위원회가 개최되어 농민대표와 소비자대표 간에 격론을 벌인 끝에 매입 물량 850만~950만 섬, 매입가 7~9% 인상이란 결정안을 가결하였다. 이 안을 토대로 정부 관계부처 간에 논의가 이루어졌다.

사실 이 문제에 대해서는 전년도 결정 과정을 설명할 때 언급하였다시피 당과 국회 쪽에서는 농촌 표를 의식하여 가급적 농민의 의견을 반영하려고 노력했다. 그러나 정부에서는 재정 부담을 비롯한 경제정책 전반의 관점에서 타당한 선을 결정하여야만 했기에 당정 협의과정과 국회 심의과정에서의 절충이 매우 어려운 과제였다. 대통령께서는 10월 19일 본관수석회의에서 추곡수매 문제에 관심을 표명하시면서 정치권의 정치적 주장에 밀리지 않도록 노력하라는 지침을 말씀하였다.

이에 따라 경제수석과 수차 협의하고 의견을 교환해 왔으며 각 당의 동향도 파악하였다. 10월 29일 오전 7시 15분부터 삼청동회의실에서 추곡수매 관련 관계장관회의를 열고 지난해보다 5% 인상된 가격으로 850만 석을 수매하는 안으로 결정하였으며 그날 보고드려 재가를 받았다. 내 다이어리에는 이 결정에 앞서 전날(10월 28일) 21시 30분부터 1시간 동안 공관에서 경제수석과 만나 수매량 750만 석과 850만 석 안을 가지고 격론을 벌였다고 기록되어 있다. 10월 30일 국무회의에서 그대로 의결되었고 11월 2일 국회에 동의안을 제출하였다.[22]

이 안은 중립내각 덕택에 정치권의 영향이 배제된 가운데 결정된 것이었으나 당시 민자당은 8% 인상한 1천만 석, 민주 · 국민당은 15% 인상한 1,100만 석 안을 주장하여 큰 차이를 보이고 있었다. 국회에서의 심의과정이 순조롭지 않을 수밖에 없었다. 농수산위 심사를 통하여 정부안이 비판을 받게 되었으나 정부로서도 수매자금 재원 마련의 문제점 등을 거론하여 물러서지 않자, 국회 3당 정책위의장이 회동하여 단일안 마련을 시도하였다. 11월 10일 밤, 3당 정책위의장 회동에서 7~9% 인상 950~1천만 석 매수 쪽으로 의견이 모였다는 사실이 확인됨에 따라 11월 11일 11시 30분 경제부총리, 경제 · 정무수석과 함께 삼청동 식당 '골목집'에서 오찬 회동을 가졌다. 이 자리에서 정부안이 부결되어도 좋다는 배수진을 치는 가운데 3당이 합의한다면 가격 동결을 조건으로 100만 석 정도는 늘릴 수 있다는 선에서 논의가 이루어졌다.[23] 예산안 심의도 막바지에 이르러 마지막 절충이 이루어졌으나 추곡수매 문제가 예산안 심의에도 영향을 주고 있어 조속히 국회를 마무리해야 할 각 당의 입장도 어렵기만 하였다.

22 국회의 동의를 받기 전이라도 우선 11월 5일부터 석 달 동안 이 안대로 매입을 시작하게 되며 동의 과정에서 변동 상황은 추후 정산하도록 하였다.

23 3당의 논의상황과 골목집 회동 예정에 대해서는 이날 오전 열린 에너지절약 촉진대회에 참석차 출장하던 차 내에서 대통령께 보고를 드렸다.

11월 12일 밤 국회에서는 3당 정책위의장이 다시 회동하여 '추곡수매 가격 7% 인상, 960만 섬'안을 확정하여 정부에 통고해 왔다. 11월 13일 아침 대통령께 보고드렸으나 경제논리를 무시해서는 곤란하지 않겠느냐고 말씀하심에 따라 이날 오전 10시 40분 부총리 · 재무 · 농수산 · 정무1장관과 행정조정실장 그리고 정무 · 경제수석 등이 자리를 함께하여 최종 검토를 하였다. 다이어리에 의하면 나는 이 자리에서 화를 내었으며 일단 수정안 제출을 거부하기로 의견을 모았다. 이에 따라 경제부총리와 농수산부 장관은 이튿날 국회에서 일단 당 정책위의장과의 회담에서 3당 제의를 받아들일 수 없다, 재원이 마련되면 '5% 인상, 960만 섬' 안을 받아들이겠다는 입장을 고수하여 합의가 이루어지지는 않았다. 아무래도 정부가 조금은 물러서야 끝이 날 것이라는 느낌이었다. 11월 16일 본관수석회의에서 대통령께서는 추곡수매안 심의 및 예산안 심사 과정에서 그동안의 노력이 유종의 미를 거두도록 하라는 격려의 말씀을 하였다. 임기 만료가 임박한 대통령의 뜻을 받들어 경제부총리를 비롯한 국무위원들이 국회 예산 심의, 특히 추곡수매 문제를 협상하는 데 최선을 다하고 있었다.

11월 16일 예산안과 추곡수매동의안을 처리함으로써 정기국회를 마무리하겠다는 당초의 의사일정 계획도 11월 19일로 미루어질 수밖에 없었다.[24] 추곡수매안에 대한 절충이 계속됨에 따른 결정이었다. 이날 16시 반 서재에서 정기국회의 마지막 과제에 관하여 보고드렸다. 그동안 경제부총리의 막후 절충 등을 토대로 '추곡수매가 6% 인상, 960만 섬 수매'안에 대하여 재가받을 수 있었다. 곧바로 부총리에게 연락하였으며 정부의 당초 안보다 가격은 1%포인트 인상, 수매량은 110만 석 증가에 그친 안으로, 퇴임을 앞둔 정부로서 끝까지 최선을 다한 결과라 해도

24 11월 19일 오후에 방한하는 옐친 러시아 대통령의 국회연설이 예정되어 있었으므로 그 연설 뒤에 예산안 등을 마지막으로 처리하기로 한 것이다.

좋을 것 같았다.

예산안 심사는 예년에 비하여 심사기간이 짧았지만 그런대로 심사와 절충에 최선을 다하여 11월 18일 예결위를 통과하였다. 정부가 제출한 예산안의 총 규모인 38조 5백억 원은 증감 없이 원안대로 가결되었으나 다만 추곡 수매가격 인상과 수매량 증가에 따른 소요 예산 중 1,400억 원, 중소기업 지원자금 4백억 원 등 2천 4백억여 원이 증가되었고 예비비 601억 원 등이 삭감되었다. 정부로서도 크게 불만이 없었다고 기억된다. 마지막 정기국회가 잘 끝난 것이다. 물론 법안 심사는 짧은 회기 때문에 부득이 대통령 선거 이후로 미루어진 법안 등이 적지 않았다는 아쉬움을 남겼다.[25]

그리고 예산안·추곡수매동의안 처리가 민주당이 퇴장하고 민자, 국민 양당만이 참석한 가운데 통과될 수밖에 없었던 것도 또 다른 아쉬움이었다. 이는 김복동 의원 탈당사건 때문이었다. 이 사건과 관련하여 민주당 측이 김 의원의 본회의 출석 및 신상 발언과 노 대통령의 사과를 요구하며 회의에 불참하겠다는 입장을 고수하다가 23시 45분 개의된 본회의에 뒤늦게 참석하여 의사일정 순연을 요구하였으나 부결되자 퇴장하였다. 자정이 넘어 차수를 변경한 본회의에서 11월 20일 새벽 2시 15분경 예산안에 대해서는 찬반 토론 후 찬성 142, 반대 23으로 표결 통과하였으며, 나머지 추곡수매동의안과 소득세법 개정안 등은 표결 처리 없이 통과하는 절차를 밟았다.

25 아침수석회의 11월 12일 보고에 따르면 국회는 11월 11일 제 14차 본회의에서 법률안 9건과 동의안 5건 등 15건을 처리함으로써 총 43건의 법안만을 처리하였다는 것이다. 정기국회의 단축 운영에 따라 부득이한 것이라 할 수 있으나 매우 저조한 입법 활동이란 지적은 면할 수 없었다.

공명선거 다짐 3당 대표 초청 회동과 김복동 의원 탈당

전술한 대로 오랫동안 끌어오던 추곡수매동의안이 16일 오후 타결되어 한숨을 돌리게 되었다. 17일 오전엔 전력 수급에 큰 도움이 기대되는 서인천화력발전소 준공식에 참석한 뒤 11시 35분에 돌아와서 후임 검찰총장 문제도 의논할 겸 이정우 법무부 장관과 오찬을 함께 하였다. 18일 오후에는 옐친 러시아 대통령이 서울에 도착하여 19일부터 정상회담 등 외교활동을 하기로 예정되어 있었다. 이에 앞서 11월 18일 오전에는 대통령 선거 공고를 앞둔 시점에서 3당 대표와 3부 요인을 초청하여 공명선거 의지를 천명하고 적극 협조할 것을 요청하는 행사[26]가 열릴 예정이었다. 대통령 선거로 나아가는 중요한 길목이라 할 순간, 뜻밖의 일이 발생하여 며칠간 소동을 감내해야만 했다.

11월 17일 오후 출입기자로부터 김복동 의원에게 문제가 생겼다는 전화를 받고 김 의원과 육사 동기인 민정수석에게 연락해 확인하도록 했다. 16시경 김 의원의 고등학교 동기인 서동권 특보가 전화로 김 의원이 탈당 기자회견차 대구로 내려간다는 소식이 있어 공항으로 나가 만나보아야겠다고 하는 것이 아닌가. 무언가 다음 소식이 올까 기다리는데 대통령께서 인터폰으로 김 의원을 거명하며 행방을 확인하여 데리고 왔으면 좋겠다고 지시하셨다. 경찰에 연락하였다. 19시 30분경 동대구 톨게이트에서 김 의원을 찾아 형인 김익동 경북대 총장과 함께 서울로 돌아온다는 연락을 받았다. 이튿날 새벽 1시경 안가에 도착하였으며 새벽 4시까지 김 의원과 대담을 나눈 것으로 기록되어 있다.[27]

26 공명선거를 다짐하는 행사로서 당초 입후보자를 초청하는 방안이 검토되었으나 입후보가 많을 것이라 예상되었고, 공고에 앞서 3당 대표를 상대로 회동하는 것이 좋겠다는 판단에 따라 계획된 행사였다.

27 이날 회동 참석자는 김익동, 금진호, 김복동, 서동권과 나로 되어 있으며 합동 토의 그리고 서 특보와 김복동 의원의 단독대담이 있었다고만 다이어리에 기록되어 있다. 대담 내용은

오전 6시 20분 기상하였으며 10분 후에 대통령의 전화를 받고 간밤의 대화결과를 요약, 보고드렸다. 대통령의 뜻에 따르겠다고 했으며 다만 민자당 내에서의 입지와 본인의 체면문제에 대해 어려움을 토로한다는 내용이었다. 이 보고에 따라 7시 30분 김 의원은 김익동 총장, 금진호 의원과 함께 관저로 대통령을 방문하였으며 그 자리에서 가족모임이 진행되었다. 가족모임이 진행되는 동안 정무·공보수석과 안기부 손진곤 차장 등에게 보도대책을 강구하도록 하는 한편 국무총리에게 사건경위를 보고하도록 조치하였으며 8시경 관저에 도착한 서 특보 및 뒤따라 도착한 공보수석과 의논하여 가족회의 결과를 토대로 탈당하지 않을 것이라는 보도자료가 작성되어 배포되기도 하였다. 이날 아침수석회의에서도 이 문제가 거론되어 내가 동석한 수석들에게 그간의 경위를 설명해 주어야만 했다.

전술한 바와 같이 이날 11월 18일 10시부터 3당 대표와 3부 요인을 초청하여 공명선거를 다짐하는 한편 대선정국 상황에 대한 의견을 교환하기 위한 회동이 계획되어 있었다. 이같이 중요한 만남을 앞둔 때에 김복동 의원 사건이 일어나 밤을 새워 가며 대책을 숙의하였으며 새벽부터 그 마무리를 위해 노력하는 상황이었다. 가족모임에서 의견이 정리되어 가고 있으나 확실한 마무리가 되지 않은 상태에서 3당 대표 등과 얼굴을 맞대지 않을 수 없게 되었다. 나에게는 참으로 조마조마한 시간이었다.

이날 10시부터 1시간 남짓 진행된 3당 대표 등과의 대담 내용은 공보수석의 발표로 당시 언론에 자세히 보도되었다. 김대중 및 정주영 두 야당 대표는 모두 중립내각에 확실한 신뢰를 표명하면서도 금권선거, 흑색선전 등에 대한 우려와 함께 선거법상 규제가 엄격하다는 데 불만을

기억나는 것이 전혀 없으며 기록 또한 없음을 밝혀 둔다. 다만 대담 결과를 요약, 보고한 것만 기록되어 있다.

표시하였다. 대통령과 현승종 총리가 최근에 국회에서 여야 합의로 선거법이 개정되었음을 상기하면서 정부에서 제출한 규제를 완화하는 선거법 개정안 내용이 개정 법률에 반영되지 않았음을 지적하자 3당 정책위의장이 조속히 회동하여 개정 여부를 검토하자는 쪽으로 의견이 모아졌다.[28]

이와 같은 건설적인 대화에도 불구하고 정주영 대표가 '김복동 의원 연행' 문제를 제기하고 김대중 대표가 공권력 동원의 잘못을 지적하여 한동안 어색한 분위기였음은 참으로 옥의 티라고 하지 않을 수 없었다. 대통령께서는 이 문제에 대하여 피해 가지 않았으며 자초지종을 진솔하게 설명하였다. 갑작스러운 탈당 소식에 놀랐고 가족들도 당황하여 진상을 알아보기 위하여 행방을 알아보았으나 찾을 수가 없어 경찰에 의뢰한 결과 대구 톨게이트에서 찾았으며, 형인 김익동 총장의 권고로 함께 서울로 상경하였고 가족들의 권유에 따라 탈당하지 않기로 마음을 바꾼 것으로 알고 있다는 취지였다.

정 대표는 가족들이 한 일이라면 이해할 수 있으나 본인의 직접 해명이 필요하다고 하였으며 대통령께서는 그렇게 할 것이라고 설명하여 일단락되는 듯하였다. 동석한 김대중 대표가 가족 문제에 경찰을 동원한 것이 문제라고 지적하는 바람에 여운을 남기는 가운데 회동이 끝났다. 이 자리에서 대통령께서는 대통령이 중립을 지킨다고 주변 사람들을 집적거리는 일은 도리상 바람직하지 않으니 모두 정상적이고 상식적인 정치를 했으면 좋겠다는 말씀도 하였다.

이 일은 결국 김복동 의원이 탈당하여 국민당에 입당하는 것으로 종

28 실제로 이날 오후 국회의장실에서 3당 정책위의장 회담이 민자당 이인제 의원, 민주당 박상천 의원, 국민당 변정일 의원 등 전문가들이 참석한 가운데 개최되었으며 포괄적 제한규제 완화 문제, 타 후보에 대한 허위사실을 유포할 시 처벌을 강화하는 문제 등이 논의되었으나 시일이 촉박하다는 이유로 법 개정은 하지 않기로 합의되었다.

결되었다. 11월 21일 본인이 기자회견을 통하여 자초지종을 설명하였으며 가족들의 걱정과 의견 제시로 약간의 곡절을 거친 끝에 당초 본인이 뜻한 대로 민자당 탈당과 국민당 입당이 실행된 것이다. 그동안 정치적 공방이 있었으나 민자당이 김 의원의 탈당을 굳이 만류할 이유가 없다고 태도를 정리하였으며 대통령께서도 11월 19일 오후 본인의 의사가 확인된 이상 존중하는 것이 옳다는 쪽으로 입장을 정리하심에 따라 하나의 해프닝으로 끝나고 말았다. 관련 당사자라 할 수 있는 국민당이 독자적으로 결정함에 따라 예산안 의결에 참석했음에도 민주당이 큰 호재라도 만난 것처럼 정기국회의 중요 의사결정에 불참한 것은 정치의 특성상 불가피한 일이었을까?

사실 이와 같이 '처남' 일로 고심을 거듭하는 가운데 전술한 바와 같이 여야 지도자와 공명선거를 걱정하는 모임을 주재하였다. 또 후술하는 바와 같이 러시아 대통령으로서는 처음으로 우리나라를 국빈방문한 보리스 옐친 대통령과의 중요한 정상회담을 원만하게 수행해야만 하는 대통령의 모습을 가까이서 목도해야만 했다. 내 심정은 그야말로 착잡하였다. 대통령께서도 회고록에서 이 일을 언급하면서 "나는 이때처럼 정치에 환멸을 느껴 본 적이 없다. '자연인 김복동'은 인품이나 능력 면에서 뭇사람들의 신뢰와 존경을 받아 왔다. 하지만 정치인이 되고 나서는 상처를 많이 입었다. 정치 불신이 다시 한번 내 가슴속에 자리 잡았다"[29]라고 회고한다.

물론 대통령께서는 김 의원이 새로이 정치활동을 시작한 민자당에서 순조롭게 정착하여 정치인으로서 발전하기를 기대하고 있었다. 박철언 의원의 탈당에 이어 김복동 의원마저 떠나 버리는 일이 벌어진 것이다. 대통령께서 그들의 장래에 대하여 걱정하신 끝에 판단하는 것이 결코 대통령 자신의 입장만을 고려한 것이 아님에도 불구하고 당사자들은 자

29 노태우(2011), 《노태우 회고록(상): 국가, 민주화, 나의 운명》, 조선뉴스프레스, 543쪽.

신들의 뜻대로 다른 길을 걷는 것이었다. 내가 보기에도 국민당으로 가는 것이 별로 좋은 선택으로 보이지 않았다. 만에 하나 다소 손해가 되더라도 대통령의 뜻을 존중하는 처신이 바람직하다는 생각마저 드는 것이었다.

아무튼 11월 17일 기자회견 시도로 시작된 김복동 의원 탈당 사건은 11월 21일 김 의원의 기자회견으로 일단락되었다.[30] 11월 23일 월요일 아침수석회의에서 공보수석은 이 사건과 관련하여 "김 의원이 '납치', '강제상경', '대통령의 중립의지', '민자당 잔류 성명서' 등에 관해 적절히 해명함에 따라 일단 언론보도상으로는 김 의원 사건이 마무리된 것으로 보인다"라고 보고하였다.

한일 및 한 · 러 정상회담 기타 외교 활동

임기를 수개월 남기고 있던 4/4분기 중에도 대통령의 대외 외교활동은 여전히 활발하였다.

10월 13일 오전 청와대에서는 보두앵 벨기에 국왕 내외분의 공식 방한에 즈음하여 환영행사와 정상회담이 열렸다. 벨기에는 일찍이 우리 정부가 수립됨과 동시에 우리나라를 승인해 준 오랜 우방이며 6 · 25전쟁 때는 우리를 돕기 위하여 파병한 나라이기도 하다. 이같이 전통적 우방의 국가원수인 국왕이 한국을 공식방문한 것은 매우 뜻깊은 일이었다. 한국과 유럽공동체 국가와의 협력관계 발전과 한 · 벨기에 경제통

30 김복동 의원은 기자회견에서 '납치'라는 말은 상의 차원에서 수소문한 것이 와전된 것이며 대통령의 중립의지는 변함없을 것이라 믿는다고 답변하였으며 압력을 받은 일도 없다고 해명하였다. 이날 관심의 대상이 되었던 무소속 정호용 의원은 민자당에 입당하고 기자회견을 하여 신문에 동시 보도되었다. 김복동 의원은 노 대통령과 정호용 의원의 경북고 1년 후배지만 육군사관학교는 11기로 같이 입교하여 군 복무기간 중 서로 친히 지내 온 사이다.

상협력 증진 등 공동관심사에 대하여 우호적인 의견교환이 있었으며 특히 노 대통령은 북한의 핵문제를 비롯한 한반도 주변 정세와 아·태지역의 협력 현황 등을 설명하고 구주통합이 역외 국가에 대하여 배타적인 협력체가 아니라 개방체로 발전해 나가기를 희망한다고 말하였다. 이날 저녁 영빈관에서 개최된 국빈만찬은 민속공연을 곁들여 3시간가량 계속되었다.

11월 8일 일요일 노 대통령은 일본을 방문하여 교토京都에서 일본 미야자와 수상과 오찬 회담을 한 뒤 당일 귀국하는 새로운 형식의 한일 정상회담을 가진 바 있다. 이미 제6장에서 언급했다시피 일본과의 사이에 비공식방문에 의한 정상 간의 접촉을 자주 가지는 것이 바람직하다는 대통령의 뜻이 구체화되어 어렵사리 결실을 본 것이었다. 그동안 여러 공식적·비공식적 경로에 의한 탐색과 교섭결과 임기 종료를 3개월여 남긴 시점에서야 성사가 되었다. 만시지탄晩時之歎이 없지 않았다. 아니나 다를까 10월 22일 일부 언론에 보도되면서 이 외교행사에 대한 여론은 호의적이지만은 않았음을 알 수 있어[31] 임기 말에 무슨 외유外遊냐는 시각 또한 적지 않았다. 비서실에서는 이 문제로 언론에 대한 설명을 강화하기 위하여 힘을 모았다.[32] 공식발표에 앞서 취지를 설명하고 유럽 정상들의 회담 사례 등을 모아 차분하게 설득하고자 노력하였다. 그 밖의 행사 준비, 특히 기자들의 취재활동이 원활히 이루어지도록 하기 위해서도 최선을 다하였다.

11월 8일 교토 한일 정상회담은 통상의 정상회담과는 확연히 다른 것

31 예컨대 10월 22일 〈조선일보〉가 11월 15일경 한일 정상회담이 있을 것이라고 보도하였으며 10월 23일에는 11월 8일 회담이라며 좀 더 사실에 접근한 보도를 하였으나 동일자 사설은 비판적인 시각을 드러내었다.

32 이 회담 준비를 위하여 10월 14일, 22일 궁정동에서 정부대책회의가 열렸으며(청와대 관계수석, 안기부, 외무부 등이 참석) 10월 23일, 27일, 30일 아침수석회의에서 준비상황에 대한 마무리 토론을 한 것으로 기록되어 있다.

이었다. 하루 동안의 비공식 방일 회담이었기에 영부인을 동반하지 않았다. 나도 수행원 명단에서 제외되었다. 청와대 비서실에서는 외교안보·의전·공보 등 3명의 수석과 이양 외교비서관만이 수행하였다. 외무부에서도 외무부 장관, 주일 대사, 아주국장 등이 수행하였을 뿐이었다. 항공 편도 국내용 대통령 전용기를 이용하였다.

8시 10분 청와대를 출발하여 8시 45분 서울비행장을 이륙하는 전용기를 전송하였으며 그날 18시 3분 같은 비행장에서 귀국하시는 대통령을 영접하여 19시 청와대 관저에 도착하였다. 하루 동안 국내에 별다른 이상이 없었으며 여의도 고수부지에서 개최된 전국노동자대회도 무사히 끝났음을 보고드림으로써 하루의 일정이 무사히 완료되었다.

일본에서의 회담 내용에 대해서는 내가 수행하지 않았으므로 언급을 생략하고자 한다. 대통령께서 탑승한 전용기는 10시 50분 일본 오사카공항에 도착한 뒤 헬기 편으로 교토로 이동해 교토 비행장에서 승용차편으로 11시 10분 회담장소인 쓰루야(학의 집)에 도착하였고, 11시 반부터 13시 20분까지 실시된 단독회담은 13시 25분부터 14시 35분까지 확대회담 및 오찬으로 이어졌다. 대통령께서는 15시에 교토를 출발하여 오사카에서 30여 명의 교민대표를 접견한 뒤 16시 40분 오사카 공항을 출발하여 귀국길에 오른 것이었다.[33]

이와 같이 간소하게 비공식으로 개최된 한일 정상회담은 급변하는 국제정세에서 한일 양국 정상이 형식에 구애되지 않은 첫 모임을 통하여 보다 차원 높은 '세계 속의 한일관계'를 구현해 나가고자 하는 의지를 과시하였다는 평가를 받았다. 이와 같은 새로운 형식의 한일 정상회담이 계속되기를 간절히 바라는 뜻에서 시도한 회심의 외교행사였다. 2차 세계대전 후 오랫동안 앙숙관계였던 독일과 프랑스의 빈번한 정상회담이 EU로 발전되어 이 지역 평화와 번영에 주춧돌이 되었음을 모델로 한 시

33 자세한 회담 내용은 이상옥, 앞의 책, 706쪽 이하.

도이기도 하였다.[34]

한일 간이 평온해지면 동북아 안정에 바탕이 될 수 있고 역사 이래 오랫동안 복잡한 은원관계恩怨關係를 맺어온 동양 3국, 즉 한·중·일 관계에 획기적인 발전이 이룩될 수 있다는 바람에서 시작된 만남이었다. 5년 단임 대통령이 임기 내에 이루어낼 수 있는 꿈은 아니었다. 전임 대통령이 시작한 일을 후임 대통령이 존중하여 이어갈 때 비로소 꽃을 피울 수 있는 것이 아니겠는가. 뒷일은 잘 알지 못하거니와 내 기억으로 이 행사는 후임 김영삼 대통령 때 한 번 제주도에서 행해진 것으로 안다. 그 뒤로는 어떻게 되었는지 모르겠으나 오랫동안 복잡하게 얽힌 한일관계 때문에 우리가 당시 의도하였던 대로 진전되지 못한 것이 아쉽지만 부득이한 일이 아닌가 생각한다. 그러나 멀리 보면 또다시 시도되고 성취되어야 할 일이 아니겠는가. 5년 단임 대통령제의 부족한 점을 보완하는 뜻에서라도 더욱 그렇게 믿고 있다.

러시아 옐친 대통령이 서울을 국빈방문한 것은 11월 18일 오후였다. 옐친 대통령은 이날 15시 30분 특별기 편으로 서울공항에 도착하여 현승종 총리·이상옥 외무부 장관의 영접을 받은 뒤 동작동 국립묘지를 참배·헌화하였다. 이튿날인 19일 오전 10시 청와대에서 공식 환영행사가 거행되었으며 잇달아 10시 15분부터 12시까지 단독정상회담을 가졌으며 준비된 기본관계에 관한 조약 서명식과 약 10분간의 확대회담으로 청와대에서의 첫 만남이 끝났다. 옐친 대통령은 경제 4단체장이 주최하는 양국 경제인 오찬에 참석한 뒤 14시 30분에 국회를 방문하여 국회의장을 비롯한 3당 대표 등 여야 정치지도자와 인사를 나누었으며 약

34 이 회담에 앞서 11월 4일 자 〈산케이신문〉은 정상회담의 새로운 패턴으로서 바람직하다는 긍정적인 시론을 게재하였으며 회담 후 국내 전 신문 및 방송들이 일제히 머리기사로 보도하면서 사실 위주의 긍정적인 보도가 되었다고 아침수석회의에서 공보수석이 보고하였다(11월 6일 및 11월 9일 아침수석회의 기록 참조).

30분에 걸쳐 10여 차례 박수를 받는 가운데 본회의 연설을 하였다. 이날 연설은 매우 감동적이었다는 평을 받았다.

17시부터는 청와대 코트에서 양국 정상 친선 테니스시합을 열었으며 나는 이 시합을 관람하였다. 18시 15분부터는 영빈관에서 국빈만찬이 있어 민속공연을 포함하여 22시까지 계속되었다. 이 자리에서 "옐친 대통령의 여러 제스처가 감명 깊었다"고 다이어리에 기록되어 있다. 이튿날 오전 삼성전자 공장을 방문하였고 15시부터 40분간 한·러 정상 공동 기자회견을 끝으로 서울공항을 출발해 귀국길에 올랐다.

옐친 대통령은 당초 일본을 방문한 뒤 9월 16일부터 18일까지 서울을 방문하기로 예정되어 있었다. 그러나 서울 방문에 앞서 예정된 9월 13일~16일 일본 방문이 양국 간의 북방영토에 대한 견해 차이로 취소됨에 따라 한국 방문도 연기될 수밖에 없었다. 새로이 조정된 방한 일정은 옐친 대통령으로서는 아시아 국가 가운데 일본 방문 없이 첫 방문국으로 한국을 택하며 결정된 사안이었다. 우리나라로서는 고르바초프 대통령의 제주도 방문에 이어 두 번째 러시아 대통령의 방문이나 서울 방문은 처음이 되는 뜻깊은 방한이었다. 옐친 대통령의 방한으로 실현된 한·러 정상회담에서 다루어진 여러 가지 문제에 대해서는 상세한 설명을 생략하거니와 그 대강만을 열거해 두고자 한다.

당시 러시아로서는 공산주의를 포기하고 정치·경제적 개혁을 추진하고 있었으므로 그에 대한 고충을 토로하면서 가능한 협조를 요구함에 따라 북방정책을 힘차게 추진해 온 노 대통령의 입장에서 개혁하고자 하는 러시아의 노력에 지지와 협력을 아끼지 않겠다는 의지를 표명함으로써 매우 우호적인 회담 분위기가 조성되었다. 구체적으로 옐친 대통령이 제시한 23개 프로젝트, 러시아의 채무 문제와 경협차관 재개, 남북한 관계와 북한 핵문제, 군사분야 협력 문제, KAL기 블랙박스와 한국전쟁 관련 자료, 한국계 러시아인 처우 문제, 서울의 구 러시아 공관 문제, 일본과 러시아의 관계 등이 토의되었다. 양국 간의 많은 공통점을 찾기 위한 노력이 계속되었다.

이와 같은 회담의 진행과 더불어 한・러 기본관계조약 서명과 KAL기 블랙박스 전달 같은 이벤트도 진행되었다. 기본관계조약 서명은 고르바초프 대통령이 제주도 한소 정상회담에서 거론하여 그동안 교섭 끝에 결실을 맺은 것이었다. KAL기 블랙박스 문제는 1983년 9월 소련 전투기가 미국에서 한국으로 비행 중이던 민간 항공기 대한항공 007편이 영공을 침범했다는 이유로 격추하여 많은 인명피해를 일으킨 사건이었다. 이 문제가 제대로 해결이 되지 않은 채 긴 세월이 흘렀으며 한국 정부로서는 확실한 진상규명을 위해 블랙박스를 확보할 필요가 있었다.

9월 9일 노 대통령께서 옐친 대통령과 통화하는 가운데 이 문제가 논의되었고 옐친 대통령은 KAL 007기 격추사건에 대해 유감을 표시하고, 블랙박스 내용을 알려 주겠다며 특사 파견을 제의한 바 있었다. 이 제의에 따라 한국 측의 장상현 교통부 차관이 특사로 선정되어 10월 14일 모스크바에서 일부 자료를 받아온 일이 있었다. 뿐만 아니라 옐친 대통령은 방한할 때 KAL기 블랙박스를 직접 가져오겠다고 연락하였으며 실제로 KAL 007기의 블랙박스와 조종사 녹음테이프가 든 가방이 노 대통령에게 전달되었다. 그러나 옐친 대통령이 귀국한 후 블랙박스를 확인한 결과 중요한 내용물인 비행정보기록FDR: Flight Data Recorder이 빠져 있는 등 우리가 기대하던 것에 못 미친다는 사실이 밝혀졌다. 이에 외교 경로를 통해 확인하는 절차를 거치면서 러시아 측이 미리 자세한 자료 내용을 설명하지 못한 데 대해 유감을 표시함과 함께 어떻게 된 경위인지 설명을 듣게 되었다. 개운치 못한 일이 벌어진 것이다.[35]

아무튼 여러 가지로 문화와 행동양식에 차이가 있는 나라를 상대할 수밖에 없는 것이 외교임을 확인하면서 웃어넘길 수밖에 없는 일이었다.

35 자세한 경위에 대해서는 이상옥, 앞의 책. 838~842쪽 참조.

북방정책 평가 보고회의

11월 24일 오전 9시 반부터 청와대 영빈관에서 북방정책 평가보고회가 개최되었다. 정부, 정당, 언론, 학계, 경제·사회단체 등의 대표 230여 명이 참석한 가운데 노 대통령께서 취임 후 정력적으로 추진하여 큰 성과를 거둔 북방정책을 평가하고 향후 방향에 대하여 전망하는 모임이었다. 오전 내내 계속된 이날의 회의는 먼저 현승종 총리의 인사말로 시작되었다. 통일원, 경제기획원, 외무부의 각 장관이 정부가 추진해 온 북방정책의 성과를 보고했으며 럭키금성정보통신, 진웅(주), 삼성전자 등 기업이 소련, 헝가리, 중국, 베트남 등 북방지역에 진출하여 성공한 사례를 VTR로 설명하였다.

마지막으로 연세대 동서문제연구원, 대외정책연구원, 민족통일연구원이 북방정책의 향후 방향과 과제를 연구 보고하였다. 이어 관련 유공자에 대한 포상이 있었다. 노 대통령께서는 "북방정책이 성공적으로 추진된 것은 정부뿐만 아니라 기업, 학계, 언론, 민간단체 등 나라 각 분야 여러분의 헌신과 지원에 힘입은 덕분"이라고 말씀하시면서 "오늘 포상에서 정부 밖의 분들을 포상하게 된 것도 북방정책과 관련된 민간부분의 역할에 대한 정부의 인식과 감사의 표현이라"고 강조하였다.

먼저 보고 내용과 관련하여 기업들의 사례 보고는 우리 기업의 해외 진출에 큰 교훈이 될 것이며 연구기관의 보고서 역시 정부의 향후 정책 방향 모색에 훌륭한 참고가 될 것이므로 관계장관들은 오늘 보고된 내용을 자세히 검토하고 적극 수용하여 〈북방정책의 향후 과제와 전략에 관한 합동보고서〉를 마련해 보고하라는 대통령의 지시 말씀이 있었다.

이어 대통령께서는 감개에 찬 어조로 그동안의 경과를 회고하였다. "우리는 서울올림픽에서 냉전체제의 와해 기미를 앞서 보고 능동적으로 대처하여 세계 격변이 시작되기 전부터 북방정책을 개시했다. 1989년 헝가리 방문으로 본격화되어 1990년 한소 샌프란시스코 정상회담과 모스크바 방문, 1991년 제주도 한소 정상회담을 거쳐 금년 한중 수교에 이은 북경 방문으로 일단 대단원을 내렸다, 1990년 9월 청와대에서 북한의 총리를 맞을 때는 세상 참 많이 변했다고 느꼈다"라고 말씀하였다. 특히 "이러한 큰 변화를 우리가 주도하였으며 어찌 보면 공산권의 붕괴라는 세계사의 진전도 우리가 촉진했다"고 말씀하면서 "그 공로자는 바로 우리 온 국민"이라고 거듭 치하의 말씀을 아끼지 않았다.

북방정책의 의의에 관해 첫째, 능동적·창조적 외교로 전방위 외교를 개화시켰으며 그 과정에서 40여 개국과 수교함으로써 동북아지역의 핵심국가로 등장, 이제 한반도는 대륙과 해양을 잇는 중심지역이 되었다, 둘째, 북방대륙의 방대한 시장을 개척하였으며 그 결과 이 지역에 대한 수출이 50%나 증가하고 흑자를 기록하고 있으나, 앞으로 중국이 우리의 제1무역상대국이 될 가능성이 있으며 천연자원과 첨단기술을 보유한 러시아는 매우 중요한 경제파트너가 될 것이다. 셋째, 북방정책은 국가안보에도 크게 기여하였으며 이는 러시아·중국과의 관계 개선으로 북한의 도발 기도가 봉쇄되고 있다는 점, 러시아와 북한과의 동맹조약이 사문화되고 북핵 개발 저지에도 앞장서고 있다는 점에서 확인할 수 있다. 넷째, 가장 중요한 성과는 통일로 나아가는 큰 길이 열렸다는 사실로, 통일의 외적 장애가 제거되고 남북한 유엔 동시가입과 〈남북기본합의서〉 발효로 남북관계에 관한 새 시대가 열렸다는 것이다.

결론적으로 "북방정책은 민족 통일, 국가 번영, 나라 위상 제고에 새 지평을 연 것으로 평가될 수 있으며 그런 점에서 지난 5년은 우리가 민족자존의 바탕을 마련하여 민족사에 큰 이정표를 세운 기간이 되었다, 나아가 동북아에도 냉전시대를 청산하고 화해와 협력이라는 세계사의 큰 조류가 확산된 것으로 세계사적으로 큰 의미가 있는 기간이었다"고 요약하셨다.

나아가 대통령께서는 북방정책의 방향과 관련하여 첫째, 남북관계를 건전하게 진전시켜 통일시대를 본격적으로 열어야 할 것이며, 둘째, 북방세계를 국가적 번영을 이룩하는 새 활로로 삼아야 하며, 셋째, 통일

외교로 추진하여 주변국들에게 한국의 통일이 그들에게 큰 도움이 될 것을 확신시켜 나가야 하며, 넷째, 무엇보다도 대내적으로 통일에 대비한 역량을 쌓아 나가야 할 것이며 이는 경제적 토대 마련, 국민 화합, 통일국가 경영을 위한 체제 구축과 인재 양성으로 이루어지는 것이라고 말씀하였다. 마지막으로 북방정책은 완성된 것이 아니라 새로이 시작하는 것이라고 하시면서 2010년 통일한국이 세계 7대 선진국의 하나로 도약할 수 있다는 관계연구소의 연구를 인용하여 그것이 우리의 목표가 되어야 한다고 마무리 말씀을 하였다.

이날 보고회의에 이어 대통령께서는 북방정책의 장래에 대해 연구 보고한 3개 연구기관의 김달중(연세대 동서문제연구원), 유장희(대외경제정책연구원), 이병룡(민족통일연구원) 등 세 분의 원장을 초청해 나와 외교안보·공보수석이 배석한 가운데 백악실에서 오찬을 함께 하셨다. 임기 5년 동안 21개국 25만km에 달하는 정상외교를 펼치며 40여 개국[36]의 새로운 수교국을 탄생시킨 북방외교는 참으로 찬란한 것임을 회고하며 미래 한국의 청사진을 화제로 담소하는 감격스러운 자리가 되었다.

경제정책 챙기기: 7·8차 제조업 경쟁력강화 대책회의 그리고 경제장관회의

임기 후반을 맞으며 대통령께서 경제 챙기기에 힘을 쏟아왔다는 것은 이미 여러 번 언급한 바와 같다. 4/4분기에도 같은 기조가 유지되었음은 두말할 나위 없는 일이다. 그럼에도 불구하고 중립 선거관리 내각 발

36 1992년 11월 23일 당시 41개국(체코슬로바키아가 체코와 슬로바키아로 나누어진 것을 2개로 계산)과 새로 수교하였으며 그 뒤 12월 중 남아프리카공화국, 그루지야, 베트남과 수교함으로써 6공 출범 후 총 45개국과 새로 수교하였다.

족이란 큰 정치사건의 영향을 받지 않을 수 없었다. 4월 1일 및 7월 1일 분기가 시작한 첫날 개최되었던 제조업 경쟁력강화 대책회의는 10월 20일에야 열릴 수 있었다. 중립내각이 발족되기를 기다릴 수밖에 없었다. 금년 들어 세 번째이자 전체적으로는 7번째가 되는 제조업 경쟁력강화 대책회의는 10월 20일 오전 9시 30분부터 11시 45분까지 개최되었다. 이날 회의의 참석자나 회의 진행경과 및 대통령의 말씀 내용에 대하여 내 다이어리는 백지 상태이다.[37]

내가 접근할 수 있었던 자료에 따르면 이날 최각규 부총리가 제조업의 설비투자를 촉진하기 위한 자금지원 내용과 계획에 대하여 구체적인 액수를 제시하는 등 자세히 보고하였으며, 인력양성을 위한 이공계 대학 4천 명, 전문대 1만 540명의 증원과 실업계 고교 494학급 증설방안 등을 확정한 것으로 되어 있다. 대통령께서는 "투자가 위축되어 성장잠재력이 떨어지는 일이 없도록 설비투자 동향을 주기적으로 점검, 적절한 대책을 추진하라"고 지시하셨다고 기록되어 있다.

제조업 경쟁력강화 대책회의는 대통령 선거가 끝난 뒤 12월 23일 제 8차 회의를 개최함으로써 막을 내리게 되어 노 대통령의 경제정책 중 가장 역점을 둔 부분의 하나라고 기록될 수 있을 것 같다. 이날 회의 역시 영빈관에서 개최되었으며 경제부총리, 상공 장관의 보고, 한국전자, 금성산전, 자동화설비업체 엔트 등 기업보고에 이어 유공자 표창이 있었다. 이어 대통령 주재로 진행된 토론에서 〈중앙경제신문〉 장형로 논설위원은 그동안 추진된 제조업 경쟁력강화책의 성과가 좋다고 하면서 고통분담의 공평성과 민간 주도에 대하여, 금성엘렉트론 문정환 사장은 내년 수

37 전날 밤 국회운영위원 등과의 만찬행사에서 과음한 탓으로 이날 회의에 참석은 하였으나 다이어리에 "속이 좋지 않아 오찬행사 불참", "12시~15시 공관 휴식, 서류 보기"라는 기록만 남긴 채 평소와 달리 아무런 기록이 없다. 나는 공직생활 중 음주를 조심하는 편이었으나 이날 어떤 일 때문이었는지 기억나지 않는다.

출 신장을 전망하면서 기술개발과 시설 투자자금 지원, 드램 이외의 품종 다양화와 시장 다변화에 대하여, 한국특수공구노조위원장은 근로자의 주택마련과 근로자 책임을 각각 강조하는 의견을 표명하였다.

서울대 경영대학 최종태 교수는 국력은 경제력이며 경제력은 기업력이라는 전제에서 기업은 생물체로서 생존하기 위하여 환경의 영향을 받을 수밖에 없으며 그런 뜻에서 정치도 기업의 중요한 환경으로서 제조업 경쟁력의 요소로 검토되어야 한다고 말하였다. 지난 선거에서 현대그룹의 문제도 이런 관점에서 기업과 정치의 관계에 대한 근본적인 원인 분석, 그리고 기업과 정부의 대책을 마련하는 것이 필요하다, 기업의 경쟁력 회복은 정치의 정치 차원의 대책과 별도로 기업의 상황윤리에 입각한 해결이 되어야 한다, 경영인은 사기 관리를 통하여 경영에 복귀토록 해야 한다고 토론하였다. 기아경제연구소 이종대 소장은 최근 기업 경영 여건이 금리인하(연 19%에서 13%로), 임금안정, 기술개발, 5대 더하기 운동 등으로 호전되는 것 같다고 조심스러운 낙관론을 개진하였다.

대통령께서는 그동안 제조업의 중요성에 착안하여 이를 널리 인식시키고 경쟁력강화를 위한 여러 정책을 일관되게 추진해 온 것을 회고하면서 국민들의 단결과 화합으로 대통령 선거가 무사히 끝난 데 대하여 큰 보람을 느낀다고 말씀하였다. 무엇보다도 기업·근로자·정치인 등의 고통 분담과 근검절약, 비가격정책인 보약정책, 즉 기술개발, 기술인력, SOC, 공업용지 등 분야의 중요성을 다시 강조하였다. 사실 제조업 경쟁력강화를 위하여 8차에 이르는 대규모 회의를 꾸준히 계속한 것은 임기 후반 2년 동안 가장 역점을 두고 추진해 온 정책이었다. 정책의 성질상 단기간에 효과가 나기를 기대할 수 없지만 나는 감히 노 대통령의 업적 중 어떤 것 못지않게 으뜸가는 것으로 기록되어 마땅하다고 이 순간까지 생각한다.

경제정책이 제대로 집행되기 위해서는 한시라도 긴장을 늦출 수 없었다. 한 달에 한 번 경제장관회의를 개최한다는 것은 집권 후반기 비서실의 중요한 과제였다. 10월 한 달간 워낙 다른 일정이 바빠 제조업 경쟁력강화 대책회의에서 경제장관들과 마주할 기회를 가졌을 뿐이었다. 경제장관회의는 11월 26일과 12월 1일 두 차례 경제현안 보고회의로 진행될 수밖에 없었다.

첫 번째 11월 26일 오전 10시부터 1시간 동안 청와대에서 개최된 경제부처 보고는 총리, 경제부총리, 재무・상공・동자・노동・체신・과기처 장관 등이 참석하였다. 이 자리에서는 먼저 현승종 총리의 인사말에 이어 대통령과 경제장관들 사이에 문답형식으로 현안 과제에 대응하기 위한 정책을 점검하는 차례가 있었다. 먼저 경제기획원 장관에게 한・러 정상회담 후속조치 추진상황, 세계경제질서 개편에 대한 경쟁력 강화 대책, 5・8조치 및 산업 합리화 조치 등의 마무리에 관하여 문의하였으며 재무부 장관에게 위조CD 사고에 대한 조속한 수습과 제도 개선, 그리고 금권선거 대책을 주문하였다. 상공부 장관에게는 무역수지 개선대책을 능동적, 적시적으로 강구할 것과 함께 선진국 시장점유율이 하락하는 데 대하여 대책을 세울 것을 강조하는 한편, 노동부 장관에게는 산업인력이 정치활동에 투입되는 문제에 대한 대책과 함께 임금안정, 총액임금제 등이 구현되도록 지시하였다.

이와 같은 문답을 통해 당면문제에 대해 소홀함이 없도록 촉구한 뒤 대통령께서는 동석한 경제장관들에게 먼저 그동안의 노력으로 물가는 4%로 안정, 국제수지 40억 달러 개선, 시중 금리는 20%에서 13%로 대폭 하향되어 가고 있을 뿐만 아니라 노사관계도 안정되는 등 경제 전반이 바람직한 방향으로 호전되어 가는 데 대하여 관계장관들의 노고를 치하한다는 격려의 말씀을 하였다. 이제 임기 만료가 다가오는 시점에서 현안과제, 마무리할 일들을 정리하여 하나하나 챙겨주기 바란다고 주문하였다. 끝으로 현재 세계는 경제전쟁의 시대를 맞고 있으며 각 국가 간에 경쟁이 매우 치열해지고 있는데 미국의 새 대통령 클린턴이

SOC, 제조업 경쟁력, 재정적자 문제를 거론하는 것을 보면 우리가 지난 2년 동안 역점을 두고 추진해 온 경제정책이 바로 그 해답이 되는 것을 확인할 수 있다고 말씀하면서 우리의 현재 경제상황이 성장률 둔화 등 어려운 문제가 없지 않으나 앞에 말씀드린 여러 경제지표의 호전 이외에도 실업률이 2%에 불과한 점을 함께 국민들께 잘 설명하여 불안을 느끼지 않도록 노력해 달라고 당부하시면서 다시 한번 마무리할 일은 조속히 매듭지으라고 강조하셨다.

12월 1일에는 두 번째 경제 현안을 보고하는 관계장관회의가 개최되었다. 이날은 총리, 경제부총리 이외에 농수산・건설・교통・보사・환경처 장관 등이 참석하였으며 역시 10시부터 약 1시간가량 진행되었다. 대통령께서는 임기 중 소득 배가를 통하여 국민생활의 질적 향상을 도모하고자 많은 투자를 해왔다고 말씀하면서 먼저 농수산부 장관에게 현재 진행되는 추곡수매와 관련하여 일부 농민들이 정부의 추곡수매량 및 가격에 대한 불만을 시위하기 위하여 추곡을 야적하는 행위를 하는 것을 우려하시면서 더 이상 이런 행태가 관례화되지 않도록 해야 하며, 재정의 어려움에도 불구하고 전년 대비 수매량을 늘리고 수매가격도 인상한 사실, 시장개방 압력에 대비 농어촌구조 개선대책에 막대한 예산이 투입된 사실을 근거로 설득에 설득을 거듭하라고 지시하셨다.

건설부 장관에게는 그동안 시행되어 온 투기심리 불식, 토지공개념 제도, 200만 호 건설 등에 힘입어 선거 후에도 주택 및 토지가격이 하향안정세를 보일 것이라 전망되는지를 확인하면서 그린벨트제도 개선방안, 신도시 아파트와 행주대교 등 부실공사 문제에 확실한 대책을 주문하면서 〈건설백서〉 발간을 권고하였다. 교통부 장관에게는 경부고속전철과 영종도국제공항의 차질 없는 추진, 선박량 등 해운산업 현황을 장관이 직접 챙기는 한편 외국인 택시문제 해결에 노력하라고 지시하셨다. 보사부 장관에게는 식료품 통관량 증가에 따른 대책 강구와 어린이

보육시설 절대량이 3배 이상 부족한 현실을 감안하여 내무부 장관, 지방자치단체, 기업 등과 협력하여 획기적인 타개책을 마련할 것, 그리고 환경처 장관은 쓰레기 재활용대책에 지방자치단체의 동참을 유도하고 특히 김포 쓰레기처리장 건립이 차질 없이 추진되도록 하라고 말씀하였다. 마지막으로 대통령께서는 연말 소외계층 돕기에 행정력을 집중하고 임기 말 마무리에 철저를 기하여 새 정부에 제도나 예산 등이 잘 인계될 수 있도록 하라고 강조하시면서, 특히 예산이 남는 경우 법규에 위반되거나 합리성 없는 데 전용하는 일이 없도록 하되 감사원이 감독에 철저를 기하라고 말씀하였다.

포철 광양제철소 · 용산가족공원 · 대덕연구단지 · 잠수함 진수 · 서인천화력발전소 · 부산 동서고가도로 준공과 영종도국제공항 기공

4/4분기 들어 대통령께서 직접 참석하셔야 할 준공식과 기공식이 잇달아 기다리고 있었다. 경제 활성화를 위하여 경제현장을 찾는 일도 게을리할 수 없었다. 임기가 끝날 때까지 국정수행은 중단 없이 계속되어야 했기 때문이다.

10월 2일 전남 광양에서 포항제철의 8번째 고로인 광양제철소 제4고로 준공식이 거행되었다. 1968년 포항에서 시작한 포항제철의 제철소 건설 대역사가 약 24년 만에 마무리되는 순간이었다. 포항제철은 연간 2,100만 톤의 철강생산 능력을 갖추게 됨으로써 일본의 신일본제철, 프랑스의 위지노르-사실로르Usinor Sacilor사社를 이은 세계 제3위의 철강업체로 발돋움하였으며 우리나라도 세계 제6위의 철강생산국으로 자리매김한 것이다.

박정희 대통령이 조국 근대화의 큰 꿈을 이루기 위하여 제철산업을 일으키려고 하였을 때 미국·유럽 등 선진국에서 터무니없는 일이라고 외면하던 설움을 이겨 내면서 대일청구권 자금을 활용하여 한반도 동해안 한구석 포항에서 힘들게 시작한 이래 4반세기, 남해안 광양으로 터전을 넓혀 명실공히 "포철의 신화"를 창조해 내는 순간이었다.[38] 박태준 회장을 비롯한 포철의 온 가족의 희생과 헌신이 일구어 낸 위업으로 칭송받아 마땅한 일이었다.

나는 대통령 비서실장을 맡아 대통령을 수행하면서 큰 보람을 느끼는 순간이 적지 않았지만 광양제철소에서의 이 순간을 지금도 잊을 수 없는 일로 기록해 두어야 할 것 같다. 아침 9시 40분 청와대를 출발해 16시 돌아올 때까지 빽빽한 하루 일정이었지만 피로가 느껴지지 않았다. 아마 준공식 참석과 현장 시찰의 순간마다 느낀 뿌듯함 때문이었을까. 그에 더하여 오랜만에 푸르른 바닷바람을 마음껏 쐬면서 서울에서의 답답한 일상과 스트레스에서 잠시나마 벗어나는 여유를 즐길 수 있었기 때문이기도 하였을 것 같다.

11월 5일 오후 대통령께서는 영부인을 대동하고 용산가족공원 개원 행사에 참석하셨다. 이곳에서는 그동안 미군용 골프장으로 사용되던 곳을 반환받아 가족공원으로 조성하는 공사가 완료되어 15시 30분 개원 행사를 갖게 된 것이다. 나의 다이어리에 "110년 만에 돌아오다, 역사적!"이라고 기록되어 있다. 이날 준공을 본 용산가족공원 일대는 110년

38 대통령께서는 '철강 입국의 새 지평을 열다'라는 제목으로 준비된 준공식 연설을 통하여 큰 위업을 이룩한 "박태준 회장을 비롯한 포철의 온 가족에게 그동안 희생과 헌신을 다한 데" 대하여 치하하였으며 "온갖 어려움 속에서도 애정 어린 관심과 적극적인 성원으로 포항제철을 나라의 자랑으로 키워 오신 국민 여러분께" 감사의 뜻을 전하였다. 이어 대통령께서는 중국 출장과 9·18결단에 대하여 언급하시면서 이제 민주·번영·통일이란 우리의 목표가 현실이 되어 가고 있으므로 "한순간도 꺼지지 않는 용광로의 불길처럼 모두 어깨를 나란히 하여 쉼 없이 전진하자"고 국민에게 호소하고 아울러 포철 임직원 여러분에게는 포철을 "21세기 세계 최고의 기업으로 이끌어줄 것"을 당부하였다.

전부터 줄곧 외국 군인이 차지하는 장소가 되어 왔다.

돌이켜보면 1882년 임오군란을 진압하기 위하여 파병된 청나라군 3천 명이 처음으로 용산 일대에 주둔하기 시작한 이래 1884년 갑신정변 때부터는 일본군이 주둔하기 시작하였다. 그 뒤 청일전쟁과 러일전쟁을 거치면서 계속하여 일본군 20사단의 주둔지가 되어 왔으며, 한일병합조약이 맺어진 1910년부터 1945년 해방 때까지는 일제 조선군 본부의 차지가 되었다. 일본의 패망으로 일본군이 물러난 자리는 미군이 접수하여 주둔하기 시작함에 따라 용산 일대는 100년이 넘는 세월 동안 외국군이 사용하는 땅이 된 것이다. 서울 도심지에 외국군의 기지가 들어앉는 기형적인 일이 계속되었다고나 할까.[39]

제 6공화국 출범과 더불어 민족자존을 첫 번째 국정지표로 표방한 대통령께서는 전국에 산재한 주한미군 기지에 대한 전면적인 재검토와 함께 특히 용산기지의 이전사업을 주요 추진과제 목록에 등재하였으며 1988년 3월 취임 즉후 '용산계획'이란 이름 아래 서울 도심지 미군부대 이전사업을 추진하라고 지시하게 된 것이다.

이 지시에 따라 1989년 7월 정부 내에 국무총리가 주재하는 용산계획위원회를 구성하여 추진원칙과 구체적 계획안이 성안되고 한미 간에 외무・국방 장관과 주한 미국대사, 미8군 사령관이 참석하는 4자 회담이 개최되어 협의를 시작하였다. 1990년 6월 기본합의서가 체결되었으며 1991년 7월 공동발표가 이루어졌다. 이 합의 내용에 따르면 ① 연합사, 주한미군사, 유엔사, 미8군사 등 주요 사령부와 이를 지원하는 조직을 이전 대상으로 한다, ② 이전 규모는 주한미군 감축 추이를 감안하여 축소된 규모로 계획하되 서울지역 잔류규모도 최소화한다, ③ 이전 장소는 오산 및 미군 평택기지 내로 한다, ④ 이전 시기는 1996~1997년을

39 물론 1882년 처음 청나라 군대가 주둔할 때는 사대문 밖이었으나 그 뒤 서울의 인구 증가와 도시 발전에 따라 가히 서울 한복판이라고 할 자리로 바뀐 것이다.

목표로 한다, ⑤ 이전 비용은 한국 측이 부담하되 비용 최소화에 적극 노력한다는 것이었다. 골프장 환수 문제는 한미 간 합의에 따라 계획대로 추진한다는 내용도 발표에 포함되었다.

이와 같은 한미 간 일련의 합의에 따른 용산계획 추진과 관련 첫 사업으로 진행된 것이 골프장 폐쇄와 가족공원 건설이었다. 1991년 6월 1일 한국 정부는 성남에 대체 골프장을 건설해 미군 측에 제공했으며 이때 인도받은 골프장에 대해 공원 조성사업을 진행한 결과 1992년 11월 5일 준공되었다. 이 가족공원은 총면적 75,900㎡로 잔디, 수목, 연못, 주차장 등으로 구성되었으며 잔디광장, 산책로를 기반시설로 삼고 휴양, 운동, 학습 등 다양한 용도로 상시 개방하여 서울시민에게 중앙공원의 역할을 하게 되었다. 뒷날 김영삼 정부 시절 신축하여 그 옆에 들어선 국립중앙박물관과 함께 서울 도심지에 큰 녹지공간과 의미 있는 시설이 건축될 수 있게 단초를 제공한 것은 잘 알려지지 않은 노태우 대통령의 큰 업적이라 자랑하고 싶다.

11월 12일 오후에는 새 국제공항 건설 기공식이 거행되었다. 노 대통령 임기 중 기공한 주요 SOC 사업 중 마지막으로 착공된 '수도권 신 국제공항 건설사업'은 여러 가지 어려운 과정을 거치면서 단행된 역사적인 대역사大役事였다. 우리나라의 산업화·국제화가 급속도로 진행됨에 따라 수도권 관문으로서 김포공항의 수용능력이 한계에 다다르고 있었다. 이미 1984년 청주국제공항이 예정지로 결정된 바 있으나 서울에서 너무 멀다는 문제제기에 따라 오랜 기간 재검토 끝에 영종도와 용유도 사이의 바다를 매립하여 신공항을 건설하는 것으로 결론이 났으며 1990년 6월 공식 발표가 되었다. 그동안의 기본설계와 1991년 특별법 제정 등 준비과정을 거쳐 역사적인 기공식을 갖게 된 것이다. 이날 14시 30분 청와대를 출발해 영종도 현장에 도착하여 감격에 찬 기공식 연설을 하였으며 바쁜 일정 때문에 16시 청와대로 돌아와야만 하였다.

노 대통령께서는 "지금부터 2020년까지 이 영종도에서 저 용유도 사이 광활한 갯벌 위에 동북아 최고·최첨단의 공항이 세워진다"고 선포하시면서 이 수도권 신공항은 "한국의 자랑스러운 새 관문"으로서 "북방대륙과 태평양의 사이, 천혜의 위치에 자리 잡은," "다가오는 아시아·태평양시대, 동북아지역의 중심 공항으로 그 빛나는 모습을 드러낼 것"이라고 말씀하였다. 항공수요의 급격한 증가와 중심공항을 유치하려는 경쟁이 치열해진 작금의 정세에 비추어 신공항 건설이 시급한 국제과제임을 강조한 뒤 3조 4천억 원을 투입, 1997년까지의 1단계 공사가 완료되면 현재 김포공항에 버금가는 연간 2,700만 명의 여객을 수용하게 될 것이며 "전체 사업이 완료되는 2020년에는 1,700만 평의 새로운 육지 위에 연간 1억 명의 여객을 실어 나르는 아·태지역의 거점공항으로 확고히 자리 잡을 것"이라고 전망하였다. 마지막으로 대통령께서는 "미래를 대비하는 민족만이 세계의 한가운데로 나아갈 수 있다"고 전제하시면서 "금년 6월 착공한 경부고속철도와 함께 미래를 개척하는 온 국민의 결의를 담아", "우리는 이제 신념과 의지에 찬 첫 삽을 뜨고 있다"고 신공항 건설의 역사적 의의를 강조하였다. 끝으로 공사관계자에게 긍지와 사명감으로 최선을 다할 것과 국민 여러분의 참여와 성원을 당부하는 말씀으로 기공식 연설을 마무리하였다.[40] 경부고속전철과 함께 1992년 임기 마지막 해에 단행된 노 대통령의 영단이라고 말할 수 있을 것 같았다.

11월 27일에는 대덕연구단지의 준공행사가 있었다. 멀리 박정희 대

40 당초 계획과는 달리 2001년 3월 29일 공항이 개항되었으나 그동안 2단계, 3단계 확장공사가 완료되었으며(2018년 1월 개장, 여객 7천만 명 처리능력 확보) 이 글을 쓰고 있는 2021년 4월 기준 진행 중인 최종 4단계 공사가 2018년~2023년 완료되면 여객 1억 명을 처리하는 것이 가능해진다. 노 대통령 연설에서 예측한 '2020년 1억 명 처리'가 대체로 실현된 셈이다.

통령 재임 중이던 1973년 단지조성 공사가 시작된 이래 20년의 세월이 흐른 뒤에야 준공행사를 갖게 되었다. 이 '대덕 연구학원도시 건설 기본계획'은 당초 서울 홍릉연구단지의 포화상태를 해결하기 위하여 제 2연구학원도시를 조성할 목적으로 입안된 것이었다. 연구소·대학 등과 함께 인구 5만 명의 자족도시 건설을 목표로 하였다. 1980년대를 거치면서 충남대와 한국과학기술원이 자리하고 많은 연구소들이 입주하였으나 연구단지 조성이 완성되지 않은 채 시간이 흐르고 있었다. 노 대통령은 1987년 11월 대통령 후보로서 연구단지를 방문, 대덕연구단지의 조기 완공을 통하여 세계 제일의 과학기술도시로 발전시키겠다고 공약한 바 있었다. 그 공약이 이행되어 840만 평 규모의 국내 최대 종합연구단지에 대한 준공식을 하게 된 것이었다.

이날 오전 10시 5분 청와대를 출발하여 11시 현지에 도착하자 단지 내 국립중앙과학관에서 김진현 과기처 장관 등 800여 명의 관계자가 참석한 가운데 준공식이 진행되었다. 대통령께서는 공약을 이행하게 되었음을 상기하면서 "남다른 감회를 느낀다"고 말씀하신 뒤 과학기술입국科學技術立國과 과학기술자립自立을 실현하는 길이 곧 선진국 진입의 국민적 염원을 달성하는 길이라는 확신 아래 과학기술 진흥振興을 위한 여러 가지 노력을 기울여 왔다고 회고하였다. 과학기술진흥회의의 정례화, 국가과학기술자문회의의 상설화를 통하여 대통령이 직접 회의를 주재 국가적 차원의 진흥 노력을 선도하는 한편, 1991년 12월 과학기술 혁신 종합대책을 확정·집행하고 있다고 말씀하였다. 그 결과 나라 전체의 과학기술 투자와 정부의 과학기술 예산규모가 1987년 대비 3배로 늘어났으며 1996년까지 과학기술진흥기금 1조 원 조성, 민간기업 연구개발사업의 대폭적인 확충 등이 착실히 진행되고 있을 뿐만 아니라 과학기술 선진화의 도약대가 될 G7 프로젝트 11대 과제 선정 추진으로 2000년까지 선진 7개국 수준으로 발전하겠다는 계획을 반드시 실천할 것이라고 강조하였다. 이에 더하여 1993년에는 이곳 대전에서 과학기술발전에 획기적인 계기가 될 '대전엑스포 93'이 열린다는 것도 말씀하시면서 대덕연구단지의 완공에 힘써 온 관계자들의 노고를 거듭 치하하는 것으로 연설을 끝냈다.

이날은 공사 유공자에 대한 포상이 있었으며 오찬 행사 뒤 엑스포 준비현황을 점검하는 행사와 함께 현지시찰을 한 뒤 16시 45분 청와대로 돌아왔다. 이날 엑스포 홍보관에서 열린 엑스포 준비상황 점검회의는 관계부처 장관, 조직위원회 위원장, 지역인사, 참가업체 대표 및 관계기관 관련자 등 80여 명이 참석하였다. 조직위원회, 총리실 및 대전시로부터 준비상황을 보고받았으며 박람회장의 인허가 사무처리의 신속화를 위하여 정부합동사무소를 설치·운영토록 하라는 지시와 함께 이 엑스포 행사가 다음 정부에서 치러지는 만큼 준비에 더욱 만전을 기해야 한다고 당부하셨다.

앞에서도 몇 번 강조하였지만 과학기술 진흥에 대한 대통령의 관심과 열의는 그야말로 과학기자클럽이 지어 준 '과학 대통령'이란 별명에 걸맞은 것이라 생각하지 않을 수 없었다.

그 밖에도 10월 12일 옥포 대우조선소에서 진행된 잠수함 이천함李阡艦의 진수식, 11월 17일 서인천복합화력발전소 준공식, 12월 9일 부산 동서고가도로 준공식도 기록해 두어야 할 것 같다. 이천함 진수식 참석 경위에 대하여는 앞서 잠시 언급한 바 있거니와 고려시대 몽골의 침입에 맞서 혁혁한 전과를 올린 수군명장水軍名將 이천의 이름을 이어받은, 우리 손으로 만든 첫 번째 잠수함으로서 우리 방위산업과 국방과학기술의 커다란 개가이며 해군력 발전의 새 기원을 이루는 쾌거라고 대통령께서 말씀하였다.

서인천복합화력발전소는 인천 앞바다 일도一島라고 불리는 조그마한 섬에 건립된 발전소이다. 천연액화가스를 연료로 하여 190만㎾의 전력을 생산하는 능력을 갖추었다. 6공 출범 후 전력생산이 부족하여 긴급 대책으로 1989년부터 전력수급 안정대책을 입안해 추진하여 왔다. 이미 준공된 평택·안양·분당 등의 복합화력발전소와 함께 서인천복합화력발전소가 준공됨으로써 우리나라의 전력공급 능력은 1962년 경제개발 초기의 55배에 달하는 2,400만kW로 늘어났다. 전체적으로 10% 정도의 예비율을 보유함과 동시에 수도권은 전력난으로부터 일단 해방된 것이었다. 노 대통령 임기 중 착공되었으며 29개월 만에 완공되는 서인천복합화력발전소의 준공은 우리나라 전력산업사의 신기원을 이룩한 뜻깊은 일이라고 말할 수 있을 것 같았다.

마지막으로 부산 동서고가도로[41]는 대통령 선거 당시 내건 공약사업이었다. 문현동에서 사상구 학장동에 이르는 고가고속도로를 개통하는 사업으로, 당초 대통령의 개통식 참석이 망설여졌다. 대통령 선거 기간 중이어서 논란을 일으킬 우려가 없지 않았기 때문이다. 그러나 부산시로서는 교통 혼잡 해소에 큰 도움이 되는 획기적 사업으로서 대통령 취임 후 공약 실천을 위하여 1988년 4월 착공되어 이날 준공테이프를 절단하는 기회에 대통령의 참석을 강력히 희망한다는 건의에 따라 아침수석회의에서 논의 끝에 참석한 것이었다. 실제로 중립내각이었기에 큰 시비가 없었으며 시주試走를 포함하여 행사 뒤 시 문화회관에서의 오찬을 끝으로 14시 30분에 청와대로 돌아올 수 있었다. 귀저하는 기내에서 부산 철새도래지 보호와 개발에 대하여 염려하는 대통령의 말씀이 있었다고 다이어리에 기록되어 있다.

41 이 동서고가도로는 1992년 12월 9일 1차 준공된 뒤로 연장공사가 진행되어 1994년 12월 24일 총연장 14.8㎞의 제 2도시고속도로로 완성되었다.

민생현장 시찰: 합덕 벼 베기 현장 · 분당신도시 · 한일합섬여고 · 양재농산물시장

임기 말이 가까워져 옴에도 불구하고 민생현장 방문은 게을리할 수 없는 일이었다. 워낙 바쁜 정치일정 때문에 잦은 현장 찾기란 퍽 어렵지만 현장에서 만나는 국민들이 기뻐하는 표정을 대할 때 큰 보람을 느끼는 일이기도 하였다. 그러나 대통령 선거운동에 돌입하면 오해를 부를 수 있어 자제해야 하는 일이었다. 4/4분기 첫 민생현장은 10월 17일 벼 베기 일손을 돕는 농촌방문이었다.

이날 10시 20분 헬기로 청와대를 출발 충남 당진군 합덕면 하리마을에 벼 베기 일손 돕기를 하러 갔다. 쌀농사는 모내기와 벼 베기 때 일손이 집중되기에 이때가 되면 대통령께서 농촌을 찾게 되는 것이었다. 이 마을에서 벼 베기 행사가 끝나자 막걸리를 곁들인 오찬이 있었다. 힘든 작업 끝의 막걸리 한 잔은 모든 시름을 잊게 하였다. 오찬 후에는 이 마을에 설치된 벼 종합처리장을 돌아보았다. 벼가 기계에 들어가면 타작은 물론 하얀 쌀로 정미되기까지 일관작업이 되는 시설이었다. 이때만 하여도 이와 같은 작업시설이 시범적으로 도입되던 때였다. 농촌에서 벼를 베고 운반하여 타작한 뒤 별도로 정미소를 찾아 신세를 져야 했던 여러 단계의 과정이 한꺼번에 처리되는 종합처리장의 시설은 바로 놀라움 자체였다. 농촌의 기계화가 시작되던 시점이었다. 30년이 되지 않은 지금 2021년의 시점에서는 모내기부터 기계화가 이루어지고 있는데 그 때만 하여도 오늘과는 비교가 될 수 없는 농사방법의 변화가 시작하는 시기였던 것이다. 13시 40분 청와대에 돌아왔으며 토요일이어서 이발도 하고 좀 쉬는 시간도 가졌다.

10월 22일 15시 청와대를 출발하여 노 대통령의 200만 호 건설사업의 핵심이 된 분당신도시를 찾았다. 먼저 노 대통령은 입주가 시작된 초창기 도시건설을 총괄하던 상황실에 들러 브리핑을 받고, 잇달아 입주자 주거, 동사무소, 파출소, 시장 순으로 방문, 입주 시민들의 애로사항을 청취하기도 하였으며 17시 15분 청와대로 돌아왔다. 당시의 일에 대해 기록된 것이 없어 기억나는 것 한두 가지를 적는 데 만족할 수밖에 없다. 그때 도보로 이동하기도 하였으며 신도시라 깨끗하다는 느낌이었으며 특히 전주電柱를 전부 지하에 매설했다는 이야기를 들었다. 주민들의 주된 애로사항은 교통문제였다. 버스 등의 운행이 아직 자리 잡지 않고 불규칙하여 이동에 불편이 크다는 것이었다. 수행하면서 느끼기로는 도시가 새로이 건설되어 생활이 안정되기까지는 상당한 시간이 걸릴 수밖에 없을 것이라는 점, 그리고 그때까지는 어느 정도 불편은 감수할 수밖에 없는 것이 아닌가 하는 점이었다. 그러나 짧은 시간 안에 이룩된 신도시 건설사업임에 비추어 주민들이 말하는 불편은 그렇게 치명적이지는 않다고 생각하면서 안도 속에 현장을 떠났던 것 같다. 청와대에 돌아오자 그 이튿날로 예정된 국정감사 자료를 읽어야만 했다.

11월 10일에는 수원에 있는 한일합섬 부설 한일여고를 찾았다. 한일합섬이 설립·운영하는 여자고등학교를 찾은 것이다. 경제개발이 한창 진행될 때 여자 직원들을 많이 고용하던 기업인 한일합섬이 근로자를 위한 교육시설을 마련하여 종업원에게 여러 가지 혜택을 주면서 교육의 기회를 주는 것은 당시 권장되던 일이었기에 성공적인 사례가 되는 곳을 찾아 대통령께서 격려하시는 일이 매우 뜻있는 일이었다고 기억한다. 대통령께서는 한일여고 방문 뒤 경기도청에 들러 공직자를 격려하고 그날 17시 20분 청와대로 돌아오셨다.

대통령 선거일 공고를 앞둔 바로 전 토요일 11월 14일 오전 10시 청와대를 출발, 양재동 주말시장과 농협 농산물집배센터를 시찰하였다. 시장은 많은 사람과 물건이 모이고 흩어지는 곳이어서 민심을 파악하기 위해서라도 자주 찾아야 할 곳이었다. 마침 추곡수매 문제도 있던 때라 농산물의 유통과 관련하여 정부가 추진하는 여러 가지 시책의 현장도 살필 겸 다녀왔다고 기록되어 있다.

11월 21일 대통령 선거가 공고되고 본격적인 선거체제로 들어감에 따라 대통령의 현장시찰도 자제할 수밖에 없었으며, 선거가 끝나고 연말에 접어들면서 연례행사로 군부대 시찰(12월 22일)과 연말 치안상황 점검 및 불우시설 위문(12월 23일) 등이 대통령의 현장방문 일정으로 예정되었다.

남북관계의 침체 · 냉각

10월 19일 아침 본관수석회의에서 외교안보수석은 남북관계가 침체 · 냉각되고 있다고 보고하였다. 10월 7일 안기부가 남한조선노동당이란 대규모 간첩단을 검거하였다고 발표한 일과 북한 핵문제 때문이라는 것이었다. 임기 말이 가까워지면서 남북관계가 냉각되리라는 것은 어느 정도 예견된 일이었다. 북한이 바라는 것은 경제협력이었다. 우리의 바람은 핵문제에 대한 북측의 결단이었다. 서로 물러서기 어려운 대치상황이라고 할까. 끝이 날 수가 없었으며 미룰 수밖에 없는 때가 된 것이다.

전장에서 설명한 대로 북측은 이미 합의한 이산가족 상호방문을 취소했다. 큰 기대를 하지 않는 가운데 개최된 평양 8차 남북고위급회담에서 뜻밖에 〈남북기본합의서〉 부속합의서를 채택하고 11월 중에 3개 공동위를 그리고 12월 21일 서울에서 9차 고위급회담을 열기로 합의하는 성과를 올렸다. 임기 말이기는 하나 이와 같은 위원회 활동을 시작해 〈남북기본합의서〉에 따른 남북교섭을 해나가도록 정착시켜 다음 정부로 인계한다면 참으로 바람직하리라는 기대를 할 수 있었다. 북한 김달현 부총리가 7월 서울을 방문했을 때 약속한 실무조사단 및 최각규 경제부총리의 방북을 실행하기로 결정한 것은 이런 사정 때문이었다.

남북은 판문점에서 실무 접촉하였으며 그 결과 남포경공업단지 합작사업을 위한 남측 민관합동조사단이 10월 6일 오전 판문점을 통하여 북한을 방문하였다. 이들 일행 14명[42]은 3박 4일 일정으로 북한 남포지역의 경공업단지 공장부지와 서해갑문공장 등을 돌아보고 필요한 조사활동을 벌였다.

이들이 돌아온 뒤 보고한 바로는 사업을 하기에는 준비가 미흡한 상태였다고 한다. 이들이 입북한 이튿날 전술한 대로 안기부의 대규모 간첩단 사건 검거 결과가 발표됨에 따라 논란 끝에 어렵게 시작된 경제협력 작업은 큰 장애에 부딪혔다. 14일부터 18일까지 북한을 답방하기로 한 최각규 경제부총리의 계획도 연기될 수밖에 없었으며 결국 실현되지 않았다. 최영철 통일부총리는 간첩사건과 관련하여 북측에 정치분과위와 화해공동위의 개최를 요구하면서 "북한이 〈남북기본합의서〉와 부속합의서가 발효된 지금까지도 체제전복 목적으로 간첩 남파 및 포섭 등 공작활동을 계속한 것은 상대방에 대한 파괴 전복 행위를 금지한 합의서 규정들을 정면으로 위배한 것이 명백하므로 북측의 시인・사과와 재발 방지 등 조치를 우선적으로 강구하기로 하였다"라고 정부 입장을 설명하였다.

더 이상 남북 접촉에서 아무런 이득을 취할 수 없다고 판단한 북한 측은 11월 3일에는 11월 5일부터 순차적으로 개최하기로 합의한 공동위 개최를 거부한다고 표명해 왔다. 우리 측에서 연례적으로 실시하는 화랑훈련 등 군사훈련을 실시한다는 이유였다. 뿐만 아니라 12월 9일에는 남북고위급회담 북측 대표단 성명을 발표, 12월 21일부터 24일까지 서

42 정부에서는 경제기획원・토지공사 등 관계자 3명, 이 일을 북한과 협의해 온 대우 측의 김억년 회장실 사장 등 4명, 대우 협력업체 관계자 6명 등이다.

울에서 개최하기로 합의된 제9차 남북고위급회담 개최를 거부한다는 성명을 발표하였다.

임기 말이라는 시기가 도래함에 따라 노 대통령 임기 중 그야말로 다양하게 진행되던 남북 접촉과 대화는 냉각기에 들어갔다. 마침 찾아든 겨울이란 계절과 함께 동면冬眠에 들어갔다고나 할까. 〈남북기본합의서〉 서명 및 발효, 비핵화 공동선언 채택 등으로 무언가 성과를 기대하던 청와대로서는 실망스럽기 그지없었다. 아쉬움이 컸다. 5년 단임제 대통령으로서의 한계를 절감하지 않을 수 없었다. 다만 노태우 정부에서 공을 들여 이룩해 놓은 일들이 다음 정부에 의하여 잘 활용되기를 기도하는 심정이었다. 통일을 위해 힘찬 발걸음이 계속되고 큰 진전이 있기를!

평시작전지휘권 환수와 중장기 국방계획 마련

10월 9일 아침수석회의에서 김종휘 외교안보수석이 '역사에 크게 기록될 만한 엄청난 일'이라고 하면서 평시작전지휘권을 반환받았다고 보고하였다. 김 수석은 미국 워싱턴에서 개최되고 있는 한미 연례안보협의회에서 1950년 6·25전쟁 당시 유엔군 사령관에게 이양된 한국군의 평시작전지휘권을 1994년 말까지 한국군에 반환하기로 합의하였다는 것이다. 김 수석은 이어 이번 결정은 우리 측이 조용한 설득 끝에 최종 담판을 거쳐 이루어 낸 쾌거라고 부연하면서 그동안 주권국가로서 평시작전지휘권조차 행사하지 못하는 부끄러움을 해소할 수 있게 되었다고 강조하였다.

이번에 발표된 대로 실무협의를 거쳐 1993년 가을 서울에서의 제25차 연례안보협의회SCM: Security Consultative meeting에서 그 구체적 절차와 방법을 결정하도록 합의되었으므로 이양 시기는 빠르면 1993년 말 또는 1994년 초가 될 것으로 전망할 수 있었다.[43] 다만 전시작전지휘권은 여전히 주한미군 사령관이 겸직하는 한미연합사령관이 행사하게 되어 있으므로 평시작전지휘권 환수가 갖는 의미가 제한적일 수밖에 없으며 한반도 위기상황이 조성되면 현재와 같이 한미연합사령관이 전·평시작전통제권을 행사하며 한반도 방어의 책임을 지는 것이었다. 약속된 대로 평시작전권이 이양되면 한국 합참의장이 평시 부대이동 및 배치 권한을 가지며, 팀스피릿훈련 등 한미연합훈련을 한국군 주도로 실시하는 등 전술적 통제권을 행사할 수 있다. 뿐만 아니라 전시대비 작전계획 수립에도 한국군의 의견이 크게 반영될 것으로 기대되어 장차 한반도 방위를 한국군이 주도하고 미군은 지원하는, 즉 한국 방위의 한국화가 이뤄지는 계기가 될 것으로 생각한다. 노 대통령이 국정지표의 하나로 추구해 온 '민족자존'의 큰 축이 될 자주국방에 한 걸음 다가서는 뜻깊은 일이라고 자랑할 만하다.

평시작전지휘권 환수를 결정한 제 23차 연례안보협의회에 참석하기에 앞서 9월 19일 11시부터 1시간가량 그 준비상황에 대한 보고가 있었다. 이날 국방부 장관과 합참의장이 관계관을 대동하여 보고했다. 당시 9·18결단이 있은 바로 다음 날 결단의 취지를 설명하는 국무회의가 있었으며 곧 준비상황 보고로 이어졌다. 그런 상황 때문인지 다이어리에는 준비상황에 대한 메모는 없으며 다만 대통령께서 9·18결단의 취지를 강조하는 다음과 같은 지시말씀만이 기록되어 있다.

"민주화가 나에게 부여된 가장 큰 소명이며 절체절명의 과제이다. 임기 마무리 단계에 와서도 관권선거 이미지를 떨치지 못한 상황이어서 다시 한번 6·29 당시 모습을 국민에게 보여줌으로써 나의 뜻과 더불어 다 함께 보람 있는 마무리를 하자는 것이다. 전 장병에게 전달해 주기

43 이 합의를 토대로 1993년 6월 평시작전통제권 환수 기본계획을 수립하고 미국 측과의 협의를 통해 1993년 한미 안보협의회를 거쳐 1994년 12월 1일 평시작전통제권을 환수하였다.

바란다.”

평시작전지휘권 환수 결정이 내려진 뒤인 11월 23일 국방부 장관의 국방중장기계획(1994~1998년)의 보고를 받고 재가하였다. 대통령께서는 군 출신 마지막 대통령으로서 임기를 마치면서 문민정부가 계승해야 할 국방태세를 다지는 데 큰 관심을 가지고 다른 부문보다 더 챙기셨다. 이날 이재관 정책기획관의 보고를 들으신 뒤 계획을 재가하시면서 향후의 국방태세와 관련 몇 가지를 강조하는 당부를 하셨다. 먼저 국내 방위산업 육성의 측면을 고려하는 가운데 우리 힘과 기술로 적절한 자주적 방위력을 확보할 것, 균형 전력 육성과 전력운영체제 재정비, 공정한 인사관리와 인재육성 등에 유념하여 중장기계획을 수립·집행하라고 말씀하였다. 평시작전통제권 환수에 대비하는 데 철저를 기하여야 하며 특히 당면한 정치적 전환기를 맞아 정치 분위기에 휘말리지 않고 군심軍心을 안정시킴은 물론 북한의 도발 저지에 만전을 기하라는 당부의 말씀도 하셨다. 이 자리에서 그동안 노고를 치하하시면서 포상계획을 수립·실시할 것과 연말 전방 위문에도 소홀함이 없도록 지시하셨다.

12월 28일 군 장성 11명에 대한 진급신고 때 훈시를 통하여 지난 40년간 군은 국가의 안정을 이룩함으로써 근대화 및 민주화의 밑바탕이 되었다고 전제한 뒤 임기 중 8·18계획의 수립 실시로 자주국방의 토대를 마련하고 통일에 대비한 군의 위상을 정립하였으며, 1987년 대통령 선거 당시 “민간 정부에 정권을 넘기겠다는 공약을 실천했다”라고 말씀하였다. 민주주의는 차선에 만족할 줄 알아야 가능한 것이라고 강조하시면서 “군의 뒷받침이 있다고 믿기에 안심하고 민간 정부에 정권을 이양한다”라는 말씀과 함께 군의 꾸준한 연마를 당부하심으로써 군을 향한 신뢰와 애정을 피력하셨다. 화기가 넘치는 가운데서도 숙연함을 느끼게 하는 순간이었다.

21세기위원회, 교육정책자문회의, 그리고 과학기술자문회의

임기 말이 다가옴에도 불구하고 대통령의 국가 백년대계에 대한 관심은 조금도 식지 않았다. 시급하게 처리해야 할 당면과제 처리에 분주하기 그지없었음에도 불구하고 나라의 장래를 위하여 생각하고 토의하며 방향을 설정하여 국정운영에 참고하는 일이었다.

10월 26일과 12월 3일 두 차례 '21세기위원회'가 열렸다. 10월 26일 오전 10시부터 이관 위원장의 개괄적인 활동상황 보고에 이어 새로운 경제질서와 한국형 사회복지정책에 관한 연구결과를 보고받고 토론하는 시간을 가졌다. 이날 보고회에는 위원장 외에도 장현준, 김한중, 양수길, 강봉순, 김영무, 유우익, 이건영, 현재현 위원 등이 자리를 같이 하였다. 〈중앙일보〉 논설위원이던 장현준 위원이 새로운 경제질서 확립과 관련하여 영미식 개인주의적 자본주의보다 독일식 공동체적 자본주의에 관심을 가지려는 자세가 필요하다며 독일의 발달된 연금제도, 고용보험 등이 동서독 통일에 중요한 기여를 했다고 소개하였다. 김한중 연세대 교수는 21세기를 향한 복지정책으로서 한국형 복지모델을 개발하자는 보고를 하였다. 현재현 위원(동양시멘트 사장)은 국력은 총구에서 나오지 않고 생산라인에서 나오기 때문에 과학기술 개발이 중요하다고 강조하면서 정부와 대학이 큰 역할을 담당해야 할 것이라고 말하였으며, 강봉순 서울대 교수는 농촌복지는 농촌소득 향상에 해답이 있다고 하면서 농어민 연금제도, 의료·교육 개선, 취업구조 문제 등을 거론하였다.

대통령께서는 21세기를 이야기하려면 "우선 우리 경제의 실상에 대한 정확한 인식과 평가가 필요하다"라고 말씀하시면서 그동안 "과도기적 어려움을 극복하고 경제의 활력을 회복하기 위해 정부는 1991년부터 경제정책의 기조를 경제의 안정과 산업의 국제 경쟁력강화에 두고 각종 시책을 일관성 있게 추진해 온 결과 이제는 그 성과가 가시화되고 있다" 라고 밝히셨다. 물가안정과 국제수지 개선 등에 뚜렷한 호전 국면을 언급하시면서 그동안의 거품현상을 씻어 내고 근검절약 정신을 되찾아 노력한다면 선진경제와 경쟁할 수 있게 될 것이라 확신한다면서 21세기 국제화·정보화시대를 맞아 획기적인 인식과 발상의 전환을 강조하였다. 이를 위하여 기업은 "세계 우수한 기업과의 경쟁에서 이겨야 한다는 각오로 과감한 기술개발 투자와 경영 혁신"에 힘써야 하며, 근로자와 소비자는 "합리성에 기초한 생활규범과 선진 시민의식을 하루빨리 정착시켜 나가야 함"은 물론 정부는 "민간의 창의를 바탕으로 경제의 활력이 최대한 발현될 수 있도록 제도 개선 등 모든 정책적 수단을 총동원해야 할 것"이라고 전망하였다.

복지정책과 관련하여 대통령께는 21세기 소득수준의 향상에 따라 복지욕구가 증대·다양해질 것이라고 내다보면서 우리 경제수준과 조화를 이루되 "우리 전통가치인 경로효친, 상부상조 정신 등을 최대한 살려 가정과 지역사회의 복지 기능을 활성화하는 방향으로 정립해야 할 것" 이라고 말씀하였다. 이때 대통령께서는 '핵가족화가 만능인가'라는 의문을 제기하기도 하셨다.

12월 3일 임기 중 마지막 21세기위원회가 개최되었다. 이날 오전 10시부터 2시간 가까이 남북한 통합 전망과 정책과정에 관한 연구결과를 보고받았으며 약간의 토론에 이어 대통령의 말씀이 있었다. 먼저 차영구, 권영민, 양수길 위원의 연구보고가 약 50분간 계속되었다. 대통령께서는 21세기위원회의 그동안의 활동에 관하여 노고를 치하하는 말씀으로 시작하여 올림픽 유치 때부터 시작된 북방정책의 경과를 회고하면서 전직 국가정상회의OB Summit의 신현확 전 총리를 통한 독일통일과정 분석 용역, 미국 로버트 스칼라피노 교수의 남북관계 연구결과 보고 등을 종합하여 당신께서 생각하고 계시는 남북관계에 대하여 몇 가지 말씀을 하였다.

먼저 대통령께서는 그동안의 북방정책 추진으로 남북통일을 위한 외부적인 환경 조성이 완료되었다고 전제하고 "국제적 고립, 경제적 파탄, 빈번한 남북 접촉으로 생존을 위한 변화를 모색하지 않을 수 없는 북한 상황을 예의주시하면서 이러한 변화가 통일의 촉진과 통일 후유증의 최소화에 기여할 수 있도록 정책 대안을 강구해 나가야 한다", 이 같은 정책대안 개발에 "21세기위원회가 선도하고 관계부처가 협의·검토 과정을 거쳐 실행 가능한 구체적 방안을 연구개발해 나가야 한다"고 말씀하였다. 이와 관련하여 문화 이질화 극복 방안, 경제통합 방안의 강구, 그리고 통일비용 조달에 관한 국민적 합의 도출을 위하여 적절한 홍보 등 제반 노력을 강구해야 한다는 등의 당부말씀을 하셨다.

뒤이어 한승주 교수의 북방정책과 미일관계, 이용수 위원의 에너지, 특히 원자력 발전 등을 이용한 남북협력 문제, 유우익 교수의 통일 후 국토개발·국토정책, 김상철 변호사의 사상적 혼란을 극복하고 윤리적·이념적 목표설정을 위한 연구 노력, 즉 '한국병'을 치유하고 북한을 유인하며 서구 문명의 한계를 극복할 수 있는, 가족주의를 바탕으로 한 공동체 의식을 창달하여 30년간 국가발전을 이룩한 원동력에서 새로운 에너지를 찾아내는 그야말로 '새로운 비전 제시'가 필요하다는 의견 피력으로 토론을 마감하였다. 젊은 지성들과 함께 나라의 앞날을 걱정하는 뜻깊은 자리였다. 복잡하게 얽히고설킨 당면문제에서 잠시나마 해방되어 꿈을 이야기하는 시간이었다고 회고된다.

10월 29일에는 국가과학기술자문회의가 열렸다. 1991년 5월 3일 발족한 이 회의는 1991년 11월 1일과 1992년 4월 3일 두 차례 열렸으며 이번에 세 번째 회의를 연 것이다. 이날 회의는 오전 10시부터 11시 40분까지 계속되었으며 ① 과학기술 정보의 종합적 관리 지원대책, ② 기술발전을 위한 산학연의 효율적 협력방안, ③ 국가 연구개발 활동의 생산성 제고 방안 등 3가지 과제에 대한 그동안의 연구결과가 보고되고 토의되었다. 다이어리에 메모한 바에 따르면 첫째, 최형섭 위원이 과학기술정보를 현지 연구소, 과학기술정보센터, 기술정보심의회 등이 다루고 있는데 일본에는 통합사무소가 설치되어 있음을 참고하여 과기처가 통합관리하는 시스템이 필요하다는 것, 둘째, 산학연 협동 문제는 불신의 시대가 지나고 이제 상호 필요에 따라 활성화되고 있는데 중소기업이 경북대 공대와 함께 자동온도조절센서를 8년간이나 연구하는 예를 들며 산학연의 인적 교류가 더욱 활성화되도록 해야 할 것이라는 의견, 그리고 셋째, 연구개발의 생산성 제고 방안으로서는 사람·제도·운영이 중요하며 연 1천 명 배출로 현재 5만 명에 이른 박사 인력 활용방안이 강구되어야겠지만 무엇보다 '과학기술이 곧 첫째가는 생산력'이란 인식과 함께 '연구평가', '대학평가', '대학원 정리', '연구회계' 등에 관심을 두어야 할 것이라는 보고가 있었다.

대통령께서는 부총리가 관계장관과 협의, 구체적 실천계획을 마련하는 것이 좋겠다는 지시하셨다. 이날 보고 외에도 국가과학기술자문회의는 임기 만료 20일을 앞둔 1993년 2월 2일 마지막 보고회의를 하게 됨은 후술할 것이다.

12월 15일 교육정책자문회의 보고가 있었다. 이 자문회의는 5공화국 때의 교육개혁심의회를 모델로 1989년 2월에 발족하였으며 이현재 6공 초대 총리를 의장으로 15인 위원으로 출범하였다. 그 뒤 위원이 20명으로 증원되었으며 세미나, 전문가협의회, 소위원회, 운영위원회 및 전체회의 등을 개최하며 연 2회 청와대에 회의 결과를 보고하는 등 활발한 자문활동을 하였다. 이제 임기 종료를 앞두고 대통령께 마지막 보고를 드리게 된 것이다. 이현재 의장, 박태원, 이영덕 위원 등이 발언에 나섰으며 그동안 독학에 의한 학제 인정 방안, 교육전담 방송정책 확립 방안 등 37개 사업을 건의하였다고 정리되었다. 이날 보고된 교육에 관한 국민의식조사, 21세기 한국교육의 선택은 참고·활용하고 정책에 반영하는 것이 좋겠다는 지시와 함께 특히 그동안의 노고를 치하·감사한다는 대통령의 말씀이 있었다. 오전 11시부터 시작된 이날 회의는 오찬환담으로 이어져 13시에야 끝날 수 있었다.

14대 대통령 선거 공고와 중립내각의 다짐

11월 20일 대통령은 제 14대 대통령 선거가 12월 18일 시행된다고 공고하였다. 이에 앞서 국무회의는 현승종 총리 주재로 11월 12일 회의에서 선거일을 결정하여 의결함과 동시에 임시 공휴일로 지정하는 결정을 한 바 있다. 당시 야당 일각에서 12월 18일 선거일 결정에 대하여 금요일이라는 이유로 일부러 젊은 층의 기권율을 높이기 위한 술수라고 비판하는 일이 없지 않았으나 오래전부터 정부에서는 여러 가지 고려사항을 깊이 검토했으며 여야의 의견도 수렴한 결과 결정된 것이었으므로 비판은 곧 수그러들었다.[44] 오랫동안 많은 곡절을 겪은 끝에 6공화국 들어 두 번째 대통령 선거 날짜가 정해져 공고된 것이었다. 김복동 의원 탈당 문제, 한·러 정상회담으로 바쁜 일정을 소화해야했던 대통령께서는 공고 다음 날인 11월 21일 토요일임에도 오전 10시 청와대에서 국무회의를 주재하시고 대통령 선거 공고와 관련하여 공명선거 관리와 사회기강 확립 등을 다지는 보고와 토의 그리고 지시의 시간을 가졌다.

먼저 총리의 인사말씀이 있었으며 이어 행정조정실장 총괄보고, 내

44 당시 선거법상 대통령 선거일은 대통령 임기 만료 70일 전(12월 15일)부터 40일(1월 14일) 사이에 치르게 되어 있었다. 정부로서는 13대 대통령 선거일(12월 16일), 연말연시와 혹한기를 피해야 하며 대학입시일(12월 22일), 남북고위급회담(12월 21일~24일) 등과 겹치지 않는 날짜 가운데 일기 등을 고려하여 12월 18일로 택일한 것이다. 여야당의 의견도 수렴한 것으로 기억되며 특히 민주당 이기택 대표에게는 내가 11월 2일 만찬을 함께 하면서 12월 17~18일 중 택일 의견을 논의한 것이 다이어리에 기록되어 있다.

무 · 법무 · 총무처 장관의 소관별 보고가 있었다. 이어 대통령께서는 내무 · 법무 · 재무 · 교육 · 총무 · 정무1장관 등에게 공명선거 관리 대책 및 사회기강 확립을 다지는 질문을 하셨으며 소관장관 등의 답변이 있었다. 40분간의 보고와 25분간의 문답 끝에 약 30여 분간 이어진 대통령의 지시말씀으로 회의가 끝났다.

대통령께서는 먼저 국무총리 이하 전 국무위원에게 그동안의 노고를 치하하는 말씀과 함께 김복동 의원 문제에 대한 유감을 표명하였다. 이어 대통령의 중립의지에는 조금의 변화도 없음을 강조한 뒤 ① 공무원의 중립 자세 확립, ② 금권 · 타락선거와 흑색선전 엄단, ③ 선거로 인한 경제 동요 방지, ④ 선거를 틈탄 불법 · 탈법 · 집단행위 차단, ⑤ 범국민적 공명선거 의식 운동의 전개, ⑥ 공직사회의 안정과 기강 확립을 거듭 지시하셨다.

옐친 대통령의 방한과 한 · 러 정상회담의 성과를 언급하시는 한편 후속조치에 주의를 기울이라는 당부의 말씀도 하셨다. 이어 총리, 감사원장, 양 부총리, 안기부장, 외무 · 내무 · 법무 · 공보 · 정무1장관 등과 서재에서 잠시 티타임을 가졌으며 인왕실에서 오찬을 함께 함으로써 선거 정국으로 바뀌는 때에 맞추어 내각에 대한 격려와 함께 결의를 다지는 시간을 가졌다.

참으로 세상일이란 어떻게 전개될지 알 수 없는 것이었다. 물론 11월 20일쯤 14대 대통령 선거가 공고되리란 것은 예측할 수 있는 일이었다. 그러나 중립 선거관리 내각이 발족하리라고는 연기군수 사건이 일어나기 전까지는 전혀 상상할 수 없는 일이었다. 악재 중 악재라고 할 관권선거 폭로사건이 9 · 18결단을 불러왔고 이 결단을 실천하기 위해 10월 5일 당적이탈과 10월 8~9일 공명선거 관리를 위한 중립내각 출범이 이행되었다. 중책을 맡은 현승종 총리는 10월 8일 취임식 때부터 공정 선거관리를 강조했으며, 10월 14일 내무 · 법무 · 공보처 장관과 정무1장관 등의 참석으로 1회 공명선거 관리 관계장관회의를 주재한 것을 비롯해 수시로 회의를 개최하는 한편, 10월 15일에는 중립 선거관리 내각 출범에 즈음한 공직자의 자세 확립에 관한 훈령을 발령했다. 관권 개입이나 오해를 불러일으킬 일체의 행위를 금지토록 하며 위반한 경우 엄정한 법적 조치를 하겠다는 내용이었다. 뿐만 아니라 현 총리는 11월 9일 윤관 선관위원장과 함께 선거공고 전에도 선거과열 현상이 빚어지고 있던 상황에 대해 민자·민주·국민 3당에게 준법을 촉구하는 서한[45]을 발송하였으며 11월 11일 저녁에는 3당의 선거대책위원장을 총리공관으로 초치하여 정부의 공명선거 의지가 구현될 수 있도록 적극 협력해 줄 것을 요청하는 회동을 가졌다.

전술한 바와 같이 대통령께서는 11월 18일 3당 대표와 3부 요인을 청와대로 초청해 정부의 공명선거 의지를 거듭 천명하면서 이번 선거를 새로운 선거문화 창출의 계기로 삼기 위하여 대상과 지위 고하를 불문하고 오직 법만을 기준으로 판단해 범법 사례는 성역 없이 의법 처리될 것이라고 강조하였다.

9·18결단이 있기 전만 하여도 이동통신 사태와 관권선거 폭로로 청와대 비서실의 어깨는 처질대로 처져 있었다. 모든 사람이 레임덕을 걱정하고 있었다. 그러나 '마음을 송두리째 비운 9·18결단과 잇단 여러 가지 조치로 상황은 완전히 바뀌고 있었다. 중립내각의 공명선거 관리 의지가 정국을 주도하는 가운데 정부의 권위는 한껏 확고해졌다. 이번 선거가 단순히 후임 대통령을 선발하는 데 그치지 않고 선거문화를 한 단계 향상시키는 역사적 의미를 갖게 된 것이었다. 위기 속에 기회가 잉태되고 있다는 말과 같이 전화위복의 계기를 맞았다고나 할까?

45 이 서한에 대하여 민자·민주·국민 3당은 대책 마련에 부심하였으며 민자·민주당은 서한에 대하여 긍정적인 반응을 보였으나 국민당은 반발하는 반응을 보인 것으로 보도되었다. (〈조선일보, 1992년 11월 11일 자 기사 참조)

대통령 입후보 등록 그리고 선거운동

아무튼 역사적인 선거공고 당일부터 많은 입후보자가 등록을 마쳤다. 첫날 민자당 김영삼, 민주당 김대중, 국민당 정주영, 신한국당 이종찬, 신정당 박찬종 등 5명이 입후보 등록을 하였다. 마감일인 11월 25일까지 대한정의당 이병호, 무소속 김옥선, 백기완 등이 추가로 등록함으로써 입후보자는 모두 8명이었다. 중앙선거관리위원회는 전체회의를 열어 후보자 등록을 심사·수리하고 법에 따라 각 후보에게 기호를 부여하였다. 이에 앞서 국무총리와 중앙선거관리위원장은 11월 20일 공명선거를 다짐하는 담화를 발표하였으며 이제 선거법에 따른 선거운동이 시작되었다. 그러나 그전부터 각 당은 정당활동을 빌미로 여러 가지 선거 관련 활동을 해왔으며 11월 19일 현재 선거법 위반으로 입건된 선거사범은 모두 79건 149명에 이르렀다. 입건된 149명 가운데 정당별로 따지면 국민당이 81명으로 가장 많았으며, 민자당 5명, 민주당 7명, 신정당 1명이었으며 56명이 비당원이었다. 구속된 사범은 28명이었는데 그 가운데 25명이 국민당이었을 뿐만 아니라 유형별 사범 내용을 분석해 보면 금품 살포 54명, 선심관광 등 향응제공 32명 외에 홍보물 배포 17명 등으로 나타났다.

대체로 국민당에 의한 금품 살포 등 금권선거 양상이 뚜렷이 드러나고 있었다. 정주영 후보라는 대부호이자 대기업인이 선거에 나서면서 '부'와 '산하기업'을 이용한 선거운동이 하나의 큰 문제로 떠오른 것이었다. 종래 관심의 대상이 된 관권의 문제는 중립 선거관리 내각 출범으로 거의 사라진 반면 이른바 '금권선거'가 큰 이슈가 되고 있었다.

공식 선거운동이 시작된 지 채 일주일이 되기 전 울산지역 현대계열사 노조를 중심으로 한 현대그룹 노동조합총연맹 측은 국민당이 현대그룹 기업과 노동자를 대통령 선거에 이용하고 있다며 12월 2일 산하 32개

노조에 공정선거실천 감시단을 발족해 국민당의 '현대 동원'을 저지하는 활동을 벌이겠다고 천명하였다. 산업시찰 명목의 선심관광과 현대계열사 직원의 선거 조직화로 대별되는 선거부정이 자행되고 있다는 것이었다. 이미 지난 1년간 현대자동차와 현대중공업에는 22만 명의 시찰단이 다녀갔으며 이들에게 향응과 선물을 제공하고는 했으며 일부는 형사입건이 되었다는 것이다. 뿐만 아니라 현대계열사 직원에 대한 국민당 가입 종용과 친인척 가입 권유 활동이 자행되고 있으며 선거유세장 동원과 고향 출장을 이용해 입당원서 받기 등이 행해진다는 주장이었다.

이에 더하여 12월 5일에는 현대중공업 출납 담당 여직원의 양심선언 사건까지 일어났다. 현대중공업 기업자금 338억 원을 세탁과정을 거쳐 국민당 선거자금으로 유용하였다는 사실을 밝히며 서울 서대문구 샬롬교회에서 양심선언을 한 뒤 경찰에 출두해 진술한 일이었다. 경찰청 수사2과는 이 직원의 진술을 토대로 회사 사무실, 간부들의 자택과 관련있는 금융기관을 압수수색하는 등 사실 확인과 증거 확보에 나섰다. 청와대 비서실도 긴장하지 않을 수 없었다.

12월 5일 새벽 1시 30분에 일어난 양심선언이었다. 이날은 토요일이었지만 9시 30분 개최된 아침수석회의에서 거론되지 않을 수 없는 문제였다. 수사가 막 착수된 때라 우선 수사경과를 지켜볼 수밖에 없었지만 국민당 측에서는 정부의 탄압이란 쪽으로 몰고 가려는 움직임이 있었으므로 조속한 진상규명, 수사·처리과정에서 공평성·중립성을 의심받는 일이 없도록 특별히 유념함으로써 정치쟁점화되지 않도록 해야 한다는 쪽으로 의견이 모였다. 당연한 결론이었지만 큰 선거로 각축하는 정치판이어서 아무리 주의하여도 제대로 평가받지 못하는 것이 정치현실이 아니던가. 회의 후 10시 20분 대통령께 몇 가지 다른 사항과 함께 수사상황과 방침을 보고드렸다. 대통령께서는 중립내각이 원칙대로 잘 대응하도록 맡기라는 지침을 주셨다. 청와대는 초연한 자세로 임한다는 것이었다.

그렇지만 상황에 대한 주시를 게을리할 수는 없었다. 12월 6일 일요일인데도 아침부터 관계기관 등을 통하여 상황을 파악하였다. 도시락으로 오찬을 마친 뒤 14시부터는 정무·행정·사정·정책조사 등 수석과 함께 상황 전개와 대책 등을 토의하였으며 그 결과는 관저로 올라가 대통령께 곧바로 보고하였다. 국민당의 금권선거 문제를 잘 다루는 것이 선거운동 초반의 과제였다. 경찰 수사를 지휘하는 내무부 백광현 장관은 검찰에서도 특별수사 분야의 베테랑이었다. 중립내각이 발족할 당시 본인이 사양했음에도 불구하고 강권하여 입각하게 되어 참으로 마음이 놓였다.

현승종 총리도 적극 대처하고 있었다. 초동수사가 어느 정도 진행된 12월 8일 공명선거관리 관계장관 긴급회의를 주재하고, 현대그룹 수사 관련 특별담화를 발표하였다. 현 총리는 담화를 통하여 우선 수사과정에서 경찰이 현대 임직원들을 미행한 사실은 시인하고 이에 유감의 뜻을 표하였으며 이를 즉각 중지토록 지시하였다고 밝혔으나, 현대그룹 수사는 명백한 위법 행위가 드러나 진행하는 것으로서 편파 수사니, 특정 정당 탄압이니 하는 것은 이해할 수 없는 일이라고 일축하였다. 법대로 집행하겠다는 현 총리의 굳은 결의 표시에 야당에서도 한 발 물러설 수밖에 없었다.

이처럼 돈 선거 문제를 둘러싸고 정부의 엄정한 법 집행과 국민당의 탄압설이 공방을 벌이는 가운데 12월 11일 중앙선거관리위원회가 시민단체, 학계, 법조계, 언론계 등의 대표를 초청하여 선거의 진행상황에 대하여 중간평가를 청취하는 모임을 가진 바 있다. 이 자리에 참석한 서경석 공선협 사무총장, 김지길 지역감정해소 국민운동협의회 회장, 신낙균 여성유권자연맹 회장, 김상철 변호사, 김광웅 서울대 행정대학원장, 이종석 〈동아일보〉 논설위원실장, 언론인 박권상 씨 등은 대체로 각 후보 진영의 선거전략과 운동양상, 언론의 보도태도 등에 대하여 강

하게 비판하면서도 중립내각의 선거관리 노력에는 비교적 후한 점수를 준 것으로 나타났다.[46]

특히 박권상 씨는 "과거에는 정부·여당이 돈과 조직, 정보와 공작, 관권을 모두 독점해 선거 결과를 거의 알 수 있는 상황이었지만 이번에는 중립내각의 구성으로 누가 될지 예측할 수 없는 정치적 실험이 가능해졌다", 김지길 목사는 "후보들이 어느 지역에서나 유세할 수 있을 만큼 지역감정이 없어졌다", 서경석 목사는 "부재자투표와 투개표 과정에서 부정이 끼어들거나 공무원의 관권 개입 가능성은 근절되었다"고 말하였다. 한편 김광웅 교수는 "중립내각 출범으로 과거와는 전혀 다른 선거를 치를 수 있는 만큼 각 후보와 정당은 남은 일주일간 보다 성숙한 자세를 보여야 한다"라며 각각 중립내각의 긍정적인 점을 부각하였다.

정말 예전과는 완전히 다른 분위기 속에서 순조롭게 선거운동이 진행되고 있었다. 민자당과 민주당이 대규모 유세를 자제하는 등 성숙한 모습을 보이기도 하였다. 전술한 바와 같이 간첩단 사건이나 김복동 의원 사건 등과 같은 어려운 일이 없지 않았으나 그때마다 정부의 진솔한 공개와 설득으로 고비를 넘길 수 있었다. 이럴 때마다 소통의 중요성을 절감할 수 있었다. 민주당의 조승형 비서실장은 수시로 김대중 후보의 입장을 내게 설명했으며, 훌륭한 대화의 통로 역할을 하였다고 기억된다. 국민당의 박철언 의원이 공관으로 나를 찾아온 일도 기록되어 있다. 대화 내용은 기억나지 않으나 국민당의 입장 설명과 내 응답이 있었으리라 짐작되며, 소통의 효과가 적지 않았으리라 생각된다.

민자당 김영삼 후보의 정교하지 못한 발언으로 비서실에 비상이 걸린 일도 없지 않았다. 12월 1일 밤 김영삼 후보가 관훈토론회에 출석하여 발언한 것이 문제되었다. 내각제 각서 파동, 후보 경선과정, 차기 정부 성격 및 중립내각 등 문제와 관련하여 상대방을 비난하면서 본인은 떳

46 〈조선일보〉 1992년 12월 12일 자 2면 참조.

떳하게 후보를 쟁취하였다는 발언이었다. 노 대통령으로서 받아들이기 힘든, 매우 섭섭하게 느낄 수밖에 없는 일방적인 주장을 늘어놓은 것이었다. 이튿날 아침 보고를 받은 대통령께서도 불쾌감을 감추지 않으셨던 듯하다. 물론 대통령께서는 잦은 접촉을 통하여 평소 김 대표의 발언 태도나 내용 등을 잘 이해하는 편이었으나 그대로 그냥 넘길 수 없는 일이었다. 여러 갈래의 중간 역할자를 통하여 김 후보 측의 사과 의사가 전달되었고, 그냥 참고 넘길 수밖에 없었다.

이 정도의 일은 그대로 조용히 넘어갔다. 순조롭다고 할 만하였다. 그러나 대통령 선거라는 큰일을 치르는 과정이 그렇게 쉽게만 지나갈 수 없다는 것이 인간 사회 만고불변의 진리가 아니었던가. 투표를 사흘 앞둔 12월 15일 국민당 측에서 이른바 '초원복집 사건'을 터뜨려 막바지 선거 분위기를 크게 긴장시키는 일이 벌어졌다. 이날 김동길 국민당 선거대책위원장이 기자회견을 열어 12월 11일 아침 부산시 대연동 '초원복국집'에서 김기춘 전 법무부 장관 주도로 부산시장 김영환 등 핵심 기관장 모임을 갖고 민자당 후보 당선을 위한 대책을 논의하였다고 하면서 중립내각의 허구성을 입증하는 일이라고 주장함과 동시에 참석자 7명(교육감과 검사장은 제외)을 대통령선거법 위반으로 고발하였다.

전술한 바와 같이 이날 오전에는 '교육정책자문회의'가 열렸고 오찬 행사로 연결되었다. 오찬 배석이 끝나는 순간 폭로 기자회견 사실을 듣고 곧장 궁정동회의실로 달려가 13시 20분부터 안기부장, 1차장, 사정·정무수석 등과 함께 대책을 논의하였다. 내무부 장관의 의견을 청취하였으며 현 총리의 의견도 파악하였다. 김영삼 후보가 대노하였다는 소식도 들어왔다. 사건에 대한 수사·처리는 고발까지 되었으므로 한 순간도 지체할 수 없는 것이었지만 그에 앞서 참석한 기관장 등에 대한 인사 조치가 시급하다는 쪽으로 의견이 모아지고 있었다.

사실 부산지역의 기관장들이 모여 김영삼 후보의 당선을 위한 대책을 논의하는 공식적 모임을 가졌다면 참으로 큰일이 아닐 수 없다. 중립내각의 공명선거 관리에 치명타가 될 수 있었기 때문이다. 보고를 받은 총리가 "일시에 얼굴이 일그러졌으며"[47] 김영삼 후보가 크게 화를 내었음은 당연한 일이었다. 민주당이 대통령의 사과와 총리 및 관련 장관의 인책사임, 참석자 전원의 구속을 요구하고 나선 것 또한 그럴 만한 일이었다. 그러나 나는 결코 공식적인 대책회의가 될 수는 없다고 생각하였다. 전후 사정으로 보아 중립내각 발족 당시 퇴임한 김기춘 전 장관이 그의 고등학교 선배이자 거제 동향 정치인인 김영삼 후보의 당선을 위하여 무언가 도움이 되는 일을 해야 된다는 생각에서 출신지역 기관장들과 함께 사적인 모임을 갖고 전직 장관으로서 퇴임인사를 함과 아울러 선거상황에 관심을 표명한 것이리라 짐작하였기 때문이다. 고발에 따라 검찰이 수사에 나설 것이므로 진상은 밝혀질 것이고 법에 따라 처리될 것이었다. 그러나 시간이 걸릴 수밖에 없다. 당장 응급조치는 해야 한다는 데 반대하는 사람이 있을 수 없었다.

궁정동회의가 마무리되자 곧장 16시 서재로 향하였다. 이현우 안기부장과 김중권 정무수석이 동행하였다. 사건의 전말과 함께 부산시장 경질을 건의하였다. 현승종 총리의 건의임도 덧붙였다. 대통령께서는 그 자리에서 바로 결심해 주셨다. 그동안 관계자들과 의논한 결과 부산시장 후임은 총리실 3조정관 박부찬[48]으로 결정하였다. 나머지는 조사 결과에 따라 조치하기로 하고 물러났다. 물론 이 자리에서 대통령께서는 정부의 중립의지에 반하는 행위라며 유감의 뜻을 말씀하며 엄정한 조치를 당부하셨다. 그러나 18시 20분 대통령께서 다시 전화를 주셨다.

47 현승종(2020), 《춘재 현승종 인생 회상》, 여백미디어, 415쪽에 실린 전 국무총리 비서실장 김옥조의 "내가 만난 현승종 총리"(394~432쪽) 참조.

48 박부찬 신임 시장은 내 대학동기생이다. 부산 동래고 출신으로 행정고시에 합격한 이래 지방행정 공무원으로 일해 왔으며 선비풍의 참으로 성실하고 모범적인 공직자였다.

참석 기관장 중 지방경찰청장, 안기부 지부장 및 기무부대장도 일단 직위해제 하는 것이 좋겠다는 말씀이었다. 곧바로 조치가 되었다.

이튿날인 12월 16일 아침 간밤의 인사 조치의 반향이 좋다는 것을 확인하고 아침수석회의를 하는 둥 마는 둥 서재로 올라가 간밤의 조치상황 · 언론보도 등을 보고드렸다. 잇달아 9시 30분엔 신임 박부찬 부산시장에 대한 임명장 수여식이 있었다. 이 자리에서 대통령께서는 박 시장에게 열심히 시장직을 수행하여 서로 믿는 분위기를 조성함은 물론 매듭을 잘 짓도록 하여야 하며 연말엔 불우이웃돕기에도 소홀함이 없어야 한다고 말씀하였다.

잇달아 배석하였던 백광현 내무부 장관으로부터 주요 업무보고를 받은 자리에서 ① 공직자는 흔들림 없이 공명선거를 이룩하여야 한다, 새로운 선거문화 창출의 주역이라는 긍지를 갖고 당면한 금권 · 흑색 등 선거사범 단속에 편파가 없도록 하고, 특히 초원복집사건에 엄정하게 대처할 것, ② 법정선거사무 특히 투개표 질서와 안전관리에 철저를 기할 것, ③ 새질서 · 새생활운동과 범죄와의 전쟁을 통하여 사회기강과 법질서 확립에 최선을 다할 것, ④ 공직기강 확립에 소홀함이 없도록 할 것, ⑤ 연말 불우이웃돕기운동 강화, ⑥ 민원업무의 적극적 해결과 임기 말 각종 시책 마무리 등을 당부하였다. 이 자리에서 직위해제된 부산지방경찰청장의 후임을 결정하였다.

이와 같이 신속한 인사 조치를 함과 아울러 검찰이 녹음테이프 감정 등 수사에 착수했음에도 불구하고 12월 16일 하루 동안 정치권의 공방이 확대되는 추세였다. 그러나 선거 전일 12월 17일이 되면서 이 문제에 대한 언론보도는 다소 냉정을 찾아가고 있었다. 우선 그 모임의 성격이나 경과에 대해 세밀한 사실 확인이 필요할 것이며 도의적 정치적 비난 가능성과 별도로 법률적으로 범법행위가 구성될 것인지에 대하여 신중론이 제기되는 한편 국민당 측의 도청행위에 대한 처벌 문제도 함께 거론되기 시작하고 있었다.

이 일이 일어나기 하루 전인 12월 14일에도 현승종 총리는 공명선거 관리 관계장관회의를 개최하여 각 후보들에게 선거법 준수를 호소하였을 뿐만 아니라 12월 17일 대통령께 업무보고를 하는 자리에서 초원복집사건에 대한 조속하고도 엄정한 처리를 다짐하는 한편, 대통령께서도 다음 날 실시될 투개표와 관련하여 '국민의 깨끗한 표가 자유로운 분위기에서 안심하고 행사될 수 있도록 투·개표장 질서유지에 만전을 기하라'라고 내각에 거듭 지시하였다.

대통령 선거가 공명하게 진행되어 결과에 승복하게 하는 것은 노 대통령의 6·29선언으로부터 시작된 민주화 노력이 아름다운 결실을 맺는 일이나 다름없었다. 대통령께서 투표일 전날인 12월 17일 늦게까지 노심초사하시는 것을 지켜보면서 청와대 비서실도 더욱 긴장하지 않을 수 없었다. 초원복집사건을 보고받았을 때만 하여도 갑자기 뒤통수를 심하게 얻어맞은 기분이었다. 그러나 아무리 어려운 일을 당하여도 정신을 차려야 할 것이 아닌가. 전술한 바와 같은 일련의 조치를 취하면서 그런대로 방향을 잡아가고 있었다. 이런 경우 시간이 멎지 않고 흐른다는 사실이 그렇게 고마울 수 없었다. 12월 18일 투표일이 다가오고 있었기 때문이다. 투표 전날인 17일 나는 오전 6시에 기상하였다. 전날 자정까지 초원복집사건이 가져온 파문을 주시하며 이런저런 궁리도 하고 조치도 하느라 늦게 잠들었지만 그래도 타고난 습성 덕분에 곧장 숙면에 들 수 있었다. 기상하자마자 삼청동회의실로 달려가 홍보조정회의[49]를 주재하였다. 투표를 하루 앞둔 시점, 단연 초원복집사건에 대한 보도동향 및 전망과 필요한 조치 등이 회의의 주제가 될 수밖에 없었다. 특히 현 총리께 큰 걱정을 끼치게 된 데에 대하여 다 같이 죄송스런 마음을

49 통상 이 홍보조정회의는 전술한 대로 금요일 아침 열렸으나 이때에는 투표일이 금요일이었기에 하루 앞당기게 되었다.

가지기도 하였다.

오전 9시부터는 아침수석회의가 열려 전날 선거 유세상황이 보고되었으며 닷새째 계속 주식가격이 상승한다는 경제수석의 보고도 있었다. 향후 경제상황이 낙관적인 듯한, 기쁜 소식이었다. 사정수석은 선거사범 발생 현황을 보고하였다. 전날 7건 7명을 구속함으로써 선거사범은 총 1,097건에 1,742명 입건되었고, 93건에 125명 구속으로 집계되었으며 내사 중인 사건도 741건에 1,207명에 이른다고 하면서 금권선거 사범의 폭증이 뚜렷하게 확인된다고 하였다.

이날 회의에서는 행정수석이 마련한 '국정 마무리를 위한 정부 주요업무 보고계획 추진방안'과 '국정 인계사항' 등 두 가지 사안을 토의하였으며, 보고할 내용과 추진계획 등을 검토하였다. 국정평가보고회의는 1월 말 이전에 실시할 수 있게 추진하기로 했으며, 실제로 후술하는 바와 같이 1993년 1월 14일에 개최되었다. 새 정부에 대한 국정 인계사항은 서면보고로 대체하기로 의견을 모았다. 뿐만 아니라 대통령의 연두지방순시를 실시할 것인지 여부를 두고 의견이 엇갈렸으며, 실시하더라도 주요 공약사업 현장을 시·도별로 균형 있게 선택하여 추진하고 현장방문 시 관련 지역 1급 이상 공무원들을 배석시켜 대통령께 인사드리는 기회로 삼자는 의견이 제시되었다.

선거 후 당선자에 대한 축하인사 절차·축하 회동 등도 의논하여 일정 조정에 반영하는 등 선거 후의 계획도 논의하느라 여느 때보다 긴 아침수석회의가 되었다.

회의가 끝나고 10시 30분 서재로 달려가 대통령께 삼청동 홍보조정회의·수석회의 토의사항과 아울러 투표를 하루 앞둔 시점에서의 선거상황, 여론조사 동향 등을 보고하였으며 진인사대천명盡人事待天命의 심정으로 물러 나왔다. 16시 30분 퇴근을 앞두고 한 번 더 대통령께 보고하였다. 퇴근 후 23시경 민자당에서 자체 조사한 선거 전망을 염홍철 정무비서관으로부터 보고받고 자정이 지나 잠자리에 들었다고 다이어리에 기재하였다. 회의와 토의, 결정과 보고가 연속된 결전決戰의 전야前夜였다고나 할까.

투표와 당선자 결정 그리고 선거 과정 평가

드디어 12월 18일 제 14대 대통령 선거 투표일 아침이 밝았다. 날씨도 아주 좋았다. 아침 일찍 일어나 오전 8시로 예정된 대통령의 투표에 수행하기 위하여 공관을 나섰다. 농아학교에 마련된 투표소에서 투표를 마치시자 곧 물러 나와 내 주소지인 서교동 투표소에서 투표하였다.

9시 반에 공관으로 돌아와 밀린 서류들을 읽은 뒤 11시 사무실로 출근하였다. 오찬에 배석하라는 전갈을 받게 되어 당초 약속한 오찬모임을 취소하고 관저로 향하였다. 경호실장, 정치특보, 정무·행정·공보수석 등과 함께 13시 50분까지 오찬을 나누면서 투표율이 어느 정도 될 것인지, 특히 대구지역의 투표상황 등을 화제로 의견을 교환하였다. 당시 대구는 여당 국회의원 몇 명이 탈당하고 국민당으로 입당하는 등 분열상을 보이면서 지역정서가 불안한 모습을 보였다. 대통령께서 고향에 대한 걱정을 놓을 수가 없는 상황이었다. 사무실에서는 투표를 마친 행정·정책조사·사정·외교안보수석 등이 기다리고 있어 이런저런 이야기를 나누다가 일단 퇴근하였다.

18시 다시 사무실로 출근하여 투표율이 81%를 넘긴 것을 확인하고 안도하면서 공관으로 돌아와 석찬과 휴식의 시간을 가졌다. 22시 다시 사무실에 나가 개표상황이 순조롭다는 것을 확인한 뒤 23시 30분 공관으로 돌아왔다. 긴 하루였으나 비교적 한가한 하루였다. 많은 사람이 준비에 만전을 기한 탓인지 무사히 투표가 완료되었고 순조롭게 개표가 진행되고 있었기 때문이다. 또 김영삼 후보의 당선도 낙관할 수 있는 듯하여 큰 걱정이 없는 가운데 자정을 좀 넘긴 시각에 취침할 수 있었다.

12월 19일 토요일이었다. 오전 5시에 눈을 뜨자 김영삼 후보의 당선이 확정적이라는 소식이 기다리고 있었다. 개표가 완료되지는 않았으나 당선이 확실한 상황임을 확인하고 그야말로 '안도의 한숨'을 내쉬었다. 얼마간의 시간이 흘렀을 때 김영삼 후보의 비서실장으로서 많은 수고를 한 최창윤 전 장관의 전화가 걸려 왔다. 김영삼 당선자가 대통령과 통화를 원한다는 것과 월요일 오찬 회동을 바란다는 내용이었다. 바로 대통령께 전화로 보고하여 승낙을 받았으며 즉시 최 실장과 통화하여 일정을 확정지었다. 최창윤 장관이 김영삼 대표의 비서실장으로 차출된 것에 대해서 앞에서 언급한 바 있다. 민정계 비서실장 기용으로 화학적 단합을 도모하고 김 대표의 목표 달성에 큰 도움을 줄 수 있다는 판단에서 이루어진 일이었다.[50]

9시 아침수석회의에서는 아직 개표가 최종적으로 완료되지 않았으나 김대중·정주영 양 후보가 패배를 인정하였다는 보고가 있었다. 그동안 사력을 다해 경쟁해 왔던 양 후보가 당선자에게 축하의 뜻을 전하기까지 하였다는 보고를 받으면서 우리의 선거문화가 한층 성숙하였다는 뿌듯함을 만끽할 수 있었다. 길지 않은 우리 민주주의 역사지만 그 발전 속도가 정말 괄목할 만한 것이 아닌가. 국민의 민주화에 대한 열망과 민주교육의 진전이 뒷받침된 결과지만 어쩐지 중립내각이 기여한 몫 또한 적지 않으리라 생각되었다. 인류 역사 발전과정에서는 변칙이 소용되는 때도 없지 않다는 상념에 잠겼다. 사실 대통령이 소속 정당을 탈당한

50 최 실장은 인품을 내 표현력으로는 제대로 설명할 수 없으리라 믿으면서도, 그 훌륭함을 이 기회에 거론하지 않고 지나칠 수는 없다. 그는 육군사관학교 출신의 무인임에도 조금의 무관 티도 풍기지 않는, 부드럽기 그지없으면서도 할 일을 잘 해내는 선비 중의 선비였다고 적어 두고 싶다. 노 대통령과 김 대표 사이에는 참으로 미묘한 일들이 많이 있었는데, 그사이에서 진심 어린 보좌만이 해낼 수 있는 문제해결에 큰 공헌을 하였다고 기억된다. 나보다도 몇 살 아래인 그는 타계한 지 퍽 오래되었다. 아쉬운 마음을 필설로 형용할 수 없다고 생각하면서 명복을 빌고 또 빈다.

다는 것은 정당정치를 근간으로 하는 자유민주 사회에서 원칙적인 길이 아님은 말할 필요조차 없다. 그러나 이미 누누이 설명했다시피 연기군수 사건이란 특수한 사건을 수습하기 위해서는, 그리고 당시 한국의 선거문화가 발전하는 단계에서 해결되지 않았던 관권선거 문제 불식이란 과제를 해결하기 위해서는 예외적이고 변칙적인 조치라 할 '탈당'도 큰 효용을 발휘하였다고 믿어지기 때문이었다.

나는 김영삼 당선자와의 통화 내용 및 오찬 계획을 설명하였으며 참석해 있던 수석들은 패자인 김대중 후보와 정주영 후보에게도 대통령께서 위로하는 통화를 하는 것이 좋겠다는 의견을 제시하였다. 다만 정주영 후보에 대해서는 금권선거 행위를 자행함으로써 선거 분위기를 크게 흐려 놓은 점을 감안하여 위로할 필요 없다는 소수의견도 있었다. 대통령 선거 종료에 즈음한 대통령의 특별담화를 준비하기로 한 뒤 곧장 서재로 올라가 9시 30분 수석회의 결과를 보고드렸다. 대통령께서는 9시 45분 김영삼 대표에게 축하전화를 하였으며 나머지 두 분은 즉석에서는 연결이 되지 않았다고 기록되어 있다.

나는 잇달아 10시 50분 출발하여 여의도 63빌딩으로 달려가 김영삼 대표를 예방해 축하 인사를 하였으며 대통령의 축하말씀도 다시 전달하였다. 즐거운 행사였으며 김종필, 정원식, 김영구, 최창윤 등 동석한 당 선거대책 관계자도 만났다. 이날 오후에는 이발도 하고 휴식을 취하였으며 서교동 집에서 오랜만에 가족들과 저녁식사를 하였다.

도중에 총리비서실 김옥조 실장의 전화가 있었다. 모처럼 격무에서 벗어나 토요일 오후 등산으로 주말을 보내시던 총리께서 낙상으로 다치셨다는 소식이었다. 곧장 대통령께 보고하였으며 이튿날 20시 45분 총리공관으로 문병했다. 큰 부상이 아닌 것이 다행이었다.

그사이 토요일이지만 12월 19일 18시 중앙선거관리위원회가 전체회의를 열고 김영삼 민자당 후보가 14대 대통령으로 당선되었음을 결정·공식발표하였다. 윤관 위원장[51]은 이번 선거가 성숙한 시민의식, 9·18

결단과 중립정부의 노력 그리고 언론·종교·시민단체 등의 애국적 봉사 등에 힘입어 공명선거의 획기적인 이정표를 만들었다고 하였다. 이때 발표된 공식 선거 결과는 투표율 81.9%, 김영삼 당선자 9,977,332표(유효 투표의 42.0%), 김대중 후보 8,041,284표(33.8%), 정주영 후보 3,880,067표(16.3%), 박찬종 후보 1,516,047표(6.4%)로 나타났다.

선거운동 기간 중 금권선거 행위가 난무하고 선거 종반 김기춘 전 장관에 의한 이른바 초원복집사건이 발생하여 옥에 티가 되기는 하였으나 투개표 종료까지 그야말로 순조롭게 진행되었으며 경쟁자들이 패배를 자인하고 당선자를 축하하는 등 이번 대통령 선거는 한층 향상되고 성숙한 모습이라는 데 평가가 일치되고 있었다. 당시 비서실에서 작성하여 대통령께 보고한 〈14대 대통령 선거 평가보고〉[52]는 총평에서 "제 14대 대통령 선거는 '6·29선언'으로 개막된 민주화시대가 '9·18결단'을 계기로 완전한 결실을 맺은 것을 의미한다고" 전제한 뒤, "특히 전폭적인 국민 신뢰 속에 출범한 중립내각의 공정한 관리로 인해 첫째, 13대 대통령 선거에 나타났던 지역감정 표출, 유세장 폭력 등 극심한 과열혼탁 양상이 사라짐으로써 선거풍토가 획기적으로 개선되어 민주화에 새로운 이정표를 세웠으며, 둘째, 정부가 중립성과 공정성을 끝까지 유지한 가운데 완전히 민의에 의해 대통령이 선출됨으로써 정권의 정통성·도덕성

51 윤관 위원장은 나와 고등고시 사법과 합격 동기생이다. 합격 후 군 복무를 위하여 함께 공군 법무장교로 근무한 관계로 각별한 친분을 유지해 왔다. 당시 대법관으로 재직하면서 관례에 따라 중앙선거관리위원장을 겸직하고 있었으며 그 뒤 김영삼 대통령에 의하여 대법원장으로 임명되어 임기를 마친 모범적인 법관이었다.

52 내가 보관하고 있는 보고서로 총 10페이지에 이르며 총평 뒤에 ① 사상 유례없는 공명선거 실현, ② 금권선거에 대한 정부의 단호한 조치, ③ 정치적 쟁점에서 탈피, '정책대결'로의 이행 가능성 시사, ④ 경제적 부담 최소화, ⑤ 유세 일변도 운동방식의 지양, TV 등 언론매체를 활용한 선거운동의 효과적 수행, ⑥ 지역감정 표출 약화, ⑦ 폭력행위 흑색선전 감소, ⑧ 6·29선언의 대미(大尾) 장식, ⑨ 외신의 긍정적 평가라는 구체적 내용의 설명이 이어졌다.

에 대한 시비가 근원적으로 해결되어 정치발전을 위한 새로운 장場이 열리게 되었으며, 셋째, 선거가 경제에 미치는 부담을 최소화함으로써 국가적인 선거에도 불구, 순탄한 경제운영에 지장을 주지 않았다는 평가"라는 것이다.[53]

그뿐만 아니라 세계 주요 언론들이 한결같이 긍정적인 보도·평가를 한 것은 정말 자랑할 만한 일이었다. 이번 대선이 문민후보 간의 경쟁이며 민주화 문제가 선거쟁점이 되지 못하고 경제문제를 중심으로 주요 선거공약이 제기된 점, 학생데모와 군 개입 우려가 불식되는 등 민주화의 진전 속에서 치르고 있는 점, 관권선거가 사라지고 선거과열이 자제되는 등 성숙한 선거문화를 보여주면서 치러졌다고 보도한 것이었다.[54]

주말을 보낸 12월 21일 월요일 주말 동안 준비해 온 대국민담화를 발표하였다. 제 14대 대통령 선거 종료에 즈음하여 국민에게 드리는 말씀이 녹화중계방식으로 10시 25분부터 방영된 것이다. 이 인사말씀[55]에서 이번 선거가 "우리 민주주의 발전에 새 기원을 이룬 가운데 훌륭히 마무리된 것을 기쁘게 생각"하며 "우리 헌정사상 가장 공정한 선거, 질서

53 대통령께서 선거로 인하여 경제에 부담을 주지 않도록 하라고 누차 지시하셨음을 이미 여러 번 언급하였거니와 제 13대 대통령 선거(1987년 12월 16일) 때의 통화 증발(총통화증가율 22.5%), 물가·부동산가격 불안(물가상승률 6.1%, 부동산 활황세 본격화) 소비 증가와 선거 관련 사업 호황(1987년 12월 도소매 판매지수 1년 전 대비 11.7% 증가, 제지·주류·관광·선물용품 사업 특수 현상) 등으로 경제 안정기조를 크게 흔드는 부작용이 있었음에 비하여, 이번 14대 대통령 선거 때는 총통화증가율 18.8%, 현금통화비중 8% 이내로 통화량 안정, 소비자 물가는 11월 0.5% 하락 1년 전 대비 4.4% 증가에 그치는 등 안정된 추세에다 주택가격 하락세 계속, 백화점 매출신장 전년 대비 감소, 음식점·선물용품 사업 매출도 감소하는 등 경제 안정기조에 영향을 주지 않았음이 확인되었다.

54 비서실 편(1992년 12월 18일), 〈14대 대통령 선거 평가 보고〉, 8쪽. 동 보고서에는 〈뉴욕타임스〉, 〈워싱턴타임스〉, 〈시카고트리뷴〉, 〈뉴스위크〉, 〈AWSJ〉, 〈산케이신문〉, 〈아사히〉, 〈로이터〉 등의 12월 12일~17일 기사 또는 사설 11개의 요지를 인용하고 있다.

55 대통령 비서실(1993), 《노태우 대통령 연설문집》 5권, 746쪽, 전문 수록.

정연한 선거의 새 전통을 세우는 데 협조해 주신 국민 여러분"에게 감사의 뜻을 표한 뒤 여러 후보와 운동원 그리고 선거관리 관계 공무원 투표 종사원 등에게도 치하의 말씀을 전한다고 하였다. 특히 이번 선거는 중립 선거관리 내각을 구성하여 치러졌으며 여러 가지 면에서 만족할 만하였다고 평가한 뒤 선거가 끝난 뒤 뒤처리에 엄정을 기하는 한편 선거기간 중 들떴던 마음을 가라앉히고 심기일전 국제 경쟁력 향상, 중소기업 지원, 물가안정 등 국정과제 수행에 매진하자고 강조하였다. 새질서·새생활운동과 사회기강 확립은 물론 연말 불우이웃돕기에도 더욱 관심을 가지자고 말씀하였다. 무엇보다 김영삼 당선자를 중심으로 국민화합에 힘쓰는 것이 급선무라고 지적하였다.

대통령께서는 6·29선언으로 시작된 민주화 개혁이 9·18결단을 거쳐 이번 선거로 유종의 미를 거둔 것이 큰 기쁨과 보람이라고 말씀하시면서 "남은 임기 동안 국정의 알찬 마무리와 정부 업무의 원활한 인계를 위하여 최선의 노력을 다할 것"이라 인사말씀을 마무리하였다.

나는 이 녹화방송을 시청하는 동안 1년 전 12월 29일 오전 정무수석 손주환과 함께 청와대 관저 접견실에서 "민주적 절차를 거쳐 김영삼 대표최고위원을 후임 대통령에 선출되도록 한다."는 결심을 말씀하시던 순간이 떠올랐다. 지난 1년 정말 길고도 긴 시간이었다. 곡절도 많았다. 숨 가쁨에 허덕이고 잠 못 이루는 일 또한 적지 않았다. 잘 견뎌내어 드디어 이룩하게 된 것이 아닌가. 서정주 시인의 〈국화 옆에서〉가 생각났다. "한 송이 국화꽃을 피우기 위해 봄부터 소쩍새는 그렇게 울었나보다"라는 구절 … '소쩍새의 울음' 뿐만 아니라 '천둥'도 울었으며 "무서리가 저리 내리고 … 잠도 오지 않았나 보다"라는 시어詩語, 시구詩句들이 절절히 다가오고 있었다.[56]

56 내 다이어리 1992년 12월 31일 말미에는 '한 송이 국화꽃을 피우기 위하여 봄부터 소쩍새는 그렇게 울었나 보다'라고 날려 쓴 것이 있다. '위하여'는 시의 '위해'를 내가 잘못 기억한 것

잇달아 11시 반 김영삼 당선자가 청와대를 예방하였다. 현관에서 영접하여 대통령과 접견을 시작 배석자 없이 오찬을 함께 하셨다. 그동안 취임 준비위원회 문제, 새 정부 정책참고사항 인계 등에 대하여 의견을 나누었으며 13시 40분 김 당선자가 청와대를 나설 때 전송하였다.

대통령 선거 마무리: 선거사범 처리와 사면 · 새 정부 인수위 발족 · 퇴임 준비

큰일이 마무리된 셈이다. 그러나 정부의 일은 조금의 방심도 용납하지 않는 법, 뒤따르는 이런저런 문제들을 처리해야만 했다.

우선 선거사범 처리 문제였다. 12월 21일 아침수석회의 때 사정수석은 14대 대통령 선거사범 단속결과를 분석, 보고하였다. 형사입건된 선거사범은 총 1,962명으로 13대 대선 때 827명보다 현저히 증가하였다. 유형별로는 금품 제공 676명, 후보자 비방 78명, 폭력 39명, 기타 1,169명이었으며, 13대 때와 비교하면 흑색선전은 43.4%에서 4.0%로 감소, 선거폭력은 27.6%에서 2.0%로 현저히 감소한 대신 금권사범이 3.1%에서 34.5%로 크게 증가한 것으로[57] 국민당이 기업을 이용하여 조직적 · 집중적인 금품 살포 등 불법을 저지른 탓으로 분석된다고 보고하였다. 이번 선거사범이 13대 때보다 많이 늘어난 것은 전번 선거와 달리 공명선거를 실천하기 위하여 선거운동이 시작되기 전부터 선제적인 단속활동을 강화, 사전 선거운동만도 520명 입건, 56명 구속 등 실적을 올리게 된 것이며 그 결과 전에 비하여 선거 분위기에 질서유지가 돋보였다는 것이었다. 형사 입건된 공무원이 24명이었으나 개인적으로

인 듯하다.

57 여기서 %는 전체 사범 중에서 차지하는 비율을 산정 · 기재한 것이다.

특정후보 지지 또는 직무수행 관련 고소된 사건이 대부분으로 이른바 관권개입 사례는 없었다는 보고와 함께 정당별로는 민자당 171명, 민주당 156명, 국민당 642명, 신정당 4명, 기타 989명으로 정당 소속자가 총 입건 인원의 49.6%를 차지하였으며 전술한 바와 같이 국민당의 범법행위가 현저히 많았다. 이와 같은 선거사범에 대해서 법이 정한 절차에 따라 공소시효 만료기간 6개월과 관계없이 새 정부 출범 전에 가급적 처리하도록 신속한 수사・처단에 노력할 것이라고 보고하였다.

물론 선거사범 처리는 관계기관에서 잘 처리할 것으로 청와대가 일일이 나설 일은 아니었다. 다만 선거 종반 발생한 초원복집사건에 대해서는 관심이 가지 않을 수 없었다. 김기춘 전 장관은 검찰총장 임기제가 도입되기 직전[58] 노 대통령에 의하여 임명되어 임기제가 적용된 첫 검찰총장으로 2년간 봉직하였으며 임기 만료로 퇴임 후 약 6개월 만에 법무부 장관으로 기용되었다. 중립내각 발족으로 물러날 때까지 1년 5개월 가까이 법무행정을 잘 수행하여 대통령의 신임이 매우 두터웠다. 전에 언급한 바 있지만 대통령께서는 중립내각 발족으로 본의 아니게 퇴임할 수밖에 없게 된 내무・법무・공보・정무1장관 그리고 안기부장에 대하여 임기 말까지 대통령 보좌의 역할을 어떤 형식으로든지 계속되기를 희망하시고 내게 특명을 내리셨다. 퇴임 장관들의 각자 사정을 고려, 공식・비공식 업무부여가 진행되었던 것으로 기억된다.

58 6공의 민주화 입법의 하나로 검찰총장 2년 임기제가 입법된 것은 1988년 12월 31일이었다. 검찰총장 임기제를 정하는 검찰청법 중 개정법률안은 내가 법무부 장관으로 재직 중이던 6공 출범 후 법안을 성안하여 1988년 8월경 대통령의 재가를 받았으며 그해 11월 10일 국무회의를 통과, 11월 19일 자로 국회에 제출되었다. 때마침 국회에서도 11월 18일 자로 의원입법으로 검찰총장 임기제 도입, 검사직급제 폐지 등이 제안되어 있어 법사위원회에서 심의 결과, 검사직급제 폐지 등은 받아들여지지 않고 정부 제안 총장 임기제 도입 법안을 중심으로 중임 금지조항이 추가되어 12월 15일 통과되었으며 1988년 12월 31일 발효되었다. 김기춘 총장은 1988년 12월 6일 임명되었으나 입법 당시 경과규정에 의거 임명일로부터 기산하기로 규정되었으므로 2년 임기를 마치고 1990년 12월 5일 퇴임하였다.

김기춘 장관의 경우에는 청와대 근무가 검토된 바 있었으나 김 장관과의 상의가 진행되던 중 여러 가지 사정을 감안하여 당초 검토되던 안은 없었던 것으로 결정한 것이 12월 7일이었다. 이러한 상황에서 사건이 일어나고 보니 여러 가지 아쉽기도 하고 마음이 편할 수가 없었다. 대통령께서도 말씀하시지는 않으셨지만 안타까운 생각을 가지시는 것을 느낄 수 있었다. 그러나 아무리 사적인 모임이라 하더라도 평소의 김 장관답지 않은 언설이 녹음·공개되자 언론의 비판적 보도가 극에 달하고 있었다. 김영삼 후보도 거듭 엄단해야 한다는 의견을 표명한다는 전갈이었다.

워낙 여론의 주목을 받은 일이었으며 중립내각의 명예에도 관계되는 면이 없지 않았다. 고발사건을 맡은 서울지방검찰청에서는 아무리 전직 총장이라 하여도 조금의 느슨함도 용납되지 않는 수사·처단의 길을 걷지 않을 수 없었다. 국립과학수사연구소의 감정결과가 나오자 곧장 관계인 진술청취, 현장조사, 피고발인 조사를 신속히 진행하였다. 해를 넘기지 않은 12월 29일 수사를 완료하고 부산기관장모임을 주재한 김기춘 전 장관을 대통령 선거법 위반(비선거운동원의 선거운동, 법36조)으로, 도청을 한 국민당 정몽준 의원 등 4명은 주거침입 혐의로 각 불구속기소하였으며, 회식에 참석한 기관장 등은 불기소처분(혐의 없음) 함으로써 사건은 일단락되었다.[59]

이 사건 처리당시 검찰총장은 김두희였다. 전임 검찰총장 정구영은 12월 5일 임기 만료로 퇴임하였으며 고등고시 14회에 합격한 김두희가 후임 총장으로 임명되어 12월 7일 청와대에서 대통령으로부터 임명장

59 김기춘은 재판받는 과정에서 자신에게 적용된 대통령선거법 제 36조 1항의 위헌법률심판제청을 신청, 헌법재판소의 위헌결정을 받아 냄으로써 검찰이 공소를 취소하도록 하였으며 정몽준은 선고유예, 기타 국민당 직원 2명과 안기부 직원은 벌금 90만 원으로 끝났음을 확인하였다(연합백과, 2017년 1월 25일 참조).

을 받았다.[60] 선거운동 기간 중 임명되자마자 선거사범 엄정단속을 방침으로 천명하고 있었다. 전직 법무부 장관의 선거법 위반 혐의에 대해 검찰이 어떻게 대처하는가에 대하여 관심이 집중될 수밖에 없었다. 검찰요직을 두루 거치면서 쌓은 경륜을 발휘, 투명한 수사과정, 신중한 검토 끝에 무난히 처리하였다고 판단되었다. 해를 넘기지 않고 결정하여 홀가분한 기분이었다.

임기 말에 사면을 할 것인가의 문제도 오랫동안 고민해 오던 문제였다. 나는 법무부 검찰국에 파견근무를 시작한 1970년대 초반부터 사면업무에 접해 왔다. 실무자부터 시작하여 대통령의 사면권 행사를 책임지고 보좌하는 법무부 장관에 이르기까지 오랜 기간 적지 않은 사면사무를 처리하였다. 사면권 행사는 가급적 자제되어야 하는 것이지만 그럼에도 불구하고 대통령의 은사恩赦만이 해결의 정답이 되는 경우가 반드시 있다는 점을 터득하고 있었다. 동서고금을 막론하고 이 제도가 존재해 온 까닭이다. 더구나 5년 임기의 단임제 대통령이 임기를 마치는 시점에서 여러 가지 풀어야 할 사연들이 있기 마련일 것이 아닌가.

대통령 선거 운동이 한창이던 11월 하순경부터 이 문제가 적극적으로 검토되기 시작하였다. 12월 3일 사정수석실의 검토 보고가 있었고 12월 8일에는 법무부가 검토한 안을 정무·사정수석 등과 함께 구체적인 방침을 토의, 결론을 정리하여 그 무렵 대통령께 보고한 것으로 되어 있다. 선거가 끝나고 성탄절이 다가온 시점에서 소정 절차가 완료되어 총 26명을 특별사면, 특별복권, 특별감형 그리고 특별가석방하였다. 이번

60 정구영 검찰총장의 임기가 12월 5일 만료함에 따라 11월 20일쯤 보고드려 방침을 결정하였으며 11월 30일 오후 내정 사실을 발표하였다. 정구영 총장이 고등고시 13회였으나 고등고시 8회와 함께 100명이 넘는 많은 합격자를 낸 기(期)였으므로 총장을 한 번 더 할 수도 있지 않은가 하는 점을 검토한 끝에 다음 기인 14회 선두주자로서 일찍부터 총장 후보로 다툼이 없었던 김두희 대검 차장검사를 낙점한 바 있다.

특사 조치에 포함된 대상자는 문익환, 임수경, 문규현 등 밀입북 사건 관련 3명, 장병조, 이원배, 이태섭, 박재규 등 수서사건 및 국회의원 사건 관련 4명, 전경환, 차규헌, 김종호, 이학봉, 이창석 등 5공 비리 관련 19명이었다.

"6공화국에 들어 누적된 갈등을 해소하고 법과 질서를 확립하는 과정에서 사법처리 되었던 이들에게 새 출발의 기회를 부여, 그동안의 갈등요인을 제거하고 국민화합을 위해 대대적인 사면조치를 취했다."라는 정부 발표가 있었다. 사면이 발표되면 언제나 이런저런 비판이 있기 마련이었다. 이에 대비하여 법무부가 여러 가지 조치를 취하지만 청와대 비서실도 가만히 있지 않았다. 사면이 발표되는 12월 24일 대통령께서 청남대로 출발하신 직후인 16시 정무·공보·정책조사·사정수석 등이 자리를 함께하여 대책을 논의하였으며 논의결과를 토대로 공보처·법무부 장관과 통화하였다. 다행스럽게도 신문 보도내용은 크게 문제될 만한 것이 없다고 판단되었으므로 그날 저녁 청남대로 대통령께 전화보고를 마칠 수 있었다. 오랫동안 여야 정치권을 두루 살피면서 지나치지도 모자라지도 않게 사면대상자 선정작업을 진행한 보람이었다고 안도하였다.

전직 전두환 대통령과의 관계를 개선하는 것이 큰 과제의 하나였음은 이미 설명한 바 있다. 이번 사면을 통하여 5공 인사들에 대한 관용조치가 있었음은 물론이었다.[61] 퇴임을 앞두고 이 문제를 해결하려는 노력이 계속되었다. 안교덕 민정수석이 많은 수고를 해왔다. 12월 4일 오찬 때는 나도 전두환 대통령 측의 이양우 변호사를 만났다. 희망적인 메시지를 전달받기도 하였다. 그러나 12월 24일 민정수석이 전 대통령 측으로부터 청와대 방문을 하지 않겠다는 통보를 받는 것으로 재임 중 관계

61 사면대상자를 선정하는 과정에서 전 대통령 측과의 대회가 있었다.

개선은 단념하지 않을 수 없게 되었다. 당시 청와대의 입장은 전 대통령께서 청와대로 노 대통령을 방문하는 기회를 가지는 것을 계기로 노 대통령도 전 대통령가를 답방함으로써 관계개선을 이루자는 것이었다. 그러나 전 대통령 측은 이 제안을 받아들일 듯하다가 마지막 단계에 거부하는 일이 일어나면서 결국 재임 중 관계개선을 포기할 수밖에 없었다. 전 대통령 측의 요구는 노 대통령이 먼저 방문해야 한다는 것이었기 때문이었다. 어떻게 보면 아무것도 아닌 차이라 생각할 수도 있겠지만 주변의 사정도 가세하여 넘을 수 없는 벽이 되고 말았다.

관계수석 등과 대책을 협의하였으며 우리가 취할 조치는 취하자는 데 의견을 모았다. 이에 따라 대통령께서 퇴임에 앞서 12월 30일 자 〈동아일보〉와의 기자회견을 통하여 전두환 대통령의 업적을 평가하고 5·6공 단절이란 있을 수 없는 일이라는 취지의 발언을 하신 것이다. 이 회견에서 노 대통령은 "5공에서 6공으로 넘어오는 과정에서 그분이 국회 증언이나 산사 칩거 등 어려움을 겪었던 것은 전직 국가원수에 대한 예우나 헌정발전이라는 차원에서 매우 바람직하지 못했던 일로 이 점에 유감스럽게 생각한다."고 언급하였다. 이 같은 취지의 발언은 그 뒤에도 다른 신문과의 회견 기사에서도 계속되었다.[62]

어떤 면에서 보더라도 두 분의 만남이 이루어졌어야 한다는 많은 사람의 희망이 성사되지 못한 것은 퍽 아쉬운 일이다. 보좌의 책임을 진 비서실장으로서도 크게 후회되는 일이 아닐 수 없었다.

새 대통령의 취임 준비를 위한 제반 조치도 챙겨야 할 일이었다. 두 번째 대통령직 인수인계이지만 새로운 6공화국 헌법하에서 처음 이루어지는 일이기 때문에 좋은 선례를 만든다는 과제이기도 하였다. 그러나 이 일은 새 대통령 측이 주도해야 할 일이기에 새 정부 측에 불편함이

62 1993년 2월 1일 〈세계일보〉와의 기자회견에서도 같은 취지의 문답이 있었다.

없도록 협조하는 것이었다. 김영삼 당선자 측을 위해 당이 마련한 안을 12월 23일 대통령께 보고했으며 12월 24일 법제처장과 통화하여 조정을 끝내었다. 당선자 측은 12월 30일 정원식 전 총리를 위원장으로 하는 대통령직 인수위원 15명[63]을 발표하고 정권인수 작업에 착수하였다.

비서실의 퇴임 준비작업도 박차를 가해야만 했다. 벌써 연초부터 문서 정리 등 작업을 해왔다. 총무수석실이 작업방침을 검토하여 각 수석실 주관으로 일을 진행했다. 퇴임에 대비하여 대통령께서 만나야 할 사람들, 취하여야 할 조치 등도 4/4분기 들어 조금씩 진행하고 있었다. 선거가 끝날 무렵 행정수석실이 마련한 방안을 토대로 아침수석회의에서 토의를 시작한 것은 이미 언급한 바와 같으며 몇 차례 토의 끝에 정리된 안을 〈각하 퇴임 준비관련 계획검토 보고〉로 문서화하여 12월 23일 17시 30분 대통령께 보고드려 결심을 받았다.[64]

이 자리에서 대통령께서는 퇴임 후의 처신에 대하여 "기본적으로 책임에서 벗어나는 것을 편하게 생각하며 전직대통령으로서 떠받들어지는 것을 바라지 않으므로 문제가 없을 것이다."라고 전제하시면서 "조용하게 지나고자 한다. 현역 정치인 등 사람이 많이 찾아와 잡음이 생기는 것은 신경 쓰이는 일이므로 잘 조절해주기 바란다."는 당부말씀도 하셨다. 대통령께서 퇴임 후에 대하여 잘 정리하신 것에 감동하는 마음과 함께 어쩐지 쓸쓸함 또한 느끼지 않을 수 없었다.

63 정원식 위원장 외 위원 14명의 명단은 다음과 같다. 남재희(서울), 박관용(부산), 김한규(대구), 서정화(인천), 이환의(광주), 이재환(대전), 이해구(경기), 이민섭(강원), 신경식(충북), 양창석(전북), 유경현(전남), 장영철(경북), 최병렬(전국구), 최창윤(비서실장).

64 이 보고서는 집행을 위하여 12월 24일 오전 의전수석에 전달되었다. 이날 오찬에는 선거관리에 노고가 많던 선거관리위원회 관계자 등 25명에게 오찬을 베푸는 행사가 있었으며 이 행사 뒤 15시 30분 대통령께서는 성탄절 휴식을 위하여 청남대로 출발하였다. 이 보고서의 사본은 내가 보관하고 있다.

새질서 · 새생활운동 평가회의 · 마지막 본관수석회의 · 정보산업 발전전략 · 1993경제운용계획 보고 · 마지막 국무회의 · 훈장 수여와 종무식

중립내각으로 시작하여 대통령 선거를 끝내자 1992년이 저물었다. 대통령의 임기도 2개월밖에 남지 않은 시점에 이르렀다. 지난 4/4분기 동안 일어난 여러 가지 일들을 따라다닌 것이 제 9장의 소임이었다. 이제 1992년 12월 30일 마지막 청와대 국무회의 그리고 12월 31일 종무식을 끝으로 분기를 마무리하면서 몇 가지 보태야 할 일이 있는 것 같다.

먼저 10월 16일 새질서 · 새생활운동 평가 보고 회의를 언급해야만 할 것 같다. 이날 오전 10시 청와대에서 이 운동을 전개해 온 민간단체 대표 153명과 관계부처장 및 시도관계자 103명 등을 초청해 2주년 기념 평가보고대회를 가졌다. 먼저 그동안의 운동 상황을 결산하는 슬라이드 '정성과 보람'이 상영된 뒤 5개 분야별로 사례 보고가 이어졌다. 세방전지 하남공장 오세웅 품질기술부장의 '21세기 주인이 되자'는 공장 새생활운동 성과, 강원도 원주시 해병자원봉사대 우정수 대장의 자율방범 · 순찰활동, 제주 서귀포시 대천동 새마을부인회 이영자 회장의 자원재활용 및 환경보전 활동, 대구 새마을교통봉사회 강상원 회장의 교통사고 줄이기 운동, 연세대 철학과 박순영 교수의 새질서 · 새생활운동 평가 등이 보고되었으며 대통령께서는 일일이 격려의 말씀과 함께 관계장관 등을 독려하는 순서로 2주년 기념보고회가 진행되었다.

10월 31일 청와대 비서실의 도서실 준공식이 있었다. 비서실에 도서 · 자료를 보관 · 열람하는 시설이 없어 아쉽게 생각해 오던 끝에 총무수석실의 주선으로 마련하게 되었기 때문이다. 매우 뜻깊은 일이라고 생각하였다. 10시 준공식을 가진 뒤 10시 30분엔 공사에 수고한 삼성종합건설과 삼우건축에 감사패를 증정하였다.

11월 13일 아침엔 대통령께서 새로이 미국 대통령으로 당선된 클린턴 당선자에게 당선 축하와 함께 한미 우호증진을 다짐하는 통화가 있었다. 비록 퇴임이 얼마 남지 않은 시점이고 클린턴 당선자의 취임은 2개월 뒤에나 이루어지게 되어 있었지만 당선축하 전화를 미루지 않는 것이 현직대통령의 당연한 책무라고 판단되었기 때문에 성사된 것이었다. 이 통화 사실은 언론에 대대적으로 보도되었다고 이튿날 공보수석이 아침수석회의에 보고하였다.

12월 7일에는 1992년도 마지막 본관수석회의가 있었다. 4/4분기 들어 본관수석회의는 10월 7일, 19일, 11월 2일, 16일 등 4회 개최되었으며 12월 7일 한 번 더 열림으로써 총 5회가 된 것이다.

정무수석으로부터 시작된 보고는 때가 때인 만큼 대통령 선거 진행상황이 정무·행정·민정·사정·공보·정책조사보좌 등 대부분 수석들의 주된 보고내용이 되었다. 다만 경제수석은 물가안정, 국제수지 개선(적자 폭 감소) 그리고 생산증가 둔화라는 경제동향을 요약 보고하였다. 그동안 정부가 경제정책의 기조로 삼아온 안정책과 기술개발·설비투자 강화책을 계속하여 확실히 정착되도록 할 것도 보고하였다. 그리고 연말까지 정보산업 발전계획, 제조업 경쟁력강화 대책회의, 경제운용계획 보고회 등을 가질 것이라고 말하였다.

대통령께서는 선거와 연말 그리고 임기 만료가 중첩된 시점에 소관 분야에 대하여 적당히 넘기지 않고 철저히 챙기는 자세를 취하라고 강조하셨다. 또한 당적이탈 때문에 여야로 공격을 받아 정부의 치적이 인정받지 못하게 될 우려가 있으므로 기회 있을 때마다 그리고 기회를 만들어서라도 국정홍보를 강화하라고 말씀하였다. 특히 6공의 민주화와 관련, 오랜 기간이 걸릴 것이라 예상되던 경제 조정기간이 그동안 정부·민간의 노력으로 예상보다 단축되고 있다는 사실도 잘 알려야 한다고 지적하셨다. 이날 대통령께서는 임기 만료가 가까워져 만시지탄이 있으나 국토 이용과 관련하여 획기적 조치가 필요하다고 하시면서 시동이라도 걸어야 되지 않을까 생각된다는 말씀을 하셨다. 예컨대 국토를 도시지역과 농촌지역으로 대별하여 ① 서울의 경우 고도제한을 완화, 비싼 땅의 활용도를 대폭 늘리는 것, ② 농촌지역 중 진흥지역 농토 활용제한을 완화하며, ③ 지하 이용의 확대 등을 검토해 봄직하다는 것이었다. 선거사범 단속과 관련 당당한 법 집행이 정치탄압으로 오해받지 않도록 공명・엄정성을 보장하도록, 그리고 연말 불우이웃돕기에 민간단체가 활발히 참여하도록 하라는 당부말씀도 하셨다.

선거가 한창이던 12월 14일 오전 10시부터 청와대 집현실에서 정부의 정보산업 발전전략 계획이 보고되었고 토의되었으며 대통령의 지시말씀까지 1시간 반 만에 끝났다. 강봉균 경제기획원 차관보의 보고와 경제부총리, 재무・교육・상공・체신・과기처 장관 등과의 소관별 토의에 이어 대통령께서 정보산업 전문인력 양성 방안, 자금지원, 세제・금융・기술 등 정책지원방안, 정보사업기획단 및 중소기업정보화사업단 설치를 지시하는 말씀을 하셨다.

12월 28일 15시 30분 93년도 경제운용방안을 보고받는 자리에 배석하였다. 경제부총리는 ① 경제 안정기조의 확고한 정착, ② 경쟁력강화를 통한 경제활력 회복, ③ 국민생활 안정과 편익 증진, ④ 경제행정 및 제도의 개혁, ⑤ 국제 경제질서 변화에의 능동적 대응 등을 바탕으로 93년에는 경제성장 6~7%, 물가 4~5%, 국제수지 30억 달러 적자(수출 8%, 수입 6% 증가)를 달성하도록 한다는 경제운용방향을 제시하였다.

대통령께서는 그동안의 노고를 치하한다고 말씀하신 뒤 6공 경제가 제대로 평가되어야 하며 새 정부의 정책 변화가 예상됨에 대비해 내년도 경제운용방향을 인식시키는 데 힘쓰기 바란다고 말씀하시면서 ① 안정 기반 위에 경쟁력강화는 계속 추진되어야 한다, ② 국제화 시대에 걸맞게 사고 전환・제도 개선을 하여야 하며, ③ 기업의 정치개입 문제에 대하여 단호한 대책으로 재발이 방지되어야 하며, ④ 정부인계 준비와 마무리에 만전을 기하라고 당부하였다.

12월 30일 10시부터 1992년 마지막 국무회의가 청와대에서 개최되었다. 국무총리의 인사말씀에 이어 행정조정실장이 제 14대 대통령 선거 후속대책 및 국정 마무리 계획을 보고하기까지 23분이 소요되었다. 대통령께서는 먼저 14대 대통령 선거에 대하여 스위스 수준의 민주주의가 구현되었다고 평가하시면서 6·29선언→ 9·18결단 → 대통령 선거 유종의 미로 진행된 민주의 확고화, 그로 인한 새 정부의 정치안정이 이룩되었으며 헌법을 바꾸지 않는 가운데 새 정권이 탄생한 것은 헌정사상 처음 있는 일로 단절 없는 승계가 드디어 달성된 것이라는 설명하셨다.

당면과제로 ① 선거 뒤처리를 위하여 사회 분위기를 쇄신하고 선거사범을 엄정히 처리할 것, ② 적극적 대처로 알찬 마무리가 되어야 하며, ③ 경쟁력강화 및 우루과이라운드 대책 등 경제 과제 및 민생 관련 현안에 철저히 대처할 것, ④ 직업 공무원의 신분 보장과 중심 잡기로 공직사회의 동요를 방지할 것, ⑤ 오늘 발족된 대통령직 인수위원회에 적극 협조할 것, ⑥ 연말연시 특히 정부 이양기에 사회기강 확립과 민생안정에 소홀함이 없도록 하라고 지시를 하였다. 이리하여 1992년 뜻깊은 한 해를 마무리하는 국무회의는 10시 38분에 끝을 맺었다.

드디어 12월 31일 오전 10시, 대통령께서는 안교덕·심대평·김학준 수석과 주치의 최규완 박사에게 훈장을 수여하시고 그동안의 노고를 치하하여 조용한 연말 환담의 시간을 가지셨다. 이어 나는 11시 종무식에 참석하였다. 비서실 직원들이 모인 가운데 포상을 한 뒤 송년인사를 하였다. 노고를 치하한다는 인사와 함께 정치·경제·외교 등 국정의 여러 부문을 간략하게 되돌아보며 자부심을 가지자고 강조하였다. “어떤 일이 일어나더라도 흔들리지 말고 뛰고 또 뛰자!”라고 말한 것으로 간략하게 메모되어 있다.

11시 40분부터는 비서실의 각 방을 순회하며 해를 보내는 마지막 인사를 하였다. 행정-정무-경제-공보-총무-민정-사정-정책조사-외교안보수석실 순이었다. 12시 20분엔 삼청복집에서 경호실장 및 수석들과 오찬을 하였다. 마지막 행사였다.

모처럼 14시에 일찌감치 퇴청할 수 있었다. 퇴청하는 차 안에서 12월 29일 이한빈 전 부총리께서 노태우 대통령 5년을 격려하는 전화를 해준 것이 생각났다. 이 부총리께서는 종종 정부에 쓴소리도 해오시던 터였기에 뜻밖의 반가운 전화였다. 나는 인과응보因果應報라는 말을 믿는 편이다. 열심히 일하면 그에 따른 과보果報가 어떤 형태로든 있기 마련이라고 생각하는 것이다.

한 해를 보내는 퇴근길은 여의도 친구 최석민 사장의 한아산업 사무실로 향하고 있었다. 조그마한 기업을 이루었지만 연말엔 잊지 않고 대학동기생들을 위한 조촐한 파티를 마련하고 있었기 때문이다. 17시 반에 시작한 모임은 10시에 마무리되었다. 새해 아침 차례를 올리기 위해 늦었지만 지방紙榜을 쓰는 일을 빼놓을 수 없었다. 23시에 취침하였으며 뜻깊은 그믐밤이었는데 "아무런 꿈도 꾸지 않았다"고 다이어리에는 기록되어 있다.

1993년 1월 1일

~

2월 24일

10

마지막 새해맞이

1993년 계유癸酉년 새해가 밝았다. 노 대통령에게 다섯 번째이자 마지막이 되는 청와대에서의 새해맞이였다. 이미 국민에게 드리는 새해 인사말씀이 여러 매체를 통하여 전달되었기 때문에[1] 새해 첫 행사는 여느 해와 같이 국무총리, 안기부장, 비서실장과 경호실장을 불러 오찬을 함께하면서 새해 인사를 나누고 국정수행의 의지를 다지는 것이었다. 그러나 이번 세배·오찬모임은 현직에 한하지 않고 전직까지 포함하였다. 노 대통령 재임 중 국무총리직에 재직한 다섯 분의 전·현직 총리, 전·현직 국가안전기획부장 여섯 분, 전직 비서실장과 경호실장 등 모두 14명이 자리를 함께하였다. 1년 전만 하더라도 현직만이 모인 가운데 앞으로의 1년, 특히 당면한 대통령 후보 경선 등 정치일정과 관련하여 긴장 속에 대화하고 숙의가 계속되었다. 대통령께서 시정의 방향과 방책을 지시하는 말씀도 하셨다.

그렇지만 이번에는 퇴임 2개월을 앞둔 시점이라 그렇게 걱정할 일도 심각하게 논의할 일도 없었다. 덕담이 오갔다. 가장 모범적이었다고 국내외 평판이 자자하던 대통령 선거와 중립내각의 선거관리를 화제로 삼아 즐거운 시간을 가질 수 있었다. 크게 어리석은 '태우泰愚' 대통령에 현명한 재상 '현재賢宰', 영원한 공훈을 이룬 '영훈永勳', 봉황의 뜻을 가진 '재봉在鳳', 원기를 심어 준 '원식元植', 그리고 승리의 종을 울린 '승종勝鍾' 등 총리가 차례로 보필하여 6공화국이 잘 마무리된다는 '이름풀이'가 좌중에 큰 웃음을 안겨 주었다.

대통령께서는 그동안의 노고를 치하한다는 말씀과 함께 퇴임 후에도

---

1 새해 인사말씀은 계유년을 맞아 '국민 여러분에게 드리는 말씀'이란 제목 아래 "새 정부가 출범하는 뜻깊은 해"라고 지적하고 강조하였다. "국민 여러분이 선택한 새 정부가 영광의 새 민족사를 창조할 수 있도록 모두가 동참하여 힘을 보태자"라고 당부하였다.

보통사람으로 돌아가 조용히 눈에 뜨이지 않게 지낼 생각이라고 하시면서 자주 왕래하자는 말씀도 잊지 않으셨다. 이튿날은 박준규 국회의장을 비롯하여 민관식, 김재순, 이만섭, 권익현 등 민자당 고문, 정원식, 노재봉 전 총리 등을 초청하여 골프를 함께 하며 회포를 나누었다.

새해 시무일始務日 1월 4일 8시 50분 아침수석회의는 연휴기간 중 큰 사고 없이 조용한 새해맞이를 하였음을 확인한 뒤 곧바로 9시 30분부터 시작된 본관 하례로 자리를 옮겼다. 인왕실과 충무실에서 비서실, 경호실 직원의 하례와 건배가 이어졌으며 서재에서 수석비서관들이 대통령을 모시고 덕담을 나누는 시간을 가짐으로써 본관 하례는 짧게 끝났다. 이어 11시부터 비서실 강당에서 새해 비서실 시무식이 열렸다.

나는 임기 만료를 2개월 앞둔 시점에서 시무하게 된 직원들에게 '처변불경 장경자강處變不警 莊敬自彊'이라 언급하였다고 메모되어 있다. 중국의 장개석 총통이 중국대륙을 모택동 공산당에게 빼앗긴 뒤 대만으로 옮겨왔을 때 국민에게 전하였다는 말이다. 환경이 변했지만 놀라거나 두려워하지 말고 엄숙히 삼가며 스스로 힘써 나가자는 뜻이라고 전해진다. 나는 대통령의 임기 만료라는 변화의 상황에서도 모두 장경자강 하는 자세를 가져야 할 것이라고 강조한 듯하다.

이날 15시부터는 청와대 영빈관에서 입법·행정·사법 3부의 요인, 간부들과 부부동반 신년인사를 나누는 자리가 마련되었다. 박준규 국회의장, 김덕주 대법원장, 현승종 국무총리를 비롯한 3부의 장관급 이상 인사, 헌법기관 및 군 주요 인사, 3당 대표와 당3역 및 대변인 등이 초청되었으며 대부분 참석하였다. 대통령께서는 "이 자리에 계신 모든 분들이 잘 도와주셔서 이 나라의 민주주의를 진전시키는 큰 성과를 얻을 수 있었으며 정말 고맙게 생각한다", "나의 9·18결단이야말로 국민의 지지 없이는 이룩할 수 없는 일이었는데 국민 모두가 공감, 적극 도와주셔서 세계가 높이 평가하는 공명정대한 선거를 치를 수 있었다"라며 감사의 뜻을 표하였다. "새해에는 우리 국운이 더욱 힘차게 솟아오르기 바란다"라는 기원의 말씀도 하였다. 화기 찬 신년행사였다.

다음 날인 1월 5일 오찬에는 김영삼 당선자 내외가 방문하여 14시 15분까지 환담하는 시간을[2] 가졌으며 17시 25분부터 대한상공회의소 주최 신년인사회에 참석하시어 지난 5년을 간략하게 회고하고[3] 남은 임기도 최선을 다할 것을 다짐한 뒤 "상서로운 새해를 맞아 희망과 자신감으로 모두 새롭게 출발하시길 바랍니다"라는 격려와 함께 새 정부에 대한 지원과 협력을 당부하였다. 끝으로 "그동안 많은 빚을 졌습니다. 이 노태우, 여러분에 대한 보답에 최선을 다할 것입니다. 새해에는 부디 건강하시고 더욱 발전하시기 바랍니다. 앞으로도 여러분과는 더욱 가까이, 더욱 자주 만나게 될 것으로 기대합니다. 참으로 감사합니다"라는 퇴임인사 말씀을 함으로써 새해 인사의 장을 떠나셨다. 동석한 정·재계 지도자들에게도 숙연한 순간이 되었지만 수행한 내게 가슴 뭉클해지는 감격의 순간이었다. 18시 10분경 청와대로 돌아왔다.

새해맞이로 거쳐야 하는 중요한 행사가 모두 끝났다. 이제 50일만 지나면 임기가 끝나는 시점이 된 것이다. 남은 기간 어떤 일을 해야 할 것인지에 대하여 전년 말 12월 23일에 〈각하 퇴임준비 관련계획 검토보

2 대통령 내외분과 김영삼 당선자의 환담 내용에 대해서는 따로 기록한 것이 없으며 수행해 온 최창윤 당선자 비서실장, 최석립 경호실장, 장호경 경호실 차장, 김중권 정무수석 및 나는 경호실 식당에서 오찬을 함께 하였다. 14시 15분 김 당선자 내외분을 전송하였다고 기록되어 있다.

3 대통령께서는 민주·번영·통일의 시대를 열겠다고 취임 당시 약속한 것 가운데 ① 6·29 선언의 실천, 언론자유 만개, 지방자치 실시, 그리고 9·18결단으로 공명한 선거를 치러냄으로써 우리나라 민주주의는 새로운 성숙의 장을 펼치게 되었으며, ② 남북한 유엔 동시가입과 〈남북기본합의서〉 채택, 중국 및 베트남 수교로 마무리된 북방정책의 성공 등으로 통일의 큰길이 활짝 열리게 되어 그야말로 큰 성취를 이루었을 뿐만 아니라, ③ 경제 분야에서도 일부의 부정적 시각과는 달리 5년간 연평균 8.4% 성장, 1인당 국민소득 3,100달러에서 6,740달러로 2배 이상 증가, 무역규모의 배증과 물가안정과 특히 집값 및 땅값의 하락현상, 200만 호 주택 건립, 사회간접자본 투자, 제조업 경쟁력강화 등으로 경제구조의 고도화, 체질 선진화를 추진·달성한 기간으로 평가할 수 있다고 회고하였다.

고〉를 작성하여 보고드린 바 있다는 것은 이미 앞에서 설명한 대로이다. 미리 대비하였기 때문에 각 수석비서관실이 마련한 행동계획에 따라 집행만 하면 되는 것이었다.[4]

한결 수월해진, 그러나 조용할 수만 없는 청와대 비서실: 청주 우암아파트 붕괴 · 경부고속전철 차종 선정 연기 · 업무인계 · 야당 동향 등

지난해 이맘때만 해도 비서실은 긴장이 계속되는 가운데 그야말로 힘든 나날을 견디어야만 하였다. 전 국민의 관심이 집중된 가운데 많은 정치세력 간에 이해가 상충되는 새해 정치일정안을 마무리하여 신년기자회견에 발표해야만 하였기 때문이다. 그러나 퇴임을 앞둔 청와대가 더 이상 새해 시정방향을 밝히는 기자회견을 하지 않아도 되었다. 1월의 중앙부처 신년업무계획 보고회의나, 2~3월에 행하던 연두 지방순시도 새해 업무리스트에서 지워졌다. 혹여 일어날지도 모를 돌발사고에 대비하는 일, 임기 만료 전에 결정해야 할 일을 빠짐없도록 점검하는 일, 이미 발족하여 활동을 개시한 민자당 대통령직 인수위원회의 정권인수준비를 지원하는 일 그리고 전술한 퇴임준비 관계일 등이 기다리고 있을 뿐이었다. 한결 수월해진 분위기였다.

4 보고서에 따르면 첫째 퇴임 전 조치사항으로 ① 대통령 개인 재산공개 문제, ② 청와대 비품 등 재산관리 점검, ③ 각계 인사 접견 · 격려(6공 정부의 퇴직 인사, 청와대 퇴직 직원 및 출입기자, 분야별 여론주도층 등), ④ 친인척 격려 · 위로, ⑤ 주요 국정 마무리(국정평가보고회의, 치적현장 및 소외계층 등 방문 격려), ⑥ 퇴임 직전 청와대 출입기자 간담회 개최 등이 있고, 둘째 퇴임 후 계획으로 ① 퇴임 후 1년간 휴식, ② 퇴임 후 6개월 후 생활공개, ③ 퇴임 1년 후 활동계획, ④ 퇴임 후 비공식 특별보좌팀 구성 운영 등이 포함되어 있었다. 이 계획에서 검토된 사항이 사정변경 등으로 그대로 집행되지는 않았으나 임기 말 업무집행 및 퇴임 후의 생활계획에 많은 참고가 되었던 것으로 기억된다.

신년 연휴를 무사히 보내면서 남은 임기 동안 참으로 태평하기를 기대하고 있었다. 그러나 그러한 호사好事만으로 채워지는 국사國事는 애당초 불가능한 것이었다.

시무 후 사흘이 채 되지 않은 1월 7일 새벽 1시 10분쯤 충북 청주시 우암동 소재 상가아파트에서 화재에 이은 붕괴사고가 일어났다. 지하 1층, 지상 4층의 크지 않은 건물이었음에도 화재에 이은 LP가스 폭발 및 건물 붕괴가 삽시간에 진행되면서 사망 28명, 부상 48명의 인명피해, 70세대 282명의 이재민, 그리고 9억여 원의 재산피해가 발생하였다. 꽤 큰 사고였다.

이날 아침수석회의에 사고 발생 보고가 있었으며 행정수석이 즉시 대통령께 별도 보고하였다. 대통령께서도 크게 걱정하시면서 사고원인을 규명하여 필요한 조치를 취하도록 지시하셨다. 연초부터 이런 사고가 발생한다는 것이 참으로 언짢고 찜찜한 일이었다.

진상규명 결과 화재가 직접적 원인이었지만 건축 당시의 부실공사가 근본원인임이 밝혀짐에 따라 관련 행정공무원과 소방공무원에 대한 문책 조치가 잇달았으며 피해복구를 위한 정부지원 결정도 있었다. 보사부 재해구호 기준에 따라 유가족에 대한 생계보조금, 생계구호비, 주거비, 연료비 등이 지원될 것이며 내무부 예산에서 주거용 건물신축 지원금 5억 원을 지급할 것이라고 1월 9일 아침수석회의에 보고되었다. 특히 김영삼 당선자는 전년 말 대규모 대통령 당선축하연 행사 취소로 절약된 2억 원을 복구기금으로 지원하였다. 이 같은 조치 등으로 사고는 무난하게 수습되었다.[5] 큰 후유증 없이 수습된 것이 다행스러웠다.

우암아파트 붕괴사건으로 한동안 가벼운 홍역을 치르면서도 아침수

5 이 글을 쓰면서 확인한 결과 사고 이후 2년 5개월 만인 1995년 6월 지하 1층, 지상 8층의 평화상가아파트라는 주상복합건물로 재건축되었다.

석회의에서는 연일 임기 말의 국정상황을 파악·점검하고 대처하는 일을 게을리하지 않았다. 가장 큰 관심사는 연말 구성을 마치고 1월 4일 공식 업무에 들어간 대통령직 인수위원회와의 업무협조 관계였다. 청와대 비서실의 업무인계에 관해서는 비서실장이 총괄책임을 지되 업무연락 등을 위한 창구는 청와대 측 간사인 행정수석이 맡기로 방침을 정하였다. 뿐만 아니라 각 부처에서 인수위원회에 보고하는 일과 관련하여 내각 차원의 업무인계는 총리행정조정실장의 총괄조정 아래, 그리고 각 부처는 차관과 기획관리실장이 인수위원회에 소관보고를 하도록 결정하여 차질 없이 진행되고 있었다. 행여 소홀함이 없도록 청와대 비서실의 각 수석실에서 관심을 가지고 챙기도록 대비하고 있었다. 각 부처의 신년 업무계획, 주요 현안 등을 내용으로 하는 인수위원회에의 보고는 1월 19일 완료되었으며 그 과정은 매우 흡족한 것으로 파악되었다.

이와 더불어 대통령께서 국책사업으로 추진해온 경부고속전철사업과 관련하여 차종을 선정하는 문제를 매듭지을 것인가라는 국정과제가 기다리고 있었다. 경부고속전철사업 가운데 전철노선을 시공하는 부분은 전년 6월 30일 대통령 참석 아래 기공식이 완료되었지만 경부고속전철에 운행될 차량을 결정하는 문제는 미결사항으로 남아 있었다. 교통부 산하에 한국고속철도건설공단이 구성되어 이 문제를 다루고 있었다. 당시 고속전철 건설 운용의 경험이 있는 나라는 전 세계에서 일본·프랑스·독일 3개국뿐이었다. 3국의 입찰제의가 1992년 1월 제출되어 검토와 질의 등 과정을 거치고 있었다. 1993년 1월 기준으로 검토 작업이 거의 마무리되고 차종을 결정하는 작업이 막바지에 다다랐다. 그러나 사안의 중대성에 비추어 임기 말에 결정하는 것이 적절한 것인가에 대해 여러 가지 의견을 정리할 필요가 제기되고 있었다. 청와대 비서실이 나서야만 했다. 1월 6일부터 나는 정무·경제수석 등과 함께 이 문제에 대해 검토·토의하기 시작했으며 김영삼 당선자 측의 의견을 우선적으로 고려해야 한다는 생각에 정무수석을 통해 그 의사를 확인했다.

아무리 임기 말이라 하더라도 국정 최고책임자로서 결정해야 할 사항을 미루는 것은 온당치 않다는 생각이었다. 물론 대통령께서는 그렇게 생각하고 계셨다. 이 문제에 관하여 대통령께서는 어느 정도 방향을 정하셨던 것으로 기억한다. 그러나 당선자 측은 자기들에게 결정을 넘겨주었으면 좋겠다는 의사였다.[6] 숙의를 거듭하였다. 대통령께 중간보고하여 지시를 받기도 하였다.

결국은 1월 19일 아침 7시 15분 교통부 노건일 장관, 김종구 건설공단 이사장, 그리고 청와대 정무·경제수석이 내 주재 아래 삼청동회의실에 모여 결론을 내기에 이르렀다. 후임 정부에 인계하는 편이 좋겠다는 것이었다. 후임 김영삼 당선자의 의사표시가 분명하였으며 서두르다가 계약조건 등에 모자라는 부분이 발생할지 장담할 수도 없는 사정을 감안하여 현재까지의 진행사항을 그대로 인계하는 것이 낫겠다는 결론에 이르렀다. 그날 오전 11시 15분 경제수석과 함께 서재에서 대통령에게 보고드려 그대로 허락받게 된 것이었다. 큰 짐을 덜 수 있었다. 이미 정무수석을 통하여 충분히 소통하고 있었지만, 내가 업무인계와 관련하여 1월 25일 오후 김 당선자를 면담하면서 이 문제에 관하여도 자세한 경과 설명해 특히 노 대통령의 의견을 전달한 일이 있었는데, 아주 흔쾌히 책임을 맡겠으며 노 대통령의 의견도 십분 참고하겠다는 말씀[7]을 듣고 안도할 수 있었다.

한편 대통령 선거라는 크고도 큰일을 치른 정치권, 특히 야권의 동향

---

6 김영삼 당선자는 퍽 적극적이었다. 사실 이와 같은 일은 반드시 뒷말이 따르기 마련이므로 전임자에게 결정을 맡기는 것을 우선 생각할 수 있는 상황이었지만 김 당선자는 책임 떠맡기에 오히려 적극적이었다고 기억한다.

7 이 글을 쓰면서 확인한 바에 따르면 김영삼 정부에서는 신속한 검토 및 협상 진행 끝에 1993년 8월 20일 프랑스 TGV를 우선협상자로 선정해 발표했으며 1994년 4월 18일 최종 확정, 1994년 6월 14일 차량도입계약을 정식 체결하였다.

도 언급해야 할 것 같다. 정권 재창출에 성공한 민주자유당이 정권인수 작업에 착수 연일 골몰하고 있는 것과는 달리 야권의 민주당과 국민당은 여러 가지 후유증에 시달리고 있었다. 먼저 민주당은 김대중 후보가 정계 은퇴를 선언하고 영국으로 출국해 상당기간 체류할 계획을 세워 준비에 착수한 것으로 확인되었다. 이에 따른 당 체제 정비작업이 이기택 대표를 중심으로 진행되었고, 오랜 역사를 가진 정당답게 큰 걱정을 할 상황은 아닌 듯했다. 대통령께서는 비록 야당의 대표였지만 그동안 국정수행 과정에서 쌓아 온 정리情理를 생각해 출국 전 오찬 초대를 결정하였다. 일정을 조정한 결과 1월 14일 오찬에 김대중 대표 내외분을 초청하여 환담하였다.

그러나 정주영 대표의 국민당은 큰 곤란을 겪고 있었다. 현대그룹의 많은 간부는 물론이고 정주영 대표도 선거법 위반과 기업자금 유용 문제로 검찰 수사를 받고 있었기 때문이다. 이 문제에 관해서는 선거과정을 설명할 때 이미 대략적으로 언급했지만 검찰 수사가 진행됨에 따라 정주영 대표도 형사처벌을 면할 수 없는 국면으로 전개되어 갔다. 일부에서 정주영 대표를 향한 동정적인 의견들이 없지 않았지만 그냥 넘어갈 수 있는 일이 아님은 너무나 명백하였다. 특히 1월 13일 김해공항에서 출국을 시도하다 출국이 금지된 사실이 확인되어 저지당하는 일이 발생하자 법망을 벗어나려던 태도를 바꾸어 1월 15일 검찰에 출두해 조사받았다.

불법으로 조성된 거액의 비자금을 정 대표에게 전달한 현대중공업 사장 등이 특정경제가중처벌법상의 업무상횡령죄 등으로 1월 30일 구속 또는 불구속기소되었으며, 정주영 대표도 2월 6일 서울지검에 의하여 대통령선거법 위반 및 특정경제가중처벌법 위반(업무상횡령)으로 불구속기소되었다. 사안의 중대성에 비추어 응당 구속기소할 일이었으나 그동안 국가경제발전에 기여한 공로와 대통령 선거에 입후보한 야당 대표 중의 한 사람이란 점, 그리고 고령이란 사유 등이 참작되어 불구속

상태에서 재판을 받도록 조치한 것이란 검찰의 발표가 뒤따랐다.

당대표가 기소됨에 따라 국민당은 큰 혼란에 빠졌으며, 사후대책 마련에 부심하던 중 사흘 뒤인 2월 9일 정 대표는 경제에 전념하겠다는 뜻을 밝히면서 정계 은퇴를 선언하고 말았다.[8] 근면과 노력 그리고 특유의 발상과 추진력으로 큰 경제적 성취를 이룩한 정주영 회장은 뒤늦게 도전한 정치권력과 대통령직 획득에는 성공하지 못하였다. 아마도 사람에게는 그에 맞는 역할이 운명으로 지워져 있는 것이 아닌가 하는 생각을 지울 수 없었다.

두 차례의 본관수석회의

새해 들어 첫 본관수석회의가 1월 11일 월요일 오전 10시 집현실에서 진행되었다. 이 회의에 앞서 비서실장실에서 개최된 아침수석회의 장면을 촬영하는 일이 있었다. 언론에 공개되지 않는 회의였기에 역사적 자료로 삼기 위한 조치였다. 이제 얼마 남지 않았다고 생각하지 않을 수 없었다. 그러나 본관수석회의의 분위기는 여전히 진지하였다.

먼저 김중권 정무수석이 대통령직 인수위원회 활동상황, 임시국회 소집을 위한 여야절충 전망, 민주당의 3월 11일 전당대회 개최 및 정주영 대표 퇴진 등 혼선이 일어나고 있는 국민당 동향 등에 대하여 보고하였다. 이진설 경제수석은 물가 문제 중에서 특히 서비스요금 대책, 활황을 보이는 증권시장 동향과 하향 추세인 금리 문제, 세계경제 새해 전망, 우루과이라운드 타결 지연 전망과 함께 5·8조치 마무리, 물가 불안, 설비 투자, 중소기업 지원, 그리고 성장 둔화에 대한 대책을 강구하

8 그 뒤 정 대표는 2월 22일 대변인을 통하여 의원직 사퇴 의사를 표명하고 싱가포르로 출국한 것으로 2월 23일 아침수석회의에서 보고되었다.

겠다고 말하였다.

김종휘 외교안보수석은 재임기간 중 45개국과 수교하고[9] 대만·예멘과 단교해 순증 43개국에 총 171개국과 외교관계를 맺게 되었다는 사실과 함께 팀스피릿훈련 문제를 거론하였다. 심대평 행정수석은 1월 14일 국정평가보고회의 계획, 대통령 공약사업 마무리 상황(459개 중 229건 완료, 222건 추진 중, 8건 미착수), 설날 전후의 수송, 새 질서, 안전, 방범 및 물가안정대책, 청주 우암아파트 사고 처리, 입시부정, 전교조 문제 등 현안을 보고하였다.

안교덕 민정수석은 정부 인계 작업이 순조로워 매우 만족스럽다는 보고와 함께 공직사회는 기구개편설에 동요와 함께 기대하는 현상이 동시에 나타나고 있다, 호남지역도 안정을 되찾고 있으며 물가단속 강화가 필요하다고 언급하였다. 김유후 사정수석은 대통령선거법 위반 사범으로 1,362건에 2,158명이 입건되었고 그 가운데 143명이 구속되었으며, 245명 기소, 50명 불기소 합계 295명을 처리하였다, 현대그룹 직원이 모두 86명, 국회의원 29명이 입건되었다고 보고하는 한편, 1월 15일부터 24일까지 특감반을 가동, 공직기강 확립을 독려하고 검사장·법원장 회의 개최를 계획하고 있으며 지방자치단체장 선거 연기와 관련하여 헌법소원 진행상황을 점검 중이라고 말하였다.

김학준 공보수석은 임기 말을 앞두고 중요 매체와 월간지의 특집계획 대책, 통치사료 보존 등과 함께 〈조선일보〉 특별회견과 사진기자 보도사진전에 대하여 보고하였다. 김재열 총무수석은 문서 정리, 직원 승진 등 인사문제, 비서실 직원 격려, 비품 정비 및 기념품 준비, 외국인 기증선물에 대한 행정조치 등을 기일 내 완료하겠다고 하면서 금년 예산 중 12분의 2만 집행하도록 하겠다고 보고하였다.

9 그 밖에 리히텐슈타인과 수교가 결정되었으나 퇴임 즉후인 1993년 3월 1일 발효된다고 하면서, 이를 포함하면 수교국은 46개국이 된다고 추가 보고하였다.

대통령께서는 먼저 대통령직 인계인수 업무에 차질이 없도록 하라고 강조하시면서 알릴 것을 정성껏 알려 줌으로써 고맙다는 생각을 갖도록 해야 한다고 말씀하였다. 김대중 대표와의 오찬면담과 관련하여서는 떠나는 사람이 섭섭하지 않도록 치밀하게 준비하라고 주문하시면서 동부인 초대를 정해 주셨다.[10] 며칠 전 최창윤 당선자 비서실장으로부터 우루과이라운드 협상 관련 당선자의 걱정을 전달받은 일이 있었는데 이날 대통령께서 우루과이라운드 협상이 지체되고 있다는 보고를 받으시자 후임 대통령의 부담감을 덜어 주는 방법을 검토하라고 말씀하였으며, 특히 경제대책 관련 5·8조치, 산업합리화, 설비 투자, SOC, 기술개발 중소기업 지원 등 그동안 시행해 온 정책을 마무리하는 데 최선을 다함으로써 새 정부 경제정책 시행에 도움이 되도록 노력하라고 당부하셨다.

안보문제 인계와 관련해 후임 대통령에게 중요한 안보·외교원칙에 대해 자세한 브리핑을 해야 할 것이라고 말씀하면서 조그마한 착오도 생기지 않도록 노력할 것과 특히 외교 관계에서는 민족자존만 내세워서는 안 된다고 외교안보수석에게 지시하셨다.

1월 14일 예정된 국정평가 종합보고회와 관련하여 언론보도에 관심을 가질 것과 함께 당면 현안에 대해서는 첫째, 청주 우암아파트 붕괴사건 수습은 지방정부가 주도하되 중앙정부는 지원한다는 국무총리의 건의를 말씀하면서 그 원칙에 따라 조속 수습되도록 할 것, 둘째, 공공요

10 전술한 대로 1월 14일 12시 오찬면담을 가지셨으며 내가 김대중 대표 내외를 영접한 것으로 다이어리에 기록되어 있을 뿐 배석하지 않아 대화 내용에 관한 기록은 발견할 수 없다. 다만 민주당 박지원 대변인이 면담 후 대통령께서 임기 동안 협력해 주어 감사하며 선거 결과에 승복한 것은 정치발전의 전기를 마련한 것이라 말씀하였으며 김 대표는 퇴임 전에 양심수들의 사면복권을 건의하였다고 발표한 것이 이튿날 아침수석회의 정무수석 보고로 기록되어 있다. 큰 문제없이 잘 오찬면담이 진행되었으며 사면문제는 이미 전년도 말에 퇴임대통령으로서 조치가 끝난 일이었다. 청와대로서는 새 대통령 몫으로 생각하고 있었음을 부기해 둔다.

금·서비스요금 문제에 대하여는 최선을 다하되 특히 지방자치단체장을 독려하여 경쟁을 유도할 것, 셋째, 과외수업 문제와 관련하여 공부하려는 노력은 살려 나가야 하며 개인의 자유에 속하는 문제이나 폭리를 취하거나 지나침을 견제하는 정부의 노력은 바람직하다, 넷째, 핵폐기물처리장 문제에 대한 점검과 인계 철저, 다섯째, 청와대의 서류·비품 정리는 차질 없게 해야 하며 직원들에 대한 장래문제도 배려에 최선을 다함으로써 보람을 느끼고 고맙다는 생각도 갖도록 하자라는 말씀을 하셨다.

9시 반에 시작된 회의는 11시 5분에야 끝났으며 특히 대통령께서 88올림픽 당시 육상 400m 계주 경기를 회고하시면서 계주의 경우 바통을 넘겨주는 순간에 가장 빠른 속도를 낸다는 사실에 비유하여 정권인계에 바통터치 때와 같은 자세를 가지라고 독려의 말씀을 아끼지 않으셨다. 이날 모임이 업무인계가 시작되는 시점에 독려하는 데 뜻이 있었다면 약 1달 뒤인 2월 8일 갖게 된 본관수석회의는 그동안의 인계상황을 점검하고 마무리에 유종의 미를 다지자는 것이었다.

2월 8일 9시 30분 집현실에서의 본관수석회의에 앞서 9시경 수석들은 본관에서 간담회를 개최하는 사진촬영을 하였다. 이것 역시 지난번 아침수석회의 장면 촬영과 같은 목적의 촬영이었다.

촬영이 끝난 뒤 먼저 정무수석의 보고가 있었다. 대통령직 인수위원회의 활동이 마무리되어 2월 10일 전체회의를 열게 되었으며 인수위원회는 부정 방지와 경제 활성화를 새 정부의 당면한 양대 과제로 정리하였다는 사실, 2월 9일부터 20일간 임시국회를 열기로 3당 총무 합의가 이루어졌으며 4일간 대정부질의가 있을 것, 민주당의 당대표로는 이기택 대표가 유력하다, 국민당은 선거사범 수사와 관련하여 정치 탄압이란 주장을 계속한다는 사실 등을 보고하였다.

경제수석은 경제동향과 관련하여 경제선행지수가 호전되고 있다고 전제하면서 ① 산업생산 면에서는 12월부터 산업활동이 회복되어 재고 축소, 설비 투자 대폭 증가, 건축허가 증가 등의 현상 관측, ② 민간소비 증가 추세, ③ 물가안정, ④ 수출입 적자 감소, ⑤ 노사관계 안정 등의 사항을 보고하였다. 다만 클린턴 대통령 취임과 관련하여 무역마찰 문제가 우려된다고 언급하였다.

외교안보수석은 보고사항이 없다고 하였으며, 행정수석은 치안상황과 관련 시국 치안수요가 감소되는 1월 말~3월 초 사면출소자, 학교 주변 등 민생치안에 치안력을 집중 투입하여 민생치안 대책에 만전을 기할 것이다, 대학입시부정 방지대책으로 특별감사와 자체감사를 실시하여 부정을 저지른 대학에 행·재정 지원을 배제하고 특별관리대상으로 지정해 엄벌하겠다, 청주시 우암상가아파트 붕괴사건을 계기로 아파트 1만 5천 동에 대한 안전진단을 실시 중이며 이미 완료된 4천 동 중 86%는 문제가 없으나 14%는 개선이 필요한 것으로 진단되어 필요한 조치를 취하고 있다, 새질서·새생활운동 분야별 결산을 시행·강력 추진하되 교통사고를 줄이고 새마을운동과의 연계 등을 추진하겠다, 1992년도 지방의회 운영결과를 점검한 결과 위법사항 등이 발견되어 필요한 조치를 강구하겠다고 보고하였다. 마지막으로 6공화국 국정과제 평가서, 공약사항 추진상황 등을 부처별로 발간할 계획이며 대통령직 인수위원회 보고서도 발간하여 실록화하겠다고 보고하였다.

민정수석은 민심 동향에 대하여 분야별로 다음과 같이 보고하였다. 정치 면에서는 정부 인계인수, 선거사범 처리는 큰 문제가 없이 순조로운 반면 야당 측의 변화를 기대하는 여론과 대통령 치적의 평가에는 시간이 걸릴 것이다, 경제 면에서는 물가와 수출 신장에 대하여 걱정하고 있다, 사회 면에서도 오렌지족 문제, 현대 비자금, 대학입시부정 등과 관련하여 부정방지 캠페인이 절실하다, 공직사회의 소극적 집무 태도, 줄 대기, 직제개편 문제 등이 염려된다는 내용이었다.

사정수석은 1992년도에 범죄 증가세가 둔화하고 있으며 강간·사기 등 일부만 증가하고 있다, 선거사범 2,258명 중 1,873명을 처리해 871명을 기소하고, 1,002명은 불기소처분 하였으며 국회의원은 총 36명 입건된 가운데 2명을 불구속기소하였다는 보고였다.

공보수석은 본 회의 종료 후 외신기자 101명을 대상으로 한 기자회견 및 오찬모임, 2월 17일 〈조선일보〉와의 특별회견계획과 함께 6공화국 대통령 관련 출판물 발간이 순조롭게 진행되고 있다는 것, 그리고 청와대 관련 왜곡보도 대책 강구를 보고했다. 임인규 정책조사보좌관은 임시국회 홍보대책을 비롯한 보통사람과의 대화, 특집방송 계획과 통치 관련 영상 자료 정리가 85% 진행되었음과 아울러 임기 말을 앞두고 정책여론조사를 R&R에 의뢰하여 실시한다고 보고했다. 총무·의전·경호실은 보고할 특이사항이 없었다.

대통령께서는 먼저 인수위 추진 상황과 정부의 마무리 작업이 순조롭다는 보고에 다행스럽다고 말씀하면서 끝까지 잘 협조하여 잡음이 생기지 않도록 하라고 당부하셨다. 임시국회에 대비해 6공화국 초대정부의 마지막 국회인 점을 감안하여 정당한 명예에 손상이 되지 않도록 잘 협조하여 유종의 미를 거두라고도 말씀하였다.

클린턴 행정부 출범과 관련하여 통상 문제를 두고 걱정이 많은 듯하지만, 그동안 다져 온 정부 간·기업 간 관계와 국회 대응 조치 등 제반 협조관계를 잘 활용하며 특히 정부와 기업 등의 협조로 시기를 놓치지 말아야 한다고 강조·지시하셨다. 경쟁력강화 대책은 지속되도록 다음 정부에 잘 인계하라고 당부하셨다.

시국치안 담당 인력이 민생치안으로 전환되었다는 사실은 시국이 안정된 덕분으로, 매우 의미 있는 상황 변화이며 보람을 느낀다고 말씀하였으며 입시부정 대책에 대해서는 평소의 지론을 다시 한번 강조하셨다. 입시부정 대책이 물리적인 힘으로 해결될 일이 아니고 전 국민이 반성하고 생각을 바꾸어 나가야 할 일임을 지적하시면서, 새로운 도덕률과 가치관을 정립하는 국민운동을 전개해야 할 일이라는 말씀과 함께 행여 대학의 자율화가 후퇴하는 일이 있어서는 안 된다고 강조하셨다. 모든 자율화에는 부작용이 따르기 마련이므로 자율화를 계속 추진하면서 부작용에 대한 대책을 별도로 수립 · 시행하여 제거해 나가야 한다고 말씀하였다.

마지막으로 노 대통령께서는 대통령 직접인계 사항을 정리하라고 말씀하였다. 대통령께서 추진해 온 주요 정책, 특히 통치적 의지로 추진한 일들과 그에 필요한 인적 구성, 조직 등 주요 요소들을 정리하여 인계하는 것이 좋겠다는 말씀이었다. 진솔한 인계를 함으로써 잘한 일에 대한 온당한 평가와 승계가 이루어지리라는 기대를 말씀하는 것이었다. 특히 대통령께서 범죄와의 전쟁을 선포하고 새질서 · 새생활운동이란 국민운동을 전개하면서까지 부정 방지와 질서 확립에 노력하셨음을 회고하셨다. 5공화국에서 6공화국으로 이행하는 과정이 혁명적 상황을 방불케 하는 것이었으며 청문회 과정 등을 거치는 고된 과정이었으나 5공에서 잘한 일을 그대로 지켜 내어 지속하도록 노력했다고 말씀하면서, 지금의 상황은 퍽 안정되어 있어 자칫 과격한 조치는 부작용을 초래할 수 있다는 우려를 표명하셨다.

이날 수석회의는 10시 40분 비교적 빨리 끝났으며 그동안의 노고에 대한 치하와 감사의 말씀으로 마무리되었다. 곧바로 서재로 자리를 옮겨 나는 국회 일정 등 당면한 몇 가지 보고를 드렸으며 11시 30분 예정된 외신기자들과의 회견과 오찬이란 행사가 기다리고 있었다.

마지막 본관수석회의는 2월 22일 퇴임을 사흘 앞둔 시점에서 개최되었으며 대통령의 마지막 말씀을 듣는 것으로 진행되었다. 후술하기로 한다.

국정평가 종합보고회의: 6공화국의 성적표

1월 14일 9시 반부터 11시 40분까지 청와대에서 지난 5년간의 국정수행에 관한 종합적인 평가보고회가 개최되었다. 이날 보고회에는 현승종 국무총리와 전 국무위원, 차관 및 1급 이상 공무원, 그리고 청와대비서관 등 193명이 참석하였다. 먼저 현승종 총리의 인사말씀이 있었으며 이어 윤성태 총리행정조정실장과 관계부처의 1시간 30분에 걸친 보고가 있었다. 약 30분간에 걸친 대통령의 당부말씀으로 보고회는 마무리되었다.

전술했다시피 중앙부처로부터 연두 업무계획 보고를 받고 필요한 토론을 거쳐 대통령께서 당부말씀을 하는 것이 연초 청와대 국정수행의 첫걸음이 되어 왔다. 임기를 마치는 대통령의 입장에서 더 이상 연두 업무계획 보고가 필요치 않다고 판단되었다. 전년 말 비서실에서는 그 대신 지난 5년의 국정수행 성과를 자체 평가해 보는 것이 좋겠다는 결정을 하였으며 총리행정조정실 주관으로 각 부처가 함께 준비작업을 해왔다.

이날 보고는[11] ① 국정성과 및 평가 종합, ② 민주화 개혁, ③ 북방정책과 통일기반 구축, ④ 선진경제기반 구축과 국민생활 향상, ⑤ 교육

11 이날 보고된 내용은 총리행정조정실의 〈제 6공화국 국정 평가 및 향후 과제〉란 책자로 인쇄되어 나도 그 가운데 1부를 소장하고 있다. 이 책자를 토대로 보고 내용과 대통령의 당부말씀을 요약 소개하였다. 이 책자에는 1992년 7월 21일 실시한 1992년도 상반기 주요 정책평가에 대한 사후 국정수행 과정으로 총리실이 '92년 하반기 20대 역점 추진시책'을 선정, 추진한 상황도 정리 · 수록되어 있다. 이 당시 임기 말 국정수행 마무리를 위한 총리실 차원의 노력의 흔적을 엿볼 수 있는 자료라 생각하여 20대 과제의 목록을 소개해 두고자 한다. ① 제조업 경쟁력강화, ② 물가안정, ③ 에너지 소비절약대책, ④ 농어촌 발전대책, ⑤ 효율적인 엑스포(EXPO) 준비, ⑥ 새질서 · 새생활운동 활성화, ⑦ 민생치안대책 강화, ⑧ 불법 무질서 추방, ⑨ 공명선거 실천, ⑩ 공직사회의 안정 및 행정 쇄신, ⑪ 지구환경 문제대책, ⑫ 대도시 교통대책, ⑬ 해양행정 개선 종합대책, ⑭ 국가정책사업의 차질 없는 추진, ⑮ 제 3차 국토계획, ⑯ 수도권 집중 완화, ⑰ 지하공간의 효율적 개발, ⑱ 제주도 종합개발, ⑲ 국민 식생활문화 개선, ⑳ 공약지시사업 완수.

개혁과 문화 창달로 진행되었으며, ①과 ②는 총리행정조정실, ③은 통일원, 외무·국방부, ④는 경제기획원, ⑤는 교육·문화·체육청소년부와 정무2장관실에서 차례로 보고하였다. 그 내용을 낱낱이 소개하는 것은 생략하겠지만, 개략적인 정리는 해두는 것이 좋을 듯싶다.

먼저 6공화국의 주요 성과를 개관하는 전제로서 6공화국이 처한 대내외 여건에 대하여 "그 어느 때보다 어려웠던 전환기적 진통 속에서 출범하여 대외적으로는 이념보다는 국익 우선의 경제 실리주의가 팽배하여 국가 간 경제적 이해가 첨예하게 대립되고 세계질서가 재편되는 격동의 시기, 대내적으로는 민주화 과정에서 사회적 혼란과 갈등이 고조되고 국민 각계각층의 다양한 욕구가 분출"되는 어려운 여건이었다고 진단하면서 이러한 어려움을 극복하기 위하여 "6공화국 정부는 '보통사람들의 위대한 시대' 구현을 통한 새로운 사회의 모습을 국민들에게 약속하였으며 민주화·자율화·개방화를 정책기조로 설정"하고 그 "차질 없는 실천을 위하여 부문별 세부계획과 공약사업의 실천계획을 구체적이고 일관성 있게 추진하여 왔으며" 특히 정권 말기 1992년 말에는 "20대 역점 시책을 선정하여 집중관리"하였다고 보고하였다.

그 결과로 ① 민주 발전의 새로운 장을 개막, ② 국제적 위상 제고와 민족 통일의 전기 마련, ③ 선진경제사회로의 도약기반 구축, ④ 공약사업의 차질 없는 실천 등의 성과를 거양하였다고 평가한 뒤, 향후과제로서 ① 틀이 갖추어진 민주적 제도와 조화될 수 있는 합리적인 사회질서의 확립과 의식 선진화 유도, ② 물가안정의 바탕 위에서 산업경쟁력 강화 시책의 성과가 가시적으로 나타나도록 추진하는 일, ③ 사회간접자본시설 등 중장기 투자계획을 착실히 추진해 나가야 할 것이라고 언급하였다.

결론적으로 "6공화국 정부는 대내외적으로 어려운 여건하에서도 유례없이 민주발전과 경제발전을 동시에 이룩하고 평화통일의 디딤돌을 확고히 하였으며 선진복지사회의 기반을 구축"하였다. "특히 9·18결단으로 공명정대한 선거문화를 이룩함으로써 출범 당시의 6·29선언이 민주주의 완성으로 귀결되어 21세기 선진사회를 향한 대전환의 기틀을 마련"했다고 종합평가하였다. 아울러 1987년과 1992년을 대비 〈지난 5년간 달라진 나라 모습〉을 도표로 제시하기도 하였다(아래 표 참조).

지난 5년간 달라진 나라 모습

부문	단위	1987년	1992년	비고
경제규모	국민총생산(억 달러)	1,289	2,940	2.3배
	1인당 GNP(달러)	3,110	약 6,700	2.2배
	무역거래(억 달러)	883	1,585	1.8배
물가수준	소비자물가(%)	6.1	4.5	
	생산자물가(%)	2.6	1.6	
사회질서	주요 5대 범죄 발생(천 건)	279	251	10% 감소
	노사분규 발생(건)	3,749	235	1/16 수준
생활여건	주택보급률(%)	69.2	74.5**	
	상수도보급률(%)	70	81	
	국도포장률(%)	79.5	97.0	
생활의 질	의료보험 수혜율(%)	61.7	100.0	
	자가용 보급대수(만 대)	72	326	4.5배
	전화시설(만 회선)	1,022	1,902	1.9배
	쇠고기 소비량(㎏/인)	3.6	5.1**	1.4배
근로 여건	근로소득 분배율(%)	52.8	60.3**	
	실업률(%)	3.1	2.4***	
교육 여건	중학교 의무교육률(%)	6.6	12.3	
	학급당 학생수(국교, 명)	42.5*	39.9	
	학교 급식률(%)	8.9*	16.3	
농어촌 모습	농림수산 예산(억 원)	13,211	36,867	2.8배
	경지정리 면적(천㏊)	488	623	1.3배
	수도작 기계화율(%)	48	88	
	농공단지(지정누계)	77	256	3.3배

* 학급당 학생수, 학교급식률은 1987년이 아닌 1988년 수치.
** 주택보급률, 쇠고기 소비량, 근로소득 분배율은 1992년이 아닌 1991년 수치.
*** 실업률은 1~10월 수치.

대통령께서는 먼저 이 보고회의의 목적이 "내 임기를 마무리 지으면서 지난 5년 동안의 국정운영 상황을 종합적으로 조감하고 그 성과를 분야별로 분석 · 평가하여 잘된 일, 잘못된 일, 미결과제와 계속과제를 밝혀, 향후 국정의 거울로 삼고, 국정의 연속성을 갖도록 하기 위한 것"이라고 말씀한 뒤 대통령의 "민주 · 번영 · 통일의 새 시대를 열기 위한" 국정수행에 "헌신적으로 일해 온 고위공직자 여러분"에게 감사드리며 아울러 "전국 방방곡곡"의 "공직자 여러분"에게도 뜨거운 격려를 보낸다고 치하의 말씀을 하셨다. 매우 흡족해하시면서 지난 5년간의 어려움과 그 극복과정을 분야별로 요약, 평가하는 시간을 가진 것이다.

먼저 민주개혁 및 정치발전과 관련하여 "6 · 29선언으로 비롯된 민주화 개혁은 대통령 직선제 개헌과 민선정부 출범, 지방의회 구성과 집권당 최초의 대통령 후보 자유경선, 9 · 18결단을 통한 중립 선거관리 내각 구성, 행정력 선거 개입 차단, 선거 결과에 대한 승복 등 일련의 과정을 거치면서 우리나라 민주주의를 선진 대열에 올려놓았다, 국민 기본권 신장을 위한 각종 제도개혁과 실행으로 더 이상 국민 기본권이 부당하게 권력에 의하여 억압받는 일은 없어졌으며 선진국 수준에 손색없는 언론자유를 누리게 되었다, 권위주의 사회에서 민주사회로 전환하는 과정에서 야기된 극심한 사회적 혼란을 비교적 이른 시일 안에 국민의 자율과 민주의식을 바탕으로 극복하고 사회안정을 이룩한 것은 퍽 다행이다, 그 과정에서 권위주의적인 힘에 의한 해결보다는 인내와 순리로 참고 기다리면서 자율의식에 바탕을 둔 안정을 이루는 것이 근본적 해결방법이라는 나의 믿음이 국민 여러분의 협조로 구현될 수 있게 된 것에 감사드린다, 특히 '범죄와의 전쟁'과 '새질서 · 새생활운동'이 큰 도움이 되었다"라고 회고하며 흐뭇함을 감추지 않으셨다.

다만 임기 중 지방자치단체장 선거를 연기할 수밖에 없었던 일, 대통령 선거에서 금권선거와 지역감정 문제, 사이비언론의 폐해와 법질서 경시 풍조 등은 앞으로 시정되어야 할 과제라고 지적하셨다.

'북방외교와 통일기반 구축'과 관련 "한반도에 보다 항구적인 평화구조를 정착시키고 폐쇄된 북한을 변화로 유도하여 통일의 환경을 조성해 나가며, 세계의 절반에 머물러 있는 한국인의 활동무대를 전 세계로 넓히는" 것이 북방정책 추진의 기본 목표였다고 언급하며 "동서로 분열된 올림픽을 12년 만에 재결합시켜, 사상 최대 규모의 최고 평화제전으로 승화한 서울올림픽"을 출발로 삼아 동구권에 이은 옛 소련과의 공식수교, 남북 유엔가입, 〈남북기본합의서〉와 비핵선언 체결, 중국・베트남과의 수교로 이어지면서 북방외교는 훌륭하게 마무리되었으며 북방과의 교역이 작년 말로 그 규모가 100억 달러에 이른다고 말씀하였다.

뿐만 아니라 전통 우방국인 미국 및 일본과의 관계는 어느 때보다 돈독해졌다고 하면서 재임 기간 중 건국 이래 한미 정상회담 20회 중 7회, 한일 정상회담 13회 중 6회가 이루어진 것이 그 징표라고 말씀하였다. 미・일・중・소 등 4강과의 대등한 관계를 확립함으로써 이른바 전방위외교, 4강 외교시대를 맞게 된 것이며 이러한 새로운 외교환경을 맞아 적극적인 자주외교의 태세와 역량을 강화해 나가야 한다고 앞으로의 방향을 제시하였다. 다만 최근 들어 남북관계가 답보상태를 보이면서 북한의 핵 의혹 문제, 이산가족 문제, 남북경제협력 문제 등에 가시적인 성과가 미흡한 것을 걱정하시면서 새 정부가 새로운 장을 열기 바란다는 기대를 표명하였다.

선진 경제로의 도약을 위한 기반 구축과 관련하여 여러 가지 내외 여건의 어려움 때문에 가장 힘들었던 것이 경제문제였다고 회고하시며 많은 대가를 치르는 가운데서도 "지난 5년간은 경제 구조를 고도화하고 그 체질을 선진화한 기간"이라 평가하면서 그동안 이룬 성과에 대하여, 1인당 국민소득 3,100달러에서 6,700달러로 2배 이상 성장, 경제규모 세계 19위에서 15위로, 순외채 규모 224억 달러에서 110억 달러로 감소(GNP 대비 17.4%에서 3.7%로 감소), 수출신장률 평균 10.6%, 물가는 1987년 이후 최저 수준인 4.5% 상승 등의 수치상 경제성적, 사회간접시설 대폭 확충과 제조업 경쟁력강화 대책 추진으로 인한 산업경쟁력 기반 강화, 부동산 투기 치유와 주택 200만 호 건설공약 초과달성, 성장 혜택의 근로자 배분 증가, 의료보험 확대(1989년), 국민연금(1988년)과 최저임금제(1988년) 등의 도입으로 사회보장의 기틀 마련 등을 예시하였다. 정말 우여곡절이 많았지만 선진국 진입을 위해 반드시 거쳐야 할 과정을 합의를 형성하는 방법으로 힘들게 거치면서 다음 정부의 경제발전에 소중한 밑거름이 되었다고 말씀하였다.

교육·문화·청소년·여성정책과 관련하여 교육개혁을 위해 '대통령 교육정책자문회의'를 통해 우리 교육의 목표와 방향을 정립하고 교육시설 현대화를 위한 특별회계 설치로 교육환경 개선, 문화부 신설과 중장기 문예진흥정책 수립 추진, 예술의전당 완공과 국립예술학교 창설, 청소년과 여성에 대한 정책 전담부서 신설과 복지와 권익이 확충된 것 등이 작으나마 성과라고 지적하셨다.

대통령 선거 당시 공약사업을 실천하는 것은 노태우 대통령께서 재임 중 가장 많은 공을 들인 일이라고 말할 수 있다. 노 대통령은 선거 당시 공약한 사업을 일람표로 만들어 그 추진상황을 직접 챙기시는 노력을 계속했으며 비서실에도 여러 번 독촉했다. 이날 보고회에서 보고된 바로는 공약사업이 총 459건이었으며 그 가운데 57%인 260건은 완료되었고, 191건은 대부분 정상적으로 추진 중이었다. 사업비는 1992년까지 48조 6,960억 원(54%)을 투자하였고 1993년에도 8조 6,400억 원(10%)을 투입할 계획으로 집계되었다. 공약사업 중 착수되지 않은 것이 동서고속전철 등 8건이나 장기 추진을 필요로 하는 대단위 사업으로서 타당성조사를 거쳐 사전준비 절차를 진행 중인 것으로 보고되었다.

마지막으로 대통령께서는 국민 모두가 공감하는 국가적 과제는 "경제에서 새로운 도약을 이루어 선진국에 진입하고 민족의 평화적 통일을 이루는 것"이라고 강조하고 "김영삼 차기 대통령이 이러한 국가적 과제를 성공적으로 추진할 수 있도록" 우리 모두가 헌신적으로 도와야 할 것이라고 말씀하였다. 5년이란 기간 참으로 많은 일을 하였다고 생각하면서 참석자 모두 큰 보람을 느끼는 시간이었다.

국정 현장의 마지막 점검

연초에는 2~3월에 걸쳐 지방순시를 하면서 지방행정을 점검·지휘하는 일을 해왔다. 이제 국정을 마무리하는 시점인 만큼 공약사업 현장 등 몇 군데의 현장을 방문할 기회를 마련하는 것이 좋겠다고 판단하게 되었다. 관계수석들 간의 수차 협조와 의논 끝에 첫 방문지로 강원도 원주 만종 중앙고속도로 건설현장이 결정되었다.

이곳은 1989년 착공되어 강원도·충북·경북을 관통해 춘천·대구간 한반도의 동부내륙을 가로지르는 고속도로 건설공사가 한창 진행 중이었다. 대통령께서는 1월 20일 10시 35분 출발 헬기 편으로 중앙고속도로와 영동고속도로가 교차하는 만종교차로 공사현장을 살펴보신 뒤 도로공사 원주지사에서 관계자들과 오찬을 함께 하며 격려하는 자리를 가졌다. 공사 구간이 산악지대여서 터널, 교량 등 난공사가 많음에도 불구하고 공사가 계획대로 진행되는 데 만족을 표명하시면서 계획대로 완공될 수 있도록 당부하였다. 오찬 후 곧장 원주에 있는 육군 1군사령부를 방문하여 사령관 이하 장병들의 노고에 대한 감사와 격려의 말씀과 함께 국방태세에 추호의 틈도 없어야 한다고 강조한 뒤 헬기 편으로 14시 30분 청와대로 돌아왔다.

1월 26일에는 충남지역을 방문하기 위하여 9시 30분 청와대를 출발해 아산 현충사를 방문하여 이순신 장군의 사당에 참배하셨다. 이곳은 대통령께서 역사적인 6·29선언을 하신 뒤 필사즉생必死則生을 다짐하던 곳이며 해마다 4월 28일 충무공 탄신 기념행사에 빠짐없이 참석해 왔다.

이제 임기를 마침에 앞서 다시 충무공의 영정에 참배하는 기회를 마련한 것은 의미심장한 일이라 생각된다.

이어 목천으로 장소를 옮겨 대전·천안 간 경부고속도로 확장 공사현장을 시찰하여 이 공사가 우리 경제의 활력을 되찾게 하는 데 기여할 뿐만 아니라 대전엑스포의 성공적 개최와도 직결된다며 조기에 마무리해 달라고 당부하고 공사관계자를 격려한 뒤, 부여로 이동해 신축 중이던 부여국립박물관 공사현장과 1992년 준공된 청소년수련원을 방문하셨다. 부여국립박물관은 새로운 장소로 옮겨 신축공사를 진행 중이었으며 청소년수련원은 청소년을 건전하게 육성하는 문화공간 확보를 위하여 1988년 착공에 들어가 1992년 완공된 공약사업의 하나였다. 신축된 청소년수련원에서 관계 공직자 및 지역 인사들과 오찬을 함께 함으로써 충남지역 방문을 마치고 14시 15분 청와대로 돌아왔다. 부여국립박물관은 퇴임 후 1993년 8월 6일 준공되었다.

1월 29일에는 군장국가공단 건설현장을 시찰하셨다. 9시 50분 청와대에서 출발해 군산에 도착하여 공사현장을 시찰하고 관계자들을 격려하였다. 대통령 공약사업의 하나이기도 한 군산·장항지역 국가공단 매립공사는 2021년까지 4천만 평의 광활한 공업단지를 조성하는 사업으로 군산지역에서 먼저 착수하여 일부 조성이 완료되고 있었으며, 대통령께서는 그 면적의 광대함에 감개무량함을 말씀하였다. 공단 매립공사가 완성되면 국내 최대 규모의 공단으로서 서해안시대의 전진기지가 되리라 전망하였다. 매립공사장을 돌아본 뒤 곧 인근 군산산업단지에 위치하여 우리나라 산업용 유리의 60%를 생산하면서도 노동쟁의가 한 차례도 없었다는 한국유리 공장에 들러 시찰하였다. 공장의 모범적인 운영에 큰 관심을 표명하신 대통령께서는 공장 시찰 뒤 구내식당에서 근로자와 지역 각계지도자 등 180여 명과 오찬을 함께 하면서 흐뭇한 시간을 가졌다. 행사가 종료되자 13시 30분 현장을 떠나 1시간 후 청와대로 돌아오셨다.

2월 3일 오후에는 1995년에 발사될 국내 최초의 방송·통신위성 무궁화호의 지상관제소 건설기공식이 경기도 용인군 용인읍 운학리에서 개최되었다. 이날 15시 청와대에서 출발해 공사현장에 도착한 대통령께서는 송언종 체신부 장관, 이해욱 한국통신공사 사장 등 관계자들이 참석한 가운데 기공식을 가짐으로써 대통령 선거 당시 공약하신 통신·방송위성사업 추진의 주요한 발걸음을 내디딘 것이다. 이미 1991년 12월 미국 제너럴일렉트릭사와 위성체 제작 계약을, 1992년 8월에 맥도넬더글라스사와 로켓발사 계약을 체결하였으며 이번에 관제소 기공이란 역사적 쾌거를 이룩한 것이다.[12] 기공식이 끝나자 같은 용인군에 위치한 육군 3군사령부를 방문해 사령관 이하 장병들을 격려한 뒤 17시 15분 청와대로 돌아왔다.

다음 주요 공약사업 현장 순시의 일환으로 진행된 지방순시는 경남 창원·진해지역이 선정되었다. 2월 5일은 이른 아침부터 바쁜 일정의 연속이었다. 7시 15분 삼청동회의실에서 홍보조정회의를 주재하였으며 이어 아침수석회의가 끝나자마자 대통령의 지방순시를 수행하였다. 대통령께서는 9시 30분 청와대를 출발해 서울공항과 김해공항을 경유하여 창원에 도착한 뒤 한국중공업을 방문하였다. 한국중공업은 발전설비, 산업설비, 선박용 엔진 등을 생산하는 공기업으로서 그동안 노사분규와 수주물량 부족 등으로 적자를 면치 못하고 있었으며 이를 타개

12 송언종 장관의 회고로는 관제소 후보지로 29개소를 답사하였는데 최종 선정된 장소가 구름 운(雲) 자, 새 학(鶴) 자 운학리로 '구름 속의 새'를 관제하는 마을 운학이란 뜻이어서 옛날 동명을 작명한 사람이 오늘 관제소 건설을 예측한 것 같다고 대통령께 말씀드렸더니 참으로 신기하다며 웃으셨다고 한다. 노재봉 외(2011), 《노태우 대통령을 말한다》, 동화출판사, 609쪽 참조.

하기 위하여 업무 추진력이 탁월하다고 알려진 안천학 사장을 발탁해 경영을 맡긴 결과, 3년간 노사화합을 이루고 수주물량을 확보하려는 노력 끝에 4천 7백억 원에 이르던 누적 결손을 획기적으로 줄이고 세계 열 번째로 원자로의 국산화를 이룩하는 등 경영 정상화에 성공한 사실을 확인하였다. 이에 빛나는 성과라고 치하하는 한편 더욱 노력하여 노사 혼연일체의 모범기업으로 한국 제일을 넘어 세계 제일의 기업으로 발전해 달라고 당부하였다. 이어 성원토건이 보훈가족과 저소득층을 위해 신축 기증한 성원 무상임대아파트와 경로당을 방문해 입주자들과 대화를 나누고 격려하였다.

잇달아 진해로 이동하여 해군 작전사령부를 순시하였고, 부대현황을 보고받은 뒤 해안 경계에 만전을 기할 것을 지시하였다. 이어 저도에 있는 대통령 별저 청해대에 도착하여 1박하면서 휴식을 취한 후 2월 5일 토요일 오후 김해공장을 거쳐 서울로 돌아왔다. 빽빽한 1박 2일 출장이었다.

2월 12일에는 오산과 대구를 다녀왔다. 이날도 아침 일찍부터 삼청동 회의실에서 관계수석들과 체육부 문제 등 현안 해결을 의논하는 회의를 마친 뒤 8시 45분 관저로 달려가 진행사항을 보고드리자마자 9시 청와대에서 출발해 오산 공군 작전사령부를 순시하며 격려하는 행사를 가진 뒤 오전 11시 대구보훈병원 준공식에 참석했다.[13] 대구·경북지역에 거주하는 국가유공자와 유가족 및 중상이자에 대한 의학적·정신적 재활 도모를 위해 국가보훈처 산하 한국보훈복지의료공단에서 운영하는 병원으로서 1991년 6월 11일 기공식을 했으며 그동안 256억 원을 투입해

13 보훈병원은 대통령 임기 개시 당시인 1987년 3개소에 670개 병상에 비하여 1993년 퇴임 시에는 4개소 1,580개 병상으로 대폭 확충되었다. 광주병원 증설, 장기요양병동 증축, 부산병원 신증축 이전, 대구병원 신건립이 확충된 내용이다.

이날 개원식을 하게 되었다. 대통령께서는 국가안보에 이바지하신 분들에게 다소나마 보답하게 되어 퍽 다행스럽다고 소감을 밝혔다.

이어 대구지하철공사 대명역 현장에 도착, 관계자들을 격려하고 완벽한 공사가 되도록 최선을 다하라고 당부하셨다.[14] 인근에 있는 문화예술회관에서 대구·경북지역 각계 인사 170명을 초청하여 오찬을 함께 하며 임기 중 보인 협력에 감사하다는 인사말씀을 하였다. 다음으로 육군 2군사령부에 들러 장병들을 격려하고 기념촬영을 하는 등 퇴임인사를 나누었다.

대구지역에서의 공약사업 점검 등 공식행사를 마친 뒤 대통령께서는 대구시 동구 신용동 생가 인근에 소재한 사찰 방문으로 고향 퇴임인사의 마지막 일정을 마치셨다. 먼저 동화사를 방문해 임기 중 공사가 진행·완료된 약사대불을 관람한 뒤 어린 시절 할머니 손을 잡고 자주 찾으셨다는 파계사를 방문하였다. 파계사에서는 대통령께서 어릴 때 할머니와 함께 자주 찾아갔을 때 "귀여워하며 함께 놀아주시곤" 하면서[15] 베풀라는 가르침을 주셨던 고송高松 조실스님을 만나 뵙고 환담하셨다.[16] 대통령께서는 가족들과의 일정을 위하여 대구에서 1박하시기로 함에 따라 나를 비롯한 일행은 17시 대구비행장에서 출발해 항공 편으로 귀경하였다.

나는 이날 저녁 19시 30분부터 22시 30분까지 대원각에서 청와대 출

14 대구지하철공사는 당시 1990년 기공된 1호선 건설이 1995년 준공을 목표로 진행되었으며 2호선 설계가 진행 중이었다. 2020년까지 3단계로 6개 노선, 2개 지선 146.3㎞로 건설한다는 계획이었다.

15 노태우(2011), 《노태우 회고록(상): 국가, 민주화, 나의 운명》, 조선뉴스프레스, 32쪽.

16 이 자리에서 고송 스님은 대통령께 인내는 거북털보다 어렵다고 말씀하였으며 동행한 서의현 조계종 총무원장을 배려하여 바르게 하는 것이 제일 큰 힘이라는 말씀도 하셨다. 노인은 부지런하고 눈치 빨라야 하며 어린이는 울음으로 자기주장을 하는 것이라며 좌중을 즐겁게 해주셨다. 다이어리에 메모되어 있기에 기록해 둔다.

입 중앙기자단과 만찬을 함께 하며 폭탄주까지 곁들여 만취하였다. 그러나 만취에서 회복도 채 안 된 이튿날 2월 13일 새벽 5시에 일어났으며 6시에 출발해 8시 20분에 충남 계룡시 계룡대 육군본부에 도착하여 육군 참모총장실에서 대기하였다. 9시에 대통령의 육군·공군본부 순시에 배석하기 위해서였다. 퇴임에 앞서 대통령께서는 공약사업 현장 등을 점검하는 가운데 육·해·공 3군 본부 등 상급부대를 빠짐없이 순시하는 일정의 마지막으로 육·공군본부 순시가 기다리고 있었다. 이날 오전 9시부터 대통령께서는 육군본부, 공군본부 순으로 순시하면서 장병들을 격려하고 국방태세에 만전을 기하라고 당부하셨다.[17] 군과의 퇴임인사를 마무리하는 순간이었다. 군인 출신으로 대통령이 되어 5년간 국정수행을 무사히 마치시는 때에 감회가 특별하시리라 짐작되거니와 특히 역사적 사명이라고 생각하시고 그 구현에 많은 심려와 노력을 기울여 오신 대로 민간 출신 대통령에게 대통령직을 인계하면서 군 수뇌부를 일일이 찾아 군이 국방 임무완수에 전력할 것을 거듭 당부하는 뜻깊은 시간이었다고 감히 적어 두고 싶다.

3군의 참모총장을 비롯하여 육군의 1·2·3군 사령관, 해군 및 공군의 작전사령관 등을 만나 조용조용 문민정부에서의 군의 역할에 대하여 말씀 또 말씀하신 것이다.

2월 15일 16시 예술의전당 전면 개관식이 대통령 내외분을 비롯한 박준규 국회의장, 김덕주 대법원장 등 3부 요인, 문화예술계 인사 800여 명이 참석한 가운데 성황리에 개최되었다. 허만일 사장의 건립 경과 보고, 노 대통령 친필 휘호석 제막, 테이프커팅, 시설순시 리셉션 등의 순으로 진행되었다. 감격적인 순간이었다. 예술의전당은 전두환 대통령

17 1시간 만에 계룡대 순시를 마치고 나를 포함한 수행원은 10시 50분 청와대로 돌아왔다. 대통령께서는 청남대에서 주말을 보내시고 일요일 오후 귀저하셨다.

재임 시 기획되고 착공되어 1단계(1984~1988년)로 음악당, 서예박물관 등이 1988년 개관되었으며 2단계(1988~1993년)로 한가람미술관(1990년)과 오페라하우스(1993년)가 개관됨으로써 역사적인 전관 개관이 이루어진 것이다.

2월 16일 오후에는 신축 중인 용산 전쟁기념관 공사장을 방문해 휘호탑 제막 행사에 참석하였다. 이 전쟁기념관은 재임 중 1990년 9월 착공하였으며 퇴임 후인 1994년 6월에 개관하였다.

마지막으로 2월 17일 오전 국립민속박물관 이전·개관식에 참석하여 개관을 축하하고 관계자를 격려하였다. 이날 10시 25분 청와대를 출발해 개관 현장에 약 1시간 체류하면서 전시장을 돌아본 뒤 11시 45분 청와대로 돌아왔다. 대통령께서는 첫 번째 전시실에 있는 '고대의 소리'에서 은은히 퍼지는 에밀레종 소리를 들으면서 그 신비로움에 감탄하셨으며 "우리 문화의 원형을 보존하고 문화적 주체성을 확립하게 함으로써 우리 문화의 참된 발전에 큰 역할을 기대한다"라고 말씀하였다.

이제 임기 만료가 열흘밖에 남지 않은 시점, 대통령의 현장 점검, 행사 참석은 대단원의 막을 내렸다. 참으로 바쁘게 한순간도 쉬지 않고 뛰고 달리고 날아다닌 5년이었다.

국가과학기술자문회의 그리고 경제장관회의

2월 2일 임기를 20여 일 남긴 시점에서 마지막 국가과학기술자문회의가 열렸다. 전술했다시피 이 기구는 6공화국 헌법에 의거 1991년 5월 31일 발족되었으며 그동안 세 차례(1991년 11월 1일, 1992년 4월 3일, 10월 29일) 보고회의가 있었다. 이때 열린 네 번째 보고회의는 시기에 비추어 보았을 때 참으로 뜻깊은 것이었다.

이날 오전 11시 시작된 보고는 과학기술교육제도 개선방안을 주제로 약 1시간 만에 끝났으며 그동안의 노고를 치하하는 오찬 행사로 이어졌다. 보고 내용과 관련해 토론 과정에서 박규태 위원은 산업기술교육법을 제정해 전문분야별로 기술대학을 설립하는 방안을 제안했으며, 김영식 위원은 창의력 양성을 위해 2단계 오지선다형 등 입시제도를 개혁할 필요와 함께 대학에서의 과학기술교육은 기능자격을 넘는 전인적 교육이 되어야 한다고 주장했다. 최형섭 위원은 학문숭상 기풍 진작을 언급하면서 조선의 선비정신을 되살릴 필요를 말하기도 했다.

대통령께서는 과학인력 양성의 중요성과 함께 대전엑스포가 과학기술 진흥에 하나의 계기가 될 수 있도록 관심을 가져 달라는 당부말씀을 하셨다. 이미 누차 설명했듯이 노 대통령이 과학기술 진흥에 보이신 집념은 남다른 것이었다. 임기 중 마지막 자문회의를 과학기술 부문에 할애한 것도 '과학 대통령'으로서의 면모를 확인하는 또 다른 징표였다고 말하지 않을 수 없었다. 이날 오찬에서도 그와 같은 취지에서의 환담이 오갔다고 기억되며 화기 찬 오찬, 지난 연말 교육정책자문위와의 오찬에 이어 마지막 자문 모임으로서 기록되었다.

지난 1월 14일 열린 국정평가 종합보고회의로 국정에 대한 마지막 반성과 평가, 그리고 편달의 기회를 가졌지만 경제 부문은 하루가 멀다 하고 상황이 변화해 잠시도 긴장을 늦출 수 없다는 판단이 내려졌다. 비서실에서는 임기 중 경제장관회의 소집으로 대통령께서 그동안 해온 것과 마찬가지로 임기 말이지만 한 번 더 직접 가편加鞭하시는 기회를 갖는 것이 좋겠다는 쪽으로 의견이 모였다. 2월 4일 9시 30분부터 청와대에서 12개 경제부처가 참가하는 경제장관회의를 개최하게 되었다.

이날 회의에서 먼저 최각규 경제부총리는 금리하향 안정화 추세, 물가 관리와 공공요금 조정, 설비투자 촉진, 재정사업의 조기 집행, 우루과이라운드 및 통상마찰 대책 등에 대해 총괄적으로 언급하면서 경제 활성화를 낙관한다고 보고하였다. 대통령께서는 임기 마지막 날까지 소명의식을 갖고 일하라고 경제장관들에게 당부말씀을 하였다.

이어 부총리에게는 정책의 일관성이 유지될 수 있도록 홍보강화 등 공감대 형성에 노력하자고 말씀하였으며 재무부 장관에게는 금리인하 조치[18] 이후의 동향을 계속 점검·감시하고 특히 자금흐름, 금리 동향, 부동산 동향 등에 유의하라고 말씀하였다. 상공부 장관에게는 반도체·철강 덤핑 제소 문제 등 통상마찰에 대한 대책을 수립하여 철저히 집행할 것을, 농수산부 장관에게는 우루과이라운드 협상과 관련하여 협상대표의 말조심을 강조하고 우리 의사와 달리 협상이 타결될 가능성에도 대비하라고 당부하셨다. 노동부 장관에게는 임금 안정이 경제의 사활에 관련되는 중대사라고 지적하시면서 여론 조성과 공감대 형성 등에 중점을 두고 대책을 세워 나갈 것을, 교통부 장관에게는 교통요금 조정과 관련하여 우리나라의 교통요금이 세계에서 제일 저렴하며 물가에 미치는 영향도 크지 않다는 점을 포인트로 삼아 홍보대책을 세울 필요가 있다고 말씀하였다.

마지막으로 대통령께서는 정부는 사회간접자본 대책 등 경제의 기초를 다지는 일을, 기업은 기술개발과 설비투자에, 근로자는 혼이 담긴

18 전년도부터 재무부 등에 의하여 금리를 인하할 필요성이 제기되어 왔으나 한국은행의 반대로 결정이 미루어져 왔다. 새해 들어 전년도 4/4분기의 경제성장률이 당초 예상보다 저조한 것으로 나타남에 따라 경기침체 현상을 더는 방치할 수 없다는 금리인하 주장이 힘을 얻으면서 1월 20일 삼청동회의실에서 경제부총리, 재무·상공부 장관과 한국은행 총재 및 경제수석 등이 회동하여 금리인하 방침을 합의하고 대통령의 재가를 받았다. 금융통화위원회의 의결을 거쳐 1월 26일부터 금리를 인하했다. 퇴임을 얼마 남기지 않은 시점이었으나 일을 미룰 수 없다는 방침에 따라 획기적인 조치가 단행된 것이다.

한국은행 재할인금리를 비롯해 1·2금융권의 모든 여·수신 규제 금리를 최고 2.5%포인트 인하하고, 은행 수신금리는 3개월 미만이 2%포인트 3개월 이상이 1%포인트씩 인하되며, 은행 대출금리는 현행 10.0~12.5%에서 9~11%로 조정되었다. 이 조치로 기업은 연간 3조6천억 원 이상의 금융비용 부담을 절감할 수 있었고, 1년 내 1% 이상의 GNP 성장률 상승이 기대된다고 전망하였다〔공병호(2017), 《이용만 평전》, 21세기북스, 518~549쪽 및 〈조선일보〉 1993년 1월 26일 자 기사 참조〕.

제품생산에 그리고 가계는 근검절약을 각각 추진 · 실천에 나간다면 경제는 잘될 수밖에 없는 것이라고 마무리 말씀을 하였다.

임기 중 대통령께서는 참으로 경제문제 해결에 정성과 힘을 온통 쏟으셨다. 특히 5공 청산 · 3당 통합 등으로 정치가 어느 정도 안정된 집권 후반기 경제장관회의를 자주 소집하여 상황을 듣고 대책을 의논하며 정책 실천 의지를 다지고 또 다지는 일을 가장 우선하는 과제로 삼아 경제정책을 집행하셨다. '지성이면 감천'이란 말이 있지만 이날의 마지막 경제장관회의에서 그 진지한 모습은 나의 뇌리에서 사라질 수 없는 것이었다고 기록해 두고 싶다.

임시국회 개회와 체육부 폐지 문제 등

임시국회 개회시기를 놓고 줄다리기를 하던 여야가 2월 5일 오후에 열린 3당 총무회담에서 제 160회 임시국회를 2월 9일부터 2월 28일까지 20일간의 회기로 개회하는 데 합의하였다. 아울러 2월 10일부터 5일간 정치, 통일 · 외교 · 안보, 경제1, 경제2, 사회 · 문화 등 5개 의제로 대정부질문을 벌이기로 하는 국회일정에 대해서도 합의가 이루어졌다. 이에 따라 국회는 2월 9일 오후 개회식을 갖고 의원선서를 하는 등의 일정을 소화한 뒤 2월 10일 정치문제에 대한 질의를 시작으로 5일간 대정부질의를 벌였다. 몇 가지 문제가 없지 않았다. 그러나 대통령 임기 종료를 앞둔 때라 큰 파란 없이 질의가 진행되었다.

그런 가운데 주말이 지나면서 새 정부의 정부조직 개편작업이 보도되기 시작하였으며 2월 9일 아침수석회의에서는 새 정부의 정부조직법 개정안 입법이 추진되고 있다는 정무수석의 보고가 있었다. 체육청소년부와 동력자원부를 폐지하여 업무 및 인력을 교육부, 문화부 및 상공부로 이관한다는 것이었으며 이와 관련하여 다른 부처에 대한 개편계획은 없으나 취임 후 1년 이내에 정부조직 기능을 재검토한 후 합리적인 조정을 할 것이라는 박희태 대변인의 발표가 나왔다는 것이다. 새 대통령이 그의 정책으로 정부조직을 개편하는 것은 있을 수 있는 일이므로 물러나는 입장에서 왈가왈부할 일은 아니었다.

그러나 폐지하는 부서로 결정했다는 체육부에 대해서는 그렇게 좌시할 수만은 없다는 생각이 들었다. 아니나 다를까 그날 17시가 좀 지나 대통령께서 인터폰으로 문제를 제기하시면서 대책을 강구하라는 지시를 내리셨다. 체육부는 88서울올림픽 준비와 관련하여 5공 말에 발족되어 노 대통령께서 초대 장관을 역임하였으며 재임 중 청소년 문제를 소관에 포함시켜 체육청소년부로 국정의 중요 부문을 담당하였다. 대통령께서 각별히 관심을 갖는 부처가 아닌가. 곧장 정무수석과 의논하였으나 당선자의 뜻인 듯하여 쉽지 않은 일임을 직감할 수 있었다. 그날 저녁은 퇴임을 앞두고 출입기자단 중 사진기자들과의 만찬이 예정되어 있었다. 22시까지 행사에 참석하느라 별다른 행동을 할 수 없었다.

2월 10일 6시 30분에 기상하자마자 당 측의 김영구 사무총장, 김용태 원내총무 그리고 이진삼 체육청소년부 장관과 전화로 연락하며 상황을 파악하고 대통령의 뜻이 강고함을 전하면서 협조를 요청하였다. 사실 체육부를 중앙부처로 할지는 의견이 갈리는 문제였다. 특히 우리나라는 전통적으로 체육을 경시하는 경향이 있었으며, 이는 뿌리 깊은 숭문崇文사상과 관련된 문제 같기도 하였다. 그러나 더 이상 숭문에 머무를 수 없는 시대가 되었다. 체육의 중요성은 매우 강조되어야 할 사항이었다. 아침수석회의에서도 정무·행정수석과 이 문제를 논의하였으며 당 측과 접촉한 상황에 대한 정보를 공유하는 가운데 오전 10시 서재에서 보고를 드렸다. 그동안 파악한 내용을 토대로 특별한 의도가 있는 진행이 아님을 확인했다고 보고드리면서 이미 상당히 깊숙이 진행되어 저지하기에는 시기가 늦은 감이 없지 않으나 최선을 다하겠으니 대통령께서는 나서지 않으시는 것이 좋겠다고 말씀드렸다. 자칫 일이 확대되는 것을 막아야 한다고 여겼기 때문이다. 그러나 대통령께서는 모든 수단을 동원해 체육부 폐지를 저지하라고 강력하게 말씀하였다.

물러 나온 뒤 방금 전 서훈을 받기 위해 동석하였던 이현우 안기부장, 의전·정무·행정수석 등과 체육부 문제에 대한 대책을 논의해 보았다. 그러나 별다른 묘책은 찾지 못한 가운데 예정된 오찬행사 배석이 끝나자마자 김용태 원내총무를 만나 1시간 넘게 의논하였다. 서로 힘을 모아 일이 원만하게 수습되도록 하자는 데 합의하고 몇 가지 대안도 논의하였으며, 당선자 측과 적절한 노력을 해보기로 하고 헤어졌다. 16시경 대통령께 원내총무와의 회동결과를 보고드렸다. 차선책에 대하여 말씀드려 보았으나 질책을 받았을 뿐 책임지고 저지하라는 답변만 주어졌다. 행정·정무수석과 의논해 체육부 측의 노력을 기대할 수 없는지 검토하여 일부 관계자에게 연락해 보았으나 반응이 신통치 않았다. 또한 몇몇 국회의원과 접촉하는 과정에서 대통령과의 관계가 각별한 몇 명의 국회의원들은 대통령께 다소 물러서실 것을 건의하라고 이야기하였다. 진심으로 대통령의 입장을 걱정하는 뜻에서였다.

이날 18시 30분부터 진행된 기업인 초청만찬에 배석하고 20시 10분 만찬이 종료되자 예정되었던 대학동기들과의 만찬 장소로 자리를 옮겼다. 이미 시작된 만찬 모임에 20시 30분에 겨우 도착해 지각 참석하여 담소를 나누는 와중에 21시 15분 대통령께서 전화를 주셨다. 체육부 문제를 다룰 당의 당무회의에서 부결하도록 노력하라는 말씀이었다. 늦은 시간까지 걱정하고 계시는 것을 확인하고 송구한 마음을 금할 수 없었다. 곧장 만찬행사를 파하고 귀가하니 〈조선일보〉 김창기 기자가 기다리고 있었다. 〈조선일보〉의 임기 말 특집에 협조해 달라고 요청하면서 청와대의 새 비서실장 인선 내용을 탐색하는 것이었다. 나도 모르는 일이어서 그냥 보낼 수밖에 없었지만 나의 머릿속은 체육부 폐지 문제가 온통 차지하여 잠을 못 이루게 하였다.

2월 11일에는 아침부터 이 문제와 씨름해야만 했다. 당초 김용태 원내총무가 대통령께 김 당선자의 해명특사를 보내 보면 어떻겠느냐고 제의했는데, 안 되겠다는 결정과 함께 문화부에 통합하여 문화체육부로 명칭을 정하는 안은 가능할 것 같다는 연락을 해왔다. 정무·행정수석과 서동권 정치특보, 김영구 사무총장과 함께 전화로 의논했다. 10시부터 통일부총리의 최종 업무보고에 배석한 뒤 10시 45분 그동안 체육부 문제와 관련된 상황을 소상히 보고드렸으며 김 총무의 '문화체육부'안도 말씀드렸으나 여전히 질책하시면서 체육부에 손을 대는 일은 없어야 된다고 말씀하였다.

이럴 때 내가 한번 김영삼 당선자에게 달려가 어떻게든 설득을 할 수 있다면 얼마나 통쾌할 것인가 생각해 보기도 했다. 그러나 나는 도대체 그와 같은 설득력이나 투쟁력은 갖추지 못한 위인爲人이었다. 공직생활을 하면서 위공무사爲公無私 하되 여인불경與人不競하는 처신을 신조로 삼게 되었다. 공무수행에 사적인 고려는 결코 하지 않아야 하지만, 될 수 있으면 다투지 않고 양보하는 편이 좋다는 것이었다. 자리가 주는 본래의 권위와 참된 처신으로 큰 무리 없이 공직을 수행할 수 있었으며 꼭 다투어서라도 관철해야 하는 일은 주위의 협조에 의존할 수밖에 없었다.

의논 끝에 마지막 설득의 방법으로 이원조 의원을 특사로 보내 대통령의 뜻을 관철해 보자고 결론이 났다. 그날 아침 대통령께서 당 사무총장과 이원조 의원에게 전화로 말씀하신 바 있음을 확인하고 특히 이원조 의원이 자진하여 역할을 감당하겠다고 하여 그대로 시행하기로 하였다. 이날 14시 40분부터 이원조 의원을 만나 의논을 하였으며 김용태 총무에게도 통보하였다. 이날 17시 50분 이원조 의원이 내방하여 걱정 말라고 하면서 80%는 해결되었다고 말하였으며, 대통령께도 보고드렸다는 것이었다. 그러나 대통령의 뜻이 그대로 관철되었다는 말은 하지 않아 걱정스러운 가운데 이튿날인 2월 12일 이 문제를 결정할 당무회의를 기다릴 수밖에 없었다.

2월 12일 7시 15분부터 삼청동회의실에서 회의가 있었으며 곧장 당 사무총장, 원내총무에게 오늘 당무회의에 관하여 부탁하는 전화를 하였다. 8시 45분 관저로 달려가 아침까지의 상황을 보고한 뒤 전술한 대로 9시에 출발하여 공군 작전사령부·대구 방문길에 올랐다. 대구에서 바쁜 일정을 수행하는 도중 김영구 총장으로부터 전화 보고가 있었다. 여느 때 같으면 짧은 시간에 결말이 나는데 당무위원 가운데 신중론을 유지하는 위원이 많아 1시간 반 이상이 소요되었다고 하면서, 그러나 표결하기도 그렇고 하여 문화체육부로 통합하는 안으로 결정되었다는 것이었다. 자세한 경과와 발언 위원의 명단을 팩스로 보고받아 곧 대통령께 전해 드렸다. 반대의견을 발언한 의원이 10명이나 이른 데 비해, 다소 문제가 있으나 첫 작품인 만큼 원안대로 통과하자는 발언은 4명에 불과했지만 김종필 총재가 토론을 서둘러 종결하고 문화체육부 안으로 의결을 선포해 버렸다는 것이었다.

그날은 금요일이었으며 오후까지 대구 일정을, 그리고 이튿날 토요일은 계룡대 순시 일정을 진행함에 따라 주말이 지난 월요일 2월 15일 아침에서야 대통령의 말씀을 들을 수 있었다. 주말 상황에 대한 보고를 드렸으며 대통령께는 이날 아침 다시 야당 반대가 없는 한 그대로 통과될 듯하다는 것과 당선자가 이 일을 개혁사업 1호로 생각한다는 것을 말씀드렸다.

대통령께서는 의연하게 대처하라는 말씀으로 매듭지어 주셨다. 2월 9일 아침회의 보고로부터 1주일 가까이 계속된 '비상사태'가 해제되는 순간이었다. 떠나시는 대통령에 대한 조금의 배려라도 있었다면 이런 법석은 떨지 않을 수도 있었으리라는 아쉬움이 없지 않았다. 독립부서로의 존재는 유지되지 않았지만 그래도 조직이 거의 그대로 존속되는 가운데 부처 명칭에도 '체육'이 남아 있게 된 것은 대통령의 말씀 덕분이라 생각되었다. 인계자와 인수자 간에 자칫 크게 충돌이라도 할 뻔한 일이 그런대로 조용히 수습되어 보좌하는 사람으로서 더없이 안도하는 순간이었다.

각계 인사 접견과 격려

전술했다시피 비서실은 대통령께서 임기 만료를 앞둔 때에 시행할 각계 인사 접견 계획을 마련한 바 있다. 이 계획을 구체화하여 새해 초부터 차근차근 집행했다. 신년인사가 끝난 1월 7일 오찬에 정계 원로를 초청한 것을 시발로 오찬, 오후 다과 또는 만찬에 각계인사를 차례로 초청하여 재임기간 중 보인 협조와 관심에 감사의 뜻을 표하는 한편, 지난 5년간 국민이 직접 선출한 대통령으로서 민주·번영·통일을 목표로 삼아 국정을 수행하는 동안 국민 여러분과 함께 이룩한 많은 성취에 대하여 보람을 나누는 뜻깊은 시간을 가졌다. 여러 가지 힘든 일이 연거푸 일어나 이를 이겨 내느라 노심초사勞心焦思하던 일을 회고하기도 했다. 정부가 잘못한 일도 적지 않았으며 본의 아니게 불편이나 걱정을 끼친 일들도 없지 않으리라 생각하면서 너그럽게 이해해 주기를 당부하는 말씀도 아끼지 않았다. 이런저런 사정으로 꼭 해야 할 일을 하지 못하였거나 그 밖에 아쉬움이 남는 일들에 대해서는 새 정부가 꼭 이루어 주기를 빌면서 새 정부에 대해서도 성원을 부탁드린다는 말씀도 하였다.

내가 배석한 모임으로 기록으로 확인되는 것을 열거해 보기로 하자.

1. 오찬 모임

① 정계 원로(1월 7일 이민우, 이충환, 유치송, 신도환, 정해영, 고재청 등), ② 청와대 출입기자단(1월 8일 중앙 · 지방 · 사진기자단), ③ 호정회[19](1월 11

19 대통령께서는 월남전 당시 월남에 파견되어 맹호부대 사단장 보좌관 및 재구대대장으로 1968년 11월~1969년 10월 많은 전공을 세운 바 있으며, 당시 사단장이 윤필용이었다.

일 맹호부대 출신 간부, 회장 윤필용, 부회장 소준열 · 민경중, 총무 신동교 등), ④ 종교계 지도자(1월 12일 김수환 추기경, 한경직 · 유호준 · 김장환 목사, 서의현 · 오록원 · 송월주 스님, 김경수 성균관장, 안호상 대종교 총전교, 한양원 한국민족종교협의회 회장), ⑤ 전직 3부 요인 18명(1월 12일 백두진 국회의장, 국무총리 등), ⑥ 재향군인회 간부(1월 15일), ⑦ 민주화합추진위원회[20] 위원(1월 18일), ⑧ 군 출신 국회의원(1월 19일), ⑨ 전국 검사장 등 검찰 간부(1월 21일), ⑩ 여성 지도자(1월 25일 영부인 참석), ⑪ 평통 운영위원(1월 27일), ⑫ 남북회담 한국 측 대표단(1월 28일), ⑬ 통일정책 고문(1월 30일), ⑭ 체육계 인사(2월 1일), ⑮ 국가과학기술자문회의(2월 2일), ⑯ 노 씨 종친회 간부(2월 3일), ⑰ 5공화국 국무위원(2월 4일), ⑱ 외신기자(2월 8일), ⑲ 전국 시도지사(2월 9일), ⑳ 전국 경찰 간부(2월 10), ㉑ 한국을 빛낸 사람들(2월 11일), ㉒ 전국 법원장 등 사법부 요인(2월 15일), ㉓ 전국 교육감 · 교육위원장(2월 16일), ㉔ 보통사람을 위한 오찬(2월 17일), ㉕ 언론사 편집국장단(2월 18일), ㉖ 청와대 이웃 주민(2월 19일), ㉗ 비서실 전 직원 414명(2월 20일 스탠딩 뷔페), ㉘ 경호실 직원(2월 21일 연무관)

2. 다과회(15시 전후로 개최)
① 한일의원연맹 및 한일협력위원회 일본 측 대표 12명(1월 11일), ② 의용소방대 및 소방공무원 격려(1월 12일), ③ 공안요원 대표(1월 18일 검찰 · 경찰 · 교정 · 안기부 · 보안사), ④ 우주소년단원 등 격려(1월 19일), ⑤ 장애인 격려(2월 1일), ⑥ 국민운동단체 간부(2월 9일), ⑦ 재임 중 방문국 외교사절(대사) 접견(2월 18일 미국, 중국, 일본, 헝가리, 멕시코, 스위스, 프

20 선거운동 기간 중 공약에 따라 민주 발전과 지역감정 해소 등 국민화합을 위한 해결방안을 마련하기 위하여 1988년 1월 11일 위원장 이관구를 비롯한 56명의 위원으로 구성 · 발족하였다. 8차 회의 끝에 2월 23일 민주발전 · 국민화합 · 사회개혁 등 세 분야에 걸쳐 〈민주화합과 국민화합을 위한 건의서〉를 채택한 바 있다. 특히 폭동으로 간주되어 온 광주사태를 민주화운동의 일환으로 새로이 규정하도록 건의하였다.

랑스, 캐나다, 독일, 영국, 러시아, 호주, 인도네시아, 브루나이, 말레이시아)

3. 만찬

① 21세기위원회 위원 내외(1월 14일), ② 국회의원 1진(1월 25일), ③ 국회의원 2진(2월 1일), ④ 대중예술인(2월 2일), ⑤ 외교사절단(2월 4일), ⑥ 언론사 사장단(2월 8일), ⑦ 기업인(2월 10일), ⑧ 언론사 주필단(2월 16일), ⑨ 군 장성(2월 18일), ⑩ 6공화국 전 · 현직 장관 및 수석비서관(2월 22일)

내가 소장하고 있는 다이어리에 따른 것이기에 혹여 누락된 일이 있을지도 모르겠으나 그래도 참고가 될 수 있을까 하는 생각에서 기록해 두기로 한다. 다만 개별모임의 구체적 참석자의 명단이나 모임의 진행 상황에 대해서는 더 이상 기억할 수도 없거니와 자료도 없어 공란으로 둘 수밖에 없다. 그런 가운데도 한두 가지 언급할 만한 것이 있다.

첫째, 종교계 인사와 오찬 모임에서 나눈 대화 내용이 일부 메모되어 있다. 그날 일동을 대표하여 건배 제의를 하게 된 김수환 추기경은 노 대통령의 관용과 민주 그리고 북방정책을 언급하면서 성공적으로 임기를 마쳤음을 축하하였다. 한경직 · 유호준 목사는 로스앤젤레스 폭동 당시 정부의 대처, 서의현 조계종 총무원장은 동화사 통일대불사업, 김 추기경은 생명 존중과 사형 폐지, 낙태 문제, 오록원 동국대 이사장은 팔만대장경 역경사업, 송월주 스님은 경실련 참여 등에 관하여 말씀하였다. 한경직 목사는 자유민주주의 실천과 다종교 간 화평에 대하여 감사한다는 말씀을 하셨다. 각 종교를 대표하는 성직자들의 말씀이라 경청하면서 화기 또한 느낄 수 있는 기회였다고 기억한다.

둘째, 정계원로를 모시는 오찬 참석자의 명단은 기록되어 있었지만 대화내용은 기억에 없다. 이분들은 모두 대통령 입장에서 보면 반대되는 정치 진영에서 오랫동안 정치활동을 하였으며 정치 일선에서 물러난 분들이었다. 대통령께서는 직간접적으로 소통할 기회를 갖고자 노력하였으며 일정이 바쁜 관계로 내게 만찬을 모시도록 대역代役을 지시한 일도 한두 번 있었다. 1월 7일 모임에는 사정이 있었던 것 같으나 이철승 의원도 그전의 모임에는 나오셔서 좋은 말씀을 해주셨다.

셋째, 1월 5일에는 김영삼 당선자, 1월 14일에는 김대중 대표와 오찬할 기회를 가졌음은 이미 설명하였지만 1월 16일의 오찬에는 김종필 대표와 만났음을 기록해 둔다. 노 대통령께서 민정당 대통령으로 입후보하여 김영삼, 김대중, 김종필 등 이른바 3김과 대결한 끝에 대통령에 당선되었으며 국회의원 선거 결과 여소야대, 4당 체제가 됨에 따라 이 세 분을 상대로 다투기도 하고 협의도 하면서 정국을 운영하였다. 참으로 힘든 상대들이었다. 험난하기 그지없는 길이었다. 그러나 이제 그동안 5공 청산과 3당 통합, 9·18결단과 중립 선거관리 내각 출범 등 힘든 과정을 겪은 끝에 서로 다른 입장에서 다른 길을 걷게 되었다.[21] 한 번의 만남으로 그동안 켜켜이 쌓인 회포를 풀기에는 아쉬움과 모자람이 없지 않았으리라 짐작할 따름이다.

넷째, 여성 지도자들과 만남이었다. 내 다이어리엔 "울먹이는 사람 많음"이라 적혀 있다. 영부인도 동석하였으며 다른 모임과 달리 사진 촬영을 하면서 헤어짐의 아쉬움을 달랬다.

다섯째, 나는 위와 같은 모임에 배석하는 기회에 그동안 참으로 많은 분이 노 대통령의 국정수행에 힘을 보태 왔음을 확인할 수 있었다. 대통령직을 수행한다는 것이란 쉴 새 없이 각계각층의 다양한 사람들과 만나고 온갖 화제를 넘나들며 이야기를 주고받는 일이 아니겠는가. 그중에서도 한국을 빛낸 사람들, 그리고 보통사람을 위한 오찬모임이 특별한 감명을 남겼다고 기록하고 싶다. 대통령이란 자리는 퇴임을 앞둔 시점에도 눈코 뜰 새 없는 일정을 끊임없이 소화해 내야만 했다.

---

21 김대중 대표는 1월 26일 영국 케임브리지대학에서의 연수를 위하여 출국하였다.

당선자 및 후임 비서실장과의 만남

몇 가지 문제들이 없지 않았지만 비교적 순조롭게 대통령직 인계인수가 진행되고 있었다. 김영삼 당선자가 1월 5일 오찬 회동차 청와대를 다녀간 뒤로 김중권 정무수석이 몇 번 김 당선자를 만난 일이 있었다. 아무래도 그 의중을 파악하여 나머지 국정수행에 참고해야만 했기 때문이다.

당초 대통령께서는 한 번쯤 더 김 당선자와 만나기를 기대하던 것 같다. 별다른 움직임이 없었기에 내가 한 번 면담의 기회를 갖는 것이 좋겠다고 판단하였다. 사실 내가 비서실장으로 재직하는 2년여의 기간 중 김 대표를 독대한 일은 두세 번뿐이었던 것으로 기억한다. 대통령과 김 대표는 매주 직접 만나 당무에 관한 보고를 받고 당면한 국정현안에 대하여 의견도 나누었기 때문이다.

1월 25일 16시 50분부터 1시간 동안 하얏트호텔에서 김영삼 당선자와의 만남을 가졌다. 나는 먼저 정주영 대표에 대한 수사상황을 파악한 대로 보고드렸다. 당시 이병기 의전수석과 김유후 사정수석에 대하여 원래 근무하던 외무부와 검찰로 발령하는 방침을 굳히고 있었으므로 이 문제에 대하여 당선자에게 사전에 알리는 것이 좋겠다는 판단에 따라 말씀을 드리게 되었으며 당선자께서도 흔쾌히 양해한다는 답변을 주셨다. 본인들의 요청이 없었으나 나머지 수석들에 대해서도 모두 인품과 능력이 탁월함을 일일이 거명・설명하면서 새 정부에서도 역할을 할 기회가 있었으면 좋겠다는 천거의 말씀을 드렸다. 그 밖에 청와대의 조직개편이나 인사문제에 대하여 후임 비서실장이 결정되는 대로 참고할 사항을 정리하여 필요한 협조를 하겠다고 말씀드렸으며 당선자께서도 그렇게 하라고 동의해 주었다.

그 자리에서 김 당선자께서는 사정수석실을 폐지하겠다고 말했다. '사정'에 대한 부정적 의견을 피력하며 감사원 기능 강화 등으로 부정부패 일소에 주력하겠다는 것이었다. 한편 '대통령으로 취임하면 군 출신과 군 관계자들에게 더 잘하겠다', '안기부에는 대공과 해외정보 분야를 획기적으로 강화하겠다', '경호실은 경호업무에 전념하도록 한다'라는 등의 계획을 내게 힘주어 말씀하였다. 설왕설래 끝에 다음 정부가 결정하도록 방침이 정해진 고속전철 차종 선정 문제에 대해 다시 설명드렸으며, 특히 노 대통령의 생각을 말씀드리고 김영삼 후임 대통령과의 만남은 잘 끝났다. 이튿날 아침 대통령께 면담 결과를 보고드렸다.

2월 17일 후임 청와대 비서실장이 발표되었다. 4선 국회의원 박관용이 비서실장으로 임명된 것이다. 나는 그날 오후 박 실장과 통화하며 축하인사를 전함과 동시에 업무인계를 위해 2월 19일 오후 공관에서 만나기로 약속을 잡았다. 박 실장은 나보다 1년 늦게 출생하고 부산중학교와 동래고등학교를 졸업하였으므로 그의 학교 1년 선배 되는 사람 가운데 나와 대학동기로서 친히 지내는 친구들이 적지 않았다. 자연스레 서로에 대해 적지 않게 들은 바 있는 관계였기에 나로서는 호감과 친밀감을 갖고 있었으며 그동안 이런저런 일로 만날 기회도 없지 않았다. 서슴없이 대화할 수 있는 사이였다고나 할까.

만나기에 앞서 자료를 준비했다. 비서실 조직 등에 관한 자료와 함께 특히 비서실 직원에 대해 파악할 수 있는 자료였다. 그날 15시부터 16시 30분까지 대화를 나누었다고 다이어리에 기록되어 있다. 준비한 자료에 대해 설명했겠지만 다이어리에 기록된 바로는 김유휴·이병기 수석 문제를 설명했으며 취임식 당일 청와대에서 사전에 만나는 절차와 시간을 두고 의견을 교환했고, 신임 총리 등 인선이 완료되어 사전에 알려주면 대통령께 보고드리겠다는 등의 논의와 함께 비서실장실의 위치에 관한 설명 등이 메모되어 있다. 그 밖에 아마도 비서실장직의 일상과 처신의 어려움 등에 대한 이야기가 오갔으리라 회고될 따름이다.

그 밖에 덧붙이고자 하는 것은 국정수행과 관련하여 후임 대통령이 참고할 만한 정책수행 자료를 정리해 '대통령 국정수행 참고자료'란 제목으로 서면으로 인계한 사실이다. 대통령 지시에 따라 작성해 인계한 것으로, 경제 분야 11개, 외교안보 분야 10개, 국정일반 분야 7개, 행정 분야 7개 등 총 35개 항목의 정책과제가 열거된 자료이다.[22]

마지막 본관수석회의 · 국무회의와 퇴임 기자회견 그리고 퇴임

2월 22일 월요일 오전 8시 10분 새 청와대 비서실 박관용 실장으로부터 전화를 받았다. 새 정부의 총리로 황인성 의원, 감사원장에는 이회창 대법관을 내정했다는 것이다. 며칠 전 회동에서 부탁한 바를 잊지 않고 알려 주었다. 곧장 대통령께 전화로 보고드렸다.

---

22 내가 소장한 자료 사본에 따르면 35개 항목은 다음과 같다.

1. 경제 분야: ① 경제운용의 안정적 기조 유지, ② 재정수요 증가에 따른 세수 확대, ③ 제조업 경쟁력강화 대책 지속 추진, ④ 통상마찰에 효율적 대응, ⑤ 우루과이라운드 협상과 농촌경제대책 강구, ⑥ 정보산업의 육성, ⑦ 과학기술입국 추진, ⑧ 사회간접자본의 확충, ⑨ 국토 균형발전을 위한 토지이용제도 개선, ⑩ 임금 안정과 노사관계의 발전, ⑪ 경제현장의 점검확인과 국민의 경제안목 함양.

2. 외교안보 분야: ① 남북통일은 민족공동체 회복 방향으로 추진, ② 남북간 합의사항의 성실한 이행 촉진, ③ 남북문제에 있어 이산가족 문제의 우선적 해결, ④ 통일비용 경감 차원에서의 남북경제협력 전개, ⑤ 북한 핵문제 해결을 위한 남북상호사찰 실시, ⑥ 미 · 일과의 긴밀한 우호 증진, ⑦ 러시아 · 중국과의 실질 협력관계 증진, ⑧ 미래지향적인 장기 국방태세의 발전, ⑨ 소수정예의 기술집약형 정예군사력 유지발전, ⑩ 방위산업의 합리적 육성.

3. 국정일반 분야: ① 국민의식 개혁을 위한 국민운동 추진, ② 대통령 공약사업의 효율적 관리, ③ 국정홍보 총괄 · 조정기능 강화, ④ '서울평화상'의 발전적 운영, ⑤ 좌익세력에 대한 능동적 대처, ⑥ 여성단체의 건전생활실천운동 지원, ⑦ 청소년의 건전육성 모색.

4. 행정 분야: ① 국무총리실의 기획 · 조정 · 평가기능 강화, ② 고급공무원의 능력개발 기회 확대, ③ 자치단체장 직선 이전 자치제도 정비 · 보완, ④ 행정구역의 신중한 개편 · 조정, ⑤ 21세기위원회의 계속 존치 · 활용, ⑥ 사정기능 활성화, ⑦ 정부 제 3청사 신축사업의 차질 없는 추진.

곧이어 8시 50분부터 아침수석회의가 있었다. 이 자리에서는 먼저 정무수석으로부터 광주의 홍남순 변호사가 대통령 업적을 축하한다는 전화를 해왔다는 기쁜 소식을 전하였으며, 김영삼 차기 대통령이 2월 20일 첫 비서실장 및 수석비서관회의를 개최하고 일본 〈요미우리신문〉 및 교도통신과 기자회견을 한 사실, 국회 행정위원회가 정부조직법 개정안 수정안을 가결한 사실과[23] 민주당 및 국민당 동향을, 경제수석은 2월 들어 수출이 16% 증가하며 호조를 보인다는 사실을, 그리고 정책조사보좌관은 전날 MBC에서 6공에 대한 긍정적 평가를 리포트 형식으로 보도하였다는 사실 등을 보고하였다. 내가 나머지 대통령 이임행사 준비에 만전을 기하고 퇴임 후의 일정도 세심하게 챙기라고 말하는 것으로 회의를 마쳤다.

9시 30분 마지막 본관수석회의가 기다리는 집현실로 자리를 옮겼다. 이제 더 이상 각 수석비서관의 보고가 필요치 않다고 판단하여 대통령께서 수석들에게 하는 마지막 말씀을 듣는 것으로 회의가 진행되었다.

대통령께서는 6·29선언으로 시작된 지난 5년의 어려웠던 민주화 과정을 회고하면서 한마음 한뜻으로 함께 일해 온 현시점에서 몇 가지 느낌을 말하겠다고 전제한 뒤 첫째, 흔히 '권력 쟁취'를 말하지만 나의 경우 '쟁취'를 생각한 일이 없으며 꾸준한 '공인으로서의 이바지' 끝에 그에 맞는 역할이 주어졌다고 생각하며 그런 과정 끝에 대통령직을 맡게 되었다고 회고하였다. 둘째, 권력에 대한 생각도 언급하셨다. 권력의 절대성을 부정하고 상대적인 것이라 말씀하시면서 권력은 어느 개인에서 나오는 것도 아니며 개인이 행사하는 것도 아니라고 강조하였다. 오히려 조직에서, 조직을 통하여 나오는 것이며 국민에게서 나와 국민에 의하여 행사된다는 것이다. 권력이 힘이라면 특정 개인이 갖는 것이 아니

23 2월 20일 국회 행정위원회에서 상공부를 상공자원부로 하고 문화체육부에 체육담당 차관보 1인을 추가로 두기로 하는 등의 내용으로 수정되어 표결로 처리되었다.

며 개인이 수십억의 세포가 합쳐 힘을 발휘하듯이 나라도 조직을 통해서 조직의 활성화에 의하여 그 힘을 극대화할 수 있다고 생각한다는 것이다.

이와 같은 대통령의 정치철학이 바탕이 되어 6·29선언이나 9·18결단이 나오게 된 것이라고 말씀하였다. 통상의 정치적 논리로는 풀이하기 힘든 조치들을 하게 된 것은 어려움을 당하여 누군가의 투신投身, 즉 큰 양보, 큰 아량이 없이는 해결·진전이 될 수 없는 것으로 판단하여 스스로를 던짐으로서 명분을 중시하는 국민성을 충족하였던 것이라고 설명하였다.

당면한 현안과 관련하여 첫째, 퇴임 기자회견을 준비하면서 시대상황이 경제에 미친 영향을 강조할 것, 둘째, 새 정부에 업무인계를 할 때 새 정부가 성공할 수 있도록 적극 협조하고 충고할 것을 지시하셨다. 앞으로 대통령께서는 다음 정부의 하는 일에 대하여 침묵으로 일관할 것임을 밝히시면서 지나친 기대를 주어 자승자박自繩自縛하는 일 없이 안정 속에 점진적으로 개혁하여 역사 발전에 기여하기를 바란다고 말씀하였다. 기대와 우려가 섞인 코멘트였다고 할까.

마지막 본관수석회의에 이어 서훈행사가 있었으며 이날 저녁엔 전술한 대로 전·현직 장관, 수석비서관을 위한 고별만찬이 있었다. 만찬 후 최상엽, 정구영, 김두희, 현경대, 박철언, 김영일 등 검찰에 같이 있던 분들이 내 공관에 모여 2차로 1시간 넘게 술을 나누었다고 기록되어 있다. 이때 대통령께서 정부조직법 개정안 처리 관계 등에 대한 문의전화가 왔으며 이튿날 아침에 확인된 내용을 보고드렸다고도 기록되어 있다. 대통령께서는 그렇게 탐탁하게 생각하지 않은 개정안의 진행상황에 대하여 아직도 관심을 가지고 계심을 확인할 수 있었다.[24]

24 이 글을 쓰면서 알아본 결과 이 법안은 2월 23일 국회에서 처리되었으며 퇴임 후인 3월 6일 공포된 것으로 확인되었다.

2월 23일엔 9시 45분 출발하여 춘추관에서 마지막 퇴임 기자회견을 하시는 데 배석하였다. 약 1시간가량 계속된 회견은 먼저 준비한 퇴임에 즈음하여 국민에게 드리는 말씀"[25]을 낭독한 뒤 몇 가지 질문을 받는 것으로 진행되었다. 인사말씀의 요지는 다음과 같다.

> 6 · 29선언으로 일대 전환을 시작한 우리나라의 민주주의는 두 번째 평화적인 정권교체를 이루기까지 명실공히 민주화를 이룩하였으며, 올림픽의 성공적 개최와 북방정책의 성공적 수행, 그리고 남북관계의 획기적 진전으로 통일을 가로막던 외적 장애가 모두 제거되어 이제 민족의 재통합은 우리 스스로 풀어 가야 할 문제가 되었습니다.
>
> 우리의 경제가 민주화 과정에서 큰 대가와 희생을 치렀습니다. 과격한 노사분규, 임금의 급상승, 인력 부족, 선진국의 보호주의 등 국제무역 환경의 악화, 산업구조 조정과정에서의 중소기업의 고난 가중 등 허다한 시련을 겪으면서도 지난 5년간 국민총생산 2배 이상 상승, 1인당 국민소득 6,700달러 달성 등, 성과를 거두었을 뿐만 아니라 임금 · 물가 · 금리 · 부동산가격 등 모든 면에서 안정 성장의 기반을 다졌으므로 앞으로 새로운 도약을 기대할 수 있게 되었습니다.
>
> 그동안 이룬 모든 영광과 보람은 국민 모두의 몫이며 성취가 있다면 국가발전의 초석으로 남을 것입니다. 그리고 저에 대한 역사적 판정을 겸허히 받아들일 것이며 국민 여러분에 대한 감사와 함께 앞으로 5년간 새 역사창조를 이끌 김영삼 새 대통령과 정부에 축복이 내리기를 기원합니다.

청와대를 떠나는 심정에 대한 질문에 "정말 자유롭게 쉴 수 있구나 하여 기쁩니다"라고 답변하였으며, 역사의 평가에 앞서 스스로 어떻게 평

25 이 인사말씀과 문답 내용은 '영광과 보람은 국민의 몫'이란 제목으로 전문이 대통령 비서실 편(1993), 《노태우 대통령 연설문집》 5권, 858~867쪽에 실려 있다.

가하느냐는 질문이 나오자 "역사 속의 모든 갈등과 거기에서 우러나오는 찌꺼기를 씻어내는 역할을 하지 않았나 생각합니다. …'물'대통령이라고 불리기도 했지만 '불'대통령이 아니고 물대통령이었기에 찌꺼기를 씻어낼 수 있었다고 생각합니다"라고 답하였다. 경제에 대한 평가가 부정적 견해가 있다는 기자의 다그침에는 언론도 양적으로 크게 성장했다고 평가하더라고 운을 뗀 뒤 GNP, 무역총량, 자가용 대수, 의료보험 수혜자, 주택보급률 등 수치를 들어 설명하는 한편 그동안 비판의 대상이 되어 온 산업경쟁력 약화, 노사분규로 인한 고통 등도 정부의 노력으로 많이 나아졌으며 SOC 투자, 인력투자, 중소기업 지원 등 많은 노력을 경주한 결과가 앞으로 나타날 것이라고 긍정적으로 전망한다고 응수하였다. 앞으로의 계획에 대해서는 퇴임 후 보통사람이 되어 계획해도 늦지 않다고 생각한다면서 이제 보통사람의 입장에서 사회를 위해 기꺼이 기여하고 봉사할 일들이 있으리라고 말씀하였다.

사실 대통령께서는 그동안 언론과의 접촉에 조금의 주저도 없었으며 꾸준히 적극적 자세를 견지해 왔다. 임기 말을 앞두고 개별 언론사와 회견한 것만 하더라도 〈동아일보〉(1992년 12월 30일), 〈세계일보〉(1993년 2월 1일), 〈조선일보〉(1993년 2월 15일), 〈경향신문〉(1993년 2월 20일), 〈영남일보〉(1993년 2월 23일) 등과의 회견 전문이 《노태우 대통령 연설문집》 5권(1993년)에 수록되어 있다.

이날의 출입기자단과의 마지막 회견을 끝낸 뒤 마침 귀국한 현홍주 주미 대사, 공보수석, 정책조사보좌관 그리고 내가 함께 대통령을 모시고 백악실에서 오찬을 하면서 지난날을 회고하는 시간을 가졌다. 특히 문민文民 우위의 역사・전통으로 회복되는 데 대한 역사적 의의와 감회를 말씀하였다.

이날 오후 나는 직원들을 격려하는 시간을 보냈으며 저녁에는 세종문화회관에서 국무총리 주최로 개최된 환송만찬에 참석하였다. 이날 환송연은 각계의 보통사람과 3부 요인, 국무위원 등 350여 명이 참석한 가운데 현승종 총리의 송별사 및 기념품 증정, 노 대통령의 인사말씀에 이어 만찬으로 이어졌다. 현 총리는 노 대통령께서 "초인적 인내로 국민의 민주화 열망을 수용하고 다스려 이 땅에 민주주의 발전의 커다란 도약대를 마련했다"라고 말하고 "그 용기와 결단은 국민들의 가슴속에 영원히 기억될 것"이라고 하면서 "오늘의 이 뜻깊은 밤이 노 대통령과 헤어지는 송별의 밤이 아니라 이제 평범한 시민이 되어 우리 이웃으로 돌아오시는 내외분을 맞는 환영의 밤이 되도록 하자"라며 건배를 제의하였다.

대통령께서는 현승종 총리께 감사의 뜻을 표하면서 특히 "중립내각을 이끌어 14대 대통령 선거를 우리 헌정사상 가장 공정하게 치르고 국정을 알차게 마무리해 주신 현 총리에 대한 존경은 우리 국민 마음속에 깊이 남아 있을 것이라"고 치하한 뒤, 지난 5년의 여러 성취를 되돌아보며 큰 보람이라 생각한다, 미흡한 점도 많지만 새 정부가 잘할 것이라 기대하며 여러분이 협조를 아끼지 말 것을 당부한다고 말씀한 다음 "우리나라 민주주의의 무궁한 발전, 선진국 진입과 통일을 기원하면서 모든 분의 건강과 행운을 위하여" 건배를 제의하였다.

이날 환송연은 될 수 있는 한 간소하게 치른다는 청와대 요청이 있어 참석인원도 350명으로 제한하였으며, 전직대통령 가운데 최규하 대통령만이 참석하였다. 이날 나는 김수환 추기경의 바로 옆자리에 앉게 되어 김 추기경으로부터 대통령에 대한 적지 않은 덕담을 들을 수 있어 기억에 남기도 할 뿐 아니라 퍽 흐뭇한 시간을 즐겼다. 김 추기경께서는 참으로 소탈한 자세로 스스럼없는 대화를 하셨으며, 그동안 장기 집권으로 인한 폐해가 말끔히 가시고 그야말로 평화로운 가운데 민주적인 정권 이양이 되는 데 대하여 매우 기뻐하셨다고 지금까지 기억한다.

2월 24일 청와대에서의 마지막 날이었다. 2월 24일 24시가 임기 만료 시점이었기 때문이다. 8시 15분 출근하여 8시 50분부터 마지막 아침수석회의를 주재하였다. 이날 마지막인데도 여전히 몇 가지 보고가 있었다. 정무수석은 새 정부에서 한때 고려되던 사항으로 보도되던 정책수석직이 폐지되고 사회수석이 신설되어 재야에서 민주화운동에 참여해 온 김정남 씨가 기용될 것이다, 경제수석은 국제수지 적자가 46억 달러로 많이 줄었으며 전국적으로 땅값이 1.2% 하락하였다, 행정수석은 전북지역 농민회원의 벼 야적 등 시위행위와 취임식장에 폭발물을 설치했다는 정신착란자의 전화신고에 대하여 필요한 조치를 하였다, 사정수석은 선거사범 가운데 991명 기소, 1,295명 불기소, 12명 수사 중이라는 처리상황을, 공보수석은 어제 대통령 기자회견 기사보도 현황과 6공에 대한 사설, 논평, 칼럼들에 대하여 긍정적 보도가 주조를 이루고 있으며 특히 〈경향신문〉에 게재된 송원영 전 의원의 칼럼이 일독할 만하다, 정책조사보좌관은 어제 석간 및 오늘 조간의 6공에 대한 사설 10개 가운데 8개는 긍정적, 2개는 비판적이었다, 총무수석은 오늘 오후 비서실장의 직원들에 대한 고별인사 겸 사무실 순시 그리고 각하의 비서실 순시 및 기념사진 촬영이 있으니 준비에 만전을 기해 달라고 각각 보고하였다.

마지막 날까지도 쉬지 않고 업무에 정진하는 모습들이었다. 믿음직하다고 자찬해도 되지 않을까?

곧장 서재로 올라가 대통령께 방금 전 수석회의에서 논의된 내용과 언론 동향에 대해 간략히 보고드렸다. 9시 45분부터 약 10여 분간 10시 국무회의가 시작하기 전 자투리 시간을 이용한 보고였다. 세 가지 말씀을 해주셨다. 첫째, 전두환 전 대통령과의 관계에 대하여 시간을 두고 순리대로 해결하자고 말씀하면서 전에 한두 번 들은 바 있던 대로 6·29 선언 경위에 대하여 거듭 말씀을 하셨다.[26] 둘째, 앞으로 매주 몇 번씩

26 6·29선언의 경위를 두고 전두환 대통령이 대통령직선제를 받아들이기로 방침을 정한 뒤 노태우 당시 후보를 설득한 것이라는 전두환 대통령 측의 주장에 대하여 노 대통령은 그 전후 사정에 대하여 회고록에서 자세히 설명하고 있다. 〔노태우(2011), 《노태우 대통령 회

자주 만나자고 하셨으며, 셋째, (OB서밋을 염두에 두시는 듯) 세계의 신질서 구축에 있어 동양의 가치를 가지고 세계에 설명하는 일을 하고 싶다는 말씀도 하셨다. 여러 가지 만감이 교차하는 순간이었다. 그러나 더는 머뭇거릴 수 없었다. 10시 마지막 국무회의가 기다리고 있었기 때문이다.

10시부터 본관 세종실에서 개최된 국무회의는 대통령의 사회로 낙농진흥법, 중소기업진흥법 및 주택건설촉진법 등 법안이 상정되어 모두 원안대로 가결하는 절차를 진행하였다. 시계가 10시 13분을 가리키고 있었다. 마지막 국무회의에 현승종 국무총리의 인사말씀이 있었다. 현 총리는 대통령의 '은고恩顧'에 감사한다는 말씀과 함께 '시련의 고통'·'성취의 기쁨'이란 말로 인사말씀을 마쳤다. 대통령께서는 할 말과 감회가 너무나 많으나 사무적인 말씀으로 줄이겠다고 하시면서 국무위원들의 노고, 특히 중립내각으로 유례없는 공명선거를 치렀음을 치하하였으며 업무인계를 잘 마무리하도록 당부하는 것으로 끝을 맺으셨다. 이어 국무위원 전원 기념촬영이 마지막 행사로 기다리고 있었다.

11시에는 청와대에서 출발해 국립묘지에 도착해 현충탑과 이승만·박정희 대통령 묘소 등에 참배를 마치고 11시 45분 청와대로 돌아왔다.

나는 13시 30분부터 약 1시간 동안 비서실을 순시하면서 직원들과 인사를 나누었다. 신관, 동별관, 춘추관, 수송부 등을 돌아본 것이다.

15시 25분 대통령께서 비서실장실에 도착하시어 순시를 시작하셨다. 행정수석실·경제수석실·기념촬영·SOC 사무실·21세기위원회·사정·삼청동회의실 순으로 순시하면서 직원들을 격려하고 작별인사를 나누었다.

고록(상) : 국가, 민주화, 나의 운명》, 338쪽 이하 참조]

저녁에는 본관 인왕실에서 마지막 밤 모임을 가졌다. 대통령 내외분을 비롯하여 영식 내외, 노재우 회장 내외, 금진호 장관 내외, 최종현 회장, 신명수 회장, 이원조 의원, 안기부장, 경호실장, 의전수석, 외교안보수석과 내가 참석한 최후의 만찬이었다. 18시 반부터 21시까지 화기애애한 가운데 진행되었다.

청와대 떠나던 날

2월 25일 청와대를 떠나는 아침이 밝았다. 791일의 긴, 그리고 가장 바빴던 나날들을 뒤로하는 순간이 다가왔다. 공관에서의 마지막 밤은 23시에 취침하고 6시에 기상하여 단잠을 잔 듯했다. 수석부인들이 작별 행사를 위하여 아침 일찍부터 모여들었다.

8시 40분 본관으로 출근하였다. 9시 5분에 신임 김영삼 대통령이 도착하여 서재에서 퇴임 노태우 대통령과 환담하는 동안 나는 대기실에서 박관용 신임 비서실장과 대화를 나누었다.

드디어 9시 30분 취임식장을 향하여 청와대를 출발하였다. 9시 57분 국회의사당 광장에 마련된 취임식장에 도착하였다. 노 대통령께서는 먼저 도착해 있던 전두환 대통령과 자연스럽게 악수로 인사를 나눈 뒤 지정된 좌석에 착석하였다. 나도 준비된 좌석에 앉아 약 40분간 진행된 취임식을 관람하였다. 이 글을 쓰는 순간 너무 오랜 시간이 지난지라 기억나는 것이 없다. 다만 대통령의 취임사 중에 귀에 거슬리는 구절이 두세 군데 있었던 것이 어렴풋이 기억 한구석을 차지하고 있다. 그것마저 뚜렷하게 표현할 형편이 아니다. 그렇다고 당시 취임사를 굳이 찾아내 기억을 되살릴 필요는 더욱더 없는 듯싶다. 김영삼 대통령의 늠름한 모습, 활기찬 연설이 지금도 눈에 선할 따름이다.

취임식 행사가 종료되자 노 대통령은 5년 만에 정든 연희동 사저로 곧장 귀가하였다. 나도 수행해야만 했다. 사저에 도착하기 전 환영차 모여든 이웃 주민들을 위하여 사저에서 조금 떨어진 연희동사무소 앞에서 하차하셨다. 도보로 사저까지 가시면서 주민들의 환영에 답례해야만 하였다. 사저에 도착한 뒤로 약간의 휴식을 취한 뒤 인근에 있는 식당 성산회관에 준비된 오찬모임에 참석하였다. 친지, 수석 가족 등 많은 사람이 성황을 이룬 오찬모임이었다. 특히 영부인의 친구들이 다수 참석한 것이 눈에 띄었다고 메모되어 있다.

이때 나는 신고 다니던 구두를 잃어버리는 일을 당하였다. 워낙 많은 사람이 들랑거리는 북새통에 누군가가 그렇게 좋지도 않고 낡아빠지기까지 한 내 구두를 잘못 신고 가버린 모양이다. 큰일을 마치는 날 당한 일이라 무엇을 뜻하는지 걱정되는 바 없지 않았지만 '좋은 일'이라고 잊어버리기로 하였다.

노 대통령의 사저에서 그리 멀지 않은 곳에 내 집이 자리해 있었다. 약간의 휴식을 취한 뒤, 퇴임 후 사무실로 쓰기 위하여 세를 얻은 무교동 시그너스빌딩으로 가 준비상황을 체크하였다. 이어 신임 대통령 취임 경축 축하연이 마련된 국회의사당으로 다시 걸음을 옮겼다. 16시 40분 도착한 뒤 약 1시간가량 머물렀다. 이제 계획된 일정이 별달리 기다리지 않았다.

덤덤한 기분이었던 듯하다. 집으로 바로 돌아가기도 어쩐지 내키지 않았다. 시원스러운 가운데도 섭섭함이 다가왔다고나 할까. 국회의사당에서 멀지 않은 곳에 있는 대학동기생 최석민 군의 회사 사무실로 행선을 잡았다. 대학동기생들이 자주, 또 많이 모여드는 곳이었다. 그날도 자주 만나는 친구들이 모여 있었다. 저녁 시간으로는 이른 것 같아 오랜만에 최 군과 바둑을 두었다. 내 실력이 모자라서 늘 지는 경우가 많았는데 그날도 아마 이기지 못하였으리라 짐작된다.

저녁시간이 되자 오래전부터 국회에 출장 가면 들러 식사하곤 했던

'구마산집'으로 자리를 옮겼다. 최 군 외에도 최동규, 최상엽, 정우모, 김인환 등 대학동기생이 동석하였다. 소주 한 잔 곁들여 갈비 만찬을 즐기며 재미있게 떠들썩대었다. 그 식당에서 다른 일행들과 함께 와 있던 강신옥, 박만호 등 다른 친구들도 만났다고 다이어리에 적혀 있다.

21시쯤 귀가하였으며 23시에 취침하였다. 긴 하루, 이리저리 따라다니느라 정신없는 하루였다. 그러나 이제는 좀 여유를 갖고 하루하루 지낼 수 있지 않을까 기대하면서 홀가분한 마음으로 서교동에서의 새로운 일상으로 돌아가고 있었다.

뿌듯한 퇴임

가슴 뿌듯한 퇴임이었다. 대통령 비서실장이란 직책은 아무리 생각해도 나에게는 과분한 자리였다. 해내기에 버겁고 감당하기에 힘겨운 일이었다. 그러나 791일간의 긴 역사役事를 무사히 마치고 가족들이 기다리는 보금자리로 돌아온 1993년 2월 25일은 참으로 마음 놓이고 홀가분한 순간이었다. 기쁨까지 말할 수도 있었다. 그 격무에도 신체적 건강을 유지할 수 있었고 크게 구설에 오르는 일도 일어나지 않았다. 다행스럽기 그지없었다.

그러나 이와 같은 개인적인 '다행스러움'보다 더 벅찬 것은 퇴임 당시 노 대통령에 대한 국민적 평가가 그런대로 괜찮았다는 사실이다. 임기 종료를 앞두고 대다수의 일간지가 노태우 정부의 업적을 평가하는 특집 기사를 경쟁적으로 게재하였으며 방송사도 그에 못지않게 특집보도를 하였다. 저명한 학자나 언론인 그리고 정치인 등이 쓴 칼럼도 적지 않았다. 치적에 대한 여론조사도 실시되었다.

당시 보도동향을 요약하면 대체로 민주화와 북방정책 분야에는 긍정적 평가가, 그리고 경제 분야에는 부정적 평가가 주조를 이루었다. 이와 같은 논조는 여론조사 결과와도 일치하는 것이었다. 예컨대 여론조사기관인 미디어리서치가 1993년 2월 3일~4일 양일에 걸쳐 전국 성인 남녀 1천 명을 대상으로 전화 여론조사를 실시한 결과는 노 대통령의 "재임기간을 민주화 토대를 마련한 시기로 평가하고 있으며 민주화 조치와 북방외교 추진"을 "대표적인 치적"으로 꼽는다는 것이었다. 지난 "5년간의 통치"에 대하여 전반적으로 긍정적 평가가 56.8%로 부정적 평가 42.0%보다 우세하였으며, 임기 중 아쉬웠던 점이 경기침체 29.0%, 물가 불안 23.7%로 경제문제였음에 반하여 잘한 점은 민주화 23.2%, 북방외교 22.3%로 나타났다는 사실은 민주화와 북방정책 긍정, 경제 부정이라는 보도 동향을 뒷받침하는 것이었다.[27]

2월 13일 자 〈조선일보〉는 10일 한국갤럽조사연구사와 함께 실시한 여론조사 결과를 보도하였다. "잘했다 41%, 못했다 47%, 외치 긍정, 내치 부정 평가 압도적"이란 제목의 기사에서 '노 대통령이 직무수행을

27 내가 보관하고 있는 〈여론조사 결과보고서〉에 따른 것이다. 동 보고서에 첨부된 설문내용 및 결과는 다음과 같다(6·7·8번 문항은 차기 정부의 정책방향·정책과제·전망에 관한 것으로 개혁보다 안정을, 경제문제 해결을 바라며 기대는 낙관적이었다).

1. 지난 5년간 통치에 대한 전반적 평가는?
① 아주 잘 수행 7.2%, ② 그런대로 잘 수행한 편 49.6%, ③ 별로 잘 못 수행 34.8%, ④ 전혀 잘 못 수행 7.2%, ⑤ 모름 1.2%

2. 6공이 자율화 확대 등 민주화 토대 마련한 점에 동감?
① 전적으로 동감 23.4%, ② 약간 동감 52.1%, ③ 별로 동감 안 함 15.9%, ④ 전혀 동감 안 함 4.9%, ⑤ 모름 3.7%

3. 임기 중 잘한 일?
① 민주화 조치 23.2%, ② 북방외교 22.3%, ③ 안정에의 기여도 5.0%, ④ 주택정책 1.6%, ⑤ 권위주의 청산 1.3%, ⑥ 모름/무응답 38.7%

4. 임기 중 아쉬웠던 점?
① 경기침체 29.0%, ② 물가 불안 23.7%, ③ 추진력 부족 5.3%, ④ 치안 불안 3.8%, ⑤ 농촌문제 소홀 2.0%, ⑥ 모름/무응답 25.6%

5. 퇴임 후 공식적 활동 여부
① 사회활동을 활발히 하는 것이 좋음 49.4%, ② 조용히 지내는 것이 바람직 44.5%, ③ 모름 6.1%

성공적으로 마쳤다고 생각하십니까?'라는 질문에 긍정 40.8%, 반대 47%, 반반이다 10.4%로 나왔으며 외교·국방 분야는 잘했다 50.4%, 잘못했다 13.9%, 보통 28.8%, 그리고 경제에 대하여는 잘했다 7.8%, 잘못했다 68.9%로 나와 결국 북방외교 긍정 50%, 경제실패 69%라는 조사 결과를 요약기사의 부제로 보도한 것이다. 전술한 미디어리서치의 조사결과와는 거리가 있는 것이었다. 나아가 교육 57.3%, 서민정책 43.4%, 주택·부동산 문제 44.4%가 부정적 평가로 각각 긍정적 평가 7.2%, 16.9%, 29.5%를 훨씬 상회하였으며 다른 전직대통령과의 비교에서도 박정희, 전두환, 노태우, 이승만 순으로 평가되었다고 보도하여 전체적으로 노태우 대통령의 성적표를 부정적으로 평가하였다. 28

아니나 다를까 보도 당일인 2월 13일 아침수석회의에서 홍보문제를 총괄하던 임인규 정책조사보좌관은 위의 〈조선일보〉 보도에 대하여 문제를 제기하였다. 설문 문항에 '성공적으로'라는 문구가 들어간 것이 긍정적인 답변에 장애가 되지 않았나 하는 의구심과 함께 표본수가 500에 불과하다는 점도 거론하면서 "최근 각 기관이나 단체의 여론조사 결과

28 이 기회에 후임 퇴임 대통령 다섯 분의 퇴임 당시 국정수행평가 여론조사를 검색해 보았다.
① 한국갤럽 조사 결과로는 김대중 대통령 '잘했다' 41.4%, '잘못했다' 47.1%, '보통' 8.4%(〈조선일보〉 2003년 2월 24일 자 33면 참조), 노무현 대통령 '잘했다' 21.1%, '잘못했다' 63.2%, '보통' 10.4%(〈조선일보〉 2008년 2월 2일 자 '오피니언'란 참조) 이명박 대통령 '잘했다' 24%, '잘못했다' 58.0%, '보통' (NPS 통신 2013년 2월 18일 자).
② 김영삼 대통령은 한길리서치 조사는 〈동아일보〉 1998년 2월 25일 자 1면 보도로 '다소 잘못했다' 30.1%, '아주 잘못했다' 49.8%, '보통이다' 15.0%, '다소 잘했다' 3.6%, '아주 잘했다' 0.3%이다. 검색해 보아도 〈조선일보〉의 갤럽조사 결과 보도를 발견할 수 없었다.
③ 박근혜 대통령은 탄핵으로 퇴임하여 조사결과가 없는 것 같으며 다만 탄핵심리 중이던 2017년 1월 2일 〈조선일보〉·칸타퍼블릭 여론조사 결과 취임 이후 지금까지의 국정운영에 대하여 '잘했다' 12.4%, '잘못했다' 85.4%로 나타났다(〈조선일보〉 2017년 1월 2일 자 5면 참조).

는 노 대통령에 대해 매우 호의적 반응을 보이고 있다"라고 보고하였다. 당시 나는 다소 섭섭하다고 생각하였지만 41 대 47이란 수치도 아주 나쁜 것은 아니라는 생각도 들었다. 이는 노태우 대통령은 여러 가지 시대적 상황 탓도 있었지만 유효 투표 중 36.6%의 많지 않은 득표로 당선되었을 뿐만 아니라 3김이란 당대의 정치실력자들을 상대하느라 임기 내내 공격보다 수비 위주의 정국운영을 할 수밖에 없었다. 때에 따라 반격에 성공하기도 하였으나, 대체로 크게 인기를 누리는 대통령은 아니었다고 기억한다.

다만 임기 말 중립내각 출범과 대통령 선거의 성공적 수행, 그리고 원만한 정권 이양이란 과정을 거치면서 종래 저조하던 인기도가 확실히 호전되는 상황을 맞았다. 전술한 일간지 특집 보도도 비판이 많았지만 그런대로 긍정적인 보도동향을 보였다고 당시 비서실은 평가하였다.[29]

뿐만 아니라 뜻밖에 내가 오래도록 기억하는 칼럼도 있었다. 〈경향신문〉 1993년 2월 24일 자에 게재된 송원영 전 의원의[30] 칼럼 "비판할 때와 박수칠 때"가 그것이다. 노 대통령과는 대척관계에 놓인 정당에서 활동한 정치인이 쓴 칼럼이란 점에서 당시 나에게 깊은 인상을 남겼다.

민주화와 북방외교를 큰 공적으로 평가하는 것은 거의 이의가 없는 것이었지만 노 대통령이 "장면 총리 이후 처음 보는 민주주의자"라는 지

---

29 내가 보관하고 있는 〈'6공 평가' 언론 특집 보도동향〉 보고서에 따르면 〈동아일보〉 1993년 2월 10일 자 보도에서 시작되어 2월 24일까지 〈동아일보〉, 〈한겨레신문〉, 〈중앙일보〉, 〈경향신문〉, 〈한국일보〉, 〈서울신문〉, 〈국민일보〉, 〈매일경제〉, 〈문화일보〉 등 9개 신문에서 46회에 걸쳐 시리즈 형태로 보도한 내용은 〈동아일보〉가 지나치게 편향된 비판 보도를 한 것을 제외하고는 대체로 민주화 · 북방정책은 긍정적, 경제 분야는 부정적 평가가 주조를 이룬다고 기재되어 있다. 긍정적 · 부정적인 면을 모두 지적하여 보도하였다.

30 송원영 전 의원(1928~1995년)은 〈경향신문〉 기자, 정치부장을 역임한 언론인으로 장면 총리 공보비서관을 거쳐 7 · 8 · 9 · 10 · 12대 5선 의원으로 역임하였으며 당 대변인, 원내총무 등을 거쳐 1988년 정계에서 은퇴할 때까지 줄곧 야당에서 활동한 정치인이었다.

적과 함께 "스스로 군인 출신으로는 마지막 대통령이 되어야 한다고 작심한 흔적이 여러 곳에서 보인다"라고 간파한 부분은 참으로 정곡을 찌른 것이라 생각한다. 가까이서 보좌의 역을 맡았던 나는 같은 생각을 가지면서도 그와 같이 적절하게 표현할 글재주를 갖지 못하였음을 한탄하지 않을 수 없었다.

송원영 의원은 같은 글에서 경제문제를 노 대통령의 실정으로 지적하였다. 전술한 바와 같이 경제정책에 관한 국민적 실망이 대체적인 여론이었음에 비추어 크게 이의를 제기할 수 없다고 인정할 수밖에 없다. 국제수지가 적자로 돌아서고, 물가안정에도 문제가 있었으며 무엇보다 노사문제 분출로 안정적인 기업활동에 큰 어려움을 겪었기 때문이다.

그러나 경제를 해결하려는 집권 후반기 청와대의 노력 또한 처절凄絶 그 자체였다. 잦은 경제장관회의 개최로 대통령께서 직접 현안을 챙기고 대책을 독려하였다. 지성이면 감천이라고 할까. 임기 말이 되면서 국제수지 개선, 물가안정, 특히 부동산 가격의 하향 안정, 금리인하가 이루어졌으며 노사관계도 안정되어 가고 있었다.

이와 같은 안정화의 성과와 함께 과학기술 진흥, 제조업 경쟁력강화, 사회간접자본 확충, 중소기업 육성, 정보화 촉진, 농어촌 대책 등 중장기 경제기반 확충정책도 착실히 추진했다. 21세기에 대한 여러 가지 장기전망과 대책도 거듭 연구, 검토해 장래 대책을 마련하고 있었다. 특히 21세기위원회에는 젊은 지성들이 참여할 기회를 제공해 뒷날 지도자 양성에 대비하는 노력도 아끼지 않았다. 이 같은 일들의 성과는 천천히 뒷날 조금씩 나타날 것이었다.[31]

31 예컨대 우리나라 제조업 경쟁력은 유엔 산업개발기구(UNDO)의 세계 제조업 경쟁력 지수(C. I. P.)로 1990년 17위(1위 독일, 2위 일본, 3위 미국, … 17위 한국, 32위 중국)였으나 2018년 세계 3위(1위 독일, 2위 중국, 3위 한국, 4위 미국, 5위 일본)로 뛰어올랐다고 한다〔최준영(2021년 8월 30일), "르포 대한민국", 〈조선일보〉에서 인용〕.

비판할 때와 박수칠 때

송원영(전 국회의원)

노 대통령의 임기도 이제 몇 시간 남지 않았다. 우리는 5년 임기를 마치고 퇴임하는 대통령에게 수고가 많았다는 인사를 하며 그의 내일을 축복하고자 한다. 이것은 모든 국민들이 일그러진 마음을 버리고 한걸음 전진한 자세로 새 시대를 맞는 대전제가 될 것이다.

우리가 먼저 생각해야 할 것은 노 대통령의 등장 경위이다. 그가 6 · 29선언을 하기 전 국내정세는 격동의 도가니였다. 그것을 극적으로 전환시킨 것이 노 대통령의 6 · 29선언이었음은 아무도 이론하는 사람이 없다. 대통령직선제 개헌, 김대중 씨 등의 사면복권, 언론자유, 정당활동의 보장…. 이 모든 것을 지금 말하기는 쉽지만 거기에는 큰 결단이 없이는 불가능한 것이었다. 개헌과 대통령 선거로 이어지는 기간에 야당의 두 김 씨는 격렬한 싸움을 하고, 그 어부지리로 노 대통령이 당선된 것도 기억해 두어야겠다. 바꾸어 말하면 노 대통령의 출현은 두 김 씨의 공동 작업이었던 것이다.

출발이 그러했음에도 불구하고 노 대통령의 업적은 괄목할 만한 것이었다. 그 첫째가 물론 민주화이다. 박정희 대통령의 유신인가 무엇인가에서부터 전두환 대통령의 집권기간 동안은 이른바 '개발시대'였다고 강변할는지 몰라도 민주주의가 크게 손상되었던 것만은 사실이었다. 이러한 여건 속에서 노 대통령은 과감할 만큼 모든 면에서 자유를 허용하였다. 그 결과 한때는 학원의 시위, 노사 간의 분규 등이 걷잡을 수 없을 만큼 쏟아져 나왔다. 서점에서 조선민주주의인민공화국의 각종 문건을 쉽게 찾을 수 있었으며 심지어 TV토론에서 북한을 찬양하는 사태까지 일어났다. 이러한 사회분위기는 장면 정권 이후 초유의 사태였다. 그러나 노 정권은 이 모든 과도기의 물결을 잘 참아 소화한 것이다. 90년을 고비로 시위와 노사분규는 고개를 숙였으며 모든 면에서 과격분자의 설 땅은 스스로 없어지고 말았다. 따라서 민주주의는 차분히 정착되기 시작한 것이다.

둘째로 우리는 북방외교의 성공을 높이 평가한다. 오늘날 한국은 구소련·중국을 비롯하여 헝가리·폴란드·체코·불가리아·루마니아 등과 수교함으로써 지구상의 거의 모든 나라와 국교관계를 맺게 되었다. 이와 같은 사실은 북한을 고립으로 몰아넣는 데 크게 기여하였음은 물론이다. 아울러 유엔가입의 숙원도 달성되었으니만큼 국제사회에서 장차의 활약이 기대되는 바이다. 노 대통령은 이 모든 과업을 수행하면서 그 임기 초에는 공산세계의 두꺼운 벽과 마주치기도 하였다. 그리하여 소련에 성급한 차관을 주기도 하였으나 북방외교의 소득에 비하면 그것은 넉넉히 상쇄될 수 있는 것이었다. 이상 두 가지 업적만 해도 역사발전에 크게 기여하였다고 나는 생각한다.

그러나 이 밖에도 노 대통령의 업적은 많다. 그가 민자당의 대통령 후보를 투표로 선출케 하고 스스로 당적을 버린 것은 한국의 여당으로는 초유의 일이었다. 그는 여러 차례 언론의 공격을 받았으며 참기 어려운 구설에 몰린 일도 있었다. 그 모든 것을 용케 극복하고 스스로 '물태우'라는 말을 즐기기도 하였다. 과연 이러한 대통령을 우리가 언제 가져 보았는가. 거듭 말하지만 노 대통령은 장면 씨 이후 처음 보는 민주주의자였다. 그는 스스로 군인 출신으로는 마지막 대통령이 되어야 한다고 작심한 흔적이 여러 곳에서 보이기도 하였다. 벌써 1년 전에 그는 이러한 뜻을 표명하였다. 이러한 노 대통령의 보이지 않는 의지가 문민 대통령을 탄생케 하는 밑받침이 되었는지도 모른다. 그리고 선거 때마다 있어온 부정시비도 자취를 감춘 채, 국회의원을 비롯하여 두 차례의 지방의원 선거도 원만히 치렀다. 이것도 노 대통령의 강한 의지가 아니었나 생각된다.

이제 우리 국민도 보다 성숙해져야 할 것이다. 대통령으로 있으면서 칼날을 휘두를 때는 아무 말도 못하다가 그가 자리를 물러나자마자 소리 질러 그를 쫓아내는 따위 … . 그러다가 또 어느새 '구관이 명관'이란 소리를 하는 모순 등은 이제 버려야 할 때란 말이다. 물론 노 대통령이 실정도 있었다. 특히 경제문제에서 그러하다. 그러나 전체적으로 볼 때 획기적인 민주화가 모든 것을 커버하고도 남는다. 우리는 이 소중한 자유를 잃지 않도록 노력해야 할 것이다.

차제에 한 가지 제언하고자 하는 것은 언론기관들이 신임 대통령에 대해서도 6개월 정도의 관망 자세를 보이는 전통을 세워 달라는 것이다. 사실 우리 언론은 자유에 비하여 책임이 너무 없다는 느낌이다. 장면 총리는 언론에 무제한 자유를 주었지만 언론은 취임 그다음 날부터 두들겨 팼다. 이러한 전철을 밟지 말고 새 대통령이 하는 것을 좀 두고 보자는 것이다. 그렇게 할 때 새 대통령은 더욱 긴장하게 되는 것이다.

이제 노 대통령을 보내면서 다시금 그의 치적을 높이 평가하는 바이다. 그리고 일찍이 그가 말했던 대로 보통사람으로 우리와 더욱 친하게 되어 간혹 막걸리라도 주고받게 되기를 바란다.

많은 일을 열심히 하였다. 뿌듯한 마음으로 퇴임할 수 있었다. 노 대통령의 치적에 대하여, 그리고 내가 비서실장으로 한 일 가운데 기억할 만한 일에 관하여 중언부언하는 것은 과도한 자찬으로 적절하지 않은 일이다. 다만 뒷날 정리된 것이지만 '조갑제닷컴'의 조갑제 대표가 2017년 6월 28일 6·29선언 30주년 기념학술대회를 하는 기회에 〈제6공화국 보통사람들의 시대를 연 노태우 대통령〉이란 소책자를 발간하여 참석자에게 배포한 것이 있기에 그 내용을 요약·정리하여 참고자료로 삼고자 한다.

이 책자에서 조 대표는 재임기간 중 노 대통령의 업적 22개 사항을 다음과 같이 열거하고 있다(동 책자, 37~38쪽).

> ① 대통령 직선제 개헌(민정당 총재 및 후보 시절), ② 정치활동의 자유 보장, ③ 언론자유의 확대: 신문·출판의 자유화, ④ 사회단체 자율 운영 보장, ⑤ 노사관계 자율화: 노조에 대한 정부 개입 금지, ⑥ 여성권익 보호 및 사회참여 확대: 가족법·모자보건법-보육법 제정 및 개정, 공무원 채용 남녀 구분 폐지, ⑦ 지방자치 시작, ⑧ 서울올림픽 성공, ⑨ 유엔가입, ⑩ 한중, 한소 수교, ⑪ 동구 공산권 국가들과 수교, ⑫ 남북대화의 진전과 기본합의서 도출, ⑬ 한민족공동체통일방안 발표, ⑭ KTX, 영종도공항, 도로, 항만 등 사회간접자본 확충, ⑮ 서해안 개발 시작, ⑯ 5대 신도시 및 주택 272만 호 건설, ⑰ 토지공개념 도입, ⑱ 전 국민 의료보험화, ⑲ 국민연금 확대, ⑳ 중학교 의무교육 확대, ㉑ 전교조 불법화 및 해산, ㉒ 범죄와의 전쟁 선포.

조 대표는 동 책자에서 노태우 대통령이 6·29선언으로 대통령에 당선되었으며 6·29선언 8개 항[32]을 국정의 중심 과제로 삼아 그 실천에

32 6·29선언 8개 항은 "① 대통령직선제 개헌, ② 공명한 선거관리, ③ 김대중 사면 복권, ④

최선을 다하였다고 전제한 뒤 국내적으로는 민주화의 소용돌이, 국제적으로는 소련 및 동구공산권이 무너지는 대전환기를 맞이하여 "전면적 민주화와 북방정책이란 국가 대전략으로 세계사적 전환기에 창의적으로 대응함"으로써 "민족의 활력을 드높이고 활동공간을 드넓히는" 성과를 올렸다고 기록하였다. 나아가 5년 뒤에 "달라진 나라, 달라진 삶"을[33] 이룩함으로써 "일을 많이 한 대통령," "약속을 지킨 대통령"이 되었다고 평가하였다.

국민 기본권 보장, ⑤ 언론규제 철폐, ⑥ 지방자치와 사회단체의 자율 보장, ⑦ 정당활동의 보장, ⑧ 사회정화"라고 동 책자 26쪽에 열거되어 있다.

33 같은 책자에서 다음과 같이 9가지 예로 들고 있다(동 책자 33~34쪽). ① 1987년 1인당 국민소득 3,200달러에서 1992년 7,200달러로 증가, 근로자 소득 배증(倍增), 내수시장 확대 및 중산층 충실화, 1987년 노동소득 분배율 53%에서 1991년 60%로 증가, ② 순외채 1987년 224억 달러에서 1992년 110억 달러로 감소, 무역규모 거의 배로 증가, ③ 국민의료보험 1989년 7월 도시지역 일반주민까지 확대, 의료보험 수혜자 1987년 51%에서 1992년 95%로 증가, 극빈층 의료보장제도 확대, 1990년 모든 대상자 수혜로 확대, ④ 국민연금제도 확대(1988년 10인 이상 고용사업장에서 1992년 5인 이상 사업장), ⑤ 저소득층 사회개발 및 지원 예산 1987년 1조 6천억 원에서 1992년 4조 6천억 원으로 증가, 저소득층 임대주택 36만 7천 호 건설, ⑥ 노인시설 1998년 67개소 1만 7천 명 수용에서 1992년 123개소 2만 5천 22명으로 증가, 노령수당 9만 1천 명 지급, 사회복지전문요원 동 단위 3천 명 고용으로 취약계층 보호, ⑦ 전교조 해산, 조합원 1만 2천 명에서 1천 5백 명으로 축소, 잔류 고집 교원 해직, ⑧ 범죄와의 전쟁 선포, 경찰관 2만 4천 4백여 명 증원, 민생치안 확보, ⑨ 언론자유 보장으로 일간신문 32개에서 121개로, 방송사 7개에서 14개로, 주·월간지 1,404개에서 6,570개로 급증.

6공화국의 성공을 바란다

이제 내가 오랫동안 힘써 온 기록 작업을 끝내고자 한다. 제 6공화국 첫 번째 대통령인 노태우 대통령의 비서실장으로 국정운영을 보좌하면서 겪은 일들을 기록하고자 했다. 이 일을 하는 동안 노 대통령은 줄곧 병석에 계셨으며 마지막 작업을 하던 도중 영면에 드셨다. 이 일을 하고 있는 것에 대하여 병석에서 한 번 보고드린 일이 있지만 어쭙잖은 결과물이나마 생전에 보여 드리지 못하여 퍽 죄송스럽다는 생각이 든다. 아쉬움 또한 적지 않다.

노 대통령은 운명적으로 권위주의시대를 마감하고 새로이 민주화시대를 활짝 열어야 하는 큰일을 맡아야 했다. 지극히 어렵고 힘든 일이었지만 참으로 잘 해내셨다고 믿는다. 그 뒤를 이어 6공화국 헌정체제의 핵심인 5년 단임 대통령직선제가 계속되면서 여섯 분의 대통령이 정권을 맡게 되었다. 대한민국이 수립된 이래 헌법 개정 없이 34년이란 짧지 않은 세월을 보내고 있는 것이다. 굴곡과 파란이 끊이지 않았던 헌정사에서 의미 있는 기간이었다고 자부할 만하다. 이 글을 쓰는 순간 여덟 번째 대통령을 선출하는 선거운동이 막바지 열을 뿜어내고 있거니와 그동안 우리나라는 자랑할 만한 성취를 이룩하여 선진국 대열에 우뚝 섰다.

6공화국 벽두를 여는 세기적 이벤트로 자리매김한 88서울올림픽을 성공적으로 개최하였다. 이를 바탕으로 북방정책을 강력히 추진해 배달민족의 반쪽짜리 활동무대를 전 세계로 넓혔다. 민주화도 이루어져 왔다. 계속된 국력신장과 더불어 1996년 12월 선진국 그룹이라 일컬어지는 OECD에 가입하였다. IMF 구제금융 사태라는 어려움을 겪으면서도 세계 일곱 번째로 2018년 말 30·50클럽[1]의 일원이 되었다. 2021년에는 유엔 공식기구인 유엔무역개발회의UNCTAD에 의하여 선진국Developed Country으로 공식 인정받기에 이르렀다.[2] 그 밖에도 국방력, 교육수준, 체육, 문화 등 많은 분야[3]에서 선두 그룹에 진입하였다. 이로써 우리는 이

1 인구 5천만 명 이상에 실질소득 기준 1인당 국민소득 3만 불 이상이 되는 나라를 일컫는 말이다. 2012년 인구 5천만 명, 2018년 1인당 국민총소득(GNI)이 3만 1,349달러로 우리나라가 2019년 조건을 만족시키기까지 일본(1992), 미국(1996), 영국(2004), 독일(2004), 프랑스(2004), 이탈리아(2005) 등 6개국뿐이었다.

2 2021년 7월 2일 스위스 제네바 유엔무역개발회의 제 68차 무역개발이사회 회의에서 참석자 전원의 의견일치로 한국의 지위를 개발도상국그룹(그룹A)에서 선진국그룹(그룹B)으로 격상시켰다. 1964년 UNCTAD 설립 이래 개도국에서 선진국으로 격상된 국가는 한국이 처음이다〔김윤종·이은택(2021년 7월 2일), "UNCTAD, 한국 개도국 → 선진국그룹으로 격상… 57년 역사상 처음", 〈동아일보〉〕.

3
- 무역규모: 2021년 WTO 자료에 따르면 우리나라 무역규모는 영국을 앞질러 세계 8위에 올라섰다〔박기락·나혜윤(2022년 1월 1일), "2021년 수출, 무역규모 사상 최대", 뉴스1〕.
- 제조업 경쟁력 지수: 우리나라의 제조업 경쟁력은 2020년 유엔 산업개발기구(UNIDO)가 2018년 지표를 기준으로 발표한 세계 제조업 경쟁력 지수(CIP)에서 세계 3위를 기록했다. 이는 독일, 중국에 이은 순위이며 4·5위는 각각 미국과 일본이다〔조재영(2021년 5월 5일), "한국 제조업 경쟁력 세계 3위, 코로나 위기 속 경제 버팀목", 연합뉴스〕.
- 과학기술 혁신역량: 한국과학기술기획평가원(KISTEP)의 연구보고서에 따르면 2021년 우리나라의 국가 과학기술혁신역량지수(COSTII)는 36개 평가대상 국가 중 전년보다 3단계 상승한 5위를 기록했다〔김선경 외(2021), 《2021년 국가과학기술혁신 역량평가》, 한국과학기술기획평가원, 2021-040〕. 또한, 유엔 산하 세계지식재산기구(WIPO: World Intellectual Property Organization)가 분석한 글로벌혁신지수에서 세계 5위로 평가되었다〔WIPO(2021), *Global Innovation Index 2021*, p. 140〕.
- 국방력 순위: 미국 군사력 평가기관인 글로벌파이어파워(GFP)의 보고서에 따르면 국방비 지출은 8위, 종합적 군사력으론 세계 6위로 평가되었다. 하지만 핵전력을 제외한 평가로 정확한 비교라고 보기 어렵다〔김미경(2021년 1월 17일), "한국 군사력 세계 6위, 북 28위", 이데일리〕. 한편, 무기체계 측면에서 국방과학기술 수준을 평가한 국방기술

제 원조에 의존하던 나라에서 도움을 주는 나라로 바뀌었으며, 따라잡기에 급급하던 후진적 상황을 벗어나 첨단을 개척하고 혁신을 이끌어야 하는 단계로 도약한 것이다.

그러나 우리 국민 가운데 선진국이 된 우리나라의 현 상황에 만족하는 사람은 많지 않다. 이른바 행복지수는 다른 나라에 비해 많이 뒤떨어져 있다고 한다.[4] 국가의 부패도를 가늠하는 이른바 부패인식지수도 그러한 모양이다[5]. 오히려 우리 사회에서 일어나는 이런저런 일에 만족은커녕 불만으로 가득 찼음을 말해 주는 지표라고 생각된다. 특히 나라를 평가할 때 빼놓을 수 없는 정치문제와 관련하여 임기를 마친 여섯 명의 대통령 가운데 성공한 대통령을 찾을 수 없다는 주장이 힘을 얻고 있는 실정이다.[6] 대통령중심제 헌법을 채택한 나라에서 성공한 대통령이 없

진흥연구소 보고서에 따르면 우리의 국방과학기술은 세계 9위 정도로 평가되었다(〈국방일보〉, 2022년 1월 11일 자).

- 교육: OECD에서 조사한 국제학업성취도평가(PISA: Program for International Student Assessment)에 따르면 2018년 우리나라 학생들은 수학 2위, 읽기 5위, 과학 4위로 이전과 같이 높은 성취수준을 나타내고 있다.

4 유엔 산하 자문기관인 지속가능발전해법네트워크(UN-SDSN: Sustainable Development Solutions Network)가 2012년부터 각국의 행복을 정량화한 행복지수를 발표하고 있다. 이 지수는 구매력 기준 국내총생산, 기대수명, 사회적 지지, 자유, 부패, 관용 등 6개 항목의 3년치 자료를 토대로 산출한다. 2022년 3월 발표된 결과에 따르면 우리나라의 행복지수는 세계 146개국 가운데 59위를 차지했다고 한다〔Helliwell, J. F., et al. (2022), *World Happiness Report* 2022, New York: Sustainable Development Solutions Network〕(http://worldhappiness.report/)

5 세계적인 반부패운동 단체인 국제투명성기구(TI: Transparency International)가 2022년 1월 발표한 2021년 부패인식지수(CPI: Corruption Perceptions Index)에서 100점 만점에 62점으로 조사대상 180개국 중 세계 32위를 차지했다. 이 단체의 평가에 따르면 공공부문 부패에 초점을 둔 부패인식지수가 70점대에 이르면 '사회가 전반적으로 투명한 상태'로 볼 수 있다고 한다. (http://ti.or.kr)

6 퇴임한 대통령 여섯 명 중 사법처리 된 분이 세 분이며 한 분은 수사 도중 극단적 선택을 하였다. 나머지 두 분은 모두 재임 중 친자들이 사법처리 되었다. 뿐만 아니라 재임 중 두 분이나 탄핵소추 되었고 그 가운데 한 분은 헌법재판소의 탄핵 결정으로 파면되었다. 참으로

다는 말은 바로 정치가 성공하지 못했다는 뜻이 되는 것이다. 나라는 전반적으로 발전을 거듭하여 선진국의 반열에 들어섰는데 정치가 성공하지 못하였다는 사실은 한번 곱씹어 볼 만한 일이 아니겠는가.

나는 이와 같이 '성공하지 못한 대통령' 가운데 한 분을 가까이에서 보좌하던 사람으로 그 '실패(?)'에도 큰 책임이 있는 처지이다. 이 문제에 함부로 용훼容喙하여서는 안 되는 줄 잘 알고 있다. 그러나 자리에서 물러난 지 이미 30년 가까운 긴 세월이 흘러갔고, 여생이 얼마 남지 않은 터에 몇 마디 말씀드리는 것은 용서될 수 있지 않을까 생각하면서 소견이라 할까, 또는 소회라 할까 몇 가지 적어 보고자 한다.

돌이켜 보면 나는 1993년 2월 뿌듯함을 한아름 안고 공직에서 물러났다. 노태우 대통령의 마지막 비서실장을 공직의 피날레로 삼을 수 있었기 때문이다. 퇴임 당시 노 대통령은 각계의 칭송을 받았으며, 5년이란 길지 않은 시간이었지만 적지 않은 치적을 쌓았다는 평가를 받고 있었다. 그러나 기쁨과 평안의 시간은 길지 않았다. 1995년 10월 비자금사건으로 노태우 정부의 모든 것이 역사에서 사라지는 듯한 아픔을 견디어야 했다. 참으로 오랜 기간 참고 또 참아야 했다. 분명 노 대통령께서 재임 중 많은 일을 하고 큰 업적을 남겼음에도 불구하고 우리 국민 대다수의 기억에서는 몽땅 잊혔으며 비자금에 묻혀 마치 실패한 대통령처럼 되고 말았다. 그런 가운데 오랫동안 병석에서 고생하시다가 서거하신 것이다. 그러고 나서야 장례 기간을 거치면서 조금이나마 묻힌 치적들이 국민의 관심을 끌게 되었다고나 할까.

이 시점에서 내가 감히 말하고자 하는 것은 그 비자금[7]이란 과오를 덮

거론하기조차 부끄러운 대통령 수난사가 이어지고 있다.

7 그 거금의 비자금도 전액 국고에 환수되었음을 기록해 두고자 한다. 몰수된 비자금 외에 추징금으로 선고된 2,628억 9,600만 원이 2013년 9월 6일까지 전액 납부된 것이다. 노태우

기에 모자람이 없는 공적도 있었다는 점이다. 내가 스스로 성공한 대통령이라고 말하는 것은 삼가야 할 듯하지만 작은 소리로나마 무난히 소임을 완수하였다는 말은 자신 있게 할 수 있다고 믿는다. 공과를 있는 그대로 기술하고 평가해 주었으면 하는 바람을 말하고 싶다. 한 분 한 분 따져 보지 않았지만 이런저런 부정적 평가에서 자유롭지 못한 다섯 분의 전직대통령도 각각 많은 업적이 있었으리라 생각하며 공과가 함께 평가된다면 적어도 실패한, 나쁜 대통령의 범주에 들어갈 수는 없다고 믿고 싶다. 오래전 대통령제를 채택한 미국의 경험에 따르면 공과의 평가도 상대적이며 시간이 흐름에 따라 달라지기도 하는 것이다. 이런저런 평가나 언설言說에 일희일비一喜一悲할 일은 아니며 그야말로 역사의 몫이라고 생각한다.

사실 나는 일찍이 2002년 4월 13일 한국대통령평가위원회가 '한국 대통령 평가기준과 평가방법'을 주제로 서울 프레스센터에서 주최한 공개 세미나에 참석해 소견을 피력한 바 있다.[8] 당시 나는 평가작업이 시기상조라는 우려와 함께 각 대통령이 처한 정치적 환경, 재임기간의 장단

대통령 가족의 힘든 노력이 만든 결과이다.

8 사단법인 한국대통령학연구소가 〈조선일보〉의 지원을 받아 박동서 위원장 등15분으로 한국대통령평가위원회를 구성하였으며 이 위원회가 마련한 기준에 따라 평가작업 당시까지의 대통령인 이승만, 박정희, 전두환, 노태우, 김영삼, 최규하, 장면(총리), 허정(내각수반), 윤보선, 김대중(현직) 등 10분을 자질과 업적 등을 대상으로 기술(記述, descriptive evaluation)·서열(序列, rating evaluation) 등 종합적인 방법을 적용하여 평가하는 과정을 수행하였다. 나는 이를 준비하는 과정에서 의견을 피력할 기회를 가졌다. 당시 박 대통령의 최장수 비서실장이었던 김정렴 전 실장도 참석한 것으로 기억한다. 당시 내가 발언하기 위해 준비한 메모지 및 관련 자료를 보관해 두었던 것을 이번에 찾아내어 발언 취지를 확인하였다. 또한 당시 작업 결과를 정리하여 발행한 《한국의 역대 대통령 평가》를 입수하여 내가 "각 대통령을 오늘의 기준이 아닌, 재직 당시의 시대적 상황이나 정치적 환경에 맞춰 평가할 수 있도록 기준을 설정해야 한다"라고 말한 사실을 확인할 수 있었다. 한국대통령평가위원회(2002), 《한국의 역대 대통령 평가》, 조선일보사, 36쪽.

등에 현저한 차이가 있음을 고려하여 평가기준을 마련해야 한다는 의견을 내놓았다. 당시 나는 각 대통령을 같은 선에 놓고 서열을 평가하는 것은 매우 불공평하다는 생각이 들었을 뿐 아니라, 퇴임한 지 얼마 되지 않은 대통령을 평가하기에는 객관성을 의심받을 여지도 있다는 점[9]을 염려하였던 것이다.

그때부터 어언 20년이 지난 현 시점에서 되돌아보면 여러 가지 문제점을 얘기할 수 있지만, 그래도 그때의 시도가 그런대로 뜻이 있다고 생각한다. 사업이 계속되었다면 지금쯤은 많은 축적이 이루어지고 우리나라 대통령제 운영에 많은 참고가 되지 않았을까 생각하게 된다. 이 글을 쓰면서 당시 사업을 주도한 함성득 교수에게 물어본 결과 당초 2년마다 평가작업을 계속하기로 예정하였으나 한 번의 연구로 그치고 말았다고 한다. 아쉬움을 토로하게 된다. 이와 같은 평가작업은 결국 성공한, 좋은 대통령 만들기에 밑거름이 되어야 할 것이다. 한 대통령의 평가는 마땅히 공과 과를 객관적 사실에 바탕을 두어 엄격하게 실시해야 한다. 공은 더욱 현양하고 과는 교훈으로 삼되 관용하는 아량을 가지는 것이 바람직하다는 의견을 덧붙이고 싶다.

대통령의 성공·실패와 관련하여 정가에서는 오래전부터 현행 헌법에 많은 문제가 있다고 하면서 개헌론을 제기하는 일이 번번이 일어나고 있다. 나는 현행 헌법이 진선진미盡善盡美하다고는 생각하지 않는다. 아니, 완벽한 제도란 있을 수 없지 않은가. 물론 의견이 합치되면 개헌을 할 수도 있다. 그러나 그렇게 되기까지는 현행 헌법을 잘 운영함으로써 제도의 문제점을 보완하는 것이 우리들의 책무라 생각한다. 현행 헌

9 미국에서는 임기를 마친 다음 적어도 한 세대, 즉 35년은 지나야 업적과 유산에 대해 전반적인 시각을 갖고 평가할 수 있다는 것이 미국 대통령 평가 연구결과로 내려진 결론이란 것이다. 한국대통령평가위원회, 앞의 책, 22쪽.

법으로 전면 개정할 당시 가장 큰 관심사는 장기집권을 막되 대통령을 국민이 직접 선출해야 한다는 것이었다. 7년 단임 간선제를 5년 단임 직선제로 바꾸었다. 장기집권할 생각은 아예 하지 말고 5년간만 열심히 대통령직을 수행하라는 입법 취지는 대체로 잘 구현되어 이제 장기집권의 폐해는 걱정할 필요가 없다. 그와 같은 긍정적인 면은 외면한 채 이제는 대통령이 가진 무소불위의 막대한 권력을 분산·견제하는 의원내각제나 이원집정제가 대안으로 거론되고 있다. 이른바 제왕적 대통령제는 없애자는 것이다.

어려운 문제다. 과연 제왕적 대통령제라는 현행 헌법에 대한 평가가 타당한 것인지를 비롯하여 그동안 많은 논의가 이루어졌음에도 결론을 내지 못하고 있다. 그러나 우리나라는 1948년 민주공화국으로 출범한 이래 4·19 이후 1년에 채 못 미치는 의원내각제 기간을 제외하고 70년이 넘는 오랫동안 대통령제를 채택해 왔다. 참으로 우여곡절이 있었지만 대통령제에 익숙해졌다고 할 수 있을 정도로 호불호 사이에서 많은 경험을 축적해 왔다. 북한과의 극한적인 대결이란 어려운 상황 속에서도 어느덧 선진국 대열에 진입하는 성과도 얻었다. 그런 뜻에서 나는 개헌 논의가 진지하게 계속되어 하루 속히 국민적 합의 속에 좋은 결론이 나기를 기원해 마지않는다.[10]

게으름 탓일까. 나이 탓일까. 쓰다 말다를 반복하는 가운데 6공화국 여덟 번째 대통령이 선출되었다. 당선자 윤석열은 내 대학 동문 후배이자 같은 검찰인 출신이기도 하여 퍽 자랑스럽다. 다른 한편 워낙 어려운 일을 맡게 된 것에 대하여 걱정 또한 없지 않다. 아무쪼록 성공적으로

---

10 대통령제를 계속하는 것으로 결론이 난다면 5년 단임 임기제는 재검토할 필요가 있을 것이다. 5년 단임은 국회의원, 지방자치 등의 임기와 관련하여 4년 중임 또는 6년 단임 등으로 조정할 필요가 있다고 생각한다.

임기를 마침으로써 역사에 훌륭한 대통령으로 기록되기를 빌어 마지않는다.

5년 단임이란 길지 않은 시간을 잘 활용해야만 한다. 공약한 일, 하고 싶은 일이 많겠지만 선택과 집중이 요긴하다. 과도한 욕구는 자제해야 한다. 어느 단계에서 그칠止 줄 아는 지혜도 간직해야 한다. 상호 존중의 정신을 잊지 말아야 한다. 전 정부 그리고 다음 정부와의 분업을 생각하고 실천하는 것이 바람직하다. 국가의 일은, 정부의 일은 계속된다. 임기 내에 끝날 수 없는 것이 많고도 많다. 전 정부에서 추진하던 일도 존중하고 승계하려는 자세가 필요하다.[11] 물론 정권교체가 이루어진 터에 전 정부의 잘못된 점까지 모두 승계하라는 뜻은 아니다.

분열과 대립, 갈등과 증오가 극성이다. 세계적인 현상 같기도 하지만 남북 분단이란 특수한 상황을 고려할 때 우리에겐 참으로 절박한 문제가 아닐 수 없다. 하나의 공동체 안에서 삶을 영위해 나가야 할 처지에서 다름을 인정하고 서로 존중하는 자세로 대화와 양보, 용서와 화해를 아끼지 않으려는 노력을 계속해 나갈 수밖에 없다. 그 방법은 여러 가지가 있을 것이다. 국민통합을 이루어 내야 할 대통령이 더 먼저, 더 많이 노력해야 할 것이다.

물론 대통령 혼자 이룰 수 있는 일은 아니다. 여야의 정치지도자들의 협조가 절실하다. 사실 정치의 변화와 발전에는 대통령과 더불어 나라의 정치를 담당하고 있는 정치인 특히 국회의원의 역할이 중심이 되어야 한다. 모름지기 국회의원은 직무를 수행함에 있어 국가이익을 우선하도록 해야 한다(헌법 제46조 제2항)는 헌법상 의무를 준수해야 한다.

11 1992년 6월 2일 개최된 경제자문회의 당시 김병주 교수가 "5년이란 단임 기간은 짧기 때문에 그 임기 안에 너무 많은 것을 추구하고자 하는 과욕은 경계할 일이므로 정권 간의 분업을 통하여 선택적이면서도 연속성·일관성이 유지하도록 배려하는 것이 좋겠다"라고 발언한 것을 상기할 필요가 있다(제7장 490쪽 참조).

당리당략에 따라 대립·분열하기에 앞서 국가 이익을 기준으로 대화하고 토론하며 협상하고 타협하는 자세를 수범함으로써 헌법기관으로서의 소임 완수를 해야 할 것이다. 국민들도 주권자로서 주인의식을 갖고 필요한 감시와 협조를 해나감으로써 민주적 정치문화가 올바르게 정착되도록 노력해야 할 것이다.

대통령 집무실을 이전하는 문제로 논의가 한창이다. 한국적 미를 살린 대통령 집무실 공사 마무리를 독려하고 준공의 기쁨을 나누던 것이 엊그제 같은데 어느덧 역사적 사명을 완수한 채 청와대 경내가 국민의 품으로 돌아가는 순간을 목전에 두게 되었다. 격세지감과 함께 너무 오래 산 것 같은 생각도 든다. 민족자존을 국정지표로 내세운 노태우 정부는 출범과 동시에 용산계획이라 불리는 서울도심지 미군부대 이전사업에 착수하였다.

한미 간에 협의를 거쳐 1990년 6월 기본합의서 체결, 1991년 7월 공동 발표와 함께 1992년 10월 용산가족공원 준공식을 가졌음은 앞에서 설명한 바 있다. 뒤이은 정부들에서 오랜 기간 한미 합의사항을 꾸준히 실천하여 이전사업이 완수단계에 이르렀기에 이번 대통령 집무실 용산 이전이 가능해진 듯하다. 때를 만났다고나 할까. 세상 모든 일이 서로 연관되어 있으며 변하지 않는 것은 없다는 말이 생각난다. 우리 모두 역사 앞에 머리 숙여 겸손한 자세를 가져야 할 것이란 생각과 함께.

대통령 집무실 용산시대가 시작되더라도 공들여 지은 청와대 건물은 그대로 보존되어 새로운 기능을 해나가기를 기대한다. 아무쪼록 새 대통령의 훌륭한 리더십으로 대한민국이 일취월장 발전을 거듭하며 국민 모두 평안한 하루하루를 보낼 수 있기를 거듭 기원한다.

연보

정해창(丁海昌, Chung, Hae Chang).
호는 우산(牛山), 약천(若天)
1937년 11월 4일 출생

학력사항

1950.	김천서부초 졸
1953.	김천중 졸
1956.	경북고 졸
1960.	서울대 법학과 졸
1968.	미국 Southern Methodist University 비교법 석사(MCL)
2002~2003	서울대학교 자연과학대학 과학기술산업융합 최고전략과정 (SPARC) 수료

경력사항

1958.	제 10회 고시사법과 및 고시행정과 합격
1959.	공군 법무관
1962~1973.	대구지검 · 대전지검 · 서울지검 · 의성지청장 · 법무부검사
1973.	법무부 검찰과장
1976.	서울지검 형사3부 부장검사
1977.	중앙정보부 파견(제 2수사국장)
1978.	서울지검 형사1부 부장검사
1979~1981.	부산지검 · 서울지검 제 2차장검사
1981.	법무부 검찰국장
	서울지검 검사장
1982.	법무부 차관
1985.	법무연수원장

1986. 대검찰청 차장검사
1987~1988. 제 36·37대 법무부 장관
1989. 형사정책연구원 원장
1990~1993. 대통령 비서실장
1993. 변호사 개업
1993~2005. 나주 정씨 월헌공파종회장
1994~2014. 한국범죄방지재단 설립·이사장
1997~2002. 한국아마추어바둑협회 초대 회장
1997~2003. 재경 김천향우회장
1998~2022. 다산학술문화재단 이사장
2002~2014. 좋은합동법률사무소 대표변호사
2004~2006. 서울대 법대 동창회장
2006~2010. 나주 정씨 중앙종회 회장
2006~2011. (재) 송설당교육재단 이사장
2008~2012. (재) 대경육영재단 초대 이사장
2008~2015. SBS홀딩스 이사회 의장
2015~ 정해창법률사무소 변호사(현)
2022~ (재) 보통사람들의시대 노태우센터 이사장

상 훈

홍조근정훈장, 황조근정훈장, 청조근정훈장, 세계법률가대회 공로상, 자랑스러운 서울법대인상(2007), 풀브라이트동문회 자랑스러운 동문상(2008), (사) 법조언론인클럽 공로상(2015), 천고법치문화상(2015).

주요 저서

《체포와 구금》, 《대나무 그 푸른 향기》, 《형정의 길 50년》.